Introduction générale au droit

Introduction générale au droit

10ᵉ édition

2015

François Terré
Professeur émérite de l'Université Panthéon-Assas (Paris II)
Membre de l'Institut

Ouvrage couronné par
l'Académie des Sciences morales et politiques
(Prix Le Dissez de Penanrun 1993)

DALLOZ

DALLOZ

31-35 rue Froidevaux, 75685 Paris cedex 14

ISBN 978-2-247-15304-6

SOMMAIRE

(Une table des matières détaillée figure à la fin de l'ouvrage)

L'auteur remercie Isabelle Uziel,
son amie et collaboratrice,
dont le savoir juridique et l'énergie inlassable
permettent à cet ouvrage de se renouveler
au service des étudiants.

ABRÉVIATIONS [1]

AJDA	Actualité juridique de droit administratif
ALD	Actualité législative Dalloz
Année sociol.	Année sociologique
Annuaire fr. dr. int.	Annuaire français de droit international
Arch. phil. droit	Archives de philosophie du droit
Ass. plén.	Cour de cassation, assemblée plénière
BS Lefebvre	Bulletin social, Francis Lefebvre
Bull. civ.	Bulletin des arrêts des chambres civiles de la Cour de cassation
Bull. crim.	Bulletin des arrêts de la chambre criminelle de la Cour de cassation
Bull. Joly	Bulletin Joly. Actualité du droit des sociétés
C. civ.	Code civil
C. com.	Code de commerce
C. consom.	Code de la consommation
C. jur. fin.	Code des juridictions financières
C. mon. fin.	Code monétaire et financier
C. pén.	Code pénal
C. pr. civ.	Code de procédure civile
C. pr. pén.	Code de procédure pénale
C. trav.	Code du travail
Cah. dr. entr.	Cahiers de droit de l'entreprise (JCP éd. E)
Cah. dr. eur.	Cahiers de droit européen
CASF	Code de l'action sociale et des familles
Cass.	Cour de cassation
CCC	Contrats, Concurrence, Consommation
CCE	Communication, commerce électronique
CE	Conseil d'État
CEDH	Cour européenne des droits de l'homme
CGCT	Code général des collectivités territoriales
Civ.	Cour de cassation, chambres civiles
CJA	Code de justice administrative
CJCE	Cour de justice des communautés européennes
COJ	Code de l'organisation judiciaire
Com.	Cour de cassation, chambre commerciale
Cons. const.	Conseil constitutionnel

1. V. aussi ss 450.

Conv. EDH	Convention européenne des droits de l'homme
Crim.	Cour de cassation, chambre criminelle
CSS	Code de la sécurité sociale
D. Aff.	Dalloz Affaires
D.	Recueil Dalloz
Defrénois	Répertoire du notariat Defrénois
Déc.	Décision
Dr. et patr.	Droit et patrimoine
Dr. fam.	Droit de la famille
Dr. social	Droit social
EDCE	Études et documents du Conseil d'État
GAJA	Grands arrêts de la jurisprudence administrative
Gaz. Pal.	Gazette du Palais
GDCC	Grandes décisions du Conseil constitutionnelle
JCP	Juris-Classeur Périodique, Semaine juridique
JDI	Journal du droit international, Clunet
JO	Journal officiel
JOCE/UE	Journal officiel des Communautés européennes/ de l'Union européenne
Journ. not.	Journal des notaires et des avocats
LPA	Les Petites Affiches
LPF	Livre des procédures fiscales
RCA	Responsabilité civile et assurance
RD publ.	Revue du droit public et de la science politique
RDSS	Revue de droit sanitaire et social
Rec.	Recueil des décisions du Conseil d'État, Lebon
Rev. adm.	Revue administrative
Rev. arb.	Revue de l'arbitrage
Rev. crit. DIP	Revue critique de droit international privé
Rev. gén. dr. int. publ.	Revue générale de droit international public
Rev. phil. pol.	Revue de philosophie politique
Rev. prat. dr. adm.	Revue pratique de droit administratif
RSC	Revue de science criminelle et de droit pénal comparé
Rev. sociétés	Revue des sociétés
RF compt.	Revue française de comptabilité
RFDA	Revue française de droit administratif
RIDC	Revue internationale de droit comparé
RJC	*Revue de jurisprudence commerciale*
RJDA	Revue de jurisprudence de droit des affaires
RLDC	Revue Lamy droit civil
RRJ	Revue de la recherche juridique. Droit prospectif
RTD civ.	Revue trimestrielle de droit civil
RTD com.	Revue trimestrielle de droit commercial
RTD eur.	Revue trimestrielle de droit européen

S.	Sirey
Soc.	Cour de cassation, chambre sociale
T. civ.	Tribunal civil
T. confl.	Tribunal des conflits
T. corr.	Tribunal correctionnel
TA	Tribunal administratif
TGI	Tribunal de grande instance
TI	Tribunal d'instance
TPS	Travail et protection sociale

PRÉLIMINAIRES

1 ***Présentation*** ◇ Probablement dans l'inconscient des hommes existe déjà l'idée de droit. Idée vague : que lorsque plusieurs êtres se trouvent ensemble, surgit aussitôt quelque besoin d'ordonner leurs conduites ; et pour cela, si éparses et informelles qu'elles puissent être, ces règles composent un ensemble : le Droit. Cette approche élémentaire, ensuite, se précise, surtout si la vie en société humaine se développe. Il se produit des regroupements de règles, et même de codes : le Code de la route, par exemple, est un ensemble de règles de droit, de règles juridiques.

Souvent le droit, en tant qu'il est un compartiment du savoir - et des études –, a la réputation d'être aride, complexe, propice aux arguties et aux chicanes, voire empreint de mystère. Vision critiquable à plus d'un titre, car le droit relève pleinement de la vie, de la connaissance et de l'action [1].

a) Il relève de la *vie* des hommes en société. Sans cesse, même s'ils ne s'en rendent pas compte d'ostensible manière, les hommes entrent en contact avec lui : par la route ou par l'impôt [2], par l'achat d'un journal ou d'un livre, et même par l'heure que dit l'horloge, fidèle en cela aux fuseaux horaires que l'ordre juridique a définis. Le droit est inhérent au quotidien. Il est en lui. Il est dans la réalité quotidienne. Et il y a donc quelque étrange paradoxe à lui reprocher tout à la fois d'être trop compliqué et trop éloigné du réel. Comme si le réel était simple ! S'il exprime la réalité, le droit est aussi ce qui l'ordonne : dans sa complexité, dans sa mobilité. Et il y parvient en ayant recours à l'abstraction, aux abstractions. Mais, de progrès en progrès, il doit tendre à dépasser ces abstractions afin d'assurer de manière aussi satisfaisante que possible l'harmonie du corps social [3].

b) Le droit relève aussi de la *connaissance*. Tout d'abord il est, en lui-même, objet de connaissance immédiate. Dès cette étape, on discerne les difficultés de l'entreprise : parce que sa compréhension n'est pas seulement compréhension des règles et des solutions, mais implique aussi l'appréciation de leur relation aux situations concrètes ; parce que la démarche juridique repose sur des outils appropriés ; enfin, parce que le droit est le

---

1. V., de manière profonde et globale, J. Gaudemet, *Les naissances du droit*, éd. Montchrestien, 4e éd. 2006 ; v. aussi, parmi de multiples introductions, Lerminier, *Introduction générale au droit*, Paris 1835.

2. « Il ne faut pas sourire de l'exemple : pour l'homme moderne, la route est, avec la feuille d'impôt, le lieu de plus haute intensité juridique, celui où il rencontre le plus fortement la pression de la règle de droit » (J. Carbonnier, Communication à l'Académie des sciences morales et politiques, 23 oct. 1967, *Rev. Trav. Acad. sc. morales et politiques*, 2e sem., p. 91, rééd. *Écrits*, PUF 2008, p. 611 s.).

3. V. la saisissante démonstration de J. Mestre, *Le meilleur est Avenir*, PUAM, 2006.

témoignage ou l'expression d'une culture ; par sa rigueur et sa souplesse, par les valeurs qu'il véhicule, la justice au premier rang.

Le droit est lié aussi à la connaissance médiate. Il n'est pas sans liens avec d'autres savoirs et d'autres discours. Il lui arrive même, quoique de manière variable au cours des temps, de leur servir de point de rencontre. Il ne peut se désintéresser de rien : ni de philosophie, ni de théologie, ni des sciences de la matière, ni des sciences de la vie, ni des sciences de l'homme [1].

c) Le droit relève aussi de l'*action*. Celle qu'exerce celui qui découvre ou invente la règle. Celle qui l'interprète, la classe, l'applique. Le jurisconsulte romain, le casuiste anglais, le « notable de la robe », chacun mérite son portrait [2]. Ils ne bornent pas leurs tâches aux seuls conflits de la vie en société. La logique du droit ne se réduit pas à la pathologie des cas sociaux. À sa façon, le droit est une grammaire.

2 ***Les phénomènes juridiques*** ◊ Phénomènes ? Le recours à ce terme de phénomène ne doit pas être entendu dans un sens philosophique précis et, si tel était le cas, variable (Kant ? Husserl ? etc.). Ce que l'on désigne présentement par là, dans une perspective banale et courante, profane si l'on veut, c'est un ensemble de situations dans lesquelles il y a du droit, du juridique [3] Il y a des règles sociales dotées de sanctions, auxquelles des hommes vivant ensemble sont tenus de se conformer ; et, s'ils y contreviennent, ils s'exposent à être frappés de sanctions. L'idée même de règle peut d'ailleurs être plus ou moins diffuse : point nécessairement de codes ou de lois. L'éventualité de jugements peut suffire au discernement du juridique dans le groupe. Disons qu'il y a des solutions juridiques à des questions de droit. Il y a des phénomènes de droit. Il y a du droit.

Or, ce mot « droit » est porteur de deux désignations, qu'il ne faut pas confondre, mais qu'il convient de mettre en relation.

3 ***Les divers sens du mot « droit »*** ◊ Qu'est-ce que le droit [4]? Le mot a plusieurs sens. Celui qui, probablement, vient le premier à l'esprit se relie à l'existence de règles canalisant l'activité des hommes en société. Dans cette perspective, l'image de formes ou de barrières apparaît assez vite. C'est pour en pénétrer les ressorts que, par vocation ou souvent par l'effet de quelque attentisme, voire de quelque curiosité, l'on s'oriente vers des études de droit. Souvent mal connu, souvent confondu, consciemment ou non, avec la seule et pure Justice, le droit correspond en réalité à une nécessité inhérente à toute vie en société ; et, à mesure que les sciences de la société, ou les sciences de l'homme, ont accru leur influence, son caractère scientifique s'est renforcé.

---

1. V. *Dictionnaire de la culture juridique*, dir. D. Alland et S. Rials, éd. Lamy – PUF 2003.

2. Max Weber, *Sociologie du droit*, trad. J. Grosclaude, PUF, 1986, p. 142 s.

3. V. M. Virally, *Le droit international en devenir, Essais écrits au fil des ans*, PUF, 1990, spéc. p. 31 s., rééd. 1999.

4. V., parmi de nombreuses études, L. François, *Le problème de la définition du droit*, Liège, 1978 ; V. aussi *Rev. Droits*, n°s 10-1989 et 11-1990.

Encore faut-il, ne serait-ce pour le moment qu'à des fins méthodologiques, définir ce qu'il faut entendre par droit. Il est des systèmes juridiques ou politiques dans lesquels la signification du mot est unique, et où celui-ci ne sert à désigner que des règles gouvernant la vie des hommes en société (droit anglais, droit japonais, par ex.). Tel n'est pas le cas de notre système, et de beaucoup d'autres. Le mot *droit* y désigne deux ensembles qui diffèrent profondément, même s'ils se situent en relation. À la faveur provisoire de la majuscule, on peut alors poser d'emblée la distinction essentielle :

1° Le « *Droit* », c'est un ensemble de règles de conduite qui, dans une société donnée – et plus ou moins organisée –, régissent les rapports entre les hommes. À cet ensemble, on applique l'expression de *Droit objectif.*

2° Les « *droits* », ce sont les prérogatives que le « Droit » – ou Droit objectif – reconnaît à un individu ou à un groupe d'individus et dont ceux-ci peuvent se prévaloir dans leurs relations avec les autres, en invoquant, s'il y a lieu, la protection et l'aide des pouvoirs publics, disons, au sens large, de la société : droit de propriété, droit de créance, droit de vote... Il se peut que des considérations d'ordre philosophique ou politique aboutissent à une remise en cause plus ou moins profonde de cette seconde catégorie. Le fait est pourtant qu'elle résiste assez bien dans la réalité et dans l'esprit. En suivant son sillage, on voit se dégager d'autres définitions qui permettent la compréhension des phénomènes juridiques : le titulaire du droit, attributaire d'une prérogative, est traditionnellement appelé le *sujet* de droit ; d'où l'expression de *droits subjectifs* par laquelle on désigne les droits ainsi entendus.

4 ***Plan*** ◇ Les deux sens – objectif et subjectif – du mot droit, constamment expliqués par le contexte dans lequel on l'utilise, commandent tout ce qui va suivre. La compréhension du juridique passe par une mise en relation de ces deux composantes, qui permet la *réalisation du droit*. Fin naturelle de ce qui aspire à ordonner le social, cette réalisation ne peut être comprise que si l'on a, au préalable, distingué les *composantes du droit*, telles qu'elles se manifestent dans la constitution des situations juridiques [1]. Encore faut-il avoir, à l'orée de l'itinéraire, discerné en quoi consiste l'*existence du droit*.

D'où les trois Livres de cette *Introduction générale* :

– Livre 1 : Existence du droit ;
– Livre 2 : Composantes du droit ;
– Livre 3 : Réalisation du droit.

---

1. P. Roubier, *Droits subjectifs et situations juridiques*, 1963.

LIVRE 1

EXISTENCE DU DROIT

5 ***Civil et Civilisation*** ◊ Il existe entre Droit et Civilisation des relations étroites qui ne sont pas, historiquement, le résultat du hasard [1]. La latinité laisse en héritage, aux XIIIe et XIVe siècles, les mots *civil* et *civilité*. Au XVIe siècle, le verbe *civiliser* est employé dans deux sens : *a*) « mener à la civilité, rendre civiles et douces les mœurs et les manières des individus » *b*) « en jurisprudence : rendre civile une cause criminelle » [2]. Or, c'est cette seconde signification qui a servi de base au substantif *civilisation*. D'où la définition de ce mot dans le Dictionnaire universel (Trévoux) de 1743 : « Terme de jurisprudence. C'est un acte de justice, un jugement qui rend civil un procès criminel. La *civilisation* se fait en convertissant les informations en enquêtes, ou autrement ». Plus tard, le sens moderne du mot, axé sur la tendance d'un peuple à polir ou à corriger ses mœurs, s'est ajouté au sens initial, puis l'a supplanté [3].

Cette histoire d'un mot vaut, semble-t-il, d'être rappelée. Elle est plus que symbolique. Elle renvoie, en quête d'une parenté profonde entre le droit et la civilisation, au sens moderne du signifiant, même si le signifié l'a précédé dans l'aventure humaine.

6 ***Critère ? Système ? Fondement ? Doctrine ? Droits subjectifs ?*** ◊ Dès l'abord, les questions abondent.

Étudier ce qu'est le rôle du droit dans une société, dans la société française, dans une société étrangère, dans la société internationale, cela implique, au moins à titre méthodologique, et même épistémologique, une

---

1. *Civilisation. Le mot et l'idée*, par Lucien Febvre, Marcel Mauss, Émile Tonnelat, Alfredo Niceforo, Louis Weber, Centre international de synthèse, Paris 1930.
2. V. J. Starobinski, Le mot Civilisation, in *Le temps de la réflexion*, 1983, Gallimard, p. 13.
3. J. Starobinski, *op. cit.*, p. 14.

définition ou une délimitation du juridique, on dira une détermination du juridique, de ce qui est du droit, de ce qui est droit. Question de *critère*.

L'approche ainsi annoncée tend à cadrer l'investigation. Mais elle ne permet pas de connaître encore ce que peut être cet ensemble, achevé ou inachevé, que forment les règles et les solutions, ainsi que pour beaucoup, tous les énoncés qui les constituent ou les pratiques qui les accompagnent. Autant dire qu'il est alors nécessaire de préciser davantage en quoi consiste le *système* du droit.

Encore faut-il ensuite formuler l'interrogation majeure, car le droit ne se forme pas plus ou moins à la surface du social, par une sorte de génération spontanée. Il n'est pas infondé. Il ne se fonde pas par cela seul qu'il existe. Son existence se relie à la quête d'un *fondement*, si tant est qu'il n'y en ait qu'un.

La compréhension de ce système est l'œuvre des juristes. Leur communauté ne se compose pas seulement de professionnels (juges, avocats, notaires, universitaires...). D'autres encore contribuent à façonner la *science* et la *doctrine* du droit sans laquelle les diverses composantes de celui-ci n'auraient pas conscience de leur propre existence.

Pour que l'ensemble vive et parce que la vocation du droit tend à assurer la coexistence des libertés, des prérogatives ou des intérêts sont protégés par le Droit objectif. Ce sont les *droits subjectifs*.

On examinera donc, dans cinq chapitres :

- Le critère du droit (Chapitre 1) ;
- Le système du droit (Chapitre 2) ;
- Le fondement du droit (Chapitre 3) ;
- La science et la doctrine du droit (Chapitre 4) ;
- Les droits subjectifs (Chapitre 5).

CHAPITRE 1
LE CRITÈRE DU DROIT

7 ***Droit et règle*** ◊ Surtout si l'on a dépassé le seuil des sociétés primitives, surtout si l'on est marqué par la vision occidentale du droit, celui-ci ne peut être dissocié de l'idée de *règle*. Certes, en approfondissant l'analyse, l'on pourrait observer qu'il est peut-être d'autres pôles de la juridicité, et qu'au concept de règle fait pendant celui de *jugement* [1]. Si faible que puisse être, parfois, la dose du droit écrit, force est pourtant de constater que l'approche du droit s'opère à travers et au moyen des règles qui lui servent de support, que ce soit par les lois ou autres préceptes des peuples et des souverains, par les comportements, les usages ou les coutumes des hommes ou encore par les décisions des juges ou des arbitres.

Cette relation entre les règles et le droit n'est qu'un point de départ de la réflexion. Pour discerner quelque critère du droit, il ne suffit pas, en effet, de se référer à l'idée d'un ensemble - ou d'un sous-ensemble - de règles. Car il existe bien d'autres ensembles de règles qui ne sont pas juridiques ou ne sont pas considérées comme telles. D'où la recherche malaisée d'une définition du droit [2].

Pour atteindre à un plus grand degré de précision dans la démarche nécessaire qui tend à *cerner* le droit, il convient de porter successivement la réflexion du côté du contenu des règles et du côté de la forme qu'elles peuvent revêtir. Ni d'un côté - celui du *fond* (Section 1) -, ni de l'autre - celui de la *forme* (Section 2) -, la démarche ne se révèle facile. Cela n'exclut pourtant pas, d'un point de vue que certains diront phénoménologique, l'existence d'un critère lié à la *médiation entre le juste et le sage* (Section 3).

SECTION 1. CRITÈRES TENANT AU FOND

8 ***Du normatif et du positif*** ◊ Aussi longtemps que Robinson vit en solitaire, il n'a que faire du droit, et en cela du droit dans ses deux sens : en tant qu'il y aurait quelque règle régissant sa conduite, en tant qu'il serait personnellement titulaire de prérogatives, de droits dans son existence. La rencontre de Vendredi change sa situation ; elle contient le droit en

---

1. J. Carbonnier, *Flexible droit*, 10e éd., 2001, p. 107 s.
2. V. nos 10 et 11, Rev. *Droits*, 1989 et 1990 ; v. aussi J. Combacau, Sur une définition restrictive du droit, Dialogue sans issue, *Mélanges Burdeau*, 1977, p. 1033 s. ; D. de Béchillon, *Qu'est-ce qu'une règle de droit ?*, éd. Odile Jacob, 1997.

germe [1]. En d'autres termes, la nécessité du droit ne se manifeste que lorsque l'homme vit en groupe : or, précisément, cet être « sociable », comme dit Aristote, incline à vivre en société et à être impliqué dans des rapports sociaux.

C'est ce qui fait émerger plus ou moins vite l'idée même de droit. Pourquoi ? Pour plusieurs raisons. D'abord parce que le sens de la civilisation, voire du progrès, répugne à ce que les relations des hommes soient gouvernées par la violence et par l'arbitraire. En soi, le droit s'emploie à les vaincre : à apprivoiser la violence, à dompter l'arbitraire, même si ses relations avec l'une et avec l'autre ne laissent pas d'être ambiguës.

Ensuite parce que, processus qui n'est pas indifférent à la genèse et au développement du juridique, le droit, en tant qu'ensemble de règles, reconnaît et consacre les prétentions des hommes et peut donc mettre en lumière et favoriser les conflits possibles entre ces prétentions. Le conflit est au cœur du droit en même temps que le droit, justement, a pour objet de le résoudre.

Quoi qu'il en soit, dès l'abord, le droit fournit un certain nombre de *règles de conduite* destinées à faire régner, tout à la fois, l'ordre, le progrès et la justice. Chacune de ces finalités, isolément considérée, peut, bien entendu, susciter la critique, car on peut ne s'entendre ni sur l'ordre, ni sur le progrès, ni sur la justice. Mais, au-delà des polémiques et des philosophies, il existe dans cette voie des constantes. Et c'est moins dans leur existence que dans leur dosage que réside l'énigme du droit.

Lorsque les juristes prétendent cerner le droit en s'attachant à son contenu, deux voies s'offrent à eux qui ne s'excluent d'ailleurs pas, mais qui, l'une et l'autre, comportent de sérieux écueils : du côté du normatif, du côté du positif.

9 ***Droit et religion*** [2] ◇ Avant d'évoquer plus précisément les relations qu'entretient le droit avec les sciences normatives et les sciences positives, il est nécessaire d'insister sur son rapport avec la religion.

Il existe, à vrai dire, des règles de droit dont on imagine mal les relations avec des commandements religieux ; ainsi en est-il des dispositions du Code de la route. Il en est d'autres, au contraire, dont on perçoit aisément les possibles rapports avec la religion, par exemple celles qui gouvernent le mariage – ou le divorce. L'existence de ces zones où peuvent se superposer le droit et la religion suscite divers ordres de réflexions, liés à des différences et à des influences [3].

---

1. Encore que certains pensent que le rapport juridique suppose la présence de trois personnes, du fait de l'implication d'un tiers « impartial et désintéressé », v. *infra*, n° 48.

2. V. Droit et religion, *Arch. phil. droit*, t. 38, 1993 ; C. Duvert, Droit et religion(s) : genèse et devenir d'un rapport méconnu, *RRJ* 1996, p. 737 s. ; Jean Foyer, Droit et religion, *in La loi*, dir. C. Puigelier, éd. Economica, 2004, p. 49 s. ; rappr. J. Gaudemet, Droit de l'Église et société civile (XVIIIe-XXe siècles), Rev. *Droit canonique*, Strasbourg, 1998.

3. V. J. Ellul, *Le fondement théologique du droit*, 1946 ; v. aussi La théologie chrétienne et le droit, *Arch. phil. droit*, 1960 ; *La révélation chrétienne et le droit*, Ann. Fac. Droit Strasbourg, t. IX,

Surtout là où le groupement est particulièrement imprégné par la religion – Islam, Inde, sociétés archaïques... – la distinction des règles de droit et des commandements religieux est souvent difficile et artificielle. Elle le devient encore plus lorsque, sous l'influence de certaines théories sociologiques [1], l'on fait de la religion, au moins à un certain stade (théologique) de l'évolution des sociétés, le moteur essentiel de l'activité des hommes. Peu à peu, se sont pourtant dégagés des critères qui ont probablement la vertu de n'être pas seulement d'ordre méthodologique. D'une part, il est des préceptes qui, par leur contenu, s'accordent avec les impératifs de la religion, mais dont l'évangélisme est rebelle aux habituels canons du droit : il y a, par exemple, une contradiction entre la légitime défense et le comportement consistant à tendre l'autre joue [2]. D'autre part, là même où le contenu des prescriptions inspirées par la loi religieuse est le même que celui des règles de droit (ex. : ne pas tuer, ne pas voler...), l'on est conduit à considérer que les préceptes religieux concernent, à l'étape de la sanction, les relations de l'homme avec la divinité, tandis que les règles de droit apportent dans leur sillage la sanction du groupe social.

La distinction ainsi dégagée n'exclut pas les influences. L'étude des grands systèmes montre l'existence d'ensembles juridiques fortement imprégnés par la religion, de sorte qu'il est utile de procéder à une étude comparée des influences des diverses religions sur les systèmes juridiques [3].

10 ***Évolution*** ◊ L'histoire des relations entre le droit et la religion est faite d'alternances. Des positions diverses ont été dégagées : dissolution du droit dans la religion, séparation radicale ou démarche intermédiaire. Il y a des flux et des reflux. De toute façon, il ne s'en dégage pas une définition véritable du droit par la religion ou même par rapport à la religion. Un rapport de rupture rend malaisé le tracé d'une frontière : la laïcité est du droit, la règle affirmant le principe de laïcité est aussi du droit, donnant lieu à interprétation juridique [4]. On observe aussi à ce sujet une évolution

---

1961 ; Dimensions religieuses du Droit et notamment sur l'apport de saint Thomas d'Aquin, *Arch. phil. droit*, 1973 ; Religion, société et politique, *Mélanges Ellul*, PUF, 1983 ; B. Tierney, *Religion et droit dans le développement de la pensée constitutionnelle*, Cambridge, 1982, trad. franç., PUF, 1993. Jean Foyer, *Introduction au thème : Eglises et pouvoir politique*, Actes univ. d'Angers, colloque 1985, p. 9 s. ; Ph. André-Vincent, *Jalon pour une théologie du droit*, prés. J.-B. Donnier, éd. Téqui, 2007 ; F.-X. Dumortier, s. j., *La passion de l'universel dans et pour la Compagnie de Jésus*, *in Regards sur le droit*, éd. Dalloz, 2010, p. 391 s. ; *Droit, Éthique et Religion de l'âge théologique à l'âge bioéthique*, dir B. Feuillet-Liger, préf. R. Boudon, éd. Bruylant, 2012.

1. V. not. E. Durkheim, *Les formes élémentaires de la vie religieuse*, 1912.

2. V. J. Carbonnier, La Bible et le droit, in *La révélation chrétienne et le droit*, Ann. Fac. Droit Strasbourg, préc., p. 115 s. ; Ph. Malaurie, La Bible et le droit, *RTD civ.* 2000. 525 s.

3. V., sur la distinction du *fiqh* musulman, du droit romain, du droit canonique et du talmud, G.-H. Bousquet, *Le droit musulman*, 1963, p. 55 s. – V. aussi, quant au bouddhisme, Vu van Mau, *Influence du bouddhisme sur le droit, Rev. asienne de droit comparé*, 1964, p. 3 s.

4. V. J. Carbonnier, *Essais sur les lois*, 2e éd., 1995, p. 295 s. – V. aussi P. Coulombel, Le droit privé français devant le fait religieux, *RTD civ.* 1956. 1 s. ; J.-B. Trotabas, *La notion de laïcité dans le droit de l'église catholique et de l'État républicain*, thèse Aix, éd. 1960 ; J. Robert, *La liberté religieuse et le régime des cultes*, 1977 ; G. Dole, *Les professions ecclésiastiques, fiction juridique et réalité*

profonde. Laïcité ? Lourd de la longue querelle de l'Église et de l'État, ce mot a pris au fil des temps un sens pacificateur. Affirmer le principe de laïcité, ce n'est aucunement nier la liberté de conscience et de religion. C'est au contraire reconnaître la liberté des croyances, mais en sauvegardant la République, au moyen d'une distinction, vitale pour celle-ci, de l'espace religieux et de l'espace politique. Rien d'étonnant si cette séparation s'est spécialement affirmée, après tant de combats, au sujet de l'école publique, car celle-ci est le premier et principal mode d'intégration à la République. De la conquête républicaine, on a tout naturellement déduit une exigence majeure : la *neutralité* de l'enseignement, qu'il s'agisse tant de l'accueil des élèves que du comportement des maîtres. Mais, de la simple neutralité, qui assurait l'équilibre, on est passé progressivement à un tout autre sens : la laïcité implique, bien moins, négativement, la neutralité que, positivement, la *tolérance*, y compris dans les établissements scolaires, ce qui a notamment suscité des conflits en raison du port de signes d'appartenance religieuse (v., quant aux vêtements, *infra*, n° 33) [1].

À l'évidence, notre temps est celui d'un retour à l'interrogation sur le sacré, y compris dans le droit [2]. Plus généralement, on reconnaît que le droit, objet et mode de connaissance, n'est pas seulement un savoir ; il est aussi une croyance, à laquelle, il est vrai, tous n'adhèrent pas, ou n'y adhèrent pas avec la même force de conviction. Mais ce qui en découle est déjà porteur d'un certain message, né du dialogue depuis si longtemps entretenu entre celui qui croyait au droit et celui qui n'y croyait pas. Rien à cela d'étonnant, car le droit se cherche toujours à travers ce qui tout à la fois l'inaugure et le qualifie : la divinité, la nature, la raison, le temps... Il y a dans toute croyance un retour et un pèlerinage aux sources de la lumière et de la vie.

§ 1. Droit et sciences normatives

A. Droit et morale

11 ***Plan*** ◊ Entre la morale et le droit les relations sont plus nettes qu'avec la religion : de très nombreuses règles de droit sont en effet empruntées à la

---

sociologique, 1987 ; G. Koubi, Vers une évolution des rapports entre ordre juridique et ordre religieux, *JCP* 1987, I, 3292 ; Droit et religions : dérives ou inconséquences de la logique de conciliation, *RD publ.* 1992, 725 s. – Rappr., sur la signification proprement théologique de la sécularisation, J. Carbonnier, Défense et illustration de l'humanisme calviniste, in *Jacques Godefroy (1587-1652) et l'Humanisme juridique à Genève*, éd. Bâle, 1991, p. 251 s.

1. V. R. Drago, Laïcité, neutralité, liberté ?, in *Droit, Liberté et Foi*, 1993, p. 125 s., art. reproduit *in Arch. phil. droit*, t. 38, préc., p. 221 s. ; v. aussi La laïcité, *Arch. phil. droit*, t. 48, 2005.

2. V. Ph. Chiappini, *Le sacré et le droit*, thèse Panthéon-Assas (Paris II), *Le droit et le sacré*, coll. L'esprit du droit, Dalloz, 2006. – Sur le développement des sectes, v. Isabelle Rouvière-Perrier, *La vie juridique des sectes*, thèse Panthéon-Assas (Paris II), 1992 ; Ph. Malaurie, Droit, sectes et religion, *Arch. phil. droit*, t. 38, 1993, p. 211 s. ; F. Terré, Les sectes en France, *Rev. sc. morales et politiques*, 1994, p. 323 s. ; C. Duvert, *Sectes et droit*, thèse Panthéon-Assas (Paris II), éd. 2004.

morale, ce qui peut porter à considérer que le droit n'est pas autre chose que la morale relayée et sanctionnée par le groupe social ; les relations étant réciproques, l'on peut aussi estimer qu'en influençant les mœurs, le droit peut rejaillir sur la morale ; il y a d'ailleurs une morale civique.

L'analyse des relations entre le droit et la morale est fondamentale à un double titre : *a*) parce qu'elle peut contribuer à la recherche des critères du juridique ; *b*) parce que, ce faisant, elle permet de mettre en relief l'émergence de l'obligatoire de caractère juridique dans la vie en société.

12 ***1° La distinction du droit et de la morale*** ◊ Pour classique qu'elle soit, elle est caractérisée par la diversité des critères et des opinions [1].

13 ***Diversité des critères*** ◊ N'excluant pas leur cumul, la *diversité des critères* implique cependant un contrôle de leur pertinence.

a) Les sources du droit et de la morale sont différentes. Les préceptes de la morale résultent de la révélation divine, de la conscience (individuelle ou collective), voire des données de la science, tandis que les règles de droit – disons du droit appliqué dans un pays donné, à un moment donné – sont issues de la volonté de certaines autorités. À vrai dire, il est fréquent que celles-ci s'inspirent des règles de la morale de sorte que la divinité, la conscience ou la science peuvent apparaître comme des sources médiates du droit. Mais l'on répond que celui-ci n'en serait pas moins formé et formulé d'une manière qui lui est propre. À la réflexion, il ne faut peut-être pas exagérer la différence, car il existe des règles de droit implicites, informelles ou informulées.

b) Les contenus de la morale et du droit sont différents à un double titre. D'abord, en raison de *l'objet de la règle* : les domaines de l'une et de l'autre ne se recouvrent pas. La morale se préoccupe des devoirs de l'homme non seulement à l'égard des autres hommes, mais aussi à l'égard de lui-même, voire de la divinité : en ce sens, son domaine est plus vaste que celui du droit. Mais, inversement, le droit formule des règles moralement neutres, voire de nature à consolider des situations immorales (le voleur devenant propriétaire après trente ans de possession) : en ce sens, son domaine déborde celui de la morale. N'exagérons pourtant pas l'opposition : selon les milieux et les époques, tel comportement est appréhendé par le droit ou laissé par celui-ci dans le seul domaine de la morale [2].

---

1. V. not. P. Jestaz, Les frontières du droit et de la morale, *RRJ* 1983, 334 s. – V. aussi J. Piaget, Les relations entre la morale et le droit, in *Études sociologiques*, 1977, p. 172 s. ; C. Perelman, *Éthique et droit*, 1990 ; P. Jestaz, Pouvoir juridique et pouvoir moral, *RTD civ.* 1990, 635 s. ; Jürgen Habermas, *Droit et morale*, éd. du Seuil, 1996 ; *Droit et morale*, dir. D. Bureau, F. Drummond et D. Fenouillet, Dalloz, 2011 ; P. Deumier, Les sources de l'éthique des affaires, *Mélanges Le Tourneau*, 2000, p. 337 s. ; *Droit, éthique et religion : de l'âge théologique à l'âge bioéthique*, éd. Bruylant, préf. R. Boudon, 2012.

2. Aristote a notamment distingué les relations régies par le droit et celles qui relèvent de l'amitié (J. Carbonnier, *Flexible droit*, *op. cit.*, p. 36, *Sociologie juridique*, PUF, éd. Quadrige, 1994,

Ensuite, en raison de *l'objectif de la règle*. On dit que la morale est plus exigeante, qu'elle tend à la perfection et qu'elle impose des devoirs de charité rebelles aux techniques du droit jugées en quelque sorte trop rudimentaires. Le droit serait conçu pour la masse, le *plerumque fit ;* pour assurer l'ordre et la paix, il n'aurait pas à rechercher la perfection [1]. Là aussi, on doit nuancer le propos : le droit n'ignore pas le gratuit et le charitable, il lui arrive de les encourager ou, à l'inverse, de s'en méfier ; il affine et accentue, le cas échéant, ses exigences d'ordre éthique ; et, même lorsqu'il appréhende - parfois plus que par le passé (ex. : salariés, consommateurs...) - les phénomènes de masse, la morale peut y trouver un meilleur compte.

c) Les sanctions de la morale et du droit sont différentes. Tandis que les violations de la morale seraient sanctionnées dans le cadre interne, celui de la conscience, les sanctions des violations du droit auraient une origine externe et se relieraient à l'autorité contraignante des pouvoirs publics. Encore convient-il d'observer qu'il y a une influence des sanctions externes sur les sanctions internes et qu'entre les unes et les autres, il existe maintes catégories intermédiaires, par exemple les sanctions liées à la réprobation, même muette, émanant des tiers.

14 ***Diversité des opinions*** ◊ Les incertitudes précédemment évoquées contribuent à expliquer la *diversité des opinions*. Tandis que certains auteurs atténuent la distinction de la morale et du droit et en viennent à soutenir soit que le droit est une morale, soit qu'il est constamment irrigué par la morale [2], d'autres prétendent qu'il conviendrait d'établir entre eux une séparation rigoureuse [3]. Il est probablement plus exact de penser que la solution moyenne est préférable. Et, s'il en est ainsi, c'est dans une large mesure parce que, dans la vie en société, les règles de conduite, telles que le droit les exprime et les sanctionne, n'ont pas

---

p. 64). L'amitié peut cependant être prise en compte par le droit (D. Mayer, L'amitié, *JCP* 1974, I, 2663 ; P. Bedoura, *L'amitié et le droit civil*, thèse ronéot. Poitiers, 1976). On peut en dire autant de l'affection (F. Mechri, *La signification juridique du sentiment d'affection dans le droit des rapports familiaux*, thèse ronéot. Paris II, 1973 ; J. et A. Pousson, *L'affection et le droit*, 1990 ; comp. Y. Noda, *Introduction au droit japonais*, 1966, p. 193, au sujet des relations de *giri*) et, plus généralement, du sentiment (G. Cornu, *Du sentiment en droit civil*, Ann. Fac. Droit Liège, 1964, p. 189 s., rééd. *in L'art du droit en quête de sagesse*, 1998, p. 71 s. ; G. Lagarde, Le droit des affaires, droit sentimental, *Mélanges Savatier*, 1965, p. 491 s. ; rappr. P. Matet, *Le rôle de la caution. Analyse de droit et de sociologie*, thèse ronéot. Paris II, 1978, p. 224 s.). - Sur la distinction de la civilisation de la honte et de la civilisation du péché, v. Y. Noda, *op. cit.*, p. 195 et les références. - Le phénomène de la gratuité est familier au droit ; il n'est pas ignoré du droit commercial (F. Grua, *L'acte gratuit en droit commercial*, thèse Paris I, 1978). - Comp. B. Oppetit, L'engagement d'honneur, *D.* 1979, chron. 107 s., rééd. *in Droit et modernité*, 1998, p. 277 s. - Rappr. G. Cornu, La bonté du législateur, *RTD civ.* 1991, 283 s., rééd. *in L'art du droit en quête de sagesse*, préc., p. 347 s.

1. Sur le droit, considéré comme un pis-aller, et les conceptions orientales, V. Y. Noda, *op. cit.*, p. 175 ; v. aussi T. Awaji, Les Japonais et le droit, in *Études de droit japonais*, Paris, 1989, p. 9 s.

2. G. Ripert, *La règle morale dans les obligations civiles*, 4e éd. 1949 ; v. aussi, du même auteur, Les forces créatrices du droit, 1955.

3. Hart, *Law, Liberty and Morality*, 1963.

seulement pour fin d'assurer la justice, mais aussi de satisfaire d'autres besoins, tels que celui de la sécurité [1]. – V. *infra*, n° 186.

15 ***Droit et justice*** ◊ La puissance du droit et son respect par les sujets de droit, ou encore son prestige [2], dépendent assez largement des relations suffisamment étroites qu'il entretient avec la justice [3]. Un courant de pensée fort ancien définit d'ailleurs le droit comme la science du « juste ». *Jus est ars boni et aequi* affirmait le juriste romain Celse [4]. Cette parenté profonde entre la justice et le droit s'accompagne d'hésitations, liées aux deux éléments de cette relation.

D'une part, la justice peut être entendue de manières fort diverses. C'est surtout à partir d'une distinction essentielle, approfondie par Aristote, que se manifestent les divergences. Pour qui s'attache à la *justice commutative*, il convient, par une appréciation objective des produits et des services échangés entre les hommes, d'assurer autant qu'il est possible une égalité mathématique. Pour qui s'attache à la *justice distributive*, il s'agit d'opérer, autant qu'il est possible, entre les hommes la meilleure répartition des richesses. Or celle-ci peut être conçue de diverses manières, soit comme une égalité théorique et absolue, soit comme une égalité subjective et relative (ex. : à chacun selon son travail, à chacun selon ses besoins). Dans la mesure où la justice guide et inspire le droit (v. *infra*, n° 187), l'inclination vers tel ou tel type de justice n'est évidemment pas sans incidence.

D'autre part, les *attitudes du droit face à la justice* sont diverses. On peut en distinguer trois :

La première est empreinte d'indifférence, en ce sens qu'il existe nombre de règles juridiques d'ordre technique, qui ne s'apprécient pas en relation avec la justice (ex. : les règles de rédaction des actes de l'état civil ou celles qui régissent la publicité foncière).

La deuxième atteste au contraire l'existence de relations étroites. Aussi bien n'est-il pas rare qu'exprimant et prolongeant un besoin de justice, le droit apporte aux préceptes de la morale les compléments et les précisions rendus nécessaires par la vie en société. Ainsi est-il moralement répréhensible de vendre à un prix excessif, voire d'acheter à vil prix ; mais, si l'on se contentait de ces formules, trop de contrats de vente seraient exposés à des contestations ; voilà pourquoi le droit précise, par exemple, les conditions dans lesquelles un contrat de vente peut être attaqué.

---

1. Ainsi en est-il de la prescription acquisitive des immeubles par usucapion trentenaire, qui permet au voleur, après trente années de possession non troublée, d'être considéré comme propriétaire.
2. Rappr. A. Podgorecki, *The prestige of Law*, Acta sociologica, *Rev. Scand. de sociologie*, vol. 10, fasc. 1-2, 1966, p. 81 s.
3. Senn, *De la justice et du droit*, 1927 ; J. Hervada, *Introduction critique au droit naturel*, éd. Bière, 1991 ; R. Boudon, *Le juste et le vrai*, éd. Fayard, 1995. – V. le n° spéc. *La justice*, éd. Autrement, 1994, et *De l'injuste au juste*, dir. Marie-Anne Frison-Roche et W. Baranès, Dalloz, 1997.
4. Digeste, I, 1 *de justicia et jure* I.

La troisième est en revanche le signe d'un conflit entre le droit et la justice, se manifestant chaque fois que le combat en faveur de celle-ci est contrarié par la nécessité, inhérente au droit, de faire régner, non seulement la justice, mais aussi l'ordre, la sécurité et la paix. Ainsi, lorsqu'une vente est passée à un prix trop bas, la justice milite soit en faveur de la nullité de la vente, soit dans le sens du paiement d'un supplément de prix ; mais, le plus souvent, un écart entre le prix et la valeur de la chose d'une part, le désir d'assurer la sécurité des transactions, d'autre part, ont conduit à fixer des conditions et des seuils au-dessous desquels le droit refuse de servir les intérêts de la justice [1]. En ce sens, on peut estimer qu'il est moins nuancé, plus rudimentaire.

16 ***Droit et équité*** ◊ Le besoin de la sécurité peut éloigner le droit de la justice. Or le recours à l'équité tend précisément, par l'atténuation de ce que le droit - et surtout le droit écrit - peut avoir de trop rigide, à réduire l'écart pouvant exister entre la justice et le droit [2]. « L'équité ne va pas contre ce qui est juste en soi, mais contre ce qui est juste selon la loi », écrit saint Thomas [3].

17 ***Équité dans le droit*** ◊ Plus généralement et profondément, la considération de l'équité alimente la réflexion sur ses rapports avec le droit, que ce soit dans des domaines couverts de règles - de trop de règles - ou au contraire dépourvus d'un balisage suffisant. De toute manière, à la recherche continuelle d'une adéquation satisfaisante, la souplesse, certes, mais aussi, ce qui est dangereux, la subjectivité des auteurs ou des agents de l'application du droit doivent être prises en considération. C'est en droit international public, dans les rapports entre les États, que l'analyse de la nature et de la portée de l'équité a été le plus approfondie par les juristes.

---

1. En matière de prescription extinctive, le besoin de sécurité refoule aussi l'aspiration vers la justice : à l'expiration d'un délai, le créancier ne peut plus réclamer le paiement, ce qui équivaut à libérer le débiteur sans que celui-ci ait acquitté sa dette ; on peut considérer que la sécurité commande d'éviter les réclamations tardives. À vrai dire, dans beaucoup de cas, la sécurité et la justice ne sont alors qu'apparemment en conflit : si le débiteur - ce qui est le cas le plus fréquent - s'est libéré de sa dette, l'écoulement du temps de la prescription facilite la preuve de sa libération, le droit venant alors à nouveau en renfort de la justice.

2. V. Dessens, *Essai sur la notion d'équité*, thèse Toulouse, 1934 ; B. Jeanneau, *Le traitement de l'équité en droit français*, Trav. et recherches de l'Instit. de droit comp. de Paris, t. XXXIII, 1970, p. 21 s. ; P. Cintura, L'usage et la conception de l'équité par le juge administratif, *Rev. intern. dr. comp.* 1973, 657 s. ; E. Agostini, L'équité, *D.* 1978, chron. 7 ; M. Virally, *Le droit international en devenir, Essais écrits au fil des ans*, PUF, 1990, spéc. p. 405 s. - V. aussi en ce sens que l'équité n'est pas une source du droit, les obs. de N. Molfessis, *RTD civ.* 1998. 221 s. ; L. Cadiet, L'équité dans l'office du juge civil, Rev. *Justices*, n° 9/1998, *Justice et équité ;* D. Gutmann, Le juge et l'équité, Enjeux philosophiques, *Rev. Histoire de la justice*, n° 11/1998, p. 141 s. ; P. Kayser, L'équité modératrice et créatrice de règles juridiques en droit privé français, *RRJ* 1999-1, 13 s. ; Ch. Albiges, *De l'équité en droit privé*, thèse Montpellier, éd. 2000 ; Hans Sak, Que reste-t-il de l'équité ? Essai sur le présent et l'avenir d'une notion en droit français, *RRJ* 2002-4, 1679 s. ; P. Kayser, Essai de contribution aux notions de droit, de justice et d'équité, *RRJ* 2001-1, 15 s. ; M. Fouletier, *Recherches sur l'équité en droit public français*, éd. 2002.

3. *Somme théologique*, II a, II ae, Q 120, A I, ad 1, 2.

Leur observation des flux et des reflux de l'équité par rapport à la normalité les a conduits en général à « préserver l'acquis précieux que constitue l'enrichissement du droit par l'équité, sans pour autant étouffer le droit par l'équité en décrétant que l'équité, c'est le droit, et que le droit ce n'est rien d'autre que l'équité »[1]. Ainsi que l'écrit justement M. Prosper Weil, « L'équité *dans* le droit, oui. L'équité *à la place* du droit, non »[2].

Sans abandonner une démarche comparative, d'esprit international autant qu'historique, il faut bien considérer les aventures et les pesanteurs du passé. Envisagée *dans* le droit, l'équité ne peut l'être de la même manière selon la place qu'occupent dans celui-ci la loi, la jurisprudence et la coutume. Là où la loi est dominante, c'est naturellement sous la forme d'un correctif apporté à celle-ci que s'exprime l'équité. Le contexte est bien différent s'il y a primauté du juge. L'équité n'est pas la même en pays de droit romaniste ou en pays de *common law*. Et elle a aussi un visage différent dans le cadre des droits coutumiers. C'est une philosophie variable que l'on vit et que, parfois, l'on discerne derrière tout cela en remontant vers la douceur grecque et le sentiment de l'ε☒πιει☒κη, permettant de corriger « ce que la stricte justice avait de peu satisfaisant »[3].

On a dit que l'équité est « un recours au juge contre la loi »[4]. Encore convient-il d'observer que, dans nombre de cas, c'est la loi elle-même qui renvoie à l'équité, expressément ou non. Ainsi l'article 1135 du Code civil dispose que « les conventions obligent non seulement à ce qui y est exprimé, mais encore à toutes les suites que *l'équité*, l'usage ou la loi donnent à l'obligation d'après sa nature » ainsi encore, lorsque le juge condamne la partie tenue aux dépens ou, à défaut, la partie perdante à payer à l'autre partie la somme qu'il détermine, au titre des frais exposés et non compris dans les dépens (ex. : les honoraires d'avocat), il « tient compte de l'*équité* ou de la situation économique de la partie condamnée » (C. pr. civ., art. 700)[5]. Dans d'autres cas, le pouvoir d'équité est attribué au juge de manière moins explicite : la nature de certaines décisions, par exemple l'octroi de délais au débiteur malheureux (C. civ., art. 1244, al. 2), implique cette mission, qui relève même non seulement de la justice, mais de la charité ; plus nets sont les cas dans lesquels le droit consacre le « pouvoir modérateur » du juge[6], par exemple en matière de « clauses

---

1. P. Weil, *Cours général de droit international public*, La Haye, 1992, t. VI, p. 257.
2. *Ibid.*
3. J. de Romilly, *La douceur dans la pensée grecque*, éd. Les Belles Lettres, 1979, p. 54 ; N. Bobbio, *Le sage et la politique, Écrits moraux sur la vieillesse et la douceur*, trad. franç. éd. Albin Michel, 2004. – On peut aussi avoir du droit une vision optimiste ou une vision pessimiste. Rappr. : « Il y a un pessimisme qui a sa source dans une vision quasi-spinozienne de l'universel besoin d'être. Mais c'est la part du droit que d'être pessimiste ; et dans l'histoire, le pessimiste actif a probablement été plus efficace pour le progrès que la sensibilité romantique » (J. Carbonnier, préface thèse K. Stoyanovitch, *Les tsiganes*, éd. 1974, p. 10).
4. C. Perelman, Cinq leçons sur la justice, *in Droit, Morale et Philosophie*, Paris, 1968, p. 18.
5. V. aussi C. civ., art. 565 et 1579.
6. V. C. Brunet, Le pouvoir modérateur du juge en droit civil français, thèse dactyl. Paris 1973 ; F. Lafay, La modulation du droit par le juge, Étude de droit privé et sciences criminelles, thèse Lyon III, éd. 2006.

pénales » (C. civ., art. 1152, al. 2). Un mouvement plus général d'assouplissement de la force obligatoire des engagements s'est manifesté en matière de recouvrement des créances, civiles ou commerciales, ce qui explique l'instabilité du droit de la « faillite » et, plus largement, de l'endettement, ainsi que du « surendettement ».

L'arbitraire et l'incertitude qui sont attachés à l'équité s'étaient particulièrement manifestés sous l'Ancien Régime [1], ce qui a suscité la réaction révolutionnaire. En principe, les tribunaux ne peuvent statuer en équité [2]. Il en va autrement lorsque ce pouvoir leur est reconnu soit par un texte spécial, soit, dans certaines conditions, par l'effet d'un accord des parties : il résulte, en effet, de l'article 12, alinéa 4, du nouveau Code de procédure civile que, le litige né, les parties peuvent, en vertu d'un accord exprès et pour les droits dont elles ont la libre disposition, conférer au juge mission de statuer comme amiable compositeur, sous réserve d'appel si elles n'y ont pas spécialement renoncé (v. *infra*, n° 725).

L'équité exerce un rôle important en matière d'arbitrage, c'est-à-dire lorsque (si c'est possible) des personnes en conflit confient à des personnes privées, et non à des tribunaux étatiques, le soin de trancher leurs litiges, car elles peuvent alors donner aux arbitres le pouvoir de décider non seulement d'après les règles du droit, mais aussi comme « amiables compositeurs », donc en équité. À travers l'amiable composition, on discerne peut-être mieux qu'ailleurs l'influence originale de l'équité sur le droit [3].

18 ***2° L'émergence de l'obligation juridique*** ◊ À travers l'étude des relations entre la morale et le droit, on discerne le seuil du juridique, précisément parce que de très nombreuses règles de droit (mais pas toutes) sont empruntées à la morale. Mais le fait qu'il y ait un devoir moral ne permet pas de considérer qu'il y a un devoir juridique.

C'est lorsque l'on se rapproche du droit que l'investigation devient éclairante. Ainsi s'interroge-t-on souvent, à propos des *engagements d'honneur*, sur le point de savoir si ces engagements lient ou ne lient pas juridiquement leurs auteurs [4] ; dans l'affirmative, ceux-ci ne pourraient se dérober à leurs engagements. Mais c'est parce qu'en pareil cas, *ab initio*, le comportement

---

1. V. G. Boyer, La notion d'équité et son rôle dans la jurisprudence des Parlements, *Mélanges Maury*, 1960, t. II, p. 257 s. – De cette époque date la formule célèbre : « Dieu nous garde de l'équité des parlements ».

2. Soc. 23 janv. 1948, *JCP* 1948, II, 4229 ; Crim. 24 juill. 1967, *JCP* 1968, II, 15339. – Sur le *phénomène Magnaud*, ainsi appelé à la suite des décisions prises en équité par un juge de Château-Thierry, V. F. Gény, *Méthode d'interprétation et Sources en droit privé positif*, rééd. 1954, t. II, p. 287 s.

3. V. E. Loquin, L'amiable composition en droit comparé et international. Contribution à l'étude du non-droit dans l'arbitrage international, thèse Dijon, 1978, éd. 1980 ; P. Estoup, L'amiable composition, *D.* 1986. Chron. 221.

4. V. B. Oppetit, L'engagement d'honneur, *D.* 1979, chron. 107 s., rééd. L'honneur *in Droit et modernité*, 1998, p. 277 s. ; D. Ammar, *L'engagement d'honneur*, thèse ronéot. Paris I, 1990 ; B. Beignier, *L'honneur et le droit*, thèse Paris II, éd. 1993, et *L'honneur*, Rev. *Droits*, n° 19-1994, p. 97 s. ; v. *infra*, n° 34.

de celui qui s'est engagé a créé au profit d'autrui le pouvoir d'obtenir, serait-ce au moyen de la contrainte étatique, l'exécution de l'engagement.

Les questions, on l'imagine aisément, affluent. Pourquoi, en vertu de quoi, s'engage-t-on ? Où est le phénomène primaire ? Quand apparaît dans l'histoire le *vinculum juris ?* Seulement à un certain moment dans l'évolution du droit romain [1]. Comment s'opère dans la philosophie du droit moderne l'affinement des concepts, par rapport au sacré, à la rationalité, à la loyauté, à la volonté, à l'implicite, à la théorie des jeux ? Les réponses ont varié au cours de l'histoire [2].

19 ***Les obligations naturelles*** ◊ Normalement l'obligation juridique donne prise à la contrainte étatique : si le débiteur n'exécute pas volontairement, il peut y être contraint par la force. À cet égard, le devoir moral s'oppose à l'obligation juridique : il lui manque précisément la contrainte étatique. Entre ces deux notions, il existe une catégorie intermédiaire, celle des obligations dites « naturelles », par opposition aux obligations dites « civiles » [3]. L'obligation naturelle n'est pas susceptible d'exécution forcée ; en cela, elle ressemble au devoir moral. Mais, si le débiteur de l'obligation naturelle l'exécute volontairement et en connaissance de cause, il est censé exécuter une obligation reconnue par le droit positif. Alors le seuil du juridique est atteint. L'obligation naturelle est une obligation juridique.

20 ***Les obligations naturelles et la morale*** ◊ Le droit romain, très formaliste, soumettait la création des obligations à des règles très strictes. Mais il parut nécessaire de faire produire certains effets à des obligations qui n'étaient pas sanctionnées par le droit civil, par exemple à celles issues d'engagements pris par des fils de famille, qui ne pouvaient s'engager civilement, n'ayant pas la personnalité ; de même, l'obligation naturelle était admise en cas de nullité d'un acte pour défaut de forme. Les auteurs classiques du XIXe siècle ont repris cette conception qui avait d'ailleurs inspiré aussi une partie de la doctrine sous l'Ancien droit. Aubry et Rau l'ont

---

1. V. J. Gaudemet, Naissance d'une notion juridique. Les débuts de l'« obligation » dans le droit de la Rome antique, *in L'obligation*, Arch. phil. droit, t. 44, 2000, p. 19 s. ; R.-M. Rampelberg, L'obligation romaine : perspective sur une évolution, *Arch. phil. droit*, préc., p. 51 s.

2. V. not., sur tous ces sujets, vol. *Arch. phil. droit* préc.

3. E.-H. Perreau, Les obligations de conscience devant les tribunaux, *RTD civ.* 1913, 503 s. ; R. Savatier, *Des effets et de la sanction du devoir moral en droit positif français et devant la jurisprudence*, thèse Poitiers, 1916 ; C. Thomas, *Essai sur les obligations naturelles en droit privé français*, thèse Montpellier, 1932 ; G. Ripert, *La règle morale dans les obligations civiles*, 4e éd. 1949, nos 186 s. ; J. Flour, *La notion d'obligation naturelle et son rôle en droit civil*, Trav. Assoc. H. Capitant, t. VII, 1952, p. 813 s. ; J.-J. Dupeyroux, *Contribution à la théorie générale de l'acte à titre gratuit*, thèse Toulouse, 1955, nos 322 s. ; Les obligations naturelles, la jurisprudence et le droit, *Mélanges Maury*, 1960, t. II, p. 321 s. ; M. Gobert, *Essai sur le rôle de l'obligation naturelle*, thèse Paris, éd. 1957 ; Ghestin et Goubeaux, *Introduction générale*, nos 667 s. ; M. Rotondi, Quelques considérations sur le concept d'obligation naturelle et son évolution, *RTD civ.* 1979, 1 s. ; M. Condrais, L'obligation naturelle : une idée moderne ? *RTD civ.* 2011, 453 s.

systématisée en reconnaissant deux sortes d'obligations naturelles : *a) L'obligation civile avortée* : l'obligation n'a pas accédé à la vie juridique, toutes les règles légales n'ayant pas été respectées. Par exemple, une donation a été faite sans les formes légales, alors que la volonté des parties était tout à fait consciente ; une obligation naturelle existe à la charge du donateur ou de ses héritiers, parce que le consentement, élément essentiel, existait. *b) L'obligation civile dégénérée* : une obligation civile a existé ; pour tel ou tel motif, le législateur retire au créancier le droit d'action, par exemple en raison de la prescription ; le débiteur demeure tenu d'une obligation naturelle.

Cette analyse classique est depuis assez longtemps abandonnée par la doctrine et l'on doit désormais considérer qu'elle a aussi été condamnée par la Cour de cassation dans la mesure où celle-ci a affirmé que « la transformation - improprement qualifiée novation - d'une obligation naturelle en obligation civile, laquelle repose sur un engagement unilatéral d'exécuter l'obligation naturelle, n'exige pas qu'une obligation civile ait elle-même préexisté à celle-ci » [1]. S'il reste donc tout à fait possible que l'obligation naturelle ait son origine dans une obligation civile, cela n'est pourtant pas une condition nécessaire.

L'hésitation n'en persiste pas moins lorsqu'il s'agit de trouver une autre explication, et même un autre fondement. L'important est de savoir à partir de quel moment un comportement peut être considéré non pas comme la seule manifestation d'un esprit de libéralité, suscitant l'application des règles relatives aux actes à titre gratuit, pour être situé dans le cadre des obligations naturelles, mais comme l'exécution d'un devoir préexistant. Où se situe la frontière ?

21 ***Question de forme*** ◊ À ce point de la réflexion, deux perspectives peuvent être retenues : forme et fond. L'une insiste sur la *forme* par laquelle s'exprime l'obligation naturelle ou la promesse d'exécuter celle-ci, en d'autres termes par l'exécution ou la promesse d'exécution de l'obligation naturelle. Et l'on constate qu'il peut être à première vue normal de prendre en compte l'acte juridique exprimant la volonté, de la part du débiteur, de concrétiser une obligation latente. Le plus souvent unilatéral, cet acte est si important qu'on est tenté de voir en lui la véritable cause efficiente du lien obligatoire, au risque de confondre celui-ci avec sa réalisation. Dans cette voie séduisante, on surmonte dans un premier temps un obstacle ancien et sérieux. L'engagement unilatéral de volonté peut servir à expliquer le mécanisme de l'exécution de l'obligation naturelle - en dépit des réticences du droit français

1. Civ. 1re, 10 oct. 1995, *Bull. civ.* I, n° 352, *D.* 1996, somm. p. 120, obs. R. Libchaber, *D.* 1997, 155, note G. Pignarre, *LPA*, 23 août 1996, p. 9, note S. Hocquet-Berg ; 22 juin 2004, *D.* 2004, 2953, note M. Nicod, *AJ fam.* 2004. 405, obs. F. Bicheron, *RTD civ.* 2005, 397, obs. J. Mestre et B. Fages ; v. aussi N. Molfessis, L'obligation naturelle devant la Cour de cassation, *D.* 1997, chron. 85 s.

des obligations à ce sujet. Et c'est ce qu'affirme la Cour de cassation au sujet de ce que, d'après elle, on appellerait à tort une novation [1].

Mais alors ne convient-il pas de pousser plus loin le raisonnement. Si l'engagement unilatéral de volonté suffit à expliquer l'obligation devenue civile, à la suite d'une métamorphose, à quoi bon se référer à une obligation naturelle préexistante ? Ne suffit-il pas de considérer que l'engagement unilatéral peut produire effet pourvu que les conditions normales de l'acte juridique - consentement, capacité, objet, cause - soient satisfaites ? Il est vrai que, sur ce terrain, l'obligation naturelle préexistante conserve une utilité de prime abord évidente : elle permet de *causer* l'acte, en permettant de ne pas y voir une pure et simple manifestation de l'esprit de libéralité. Mais l'on voit bien alors que, sur le terrain de la cause, le problème est déplacé bien plus qu'il n'est résolu. Par un singulier retour en arrière - si ce n'est même une contradiction - on observera que, lorsque par son arrêt du 10 octobre 1995 précité, la Cour de cassation a affirmé sa référence - si ce n'est sa préférence - pour l'idée d'engagement unilatéral, c'est dans une affaire où il s'agissait d'éviter les conséquences de l'annulation d'un acte pour cause illicite, ce qui paradoxalement ramène sur la voie des obligations civiles dégénérées ou avortées. En réalité on ne saurait, à notre avis, confondre, aux fins d'instrumentalisation, la manifestation extérieure de volonté avec ce qui lui préexiste, l'explique et même la fonde [2].

22 ***Question de fond*** ◊ Mieux vaut observer que « c'est le droit lui-même qui détermine les cas d'obligation naturelle » [3]. Sans aboutir à des conséquences opposées à la précédente, cette autre démarche situe tout de même la question de l'obligation naturelle sur son vrai terrain, qui est bien davantage celui du *fond* que celui de la forme. Et c'est dans ce contexte que l'analyse dominante relie l'obligation naturelle à l'existence d'un *devoir de conscience*. Procédant d'une vision élargie du domaine des obligations naturelles, cette analyse manifeste l'influence de la morale dans l'apparition de l'obligation juridique : en reconnaissant l'existence d'une obligation naturelle, les tribunaux appellent tout simplement à la vie juridique, sans passer par la technique de l'obligation civile avortée ou dégénérée, des devoirs moraux ou de conscience.

Si cette explication l'emporte en doctrine, elle n'en soulève pas moins, par rapport au droit positif, des embarras, tenant au fait que le critère peut rester parfois incertain. Pourquoi ici une obligation naturelle, et pas là, alors que les deux situations sont très voisines, sinon identiques ? La perplexité tient sans doute au fait que l'on s'est, en général, référé à la *conscience individuelle*, en se plaçant de préférence du côté du débiteur de l'obligation et non pas du

---

1. Civ. 1re, 10 oct. 1995, préc.
2. V. la pénétrante analyse de N. Molfessis, préc.
3. D. Laszlo-Fenouillet, *La conscience*, thèse Panthéon-Assas (Paris II), éd. 1993, n° 147, p. 87, citant G. Cornu : « La volonté ne crée pas ici sa loi *ex nihilo*, mais apporte un *tertium quid* à une obligation latente » (note *D.* 1958, 691, sous Civ. 30 janv. 1958).

côté du créancier. Au reste, à cette étape de la réflexion, on peut être troublé en observant qu'il peut exister des obligations naturelles là où ne se pose pas vraiment une question de conscience individuelle, et vice versa. En revanche, l'existence et le régime de l'obligation naturelle se comprennent beaucoup mieux si l'on se réfère à l'intérêt social [1]. « Si devoir de conscience il y a, c'est en réalité essentiellement pour le bon père de famille et, très accessoirement, pour l'individu soumis à l'obligation. Là, et seulement là, réside le rôle de la conscience à l'égard de l'obligation naturelle. Les prétendus devoirs juridiques de conscience ne sont pas ceux imposés par la conscience du sujet de droit soumis à la règle, mais ceux imposés par la "conscience collective", la règle morale » [2]. Morale et nature se rejoignent ici d'une manière qui n'est pas sans évoquer les obligations selon le droit naturel. En dire davantage serait s'engager trop loin et prendre en considération, dans leurs rapports avec le droit, les diverses significations du concept de nature : nature du monde, nature de l'homme, nature des choses.

23 ***Cas d'obligations naturelles*** ◊ Le Code civil n'a pas dressé une liste des obligations naturelles ; ce sont les tribunaux qui en ont reconnu l'existence dans un certain nombre de cas.

Lorsqu'une obligation civile préexistante a disparu dans certaines conditions, le débiteur peut être tenu d'une obligation naturelle. Il en est ainsi, notamment, lorsqu'une obligation civile a été éteinte par prescription [3]. On admet aussi que la nullité d'une obligation pour incapacité laisse subsister une obligation naturelle à la charge du débiteur [4]. Il en va de même lorsque les héritiers d'une personne acceptent d'exécuter un legs verbal, par conséquent nul en la forme [5].

L'on a pu être tenté de rapprocher de la théorie de l'obligation naturelle, les dispositions des articles 1965 et 1967 du Code civil aux termes desquels la loi n'accorde aucune action pour une dette du jeu ou pour le payement d'un pari, le perdant ne pouvant répéter ce qu'il a volontairement payé, à moins qu'il n'y ait eu, de la part du gagnant, dol, supercherie ou escroquerie [6]. La privation de l'action en justice, qui atteint, suivant les cas, le gagnant, s'il n'a pas été payé, ou le perdant, s'il a payé, s'explique historiquement par la défaveur manifestée par le droit positif à propos des jeux de hasard, considérés comme présentant un caractère immoral. Ce n'est pas l'idée d'obligation naturelle qui inspire ces solutions, mais l'idée de sanction, que l'on retrouve dans la théorie générale des obligations, lorsqu'une personne ne peut agir en justice en raison de sa propre turpitude (*nemo auditur propriam turpitudinem suam allegans*) [7]. La coexistence

1. M. Gobert, *op. cit.*, p. 15 s.
2. D. Laszlo-Fenouillet, *op. cit.*, n° 172, p. 112.
3. Req. 17 janv. 1938, *DP* 1940, 1, 57, note J. Chevallier.
4. Civ. 9 mars 1896, *DP* 1896, 1, 391.
5. Civ. 1re, 27 déc. 1963, *Bull. civ.* I, n° 573.
6. V. H. Mayer, Jeux et exception de jeu, *JCP* 1984. I. 3141.
7. V. *Les obligations*, préc., nos 428 s.

de la position traditionnelle avec l'autorisation des casinos, et l'organisation de la Loterie nationale, du tiercé et autres inventions d'ordre ludique, n'a pas été sans soulever des difficultés et appeler un cantonnement du refus de l'action en justice, lié au recul du reproche d'immoralité attaché aux jeux de hasard. Reste que c'est l'immoral et non le moral qui explique en la matière les solutions nuancées du droit positif [1].

Le devoir moral ou devoir de conscience fonde au contraire l'existence d'obligations naturelles même dans des cas où il n'y a pas d'obligation civile préexistante. Ainsi est-ce un devoir de conscience de réparer le dommage que l'on a causé par son fait, même si les conditions de l'action civile en responsabilité ne sont pas remplies, par exemple en cas de rupture non dolosive d'un concubinage [2]. Les tribunaux ont aussi érigé en obligations naturelles les devoirs nés des relations de famille qui n'ont pas reçu la sanction de la loi. Ainsi en est-il de l'obligation naturelle alimentaire reconnue, à défaut d'obligation civile, entre frères et sœurs [3] ou de l'obligation naturelle de secours entre époux après divorce [4].

24 ***Effets des obligations naturelles*** ◇ Les effets des obligations naturelles se manifestent essentiellement à deux points de vue :

1) L'obligation naturelle, dont l'exécution ne peut être exigée par une action en justice, peut être exécutée volontairement. Lorsque le débiteur de l'obligation naturelle procède à une telle exécution, deux conséquences en découlent :

a) *Le paiement est valable :* le débiteur ne peut revenir sur le paiement qu'il a fait, agir en restitution, en prétendant qu'il a payé ce qu'il ne devait pas. Certes, le paiement qui a été fait par une personne qui ne devait rien peut faire l'objet d'une action en restitution ; mais la loi considère que le

---

1. La demande en remboursement d'un chèque sans provision formée par un casino ne peut être rejetée au motif que la dette du tireur était une dette de jeu pour laquelle la loi n'accorde aucune action (Cass. ch. mixte, 14 mars 1980, *Gaz. Pal.* 1980, 1, 290, concl. Robin). L'autorisation et la réglementation d'un casino par les pouvoirs publics empêchent le client de se prévaloir de l'article 1965, sauf s'il est établi que la dette correspond à des avances destinées à alimenter les besoins du jeu (Civ. 1re, 31 janv. 1984, *D.* 1985, 40, note Diener) ; mais cette dernière restriction, retenue s'il s'agit du contrat de prêt, ne s'applique pas aux « accords de commodité », par exemple à l'accord conclu entre le caissier et le client, permettant à celui-ci de n'établir, en fin de soirée, qu'un chèque global, plutôt que des chèques successifs chaque fois qu'il va chercher des jetons (Civ. 1re, 3 mai 1988, *Bull. civ.* I, n° 124, *RTD civ.* 1988, 732, obs. J. Mestre).

2. Civ. 1re, 29 mai 1956, *Bull. civ.* I, n° 211, *Gaz Pal.* 1956, 2, 83 ; Lyon 18 déc. 1973, *D.* 1974, Somm. 73. – Si le concubinage s'est accompagné d'une faute, à son origine (séduction dolosive) ou ultérieurement, notamment lors de sa rupture, il y aurait alors une *obligation civile*, sur le fondement de l'article 1382 C. civ. (Civ. 1re, 30 nov. 1959, *Bull. civ.* I, n° 503, *Gaz Pal.* 1960, 1, 260).

3. Paris, 25 avril 1932, *DH* 1932, somm. 26. – La même solution a été admise dans les rapports entre alliés (Req. 10 janv. 1905, *DP* 1905, 1, 47).

4. Civ. 2e, 25 janv. 1984, *D.* 1984, 442, note C. Philippe, *JCP* 1986, II, 20540, note Annick Batteur, *Bull. civ.* II, n° 13 ; 9 mai 1988, *Bull. civ.* II, n° 111, p. 59, *D.* 1989, 289, note J. Massip. – L'admission de cette obligation naturelle est très utile pour l'ancien conjoint qui a négligé de faire la demande d'un secours lors du divorce ou même qui a été débouté de sa demande de prestation compensatoire (Civ. 2e, 9 mai 1988, préc.).

paiement d'une obligation naturelle est dû, encore que la dette ne fût pas exigible ; aussi l'article 1235, alinéa 2, du Code civil exclut dans ce cas l'action en répétition. Mais le texte suppose que le paiement a été fait volontairement, c'est-à-dire en connaissance de cause ; si le débiteur qui a payé croyait être tenu civilement, il pourrait agir en restitution, l'exécution de l'obligation naturelle ne pouvant être que volontaire.

b) *Le paiement de l'obligation naturelle ne sera pas considéré en principe comme une libéralité.* À la différence de la libéralité qui suppose la spontanéité, rien n'obligeant l'auteur d'une libéralité à consentir la donation ou le legs, l'exécution de l'obligation naturelle est motivée par une obligation préexistante, encore qu'elle ne fût point exigible : le débiteur qui a payé se sentait tenu par sa conscience ; il n'exécute donc pas une libéralité. C'est pourquoi on n'appliquera pas au paiement de l'obligation naturelle les règles des libéralités, ni les règles de forme auxquelles les donations et les legs sont soumis, ni les règles de fond - rapport et réduction - concernant la protection du patrimoine familial.

2) Si le débiteur de l'obligation naturelle, sans l'acquitter immédiatement, s'engage simplement à le faire, cette promesse engage civilement son auteur. L'allergie du droit français à l'engagement par volonté unilatérale a conduit la jurisprudence à considérer l'opération comme la novation d'une obligation préexistante [1]. Mais une évolution s'est produite : la transformation d'une obligation naturelle en obligation civile « repose sur un engagement unilatéral d'exécuter l'obligation naturelle (et) n'exige pas qu'une obligation civile ait elle-même préexisté à celle-ci » [2] (sur l'analyse retenue, v. *supra*, n° 21).

Cette analyse rend d'autant plus importante l'exigence de preuve de cet acte juridique que constitue la promesse selon les modes de preuve de droit commun des actes juridiques (*infra*, n°s 610 s.), c'est-à-dire au-dessus de 1 500 € [3], par écrit, ou tout au moins avec un commencement de preuve par écrit rendant admissibles les témoignages ou présomptions, sauf s'il a été matériellement ou moralement impossible au créancier d'exiger la preuve écrite d'une telle promesse.

B. Droit et logique

25 ***Généralités*** ◊ Ainsi, parce qu'il se manifeste par des normes de conduite, le droit suscite une recherche des différences, voire des interférences existant entre lui et des sciences normatives. On vient de voir qu'entre le droit

1. Civ. 1re, 22 juin 2004, *D.* 2004, 2953, note M. Nicod.
2. Civ. 1re, 10 oct. 1995, *Bull. civ.* I, n° 352, *D.* 1996, somm. 120, obs. R. Libchaber, *D.* 1997, 155, note G. Pignarre ; N. Molfessis, chron. préc. ; 4 janv. 2005, *D.* 2005, 1393, note G. Loiseau, *RTD civ.* 2005, 397, obs. J. Mestre et B. Fages ; 23 mai 2006, *D.* 2006, IR 1561.
3. V. décr. 15 juill. 1980, art. 1er (mod. décr. 20 août 2004, art. 56).

et la morale (ou l'éthique pour être plus exact, aux yeux de beaucoup), les relations sont étroites (*supra*, n°s 11 s.).

Quand on s'emploie à discerner les critères du juridique, à cerner le droit, il n'est pas non plus inutile d'établir une comparaison entre règles de droit et règles de logique.

L'histoire de la logique mathématique révèle l'existence de trois phases. D'abord la phase de la mise en forme *déductive*, plus précisément de la formulation euclidienne des éléments de géométrie, qui a servi de modèle d'organisation logique et a longtemps manifesté l'existence d'une grande parenté entre la démarche des mathématiciens et celle des « jurisconsultes des Pandectes » [1]. Sur ce point, notamment, l'approche de Leibniz est significative. Mais, à partir du XIXe siècle, la logique mathématique a franchi de nouvelles étapes : phase axiomatique, puis phase symbolique.

Or le droit et sa logique n'ont pu suivre le mouvement, ce qui facilite la distinction des règles de droit et des règles de logique. Tout au plus peut-on estimer que la logique juridique a fait siens certains apports de la démarche axiomatique.

26 ***La logique et la méthodologie juridiques*** ◊ Que l'on parle de logique du droit ou de logique juridique, le fait est que la matière a fait l'objet, depuis quelques décennies, d'études importantes qui ont secoué une assez longue torpeur [2], d'une manière générale [3] ou plus spécialement au sujet de la logique judiciaire [4].

Certains courants reposent sur la fidélité à des attitudes, à des méthodes et à des raisonnements qui se relient soit au passé ancien de la logique classique, issue de l'Antiquité et renouvelée sous l'influence de l'essor des sciences expérimentales, soit à l'usage des ressources de la dialectique hégélienne dans le déroulement du raisonnement juridique [5].

Dans cette ligne de pensée, assez rigoureusement méthodologique, le renouveau des analyses a porté à mieux mettre en relief l'originalité de la démarche juridique, qui repose sur le passage nécessaire par la *contradiction*

---

1. V. G. Kalinowski, *La logique déductive*, PUF, coll. Droit, Éthique, Société, 1996.

2. V. Saint-Albin, Logique judiciaire ou traité des arguments, 1841 ; Fabreguettes, *Logique judiciaire et l'art de juger*, 2e éd. 1926. – On doit aussi tenir compte de F. Gény, *Méthode d'interprétation et sources en droit privé positif*, 2e éd. 1919, nouv. tirage 1954.

3. *Arch. phil. droit*, t. XI, 1966 : La logique du droit ; Ann. Fac. droit Toulouse, t. XV, 1967, fasc. 1, *La logique juridique ;* v. J. Carbonnier, Les recherches de logique juridique, *Année sociol.* 1966, p. 365 s. ; Ghestin et Goubeaux, *Introduction générale*, n°s 35 s. ; rappr. *Arch. phil. droit*, t. 23, 1978 : Formes de rationalité en droit ; rappr. P.-Y. Gautier, Essai sur la plume juridique, *Mélanges Goubeaux* 2009, p. 165 s. – V. aussi E.S. de La Marnierre, *Éléments de méthodologie juridique*, 1976. – On signalera, dans une perspective semblable, la naissance et le développement de l'Assoc. intern. de méthodologie juridique (Aix-en-Provence) ; v. aussi les *Cahiers de méthodologie juridique*, pub. annuelle depuis 1986, et, fondamental, J.-L. Bergel, *Méthodologie juridique*, PUF, éd. 2001.

4. Trav. Fac. droit Paris, Série Droit privé, n° 6, *La logique judiciaire*, 1969 ; v. aussi H. Jaeger, La logique de la pensée judiciaire et la philosophie du jugement, *Arch. phil. droit*, 1966, p. 59 s.

5. Rappr. E. Bertrand, Le rôle de la dialectique en droit privé positif, *D.* 1951, chron. 151 s.

entre des thèses opposées, ce comportement se manifestant tout particulièrement à l'occasion du débat judiciaire. Ajoutons que, surtout lorsque le système juridique est très élaboré, l'existence de principes et d'axiomes favorise la démarche *déductive* dans la recherche des solutions.

Le *syllogisme juridique* – en application duquel, les faits constatés étant ce qu'ils sont (*mineure*) et la règle étant ce qu'elle est (*majeure*), on décide d'appliquer celle-ci à ceux-là (*conclusion*) – illustre aussi un raisonnement classique du juriste, par exemple lorsqu'il s'agit de savoir si la règle imposant de réparer le dommage causé fautivement à autrui (art. 1382 C. civ.) oblige à réparation, dans tel cas précis d'accident, l'un de ceux qui ont participé à sa réalisation. On observe pourtant aussi, lorsque les faits sont incertains et la règle de droit suffisamment souple, une démarche inverse de la part des usagers, des auxiliaires du droit et de la justice, ainsi que des juges, consistant à inverser le raisonnement, à dégager une solution estimée préférable et, les faits demeurant en principe ce qu'ils sont, à découvrir dans l'ensemble des règles du droit celle qui convient le mieux, en vue de rattacher cette conclusion aux faits donnant lieu au raisonnement.

27 ***Un renouvellement des perspectives*** ◊ D'autres courants s'ordonnent, dans des sens fort différents, sur des perspectives plus profondes de renouvellement.

Une voie difficile conduit certains à transposer en matière de logique juridique l'acquis de la logique mathématique moderne ou logique symbolique [1], l'adaptation ayant donné naissance à une logique déontique dont l'ésotérisme a, du moins jusqu'à présent, suscité une certaine résistance passive des juristes.

Tout différent est le chemin de la rhétorique juridique, ouvert – ou rouvert – sous l'influence des remarquables travaux réalisés en Belgique par C. Perelman [2] ou sous son impulsion, plus précisément par le Centre national de Recherches de Logique [3]. Il ne s'agit plus d'étendre au droit les

---

1. Le pionnier semble être l'allemand U. Klug, Juristische Logik, Berlin, 1951 ; v. H. Mahdavy, Analyse logico-philosophique du langage juridique, Contribution à une méthodologie juridique, thèse Paris, 1957 ; G. Kalinowski, Introduction à la logique, Éléments de sémiotique juridique, Logique des normes et logique juridique, 1965 ; v. aussi, du même auteur, La logique floue ou la logique formelle ?, Plaidoyer en faveur d'un enseignement de logique aux étudiants en droit, *D.* 1988, chron. 297 s., La logique déductive, PUF, 1996. – Comp. A. Jeammaud, Des oppositions de normes en droit privé interne, thèse ronéot. Lyon III, 1975.

2. C. Perelman et L. Olbrechts-Tyteca, *Traité de l'argumentation*, 2e éd., Bruxelles, 1970 ; C. Perelman, *Justice et raison*, Travaux de la Fac. de Philosophie et Lettres de l'Univ. libre de Bruxelles, t. XXV, Bruxelles, 1963, *Logique juridique, Nouvelle rhétorique*, 1976. – V. aussi les travaux du Congrès international de droit comparé consacré à « L'influence de la pensée de Perelman sur la philosophie et les sciences humaines » (Bruxelles, 1991) : *Chaïm Perelman et la pensée contemporaine*, textes rassemblés par G. Haarscher, Bruxelles, 1993.

3. Le fait et le droit, études de logique juridique, 1961 ; Les antinomies en droit, 1965 ; Le problème des lacunes en droit, 1968 ; Les présomptions et les fictions en droit, 1974 ; La motivation des décisions de justice, 1978 ; La preuve en droit, 1981 ; Les notions à contenu variable en droit, 1984 ; v. aussi les Études de logique juridique, t. I à VII, 1966-1978. – Rappr. Le raisonnement juridique, Actes du Congrès mondial de philosophie du droit et de philosophie sociale, Bruxelles, 1971.

modèles mathématiques. Au contraire, la pratique du droit, orientée dans le sens de nécessaires décisions, l'éloigne de la logique qui inspire les sciences exactes : celle-ci vise à la démonstration, à l'issue d'un « raisonnement nécessaire », tandis que la logique juridique se relie à un raisonnement simplement vraisemblable et repose sur l'argumentation.

28 ***L'argumentation*** ◊ Parmi les multiples arguments qui contribuent à caractériser la logique juridique [1], quatre sont plus fréquemment employés que les autres, quelle que soit la nature de la règle (législative, réglementaire, coutumière, jurisprudentielle...).

a) Argument *a pari* ou argument d'analogie. Si l'on suppose une règle de droit régissant une situation, l'argument d'analogie consiste à étendre cette règle à des situations semblables [2]. En d'autres termes, il apparaît normal de soumettre aux mêmes règles de droit les rapports qui ne diffèrent que sur des points dont l'existence ne semble pas *justifier* un traitement différent. Ainsi l'ancien article 513 du Code civil permettait d'interdire au prodigue d'aliéner ou d'hypothéquer ses immeubles ; dans le silence de la loi et par analogie, les tribunaux ont décidé que la constitution d'une servitude lui était alors interdite [3].

b) Argument *a fortiori* ou à plus forte raison. Il consiste à étendre une règle à un cas non prévu par l'autorité qui l'a édictée lorsque les raisons sur lesquelles elle est fondée se retrouvent dans ce cas avec une force accrue. Ainsi, de ce que l'ancien article 513 du Code civil permettait d'interdire aux prodigues de vendre, il a été déduit qu'à plus forte raison, l'acte étant plus grave, ils ne pouvaient alors donner.

c) Argument *a contrario*. Une règle étant subordonnée à des conditions déterminées, on en déduit que la règle inverse est applicable lorsque ces conditions ne sont pas remplies. Ainsi, l'article 6 du Code civil disposant qu'« on ne peut déroger, par des conventions particulières, aux lois qui intéressent l'ordre public et les bonnes mœurs », on peut en déduire qu'il est possible de déroger par des conventions particulières aux lois qui n'intéressent pas l'ordre public et les bonnes mœurs. En réalité, cette conséquence repose aussi sur le fait, qu'en pareil cas, l'on revient d'une exception (la restriction de la liberté) à un principe de liberté contractuelle.

---

1. V. M.-L. Mathieu-Izorche, *Le raisonnement juridique, initiation à la logique et à l'argumentation*, PUF, 2001 ; C. Perelman, *Logique juridique, Nouvelle rhétorique, op. cit.*, n° 33, p. 54 s. ; v. aussi, sur l'argument de contradiction, l'argument d'identification ou le raisonnement par l'absurde, Ghestin et Goubeaux, *Introduction générale*, n° 61 ; sur l'argument d'autorité, V. Rugelio Perez Perdomo, *Arch. phil. droit*, 1971, p. 227 s. - Comp., sur l'intuition, A. Tunc, note *D.* 1954, 10, sous Paris 10 juin 1953. - Sur l'argument d'autorité, v. Catherine Puigelier, Le raisonnement d'autorité en droit privé, *RRJ* 2003-3, p. 1685 s.

2. V. M. Lebeau, De l'interprétation stricte des lois, thèse Paris II, 2007.

3. V. G. Cornu, Le règne discret de l'analogie, *Mélanges Colomer*, 1993, p. 129 s. ; Analogie et méthodologie juridique, *RRJ* 2005, n° spécial, p. 2661 s.

Dans d'autres cas, l'usage du seul argument *a contrario* peut être dangereux : ainsi, de ce que l'article 102, alinéa 1er, du Code civil dispose que « le domicile de tout Français, quant à l'exercice de ses droits civils, est au lieu où il a son principal établissement », les tribunaux ont – jusqu'à la réforme réalisée par une loi du 10 août 1927 – décidé, *a contrario*, que les étrangers n'avaient pas de domicile en France [1].

d) Les exceptions doivent être interprétées restrictivement (*exceptio est strictissimae interpretationis*). Les développements qui précèdent attestent l'importance de cet argument, hérité du passé sous la forme d'une maxime. Celle-ci est commandée par la notion même d'exception, c'est-à-dire de dérogation à la règle de principe [2]. Une règle exceptionnelle qu'on étendrait par analogie deviendrait règle de principe. La jurisprudence n'a cependant pas toujours appliqué cette directive : si la règle méconnaît les nécessités pratiques, pourquoi ne pas s'efforcer de la restreindre par une interprétation large des exceptions ? Ainsi la prohibition de principe de la stipulation pour autrui (C. civ., art. 1119) a été tournée par une interprétation hardie des exceptions prévues à l'article 1121 du Code civil [3].

C. Droit et esthétique

29 ***L'art*** ◊ Entre le droit et l'*esthétique*, ou science du beau, les relations sont minces, bien que le droit protège les arts et les lettres, qu'il ne répugne pas nécessairement à user de l'art poétique pour s'exprimer [4] et que d'aucuns s'efforcent de dégager des correspondances entre les systèmes juridiques et les formes artistiques d'une même civilisation ou d'une même société globale, qu'il s'agisse par exemple de l'aménagement des jardins [5] ou de l'évolution du roman, du gothique ou du baroque [6].

L'on ne peut s'empêcher de formuler l'hypothèse suivante qui se situe dans les relations entre l'art et le droit. On dit volontiers que, si le droit est

1. Comp., sur les résistances que l'argument *a contrario* suscite, J. Vidal, L'« enfant adultérin... "*a contrario*" », Portée du principe de la liberté d'établissement de la filiation adultérine, *JCP* 1973, I, 2539 ; E. Agostini, L'argument « *a contrario* », *D.* 1978, chron. 149 s. – Rappr. C. Atias, Jurisprudence *a contrario*, *D.* 1997, chron. 297 s.

2. Civ. 1re, 3 janv. 1964, *JCP* 1964, II, 13492 ; Soc. 21 nov. 1973, *D.* 1974, somm. 4.

3. À vrai dire le recours à l'idée d'interprétation stricte, si vénérable soit-il, entretient une confusion dans la mesure où l'exclusion de l'analogie ne met aucunement obstacle à l'application de la règle exceptionnelle suivant sa raison d'être (v. les obs. de Ph. Jacques, *RTD civ.* 2009. 431 s.).

4. Sur « la magie du poète ou du musicien » et sur son rôle dans le prestige du législateur, au temps des cités grecques, V. J. Carbonnier, *À beau mentir qui vient de loin ou le mythe du législateur étranger, Essais sur les lois*, 2e éd., 1995, p. 227 s. ; Anne-Teissier-Ensminger, *La beauté du droit*, éd. Descartes, 1999, *L'enchantement du droit : légistique platonicienne*, éd. L'Harmattan, 2002 ; rappr. P. Ourliac, Troubadours et juristes, *Cahiers de civilisation médiévale*, 1965, p. 159 s. ; G. Vico, *Origine de la poésie et du droit, De constantia jurisprudentis*, éd. franç. 1983.

5. À la française, à l'anglaise, à la japonaise... : v. Y Noda, *Introduction au droit japonais*, 1966, p. 181.

6. Sur les analyses de T. Geiger, à ce sujet, v. H.E. Rohrer, *La sociologie juridique de Théodore Geiger*, thèse ronéot. Paris II, 1971, p. 65.

une science, il est aussi un *art* (de l'élaboration de la règle, de son application, de sa réalisation, v. *infra*, n°s 401 s.) ; mais ce mot est alors entendu au sens de *pratique*. Or il y a autre chose, car l'on ne peut se contenter de réduire le juridique à une pratique, ni se satisfaire d'une conception pragmatique du droit.

Semblable attitude omettrait de prendre en considération la tension interne du droit, qui est porté vers l'absolu. Tension qui se traduit par l'emprunt de ce qu'on pourrait appeler la (une) belle forme, au sens de l'idée platonicienne. D'où une corrélation insuffisamment analysée entre le droit et la poésie. Il en fut autrement dans le passé, par exemple à l'époque de la Renaissance [1]. Ce n'est pas un hasard si l'on constate alors de révélatrices interférences de l'esthétique et du droit et si l'on observe que, lorsque l'on s'interrogea sur la nécessité, pour l'art, d'imiter la nature, l'on se servit, en esthétique, des préceptes des juristes, dont la pensée avait été inspirée par Aristote. Oui, l'art devait, a-t-on dit alors, inspirer la nature. Tout comme le droit, ajoutait-on, qui au sujet de l'adoption imite la nature en ne permettant pas que l'adoptant soit plus jeune que l'adopté. Si la législation est un art imitant la nature, c'est parce qu'elle imite la loi naturelle [2]. De manière plus générale, il y a une concordance dans les mouvements historiques de l'art et du droit, même si les grandes périodes artistiques peuvent correspondre à des crises du droit [3].

D. Droit et littérature

30 ***Présentation*** ◊ Le droit et la littérature entretiennent depuis longtemps des rapports étroits. À l'époque romaine, ils furent tels qu'entre les juristes et les écrivains, il fut souvent difficile de faire le départ, pas seulement du fait de Cicéron. Il y eut alors un style latin propre à exprimer leur culture commune. Tant et si bien que l'accès à la connaissance du droit romain a souvent pris appui dans les œuvres littéraires. Peu à peu la suite des temps a marqué l'existence progressive d'une certaine dissociation. N'exagérons rien : Domat, au XVIIe siècle, Portalis, au temps du Code civil, ont été de très grands écrivains. Ultérieurement, des œuvres littéraires de moindres prétentions, en tout cas de moindres qualités facilitent grandement l'accès à la connaissance et à la compréhension du droit, par la prose ou la poésie, le théâtre ou le roman.

---

1. V. H. Kantorowicz, *La souveraineté de l'artiste, Note sur les maximes juridiques et les théories esthétiques de la Renaissance*, trad. franç., Rev. *Poésie*, n° 18, 1981, p. 3 s. ; Vico, *op. cit.*
2. Rappr. P. Jestaz, Pour une définition du droit empruntée à l'ordre des Beaux-Arts, *RTD civ.* 1979, 480 s.
3. V. Droit et esthétique, *Arch. phil. droit*, t. 40, 1996 ; v. aussi les études de L. Depambour-Tarride, d'H. Piguet, de P. Caye et de B. Markesinis, *in Regards sur le droit*, dir. F. Terré, 2010, p. 221 s. ; F. Colonna d'Istria, contre le réalisme : les apports de l'esthétique au savoir juridique, *RTD civ.* 2012. 1 s.

On est surpris de constater qu'en France, le terrain de confluence de la littérature et du droit demeure largement inexploré [1]. La matière juridique a pourtant, avec ses règles, ses acteurs, ses pratiques et ses fictions, suscité des chefs-d'œuvre, de Sophocle à Dostoïevski, de Racine à Kafka, de Kleist à Camus [2]. De son côté le cours des procès est marqué par l'emploi de figures littéraires. Sans pouvoir nier des différences importantes entre le discours juridique et le discours littéraire, à partir de la conscience d'une oscillation de l'institution à l'imagination, du collectif à l'individuel, on discerne cependant entre description, prescription et narration l'existence d'une dialectique à la compréhension de laquelle le droit a tout à gagner [3].

L'on devrait être appelé à prendre - ou à reprendre - conscience des relations du droit et de la littérature. La connaissance de celle-ci est une voie d'accès à la compréhension de celui-là. Il est d'ailleurs intéressant de se demander comment les puissances de l'imagination et de l'imaginaire se manifestent dans l'une et l'autre civilisations de manière à la fois différente et conjointe. Une recherche des concordances et des discordances en termes de culture et de civilisation révèle des aspirations dont la parenté n'est pas négligeable. La justice - donc le droit - est une corde de la lyre antique. La poésie et le récit ont, de tout temps, favorisé la transmission de la connaissance et de l'expérience juridiques. L'Odyssée a d'ailleurs été interprétée comme l'épopée homérique de la naissance du droit [4]. Aux États-Unis, la réflexion d'auteurs tels que Richard Posner ou Robert Cover [5] a notamment permis d'expliciter l'importance du narratif dans le droit. Le progrès des analyses a, dans cette voie, conduit à mieux comprendre de quelle manière la littérature traite des questions du droit, du pouvoir et de la justice [6].

---

1. V. cep. Ph. Malaurie, *Droit et littérature*, 1997 ; A. Teissier-Ensminger, *La beauté du droit*, éd. Descartes et Cie, Paris 1999 ; *Droit et littérature*, éd. Littératures classiques, n° 40, 2000, dir. Ch. Biet. - La relative indifférence avec laquelle a été accueillie la traduction française du livre bien connu de A. Posner, *Droit et littérature* (éd. PUF, coll. Droit, Éthique, Société, 1996) est à cet égard révélatrice.

2. V. Droit et littérature, Rev. *Europe*, éd. Paris, n° 876, avr. 2002.

3. V. *Lettres et lois, Le droit au miroir de la littérature*, dir. F. Ost, L. Van Eynde, Ph. Gérard, M. Van de Kerchove, éd. Bruxelles, 2001 ; C. Le Meur, Littérature et droit. Quelques réflexions, *Arch. phil. droit*, 2002, p. 443 s. *Le droit dans la littérature*, dir. A. Garapon et D. Salas, éd. Michalon, 2008.

4. E. Cantarella, *Ithaque, De la vengeance d'Ulysse à la naissance du droit*, Milan 2002, trad. franç. Albin Michel, 2003.

5. V. not. F. Michaut, *Le Droit dans tous ses états à travers l'œuvre de Robert M. Cover*, éd. L'Harmattan, 2001.

6. V. F. Ost, *Raconter la loi (aux sources de l'imaginaire juridique)*, éd. Odile Jacob, 2004, et les obs. de J. Michel, *RTD civ.* 2005. 499. Rappr., dans une optique différente, G. Lhuillier, *La loi, roman*, Presses de l'Université Laval, Québec, 2008 (la loi considérée comme un roman...). D. Salas, Hugo, Gide, Camus, le procès pénal vu dans le miroir de la littérature, *Mélanges Ottenhof*, 2006 ; A.-G. Slama *in Regards sur le droit*, dir. F. Terré, 2010, p. 287 s. ; F. Ost, Le droit au miroir de la littérature, *Regards sur le droit*, préc. p. 297 s. ; N. Dissaux, Le droit : une comédie humaine, *RTD civ.* 2011. 287 s.

§ 2. Droit et sciences positives

31 ***Distinction*** ◊ Les sciences positives sont si nombreuses qu'on ne saurait traiter précisément de toutes [1]. Cela ne dispense pas de les évoquer en distinguant au moins les sciences de l'homme et les sciences de la vie.

A. Droit et sciences de l'homme

32 ***1° Droit et politique*** ◊ À l'évidence, cet intitulé couvre une matière immense. La place laissée au discours introductif ne s'y prête guère. On voudrait simplement indiquer deux lignes de réflexion.

a) Envisageant le droit comme un ensemble de règles régissant le groupe social, et la politique comme étant surtout l'expression et l'action du Pouvoir - plus spécialement celles des autorités étatiques -, l'on observe que l'étude des *relations entre droit et politique* est souvent délaissée par les auteurs d'introductions à l'étude du droit. C'est ailleurs, de préférence dans des ouvrages de sociologie politique ou de droit constitutionnel, qu'il convient de s'instruire, si l'on est curieux [2].

Il faut bien convenir que la matière est délicate et qu'il est difficile, à ce propos, d'atteindre à l'objectivité scientifique. Pour ceux qui adhèrent encore aux doctrines marxistes, le chemin, il est vrai, est relativement tracé : ils doivent estimer, plus ou moins, que le droit et la politique se trouvent subordonnés à une réalité fondamentale, l'« infrastructure économique ». Pour les autres, deux chemins sont ouverts, sans doute différents, mais qui cœxistent le plus souvent au sein d'un même système juridique. L'un porte à considérer que la *politique est subordonnée au droit*, ce qui est confirmé par la détermination juridique des compétences de l'État, des formes de l'action politique, voire de certaines finalités, mais ce qui est contredit par l'étendue de la liberté d'action laissée au Pouvoir, si ce n'est par des politiques contraires au droit. L'autre voie incline à estimer que, s'appliquant « à une matière qui est souvent neutre à l'égard des principes » [3], le *droit est, parmi d'autres, un instrument de la politique*. L'histoire des institutions juridiques est probablement celle de la cohabitation difficile de ces deux tendances. On y reviendra nécessairement en allant à la recherche du fondement du droit (*infra*, n°s 183 s.).

b) Il est probable qu'au temps de la cité antique, la recherche de l'*essence du politique* et la recherche de l'essence du juridique aient pu mener vers un but commun. Depuis longtemps, il en va autrement. La politique instaure

1. V. P. Amselek, *Lois juridiques et lois scientifiques*, Rev. *Droits*, n° 6-1987, p. 131 s. ; Vittorio Villa, *La science du droit*, trad. franç. 1991. - V. aussi Droit et science, *Arch. phil. droit*, t. 36, 1991.

2. V. Le Droit investi par la Politique, *Arch. phil. droit*, 1971 ; Ph. Raynaud, Le droit et la science politique, *in Regards sur le droit*, éd. Dalloz 2010, p. 109 s.

3. H. Batiffol, Problèmes de frontières : Droit et politique, *in Arch. phil. droit*, préc., p. 6 ; v. aussi J. Dabin, Droit et politique, *Mélanges Savatier*, 1965, p. 183 s. ; C. Debbasch et J.-M. Pontier, Précis Dalloz, *Introduction à la politique*, 5e éd. 2000.

des relations originales que la phénoménologie distingue de celles que connaît le juridique : ainsi a-t-on soutenu que les relations d'ami ou d'ennemi relèvent du politique et sont étrangères au juridique [1]. Le fait est que l'essence du politique et l'essence du juridique sont différentes. En effet, l'on peut considérer que la politique est « l'activité sociale qui se propose d'assurer par la force, généralement fondée sur le droit, la sécurité extérieure et la concorde intérieure d'une unité politique particulière en garantissant l'ordre au milieu de luttes qui naissent de la diversité et de la divergence des opinions et des intérêts » [2].

De ces observations, on ne saurait évidemment déduire que le droit soit sans relation avec le politique.

33 ***2° Règles de droit et comportements sociaux*** ◊ Le droit tendant à régir la vie des hommes en société, il est naturel qu'il existe des relations étroites et nombreuses entre les données sociales et les règles juridiques [3] : le social influence le juridique, le fait évoluer ; le juridique influence le social. Il y a entre eux une dialectique qui se manifeste de diverses manières, paisibles ou brutales, par évolution ou par révolution. Et sans doute convient-il de souligner que c'est en pensant la relation entre le droit et les mœurs que l'on peut surmonter l'énigme du droit [4] (v. *infra*, n° 187).

Reste que toutes les normes qui gouvernent la vie des hommes en société, dans une société globale donnée, ne sont pas toutes des règles de droit. Il en est de nombreuses qui relèvent de ce qu'on appelle, dans l'ordre des comportements découlant d'une certaine contrainte sociale, le social non juridique. Surtout préoccupée pendant des siècles par la distinction, souvent difficile, du droit et de la morale, ainsi que du droit et de la religion, la pensée juridique a généralement attendu une époque assez récente pour essayer de discerner, en quelque sorte sur un autre versant du droit, ce qui distingue ou peut distinguer, parmi les règles nées de la vie en société, celles qui sont juridiques et celles qui ne le sont pas.

---

1. A. Kojève, *Esquisse d'une phénoménologie du droit*, trad. franç., éd. Gallimard, 1981, spéc. p. 188 s., *La notion de l'autorité*, éd. Gallimard, 2004.

2. J. Freund, *L'essence du politique*, 1965, reprint Bibliothèque Dalloz, p. 750. – Comp. *Droit et politique*, Rev. *Esprit*, mars 1980 ; O. Höffe, *La justice politique*, trad. franç., PUF, 1991.

3. V. L. Assier-Andrieu, *Le droit dans les sociétés humaines*, éd. Nathan, 1996. – Rappr., par exemple, en matière de gastronomie, les études de J.-P. Branlard : Doctrine et jurisprudence de la gastronomie française, Menu correctionnel et de police, *Gaz. Pal.* 1995, 2, doctr. 1279, Le droit n'est pas toujours austère, Appliqué à la gastronomie, il devient distrayant. Pour preuve ce plaidoyer en faveur du coq au vin, *Gault et Millau Magazine*, n° 321, févr.-mars 1997, p. 15, Recette judiciaire, mais néanmoins savoureuse du coq au vin, *Rev. dr. rural*, n° 239, janv. 1996, p. 1 s., *Droit et gastronomie, aspect juridique de l'alimentation et des produits gourmands*, Gualino éd., diff. LGDJ, 1998 ; F. Vialla, *La protection de l'œuvre culinaire*, Heransgegeben vonder Juristischen Facultät der Universität Heidelberg, 1999.

4. V. la très pénétrante analyse de R. Boudon, Penser la relation entre le droit et les mœurs, *Mélanges F. Terré*, 1999, p. 11 s. – V. aussi, du même auteur, *Le juste et le vrai*, éd. Fayard, 1995, et La rationalité axiologique, *in La rationalité des valeurs*, dir. S. Mesure, PUF, 1998, p. 15 s. ; Y. Lequette, Le droit est la semence des mœurs, *in Le discours et le code*, 2004, p. 391 s.

Il n'est pourtant pas douteux qu'outre les règles de droit, d'autres règles sociales entourent et gouvernent – avec plus ou moins de force – la vie des hommes : ainsi en est-il des usages de bienséance, d'éducation et de politesse auxquels il est habituel de se conformer [1]. Ce sont, dit-on traditionnellement, des règles de mœurs, liées aux comportements des hommes et à la pression du groupe, demeurant en dehors du domaine du droit, ou ayant cessé d'être sous l'empire de celui-ci. Affinant les catégories, les sociologues américains distinguent, parmi elles, les *folkways*, c'est-à-dire les manières de vivre du groupe – manières de s'habiller [2], de se nourrir, de se saluer... – et les *mores* (ou mœurs au sens plus étroit du mot), qui correspondent à des comportements plus proches de ceux qu'appréhende habituellement le droit (ex. : obligation pour le séducteur d'épouser la fille séduite) ; en ne s'y conformant pas, l'individu peut assez souvent causer un préjudice à autrui, mais c'est d'autres règles que celles assumées par le droit que résulte la contrainte sociale.

34 ***Le droit et l'honneur*** ◊ Parmi les règles précédemment évoquées, il en est dont les ressemblances avec les règles de droit sont difficilement niables : ce sont celles qui concernent l'*honneur* [3].

Du côté du droit, la prise en considération précise de l'honneur, parfois difficilement distinguée de la considération, intéresse diverses branches du droit. Ainsi, observe-t-on la sanction, en droit pénal, des atteintes à l'honneur, par exemple au titre de la diffamation par voie de presse (L. 29 juill. 1881, art. 29, al. 1er). Dans le droit du divorce, nombre de comportements fautifs résultent d'atteintes à l'honneur du conjoint [4] ; en outre, « dans le cadre de la fixation d'une prestation compensatoire, par le juge ou les

---

1. V. E.H. Perreau, Courtoisie, complaisances et usages non obligatoires devant la jurisprudence, *RTD civ.* 1914. 481 s. ; A. Viandier, La complaisance, *JCP* 1980, I, 2987 ; M.- S. Giraudet, *Le « service d'amis » en droit civil français*, thèse ronéot. Paris II, 1990 ; rappr. Civ. 1re, 5 juill. 1960, *D.* 1960, 709, *RTD civ.* 1961. 153, obs. J. Carbonnier (*De l'incendie du bois où des scouts campaient*). – V. aussi les obs. de J. Mestre, *RTD civ.* 1987. 532 s. ; Sandrine Bet, Le pourboire : étude juridique et sociologique, *RRJ* 1999-2, p. 521 s. ; comp., sur les systèmes d'échanges locaux (SEL), G. Raymond, Questions de droit posées par les systèmes économiques locaux, CCC. août-sept. 1996, p. 1 ; TGI Foix, 6 janv. 1998, *CCC.* avr. 1998, n° 65, p. 17, *RTD civ.* 1998, 800 s., obs. R. Libchaber. – Sur la politesse et les manuels de savoir-vivre dans leurs rapports avec le droit, *La politesse, Vertu des apparences*, dir. Régine Dhoquois, éd. Autrement, 1991, spéc. Sous contrat, par R. Dhoquois, p. 108 s. ; F. Rouvillois, *Histoire de la politesse de 1789 à nos jours*, éd. Flammarion, 2006, spéc. 65 s. – Comp. J.-L. Mouralis, La loi, le juge et le jeu, *RRJ* 1995-2, p. 381 s. ; V. Da Silva, Jeu et droit, *JCP* 2011, Étude 1029.

2. Encore faut-il aussitôt souligner que la manière de s'habiller n'est pas nécessairement étrangère au droit (v. J. Carbonnier, *La révélation chrétienne et le droit*, Ann. Fac. Strasbourg, t. IX, 1961, p. 119, rééd. *Écrits*, PUF, 2008, p. 1334 s. ; v., en sémiologie juridique, sur l'attribut vestimentaire, J.-P. Gridel, *Le signe et le droit*, thèse Paris II, éd. 1979, p. 137 s. ; J. Minot, Droits de l'homme et neutralité de l'État, À propos de l'affaire du foulard islamique, *Rev. adm.* 1990, 32 s.). – Rappr. Soc. 28 mai 2003, *JCP* 2003, II, 10128, note D. Corrignan-Carsin ; A. Boisgibault de Bryas, La tenue vestimentaire du salarié, *JCP* E 2003. 851.

3. V. B. Oppetit, L'engagement d'honneur, *D.* 1979, chron. 107 s., rééd. L'honneur *in Droit et modernité*, 1998, p. 277 s. ; D. Ammar, *L'engagement d'honneur*, thèse ronéot. Paris I, 1990 ; B. Beignier, *L'honneur et le droit*, thèse Paris II, éd. 1993, et *L'honneur*, Rev. *Droits*, n° 19-1994, p. 97 s.

4. *La famille*, par F. Terré et D. Fenouillet, 8e éd. 2011, n° 313.

parties » lors d'un divorce, « ou à l'occasion d'une demande de révision, les parties fournissent au juge une déclaration certifiant sur l'honneur l'exactitude de leurs ressources, revenus, patrimoine et conditions de vie » (C. civ., art. 272, al. 1er) [1]. Ajoutons que les déclarations sur l'honneur, à travers le serment ou non, jouent un rôle important dans la vie juridique.

Hors du droit, et même contre le droit, on ne peut manquer d'évoquer les codes de déontologie professionnelle (*infra*, n° 382) et les codes de l'honneur dont l'importance s'est notamment manifestée au sujet du duel [2]. – Sur les engagements d'honneur, v. *supra*, n° 18.

La genèse de la règle de conduite et son émergence dans le plan du droit ont suscité aussi des doutes en certains domaines, par exemple en droit international public dans les rapports entre les États [3]. On a notamment affirmé l'existence, en cette matière, de règles de *soft law* [4]. Et cette analyse ne semble pas avoir été, pour certains, étrangère à l'Acte final de la Conférence sur la Sécurité et la Coopération en Europe conclu à Helsinki le 1er août 1975.

35 ***Le pluralisme des normes*** ◊ Ressenties ou non par lui, beaucoup de règles autres que des règles de droit encadrent la vie de l'homme en société. Issues de la *culture*, et non de la *nature*, elles sont fort diverses : indépendamment du pluralisme résultant de la diversité des statuts [5], on y trouve notamment les techniques du travail, les précautions d'hygiène, les règles du langage (v. cep. *infra*, nos 409 s.), de la grammaire et de la syntaxe, les « stéréotypes de gestes » [6].

Ce pluralisme des normes de comportement complique la distinction des règles de droit et des autres règles sociales, du droit et d'autres ordres normatifs de caractère social [7]. Et cette distinction est d'autant plus

---

1. H. Lécuyer, La déclaration sur l'honneur, *Dr. fam.* 2003, chron. n° 6, De la prestation compensatoire en général et de la déclaration sur l'honneur en particulier, *Dr. fam.* 2003, chron. n° 11 ; v. aussi F. Terré et D. Fenouillet, *op. cit.*, n° 288.

2. V. not. Croabron, La science du point d'honneur. Commentaire raisonné sur l'offense, le duel, ses usages et sa législation en Europe, La responsabilité civile, pénale, religieuse des adversaires et des témoins, Paris 1894. – Rappr. M.-F. Lecherbonnier, Le protocole, Histoire et coulisses, éd. Perrin, 2001, expliquant le décret du 13 sept. 1989 « relatif aux cérémonies publiques, préséances, honneurs civils et militaires ».

3. V. J. Combacau, Sur une définition restrictive du droit. Dialogue sans issue, *Mélanges Burdeau*, 1977, p. 1033 s. ; v. aussi l'intéressant article de Krystyna Marek, Contribution au débat sur les textes internationaux de nature incertaine : le cas de la Sainte-Alliance, *Mélanges Perrin*, 1984, p. 213 s.

4. V. not. *Aspects du droit international économique*, Colloque Orléans 1971, éd. 1972, spéc. le rapport de P. Weil, p. 1 s. ; *L'élaboration du droit international public*, Colloque Toulouse 1974, éd. 1975, spéc. le rapport de R.-J. Dupuy, p. 132 : *Droit déclaratoire et droit programmatoire : de la coutume sauvage à la « soft law »*.

5. V. not. P. Gannagé, Le pluralisme des statuts personnels dans les États multicommunautaires, éd. Bruylant, 2001 ; v. aussi Le pluralisme juridique, Arch. phil. droit, 2006.

6. V. J. Carbonnier, *Sociologie juridique*, *op. cit.*, p. 306 s.

7. Y compris des règles de jeu, des règles de sport, etc. : v. J. Huizinga, *Homo ludens, Essai sur la fonction sociale du jeu*, 1938, trad. franç. 1951, spéc. le chap. IV : Jeu et juridictions ; rappr. M. Van de Kerchove et F. Ost, *Le droit ou les paradoxes du jeu*, PUF, 1992 ; rappr. sur le droit face

malaisée que la règle de droit, en raison de sa plasticité, peut, selon les circonstances, les lieux et les époques [1], régir ces comportements ou laisser à d'autres types de règles la mission de les gouverner [2]. Le développement des sciences et des techniques rend souvent nécessaire un approfondissement de la réflexion propre à révéler une progression de la prise en considération du juridique. Ainsi en est-il en matière de cette *normalisation technique* qui commande l'élaboration et la commercialisation de tant de projets dans l'industrie, en matière nationale ou internationale. On a surtout envisagé dans le passé ces exigences en termes de « faisabilité » et de qualité, ce qui, déjà, n'était pas sans incidence, en matière de responsabilité, civile voire pénale. Aujourd'hui on est conduit à s'interroger de manière plus générale et synthétique sur tous les aspects de la normalisation technique [3].

La plasticité et la mobilité de la règle de droit conduisent à poser les termes de la distinction dans l'actuel ou le virtuel. Elle n'est pas sans relation avec le concept de *non-droit* servant à désigner des lieux, des temps ou des matières que le droit pourrait régir, mais qu'il s'abstient de considérer [4].

36 ***La sociologie du droit*** ◊ Appelée aussi sociologie juridique (ce qui est discutable mais courant), cette branche de la sociologie a pour objet l'analyse des phénomènes juridiques considérés comme des faits sociaux [5].

au pluralisme, les études publiées *in RRJ* 1993, 564 s. – V. aussi, parmi les études suscitées par les relations entre le droit et le sport, J.-P. Karaquillo, Les normes des communautés sportives et le droit étatique, *D.* 1990, chron. 83 s. ; Le droit du sport, coll. *Connaissance du droit*, Dalloz 1993 ; G. Simon, *Puissance sportive et ordre juridique étatique*, 1990 ; Bokanga Niki-Hege, Les normes de sanctions dans l'ordre juridique sportif, *D.* 1994, chron. 86 s. ; N. Molfessis, obs. *RTD civ.* 1998, 778 s., sur la loi du 6 mars 1998 relative à la sécurité et à la promotion d'activités sportives. – Dans un ordre d'idées différent, on voit bien que la politesse diffère du protocole (v. décr. 13 sept. 1989 [réd. décr. 21 sept. 1995 et 7 oct. 1999] relatif aux cérémonies publiques, préséances, honneurs civils et militaires).

1. Rappr., sur le port de la moustache par les avocats, Req. 6 août 1844, *S.* 1844, 1, 578, concl. de Gaujal.

2. Sur les relations entre les divers types de normes, juridiques ou non, et sur les « phénomènes d'internormativité », v. J. Carbonnier, *Essais sur les lois*, 2e éd. 1995, p. 287 ; v. aussi *Le droit soluble, Contributions québécoises à l'étude de l'internormativité*, sous la dir. de G. Belley, éd. LGDJ, 1996. – Rappr. Précis Dalloz, *Droit canonique*, par P. Valdrini, J. Vernay, J.-P. Durand et O. Echappé, 2e éd. 1999.

3. V. Aspects juridiques de la normalisation technique, Colloque du 27 nov. 1997 organisé par l'Univ. Paris IX-Dauphine et la Fédération des industries mécaniques, *LPA*, *La loi*, n° spéc. 11 févr. 1998 ; Magali Lanord, La norme technique et le droit : à la recherche de critères objectifs, *RRJ* 2005-2, p. 619 s. ; v. aussi *Normativité et biomédecine*, dir. Brigitte Feuillet- Le Mintier, éd. Économica, 2003. – Sur les normes AFNOR, v. *infra*, nos 323 et 380.

4. V. sur ce point l'apport majeur de J. Carbonnier, *Flexible droit*, 10e éd., 2001, p. 25 s. ; comp. A. Sériaux, Question controversée : la théorie du non-droit, *RRJ* 1995, 13 s.

5. V. M. Douchy, La notion de non-droit, *RRJ* 1992-2, p. 433 s. – V. aussi E. Jorion, *De la sociologie juridique, Essai, Études de sociologie juridique*, Bruxelles, éd. Inst. de sociologie, 1967 ; J. Carbonnier, *Sociologie juridique*, PUF, éd. Quadrige, 1994, et, du même auteur, Flexible droit, *Pour une sociologie du droit sans rigueur*, 10e éd. 2001 ; R. Treves, *Sociologia del diritto*, Turin 1987, trad. franç. PUF 1995 ; J. Carbonnier, *Renato Treves et la sociologie du droit, Archéologie d'une discipline*, Entretiens et pièces, prés. et comm. par S. Andrini et A.-J. Arnaud, 1995. – V. la revue *Droit et Société*, publiée depuis 1985.

Cette définition laisse place, semble-t-il, à maintes discussions sur la distinction malaisée de la sociologie juridique et de ce que les « juris-sociologues » ont parfois tendance, sans ironie, à qualifier de « droit dogmatique ». Il faut bien convenir que la querelle de frontière n'est pas négligeable, du moins en théorie. On est enclin, tout d'abord, à écarter un critère lié à la différence des domaines et consistant à réduire le droit à l'étude des règles, tandis que la sociologie du droit analyserait les causes de celles-ci, car le droit s'est souvent préoccupé de l'analyse de ces causes (historiques, sociales, politiques...) et les juristes ne dédaignent pas l'étude des forces créatrices du droit, ni celle de son devenir ; inversement, la sociologie éclaire notamment la perception du sens des textes.

Sitôt abandonnée cette séparation artificielle, les obstacles augmentent. Et certaines issues doivent être vite écartées : ainsi ne peut-on considérer qu'à la différence du droit, la sociologie du droit débarrasse les règles juridiques de leur caractère normatif, ce qui aboutirait à les dénaturer : le droit dans le fait ou, plus nettement, la normativité inhérente au phénomène juridique sont propres à l'objet même des investigations menées par le sociologue du droit. Aussi est-on plutôt enclin à penser que la distinction de ces deux branches du savoir résulte d'une différence d'attitude ou d'« angle de vision », le juriste étant à l'intérieur du système juridique, le sociologue se situant en dehors de celui-ci [6]. À quoi l'on peut être parfois tenté de répondre que la notion de juriste est incertaine - car le profane est, en un sens, un juriste qui s'ignore - et que, sans rouvrir un débat sur l'objectivité scientifique, spécialement dans les sciences humaines, l'on peut estimer que le sociologue, qu'il le veuille ou non, fait lui aussi, peu ou prou, partie du système, ce qui substitue pour le moins à des différences de nature des différences de degré. La distinction des attitudes du droit et de la sociologie n'en demeure pas moins essentielle, spécialement au regard de l'analyse des rapports entre le fait et le droit, car la sociologie juridique comporte notamment une approche spécifique de l'analyse du fait *hors* du droit (règles excentriques, normes para-juridiques ou extra-juridiques...) ou du fait *dans* le droit, « assumé » en quelque sorte par celui-ci [7].

37 ***Les méthodes*** ◊ Sans oublier le rôle des pionniers [8], on doit constater qu'un essor de la sociologie juridique s'est produit en France depuis une trentaine d'années. Durant cette période, on a vu se préciser les méthodes de la sociologie du droit, qui traduisent l'adaptation de méthodes utilisées en sociologie générale (statistique, enquête sur le terrain, sondage d'opinion

6. J. Carbonnier, *Sociologie juridique*, préc., p. 17. - Rappr., pour une sociologie juridique du droit, *L'année sociologique*, vol. 59, 2009, n° 2 ; J. Commaille, Droit et sociologie, des rapports au risque de l'histoire, *in Regards sur le droit*, éd. Dalloz, 2010, p. 173 s.

7. V. Catherine Thibierge et al., *La force normative, Naissance d'un concept*, 2009, *La densification normative, Découverte d'un processus*, 2013, éd. Mare et Martin.

8. V. not. H. Lévy-Bruhl, *Aspects sociologiques du droit*, 1955 ; F. Terré, La sociologie du droit de Durkheim, *in Durkheim fut-il Durkheimien*, dir. Raymond Boudon, 2011, p. 127 s. - V. aussi, le livre essentiel de Max Weber, *Sociologie du droit*, trad. franç. par J. Grosclaude, éd. 1986.

publique, étude de cas littéraires ou sociaux, démographie [1]...) ou l'élaboration de méthodes liées plus directement aux manifestations particulières des phénomènes juridiques (recherche thématique sur les recueils de jurisprudence, analyse d'arrêts...). Corrélativement, se sont dégagées les fonctions de la sociologie du droit, documentaire, voire normative, théorique ou pratique [2]. Des recherches d'évolution tendent à discerner des courants gouvernant les transformations du juridique [3], tandis que des recherches de structure situent la règle par rapport à la réalité qui la sécrète et la reçoit, ou précisent les relations existant au sein d'un phénomène juridique (contrat, mariage, divorce, héritage, procès, etc.), ainsi qu'entre les phénomènes juridiques et judiciaires [4]. En outre, l'analyse scientifique et systématique des connaissances, des opinions, des attitudes, des aptitudes, des images et des aspirations facilite et oriente, en maintes circonstances, les décisions du particulier, du législateur [5] et du juge [6], la sociologie contribuant de la sorte, mais sans ordonner, au progrès du droit [7].

38 ***L'ethnologie et l'anthropologie du droit (ou juridiques)*** ◊ Apparemment plus éloignées du droit que la sociologie du droit, ces deux sciences sont parfois confondues. À cet état des choses ou des propos, il y a probablement une raison d'ordre logique : si l'on considère, en effet, que l'*anthropologie* est, comme l'étymologie le dit, la science de l'homme considéré comme un genre, « le genre humain, dans la série animale » [8],

1. V. not. Vieillissement démographique et droit. Vers un droit de la vieillesse, dir. J.-F. Burgelin et J.-P. Gridel, 1999.

2. Les sources documentaires sont très riches : v. not. J.-P. Poisson, *Notaires et sociétés*, Travaux d'Histoire et de Sociologie Notariales, t. I, 1985, t. II, 1990 ; rappr., au sujet du droit de la famille, J. Hilaire, *La vie du droit, Coutumes et droit écrit*, PUF, coll. Droit, Éthique, Société, 1994. – Comp., du côté de la sociologie juridique théorique et abstraite, sur les œuvres de Niklas Luhmann, le n° spéc. de *Droit et Société*, 11-12, 1989 et *Niklas Luhmann observateur du droit*, coll. Droit et Société, n° 5, 1993. – V. aussi R.A. Posner, *Law and Litterature*, trad. franç., *Droit et Littérature*, PUF, 1996.

3. Rappr. Tarde, *Les transformations du droit*, 1894, nouv. éd. 1994, avec une introduction de J. Milet, éd. Berg International.

4. V. aussi le n° spéc. de l'*Année sociologique* (vol. 49-1999) sur La « sociologie du droit économique ».

5. V. J. Carbonnier, La sociologie juridique et son emploi en législation, *Rec. Acad. Sciences morales et politiques*, 1968, p. 91 s., et *Essais sur les lois*, 2ᵉ éd. 1995. – Rappr. J. Commaille, *L'esprit sociologique des lois*, PUF, 1994 ; *Politique des lois en Europe*, dir. par L. Assier-Andrieu et J. Commaille, 1995.

6. V. not. J.-G. Belley, *Conflit social et pluralisme juridique en sociologie du droit*, thèse ronéot. Paris II, 1977 ; v. aussi *Année sociol.* vol. 27, 1976 : Sociologie du droit et de la justice.

7. V. A.-J. Arnaud, Critique de la raison juridique, 1. Où va la sociologie du droit ?, 1981 et, du même auteur, Entre modernité et mondialisation, 1998 ; J.-F. Perrin, Sociologie empirique du droit, préf. J. Carbonnier, éd. Helbing et Lichtenhahn, 1997 ; A.-J. Arnaud et Maria José Fariñas Dulce, Introduction à l'analyse sociologique des services juridiques, éd. Bruylant, 1998 ; V. L'argument sociologique en droit ; pluriel et singularité, Dominique Fenouillet (dir.), éd. Dalloz, 2015.

8. J. Carbonnier, *Sociologie juridique*, PUF, éd. Quadrige, 1994, p. 33. *Écrits*, PUF, 2008, spéc. p. 933 s. ; v. aussi J. Carbonnier, *L'homme et l'œuvre*, dir. Raymond Verdier, PUF 2011. – Rappr. Paul Ricoeur, Jacques Ellul, Jean Carbonnier, Pierre Chaunu, *Dialogues*, dir. O. Abel, 2012, spéc. p. 75 s. (le droit au non droit).

il est assez naturel qu'on puisse mieux découvrir celui-ci en remontant à ses origines, c'est-à-dire à l'aide de l'*ethnologie*, qui est la science des peuples primitifs ou, pour parler un langage plus correct ou plus poli, archaïques.

L'*ethnologie du droit (ou ethnologie juridique)*, science des règles ou des institutions juridiques archaïques – même si l'on en trouve des traces dans les sociétés industrielles évoluées [1] – a été principalement orientée sur l'opposition entre la rationalité des systèmes modernes [2] et la mentalité prélogique des sociétés primitives [3], qui rejaillit notamment sur leur conception du temps, du contrat, de la propriété, de la responsabilité [4]. On ne peut pourtant nier l'existence d'une rationalité parfois fort subtile au sein des sociétés dites archaïques [5].

L'*anthropologie du droit (ou anthropologie juridique)* tente de discerner, derrière les diversités des cultures et des droits qu'étudient le droit, la sociologie juridique et l'ethnologie juridique, ce qu'il pourrait y avoir de juridique dans le fonds naturel et, à ce titre, universel, de l'homme [6]. On peut être alors conduit à découvrir ce fonds commun élémentaire dans la prohibition de l'inceste [7], voire plus largement dans la nécessité de l'échange et de la communication [8] ; mais la difficulté tient au fait qu'en quittant la zone des instincts pour celle du droit, on risque d'abandonner en même temps celle de la nature pour celle de la culture. Dans cet ordre d'investigations qui excitent la curiosité, on a formulé l'hypothèse d'un « protodroit », qui existerait dès l'apparition de la vie humaine ; ce ne

---

1. Chassan, *Essai sur la symbolique du droit*, 1845 ; R. Maunier, Folklore juridique, *Arch. phil. droit*, 1937, n° 3-4, p. 7 s., et *Introduction au folklore juridique*, 1938.

2. V. Arch. phil. droit 1978 : Formes de rationalité en droit.

3. L. Lévy-Bruhl, Les fonctions mentales dans les sociétés inférieures, 1910, La mentalité primitive, 1922 ; J. Cazeneuve, Dix grandes notions de la sociologie, 1976, p. 99 s.

4. R. Maunier, *Études de sociologie et d'ethnologie juridiques*, 20 vol., 1931-1934 ; P. Métais, *Mariage et équilibre social dans les sociétés primitives*, 1956 ; J. Poirier, Introduction à l'ethnologie de l'appareil juridique, *in Ethnologie générale*, coll. Pléiade 1968, et *Pour un programme d'urgence*, Nomos, 1974, p. 265 s. ; Adamson Hœbel, *The law of primitive man*, 1967.

5. V. spéc. l'ouvrage de B. Malinowski, *Mœurs et coutumes des Mélanésiens* (1re éd. franç. 1933), devenu *Trois essais sur la vie sociale des primitifs*, éd. franç. 1975 – V. aussi dans une approche renouvelée, Gilda Nicolau, Geneviève Pignarre et Regis Lafargne, *Éthnologie juridique, Autour de trois exercices*, éd. Dalloz, 2007.

6. V. C. Boucaud, Les sources naturelles du Droit, L'originalité des sociétés humaines parmi les sociétés animales, Esquisses de Philosophie Juridique, *Mélanges Gény*, 1934, t. I, p. 223 s. ; Norbert Rouland, *Anthropologie juridique*, 1988, *Aux confins du droit*, éd. Odile Jacob, 1991 ; v. aussi A.-J. Arnaud, *L'Homme-Droit, Éléments pour une anthropologie juridique*, 1989 ; D. de Béchillon, La valeur anthropologique du Droit, *RTD civ.* 1995, 835 s. ; J. Vanderlinden, *L'anthropologie juridique*, éd. Dalloz, 1996 ; J. Phytilis, Du bon usage de l'anthropologie historique du droit, *Mélanges J. Gaudemet*, 1999, p. 565 s. ; Dijan, *Droit naturel, Les questions du droit*, PUF, 1998 ; *La quête anthropologique du droit, Autour de la démarche d'Étienne Leroy*. dir. Ch. Eberhard et Geneviève Vernicos, éd. Karthala, 2006 ; R. Sacco, *Anthropologie juridique, apport à une macro-histoire du droit*, 2008 ; R. Verdier, Une approche ethno-anthropologique du juridique, *in Regards sur le droit*, dir. F. Terré, 2010, p. 195 s. V. aussi J. Hilaire, L'iconologie juridique : une science historique ?, *in Regards sur le droit*, préc. p. 211 s.

7. C. Lévi-Strauss, *Les structures élémentaires de la parenté*, 1949.

8. M. Mauss, *Sociologie et anthropologie*, 1950.

serait pas encore un véritable droit, mais une sorte d'élément social apte à se transformer sous des aspects divers en un ensemble juridique [1].

39 ***La psychologie juridique*** ◇ Bien que, du moins dans la théorie française du droit, les études de psychologie juridique soient rares [2], l'approche des phénomènes juridiques à partir de la psychologie peut être des plus fructueuses. On comprend aisément que, dans l'une de ses directions, la psychologie juridique se relie étroitement à la *psychologie sociale* et, à ce titre, soit inséparable de la sociologie juridique, au moins dans l'un des principaux courants de celle-ci. La présence, voire la pression de considérations sociales inhérentes au droit, qu'il s'agisse des cadres, des acteurs et des actes de la vie juridique, peut, dans cet ordre d'idées, alimenter de fructueuses réflexions. D'ores et déjà, on a vu se développer, ici ou ailleurs, des études éclairantes de psychologie judiciaire [3], non loin des préoccupations de la sociologie criminelle.

L'analyse des ressorts de la psychologie est de nature à améliorer la compréhension du droit [4]. Les moralistes, surtout autrefois, n'ont pas négligé cette approche de la réalité humaine et sociale. De proche en proche, on s'aperçoit qu'il y a là une mine inépuisable de réflexions, notamment sur la parenté des maximes et des règles. Plus directement axées sur la psychologie juridique, on doit citer dans cet ordre d'idées les études développées sur le rôle du sentiment dans le droit [5].

Il convient aussi de tenir compte du développement de la caractérologie, qui n'est pas sans incidence sur l'approche du juridique, qu'il s'agisse de caractérologie individuelle [6] ou de caractérologie (ou de psychologie) des peuples [7], par exemple à partir de la distinction, proposée prudemment par certains, des peuples introvertis et des peuples extravertis [8].

---

1. Y. Noda, Quelques réflexions sur le fondement du droit comparé, Essai d'une recherche anthropologique du fondement du droit comparé, *Mélanges Ancel*, 1975, t. I, p. 23 s. ; l'auteur développe cette idée en se référant à celle d'un thème musical seul et unique variant suivant les systèmes juridiques. – V. aussi L. Morgan, *La société archaïque*, trad. franç. 1971 ; A. Mignot, Droit coutumier et anthropologie juridique (ou réflexions sur les études de droit coutumier), *Rec. Penant*, 1977, p. 352 s. Rodolfo Sacco, *Anthropologie juridique*, Dalloz, 2008 ; E. Rude-Antoine et G. Chrétien-Vernicos, *Anthropologies et droits, État des savoirs et orientations contemporaines*, Dalloz, 2009.

2. V. cep. J. Carbonnier, *Études de psychologie juridique*, Ann. Univ. Poitiers, 1949, p. 29 s.

3. V. E. Mira y Lopez, *Manuel de psychologie juridique*, 1954, trad. franç. PUF, 1958 ; Altavilla, *Psychologie judiciaire*, trad. franç. 1959 ; D. Fenouillet, Conscience et droit, liberté et responsabilité, *in Regards sur le droit*, éd. Dalloz, 2010, p. 345 ; X. Henry, Psychanalyse, inconscient et droit privé, *Les Annales de la Faculté de Droit, Sciences économiques et Gestion de Nancy*, vol. 2, 2009-2010, p. 120 s.

4. V. J. Carbonnier, *Sociologie juridique*, PUF, éd. Quadrige, 1994, p. 46 s.

5. V. not. J. et A. Pousson, *L'affection et le droit ;* et les références *supra*, n°s 12 s.

6. G. Berger, Juges, avocats, plaideurs, accusés, Notes psychologiques, in *La Justice*, 1961, p. 229 s. ; H. Solus, Les préoccupations d'ordre psychologique du Code de procédure civile, *Mélanges Julliot de La Morandière*, 1964, p. 511 s.

7. Sur la formation de l'esprit français par les légistes, v. Carl Schmitt, *Du politique « Légalité et légitimité » et autres essais*, éd. Paris 1990, p. 177 s.

8. Y. Noda, Introduction au droit japonais, 1966, p. 177 s. – V. aussi les études de T. Awaji, Les Japonais et le droit, et de I. Kitamura, Une esquisse psychanalytique de l'homme juridique

L'essor de la psychanalyse n'a pas laissé insensible l'univers des juristes. On a vu apparaître des études sur les relations entre la psychanalyse et le droit [1]. Évidemment la démarche n'est pas la même, y compris en droit, suivant qu'on est fidèle à Freud ou à Jung et, à plus forte raison, suivant la position que l'on adopte par rapport aux multiples écoles ou maisons de la psychanalyse.

B. Droit et sciences de la vie

40 ***Sciences de la vie*** ◊ Les progrès scientifiques ont évidemment influencé, de tout temps, le cours du droit : ainsi n'a-t-il pas été insensible à l'invention de l'imprimerie. Et puis celle de la machine à vapeur a engendré la société industrielle ; elle fut source de progrès, mais aussi de morts et de blessures. À la fin du XIXe siècle, en 1898, il fallut donc une loi spéciale sur les accidents du travail. Peu après, l'apparition et la multiplication des automobiles, elles aussi causes d'innombrables dommages, ont appelé une prise de position du droit : pas plus qu'il n'était venu à l'esprit de lui demander d'interdire les machines à vapeur, on n'attendit de lui la condamnation de l'automobile, ni plus tard de la civilisation qu'elle a engendrée. La loi du 5 juillet 1985 a simplement construit un système protecteur des victimes [2]. Reste que les découvertes scientifiques, si elles concernent le droit en maintes circonstances, n'imposent pas nécessairement un alignement des règles juridiques sur les découvertes de la science, car celles-ci peuvent être bénéfiques ou maléfiques, de sorte qu'il appartient au droit, de plus en plus souvent interrogé, de prendre position [3].

Les fulgurants progrès des sciences de la vie - qu'il s'agisse de la médecine, de la biologie ou de la génétique - ont aussi, au sujet notamment de l'expérimentation médicale, des procréations artificielles ou des manipulations génétiques, renouvelé une réflexion fondamentale sur les relations entre les comportements humains et les normes juridiques. Au carrefour de beaucoup de courants de la pensée, souvent sous le couvert de ce qu'on a appelé « bioéthique », un droit nouveau s'est constitué. Il s'est notamment exprimé par des lois importantes en 1994, en 2004 et en 2011 [4].

---

au Japon, reproduites in Études de droit japonais, Paris 1989, p. 9 s. - Rappr. dans le cadre de l'anthropologie, Ruth Benedict, Le chrysanthème et le sabre, trad. franç. 1987.

1. A. Ehrenzweig, *Psychoanalytic jurisprudence*, 1971 ; P. Legendre, *L'amour du censeur, Essai sur l'ordre dogmatique*, 1974, *L'empire de la vérité*, 1983, *L'inestimable objet de la transmission, Étude sur le principe généalogique en Occident*, 1985, *Le dossier occidental de la parenté, 1988, Le désir politique de Dieu, étude sur les montages de l'État et du droit*, 1988, *Le crime du caporal Lortie, Traité sur le père*, 1989 ; X. Henry, *Psychanalyse, inconscient et droit privé, Ann. fac. Nancy*, 2010, p. 119 s.
2. V. F. Terré, Ph. Simler et Y. Lequette, *Les obligations*, n°s 929 s.
3. V. *Science, éthique et droit*, dir. Le Douarin et C. Puigelier, éd. O. Jacob, 2007.
4. V. not. C. Labrusse-Riou, *Écrits de bioéthique*, PUF 2007 ; B. Mathieu, *Bioéthique*, Dalloz, 2009 ; La bioéthique en débat, *Arch. phil. droit*, t. 53, éd. 2011 ; J.-R. Binet, *La réforme de la loi bioéthique, commentaire et analyse de la loi du 7 juillet 2011*, éd. 2012.

Et l'on voit bien alors que deux tentations guettent le droit, toutes deux contestables, toutes deux contraires à sa nature. L'une inciterait à ignorer les données nouvelles de la science en fondant les réponses sur les seules pesanteurs de la tradition, ce qui est vain, inopportun et même dangereux. L'autre tentation, inverse, porterait à s'incliner passivement devant les exploits de la science en confondant normes scientifiques et normes juridiques, en tirant celles-ci de celles-là par la seule lecture d'un réel sans cesse renouvelé (v., en matière de preuve, *infra*, n° 619).

C. Linguistique, sémiologie, sémiotique juridiques

41 ***Présentation*** ◊ Le développement de la linguistique juridique [1] s'est tout naturellement orienté vers des réflexions relevant de la *sémantique*. Suivant le Vocabulaire de Lalande, celle-ci est cette « partie de la linguistique qui s'occupe du vocabulaire et de la signification des mots » elle est une « étude historique du sens des mots considéré dans ses variations ». À l'évidence, consciemment ou non, la préoccupation sémantique occupe une place de choix dans le domaine du droit.

Pourvue de sens, la langue est, suivant l'analyse décisive de Ferdinand de Saussure, « un système de signes exprimant des idées, et par là, comparable à l'écriture, à l'alphabet des sourds-muets, aux rites symboliques, aux formes de politesse, aux signaux militaires, etc. Elle est seulement le plus important de ces systèmes... On peut donc concevoir une science qui étudie la vie des signes au sein de la vie sociale ; elle formerait une partie de la psychologie sociale, et par conséquent de la psychologie générale ; nous la nommerions sémiologie. Elle nous apprendrait en quoi consistent les signes, quelles lois les régissent... La linguistique n'est qu'une partie de cette science générale, les lois que découvrira la sémiologie seront applicables à la linguistique et celle-ci se trouvera ainsi rattachée à un domaine bien défini dans l'ensemble des faits humains » [2].

Le *signe* se caractérise par une intention de communication et par la distinction du signifiant et du signifié. Son rôle dans la vie du droit est aisément observable, ce qui explique l'apparition de la *sémiologie juridique* [3]. La difficulté première tient au fait que, pour être conforme à sa visée et opérationnelle, cette branche du savoir implique une définition nette de la notion de signe, alors que la vie juridique peut donner prise à des hésitations. On retiendra donc, à ce sujet, la définition proposée par M. Gridel : « instrument de l'information juridique, il devient un objet finalisé, un

1. V. J.-L. Sourioux et P. Lerat, *Le langage du droit*, 1975 ; G. Cornu, *Linguistique juridique*, 1990 ; Vocabulaire fondamental du droit, *Arch. phil. droit*, t. 35, 1990, et Les rapports du droit et de la langue, *in L'art du droit en quête de sagesse*, 1998, p. 275 s. ; P. Catala, Linguistique et informatique juridiques, *Mélanges Cornu*, 1994, p. 79 s. – V. aussi *infra*, n°s 407 s. – Et, dans une perspective historique, P.-Y. Gautier, Eusèbe de Laurière : un linguiste dans le siècle des Lumières, *RTD civ.* 1999, 51 s.
2. F. de Saussure, *Cours de linguistique générale*, Payot, 3e éd. 1972, p. 33.
3. J.-P. Gridel, *Le signe et le droit*, thèse Paris II, éd. 1979.

message réifié : le signe juridique est l'union d'un *corpus* et d'un *animus* »[1]. Le *corpus* est « objet de perception instantanée » l'*animus* est « l'intention de communication juridique ». À la lumière de cette définition, M. Gridel a étudié le régime juridique des bornes de délimitation immobilière, de certains attributs vestimentaires - insignes, robes[2] ou uniformes - et de la signalisation routière[3].

Il convient de ne plus confondre la sémiologie et la sémiotique. Bien que la définition de celle-ci suscite une grande diversité des approches et des opinions[4], deux différences paraissent devoir être signalées. D'une part le domaine de la sémiotique englobe l'ensemble des signes évoqués, et pas seulement la langue, même si c'est le signe par excellence. D'autre part, si la sémiotique concerne la langue, elle envisage celle-ci dans ses rapports avec la logique. On appelle encore, « dans une première approximation, *sémiotique générale* l'étude de ces rapports, l'étude comparée de la logique et du langage, ou, si l'on veut, l'étude comparée du langage scientifique et du langage ordinaire ». Dans cette perspective la sémiotique juridique consiste dans l'étude des rapports du droit, de la logique et du langage[5].

D. Économie du droit

42 ***Économie et droit*** ◊ L'expression est nouvelle et renvoie, tout d'abord, à une analyse naturelle des rapports entre le droit et l'économie, leurs différences, leurs influences, leurs interférences. L'économie, au sens moderne du mot, n'a jamais pu être sans incidence sur le droit, même si l'on ne sacrifie pas à une analyse marxiste de l'infrastructure économique et de la superstructure juridique[6]. Une économie rurale est principalement axée sur le droit de la terre, tandis qu'une économie urbaine nourrit les échanges et le commerce. Le développement économique entraîne de nécessaires changements dont le droit doit tenir compte. Les crises économiques altèrent le fonctionnement habituel des échanges. L'extension des marchés - voire des lois du marché - et la multiplication des échanges - de biens, de services, de capitaux, de monnaies - appellent des adaptations du

1. J.-P. Gridel, *op. cit.*, p. 29.
2. Rappr. A. Garapon, *L'âne portant des reliques, Essai sur le rituel judiciaire*, Paris, 1985.
3. V. C. route., art. L. 411-6, R. 313-1 s., R. 416-1 s.. - A. Ensminger, Un refrain des rues et des lois : les disques privés de stationnement interdit, *RRJ* 1989-3, 639 s. - Rappr., sur les règles de l'air et les services de la circulation aérienne, C. aviat., art. D. 131-1 s.
4. V. Colloque international de sémiotique juridique, Aix-en-Provence 11-13 mars 1985, *RRJ* 1986-2, 5 s., spéc. G. Kalinowski, *La sémiotique juridique*, p. 111 s.
5. V. la *Rev. intern. de sémiotique juridique* (Intern. Journal for the Semiotics of Law) publiée sous le patronage de l'Assoc. intern. de sémiotique juridique ; Rappr. R. Sacco, *Langue et droit*, rapport italien, XVe Congrès int. droit comparé, Bristol 1998, éd. Giuffre. - V. aussi F. Paychère, *Théorie du discours juridique*, thèse ronéot. Paris II, 1990.
6. V. Droit et économie, *Arch. phil. droit*, t. 37, 1992, spéc. la présentation de B. Oppetit, p. 17 s. ; Le juge de l'économie, Colloque Assoc. Droit et commerce, juin 2002, *RJC* n° spéc. nov. 2002 ; G. Farjat, *Pour un droit économique*, PUF, 2004 ; M.-A. Frison-Roche, Droit et économie, *in Regards sur le droit*, dir. F. Terré, 2010, p. 119 s. ; *L'efficacité économique du droit*, dir. S. Bollée, Y.-M. Laithier et C. Pérès, colloque Reims, éd. 2010.

droit au fait économique, ainsi qu'à la répartition et à l'accélération des richesses, laissant place à des débats récurrents sur les facilités ou les entraves que le droit peut apporter aux économies. La relation est donc plus profonde qu'il n'y paraît comme l'étymologie le rappelle (oiv ko~ hoμoß). La destinée des pays en voie de développement a bien montré en quoi le droit - pas seulement celui qu'illustrent les codes d'investissement - ne peut être que modérément en avance sur l'économie.

43 ***L'analyse économique du droit*** ◊ Depuis quelques décennies une nouvelle science auxiliaire du droit s'est développée Outre-Atlantique, spécialement sous l'influence de Coase et de Posner [1]. Elle a pour objet l'analyse du coût et de l'impact économique des institutions et des mécanismes juridiques. De manière épisodique et occasionnelle, on avait déjà bien pu, çà et là, raisonner en termes de coûts, à partir d'une considération de ce que, dans un cadre voisin, on peut appeler le rapport qualité-prix, voire en s'interrogeant sur la place de l'inutile dans le droit et sur le coût qu'il représente. Ce fut le cas en matière d'accidents d'automobiles ou encore au sujet de la signification des procédures de faillite.

L'analyse économique du droit repose sur une approche plus systématique de ces questions. L'esprit qui l'inspire est de caractère positif et non pas normatif, en ce sens que la préoccupation dominante est celle de l'efficacité des règles et des jugements en termes de rationalité par rapport aux objectifs qui les sous-tendent. De la sorte, il est possible de comprendre comment les normes juridiques influencent les comportements et expliquent les réactions. Les apports de l'analyse économique du droit sont alors incontestables, pour plusieurs raisons. Elle permet de mesurer l'incidence économique des règles et des jugements par rapport aux finalités en cause et par conséquent de guider les réformes éventuelles. Et il n'est pas exclu que dans cette perspective, des simplifications puissent être discernées, ainsi que des processus nouveaux d'adaptation et d'incitation. L'on s'accorde à retrouver dans cet ordre de réflexions, ce que la recherche juridique ou sociologique du XXe siècle a pu développer au sujet de l'efficacité et de l'effectivité des normes juridiques [2].

---

1. R.-H. Coase, *Le coût du droit* (1960), trad. Y.-M. Morisette, PUF 2000 ; R.A. Posner, *Economic Analysis of Law*, Little Brown and C°, 2e éd. 1977 ; E. Mac Kaay, La règle juridique observée par le prisme de l'économiste, une histoire stylisée du mouvement de l'analyse économique du droit, *RID économique* 1986, t. 1, p. 43 s. ; L'analyse économique du droit, *RRJ* 1987, 409 s. ; B. Lemennicier, *Économie du droit*, éd. Cujas 1991 ; A. Ogus et M. Faure, *Le cas français*, éd. Panthéon-Assas, 2003, E. Mackaay et S. Rousseau, *Analyse économique du droit*, Dalloz, 2e éd. 2008 ; *RRJ* 2008, n° spéc., *L'analyse économique du droit, Autour d'Ejan Mackaay ;* R. Lanneau, *Analyse économique et analyse juridique du droit, RRJ*, 2008-4, p. 1865 s. ; E. Mac Kaay, L'analyse économique du droit, outil de la doctrine juridique : la bonne foi et la justice contractuelle, *RRJ* 2011, 1605 s. Comp. sur l'analyse économique du droit comme source du droit, R. Encinas de Munagorri, obs. *RTD civ.* 2006. 505 s. ; Le droit de l'économie, *Mouvement Jeune Notariat*, 38e congrès, San Francisco, 2007.

2. V. *Analyse économique du droit : quelques points d'accroche*, dir. G. Canivet, B. Deffains et M.-A. Frison-Roche, *LPA*, 19 mai 2005, spéc. p. 15 s. ; F. Lévêque, *Économie de la réglementation*, éd. La Découverte, 2004 ; *L'efficacité économique du droit*, dir. S. Bollée, Y.-M. Laithier et C. Pérès, 2010, et le compte-rendu de T. Azzi, *RTD civ.* 2010, 647 s.

Le mécanisme contractuel apparaît alors comme l'objet idéal de l'analyse économique du droit. Il traduit effectivement un comportement permettant le recours utilitaire à un outil, à un instrument dont l'efficacité se relie à la compréhension et au choix d'un itinéraire déterminé. L'utilisation efficace des contrats spéciaux s'accompagne alors nécessairement d'un décloisonnement des branches du droit (civil, social, fiscal, international...) dont la combinaison repose sur une bonne connaissance des tours et des détours qui peuvent mener à destination, avec ou sans intervention du juge [1]. Les analyses d'impact débordent d'ailleurs largement le seul régime des contrats. Le droit de la responsabilité délictuelle - civile, mais aussi pénale - corrobore et prolonge les acquis précédemment indiqués. L'industrie de l'assurance s'y est, depuis longtemps, intéressée. La notion de préjudice - pas seulement économique - a été dans cette voie mieux comprise que par le passé. Naturellement l'analyse économique du droit outre son objet relationnel, s'est attachée aux institutions juridiques et aux coûts qu'elles représentent [2].

Il n'est pas difficile de discerner les dangers qu'une telle approche peut comporter. À vouloir trop axer sur l'économique - et sans même évoquer les ravages collatéraux de la comptabilité analytique - on s'expose à refouler, même involontairement, les considérations d'ordre moral, du moins celles qui ne se plient pas à évaluation. Mais probablement convient-il alors tout simplement de s'inspirer des leçons du passé : pas plus que le sociologisme ne devait prolonger la sociologie, l'économisme ne doit supplanter l'économie, car le *tout-marché* est haïssable. Ce qui conduit peut-être à une conclusion en forme de question : cette analyse économique du droit n'est-ce pas, tout simplement, une manifestation authentique, bien que tardive, de la sociologie juridique ?

SECTION 2. **CRITÈRES TENANT À LA FORME**

44 ***Distinction*** ◊ Les difficultés constatées lorsque l'on s'attache à discerner, sur le terrain du fond, les critères du juridique, ne sont sans doute pas étrangères à d'autres démarches tendant à cerner le droit du côté de la forme [3]. La forme du droit, son expression, ses signes, son langage... tout cela est évidemment révélateur. À ce courant de pensée se rattache notamment la construction de Kelsen, sa « théorie pure du droit ».

On se bornera ici à signaler deux lignes de réflexion [4].

1. V. L'analyse économique du droit des contrats : outil de comparaison, facteur d'harmonisation, Colloque Paris 13 mai 2004, *Gaz. Pal.* 2005, doctr. 711. G. Maitre, *La responsabilité civile à l'épreuve de l'analyse économique du droit*, LGDJ 2005.
2. V. not. M. Germain, *LPA*, préc., p. 65 s.
3. V. D. de Béchillon, *Qu'est-ce qu'une règle de droit ?*, éd. Odile Jacob, 1997.
4. Rappr. V. Lasserre, *Le nouvel ordre juridique. Le droit de la gouvernance*, Lexis-Nexis, 2015.

§ 1. Critères tenant à la règle

45 ***L'existence d'une sanction*** ◊ Il est commode, il est même courant d'affirmer que le propre de la règle de droit est d'être une règle sanctionnée par l'autorité étatique [1]. Dans la plupart des circonstances de la vie juridique, on peut s'en contenter. Le fait qu'il existe une zone immense, souvent incommensurable, d'application non contentieuse de la règle de droit ne dément pas l'analyse ; il suffit d'observer que l'application éventuelle d'une sanction peut expliquer, théoriquement ou pratiquement, les comportements dociles ou paisibles. Et cela suffit pour que la sanction par l'autorité étatique apparaisse comme inhérente à la règle de droit.

L'analyse, pourtant, ne convainc pas. Laissons même ici de côté le fait que nombre de domaines régis par des règles de droit, spécialement coutumières, relèvent d'ensembles qu'il est difficile de qualifier d'*étatiques*, au sens que la modernité a donné au concept d'État.

46 ***De la juridicité*** ◊ Ce qui est beaucoup plus décisif, c'est le vice sur lequel repose ce raisonnement ; si la sanction étatique est le critère de la règle de droit, il y a renversement de l'ordre logique des facteurs du raisonnement qui aboutit à une tautologie qu'une question des plus simples est propre à mettre en évidence : puisqu'il s'agit de critère du juridique, la question est de savoir dans quels domaines, dans quelles circonstances, dans quelles conditions, une conduite sociale est sanctionnée par l'autorité étatique ou est de nature à être sanctionnée par cette autorité. En d'autres termes, une conduite juridique n'est pas telle par la vertu de l'autorité étatique, disons même plus largement de l'autorité publique - ce peut ne pas être l'État -, mais elle est sanctionnée par l'autorité étatique - si d'ailleurs celle-ci le juge nécessaire - parce qu'elle est une conduite juridique (ou juridicisable).

D'ailleurs, entre les conduites relevant du non-droit et celles qui dépendent de la sanction de l'autorité étatique, il y a des situations intermédiaires, sans doute juridiques, mais dans une large mesure à l'abri des sanctions étatiques [2]. Ainsi en est-il en cas d'*obligation naturelle*. L'*obligation civile* donne prise à la contrainte étatique ; si le débiteur n'exécute pas volontairement, il peut y être contraint par la force. À cet égard le *devoir moral* s'oppose à l'obligation juridique : il lui manque précisément la contrainte étatique. Mais, entre les deux notions, il existe une catégorie intermédiaire, celle des obligations « naturelles » par opposition aux obligations dites « civiles ». L'obligation naturelle n'est pas susceptible d'exécution forcée, ce en quoi elle

---

1. V., à ce sujet, P. Jestaz, La sanction ou l'inconnue du droit, *D.* 1986, chron. 197 s. - V. aussi, J. Rivero, Sur l'effet dissuasif de la sanction juridique, *Mélanges Raynaud*, 1985, p. 675 s. ; D. de Béchillon, *op. cit.* - Comp., dans le sens du rejet d'une conception « déontique » généralement partagée, A. Jeammaud, La règle de droit comme modèle, *D.* 1990, chron. 199 s. ; *Les sanctions en droit contemporain*, vol. 1 : *La sanction, entre technique et politique*, dir. C. Chainais et D. Fenouillet, 2012.

2. V. N. Descot, Les règles du droit civil non sanctionnées, *RRJ* 2008-3, p. 1301 s.

ressemble au devoir moral. Mais si le débiteur de l'obligation naturelle l'exécute volontairement et en connaissance de cause, il est censé exécuter une obligation reconnue par le droit, il fait un paiement, et non une libéralité, ce qui situe l'obligation naturelle sur le même plan que l'obligation civile (*supra*, n°s 19 s.).

Pour échapper aux objections précédemment évoquées, on est tenté d'élargir la notion de contrainte, en tenant compte, pour situer le droit, d'autres contraintes que la contrainte étatique, juridicisée, judiciarisée. À quoi l'on répond aussitôt que la contrainte n'est pas propre à l'ordre juridique. Et si, s'attachant davantage à la structure de la règle, l'on estime, après Kant, que les normes juridiques sont des *impératifs hypothétiques*, distincts en cela des normes morales ou des *impératifs catégoriques*, l'on s'expose à maintes objections, tenant principalement au fait que toute norme peut emprunter la forme d'une proposition conditionnelle ou inconditionnelle.

47 ***Faillite du normativisme*** ◊ En quête d'une détermination du juridique, on a soutenu, d'un point de vue phénoménologique, que les instruments juridiques constitueraient, en leur qualité d'instruments de jugement, des modèles auxquels les objets doivent être conformes ; de là se dégagerait une « obligatoriété » sans lien substantiel avec le contenu des propositions juridiques. En d'autres termes, si l'homme se conforme aux exigences du droit, ce serait pour des raisons étrangères au contenu du droit. À quoi l'on objectera qu'une telle évaporation du contenu du droit ne débouche tout de même pas sur une définition du droit. On ne fait que décrire, qu'expliquer ce qui pousse à s'y conformer, à se conformer. Autant dire qu'on laisse la porte ouverte.

Le vice de cette démarche tient, à notre avis, à l'évacuation radicale des finalités, voire des fonctions du droit. Qu'on le veuille ou non, elle porte le positivisme à son point extrême. On ne peut pas rendre compte du droit par la seule analyse de sa positivité, sans tenir compte de ses finalités et de sa fonction médiatrice. Là est, on y reviendra (*infra*, n° 186), l'erreur des positivistes : exaltant le positivisme, ramenant le droit à ce qui est posé et discernant l'armature de sa position comme critère du juridique, la « théorie pure du droit » est même porteuse de totalitarisme. Ainsi que l'observe si bien Julien Freund, « la doctrine kelsénienne érige la positivité en une autonomie métaphysique du droit, au mépris de toutes les observations scientifiques établies par la sociologie, la politologie, l'histoire et en général les sciences sociales » [1].

§ 2. **Critère tenant au jugement**

48 ***Juridicité et justiciabilité*** ◊ Surtout à notre époque, une autre voie a été suivie. Elle tend à opérer une distinction entre le juridique et le social non

---

1. *Politique et impolitique*, par J. Freund, spéc. p. 283 s., p. 289.

juridique. Inspirée par les études d'Hermann Kantorowicz, une sociologie juridique met en évidence le critère de la juridicité à l'aide de l'idée de justiciabilité [1]. Le doyen Carbonnier est séduit par la référence à la mise en question, seules les règles pouvant donner lieu à un jugement précédé d'un doute étant ou pouvant être juridiques [2]. À quoi l'on est porté à objecter que tout, en réalité, peut être mis en jugement [3]. On est tenté de le penser en relisant quelque discours de Bergson sur la politesse [4]. De manière plus philosophique, Alexandre Kojève a approfondi une analyse voisine : il y a, d'après lui, un plaisir de juger qui est spécifiquement juridique ; on ne le comprend pas si on nie l'existence d'une attitude juridique autonome fondée sur l'idée de justice ; et il en découle la référence essentielle, discriminante, à l'existence, possible ou réelle, d'un « *tiers impartial et désintéressé* » [5]. Tandis que la relation morale serait solitaire et que la relation religieuse mettrait en rapport deux personnes – l'homme et la divinité –, la relation juridique serait triangulaire, en raison de la présence d'un juge. Elle serait, en outre, propre à marquer une autre séparation radicale, car l'intérêt poussant l'homme à adopter le comportement du tiers impartial et désintéressé n'aurait rien de commun avec les autres intérêts qui le portent à agir, spécialement dans l'ordre de l'économie ou de la politique. Inspirée par la pensée hégélienne, cette construction, de type behaviouriste, est séduisante ; mais elle exagère le rôle du jugement.

Force est quand même d'admettre qu'il n'existe peut-être aucun comportement social qui ne puisse donner lieu à l'intervention d'un juge, d'un « tiers impartial et désintéressé ». Ainsi le veut sans doute la plasticité du droit, ainsi que sa fonction médiatrice.

SECTION 3. **LA MÉDIATION ENTRE LE JUSTE ET LE SAGE**

49 ***Une médiation nécessaire*** ◊ Au sommet de la pyramide qui le symbolise, le droit est [6]. Il est dans la valeur même qui le fonde partout et l'a

1. H. Kantorowicz, *The definition of law*, 1958, p. 78.

2. V. J. Carbonnier, *Sociologie juridique*, PUF, éd. Quadrige, 1994, p. 320. – Rappr. *Le doute et le droit*, Colloque Barreau de Paris, 1991, éd. Dalloz, coll. « Philosophie et théorie générale du droit », 1994 ; J.-F. Cesaro, *Le doute en droit privé*, éd. Panthéon-Assas, 2003.

3. V. cep., au sujet de l'affaire *Branly*, J. Carbonnier, Le silence et la gloire, *D.* 1951, chron. 119 s. et, au sujet de l'affaire *Faurisson*, TGI Paris 8 juill. 1981, *D.* 1982, 59, note B. Edelman ; v. L. 29 juill. 1881, art. 24 *bis* inséré par L. 13 juill. 1990, art. 9. – V., de manière plus générale, même au-delà des problèmes liés à la preuve (*infra*, n°s 555 s.), relativement à la suspicion, F. Defferrard, *La suspicion légitime*, thèse Versailles, éd. 2000.

4. *Mélanges*, PUF, 1972, p. 317 s.

5. *Esquisse d'une phénoménologie du droit*, éd. Gallimard, 1981, spéc. p. 188 s. ; v. F. Terré, A. Kojève, philosophe du droit, *Rev. sc. morales et politiques* 1992, spéc. p. 393 s.

6. Sur le recours à la fonction de médiation, v. les analyses si pénétrantes de J. Freund, *op. cit.*, p. 285 s., spéc. p. 285 : « Le droit est la dialectique entre le politique et l'éthique... En tant que le

toujours fondé. Quand on usait ici d'adjectifs, le droit c'était le juste. Relation maintenue de préférence entre substantifs : le droit est d'abord justice. Mais il n'est pas seulement justice. Le droit n'est pas un corps simple, car il est à l'image de l'homme [1].

Son ambivalence tient à ce qu'il tend à satisfaire à la fois le juste et le sage. Voilà pourquoi le philosophe grec voulait réserver aux sages la mission de dire les lois de la cité et de gouverner celle-ci : parce que le sage était le médiateur prédestiné et que le droit était le mode naturel et désigné d'une médiation nécessaire. De là son ambivalence irréductible. Une ambivalence inhérente à l'homme lui-même, et issue de la division de l'androgyne. Une ambivalence sans la conscience de laquelle toute définition du droit est irrémédiablement parcellaire, donc fausse [2].

50 ***L'ambivalence du droit*** ◊ Le droit est médiation entre le juste et le sage, car il est articulation de l'individuel et du social. Son universalité dans toutes les sociétés humaines, quel qu'en puisse être le degré d'évolution, n'exclut pas son ambivalence et devrait permettre d'accorder deux explications différentes de ses origines.

Les anthropologues, à ce sujet, s'opposent stérilement. Les uns pensent que le droit est né du culte des morts, ce qui renvoie à l'esprit des morts, au respect des ancêtres détenteurs d'une tradition orale, à cette soif d'immortalité qui inspire le comportement des vivants (sur l'anthropologie juridique, v. *supra*, n° 38).

En composant des codes, en faisant des lois, le mortel se veut immortel, l'homme veut se survivre par et dans la société. En quoi le droit est, forme et fond mêlés, un testament. Leibniz a relié le testament à l'immortalité de l'âme. En ce qu'il est un testament, le droit est, lui aussi, volonté d'immortalité, si implicites que puissent être ses manifestations ou ses révélations. Le comportement du prophète ou du prince, du seul fait qu'il est ou devient un modèle, tire de cette abstraction ce qui est de nature à en faire une prescription pour le futur, à le muer en droit.

À quoi d'autres anthropologues opposent une autre démarche, non plus verticale, mais horizontale : le droit ne serait pas né du culte des morts ; il serait issu de l'échange, certains disent même du tabou de l'inceste, structure élémentaire. Et l'on trouverait aisément, dans l'univers du juridique, de quoi nourrir cette explication fondamentale. En ce qu'il est médiation du juste et du sage, le droit tend à concilier les aspirations au juste avec les exigences du social et les mouvements alternés qui tendent à l'ordre et au désordre. Voilà pourquoi les analyses opposées de ceux qui croient au culte des morts et de ceux qui croient à l'échange ne sont pas contradictoires, mais complémentaires. Ainsi le veut l'ambivalence du droit.

---

droit est médiation, et de ce fait objet d'une dialectique, il n'est pas une essence, c'est-à-dire il n'y a pas de substance du droit, ou encore il est d'ordre relationnel. » Et p. 286 : « S'il y a une essence *du* droit au sens phénoménologique, il n'est pas une essence au sens ontologique ».

1. V. Rev. *Droits*, n° 11-1990, spéc. p. 63 s.
2. Rappr. *Droit et surnaturel*, Colloque, Université Aix-Marseille 2013, Lexis-Nexis 2015.

51 ***L'insertion des valeurs*** ◊ À mesure que l'on descend les degrés de la pyramide, cette ambivalence persistante ne facilite guère la tâche des amateurs de définitions. Car le droit n'est pas seulement dans les valeurs qui l'inaugurent, l'inspirent et le fondent. Il est aussi, toujours médiateur entre le juste et le sage, dans l'insertion des valeurs, modèles ou exemples en termes de droit. La faillite de tous les positivismes juridiques réside dans cette tautologie que leurs tenants se cachent à eux-mêmes. Nécessairement, inéluctablement, le droit ne se ramène pas aux règles ou aux solutions qui le révèlent. Pas plus qu'il ne se borne aux valeurs supérieures de justice et de sagesse. Entre les unes et les autres, le droit est aussi. À ce niveau intermédiaire opère sa puissance créatrice. D'où cette tendance immémoriale et irréductible à préciser le modèle ou le système de modèles : droit naturel classique, dans l'Antiquité, droit naturel moderne, droit naturel à contenu variable... C'est encore de droit qu'il s'agit. Que des critiques successives, liées surtout au triomphe du scientisme, aient ébranlé toutes ces théories, c'est vrai. Mais cela n'a pas supprimé la nécessité de dégager, à partir de ce qui est la fonction même du droit, les valeurs et les modèles des règles et des solutions de ce qu'on appelle le droit positif. Or, qui dit positif, dit posé, donc posé à partir de ce qui le pose.

Il y a, dans toute cette œuvre de dégagement préalable des valeurs et des modèles, nécessairement entre des bornes assignées à la connaissance humaine, une action permanente de formation et de formulation du juridique. Cela est aussi du droit, appelé à évoluer en permanence, entre les axiomes qui le délimitent. Ce qu'ont découvert de prodigieuse manière au XXe siècle les sciences de la matière et les sciences de la vie, il est grand temps que le droit le découvre à son tour. Car il n'échappe pas à la nécessité d'une prise de conscience du relatif et du variable. À partir de là, sa mission médiatrice repose sur une recherche spontanée tout à la fois du juste et du sage.

Là encore se manifeste son ambivalence et s'explique la faillite de toute analyse unitaire. Cette création du droit, idéal ou naturel, appelé à se transformer en droit positif, se réfère de manière primordiale au juste, ce qui appelle un consensus naturel. Mais cette référence se relie à une insertion dans le social, sagesse aidant. Or, le social génère le conflit, lequel est aussi partie intégrante du juridique. Et voici qu'à nouveau, ordre et désordre se répondent et s'alimentent. Ainsi envisagé, le droit est tour à tour consensus et conflit. Ainsi le veut son ambivalence. L'oublier, c'est s'interdire toute définition satisfaisante.

52 ***Les règles, les jugements, les solutions*** ◊ Mais il en irait de même si l'on évacuait la prise en considération du système de règles, de jugements, de solutions, en quoi, pour beaucoup, consiste le droit. Sans doute les ravages du positivisme ont favorisé en ce sens une vision étriquée du droit. D'où le discrédit dont il souffre à l'évidence : règles éphémères, jugements arbitraires, et pour tout dire droit confondu avec tout ce qui le révèle ou l'exprime. Alors se développe la tentation de réagir à l'extrême et d'évacuer

du droit tout ce qui n'en est que la manifestation extérieure, bref d'en exclure ce qu'il est convenu d'appeler le droit positif.

Ce serait faire fausse route et répondre à un excès par l'excès contraire. Le droit est aussi un système de règles et de solutions. Il est en elles, même s'il n'est pas qu'elles. Le législateur, même le législateur de circonstance, tend à réaliser une médiation du juste et du sage, à harmoniser justice et ordre. Sa recherche consciente, voulue, tend à compléter et à modifier le système des règles. Et ce faisant, en tant qu'organe du juridique, il est à la fois l'agent de l'action du droit et l'objet de cette action.

Il en va de même du juge. Sa tâche est obligée. Il est tenu de juger, sans pouvoir se retrancher derrière le silence, l'obscurité ou l'insuffisance de la loi. Ce devoir, inscrit à l'article 4 du Code civil (*infra*, n° 353), mais de portée générale, ne concerne pas seulement l'intérêt des justiciables ou même l'opinion que l'on peut émettre au sujet des lacunes du droit ou du caractère ouvert ou clos, inachevé ou achevé, du système du droit. L'obligation ainsi consacrée contribue aussi à la définition même du droit : ce devoir de juger atteste, en la personne du juge, la présence d'une donnée immédiate du droit. Qu'il le veuille ou non, si imprévues que puissent être les questions qui lui sont posées, il va devoir juger et, ce faisant, compléter et modifier sans cesse cet ensemble dont il est aussi un rouage. La jurisprudence montre qu'il lui arrive de détruire des lois, ce qui est aussi créer du droit. Et l'on voit à nouveau se manifester, par son intermédiaire obligé, l'ambivalence du droit : la nécessaire médiation du juste et du sage. Voilà d'ailleurs pourquoi toute robotisation du droit, spécialement à travers le judiciaire, est impossible, car il y a incompatibilité irréductible entre une machine et une ambivalence.

Ainsi, à tous les niveaux de la pyramide, il y a le droit. C'est pourquoi sa définition est malaisée : parce que l'on s'obstine le plus souvent à vouloir définir le tout en n'envisageant que l'une des parties, on s'expose irrémédiablement à l'échec. Échec d'autant plus fréquent qu'on néglige trop une ambivalence inhérente au droit et qui marque les échanges constants qui se produisent de haut en bas et de bas en haut dans la pyramide que l'on a tenté ici d'évoquer,

Le droit est à l'image de l'homme, entre la vie et la mort, la vie inséparable de la mort, la mort inséparable de la vie. De même que l'homme se perpétue par la procréation, de même il veut oublier ou combattre la mort par sa création permanente du droit, non sans un passage obligé par le doute [1]. C'est bien pourquoi la définition de celui-ci est si difficile. Car il est cette médiation entre le juste et le sage qui, dans toute société humaine, tend à une création de modèles appelés à composer un système de règles et de solutions sans cesse recommencé.

1. V. *Le doute et le droit*, préc.

CHAPITRE 2

LE SYSTÈME DU DROIT

53 ***Le système*** ◊ On envisage volontiers de nos jours, par cette expression, *le droit comme système* [1]. Les interrogations qui caractérisent cette démarche et qui ont trait à la définition, à l'autonomie, aux propriétés structurales de celui-ci, se relient à un effort tendant à la compréhension de son caractère systématique. À l'évidence, la force du courant positiviste a favorisé cet axe de réflexions. Au sens courant du mot, la considération du système du droit ou la comparaison des systèmes juridiques ne date pourtant pas d'aujourd'hui.

Sinon le mot, du moins l'idée de système était connue des Grecs. La signification du terme se manifeste surtout avec les Modernes : on vise par là un ensemble de procédés méthodiquement ordonnés [2] ou encore un ensemble d'objets liés par des rapports stables : système solaire, système biologique, système social, système économique, politique, juridique. Ainsi que l'écrit Condillac, « un système n'est autre chose que la disposition des différentes parties d'un art ou d'une science dans un ordre où elles se soutiennent toutes mutuellement, et où les dernières s'expliquent par les premières. Celles qui rendent raison des autres s'appellent principes ; et le système est d'autant plus parfait que les principes sont en plus petit nombre ; il est même à souhaiter qu'on les réduise à un seul » [3].

Il est compréhensible que la notion de système soit, du fait même de la complexité du droit, appliquée à celui-ci. Reste que la systématisation que l'on a pu avoir tendance à attacher au droit romain lui a fait défaut : il manquait alors une idée directrice, encore trop diffuse, suivant laquelle la règle générale est l'élément essentiel du droit. C'est au XIIIe siècle, par l'effet de la redécouverte de la logique aristotélicienne, que s'est développée la perception du droit en tant que système, et tout ce qui s'ensuivit, tout particulièrement les tentatives systématiques de l'École du Droit Naturel moderne, puis, au XIXe siècle, les grands systèmes pandectistes.

---

1. V. Le système juridique, *Arch. phil. droit,* 1986 ; v. aussi N. Luhmann, L'unité du système juridique, *Arch. phil. droit,* 1986, p. 163 ; *N. Luhmann, Observateur du droit,* textes recueillis par A.-J. Arnaud et P. Guibentif, 1993 ; J. Clam, *Droit et société chez Niklas Luhmann, La contingence des normes,* éd. PUF, coll. Droit, Éthique, Société, 1997, et les obs. de L. Azoulay, *RTD civ.* 1998, 543. *Les frontières du droit,* Mélanges Decoopman, éd. Ceprisca, 2014.

2. Aux vol. des *Arch. phil. droit,* préc., *adde,* P. Orianne, *Introduction au système juridique,* Louvain-la-Neuve, 1982. – Rappr. Santi Romano, *L'ordre juridique,* trad. franç. par L. François et P. Gothot, 1975 ; G. Timsit, *Thèmes et systèmes de droit,* 1986 ; R. Vernengo, Le droit est-il un système ?, *Arch. phil. droit,* 1991, 253 s.

3. *Traité des systèmes,* OC, I, 121.

54 ***Droit et système*** ◊ Bien que, dans la compréhension et l'explication du droit, les concepts d'unité, de cohérence et de hiérarchie soient maintenus, l'approche du phénomène juridique en tant que système a fait l'objet d'un profond renouveau des analyses et des controverses, liés dans une large mesure au développement de l'analyse systémique [1].

L'expression de système juridique peut désigner, tout d'abord un tissu de relations sociales intelligibles se manifestant au sein d'un ensemble ordonné par le droit. C'est de cette manière qu'Hobbes considère les différents types de sociétés et Kant, le « système des États » dans la Critique de la Faculté de juger (§ 83). La démarche ne distingue pas aisément la réalité et la norme qui l'organise. Dans la ligne de cette tradition de pensée, on a retenu une modélisation tendant à exprimer la circularité du phénomène : élaboration des normes, exécution de celles-ci par les autorités publiques, application des normes à la suite des recours des particuliers, constructions doctrinales, puis élaboration de normes nouvelles [2].

Ce qui complique aujourd'hui la démarche, c'est qu'il existe nombre d'autres définitions ou descriptions du système juridique et nombre d'autres distinctions corrélatives. Ainsi, dans un ouvrage célèbre, H.L.A. Hart [3] distingue les *règles primaires*, en vertu desquelles sont ordonnées ou interdites certaines activités, et les *règles secondaires* fixant les modes d'accomplissement des actes législatifs, des actes juridictionnels et des actes juridiques, en accordant des pouvoirs et des droits, en reconnaissant des compétences [4].

D'autres auteurs situent plus ou moins leurs analyses autour de la distinction de l'*espace normatif* et de l'*ordre normatif* : l'*espace normatif* s'ordonne suivant des chaînes logiques, de sorte qu'une proposition est justifiée parce qu'elle dérive d'une autre par son contenu, en extension et en compréhension ; l'*ordre normatif* s'ordonne sur des chaînes d'habilitation : c'est pourquoi une proposition est justifiée parce qu'elle a été prescrite par une norme supérieure.

Sur ces concepts, sur le Kelsénisme récurrent que nombre de théories véhiculent, une littérature abondante s'est développée [5] et se développe, qu'il ne nous appartient pas ici de décrire et d'apprécier. On se contentera

1. V. N.G. Indjessiloglou, *L'apport de l'analyse systémique dans le domaine juridique*, thèse ronéot., 2 vol., Paris II, 1980. – Rappr. M. Virally, Notes sur la validité du droit et son fondement, *Mélanges Eisenmann*, 1975, p. 453 s. ; J.-L. Vullierme, *Le concept de système politique*, 1989, spéc. p. 325 s. ; D. de Béchillon, L'ordre juridique est-il complexe ?, *Rev. Centre Intern. de phil. et de théorie du droit*, Athènes, 1992, p. 29 s. Véra Jacob de Fradera, Le système juridique est mort, vive l'ensemble ! *Mélanges Oppetit*, 2009, p. 193 s. ; R. Libchaber, L'impossible nationalité de l'ordre juridique, *Mélanges Oppetit*, 2009, p. 505 s.

2. V. P. Orianne, *Introduction au système juridique*, préc.

3. *The concept of law*, 1961, trad. franç. 1976.

4. Rappr., sur la distinction des normes de compétence et des normes de comportement, Z. Ziembinski, *Le contenu et la structure des normes concédant les compétences*, in *Normative structures of the social work*, Amsterdam 1988.

5. Citons : Niklas Luhmann, Gunther Teubner, Helmut Willke, François Ost, Hubert Robtlenthner...

d'observer qu'il n'y a pas un système du droit, mais des systèmes du droit, qu'ils ont varié et varient dans l'espace et dans le temps, qu'il convient de retenir ici une dualité logique de conception et qu'en termes de systèmes, on peut distinguer « d'une part, un droit de conception "cybernétique" au sens de la théorie de la commande, et, d'autre part, un droit de conception "auto-organisationnelle" au sens de la théorie de l'autonomie » [1].

55 ***Plan*** ◊ On envisagera successivement l'environnement du système français dans l'*espace* [2] (Section 1) et dans le *temps* (Section 2), puis les *divisions du droit* (Section 3) et les *ordres de juridictions* (Section 4).

SECTION 1. **LES SYSTÈMES DANS L'UNIVERS**

56 ***Distinction*** ◊ Une grande *diversité* des droits caractérise le monde (§ 1). Elle a été souvent observée de tout temps. Montesquieu n'était pas le premier à la décrire et à l'admettre. Et il faut bien dire que le développement du droit comparé a conforté ses distinctions, quant aux principes politiques et quand aux systèmes juridiques. Il n'en demeure pas moins qu'aux forces centrifuges s'opposent des forces centripètes qui tendent à un *rapprochement* des droits (§ 2).

§ 1. **La diversité des droits**

57 ***Le constat*** ◊ De multiples forces poussent soit à leur diversification, soit à leur rapprochement. La plupart d'entre elles sont extra-juridiques : elles tiennent notamment à des différences d'ordre psychologique [3], car la perception du droit varie souvent suivant les peuples ou les continents, de l'Occident à l'Orient, ou d'ordre géographique, qu'il s'agisse de géographie physique ou de géographie humaine (archipel et littoral ; forêt, savane ou désert ; élevage ou culture ; « théorie des climats »...). On sait encore à quel point peut être importante l'influence de la religion (*supra*, n° 9 ; *infra*, n° 64) – y compris dans les systèmes laïcisés –, des données politiques, économiques, linguistiques.

À toutes ces raisons extra-juridiques, il faut en ajouter d'autres, d'ordre juridique, car le droit peut être lui-même un accélérateur de sa propre diversité, en raison, par exemple, des modes d'initiation à sa connaissance ou des habitudes professionnelles qui existent dans les divers pays.

1. J.-L. Vullierme, préc., p. 327.
2. V. A. Brimo, La notion d'espace et le droit, *Mélanges Montané de la Roque*, 1986, p. 69 s. ; D. Alland, Les représentations de l'espace en droit international public, *Arch. phil. droit*, t. 32, 1987, p. 163 s.
3. V. en psychologie des peuples, Wilhelm Wundt, *Völkerpsychologie*, t. 9, 1818.

58 ***Le droit comparé*** ◊ On laissera aux comparatistes le soin de disserter sur le point de savoir si le droit comparé est une science ou n'est seulement que l'application au droit d'une méthode comparative. De toute façon, cette discipline, apparue d'abord sous l'aspect de la législation comparée, puis ayant - plus ou moins - élargi ses ambitions vers la jurisprudence, la doctrine, voire une certaine pratique, est ressentie à notre époque comme étant de plus en plus nécessaire au droit [1]. Il convient d'observer d'ailleurs que la notion de droit comparé appelle, à plus d'un titre, une définition extensive : tout d'abord, parce qu'il est souvent artificiel de limiter son objet à la comparaison de règles se rattachant à des sociétés globales différentes, l'existence d'un droit comparé interne n'étant plus guère mise en doute, même à l'intérieur d'États non fédéraux [2] ; ensuite, parce que, tel comportement étant ici régi par des règles de droit, mais ailleurs par des normes non juridiques, il est nécessaire de concevoir la notion de droit dans son acception la plus large.

On est porté à reconnaître au droit comparé deux fonctions : l'une documentaire, l'autre en quelque sorte normative. Dans la première direction, il tend à assurer une meilleure connaissance du droit étranger, ce qui est de plus en plus nécessaire aux particuliers, aux juges et aux législateurs, compte tenu de l'interdépendance politique, économique et sociale entraînée par l'accroissement des populations et le développement des moyens de production et de communication ; en outre, comme par une sorte d'effet réflexe, lié au retour comparatif sur soi-même, la connaissance du droit étranger favorise une meilleure compréhension des solutions, des structures et des tendances du droit national. Dans une direction de caractère normatif, le droit comparé sert à l'amélioration du droit national par la compréhension des influences [3] et par l'effet d'une imitation intelligente

1. R. David, *Traité élémentaire de droit civil comparé*, 1950, *Le droit comparé, Droits d'hier, Droits de demain*, 1982 ; Gutteridge, *Le droit comparé*, trad. 1953 ; *Livre du centenaire de la Société de législation comparée*, 2 vol., 1969-1971 ; L.-J. Constantinesco, *Traité de droit comparé*, 2 vol., 1972-1974 ; R. David et C. Jauffret-Spinosi, Précis Dalloz, *Les grands systèmes de droit contemporains*, 12e éd. 2002 ; R. Sacco, *La comparaison juridique au service de la connaissance du droit*, éd. Economica, 1991 ; La circulation du modèle juridique français, Trav. Assoc. H. Capitant, t. XLIV, 1993 (Journées italiennes) ; Le droit comparé : aujourd'hui et demain, *RIDC* 1996, 265 s. ; I. Kitamura, Cultures différentes, enseignement et recherche en droit comparé, Brèves réflexions sur la méthode de comparaison franco-japonaise, *RIDC* 1995, 861 s. ; Le droit comparé : aujourd'hui et demain, Colloque Paris 1995, *RIDC* 1996, 267 s. ; L'avenir du droit comparé, n° spécial *RIDC* 1999, n° 4 ; H. Muir-Watt, La fonction subversive du droit comparé, *RIDC* 2000, 529 s. ; O. Pfersmann, Le droit comparé comme interprétation, *RIDC* 2001, 275 s. ; *Cinq ans de droit comparé dans le monde*, dir. M. Vogel, éd. Panthéon-Assas, 2002. R. Legeais, *grands systèmes de droit contemporain*, éd. Litec, 2008 ; J.-M. Laithier *Droit comparé*, éd. Dalloz, 2009 ; A. Gambaro, R. Sacco et L. Vogel, *Le droit de l'occident et d'ailleurs*, éd. LGDJ, 2011 ; A. Schiavone, *JUS, l'invention du droit en Occident*, éd. Belin, 2008 ; B. Markesinis, *Anges et universitaires face au droit comparé, Histoires des trente-cinq dernières années*, éd. Dalloz, 2006. P. Grossi, *L'Europe du droit*, éd. Seuil, 2011.

2. V. Le droit comparé « interne », par I. Szabo, *Mélanges Ancel*, 1975, t. I, p. 59 s. - Rappr. M.-C. Vincent-Legoux, *L'ordre public, Étude de droit comparé interne*, éd. PUF, 2001.

3. V. not. *L'américanisation du droit*, Arch. phil. droit, t. 45, 2001. - V. aussi Le droit français s'américanise-t-il ?, *Rev. des deux mondes*, juin 2008.

des lois, des jurisprudences et des pratiques ailleurs découvertes ou inventées [1]. De manière plus générale, on peut y voir aussi le moyen d'un progrès du droit, voire de la paix, sous l'influence des divers courants qui tendent, avec plus ou moins de succès, à unifier les droits [2] ou tout au moins à les harmoniser [3].

Encore convient-il aujourd'hui de dépasser un acquis au demeurant substantiel. Ce qui manque encore à nombre de recherches, même très améliorées, c'est une connaissance approfondie des réactions des milieux les plus divers, en termes de sociologie juridique, à l'imitation de modèles venus de l'extérieur [4]. L'on a pu faire valoir qu'il convenait de dépasser une étape bien connue, ce qui éviterait d'ailleurs nombre de difficultés observées sur le terrain – trop dogmatique – du rapprochement des droits et pour transposer la loi de Gresham, empêcherait que le mauvais Droit chasse le bon. C'est d'une étude attentive accrue des institutions juridiques comparées que dépend le progrès [5].

59 ***Les grands systèmes*** ◊ Les comparatistes se sont efforcés de regrouper les divers droits au sein de grandes familles ou, dit-on plus volontiers, de grands systèmes [6]. Cette répartition d'après la lettre et d'après l'esprit, tous deux imprégnés d'histoire, ne peut être universelle et exhaustive.

On laissera par exemple de côté les mélanésiens, les bédouins, les tziganes, les esquimaux ou les vikings [7].

---

1. Ex. : *La circulation du modèle juridique français*, Trav. Assoc. H. Capitant, t. XLIV, 1993 ; L'influence internationale du droit français, rapport Conseil d'État, éd. *La Documentation française*, 2001 ; *Quel avenir pour le modèle juridique français dans le monde*, dir. R. Cabrillac, 2011.

2. V. *Unifier le droit : le rêve impossible ?*, dir. L. Vogel, éd. Panthéon-Assas, 2001 ; *La mondialisation du droit*, Coll. Univ. de Bourgogne, éd. Litec, 2000.

3. V. R.B. Schlesinger et P. Bonassies, Le fonds commun des systèmes juridiques, *RIDC* 1963, 501 s. ; D. Tallon, Les obstacles à l'unification du droit : comment les surmonter ?, *Mélanges Ole Lando*, 1997, p. 317 s. ; rappr. M. Delmas-Marty, Réinventer le droit commun, *D.* 1995, chron. 1 s., Le rôle du droit comparé dans l'émergence du droit commun, *D.* 2001, Interview p. 1326 ; B. Markesinis, *Juges et universitaires face au droit comparé*, Dalloz, 2006.

4. V. *La réception des systèmes juridiques*, dir. M. Doucet et J. Vanderlinden, éd. Bruylant, 1994. – V. aussi not. R. Rodière, *Approche d'un phénomène : les migrations des systèmes juridiques, Mélanges Marty* 2000, p. 947 s.

5. V. très riche et stimulant *Engaging with foreign law*, par Sir Basil Markesinis et Jörg Fedtke, Oxford et Portland, Oregon, 2009 – Rappr. F. Terré, *Sociologie juridique et droit comparé, Mélanges Jauffret Spinosi, à paraître.*

6. V. Précis Dalloz, *Les grands systèmes de droit contemporains*, par R. David et C. Jauffret-Spinosi, 11e éd. 2002 ; R. Legeais, Grands systèmes de droit contemporains, Approche comparative, éd. Litec 2004 ; v. aussi Gutteridge, *Le droit comparé*, trad. franç. 1953 ; L.-J. Constantinesco, *Traité de droit comparé*, 2 vol. 1969-1971 ; R. Sacco, Le droit muet, *RTD civ.* 1995, 783 s. ; v. aussi en droit comparé des obligations, les œuvres monumentales dues à Rodolfo Sacco et à Basil Markesinis…

7. Sur le monde mélanésien, il y aurait pourtant beaucoup à dire (v., quoique ancien, E. Rau, *Institutions et coutumes canaques*, 1944). La signification de la relation de la personne avec la terre et, par là, avec le divin, y est très spécifique et n'est pas sans rapport avec le droit. – V. aussi sur les Nouvelles Hébrides, devenues Vanuatu, J. Bonnemaison, *La dernière île*, 1986 ; F. Terré, Un argonaute du Pacifique occidental, *Mélanges Oppetit*, LGDJ 2009, p. 609 s. – J. Chelhod, *Le droit dans la société bédouine*, 1971. – Rappr., encore plus éclairant, notamment sur l'incidence du nomadisme, J. Chelhod et *alii*, *L'Arabie du Sud, Histoire et civilisation*, t. 2, *La société yéménite de l'Hégire face aux idéologies*

60 ***1° Système romano-germanique*** ◊ La famille romano-germanique est celle dans laquelle se range le droit français ; elle englobe également les droits du continent européen (sauf les pays socialistes) et ceux de l'Amérique latine dont la parenté et l'évolution en liaison avec la tradition latine demeurent significatives [1]. La famille romano-germanique groupe les pays dans lesquels la science du droit s'est formée sur la base du droit romain, mais où le contenu du droit est un amalgame de solutions romaines et germaniques [2]. Ces observations nécessairement sommaires appelleraient nombre de corrections, par exemple en termes de latinité [3].

Reste que, si les règles du droit sont différentes dans les divers pays appartenant à la famille romano-germanique, partout cependant on classe les règles dans des catégories et à l'aide de concepts semblables issus de la science des romanistes. Partout aussi, à notre époque, on considère que la base du droit se trouve dans la législation - entendu largement - et cette conception a conduit généralement à promulguer des codes, notamment des Codes civils [4]. La persistance de codes initialement inspirés du Code Napoléon a marqué la persistance de la méthode, maintenue évidemment en temps de modernisation des législations concernées [5].

Il existe, entre les divers codes liés à la tradition civiliste, des différences importantes, y compris en droit des obligations [6].

61 ***2° Pays de common law*** ◊ Les pays de common law, comprenant, en Europe, l'Angleterre et I'Irlande [7], hors d'Europe les Etats-Unis d'Amérique

---

modernes, 1984 ; t. 3, *Culture et institutions du Yémen*, 1985. - K. Stoyanovitch, *Les tsiganes, leur ordre social*, 1974. - Rappr. M. Maus, Essai sur les variations saisonnières des sociétés eskimo, in *Année sociologique* IX, 1904-1905. - R. Boyer, *Les Vikings*, éd. Perrin, 2002, p. 316 s.

1. V. not. L'avenir de la codification en Amérique latine, Colloque Sénat 2004, Trav. Sénat et Assoc. Andrés Bello ; v. aussi V. Pasqualini-Salerno, *L'influence de Pothier sur le droit civil argentin* in *Robert-Josph Pothier, d'hier à aujourd'hui*, éd. Economica, p. 131 s.

2. V. not. quant aux droits scandinaves, Stig Jorgensen, *Les traits principaux de l'évolution des sources du droit danois, RRJ* 1971, p. 65 s. ; Stig Strömbolm, *Quelques traits de l'évolution historique des rapports franco-suédois, Rev. intr. dr. comparé* 1972, p. 857 s.

3. V. not. O. Ionescu, *Le droit, expression de la latinité du peuple roumain, in La latinité, hier, aujourd'hui demain*, Actes du congrès international, Avignon, p. 263 s. - V. aussi, F. Terré, *La Méditerranée, source de droit, D.* 2009. Chron. 30 s. ; Ph. Malaurie, *Vers un ordre juridique pour la Méditerranée*, Colloque Tanger 2009, *JCP* 2009. I. 1319.

4. V. J. Hilaire, Le comparatisme en matière commerciale au XIXe siècle, *Rev. hist. Fac. Droit* 1991, n° 12, p. 127 s.

5. V. par ex., G.-E. Langemelier, La réforme du code civil néerlandais, *Rev. intern. dr. comp.* 1968, p. 55 s.

6. Ex. C. Witz, *La nullité extrajudiciaire dans les systèmes de tradition civiliste, Mélanges Wiederkehr*, 2009, p. 861. - O. Jouanjan, *Une histoire de la pensée juridique en Allemagne, PUF*, 2005 ; sur le droit privé allemand, v. not. Frédérique Ferrand, Précis Dalloz, 1997 ; v. *Le code civil allemand (Bûrgerliches Gesetz buch*, BGB), trad. franc., dir. R. Legeais et *alii*, Juriscope, Dalloz 2010 ; v. aussi Droits germaniques, droit français, Approches comparatives de deux systèmes juridiques, *Rev. hist. Fac.droit*, 1998,n° 19, p. 9 s. ; G. Lardeux, Droits civils français et allemand : entre convergence matérielle et opposition intellectuelle, *RRJ*, 2006-2, p. 603 s.

7. Sur le droit anglais, v. *Précis* Dalloz, dir. J.-A. Jolowicz, 2e éd. 1992 ; A.-J. Bullier, *La Common Law*, Dalloz, 2007 ; sur le droit écossais, v. Hélène David, Introduction à l'étude du Droit écossais, thèse Paris 1970, éd. 1972 ; sur le droit des Etats-Unis, v. *Précis* Dalloz, dir. A. Levasseur, 2004.

et les Dominions ou anciens Dominiums de peuplement anglais, n'assignent pas à la loi, selon leur tradition, le même rôle que les droits de la famille romano-germanique. Le droit appelé *common law* y a été formé peu à peu, à l'occasion des affaires qui leur étaient soumises, par des juges qui étaient des praticiens, n'ayant pas reçu de formation universitaire. Nul effort de systématisation comparable à celui dont se sont chargées sur le continent les Universités n'a été accompli et l'on n'a pas davantage adopté la formule des codes. Une grande évolution est cependant en voie de s'accomplir dans ces pays ; le droit, qui consistait traditionnellement dans les seules décisions des tribunaux, est de plus en plus mis à jour, modifié, complété par la législation et il devient de plus en plus fréquent, aussi, que juristes et juges aient reçu leur formation juridique dans les Universités. Les différences qui opposaient les pays du *common law* aux pays du groupe romano-germanique tendent ainsi à s'affaiblir [1]. De grandes différences continueront cependant longtemps encore à opposer pays de tradition romaniste et pays de *common law*, du fait que les classifications et concepts utilisés ici et là demeurent différents. La catégorie « droit civil », par exemple, n'est pas connue en Angleterre.

62 ***3° Les anciens droits socialistes. Le passé*** ◊ Un troisième groupe englobe les droits des pays qui, avec l'URSS, adhérèrent à la doctrine marxiste-léniniste. L'on avait entendu dans ces pays créer une société de type entièrement nouveau - société communiste - dans laquelle il n'y aurait plus ni État ni droit. Cet idéal ne fut réalisé en aucun pays ; cependant la forme de l'État « socialiste » qui était réalisée y fut très différente des formes d'État « bourgeois » existant dans les autres pays. À première vue, les droits « socialistes » conservèrent bien des traits communs avec les droits de la famille romano-germanique. On affirma cependant avec force, dans l'URSS, qu'il ne s'agissait là que de ressemblances de forme et que le contenu du droit était devenu entièrement différent ici et là, parce que la liquidation des classes sociales et la collectivisation complète des biens de production avaient changé dans leurs données mêmes tous les problèmes. Certaines notions fondamentales du droit civil, telles que propriété et contrat, prirent de fait un sens entièrement nouveau dans les pays socialistes.

L'URSS et les pays socialistes d'Europe demeurèrent attachés à la formule de la codification. Les quinze républiques de l'ancienne URSS se dotèrent ainsi de codes civils, fondés sur des Principes de la législation civile fédéraux publiés en 1961 ; mais on a séparé du droit civil le droit de la famille, pour lequel une autre série de codes fut élaborée sur la base de Principes fédéraux promulgués en 1968. Les autres pays socialistes d'Europe eurent, de même, pour la plupart, des codes civils et des codes de la famille.

---

1. Sur l'existence d'un « droit occidental » regroupant dans un même ensemble droits romano-germanistes et *common law*, v. R. David, *Mélanges Ytema Leyden*, p. 56 s., et *La doctrine, la raison, l'équité, RRJ* 1986-1, p. 109 s. ; D. Fokkan, *La Jurisprudence comme source du droit à Maurice : problème d'un pays de droit mixte, RRJ* 1998-1, p. 327 s.

63 ***Le présent*** ◊ Le retour à l'économie de marché, ainsi que des transformations politiques d'ampleur considérable (réunification de l'Allemagne, division de la Tchécoslovaquie en République tchèque et Slovaquie, éclatement de la Yougoslavie...), se sont accompagnés d'un vaste mouvement de privatisation. À partir de cette constatation, on observe que la priorité a concerné la réforme du droit de propriété, l'économie de marché impliquant une vaste introduction de la propriété privée dans le système juridique. D'où l'adoption, un peu partout, de lois ou de codes affectant la terre, le logement et l'industrie (ex., en Russie, la Constitution de 1993 et les deux premières parties du Code civil, 1994, 1995), le nouveau droit des biens correspondant à l'existence d'une propriété mixte.

L'entreprise était, spécialement en Russie, plus facile à dire qu'à faire, car les modèles de substitution étaient divers et, parmi eux, le système pré-révolutionnaire, antérieur à 1917, ne pouvait que partiellement servir de modèle de référence en raison de son caractère communautaire [1].

64 ***4° Systèmes religieux*** ◊ Les principes mêmes sur lesquels est fondé l'ordre social dans les pays occidentaux et l'idée, en particulier, que les rapports entre individus doivent être fondés sur le droit sont étrangers à la plus grande partie de l'humanité. Pour les musulmans, un ordre social juste ne peut être fondé que sur la religion, laquelle impose bien au croyant des devoirs, mais ne lui reconnaît guère de droits, du moins au sens occidental du mot [2]. Les hindous distinguent la science du juste de la science de l'utile et de celle de l'agréable ; notre notion de droit et notre concept de droit subjectif leur sont aussi étrangers qu'aux musulmans [3]. On ne saurait évidemment en la matière négliger davantage la signification du droit à la lumière du Talmud [4].

---

1. V. le Code civil de la Fédération de Russie, trad. franc. par Dusan Kitic, C. Krief-Semitko et R. Legeais, éd. Juriscope, 2005 ; *Principes fondateurs des droits français et russe*, dir. A. Esakov, N. Masek et F. Mélin-Soucramanien, éd. Dalloz, 2011 ; Principes fondateurs des droits français et russe, dir. Gennary A. Esakov et al., éd. Dalloz et al. 2011.

2. Littérature très abondante : v. *Précis* Dalloz, *op. cit.*, nos 377 s. ; J. Schacht, *Introduction au droit musulman*, trad. franç. 1983 ; E. Agostini, *Droit comparé*, 1988, spéc. p. 9 à 241 ; A. Colomer, *Droit musulman*, Manuel de droit et d'économie du Maroc, t. 1, Les personnes, la famille, 1963, t. 2, La succession, le testament, 1968 ; Mohamed Charfi, *Introduction à l'étude du droit*, Tunis 1983 ; L. Milliot et F.-P. Blanc, *Introduction à l'étude du droit musulman*, 2e éd. 2001, reprint Bibliothèque Dalloz. – V. aussi R. Arnaldez, La loi musulmane à la lumière des sciences coraniques, *Arch. phil. droit*, 1993, p. 83 s. ; N. J. Conlson, *Histoire du droit islamique*, trad. éd. PUF, 1995 ; Léna Gannagé, Droit immobile et droit en mouvement ? Quelques remarques à propos du droit musulman, *Mélanges Oppetit*, 2009, p. 203 s. ; J.-P. Charnay, Évolution du droit musulman, de la Révélation à la « déjuridicisation », *in Regards sur le droit*, éd. Dalloz, 2010, p. 369 s.

3. R. Lingat, Les sources du droit dans le système traditionnel de l'Inde, 1967 ; L. Dumont, *Homo hierarchicus*, Essai sur le système traditionnel des castes, 1966 ; C. Cadoux, Les sources du droit dans le système traditionnel de l'Inde, *RRJ* 1983-2, p. 301 s. – Rappr. Cœdès, Les États hindouisés d'Indochine et d'Indonésie, nouv. éd. 1964.

4. V. l'ouvrage fondamental de A. Cohen, Exposé synthétique du Talmud et de l'enseignement des Rabbins, sur l'Éthique, la Religion, les Coutumes et la Jurisprudence, trad. franç. 1970 ; R. Scialom, Les grandes étapes de la codification du droit hébraïque, *RRJ* 2006-1, p. 337 s. – V. plus général, R. Brague, La loi de Dieu, Histoire philosophique d'une alliance, éd. Gallimard, 2005.

65 ***5° Le Japon et la Chine*** ◊ Il est admis qu'une longue tradition les a rapprochés, sauf pendant certaines périodes historiques, dans le sens d'une vision pessimiste du droit, en d'autres termes d'une allergie à celui-ci. Dans cette tradition, le droit n'est bon que pour les barbares ; l'homme civilisé, conscient de ses devoirs envers la société, résout plutôt les contestations qu'il peut avoir avec autrui par la conciliation, en ayant recours à des médiateurs ; le bon citoyen ne va pas en justice et se garde de « faire valoir des droits », du moins dans la conception traditionnelle [1]. Après quoi, au Japon, l'évolution du droit s'est opérée dans le sens de l'occidentalisation [2].

La situation du droit chinois résulte d'une évolution plus complexe. Face à la diversité des régions et de leurs pratiques, la nécessité de la codification s'est très tôt manifestée, mais dans le cadre d'une tradition marquée, sauf à certaines époques, par le confucianisme plutôt que par le légisme [3]. Cela ne veut pas dire qu'au plus profond des esprits, il n'a pas existé un attachement à la règle de droit. Il en est résulté notamment au début du XXe siècle une inspiration prise auprès du droit japonais ; et comme celui-ci a été inspiré au tournant du XXe siècle par le droit allemand, une influence du droit continental européen, d'inspiration romaniste, s'est produite en terre chinoise. Puis la République chinoise fut marquée par un nouveau mouvement de codification et notamment un Code civil préparé par le français Jean Escarra. La victoire du communisme a, en 1949, bouleversé le paysage en faisant table rase du passé. C'est seulement depuis 1978 que les efforts entrepris pour acclimater une économie de marché ont entraîné un profond renouveau, non sans de multiples tâtonnements et controverses, en droit des biens et des contrats : loi sur les contrats (1999), projet de Code civil (2002) [4].

---

1. V. Précis Dalloz, *op. cit.*, n°s 457 s. ; R. Kondo, Doctrines juridiques contemporaines au Japon, *Rev. crit. législ. jurisp.* 1927, 559 s. ; Y. Noda, *Introduction au droit japonais*, 1966, spéc. p. 175 s. ; et sous l'égide du Centre français de droit comparé, *Études de droit japonais*, 1989, vol. 2, 1999. – V. aussi Boissonade et la réception du droit français au Japon, *RIDC* 1991, n° 2 ; l'édition française (éd. Shinsei-Shuppan, Tokyo, 1997) du C. civ. jap. de 1896 ; Ch. Jamin, Boissonade et son temps, *Arch. phil. droit, L'obligation*, t. 44, 2000, p. 285 s. ; J.-L. Halpérin et N. Kanayama, *Droit japonais et droit français au miroir de la modernité*, Dalloz, 2007.

2. V. not. Le rayonnement du droit français dans le monde, *Rev. jur. de l'Océan Indien*, n° spéc. 2005, n° spéc. 2005 ; v. aussi B. Jaluzot, *Droit français, droit japonais : quel dialogue ?*, 2014, éd. Schulthess et ENS Lyon.

3. V. Précis Dalloz, *op. cit.*, n°s 437 s. ; V. aussi l'ouvrage fondamental de Jean Escarra, *Le droit chinois, Conception et évolution, Institutions législatives et judiciaires. Science et enseignement*, 1936 ; L. Vandermeersch, *La formation du légisme, Recherche sur la constitution d'une philosophie politique caractéristique de la Chine ancienne*, éd. Paris, 1965, spéc. p. 169 s., 187 s. ; v. aussi D. Gaurier, La coutume dans la Chine impériale : contrainte d'une norme idéalisée du comportement, in Coutumes et libertés, Actes des Journées internationales de Toulouse, 1987, éd. Montpellier, 1988, p. 155 s. – V. aussi X. Li, *RIDC* 1997, 7 s., 1999, 505 s. ; J. Tao, *Droit chinois des affaires*, Economica, 1999.

4. V. tout spécialement, H. Piquet, *La Chine au carrefour des traditions juridiques*, éd. Bruylant, 2005 ; v. aussi Wang Shengming, Li Fei, Zhang Yuejiao, Le nouveau droit chinois, *RIDC* 1994, 7 s. ; Xiao-Ying Li-Kotovtchikhine, La réforme du droit chinois par la codification, *RIDC* 2000, 529 s. ;

66 *6° Les droits africains* ◊ L'expression doit être précisée d'une double manière. D'une part, on exclut ici les droits du pourtour méditerranéen, voire d'autres pays (Tchad, Mauritanie, Soudan...), plus ou moins marqués par le droit musulman, ainsi que le droit d'Afrique du Sud (*common law* atténuée). D'autre part, on inclut dans l'ensemble considéré Madagascar, bien que, ethniquement et géographiquement, ce pays ne relève pas à proprement parler de l'Afrique, mais pour partie du monde malais et de l'Océan indien [1].

Dans la pensée traditionnelle de l'Afrique subsaharienne, l'approche du droit est, avant tout, coutumière, mais il faut se garder d'une vision européanocentriste de la coutume, ce mot aux sens si divers, comme l'enseigne le comparatisme. Il n'est d'ailleurs pas inutile de relever, à l'aide des travaux des africanistes, une remise en cause, parfois excessive, du postulat de la mentalité primitive [2].

La décolonisation de ces États a bien mis à jour, fût-ce à travers de nombreux codes des investissements, l'existence de spécificité dans l'esprit comme dans les concepts : signification de l'institution judiciaire [3], statut de la terre, théorie des climats, nature de la propriété, rapports de l'oral et de l'écrit, du savoir et du souvenir. La deuxième moitié du XXe siècle a été marquée, en Afrique, par une décolonisation qui appelle une démarche comparative surtout dans l'évolution des Afriques, en liaison avec la politique mais aussi avec la langue (Angleterre, Belgique, France, Portugal...). Les pesanteurs de l'histoire n'étaient pas négligeables [4]. Il en est résulté une évolution originale qui a fait l'objet d'études pénétrantes [5]. On va y revenir.

§ 2. Le rapprochement des droits

67 *1° Flux et reflux du colonialisme* ◊ En termes de droit - et non pas de repentance - le phénomène dit colonial a, depuis la nuit des temps, favorisé les influences et les extensions de tel ou tel système juridique. À preuve, s'il en était besoin, la destinée prodigieuse du droit romain, directement ou indirectement sur tous les continents. Dans les temps modernes, les diverses formes du colonialisme, assorties d'ailleurs d'aménagements fort différents suivant les politiques, les prestiges, les conquêtes militaires, les

---

Les sources du droit et la réforme juridique en Chine, dir. X.-L. Li-Kotovtchikhine, éd. Litec 2003 ; H. Piquet, Un code à décoder : le futur code civil chinois, *Les cahiers du droit*, Montréal, 2005, p. 131 s. ; La Chine au carrefour des traditions juridiques, éd. Bruylant, 2005 ; *Les sources du droit et la réforme juridique en Chine*, dir. X.-Y. Likotovtchikine, colloque Sénat 2002, éd. Litec, 2003.

1. Rappr. R. David, Les sources du code civil éthiopien, *RRJ* 1962, p. 498 s.
2. T. Olawale Elias, *La nature du droit coutumier africain*, éd. Présence africaine, 1961.
3. V. E. Le Roy, *Les Africains et l'Institution de la Justice, entre mimétismes et métissages*, éd. Dalloz, 2004 ; v. aussi, plus largement, par rapport aux États du tiers-monde, R. Granger, La tradition en tant que limite aux réformes du droit, *RIDC* 1979, 37 s.
4. V. J. Foyer, Les destinées du droit français en Afrique, *Rec. Penant* 1962, p. 1 s.
5. V. *Il diritto africano*, dir. Rodolfo Sacco, éd. Unione Tipografico - Editrice Torinese (UTET), 1995, trad. fr. *Le droit africain*, éd. Dalloz, 2009.

influences universitaires, les pratiques commerciales, ont favorisé un rapprochement des droits, souvent imposé, ce qui explique des reflux, d'étendue d'ailleurs variable du fait des événements et des surprises de l'histoire, sans oublier l'incidence de la langue ou de la moyenne durée de celle-ci [1].

C'est d'ailleurs pourquoi toutes les civilisations traditionnelles ont été, il est vrai, remises en question et ébranlées par les contacts avec l'Occident. On a, en maints pays, adopté ou paru accepter les manières de voir occidentales et il existe, dans la plupart d'entre eux, ou bien des codes à la manière de la famille romano-germanique (Japon, Thaïlande, Indonésie, Turquie, pays arabes, Iran, Afrique francophone, Madagascar, Éthiopie), ou bien un droit modelé sur la *common law* (Inde, Pakistan, Birmanie, Afrique anglophone, Soudan). Souvent, cependant, ce sont certains types de relations seulement qui, en droit ou en fait, sont soumis à ce « droit moderne » le statut de la famille et des successions, en particulier, demeure souvent régi par les règles traditionnelles, qui reposent sur des idées et comportent un jeu de concepts et des techniques tout autres que ceux de l'Occident.

68 ***2° Le rapprochement*** ◊ Les exemples empruntés à l'histoire du colonialisme ont appelé des analyses approfondies sur ce qu'on appelle aujourd'hui les *transferts*, plus ou moins étendus de droits, au sens de droits positifs, qu'il s'agisse d'ensembles, de sous-ensembles ou de règles particulières. Dans des perspectives imprégnées d'utopie, bien au-delà de la « chevauchée fantastique du Code civil » (Jean Carbonnier), des mouvements tendant à l'unification internationale du droit se sont exprimés à diverses époques de l'histoire sans que l'on soit parvenu à des résultats probants, faute d'État universel, ce dont il faut sans doute se réjouir, car on ne sait pas ce qu'il serait face au primat de la liberté.

Plus réaliste, plus satisfaisante pour tous, et à plus d'un titre pour les sociologues, est la démarche tendant à l'*harmonisation* des systèmes. La visée s'attache à des principes de solution, servant à guider les législations internes des États concernés, quitte à ce que ceux-ci aient toute latitude quant au choix des itinéraires juridiques permettant d'y parvenir. De la sorte sont conciliés les impératifs du rapprochement et ceux des cultures juridiques nationales. La méthode est aussi réaliste qu'intelligente. Elle est à l'origine de la *directive*, en droit européen (v. *infra*, n° 301). Malheureusement, comme tout pouvoir est porté à abuser de son pouvoir, y compris le pouvoir judiciaire, les exigences excessives imposées aux législations des États membres ont *dénaturé* le procédé. La culture juridique nationale a ses exigences que les juges européens ne comprennent pas. Il faudrait la leur faire connaître [2].

1. Ex. : D Annoussamy, *L'intermède français en Inde, Secousses politiques et mutations juridiques*, éd. L'Harmattan, 2005.

2. V. A. Garde et M. Haravon, La circulation de l'information juridique en Europe : plus de moyens pour appréhender les différences, *D.* 2006, chron. 405 s.

69 **3° *La mondialisation*** ◊ C'est une démarche plus ambitieuse qui est comparée à l'unification mais elle en diffère de manière importante. Plus réaliste, elle s'attache aux données de fait qui expriment une convergence des besoins et des attitudes. De là, d'ailleurs, une première difficulté liée à une tension inévitable entre globalisation – ce qui ne veut aucunement dire extension au globe terrestre – et mondialisation [1]. Les crises que traverse l'Union européenne dans ses rapports avec l'Organisation mondiale du commerce en sont souvent l'illustration, car il faut admettre que la persistance de la préférence communautaire est liée au passé, au présent et au futur de l'Union européenne. Il suffit d'évoquer les délocalisations des entreprises vers l'étranger pour le comprendre. Rien d'étonnant si le mouvement de mondialisation se ressent de son inspiration principalement économique et commerciale, alors que, pourtant, le commerce est tout autant facteur d'antagonismes que de coopérations. La politique, il est vrai, n'y est pas étrangère du moins sous la forme d'un culte européanocentriste des droits de l'homme, à visée conquérante de l'Univers, sans que l'on se soucie outre mesure de la distance qui existe entre les déclarations d'intentions et les comportements des États. Le hiatus existant entre le politique et le juridique, tout autant qu'entre les ambitions toujours plus expansionnistes de la loi et les entraves excessives que subit le politique est pourtant une réalité parmi d'autres, qui dit droit mondialisé dit droit ayant atteint l'étape universelle. Or l'on constate qu'il ne suffit pas, pour cela, d'instaurer des juridictions internations, notamment en matière pénale, faute de règles internationales suffisamment solides pour que les juges restent des juges et ne se transforment pas en législateurs, faute de légitimité [2].

SECTION 2. LES SYSTÈMES DANS LE TEMPS

70 ***Des évolutions diverses*** ◊ Tous les systèmes que l'on a précédemment évoqués n'ont évidemment pas vécu au même rythme dans le temps. Et ils n'ont pas nécessairement évolué les uns et les autres de la même manière. Il y a eu des périodes d'expansion et des périodes de régression du droit ; il y a eu aussi des éclipses et des renaissances d'institutions juridiques ; il y a

---

1. V. not. La mondialisation entre illusion et utopie, *Arch. phil. droit*, t. 47, 2003 ; *La mondialisation du droit*, dir. E. Loquin et C. Kessedjian, éd. Economica, 2002 ; M. Delmas-Marty, Droit et mondialisation, *in Université de tous les savoirs, Géopolitique et Mondialisation*, dir. Y. Michaud, vol. 19, éd. Odile Jacob Poches, 2002, p. 209. – Rappr. A.-J. Arnaud, *Entre modernité et mondialisation, Cinq leçons d'histoire de la philosophie du droit et de l'État*, 1998, p. 223 s. ; Y. Benhamou, Brèves réflexions sur la place des juges face à la mondialisation. Contribution à l'intelligence critique de la mondialisation, *D.* 2003, chron. 366 s. ; M. Grimaldi, Le droit continental face à la mondialisation, *Mélanges Oppetit*, 2009, p. 293 s.

2. Comp. Mireille Delmas-Marty, La mondialisation du droit : chances et risques, *D.* 1999, chron. 43 s. ; M. Salah, *Les contradictions du droit mondialisé*, éd. PUF 2002. – Comp. Ph. Jurgensen, *L'Erreur de l'Occident, Face à la mondialisation*, éd. Odile Jacob, 2005.

même, peut-être, un cycle de l'éternel retour des institutions juridiques, ou de certaines d'entre elles. À telle enseigne que tous les débats suscités par l'évolutionnisme en matière de sciences de la vie trouvent leur prolongement naturel dans le secteur des sciences de l'homme et dans le droit.

Évidemment, le problème ainsi évoqué est immense [1]. Il dépasse d'ailleurs les seuls phénomènes juridiques, car tout un débat peut consister à transposer en la matière une réflexion en forme d'alternative entre une démarche historique et une démarche structuraliste. Ce que, présentement, l'on peut affirmer, c'est que l'historicité du droit rend souvent nécessaire la réflexion sur les conditions dans lesquelles ont évolué d'autres systèmes que le nôtre et sur les étapes de ces évolutions.

71 ***L'histoire du droit*** ◊ La connaissance de l'histoire du droit français est nécessaire à celui qui veut comprendre ce droit. Plusieurs raisons fondent cette opinion.

Il faut, tout d'abord, observer que des solutions actuelles du droit français plongent leurs racines dans le passé, y compris dans des temps antérieurs à la Révolution française et à la codification napoléonienne. Ainsi a-t-on pu constater, au moins jusqu'à une époque récente, que le droit régissant le déroulement des procès devant les juridictions civiles ne pouvait bien s'expliquer que par référence à des axes juridiques dégagés au XVIe et au XVIIe siècles. Sans doute, en maintes matières, les codes napoléoniens ont marqué – plus ou moins – une rupture avec le passé. Mais l'évolution ultérieure, voire le retour au passé ou même simplement le contraste entre les époques, ont progressivement renforcé l'intérêt proprement scientifique attaché à l'étude du passé [2]. Les auteurs de certaines réformes législatives – par exemple celle du divorce, en 1975 – ont même pu trouver des modèles dans les solutions d'un droit qu'on croyait dépassé, par exemple le droit de la Révolution française.

Indépendamment des solutions précises qui ont pu être antérieurement consacrées, l'histoire du droit offre un fonds irremplaçable d'observations et d'expériences aux juristes et leur permet parfois de s'aventurer utilement à la découverte sinon des lois d'évolution des institutions, du moins de tendances naturelles les concernant, sur courte ou longue période, cycliques ou non, permanentes ou à éclipses. On observera d'ailleurs que, pendant longtemps, en France, le juriste a été en même temps et dans une certaine mesure un historien – du moins un historien du droit romain – même si sa méthode n'était pas, à proprement parler,

---

1. V. N. Rouland, *Introduction historique au droit français*, 1998 ; A. Castaldo et Y. Mausen, Précis Dalloz, *Introduction historique au droit*, 4e éd., 2013 ; J. Hilaire, Le système juridique et l'avenir de son histoire, *Clés pour le siècle*, Dalloz, 2000, p. 813 s ; Brigitte Basdevant-Gaudemet et J. Gaudemet, *Introduction historique au droit, XIIIe-XXe siècles*, LGDJ 2e éd. 2003 ; J.-L. Halpérin, *Histoire des droits en Europe de 1750 à nos jours*, éd. Flammarion, 2006 ; J.-L. Thireau, *Introduction historique au droit*, éd. Flammarion, 2001 ; L. Pfister, *Introduction historique au droit privé*, PUF, 2004 ; Y. Thomas, *Les opérations du droit*, Hautes études, 2011.

2. *Arch. phil. droit*, 1959 : Droit et histoire.

historique, au sens moderne de ce mot. Le phénomène de la codification et l'essor des sciences historiques ont, à l'époque moderne, conduit à mieux distinguer ces deux comportements, sans que l'histoire cesse d'être indispensable au juriste.

72 ***Droit écrit et droit non écrit*** ◊ Les modes de création du droit français sont de deux grands types : le droit écrit et le droit non écrit ; on dit aussi, de manière plus générale, droit de tradition orale (ex. : Afrique) et droit de tradition écrite (Europe). Leur étude approfondie sera faite dans le cadre des développements consacrés aux composantes actuelles du droit (*infra*, n°s 242 s.). Bornons-nous, à cette place, à quelques brèves indications nécessaires pour comprendre l'histoire de notre droit.

La règle de droit peut être exprimée par une autorité sociale établie à cet effet et dont la mission est de formuler par écrit des règles de caractère général ; les règles de droit écrit (lois, règlements, ordonnances) sont ainsi élaborées et promulguées par le ou les individus ayant dans l'État ce pouvoir de commandement.

La règle de droit peut aussi émaner de personnes ou d'autorités sociales dont la mission propre n'est pas de formuler par écrit des règles de caractère général. Les règles de droit non écrit ont ceci de commun qu'elles n'ont, à aucun moment, été *promulguées* par une volonté humaine déterminée. Les principales sources de droit non écrit sont la coutume et, pour certains, la jurisprudence : la coutume est une règle issue peu à peu des usages, des habitudes (*infra*, n°s 386 s.) ; la jurisprudence est l'ensemble des décisions rendues par les tribunaux sur les diverses matières relevant de leur compétence, ou sur une question déterminée (*infra*, n°s 347 s.). Il faut mentionner également la doctrine, c'est-à-dire la science juridique qui s'exprime par l'enseignement des professeurs et par les écrits, livres, commentaires publiés par les auteurs ; en effet, son rôle est important dans l'élaboration et dans l'évolution du droit (*infra*, n°s 193 s.).

§ 1. Le droit antérieur à la codification napoléonienne

73 ***Antiquité*** ◊ On ne peut présenter qu'un bref rappel du droit de l'Antiquité : d'abord parce que la place manquerait, ensuite parce que l'analyse en a été faite et renouvelée de remarquable manière.

On se bornera à observer que le lien entre le politique et le juridique a été constant à Athènes et à Rome, quel qu'ait été le régime politique en vigueur : tyrannie, démocratie, oligarchie. Mais l'importance attachée au politique n'a pu évidemment se comprendre sans l'incidence de l'économique : de celle-ci, les historiens ont notamment retenu comment l'expansion romaine a brisé les organisations de type oligarchique et comment, sous l'Antiquité tardive, le dirigisme et la contrainte se sont accentués.

Outre cela, disons que le droit civil de l'Antiquité - essentiellement de l'Antiquité romaine - sera sans cesse évoqué, à propos des diverses matières [1].

74 ***Ancien droit. Pays de coutumes et pays de droit écrit*** ◊ C'est ainsi que l'on décrit traditionnellement le droit de l'Ancienne France. Description exacte surtout si l'on axe sa présentation sur l'évolution du droit civil. Mais il faut bien voir que le droit de l'Ancienne France est aussi un droit de ses institutions publiques. L'ouvrage fondamental de François Olivier-Martin sert à cet égard de base irremplaçable à la connaissance de l'évolution du droit français sous l'Ancienne France, des origines à la Révolution [2]. On y constate comment la monarchie française, sans nier la diversité existant en France, a su asseoir le pouvoir royal et faire la France.

Les règles de droit civil dans l'Ancien droit étaient avant tout coutumières. La coutume présentait alors, comme tout droit né des usages, une grande variété ; on estime qu'il existait 60 coutumes générales, dont certaines avaient un ressort d'application très étendu, telles les coutumes de Normandie, de Bretagne, de Paris, d'Orléans, et plus de 700 coutumes locales.

En dépit de cette diversité, on pouvait à partir des XIIe et XIIIe siècles diviser l'Ancienne France en deux grandes zones. Au nord d'une ligne allant de Genève à l'embouchure de la Charente, il y avait les *coutumes* proprement dites ; elles étaient très diverses, formées des traditions combinées de la Gaule et des conquérants francs ou germains. Les pays situés au sud de cette ligne étaient principalement soumis au droit romain [3]. Pendant longtemps, le seul droit romain connu et appliqué fut celui antérieur à la séparation de la Gaule et de l'Empire, c'est-à-dire le corps de règles constituées par les jurisconsultes classiques du IIIe siècle et le Code théodosien de 438.

Lors de la Renaissance du droit romain, c'est-à-dire à partir de la fin du XIe siècle, les recueils constituant la codification ordonnée au VIe siècle par l'empereur byzantin Justinien (le *Digeste*, le *Code* et les *Institutes*) seront connus et étudiés par l'intermédiaire des Universités, par exemple en France, au XIIIe siècle, à Orléans, grâce à Jacques de Révigny. Aux XIIe et XIIIe siècles, le droit de Justinien se répandra dans les pays du Sud par l'adhésion des intéressés et avec l'acceptation de l'autorité sociale [4].

---

1. V. aussi. J. Ellul, *Histoire des institutions*, t. I, 1955 ; J. Gaudemet, *Les institutions de l'Antiquité*, 1982 ; A. Padoa Schioppa, *Storia del diritto in Europa, Dal medioevo all' età contemporanea*, 2007 ; J. Mélèze Modrzejewski, *Le droit grec après Alexandre*, Dalloz, 2012.

2. *Histoire du droit français des origines à la Révolution*, 1948, rééd. CNRS 1984 ; v. du même auteur, les cours rééd. en 1988, aux éd. Loysel, spéc. *Les lois du Roi*, 1945-1946, *L'absolutisme français*, 1950-1951. - V. aussi J.-L. Harouel, J. Barbey, E. Bournazel, J. Thibaut-Payen, *Histoire des institutions de l'époque franque à la Révolution*, 1987 ; B. Basdevant-Gaudemet et J. Gaudemet, préc.

3. Cette division a été remise en question depuis les travaux de M. Yver, *Essai de géographie coutumière*, 1966, et l'on tend à admettre l'existence de groupes ou familles de coutumes qui brisent la traditionnelle ligne de démarcation. - V. J. Hilaire, *La vie du droit*, PUF, coll. Droit, Éthique, Société, 1994, p. 101 s.

4. V. F.-X. Testu, Les glossateurs, Regards d'un civiliste, *RTD civ.* 1993, 279 s.

On a pu dire que le Droit romain était la coutume fondamentale des pays de droit écrit ; mais leur appellation était néanmoins justifiée en ce que l'essentiel du droit était constitué par des règles écrites d'origine romaine. Les pays de droit écrit possédaient d'ailleurs, en outre, quelques coutumes ayant le pas sur le droit romain, mais elles étaient peu nombreuses et le plus souvent purement locales, parfois d'importance : Toulouse, Bordeaux...

75 ***Rédaction des coutumes*** ◇ Toutes ces coutumes présentaient ce double inconvénient d'impliquer une fragmentation d'un droit variant non seulement de province à province, mais encore souvent de ville à ville, et de soumettre la vie juridique à une incertitude fâcheuse tenant à l'imprécision inhérente à la coutume : celle-ci, née de l'usage, avait des contours insuffisamment précis, bien qu'ils se fussent fixés peu à peu sous l'influence de l'interprétation donnée par les cours de justice, notamment par le Parlement de chaque province. On réclamait la rédaction des coutumes. Les États généraux obtinrent ainsi de Charles VII l'ordonnance de Montils-lès-Tours, de 1453, qui prescrivit la rédaction officielle des coutumes de tous les pays de France. L'œuvre ne fut guère réalisée qu'au XVIe siècle à la suite de nouvelles interventions royales.

La rédaction des coutumes constitue un fait capital dans l'histoire des sources du droit. D'une part, le droit coutumier était matériellement transformé en droit écrit, en « lois » [1] certes ce droit ne fut pas figé, et la coutume reprit son travail d'adaptation, mais on s'acheminait inéluctablement vers la technique moderne de la formulation du droit par un acte des pouvoirs publics. D'autre part, la diversité des règles de droit applicables en France se trouvait officiellement confirmée. – V. *infra*, n° 387.

76 ***Les autres sources du droit, facteurs d'unité*** ◇ À côté du droit romain et du droit coutumier qui sont à la base de la diversité foncière caractéristique du droit de l'Ancienne France, il y avait d'autres sources de droit marquant, elles, une tendance vers son unification.

1) Le droit canonique ou droit de l'Église était constitué principalement par les règles issues des décisions des Conciles et des papes. La religion catholique, qui était reconnue comme religion d'État, eut une grande influence sur les mœurs et par suite sur l'évolution des règles coutumières ; de plus, certaines matières, qui relèvent aujourd'hui du domaine du droit civil, étaient régies par le droit canonique : ainsi en était-il du mariage ; il y eut même une période où le droit canonique régissait les contrats, lorsqu'ils étaient passés sous serment.

2) Les ordonnances royales que le Roi promulguait en vertu de son pouvoir souverain favorisaient aussi l'unité, en ce qu'elles s'étendaient à tout

---

1. Dès l'Ancien Régime, l'on avait d'ailleurs discuté sur le point de savoir si la rédaction des coutumes n'avait pas changé leur caractère en les transformant en droit écrit, en lois (V. Brodeau, *Coutume de Paris*, t. I, p. 1 s.).

le royaume, à condition toutefois d'être enregistrées par les Parlements pour être applicables dans leur ressort. Certaines de ces ordonnances ont une grande importance pour l'histoire du droit civil, car elles sont les premières tentatives d'unification de certaines parties du droit. Il en est ainsi des grandes ordonnances de *Colbert* - ordonnance civile pour la *réformation de la justice* de 1667, ancêtre du Code de procédure civile de 1807, ordonnances de 1673, sur le *commerce terrestre*, et de 1681, sur la *marine*, ancêtres de notre Code de commerce - et des ordonnances de *d'Aguesseau* sur les *donations* (1731), les *testaments* (1735) et les *substitutions* (1747) [1].

3) La « doctrine ». Avant la rédaction officielle des coutumes, c'est dans les œuvres de certains écrivains que les juges et la pratique trouvaient le contenu des règles coutumières ; après cette rédaction, les auteurs s'efforcèrent de remédier aux insuffisances des coutumes - elles étaient parfois incomplètes ou défectueuses - en construisant des théories s'inspirant de la logique, de l'équité, du Droit romain [2]. Frappés par les inconvénients de la diversité des coutumes, les auteurs, à partir du XVIe siècle, aspirèrent à plus de simplicité ; en dégageant les principes généraux, ils préparèrent l'unité rationnelle du droit français. Au XVIe siècle, *Dumoulin* fut le défenseur de cette tendance unificatrice. Ses idées furent combattues par un autre grand jurisconsulte, *d'Argentré*, qui défendait le particularisme de la coutume de Bretagne. Les autres noms à retenir sont principalement ceux de *Guy Coquille* (XVIe siècle), *Loisel* et surtout *Domat* au XVIIe siècle [3], et, au XVIIIe siècle, *Bourjon* et *Pothier* [4] ; ce dernier fut le guide habituel des auteurs du Code civil.

4) À tous ces facteurs d'unité, il faut ajouter l'action de la jurisprudence, spécialement celle du Parlement de Paris. Les Parlements étaient souverains dans leur ressort - sauf leur subordination au Roi et à son Conseil - et animés d'un esprit particulariste. Mais en appliquant et en interprétant plusieurs coutumes en vigueur dans leur ressort, ils exerçaient par leur jurisprudence une influence unificatrice (sur les arrêts de règlement, v. *infra*, n° 354).

77 ***Caractères*** ◊ L'Ancien droit était largement soumis aux conceptions *religieuses* et *morales* du christianisme. Il admettait que le droit positif devait reposer sur les lois divines révélées et sur les lois naturelles que l'homme

---

1. V. J.-L. Thireau, Le comparatisme et la naissance du droit français, *Rev. hist. dr. franc.*, 1990, p. 153 s ; A. Rigaudière, Un rêve royal français : l'unification du droit, *Trav. Acad. inscr. et belles-lettres*, 2004. - Rappr., en matière pénale, X. Martin, De Beccaria et Voltaire aux codes criminels de 1808 et 1810 : la continuité anthropologique, *RHD* 2011. 377.

2. V. not. Ch. Atias, Aux origines obscures du droit civil français A. Alciat, *RTD civ.* 2005. 535 s.

3. V. J. Domat : un juriste au Grand Siècle, par S. Rials, S. Goyard-Fabre et M.-F. Renoux-Zagamé, *Rev. hist. Fac. droit*, n° 9, 1989, p. 69 s. ; P.-Y. Gautier, Jean Domat : l'un de ces messieurs de Port-Royal, *RTD civ.* 1992, 529 s. ; B. Edelman, Domat et la naissance du sujet de droit, *Arch. phil. droit*, t. 39, 1995, p. 389 s. - V. aussi C. Sarzotti, *Jean Domat, Fondamento e metodo della scienza giuridica*, éd. Giappichelli, Turin, 1995.

4. V. *R.-J. Pothier, D'hier à aujourd'hui*, Colloque Orléans 1999, éd. 2001 ; J. Gaudemet, Pothier et Jacqueminot, À propos des sources du Code civil de 1804, *Mélanges Rieg*, 2000, p. 369 s. ; J.-L. Sourioux, Les exemples de Pothier, *RTD civ.* 2006, p. 493 s.

peut connaître par le secours de sa propre raison, toutes ces lois tendant, par la justice et la charité, à assurer le bien commun. L'Église catholique, qui seule légiférait en matière de mariage, tout en repoussant le divorce et en admettant la puissance maritale et paternelle ainsi que la suprématie de la famille légitime, s'efforça de faire prévaloir quelques règles plus humaines.

Le système social était fortement *hiérarchisé* : le pouvoir, venant de Dieu, était exercé au nom de Dieu, par le Roi. Celui-ci, aidé dans sa tâche par les classes privilégiées – la noblesse, le clergé – avait pour charge de faire régner le bien commun. La hiérarchie se manifestait non seulement dans le domaine social et politique, mais aussi dans le domaine familial et patrimonial. *Familial* : combat contre les mésalliances, défense de la famille contre les *bâtards* ou enfants naturels, autorité du chef de famille, incapacité de la femme mariée placée sous l'autorité maritale. *Patrimonial* : outre les règles successorales propres à assurer la prééminence des familles aristocratiques, il faut observer que le maître réel d'un bien n'en est pas le vrai propriétaire en ce sens que derrière son domaine utile, il existe un domaine éminent qui appartient au Roi. En outre la fortune immobilière prédomine sur la fortune mobilière [1]. Et le droit des gens mariés comme celui des successions est marqué par le souci d'assurer la conservation des biens dans les familles. Importantes étaient les propriétés appartenant à des groupements – spécialement à des communautés religieuses – et appelées, de ce fait, à ne pas changer de main au fil des générations (*biens de mainmorte*) [2].

Au point de vue technique, l'Ancien droit avait, en matière d'obligations contractuelles [3], subi profondément l'influence du Droit romain. Mais, sous l'action des canonistes, il s'orienta à partir du XVIe siècle vers la liberté des conventions, que Rome n'avait jamais complètement connue. Le principe comportait cependant de grandes restrictions. Certaines étaient dues à la division en classes politiques et sociales, les nobles ne pouvant passer des contrats commerciaux, les religieux, en raison du vœu de pauvreté, étant frappés par de nombreuses incapacités de contracter. D'autre part, les coutumes, suivant en cela le Droit canon, prohibaient certaines conventions jugées immorales, par exemple le prêt à intérêt. D'une manière générale, le recours au mécanisme contractuel ne produisait effet que dans le cadre d'une économie assez étroitement dirigée par l'État. Le Roi, souverain absolu, se préoccupait de diriger l'activité économique de ses sujets ; il frappait la monnaie et fixait son cours, organisait les professions, réglementait le commerce et l'industrie, arrêtait les prix. En outre, du fait d'une organisation professionnelle, *corporative*, assez généralisée au

---

1. V. de manière générale, J.-P. Lévy, Destins du droit de propriété, Rev. Droits 1985 ; M.-F. Renoux-Zagamé, Origines théologiques du concept moderne de propriété, Genève, Droz, 1987 ; Anne-Marie Patault, Introduction historique au droit des biens, 1989.

2. L'expression vient de ce qu'on disait de ces collectivités qu'elles avaient toujours la main-ouverte pour acquérir, et la main-morte pour aliéner.

3. P.-C. Timbal, Les obligations contractuelles dans le droit français des XIIIe et XIVe siècles d'après la jurisprudence des Parlements, éd. du CNRS, 2 tomes, 1973, 1977 ; J.-L. Gazzaniga, Domat et Pothier, Le contrat à la fin de l'Ancien Régime, *Rev. Droits*, n° 12-1990, p. 37 s.

moins dans les villes, les corporations contrôlaient, elles aussi, les opérations juridiques de leurs membres, une réglementation stricte s'appliquant aux contrats passés par ceux-ci entre eux ou avec la clientèle. Au XVIIIe siècle, économistes et philosophes protestaient contre ces entraves à la liberté et en réclamaient l'abolition : l'État, disait-on, doit « laisser faire » les individus et ne pas intervenir dans la production et la répartition des richesses ; l'équilibre s'établira de lui-même [1].

78 ***Le droit intermédiaire*** ◊ On désigne ainsi le droit de la période qui s'ouvre avec la Révolution de 1789 et dure jusqu'au Code civil de 1804. Ce qui, d'emblée, le caractérise, c'est l'existence de traits contraires à ceux de l'Ancienne France.

La rupture est manifeste, quoique progressive, avec la période antérieure, spécialement en droit public et constitutionnel, qu'il s'agisse tant de la formulation des règles – déclarations des droits de l'homme, constitutions successives –, que des régimes politiques qui se sont succédé pendant cette période : monarchie constitutionnelle, république, directoire, consulat. Nombre de matières relevant du droit public ont été bouleversées, par exemple en matière fiscale. Et, à l'exclusion du maintien des tribunaux de commerce, il a été fait table rase du système judiciaire traditionnel. Le droit pénal a été aussi conçu sur de nouvelles bases.

La Révolution, durant cette période, a réalisé l'unité politique par la suppression des provinces ; de nouvelles divisions territoriales furent instituées : les départements, administrés par des représentants directs du pouvoir central, les préfets. L'unification judiciaire fut aussi effectuée grâce à la suppression des Parlements, tribunaux suprêmes de chaque province ; l'établissement du système judiciaire que nous connaissons encore dans ses grandes lignes remonte à cette époque : tribunaux de première instance, cours d'appel, et au sommet tribunal de cassation, tribunal unique ayant pour fonction d'assurer la soumission des juges aux lois et l'unité d'interprétation sur tout le territoire [2].

79 ***Caractères du droit intermédiaire*** ◊ On a dit que l'Ancien droit était confessionnel, hiérarchisé et conservateur. Le droit intermédiaire s'est inscrit à contre-courant de ces trois caractères [3].

L'activité législative fut intense sous la Révolution et en traduisit l'esprit individualiste et libéral. D'une part, par réaction contre l'idée féodale, la Révolution se montra implacable, tant dans le droit des personnes que dans le régime de la propriété et des successions, pour tout ce qui heurtait l'idée

1. R. Szramkiewicz et J. Bouineau, *Histoire des institutions, 1750-1914*, éd. 1989.
2. V. J. Krynen, *L'emprise contemporaine des juges*, Paris 2012, p. 21 s.
3. M. Garaud, *Histoire générale du droit privé français de 1789 à 1804* (t. I, *La Révolution et l'égalité civile ;* t. II, *La Révolution et la propriété foncière*, 1959 ; t. III, avec R. Szramkiewicz, *La Révolution française et la famille*, 1978) ; X. Martin, Le droit privé révolutionnaire : essai de synthèse, *RTD civ.* 2006. 236 s. ; N. Kanayana, Qu'est-ce que le « civil » ? De la Révolution française au Code civil, *Mélanges Jestaz*, 2006, p. 273 s.

d'égalité ; d'autre part, elle s'attaqua aux « corps intermédiaires » (famille, corporation) qui lui paraissaient empiéter sur la liberté individuelle et sur la toute puissance de l'État. Certaines de ces lois influencèrent les rédacteurs du Code civil ; quelques-unes s'appliquent d'ailleurs encore de nos jours.

Le droit intermédiaire s'est manifesté : 1° contre la primauté des conceptions religieuses : par la sécularisation du mariage et de l'état civil, ainsi que par la nationalisation des biens du clergé ; 2° par le progrès de l'égalité : suppression des institutions aristocratiques (droit d'aînesse, privilège de masculinité) ; suppression des privilèges et des classes ; réaction contre les forces de la famille : admission du divorce et suppression de la séparation de corps, cessation de la puissance paternelle sur les enfants atteignant l'âge de 21 ans, contrôle de cette puissance par des tribunaux dits de famille ; attribution aux enfants naturels de droits égaux à ceux des enfants légitimes ; 3° par le progrès de la liberté : affirmation du principe que la propriété individuelle est un droit de l'homme, prolongement du droit à la liberté ; suppression de la hiérarchie des terres, des droits féodaux et de tout domaine éminent ; élaboration d'un système tendant à favoriser le crédit hypothécaire (publicité des hypothèques et des aliénations immobilières) ; méfiance à l'égard des personnes morales et des biens de *mainmorte ;* proclamation de la liberté des conventions et du commerce ; suppression des entraves religieuses à cette liberté ; abolition des corporations, hostilité envers toute organisation professionnelle et toute intervention de l'État dans le domaine économique.

80 ***Réflexion après le Bicentenaire de 1789*** ◊ Le Bicentenaire de 1789 a favorisé un grand renouveau de la réflexion, ce qui a nécessairement dépassé la seule période de 1789-1804 [1]. On a bien soutenu que la Révolution s'était terminée plus tard, certains ont dit 1814...

Le foisonnement d'idées qui en est résulté appellerait d'amples développements. On a perçu que toute rupture, en quoi consiste une révolution, est aussi un désir de retour à quelque chose [2]. La rupture est retour, regard tourné vers un passé plus lointain, dans le souci d'aménager l'avenir.

Évidemment, la réflexion sur la Révolution française a porté sur ses relations avec l'ordre juridique. Le juridique est au cœur de cette Révolution : il est l'*objet* de la Révolution en cours, en ce qu'il s'agit de créer un État de

1. Ex. : *La Révolution et l'ordre juridique privé, rationalité ou scandale,* Colloque d'Orléans 11-13 sept. 1986, PUF, 1988 ; v. aussi Les principes de 1789 et le droit économique (propriété, liberté, égalité, fraternité), par l'Association internationale de droit économique, Colloque des 16-18 nov. 1988 ; *La famille, la loi, l'État, de la Révolution au Code civil,* Paris, Imp. nat. 1989 ; Le bicentenaire de la Révolution française et le droit des sociétés, *Rev. soc.* 1989, p. 343 s. ; v. aussi *Rev. Droit et Société,* n° 14, 1990 ; Liberté, égalité, fraternité... et droit du travail, *Dr. soc.,* n° spécial janv. 1990 ; X. Martin, La Révolution française et le Code civil, in *Himeji International Forum of Law and Politics, Faculty of Law,* Himeji Tokyo University, n° 1, 1993, p. 1 s. ; G. Michaelidès-Nouaros, L'influence des idées de la Révolution française sur le droit privé hellénique, *in La Révolution française et l'hellénisme moderne,* Athènes 1989, p. 349 s.

2. V. P.-I. André-Vincent, *Les Révolutions et le Droit,* 1974 ; v. aussi *Révolution et droit international,* Colloque de la Société française de droit international, Dijon 1989, éd. 1990.

droit (ou un nouvel État de droit) ; mais la Révolution agit aussi *par* le droit et pas seulement en vue du droit : il est donc également l'*instrument* de cette Révolution, ce que l'on observe aussi, de nos jours, dans la construction européenne. Et puis, alors que l'emportait le culte de la loi, se manifestait l'idée que la *déclaration*, par le mot même qu'employait le législateur - la terminologie est révélatrice - est... déclarative et non constitutive, au sens où, dans la technique juridique la plus affinée et la plus subtile, on distingue les actes déclaratifs et les actes constitutifs de droits.

Le processus de la codification se situait dans la ligne du droit intermédiaire.

§ 2. La codification napoléonienne

81 ***Cinq codes*** ◊ L'expression de codification napoléonienne est souvent utilisée pour désigner principalement le Code civil de 1804. Cette tendance s'explique de diverses manières : a) l'expression de Code Napoléon, consacrée sous le Premier et le Second Empire et qui n'a fait, au mieux, que l'objet d'une abrogation implicite (*infra*, n° 491) ; b) la qualité supérieure de ce Code, surtout si on le compare à d'autres. Il serait pourtant incorrect de ne pas faire aussi état de ceux-ci. C'est pourquoi on envisagera le Code civil (A), le Code de procédure civile (B), le Code de commerce (C), puis le Code pénal et le Code d'instruction criminelle (D) [1].

A. Le Code civil

82 ***Genèse du Code civil*** ◊ Dès le 5 octobre 1790, l'Assemblée Constituante affirma sa volonté de donner au Royaume un Code général et la Constitution de 1791 contint même une disposition portant « qu'il serait fait un code des lois civiles communes à tout le royaume ». La Convention chargea Cambacérès et le Comité de législation de préparer un projet ; celui-ci fut déposé le 9 août 1793. Il fut rejeté comme étant trop compliqué et conservateur. Un deuxième projet, déposé par Cambacérès le 23 fructidor an II, se bornait à poser des principes généraux et de caractère philosophique ; quelques articles seulement en furent votés. Sous le Directoire, Cambacérès devait, sans plus de succès, soumettre au Conseil des Cinq-Cents un troisième projet de code, ressemblant au précédent (24 prairial an IV) [2]. Après qu'un quatrième projet de Code civil hâtivement élaboré par Jacqueminot au lendemain du 18 brumaire an VIII eut été à son tour abandonné, un arrêté des consuls, du 24 thermidor an VIII (13 août 1800), chargea de la rédaction d'un cinquième projet une commission composée de quatre magistrats : Tronchet, président du Tribunal de cassation, Bigot

1. V. *Les institutions napoléonniennes*, dir. M.-L. Moquet-Angers, 2006.
2. J.-L. Halperin, *L'impossible Code civil*, PUF, 1992 ; v. aussi J.-F. Niort, *Homo civilis, Contribution à l'histoire du Code civil français*, thèse Paris I, 2 vol., éd. PUAM, 2004.

de Préameneu, commissaire du gouvernement près la même juridiction, Malleville, juge au même Tribunal, Portalis, commissaire du gouvernement près le Tribunal des prises [1].

Le projet, achevé dans le délai de quatre mois, fut soumis au Tribunal de cassation et aux tribunaux d'appel qui formulèrent leurs observations. Puis il suivit la filière législative compliquée prévue par la Constitution de l'an VIII. Il fut ainsi discuté au Conseil d'État sous la présidence soit de Cambacérès, soit de Bonaparte, qui tint à prendre personnellement une part active aux séances [2].

Le premier projet de loi relatif au premier titre, après avoir été adopté par le Conseil d'État, fut soumis au Tribunat, puis transmis au Corps législatif. Ce fut un échec. D'une part, le Tribunat comprenait nombre d'anciens révolutionnaires, hostiles au Premier Consul, et qui voyaient en outre dans le projet un reflet trop fidèle des idées de l'Ancien Régime ; d'autre part, ni le Tribunat, ni le Corps législatif n'avaient le droit d'amendement : c'était le système rigide du tout ou rien. Le second projet de loi présenté risquant fort d'être à son tour rejeté, Bonaparte retira alors l'ensemble du projet. Pour vaincre l'opposition, le Premier Consul « épura » le Tribunat en ramenant ses membres de 100 à 50 et le divisa en sections, la section de législation étant garnie de partisans du projet. De plus, il institua la procédure ingénieuse de la communication officieuse au Tribunat (arrêté du 18 germinal an X) ; le Conseil d'État était désormais tenu de communiquer au Tribunat le projet de loi élaboré, avant même que celui-ci soit soumis au gouvernement ; le Tribunat était ainsi à même de présenter des observations, qui étaient examinées par le Conseil d'État, ce qui permettait de réaliser un accord entre les deux assemblées.

Grâce à cette double mesure, l'œuvre fut rapidement poussée [3]. Le vote des textes fut réalisé par séries de lois ; il y en eut 36 qui furent votées et

1. V. J.-E.-M. Portalis, *Écrits et discours juridiques et politiques*, publication du Centre de phil. du droit, Aix-Marseille, 1988 ; E. Leduc, *Portalis, Une grande figure de l'histoire napoléonienne*, 1990 ; B. Oppetit, Portalis philosophe, *D.* 1995, chron. 331 s., rééd. *in Droit et modernité*, 1998, p. 219 s. ; J.-L. Chartier, *Portalis père du Code civil*, éd. Fayard 2004 ; J.-B. d'Onorio, *Portalis, l'esprit des siècles*, Dalloz 2005 ; J.-F. Niort, Portalis, le père du Code civil, *RRJ* 2005-1, p. 479 s. – Sur le Livre préliminaire du Code civil, écarté ensuite, dont le *Discours préliminaire* constituait, pour partie, l'exposé des motifs, v. P.-Y. Gautier, Pour le rétablissement du Livre préliminaire du Code civil, Rev. *Droits* 2005, p. 37 s. ;J.-M. Poughon, Cambacérès, une construction idéologique du code civil, *Mélanges Wiederkehr*, 2009, p. 637 s.

2. Son action fut particulièrement sensible dans le domaine de la famille ; sur ce rôle, v. E. Jac, *Bonaparte et le Code civil, De l'influence personnelle exercée par le Premier Consul sur notre législation civile*, 1898 ; R. Savatier, même titre, 1927 ; Villeneuve de Janti, même titre, thèse Paris, 1934. – Sur le rôle de Cambacérès, v. Laurence Chatel de Brancion, *Cambacérès, Maître d'œuvre de Napoléon*, éd. Perrin, 2001, not. p. 319 s. J.-M. Poughon, Cambacérès, Une construction idéologique du Code civil, *Mélanges Wiederkehr*, 2009, p. 637 s.

3. Les travaux préparatoires du Code civil, comprenant notamment les discussions qui s'instituèrent au Conseil d'État, au Tribunat et devant le Corps législatif, ont été rassemblés dans certains recueils. Leur consultation permet souvent de saisir la pensée du législateur en 1804. Les recueils les plus connus sont ceux de Fenet, *Recueil complet des travaux préparatoires du Code civil*, 1827-1828, 15 vol., et de Locré, *Législation civile, criminelle et commerciale de la France*, 1827-1832, 31 vol. – V. aussi J.-F. Niort, *Homo civilis, Repères pour une histoire politique du Code civil*, thèse ronéot. Paris I, 1995.

promulguées séparément en 1803 et 1804 et correspondent aux 36 titres du Code. Enfin, la loi du 30 ventôse an XII (21 mars 1804) réunit ces lois, déjà rendues obligatoires isolément, en un corps unique, sous le nom de « *Code civil des Français* ». C'est le nom qu'il porte encore aujourd'hui, après avoir été appelé, sous le Premier et le Second Empire, Code Napoléon.

83 ***Traits caractéristiques*** ◊ Trois traits essentiels caractérisent le Code civil et expliquent d'ailleurs son succès [1]. Ce fut d'abord une œuvre de magistrats réalistes, préoccupés de poser des règles claires, pratiques, plutôt que d'édifier une construction savante, théorique ; les exigences de la pratique l'ont toujours emporté sur les tentations de la dogmatique.

Ce fut ensuite une œuvre de sagesse et de modération, et non pas de partisans. Elle a voulu certes consacrer une grande partie des réformes dues à la Révolution, mais elle a su se garder de certains excès, commis par le législateur de l'époque intermédiaire ; elle a cherché une conciliation des réformes révolutionnaires avec les traditions profondes du peuple français et conservé des anciennes coutumes tout ce qui pouvait être maintenu [2].

L'esprit général du Code est l'esprit individualiste, libéral, défendu par les philosophes du XVIIIe siècle. Le plan l'atteste. Après un bref titre préliminaire sur la loi, le Code était divisé en trois livres. Le premier : Des personnes (art. 7 à 515) ; le deuxième : Des biens et des différentes modifications de la propriété (art. 516 à 710) ; le troisième : Des différentes manières dont on acquiert la propriété (art. 711 à 2281). V. *infra*, n° 87.

Comme le droit révolutionnaire, le Code consacre la sécularisation du droit civil [3]. Celle-ci se traduit notamment par l'organisation dans les mairies des registres de l'état civil, la réglementation civile du mariage, l'admission du divorce, moins largement toutefois que sous la Révolution.

L'égalité civile est maintenue ; les classes privilégiées demeurent supprimées.

Bien qu'il ne traite que de la personne et ne fasse pas figurer la famille dans ses rubriques, le Code, sans revenir aux conceptions aristocratiques de l'Ancien Régime, rétablit en partie la force de la famille légitime.

Le législateur réglemente avec beaucoup de soin la *propriété individuelle*, ignorant la propriété collective, l'indivision et la copropriété. Il affirme, à l'article 544, le caractère absolu du droit de propriété. Toute la sollicitude du Code va aux immeubles. Quant aux biens meubles, il facilite leur circulation.

---

1. V. *Livre du centenaire du Code civil*, 2 vol., Paris 1904 ; J. Carbonnier, Le Code Napoléon en tant que phénomène sociologique, *RRJ*, Aix 81-3, 327 s., rééd. *Écrits*, éd. PUF, 2008, p. 637 s. – Rappr. A. Ensminger, *Recréation de la forme, recréation de la norme, trois versifications du Code civil français au XIXe siècle*, thèse ronéot. Montpellier, 1986.

2. V. X. Martin, Fondements politiques du Code Napoléon, *RTD civ.* 2003. 247 s. ; *Mythologie du Code Napoléon, aux soubassements de la France moderne*, éd. Martin Morin, 2003.

3. V. J. Carbonnier, La sécularisation du droit civil par le Code civil des Français, *in Cristianesimo, secolarizzazione e diritto moderno*, par L. Lombardi Vallauri et G. Dilcher, Milan, 1981, p. 1007 s., rééd. *Écrits*, éd. PUF, 2008, p. 1384 s.

Le contrat est la source normale de l'*obligation* : l'individu ne peut être lié que par sa volonté, par un accord avec une autre personne. Le Code affirme la *liberté contractuelle*, c'est-à-dire la liberté pour les personnes de passer des contrats et de faire naître ainsi les obligations qu'elles veulent, sous réserve des conditions légales traditionnelles de validité, tenant au consentement, à la capacité, ainsi qu'à l'objet et à la cause de la convention, qui ne doivent pas être contraires à l'ordre public et aux bonnes mœurs.

84 ***Destin du Code civil*** ◊ Le destin du Code civil a été très grand, pour des raisons très diverses : politiques, sociales, idéologiques... Son succès fut considérable, même si, *en France*, sa pénétration ne s'est opérée qu'en quelques décennies et s'il a suscité des controverses d'ordre confessionnel, économique et politique [1].

Ce succès détermina chez les juristes une tendance à voir dans la codification la source exclusive du droit civil. Rien n'illustre mieux la réussite du Code que sa longévité : il continue, malgré les bouleversements constitutionnels et sociaux, à régir les rapports essentiels entre individus ; *il a été la véritable Constitution de la France* [2]. *À l'étranger*, le Code civil fit preuve d'une force d'expansion considérable. Appliqué dans tout l'empire de Napoléon, il resta en vigueur après 1815 en Belgique et jusqu'à 1900 dans les pays rhénans, jusqu'en 1912 dans le canton de Genève. Il a servi de modèle à de nombreux codes étrangers, européens, américains, asiatiques [3]. Ce succès s'explique par des qualités de forme et de fond.

Le Code civil est protecteur des possédants : le propriétaire, le capitaliste l'intéressent plus que le travailleur. Il passe à peu près sous silence les rapports de travail et, d'une manière générale, les questions d'ordre professionnel. On a pu dire qu'il était le Code de la bourgeoisie capitaliste, de cette bourgeoisie qui avait fait dévier la Révolution. Il s'est préoccupé presque uniquement des questions patrimoniales, principalement de celles qui touchaient à la conservation des fortunes immobilières. Des valeurs morales, il n'a point été question [4]. Il devait être donné à la doctrine et à la jurisprudence d'élaborer la théorie des droits de la personnalité. Sur le plan économique, il a trop souligné la souveraineté de la propriété individuelle qui peut s'exercer au détriment des intérêts généraux.

---

1. V. J. Carbonnier, *Le Code civil*, in P. Nora et alii, t. I, *Les lieux de mémoire*, t. II, *La nation*, 1986, 2e vol., p. 293 s. ; X. Martin, Fondements politiques du Code Napoléon, *RTD civ.* 2003, 247 s.

2. V. J. Carbonnier, Le Code civil des Français a-t-il changé la société européenne ? Programme pour une recherche sociologique sur l'influence du Code de 1804, *D.* 1975. Chron. 171 s.

3. Travaux Ass. Capitant, t XLIV, 1993, *La circulation du modèle juridique français ;* Filippo Ranieri, L'influence du Code civil sur les codifications du 19e siècle : essor et déclin d'un modèle européen, *Mélanges Guido Alpa*, British Institute of Intern. Comparative Law, 2007, p. 831 s. - V. not. G. Braga da Cruz, La formation du droit civil portugais moderne, *Ann. fac. droit Toulouse*, t. XI, 1963, fasc. 2 ; J. el Hakim, L'impact du Code civil français sur le droit des pays du Moyen-Orient, *Mélanges Malinvaud*, 2007, p. 179 s.

4. V. X. Martin, Nature humaine et Code Napoléon, Rev. *Droits*, n° 2-1985, 117 s.

Dans le cadre des rapports familiaux, les rédacteurs du Code, effrayés par le relâchement des mœurs qui avait suivi la Révolution, ont trop accentué l'autorité dans la famille, ne faisant pas une place suffisante dans le ménage à la femme mariée, déclarée incapable, et à la mère dont le rôle à l'égard des enfants n'apparaissait qu'en cas de divorce ou de mort du père. Il a adopté un régime successoral qui a entraîné un morcellement excessif des terres et des exploitations.

85 ***L'évolution ultérieure*** ◊ Passées quelques décennies d'insertion, une période de stabilité a caractérisé la plus grande partie du XIXe siècle [1]. Pourtant, dès cette époque, le développement de la société industrielle et du commerce ont entraîné de grands changements en matière économique et sociale, tandis que l'importance grandissante de la fortune mobilière et des sociétés commerciales changeaient le paysage, y compris du côté des rapports de famille [2].

Le courant libéral et individualiste augmentera sa puissance là où il était déjà bien manifeste, mais il affectera aussi le droit des personnes et de la famille. La suite à partir des deux dernières décennies au XIXe siècle, mais surtout depuis la seconde moitié du XXe siècle, a été marquée par une amplification du courant libéral.

On pourrait schématiquement observer, ailleurs, un recul du courant individualiste et libéral, par exemple une sérieuse atténuation du caractère absolu du droit de propriété sous l'influence de pressions multiples, d'ordre social, politique ou philosophique. À cet égard, les préoccupations ont été très diverses : hygiène, logement, circulation, transports, défense nationale, exploitation des richesses, sauvegarde de la nature, protection de l'environnement, production de l'énergie. Ainsi, les pouvoirs du propriétaire ont été restreints tandis que l'Administration a, tant en matière urbaine qu'en matière rurale, limité fortement les prérogatives des propriétaires.

86 Corrélatif et même convergent, un recul du seul libéralisme, ainsi que de l'individualisme, s'est produit dans le droit des obligations, contractuelles ou extracontractuelles. S'il est vrai que le contrat a étendu son empire, de par ses objets autant que par son domaine, cela n'a pas été sans le développement d'exigences grandissantes en termes d'égalité et de non-discrimination, sous l'influence de pressions tant externes qu'internes, suivant les fluctuations de l'économie de marché (national, européen, international, mondial). Dans le même temps, le droit de la réparation des accidents s'éloignait nécessairement de la seule considération de la faute d'un responsable.

---

1. V. J. Carbonnier, *Le Code Napoléon en tant que phénomène sociologique*, préc. ; du même auteur, En l'année 1817, *Mélanges Raynaud*, 1985, p. 81 s.

2. G. Cornu, La lettre du Code à l'épreuve du temps, *Mélanges R. Savatier*, 1964, p. 157 s. et *L'art du droit en quête de sagesse*, PUF 1988, p. 357 s. ; B. Audit, Recent revisions of the French Civil Code, *Louisiana Law Review*, vol. 38, 1978, p. 747 s.

87 ***La révision du Code civil*** ◊ Des décennies étant passées, on a dû sérieusement se demander s'il ne convenait pas de procéder à une révision du Code civil : d'abord parce que ce Code ne correspondait plus au droit français positif, soit du fait de nombreuses lois qui étaient restées extérieures et avaient brisé son unité d'esprit et de technique, soit du fait que les tribunaux avaient interprété les textes du Code d'une manière que ceux-ci, à la lettre, n'exprimaient plus de manière satisfaisante.

En outre, les principes mêmes sur lesquels le Code avait été construit étaient remis en question ; rédigé à une époque dominée par l'individualisme et le libéralisme, le Code avait été élaboré en fonction de l'idée de la défense de la personne individuelle contre l'emprise de l'État ; la propriété individuelle, comprise comme un droit absolu, souverain, la liberté contractuelle, opposée à l'intervention de l'État, sont les fondements essentiels de son édifice. À ces divers points de vue, le Code n'était manifestement plus en accord avec l'état de l'opinion, ni avec le droit positif.

La question de la réforme du Code a été débattue au début de ce siècle. En 1904, lors du centenaire du Code civil, une commission fut chargée de préparer une nouvelle codification. Il se manifesta une tendance à s'inspirer du Code civil allemand, qui venait d'être mis en vigueur le 1er janvier 1900 et dont la valeur scientifique était incontestable. Les travaux de la commission n'aboutirent à rien.

La question revint à l'actualité au lendemain de la Libération, à une époque où des réformes importantes, voire de structure, étaient envisagées par certains [1]. Une commission extra-parlementaire de douze membres fut constituée au ministère de la Justice en vue de préparer un projet de nouveau Code civil [2]. Elle a fourni un important travail de rédaction [3]. La première partie (Livre préliminaire ; Livre premier : « Des personnes physiques et de la famille ») a été soumise, en 1953, pour avis aux Facultés de droit, ainsi qu'aux Cours et Tribunaux [4].

Il a fallu renoncer à l'objectif que l'on s'était assigné. Malgré les fortes raisons qui venaient à l'appui de la révision, l'entreprise pouvait, à certains égards, paraître prématurée : comment codifier, alors qu'on ne pouvait pas déceler avec certitude les courants qui l'emporteraient dans le droit civil ? Le courant individualiste, qui a, en grande partie, façonné le droit de la famille,

---

1. Un certain nombre de lois concernant le droit civil furent promulguées par le gouvernement de Vichy. Leur esprit général était familial et social, mais dans un sens paternaliste. À la Libération, l'ordonnance du 9 août 1944 sur le rétablissement de la légalité républicaine proclama la nullité de toute cette législation (v. J. Carbonnier, note *D.* 1946. 25 sous Civ. 16 juill. et 16 déc. 1945). Une nullité automatique frappait certains textes (ex. : discrimination raciale). Sinon la nullité devait découler d'un texte spécial. B. Durand, J.-P. Le Crom, A. Somma, *Le droit sous Vichy*, 2006.

2. L. Julliot de La Morandière, La réforme du Code civil, *D.* 1948, chron. 117.

3. Neuf volumes ont ainsi paru de 1946 à 1955. – Cf. R. Houin, Les travaux de la commission de réforme du Code civil, *RTD civ.* 1951, 34 s.

4. Cet avant-projet a été accompagné d'un Rapport préliminaire établi par le doyen Julliot de La Morandière, qui présidait la Commission de révision.

subsisterait-il à une époque de profondes mutations en matière personnelle, familiale, sociale, économique, politique, nationale et internationale ? [1]

Il parut préférable de recourir à des révisions partielles, successives, procédant par tranches, ce qui conduisit, dans un premier temps, à conserver les numéros des anciens articles correspondants [2]. Il est arrivé que de telles révisions aient bénéficié des travaux de la Commission de réforme du Code civil, certaines améliorations proposées par la commission ayant été retenues par le législateur. Celui-ci s'est engagé dans la voie des révisions partielles sous l'impulsion du ministre de la Justice, Jean Foyer. On peut citer, à cet égard, les réformes intervenues en matière de tutelle, de copropriété, de régimes matrimoniaux, d'adoption, de droit des incapables majeurs, d'autorité parentale, de filiation, de divorce, d'indivision, d'absence, de sociétés,... Dans nombre de textes nouveaux, le rôle de Jean Carbonnier, à qui fut confiée la mission de préparer des avant-projets, a été très important.

Ultérieurement, la structure du code a été plus ébranlée ; il comporte désormais un livre IV relatif aux sûretés et un Livre V curieusement consacré à Mayotte (dernier article : 2534). – V. *infra*, n° 511.

88 ***Leçons du bicentenaire*** ◊ Le nombre et l'importance des réformes sont tels que l'on a pu considérer que la révision du Code civil est en bonne voie de réalisation, mais selon une technique différente de celle à laquelle avaient songé les promoteurs des révisions envisagées en 1904 et en 1945 [3]. Cependant, dans les temps présents, de nouveaux vents de réformes, se manifestant notamment en matière de consumérisme et de crédit, affectent en profondeur le droit des obligations et ont entraîné l'apparition de nouveaux textes qui ne s'accordent plus avec la cohérence de ce droit, tel qu'il s'était élaboré, au moins depuis le XVIIe siècle, sous l'influence de Domat et de ses successeurs. De proche en proche, sous l'effet de courants de mode, de colères des victimes, de sottises de journalistes, ou de clameurs de la rue [4] – nouvelles sources du droit ? –, c'est l'ensemble du Code civil qui est affecté [5].

Le bicentenaire du Code civil a donné lieu à de multiples manifestations sans commune mesure avec ce qu'avait été un siècle plus tôt la célébration de son centenaire. Les travaux publiés témoignent de son rayonnement

---

1. V. *Le droit non civil de la famille*, Trav. Fac. sc. sociales Poitiers, 1983, préf. J. Carbonnier ; E. Millard, *Famille et droit public, Recherches sur la construction d'un objet juridique*, 1995.

2. La conservation des numéros des anciens articles a pu être assurée malgré l'accroissement des dispositions, grâce à l'adjonction d'articles à indices.

3. G. Cornu, La lettre du code à l'épreuve du temps, *Mélanges Savatier*, 1964, p. 157 s., v. aussi *L'art du droit en quête de sagesse*, 1998, p. 357 s. ; B. Audit, Recent revisions of the French Civil Code, *Louisiana Law Review*, vol. 38, 1978, p. 747 s.

4. V. Observations sociologiques sur les nouvelles sources de la loi, *in La loi*, dir. C. Puigelier, éd. Economica, 2005, p. 7 s.

5. V. R. Cabrillac, Le Code civil à la fin du XXe siècle, *Mélanges Catala*, 2001, p. 73 s. ; Colloque 11-12 mai 2001, Univ. Paris 13 et Sénat, pub. Sénat 2003.

incomparable [1]. De savantes et nombreuses études ont constitué un apport précieux de la communauté scientifique des juristes [2]. Et l'on a pu, à cette occasion, constater la persistance de l'influence du Code civil dans le monde : en Europe, en Amérique, en Afrique, en Asie [3]. Au-delà d'une fidélité à la langue française, il reste une influence profonde des concepts et des techniques, très souvent préférés à celle des structures de la *common law*. Il est significatif à cet égard qu'une œuvre considérable a été réalisée à l'initiative et par les soins de l'Université Saint-Joseph à Beyrouth et du professeur Fayez Hage Chahine, la traduction en arabe du code civil Dalloz, actualisé et annoté (éd. 2012), ce qui est propre à maintenir une influence durable dans le monde [4]. Il est non moins éclairant que dans le monde communiste ou post-communiste l'influence romaniste reste ou tend à redevenir première.

Il est certain, au demeurant, que la poursuite de la rénovation du Code civil, depuis une dizaine d'années, affectée par l'évolution de disciplines adjacentes avec lesquelles une harmonisation et une réflexion synthétique s'imposent : droit de la concurrence, droit de l'environnement, droit de la consommation. Le droit européen, y compris lorsque l'Union européenne outrepasse ses pouvoirs et trahit sa mission, pose ici un problème tout autant politique que juridique [5], spécialement du fait de l'élaboration – en langue anglaise – d'un projet de Code civil européen. Bien que les raisons

---

1. V. not. *Le Code civil, 1804-2004, Livre du Bicentenaire*, éd. Dalloz-Litec, 2004 ; Université Panthéon-Assas (Paris II) *1804-2004, Le Code civil, un passé, un présent, un avenir*, éd. Dalloz, 2004 ; *Le discours et le Code, Portalis, deux siècles après le Code Napoléon*, Litec 2004 ; *Bicentenaire du Code civil*, Acad. sc. morales et politiques, 15 mars 2004 ; Journées d'étude à l'occasion du bicentenaire du Code civil, vol. 1, Le rayonnement du droit codifié, vol. 2, Le Conseil d'État et le Code civil, éd. Journaux Officiels, 2005 ; Le Code civil, *Rev. Pouvoirs*, n° 107, 2003 ; F.Terré, avec la collaboration de Nadine Berna, *Dialogue des siècles, Une conversation entre Portalis et un juriste d'aujourd'hui*, éd. Litec, 2004 ; F. Terré et A. Outin, L'année d'un bicentenaire, *D.* 2004, chron. 12 s. ; *Code civil et modèles, Des modèles du Code au Code comme modèle*, dir. Th. Revet, LGDJ, 2005 ; *Le Code civil, une leçon de légistique*, dir. B. Saintourens, Economica, 2006. – Rappr. *Code civil, les défis d'un nouveau siècle*, 100e Congrès des notaires de France, Paris 2004 ; v. not. J.-M. Montazeaud, Réflexions sur une recodification, *JCP* N 2004, n° 1218 ; Y. Lequette, Code civil, Les défis d'un nouveau siècle, *Defrénois* 2004, p. 1055 s.

2. V. not. X. Martin, *Mythologie du Code Napoléon, Aux soubassements de la France moderne*, éd. Dominique Martin Morin, 2003 ; Fondements politiques du Code Napoléon, *RTD civ.* 2003, p. 247 s. ; F. Grua, Le Code civil, code résiduel ?, *RTD civ.* 2005. 253 s. ; J.-F. Niort, Le Code civil dans la mêlée politique et sociale (Regards sur deux siècles de lectures d'un symbole national), *RTD civ.* 2005. 257 s. ; *Le Code civil, une leçon de légistique*, dir. B. Saintourens, Économica, 2006.

3. V. not. *Le Bicentenaire du Code civil français* (Hanoï), 3-5 nov. 2004, coéd. Maison du droit vietnamo-française, 2005.

4. Comp. *Le droit civil, avant tout un style ?* dir. R. Kasirer, Montréal, 2003. – V. aussi B. Markesinis, Deux cents ans de la vie d'un code célèbre, Réflexions historiques et comparatives à propos des projets européens, *RTD civ.* 2004. 45 s., Constructions de systèmes et résolution de problèmes concrets (Occasions manquées et naissantes pour une convergence méthodologique entre le droit français et le droit anglais), *RTD civ.* 2005. 47 s. ; Le Code civil dans le droit européen, Colloque de Genève, dir. J.-P. Dunant et B. Winigere, éd. Bruyland, 2005 et J.-P. Gridel, obs. *RTD civ.* 2006. 420.

5. V. *La réception du droit communautaire en droit privé des États membres*, dir. J.-S. Bergé et M.-L. Niboyet, éd. Bruylant, 2003 ; *Pensée juridique française et harmonisation européenne du droit*, dir. B. Fauvarque-Cosson et D. Mazeaud, 2003.

avancées pour justifier une telle entreprise soient des plus contestables [1], le mouvement s'est poursuivi dans des conditions plus ou moins souterraines et propres à attenter aux traditions culturelles - autres que seulement mercantiles - qui caractérisent les nations européennes.

La persistance des valeurs attachées au Code civil français, envisagé dans sa totalité, est en cause et, à travers lui, ce droit continental européen qui justifie présentement la naissance d'une *Fondation pour le droit continental* [2], fidèle à ses valeurs et à ses concepts bi-millénaires mais plus que jamais ouverte aux besoins des échanges, y compris ceux des expériences des affaires, de l'action, de la vie, bref d'un droit toujours inachevé. C'est pourquoi il faut transcender les tentatives parcellaires sans pourtant abandonner l'attachement aux souverainetés et aux cultures des nations.

Le désordre que l'on observe à notre époque du fait d'une multiplication des ensembles et sous-ensembles de règles impose une entreprise globale de redistribution autour d'un nouveau code civil français.

89 ***Vers un nouveau Code civil. La leçon des siècles passés*** ◊ Tout ce qui précède révèle une leçon des plus significatives de l'histoire. Dans une certaine mesure, c'est l'une des plus révélatrices quant à la qualité du monument. Sans être le premier code de l'histoire, celui-ci n'en est pas moins le plus célèbre. Ses historiens et ses analystes nous l'ont souvent dit et expliqué.

Reste que des siècles sont passés sans qu'une révision d'ensemble de ses dispositions, ni même l'ordonnancement de ses titres, de ses articles, ne soit remis en question de manière suffisante. Le fait est que si, au fil des temps, les aménagements nullement négligeables lui ont été apportés, il a quand même fallu, dans le même temps, constater, pour l'essentiel, une durée fort longue, de plus de deux siècles. À cela s'ajouta au cours du XIXe siècle l'influence prédominante du Code civil à l'étranger.

La Ve République a cependant marqué en France un mouvement de réforme et de modernisation de ce code et cela, notamment, en droit de la famille et en droit des obligations. Le temps présent est marqué par une entreprise audacieuse de modification des règles relatives au régime général et de la preuve des obligations, reposant d'ailleurs sur un projet d'ordonnance.

---

1. V. not. Ch. von Bar, Le groupe d'études Sur un Code civil européen, *RIDC* 2001, 129 s. ; G. Cornu, Un Code civil n'est pas un instrument communautaire, *D.* 2002, chron. 351 s. ; Y. Lequette, Quelques remarques à propos du projet de Code civil européen de M. von Bar, *D.* 2000, chron. 2202 s. ; J. Huet, Nous faut-il un « euro » droit civil ?, *D.* 2002, Point de vue 2611 s. ; B. Fauvarque-Cosson, Faut-il un Code civil européen ?, *RTD civ.* 2002, 463 s. ; R. Zimmermann, Le droit comparé et l'européanisation du droit privé, *RTD civ.* 2007. 451 s. - Rappr. *in Traditions savantes et codifications*, Trav. Univ. Poitiers, 2006, l'art. de C. Witz sur les projets de codifications européennes, p. 273 s. B. Fauvarque-Cosson, Codification et droit privé européen, *Mélanges Oppetit*, 2009, p. 179 s.

2. V. Lancement de la Fondation pour le droit continental (Paris, 1er mars 2006), Discours de M. Pascal Clément, garde des Sceaux, *Gaz. Pal.* 5-7 mars 2006.

B. Le Code de procédure civile

90 ***Évolution*** ◊ L'œuvre napoléonienne a été illustrée par un Code dont la signification se comprend par rapport à l'ordonnance royale d'avril 1667 préparée sous le ministère de Colbert par Lamoignon et quelques autres savants magistrats. Déjà passéiste à sa naissance, l'ordonnance de 1667 devait régir la matière pendant cent quarante ans [1]. Passées les turbulences révolutionnaires, acceptés les changements appelés à durer (motivation des jugements, création des juges de paix...), un arrêté consulaire du 18 fructidor an VIII prescrivit d'observer, jusqu'à la promulgation d'un nouveau Code, l'ordonnance de 1667.

Le nouveau Code, promulgué en 1806, entré en vigueur en 1807, fut, pour l'essentiel, une copie assez fidèle de cette ordonnance. Ses adversaires lui reprochèrent d'avoir admis des prétentions excessives du monde judiciaire et exigé des écritures trop nombreuses. L'année 1935 a marqué le premier changement important, du moins dans les textes. En effet, un décret-loi du 30 octobre 1935 fut adopté dans le cadre d'une loi de pleins pouvoirs du 8 juin 1935. La suite montra la résistance d'une pratique judiciaire trop inspirée d'une conception passive du rôle du juge [2].

Trente ans plus tard, sous l'impulsion de Jean Foyer, alors garde des Sceaux, la confection d'un nouveau Code de procédure commençait de se réaliser [3]. Précédé de divers textes fragmentaires (1965, 1967, 1973), le nouveau Code a été promulgué en 1975. Il est marqué par une définition élargie de l'office du juge dans un rééquilibrage de la triade qu'il constitue avec elles. Les décennies qui ont suivi révélèrent que, sur le terrain de la collaboration entre le juge et les parties, des aménagements pouvaient être nécessaires, sans que soient altérés les principes directeurs du procès civil heureusement placés en tête du Code de 1975.

Ces principes directeurs, on les doit initialement à la pensée d'Henri Motulsky et à la participation si active de Gérard Cornu dans le fond et dans la forme. Ignorés par Morel, Japiot, Cuche, Vincent..., ils avaient précédemment été considérés à leur juste place par Jean Foyer et Gérard Cornu, à la suite du doyen Vizioz. De 1960 à 1970, Henri Motulsky n'avait cessé d'insister sur leur importance. Et il faut bien admettre que leur inscription dans les tables de la loi correspondait à une nécessité des plus rationnelles, si l'on en juge par la place qu'ils occupent aujourd'hui, tant en pratique qu'en théorie [4].

---

1. *Bicentenaire du Code de procédure civile*, Trav. de l'Académie des sciences morales et politiques, 2006.

2. V. C. Lecomte, De l'immobilisme en procédure civile du Code de 1806 au xxe siècle, *in Coutumes, doctrine et droit savant*, LGDJ, 2007, p. 251 s.

3. En 1958, cet auteur avait publié, avec un autre éminent processualiste, Gérard Cornu, un précis remarquable de procédure civile (éd. PUF, coll. Thémis).

4. V. F.Terré, La réception du nouveau Code de procédure civile par la doctrine, in *Le nouveau Code de procédure civile* (1975-2005), dir. J. Foyer et C. Puigelier, éd. Economica, 2006 ; L. Cadiet, Les tendances contemporaines de la procédure civile en France, *Mélanges Wiederkehr*, 2009,

C. Le Code de commerce

91 ***Évolution*** ◊ Comme en matière de procédure civile, les ordonnances de Colbert doivent être rappelées, en particulier celle de 1673 sur le commerce et celle de 1681 sur la marine. Le recours à Colbert, donc à l'Administration des finances plutôt qu'au garde des Sceaux tenait à des considérations de personnes. On dirait que, dès cette époque, une tradition se formait, interrompue ensuite en diverses circonstances, mais qui tend à se perpétuer à l'ombre des ministères alternés de l'économie et des finances. Une autre alternative a été constatée au cours de l'histoire. Le droit commercial a été considéré selon les époques soit comme le droit applicable aux personnes qui ont la qualité de commerçant (conception subjective), soit comme le droit applicable aux opérations juridiques du commerce (conception objective). L'oscillation entre les deux conceptions et la combinaison de celles-ci ont laissé place à maintes querelles de frontière.

Quand la Révolution éclate, il avait depuis assez longtemps été question de réviser l'ordonnance de Colbert sur le commerce [1]. Précisément, peu avant que ne se produisît cet éclatement, un projet Miromesnil avait été élaboré en 1782 [2]. Il devait inspirer partiellement le Code de commerce de 1807. Si l'influence de Napoléon a été en la matière moindre qu'au sujet du Code civil, elle n'en a pas moins existé [3], malgré les réticences et même les résistances de Cambacérès [4].

Le Code de commerce ne répondit pas aux espoirs qu'on avait pu mettre en lui. Ce n'est pas seulement le prestige du Code civil qui lui a fait grand tort. C'est aussi l'imperfection du travail de codification. Cela tenait à une insuffisante compréhension des notions fondamentales du commerce, en un temps de plein essor du capitalisme moderne, à une absence de plan cohérent, ainsi qu'aux nombreuses lacunes de ce Code : vente commerciale, fonds de commerce, organisation des bourses [5]... À quoi il faut ajouter que les rédacteurs du Code de 1807 se sont principalement attachés à revoir l'ordonnance de 1673, de sorte que Jean Escarra écrivait fort justement en 1948 que le Code de commerce « était déjà vieux à sa naissance » [6].

---

p. 65 s., et Le procès civil à l'épreuve de la complexité, *Mélanges Oppetit*, 2009, p. 73 s. ; S. Pierre-Maurice, La nouveauté du Code de procédure civile, *Mélanges Goubeaux* 2009, p. 463 s. – V. aussi l'ord. du 19 déc. 2011 relative à la partie législative du code des procédures civiles d'exécution.

1. V. not. H. Lévy-Bruhl, Les origines du Code de commerce français, in *Studi in memoria di Aldo Albertoni*, Padova, 1934-1938, vol. III, p. 221-24.

2. H. Lévy-Bruhl, Un projet de Code de commerce à la veille de la Révolution, le projet Miromesnil, Paris 1932.

3. V. A. Padoa-Schioppa, Napoleone e il Code de commerce, *in Mélanges Bruno Paradisi*, Florence 1982, p. 1041

4. V. A.-Lefebvre-Teillard, Cambacérès et le Code de commerce, *in Le livre du bicentenaire du Code de commerce*, Dalloz, 2007, p. 3 s.

5. V. D. Bureau et N. Molfessis, Le bicentenaire d'un fantôme, *in Livre du bicentenaire*, préc. p. 61 s., spéc. p. 64. – Comp. D. Guével, Le Code de commerce au XXIe siècle : un code colbertiste, *in Quel code de commerce pour demain ?*, dir. P. Bloch et S. Schiller, éd. Litec, 2007, p. 35 s.

6. À propos de la révision du Code de commerce, *RTD com.* 1948. 3 s.

« Il est nécessaire de souligner ici », a observé un auteur [1], « que la révision du Code de commerce n'a été en réalité que la révision de l'ordonnance de 1673. C'est ce qui explique d'ailleurs le court temps dans lequel le Code de commerce a été élaboré (huit mois). Le Code n'est que l'ordonnance de Colbert retouchée et rajeunie ».

La suite fut marquée par une évolution profonde : lois de 1867 et de 1966 sur les sociétés, modifications successives du droit des faillites, importance croissante du rôle des banques et des établissements financiers, de la législation en matière de monnaie et de changes... Quand fut commémoré le bicentenaire du Code de commerce, celui-ci avait déjà été remplacé, en 2000, par un nouveau Code de commerce, produit de codification à droit constant (v. *infra*, n° 438 s.) [2]. Sur l'évolution du droit commercial, v. *infra* n° 106.

D. Le Code pénal et le Code d'instruction criminelle

92 ***Évolution*** ◊ Le droit pénal de l'Ancienne France est résulté de plusieurs sources, ce qui a appelé une comparaison significative avec le Code civil : droit romain, autorité des auteurs, absence d'ordonnance de Colbert, droit canonique, ainsi que coutume. C'est d'ailleurs de celle-ci que résultaient les incriminations, ainsi que la peine maximale (souvent la mort) et ses modalités. On connaît le reproche d'arbitraire adressé aux juges d'Ancienne France [3]. En réalité, cela signifiait que, si les règles ne fixaient pas de sanction, le juge était libre de graduer la peine. Reste que ce droit pénal était rigoureux et inégalitaire, compte tenu des garanties et avantages dont bénéficiaient les nobles et les clercs.

Dès 1791 fut élaboré un Code pénal. La Déclaration de 1789 ayant exclu l'arbitraire en affirmant le principe de la légalité des délits et des peines, ce Code supprima les peines corporelles, réduisit fortement de domaine de la peine de mort et consacra le principe de l'égalité dans la répression. En tout cela, il s'inspirait de la pensée de Beccaria.

Ce sont plutôt les idées de Bentham qui ont inspiré le Code pénal de 1810, c'est-à-dire avant tout une conception utilitariste [4] suivant laquelle le crime doit être craint plus par la crainte de la répression que par les satisfactions découlant de sa répression. Cette vision des choses explique la sévérité bien plus grande du Code de 1810, comparé à celui de 1791 [5]. Ce Code est resté en vigueur jusqu'à sa rénovation dans le Code de 1992 (v. *infra*, n° 102).

---

1. H. Mariage, *Évolution historique de la législation commerciale, De l'ordonnance de Colbert à nos jours, 1673-1949*, thèse Paris, éd. 1951, p. 126.
2. F. Terré et A. Outin-Adam, Si l'on voulait un Code de commerce, *D.* 2007, chron. 1377 s.
3. V. A. Laingui, Les adages du droit pénal, *RSC* 1986. 48 ; X. Martin, De Beccaria et Voltaire aux codes criminels de 1808 et 1810 : la continuité anthropologique, *Rev. hist. dr. franc. et étr.* 2011, p. 377 s.
4. J. Bentham, Traité de législation civile et pénale, trad. fr. 1801.
5. V. G. Levasseur, Napoléon et l'élaboration des codes répressifs, *Mélanges Imbert*, 1989, p. 371 s.

À la différence de la seule matière du droit pénal, une ordonnance de Colbert de 1670 avait traité de la procédure en matière pénale. Celle-ci avait progressivement consacré le principe de la justice inquisitoire, menée sous la direction des juges, secrète et non contradictoire, la recherche de l'aveu par le juge étant au moyen de la torture. Et c'est seulement à la suite d'une déclaration royale du 24 août 1780 que fut précisément supprimée la « question préparatoire ».

Le Code du 3 Brumaire an IV fut consacré principalement à la procédure pénale. Il comportait de nombreuses précisions, sanctionnées de nullités. Finalement, c'est un Code d'instruction criminelle, terminé en 1808, qui est entré en vigueur en 1811 en même temps que le Code pénal de 1810. Il a consacré une transaction entre le caractère inquisitoire et le caractère accusatoire (v. *infra*, n°s 103 et 781).

93 ***La leçon d'un passé*** ◊ Quand, avec le recul du passé, l'on s'interroge sur les suites de la codification napoléonienne, la destinée du Code civil conserve son rayonnement. Les qualités qu'on lui reconnût ont gardé leur signification comme lieu de mémoire, même si des vagues successives ont, avec le temps, altéré son influence. Ce fut d'abord un vieillissement inévitable, accentué par l'adoption de codes plus modernes. Ce fut ensuite cette sorte de revanche des juges qui, surtout à partir de la fin du XIXe siècle, a permis l'importance, non pas renaissante, mais renouvelée des Parlements par le moyen de la jurisprudence. Ce fut enfin la construction européenne qui a progressivement ébranlé les formulations nationales du droit, surtout continental. Quand s'y est ajouté, par vent d'ouest, une approche mercantile du droit et la vision exclusiviste des économies et de l'argent monarque universel, il était fatal que les dérives du marché du droit transforment les codes en marchandises et les valeurs qui les animent en instruments financiers.

Le sort des autres codes a été différent. Il ne suffit pas d'observer qu'ils étaient de moins bonne facture pour expliquer la différence. Après tout, ils n'étaient pas si mauvais qu'on l'a dit. Après tout, ils ont duré longtemps. C'est d'ailleurs dans le même temps que la première entreprise de rénovation du Code civil était entreprise, qu'ils ont successivement été remplacés, de manière plus ou moins satisfaisante. Mieux vaut chercher ailleurs la différence existant entre ces diverses destinées. S'agissant du Code de procédure civile ou du Code de commerce, on peut discerner, dans une trop grande fidélité au passé, un moindre retentissement. Mais il faut bien reconnaître et la plus grande difficulté de ces codifications et le fait que le droit intermédiaire n'avait pas aussi bien opéré une action préparatoire qu'en matière civile. Si véritablement il existait, à leur sujet, des défauts rédhibitoires, on s'étonnera qu'il ait fallu attendre si longtemps pour remédier, d'ailleurs maladroitement, à une recodification du Code de commerce (en 2000), après sa progressive décodification. Quant au Code de procédure civile, il faut bien reconnaître qu'en 1807 – comme avant, comme après –, les résistances aux lois furent à l'origine des résistances à l'innovation.

Quant au Code pénal et au Code d'instruction criminelle, les critiques ont été progressives. Mais l'on voit bien que, de Beccaria à Bentham, d'Émile Garçon à Marc Ancel, le débat n'a pas fondamentalement changé dans ses présupposés fondamentaux. Et surtout, quand on compare la législation pénale des dernières années aux codes napoléoniens, on doit bien considérer que le progrès s'est accompli d'abord de l'extérieur pour entraîner la modernisation de ceux-ci, ce qui illustrait quand même la faculté d'accueil et d'adaptation des ensembles napoléoniens.

SECTION 3. LES DIVISIONS DU DROIT

94 ***L'arbre juridique. Plan*** ◇ Laissons parler Descartes : « Toute la philosophie est comme un arbre dont les racines sont la métaphysique, le tronc est la physique, et les branches qui sortent de ce tronc sont toutes les autres sciences, qui se réduisent à trois principales, à savoir la médecine, la mécanique et la morale, j'entends la plus haute et la plus parfaite morale qui, présupposant une entière connaissance des autres sciences, est le dernier degré de la sagesse » [1]. Or, pourquoi l'image de l'arbre est-elle si précieuse pour le juriste ?

Retournons un instant chez les philosophes, chez Heidegger, lui aussi fidèle à l'image de l'arbre, évoquant la lenteur et la constance avec laquelle il croît : « Le chêne lui-même disait qu'une telle croissance est seule à pouvoir fonder ce qui dure et porte des fruits ; que croître signifie : s'ouvrir à l'immensité du ciel, mais aussi pousser des racines dans l'obscurité de la terre ; que tout ce qui est vrai et authentique n'arrive à maturité que si l'homme est disponible à l'appel du ciel le plus haut, mais demeure en même temps sous la protection de la terre qui porte et qui produit. Cela, le chêne le dit toujours au chemin de campagne qui passe devant lui sûr de sa direction » [2]. En prolongeant l'image, il faut savoir que des branches descendantes peuvent en boucle retrouver la terre et illustrer ce qu'est l'hétérarchie juridique [3]. Le droit se retrouve bien dans cette image et la relation que celle-ci exprime entre le concret et l'abstrait, entre la terre et le ciel dans le droit [4].

Les branches historiquement fondamentales du droit, qu'il y ait eu ou non codification depuis le début du XIXe siècle, ont conservé leur importance. S'y sont attachés des corps de règles appelés à une croissance importante, telles que le droit du travail ou le droit des sociétés. Dans un ordre d'idées voisin, le droit public s'est démultiplié. Ce vaste mouvement tient au développement

---

1. *Principes de la philosophie*, Lettre de l'auteur à celui qui a traduit ce livre.
2. *Le chemin de campagne*, trad. par A. Préau, *in* Heidegger, *Questions III*, trad. Gallimard, 1966, p. 10.
3. V. F. Terré, L'hétérarchie juridique, *Mélanges J. Boré*, 2007, p. 79 s.
4. F. Terré, L'arbre philosophique, le droit et l'homme coupable, malade, responsable, *Mélanges Vlachos*, éd. Sakkoulas-Bruylant, 1995, p. 687 s. ; Des racines et des branches, *Mélanges Stéphane Payet*, 2011, p. 505 s. – V. aussi R. Martin, Le droit en branches, *D.* 2002, chron. p. 1703 s.

de la société industrielle ou post-industrielle et même aux progrès du droit, nécessairement attaché à la complexification croissante de la vie sociale. Jusque-là, il y a, pour l'essentiel, fidélité à une dominante.

Différente a été l'influence due au développement de branches transversales qui ont entraîné des enchevêtrements, car elles ont dérangé l'ordre fondamental et troublé les analyses traditionnelles, tout particulièrement la distinction fluctuante du droit public et du droit privé. Au moins trois branches peuvent, à cet égard, être indiquées : le droit de la consommation [1], le droit de la concurrence [2] et le droit de l'environnement [3], sans compter l'imbrication des unes et des autres [4].

Deux distinctions combinées forment le cadre le plus général : celle du droit international et du droit national, celle du droit public et du droit privé. Il ne faut pourtant pas croire que ces deux grandes divisions permettent à elles seules de comprendre la complexité de l'ordre juridique [5].

§ 1. Droit international, droit interne, droit communautaire

95 ***Distinction*** ◊ Elle procède de la division du monde en États.

Le droit national ou interne est ainsi appelé parce que c'est le droit en vigueur dans un état déterminé, ayant des sources, des organes et des sanctions propres à cet État, réglementant les rapports sociaux qui se produisent à l'intérieur de cet État, sans qu'un élément relevant d'un autre État intervienne dans ces relations.

Mais il y a aussi des relations sociales internationales soit entre les États, soit entre les individus : elles font l'objet du droit international et du droit communautaire.

96 ***1° Le droit international public*** ◊ Dans une analyse classique, on considère que le droit international *public* réglemente les rapports des États entre eux. L'existence même de ce droit a fait et fait encore nécessairement problème : y a-t-il un véritable ordre juridique entre les États ? Peut-il y avoir un droit des États sans État [6] ?

---

1. Études de droit de la consommation, *Mélanges Calais-Auloy*, Dalloz, 2004.
2. Précis Dalloz, *Droit de la concurrence*, par M.-A. Frison-Roche et M.-S. Paillet, 1re éd. 2006.
3. M. Prieur, Précis Dalloz, *Droit de l'environnement*, 6e éd. éd. 2011 ; Adélie Pomade, *La société civile et le droit de l'environnement*, thèse Orléans, 2009.
4. V. l'analyse pénétrante de M.-S. Payet, *Droit de la concurrence et droit de la consommation*, thèse Paris II, éd. 2001, préface M.-A. Frison-Roche.
5. V. F. Grua, Les divisions du droit, *RTD civ.* 1993. 59 s.
6. V. not. Le droit international, *Arch. phil. droit*, t. 32, 1987. Et surtout le superbe Cours général de P. Weil à l'Académie de droit international de La Haye, *Rec. des Cours*, 1992, VI ; A.-M. La Rosa, *Juridictions pénales internationales, La procédure et la preuve*, PUF, 2003. – V. not. la loi const. n° 99-568 du 8 juill. 1999 insérant dans la Constitution un art. 53-2 aux termes

À cette question difficile, il est possible de répondre par l'affirmative sans succomber à un esprit d'utopie que tant de conflits entre les États semblent démentir. Encore faut-il convenir que des phénomènes essentiels de notre temps tels que la mondialisation des échanges, les troubles constatés sur les marchés financiers ou encore le développement anarchique des télécommunications et le rôle grandissant des « autoroutes de la communication » et d'Internet appelleraient plus que jamais, à côté de bien d'autres causes, l'instauration d'un ordre juridique international.

Le droit international public comporte des sources supranationales : les conventions ou traités internationaux, la coutume internationale, les principes généraux du droit reconnus par les nations civilisées. Il n'est pas démuni d'institutions : Assemblée générale des Nations Unies, Conseil de sécurité, Cour internationale de justice de La Haye, etc. Il est vrai qu'à ces composantes d'un ordre juridique, ne s'ajoute pas un système de sanctions suffisant contre les violations des règles du droit international. Mais, si l'on admet que le droit, quel qu'il soit, implique, pour sa réalisation, un consensus, même implicite, force est d'admettre que, dans les relations entre les États [1], ce consensus existe assez généralement [2]. On rappellera d'ailleurs que l'existence de la sanction n'est pas le critère du droit (*supra*, n°s 45 s.), que des règles ne sont pas juridiques parce qu'elles sont sanctionnées, mais sanctionnées parce qu'elles sont juridiques. C'est d'un consensus, fondé ou non sur la peur, que le droit tire son existence [3] (sur le droit communautaire, v. *infra*, n°s 98 et 289 s.).

97 ***2° Le droit international privé*** ◊ Le droit international *privé* régit ceux des rapports entre particuliers qui comportent un élément étranger : par exemple, lorsqu'ils s'établissent entre des personnes de nationalité différente (mariage d'une Française et d'un Italien) ou lorsque l'acte ou le fait générateur du rapport se situe dans un pays étranger (rapport entre l'auteur et la victime d'un accident d'automobile causé par un Français en Suisse). De tels rapports suscitent des questions de conflit de lois, c'est-à-dire de détermination du droit national applicable à une situation juridique internationale intéressant des particuliers (v. *infra*, n°s 505 s.).

Le droit international privé concerne encore la condition des étrangers, c'est-à-dire la question de savoir de quels droits les étrangers peuvent jouir dans un pays qui n'est pas le leur (accès à la propriété foncière, accès à certaines professions, droit aux prestations de la Sécurité sociale, etc.). L'enseignement du droit international privé porte également sur la nationalité [4].

---

duquel : « La République peut reconnaître la juridiction de la Cour pénale internationale, dans les conditions prévues par le traité signé le 18 juillet 1998 ». V. aussi G. Guillaume, *La Cour internationale de justice à l'aube du XXIe siècle*, 2003.

1. Sur l'individu, en tant que sujet du droit international public, v. not. P.-M. Dupuy, L'individu et le droit international. Théorie des droits de l'homme et fondement du droit international, in *Arch. phil. droit*, préc., p. 119.

2. Rappr. sur les relations diplomatiques, Jean Salmon, *Manuel de droit diplomatique*, 1re éd. Bruylant, 1996.

3. Sur la *lex mercatoria*, v. *infra*, n° 399.

4. V. P. Graulich, *Introduction à l'étude du droit international privé*, Liège, 1978.

Le caractère international du droit international privé a été contesté, du fait que les sources et les sanctions de ces règles sont principalement des sources et des sanctions nationales. À quoi les tenants du caractère international ont objecté que la souveraineté nationale et le caractère national de chaque système de solution de conflits de lois n'évacuent pas le respect de la volonté des autres États. Reste que, s'agissant de la condition des étrangers et de la nationalité, le caractère national l'emporte, même si l'on s'emploie, dans les rapports entre États, à favoriser généralement la cohérence et, autant que possible, l'harmonie.

La conciliation de ces diverses considérations repose sans doute sur la distinction des sources et de l'objet du droit international privé : du fait que les sources du droit international privé sont très largement internes, il s'agit de droit interne ; parce que les règles et les solutions qui le composent portent sur les relations internationales, il est international [1].

98 ***3º Le droit de l'Union européenne*** ◊ On désigne de cette manière - certains diront *le droit unional* - un impressionnant corps de règles et de solutions, en constante expansion, qui s'est développé à la faveur de la construction européenne, Europe des six, puis des neuf, puis des douze, puis des vingt-sept, le tout à partir, principalement, de la création du Marché commun par le Traité de Rome de 1957 [2]. Si son importance est si grande, au point de refouler des pans entiers du droit interne, c'est parce qu'il a été conféré aux instances communautaires le pouvoir de créer un droit dérivé, principalement par voie de règlements et de directives (*infra*, nos 299 s.). Celles-ci devaient, dans l'esprit qui présida à leur institution, tracer des orientations dont les États membres devaient tenir compte dans l'adaptation de leurs législations. Mais, comme tout pouvoir abusant de son propre pouvoir, la Cour de justice des Communautés européennes, puis *de l'Union européenne*, a compris son rôle de manière beaucoup plus rigoureuse, au mépris des souverainetés des États et du principe de subsidiarité (v. *infra*, nº 310) [3], le tout s'ordonnant ou se désordonnant à partir d'un débat récurrent sur la distinction de la fédération ou de la confédération (*infra*, nos 311 s. - Sur le droit européen des droits de l'homme, v. *infra* nos 276 s.).

§ 2. Droit public et droit privé

99 ***Distinction*** ◊ D'après les conceptions classiques, le droit interne se divise en deux branches, le droit public et le droit privé. Déjà les Romains

1. V. Précis Dalloz, *Droit international privé*, par Y. Loussouarn, P. Bourel et P. de Vareilles-Sommières, 9e éd. 2007 - V. aussi Le droit international privé : esprit et méthodes, *Mélanges P. Lagarde*, 2005 ; H. Muir Watt, *Aspects économiques du droit international privé*, Acad. La Haye, éd. 2005.
2. V. J.-S. Bergé et C. Robin-Olivier, *Introduction au droit européen*, éd. PUF 2008.
3. V. not. E. Putman, L'évolution des rapports entre le droit communautaire et le droit privé français, *RRJ* 2003-1, 97 s.

avaient considéré que les institutions juridiques ressortissent à deux grandes catégories nettement différenciées, suivant qu'elles sont orientées vers les intérêts publics ou vers les intérêts privés [1], les premières appartenant au droit public, les autres au droit privé. De toutes les ramifications du droit, c'est la plus ancienne et la plus importante ; de façon très générale, elle correspond à ce qu'indiquait Montesquieu lorsqu'il définissait le droit public (appelé par lui « droit politique ») comme « les lois dans le rapport qu'ont ceux qui gouvernent avec ceux qui sont gouvernés », et le droit privé (pour lui « droit civil »), comme « les lois dans le rapport que tous les citoyens ont entre eux » [2].

100 ***1° L'existence de la distinction*** ◊ Ce qui frappe dès l'abord, c'est l'existence aisément perceptible d'ensembles (et de sous-ensembles) de règles reposant sur une idée simple : on n'envisage pas de la même manière les règles concernant les relations entre les particuliers et l'État, l'Administration, les collectivités publiques, et les règles applicables aux relations privées des particuliers.

De là se dégagent quelques idées d'ensemble.

101 ***a) Le droit public et ses divisions*** ◊ Le *droit public* comprend l'ensemble des règles qui, dans un État donné, ont pour objet l'organisation, les structures et les composantes de cet État ainsi que des collectivités publiques et qui gouvernent leurs rapports avec les particuliers, à commencer par la nationalité de ceux-ci [3].

Le droit public se subdivise en plusieurs branches : le *droit constitutionnel*, qui détermine les règles relatives à la forme de l'État, à la constitution du gouvernement et des pouvoirs publics [4] ; le *droit administratif*, qui réglemente l'organisation des collectivités publiques – État lui-même, régions, départements, communes, etc. – et des services publics, ainsi que leurs rapports avec les particuliers [5] ; le *droit fiscal et financier*, qui comprend les règles relatives aux finances publiques.

---

1. D'après Ulpien (Dig. Liv. I, titre I, fr. 1, § 2), le droit public « *ad statum rei romanae spectat* », le droit privé « *ad singulorum utilitatem pertinet* ».

2. V. R. Guillien, Droit public et droit privé, *Mélanges Brèthe de La Gressaye*, 1967, p. 311 s. ; E. Zoller, *Introduction au droit public*, 2006 ; *De l'intérêt de la* summa divisio *Droit public - Droit privé ?*, dir. B. Bonnet et P. Deumier, 2010 ; F. Terré, *Mélanges Gandolfi*, éd. Giuffrè, 2004, t. 4, p. 1811 s.

3. J. Moreau, La nationalité, matière de droit public, *JCP* Adm. 2005,. 861.

4. V. P. Pactet et F. Mélin-Soucramanien, *Institutions politiques, Droit constitutionnel*, 23e éd. 2012 ; E. Zoller, *Droit constitutionnel*, 1998. – V. aussi E. Pierre, *Traité de droit politique, électoral et parlementaire*, 2 vol. 1893, réimp. 1989 ; P. Avril, *Droit parlementaire*, 2e éd. 1996.

5. V. spéc. A. de Laubadère et Y. Gaudemet, *Traité de droit administratif*, LGDJ, t. 1, 16e éd. 2001 ; Y. Gaudemet, *Droit administratif*, LGDJ, 19e éd. 2010 ; G. Braibant et B. Stirn, *Le droit administratif français*, 7e éd. 2005. – V. aussi J.-L. Mestre, *Introduction historique au droit administratif français*, 1985. – Sur les relations entre droit constitutionnel et droit administratif, v. G. Vedel, *Les bases constitutionnelles du droit administratif*, EDCE, 1954, n° 8, p. 21 s. ; C. Eisenmann, La théorie des bases constitutionnelles du droit administratif, *RD publ.* 1972, 1345 s. ; G. Vedel, Les bases constitutionnelles du droit administratif, in *La pensée de Charles Eisenmann*, éd. Economica, 1986, p. 133 s. – Sur les relations entre droit administratif et droit privé, v. A. Hauriou, L'utilisation en droit admi-

Dans une certaine mesure, le droit fiscal dépasse la distinction du droit privé et du droit public, bien que l'impôt relève des prérogatives de l'État. Que le contentieux des impôts indirects relève de la compétence de l'ordre judiciaire, tandis que celui des impôts directs relève de la compétence de l'ordre administratif n'est sans doute pas seulement l'effet des vicissitudes de l'histoire. L'assiette de l'impôt est principalement constituée par des patrimoines privés. Et une interaction permanente se produit de l'épargne à l'impôt, de l'impôt à l'épargne. À ce particularisme s'ajoute l'originalité de la norme fiscale [1].

102 ***Le droit pénal*** ◇ La sanction des infractions relève du droit public, ce qui n'empêche pas en France l'enseignement de la matière par des « privatistes », professeurs ou maîtres de conférence. L'histoire de la matière remonte à la nuit des temps, depuis celui de la vengeance, individuelle ou collective, et des formes les plus diverses prises par la nécessité de protéger un certain ordre social. L'histoire de la tragédie antique témoigne de l'évolution des idées en la matière en termes de fonctions de la peine : punir, prévenir du fait de l'intimidation découlant de la sanction encourue, ou assurer le traitement du délinquant par sa réinsertion. La peine privée, profitant à un particulier, n'est pas alors de mise. C'est la société qui demeure en cause : le législateur, et lui seul définit les infractions et les peines. C'est le principe de la légalité des délits et des peines. Les uns et les autres varient suivant l'importance du trouble causé par l'infraction. D'où la distinction des contraventions, des délits et des crimes. À cette trilogie correspond une distinction des peines : réclusion criminelle à perpétuité ou à temps... (crimes), emprisonnement et (ou) amende (délits), amende n'excédant pas une certaine somme (contraventions) [2]. Le droit pénal se ramifie en droit pénal général et droit pénal spécial, lequel concerne les règles propres aux divers types d'infractions [3]. À partir de la considération de ces peines, plus spécialement de l'emprisonnement, s'est développée

---

nistratif des règles et principes du droit privé, *Mélanges Gény*, 1934, t. III, p. 92 s. ; entre droit administratif et autres disciplines, *RD publ.* 1998, 951 s. - Rappr. C. Debbasch, Le droit administratif, droit dérogatoire au droit commun ?, *Mélanges Chapus*, 1992, p. 127 s. - Et quant à la naissance du droit administratif, F. Burdeau, Naissance d'un droit, *Mélanges J. Gaudemet*, 1999, p. 521 s.

1. Sur l'autonomie du droit fiscal permettant aux administrations fiscales - voire aux juridictions - de se dégager des règles extra-fiscales quand elles les contrarient, V. M. Cozian, Propos désobligeants sur une « tarte à la crème » : l'autonomie et le réalisme du droit fiscal, *JCP* 1981. I. 3005, et *Les grands principes de la fiscalité des entreprises*, 1983, spéc. p. 3 s. au sujet de « la prétendue autonomie du droit fiscal ». V. aussi F. Gény, Le particularisme du droit fiscal, *Mélanges Carré de Malberg*, 1933, p. 193 s. ; J.-P. Le Gall, L'autonomie du droit fiscal, *Clés pour le siècle*, Dalloz, 2000, p. 556 s. ; F. Douet, *L'autonomie du droit fiscal ou les qualifications fiscales perfides*, Defrénois 2005, p. 1479 s. ; Mireille Marteau-Petit, Le droit fiscal est-il logique ? *Mélanges Oppetit*, 2009, p. 541 s. Cela n'exclut pas l'existence d'influences d'une branche à l'autre, v. not. J. Rault, De l'influence de la loi fiscale sur la nature et la technique des institutions commerciales, *Rev. crit. lég. jurisp.* 1930, p. 360 s., 591 s.

2. V. B. Bouloc, Précis Dalloz, *Droit pénal général*, 21e éd. 2011 ; Le droit pénal, *Arch. phil. droit*, t. 53, 2010.

3. V. J.-B. Denis, *La distinction du droit pénal général et du droit pénal spécial*, thèse Paris, éd. 1977.

une branche spécialisée du savoir : le droit pénitentiaire. Celui-ci s'articule sur le traitement des condamnés [1]. Plus largement, le droit de l'exécution des peines (*pénologie*) a pris une importance grandissante [2].

Plus ancienne est l'étude des causes de la criminalité, disons la criminologie, qui s'attache aux données tant individuelles que sociales expliquant ce qui génère « l'homme criminel ». Là où la criminologie et la sociologie criminelle se rejoignent revient inlassablement la question centrale. Lorsqu'il s'agit de sanctionner une infraction, punition l'acte ou punit-on l'homme ? Si l'on punit l'acte sans autre considération, on en arrive à punir l'acte d'un fou, abstraction faite de sa folie, alors qu'il s'agit de le soigner, non de le punir. Punit-on l'homme ? Mais quel homme ? Le développement des sciences biologiques et sociales peut fournir nombre d'explications de son comportement propres à favoriser son impunité. À telle enseigne qu'à la limite, et parce que chacun est le produit de son milieu, il ne faut plus punir personne, comme si l'innocent était, tout compte fait, un coupable qui s'ignore. La question se relie au débat suscité par la défense de la sécurité des personnes et des biens.

Un nouveau Code pénal a vu le jour en 1992. À proprement parler, il s'agit plutôt d'une entière rénovation du Code de 1810 [3].

103 ***La procédure pénale*** ◊ Non moins important et lourd d'histoire est le débat que suscite, depuis des siècles, la procédure à l'issue de laquelle un suspect est ou n'est pas condamné. On parlait autrefois d'instruction criminelle - d'où le code du même nom (*supra*, n° 92). L'expression est doublement critiquable : d'une part, il ne s'agit pas seulement de poursuivre les crimes ; d'autre part, le mot « instruction » ne couvre pas toutes les manifestations procédurales qui jalonnent de bout en bout le procès.

Les questions en cause sont très sensibles, comme l'histoire l'explique, spécialement, mais pas seulement au temps des Lumières, de Beccaria ou de Voltaire. Deux relations sont en effet à considérer : entre les magistrats du siège, qui jugent, et les magistrats du parquet (substituts ou procureurs) qui exercent les pouvoirs du Ministère public, donc réunissent des renseignements afin de savoir s'il y a lieu d'engager des poursuites et notamment, dans ce contexte, de saisir un juge d'instruction afin qu'il soit procédé à une instruction officielle.

Le débat principal suscité par la procédure pénale se déroule à partir de deux conceptions contraires. L'une, conforme au modèle anglo-américain, est *accusatoire*. Un accusateur saisit l'autorité publique et tout au long du procès pénal, le débat se poursuit entre cet accusateur et la personne poursuivie. L'autre conception est *inquisitoire*. Une formalité initiale domine

---

1. V. not. M. Herzog-Evans, Deux ans de réformes législatives du droit pénitentiaire ou De l'urgence à codifier un droit « patchwork », *D.* 2005, chron. 679 s. ; v. aussi, du même auteur, Sanctions pénitentiaires : deux décrets ambivalents, *D.* 2006, chron. p. 1196 s.

2. V. B. Bouloc, Précis Dalloz, *Droit de l'exécution des peines*, 4ᵉ éd. 2011.

3. V. aussi J.-H. Robert, Criminologie et droit pénal, *in Regards sur le droit*, éd. Dalloz, 2010, p. 183.

l'ensemble, c'est l'enquête (*inquisitio*) et c'est d'ailleurs à partir du mot latin qu'a été retenue devant les juridictions ecclésiastiques l'expression *Inquisition*, de triste mémoire. Ce qui caractérise la procédure inquisitoire, c'est la place prééminente qu'elle confère aux techniciens du droit. Tandis que la procédure accusatoire est fondamentalement publique, la procédure inquisitoire est, en principe, secrète. Elle est en outre, sous certaines réserves importantes, écrite et non contradictoire. Et le rôle du juge y est actif. Entre les deux extrêmes et afin de sauvegarder les droits de la défense, le système français, consacré en 1812, a distingué la phase de l'instruction (inquisitoire) et la phase du jugement (accusatoire) à l'audience (*supra*, n° 92). L'existence d'un juge d'instruction – magistrat du siège et non du parquet – appelé à mener l'instruction, et cela à charge, mais aussi à décharge, doit contribuer à assurer, durant la période considérée la protection de la défense et l'égalité des armes. De multiples réformes tendent à améliorer le système, ce qui conduit régulièrement à s'interroger sur la substitution d'un juge de l'instruction au juge d'instruction ou de la suppression de celui-ci, à condition d'accompagner ce changement par de nouvelles garanties contre les agents du pouvoir exécutif, judiciaires ou policiers.

Un Code de procédure pénale a remplacé, en 1959, l'ancien Code d'instruction criminelle. Mais ses dispositions font, surtout à notre époque, l'objet de modifications incessantes [1].

104 ***b) Le droit privé et ses divisions*** ◊ Le droit privé est l'ensemble des règles qui gouvernent les rapports des particuliers entre eux ou avec les collectivités privées, telles que les sociétés, les associations [2].

C'est le droit civil qui constitue l'essentiel de ces règles. L'expression nous vient des Romains chez qui elle désignait le droit des citoyens romains (de *civis*, citoyen) (rappr. *supra*, n° 5). Le droit privé s'identifiait ainsi avec le droit civil, qui régissait tous les rapports juridiques entre particuliers, sans distinction et sans restriction. Puis un travail de désagrégation du droit privé s'est poursuivi au cours des siècles, en raison des besoins inhérents à certains rapports sociaux, nécessitant des règles spéciales.

105 ***Le droit civil*** ◊ À travers le rappel de l'évolution du droit français (*supra*, n°s 70 s.), avant puis après le Code civil, on a essentiellement traité du droit civil, si bien qu'il n'est plus nécessaire d'y revenir présentement. Deux séries de remarques s'imposent cependant.

Le droit civil a pour objet la réglementation des rapports de droit privé, c'est-à-dire des droits que les particuliers peuvent exercer dans leurs rapports entre eux et des obligations réciproques pesant sur eux. Il détermine quelles sont les personnes qui peuvent être titulaires de ces droits ou sujets

1. M. Nord-Wagner, Le Code de procédure pénale ou la réforme permanente, *Mélanges Wiederkehr*, 2009, p. 593 s.
2. V. R. Demogue, Les notions fondamentales du droit privé, essai critique pour servir d'introduction à l'étude des obligations, 1911, éd. *La mémoire du droit*, rééd. 2001 ; J. Rochfeld, Les grandes notions du droit privé, éd. PUF, 2011.

de ces obligations, quels sont les droits privés reconnus à ces personnes et les obligations corrélatives, comment ces personnes acquièrent, transmettent ou perdent leurs droits ou leurs obligations, comment sont sanctionnés ces rapports de droit privé (sur la nature de la procédure civile – ou droit judiciaire privé –, v. *infra*, n° 115).

L'histoire du droit, spécialement à notre époque, montre qu'à partir du droit civil des branches du droit se sont plus ou moins éloignées de lui, pour acquérir ce qu'il est convenu d'appeler leur autonomie. En tenant compte des branches du droit privé qui ont conquis celle-ci, on peut définir le droit civil comme étant le droit qui régit les rapports privés, mais seulement en tant qu'ils n'ont rien de spécifiquement commercial, industriel, social ou rural, et abstraction faite des règles relatives à la réalisation judiciaire du droit.

Malgré les retranchements qu'il a subis, le droit civil conserve son aptitude originelle à régir tous les rapports d'ordre privé ; il est très souvent resté le *droit privé commun*, applicable à tous, sauf lorsque certains rapports sont régis par des dispositions particulières.

106 ***Le droit commercial*** ◊ À notre époque de remise en cause des catégories traditionnelles, le droit commercial peut, en tant que tel, être menacé d'une double manière ; on peut, tout d'abord, être incité à l'absorber dans un ensemble plus vaste, celui d'un *droit des affaires* comprenant aussi des matières de droit fiscal, de droit pénal, de droit comptable, de droit du travail, de droit administratif, financier, économique, de droit de la concurrence ou de la consommation qui ne sont d'ailleurs pas indifférentes à des considérations économiques et politiques, nationales et internationales [1]. Dans cette perspective une interrogation plus profonde, à tout le moins plus inquiétante au sujet du droit classique, se manifeste en matière de droit financier. Elle se relie à un phénomène capital de *mondialisation* des affaires – *marchés financiers*, Organisation mondiale du commerce (OMC) [2] (v. *supra*, n° 88) – ce qui est de nature à remettre en cause l'efficacité et même l'existence des cadres et techniques juridiques traditionnels [3].

Il est vrai qu'un autre mouvement, en sens inverse de prime abord, s'est manifesté. Maintes modifications du droit civil sont dues à l'influence du

1. V. *Le droit des affaires du XXI*e *siècle*, Colloque Deauville, juin 2000, *RJC* n° spéc. janv. 2001 ; D. Cohen, Droit du commerce international et modernité, *Mélanges Oppetit*, 2009, p. 109 s. – Rappr. P. Godé, L'entreprise et le droit, *in Regards sur le droit*, éd. Dalloz, 2010, p. 77.

2. V. M.-P. Roy, L'Organisation mondiale du commerce, *RRJ* 1995-3, 763 s. ; F. Terré, Réflexions sur l'OMC : de l'existant à l'essence, *in Mélanges Tricot*, 2011, p. 289 s.

3. V. M.-A. Frison-Roche, Le cadre juridique de la mondialisation des marchés financiers, Réflexions générales, Rev. *Banque et Bourse*, mai-juin 1995, p. 46 s., Les enjeux de la dérégulation, *Rev. des Deux Mondes*, 1996, p. 68 s. ; D. Terré, Les modes d'élaboration du droit à l'épreuve du fonctionnement des marchés financiers, *in La mondialisation des marchés financiers*, Rapport moral sur l'argent dans le monde, 1998, p. 223 s. ; M. Delmas-Marty, La mondialisation du droit : chances et risques, *D.* 1999, chron. 43 ; *La mondialisation du droit*, dir. E. Loquin et C. Kessedjian, Univ. Bourgogne, vol. 19, 2000 ; X. Lagarde, Le droit des marchés financiers présente-t-il un particularisme ?, *JCP* 2005, I, 182.

droit commercial, considéré comme plus souple, moins formaliste, plus dynamique [1], mais aussi – du moins pendant longtemps – comme plus rigoureux. Ainsi en a-t-il été en matière de cession de créance, l'article 1690 soumettant cette cession à des formalités compliquées et coûteuses, telles que la signification de la cession au débiteur par voie d'huissier, alors que le droit commercial a admis des modes de transmission plus simples. Ainsi en a-t-il été encore en matière de sociétés : la réforme des sociétés commerciales réalisée par la loi du 24 juillet 1966 a influencé fortement la réforme des sociétés civiles et du droit commun des sociétés réalisée par la loi du 4 janvier 1978 ; les réformes successives du droit de la faillite et des entreprises en difficulté ont aussi déteint sur le droit civil, ainsi qu'en témoigne la loi du 31 décembre 1989 relative à la prévention et au règlement des difficultés liées au surendettement des particuliers et des familles [2].

Ajoutons que divers corps de règles du droit commercial ont acquis une cohérence propre, qui conduit à les étudier distinctement : droit maritime, droit des transports terrestres et aériens, droit des assurances, droit de la propriété industrielle (brevets, marques de fabrique, dessins et modèles), droit bancaire, droit de la distribution [3], etc.

Toute cette évolution explique les vicissitudes du Code de commerce de 1807 (v. *infra*, n°s 441 s.).

107 ***Le droit du travail*** ◊ L'émancipation du droit commercial s'affirme à mesure que l'on cesse de n'y voir qu'un simple amalgame de lois relatives au commerce. L'émancipation du *droit du travail* par rapport au droit civil s'est manifestée d'une manière à certains égards comparable : ce droit regroupe les règles relatives aux rapports – individuels ou collectifs – entre les chefs d'entreprise et leurs salariés. Né au siècle dernier, au fil des victoires remportées par les mouvements sociaux, le droit du travail a cessé de n'être que le droit d'un contrat civil, le contrat de travail. Il s'est rapproché d'un droit des relations de travail au sein des entreprises.

Le mouvement ainsi évoqué s'est caractérisé par une protection croissante des salariés. Ainsi, dans le passé, deux articles du Code civil étaient seulement consacrés au « louage de services » et les chefs d'entreprise étaient libres de régler leurs rapports avec leurs salariés et les conditions de

---

1. Sur la spéculation, v. D. Grillet-Ponton, La spéculation en droit privé, *D.* 1990, chron. 157 s.

2. V. C. Lyon-Caen, *De l'influence du droit commercial sur le droit civil depuis 1804*, Livre du Centenaire du Code civil, t. I, p. 205 ; G. Lyon-Caen, Contribution à la recherche d'une définition du droit commercial, *RTD com.* 1949, 577 s. ; J. Hamel, Droit civil et droit commercial, *Mélanges Ripert*, 1950, t. II, p. 261 s. ; Van Ryn, Autonomie nécessaire et permanence en droit commercial, *RTD com.* 1953, 565 s. ; P. Didier, *Droit commercial*, t. 5, 1995, spéc. p. 77 s. ; D. Tallon, Réflexions comparatives sur la distinction du droit civil et du droit commercial, *Mélanges Jauffret*, 1974, p. 649 s. ; P. Didier, Le droit commercial au tournant du siècle, *Clés pour le siècle*, Dalloz, 2000, p. 465. – Rappr., Est-il légitime de traiter distinctement les particuliers surendettés et les entreprises en difficulté ?, Colloque Nanterre, fév. 2002, *Gaz. Pal.* 2003, 1, doctr. 279 s. ; C. Hannoun, Le droit des sociétés à l'épreuve de la modernité, *Mélanges Oppetit*, 2009, p. 309 s.

3. V. *Code de la distribution*, par L. Vogel, éd. Lawlex, 2006.

travail de ceux-ci. Les conquêtes des mouvements sociaux, ainsi que le développement du syndicalisme, ont favorisé l'extension, en cette matière du droit privé, des règles impératives destinées à assurer, notamment au sujet du licenciement des salariés, une protection grandissante de ceux-ci [1]. Ce mouvement se poursuit non sans relation avec le développement actuel du droit constitutionnel [2] (sur le juridisme, v. *supra*, n° 88 et *infra*, n° 733). Et l'on s'interroge alors en termes de déréglementation ou de dérégulation [3] (v. *infra*, n°s 428 s.).

108 ***Le droit rural*** ◊ Le rassemblement des textes relatifs au droit rural est postérieur au Code civil. Celui-ci comportait cependant nombre de dispositions qui renvoyaient au monde rural dans le domaine du droit des biens, notamment au sujet des rentes foncières, ou encore de tout ce qui relevait du régime des terres. La distinction des meubles et des immeubles n'était pas étrangère à la question, surtout depuis que les rédacteurs du Code civil avaient substitué au critère économique de l'Ancienne France un critère physique. Déjà dans le passé, l'ordonnance sur les eaux et forêt de 1669, souvent appelée Code forestier, dû à Colbert, marquait bien, en termes de codification, la nécessaire distinction de la ville et de la campagne. La suite allait montrer, outre la nécessité de dépasser une vision plus discutée que par le passé, la nécessité de traiter aussi de la question dans les termes de l'activité contractuelle, des troubles particuliers du voisinage rural et de la prise en considération des caractères de la France durant tout le XIXe siècle et même dans les premières années du siècle suivant.

Tandis que passait le temps, la France rurale s'est profondément transformée. À vrai dire, c'est surtout au cours de la seconde moitié du XXe siècle qu'une profonde métamorphose s'est produite. Elle a été marquée par la

---

1. V. Les transformations du droit du travail, *Mélanges G. Lyon-Caen*, 1989. – S'il était arrivé autrefois que ce droit fût considéré par quelques-uns comme un corps de règles destinées à défendre les chefs d'entreprise contre les revendications de leurs salariés, c'est une autre tendance, *a priori* favorable aux salariés contre les employeurs, qui semble l'emporter aujourd'hui dans l'esprit de nombre de spécialistes de la matière, favorables à un certain caractère « unilatéral », « de faveur » (pour le salarié) du droit du travail. – V. not. Y. Chalaron, L'application de la disposition la plus favorable, *Mélanges G. Lyon-Caen*, préc., p. 243 s. – Du droit du travail s'est détaché le droit de la sécurité sociale (V. J.-J. Dupeyroux, M. Borgetto, R. Lafore, Précis Dalloz, *Droit de la sécurité sociale*, 17e éd. 2011).

2. Rappr. G. Lyon-Caen, La jurisprudence du Conseil constitutionnel intéressant le droit du travail, D. 1989, chron. 289 s. ; F. Luchaire, Le Conseil constitutionnel, *Mélanges G. Lyon-Caen*, préc., p. 97 s. ; X. Prétot, Les bases constitutionnelles du droit social, *Dr soc.* 1991, 187 s ; A. Supiot, *Critique du droit du travail*, éd. PUF, 1994 ; J.-C. Javillier, *L'évolution des relations professionnelles et du droit du travail dans un monde en changement*, éd. Fac. droit Liège, 1996, p. 11 s. ; A. Jeammaud, Le droit du travail en changement, Essai de mesure, *Dr social* 1998, 211 s. ; *Les sources du droit du travail* sous la directive de B. Teyssié, PUF, coll. Droit, Éthique, Société, 1998 ; B. Teyssié, La recodification du droit du travail français, *Mélanges Oppetit*, 2009, p. 627 s. ; R. Vatinet, Le grand chaos (sur l'évolution des sources du droit du travail), *Mélanges Oppetit*, préc., p. 639 s.

3. V. not. J.-C. Javillier, Faut-il déréglementer les relations de travail ?, *D.* 1995, chron. 344 s. ; B. Teyssié, La recodification du droit du travail français : le bal des illusions, *Mélanges Oppetit* 2009, p. 627 s.

substitution du monde des agriculteurs à celui des paysans. À telle enseigne que la considération économique et sociale de l'exploitation agricole a renouvelé les cadres de pensée, y compris en termes d'attribution préférentielle dans les partages de succession. Le monde agricole a évidemment conservé une spécificité. Mais celle-ci tend à changer, par l'effet d'influences réciproques, rendues d'ailleurs naturelles par la croissance des villes : les coopératives agricoles se sont rapprochées des sociétés commerciales, l'attribution préférentielle du bien a été consacrée hors du monde rural, tandis qu'on a vu, plus tard, la reconnaissance du fonds agricole, après celle du fonds de commerce, avant celle du fonds libéral. Des influences ou des interférences se sont aussi produites en matière de locations d'immeubles. Si le bail commercial a marqué tout d'abord l'incidence du bien loué, il a été suivi, en 1945, par le bail rural - expression générale couvrant le bail rural proprement dit et le métayage - avant que n'apparaisse le bail à usage d'habitation ou professionnel.

De ces considérations peut résulter un constat des convergences de nature à renouveler la réflexion sur l'existence même du droit rural [1]. Reste une irréductible spécificité de la terre, construite ou non [2].

109 ***2° Le débat sur la distinction*** ◊ La distinction du droit public et du droit privé a été mise en cause. C'est un débat qu'aujourd'hui moins que jamais, on ne saurait éluder. Il donne lieu à un fructueux approfondissement des analyses [3].

110 ***a) Différences entre le droit public et le droit privé*** ◊ Traditionnellement, on relève les différences suivantes :

1) Quant au but. Le but du droit public est de donner satisfaction aux intérêts collectifs de la nation, en organisant le gouvernement de celle-ci et la gestion des services publics. Le but du droit privé est d'assurer au maximum la satisfaction des intérêts individuels.

2) Quant au caractère. Compte tenu de son but, le droit public sera essentiellement impératif, c'est-à-dire que les particuliers ne pourront déroger à ses prescriptions. Le droit privé laissera au contraire une large part à la volonté individuelle et la plupart de ses règles ne seront pas impératives, car, dit-on, le meilleur moyen de donner satisfaction aux intérêts particuliers est de laisser la liberté aux individus.

3) Quant à la sanction. Si les règles de droit privé sont méconnues, le particulier lésé s'adressera aux tribunaux et à la force sociale pour obtenir

---

1. V. F. Terré, Le droit des villes et le droit des champs, *Mélanges Jacques Foyer*, 2008, p. 971 s.
2. V. L. Lorvellec, *Droit rural*, éd. Massin, 1987 ; J. Audier, *Droit rural, droit forestier*, Economica, 1993 ; J. Hudault, Du droit agraire au droit agro-industriel, *RD rur.* 2008, étude n° 10
3. V. *Mélanges Drago*, sous le titre révélateur « *L'unité du droit* », éd. Economica, 1996. V. aussi : Le privé et le public, *Arch. phil. droit*, t. 41, 1997 ; F. Terré, Le présent du passé, sur la distinction du droit public et du droit privé, in *Mélanges Gandolfi*, éd. Giuffrè, 2004, t. 4, p. 1811 s.

justice. La sanction du droit public est plus difficile à organiser, car ici l'État est en cause et il ne sera pas enclin à se condamner lui-même.

111 ***b) Critiques de la distinction*** ◊ On a reproché à la théorie classique :

1) D'être imprécise. La rigidité de cette division générale ne pourrait, a-t-on dit, s'adapter à la complexité des faits sociaux, dans la mesure où il y a maintes questions qui relèvent à la fois du domaine du droit public et du domaine du droit privé. C'est ce qui a été soutenu, notamment, au sujet du droit pénal ou du droit du travail.

2) D'être fausse. On retrouve ici un débat sous-jacent entre considérations d'inspiration libérale et considérations d'inspiration collective ou socialiste.

Suivant celles-ci, il n'est pas vrai que le but du droit privé soit, à la différence de celui du droit public, la satisfaction des intérêts individuels. Toute règle juridique doit être établie en vue des intérêts sociaux. Les droits privés, les plus individuels même comme la propriété, ne doivent être reconnus que dans la mesure où leur établissement est utile aux besoins généraux. Les prérogatives reconnues aux particuliers dans leurs rapports entre eux, comme celles attribuées aux agents de l'État, n'expriment que des fonctions sociales. Il s'ensuit qu'en droit privé, comme en droit public, les règles juridiques peuvent être et seront souvent impératives. En revanche, les règles du droit public doivent être sanctionnées par des recours juridictionnels comme celles du droit privé, et le développement du droit français nous montre l'établissement de juridictions administratives et de modes de contrainte contre l'Administration dont le rôle n'a cessé d'augmenter, même si l'on peut être amené à considérer que les résultats sont encore loin d'être suffisants.

112 ***c) Persistance de la distinction*** ◊ Malgré le rapprochement que l'évolution des doctrines et des solutions a opéré entre le droit public et le droit privé, la distinction persiste. L'Administration est, dans une large mesure, régie par des règles et jugée par des juridictions différentes des règles qui s'appliquent et des juridictions compétentes au sujet des rapports entre personnes privées (v. sur la dualité des ordres de juridictions, *infra* n° 169).

On peut signaler de nombreux exemples du particularisme des *règles* du droit administratif : ainsi la propriété des biens de l'État ou des collectivités publiques fait l'objet d'un régime particulier et protecteur (inaliénabilité, imprescriptibilité), tout au moins en ce qui concerne la partie désignée sous le nom de *domaine public* par opposition au *domaine privé ;* les conventions que l'Administration conclut comportent souvent des règles ou des prérogatives dérogatoires au droit commun : droit pour l'Administration de modifier les conditions du contrat, sauf à indemniser le cocontractant, ou droit d'infliger elle-même des sanctions, par exemple la mise en régie, au contractant défaillant. La responsabilité des personnes morales administratives et des fonctionnaires fait l'objet de règles spéciales. Au demeurant la persistance de la distinction a été de pair avec l'existence d'influences réciproques [1].

L'existence de ces règles de droit spécifiques est liée au particularisme des *juridictions* administratives : initialement, le Conseil d'État n'était pas un véritable juge pour les litiges mettant en cause l'Administration ; il se bornait à préparer les décisions du Chef de l'État et ne se considérait pas comme lié par les règles du Code civil. Et c'est ainsi que, progressivement, le Conseil d'État a élaboré les règles applicables à l'Administration et que s'est affirmée aussi l'existence d'un droit administratif d'économie dirigée ou planifiée.

De manière plus générale, on doit observer aujourd'hui l'existence d'un double mouvement d'expansion du droit public au détriment du droit privé.

Tout d'abord – et c'est le phénomène relativement le plus récent – il s'est produit une *constitutionnalisation du droit privé*, due à l'extension des pouvoirs du Conseil constitutionnel (*infra*, n°s 250 s.), tout naturellement parce que l'ensemble des règles du droit privé (comme du droit public) est soumis à l'éventuel contrôle de constitutionnalité [2].

En outre, phénomène plus ancien, l'État, ne limitant plus son rôle à celui de l'État-gendarme, comme l'entendaient les libéraux, et se voulant l'État-providence, suivant le courant socialiste – inavoué ou affirmé –, a placé sous la mouvance du droit public des zones conquises sur le secteur privé. L'État a développé de plus en plus ses activités d'ordre économique pour contrôler la production et la répartition des richesses. Il a atteint ces objectifs de diverses manières : ainsi a-t-il créé des établissements publics industriels ou commerciaux ; ainsi a-t-il nationalisé de nombreuses entreprises à la Libération, ou en 1981 et 1982 ; mais un mouvement de balancier s'est produit ensuite dans le sens des privatisations.

113 ***Place des règles impératives*** ◊ Encore convient-il d'éviter une confusion entre extension du domaine du droit public et extension du domaine des règles impératives. Celle-ci s'est manifestée dans de nombreux secteurs sans qu'il faille en déduire une restriction du droit privé. Ce n'est pas parce qu'en maintes matières – droit des contrats, droit du travail, droit du bail –, les règles impératives se sont multipliées que, dans ces domaines, le droit public s'est substitué au droit privé. Il est fréquent qu'en droit privé intervienne la considération de l'intérêt général, spécialement pour décider qu'une règle est impérative, c'est-à-dire qu'elle s'impose aux particuliers, qui ne peuvent y déroger. On rencontre des règles impératives dans toutes les parties du droit privé, spécialement dans l'organisation de la

1. V. not. B. Plessix, *L'utilisation du droit civil dans l'élaboration du droit administratif*, thèse ronéot. Paris II, 2 vol., 2001.

2. C. Atias, La civilisation du droit constitutionnel, *RRJ* 1990, 337 s. ; J.-Y. Chérot, Les rapports du droit civil et du droit constitutionnel, À propos de la « civilisation du droit constitutionnel », *RRJ* 1990, 511 s. ; J. Foyer, Le droit civil dominé, *Mélanges Catala*, 2001, p. 13 s.

famille. Ainsi un père et son fils ne pourraient supprimer, par contrat, les droits et obligations résultant de la filiation, tel que le devoir de secours. Dira-t-on pour autant que le droit de la famille fait partie du droit public ?

Ainsi est-il nécessaire de bien distinguer les ordres (ou corps) de règles et le caractère - impératif ou non impératif - des règles. Les deux perspectives ne coïncident aucunement. D'ailleurs, il n'est pas rare que l'État, assumant lui-même la gestion d'entreprises, tende à adopter pour cette gestion des règles en partie empruntées au droit privé traditionnel ; en effet, le droit élaboré par le Conseil d'État pour l'Administration du XIXe siècle et du début du XXe siècle ne peut convenir aux nouveaux secteurs de l'activité administrative ; seule la soumission au droit privé, et spécialement au droit commercial, est de nature à procurer la souplesse de gestion nécessaire pour leur insertion dans le milieu économique [1].

114 ***Collaboration entre les administrations et les particuliers*** ◊ L'État a souvent admis une collaboration avec les particuliers et les capitaux privés. Cette collaboration est réalisée depuis longtemps au moyen de la concession de service public, un particulier collaborant ainsi avec l'Administration dans l'exécution du service public, ou encore grâce à la société d'économie mixte, dans laquelle l'État ou une personne morale de droit public possède une participation plus ou moins importante sous forme de titres ou de droits d'administration [2]. À l'époque contemporaine, on a fini par admettre que ce n'est pas seulement par leurs agents et leurs institutions ou établissements propres que les collectivités publiques pourvoient à la satisfaction de l'intérêt général, mais qu'elles y font également participer des personnes et des organismes privés. C'est ainsi que certaines entreprises (transports publics, exploitants d'outillages portuaires, etc.) ont été investies d'une mission de service public. L'accomplissement de celle-ci a conduit à leur accorder le bénéfice de certaines prérogatives de puissance publique, en même temps d'ailleurs qu'on les a assujetties à un contrôle administratif. Toujours dans la même perspective, l'État a créé, en vue d'assurer une mission de service public, des organismes auxquels il a conféré le caractère et le statut de personnes privées. Ce fut le cas, après 1945, des caisses de sécurité sociale, gérées en principe d'après les règles de la mutualité, c'est-à-dire par les représentants des assurés eux-mêmes.

Les mouvements qui, depuis 1981, affectent en la matière notre système juridique - nationalisations, privatisations [3]... - n'ont pas entraîné la suppression de la distinction du droit public et du droit privé [4]. Un retour au fondamental

1. V. not. F. Llorens, La soumission des personnes publiques au droit de la concurrence, *D.* 1989, chron. 67 ; J.-Y. Chérot, La soumission d'actes de droit public au droit de la concurrence n'est pas contraire à la Constitution, *D.* 1991, chron. 163 s.

2. Constituent notamment des sociétés d'économie mixte, la Société Nationale des Chemins de Fer français (SNCF), la Société nationale des poudres et explosifs...

3. V. M. Durupty, La privatisation du secteur public en France, *D.* 1988, chron. 79 s.

4. Comp. O. Vallet, La fin du droit public ?, *Rev. adm.* 1992, 5 s. ; CURAPP (Centre universitaire de recherches administratives et politiques de Picardie), *Le droit administratif en mutation*, 1994.

porte à distinguer trois questions au sujet de l'unité du droit entendue largement : par son objet et l'activité qui s'y attache ; en tant qu'ensemble normatif ; en ce qu'il s'agit d'« un appareil conceptuel opératoire »[1]. À vrai dire, le droit étant essentiellement *double* ou ambivalent (*supra*, n°s 49 s.), la question de son unité peut difficilement appeler une réponse univoque.

Reste que la construction européenne remet aujourd'hui en cause, compte tenu du particularisme de notre droit, l'existence du « service public à la française »[2].

115 ***3° Les disciplines mixtes*** ◊ Au sujet de certaines branches du droit, on est porté à parler de disciplines mixtes.

Il en va ainsi dans le vaste domaine du droit processuel. Procéder en justice, c'est accomplir les formalités nécessaires (action) pour porter à une juridiction la connaissance d'une affaire (litige) et obtenir d'elle une décision (jugement). Rien d'étonnant si des procédures diversifiées correspondent à des branches différentes du droit substantiel : la procédure civile au droit civil, la procédure pénale au droit pénal, la procédure administrative au droit administratif. La procédure civile peut être définie comme un corps de règles gouvernant la justice civile et régissant la marche des procès qui permettent aux parties d'obtenir la reconnaissance et la sanction de leurs droits[3].

Il est vain de discuter si la procédure civile appartient au droit public ou au droit privé. Force est de lui reconnaître à cet égard un caractère mixte. Les dispositions qui concernent l'organisation et le fonctionnement des tribunaux relèvent évidemment du droit public. Celles qui intéressent l'action en justice, intimement liée au droit du plaideur, se rattachent manifestement au droit privé. Point de jonction entre les intérêts privés en conflit et le service public de la justice, le procès civil postule un corps de règles hétérogènes.

Quant au *droit international privé* sa nature a déjà été précisée par rapport à la distinction du droit international et du droit national (*supra*, n° 97). Si on l'envisage par rapport à la distinction du droit public et du droit privé, on est aussi porté à constater qu'il s'agit d'une discipline mixte : relevant du droit public, en ce qui concerne la nationalité et la condition des étrangers[4], relevant du droit privé en ce que les conflits de lois portent sur le droit privé. À propos du droit international privé, certains, plutôt que de discipline mixte, font état de « branche autonome du droit »[5].

---

1. G. Vedel, Aspects généraux et théoriques, *Mélanges Drago*, préc., p. 1 s.
2. V. not., J.-M. Pontier, Sur la conception française du service public, *D.* 1996, chron. 9 s.
3. V. G. Cornu et J. Foyer, *Procédure civile*, 2e éd. 1996. – Rappr. S. Guinchard, Les métamorphoses de la procédure à l'aube du troisième millénaire, *Clés pour le siècle*, Dalloz, 2000, p. 1135 s.
4. J. Maury attribue au droit international privé une nature mixte, ses dispositions pouvant « parfois toucher aux intérêts politiques des États » (*Règles générales de conflits de lois*, n° 80, p. 91).
5. V. Y. Loussouarn, P. Bourel et P. de Vareilles-Sommières, Précis Dalloz, *Droit international privé*, 9e éd. 2007, n° 61 ; v. aussi J. Verhœven, Droit international privé et droit international public : où est la différence ?, *Arch. phil. droit*, t. 32, 1987, p. 23 s.

116 ***Le droit comptable*** ◊ Il y a un demi-siècle, l'expression de droit comptable surprenait nombre d'esprits. La pratique des comptes, publics ou privés, ne semblait pas avoir encore entraîné le développement d'une branche du droit particulière. Et il faut bien reconnaître que cette réaction des premiers intéressés était aisément explicable. Sans doute était-il logique d'admettre que ceux-ci – comptables, comptables agréés ou experts comptables – étaient astreints à des exigences tenant à leur métier, surtout si celui-ci s'inscrivait dans le cadre d'une ordonnance du 19 septembre 1945. Et cela devait, d'année en année, accroître l'ampleur des diligences comptables ou des règles de déontologie. Mais cela se situait souvent autour de l'acte comptable plutôt qu'au cœur de celui-ci. Si le développement de la profession voisine de commissaire aux comptes, surtout du fait de la loi du 24 juillet 1966, contribua à une extension et à un approfondissement des analyses dans le domaine de la science comptable, il n'en résulta que progressivement la conscience d'un droit comptable et, par voie de conséquence, la connaissance, nationale et internationale, de celui-ci.

Son essor est indissociable du phénomène de la « normalisation comptable », expression d'autant plus significative qu'elle sembla, dans l'esprit de beaucoup, conduire à considérer que l'admission de normes précisait l'affirmation d'un droit spécifique. Il fallait aussi y voir le fruit d'une expérience née de la constatation de comportements prosaïques auxquels il devenait de plus en plus nécessaire d'apporter la cohérence. On voulait obliger les entreprises, au moins en ce qui concerne la comptabilité générale, à dresser leur comptabilité sur les mêmes fondements et à présenter de manière analogue leurs états comptables. À quoi il fallait ajouter que, dans la mesure où elles définissent une politique économique, elles doivent être informées de manière cohérente et ne peuvent l'être qu'à partir de statistiques reposant sur des bases communément retenues.

Les idées faisant leur chemin, après qu'eurent été retenues diverses réglementations parcellaires – société d'assurances, etc.– un décret du 4 avril 1946 institua une Commission de normalisation des comptabilités dont les travaux aboutirent, en 1947, à l'adoption d'un Plan comptable général, révisé en 1957, dans le même temps qu'un Conseil national de la comptabilité, avatar de la Commission de normalisation, voyait le jour. Le *Plan comptable général* (PCG) est un cadre que le Conseil national de la comptabilité (CNC) approuva ou adapta suivant les secteurs d'activité, ce qui a donné naissance à une cinquantaine de plans comptables professionnels. À s'en tenir au PCG, modèle préexistant de comportement, il y a une forme originale de mise en œuvre, visant non seulement les entreprises industrielles et commerciales, mais aussi d'autres entités telles que les associations. Le PCG est obligatoire pour toutes les entreprises ou entités concernées, sous réserve de certains plans professionnels.

Il y a là un mode de régulation original qui doit, au demeurant, être combiné avec d'autres composantes plus ou moins proches de ceux retenus dans d'autres branches du droit. La vocation même de la comptabilité explique l'importance de données communautaires ou internationales. Ainsi en est-il des directives du 25 juillet 1978 et du 13 juin 1983. Ainsi en est-il encore d'une importante régulation illustrant de manière originale la coexistence de deux données inhérentes au droit comptable, l'une internationale, l'autre conventionnelle, disons même contractuelle. En effet, il y a, dit-on, une doctrine internationale, au sens fort de l'expression, caractérisée par l'activité d'un organisme créé en 1973 par les représentants d'importantes organisations comptables de différents pays : c'est *l'International accounting standards committee* (IASC) ; en français, Normes internationales d'informations financières qui ont été retenues en vue de l'harmonisation comptable au sein de l'Union européenne (règlements du 19 juillet 2002 et du 29 septembre 2003, directive du 18 juin 2003). Des changements importants sont intervenus de ce fait en droit français, puisque l'application des normes IFRS a été, à compter du 1er janvier 2005, au sujet de l'établissement des comptes consolidés, rendue obligatoire pour les sociétés cotées et autorisée pour les sociétés non cotées [1].

§ 3. **Les branches « autonomes »**

117 ***Définition*** ◊ Il existe une tendance exagérée à l'affirmation de l'autonomie des branches du droit les plus diverses. Ce courant est peut-être un signe de croissance [2], comme cela se produit dans l'ordre de la nature. L'écueil se manifeste lorsque, d'un état de *diversité*, on passe à l'idée d'autonomie, car l'importance de celle-ci peut être variable, ce qui est de nature à introduire une dose inutile d'incertitude dans la détermination de la règle de droit.

Sur le fond, le recours à l'idée d'autonomie n'est d'ailleurs pas sans danger quand elle tend à permettre d'échapper à l'application de règles justement contraignantes (sur le droit fiscal, v. *supra* n° 101).

Il ne suffit pas de constater qu'une matière est régie par des règles empruntées aux disciplines les plus diverses pour considérer que cette matière constitue une branche autonome du droit, cette autonomie permettant de fonder des solutions originales, dérogatoires.

On retiendra ici, à la suite du doyen Vedel, les deux considérations suivantes, attestant l'existence de deux sources d'autonomie : « L'autonomie apparaît d'abord toutes les fois que l'application à une matière des principes généraux et des méthodes de raisonnement empruntés purement et simplement à une discipline existante conduit à des inexactitudes. Si le droit admi-

1. V. R. Savatier, *Le droit comptable au service de l'homme*, Dalloz 1969, réimprimé avec la lumineuse préface de D. Gutmann, 2006 ; F. Terré, Réflexions sur la norme comptable, *Mélanges Didier*, 2008, p. 393 s.

2. Rappr. R. Gassin, Lois spéciales et droit commun, *D.* 1961, chron. 91 s. – V. encore E. du Pontavice, *L'autonomie du droit de la famille*, Ann. Fac. dr. Sceaux, 1974, p. 9 s.– V. aussi la remarquable analyse de Prosper Weil, *Le droit international économique, mythe ou réalité ? Aspects du droit international économique*, 1972, p. 1 s.

nistratif est regardé comme autonome par rapport au droit civil, c'est parce qu'en raisonnant sur le sort d'un contrat administratif à l'aide de l'article 1134 du Code civil, sur un cas de responsabilité à l'aide des articles 1382 et suivants, on aboutit à un résultat erroné. L'autonomie apparaît aussi, quoique d'une façon plus subtile, quand la matière considérée, bien que ne mettant apparemment en œuvre que des principes et des méthodes empruntés à des branches existantes, en fait une sorte de combinaison chimique ayant un caractère de nouveauté... ainsi en est-il du droit du travail »[1].

À partir de ces réflexions, on discerne bien comment ont pu émerger des branches autonomes du droit. Le mouvement correspond probablement à une loi d'évolution sociologique dans la société post-industrielle, liée à des manifestations diverses d'inflation et de technicisation du droit. Ainsi ont crû ou croissent, par l'effet de la constitution de nouveaux alliages et de courants transversaux, le droit des affaires ou, mieux désigné, le droit économique, qui emprunte ses composantes au droit commercial, au droit du travail, au droit fiscal, au droit administratif...[2]. L'émergence du droit européen, spécialement du droit communautaire, appellerait aussi maintes observations propres à renouveler la réflexion des juristes[3] (v. *infra*, n°s 288 s.).

SECTION 4. LES ORDRES DE JURIDICTIONS

118 ***Justice publique et justice privée*** ◇ L'une des fonctions essentielles de l'État est de faire régner l'ordre dans la société : l'État se doit d'intervenir dans les différends qui séparent les individus. À cette fin, il organise la justice publique. Dans les civilisations primitives, la personne exerçait un *droit de vengeance* aidée par le clan, ce qui correspond à la solution de conflits opposant deux ou plusieurs personnes relevant de deux clans différents[4].

À cette phase initiale a succédé celle de l'arbitrage, les adversaires s'accordant pour soumettre leur litige à un *arbitre*. C'est ainsi que, jusqu'au IIIe siècle de notre ère, un *judex* privé tranchait les procès à Rome. Le remplacement de l'arbitrage privé par les tribunaux d'État impliquait le renforcement du pouvoir étatique.

---

1. G. Vedel, Le droit économique existe-t-il ?, *Mélanges Vigreux*, 1981, p. 770.
2. V. C. Champaud, Contribution à la définition du droit économique, *D.* 1967, chron. 215. - V. aussi, s'agissant du droit économique ou du droit des affaires, B. Mercadal, Le droit des affaires, pourquoi ?, *JCP* 1985, I, 3182 ; J. Paillusseau, Le big-bang du droit des affaires, *JCP* 1988, I, 3330 ; Aspects organisationnels du droit des affaires, *Mélanges Paillusseau*, 2003 ; G. Farjat, *Pour un droit économique*, éd. PUF 2004 (très éclairant). - Rappr. C. Champaud, Les sources du droit de la concurrence au regard du droit commercial et des autres branches du droit applicable en France, *Mélanges Houin*, 1985, p. 61 s. ; C. Lachièze, La rupture des relations commerciales à la croisée du droit commun et du droit de la concurrence, *JCPE* 2004 ; 1815.
3. V. J. Schapira, *Droit européen des affaires*, PUF, 5e éd. 1999 ; J.-B. Blaise, *Droit des affaires : commerçants, concurrence, distribution*, 6e éd. 2011.
4. La « justice domestique » s'en distingue : elle est exercée au sein d'un groupement particulier (la famille) par le chef de cette famille.

La plupart des systèmes juridiques sous justice étatique reconnaissent cependant, dans une mesure variable, la possibilité de l'arbitrage [1]. Il n'est pas rare que, pour éviter des frais et des lenteurs, ou encore pour conserver le secret de leurs différends, les particuliers conviennent de soumettre leurs litiges non pas à des tribunaux, mais à des arbitres choisis par eux-mêmes [2]. – V., au sujet de l'arbitrage, *infra*, n°s 723 s.

On s'en tiendra, dans la suite des présents développements, à la justice étatique interne, non sans observer l'incidence que peuvent avoir, dans l'application du droit, les décisions de juridictions internationales telles que la Cour de justice des Communautés européennes (*infra*, n° 298) ou la Cour européenne des droits de l'homme (*infra*, n° 286) [3].

§ 1. L'ordre constitutionnel

119 ***Distinction*** ◊ Deux, sinon trois juridictions relèvent de cet ordre. L'une d'elles, il est vrai, a eu une existence éphémère : il s'agissait, dans la Constitution de 1958 (art. 84), de la Cour arbitrale de la Communauté. Elle était appelée à statuer sur les litiges survenus entre les États membres de la Communauté. Elle n'a vécu que le temps de la Communauté initialement constituée entre la République et les peuples des territoires d'outre-mer ayant adopté la Constitution de 1958.

D'autres juridictions de l'ordre constitutionnel sont régies, elles aussi, par la Constitution de 1958, modifiée par la loi constitutionnelle du 27 juillet 1993.

L'une a pour fonction de juger les actes accomplis par le Président de la République en cas de haute trahison. Il « ne peut être mis en accusation que par les deux assemblées statuant par un vote identique au scrutin public et à la majorité absolue des membres les composant » (Const. art. 68). Le Président de la République est alors jugé par la *Haute Cour de Justice*. Celle-ci se compose de vingt-quatre juges titulaires et comprend en outre douze juges suppléants ; tous ces juges sont élus, à égalité, par l'Assemblée nationale et le Sénat (ord. 2 janv. 1959 portant loi org., art. 1er et 2) [4].

---

1. V. C. Jarrosson, *La notion d'arbitrage*, thèse Paris II, éd. 1987 ; B. Oppetit, Justice étatique et justice arbitrale, *Mélanges Bellet*, 1991, p. 415 s., rééd. *in Théorie de l'arbitrage*, 1998, p. 22 s. ; J. Hilaire, L'arbitrage dans la période moderne (XVIe-XVIIIe siècles), *Rev. arb.* 2000, 187 s. – Sur la conciliation et la médiation, v. *infra*, n°s 720 s.

2. Sur la clause d'amiable composition permettant aux arbitres de statuer en équité, v. *supra*, n° 17, *infra*, n° 723.

3. Signalons pourtant, dans l'ordre international, une complexité grandissante : P.-M. Dupuy, La multiplication des juridictions internationales menace-t-elle le maintien de l'unité de l'ordre juridique international, *Clés pour le siècle*, éd. Dalloz, 2000, p. 1221 s. (ex. : Organe de règlement des différends de l'OMC, Tribunal sur le droit de la mer...).

4. L'application de ces règles a fait problème devant le Conseil constitutionnel (Déc. n° 98-408 DC, 22 janv. 1999, *Rec.* p. 29) et devant la Cour de cassation (Ass. plén. 10 oct. 2001, *JCP* 2002, II, 10024), puis suscité l'examen de cette question par une Commission de spécialistes (V. B. Mathieu, Les propositions de la « Commission Avril » relatives au statut juridictionnel du Président de la République, *JCP* 2003, Act. 18).

L'autre est la *Cour de Justice de la République*, née de la loi du 27 juillet 1993 [1]. Elle a pour fonction de juger les actes accomplis dans l'exercice de leurs fonctions par les membres du Gouvernement et qualifiés crimes ou délits au moment où ils ont été commis (Const. art. 68-1, al. 1er, réd. L. 27 juill. 1993). « La Cour de justice de la République comprend quinze juges : douze parlementaires élus, en leur sein et en nombre égal, par l'Assemblée nationale et par le Sénat après chaque renouvellement général ou partiel de ces assemblées et trois magistrats du siège à la Cour de cassation, dont l'un préside la Cour de justice de la République » (art. 68-2, al. 1er).

120 ***Le Conseil constitutionnel – Son essor*** ◊ Son existence doit une consécration à la Constitution de 1958. Il avait été alors institué afin, principalement, de juger le contentieux des élections parlementaires et de veiller au contrôle du respect par le Parlement de la distinction du domaine de la loi, dont celui-ci avait pour mission d'assurer le respect, et du règlement, laissé à la compétence du gouvernement. La suite devait montrer que, dans l'application de cette exigence, il manifesta une grande faiblesse, du moins dans un premier temps. Tandis qu'il ne s'appliquait pas trop à faire ce qu'on attendait de lui, il fit ce qu'on n'attendait pas.

Au départ, il était appelé à se prononcer, avant leur promulgation, sur la conformité à la Constitution des lois votées par le Parlement. « À la Constitution », c'est dire qu'il s'agissait bien, pour l'essentiel, de la conformité aux articles de la Constitution relatifs aux compétences respectives des pouvoirs, exécutif et législatif. La suite allait montrer, en germe a-t-on soutenu dans les textes de la Constitution, comment le Conseil constitutionnel allait étendre son empire en se reconnaissant, à partir de 1971, le pouvoir de contrôler la conformité des lois votées par le Parlement aux dispositions du Préambule de la Constitution de 1946 et de renvoi en renvoi, aux textes fondamentaux auxquels le Préambule se réfère [2].

L'évolution s'est poursuivie dans le même sens, d'une double manière.

D'abord du fait de l'augmentation, trois ans plus tard, en 1974, du nombre des personnes ayant qualité pour saisir le Conseil constitutionnel. En 1974, une extension des personnes ainsi qualifiées fut décidée : aux seuls Présidents de la République, de l'Assemblée nationale et du Sénat, ainsi qu'au Premier ministre, on ajouta ce privilège à soixante députés ou à soixante sénateurs. De cela résulta, comme on pouvait s'y attendre, le

1. M.-P. Roy, La Cour de Justice de la République, *RRJ* 1994-2, p. 354 s. ; Nguyen Van Tuong, La réforme du Conseil supérieur de la magistrature et la création de la Cour de justice de la République, *JCP* 1993, I, 3703 ; J. Pradel, La procédure de jugement applicable devant la Cour de justice de la République. Un mode d'emploi à préciser, *D.* 1996, chron. 1 s. ; L. Blondeau et J. Pradel, La Cour de justice de la République : à conserver et à améliorer, *JCP* 2012, Étude n° 566 ; sur la compétence de la Cour de justice au sujet des attributions d'un ministre, v. Crim. 16 févr. 2000 (aff. *Elf*), *D.* 2001. 660, note V. Bück.

2. V. Déc. 16 juill. 1971, *D.* 1972. 685, *AJDA* 1971. 533, note J. Rivero ; v. *infra* n° 251.

succès de la démarche venant de parlementaires contrariés, particulièrement en période de cohabitation. Du moins, le déclenchement du mécanisme ne dépendait-il pas de l'action des seuls justiciables [1].

Mais le temps ne s'est pas arrêté là. Au siècle dernier, plus précisément, une extension aux citoyens du droit de soutenir, devant un tribunal, qu'il y a atteinte à la Constitution, avait été préconisée sous la forme de l'exception d'inconstitutionnalité, ce qui suscita des réactions au moins partagées [2] et des objections majeures tenant à l'atteinte à la souveraineté de l'État qui en résultait nécessairement et à une primauté contestable des droits fondamentaux sur la séparation des pouvoirs [3]. Le mouvement aboutissait à renier un principe suivant lequel le juge constitutionnel, c'est le peuple [4]. Ces objections n'ont pas été retenues, lors de la réforme constitutionnelle opérée par la loi du 23 juillet 2008 [5]

121 ***Conseil constitutionnel – Son statut*** ◊ Aussi longtemps que le Conseil Constitutionnel est demeuré, quant à ses compétences, dans le cadre des dispositions retenues par la Constitution de 1958, disons même après l'extension de celles-ci résultant de sa décision de 1971 (*supra*, n° 120), on a pu s'interroger sur sa nature : était-ce ou non une juridiction ? [6]. Si tant est qu'il se soit agi d'une juridiction, elle était singulière à plus d'un titre, ce qui contribuait à fonder le recours à la notion de juridiction d'exception, les principes directeurs du procès (v. *infra*, n° 762 s.) n'étant pas, pour l'essentiel, respectés : ni respect du principe de contradiction, faute de débat vraiment contradictoire ; ni respect du principe dispositif suivant lequel un juge ne doit se prononcer (« disposer ») que sur ce dont il est saisi, le Conseil constitutionnel s'étant arrogé le pouvoir de se prononcer sur tous les articles d'une loi ou sur certains seulement, même s'il n'est saisi que sur tel ou tel d'entre eux [7] ; ni publicité, sinon de

1. Rappr., quant aux recours individuels, l'évolution du rôle de la Cour européenne des droits de l'homme, *infra*, n° 286.

2. V. not. le Rapport, en date du 15 fév. 1993, du Comité consultatif Vedel pour la révision de la Constitution (*JO* 16 févr. 1993, p. 2548 s.).

3. V. J.-C. Groshens, *À propos du Conseil constitutionnel, RD publ.* 2005. 589 s., spéc. p. 594 ; v. aussi Y. Gaudemet, *Brouillard dans les institutions : à propos de l'exception d'inconstitutionnalité, RD publ.* 2009. 581 s. et *La question prioritaire de constitutionnalité,* Étude critique, Ed. du Cridon, 2011, p. 5.

4. J. Foyer et F. Terré, *Le peuple, juge constitutionnel, Le Figaro*, 30 juill. 1996 ; article qualifié de « critique virulente » du Conseil constitutionnel (D. Schnapper, *Une sociologue au Conseil Constitutionnel*, éd. Gallimard, 2010, p. 105).

5. Comp. l'Avis de l'Académie des sciences morales et politiques, élaboré en 2008, sous l'impulsion de Jean Foyer.

6. Un juge administratif est-il même parfois affirmé : P. Delvolvé, *Le Conseil constitutionnel, juge administratif*, Mélanges Jeanneau, 2002, p. 55 s. ; v. cep. P. Ardant, *Le Conseil constitutionnel d'hier à demain*, Mélanges F. Terré, p. 731 s. – Sur l' « autorité » des décisions du Conseil constitutionnel, v. d'ailleurs d'ailleurs Cons. const. 8 juill. 1989, *JCP* 1990, II, 21409, note C. Franck. Et surtout, *La légitimité de la jurisprudence du Conseil constitutionnel*, Colloque Rennes 1998, éd. 1999.

7. V. B. Mathieu, *Saisine d'office, JCP 2011*, n° 881.

l'instruction, du moins de l'audience [1] ; ni respect de l'autorité de la chose décidée par lui antérieurement, ce qui aboutit non seulement à permettre un revirement de jurisprudence (v. *infra*, n° 534 s.), mais aussi à se livrer sur une même loi aux exigences de la rétroactivité ou de l'application immédiate [2]. Aujourd'hui, l'extension de la compétence du Conseil constitutionnel a conduit à lui reconnaître la nature d'une juridiction et à améliorer précisément en ce sens ses conditions de fonctionnement en termes du respect du contradictoire. Elle s'est accompagnée de la part de nombre d'esprits d'une reconnaissance d'un mouvement vers le gouvernement des juges, vanté par les uns, regretté par les autres, tout particulièrement en France.

L'évolution affecte d'ailleurs la réflexion sur la *composition* du Conseil constitutionnel. Celui-ci comprend neuf membres dont le mandat dure neuf ans et n'est pas renouvelable. Le Conseil constitutionnel se renouvelle par tiers tous les trois ans ; trois de ses membres sont nommés par le Président de la République, trois par le Président de l'Assemblée nationale, trois par le Président du Sénat [3]. Les présidents de la République sont, après expiration de leurs mandats, membres de droit du Conseil constitutionnel ; le président de celui-ci, nommé par le Président de la République, a voix prépondérante en cas de partage (Const., art. 56). Les profondes transformations du rôle du Conseil constitutionnel appellent une réforme indispensable, sinon quant aux autorités appelées à désigner les membres du Conseil constitutionnel, du moins quant aux qualités et compétences de ses membres, en particulier des anciens présidents de la République [4], quant aux conflits d'intérêts à éviter et quant aux récusations qui devraient être reconnues, lors même que les intéressés ne prendraient pas sur eux la décision de se déporter [5].

Quant à la saisine du Conseil constitutionnel, deux éventualités doivent être distinguées : contrôle de constitutionnalité *a priori* ou *a posteriori*. Le premier se réalise sur saisine de certaines autorités précédemment indiquées et elles seules (*supra*, n° 120), une éventuelle censure empêchant la promulgation (v. *infra*, n° 250). Bien plus délicat s'est révélé l'aménagement de la saisine *a posteriori*, c'est-à-dire portant sur une loi en vigueur. Aux termes de l'article 61-1 de la Constitution de 1958 (réd. L.-23 juill. 2008), « lorsque, à l'occasion d'une instance en cours devant une juridiction, il est soutenu

---

1. V. cep., dans un sens favorable, G. Vedel, Réflexions sur les singularités de la procédure devant le Conseil constitutionnel, *Mélanges Perrot*, 1995, p. 537 s. - Comp. sur la pratique des « réserves d'interprétation », qui a permis au Conseil constitutionnel d'étendre son emprise, les obs. de N. Molfessis, *RTD civ.* 1997, 785. - V. aussi G. Drago, *Ethique et déontologie du juge constitutionnel* français, *D.* 1999. Chron. 263 s.

2. V. au sujet de la loi du 25 janv. 1985 sur le redressement et la liquidation judiciaires des entreprises, les obs. de N. Molfessis, *RTD civ.* 1999, 726 ; V. aussi D. Vigneau, La constitutionnalité de la loi « anti-perruche », *D.* 2010. 1976, note sur Cons. const. 11 juin 2010

3. Les nominations sont soumises à certaines conditions de procédure, qu'il s'agisse de celles émanant du Président de la République (Const., art. 13, al. 5, sur renvoi de l'art. 56, al. 1er) ou de celles émanant des présidents des assemblées parlementaires (Const., art. 56, al. 1er).

4. *V. Réformer la composition du Conseil Constitutionnel ? Revue de droit d'Assas*, n° 5, févr. 2012, p. 89 s.

5. Sur la récusation d'un membre du Conseil constitutionnel, v. P. Bon, *D.* 2010. Chron. 2007.

qu'une disposition législative porte atteinte aux droits et libertés que la Constitution garantit, le Conseil constitutionnel peut être saisi de cette question sur renvoi du Conseil d'État ou de la Cour de cassation qui se prononce dans un délai déterminé » (al. 1er). Prévue à l'article 61-1, alinéa 2, précité, une loi organique du 10 décembre 2009 a ajouté des dispositions nombreuses et précises à l'ordonnance du 7 novembre 1958 portant loi organique sur le Conseil constitutionnel. On retiendra que, devant les juridictions du fond, une question prioritaire de constitutionnalité (QPC) peut être présentée seulement en cause d'appel (LO sur le Conseil constitutionnel, art. 23-1, al. 1er), que le Conseil d'État et la Cour de cassation doivent se prononcer dans un délai de trois mois à compter de leur saisine (LO, art. 23-4, al. 1er) et qu'à son tour, le Conseil constitutionnel doit se prononcer dans un délai de trois mois à compter de sa saisine (LO, art. 23-10) [1]. S'agissant de textes juridiques conçus et appliqués parfois de longue date, ces courts délais traduisent, qu'on le veuille ou non, une régression quant à la qualité de l'œuvre législative [2].

§ 2. **L'ordre judiciaire**

122 ***Histoire*** ◇ Au temps de 1789, les Révolutionnaires n'oubliaient pas que la Monarchie s'était jadis heurtée aux Parlements prétendant agir comme législateurs et administrateurs par leurs arrêts de règlement (v. *infra*, n° 355) et l'usage du droit de remontrance. Et ils ont affirmé le *principe de la séparation des pouvoirs*. L'article 16 de la Déclaration de 1789 dispose en effet que « Toute société dans laquelle la garantie des droits n'est pas assurée, ni la séparation des pouvoirs déterminée, n'a point de Constitution ». Même si la distinction entre séparation des pouvoirs et séparation des fonctions est importante, même si, dans la Constitution de 1958, il est fait désormais état de l'Autorité judiciaire (art. 64) et non du Pouvoir judiciaire, la division des tâches demeure fondamentale.

Cette considération inspire les rapports de la Justice avec le législatif et avec l'exécutif. Encore faut-il nuancer le propos. On s'en tiendra ici aux rapports entre l'ordre judiciaire et le législatif (sur les rapports entre l'ordre judiciaire et l'exécutif, v. not. *infra*, nos 167 s.).

Il n'est pas interdit au législateur de s'immiscer dans la fonction de juger, dans la fonction judiciaire : il y parvient par le vote de lois rétroactives ou interprétatives (v. *infra*, n° 496) ou par le vote de lois de validation. En ce sens, la séparation n'est pas respectée. Mais, en sens inverse, la loi des 16-24 août 1790 interdit aux tribunaux de « prendre, directement ou indirectement, aucune part à l'exercice du pouvoir législatif, ni empêcher ou suspendre l'exécution des décrets du Corps législatif à peine de forfaiture » [3].

---

1. V. aussi le décret du 16 févr. 2010, portant application de la LO du 10 déc. 2009.
2. Sur le développement de la QPC. v. Les nouveaux cahiers du Conseil constitutionnel, Dossier « 5 ans de QPC ».
3. Ainsi le juge ne peut-il s'opposer à l'application d'une loi ou d'un décret. – V. par ex. au sujet d'un décret sur les baux commerciaux, Civ. 1re, 30 mai 1967, *D.* 1967, 566.

L'on observe de nos jours un « processus qui nous fait passer d'un régime dans lequel le juge est subordonné au souverain politique, à un dispositif dans lequel le juge attire de plus en plus à lui la souveraineté » [1].

123 ***Juridictions civiles et juridictions pénales*** ◊ Les juridictions de l'ordre judiciaire remplissent deux sortes de fonctions : d'une part, elles sont chargées de juger les procès entre les particuliers, relatifs à l'application du droit privé ; d'autre part, elles frappent de peines ceux qui ont commis des infractions. Certaines juridictions - les plus importantes d'ailleurs - exercent en même temps les deux fonctions, ce qui réalise l'*unité des juridictions civile et pénale*. Ainsi le tribunal d'instance connaît, à la fois, des litiges civils de moindre importance et, dans sa formation répressive, en tant que *tribunal de police*, des contraventions, c'est-à-dire des infractions mineures ; le tribunal de grande instance et la cour d'appel jugent, à la fois, les procès civils plus importants et - comme *tribunal correctionnel*, constitué par une chambre du tribunal de grande instance, ou *chambre correctionnelle* de la cour - les délits correctionnels. - Sur la cour d'assises, v. cep. *infra*, n° 137.

La liaison entre la juridiction civile et la juridiction pénale est encore renforcée par le fait que ces juridictions pénales - qui constituent les juridictions pénales de droit commun [2] - sont également compétentes pour statuer sur l'action civile en réparation du dommage causé par l'infraction, la victime ayant le choix et pouvant soit agir en dommages-intérêts devant un tribunal « civil » (tribunal de grande instance ou tribunal d'instance, selon le montant de la demande), soit porter l'action en dommages-intérêts devant la juridiction pénale.

A. Les juridictions civiles

124 ***Présentation*** ◊ Des questions classiques sont nécessairement abordées quand il s'agit de l'organisation et du fonctionnement des juridictions : organisation judiciaire et compétence ; action en justice ; procédure. Les deux dernières questions seront, pour l'essentiel, envisagées ultérieurement (*infra*, n° 704 s.).

L'organisation judiciaire et la compétence sont régies par le texte du même nom (COJ) qui a fait l'objet d'une recodification, à droit constant, par l'effet d'une ordonnance du 8 juin 2006 et d'un décret du 2 juin 2008. Cette organisation a, en outre été affectée par une réforme de la carte judiciaire réclamée depuis longtemps et réalisée par une série de décrets au

---

1. V. P. Manent, Du souverain juge au juge souverain, *in Regards sur le droit*, éd. Dalloz 2010, p. 147.

2. Outre les juridictions pénales de droit commun, il existe des juridictions pénales spécialisées, notamment les juridictions militaires (tribunaux aux armées en temps de paix, tribunaux territoriaux des forces armées) ou les juridictions pénales pour les mineurs (tribunaux pour enfants, juges des enfants, cour d'assises des mineurs).

cours de l'année 2008, notamment par deux décrets du 15 février 2008 fixant le siège et le ressort des tribunaux d'instance, juridictions de proximité, tribunaux de grande instance et tribunaux de commerce.

On appelle règles de compétence les règles qui déterminent à quelle juridiction il faut s'adresser pour que soit jugée telle ou telle affaire. On distingue deux sortes de compétence :

a) la compétence en raison de la *matière (ratione materiae)* ou compétence d'*attribution*, qui détermine quelles sortes d'affaires et jusqu'à quel taux telle ou telle catégorie de tribunaux peut juger ;

b) la compétence en raison de la *personne* ou du *lieu* (*ratione personae* ou *loci*) ou compétence *territoriale*, qui détermine, parmi les tribunaux de telle catégorie, celui auquel on doit s'adresser. La juridiction territorialement compétente est, sauf dispositions contraires - assez nombreuses - celle du lieu où demeure de défendeur, c'est-à-dire, s'il s'agit d'une personne physique, du lieu où celle-ci a son domicile ou, à défaut, sa résidence (C. pr. civ., art. 42 s.).

Lorsque la décision est rendue par la juridiction primitivement saisie, elle peut être attaquée par des *voies de recours*, parmi lesquelles l'appel et surtout en pourvoi en cassation jouent un rôle capital dans la formation d'une jurisprudence.

Il y a deux sortes de voies de recours : les voies *ordinaires* (appel, opposition), qui permettent d'attaquer en tous points une décision et sont caractérisées par le fait que le délai de recours ainsi que les recours exercés dans les délais sont suspensifs d'exécution ; les voies *extraordinaires* (tierce opposition, recours en révision, pourvoi en cassation), qui ne sont en principe - ce n'est pas le cas de la tierce opposition - ouverts que dans les cas spécifiés par la loi ; le recours par une voie extraordinaire et le délai ouvert pour l'exercer ne sont pas suspensifs d'exécution, si la loi n'en dispose autrement (C. pr. civ., art. 527 s.).

125 ***1° Les juridictions du premier degré*** ◊ Parmi les juridictions du premier degré, auxquelles un plaideur doit s'adresser tout d'abord, on a, pendant longtemps, distingué les juridictions de droit commun et les juridictions d'exception. On appelle juridictions de *droit commun* celles qui ont compétence pour juger en première instance toutes les affaires de droit privé pour lesquelles la loi n'a pas donné expressément compétence à une autre juridiction. Les autres juridictions, dites d'*exception*, ne peuvent juger que les affaires pour lesquelles un texte leur donne expressément compétence. Progressivement, la montée du tribunal d'instance, en termes de compétence, a suscité des discussions sur sa nature et sur la synergie qui existe entre lui et le tribunal de grande instance. Par rapport aux *juridictions spécialisées*, il convient d'observer l'existence au sein de celles-ci de juges autres que des magistrats. L'existence des *juridictions de proximité* appelle aussi des observations spécifiques.

126 ***a) Les juridictions de droit commun. Les tribunaux de grande instance*** ◊ Ils ont, depuis l'ordonnance du 22 décembre 1958 portant

réforme judiciaire, remplacé les tribunaux civils de première instance, ou tribunaux d'arrondissement créés par la Révolution de 1789. Leur nombre a été réduit à la suite de la réforme de la carte judiciaire réalisée par décrets du 15 février 2008 : au 1er janvier 2011, il en existait 161.

« Le tribunal de grande instance statue en formation collégiale, sous réserve des exceptions tenant à l'objet du litige ou à la nature des questions à juger » (COJ, art. L. 212-1). La formation collégiale « se compose d'un président et de plusieurs assesseurs (art. L. 212-3). Il comprend en outre les magistrats du ministère public : le procureur de la République et ses substituts. La plupart des tribunaux ont plusieurs chambres, chacune comprenant le président - ou un vice-président - et deux juges.

S'il est vrai qu'en principe le tribunal de grande instance prononce ses jugements en forme collégiale, il est de plus en plus fréquent qu'il statue à juge unique. Ce peut être d'une part le cas en raison de l'objet du litige ou de la nature des questions à juger (ex. : COJ, art. R 212 -8) ; quand il en est ainsi, le renvoi à la formation collégiale est de droit, sur la demande non motivée de l'une des parties (COJ, art. L. 212-2, al. 1er), ce qui est évidemment fort rare, psychologiquement parlant, à l'égard du juge, d'abord unique, puis en collège, le tout sous réserve de dispositions particulières, notamment quant aux matières relevant de la compétence du juge aux affaires matrimoniales (COJ, art. L. 212-2, al. 2). D'autre part, « en toutes matières, le président du tribunal de grande instance ou le magistrat délégué par lui à cet effet peut décider qu'une affaire sera jugée par le tribunal statuant à juge unique » (COJ, art. R. 212-9, al. 1er) ; le renvoi à la formation collégiale « peut être décidé par le président ou son délégué soit à la demande du juge saisi, soit d'office... » al. 2).

Le tribunal de grande instance connaît, à charge d'appel, de toutes les affaires pour lesquelles compétence n'est pas attribuée expressément à une autre juridiction, en raison de la nature de l'affaire ou du montant de la demande (COJ, art. R. 211-3, al. 1er). Le tribunal d'instance connaissant des affaires personnelles et mobilières jusqu'à 10 000 € (COJ, art. L. 221-4) (*infra*, n° 127), au-delà de cette somme, c'est devant le tribunal de grande instance que l'affaire doit être portée. Il n'en peut connaître qu'à charge d'appel. Dans les matières pour lesquelles il a compétence exclusive en raison de la nature de l'affaire, indépendamment de toute valeur du litige (par exemple, état des personnes : mariage, divorce, filiation, nationalité ; actions immobilières pétitoires, etc.), le tribunal de grande instance statue en *dernier ressort*, c'est-à-dire sans possibilité d'appel - mais cela n'exclut pas la voie du pourvoi en cassation - lorsque la valeur en litige est inférieure ou égale à 4 000 € (COJ, art. R. 211-3). Lorsque la valeur du litige reste indéterminée, le jugement est toujours rendu en premier ressort [1].

---

1. Il existe des tribunaux de grande instance spécialisés en certaines matières, par exemple en matière d'adoption internationale (COJ, art. D. 211-10) ou de propriété intellectuelle (COJ, art. L. 211).

127 ***Les tribunaux d'instance*** ◊ Ils statuent à juge unique, situés, en principe, au chef-lieu d'arrondissement ; depuis l'ordonnance du 22 décembre 1958. Ils ont remplacé les anciens *juges de paix*, établis autrefois dans chaque canton, et leur nombre a été réduit lors de la réforme de la carte judiciaire de 2008 (v. *supra*, n° 126) : il y en a 306. De manière parfois incohérente, ce qui déroute qui veut connaître précisément les règles de compétence aussi bien d'attribution que territoriales, les règles applicables s'ordonnent autour de diverses considérations (COJ, art. R. 221-3 s.). Il connaît, à charge d'appel, de toutes actions personnelles ou mobilières jusqu'à la valeur de 10 000 €, ainsi que des demandes indéterminées qui ont pour origine l'exécution d'une obligation dont le montant n'excède pas 10 000 € (COJ, art. L. 221-4) ; en outre, dans de très nombreuses matières, amplifiées par les réformes de 2005 (L. 26 janv. 2005, décr. 13 mai 2005) [1], le tribunal d'instance est compétent à quelque valeur que la demande puisse s'élever [2].

128 ***b) Les juridictions spécialisées. Les tribunaux de commerce*** ◊ Prévus par le Code de commerce pour connaître des procès concernant les actes de commerce ou entre commerçants, il en existe actuellement 135. Les juges qui les composent sont des commerçants élus par les commerçants de la circonscription administrative où se trouve le tribunal de commerce. On a estimé qu'ils connaîtraient mieux que des magistrats de carrière les usages et les besoins du commerce et qu'ils réussiraient souvent une conciliation entre les adversaires. Un *conseil national des tribunaux de commerce* a été créé par un décret du 23 septembre 2005.

La réforme de cette institution est envisagée depuis plusieurs décennies. Mais c'est à une époque récente que le problème a pris toute son acuité, compte tenu d'une nécessaire adaptation aux difficultés économiques de notre temps et aux dysfonctionnements de la juridiction, qui ont porté les pouvoirs publics à rechercher une symbiose plus satisfaisante du public et du privé, de l'État et des affaires. À la suite des divers rapports d'origine parlementaire ou administrative, les pouvoirs publics se sont orientés dans le sens, sinon de la mixité - magistrats professionnels et magistrats « consulaires » (c'est-à-dire commerçants) - dans les tribunaux de commerce, du moins dans le sens de réformes des statuts des juges consulaires et des greffiers, de la carte judiciaire et des procédures collectives [3]. Pour le

---

1. V. J. Barrère, Essor et repliement du tribunal d'instance, *Mélanges Louis Boyer*, 1996, p. 39 s.
2. Il existe des tribunaux d'instance spécialisés, par exemple en matière de surendettement des particuliers (L. 22 déc. 2010, décr. 23 août 2011).
3. *JCP* G 1999, p. 1065 ; O. Dufour, Les juridictions consulaires préparent la justice commerciale de demain, *LPA*, 29 oct. 1997, p. 4 ; *Le juge de l'économie*, colloque juin 2002, *RJC* n° spéc. nov. 2002. - V. dans une perspective de théorie générale, A. Bernard, La réforme des tribunaux de commerce : remises en ordre, *D.* 1999, chron. 403 s. Dans la même ligne que l'ancien art. L. 621-5, alinéa 2, C. com. (réd. anc. L. 25 janv. 1985), en matière de « faillites », le nouvel art. L. 610-1 C. com. (réd. L. 26 juil. 2005 de sauvegarde des entreprises) prévoit qu'un décret en Conseil d'État détermine, dans chaque département, le tribunal ou les tribunaux appelés à en connaître (v. La loi de sauvegarde, article par article, dir. F.-X. Lucas et H. Lécuyer, *LPA*, n° spéc. 8 fév. 2006, 1re partie, p. 5).

Conseil constitutionnel, l'impartialité et l'indépendance de la justice commerciale assure sa conformité à la Constitution [1].

Les tribunaux de commerce connaissent en dernier ressort des demandes jusqu'à la valeur de 4 000 € (C. com., art. R. 721-6).

129 ***Les conseils de prud'hommes*** ◊ Actuellement au nombre de 210 (en 2014), ils ont été institués pour connaître des procès entre employeurs et salariés. Ils sont composés de prud'hommes employeurs et de prud'hommes salariés, élus respectivement par les deux catégories professionnelles intéressées. L'organisation de cette juridiction étant paritaire, un juge du tribunal d'instance intervient en qualité de juge départiteur en cas de partage égal des voix. La procédure implique nécessairement deux phases : une phase préalable de conciliation devant le *bureau de conciliation*, puis, en cas d'échec de la tentative de conciliation, la phase suivante, devant le *bureau de jugement*.

Il résulte de l'article R. 1462-1 du Code du travail que le conseil de prud'hommes statue en dernier ressort : lorsque le chiffre de la demande n'excède pas un taux fixé par décret [2] ; lorsque la demande tend à la remise, même sous astreinte, de certificats de travail, de bulletins de paye ou de toute pièce que l'employeur est tenu de délivrer, à moins que le jugement ne soit en premier ressort en raison du montant des autres demandes. Hormis ces cas, le conseil de prud'hommes se prononce à charge d'appel devant la chambre sociale de la cour d'appel.

130 ***Les tribunaux paritaires de baux ruraux*** ◊ Ils ont été institués par l'ordonnance du 4 décembre 1944 pour statuer en matière de baux ruraux. Il en existe 306. Le tribunal comprend le juge du tribunal d'instance, président, et des assesseurs, bailleurs et preneurs, en nombre égal, élus séparément par leurs catégories (v. C. rur., art. L. 491 à L. 493-1).

Le tribunal paritaire de baux ruraux se prononce en premier et dernier ressort jusqu'à 4 000 € et, au-delà, à charge d'appel.

131 ***Les tribunaux des affaires de sécurité sociale*** ◊ Au nombre de 116, ils ont remplacé, depuis une loi du 3 janvier 1985, les commissions de première instance de la sécurité sociale. Leur compétence porte sur le *contentieux général* relatif aux contestations opposant les organismes de sécurité sociale à leurs usagers [3]. Les tribunaux des affaires de sécurité sociale jugent en dernier ressort les demandes dont le principal n'excède pas la valeur de 4 000 € (CSS, art. R. 142-25) ; au-delà, ils statuent à charge d'appel, l'appel étant porté devant la chambre sociale de la cour d'appel (v. CSS, art. L. 142-1 s.).

---

1. Cons. const. 4 mai 2012, *D.* 2012. 1191, *D.* 2012. Point de vue. 1413 par J.-L. Vallens.

2. V. art. D. 1462-3 C. trav. : 4000 € pour les instances introduites à compter du 1er octobre 2005 (décr. 20 sept. 2005).

3. Le contentieux technique, lié à la technique purement médicale (invalidité, incapacité de travail, soins, cures...) est soumis, en première instance, à des tribunaux du contentieux de l'incapacité et, en appel, à la Cour nationale de l'incapacité et de la tarification de l'assurance des accidents du travail (CSS, art. L. 143-2 s., réd. ord. 8 juin 2005).

132 ***c) Les juridictions de proximité*** [1] ◊ Forces centripètes et forces centrifuges influent sur l'aménagement de la carte judiciaire qui a fait l'objet de fréquentes études, plus ou moins efficaces. Au cœur de ce débat, on retrouve régulièrement deux considérations plus ou moins contraires : faire en sorte que l'implantation des tribunaux soit en harmonie avec une vie sociale significative, mais aussi favoriser l'accès des justiciables à des juges suffisamment proches, et ce en dépit de l'amélioration constante des moyens et des rythmes de la communication [2]. En 1958, le mouvement avait consisté en un reflux des juridictions, marqué par la suppression des juges de paix (*supra*, n° 127). En 2002, un mouvement en sens inverse s'est produit : une loi du 9 septembre 2002, complétée par un décret du 23 juin 2003, institua des *juridictions de proximité* destinées à décongestionner durablement le fonctionnement des tribunaux, tant en matière pénale qu'en matière civile.

L'esprit des juridictions de proximité se reliait à l'idée qu'il s'agit, pour des questions de moindre importance dans la masse des litiges, en matière civile ou pénale, de faire appel à des personnes ayant une certaine expérience juridique, bien qu'il s'agisse de fonctions normalement réservées à des magistrats de carrière. Encore fallait-il que « des garanties appropriées permettent de satisfaire au principe d'indépendance indissociable de l'exercice des fonctions judiciaires », ainsi qu'à des exigences de capacité, les juges de proximité étant « soumis aux droits et obligations applicables à l'ensemble des magistrats sous la seule réserve des dispositions spécifiques qu'impose l'exercice à titre temporaire ou partiel de leurs fonctions » [3]. Une loi organique du 26 février 2003 a répondu à ces exigences. D'un nouvel article 41-19 de l'ordonnance du 22 décembre 1958 relative au statut de la magistrature il est résulté que « les juges de proximité sont nommés pour une durée de sept ans non renouvelable, dans les formes prévues pour les magistrats du siège ».

133 ***Les juges de proximité*** ◊ L'institution des juridictions de proximité n'a pas été suivie des résultats escomptés en raison notamment d'une insuffisante intégration dans le système judiciaire. Sans que le rapprochement du juge et du justiciable cesse, dans divers cas, d'être considéré comme utile, le changement a consisté dans le recours à ces juges, mais au sein des tribunaux d'instance ou de grande instance. La loi du 13 décembre 2011, relative à la répartition des contentieux et à l'allègement de certaines procédures juridictionnelles, a, en conséquence, modifié le statut des juges de proximité « appelés à exercer des fonctions de juge d'un tribunal de grande instance et à être chargés de fonctions juridictionnelles dans un tribunal d'instance » (COJ, art. L. 121-3).

---

1. V. COJ, art. L. 231-1 s., réd. ord. 8 juin 2006 ; v. *supra*, n° 125.
2. F. Terré, Proximité, espace, espace-temps, *Mélanges P. Malinvaud*, Litec, 2007, p. 587 s.
3. Cons. const. 20 févr. 2003, *LPA*, 13 mars 2003, p. 7, note J.-E. Schoettl.

Les juges de proximité statuent en première instance en matière civile et pénale. Ils peuvent être aussi appelés à siéger dans une formation collégiale du tribunal de grande instance (COJ, art. L. 212-3-1, al. 1er,). Ils peuvent également statuer sur requête en injonction de payer sauf sur opposition et procéder à diverses mesures d'instruction (COJ, art. L. 212-3-1, 10).

134 ***Les cours d'appel*** ◊ L'appel est une voie de recours qui permet de déférer la décision rendue à une juridiction supérieure, qui juge à nouveau la cause, en fait et en droit, puis confirme ou infirme en la réformant la sentence primitive. Son existence manifeste le *principe du double degré de* juridiction [1]. Celui-ci constitue une garantie précieuse pour les justiciables : le juge du premier degré sera incité à faire davantage attention, craignant une réformation de son jugement ; d'autre part, les juges d'appel sont en principe plus expérimentés et moins surchargés que les juges du premier degré. L'appel est admis, en principe, contre tout jugement ; celui-ci est pour cette raison rendu *en premier ressort*. Cependant, l'appel n'est pas possible pour les affaires de peu d'importance : on dit que celles-ci sont jugées *en premier et dernier ressort*.

Les cours d'appel, au nombre de 36 [2], chacune compétente pour les juridictions de plusieurs départements [3], sont juges de droit commun au second degré. Chacune connaît des appels formés contre les décisions des juridictions de son ressort, qu'il s'agisse des tribunaux de grande instance ou des diverses juridictions d'exception [4]. Les unes et les autres contribuent à la formation de la jurisprudence [5].

La cour d'appel est une juridiction collégiale, présidée par le premier président et comprenant, outre les membres du ministère public (procureur général, un ou plusieurs avocats généraux, un ou plusieurs substituts du procureur général), des présidents de chambre, et un certain nombre de conseillers répartis dans des chambres dont le nombre varie selon l'importance de la cour. En principe, les arrêts sont rendus, en audience ordinaire, par trois magistrats (le président de chambre, assisté de deux conseillers) ; exceptionnellement, la cour d'appel rend ses arrêts en audience solennelle, un président et quatre conseillers siégeant ; il en est ainsi en cas de renvoi après cassation (*infra*, n° 149).

---

1. V. le n° spéc. de la Rev. *Justices*, n° 4, juill.-déc. 1996.
2. Aux trente Cours d'appel de métropole, il faut ajouter les Cours d'appel de la Martinique, de la Guadeloupe et de la Réunion, ainsi que celles de Nouméa, Polynésie et de Cayenne.
3. Toutefois la cour d'appel de Metz ne couvre qu'un département, la Moselle.
4. La Cour d'appel de Paris statue sur des recours intentés contre des décisions du Conseil de la concurrence, du Conseil des bourses de valeurs, du Conseil du marché à terme..., considérées comme des actes unilatéraux administratifs. Un auteur en a déduit que, dans ces cas, la Cour d'appel de Paris était une juridiction administrative (P. Delvolvé, La Cour d'appel de Paris, juridiction administrative, *Mélanges Auby*, 1992, p. 47 s.).
5. V. La jurisprudence des cours d'appel, PUAM, 1994, spéc. P. Catala, Jurisprudence ou jurisprudences de la Cour ?, p. 65 s.

B. Les juridictions pénales

135 ***Distinction – Juridictions d'instruction*** ◊ En s'en tenant aux seules juridictions pénales de droit commun [1], la division fondamentale de la procédure pénale impose la distinction des juridictions d'instruction et des juridictions de jugement. On distingue dans la première catégorie deux juridictions : le *juge d'instruction* et *le juge des libertés et de la détention*. Au second degré, il convient de tenir compte, en appel, de la Chambre de l'instruction.

Diverses considérations d'importance souvent rappelées inspirent la matière pénale, à commencer par le caractère d'ordre public des règles de compétence. Il est particulièrement important qu'en ce domaine soit consacré le droit d'être jugé par son juge naturel. C'est pourquoi, aux termes de l'article 384 du Code de procédure pénale, le tribunal saisi de l'action publique, laquelle tend à juger de l'existence ou de l'absence de l'infraction pénale, est compétent, en principe hors de toutes exceptions proposées par le prévenu pour sa défense.

a) Le juge d'instruction est un juge du tribunal de grande instance, donc un magistrat du siège inamovible, nommé en cette qualité par décret du Président de la République. Il ne peut exercer ses fonctions pendant plus de dix ans auprès d'un même tribunal (ord. 22 déc. 1958, art. 28-3). Il existe au moins un juge d'instruction par tribunal de grande instance, mais leur nombre peut être plus élevé dans certains tribunaux (ex. : 75 à Paris, 20 à Marseille, ces chiffres pouvant varier). Au sein des tribunaux importants, les juges d'instruction peuvent être regroupés dans un pôle de l'instruction, le regroupement pouvant concerner plusieurs tribunaux. Sous réserve de dispositions propres aux tribunaux avec pôle de l'instruction, le juge d'instruction est saisi soit par réquisitoire d'instance (C. pr. pén., art. 80, al. 1er) émanant du ministère public, soit pas constitution de partie civile (C. pr. pén., art. 85) émanant de la victime.

L'instruction de l'affaire consiste habituellement en une enquête à charge ou à décharge, donc aussi bien en termes de culpabilité qu'en termes d'innocence (art. 81, al. 1er). Les pouvoirs du juge d'instruction sont importants. En outre, il constitue en lui-même une juridiction qui se prononce au cours de l'information par des ordonnances pouvant faire l'objet d'un appel devant la chambre de l'instruction. À l'issue de l'instruction, le juge d'instruction prononce une ordonnance de règlement (C. pr. pén., art. 175 s.) : ordonnance de non-lieu s'il juge qu'il n'y a pas eu en la circonstance d'infraction punissable ; sinon de renvoi.

b) Une loi du 15 juin 2000 sur la présomption d'innocence a diminué, quant à la liberté des personnes, les pouvoirs du juge d'instruction en instituant un *juge de la liberté et de la détention*. C'est un magistrat du siège

---

1. Donc, en excluant de l'exposé les juridictions pour mineurs, les juridictions chargées des infractions militaires et la Cour de justice de la République (*supra*, n° 118).

ayant rang de président, ou de premier vice-président (C. pr. pén., art. 137-1, al. 2). Il a pour principale attribution de se prononcer sur la détention provisoire.

c) La chambre de l'instruction est une formation de la cour d'appel, composée de trois magistrats, le président étant nommé par décret du Président de la République. Il s'agit d'une juridiction d'instruction au second degré.

136 ***Juridictions de jugement*** ◊ Plusieurs distinctions existent en la matière, c'est-à-dire lorsqu'il s'agit, avec ou sans instruction préalable, de l'acquittement ou la condamnation. Les mésaventures politiques du passé ont pu entraîner l'apparition de juridictions d'exception dérogatoires par rapport aux règles habituelles en termes de protection des droits de la défense, voire de rétroactivité des règles de fond ou de forme.

L'expression de juridiction d'exception est volontiers utilisée, du moins du côté du droit pénal, pour désigner des juridictions permanentes et non occasionnelles, disons spécialisées (v. *supra*, n° 135). On s'en tiendra ici aux juridictions de jugement de droit commun que sont le tribunal de police et le tribunal correctionnel (sur les juges de proximité, v. *supra*, n° 133)

La distinction des juridictions considérées correspond à la classification des infractions : pour les contraventions, le tribunal de police ; pour les *délits*, le tribunal correctionnel ; pour les crimes, la cour d'assises (v. à ce sujet, *infra*, n° 137).

Le tribunal de police est le tribunal statuant en matière répressive au sujet des contraventions, à l'exception des contraventions de cinquième classe commises par les mineurs de 18 ans qui relèvent de la compétence des juridictions pour mineurs (ord. 2 févr. 1945, art. 1er).

Le tribunal correctionnel est une formation du tribunal de grande instance (*supra*, n° 126) compétente en matière de délits. Lorsque le tribunal est important et divisé en plusieurs chambres, l'une d'elles, voire davantage, peuvent être correctionnelles. Le tribunal correctionnel siège cependant comme juge unique, dans certaines conditions, au sujet de nombreux délits (v. C. pén., art. 398-1). Afin « de renforcer le lien devant exister entre la population et l'institution judiciaire », une loi du 10 août 2011 a instauré, au sujet de certains délits et à certaines conditions, la présence de simples citoyens assesseurs (C. pr. pén., art. 399-1) [1]

137 ***La cour d'assises*** ◊ Compétente pour juger les crimes, c'est une formation qui comprend un magistrat de la cour d'appel qui préside, deux autres magistrats de la cour ou du tribunal de grande instance du lieu de tenue des assises et neuf jurés tirés au sort pour chaque affaire à l'audience ; jusqu'à la loi du 15 juin 2000 renforçant la protection de la présomption

1. V. sur les citoyens assesseurs, Marylise Lebranchu et Michel Mercier, débat. *Rev. dr. Assas*, n° 5, févr. 2012, p. 10.

d'innocence et les droits des victimes, les arrêts rendus par les cours d'assises n'étaient susceptibles d'aucun appel, mais depuis lors, cette exclusion a été abandonnée, les arrêts de condamnation pouvaient être frappés d'appel et portés devant une autre cour d'assises désignée par la chambre criminelle de la Cour de cassation (C. pr. pén., art. 380-1 s.) [1]. Depuis la loi du 4 mars 2002, « le procureur général peut également faire appel des arrêts d'acquittement » (art. 380-2, al. 6).

C. La Cour de cassation

138 ***Présentation*** [2] ◇ L'appel ne suffit pas à assurer une bonne administration de la justice ; il faut encore éviter que les diverses juridictions ne statuent différemment sur un même point : il serait choquant que le gain d'un procès dépende de la juridiction compétente. Aussi une juridiction est-elle placée au-dessus de toutes les autres, la Cour de cassation, qui assure l'unité dans l'application de la règle de droit. « Il y a, pour toute la République, une Cour de cassation », est-il précisé à l'article L. 411-1 du Code de l'organisation judiciaire [3].

La Cour de cassation est saisie par un *pourvoi*, qui peut être formé contre toute décision rendue en dernier ressort. Elle n'est cependant pas un nouveau degré de juridiction et le pourvoi ne doit pas être confondu avec un appel.

On utilise aussi l'expression de Cour suprême pour la désigner ; pourtant ces mots ne conviennent à proprement parler qu'à une juridiction veillant tout à la fois au respect de la Constitution par le Parlement - rappr. le Conseil constitutionnel (*supra*, n° 120) -, de la loi par le gouvernement (v., au sujet du Conseil d'État, *infra*, n° 170) et du droit par les sujets de droit.

La Cour de cassation ne rend pas elle-même des décisions concernant le fond de l'affaire et exécutoires pour les parties en cause. Elle apprécie la valeur des décisions qui lui sont déférées. Si elle estime que la décision a été bien rendue, elle rejette le pourvoi en cassation ; c'est la décision attaquée qui, étant maintenue, sera exécutée. Si elle considère que la décision a été mal rendue, elle la casse ; mais la Cour de cassation ne juge pas l'affaire, elle la renvoie devant une juridiction du même degré et de la même nature que celle dont émane la décision cassée (v. cep. *infra*, n° 149, sur les cas de cassation sans renvoi).- Les juridictions d'appel, au contraire, rendent des décisions exécutoires.

1. V. H. Angevin, Mort d'un dogme, À propos de l'instauration, par la loi du 15 juin 2000, d'un second degré de juridiction en matière criminelle, *JCP* 2000. 1. 260 ; J. Pradel, « L'appel » contre les arrêts d'assises : un apport heureux de la loi du 15 juin 2000, *D.* 2001. Chron. 1964 S.
2. V. COJ, art. L. 411-1 s., réd. ord. 8 juin 2006 ; v. *supra*, n° 125.
3. En elle-même, elle constitue un ordre de juridiction au sens de l'article 34 de la Constitution (Cons. const. 20 juill. 1977, *D.* 1978, 701, note Hamon). - Rappr. F. Zénati, La nature de la Cour de cassation, *Les Annonces de la Seine*, 28 avr. 2003 ; P. Hébraud, La part de la loi et du décret dans la réforme de la Cour de cassation, *Mélanges Vincent*, 1981, p. 155 s. - V. aussi F. Zénati, La nature de la Cour de cassation, *Les Annonces de la Seine*, suppl. au n° 27 du 28 avril 2003.

Une juridiction d'appel connaît de toute l'affaire, en fait et en droit (*supra*, n° 134). Il en va différemment de la Cour de cassation : elle doit tenir pour exacts les faits tels qu'ils sont relatés dans la décision attaquée ; elle ne peut apprécier les décisions qu'au point de vue de l'application de la loi ; elle ne peut casser que pour une contravention à la loi.

Ainsi donc, alors que les juges du fond connaissent de tout le litige - constatation des faits et application de la règle de droit -, la Cour de cassation vérifie uniquement si les juges du fond ont fait une application exacte de la règle de droit ; elle juge, non pas le litige, mais la décision intervenue à son occasion, et qui lui est déférée [1].

139 ***1° Histoire*** ◊ Ses origines remontent à l'histoire de l'Ancienne France, spécialement à une section du Conseil du Roi, chargée d'examiner les recours contre les arrêts des Parlements, le *Conseil des Parties*. Face à cette Autorité, les comportements des Parlements marquèrent une opposition assez permanente, surtout durant les derniers siècles de l'Ancienne France [2]. La tourmente révolutionnaire entraîna la disparition des adversaires, sans pourtant détruire l'idée qui inspirait l'existence du Conseil des Parties. Ses avatars ont ensuite illustré la persistance d'un besoin d'unité judiciaire. Les Révolutionnaires instituèrent à cette fin un Tribunal de cassation qui « annulera toutes procédures dans lesquelles les formes auront été violées, et tout jugement qui contiendra une contravention expresse au texte de la loi » (L. 27 novembre-1er décembre 1790) [3]. Puis une loi du 2 Brumaire an IV lui substitua la Cour de cassation [4].

Longtemps, la Cour de cassation a compris trois chambres : la Chambre des requêtes, la Chambre civile et la Chambre criminelle. Tandis que celle-ci connaissait des pourvois contre les décisions de toutes les juridictions de l'ordre répressif, les autres décisions frappées de pourvois étaient, sauf exceptions, déférées d'abord à la Chambre des requêtes. Si celle-ci les estimait manifestement mal fondées, elle les rejetait par des arrêts motivés ; sinon, elle les transmettait, sans motivation, à la Chambre civile. Celle-ci statuait toujours par des arrêts motivés. En rejetant le pourvoi, elle rendait la décision définitive. Sinon l'arrêt frappé de pourvoi était annulé et l'affaire était renvoyée devant une juridiction de même nature que celle dont l'arrêt avait été cassé. Cette juridiction, dite de renvoi, était libre de sa décision. Se rangeait-elle à la position de la Cour de cassation, le procès prenait fin.

Sinon, il fallait quand même en finir. Dans le système retenu par une loi du 1er avril 1837, il était prévu que la Cour de cassation siégeait toutes

---

1. La croissance ininterrompue des décisions soumises au contrôle de la Cour de cassation - mais en voie de désengorgement en 2002 (*infra*, n° 156) - a conduit cependant à se poser nombre de questions à ce sujet (v. not. A. Perdriau, Les chambres civiles de la Cour de cassation jugent-elles en fait ?, *JCP* 1993, I, 3683). - Rappr. C. Xavier, La qualification des faits est-elle une question de droit ou de fait ? *Mélanges Boré*, 2007, p. 533 s.
2. V. J. Krymen, *L'État de justice, France XIIe-XXe siècle*, t. 1, 2009, éd. Gallimard.
3. J.-L. Halpérin, *Le Tribunal de cassation*, thèse Paris, 1985.
4. J. Krymen, *op. cit.*, t. 2, *L'emprise contemporaine des juges*, 2012, p. 177 s.

Chambres réunies et ne pouvait être saisie que par un pourvoi s'appuyant sur les mêmes moyens que le précédent et imposait sa position, que ce soit en rejet ou en cassation.

140 ***Les réformes ultérieures*** ◊ L'accroissement du nombre des pourvois et les lenteurs qui en résultaient dans leur traitement expliquent des réformes successives. La loi du 23 juillet 1947 a donc supprimé le filtrage par la Chambre des requêtes dans l'idée de faire de celle-ci une nouvelle chambre civile, ce qui, évidemment, était de nature à susciter des contradictions entre les Chambres, à rebours de l'impératif d'unification inhérent à la Cour de cassation. Plus précisément, la démultiplication découlant de la réforme de 1947 consista dans l'institution - à côté de la Chambre criminelle - d'une Chambre civile divisée en quatre sections entre lesquelles les affaires étaient réparties suivant leur objet, le bureau de la Cour opérant la spécialisation des chambres au début de chaque année judiciaire en fonction des besoins. La loi de 1947 institua une Assemblée plénière civile, dont la mission consistait à prévenir les contrariétés de décisions entre les diverses sections civiles [1].

Les résultats de la réforme de 1967, loin d'être négligeables, n'ont pourtant pas permis de remédier à l'augmentation croissante des pouvoirs et, à nouveau, aux lenteurs qui en résultaient. Les causes du phénomène étaient diverses : imperfections des lois, importance des reproches d'ordre formel adressés aux décisions des juges du fond, incertitudes souvent inhérentes à la distinction du fait et du droit [2]... L'augmentation du nombre des chambres ne pouvait suffire. L'apport ininterrompu de dossiers nouveaux et les complications dues à la coexistence des diverses chambres, des Chambres réunies et de l'Assemblée plénière ont expliqué la suite.

C'est pourquoi la loi du 3 juillet 1967, complétée par les lois du 12 juillet 1978, du 3 janvier 1979, du 6 août 1981 et du 23 avril 1997 [3], ainsi que par un décret du 26 février 1999, a opéré diverses réformes relatives à la composition et aux formations de la Cour de cassation. En outre, une loi du 15 mai 1991 a institué la saisine pour avis de la Cour de cassation.

141 ***2° Composition de la Cour de cassation*** ◊ La Cour de cassation est actuellement composée de six chambres : cinq chambres civiles - 1re, 2e, 3e chambre civile *stricto sensu*, chambre commerciale, chambre sociale - et une chambre criminelle (COJ, art. R. 421-3). « Chacune des chambres de la Cour de cassation comprend : un président de chambre ; des conseillers ;

---

1. V. Nguyen Thanh Nha, *Les Chambres Réunies de la Cour de cassation, essai d'un bilan de 130 ans de jurisprudence civile*, thèse ronéot. Paris 1968.

2. V. not. A. Perdriau, *Les Chambres civiles de la Cour de cassation jugent-elles en fait ?, JCP*199. I. 3683. - Rappr. C. Xavier, *La qualification des faits est-elle une question de droit ou de fait ?, Mélanges Boré*, 2007, p. 533 s.

3. Les textes régissant la Cour de cassation étaient, depuis la codification de la matière, en 1978, les art. L. 111-1 s. et les art. R. 121-1 s. du COJ, maintenant art. L. 411-1 s., L. 421-1 s. et art. R. 411-1 s., et R. 421-1 s. - V. P. Hébraud, *Aggiornamento* de la Cour de cassation (Lois des 12 juillet 1978 et 3 janvier 1979), *D.* 1979, chron. 205 s.

des conseillers référendaires ; un ou plusieurs avocats généraux ; un greffier de chambre » (COJ, art. R. 421-4) [1]. Afin d'assurer le maximum de souplesse dans le fonctionnement de la Cour de cassation, la loi n'a pas fixé de manière impérative la composition de chacune des chambres.

142 ***a) Le Siège*** ◊ Le premier président de la Cour de cassation est le premier magistrat de l'ordre judiciaire. Il lui est loisible de présider les débats de l'une des chambres. Il est investi de pouvoirs administratifs étendus : il répartit les conseillers entre les diverses chambres et fixe les attributions de chacune d'elles ; il décide du renvoi de certaines affaires en chambre mixte, en assemblée plénière ou encore du renvoi direct d'une affaire à l'audience d'une chambre (v. *infra*, n° 145).

Chaque chambre est dotée d'un président de chambre qui dirige les débats. Il répartit les dossiers entre les conseillers de la chambre et assure une supervision des arrêts qu'elle rend. Il fait partie du bureau de la Cour de cassation et siège de droit aux assemblées plénières. Les conseillers participent au délibéré et au jugement des affaires.

C'est une loi du 20 février 1967 qui a procédé à la création des *conseillers référendaires*. Ceux-ci siègent avec voix consultative dans la chambre à laquelle ils sont affectés ; ils ont voix délibérative dans le jugement des affaires qu'ils sont chargés de rapporter (COJ, art. L. 431-3). Distincts des conseillers référendaires, plus jeunes que ceux-ci, les *auditeurs à la Cour de cassation* n'ont pas d'attributions juridictionnelles. Ils « exercent des attributions administratives auprès de la Cour de cassation. – Ils participent aux travaux d'aide à la décision tels que définis par le premier président ainsi qu'à ceux du service de documentation et d'études, notamment en ce qui concerne l'informatique. – Ils peuvent assister aux audiences des chambres » (COJ, art. R. 421-7) [2].

143 ***b) Le Parquet général*** ◊ Parquet général de la Cour de cassation est composé par un procureur général et par des avocats généraux. Comparable aux parquets des cours et tribunaux il doit cependant en être distingué. Par l'effet de ce que l'on pourrait être tenté d'appeler une coutume judiciaire, l'avocat général a, avant l'audience, connaissance du rapport du conseiller-rapporteur et assiste à la conférence préparatoire des audiences, ainsi qu'au délibéré. Cette pratique opportune et traditionnelle, aucunement critiquée dans notre pays si prompt à bêler sur les droits de la défense,

---

1. Outre le premier président, il y a, à la Cour de cassation, 6 présidents de chambre, 88 conseillers, 65 conseillers référendaires appartenant au 1er grade, le procureur général, les premiers avocats généraux, 22 avocats généraux, 11 auditeurs au service de documentation et d'études, 2 magistrats au secrétariat général (décr. 26 nov. 2007).

2. Une loi du 25 février 1992 a prévu l'existence, à la Cour de cassation, de *conseillers et d'avocats généraux en service extraordinaire* ; ce sont des personnes qui « justifient de vingt-cinq années au moins d'activité professionnelle » et que « leur compétence et leur activité qualifient particulièrement pour l'exercice des fonctions judiciaires à la Cour de cassation » ; leur nombre ne peut excéder le vingtième des effectifs des magistrats hors hiérarchie de la Cour ; ils sont nommés pour cinq ans (Ord. n° 58-1270, 22 déc. 1958, nouv. art. 40-1 à 40-7 ; décr. 7 janv. 1993, art. 31).

a été mise à mal par la Cour européenne des droits de l'homme qui a condamné la France pour méconnaissance du « droit au procès équitable » prévu à l'article 6 § 1 de la Convention EDH (*infra*, n° 763), essentiellement, mais pas uniquement du fait qu'un membre du ministère public ne doit pas être associé à l'acte juridictionnel [1]. Même si l'on ne saurait tenir pour nulle et non avenue la jurisprudence, on ne devrait pas exclure des arrangements (*plea bargaining*, v. *infra*, n° 774). Un débat analogue s'est développé au sujet des commissaires du gouvernement devant le Conseil d'État (*infra*, n° 171).

144 ***3° Formations de la Cour de cassation*** [2] ◊ Les arrêts peuvent être rendus soit par l'une des chambres, soit par une chambre mixte, soit par l'Assemblée plénière.

145 ***a) Arrêts rendus par les diverses chambres*** ◊ Chacune des chambres civiles a une compétence déterminée par une ordonnance du premier président, après avis du procureur général. Les trois premières chambres s'appellent chambres civiles (1re, 2e, 3e), la quatrième et la cinquième conservant respectivement l'appellation de chambre commerciale et financière et de chambre sociale.

Chaque chambre comporte un nombre variable de conseillers. Longtemps il fallut, pour qu'un arrêt soit valablement rendu, que sept membres puis cinq au moins ayant voix délibérative soient présents. L'évolution a consisté à alléger cette exigence. En effet si, à l'audience d'une chambre, au moins cinq de ses membres ayant voix délibérative doivent être présents (COJ, art. R. 431-5), il existe un mécanisme de filtrage institué, non sans résistances, au sein de chaque chambre civile par les lois du

1. CEDH 31 mars 1998, *JCP* 1999, II, 10074, note S. Soler ; v. P. Lyon-Caen, Le parquet général de la Cour de cassation, *D.* 2003, chron. 211 ; Ph. Malaurie, La Cour de cassation, son parquet général et la Cour européenne des droits de l'homme, *LPA*, 7 mars 2003, p. 3 ; J.-F. Burgelin, La paille et la poutre, *D.* 2004, chron. 1249 s. – La CEDH a aussi décidé que l'absence de communication aux requérants du sens des conclusions de l'avocat général est contraire à l'article 6 § 1 de la Convention EDH : CEDH 23 janv. 2003, *JCP* 2003, Act. 385. – Comp., au sujet du juge des libertés ayant siégé au sein de la chambre d'instruction, Crim. 12 févr. 2003, *JCP* 2003, Act. 168.

2. En outre, les chambres de la Cour de cassation se réunissent en *audience solennelle* ou en *assemblée générale* dans les cas prévus par les lois et règlements (COJ, art. R. 421-5). L'assemblée générale joue, comme dans toutes les juridictions, un rôle administratif. – Le *Bureau* de la Cour de cassation – composé du premier président, des présidents de chambre, du procureur général et du premier avocat général – assiste le premier président dans l'administration de la Cour (COJ, art. R. 421-2). – Le *Service de documentation et d'études* rassemble les éléments d'information utiles aux travaux de la Cour et procède aux recherches nécessaires (COJ, art. R. 433-1 s.) ; il tient le fichier central des sommaires de toutes les décisions de la Cour de cassation et des décisions les plus importantes des autres juridictions ; de la sorte, on s'emploie à aider les conseillers et à prévenir les contrariétés de solutions entre les chambres (J. Léonnet, Le service de documentation et d'études, mémoire de la Cour de cassation, in *L'image doctrinale de la Cour de cassation*, colloque tenu à la Cour de cassation les 10 et 11 déc. 1993, La Doc. fcse, 1994, p. 63 s.). Un décret du 7 janv. 2005 a accru son rôle (v. *RTD civ.* 2005, 496). – Sur le *Secrétariat général* de la Cour de cassation v. P. Chauvin, H.-C. Egret, B. Keime, R. Houdin, Le secrétaire général, magistrat aux multiples facettes, *Mélanges Drai*, 2000, p. 25 s.

23 avril 1997 [1] et du 25 juin 2001 [2]. Ce filtrage est obligatoire : « Après le dépôt des mémoires, les affaires soumises à une chambre civile sont examinées par une formation de trois magistrats appartenant à la chambre à laquelle elles ont été distribuées » (COJ, art. L. 431-1, al. 1er). « Cette formation déclare non admis les pourvois irrecevables ou non fondés sur un moyen sérieux de cassation. Elle statue lorsque la solution du pourvoi s'impose. Dans le cas contraire, elle renvoie l'examen du pourvoi à l'audience de la chambre » (al. 2). « Toutefois, le premier président ou le président de la chambre concernée, ou leurs délégués, d'office ou à la demande du procureur général ou de l'une des parties, peuvent renvoyer directement une affaire à l'audience de la chambre par décision non motivée » (al. 3). « En matière pénale, les dispositions relatives à la formation d'admission des pouvoirs sont fixées par le Code de procédure pénale » (COJ, art. L. 431-2).

Il n'est pas douteux que la procédure de non-admission des pourvois est le signe d'une évolution profonde, car elle prive de nombreux arrêts de motivations intrinsèques [3].

146 ***b) Arrêts rendus par une chambre mixte*** ◊ Afin d'alléger le système antérieur, la loi de 1967 a remplacé l'assemblée plénière civile instituée par la loi de 1947 par la formation des chambres mixtes, une chambre mixte étant composée de magistrats appartenant à trois chambres au moins de la Cour et constituée par ordonnance du premier président (COJ, art. L. 421-4 et R. 431-11). « Le renvoi devant une chambre mixte peut être ordonné lorsqu'une affaire pose une question relevant normalement des attributions de plusieurs chambres ou si la question a reçu ou est susceptible de recevoir devant les chambres des solutions divergentes ; il doit l'être en cas de partage égal des voix » (COJ, art. L. 431-5, 431-6 et 431-9). Le renvoi est décidé soit avant l'ouverture des débats, par ordonnance non motivée du premier président, soit par arrêt non motivé de la chambre saisie ; il est de droit lorsque le procureur général le requiert avant l'ouverture des débats (COJ, art. L. 431-7). La chambre mixte est présidée par le premier président ; elle comprend, en outre, les présidents et doyens des chambres qui la composent, ainsi que deux conseillers de chacune de ces chambres, désignés sur proposition du président de chambre par le premier président ; l'un de ces conseillers est désigné pour l'année judiciaire (COJ, art. L. 421-4) [4].

---

1. V. le commentaire de cette loi par C. Jamin, *RTD civ.* 1997. 774 s. et A. Perdriau, Sur la loi du 23 avril 1997 concernant la Cour de cassation, *JCP* 1998, I, 136.
2. M. Cottin, La Cour de cassation se dote d'une procédure d'admission des pourvois en cassation, *D.* 2002 Chron. 748 ; A. Perdriau, La non-admission des pourvois, *JCP* 2002, I, 181.
3. V. P. Deumier, Création du droit et réaction des arrêts par la Cour de cassation, *Arch. phil. droit*, t. 50, 2007, p. 53 s. ; F. Descorps-Declère, Les motivations exogènes des décisions de la Cour de cassation, *D.* 2007. Chron. 2822 s.
4. V. A. Perdriau, La chambre mixte et l'assemblée plénière de la Cour de cassation, *JCP* 1994, I, 3798 ; sur la rareté des arrêts de chambre mixte, v. les obs. de R. Libchaber, *RTD civ.*

147 ***c) Arrêts rendus par l'Assemblée plénière*** ◊ Toujours dans le désir d'alléger le système antérieur, la loi de 1967 a supprimé la formation des Chambres réunies, dont les attributions ont été dévolues à l'Assemblée plénière. L'Assemblée plénière est présidée par le premier président ou, en cas d'empêchement de celui-ci, par le plus ancien des présidents de chambre ; elle comprend, en outre, les présidents et doyens des chambres ainsi qu'un conseiller pris au sein de chaque chambre (COJ, art. L. 421-5), désigné par ordonnance du premier président sur proposition du président de cette chambre (COJ, art. R. 431-13). « Le renvoi devant l'Assemblée plénière peut être ordonné lorsque l'affaire pose une question de principe, notamment s'il existe des solutions divergentes soit entre les juges du fond, soit entre les juges du fond et la Cour de cassation ; il doit l'être lorsque, après cassation d'un premier arrêt ou jugement, la décision rendue par la juridiction de renvoi est attaquée par les mêmes moyens » (COJ, art. L. 431-6). Le renvoi est décidé de la même manière que s'il était opéré devant une chambre mixte (COJ, art. L. 431-7).

« Les chambres mixtes et l'assemblée plénière ne peuvent siéger que si tous les membres qui doivent les composer sont présents. En cas d'empêchement de l'un de ces membres, il est remplacé par un conseiller désigné par le premier président ou, à défaut de celui-ci, par le président de chambre qui le remplace » (COJ, art. L. 431-8).

148 ***4° Rôle de la Cour de cassation*** ◊ La Cour de cassation remplit un rôle essentiel dans la formation de la jurisprudence (sur la jurisprudence, v. *infra*, n°s 347 s.). Deux observations s'imposent à ce sujet.

149 ***La Cour de cassation, juge du droit. La cassation avec ou sans renvoi*** ◊ Parce que la Cour de cassation est juge du droit et non pas juge du fait (*supra*, n° 136), elle ne rend pas de décisions sur le fond [1]. En cas de cassation, l'affaire est donc renvoyée, sauf disposition contraire, devant une autre juridiction de même nature que celle dont émane l'arrêt ou le jugement cassé ou devant la même juridiction composée d'autres magistrats (COJ, art. L. 431-4, al. 1er) [2]. Toutefois, se constituant alors, en quelque sorte, en troisième degré de juridiction, la Cour de cassation - quelle qu'en soit la formation - peut casser sans renvoi, lorsque la cassation n'implique pas qu'il soit à nouveau statué sur le fond ; elle peut aussi, en cassant sans renvoi, mettre fin au litige lorsque les faits, tels qu'ils ont été souverainement constatés et appréciés par les juges du fond, lui permettent d'appliquer la règle de droit appropriée (COJ, art. L. 411-3) [3].

1999, 735 s. ; v. d'ailleurs, en ce sens, la consécration d'une pratique d'*avis* entre chambres de la Cour de cassation, décr. 26 févr. 1999 (art. 1015-1 C. pr. civ.), *RTD civ.* 1999, 486, obs. C. Jamin ; A. Perdriau, Les avis entre chambres de la Cour de cassation, *JCP* 1999, I, 190.

1. V. L'image doctrinale de la Cour de cassation, préc., p. 25 s.
2. Sur la résistance possible des juges du fond, v. les rapports de J.-L. Aubert, O. de Bouillane de Lacoste, A. Oriol et C. Choucroy, in *L'image doctrinale de la Cour de cassation*, préc., p. 179 s.
3. A. Perdriau, Usage actuel des cassations sans renvoi, *JCP* 2001, I, 334 ; Martine Fabre, La cassation sans renvoi en matière civile, *JCP* 2001, I, 347.

Parce qu'il faut, de toute façon, mettre fin à un litige, à supposer qu'aient été respectées diverses étapes, il est prévu que, lorsque le renvoi est ordonné, après cassation, par l'Assemblée plénière, la juridiction de renvoi *doit* se conformer à la décision de cette assemblée sur les points de droit jugés par celle-ci (COJ, art. L. 431-4). Alors s'affirme davantage l'autorité de la Cour de cassation dans la détermination du droit.

150 ***La Cour de cassation et le contrôle de l'application des lois*** ◊ La Cour de cassation contrôle l'application des lois par les tribunaux ; de ce fait, et en même temps, elle assure l'unité d'interprétation de la loi sur tout le territoire. C'est là une nécessité dans un pays où le droit est unifié : la promulgation d'un Code civil unique aurait manqué son objectif si chaque juridiction avait pu librement interpréter la loi. Le danger d'interprétations différentes, aboutissant à reconstituer des diversités provinciales ou locales des règles juridiques, est évité grâce à l'institution d'une cour unique, imposant à toutes les juridictions la même interprétation des textes.

Lors de l'institution de la Cour de cassation, on n'eut pas parfaitement conscience de ce rôle capital de la Cour : initialement, elle ne cassait que pour contravention expresse à la loi ; ce n'est qu'ultérieurement qu'on admit la cassation, non seulement quand le juge avait refusé d'appliquer la loi ou s'était trompé sur le texte applicable, mais encore quand il avait donné de ce texte une mauvaise *interprétation.*

Le rôle de la Cour de cassation n'a d'ailleurs pas cessé de s'étendre [1], cela à un double titre.

151 ***Quant aux normes dont l'interprétation est contrôlée*** ◊ « Le pourvoi en cassation tend à faire censurer par la Cour de cassation la non-conformité du jugement qu'il attaque aux règles de droit » (C. pr. civ., art. 604). Cette dernière expression est large. Outre l'interprétation des lois, la Cour de cassation contrôle l'interprétation des *textes réglementaires* et des *conventions internationales.* La Cour de cassation sursoit à statuer lorsque ce pouvoir d'interprétation a été confié à une juridiction supra-étatique telle que la Cour de justice des Communautés européennes [2]. – Sur le contrôle, par la Cour de cassation, de la conformité de la loi à un traité, v. *supra*, n° 271 [3].

---

1. V. l'ouvrage fondamental de J. et L. Boré, *La cassation en matière civile*, 4e éd. 2008.

2. V., par ex., Com. 20 janv. 1987, *Bull. civ.* IV, n° 22 ; v. *infra*, n° 298. – Sur le rôle de la Cour de cassation face au droit européen des droits de l'homme, v. *infra*, n° 288 ; face au droit communautaire, *infra*, n° 312.

3. Bien qu'il ne s'agisse plus, juridiquement parlant, des « règles de droit », la Cour de cassation contrôle les conventions collectives conclues entre syndicats d'employeurs et de salariés (Ass. plén. 6 fév. 1976, *JCP* 1976, II, 18481, note H. Groutel ; Soc. 22 juill. 1986, *Bull. civ.* V, n° 470), parce que ces conventions collectives formulent des règles générales appelant une unité d'interprétation. – V. *infra*, n° 376, et Précis Dalloz, *Les obligations*, par F. Terré, Ph. Simler et Y. Lequette, n° 58.

La Cour de cassation ne contrôle pas la violation des *usages* par les tribunaux [1]. Elle ne contrôle pas l'interprétation de la loi étrangère sous réserve d'un contrôle rigoureux de la motivation [2]. La loi constitutionnelle du 23 juillet 2008 lui a conféré une fonction de filtrage en cas d'exception d'inconstitutionnalité (v. *infra*, n° 156)

152 ***Quant aux critiques auxquelles sont exposés les jugements et arrêts*** ◊ L'éventail de ces critiques - techniquement parlant, des « cas d'ouverture à cassation » - est large. Il peut y avoir cassation pour violation de la loi (au sens large du mot) ; on peut rattacher à cette notion la violation de la loi par fausse interprétation, fausse application ou refus d'application, l'excès de pouvoir, l'incompétence ou la perte du fondement juridique de la décision attaquée, par exemple par l'effet de la publication d'un texte législatif ou réglementaire déclaré expressément applicable devant la Cour de cassation. Il peut y avoir aussi cassation pour vice de forme ou contrariété de jugements (C. pr. civ., art. 618).

Par le contrôle de la *motivation* des jugements et arrêts, la Cour de cassation a très largement étendu son rôle [3]. Il peut donc y avoir cassation pour défaut de motifs (absence totale de motifs, défaut de réponse à conclusions, contradiction de motifs, motifs dubitatifs ou hypothétiques, dénaturation ou manque de base légale) [4]. Ce dernier cas d'ouverture, « pierre de touche de la technique juridique » [5], « est constitué par une insuffisance de motivation de la décision attaquée qui ne permet pas à la Cour de cassation de contrôler la régularité de la décision ou plus précisément de vérifier que les juges du fond ont fait une application correcte de la règle de droit » [6].

Bien qu'elle soit chargée de faire respecter les règles de droit par les tribunaux, la Cour de cassation est traditionnellement un organe juridictionnel. En droit, la décision, même émanant des Chambres réunies, ou, à présent,

---

1. Soc. 18 déc. 1986, *Bull. civ.* V, n° 620.
2. Civ. 1re, 3 juin 2003, *Gaz. Pal.* 2003, 1, somm. 3928, note Marie-Laure Niboyet ; v. *infra*, n° 594.
3. V. Legros, *Essai sur la motivation des jugements civils*, thèse dactyl. Dijon, 1987 ; F. Zénati-Castaing, La motivation des décisions de justice et les sources du droit, *D.* 2007, chron. 1553 s. - V. aussi *La motivation des décisions de justice*, Trav. Centre nat. de recherches de logique, Bruxelles, 1978 ; H. Muir Watt, La motivation des arrêts de la Cour de cassation et l'élaboration de la norme, *in La Cour de cassation et l'élaboration de la loi*, dir. N. Molfessis, 2004, p. 53 s. - V. *infra*, n° 348.
4. V. Tournon, Le défaut de motifs, vice de forme des jugements, *JCP* 1946, I, 553 ; Voulet, Le défaut de réponse à conclusions, *JCP* 1965, I, 1912 ; Le grief de dénaturation devant la Cour de cassation, *JCP* 1971, I, 2410 ; C. Marraud, *La notion de dénaturation en droit privé*, thèse Nancy, éd. 1974 ; E. Prieur, *La substitution de motifs par la Cour de cassation*, thèse Caen, éd. 1986.
5. V. H. Motulsky, Le manque de base légale, pierre de touche de la technique juridique, *JCP* 1949, I, 775 ; v. aussi Le Clec'h, L'insuffisance de motifs, manque de base légale des décisions judiciaires, *JCP* 1948, I, 690, Manque de base légale et violation de la loi en matière civile, *JCP* 1948, I, 720 ; T. Le Bars, *Le défaut de base légale en droit judiciaire privé*, thèse Caen, éd. 1997 ; D. Foussard, Manque de base légale et élaboration de la règle, *in La Cour de cassation et l'élaboration de la loi*, préc., p. 69 s. ; Ph. Blondel, Le manque de base légale, son avenir, *Mélanges Ponsard*, 2003, p. 59 s.
6. V. M.-N. Jobard-Bachellier et X. Bachellier, *La technique de cassation, Pourvois et arrêts en matière civile*, 7e éd. 2010, Manque de base légale et application de la loi étrangère, *in La Cour de cassation et l'élaboration de la loi*, préc., p. 97 s.

de l'Assemblée plénière, n'a pas valeur d'un arrêt de règlement (C. civ., art. 5), car elle ne vaut que pour la cause et ne lie pas les juges dans une cause postérieure : la Cour de cassation n'est pas liée par ses propres décisions, pas plus que les juges du fond ne sont, en principe (v. cep. *supra*, n° 148), liés par celles-ci.

153 ***Rapports de la Cour de cassation*** ◊ Afin de favoriser le dialogue entre les pouvoirs et les autorités dans la genèse des règles et des solutions du droit, le décret du 22 décembre 1967 a prévu que, chaque année, un *rapport* serait présenté au garde des Sceaux sur la marche des procédures et de leurs délais d'exécution (v. COJ, art. R. 431-9). Dans ce rapport, le premier président et le procureur général peuvent appeler l'attention du garde des Sceaux « sur les constatations faites par la Cour... et lui faire part des améliorations qui leur paraissent de nature à remédier aux difficultés constatées » (COJ, art. R. 431-10). Ce rapport annuel, d'une grande richesse, témoigne de l'existence d'une évolution assez profonde dans la formation du droit positif [1] (v. *infra*, n°s 367 s., 423 s.). Il porte quand même à constater que des souhaits de réforme sont formulés par elle, dans le même temps que sont, sinon dénoncés, du moins regrettés, les changements législatifs à répétition.

154 ***Avis de la Cour de cassation*** ◊ Lors de la préparation de la réforme de la Cour de cassation réalisée en 1967, on s'était demandé s'il ne serait pas souhaitable de permettre à la Cour de cassation, dès qu'une controverse importante apparaît au niveau des juridictions du fond, de donner un *avis* en droit, qui n'aurait pourtant pas la force d'un précédent. À l'époque, l'idée suscita des résistances plus ou moins inavouées : du côté du Conseil d'État, où la fonction de donneur d'avis officiels en droit semblait condamner quelque concurrence, apparemment bien légitime ; du côté de la Cour de cassation, où l'idée d'exprimer un tel avis ou une telle opinion autrement qu'à travers le prisme des arrêts n'avait pas assez fait son chemin dans les esprits [2]. Pourtant, elle avait été reprise en doctrine, spécialement pour servir de substitut aux réponses ministérielles à des questions écrites de parlementaires [3].

La saisine pour avis de la Cour de cassation a été finalement introduite et aménagée dans notre droit par les lois du 15 mai 1991 et du 25 juin 2001,

---

1. V. sur ces rapports annuels les chroniques de H. Solus (*JCP* 1970, I, 2321, 1971, I, 2373, 1973, I, 2575), de F. Chabas (*JCP* 1976, I, 2793) ; v. aussi *JCP* 1978, I, 2882, 1979, I, 2953, 1980, I, 2993, 1981, I, 3041. – V. J. Déprez, À propos du rapport annuel de la Cour de cassation, « Sois juge et tais-toi » (Réflexion sur le rôle de la Cour de cassation), *RTD civ.* 1978, 503 s.

2. V. la communication présentée par F.Terré, en 1966, au Centre national de recherches de logique de Bruxelles, in *Les lacunes du droit*, Bruxelles, 1968, p. 158.

3. B. Oppetit, Les réponses ministérielles aux questions écrites des parlementaires et l'interprétation des lois, *D.* 1974, chron. 107 s., rééd. *in Droit et modernité*, 1998, p. 137 s. – V. aussi G. Rouhette, Une fonction consultative pour la Cour de cassation ?, *Mélanges A. Breton et F. Derrida*, 1991, p. 343 s. – Rappr., au sujet du Conseil d'État, dans ses relations avec les cours administratives d'appel, *infra*, n° 175. – Et, en droit communautaire, le renvoi en interprétation préjudicielle (art. 234 Traité UE, anciennement art. 177 Traité de Rome).

ainsi que par le décret du 12 mars 1992 [1]. « Avant de statuer sur une question de droit nouvelle, présentant une difficulté sérieuse et se posant dans de nombreux litiges, les juridictions de l'ordre judiciaire peuvent, par une décision non susceptible de recours, solliciter l'avis de la Cour de cassation qui se prononce dans le délai de trois mois de sa saisine » (COJ, art. L. 441-1, al. 1er). Lorsque le juge envisage de solliciter cet avis, « il en avise les parties et le ministère public. Il recueille leurs observations écrites éventuelles dans le délai qu'il fixe, à moins qu'ils n'aient déjà conclu sur ce point » (C. pr. civ., art. 1031-1, al. 1er) ; après quoi, « dès réception des observations ou à l'expiration du délai, le juge peut, par une décision non susceptible de recours, solliciter l'avis de la Cour de cassation en formulant la question de droit qu'il lui soumet » (al. 2). « Il surseoit à statuer jusqu'à la réception de l'avis ou jusqu'à l'expiration du délai... » (C. pr. civ., art. 1031-1, al. 2). « La saisine pour avis ne fait obstacle à ce que le juge ordonne des mesures d'urgence ou conservatoires nécessaires » (C. pr. civ., art. 1031-1, al. 3). L'avis rendu ne lie pas la juridiction qui a formulé la demande. Il est notifié aux parties par le greffe de la Cour de cassation (C. pr. civ., art. 1031-7, al. 2). Les dispositions relatives à la saisine pour avis de la Cour de cassation sont applicables, dans certaines conditions, en matière pénale (v. C. pr. pén., art. 706-64 à 706-70, réd. L. 15 nov. 2001).

155 ***Appréciation*** ◊ La réforme ainsi réalisée a suscité en doctrine des opinions variées. Celles-ci traduisent volontiers, en droit privé, l'idée qu'il s'agit là d'un changement profond. Sans nécessairement critiquer l'innovation, certains y voient une dépossession des juges du fond. À leurs yeux, « il ne s'agit plus d'unifier la jurisprudence, mais de la confectionner *ab initio* » [2] mieux encore, pour peu que l'avis cesse d'être aménagé dans le cadre d'une procédure d'exception, il y aurait là une transformation profonde : la dépossession des juges s'opérerait « au profit d'un organe d'interprétation officielle de la loi » [3]. Une opinion moins radicale, mais plus critique, est exprimée par certains qui contestent non pas la légitimité du procédé - car, parmi les fonctions d'une juridiction, peut figurer celle qui consiste à répondre à des questions abstraites -, mais son opportunité : des difficultés que rencontre la Cour de cassation à remplir ses fonctions traditionnelles, un auteur déduit qu'un « développement exemplaire » serait « paradoxal ». De toute

---

1. F. Zénati, La saisine pour avis de la Cour de cassation, *D.* 1992, chron. 247 s. ; A.-M. Morgan de Rivery-Guillaud, La saisine pour avis de la Cour de cassation, *JCP* 1992, I, 3576 ; C. Pelletier, Quinze ans après : l'efficacité des avis de la Cour de cassation, *Mélanges Jestaz*, 2006, p. 429 s. - Quelques années plus tôt, la loi du 31 déc. 1987, qui a institué les cours administratives d'appel (*infra*, n° 180), avait aussi aménagé une procédure analogue d'avis donné par le Conseil d'État, à la demande d'un tribunal administratif ou d'une cour administrative d'appel (v. *infra*, n° 175).
2. F. Zénati, chron. préc., p. 248.
3. F. Zénati, chron. préc., p. 254.

façon, est-il ajouté, s'il se produisait, il en résulterait « en fait l'abaissement de la Cour en tant que juridiction » [1].

La crainte des innovations qui inspire ces divers propos paraît bien excessive. Dès lors qu'il est urgent de décongestionner la Cour de cassation et de favoriser, sur certaines questions, une prompte formation de la jurisprudence, il est légitime de recourir à la procédure d'avis, même si, de toute évidence, ce remède est loin d'être le seul concevable. Il ne faut en attendre ni trop, ni trop peu. De toute façon, il ne convient sans doute pas, comme l'histoire du droit des procédures l'enseigne, d'établir une cloison étanche entre les activités d'ordre juridictionnel et celles qui ne le sont pas au sein d'une même juridiction. L'avis devient de plus en plus, dans nos sociétés où, suivant la prévision de Max Weber, le droit est soumis à une loi de complexification croissante, un mode courant d'expression du juridique, auquel certaines autorités, notamment les autorités administratives indépendantes, ont volontiers recours (*infra*, n° 338). Au surplus, il aurait été paradoxal que la Cour de cassation demeurât encore mutilée en comparaison avec le Conseil d'État.

C'est plutôt la mise en œuvre de la procédure d'avis qui peut faire problème. D'ores et déjà, son utilité a été démontrée (v. C. pr. pén., art. 706-64 à 706-70) et son domaine étendu à la matière pénale [2]. Mais la délimitation de son domaine est délicate. Les petites affaires ? Les grandes affaires ? Les séries d'affaires ? La pratique montre que les craintes exprimées par certains ne sont pas fondées [3], mais elle reste assez timide, d'autant plus que la nature et la place de l'avis dans le système des normes demeurent incertaines [4]. Il n'en demeure pas moins que l'on a vu se développer les avis spontanés de la Cour de cassation [5]. Sur les communiqués de presse de la Cour de cassation, v. *infra* n° 454.

En dépit de progrès incontestables, l'encombrement de la Cour de cassation continue de faire problème [6].

---

1. G. Rouhette, Une fonction consultative pour la Cour de cassation, *Mélanges A. Breton et F. Derrida*, 1991, p. 343 s., spéc. p. 347. – V. aussi Th. Le Bars, Positivisme, dogmatisme, réalisme et dérive de la Cour de cassation, *Mélanges Héron*, 2008, p. 309 s.

2. V. par ex. Didier R. Martin, Des premiers avis de la Cour de cassation en matière de crédit à la consommation, *JCP* 1993, éd. E, I, 107.

3. V. le rapport de P. Chauvin, in *L'image doctrinale de la Cour de cassation*, préc., p. 109 s. – V. aussi G. Keromnes, La saisine pour avis de la Cour de cassation, *Gaz. Pal.* 1997, 2, doctr. 1571 – Rappr. la note de P. Waquet, sous Avis C. cass., 24 janv. 1994, *Gaz. Pal.* 1994, 1, 155, au sujet d'un refus d'avis concernant une question qui n'est pas *nouvelle*.

4. V. les obs. de R. Libchaber, *RTD civ.* 2003, 157. – Sur les avis entre chambres de la Cour de cassation, v. *supra* n° 146.

5. N. Molfessis, Les avis spontanés de la Cour de cassation, *D.* 2007, 37 s.

6. V. J. Bel, Le bicentenaire de la Révolution, retour aux sources pour la Cour de cassation, *D.* 1989, chron. 105 s. ; v. aussi, du même auteur, La plume d'oie, *D.* 1995, chron. 1 s. ; *La Cour de cassation 1790-1990*, catalogue de l'Exposition du bicentenaire ; *Le Tribunal et la Cour de cassation 1790-1990*, Livre jubilaire, Litec, 1990 ; *Bicentenaire de la Cour de cassation*, Journées des 28, 29 et 30 nov. 1990, La Documentation française, 1991 ; J. Boré, La Cour de cassation de l'an 2000, *D.* 1995, chron. 133 s. et 139 ; S. Guinchard, Le droit a-t-il encore un avenir à la Cour de cassation ? (Qui cassera les arrêts de la Cour de cassation ?), *Mélanges F. Terré*, 1999,

156 ***Le filtrage des questions prioritaires de constitutionnalité*** ◊ L'on a vu que, lors de la réforme constitutionnelle réalisée par la loi du 23 juillet 2008, a été introduit, en droit français, un contrôle *a posteriori* de la constitutionnalité des lois (*supra*, n° 121). *A posteriori*, c'est-à-dire alors qu'il s'agit de lois qui ont, depuis un temps variable, été promulguées et sont donc en vigueur. Par voie d'exception formée au cours d'un procès, tout justiciable peut contester la constitutionnalité d'une loi. Plus précisément, un nouvel article 61-1 de la Constitution dispose (al. 1er) : « Lorsque, à l'occasion d'une instance en cours devant une juridiction, il est soutenu qu'une disposition législative porte atteinte aux droits et libertés que la Constitution garantit, le Conseil constitutionnel peut être saisi de cette question sur renvoi du Conseil d'État ou de la Cour de cassation, qui se prononce dans un délai déterminé ».

Dans les premiers temps d'application de la réforme de 2008 et appelée à se prononcer sur une QPC qui révélait une coexistence entre contrôle d'une conformité à la constitution (inconstitutionnalité ?) et contrôle d'une conformité au droit de l'Union européenne (inconventionnalité). La Cour de cassation eut à se prononcer sur le choix de la démarche qu'il convenait, dans un premier temps, de retenir. Le choix se présentait entre le QPC et le mécanisme déjà connu d'un renvoi préjudiciel devant la Cour de justice de l'Union européenne (CJUE). C'est en faveur de cette seconde démarche que la Cour de cassation a décidé, non sans susciter le courroux d'un certain nombre de juristes [1]. La sagesse aurait voulu que l'on prenne d'emblée conscience d'un enchevêtrement inévitable des hiérarchies et des compétences lorsque se développe l'hétérarchie [2]. La position adoptée par la Cour de cassation se comprenait aisément. La suite a montré que la coexistence des questions - prioritaire et préjudicielle - ne nécessitait pas, à ce niveau, le recours à une priorité des priorités [3].– Sur la QPC, v. aussi *infra*, n° 257.

D. L'autorité judiciaire

157 ***1° L'indépendance de l'autorité judiciaire*** ◊ Aux termes de l'article 64 de la Constitution, « le Président de la République est garant de l'indépendance de l'autorité judiciaire. Il est assisté par le Conseil supé-

---

p. 761 s. ; J. Foyer, La cassation civile entre son passé et son avenir, *Clés pour le siècle*, Dalloz, 2000, p. 111 s. - Rappr. J.-P. Gridel, La Cour de cassation au printemps 2009... La théorie, la pratique et l'activité usuelle d'un conseiller au civil, *Gaz. Pal.* 8-9 et 10-11 avril 2009.

1. Cass. 16 avr. 2010, *D.* 2010. 1254, note A. Levade, Renvoi préjudiciel versus Question prioritaire de constitutionnalité : la Cour de cassation cherche le conflit ! ; *LPA* 26 mai 2010, p. 4, par J. Biancarelli et G. Barraud « Un faux pas dans le dialogue des juges ? » ; v. aussi QPC et droit de l'Union européenne : la Cour de cassation ouvre la boîte de Pandore, par J. Roux, *LPA*, 31 mai 2010, p. 7. (v. aussi, J.-P. Gridel, Question préjudicielle de constitutionnalité, le gilet rouge par la Cour de cassation, *JO Bull. info.*, n° 761, mai 2012.

2. F. Terré, L'hétérarchie juridique, in *Mélanges Boré*, 2007, p. 447 s.

3. Cons. const. 12 mai 2010, *D.* 2010. 1321, note A. Levade, 22 juil. 2010, n° 2010-4/17 QPC - CJUE 22 juin 2010 aff. C-188-10 et C-189/10).

rieur de la magistrature. – Une loi organique porte statut des magistrats. – Les magistrats du siège sont inamovibles ». L'affirmation de l'indépendance de la magistrature rappelle une garantie revendiquée depuis des siècles par le corps judiciaire [1] et traditionnellement respectée par la République. Il en va de même du corollaire relatif à l'inamovibilité des juges du siège, du moins quand la situation politique n'est pas soumise à des secousses particulièrement fortes.

Reste à comprendre en quoi consiste une Autorité. Imprégnée de la pensée de Montesquieu et de la distinction des trois pouvoirs – législatif, exécutif, judiciaire –, l'on tend à penser que le corps judiciaire – tribunaux et magistrats confondus – est un des trois pouvoirs. Pourtant, il n'est pas, à ce propos, titulaire de cette légitimité populaire dont, dans notre traditions républicaine, seuls les représentants du peuple – et ceux auxquels ces élus accordent le pouvoir de gouverner – sont détenteurs

D'où le choix du terme d'autorité. En ce sens, c'est « un pouvoir refusé [2] » les juges ont pour insigne mission d'appliquer et d'interpréter les lois et les décrets. C'est pourquoi, si l'on veut garder un sens aux mots, la jurisprudence n'est pas créatrice du droit. C'est encore pourquoi le système français est hostile au gouvernement des juges et se distingue fondamentalement à ce sujet de l'esprit du droit anglo-américain, en dépit de l'importance croissante des juridictions internationales, souvent promptes à abuser de leurs prérogatives.

Mais cela n'exclut aucunement l'exigence d'une indépendance des juges, entendons ici des juges qui sont appelés à juger, c'est-à-dire des juges du siège, dont l'article 64 de la Constitution affirme l'inamovibilité. Il est vrai, à cet égard, que si le politique a besoin du judiciaire, il en est naturellement jaloux. Il sait bien d'ailleurs que le corps judiciaire, longtemps marqué par les sortilèges et les avantages du corporatisme, a singulièrement perturbé les derniers siècles de l'Ancienne France, ce qui a laissé subsister dans l'esprit des Français un rejet de l'arbitraire des Parlements, tant et si bien que le développement du syndicalisme dans la magistrature a réveillé, à tort ou à raison, dans l'esprit de certains, une crainte ancienne. Et surtout, il faut bien se résigner à constater que la question de l'indépendance de la magistrature dépasse, et de loin, les seules perspectives de carrière professionnelle [3]. Tant d'autres considérations – à commencer par les exigences insatisfaites de crédits décents pour la justice – interfèrent beaucoup plus profondément avec les vicissitudes de la politique (sur l'indépendance du Parquet, v. *infra*, n° 162).

158 ***2° Le Conseil supérieur de la magistrature*** ◊ L'article 64 de la Constitution de 1958 dispose notamment que le président de la République

1. Rappr. J. Krynen, *L'idéologie de la magistrature ancienne*, t. 1, éd. Gallimard, 2009.
2. J. Foyer, *Un pouvoir refusé*, *Pouvoirs*, n° 16, 1981, p. 17 s.
3. V. F. Terré, Une justice indépendante, De qui ? Comment ? Pour quoi ? Où sont les réponses ? *JCP* 2012. 23 s., n°16.

« est assisté par le Conseil de la magistrature » (al. 2) et qu'une « loi organique porte statut des magistrats » (al. 3). Jusque-là, il n'est pas fait de distinction entre le *siège* et le *parquet*. C'est seulement à l'alinéa 4 qu'une différence est exprimée : « Les magistrats du siège sont inamovibles », c'est-à-dire que sous réserve de sanctions disciplinaires relevant d'ailleurs de la compétence du Conseil de la magistrature, ils ne peuvent être déplacés d'un poste à un autre sans leur consentement. Cette garantie leur est propre.

Au sujet des compétences du Conseil de la magistrature, deux évolutions ont été constatées. L'une a été marquée par l'avènement de la Vᵉ République. Précédemment, sous la quatrième République, le CSM se caractérisait principalement par la pression exercée par le pouvoir parlementaire, du fait de la nomination de nombre de ses membres. La Constitution de 1958, dans sa teneur originaire, a marqué une réaction en sens inverse, du fait de l'influence dominante du pouvoir exécutif dans la composition du CSM. À quoi il convenait d'ajouter que, les magistrats étant majoritaires en son sein, l'on discerna, à tort ou à raison, le développement d'une mentalité corporatiste dans le comportement de ses membres.

C'est principalement au sujet de la situation des magistrats qu'une crise latente s'est à diverses reprises manifestée, précisément du fait que les mêmes magistrats peuvent exercer successivement leurs fonctions au siège ou au parquet, qu'ils ont été recrutés et formés ensemble et que pour l'opinion, corroborée par l'article 64 de la Constitution, et obscurcie par les médias, l'indépendance leur est due à tous, spécialement à l'égard du pouvoir politique, alors que la fonction des magistrats du parquet fait d'eux les agents du pouvoir exécutif auprès des tribunaux.

159 ***La réforme de 2008*** ◊ Avant la dernière réforme du Conseil supérieur de la magistrature, celui-ci avait changé par rapport à ce qu'avait prévu la Constitution de 1958 [1]. À l'origine, le CSM concernait les magistrats du siège. Mais une tendance au rapprochement des situations de ceux-ci et des magistrats du parquet a été marquée par la réforme constitutionnelle due à la loi du 27 juillet 1993. Il en est résulté une extension à ces magistrats des attributions du CSM et l'admission d'une formation compétente à leur égard. La réforme constitutionnelle réalisée par la loi du 23 juillet 2008 a accentué le mouvement, non sans marquer un certain recul de l'exécutif, puisque le Président de la République cesse de présider le CSM et que le ministre de la justice n'en est plus vice-président [2]. Cependant, sauf en matière disciplinaire, il « peut participer aux séances des formations » du CSM.

---

1. J. Gicquel, Le Conseil supérieur de la magistrature : une création continue de la République, *Mélanges Ardant*, 1999, p. 289 s.

2. J. Gicquel, Le nouveau Conseil Supérieur de la magistrature, *JCP* 2008, I, 176 ; D. Ludet, Conseil supérieur de la magistrature : une liberté... surveillée ?, *LPA*, Une nouvelle constitution ?, n° spéc., 19 déc. 2008, p. 111 s., Le nouveau Conseil supérieur de la magistrature, *JCP* 2008, I, n° 176.

Trois formations du CSM sont prévues :

a) Quant aux magistrats du siège, la formation compétente est présidée par le premier président de la Cour de cassation. Elle comprend en outre cinq magistrats du siège et un magistrat du parquet, un conseiller d'État désigné par le Conseil d'État, un avocat ainsi que six personnalités qualifiées qui n'appartiennent ni au Parlement, ni à l'ordre judiciaire, ni à l'ordre administratif. Le président de la République, le président de l'Assemblée nationale et le président du Sénat désignent chacun deux personnalités qualifiées » (Const. art. 65, al. 2). Cette formation « fait des propositions pour les nominations des magistrats du siège à la Cour de cassation, pour celles de premier président de cour d'appel et pour celles de président de tribunal de grande instance. Les autres magistrats du siège sont nommés sur son avis conforme » (al. 4). La même formation « statue comme conseil de discipline des magistrats du siège » (al. 6).

b) « La formation compétente à l'égard des magistrats du parquet est présidée par le procureur général près la Cour de cassation. Elle comprend en outre cinq magistrats du parquet et un magistrat du siège, ainsi que le conseiller d'État, l'avocat et les six personnalités qualifiées mentionnés au deuxième alinéa » (al. 3). Elle « donne son avis sur les nominations qui concernent les magistrats du parquet » (al. 5) et « sur les sanctions disciplinaires qui les concernent ».

c) Le CSM « se réunit en formation plénière pour répondre aux demandes d'avis formulées par le président de la République au titre de l'article 64 » (v. le n° précédent). « Il se prononce, dans la même formation, sur les questions relatives à la déontologie des magistrats ainsi que sur toute question relative au fonctionnement de la justice dont le saisit le ministre de la Justice » (al. 8). La formation plénière est aménagée au même alinéa.

Le CSM peut, désormais, être aussi saisi par un justiciable dans les conditions fixées par une loi organique (art. 10).

160 **3° *Les juges et les magistrats*** ◊ Dans la Grèce antique, le terme de magistrat ne désignait pas les personnes qui rendaient la justice, mais ceux qui exerçaient des fonctions dans le gouvernement de la cité. Les juges qui étaient élus, n'étaient pas des magistrats. C'est plus tard que le mot a servi à désigner les juges. Encore convient-il de formuler une double observation à ce sujet, ce qui nuance le propos. D'une part, l'expression de magistrat est encore utilisée dans un sens large, notamment pour désigner les maires, « magistrats municipaux ». D'autre part, bien que l'on emploie fréquemment celle de « magistrats consulaires » pour désigner les juges des tribunaux de commerce, on est davantage enclin à utiliser le mot de magistrat pour les juges professionnels qui composent la magistrature. Toujours est-il qu'à côté des juges de carrière, qui sont *nommés*, il existe aussi des juges *élus* (tribunal de commerce, conseil de prud'hommes, etc.).

À s'en tenir à la magistrature, on observera que celle-ci comprend deux branches distinctes : les magistrats dits « du siège », qui ont pour fonction de juger ; les magistrats du ministère public, dits « du parquet », qui représentent la société. Si, notamment quant à leur recrutement et quant à la pyramide de leurs carrières, ils sont soumis à un certain nombre de règles, en général communes, composant leur statut, la distinction du siège et du ministère public n'en est pas moins très importante.

161 ***a) Magistrats du siège*** ◊ Avant la Révolution, leurs charges étaient, en général, patrimoniales et héréditaires. Sous la Révolution, ils étaient pour la plupart élus. Ils sont actuellement recrutés pour la plupart par voie de concours, formés dans le cadre du Centre national d'études judiciaires, devenu École nationale de la magistrature (L. n° 70-613 du 10 juill. 1970, art. 9, modifiant ord. n° 58-1273 du 22 déc. 1958, etc.) et nommés, en principe, par décret du Président de la République. Il existe cependant des magistrats élus, tels les membres des tribunaux de commerce et des tribunaux paritaires de baux ruraux, ainsi que les conseillers prud'hommes. En outre, par l'effet d'une loi organique du 19 janvier 1995, peuvent, dans certaines conditions, *à titre temporaire* (pour une durée non renouvelable de sept ans), « être nommées, pour exercer des fonctions de juge d'instance ou d'assesseur dans les formations collégiales des tribunaux de grande instance, les personnes âgées de moins de soixante-cinq ans révolus que leur compétence et leur expérience qualifient particulièrement pour exercer ces fonctions » (Ord. du 22 déc. 1958 portant loi organique relative au statut de la magistrature, art. 41-10, al. 1, réd. L. 19 janv. 1995). Ces mesures se succèdent sans que l'on puisse espérer remédier de la sorte à des maux d'une ampleur bien grande de la crise évidente de la justice. Voilà cinquante ans, sinon plus, que l'on ne cesse d'accroître le rôle des juges sans leur assurer, en personnel et en matériel, les moyens d'y faire face [1]. – Sur les conseillers de cour d'appel en service extraordinaire, v. *supra*, n° 133 ; sur les conseillers et les avocats généraux à la Cour de cassation en service extraordinaire, v. *supra*, n° 142.

162 ***b) Ministère public*** [2] ◊ Les magistrats du ministère public, dits du Parquet, sont « les agents du pouvoir exécutif auprès des tribunaux » (L. 16-24 août 1790), devant lesquels ils représentent les intérêts de la société et de l'État [3].

Le ministère public a un rôle essentiel en *matière pénale* : il met en mouvement l'action publique et poursuit les délinquants devant les juridictions répressives.

1. V. encore, sur la loi du 24 févr. 1998 et le décret du 2 avr. 1998, *RTD civ.* 1998. 506.
2. V. COJ, art. L. 122-1 s., réd. ord. 8 juin 2006 ; v. *supra*, n° 125.
3. V. M.-L. Rassat, *Le ministère public entre son passé et son avenir*, thèse Paris, éd. 1965. – Il existe un Parquet auprès de la Cour de cassation (COJ, art. L. 132-1 s. et R. 132-1 s.), de chaque cour d'appel et de chaque tribunal de grande instance. Ce dernier Parquet a une vocation rayonnante, car « le Procureur de la République peut, en toutes matières, exercer le ministère public devant toutes les juridictions du premier degré établies dans son ressort » (art. L. 311-15 COJ), notamment devant le tribunal de commerce ; à ce dernier propos, son intervention est d'ailleurs importante dans les affaires de « faillite » (lois du 25 janv. 1985, puis du 26 juil. 2005). – V. *supra*, n° 125.

En *matière civile,* il a une double mission [1] :

- En principe, il n'a pas l'initiative d'une action ; dans un procès entre particuliers, il peut simplement intervenir comme « *partie jointe* », c'est-à-dire présenter ses observations dans une affaire dont il a communication. Normalement, son intervention est *facultative,* c'est-à-dire que le Parquet peut prendre connaissance de toutes les affaires dans lesquelles il estime devoir intervenir (C. pr. civ., art. 426). Mais il arrive que l'intervention du ministère public soit *obligatoire :* ainsi en est-il en cas de communication *judiciaire,* c'est-à-dire lorsque le juge décide d'office la communication au ministère public (C. pr. civ., art. 427) ou encore dans le cas de communication *légale.* Ainsi, le ministère public doit avoir communication : 1) des affaires relatives à la filiation, à l'organisation de la tutelle des mineurs, à l'ouverture ou à la modification de la tutelle des majeurs ; 2) des procédures en matière de « faillite ». Il doit également avoir communication de toutes les affaires dans lesquelles la loi - ce peut être aussi le décret (ex. : C. pr. civ., art. 798, en matière gracieuse) - dispose qu'il doit être entendu (C. pr. civ., art. 425).

- Parfois, exceptionnellement, le ministère public agit comme *partie principale* (demandeur ou défendeur) [2]. Ainsi, l'article 184 du Code civil lui donne le droit d'intenter certaines actions en nullité de mariage. De manière encore plus précise, un mariage contracté sans le consentement libre des deux époux peut être attaqué en nullité non seulement par les époux ou par celui des deux dont le consentement n'a pas été libre, mais par le ministère public (C. civ., art. 180, al. 1er, réd. L. 4 avr. 2006) [3].

Les membres du ministère public sont des magistrats professionnels recrutés de la même façon que les magistrats du siège et faisant partie du même corps. Mais ils ne sont pas indépendants ; ils forment une hiérarchie à la tête de laquelle se trouve, dans chaque ressort de cour d'appel,

---

1. Nous n'indiquons au texte que les attributions judiciaires du ministère public. Il a, en outre, des attributions extra-judiciaires, par exemple la surveillance sur les auxiliaires de justice, sur les officiers de l'état civil, la participation à la protection des incapables...

2. V. Mikalef-Toudic, *Le ministère public, partie principale dans le procès civil,* thèse Caen, éd. 2006.

3. Le ministère public peut-il agir en dehors d'un texte précis lui en donnant le pouvoir et simplement parce que l'ordre public est intéressé ? La question avait fait l'objet d'une controverse classique due à la rédaction de l'art. 46 de la loi du 20 avril 1810. L'alinéa 1er de ce texte paraissait commander la solution restrictive : « En matière civile, le ministère public agit d'office dans les cas spécifiés par la loi ». Mais l'alinéa 2 du même texte pouvait au contraire permettre la solution extensive : le ministère public « surveille l'exécution des lois, des arrêts et des jugements, il poursuit cette exécution dans les dispositions qui intéressent l'ordre public ». Après quelques hésitations, la jurisprudence avait pris parti pour une interprétation modérément extensive des pouvoirs du ministère public (Civ. 17 déc. 1913, *DP* 1914, 1, 261, note Binet, *S.* 1914, 1, 153, note Ruben de Couder, *Grands arrêts* n° 10 ; Paris 5 mars 1956, *D.* 1956, 632, note R. Lindon, *RTD civ.* 1956, 761, obs. P. Hébraud. - Comp. cep. Civ. 1re, 10 juin 1953, *D.* 1953, 612, *JCP* 1953, II, 7823, note J. Savatier). Finalement une solution plus nettement extensive a été retenue, puisque, en dehors des cas spécifiés par la loi, le ministère public « peut agir pour la défense de l'ordre public à l'occasion des faits qui portent atteinte à celui-ci » (art. 423 C. pr. civ.). - V. en ce sens extensif, Civ. 1re, 8 janv. 1974, *D.* 1975, 160, note N. Guimezanes ; Lyon 16 janv. 1980, *D.* 1981, 577, note Guiho.

le procureur général qui, lui, dépend directement du ministre de la Justice. Les magistrats du ministère public communiquent au tribunal ou à la cour, par voie de conclusions écrites, les indications qui ont pu leur être transmises par leurs chefs. Mais cette obédience hiérarchique n'est pas exclusive d'une indépendance que traduit le vieil adage : « si la plume est serve, la parole est libre », c'est-à-dire que le magistrat du ministère public, après avoir pris des conclusions écrites conformes aux ordres hiérarchiques, peut soutenir oralement une opinion différente. « À l'audience, leur parole est libre » (Ord. 22 déc. 1958, portant loi organique relative au statut de la magistrature, art. 5) [1].

La question de l'indépendance du Parquet se relie, plus spécifiquement, à celle de l'indépendance de l'Autorité judiciaire envisagée dans son ensemble. À telle enseigne qu'étant agents du pouvoir exécutif auprès des tribunaux, ils sont tenus de se conformer aux instructions qui leur sont données par la voie hiérarchique. C'est précisément pourquoi l'on a dû s'interroger, en droit européen, sur leur indépendance au sens de l'article 5 de la Convention européenne des droits de l'homme. Alors que le Conseil constitutionnel considère que l'Autorité judiciaire comprend à la fois les magistrats du siège et les magistrats du parquet [2], la Cour EDH a décidé que le procureur de la République n'est pas une autorité judiciaire au sens que la Cour donne à cette notion parce qu'il lui manque en particulier l'indépendance à l'égard du pouvoir exécutif [3].

Au-delà de cette position retenue du côté du droit européen se trouve posée, quant à la hiérarchie des pouvoirs et des autorités, la raison d'être du Parquet, en d'autres termes ce qui sert à justifier son existence même et ce pourquoi le magistrat du Parquet se distingue tant du magistrat du siège que des autres fonctionnaires de l'État démocratique. Une pression assez forte tend à pourtant à l'assimiler aux magistrats du siège, quant à l'exigence d'un avis conforme et non plus seulement consultatif du Conseil supérieur de la magistrature relativement à leur nomination.

163 ***2° Les auxiliaires de la justice*** ◊ On peut les grouper en deux catégories, selon qu'ils sont ou non des officiers ministériels.

164 ***Les officiers ministériels*** ◊ Certains auxiliaires de la justice sont des *officiers ministériels*. Ils sont nommés par le Gouvernement, mais ont un droit patrimonial sur leur charge, sous la forme du droit de présentation

---

1. V. R. Martin, Faut-il supprimer le ministère public ? (devant les juridictions civiles et administratives), *RTD civ.* 1998, 873 s. – Rappr. R. Drago, Le problème de l'existence d'un ministère de la justice en France, *Mélanges Drai*, 2000, p. 37 s.

2. Cons. const. 2 mars 2004, *D.* 2004. Somm. 2758, obs. B. de Lamy, *RTOciv.* 2005, 553, obs. R. Encinas de Munagorri.

3. CEDH 10 juill. 2008, *D.* 2009. 600, note J.-F. Renucci. V. aussi J.-F. Renucci, *Le magistrat du parquet est-il nu,* « magistrat » au sens européen du terme ? *Mélanges Cohen-Jonathan* 2004, p. 1345 s. – Sur les commissaires du Gouvernement devant le Conseil d'État, v. *infra* n° 170. – Sur le Parquet général de la Cour de cassation, v. *supra* n° 143.

de leur successeur : ils peuvent le proposer pour nomination au garde des Sceaux, ministre de la Justice, et se faire payer pour cette présentation un prix, qui est celui de la charge.

De cette catégorie relèvent notamment :

- les avocats à la Cour de cassation et au Conseil d'État *:* ils sont chargés de postuler, de conclure ainsi que de plaider ;

- certains greffiers *:* depuis l'institution de secrétariats-greffes fonctionnarisés auprès de la plupart des juridictions par la loi du 30 novembre 1965, le statut des greffiers, officiers ministériels, ne s'applique plus qu'aux greffiers titulaires de charge des tribunaux de commerce ; ils sont chargés d'assister le juge dans tous ses actes, et spécialement de tenir la plume à l'audience et d'affirmer l'authenticité du jugement rendu ; ils ont aussi pour mission d'en délivrer des copies aux intéressés ;

- les huissiers de justice *:* les uns, huissiers audienciers, assurent la police de l'audience ; les autres, huissiers ordinaires, signifient les actes de procédure et les jugements et procèdent, notamment, par des saisies, à l'exécution de ceux-ci.

165 ***Autres auxiliaires de la justice*** ◊ Ce sont principalement les *avocats* [1] exerçant leur profession dans le cadre d'une loi du 31 décembre 1971 qui a accompagné la fusion des professions d'avocat près les cours et tribunaux, d'avoué près les tribunaux de grande instance [2] et d'agréé près les tribunaux de commerce et a été complétée par un décret du 27 novembre 1991 (modifié à plusieurs reprises, notamment en 2005 et en 2006) organisant la profession d'avocat. Cette évolution a été marquée par l'organisation d'une nouvelle profession résultant de la fusion des professions d'avocat et de conseil juridique et par l'adoption d'un règlement intérieur des barreaux (déc. du Conseil national des barreaux, 24 avr. 2004). Et le mouvement de concentration semble devoir se développer en vue de la fusion des avocats et des juristes d'entreprise.

Les avocats exercent une profession libérale et indépendante (L. 31 déc. 1971, art. 7). Ils sont inscrits à un barreau. Ceux qui en font partie constituent un ordre représenté par un bâtonnier et administré par le conseil de l'ordre, qui est en même temps une juridiction disciplinaire. Leurs fonctions consistent : 1) à *représenter* les parties, ce qui correspond à la *postulation* dont étaient chargés les avoués ; mais dans cette fonction, l'avocat est limité par le ressort territorial du tribunal de grande instance auprès duquel est installé le barreau dont il fait partie (L. 31 déc. 1971, art. 4) [3]; 2) à *assister* les parties et *plaider* pour elles, sans être limités par un cadre

1. V. Dalloz, Action 2010/2011, Les *règles de la profession d'avocat*, par A. Damien et H. Ader.
2. La suppression de la profession d'avoué près des cours d'appel a été réalisée par la loi du 25 janvier 2011 (L. n°2011-94).
3. Devant les juridictions d'exception où le ministère d'avocat n'est pas obligatoire, l'avocat, dispensé de procuration, peut représenter la partie en même temps qu'il plaide pour elle.

territorial (art. 5) ; ils ont le monopole de la plaidoirie pour autrui [1] ; 3) à donner des *consultations* et rédiger pour autrui des *actes juridiques*.

Parmi les autres auxiliaires de la justice qui ne sont pas officiers ministériels, on peut citer les experts [2], séquestres, administrateurs judiciaires, mandataires judiciaires à la liquidation des entreprises, experts en diagnostic d'entreprise, conciliateurs de justice... On voit bien, comme au sujet des greffiers, que l'auxiliaire de la justice peut être auxiliaire des parties ou du juge.

166 ***Un nouveau venu : l'amicus curiae*** ◊ On a vu se développer depuis plusieurs années la désignation par une juridiction d'un *amicus curiae* appelé à exercer auprès de celle-ci un rôle de consultant (voire de médiateur) [3]. Cette innovation est une manifestation parmi d'autres de concepts de *common law* dans les droits continentaux, non sans transit via les juridictions européennes. Elle est de nature à susciter des critiques importantes. Indépendamment du fait qu'elle peut aboutir à alléger le rôle du juge, dans la recherche du droit qu'il doit chercher et appliquer (*dabo tibi jus*, v. *infra*, n° 589), ce qui est singulier à l'étage de la Cour de cassation, juge du droit, la démarche est plus générale, critiquable à un double titre : d'une part, elle témoigne d'un mouvement qui, observé en d'autres domaines notamment du fait de l'admission de plus en plus fréquente d'*actions collectives* (*infra*, n° 732), consiste à doubler l'action du ministère public, en tant que *partie jointe* devant un certain nombre de juridictions (*supra*, n° 161), ce qui peut se comprendre dans des systèmes qui en ignorent l'existence ou en conçoivent le rôle de manière restrictive, mais manifeste une régression regrettable là où il conserve une mission éminente à côté des juges du siège. D'autre part, l'insertion de l'*amicus curiae* dans la procédure suscite techniquement, quant à son rôle même, de très sérieuses objections.

Une assez courte expérience l'a montré. Appelée à se prononcer au sujet des maternités pour autrui, la Cour de cassation a cru bon d'entendre une sommité de la médecine à titre d'*amicus curiae* [4]. Il n'est pas interdit de penser qu'elle savait à l'avance, au vu de ses prises de position antérieures, ce qu'il allait lui dire. Mais passons ! Plus troublant est le fait qu'étant appelée à dire le droit, donc à le trouver, ce qui est sa tâche première, la Cour de cassation n'avait pas besoin, pour ce faire, d'un scientifique si

1. Sous réserve des exceptions prévues par la loi (L. 31 déc. 1971, art. 4) et du droit pour les parties, assistées de leur représentant, de présenter elles-mêmes des observations orales (C. pr. civ., art. 441, al. 1er).

2. V. Perruchot-Triboulet, Le nouveau statut des experts judiciaires, *D.* 2005, 3045 s.

3. V. Paris 6 juil. 1988, *Gaz. Pal.* 1988, 2, 700, obs. Y. Laurin, *D.* 1989, 341, obs. R. Perrot ; Y. Laurin, *L'amicus curiae*, *JCP* 1992, I, 3603 et *JCP* 2001, Act. 1709 ; *L'amiens curiae* et la Cour de cassation, *RRJ* 2007-1, p. 237 s.

4. Ass. plén. 31 mai 1991, *JCP* 1991, II, 21752, note F.T. ; rappr. Ass. Plén. 29 juin 2001, *D.* 2001, 2917, note Y. Mayaud, *D.* 2001, chron. 2907, par J. Pradel, *JCP* 2001, II, 10569, rapp. Sargos, concl. Sainte-Rose, note M.-L. Rassat.

éminent soit-il. La suite des affaires a bien montré les risques d'une dérive, rapidement constatée. Du recours à l'avis d'une personne qualifiée en contrepoint des procédures traditionnelles, on est passé, y compris répétons-le à l'étage de la Cour de cassation au recours à des tiers intéressés à la solution d'un litige – et quels tiers ! – le Conseil supérieur du notariat, le ministre de l'Économie et des Finances, le ministre de la Justice et la Fédération française des sociétés d'assurances... Des amis de poids, certes, mais pas nécessairement pour tous, peut-être experts en « lobbying administratif pour le compte d'intérêts privés ou publics », mais pas nécessairement soucieux d'un procès équitable [1]. Le juge lui-même pourrait bien demander à Dieu de le préserver de ses amis, quitte à se charger lui-même de ses ennemis. Des garanties s'imposent.

§ 3. L'ordre administratif

167 ***Évolution historique*** ◊ Il existait dans l'Ancien droit français certaines juridictions spécialisées appelées à se prononcer au sujet de contentieux de nature administrative : en matière fiscale, la Cour des aides, en matière de comptes, la Chambre des comptes du Parlement de Paris [2].

Mais ce n'est qu'à la suite d'une évolution liée à la Révolution française que s'est développé l'ordre des juridictions administratives. Certes, l'on aurait pu concevoir une *unité de l'ordre judiciaire* aboutissant à un même système juridictionnel pour tous les contentieux : aussi bien les procès opposant les particuliers à l'Administration que les procès opposant les particuliers entre eux. En France, tel n'a pas été le sens de l'histoire.

Bien avant la Révolution, les Rois de France étaient entrés en conflit avec les Parlements et les corps judiciaires, ce qui suscita, dès le XVIIe siècle, la séparation des autorités administratives et des autorités judiciaires : il s'agissait d'éviter que les Parlements ne fassent obstruction à l'action administrative. Cette considération historique est essentielle.

Au siècle des Lumières, le mouvement des idées a favorisé une autre distinction, en philosophie politique : la théorie de la séparation des pouvoirs – législatif, exécutif, judiciaire – qu'une tradition – d'ailleurs discutable et discutée – attribue à Montesquieu [3]. On aurait pu concevoir que la division des tâches consacrée par le droit intermédiaire correspondît à une division logique du travail et que les nouvelles juridictions constituant l'ordre judiciaire puissent être naturellement appelées à juger l'administration lorsque celle-ci violait la loi, portant de la sorte atteinte aux droits des particuliers.

---

1. Ch. mixte, 23 nov. 2004, 4 arrêts, *D.* 2004, IR 3191-3192, *JCP* 2004, Act. 624, *RTD civ.* 2005, 88, obs. R. Encinas de Munagorri.

2. V. not. A. de Laubadère et Y. Gaudemet, *Traité de droit administratif*, t. 1, 16e éd. 2001, n°s 690 s. ; B. Pacteau, *Contentieux administratif*, 6e éd. 2002. – V. aussi *Regards sur l'histoire de la justice administrative*, colloque Rennes, éd. 2006.

3. V. C. Eisenmann, L'Esprit des Lois et la séparation des pouvoirs, *Cahiers de philosophie politique*, Univers. de Reims, n°s 2-3, 1985, p. 3 s. – V. aussi Dany Cohen, *La Cour de cassation et la séparation des autorités administrative et judiciaire*, thèse Paris II, éd. 1987.

Il en a été autrement décidé par la loi des 16-24 août 1790. De l'article 13 du Titre II de cette loi, il résulte que « les fonctions judiciaires sont distinctes et demeureront toujours séparées des fonctions administratives ; les juges ne pourront, à peine de forfaiture, troubler de quelque manière que ce soit les opérations des corps administratifs, ni citer devant eux les administrateurs pour raison de leurs fonctions ». C'était interdire aux juges de l'ordre judiciaire de juger l'administration. Mais en l'état du texte, c'était aussi faire échapper les actes de l'administration à tout contrôle juridictionnel, ce qui était bel et bien attentatoire à la liberté des citoyens. La suite allait combler cette lacune [1].

168 ***Le contrôle juridictionnel de l'Administration*** ◊ Arbitraire, immunité, déni de justice... autant de mots, autant de reproches, que ne pouvait suffire à priver d'effet l'existence du Conseil d'État ou des conseils de préfecture.

Certes, la Constitution du 22 frimaire an VIII (art. 52) a institué un Conseil d'État : comme l'expression l'indique, il s'agissait d'une institution appelée à *conseiller* les autorités gouvernementales, dans la prise des décisions qu'implique l'administration active, y compris au sujet des litiges dont les *ministres* pouvaient être saisis.

C'est là que l'on perçoit bien une confusion initiale des pouvoirs d'administration et de juridiction. Des conflits naissant nécessairement dans les rapports entre l'administration et les intéressés, l'on reconnut naturellement à l'administré la possibilité d'exercer un recours administratif au supérieur hiérarchique, ce qui, de degré en degré, permit de remonter au chef de l'État ou au Conseil des ministres. Ainsi est née la théorie du *ministre-juge*, ce qui, s'agissant des actes de l'Administration, aboutissait à la confusion des fonctions d'administrateur et de juge. Et le Conseil d'État ne fut initialement investi que du pouvoir de donner son avis au ministre sur la décision que celui-ci pouvait être appelé à prendre en cas de recours d'un administré. Le Conseil d'État n'était que donneur d'avis. C'est le ministre qui jugeait.

Au niveau départemental, un système analogue avait été institué auprès des préfets : la loi du 28 pluviôse an VIII avait créé des *conseils de préfecture*. Si leur rôle était modeste, on les considéra pourtant, dès leur origine et malgré leur appellation, comme de véritables juridictions, investies de ce que l'on a appelé la *justice déléguée*, entendons déléguée par le Souverain.

169 ***La juridictionnalisation*** ◊ Des considérations d'ordre politique, juridique et même sociologique ont expliqué un processus de *juridictionnalisation* : l'évolution a consisté à abandonner le système du ministre-juge, à reconnaître clairement l'existence des juridictions administratives, à consacrer et à consolider l'ordre de ces juridictions.

1. V. les communications présentées lors du colloque, 1790-1990, Deux siècles de dualisme juridictionnel, *AJDA* 1990, n° 9, 579 s.

Le mouvement qui a abouti à ces résultats s'explique notamment par le fait qu'une administration qui se développe tend souvent, pour assurer des garanties aux administrés, à se « juridictionnaliser ». Et il en va ainsi spécialement des organes collégiaux appelés à assister l'administration. Ainsi en a-t-il été du Conseil d'État qui s'est, en matière de conflits avec l'Administration, organisé en juridiction, tant et si bien que le ministre entérinait le plus souvent les conseils qui lui étaient donnés. Et la loi du 24 mai 1872 a consacré cette évolution (*infra*, n° 169). La suite de l'histoire a permis de poursuivre la construction de l'édifice judiciaire de l'ordre administratif.

Progressivement, ce que Dareste appelait au siècle dernier, la « justice administrative » [1] devait susciter des préoccupations ou des critiques quant à sa nature, à son développement, voire à ses crises, qu'il s'agisse de son engorgement, de ses relations renouvelées avec l'administration, des querelles de compétence, souvent irritantes, inhérentes à la dualité des ordres juridictionnels [2], du rôle des parties au procès (au contentieux) et de leurs conseils [3].

Ultérieurement, le Conseil constitutionnel a, le 23 janvier 1987, décidé que « conformément à la conception française de la séparation des pouvoirs, figure au nombre des "principes fondamentaux reconnus par les lois de la République" (*infra*, n° 251) celui selon lequel, à l'exception des matières réservées par nature à l'autorité judiciaire, relève en dernier ressort de la compétence de la juridiction administrative l'annulation ou la réformation des décisions prises, dans l'exercice des prérogatives de puissance publique, par les autorités exerçant le pouvoir exécutif, leurs agents, les collectivités territoriales de la République ou les organismes publics placés sous leur autorité ou leur contrôle » [4].

On examinera les juridictions de l'ordre administratif en faisant état successivement du Conseil d'État et des juridictions administratives de droit commun.

---

1. *La justice administrative en France ou Traité du contentieux de l'administration*, Paris, 1862. - V. X. Prétot, Réflexions sur la justice administrative, *D.* 1986, chron. 27 s.

2. V. not. D. Truchet, Fusionner les juridictions administrative et judiciaire ?, *Mélanges Auby*, 1992, p. 335 s., et Mauvaises et bonnes raisons de mettre fin au dualisme juridictionnel, Rev. *Justices*, n° 3, 1996, p. 53 s. ; R. Drago et Marie-Anne Frison-Roche, Mystères et mirages des dualités des ordres de juridictions et de la justice administrative, *Arch. phil. droit*, 1997, p. 135 s. ; J.-B. Auby, La dualité de juridiction : nouvelles turbulences, *Bull. Droit administratif*, juin 1997, p. 3.

3. V. not. Y. Gaudemet, L'avenir de la juridiction administrative, *Gaz. Pal.* 1979, 2, doctr. 511 s., et *Le juge administratif, une solution d'avenir ?, Clés pour le siècle*, Dalloz, 2000, p. 1213 s. ; J. Rivero, *Nouveaux propos naïfs d'un Huron sur le contentieux administratif*, EDCE 1980 ; J.-M. Wœhrling, Réflexions sur une crise : la juridiction administrative à la croisée des chemins, Service public et libertés, *Mélanges Charlier*, 1981, p. 341 s. ; P. Lavigne, *Mélanges Charlier*, préc. p. 157 s. ; L. Favoreu, Le juge administratif a-t-il un statut constitutionnel ?, *Mélanges Auby*, 1992, p. 110 s. ; X. Prétot, chron. préc.

4. Cons. const. 23 janv. 1987, *GDCC* n° 41. - D. Truchet, Fusionner les juridictions administrative et judiciaire ?, *Mélanges Auby*, 1992, p. 335 s.

A. Le Conseil d'État

170 ***Présentation*** ◊ Le passage de la « justice retenue » à la « justice déléguée » (v. *supra*, n° 168) a été consacré par la loi du 24 mai 1872, dont l'article 9 disposait : « Le Conseil d'État statue souverainement sur les recours en matière contentieuse administrative et sur les demandes d'annulation pour excès de pouvoir formées contre les actes des diverses autorités administratives »[1]. Ultérieurement, une ordonnance du 31 juillet 1945 codifia les textes relatifs au Conseil d'État. Deux décrets du 30 juillet 1963, modifiés et complétés maintes fois, améliorèrent l'organisation de la Haute juridiction. Et l'ensemble de ces règles a été à nouveau codifié dans un Code de justice administrative – en termes de codification administrative par ordonnance (*infra*, n°s 437 s.) – par l'ordonnance n° 2000-387 du 4 mai 2000 (partie Législative) et les décrets n° 2000-388 et n° 2000-389 du 4 mai 2000 (parties Réglementaires).

171 ***1° Composition*** ◊ En droit, le Président du Conseil d'État est le Premier ministre et, en son absence, le ministre de la Justice ; mais ils ne peuvent présider que l'assemblée générale du Conseil et la commission permanente (v. *infra*, n° 174). En pratique, seules les séances solennelles sont présidées par le ministre de la Justice.

Le vice-président du Conseil d'État exerce des pouvoirs étendus. Pratiquement, il préside les séances ordinaires de l'assemblée générale. En outre, il dirige le travail administratif du Conseil d'État avec l'assistance d'un secrétaire général, choisi parmi les maîtres des requêtes, qui fait aussi fonction de greffier.

À la tête de chacune des sept sections du Conseil d'État – cinq sections administratives, une section contentieuse et une consacrée aux rapports et aux études ; il y a sept présidents de section et trois présidents adjoints pour la section du contentieux.

Les conseillers d'État relèvent de deux catégories : les conseillers d'État en service ordinaire qui délibèrent et décident ; les conseillers d'État en service extraordinaire qui sont des personnalités extérieures appelées pendant une durée de quatre ans à siéger dans les formations administratives. Au 1er avril 2011, il y avait 180 conseillers d'État, dont 12 en service extraordinaire.

À l'échelon immédiatement inférieur, il y a les maîtres des requêtes (114) et au bas de la hiérarchie, on trouve les auditeurs (14). Les uns et les autres préparent le travail des conseillers. Parmi eux – généralement parmi les maîtres des requêtes –, sont choisis les commissaires du gouvernement dont la mission consiste à présenter devant les formations contentieuses des conclusions dans lesquelles ils développent le point de vue du droit ; ils

---

1. V. ensuite l'arrêt *Cadot* rendu par le Conseil d'État, le 13 déc. 1889 (*Rec.* p. 1148, *S.* 1892, 3, 17, note M. Hauriou, *GAJA* n° 5) : il est affirmé que le ministre n'est pas un juge et que le Conseil d'État est une véritable juridiction.

diffèrent des membres du ministère public devant les juridictions judiciaires (*supra*, n° 161), notamment en ce qu'ils ne relèvent pas d'un corps hiérarchisé tel que le Parquet et « n'ont d'existence qu'individuelle » [1] dès lors, ils peuvent prendre, même par écrit, des conclusions contraires aux souhaits du gouvernement ; leur plume est donc aussi libre que leur parole [2]. Leur situation particulière a suscité des difficultés par rapport à l'exigence d'un *procès équitable* (v. *infra*, n° 759) inscrite à l'article 6 de la Convention EDH. La CEDH a en effet condamné la France en violation de cet article, estimant qu'indépendamment de l'objectivité reconnue du commissaire du Gouvernement et malgré le fait qu'il ne participe pas au vote, sa présence au délibéré de la formation de jugement peut lui offrir une occasion supplémentaire d'appuyer ses conclusions en faveur de l'une des parties dans le secret de la chambre du conseil [3]. Devant les formations administratives, les fonctions de commissaire du gouvernement sont exercées par des représentants de l'Administration qui y soutiennent les projets soumis au Conseil.

Les auditeurs sont recrutés par la voie de l'École nationale d'administration ; les maîtres des requêtes le sont parmi les auditeurs ; les conseillers le sont parmi les maîtres des requêtes. Il faut cependant corriger cette trajectoire linéaire en observant l'existence d'un recrutement « au tour extérieur » : le gouvernement peut, en effet, nommer directement des maîtres des requêtes, dans la proportion du quart de leur nombre total, et des conseillers dans la proportion du tiers.

Des assistants de justice apportent leur concours aux travaux préparatoires réalisés par les membres du Conseil d'État pour l'exercice de leurs attributions (CJA, art. L. 122-2, R. 122-30 s.).

Les membres du Conseil d'État ne sont pas des magistrats, mais des fonctionnaires soumis à un statut comportant d'importantes garanties

---

1. G. Vedel et P. Delvolvé, *Droit administratif*, t. 2, p. 80.

2. V. T. Sauvel, Les origines du commissaire du gouvernement auprès du Conseil d'État statuant au contentieux, *RD publ.* 1949, 5 ; R. Guillien, Les commissaires du Gouvernement près les juridictions administratives, *RD publ.* 1955, 281 s. ; O. Dupeyroux, Le ministère public auprès des juridictions administratives, *Mélanges Mestre*, 1956, p. 179 s. ; M. Deguergue, Les commissaires du gouvernement et la doctrine, Rev. *Droits* 1994, n° 20, p. 125 ; N. Rainaud, *Le commissaire du gouvernement près le Conseil d'État*, thèse, éd. 1996 ; B. Genevois, Le commissaire du gouvernement devant le Conseil d'État statuant au contentieux ou la stratégie de la persuasion, *RFDA*. 2000. 1207.

3. CEDH 7 juin 2001, *Kress c/ France*, D. 2001, 2619, note R. Drago, *JCP* 2001, II, 10578, note F. Sudre. ; 27 nov. 2003, *Slimane-Kaïd* n° 2, *JCP* 2004, I, 107, n° 6, obs. F. Sudre ; 5 juil. 2005, *Loyen c/ France*, *JCP* 2006, I, 109, n° 5, obs. F. Sudre, II, 10016, note L. Poulet. – Un décret du 28 nov. 2005 tendait à une conciliation des solutions, en disposant que le commissaire du Gouvernement « assiste au délibéré » mais « n'y prend pas part ». Mais la CEDH ne se laisse pas prendre à ce subterfuge. Au sujet de la Cour des comptes et des chambres régionales des comptes, elle écarte toute présence, active ou passive, du commissaire du Gouvernement devant les juridictions administratives (*Martinie c/ France*, 12 avr. 2006, *D.* 2006, IR 1128, obs. M.-C. de Monteclerc). – V. aussi J. Andriantsimbazovina, « Savoir n'est rien, imaginer est tout », D. 2001, chron. 2617 ; B. Beignier, L'autre avocat, *D.* 2005, 3028 ; rappr. CEDH 26 juill. 2002, *Meftah c/ France*, 2003, 593, obs. N. Fricero. – V. plus généralement sur « l'égalité des armes », F. Sudre, J.-P. Marguénaud, J. Andriantsimbazovina, A. Gouttenoire et M. Levinet, *Les grands arrêts de la Cour européenne des droits de l'homme*, PUF, Thémis 2009, p. 313 s.

disciplinaires. En droit, l'on s'accorde à reconnaître qu'ils ne sont pas inamovibles et qu'ils pourraient donc, en principe, être déplacés, même sans leur consentement. En fait, une tradition séculaire, liée à la valeur du corps, fait à cet égard échapper ses membres - y compris ceux qui composent les formations administratives - aux caprices et aux courroux des gouvernements.

172 ***2° Formations*** ◊ Si la Cour de cassation ne comporte pas seulement des formations de jugement, ses membres pouvant notamment se réunir en assemblée générale (*supra*, n° 144), on ne trouve pourtant en son sein aucune formation administrative semblable à celles qui contribuent à marquer l'originalité du Conseil d'État. Il faut donc distinguer ici les formations administratives et les formations contentieuses.

173 ***a) Formations administratives*** ◊ Elles sont assez diverses.

Quatre *sections administratives* - sections des finances, de l'intérieur, des travaux publics et section sociale - sont respectivement composées d'un président, de conseillers en service ordinaire, de conseillers en service extraordinaire, de maîtres des requêtes et d'auditeurs. Ces sections délibèrent de manière distincte, mais lorsqu'une question intéresse plusieurs sections, elle peut être examinée soit en *sections réunies*, soit en *commission*, celle-ci étant une émanation des différentes sections.

Aux quatre sections administratives, s'est ajoutée, par l'effet d'un décret du 24 janvier 1985, une *section du rapport et des études*, qui avait succédé à une commission du même nom. Cette section « a pour mission d'élaborer les propositions que le Conseil d'État adresse aux pouvoirs publics en exécution de l'article L. 112-3 du Code de justice administrative et de procéder à des études à la demande du Premier ministre ou à l'initiative du vice-président » (CJA, art. R. 123-5, al. 1er). La section du rapport et des études est également chargée du règlement des difficultés auxquelles peut donner lieu l'exécution des décisions du Conseil d'État statuant au contentieux et des juridictions administratives ; elle prépare le rapport d'activité que le Conseil d'État établit chaque année, lequel mentionne les réformes d'ordre législatif, réglementaire ou administratif sur lesquelles le Conseil d'État a appelé l'attention du Gouvernement ; il peut contenir des propositions nouvelles et signale en outre, s'il y a lieu, les difficultés rencontrées dans l'exécution des décisions du Conseil d'État statuant au contentieux et des juridictions administratives. Il est remis au Président de la République (CJA, art. R. 123-5, al. 2 à 4).

174 ***L'Assemblée générale du Conseil d'État*** ◊ Cette Assemblée générale en matière administrative comporte deux formations : 1) l'*assemblée générale ordinaire*, qui comprend le vice-président, les présidents de section, quinze conseillers affectés aux sections administratives, ainsi que - bien qu'il s'agisse d'une formation administrative - un président adjoint de la section du contentieux et douze conseillers affectés à cette même section ;

l'assemblée générale ordinaire se prononce en principe sur les projets de lois ou d'ordonnances, sur les projets de « décrets autonomes » (v. *infra*, nº 325, sur l'article 37 de la Constitution de 1958) et sur les affaires qui lui sont renvoyées en raison de leur importance ; 2) l'*assemblée générale plénière*, qui comprend avec voix délibérative tous les membres ayant un rang au moins égal à celui de conseiller d'État, ainsi que les autres membres s'ils sont rapporteurs, et, avec voix consultative, tous les membres du Conseil, est compétente lorsqu'il y a lieu de procéder à une élection (ex. : au Tribunal des conflits, *infra*, nº 182) ou sur renvoi d'une affaire par le vice-président ou par l'assemblée générale ordinaire.

Émanation de l'assemblée générale, la *commission permanente* examine, en cas d'urgence, les projets de lois ou d'ordonnances.

175 ***b) Formations contentieuses*** ◊ La section du contentieux est l'une des six sections que comporte le Conseil d'État. Elle est composée d'un président [1], de trois présidents adjoints et elle est divisée en dix sous-sections, chacune d'elles ayant à sa tête un président de sous-section. Cette démultiplication tend à assurer, tant bien que mal, l'adaptation aux difficultés de chaque espèce, ainsi que la maîtrise, si difficile en notre temps, au Conseil d'État comme à la Cour de cassation, des flux judiciaires. – Sur la *commission d'admission* assurant un « filtrage » lorsque le Conseil d'État est saisi en cassation d'un arrêt de cour administrative d'appel, v. *infra*, nº 177.

Chaque *sous-section* instruit les affaires qui lui sont attribuées et elle les juge elle-même, à condition d'être composée de cinq membres ayant voix délibérative. Mais il se peut que la formation de jugement soit constituée par deux, voire par trois *sous-sections réunies*. Et, si l'affaire est de plus grande importance ou pose des questions de principe, le vice-président, le président de la section du contentieux ou des sous-sections réunies, la sous-section ou les sous-sections réunies, ainsi que le commissaire du gouvernement peuvent renvoyer l'affaire à la section du contentieux en formation de jugement, voire à l'assemblée du contentieux.

La *section du contentieux en formation de jugement* ne se confond pas avec la section du contentieux en son entier ; elle est une formation au sein de cette section et se compose du président de la section du contentieux, des trois présidents adjoints, des présidents des sous-sections, du rapporteur, ainsi que – bien qu'il s'agisse d'une formation contentieuse – de deux conseillers des sections administratives.

L'*assemblée du contentieux* se compose du vice-président du Conseil d'État, des six présidents de section, des trois présidents adjoints de la section du contentieux, du président de la sous-section d'instruction et du rapporteur.

Depuis que la loi du 31 déc. 1987 a créé les cours administratives d'appel, le gouvernement n'est plus le seul destinataire des avis du Conseil d'État. De l'article 12 de cette loi (CJA, art. L. 113-1), il résulte en effet que,

1. Pour les litiges relevant du Conseil d'État, il a compétence pour statuer en référé (CJA, art. L. 511-2, al. 2). – Sur le référé devant les juridictions administratives, v. *infra*, nº 181.

lorsqu'une cour administrative d'appel est saisie d'une « question de droit nouvelle présentant une difficulté sérieuse et se posant dans de nombreux litiges », elle peut surseoir à statuer et demander au Conseil de formuler, au vu du dossier, un « avis » dans un délai de trois mois ; en droit ; cet avis ne lie pas la cour administrative d'appel.

176 ***3° Attributions administratives*** ◊ Comme l'appellation semble le dire, le Conseil d'État est, en quelque sorte, un Conseil de l'État ou plus exactement du gouvernement [1]. Dans l'accomplissement de cette tâche, il ne se lie d'ailleurs pas lui-même, car il peut - et cela peut surprendre - dire en section du contentieux le contraire de ce qu'il a pu dire en section administrative. Quoi qu'il en soit, le Conseil d'État est appelé à donner des avis au gouvernement, soit en matière législative, soit en matière réglementaire [2].

En matière législative, il doit être consulté sur tous les *projets de loi* [3] (Cons., art. 39, al. 2). « Dans les conditions prévues par loi » - « organique » (v. *infra* n° 423) - « le président d'une assemblée peut soumettre pour avis au Conseil d'État, avant son examen en commission, une proposition de loi déposée par l'un des membres de cette assemblée, sauf si ce dernier s'y oppose ».

En matière administrative, la mission du Conseil d'État est aussi très importante. S'agissant du domaine réglementaire, il est obligatoirement consulté sur les projets d'ordonnance (Const., art. 38), sur les projets de décrets abrogeant ou modifiant des textes de forme législative antérieurs à 1958, ainsi que sur de nombreux textes réglementaires, soit parce que la loi l'ordonne, soit parce que le gouvernement le désire. S'agissant de décisions gouvernementales individuelles, le Conseil d'État peut aussi être appelé, soit obligatoirement, soit facultativement, à donner son *avis*. Il peut aussi être consulté par le gouvernement sur une question de droit [4].

177 ***4° Attributions judiciaires*** ◊ À la différence de la Cour de cassation, le Conseil d'État n'est pas seulement un juge de cassation ayant pour mission de se prononcer sur les recours formés contre des décisions ren-

1. V. R. Denoix de Saint Marc, Le rôle du Conseil d'État dans la préparation et l'application des lois, *RJC* 1997, 173 s.– V. sur la procédure applicable, les art. R. 113-1 à R. 113-4, CJA - V. aussi : D. Labetoulle, Ni monstre, ni appendice, le « renvoi » de l'article 12, *RFDA* 1988, 213 s. ; sur les avis de la Cour de cassation, v. *supra*, n° 154 ; et, plus généralement, les observations de R. Libchaber, *RTD civ.* 2003, 157 s. ; L. Calandri, L'avis juridictionnel du Conseil d'État et le principe d'impartialité, chronique d'une incompatibilité annoncée, *JCP* 2007, I, 114.

2. V. Y. Gaudemet, La Constitution et la fonction législative du Conseil d'État, *Mélanges Jean Foyer*, 1997, p. 61 s., et La prévention du contentieux administratif par les avis du Conseil d'État, *Rev. adm.*, n° spéc. 1999, 95 s.

3. Y compris dans le cadre de l'art. 88-4 de la Constitution (réd. L. 25 juin 1992), au sujet des propositions d'actes communautaires (R. Denoix de Saint Marc, art. préc., p. 176). – V. *infra*, n° 313.

4. Sur une certaine (auto)glorification du Conseil, à l'occasion de son bicentenaire, v. Bicentenaire du Conseil d'État, *Les Annonces de la Seine*, 16 déc. 1999.

dues en dernier ressort. Il peut être aussi appelé à se prononcer en qualité de juge du fond, soit comme juge de première instance, soit comme juge d'appel.

Le Conseil d'État est compétent *en premier et dernier ressort* dans des cas « exceptionnels », entendons exception à la compétence de droit commun des tribunaux administratifs (*infra*, n° 179). Reste que ces cas exceptionnels sont importants, quantitativement – environ 25 % des arrêts – et qualitativement, car la compétence du Conseil d'État concerne généralement des actes de portée nationale : recours en annulation contre les décrets et les ordonnances, contre les actes réglementaires des ministres, contre les actes administratifs des ministres pris obligatoirement après avis du Conseil d'État. Celui-ci est aussi compétent en premier et dernier ressort pour se prononcer sur les recours formés contre les mesures individuelles concernant les fonctionnaires ou agents publics nommés par décret du Président de la République. Il se peut encore que d'autres actes administratifs relèvent de la même compétence parce qu'ils peuvent avoir une ampleur nationale et qu'il convient d'éviter d'emblée à leur sujet une contrariété de décisions entre des tribunaux administratifs.

Bien qu'il existe des cours administratives d'appel ayant en principe compétence pour statuer sur les appels formés contre les jugements des tribunaux administratifs, le Conseil d'État est compétent, en tant que *juge d'appel*, pour connaître des appels formés contre les jugements des tribunaux administratifs ayant statué sur les recours en appréciation de légalité et sur les recours relatifs aux élections municipales et cantonales.

Enfin, le Conseil d'État peut se prononcer comme *juge de cassation*. Son rôle est alors comparable à celui de la Cour de cassation (*supra*, n° 148). Comme elle, il ne connaît que des moyens de droit. En son sein, il existe une formation de « filtrage » appelant une comparaison avec ce qui, à la Cour de cassation, était autrefois la chambre des requêtes et ce qui est aujourd'hui la formation restreinte. Il existe, en effet, au Conseil d'État, depuis une loi du 31 décembre 1987, une *procédure préalable d'admission* devant être suivie en cas de pourvoi contre un arrêt d'une cour administrative d'appel et qui accorde à la *commission d'admission des pourvois en cassation* le pouvoir de refuser, par décision juridictionnelle, d'admettre un pourvoi si celui-ci est irrecevable ou n'est fondé sur aucun moyen sérieux (CJA, art. L. 822-1). Si, des considérations qui précèdent, se dégagent des traits communs entre Conseil d'État et Cour de cassation, il n'en subsiste pas moins des différences importantes : ainsi, tandis que, devant la Cour de cassation, le pourvoi est subordonné à l'existence d'un *cas d'ouverture à cassation* – violation de la loi, défaut de motifs, manque de base légale... –, le pourvoi en cassation devant le Conseil d'État est ouvert de plein droit en vertu des principes généraux [1] ; ainsi encore, les conséquences d'une cassation diffèrent d'une juridiction à l'autre : rares

1. CE 7 févr. 1947, *d'Aillières*, *JCP* 1947, II, 3508, note G. Morange, *GAJA* 18e éd. 2011, n° 58.

sont les cas de cassation sans renvoi, à la Cour de cassation (*supra*, n° 149) ; il en va autrement au Conseil d'État qui peut notamment « régler l'affaire au fond si l'intérêt d'une bonne administration de la justice le justifie » (CJA, art. L. 821-2) (Sur les avocats au Conseil d'État et à la Cour de cassation, v. *supra*, n° 164).

À ces attributions, la loi constitutionnelle du 23 juillet 2008 a ajouté celle d'une institution de filtrage en cas d'exception d'inconstitutionnalité (v. *supra* n° 120).

B. Les autres juridictions administratives de droit commun

178 ***Présentation*** ◊ Il convient de distinguer les deux degrés de ces juridictions du fond : au premier degré, les tribunaux administratifs, au deuxième degré, les cours administratives d'appel [1].

Les membres du corps des tribunaux administratifs et des cours administratives d'appel sont inamovibles en ce sens que, lorsqu'ils exercent leurs fonctions de magistrats dans une juridiction administrative, ils ne peuvent recevoir, sans leur consentement, une affectation nouvelle, même en avancement. Devant les tribunaux administratifs et les cours administratives d'appel, il existe des commissaires du gouvernement choisis parmi les membres de ces juridictions (v. *supra*, n° 171). Des assistants de justice apportent leur concours aux travaux préparatoires réalisés par les membres du corps des tribunaux administratifs et des cours administratives d'appel pour l'exercice de leurs attributions (CJA, art. L. 227-1, R. 227-1 s.).

179 ***1° Les tribunaux administratifs*** ◊ Dans chaque département, la loi du 28 pluviôse an VIII avait institué un conseil de préfecture présidé par le préfet. S'ils furent, dès leur création, considérés comme de véritables juridictions, les matières relevant de leur compétence étaient peu nombreuses. La suite des temps fut marquée par des améliorations successives : organisation d'une véritable procédure (L. 22 juill. 1889), substitution d'un des membres du conseil au préfet dans la présidence de la juridiction et institution de conseils interdépartementaux (décr.-loi 6 sept. 1926), extension des attributions contentieuses... Puis, opérant une réforme importante du contentieux administratif afin de porter remède à l'encombrement du Conseil d'État, un décret du 30 septembre 1953 remplaça les conseils de préfecture par des tribunaux administratifs, en faisant de ceux-ci, au premier degré, les juridictions de droit commun en matière administrative [2] (v. CJA, art. L. 211-1 s.). Ils statuent en premier et dernier ressort sur les

1. Cons. const. déc. 2001-448 DC, 25 juill. 2001, *JCP* 2003, I, 115, obs. B. Mathieu et M. Verpeaux : « La Cour des comptes est une juridiction administrative ».

2. Il y a 28 tribunaux administratifs en métropole, 4 dans les départements d'outre-mer, 1 à Papeete, 1 à Nouméa, 1 à Mayotte, 1 à Saint-Pierre-et-Miquelon et 1 à Wallis et Futuna (CJA, art. R. 221-3).

litiges énumérés à l'article R. 222-13 du Code de justice administrative (CJA, art. R. 811-1, réd. décr. 24 juin 2003).

180 *2° Les cours administratives d'appel* ◊ Afin de remédier, cette fois encore, à l'encombrement du Conseil d'État, une loi du 31 décembre 1987, complétée par des décrets des 15 février, 9 mai et 2 septembre 1988, 17 mars 1992 et 22 juin 2004, a institué des cours administratives d'appel actuellement au nombre de 8 (CJA, art. R. 221-7), fixé par décret [1]. Juridictions de droit commun au deuxième degré, les cours administratives d'appel sont compétentes pour statuer sur les appels formés contre les jugements des tribunaux administratifs autres que ceux portant sur les litiges relatifs aux élections municipales et cantonales ; les cours administratives d'appel sont compétentes pour connaître des appels formés contre les jugements des tribunaux administratifs portant sur des recours pour excès de pouvoir même dirigés contre des actes réglementaires [2]. En outre, ces cours sont compétentes pour connaître des litiges de plein contentieux et des recours pour excès de pouvoir contre les actes tant réglementaires que non réglementaires. Puis, dans le cadre de la mise en œuvre de réformes destinées à lutter contre l'encombrement des cours administratives d'appel, le décret du 24 juin 2003 a comporté deux innovations principales relatives à la procédure d'appel : l'obligation du ministère d'avocat en appel (CJA, art. R. 811-7) et la suppression de la voie d'appel dans certaines matières (CJA, art. R. 811-1) [3].

Chaque cour administrative d'appel est présidée par un conseiller d'État. Chacune est divisée en chambres. Lorsqu'une *chambre* juge, elle doit comprendre son président (ou, le cas échéant, le président de la cour), deux conseillers de la chambre, un conseiller affecté à une autre chambre et le conseiller-rapporteur. En raison de l'importance ou de la complexité de l'affaire, la cour peut siéger en *formation plénière* : celle-ci, présidée par le président de la cour (à défaut, par le président de chambre le plus ancien), comprend cinq autres membres et le conseiller-rapporteur.

181 *3° Juridictions administratives spécialisées* ◊ Elles sont nombreuses et relèvent en appel, soit des cours administratives d'appel, soit du Conseil d'État, ainsi que devant celui-ci, du recours en cassation : Cour des comptes, [4]

1. Bordeaux, Douai, Lyon, Marseille, Nancy, Nantes, Paris, Versailles ; – V. R. Drago, Les cours administratives d'appel, *RFDA* 1988, 165 s. ; R. Debbasch, Les nouvelles compétences des cours administratives d'appel, *JCP* 1992, I, 3594 ; J. Waline, La réforme de la juridiction administrative : un tonneau des Danaïdes, *Mélanges Auby*, 1992, p. 347 s. ; D. Pouyaud, La réforme du 31 décembre 1987 et la distinction des contentieux, *Mélanges Chapus*, 1992, p. 541 s.

2. V. E. Picard, La loi du 8 février 1995 relative à l'organisation des juridictions et à la procédure civile, pénale et administrative : Aspects administratifs, *JCP* 1995, I, 3840, spéc. n°s 10 s.

3. *JO* 25 juin 2003 ; v. Y. Aguila, La réforme du régime de l'appel devant les cours administratives d'appel, *JCP* 2003, Act. 344 ; S. Boissard, Vers un désencombrement des cours administratives d'appel ?, *AJDA* juill. 2003, 1375 s.

4. Il résulte d'un nouvel art. 47-2, al. 1er, de la Constitution de 1958 (L. const. du 23 juill. 2008) que : « La Cour des comptes assiste le Parlement dans le contôle de l'action du Gouverne-

Conseil supérieur de la magistrature statuant en matière disciplinaire (v. *supra*, n° 171), Cour de discipline budgétaire et financière, juridictions de dommages de guerre, etc. (v. C. jur. fin., L. 2 déc. 1994) [1].

§ 4. Le Tribunal des conflits

182 ***Présentation*** ◊ L'existence de deux ordres de juridictions - l'ordre judiciaire et l'ordre administratif - est de nature à susciter des conflits de compétence dès lors que des juridictions de l'un et de l'autre ordre n'interprètent pas de la même manière le principe de séparation des autorités administrative et judiciaire, que ce soit dans le sens de la compétence ou dans celui de l'incompétence. D'où l'existence d'une juridiction unique en France, instituée en 1849, supprimée après le coup d'État du 2 décembre 1851, puis rétablie par la loi du 24 mai 1872. Appelé à trancher les conflits évoqués, le Tribunal des conflits, juridiction de type paritaire, se compose d'un président - le ministre de la justice - et de huit membres : trois conseillers à la Cour de cassation, trois conseillers d'État en service ordinaire et deux autres membres désignés par les six précédents (en fait, un conseiller à la Cour de cassation et un conseiller d'État) [2].

---

ment. Elle assiste le Parlement et le Gouvernement dans le contrôle de l'exécution des lois de finances et de l'application des lois de financement de la Sécurité sociale, ainsi que dans l'évaluation des politiques publiques. Par ses rapports publics elle contribue à l'information des citoyens ».

1. Sur le référé devant les juridictions administratives, v. CJA, art. L. 511-1 s., L. 521-1 s., L. 522-1 s., L. 523-1, R. 522-1 s., R. 523-1 s.– *Adde*, M.-C. Bergeres, La procédure du référé fiscal à l'aune des droits fondamentaux, *Procédures* mai 2003, chron. 8.

2. Ph. Waquet, Regard sur le Tribunal des conflits, *D.* 2002, chron. 742 s.

CHAPITRE 3
LE FONDEMENT DU DROIT

183 ***Philosophie et théorie générale du droit*** ◊ Derrière les règles et les solutions qui composent le système juridique, il existe des considérations et des finalités d'ordre plus fondamental. Selon le point de départ de la pensée, se dégagent deux types de réflexions dont les différences sont plus ou moins accusées. Allant du droit au métajuridique, on dessine les grandes lignes de ce qu'on appelle volontiers la théorie générale *du droit* [1] ; on décrit les axes et les finalités du droit, et la rencontre avec la philosophie se situe essentiellement sur le terrain de ce que le droit doit être, de ce que l'on appelle parfois la *déontologie juridique* [2]. La démarche inverse semble davantage provenir d'un horizon extérieur au droit, la pensée philosophique tendant à préciser non seulement ce que le droit peut ou doit être, et ce qu'il est (ontologie juridique) [3], mais, plus amplement, sa signification métaphysique. De cette dualité peut résulter la tentation commode de distinguer la philosophie *du* droit et la philosophie *sur* le droit [4].

D'où que l'on vienne, il s'agit pourtant, de manière nécessaire, de dégager la signification et les finalités du juridique. Là comme en tant d'autres domaines, l'histoire des idées explique les choix possibles du temps présent.

184 ***Le choix fondamental : idéalisme ou positivisme*** ◊ De toute la riche histoire des idées sur le fondement et les finalités du droit, se dégage

---

1. P. Roubier, *Théorie générale du droit*, 2e éd. 1951 ; M. Villey, Critique de la pensée juridique moderne (douze autres essais), 1976, p. 219 s. ; *Réflexions sur la philosophie et le droit*, Les Carnets, textes préparés et indexés par M.-A. Frison-Roche et Ch. Jamin, PUF, 1995.

2. N. Bobbio, *La fonction actuelle de la philosophie du droit en Italie*, in Méthode sociologique et droit, Ann. Fac. droit Strasbourg, t. V, 1958, p. 9 s.

3. J.-L. Vullierme, *Éléments d'ontologie juridique*, thèse ronéot. Paris, 1981 ; *Controverses autour de l'ontologie du droit*, sous la direction de P. Amselek et C. Grzegorczyk, 1989.

4. V. les tomes spéciaux des Arch. phil. droit : t. 7, 1962, *Qu'est-ce que la philosophie du droit ?*, t. 33, 1988, *La philosophie du droit aujourd'hui ;* V. aussi Del Vecchio, Philosophie du droit, 1953 ; H. Batiffol, *Problèmes de base de la philosophie du droit*, 1979 ; *M. Villey, Philosophie du droit*, Bibliothèque Dalloz, 2001, *La formation de la pensée juridique moderne*, PUF, 2003 ; J.-M. Trigeaud, *Essais de philosophie du droit*, in Filosofia oggi, t. 35, 1987, *Introduction à la philosophie du droit*, 1992, Métaphysique et éthique du droit, 1995 ; B. Frydman et G. Haarscher, Philosophie du droit, 2e éd. 2002 ; C. Atias, *Philosophie du droit*, 1999 ; B. Oppetit, *Philosophie du droit*, Précis Dalloz, 1999. – Tout naturellement, la philosophie du droit est souvent développée dans la longue perspective de la pensée européenne : v. not. A. Sanchez de la Torre, *Le droit dans l'aventure européenne de la liberté*, éd. Bière, 1987 ; J.-M. Trigeaud, *Philosophie juridique européenne*, éd. Bière, 1990. – V. aussi les textes choisis par S. Goyard-Fabre et R. Sève, *Les grandes questions de la philosophie du droit*, PUF, 1986 ; R. Libchaber, L'ordre juridique et le discours du droit, Essai sur les limites de la connaissance du droit, *LGDJ, Lextenso*, 2013.

l'existence d'un choix assez fondamental entre deux courants, idéaliste et positiviste, comportant maintes variantes.

185 ***Les idéalismes*** ◊ En suivant ce courant, l'on estime qu'au-dessus de l'ensemble des règles qui constituent le « droit positif », il existe un idéal de justice qui appartient aussi au domaine du droit et offre aux hommes une sorte de recours lorsque les règles du droit positif sont injustes, au sens large de ce mot.

Ce sont surtout les doctrines du *droit naturel* qui ont illustré cette tendance et influencé, au début du siècle dernier, les rédacteurs du Code civil. Héritée de l'Antiquité, l'idée qu'il existait un droit naturel, composé de règles universelles et immuables et que l'homme pouvait découvrir à l'aide de sa seule raison [1], avait été progressivement laïcisée, spécialement sous l'influence de la philosophie des Lumières. De cette évolution, deux conséquences avaient été déduites : *a*) que, le droit naturel ayant sa source dans l'homme, celui-ci tire de sa nature des droits immuables et inaliénables ; *b*) que le droit naturel a pour but la protection de ces droits imprescriptibles, qui sont, aux termes de la Déclaration des droits de l'homme et du citoyen de 1789 (art. 2), la liberté, la propriété, la sûreté et la résistance à l'oppression [2].

Sous l'effet du temps et l'influence des doctrines positivistes, cette conception du droit naturel a décliné. Son *fondement* fut contesté, en des termes que Montesquieu aurait souvent approuvés : à la diversité des hommes et des groupements humains dans le temps et dans l'espace, ne correspond pas une notion aussi universelle du juste [3]. Quant au *contenu* du droit naturel, on fit valoir qu'il était trop dense et trop immuable, contrairement aux leçons de l'histoire et de la géographie.

Ces critiques ont incité des jusnaturalistes à conserver la notion de droit naturel, mais en la limitant à des principes et en admettant que l'idéal ainsi exprimé pouvait varier selon les époques et les régions, de sorte que le droit naturel serait un idéal contingent ou encore un droit naturel « à contenu variable » [4].

---

1. Ainsi, était-il précisé à l'article 1 de l'avant-projet de Code civil, rédigé en l'an VIII : « il existe un Droit universel et immuable, source de toutes les législations positives, il n'est que la raison naturelle en tant qu'elle gouverne les hommes ».

2. Le conflit entre le droit positif et le droit naturel suscite deux questions : 1° Un citoyen peut-il valablement désobéir à une loi qui heurte le droit naturel ? C'est la question du droit de résistance à l'oppression et du droit à l'insurrection quand le gouvernement viole les droits du peuple, qui préoccupait aussi bien les théologiens du Moyen Âge, tel saint Thomas d'Aquin, que les révolutionnaires, en 1789. La doctrine qui prétend libérer les sujets de l'obéissance aux lois injustes a voulu trouver son titre de noblesse dans le célèbre passage de Sophocle où Antigone, refusant d'obéir à l'édit qui défend d'ensevelir son frère, affirme qu'il y a des lois non écrites et immuables supérieures aux ordres des princes. 2° Un juge peut-il refuser d'appliquer une loi contraire au droit naturel ? En droit français, il n'est pas douteux que le juge ne peut refuser d'appliquer une telle loi. Toutefois divers procédés d'interprétation des lois (*infra*, n°s 554 s.) lui permettent de limiter le plus possible le champ d'application d'une loi qui lui paraît injuste.

3. V., à ce sujet, Ph. Remy, « La Thémis » et le droit naturel, *Rev. hist. fac. froit*, 1987, n°4, p. 145 s.

4. La formule est de l'allemand Stammler dans son ouvrage *Wirtschaft und Recht*.

Sous des formes diverses, cette attitude a persisté. L'existence de principes essentiels et d'ailleurs assez stables a pu la conforter : respect dû à la parole donnée, réparation des dommages injustement causés à autrui...

Et puis, la pénétration dans la sphère du droit, par le droit naturel, d'un certain nombre de règles supérieures a permis de mieux dégager les lignes de force de l'amélioration de beaucoup de systèmes juridiques [1] et de mieux fonder des solutions s'imposant à la conscience humaine, bien qu'elles ne trouvent pas de support dans les lois positives [2].

186 ***Les positivismes*** ◊ Ils sont, ainsi qu'on l'a vu précédemment, aussi divers que les idéalismes : tous reposent sur l'idée qu'il n'y a pas de droit autre que celui qui résulte de la réalité positive.

À partir de cette idée, les diverses écoles s'ordonnent autour de ce qu'il convient d'entendre par « réalité positive ». Si l'on adopte, au sujet de celle-ci, une acception large, en la dégageant de la masse des faits sociaux, on s'engage dans la direction du *positivisme sociologique* et l'on se trouve confronté à une question essentielle : qu'est-ce qui fait que tel comportement est érigé en règle de droit, comment s'opère le passage du fait à la règle, c'est-à-dire au droit positif ? Si l'on retient une définition étroite de la réalité positive en réduisant celle-ci aux seules règles de droit consacrées, l'on préfère la voie du *positivisme juridique*, ce qui peut conduire à ne fonder le droit que sur la force ou sur l'État. Mais cette analyse, en quelque sorte desséchante, laisse place à d'autres recours et à d'autres guides, spécialement à la morale, destinés à orienter le droit positif et à définir ses finalités, tout en lui restant extérieurs. En réalité, on a fortement démontré que le positivisme juridique peut revêtir deux formes différentes, voire contraires et même antagonistes suivant qu'on s'attache à une considération *formelle*, qui trouve son expression la plus accusée dans le *normativisme*, ou à une considération *volontariste* issue assez largement de la pensée de Hobbes et qui, notamment, n'a pas été étrangère à la Révolution française, relevant de ce que Carl Schmitt appelle le *décisionnisme* [3].

187 ***Les finalités du droit*** ◊ Il est malaisé de trouver dans le droit lui-même son propre fondement. Mais, si l'on cherche ailleurs les finalités par rapport auxquelles il se définit et se fonde, on s'aperçoit que, surtout à l'époque

1. En ce sens, l'on a considéré que le jusnaturalisme préservait de l'immobilisme ou de l'attentisme, le droit naturel apparaissant comme un droit idéal, une orientation à observer. – V. aussi P. Kayser, Essai de contribution au droit naturel à l'approche du troisième millénaire, *RRJ* 1998-2, 387 s.

2. Ainsi a-t-on pu justifier la condamnation de certains criminels de guerre, au procès de Nuremberg, pour des crimes qui n'étaient pas toujours sanctionnés par le droit positif au moment où ils ont été commis, mais qui étaient condamnés par le droit naturel.

3. C. Schmitt, *Les trois types de pensée juridique*, éd. franç. PUF, 1995, avec la présentation remarquable de D. Séglard. Au normativisme et au décisionnisme, C. Schmitt oppose « la pensée de l'ordre concret ». – Comp. N. Bobbio, *Essais de théorie du droit*, trad. M. Guéret et C. Agostini, éd. Bruylant, 1998 ; D. Chambe, Habermas et le problème du droit moderne, *RRJ* 2002-4, 1663 s. P. Simon, *Le droit naturel, ses amis et ses ennemis*, éd. François-Xavier de Guibert, 2005.

contemporaine, ces finalités, par couches successives, rendent plus complexes les fonctions du droit et, par voie de conséquence, plus difficiles à concilier des exigences et des textes multiples.

Aux finalités traditionnelles de la justice, de l'ordre [1] et du progrès, l'héritage révolutionnaire ajoute les exigences célèbres de la liberté, de l'égalité [2], de la fraternité [3] - éléments de la devise républicaine [4] et exigences du droit -, ainsi que de la propriété. Quand s'affirme ultérieurement l'exigence de nouvelles garanties, positives et d'ordre économique (droit au travail, à la santé, à la sécurité, à la solidarité), de nouvelles finalités du droit s'ajoutent aux précédentes. Et le mouvement s'est amplifié avec les aspirations à la protection des consommateurs et de l'environnement, la recherche d'une meilleure qualité de la vie [5]... sans oublier une influence de l'américanisme juridique [6].

---

1. V., au sens de hiérarchie, M.-L. Izorche, L'ordre et le droit, *Mélanges M. Cabrillac*, 1999, p. 731 s.

2. V. Trav. Assoc. H. Capitant, t. XIV, 1961-1962, spéc. p. 45 s., sur les notions d'égalité et de discrimination en droit interne et en droit international ; Travaux du Centre de philosophie du droit de l'Université libre de Bruxelles, *L'égalité*, t. I, 1971, t. II, 1974, t. III et IV, 1975, t. V, 1977 ; *Mélanges E. de Lagrange*, 1978, spéc. p. 27 s. ; L. Mayaux, L'égalité en droit civil, *JCP* 1992, I, 3611 ; Ph. Jestaz, L'égalité et l'avenir du droit de la famille, *Mélanges F. Terré*, 1999, p. 417 s. ; v. not. F. Taquet, La loi relative à l'égalité professionnelle entre les femmes et les hommes (L. n° 2001-397, 9 mai 2001), *Gaz. Pal.* 2001, 2, doctr. 1235 ; *adde* : loi du 30 décembre 2004 portant création de la Haute autorité de lutte contre les discriminations et pour l'égalité (*JO* 31 déc. 2004), loi du 11 février 2005 pour l'égalité des droits et des chances, la participation et la citoyenneté des personnes handicapées (*JO* 12 févr. 2005) ; loi du 23 mars 2006 relative à l'égalité salariale entre les femmes et les hommes (*JO* 24 mars 2006). Loi du 31 mars 2006 pour l'égalité des chances (*JO* 2 avr. 2006) ; loi du 31 janv. 2007 sur l'égal accès des femmes et des hommes en matière électorale (*JO* 1er févr. 2007) ; la loi const. du 23 juillet 2008 transposant de l'art. 3 à l'art. 1, en élargissant son domaine, l'exigence de faveur égalitaire de la loi entre les femmes et les hommes.

3. V. M. David, *Fraternité et Révolution française*, éd. Aubier, 1987, *Le printemps de la Fraternité, Genèse et vicissitudes*, 1830-1851, éd. Aubier, 1992 ; Association internationale de droit économique, Les principes de 1789 et le droit économique, Colloque 16-18 nov. 1989, spéc. les communications sur le thème De la fraternité à la solidarité. - M. Borgetto, *La notion de fraternité en droit public français (le passé, le présent et l'avenir de la solidarité)*, thèse Paris II, éd. 1993 ; Y. Guyon, La fraternité dans le droit des sociétés, *Rev. soc.* 1989, 439 s. ; G. Cornu, *La fraternité, Des frères et sœurs par le sang dans la loi civile*, Mélanges Jean Savatier, 1992, p. 129 s., rééd. in L'art du droit en quête de sagesse, 1998, p. 85 s. ; Gaudu, La fraternité dans l'entreprise, *Dr. social* 1990, 134 s. - Rappr. R. Debray, *Le moment fraternité*, éd. Gallimard, 2009.

4. V. G. Antoine, *Liberté, égalité, fraternité ou Les fluctuations d'une devise*, éd. UNESCO, 1989 ; X. Martin, *La Révolution française et le Code civil, in* Himeji International forum of Law and Politics, Faculty of Law, Himeji Dokkyo University, n° 1, 1993, p. 1 s. ; M. Borgetto, *La devise « Liberté, Égalité, Fraternité »*, Que sais-je ? 1997. - Comp. sur la critique de la devise par Alexandre Soljenitsyne, Rép. Prem. min. *JO*, Sénat, Q, 23 déc. 1993, p. 2453.

5. M. Borysewicz, La qualité de la vie : une finalité nouvelle de la règle de droit, *Mélanges Jauffret*, 1974, p. 127 s. - Sur le droit au logement, v. l'art. 1er de la loi du 6 juill. 1989. - À l'occasion de la discussion d'un projet de loi sur l'air et l'utilisation rationnelle de l'énergie, il a même été envisagé d'affirmer que « chacun a droit à respirer un air qui ne nuise pas à sa santé » (art. 1er, al. 1er) ! On s'en serait un peu douté. Exemple type de bavardage législatif intempestif et dangereux, car il y a aussi une pollution législative. Cette disposition a été écartée par l'Assemblée nationale (*JO* déb. AN 12 juin 1996, p. 4214).

6. Jean Foyer, La judiciarisation en délire ou de l'abus du droit en un nouveau sens, *Mélanges F. Terré*, 1999, p. 749 s.

Au-delà de ces avancées et même en un temps où sinon la colère du moins le besoin de la société de consommation favorise le culte du « *droit à* » [1], il se produit une dépréciation inévitable du droit subjectif et beaucoup de déconvenues (ex. : « le droit à l'électricité pour tous » - ? - L. 10 févr. 2000, art. 1er, al. 3).

Une autre dérive a été constatée dans une mauvaise compréhension de la signification de l'égalité, d'autant plus contestable qu'elle a entraîné, au mépris de ce que pensait Aristote, un traitement égal des « choses » inégales, une confusion entre ce qui dépend des mœurs et ce qui dépend du droit, et de nombreux télescopages entre droit à l'égalité et droit à la différence.

Cette prise en compte de finalités multiples du droit retentit nécessairement sur l'approche d'une compréhension du fondement du droit, en tant qu'il est médiation entre le juste et le sage (*supra*, nos 49 s.). Liée à la réflexion fondamentale entre le droit et les mœurs (*supra*, n° 33), la recherche d'une *harmonie* dont l'affirmation se répand dans le langage juridique - sources et autorités - à plus ou moins bon escient (v. *infra*, nos 441 s.), rejoint des préoccupations vitales pour la société. Bien au-delà de querelles et de critiques [2], il est surtout indispensable de tirer profit d'une conscience et d'une compréhension de l'ambivalence du droit, nourrie des réflexions indispensables de la pensée juridique en termes sinon de théologie - et encore ! -, du moins d'une axiologie bien comprise [3] et de la place qu'à la raison [4] notre temps est conduit à reconnaître dans l'entendement humain [5].

188 ***Le principe de proportionnalité*** ◊ Il est des nécessités inhérentes au droit qui peuvent, pendant très longtemps, n'être considérées en droit qu'à l'occasion de manifestations parcellaires d'un courant voire d'un principe sous-jacent que l'évolution des formes du droit finit par reconnaître de manière plus générale sous la forme d'un principe, si équivoque que ce mot puisse être. Disons que le mouvement en cause va du particulier au général et même de l'analytique au synthétique. C'est le cas du principe de proportionnalité.

À y bien réfléchir, on retient cependant que l'idée de proportionnalité [6] est tout de même consubstantielle au droit, en ce qu'elle se relie à une

1. V. D. Cohen, Le droit à..., *Mélanges F. Terré*, 1999, p. 393 s. ; *adde* : M. Pichard, *Le droit à, Étude de législation française*, thèse Paris II, 2004, préf. Michelle Gobert.
2. M. Boudot, *Le dogme de la solution unique*, thèse ronéot. Aix-Marseille, 1999.
3. R. Boudon, Penser la relation entre le droit et les mœurs, *Mélanges F. Terré*, 1999, p. 12 s.
4. V. not. B. Bourgeois, La raison dans le droit, *Mélanges F. Terré*, 1999, p. 25 s.
5. Rappr. B. Belska-Serpette, *Morale individuelle et droit intuitif (Présentation de Léon Petrazycki)*, thèse ronéot. Panthéon-Assas (Paris II), 2003.
6. X. Philippe, La proportionnalité, thèse Aix-Marseille III ; I. Cornesse, La proportionnalité en droit du travail, éd. Litec, 2001 ; J. Mekhantar, Le contrôle juridictionnel de la proportionnalité dans l'action unilatérale de l'Administration, thèse Paris II, 1990 ; X. Philippe, Le contrôle de la proportionnalité dans les jurisprudences constitutionnelle et administrative françaises, éd. 1990 ; F. terré, La proportionnalité comme principe ?, *JCP* 2009, Étude 31 ; M.-C. Sordino, De la proportionnalité en droit pénal, *in Mélanges Jacques-Henri Robert*, 2012, p. 711 s.

exigence de juste mesure que la Grèce a dégagée et transmise. Le droit pénal lui a depuis des siècles servi d'assise, son progrès ayant précisément consisté à proportionner la sanction à la faute quand il s'agit du délinquant ou la défense légitime à l'attaque subie par la victime. Les avancées du droit se sont accompagnées d'une prise en considération accrue, générale et consciente, d'un « principe de proportionnalité ». Il s'agit partout et toujours de se demander si les moyens utilisés par le droit - institution, règle, solution - sont proportionnés aux buts visés ou, peut-on dire encore, s'il y a une adéquation des moyens et des fins.

Ayant depuis des décennies acquis droit de cité, non seulement en droit pénal, fiscal, douanier, boursier, mais aussi et surtout en droit public - constitutionnel, administratif, communautaire (v. au sujet des lois de validation, *infra*, n° 523) -, cette technique de mesure permet un contrôle des disproportions non seulement dans la règle, mais aussi dans l'application de celle-ci [1]. La définition de l'inadéquation varie selon les domaines considérés et la marge d'appréciation dont dispose le pouvoir ou l'autorité concerné. Lorsque cette marge est large, en termes d'appréciation suffisamment souveraine ou discrétionnaire, le contrôle est subordonné à une erreur *manifeste* d'appréciation ; lorsque leur compétence est *liée*, la sanction de la disproportion découle plus directement d'un contrôle des avantages et des inconvénients de la règle ou de la décision en cause.

L'expansionnisme de la proportionnalité s'est produit plus récemment en droit privé [2]. Son terrain de prédilection a été tout naturellement celui du droit des contrats, ce qui a conduit progressivement à l'utiliser un peu partout par voie législative ou jurisprudentielle, non sans utiliser sa canalisation par l'exigence d'une disproportion manifeste. Ainsi l'article L. 341-4 du Code de la consommation (réd. L. 1er août 2003) dispose-t-il : « Un créancier professionnel ne peut se prévaloir d'un contrat de cautionnement conclu par une personne physique dont l'engagement était, lors de sa conclusion, manifestement disproportionné à ses biens et revenus, à moins que le patrimoine de cette caution, au moment où celle-ci est appelée, ne lui permette de faire face à son obligation » [3]. Qu'il s'agisse de la conclusion, de l'exécution ou de l'extinction du contrat, ou encore de droit des sociétés, des sûretés et du droit de la concurrence, la proportionnalité a étendu son empire de manière plus ou moins nette dans le droit des contrats. Inspirée d'une pensée de justice équitable et d'équilibre contractuel [4], elle n'est pas sans danger en termes de confiance

---

1. M. Guibal, De la proportionnalité, *AJDA* oct. 1978, p. 477 s. ; F. Terré, La proportionnalité comme principe ? *JCP* G, 2009, Étude n° 31, p. 52 s.
2. S. Le Gach-Pech, *La proportionnalité en droit privé*, thèse Paris XI, éd. 2000 ; Existe-t-il un principe de proportionnalité en droit privé ?, Colloque Fac. Droit Paris V, *LPA* 30 sept. 1998.
3. Sur la responsabilité contractuelle du banquier qui accepte le bénéfice d'un cautionnement manifestement disproportionné, v. Civ. 1re, 6 avr. 2004, *LPA* 10 nov. 2004. - V. aussi N. Molfessis, Le principe de proportionnalité en matière de garanties, *Banque et droit*, mai-juin 2000, p. 4 ; S. Pesenti, Le principe de proportionnalité en droit des sûretés, *LPA* 11 mars 2004.
4. L. Fin-Langer, *L'équilibre contractuel*, thèse Orléans, éd. 2005.

contractuelle, de crédit et même d'honnêteté, ce qui peut recommander de la « consommer avec modération » [1]. En outre la coordination des conséquences d'un mécanisme perturbateur avec des règles antérieures laisse souvent à désirer [2]. Il n'en a pas moins grand succès, y compris à travers une bénédiction constitutionnelle indirecte mais incontestable [3]. Cette évolution est contestable, en droit, en logique et en opportunité.

189 ***Droit et modernité*** ◊ Depuis la nuit des temps, les cycles de l'histoire et de l'instabilité congénitale de l'esprit humain ont conféré à l'idée de modernité une incroyable puissance attractive. Pour faire bien, pour faire « chic », une génération montante veut asseoir son prestige en se disant et en se voulant moderne. La célèbre « querelle des anciens et des modernes » accompagna il y a trois siècles « la crise de la conscience européenne » sans finalement modifier le cours des choses et l'évolution des esprits. Plus près de nous, le XXe siècle a rappelé ce que pouvait être, dans les mots sinon dans les comportements, l'attrait de la nouveauté : nouvelle cuisine, nouvelles familles, nouveaux philosophes.

Rien d'étonnant si l'analyse du droit a été renouvelée à la suite d'une réflexion sur son rapport à la modernité. Les manuels et les distinctions des historiens peuvent troubler les esprits, car ils refoulent les temps modernes en leur opposant les temps de l'histoire contemporaine, un peu comme les jus-naturalistes refoulent dans l'Antiquité le droit naturel classique en se recommandant, ici, du droit naturel moderne.

Il s'agit toujours du rôle dévolu à la Raison dans l'ordonnancement des rapports humains. À ses bienfaits s'opposeraient les défauts résultant de ses excès, ses défaites, ses limites et même ce que l'on considère comme sa manifestation la plus insidieuse et la plus pernicieuse : l'individualisme des temps dits alors modernes, voire plutôt contemporains. Les esprits attachés à ce mouvement d'idées reconnaissent, avec une indéniable probité intellectuelle, qu'il recouvre une grande diversité de situations et de comportements. Le seul fait que l'on puisse constater une relation renouvelée et améliorée du juridique et du social n'est évidemment pas le signe d'un saut qualitatif. Plus significatives sont probablement les désillusions du progrès, mais celles-ci n'en altèrent que le mauvais usage, et s'il y a lieu, l'excès d'une raison transcendante qui ne se ramène pas, faute de preuve tangible, à une crise de la « raison juridique », expression en elle-même dépourvue de sens : pas plus qu'il n'y a de raison non juridique, il n'y a de raison juridique. Quant aux droits subjectifs, les débats qu'ils suscitent ne datent pas d'hier (v. *infra*, nos 202 s.).

---

1. V. A. Mazeaud, Colloque préc., p. 64 s. ; M. Béhar-Touchais, *op. cit.*, p. 71 s.

2. V. au sujet du cautionnement, Ph. Simler, La réforme du droit des sûretés, *JCP* 2006, I, 124, n° 5.

3. Au sujet du *principe de précaution* (*infra*, n° 253), l'art. 4 de la Charte de l'environnement fait état de « l'adoption de mesures provisoires et *proportionnées* afin de parer à la réalisation du dommage ».

Les données sur lesquelles s'appuie l'analyse ici évoquée sont habituellement liées à la pluralité des sources, à l'idée que tout droit est relatif, à la complexité du processus de création des normes juridiques, à la nécessité d'un retour au pragmatisme... [1]. À quoi l'on ajoute le rôle de l'État moderne... mais qui aurait cessé de l'être. La vogue, dans un petit cercle d'initiés, de l'expression de « droit post-moderne », sans que l'on sache bien en quoi il est différent, antérieur ou vraiment postérieur, et même de combinaison en combinaison, anti-moderne ou hypermoderne, atteste l'inestimable force du mot [2].

Il est au demeurant précieux de s'attacher de manière renouvelée à des ensembles spécifiques de règles sociales marquées davantage par des nécessités liées à la complexité des lieux d'émergence des règles et à l'adaptation nécessaire et permanente de celles-ci, en termes de pluralisme et de conventionnalisme. Mais la Raison n'est aucunement évacuée, ni la considération de la personne humaine, fût-ce au moyen d'un retour aux sources. La vision postmoderne demeure, malgré ses prétentions, fidèle aux exigences de la modernité dans le temps long de l'histoire. La principale critique qu'on pourrait probablement lui adresser, c'est de se recommander inconsciemment du culte irrationnel - en droit plus encore qu'ailleurs - de l'impermanence.

190 ***La règle de droit et son application*** ◊ S'il convient peut-être d'accueillir avec quelque circonspection la référence à un « droit postmoderne », il n'en reste pas moins que ce courant de pensée s'accompagne de références fructueuses sur le développement et les mouvements du droit. Le développement de la sociologie du droit a bien montré combien la réalisation de celui-ci révélait des distances entre les finalités d'une règle et son application pratique. Sans apporter de véritables innovations, elle a, au demeurant, permis de combattre les excès du juridisme, disons d'une vision du droit axée avant tout sur la volonté des auteurs de la règle, bien plus que sur la destinée de celle-ci.

L'attitude légaliste héritée du Siècle des Lumières fut sans doute la conséquence d'un volontarisme imprégné d'optimisme qui magnifia la simplicité et le prestige de la règle à travers la croyance en l'adéquation de sa sanction. À telle enseigne que, cet accord étant imaginé, la confusion de la règle et de sa sanction porta même nombre d'esprits à penser que l'existence de celle-ci constituait un critère de celle-là. Il faut bien admettre que cette confusion facile masquait un vice logique, politique et juridique du raisonnement, car une règle n'est pas juridique parce qu'elle

1. V. not. A.-J. Arnaud, *Pour une pensée juridique européenne*, éd. Les voies du droit, PUF, 1991, De la post-modernité, *in Entre modernité et mondialisation*, LGDJ, 1998.

2. V. not. J. Chevallier, Vers un droit postmoderne ?, *in Les transformations de la régulation juridique*, dir. J. Clam et G. Martin, *Droit et société*, PUF, 1998, p. 21 s., *L'État postmoderne*, éd. LGDJ, 2003 ; comp. A. Pomade, *La société civile et le droit de l'environnement*, thèse Orléans, 2009, spéc. p. 265 s.

est sanctionnée, elle est sanctionnée parce qu'elle est juridique. Ce n'est pas à dire qu'à partir de là, l'horizon soit éclairci.

Indépendamment même des problèmes propres à la détermination, aux deux extrêmes, de la juridicité et de la sanction, c'est l'existence des terrains intermédiaires qui suscite, bien mieux que par le passé, des analyses éclairantes [1], nourries de réflexions sur la normativité, la distinction du narratif et du performatif - en ce sens que l'expression est porteur d'action, de direction, voire de contrainte –, la dialectique du droit et du fait, la circularité d'un système de pensée, ou encore la signification de l'analyse linguistique [2].

La faillite du normativisme (*supra*, n° 47) s'est en effet accompagnée d'une considération de règles juridiques parfois latentes, signe variable soit de régressions, soit de virtualités s'accommodant mal de limites radicales entre ce qui est droit et ce qui n'en est pas, ce qui est en deçà ou même au-delà de la normativité, ce qui est sanctionné et ce qui ne l'est pas sans pourtant être étranger à la vie du droit.

C'est alors une complexité à la fois grandissante et même connue, grâce aux apports des sciences humaines ou sociales qui alimentent nécessairement les investigations des juristes et leur compréhension du « droit souple » soit parce que son *contenu* manque de précision (« droit flou »), soit parce que sa force *obligatoire* fait défaut (« droit doux »), soit parce que c'est sa force *contraignante* qui est absente (« droit mou ») [3]. Pareille exploration favorise la compréhension des problèmes soulevés au sujet du droit postmoderne. Mais au-delà de cette prise de conscience, elle permet de discerner l'emprise du droit sur la société de notre temps en quête de réponses renouvelées à des questions souvent très anciennes : la chose et la personne, l'individualisme et la solidarité, le progrès et la peur.

---

1. C. Thibierge, Le droit souple, Réflexion sur les textures du droit, *RTD civ.* 2003. 599 s. ; v. aussi M. Delmas-Marty, *Le flou du droit, Du Code pénal aux droits de l'homme*, éd. Quadrige, 2004 ; *Le droit soluble, contributions québécoises à l'étude de l'internormativité*, dir. J.-G. Belley, LGDJ, 1996 ; v. aussi *Le droit souple*, Trav. Assoc. Capitant, Journées de Boulogne-sur-mer, éd. Dalloz 2009 ; J.-M. Jacquet, L'émergence du droit souple, *Mélanges Oppetit*, 2009, p. 331 s. – Rappr. F.T., La face cachée du droit, in *L'erreur*, div. Jean Foyer, F. Terré et C. Puigelier, PUF 2007, p. 233 s.
2. A. Wagner, Les apports de l'analyse linguistique dans la conception du flou et de la sécurité juridique, *JCP* 2005, I, 195.
3. Expressions utilisées par C. Thibierge dans sa démonstration précitée.

CHAPITRE 4
LA SCIENCE ET LA DOCTRINE DU DROIT

191 ***Une communauté scientifique*** ◊ En tant qu'il fait abstraction de tout jugement de valeur, se bornant à comprendre, analyser et expliquer les développements que les groupes humains ont pu attacher à des valeurs telles que la liberté, l'égalité, la solidarité ou la justice, le droit est, à l'évidence, une science de la culture. En outre, il exprime, consacre, développe et applique des jugements de valeur, variables suivant les lieux ou les temps, qui lui sont consubstantiels.

S'il est vrai qu'aucune science de la culture – histoire, sociologie, esthétique... – ne peut enseigner aux sociétés ou aux hommes comment ils doivent s'organiser et se comporter, le droit se situe dans une position originale, puisqu'il lui appartient, notamment, de dégager aussi des règles de conduite, des solutions d'harmonie sociale, des formes de coexistence entre les libertés. Disons qu'il est à la fois descriptif et créateur, déclaratif et constitutif. Faudrait-il donc penser que, dans cette seconde fonction, le droit cesse d'être une science ? L'explication ne suffirait pas dans la mesure importante où il ne se dépouille pas de cette forme qui lui confère sa propre qualité lorsqu'il exprime des jugements de valeur. Ce qui lui confère existence et rayonnement, c'est sa double nature : il est à la fois règle et règle qui diffuse et transmet la règle.

Ces considérations tenant à la nature scientifique du droit conduisent à ne pas établir de séparation intellectuelle entre doctrine juridique et science juridique [1] et à affirmer que les juristes, appelés à élaborer, découvrir, inventer leur doctrine sont des savants et constituent donc une communauté scientifique. Sous réserve de cette précision indispensable, on utilisera dans la suite du présent chapitre, l'expression contestable mais classique de doctrine, bien que les juristes normalement constitués ne soient ni des doctes, ni des docteurs, ni des doctrinaires.

192 ***Le juge et le jurisconsulte*** ◊ Lorsque les rédacteurs du Code civil font état de la jurisprudence, ils désignent, comme nous le faisons aujourd'hui, les décisions des tribunaux ; mais ils qualifient également parfois la doctrine

---

1. *Contra*, J. Chevallier, Doctrine juridique et science juridique, *Droit et société*, 2002, n° 50, p. 103 s. – Comp. J. Gaudemet, *Les naissances du droit, le temps, le pouvoir et la science au service du droit*, 4ᵉ éd. 2006 ; C. Puigelier, L'idée en droit, *RRJ* 2003-4, p. 2369 s. ; G. Canivet et N. Molfessis, L'imagination du juge, *Mélanges Buffet*, 2005, p. 131 s. V. aussi M.-L. Mathieu, *Les représentations dans la pensée des juristes*, Les voies du droit, IRJS, 2014.

de « jurisprudence ». Leur terminologie demeure nettement influencée par leur formation de Romanistes. C'est que le Digeste de Justinien est composé, non seulement de consultations juridiques des jurisconsultes du droit classique (IIe siècle av. J.-C., IIIe siècle après J.-C.), mais aussi, quoique en moindre proportion, de leurs œuvres théoriques, didactiques et d'enseignement, qui constituent toutes ensemble la jurisprudence au sens romain. L'*Enchiridion* de Pomponius attribue la « fondation du droit civil » à trois juristes du milieu du IIe siècle avant notre ère : Manlius Manilius, Marcus Iunius Brutus et Publius Mucius Scaevola. C'est avec eux qu'apparaît le terme de *iurisconsultus*, réservé aux seuls juristes laïcs qui peu à peu remplacent les pontifes. Ce sont les « Prudents », ceux qui connaissaient le droit (*iuris-prudentes*). Cette connaissance est qualifiée de *iurisprudentia*, que les *Regulae*, attribuées à Ulpien, définiront avec une emphase, qui fera la fortune de l'expression : « la connaissance des choses divines et humaines, la science du juste et de l'injuste ». « Connaissance » d'abord, mais pour une mise en œuvre (*scientia*). Le juriste ne se contente pas de réflexion et de spéculation sur le droit. Il doit l'appliquer et c'est là son « art ». Cependant, simple homme privé, le jurisconsulte ne peut imposer les principes qu'il découvre et qu'il enseigne. Il n'a pas pour cela compétence. Son opinion ne vaut que par le prestige, plus ou moins grand, qui émane de sa personne.

Rien d'étonnant dès lors si, selon les conceptions des rédacteurs du Code civil, sentences des tribunaux et doctrines des auteurs constituent deux sources du droit qui, sans se confondre, sont par nature fort proches l'une de l'autre. Le *Discours préliminaire de Portalis* au Code civil est caractéristique de ce point de vue : « C'est au magistrat et au jurisconsulte, pénétrés de l'esprit général des lois, à en diriger l'application ». Il existe « un dépôt de maximes, de décisions et de doctrines qui s'apure journellement par la pratique et par le choc des débats judiciaires. Il est trop heureux que la jurisprudence (*lato sensu*) forme une science qui puisse fixer le talent, flatter l'amour-propre et réveiller l'émulation... » [1].

193 ***Plan*** ◊ À mesure que se développe la connaissance du phénomène juridique, tout un chacun ne répugne pas à avoir – spécialement en France – son opinion sur le droit, sur telle branche ou telle règle de droit. Mais la perception de cet ensemble d'opinions ne suffit pas, si l'on veut comprendre la *notion* de doctrine (Section 1) et son *rôle* (Section 2).

SECTION 1. **NOTION DE DOCTRINE**

194 ***Définition*** ◊ Traditionnellement, on entend par doctrine les opinions émises sur le droit par des personnes qui ont pour fonction de l'étudier

1. V. B. Basdevant-Gaudemet et J. Gaudemet, *Introduction historique au droit, XIIIe-XXe siècles*, LGDJ, 2000, p. 384. – L'auteur remercie vivement son collègue R.M. Rampelberg, professeur à l'Université Paris II (Panthéon-Assas), des précieuses connaissances qu'il lui a transmises à ce sujet.

(professeurs, magistrats, avocats...) [1]. Le vocabulaire juridique de l'Association Henri Capitant, rédigé sous la direction du doyen Cornu, retient en première ligne la définition suivante : « Opinion communément professée par ceux qui enseignent le Droit *(communis opinio doctorum)*, ou même ceux qui, sans enseigner, écrivent sur le Droit. En ce sens doctrine s'oppose à jurisprudence ». Il ne convient pourtant pas d'exagérer cette opposition. Aussi bien l'expression même de « doctrine de la Cour de cassation » figure-t-elle dans des arrêts rendus par celle-ci [2], ce qui, à première vue, surprend, mais réflexion faite, rejoint tout simplement la pensée de Portalis réunissant dans leur mission commune deux personnages irremplaçables (*supra*, n° 192).

Le terme de doctrine peut cependant être aussi utilisé pour désigner une opinion exprimée sur une question particulière. C'est ainsi qu'en droit international public, on fait état de la doctrine de Monroë (sur la doctrine *Matter*, v. *infra*, n° 268).

De nos jours, la notion même de doctrine suscite une plus grande perplexité que par le passé, spécialement quant à la détermination des personnes ayant pour fonction d'étudier le droit. À cet égard, le développement du syndicalisme a favorisé, à côté de la doctrine universitaire – et non sans interférences d'ailleurs –, l'émergence de doctrines de type syndical. Le phénomène est constaté en droit rural, en raison du rôle des syndicats agricoles [3]. Il est manifeste en droit social : on peut, à ce sujet, parler d'une doctrine syndicale, plus ou moins « engagée » [4]. On a vu aussi se développer une « doctrine de la doctrine » [5].

À l'extrême, chacun peut être tenté, s'il est curieux, d'avoir sa propre doctrine. En tout cas, pour être membre de celle-ci, il n'est pas nécessaire d'être docteur en droit.

195 ***Manifestations*** ◊ La doctrine se manifeste de multiples manières : par des traités, des manuels, des précis, des chroniques, des commentaires

1. J. Bonnecase, *La pensée juridique française de 1804 à l'heure présente*, 2 vol. 1933 ; E. Picard, « Science du droit » ou doctrine juridique, *Mélanges Drago*, 1996, p. 119 s. – V. de manière plus générale, Ph. Malaurie, *Anthologie de la pensée juridique*, éd. Cujas, 1996, et Les grands juristes, *Mélanges Drago*, préc., p. 79 s. ; v. aussi, sur l'*Anthologie* préc., P.-Y. Gautier, Portrait d'un portraitiste : à propos d'une galerie de grands jurisconsultes, *RTD civ.* 1996, 333 s., Émile Garçon et le droit civil, *Mélanges Decocq*, 2004, p. 267 s. –, Estimer la doctrine : l'art... et la manière (à propos de l'article « Estimer l'inestimable »), *RTD civ.* 1996, 313 s.

2. Soc. 8 nov. 1988, *Bull. civ.* V, n° 571, p. 367 ; 27 oct. 1999, *RTD civ.* 2000, 197, obs. R. Libchaber.

3. V. L. Boy, note *D.* 1979, 382 sous Civ. 1re, 14 juin 1978.

4. V. A. Supiot, *Le juge et le droit du travail*, thèse Bordeaux, 1970. – Sur la « doctrine de la Cour de cassation », v. *L'image doctrinale de la Cour de cassation*, Colloque des 10 et 11 déc. 1993 à la Cour de cassation, *La Documentation française*, 1994, p. 243.

5. F. Terré, *Mélanges Simler*, 2006, p. 59 s. ; P. Deumier, obs. *RTD civ.* 2006. 63 s., spéc. p. 69 s. sur la « doctrine administrative », p. 73 s., sur la « doctrine de la Cour de cassation » ; v. aussi S. Pimont, À propos de l'activité doctrinale civiliste, quelques questions dans l'air du temps, *RTD civ.* 2006. 707 s.; D. Bureau et N. Molfessis, L'asphyxie doctrinale, *Mélanges Oppetit*, 2009, p. 45 s. ; v. aussi *La doctrine en droit administratif*, colloque AFDA, Montpellier, éd. Litec, 2010.

d'arrêt, qui lui permettent de présenter ses systèmes et ses théories, ses approbations, ses critiques, ses propositions, ses opinions. Rien ne saurait exclure qu'elle puisse aussi s'exprimer à travers les médias, par exemple la grande presse. Le droit a tout à gagner aux progrès de la communication [1].

À s'en tenir à la doctrine d'ordre universitaire, on peut observer que les ouvrages des auteurs consacrés aux questions juridiques sont de trois sortes, bien que tel ou tel d'entre eux puisse appartenir à plusieurs catégories à la fois.

Les uns sont des ouvrages scolaires, destinés aux étudiants et à l'enseignement du droit. D'autres sont des ouvrages de pratique, exposant de façon claire et méthodique les solutions du droit positif. D'autres, enfin, les ouvrages scientifiques proprement dits, se placent à un point de vue scientifique ; ils ne se contentent pas d'exposer les règles légales ou les décisions de jurisprudence, ils les analysent, les commentent, les soumettent à la critique de leur observation ou de leur raisonnement, les confrontent avec les besoins sociaux, avec les enseignements de l'histoire, de la sociologie ou du droit comparé : ce sont surtout ces ouvrages qui peuvent servir d'appui ou de guide au juge ou au législateur [2].

196 ***Doctrine classique*** ◊ Elle comprend les ouvrages publiés presque jusqu'à la fin du XIXe siècle [3]. Ils suivent les tendances libérales, individualistes de 1804. Leur méthode consiste avant tout, en se servant des procédés logiques de raisonnement, à faire l'exégèse des articles du code, d'où l'appellation d'*École de l'Exégèse*, puis à en extraire les principes généraux, qui permettront d'en élargir l'application. On ne doute pas de la vérité absolue de ces principes ; on ne consent guère à les confronter avec la vie pratique et on est ordinairement peu critique à l'égard du Code civil. En général, on se préoccupe peu de ce qui est décidé au *Palais*, si ce n'est pour critiquer les jugements lorsque ceux-ci s'éloignent des principes affirmés par l'*École* [4].

La doctrine classique nous a laissé des commentaires du Code civil souvent très développés. Leur présentation même traduit la fidélité au code : celui-ci est suivi, soit article par article (Troplong) [5], soit du moins dans l'ordre général des textes (Toullier, Demolombe [6], Laurent). Il convient de

---

1. V. à ce sujet les observations de R. Libchaber, *RTD civ.* 2002. 608.
2. V. Ch. Vallée, Le droit vu par un éditeur, *in Regards sur le droit*, 2010. – Rappr. X. Henry, Réflexions méthodologiques sur l'annotation du code civil, *in Mélanges Goubeaux*, 2009, p. 249 s. ; v. aussi D. Bureau, Les préfaces, *Mélanges Gobert*, 2004, p. 61 s.
3. V. N. Hakim, *L'autorité de la doctrine civiliste française au xixe siècle*, éd. 2002. – Sur la période antérieure, v. J.-L. Sourioux, La science du droit durant la période classique française, *RTD civ.* 2008. 387 s.
4. V. cep. P. Remy, Éloge de l'Exégèse, Rev. *Droits*, n° 1-1985, p. 115 s. – V. aussi sur l'interprétation, *infra*, n°s 551 s.
5. V. not. A. Giudicelli, Biographie expliquée de Raymond-Théodore Troplong, *Rev. hist. fac. droit*, n° 20, 1999, 93 s. ; *adde* : *Sic transit gloria mundi*, Regards jubilatoires sur l'œuvre de Raymond-Théodore Troplong, *RRJ* 2003-4, p. 2277 s.
6. Y. Strickler, De l'interprétation ou de l'actualité de la pensée de Demolombe, *Mélanges Wiederkehr*, 2009, p. 809 s.

faire une place à part à Aubry et Rau, dont le *Cours de Droit civil*, paru de 1838 à 1847, a été l'ouvrage le plus célèbre du siècle, celui d'ailleurs qui a eu le plus d'influence sur la jurisprudence : tout en continuant à faire du droit civil une interprétation du code – en ce sens que les auteurs sont partis des textes du code pour en dégager des théories, sans promouvoir une recherche scientifique libérée du texte –, l'œuvre s'évade du cadre légal, son plan suit la logique et non plus les seules divisions du code.

197 ***Doctrine moderne*** ◊ Les ouvrages publiés au XXe siècle n'ont plus manifesté le même respect pour le code et la lettre de ses articles, la même rigueur dans les raisonnements logiques ; ils se sont préoccupés de faire œuvre plus vivante, plus près de la réalité : ils ont eu le souci de ne pas faire de théorie pure et de ne pas méconnaître les besoins de la pratique. Ils se sont davantage attachés à la critique des institutions du code, à leur origine historique ; ils ont fait appel largement à la sociologie, à l'économie et au droit comparé [1]. Et surtout, ils ont pris comme objet de leur exposé et de leur étude non seulement la loi, mais son interprétation par les juges, c'est-à-dire la jurisprudence. Un genre juridique nouveau s'est donc développé : le commentaire des décisions de justice, on dit plus volontiers la *note d'arrêt*, dont la méthode a été en premier lieu illustrée par Labbé [2] au XIXe siècle [3]. Depuis lors, le genre a évolué [4]. Dans l'évolution des idées, la consultation émanant d'un auteur peut avoir sa place [5].

Et l'on a pris conscience d'une relative originalité de la doctrine en fonction de l'objet des divers secteurs de la pensée juridique [6]. En outre un

---

1. G. Cornu, Aperçu de la pensée juridique française contemporaine, *Ann. Univers. Poitiers*, 1960, p. 15 s. ; C. Atias, La doctrine française de droit privé (1900-1930), *RRJ* 1981, 189 s. ; J.-M. Trigeaud, art. *Rev. hist. fac. droit*, 7-1988, p. 210 s. ; C. Jamin, L'oubli et la science, Regard partiel sur l'évolution de la doctrine privatiste à la charnière des xixe et xxe siècles, *RTD civ.* 1994, 815 s. ; F. Audren et C. Fillon, Louis Josserand ou la construction d'une autorité doctrinale en droit français, *RTD civ.* 2009. 19 s. – V. aussi M. Touzeil-Divina, *La doctrine publiciste 1800-1880*, éd. La mémoire du droit, 2009.

2. Il serait cependant erroné de réduire à ce rôle de novateur en matière de commentaire de jurisprudence l'influence de Labbé : v. C. Cohendy, *La méthode d'un arrêtiste au dix-neuvième siècle : Labbé et son application aux questions de responsabilité*, thèse Lyon 1910 ; C. Jamin, Relire Labbé et ses lecteurs, *Arch. phil. droit*, 1992, p. 247 s.

3. E. Meynial, Les Recueils d'arrêts et les Arrêtistes, *in* Le Code civil, 1804-1904, *Livre du Centenaire du Code civil*, t. I, Paris 1904, p. 202 s. – V. P. Malaurie, Rapport franç. Trav. Assoc. H. Capitant, préc., p. 87 ; rappr. P.-Y. Gautier, Les auteurs du recueil Dalloz, *RRJ* 2006-1, p. 445 s., Les notes de bas de page chez les juristes, *in Mélanges Malaurie*, 2005, p. 283 s. ; v. aussi sur les préfaces, D. Bureau, préc.

4. J. Carbonnier, Note sur des notes d'arrêts, *D.* 1970, chron. 137 s., rééd. *Écrits*, 2008, p. 619 s. – Rappr. J.-M. Leloup, René Savatier, Un juriste dans son siècle, *RTD civ.* 1996, 79 s. ; J.-H. Robert, La psychologie du commentateur d'arrêts, *in Les Facultés de Droit inspiratrices du droit ?*, Colloque Toulouse 2004, éd. Univ. Toulouse, p. 163 s. – V. aussi sur les annotations X. Henry, Réflexions méthodologiques sur l'annotation du Code civil, *Mélanges Goubeaux*, 2009, p. 249 s.

5. Rappr., dans un lointain passé, les *consilia* ; V. A. Lefebvre-Teillard, Sur un *concilium* de Paul de Castre, *in Mélanges Martinez-Diez*, 1994, t. 1, p. 367 s.

6. V. not. J.-C. Javillier, La doctrine en droit du travail, *in Les sources du droit du travail*, dir. B. Teyssié, 1998, p. 39 s. – V. aussi, La part de la doctrine dans la création du droit privé, (*Rev.*

intérêt doctrinal des plus précieux a porté des auteurs de notre temps à l'étude du passé doctrinal et de ce qu'il nous apprend en expérience et finesse d'analyse, un passé de nature à permettre de comprendre l'avenir [1]. Tandis que le présent doctrinal suit et oriente le cours du temps, notamment d'édition en réédition [2]. Sur *François Gény*, v. *infra*, n°s 557 s.

Dans l'histoire de la pensée juridique au XXe siècle, le nom de Jean Carbonnier (1908-2003), écrivain, universitaire, législateur, juriste mais aussi philosophe, théologien et sociologue du droit s'impose. Il ne faut pas hésiter à parler de génie à son sujet. Il aura été un des plus grands juristes de l'histoire [3].

SECTION 2. RÔLE DE LA DOCTRINE

198 ***La doctrine n'a pas force de loi*** ◊ On pourrait concevoir un système juridique dans lequel des avis de la doctrine aient force de loi. Ainsi des empereurs romains avaient décidé que les opinions de certains jurisconsultes, émises dans leurs consultations ou dans leurs livres, s'imposaient aux juges. Mais une telle pratique est des plus rares dans un pays où il y a des lois ou une jurisprudence établie par des juges permanents. De nos jours, il n'est pas douteux que la doctrine n'est pas, dans une terminologie classique, une source *formelle* du droit, en ce sens que son expression même suffirait à créer des règles. Il s'agit là d'une opinion communément reçue par la communauté des juristes. Cela signifie que l'opinion d'un auteur, quelle que soit son autorité, ne s'impose en rien au juge ; il en est ainsi, aussi bien d'une opinion isolée, émise soit abstraitement et d'avance dans un ouvrage, soit concrètement dans une consultation, que d'une doctrine unanime. Si le juge se rallie à une opinion doctrinale, il ne peut se borner à la citer ; il doit s'approprier tout le raisonnement ayant conduit à la solution consacrée. Mais il n'en demeure pas moins que la doctrine est consubstantielle au droit [4]. En ce sens, « dès lors que l'opinion isolée résonne au creux du débat doctrinal, son écho retentit au sein de la communauté des juristes et influence l'évolution du droit. Ainsi faut-il que la doctrine assume sa fonction d'oracle et d'augure du droit positif, afin de veiller à rendre le droit plus cohérent et mieux adéquat aux exigences sociales » [5].

---

dr. Assas 2011, p. 38 s.), ... dans la création du droit public (*Rev. dr. Assas* oct. 2011, p. 30 s.) ; La doctrine en droit administratif, *Trav. de l'AFDA*, éd. Litec, 2010.

1. V. C. Jamin, art. préc., et Henri Capitant et René Demogue : notation sur l'actualité d'un dialogue doctrinal, *Mélanges Terré*, 1999, p. 125 s.

2. P.-Y. Gautier, Rééditer, *Mélanges Cabrillac*, 1999, p. 719 s.

3. Rappr. A. Brimo, De l'unité des doctrines phénoménologiques, existentialistes et axiologiques dans la théorie générale du droit, *Ann. fac. droit Toulouse*, 1963, fasc. 2, p. 237 s.

4. N. Hakim, préc. ; A. Marmisse, Le rôle de la doctrine dans l'élaboration et l'évolution de la responsabilité civile délictuelle au XXe siècle, *LPA*, 19 et 20 sept. 2002, p. 4 s.

5. D. Houtcieff, obs. *RTD civ.* 2003. 185, sur la thèse de N. Hakim, préc.

199 ***Doctrine, jurisprudence, législation*** ◊ La doctrine peut guider la *jurisprudence* : une opinion doctrinale, surtout s'il s'agit d'une doctrine concordante et récente, est susceptible d'être, pour le juge, un élément de décision parmi d'autres, que ce soit du fait d'un ouvrage, d'un commentaire d'arrêt, voire d'une consultation rédigée à l'occasion d'un procès. On peut même dire que certaines jurisprudences sont principalement dues à des auteurs qui, par leurs travaux, par la systématisation des décisions judiciaires, ont guidé les tribunaux ; ainsi Saleilles et Josserand ont exercé une influence majeure sur la formation de la jurisprudence relative à la responsabilité du fait des choses (art. 1384, al. 1er) [1].

La doctrine peut aussi exercer une influence sur le *législateur.* Les auteurs ne se bornent pas à commenter les lois et les décisions de jurisprudence en expliquant leur sens, leur portée, leurs conditions d'application ; ils portent aussi sur elles un jugement de valeur, en appréciant les moyens techniques employés, les résultats pratiques donnés par la loi ou une jurisprudence. Par cette critique, et en s'inspirant du droit comparé et de l'histoire, la doctrine peut proposer des réformes apportant ainsi une contribution précieuse [2]. À plus forte raison en est-il ainsi lorsqu'il lui est demandé de rédiger des projets de réforme. C'est ainsi que l'influence de Jean Carbonnier a été très importante dans le mouvement de rénovation du droit civil français qui s'est développé depuis les années 1960. On ajoutera, au sujet de la rédaction des textes, que l'influence de la doctrine se manifeste aussi dans la perspective de l'harmonisation ou de l'unification internationales des droits.

200 ***Au-dessus des composantes du droit*** ◊ Sans la doctrine, le droit ne serait qu'un amas de règles et de décisions qui constituerait souvent un fouillis inextricable. Cette mise en ordre relève, en elle-même, de la recherche scientifique, ce que, dans l'opinion des autres communautés scientifiques, on aurait parfois tendance à oublier. Même si la doctrine n'est pas unanime en telle ou telle matière, sur tel ou tel point de droit, même si, en son sein, se développent des controverses [3] – mieux encore : parce que la diversité des

1. V. Ph. Jestaz, *Doctrine et jurisprudence, une liaison de 25 siècles*, 4e Conférence Albert-Mayrand, éd. Thémis Montréal, 2000, p. 1 s. ; Ph. Jestaz et Ch. Jamin, Doctrine et jurisprudence : cent ans après, *RTD civ.* 2002, 1 s. ; v. aussi, au sujet des « principales notes d'Henri Capitant sur des décisions rendues en matière de droit matrimonial », Le Balle, Les Cours de droit, DES 1960-1961, p. 57 s. ; *adde* : Y. Lequette, *L'influence de l'œuvre d'Henri Batiffol sur la jurisprudence française,* Trav. Comité franç. dr. intern. privé, 1991-1993, éd. 1994, p. 32 s. ; D. Fenouillet, Etienne Louis Josserand, *Rev. hist. fac. droit*, 1996, n° 27, p. 27 s. ; F. Audren et C. Fillon, art. préc., *RTD civ.* 2009. 39 s. ; J.-P. Chazal, « Relire Josserand », oui mais... sans le trahir, *D.* 2003, 1777 s.

2. Elle peut aussi contribuer à empêcher l'adoption de projets défectueux par le Parlement français, v., par ex. F. Terré et A. Outin-Adam, Codifier est un art difficile (à propos d'un... « Code de commerce »), *D.* 1994, chron. 99 s. ; sur Demogue, le n° spéc. 2006. 56 de la *Rev. interdisc. études jur.* p. 5 s.

3. C. Atias, La controverse doctrinale dans le mouvement du droit privé, *RRJ* 1983-3, p. 427 s., et La controverse et l'enseignement du droit, *Ann. hist. fac. droit*, 2-1985, p. 110 s. ; v. du même auteur, *Théorie contre arbitraire*, 1987 ; Ph. Jestaz, Déclin de la doctrine ?, *Rev. Droits*

opinions qu'elle exprime est un facteur indispensable du progrès du droit et de la libre recherche scientifique, en d'autres termes parce qu'elle ne saurait être une entité au service de quelque politique [1].

La doctrine contribue en outre puissamment à la formation du droit dans la mesure où, par ses réflexions et ses constructions, elle dégage des *solutions* voire des *principes* consacrés ensuite par le législateur ou la jurisprudence [2] (v. *infra,* n°s 341 s.). Dans certains domaines ou à certaines époques, elle a exercé une influence considérable, par exemple, en droit international privé, dans la genèse et la persistance d'un *droit savant* [3].

Il est d'autant plus salubre de mettre la doctrine en garde contre certaines déviations [4], qu'elle exerce un rôle important, en tant qu'autorité, dans la construction du droit positif [5], car, il est clair que sans elle les autres « sources » n'auraient pas conscience de leur rôle. Par la richesse et la créativité de ses prévisions sans cesse actualisées, elle remplit une tâche irremplaçable et sans doute de plus en plus difficile, n'en déplaise à ceux de ses membres qui croient faire œuvre originale en se transformant en ses détracteurs [6].

Le rôle de la doctrine est d'autant plus irremplaçable qu'on peut à la limite imaginer un système juridique sans lois ou sans coutume ou sans jurispru-

---

n° 20-1994, 85 s. ; Les controverses doctrinales, *Cahiers des écoles doctorales,* Fac. droit Montpellier, n° 1, mars 2000. – À l'occasion, des controverses de ce genre prennent une surprenante virulence, v. obs. N. Molfessis, *RTD civ.* 2003, 161 s. ; P. Deumier et R. Encinas de Munagorri, obs. *RTD civ.* 2006, 63 s. – V. aussi C. Jamin, La rupture de l'École et du Palais dans le mouvement des idées, *Mélanges Mouly,* 1998, t. I, p. 69 s.

1. V. précisément, en termes de controverse, Ph. Jestaz et C. Jamin, *L'entité doctrinale française,* D. 1997, chron. 167 s. ; L. Aynès, P.-Y. Gautier et F. Terré, Antithèse de « l'entité » (à propos d'une opinion sur la doctrine), D. 1997, chron. 229 s. ; C. Jamin, La doctrine : explication de texte, *Mélanges Jestaz,* 2006, p. 255 s. ; F. Terré, La doctrine de la doctrine, *Mélanges Simler* 2006, p. 59 s. – Rappr. S. Caporal, Qu'appelle-t-on doctrine(s) ? Quelques observations du côté de la philosophie, *in Doctrines et doctrine en droit public,* éd. Toulouse, 1997, p. 11 s.

2. V. C. Atias, L'ambiguïté des arrêts dits de principe en droit privé, *JCP* 1984, I, 3145 ; C. Puigelier, D'une approche cognitive de l'arrêt de principe, *RRJ* 2002-4, p. 1631 s..

3. V. le cours remarquable de B. Oppetit, *Le droit international privé, droit savant,* Recueil des cours de l'Acad. La Haye, t. 234, 1992, III, p. 331 s. ; Catherine Kessedjian, Les effets pervers du caractère savant du droit international privé, *Mélanges Oppetit,* 2009, p. 379 s.

4. J.-D. Bredin, Remarques sur la doctrine, *Mélanges Hébraud,* 1981, p. 111 s. ; M. Gobert, Le temps de penser de la doctrine, Rev. *Droits,* 1994, 97 s. – V., dans le sens propre de la *critique* de la doctrine, *La doctrine juridique,* par Y. Poirmeur et alii, CURAPP (Centre universitaire de recherches administratives et politiques de Picardie), 1993. – V. aussi, du côté du droit des affaires, C. Gavalda, La doctrine éclatée, *Mélanges Jeantin,* 1999, p. 41 s.

5. H. Batiffol, La responsabilité de la doctrine dans la création du droit, *RRJ* 1981, p. 175 s. ; C. Atias, La mission de la doctrine universitaire en droit privé, *JCP* 1980, I, 2999. – D'aucuns avancent, au sujet de la doctrine de droit privé, en termes d'interrogation, que « les juristes sont en réalité des illusionnistes » (M. Boudot, *Le dogme de la solution unique, Contribution à une théorie de la doctrine en droit privé,* thèse ronéot. Aix-en-Provence, 1999). Est-ce, de leur part, l'effet d'une illusion ? V. F. Terré, art. préc. puis, de M. Boudot, La doctrine de la doctrine de la doctrine... : une réflexion sur la suite des points de vue méta... – juridiques, *RIEJ* 2007, 59, p. 35 s.

6. V. le bel article de N. Molfessis, Les prédictions doctrinales, *Mélanges F. Terré,* 1999, p. 141 s. – Sur la place de la doctrine dans notre société, rappr. B. Oppetit, Le droit a-t-il encore un avenir au Collège de France ?, *Mélanges F. Terré,* 1999, p. 111 s.

dence, mais qu'on ne peut imaginer un système juridique sans doctrine, car c'est elle qui fait prendre aux autres composantes du droit conscience de leur propre existence. À qui prétend définir le droit, il faut rappeler une distinction indispensable entre ce qu'il *signifie* et ce qu'il *désigne*, son *intension* et son *extension*, dit-on encore, non sans signaler le difficile passage de l'une à l'autre approche. Ainsi en est-il de la définition du droit mis nécessairement en relation avec ses origines et ses sources. Le droit, c'est ce qui dit le droit, donc ce qui le définit ; il est à la fois acteur et objet de l'action. Dans son rapport aux sources, à ses sources, il apparaît, du fait même de sa propre rétroaction, comme la condition de ce qui le conditionne, de sorte que, par l'effet d'un conditionnement réciproque, la définition du droit en constitue sa définition même. Si l'on voulait, à tout prix, trouver sa spécificité, on devrait probablement privilégier la doctrine car c'est elle qui ouvre l'accès aux « sources », mieux vaut dire aux composantes du droit (v. *infra*, n°s 241 s.). Bref une définition se dégage peut-être : somme toute, le droit c'est la doctrine du droit [1].

201 ***Existence et essence de la doctrine*** ◊ Le bouillonnement actuel des « sources » du droit a suscité, à partir d'une controverse sur l'existence d'une « entité doctrinale » (v. le n° précédent), des réflexions de nature à renouveler un débat d'autant plus significatif que le terme de *doctrine* est, à notre époque, utilisé parfois à tort et à travers [2].

De ces investigations renouvelées, il peut résulter une remise en cause de la notion même de doctrine (*supra* n° 194). On parle de doctrine fiscale, de doctrine sociale [3], de doctrine de l'Administration, de doctrine de la Cour de cassation [4], de doctrine en droit européen, de doctrine progressiste [5]. Un essai d'analyse portant aussi bien sur le passé que sur le présent montre que, suivant les périodes, les matières et les agents du droit, on ne trouve pas le moyen de cerner avec suffisamment de netteté une notion de doctrine, praticienne, judiciaire, universitaire. S'il en est ainsi, c'est tout simplement par l'effet de quelque réticence à admettre que, si le droit est un art, c'est aussi une science, et que l'on doit reconnaître à la communauté des juristes le caractère d'une communauté scientifique, d'une communauté de savants (rappr. *supra*, n° 191).

---

1. Comp. D. Gutmann, La fonction sociale de la doctrine juridique, Brèves réflexions à partir d'un ouvrage collectif sur Méthode d'interprétation et sources en droit privé positif. Essai critique, *RTD civ.* 2002, 455 s.

2. V. Ph. Jestaz et Ch. Jamin, *La doctrine*, éd. Dalloz, 2004 ; Ph. Jestaz, Genèse et structure du champ doctrinal, *D.* 2005, p. 19 s. ; P.-Y. Gautier, L'influence de la doctrine sur la jurisprudence, *D.* 2003, chron. p. 2839 s. – V. aussi P. M. Bongo, De l'inflation législative comme discours doctrinal, *D.* 2005, *Point de vue*, p. 1300 ; Ph. Théry, Un grand bruit de doctrine, *Mélanges Michelle Gobert* 2004, p. 113 s. ; P. Deumier, L'absence de statut homogène de la doctrine, *RTD civ.* 2005, 63 s.

3. P. Combeau, Du nouveau en cas d'invocabilité de l'interprétation administrative, Le cas de la doctrine sociale dans la loi de simplification du droit, *JCP* 2005, I, 153.

4. Soc. 27 oct. 1999, *Bull. civ.* V, n° 420, p. 310, *RTD civ.* 2000. 197, obs. R. Libchaber ; Com. 9 juil. 2002, *Bull. civ.* IV, n° 121, etc., *RTD civ.* 2003. 567 s., obs. N. Molfessis.

5. R. de Quénaudon, La « doctrine progressiste » : une lecture du droit du travail en crise ? V. cep 2005, chron. p. 1736.

De cette existence, l'analyse part à la recherche de l'essence, ce qui conduit à mieux comprendre l'essence de la doctrine, en tant qu'elle est et ne peut qu'être l'expression d'une communauté scientifique. Le regard que porte le juriste sur la réalité sociale que le droit peut avoir vocation à traiter n'est pas dans un premier temps essentiellement différent de celui de Pasteur inventant le vaccin contre la rage. Son raisonnement peut, il est vrai, osciller entre la découverte et l'invention. Plus originale est la constatation que son interrogation fait, plus qu'ailleurs, corps avec la matière interrogée qu'elle modifie dans le même temps qu'elle la questionne, soit comme spécialiste (la doctrine), soit comme profane (la coutume). C'est d'ailleurs pourquoi son regard ne saurait aucunement se limiter à la vision parcellaire, si ce n'est pathologique du droit qui est propre au contentieux et à la jurisprudence, y compris à celle de la Cour de cassation [1].

1. G. Canivet, La Cour de cassation et la doctrine, *Mélanges Aubert*, 2005, p. 373 s. et les objections que ce volontarisme judiciaire suscite : Ph. Brun, Sources sulfureuses : remarques cursives sur l'office de la doctrine, *Mélanges Jestaz*, 2006, p. 67 s. ; F. Terré, art. préc.

CHAPITRE 5
LES DROITS SUBJECTIFS

202 ***Présentation*** ◊ Les droits subjectifs sont les prérogatives - on dit aussi les intérêts - que le droit objectif consacre et sauvegarde au profit des *sujets de droit*, ce qui explique l'expression de droits subjectifs. Les sujets de droit sont essentiellement envisagés ici non pas comme des personnes soumises à un souverain, mais comme les supports des prérogatives reconnues et protégées par le système juridique [1].

C'est l'existence des droits subjectifs qui assure le fonctionnement du système juridique. Pour que coexistent harmonieusement les prérogatives et les intérêts des uns et des autres, l'existence et le régime juridique des droits subjectifs sont soumis à un ensemble de règles.

203 ***Droits subjectifs et libertés publiques*** ◊ La notion de *droit subjectif* se distingue malaisément de celle de *liberté publique*. Entre elles, le rapprochement s'opère naturellement à la lecture des déclarations des droits (v. *infra*, n°s 246 s.). Quand il est précisé, à l'article 2 de la Déclaration de 1789, que les droits naturels et imprescriptibles de l'homme « sont la liberté, la propriété, la sûreté, et la résistance à l'oppression », il apparaît bien que, notamment, la liberté aspire à un exercice aussi étendu qu'il est possible, du fait de la coexistence entre les hommes, et se montre rebelle à un cadre précis ordonnant son existence et sa destinée. Au contraire, la propriété se coule dans la forme d'une prérogative dont les caractères sont nettement précisés par le droit positif : « la propriété est le droit de jouir et disposer des choses de la manière la plus absolue, pourvu qu'on n'en fasse pas un usage prohibé par les lois ou par les règlements » (C. civ., art. 544).

Reste qu'il peut être parfois difficile de distinguer les droits subjectifs des libertés publiques. La distinction se révèle pourtant d'autant plus nécessaire que des textes, déclarations et conventions internationales, plus nombreux que par le passé, s'ajoutant les uns aux autres, ont imposé une référence plus fréquente, dans tous les domaines du droit, y compris en droit privé, à des libertés publiques, à des droits de l'homme et à des droits fondamentaux [2].

---

1. V. J. Dabin, *Le droit subjectif*, Dalloz, 1952 ; *Arch. phil. droit*, t. 34, 1989 ; Emmannuelle Jaulneau, La subjectivation du droit, thèse Orléans 2007.

2. Libertés et droits fondamentaux, dir. R. Cabrillac, M.-A. Frison-Roche et T. Revet, 18e éd. 2012 ; G. Drago, Les droits fondamentaux entre juge administratif et juges constitutionnel et européen, *Dr. adm.* 2004, Études n° 11 ; Commission des droits fondamentaux de l'Union des jeunes avocats de Paris, « Spécial droits fondamentaux », *Gaz. Pal.* 17-18 mars 2006 ; v. aussi D. Gutmann, Les droits de l'homme sont-ils l'avenir du droit ?, *Mélanges F. Terré*, 1999, p. 329 s. ; E. Dreyer, Du caractère fondamental de certains droits, *RRJ* 2006-2, p. 551 s.

204 ***Quant aux domaines*** ◊ Dans certains domaines, il est vrai, la matière sur laquelle porte la prérogative facilite le partage. Ainsi en est-il quand il s'agit de la participation des seuls *citoyens* à l'activité politique, par l'électorat ou l'éligibilité, sous réserve de l'ouverture aux ressortissants de l'Union européenne résidant en France quant aux élections municipales (v. *infra*, n° 289). Aussi bien l'article 7 du Code civil dispose-t-il que « l'exercice des droits civils est indépendant de l'exercice des droits politiques, lesquels s'acquièrent et se conservent conformément aux lois constitutionnelles et électorales ». L'attribution de la qualité de national français ou de citoyen français - ce qui n'est pas nécessairement identique [1] - relève du même ordre de considérations. Ainsi en est-il du *droit à la nationalité*, affirmé à l'article 5 de la Déclaration universelle des droits de l'homme (1948).

Si l'on envisage d'autres droits, c'est encore dans le cadre des libertés publiques qu'on peut en traiter : liberté d'aller et de venir, liberté de parole, de pensée, d'expression, liberté de l'imprimerie, de la presse, de la communication audiovisuelle, liberté de conscience, liberté syndicale... Le fait que ces prérogatives soient souvent affirmées ou consacrées dans des préambules, des déclarations ou des dispositions générales, n'exclut pas qu'elles puissent trouver leur prolongement dans des droits subjectifs : ainsi la liberté de l'écrivain se prolonge dans le droit, matériel et surtout moral, de l'auteur sur son œuvre. Restent que les prérogatives considérées se manifestent avant tout dans les rapports de l'individu avec la puissance publique, dont les agents protègent contre les empiétements de l'État les libertés indispensables.

205 ***Quant aux relations*** ◊ Les *droits subjectifs* se manifestent sinon exclusivement, du moins principalement dans la perspective des relations des particuliers - individus ou groupements - soit dans leurs rapports entre eux, soit dans leurs rapports avec les biens. Ils sont de ce fait dotés d'une structure et d'un contenu caractérisé : droit de créance, droit de propriété, d'usufruit, de servitude... Mais force est de reconnaître que, plus l'on se rapproche du statut de la personne humaine en tant que telle, y compris dans sa vie privée ou familiale, plus le relief inhérent à la notion de droit subjectif s'atténue, sans que pour autant diminue la force de la prérogative reconnue au sujet de droit. Ainsi l'article 9, alinéa 1er, du Code civil dispose que « chacun a droit au respect de sa vie privée ». Plus généralement, la prise en considération de la personne, physique ou morale, a favorisé le développement à côté des - *droits de* - de créance, de propriété... - de *droits à* - qui tendent à dépasser une approche relativiste de la prérogative reconnue : droit à l'intimité de la vie privée, droit à l'avortement, etc. [2]

---

1. V. H. Solus, Traité de la condition des indigènes en droit privé, Sirey, 1927.
2. M. Pichard, *Le droit à : étude de la législation française*, thèse Paris II, 2004 éd. Economica 2006, préface M. Gobert.

La distinction de la liberté publique et du droit subjectif se manifeste notamment au sujet de la condition du justiciable. Celui-ci dispose de la *liberté* d'ester en justice, c'est-à-dire de saisir les tribunaux français pour obtenir justice : il s'agit d'une liberté publique si fondamentale que le pouvoir d'accès aux tribunaux français est reconnu non seulement aux Français, mais aussi aux étrangers [1]. En outre, le justiciable est investi d'un droit subjectif : l'*action en justice*, qui « est le droit, pour l'auteur d'une prétention, d'être entendu sur le fond de celle-ci afin que le juge la dise bien ou mal fondée » (C. pr. civ., art. 30, al. 1er) ; « pour l'adversaire, l'action est le droit de discuter le bien-fondé de cette prétention » (al. 2). – V. *infra* n° 729.

206 ***Droits subjectifs et pouvoirs*** ◊ Il convient de distinguer le droit subjectif et le *pouvoir*. Ce dernier mot est, depuis longtemps, habituel en philosophie politique et en droit public : le principe dit de la séparation des pouvoirs a fait couler beaucoup d'encre ; en droit administratif, la jurisprudence du Conseil d'État a permis l'élaboration de la théorie du détournement de pouvoir [2] et, dans une réflexion transdisciplinaire, la doctrine a été amenée à comparer l'abus de droit (subjectif) et le détournement de pouvoir [3].

En droit privé, la notion de pouvoir a aussi été étudiée [4]. Elle est fréquemment utilisée dans le droit des incapacités lorsqu'il s'agit de déterminer les conditions dans lesquelles peuvent agir ceux qui représentent ou assistent les incapables. En matière de régimes matrimoniaux, la détermination des pouvoirs des époux sur les biens qui constituent le patrimoine du ménage – biens propres de chacun d'eux, biens communs – commande leur condition pécuniaire (v. par ex. C. civ., art. 1421 s.). Le contrat de mandat est non moins révélateur : c'est l'« acte par lequel une personne donne à une autre le pouvoir de faire quelque chose pour le mandant et en son nom » (C. civ., art. 1984, al. 1er). On signalera encore, en matière de sociétés commerciales, l'existence de maintes dispositions relatives aux pouvoirs des dirigeants sociaux (ex. : C. com., art. L. 225-35, L. 225-51, L. 225-64 et L. 242-6-4°).

Comme le droit subjectif, le pouvoir est une prérogative. Mais, à la différence du droit subjectif, le pouvoir permet à celui qui le détient « d'exprimer un intérêt au moins partiellement distinct du sien » [5] au moyen d'actes juridiques ayant notamment pour effet d'engager autrui. La finalité des prérogatives est différente, ce qui explique les différences pouvant exister entre le contrôle de l'exercice des droits subjectifs et celui des pouvoirs (v. *infra*, nos 499 s.).

---

1. Civ., sect. civ., 21 mai 1948, *S.* 1949, 1, 121, note Niboyet, *JCP* 1948, II, 4422, note P. L.-P.
2. A. de Laubadère et Y. Gaudemet, *Traité de droit administratif*, t. 1, 16e éd. 2001, nos 1074 s.
3. J. Vidal, Essai d'une théorie générale de la fraude en droit privé, thèse Toulouse, 1957, p. 341 s.
4. E. Gaillard, *Le pouvoir en droit privé*, thèse Paris II, éd. 1985.
5. E. Gaillard, *op. cit.*, p. 233.

À s'en tenir aux droits subjectifs, on envisagera successivement leurs *sources* (Section 1) et leurs *titulaires* (Section 2).

SECTION 1. LES SOURCES DES DROITS SUBJECTIFS

207 ***Situations juridiques*** ◊ Tous les comportements sociaux ne sont pas, dans une société et à une époque données, pris en considération par le système juridique, en ce sens que celui-ci ne leur fait pas nécessairement produire de conséquences juridiques : ce piéton qui contemple un paysage, ce lecteur dans une bibliothèque ont sans doute usé de leur liberté ; mais leur situation présente n'est pas génératrice d'effets de droit ; ce n'est pas une situation juridique.

Si, au contraire, des conséquences juridiques sont attachées à certaines situations - on peut dire aussi à certains comportements -, il s'agit alors de *situations juridiques*. Cette expression se comprend aisément si on l'entend de manière générale ; et sans doute convient-il, à son sujet, d'évacuer toute autre approche : il n'y a pas de situations juridiques au sens large et de situations juridiques au sens étroit. Bref, il y a ou il n'y a pas situation juridique [1].

Il n'en demeure pas moins nécessaire d'admettre l'existence de ce que la doctrine désigne par l'expression de *situations de fait* [2]. Ce sont, en bonne logique, qu'on le veuille ou non, des situations juridiques en ce sens que des conséquences de droit leur sont attachées. Mais, suivant la formule souvent rappelée de Roger Houin, « la situation de fait est une sorte d'ersatz, une sorte de doublet d'une situation juridique bien connue et bien réglementée par la loi » [3] : séparation de fait, société de fait, tutelle de fait... Leur prise en considération se relie à l'idée même de système juridique et aux structures qui caractérisent celui-ci, en tant qu'il est l'expression d'un ordre confronté aux exigences de l'évolution ou du changement [4].

208 ***Faits juridiques*** ◊ La distinction, au moins liminaire, d'un sens large, et d'un sens sinon étroit, du moins restreint, s'impose au contraire lorsqu'on emploie l'expression de *fait juridique*.

Au *sens large*, les faits juridiques sont tous les événements de la vie sociale emportant des conséquences juridiques, c'est-à-dire influant sur la

---

1. V. I. Doumbia, Esquisse d'une théorie de la situation juridique, *RRJ* 2004-3, p. 1647 s.
2. V. *Les situations de fait*, Trav. Assoc. H. Capitant, t. XI, 1957 ; L. Leveneur, *Situations de fait et droit privé*, thèse Paris II, éd. 1990.
3. Trav. Assoc. H. Capitant, préc., p. 322.
4. Rappr. Santi Romano, *L'ordre juridique*, trad. franç. 1975 ; v. aussi Le système juridique, *Arch. phil. droit*, t. 31, 1986.

création, la transmission et l'extinction des droits. Ainsi un dommage causé par la faute d'un individu fait naître au profit de la victime une créance en réparation du préjudice subi, un accord entre deux personnes peut transmettre un droit de l'une à l'autre, le décès d'un individu opère transmission de ses droits patrimoniaux à ses héritiers.

Dans une terminologie plus précise, on distingue deux sortes de faits juridiques : les *faits* juridiques proprement dits et les *actes* juridiques.

Les *faits juridiques* au *sens étroit* sont des situations de fait - par exemple la naissance, la mort, l'âge -, ou des actions - détérioration d'un objet, coup porté, injure -, qui entraînent par leur existence même une création, une modification ou une transmission des droits. Ces actions peuvent être aussi bien volontaires que non volontaires ; même si elles sont volontaires, elles demeurent des faits juridiques au sens étroit du terme, dès lors que l'effet juridique qu'elles produisent n'a pas été *voulu*. Ainsi l'auteur de coups et blessures volontaires doit réparation à la victime ; celle-ci a une créance de dommages-intérêts. Cette créance a sa source dans un fait juridique, bien que les coups et blessures aient été volontaires : l'auteur responsable a volontairement frappé ou blessé, mais il n'était pas dans son intention de réparer le préjudice par le versement d'une indemnité pécuniaire ; c'est la loi qui impose la réparation.

Ainsi voit-on que tous les comportements inspirés par la volonté humaine ne sont pas des actes juridiques, car les actes juridiques sont des manifestations de volonté accomplies en vue de produire des effets de droit et sans lesquelles ces effets de droit ne se produiraient pas [1]. Ainsi en est-il d'un contrat conclu entre deux personnes afin de faire naître entre elles des obligations, ou encore d'un testament par lequel une personne exprime sa volonté de transmettre en tout ou en partie ses biens à une autre personne, le légataire.

On envisagera successivement les *faits juridiques* et les *actes juridiques*.

§ 1. **Les faits juridiques**

209 ***Distinction*** ◊ Nombreux sont les faits juridiques. Très divers sont, en effet, les événements qui influent sur les relations humaines. À la différence des actes juridiques, les faits juridiques présentent des variétés innombrables, à l'image de l'infinie diversité des situations juridiques. Divers par les circonstances qui leur donnent naissance, ils le sont aussi par leurs effets, qu'il s'agisse de *créer*, de *modifier* ou d'*éteindre* des droits subjectifs.

On distingue les faits involontaires et les faits volontaires.

210 ***1° Les faits involontaires*** ◊ De nombreux faits juridiques se produisent indépendamment de la volonté de tel ou tel de ceux qui peuvent être plus

1. V. *L'acte juridique*, numéro spécial de la Rev. *Droits*, n° 7-1988.

ou moins directement concernés par ces faits. On est porté à dire qu'il s'agit là de faits *naturels*, en ce qu'ils seraient le fruit du hasard ou du cours naturel des choses. Cette qualification n'est pas dépourvue d'équivoque, car les faits considérés peuvent être *accidentels*.

Force est, en outre, d'observer que, si les faits juridiques peuvent se produire indépendamment de tout comportement volontaire, ils ne sont pourtant pas nécessairement exclusifs de toute donnée de caractère volontaire. Ainsi le décès est un fait juridique ; il peut néanmoins être l'effet d'un suicide.

211 ***Événements*** ◇ Des faits juridiques jalonnent la *vie des personnes* physiques, marquent les étapes de leur existence : la *naissance* – voire la *conception* – à partir de laquelle les individus sont dotés de la personnalité juridique. Du fait de sa naissance, l'enfant se trouve notamment investi de droits de famille : il peut réclamer des aliments à ses pères et mère, venir à leur succession ; les parents ont l'obligation d'entretenir et d'élever leurs enfants et la charge d'administrer leurs biens jusqu'à la majorité ou l'émancipation de ceux-ci.

La situation de la personne privée n'est pas indifférente à certaines *données juridiques* qui peuvent aussi être considérées comme des faits juridiques. Ainsi en est-il de certaines déficiences physiques ou mentales qui peuvent entraîner la mise en tutelle ou en curatelle.

Des événements indépendants de la volonté de l'homme qui est affecté par eux, événements imprévisibles et irrésistibles, par exemple, selon les circonstances, la foudre, un incendie, un naufrage, une guerre, peuvent aussi entraîner des conséquences juridiques. Ils peuvent avoir pour effet de faire échapper une personne à la responsabilité d'un manquement à ses obligations.

212 ***Écoulement du temps*** ◇ Au bout d'un certain temps, le fait d'atteindre l'âge de la *majorité* fait cesser l'incapacité qui frappe l'individu mineur, considéré jusque-là comme n'ayant pas un développement suffisant pour exercer ses droits [1]. Encore faut-il remarquer que, si l'arrivée à l'âge de la majorité constitue un fait juridique, l'émancipation est un acte juridique – ou la conséquence d'un acte juridique : le mariage – qui produit ses effets parce que les auteurs de l'acte ont eu la volonté de lui en faire produire en anticipant sur l'âge de la majorité.

L'écoulement d'un certain temps peut aussi entraîner des conséquences dans le sens soit de l'acquisition, soit de l'extinction d'un droit subjectif. On dit qu'il y a alors *prescription*. Dans l'intérêt de la paix sociale, il est parfois bon de stabiliser certaines situations qui se sont prolongées, même si elles sont contraires au droit, voire à la morale (v. *supra*, n° 12). Permettre d'anéantir cette situation sous prétexte qu'à l'origine il ne se trouve pas un

1. V. G. Cornu, L'âge civil, *Mélanges Roubier*, 1961, t. II, p. 9 s., rééd. *in L'art du droit en quête de sagesse*, 1998, p. 45 s. ; J. Casals, *Âge et droit privé*, thèse ronéot. Paris II, 1976.

droit véritablement établi, ce serait ruiner les légitimes prévisions, non seulement des individus bénéficiant de la situation même - ce qui après tout ne serait pas trop grave -, mais encore de tous ceux qui, constatant que le titulaire de la situation apparente n'était pas dérangé dans l'exercice de son droit, ont pu valablement croire que cette situation était juridiquement fondée. Tel est le fondement de la *prescription acquisitive* des droits réels au profit de personnes non titulaires de ces droits.

La même idée sert aussi de justification à la *prescription extinctive* des droits, qui s'applique en principe à tous les droits pécuniaires et d'après laquelle le droit se perd par le non-usage. Ainsi un créancier qui ne réclame pas au débiteur son paiement perd son droit à l'expiration d'un certain délai. Toutefois, le droit de propriété est un droit perpétuel qui ne se perd pas par le non-usage (C. civ., art. 2227, réd. L. 17 juin 2008). Si l'on ne se sert pas de son droit de propriété, on ne le perd que si quelqu'un d'autre possède la chose, par exemple s'installe dans une maison et s'y comporte comme propriétaire, mais alors on perdra son droit en raison de l'activité de cette autre personne qui aura bénéficié de la prescription acquisitive.

Le droit civil détermine le délai de prescription et les conditions de possession ou de non-usage, tant pour la prescription acquisitive que pour la prescription extinctive. Une loi du 17 juin 2008 a réformé la matière en vue de simplifier les règles et de réduire les délais de présentation, du moins extinctive [1].

213 ***2° Les faits volontaires*** ◊ Les faits juridiques précédemment étudiés sont indépendants de la volonté de l'homme. D'autres faits peuvent être voulus, comme le délit civil ou la possession. Il faut se garder de confondre ces faits avec les actes juridiques. Dans l'acte juridique, les parties veulent non seulement l'acte, mais aussi les conséquences juridiques que la loi y attache. Ainsi, si deux personnes concluent un contrat de vente, c'est pour que la propriété de l'objet vendu passe du vendeur à l'acquéreur et que celui-ci devienne débiteur du prix. Quand une personne, au contraire, commet un délit civil, c'est-à-dire cause par sa faute intentionnelle un préjudice à autrui, sa conduite implique une volonté consciente des conséquences dommageables de l'acte, mais on ne peut dire généralement que cette personne a voulu la conséquence juridique que la loi y attache, à savoir la naissance de l'obligation de réparer.

214 ***a) Les faits volontaires illicites*** ◊ Ils attestent l'existence de *comportements volontaires*, impliquant à l'origine un acte de volonté d'un ou de plusieurs individus, et *illicites* parce qu'ils sont répréhensibles et entraînent la *responsabilité civile* de leurs auteurs, car ils constituent des délits ou des quasi-délits.

---

1. V. *Les obligations*, par F. Terré, Ph. Simler et Y. Lequette, 11e éd. 2013, n°s 1472 s. ; v. A. Colin, *Pour une conception renouvelée de la prescription*, thèse Paris XI, 2008.

215 ***La responsabilité civile*** ◊ La théorie de la responsabilité civile comporte un principe général qui est celui de la *responsabilité du fait personnel* : quiconque cause, par sa faute, un dommage à autrui doit réparer le préjudice de la victime. Les articles 1382 et 1383 du Code civil sanctionnent ainsi les *délits* et *quasi-délits*, c'est-à-dire les manquements à l'obligation générale de prudence, de diligence et de loyauté qui pèse sur tous les hommes dans l'exercice de leurs libertés. Délits et quasi-délits se distinguent entre eux, en ce que les premiers impliquent un manquement intentionnel à cette obligation, une volonté consciente des suites préjudiciables de l'acte, tandis que les seconds sont des actes d'imprudence ou de négligence, leurs auteurs n'ayant pas voulu les conséquences dommageables de leurs actes. S'agissant de matières civiles, et non pénales, la distinction est d'ailleurs dépourvue en général de portée pratique, les délits comme les quasi-délits obligeant l'auteur du dommage à réparer l'intégralité du préjudice subi.

Dans certains cas, une personne est responsable du dommage causé par la faute de personnes dont elle doit répondre. L'article 1384, alinéa 1er, pose le principe de la *responsabilité du fait d'autrui* par la formule : on est responsable du dommage qui est causé par le fait des personnes dont on doit répondre. Les alinéas suivants en explicitent des cas, ce qui n'exclut pas l'existence d'une responsabilité générale du fait d'autrui.

Une même tendance se manifeste dans les cas de *responsabilité du fait des choses*. Le Code civil avait institué pour deux catégories particulières de choses - celles qui, en 1804, étaient les causes les plus habituelles de dommages : animaux et bâtiments -, des responsabilités existant de plein droit et non subordonnées à la preuve d'une faute : le propriétaire d'un animal ou celui qui s'en sert est responsable du dommage causé par le fait de cet animal, sans que la victime ait à prouver la faute du gardien de l'animal, sans que celui-ci puisse se décharger de sa responsabilité en prouvant qu'il n'a pas commis de faute (art. 1385) ; le propriétaire d'un bâtiment est responsable du dommage causé par sa ruine lorsqu'elle est arrivée par suite du défaut d'entretien ou par le vice de construction (art. 1386), faits qui ne sont pas toujours imputables au propriétaire. À partir de la fin du XIXe siècle, la jurisprudence a trouvé dans l'article 1384, alinéa 1er, les éléments d'un système général de responsabilité du fait des choses que l'on a sous sa garde, dans lequel le gardien de la chose ne peut s'exonérer par la preuve de l'absence de faute, ni même dans certains domaines et sous certaines conditions par la preuve d'une cause étrangère irrésistible et imprévisible ; c'est dans ce sens qu'une loi du 5 juillet 1985 tendant à l'amélioration de la situation des victimes d'accidents de la circulation a marqué une évolution importante du droit de la responsabilité civile. Ultérieurement d'autres lois ont amplifié le mouvement (ex. : produits défectueux, risques sanitaires) dans le sens de la précaution et de la solidarité.

216 ***La responsabilité administrative*** ◊ Longtemps la puissance publique a bénéficié d'un principe d'irresponsabilité. Partiellement abandonné à la

fin du siècle dernier, ce principe a été renversé au XXe siècle, marqué par une « généralisation progressive de la responsabilité administrative » [1].

À s'en tenir à celle-ci, donc sans envisager la responsabilité pouvant être engagée au titre du pouvoir législatif ou de l'autorité judiciaire, il convient d'évoquer seulement ici le régime de responsabilité administrative tel qu'il est mis en œuvre par le juge administratif. Cette première approche n'est encore qu'approximative, compte tenu de l'existence de divers régimes dérogatoires, d'origine législative (activité des membres de l'enseignement, accidents causés par des véhicules) ou jurisprudentielle (gestion privée, services publics industriels ou commerciaux, voie de fait et emprise irrégulière, faute personnelle détachable) [2].

Cette deuxième délimitation ne permet pas de parvenir à une vision unitaire, car l'on observe encore une grande variété de règles. On peut cependant retenir une classification générale qui permet de distinguer deux grandes catégories de régimes. Les uns sont ou demeurent attachés à la notion de « faute de service », elle-même de définition malaisée, car il faut tenir compte de la gradation des fautes propres à engager la responsabilité administrative, si elle s'accompagne d'un préjudice et s'il existe entre celui-ci et la faute un lien de causalité ; lorsque ces conditions sont réunies, la réparation due aux administrés est fondée sur leur droit d'obtenir un fonctionnement normal des services publics. Les autres régimes sont détachés de l'idée de faute (ex. : dommages de travaux publics, choses dangereuses...) l'on rattache volontiers ces régimes à l'idée d'égalité devant les charges publiques, d'où résulterait l'exigence d'une compensation destinée à rééquilibrer - justice rétributive ? - une situation qui profite à certains et nuit à d'autres. Au-delà de cette considération, on discerne aujourd'hui un mouvement expansionniste de la réparation, puis de la solidarité qui dépasse le clivage droit privé - droit public.

217 ***b) Les faits volontaires licites*** ◊ Ils sont extrêmement nombreux. Certains sont envisagés simplement en ce qu'ils entraînent la modification d'une situation juridique, ce qui peut impliquer l'adoption d'un certain comportement, voire le respect de certaines exigences. Ainsi en est-il par exemple d'un changement de domicile.

Il est, plus précisément, des faits juridiques qui, générateurs d'obligations, ressemblent davantage à des actes juridiques de sorte qu'on parle à leur sujet de quasi-contrats (gestion d'affaires, paiement de l'indu, enrichissement sans cause) [3]. Le fait considéré est *volontaire*, mais ce n'est pas

---

1. J. Moreau, L'évolution des sources de la responsabilité administrative, *Mélanges F. Terré*, 1999, p. 719 s.

2. V. aussi M. Paillet, Vers un renouveau des sources de la responsabilité administrative en droit français, *Mélanges J.-M. Auby*, 1992, p. 259 s. ; M. Deguergue, *Jurisprudence et doctrine dans l'élaboration du droit de la responsabilité administrative*, éd. 1994.

3. V. *Les obligations, op. cit.*, nos 1026 s. ; Mélina Douchy, *La notion de quasi-contrat en droit positif français*, thèse ronéot. Aix-Marseille, 1996. - V. aussi, en droit public, F. Moderne, *Les quasi-contrats administratifs*, 1995 et, plus généralement, B. Labbé, L'incombance : un faux concept, *RRC* 2005-1, p. 183 s.

un acte juridique, car si cet acte a été voulu et fait naître des obligations, il n'a pas été accompli en vue de faire naître ces obligations : la loi les reconnaît, parce que cela lui paraît juste et utile, mais sans lien nécessaire avec ce que les intéressés ont pu vouloir à cet égard. Cela dit, le fait volontaire ici envisagé est un fait *licite* : bien que le comportement des individus ait fait naître une situation appelant rétablissement d'un équilibre d'ordre juridique, ce comportement n'est pas en soi illicite, ne constitue pas une faute, n'est pas un délit ou un quasi-délit.

§ 2. Les actes juridiques

218 ***Généralités. Negotium et instrumentum*** ◊ D'une manière générale, les actes juridiques sont des manifestations de volonté accomplies en vue de produire des effets de droit et sans lesquelles ces effets de droit ne se produiraient pas.

De cette manière, correspondant à l'usage le plus fréquent, c'est l'opération juridique envisagée quant au fond - le *negotium* - qui est désignée. C'est en quoi l'acte juridique présentement examiné se distingue du document écrit, c'est-à-dire de l'*instrumentum*, lequel est établi en vue de constater soit un acte juridique (au sens de *negotium*), par exemple un acte de vente, soit un fait juridique, par exemple un accident.

219 ***Actes juridiques, droit objectif ou droits subjectifs*** ◊ Envisagé dans sa signification de fond (*negotium*), l'acte juridique remplit un rôle capital dans la vie juridique. Ce rôle se manifeste aux *sources mêmes du droit objectif* : une Constitution, une loi, un règlement administratif, un jugement sont des actes juridiques dont l'importance a déjà été examinée. On sait leur rôle en *droit constitutionnel*, en *droit administratif*, en *droit judiciaire*.

En *droit international public*, le traité est aussi un acte juridique de fondamentale importance. Entendu au sens large, le mot désigne tout accord conclu entre membres de la communauté internationale et destiné à produire certains effets de droit. Un *concordat* est, en ce domaine, un acte juridique bilatéral [1]. Et il faut en dire autant de quantité d'accords, formels ou informels, conclus avec des organismes internationaux ou sous leur égide. Il existe aussi en droit international public des actes juridiques unilatéraux produisant des effets de droit : ainsi en est-il de nombre de *notifications*, par exemple de la notification de la rupture de relations diplomatiques ou encore de l'acte par lequel un État constate l'existence d'un État nouveau ou d'un gouvernement nouveau. D'autres actes relèvent encore, en droit international public, de la catégorie des *actes collectifs*, par exemple une *résolution* du Conseil de sécurité.

---

1. V. G. Cahen, De la nature juridique du concordat, *RD publ.* 1898, II, 220 s.

Ce qui est vrai du droit international public l'est aussi du *droit communautaire* (*infra*, n°s 289 s.) : le Traité de Rome de 1957 est un acte juridique ; et il y a lieu d'en dire autant de l'Acte unique européen signé à Luxembourg et à La Haye en 1986 ou du Traité de Maastricht de 1992.

Sur l'autre versant du juridique, du côté des actes juridiques des personnes - publiques ou privées - tendant à produire des effets de droit, on s'en tiendra dans la suite des présents développements à tous ceux qui ne tendent pas à modifier le droit objectif et n'ont pour objet que d'en assurer la réalisation à travers les droits subjectifs. Au demeurant, on va voir aussitôt que le passage d'un versant à l'autre du juridique peut être délicat.

220 ***Actes administratifs et actes de droit privé*** ◇ L'activité de l'Administration peut se manifester soit par des actes de droit privé, semblables à ceux qu'accomplissent des personnes privées et soumis au droit privé, soit par des actes administratifs qui relèvent du droit administratif.

L'acte administratif a suscité de multiples analyses [1]. On en distingue deux notions, l'une formelle (ou organique), l'autre matérielle [2].

En adoptant une approche *formelle* ou *organique*, on considère que l'acte administratif est celui qui émane d'un organe administratif de l'État, ce qui permet alors de le distinguer d'actes émanant soit d'organes législatifs ou juridictionnels, soit d'organismes privés, voire de personnes privées.

Dans cette ligne de pensée, liée à la détermination de l'organe d'où émane l'acte (l'organe administratif), *seuls les actes administratifs unilatéraux sont considérés comme des actes administratifs.* Cette qualification est refusée aux contrats conclus entre l'Administration et les personnes privées ; ces contrats sont des actes juridiques, mais ce ne sont pas des actes administratifs. Le critère formel de détermination de l'acte administratif est commode, mais ne laisse pas de susciter des hésitations lorsque la nature - publique ou privée - de l'organe d'où émane l'acte est indécise. Mieux encore, il a été admis que certains actes émanant d'organismes privés chargés d'un service public administratif pouvaient constituer des actes administratifs, par exemple des actes émanant d'associations de chasse [3] ou de fédérations sportives [4].

Suivant une autre démarche, on retient une notion matérielle de l'acte administratif. Celui-ci serait nécessairement doté d'une portée individuelle, à la différence des *actes législatifs*, qui seraient nécessairement dotés d'une portée générale.

---

1. V. les si précieux Cours de doctorat de C. Eisenmann, *Cours de droit administratif*, éd. 1983, spéc. t. II, p. 11 s.

2. A. de Laubadère et Y. Gaudemet, préc., n°s 1099 s.

3. CE 7 juill. 1978, *Min. qualité de la vie c/ de Vauxmoret, AJDA* 1979, n° 6, p. 36, concl. Rougevin-Baville ; 28 mars 1979, *Min. qualité de la vie c/ Boutet et autres, Dr. adm.* 1979, n° 174.

4. Trib. confl. 7 juill. 1980, *Peschaud c/ Groupement du football professionnel*, D. 1981, IR 42.

Cette distinction correspond bien à la tradition française suivant laquelle la loi est l'expression de la volonté générale, cette volonté se manifestant naturellement par une règle abstraite et générale.

On ne saurait pourtant s'en tenir à ces observations : d'une part, il se peut que le Parlement adopte des dispositions de caractère individuel ; d'autre part, il n'est pas rare que des dispositions de caractère général émanent d'organes administratifs. Voilà pourquoi, la distinction des actes réglementaires et des actes individuels de l'Administration entraîne d'importantes conséquences. Au premier rang de celles-ci, on signalera que les règlements administratifs sont des sources du droit positif (*infra*, n°s 323 s.), ce qui fonde leur autorité à l'égard de l'Administration et le pouvoir reconnu aux tribunaux de procéder, si c'est nécessaire, à leur interprétation. La publicité de ces divers actes est aussi soumise à des règles différentes : les actes réglementaires sont publiés ; les actes individuels sont notifiés [1].

221 ***Conventions, actes unilatéraux, actes collectifs*** ◊ De la convention qui est définie comme un accord de volontés, on distingue l'acte unilatéral et l'acte collectif. Cette distinction est importante en droit privé et en droit public.

Un acte juridique est *unilatéral* lorsque l'effet juridique auquel il tend résulte de la manifestation de volonté d'une seule personne [2]. Ainsi en est-il de la reconnaissance d'un enfant (C. civ., art. 316), du testament (C. civ., art. 895), de la fondation (L. 23 juill. 1987, art. 18) ou encore de divers actes abdicatifs [3] tels que les renonciations à succession (C. civ., art. 784), à usufruit (art. 622), à servitude (art. 1638).

Parfois aux confins des sources du droit objectif, les actes administratifs unilatéraux sont nombreux, le caractère unilatéral de l'acte - même issu d'accords successifs et multiples - tenant au fait que l'acte manifeste la volonté d'une seule personne : l'État. Constituent notamment des actes unilatéraux, les arrêtés municipaux ou les autorisations administratives. L'octroi d'un permis de construire se traduit par un acte administratif unilatéral.

L'acte *collectif* est l'acte juridique par lequel se manifestent les volontés d'un ensemble de personnes unies par une communauté d'intérêts ou impliquées par une action commune [4]. Ainsi en est-il d'une délibération prise par une assemblée, qu'il s'agisse d'une assemblée parlementaire, d'une assemblée d'actionnaires ou d'une assemblée de copropriétaires ; il existe des questions communes à ces diverses réunions, spécialement quant à la manière suivant laquelle se développent les délibérations et se

---

1. V. J.-M. Rainaud, *La distinction de l'acte réglementaire et de l'acte individuel*, 1966.
2. V. J. Martin de La Moutte, *L'acte juridique unilatéral, Essai sur sa notion et sa technique en droit civil, thèse Toulouse*, 1951 ; M.-L. Izorche, *L'avènement de l'engagement unilatéral en droit privé contemporain*, thèse ronéot. Aix-Marseille III, 1989. - V. aussi not., en droit administratif, Francine Batailler, Les « beati possidentes » du droit administratif (Les actes unilatéraux créateurs de privilèges), *RD publ.* 1965, 1051 s.
3. V. F. Dreifuss-Netter, *Les manifestations de volonté abdicatives*, thèse Strasbourg, 1985.
4. G. Roujou de Boubée, *Essai sur l'acte juridique collectif*, thèse Toulouse, éd. 1961.

pratiquent les votes. Il existe aussi des *contrats collectifs* passés entre quelques personnes, mais dont les clauses sont, à certaines conditions, obligatoires pour un ou plusieurs ensembles d'autres personnes. - Rappr. *infra*, n° 376, au sujet des conventions collectives.

222 ***Actes à titre gratuit et actes à titre onéreux*** ◊ L'acte *à titre gratuit* est inspiré par une pensée de libéralité, on dit aussi de bienfaisance, l'*animus donandi* (en cas de donation) ; il n'engendre pour celui qui l'effectue aucune contrepartie de nature pécuniaire [1]. Constituent ainsi des actes à titre gratuit : la donation, le legs contenu dans un testament, la remise de dette à titre gracieux. L'acte *à titre onéreux* implique un avantage pécuniaire qui compense un sacrifice ; il est inspiré par une idée d'échange ; ainsi en est-il de la vente, du louage.

Des intérêts multiples s'attachent à cette distinction. Bornons-nous à indiquer les idées directrices d'où ils procèdent pour la plupart.

L'acte à titre gratuit se présente comme un acte anormal, voire dangereux tant pour le disposant lui-même qui ne reçoit rien en échange de ce qu'il donne ou fait, que pour ses créanciers ou ses héritiers présomptifs, qui risquent d'être lésés ou dépouillés ; c'est pourquoi le législateur doit s'efforcer de sauvegarder certains intérêts légitimes, alors qu'en principe ceux-ci ne risquent pas d'être atteints par un acte onéreux. La personnalité des parties joue un rôle presque toujours déterminant dans les actes à titre gratuit ; ceux-ci sont accomplis *intuitu personae*, alors que la considération de la personne, si elle intervient dans certains contrats à titre onéreux - tel celui passé avec un architecte, un peintre - est souvent absente dans de tels contrats, par exemple en cas d'embauchage de personnel non qualifié ou d'achats courants. Celui qui rend service gratuitement paraît plus digne d'intérêt que celui qui tire bénéfice de son action ; aussi sa responsabilité est engagée plus difficilement (v. ainsi pour le dépôt, art. 1927 et 1928 ; pour le mandat, art. 1992, al. 2).

223 ***Effets des actes unilatéraux*** ◊ Lorsque les conditions de l'acte unilatéral sont réunies, cet acte entraîne à l'égard de son auteur des effets de droit [2]. Il ne saurait avoir à l'égard des tiers un effet obligatoire, c'est-à-dire notamment les rendre débiteurs. En outre, en droit privé français, on répugne traditionnellement à admettre que, sauf exceptions, l'acte unilatéral d'une personne puisse entraîner à sa charge un engagement à l'égard des tiers. Reste que l'acte unilatéral, en ce qu'il modifie une situation juridique, est de nature à créer une situation opposable aux tiers.

En droit administratif, les effets de l'acte unilatéral sont plus forts. Dans un très grand nombre de cas, cet acte prend la forme d'une décision exécutoire qui non seulement modifie l'ordonnancement juridique existant,

1. V. J.-J. Dupeyroux, *Contribution à la théorie générale de l'acte à titre gratuit*, thèse Toulouse, 1955.
2. V. cep. sur le mécanisme de la *rétractation*, S. Mirabail, thèse Toulouse, éd. 1997.

mais produit un effet de contrainte (v. *infra*, n° 708). Ainsi la nomination d'un fonctionnaire entraîne à l'égard de celui-ci des droits et des obligations, l'Administration étant, de son côté, obligée de l'« installer ».

224 ***Effets des contrats de droit privé*** ◊ Le système du Code civil s'ordonne à partir de l'article 1134, qui pose, dans son alinéa 1er, le principe de l'*effet obligatoire* du contrat : « Les conventions légalement formées tiennent lieu de loi à ceux qui les ont faites », c'est-à-dire aux *parties* au contrat [1]. Celles-ci sont liées par son caractère obligatoire et tenues de respecter leurs obligations, même lorsque des circonstances imprévues, bouleversant leurs prévisions, entraînent après coup une disproportion très importante de leurs prestations réciproques (rejet de la théorie de l'*imprévision*). À vrai dire, dans la pratique, des clauses contractuelles préviennent généralement les conséquences de semblables bouleversements. En outre, on a vu s'atténuer, du fait d'interventions diverses du législateur, l'effet radicalement obligatoire du contrat. Reste qu'en principe, le juge ne peut modifier les clauses d'un contrat et que, sauf disposition contraire et sous réserve de l'ordre public, les lois nouvelles ne modifient pas le régime juridique des effets des contrats en cours (v. *infra*, nos 532 s.).

À l'égard des *tiers*, les solutions découlent de l'article 1165 du Code civil : « Les conventions n'ont d'effet qu'entre les parties contractantes ; elles ne nuisent point au tiers... ». Tel est l'effet relatif du contrat. Dire qu'un contrat produit effet à l'égard de telle personne, cela signifie qu'elle devient, par ce contrat, créancière ou débitrice d'une obligation. Envisagé au point de vue des tiers, le principe de l'effet relatif du contrat permet d'affirmer qu'un tiers ne peut être rendu créancier ou débiteur par l'effet d'un contrat auquel il n'a pas été partie. Mais un contrat, bien qu'il ne puisse lier un tiers, est une réalité dans le monde social ; il existe *erga omnes*, il est opposable à tout le monde. Ainsi, lorsqu'un entrepreneur engage une personne qui est encore liée par un contrat de travail passé avec un autre employeur, sa responsabilité peut être mise en cause ; le premier contrat de travail lui est opposable et il ne peut agir au détriment des intérêts de l'autre employeur [2].

225 ***Effets des contrats administratifs*** ◊ L'on est porté à faire état, à leur sujet, d'une situation d'inégalité. Parce que l'acte juridique se relie au fonctionnement d'un service public ou du fait des clauses exorbitantes qu'il comporte, l'Administration dispose de pouvoirs importants : l'exécution du contrat s'opère sous sa surveillance et son contrôle ; et elle est même investie à ce sujet d'un certain pouvoir de direction. L'Administration est en outre dotée d'importants pouvoirs de sanction, ainsi que d'un

---

1. Il en va de même de leurs *ayants cause universels* ou *à titre universel* - notamment des héritiers - qui recueillent un patrimoine ou une partie d'un patrimoine laissé par un défunt ; ils sont liés par les contrats passés par leur auteur.

2. A. Weill, *La relativité des conventions en droit privé français*, thèse Strasbourg, 1938 ; Ph. Delmas Saint-Hilaire, *Le tiers à l'acte juridique*, thèse Bordeaux IV, éd. 2000.

pouvoir de modification unilatérale des prestations dues par son cocontractant - ce qui s'accompagne pour celui-ci, en contrepartie, d'un droit à indemnisation -, ainsi que d'un pouvoir de résiliation du contrat. On ajoutera que les exigences de la continuité du service public ont entraîné, au sujet du contrat administratif, l'admission de la théorie de l'imprévision, qui a été rejetée au sujet des contrats de droit privé [1].

Il n'est guère douteux que, de plus en plus, une analyse comparée des effets des obligations - y compris extracontractuelles - manifeste, par un dépassement de la distinction du droit privé et du droit public (*supra*, n°s 109 s.), l'importance des *fondamentaux* de l'obligation. Aussi bien a-t-on fait état de « ce qu'un exposé transposé du droit des obligations apporterait à la réflexion de droit administratif » [2].

226 ***Effets des actes collectifs*** ◊ Pour plusieurs raisons, les actes collectifs s'accordent mal avec l'effet relatif des actes juridiques. Dans leur genèse même, toutes les fois qu'ils prennent la forme d'une délibération, et à moins que l'unanimité ne soit exceptionnellement requise, le jeu de la loi de la majorité permet, à certaines conditions et dans certaines limites, à celle-ci d'imposer ses décisions à la minorité [3].

En outre, même lorsqu'il ne s'agit pas de délibérations de groupe - assemblées, conseils, etc. -, l'acte collectif est souvent marqué par une vocation à l'extension de ses effets à d'autres personnes que celles qui ont, par elles-mêmes ou par leurs représentants, participé à l'élaboration de l'acte. Le régime des *conventions collectives* de travail est, à ce sujet, très révélateur, le processus normatif permettant d'étendre, dans certaines conditions, par voie administrative, la convention de branche ou l'accord professionnel ou interprofessionnel, leurs avenants ou annexes (C. trav., art. L. 2261-19 s.). - V. *infra*, n° 376.

SECTION 2. LES TITULAIRES DES DROITS SUBJECTIFS

227 ***La personnalité juridique*** ◊ Les droits subjectifs sont destinés à des êtres humains, considérés individuellement ou en groupes, lorsque ceux-ci constituent des entités suffisamment caractérisées et structurées. L'observation

---

1. A. de Laubadère et Y. Gaudemet, *op. cit.*, n°s 1488 s.

2. Y. Gaudemet, Prolégomènes pour une théorie des obligations en droit administratif français, *Mélanges J. Gaudemet*, 1999, p. 613 s. ; L. Richer, *Droit des contrats administratifs*, 1995. - V. aussi *in* L'obligation, *Arch. phil. droit*, t. 44, 2000 : R. Drago, La notion d'obligation (p. 43 s.) ; J. Chevallier, L'obligation en droit public (p. 179 s.) ; P.-M. Dupuy, L'obligation en droit international (p. 217 s.).

3. V. *La loi de la majorité*, Colloque de l'Assoc. Droit et commerce, Deauville, 1991, éd. *RJC* n° spécial ; C. Ruellan, *La loi de la majorité dans les sociétés commerciales*, thèse ronéot. 1997, 2 vol., Panthéon-Assas (Paris II).

des situations juridiques, c'est-à-dire affectées d'une manière ou d'une autre par le juridique, permet de constater, suivant une vision classique qui demeure des plus actuelles dans la pratique du droit, une articulation essentielle reposant sur la reconnaissance de l'existence de *personnes*, en d'autres termes d'êtres humains dotés de la *personnalité juridique*.

La personnalité juridique est précisément cette aptitude à être *titulaire actif ou passif de droits subjectifs*, que le droit objectif - le système juridique dit-on aussi - reconnaît à chacun. Du fait de cette attribution, fondée, suivant les opinions, sur la nature, la raison ou la volonté, latente à l'état de nature ou issue de la convention sociale, l'homme devient propriétaire, créancier, ce qui est tout à son avantage ; mais, par l'effet du même processus, il devient débiteur ou peut encore être obligé de subir une servitude de passage de son voisin sur son terrain.

Manifestation d'un individualisme qui n'a cessé de se développer dans la civilisation d'Occident, la notion de personne appelle, de toute évidence, des analyses, des réflexions, des opinions, des théories sur le terrain de la philosophie en général, de la philosophie du droit plus particulièrement. Plus précisément, aux confins de la philosophie du droit et de la philosophie politique, elle implique une distinction des notions de personne et de sujet de droit [1].

La détermination des titulaires des droits subjectifs, telle que le droit l'assure, atteste l'existence de règles et de solutions impliquant les influences conjuguées de la nature, de la fiction et de la volonté. Et il importe, à cet égard, de distinguer les *personnes physiques* (§ 1er) et les *personnes morales* (§ 2).

§ 1. Les personnes physiques

228 ***1° L'existence des personnes physiques*** ◊ De prime abord, en l'état de notre civilisation d'Occident, le problème paraît simple. D'emblée pourtant, la remarque appelle deux observations, l'une d'ordre négatif, l'autre d'ordre positif.

Négativement, seuls des êtres humains envisagés individuellement sont dotés de la personnalité juridique. C'est pourquoi les *animaux*, quels qu'ils soient, y compris les animaux de compagnie, en sont dépourvus, ce qui évidemment n'exclut pas que le traitement juridique des animaux appelle des règles ou des solutions spécifiques [2]. Force est pourtant de constater qu'il existe un courant - observé surtout dans les périodes de décadence - qui tend à traiter l'animal quelque peu, voire beaucoup, à l'instar des personnes physiques [3].

---

1. V. Le sujet de droit, *Arch. phil. droit*, t. 34, 1989, spéc. C. Grzegorczyk, *Le sujet de droit : trois hypostases*, p. 9 s.

2. F. Terré et Ph. Simler, *Les biens*, n° 5.

3. Ainsi une Déclaration des droits des animaux, en date du 15 oct. 1978, a été élaborée sous l'égide de l'UNESCO ! Et une autre, en 1982, dans le cadre du Conseil de l'Europe ! - V. A.-

Positivement, tous les êtres humains ont droit à la personnalité juridique, ce qui vaut condamnation de l'esclavage, aboli en France en 1848. Les déclarations et pactes internationaux sont formels : « Chacun a le droit à la reconnaissance en tous lieux de sa personnalité juridique » (Décl. univers. des droits de l'homme de 1948, art. 6) ; « Nul ne sera tenu en esclavage ni en servitude ; l'esclavage et la traite des esclaves sont interdits sous toutes leurs formes » (art. 4) ; « Nul ne peut être tenu en esclavage ni en servitude » (Conv. europ. des droits de l'homme, de 1950, ratifiée par la France en 1974, art. 4-1) ; « Chacun a droit à la reconnaissance en tous lieux de sa personnalité juridique » (Pacte des Nations Unies relatif aux droits civils et politiques, art. 16)...

229 ***Le corps humain*** ◊ Le corps est, en droit, plus que le support de la personne ; il en est une composante même, bien que, longtemps, sous l'influence d'une philosophie rationaliste ou spiritualiste, il ait été plus ou moins évacué, à ce sujet, des préoccupations du droit. Parce qu'il est cependant une composante de la personne, il appelle tout naturellement une protection particulière, non seulement contre les atteintes provenant des autres, mais contre les atteintes provenant de la personne elle-même [1].

230 ***La vie humaine*** ◊ Pour être doté de la personnalité juridique, il faut d'abord naître vivant ; le mort-né, c'est-à-dire celui qui était déjà mort dans le sein de sa mère ou qui est mort pendant l'accouchement n'a jamais vécu d'une vie propre ; il n'a pas la personnalité juridique et il est considéré comme ne l'ayant jamais eue. Il ne suffit d'ailleurs pas que l'homme naisse vivant ; il n'a de personnalité qu'à la condition de naître *viable*, c'est-à-dire avec tous les organes nécessaires et suffisamment constitués pour lui permettre de vivre (v. C. civ., art. 311-4, 725, 906)

L'évolution des mœurs et les progrès scientifiques ont renouvelé le débat, ce qui a appelé une attention accrue sur le sort des embryons et des fœtus. La Déclaration universelle des droits de l'homme (1948) dispose que « tout individu a droit à la vie, à la liberté et à la sûreté de sa personne » (art. 3). Puis il est écrit, dans la Convention européenne des droits de l'homme, que « Le droit de toute personne à la vie est protégé par la loi » (art. 2-1). Et, en 1966, semblables affirmations sont réitérées dans le Pacte des Nations Unies sur les droits civils et politiques : « Le droit à la vie est

---

M. Sohm-Bourgeois, La personnification de l'animal : une tentation à repousser, *D.* 1990.hron. 33 s. ; J.-P. Marguénaud, *L'animal en droit privé*, thèse Limoges, PUF, 1992, L'animal dans le nouveau Code pénal, *D.* 1995. Chron. 187 s. ; F. Ringel et D. Putman, L'animal aimé par le droit, *RRJ* 1995, 45 s. ; F. Pasqualini, L'animal et la famille, *D.* 1997. Chron. 257 s. – Rappr. Janine Chanteur, *Du droit des bêtes à disposer d'elles-mêmes*, Le Seuil, 1993 ; J. Carbonnier, Les choses inanimées ont-elles une âme ?, *Mélanges P. Braun*, Limoges, 1998, p. 135 s. – V. aussi, dans une perspective bien différente, D. Mainguy, J.-B. Seube et F. Vialla, Droit et tauromachie, *Mélanges M. Cabrillac*, 2000, p. 757 s.

1. V. P. Dubois, *Le physique de la personne*, thèse Paris II, éd. 1986 ; D. Duval-Arnould, *Le corps de l'enfant sous le regard du droit*, thèse Panthéon-Assas (Paris II), éd. 1994.

inhérent à la personne humaine. Ce droit doit être protégé par la loi. Nul ne peut être arbitrairement privé de la vie » (art. 6-1). Puisque toute personne a droit à la vie, il faut bien savoir, en termes de droit, à partir de quel moment cette personne existe. L'article 1er de la loi du 17 janvier 1975, sur l'interruption volontaire de grossesse, disposait que « la loi garantit le respect de tout être humain dès le commencement de la vie », étant précisé qu'« il ne saurait être porté atteinte à ce principe qu'en cas de nécessité... » (v. CSP, art. L. 2211-2, al. 1er).

231 ***La disparition de la personnalité juridique*** ◊ La personnalité juridique, supposant la vie, cesse avec la *mort*, ce qui n'empêche ni la protection de la mémoire des morts, des cadavres et des sépultures, ni le fait que la volonté d'une personne puisse produire des conséquences après sa mort, par l'effet d'un testament [1].

Le problème de la constatation de la mort, conditionnant l'établissement d'un acte de décès, s'est compliqué de nos jours, en raison de l'évolution de la science médicale qui permet, d'une part, de mieux saisir le processus biologique de la mort - celle-ci n'apparaissant plus comme un événement unique, instantané, intéressant toutes les fonctions vitales à la fois -, d'autre part, de prolonger certaines situations où un sujet est maintenu entre la vie et la mort, on dit aussi en coma dépassé ou prolongé.

232 ***2° L'identification des personnes physiques*** ◊ La reconnaissance de la personnalité juridique assure l'insertion de l'être humain dans la société globale, sa connaissance et sa reconnaissance par celle-ci.

Ce discernement est nécessaire pour la société, disons, plus juridiquement, pour l'État, les administrations, les collectivités locales, qui ont besoin de connaître les citoyens, les électeurs, les contribuables, et toutes sortes de groupes dont le dénombrement est nécessaire à la politique économique et sociale de la Nation. Le développement de l'informatique, propre à alimenter, de puissante et dangereuse manière, le traitement approprié mais éventuellement liberticide de tout un chacun se relie au même genre de préoccupations.

L'identification des personnes physiques est ancienne. Jusqu'à ces dernières décennies, elle se réalisait par des lettres, non par des chiffres, bien que l'existence du matricule militaire ne date pas d'hier. Le développement de la sécurité sociale atteste de nos jours l'importance grandissante des chiffres, utiles à l'obtention de prestations, mais aussi aux besoins de l'investigation sociologique ou démographique. La société bureaucratique, avec ses formulaires et ses registres, a fait le reste. À quoi il faut ajouter les progrès de la science (ex. : ADN, biométrie).

---

1. V. *La mort, un temps à vivre*, Trav. de l'Acad. d'éducation et d'études sociales, par V. Aumonier et al., éd. François-Xavier - de Guihart, 2015 ; v. aussi Traité des nouveaux droits de la mort, t. I - La mort, activité(s) juridique(s), t. II La mort, incarnation(s) cadavérique(s), dir. M. Touzeil-Divina, M. Bouteille Brigand et J.-F. Boudet, éd. L'Épitoge, Lextenso 2014.

233 ***Rattachements*** ◊ L'identification des personnes physiques s'opère principalement de quatre manières, auxquelles correspondent quatre sortes de règles.

Tout d'abord, l'insertion de la personne physique dans la société globale s'opère par sa *nationalité*. De l'article 5 de la Déclaration universelle des droits de l'homme (1948), il résulte que « tout individu a droit à une nationalité » et que « nul ne peut être arbitrairement privé de sa nationalité, ni du droit de changer de nationalité ». La nationalité est considérée comme l'appartenance juridique et politique d'une personne à la population constitutive d'un État [1]. - V. *supra*, n°s 97 et 115.

Le rattachement de la personne physique s'opère aussi par sa désignation, c'est-à-dire par son *nom* [2], lequel peut être considéré, dans une certaine mesure, comme une institution de police civile.

Un troisième mode d'identification est d'ordre spatial. Il a trait à la localisation de la personne, qui résulte en principe de son *domicile*. La société globale n'est pas non plus indifférente à cette donnée qui permet de situer les personnes physiques quant à leur vie personnelle, familiale, professionnelle, publique.

Enfin on observera que la tenue de *registres d'état civil*, dans lesquels sont inscrites, transcrites ou mentionnées les principales données constitutives de l'état d'une personne, présente de multiples utilités pour l'État comme pour les personnes physiques, lesquelles sont appelées fréquemment à rapporter la preuve de leur état civil [3].

Ces divers mécanismes d'identification présentent, plus ou moins il est vrai, un certain caractère hybride tenant au fait que l'identification d'une personne imprègne naturellement, dans la conscience, l'inconscient ou le subconscient, son image, son personnage, mieux encore sa personnalité. Qui dit identification, dit aussi, en maintes circonstances ou en maints aspects, identité de la personne, si ce n'est droit de celle-ci à sa différence, si ce n'est à son secret, à ses secrets.

234 ***3° Les droits des personnes physiques*** ◊ Les droits subjectifs ne sont pas toujours envisagés isolément. On peut aussi les considérer comme faisant partie d'un ensemble, qui forme alors une *universalité*. Son existence entraîne des conséquences juridiques : d'une part, certains liens existent nécessairement entre les droits du fait de leur appartenance à un même ensemble ; d'autre part, le groupement de droits est soumis à des règles distinctes de celles qui régissent les droits isolément envisagés [4].

---

1. V. au sujet de la nationalité, l'éclatante, courageuse et profonde démonstration de Y. Lequette, La nationalité française dévaluée, *Mélanges F. Terré*, 1999, p. 349 s. Exemple parfait de la doctrine lorsque, fidèle à sa mission insigne, elle s'emploie à déranger les habitudes, les complaisances et les lâchetés des puritains de l'unanimisme.

2. M. Gobert, Le nom ou la découverte d'un masque, *JCP* 1980, I, 2966.

3. V. S. Duroy, Le contentieux des actes d'état civil, *RD publ.* 1993, 1711 s. ; F. Terré et D. Fenouillet, *Les personnes, Les incapacités*, 8e éd. 2012, n°s 233 s.

4. Plastara, *La notion juridique de patrimoine*, thèse Paris, 1903 ; H. Gazin, *Essai critique sur la notion de patrimoine dans la doctrine classique*, thèse Dijon, 1910 ; Merovatch, Le patrimoine, *RTD*

Il y a des *universalités de fait* établies en vue d'un rapport juridique déterminé par la volonté des particuliers : elles consistent en une réunion d'éléments actifs qui pourraient être envisagés isolément, mais qui, à certains égards, ont une destination commune et, par conséquent, un régime juridique particulier. Si, par exemple, je lègue ou je vends ma bibliothèque, l'opération ne porte pas sur tel ou tel livre, mais sur l'ensemble des livres qui la constituent.

Il y a des *universalités juridiques*, établies par la loi, qui se caractérisent par le fait qu'elles comportent non seulement un actif, c'est-à-dire des droits existant au profit d'une personne mais, également et indissolublement lié, un passif, c'est-à-dire des obligations dont la personne est tenue envers d'autres. Et c'est ainsi que le patrimoine est l'ensemble des rapports de droit appréciables en argent, qui ont pour sujet actif ou passif une même personne et qui sont envisagés comme formant une universalité juridique.

235 ***Les droits patrimoniaux*** ◊ Certains droits ont une valeur pécuniaire ; ils sont appréciables en argent. On les appelle droits « patrimoniaux », car dans la conception classique du patrimoine, celui-ci ne comprend que des droits et obligations de valeur pécuniaire, d'ordre économique. Il en est ainsi, par exemple, du droit de propriété ou du droit de créance, tel le droit pour le bailleur de recevoir un loyer pour la chose louée, car on peut dire ce que vaut un droit de propriété, de même qu'on peut évaluer une créance.

Les droits patrimoniaux constituent des *biens*. Ce mot peut être pris dans deux sens : dans un sens étroit et matériel, les biens sont les choses qui sont l'objet du commerce juridique entre les hommes (une maison, un domaine, un tableau...) ; dans un autre sens, plus abstrait et plus juridique, les biens ce sont les droits divers permettant de se procurer le bénéfice des choses (droit de propriété, droit de créance) ; en droit et en fait, ce sont ces droits, beaucoup plus que les choses elles-mêmes, qui entrent dans le patrimoine.

Étant appréciables en argent, les droits patrimoniaux ont une valeur d'échange ; ils sont *cessibles* à un nouveau titulaire ; le moyen le plus utile de s'en servir, c'est souvent de les céder, de les échanger contre d'autres droits ; ils sont également *transmissibles* aux héritiers et aux légataires du titulaire, *saisissables* par ses créanciers ; la saisie est suivie de la vente des biens, qui dégage la valeur pécuniaire, le prix obtenu étant distribué entre les créanciers. Les droits patrimoniaux sont enfin *prescriptibles* et donnent prise soit à la prescription acquisitive, soit à la prescription extinctive.

La principale distinction des droits patrimoniaux est celle des droits réels et des droits personnels.

236 ***Les droits extra-patrimoniaux*** ◊ Pour comprendre l'existence de ces droits, fort importants, qui sont attachés à la personne, et de très forte

civ. 1936. 811 ; P. Catala, La transformation du patrimoine dans le droit civil moderne, *RTD civ.* 1966. 185 s. ; Marie-Christine Aubry, Le patrimoine d'affectation, thèse Paris 13, 2010.

manière, sans se situer dans le cadre du patrimoine - lui-même pourtant émanation de la personne dans la conception française classique -, il faut retenir tout d'abord l'idée que ces droits ne sont pas conçus ou perçus comme ayant une valeur pécuniaire, du moins si on les envisage en eux-mêmes et quant à leur objet direct. On envisage, par exemple de la sorte le droit de se faire reconnaître comme l'enfant naturel d'une personne, les droits des parents sur la personne et les biens de leur enfant (attributs de l'autorité parentale), le droit d'un auteur d'une œuvre littéraire de décider si son œuvre sera ou non publiée. On appelle ces droits extra-patrimoniaux, par opposition aux droits patrimoniaux dont l'objet direct est d'assurer la protection d'un intérêt pécuniaire et qui ont, en eux-mêmes, une valeur pécuniaire.

§ 2. Les personnes morales

237 ***Personnalité juridique et personnalité morale*** ◇ La personnalité juridique étant l'aptitude à être titulaire actif et passif de droits (*supra*, n° 227), on pourrait être tenté, surtout dans une vision purement individualiste du droit, de considérer que seuls des individus peuvent être dotés de la personnalité juridique, qu'il n'y a donc que des personnes physiques.

Cette coïncidence est contredite par le droit positif. Les systèmes juridiques reconnaissent, de diverses manières, à des entités l'aptitude à participer en tant que telles à la vie juridique [1].

Il est même des corps de règles dont l'ordonnancement repose sur les seuls groupements d'individus et sur les relations entretenues entre ces groupements. Les discussions suscitées par la place de l'individu en *droit international public* sont à ce propos des plus éclairantes. Ce droit régissant les rapports entre États ou entités internationales, on se demande depuis longtemps si l'individu est, en tant que tel, un sujet du droit international public, si ce droit lui fait une place, en tant que *personne*, étant évidemment observé que l'homme est, au moins dans la civilisation d'Occident, considéré comme la fin de tout Droit. Force est alors d'observer qu'en l'état actuel du droit international public, encore si incomplet et imparfait, une dissociation doit être retenue : en tant qu'il est le destinataire du système, l'individu peut être considéré comme un sujet de ce droit, mais il n'est que de manière exceptionnelle investi en tant que tel de compétences internationales [2]. Celles-ci ne sont reconnues qu'à des groupements d'individus, à des collectivités, généralement étatiques, dotées de la personnalité juridique.

Ailleurs, coexistent des personnes physiques et des personnes morales. Celles-ci sont des groupements dotés, sous certaines conditions, d'une personnalité juridique plus ou moins complète : État, collectivités territoriales,

---

1. *Les groupements*, Trav. Assoc. H. Capitant, t. XLV, 1994 (Journées japonaises).

2. V. not. G. Ténékidès, *L'individu dans l'ordre juridique international*, thèse Paris, 1933 ; P. Reuter, Quelques remarques sur la situation juridique des particuliers en droit international public, *Mélanges Scelle*, 1950, t. II, p. 535 s. ; J. de Soto, L'individu comme sujet du droit des gens, *ibid.*, t. II, p. 687 s.

établissements publics, sociétés, associations, syndicats... Autant la reconnaissance de la personnalité juridique des personnes physiques ne suscite plus, dans son principe même, de controverse, tant elle semble conforme à la nature, autant celle des groupements a suscité des discussions [1].

238 ***Les groupements non personnalisés*** ◊ La considération de la théorie de la réalité n'entraîne pas la reconnaissance de la personnalité morale à toute espèce de groupement. Ainsi l'émergence de la personnalité morale des *groupements de biens*, à l'horizon des patrimoines d'affectation, demeure limitée.

Quant aux *groupements de personnes* dépourvus de personnalité juridique, ils sont fort nombreux [2]. Il arrive, tout d'abord, que les membres du groupement ne souhaitent pas que celui-ci soit doté de la personnalité juridique : à certaines conditions, leur volonté sera respectée ; ainsi en est-il en cas de constitution de sociétés en participation (C. civ., art. 1842).

En outre, il existe des groupements dont le rôle est fondamental dans la vie juridique et sociale, mais qui sont pourtant dépourvus de la personnalité juridique. Ainsi en est-il de la *famille* qui, entendue largement ou étroitement, est dépourvue, en droit français, de la personnalité juridique, ce qui n'exclut pourtant pas que des biens – tels les souvenirs de famille – lui soient, de quelque manière, rattachés.

239 ***L'humanité, titulaire de droits ? Les générations futures*** ◊ À mesure que, dans la ligne de la philosophie des droits de l'homme, se sont développées les proclamations, les déclarations, les lois, bref les garanties, à mesure aussi que se sont réalisées de prodigieuses découvertes, l'espèce humaine a appelé, en tant que telle, en tant qu'elle est l'humanité, la reconnaissance de ses droits. D'où l'affirmation, à diverses reprises, d'un patrimoine commun de l'humanité : dans le domaine maritime [3] ou spatial [4], dans celui de la culture [5] ou de l'hérédité biologique [6]... D'où l'importance grandissante attachée à la notion de crime contre l'humanité [7]. Et,

---

1. Cep. Ph. Jacques, obs. *RTD civ.* 2008. 66 sur com. 3 juill. 2007.

2. V. *Les groupements et organismes sans personnalité juridique*, Trav. Assoc. H. Capitant, t. XXI, 1969, éd. 1974 ; B. Dondéro, Les groupements dépourvus de personnalité juridique en droit privé. Contribution à la théorie de la personnalité morale, éd. PUAM, 2 vol., 2006.

3. R.-J. Dupuy, Le fond des mers, héritage commun de l'humanité, *in Le fond des mers*, avec C.-A. Colliard, J. Polveche, R. Veissière, 1971, p. 7 s. ; J. Beer-Gabel, L'exploitation du fond des mers dans l'intérêt de l'humanité, *Rev. gén. DIP* 1977, 167 s.

4. V. not. J.-P. Pancracio, *Droit international des espaces*, éd. A. Colin, 1997, n°s 333 s., p. 233 s.

5. V. les Conventions de l'UNESCO du 16 novembre 1972, pour la protection du patrimoine mondial culturel et naturel, et du Conseil de l'Europe du 3 octobre 1985, pour la sauvegarde du patrimoine architectural de l'Europe. – V. aussi la loi du 1er déc. 1989 sur les biens culturels maritimes.

6. B. Edelman, Le concept juridique d'humanité, *in Le droit, la médecine et l'être humain*, PUAM 1996, p. 245 s.

7. V. C. Lombois, Un crime international en droit positif français, L'apport de l'affaire Barbie à la théorie française du crime contre l'Humanité, *Mélanges Vitu*, 1989, p. 367 s. ; P. Poncela, L'Humanité, une victime peu présentable (à propos de deux arrêts inédits de la Cour de cassation), *D.* 1991, chron. 229 s.

s'il n'existe « aucune disposition ni aucun principe à valeur constitutionnelle consacrant la protection du patrimoine génétique de l'humanité » [1], un nouvel article 16-4 du Code civil, issu de la loi n° 94-653 du 29 juillet 1994, dispose notamment que « nul ne peut porter atteinte à l'intégrité de l'espèce humaine » (al. 1er) et que « toute pratique eugénique tendant à l'organisation de la sélection des personnes est interdite » (al. 2).

Alors, le juriste est conduit à penser que les questions posées dépassent un droit axé sur la personne humaine envisagée individuellement et que cet anthropomorphisme doit s'effacer devant une compréhension élargie à l'échelle de l'humanité perçue comme le sujet de droit par excellence. Pourtant, c'est toujours de la personne humaine qu'il s'agit, même en termes de devenir de l'espèce [2], fût-ce en un temps où l'aventure spatiale porte à nouveau à s'interroger sur l'existence d'autres espèces humaines (?) que la nôtre dans les galaxies [3].

L'élargissement de l'angle de vision conduit aussi, dans le temps (*infra*, n° 514), à considérer les *générations futures* (protection de l'environnement, du patrimoine culturel, etc.) [4].

240 ***Personnalité et capacité*** ◊ Le groupement est considéré comme ayant une *personnalité juridique* distincte de celle des divers membres qui le composent.

À la différence des personnes physiques pour lesquelles la capacité de jouissance est la règle, les groupements n'ont pas tous la même capacité. Les *sociétés* ont une personnalité et une capacité complètes du point de vue patrimonial. Il en est de même des *syndicats* et des *groupements d'intérêt économique*. Quant aux *associations*, il faut distinguer. Les associations simplement déclarées n'ont qu'une capacité juridique restreinte : elles peuvent agir en justice, recevoir des dons manuels ainsi que des dons des établissements d'utilité publique, acquérir à titre onéreux, posséder et administrer les cotisations de leurs membres, les locaux destinés à leur administration et les immeubles strictement nécessaires à leur but (L. 1er juill. 1901, art. 6). Les associations qui ont obtenu la reconnaissance d'utilité publique ont une capacité étendue ; toutefois, elles ne peuvent acquérir d'autres immeubles que ceux nécessaires au but qu'elles se proposent (L. 1er juill. 1901, art. 11). Quant aux *fondations*, elles ne jouissent de la capacité juri-

---

1. Cons. const. 27 juill. 1994, *JO* 29 juill. 1994, p. 11025, *GDCC* 14e éd., 2007, n° 43.

2. X. Labbée, Esquisse d'une définition civiliste de l'espèce humaine, *D.* 1999, chron. 437 s. ; M.-P. Peis-Hitier, Recherche d'une qualification juridique de l'espèce humaine, *D.* 2005, chron. 865.

3. V. R.-J. Dupuy, *L'humanité dans l'imaginaire des nations*, éd. Julliard, 1991, Réflexions sur le patrimoine commun de l'humanité, Rev. *Droits* 1985-1, p. 63 s. ; Humanité et droit international, *Mélanges R.-J. Dupuy*, 1991 ; J. Charpentier, Un patrimoine, mais pas de personnalité juridique, *Mélanges Kiss*, 1998, p. 17 s. ; B. Oppetit, *Philosophie du droit*, Précis Dalloz, 1999, nos 125 s. ; F.G. Trébulle, La propriété à l'épreuve du patrimoine commun : le renouveau du domaine universel, *Mélanges Malinvaud*, 2007, p. 659 s.

4. V. É. Sebileau, Générations futures et droit privé, thèse Orléans, 2008 ; P. Godé, Le droit de l'avenir (un droit en devenir), *Mélanges F. Terré*, 1999, p. 61 s.

dique qu'à compter de l'entrée en vigueur du décret leur accordant la reconnaissance d'utilité publique (L. 23 juill. 1987, art. 18) [1].

L'aptitude des personnes morales à jouir de certains droits est limitée par le principe de la *spécialité des personnes morales*. Alors qu'une personne physique dirige son activité juridique à son gré, sous réserve des règles relatives à l'exercice des professions, une personne morale est créée pour l'exercice d'une activité déterminée, la personnalité lui étant reconnue par rapport à un but particulier : elle doit se spécialiser dans son activité juridique ; elle ne doit accomplir que les actes juridiques correspondant à son objet. Ainsi une personne morale publique ne peut recevoir des libéralités lui imposant des charges ne relevant pas de son objet. Une société ou une association doivent limiter leur activité à l'objet indiqué dans les statuts. Elles peuvent, il est vrai, à certaines conditions, définir cet objet de manière fort large ou le modifier.

1. Sur la « Fondation du patrimoine », v. L. 2 juill. 1996.

LIVRE 2

COMPOSANTES DU DROIT

241 ***Présentation*** ◊ Que l'on parle de phénomènes juridiques ou de situations juridiques, l'on observe la fréquence d'utilisation du mot droit dans ses deux sens possibles : ensemble de règles de conduite régissant, dans une société donnée, les rapports entre les hommes (*droit objectif*) ; prérogatives que le droit, que ce droit reconnaît à un individu ou à un groupe d'individus et dont ceux-ci peuvent se prévaloir dans leurs relations avec les autres (*droits subjectifs*).

Si la réalisation du droit repose sur une adéquation satisfaisante de ses composantes, ce que l'on envisagera dans le Livre 3 du présent ouvrage, il importe au préalable de procéder à une démarche analytique portant sur les divers chemins par lesquels le droit objectif apparaît et se développe [1]. Cette approche implique un choix philosophique fondamental relatif à la précession du droit objectif sur les droits subjectifs ou des droits subjectifs sur le droit objectif, voire à la distinction de ceux qui croient au droit naturel et de ceux qui n'y croient pas.

242 ***Les « sources » du droit*** ◊ L'expression de « source du droit », si utilisée et si banale soit-elle, n'en reste pas moins des plus équivoques [2]. La

1. V. J. Gaudemet, Les naissances du droit, *Le temps, le pouvoir et la science au service du droit*, 4ᵉ éd. 2006.

2. V. Sources du droit, Arch. phil. droit, t. 27, 1982 ; B. Cubertafond, Du droit enrichi par ses sources, *RD publ.* 1992. 353 s. ; P. Jestaz, Source délicieuse... (Remarques en cascades sur les sources du droit), *RTD civ.* 1993. 73 s. et Les sources du droit, 2005 ; F. Osman, Avis, directives, codes de bonne conduite, recommandations, déontologie, éthique, etc. : réflexion sur la dégradation des sources privées du droit, *RTD civ.* 1995. 509 s., et *infra*, nᵒˢ 304 s. ; Mireille Lehot,

métaphore renvoie à l'existence de *points d'émergence* de la règle juridique qui révéleraient en même temps ce qui fonde le caractère obligatoire de celle-ci. Et l'incertitude s'introduit aussitôt dans les esprits entre ce qui révèle la règle de droit et ce qui la fonde. D'où le risque de voir proliférer, au-delà des points d'émergence, un pluralisme singulièrement étendu.

Rien d'étonnant, en conséquence, si les juristes essayent, tant bien que mal, de distinguer, parmi les organes du corps social, ceux qui ont qualité pour exprimer la règle de droit et en affirmer le caractère obligatoire. Ce peut être le juge, dans les systèmes ordonnés sur l'intervention fondamentale du magistrat dans la cité, messager du juridique, faiseur de paix et d'harmonie, interprète de quelque volonté supérieure. Ce peut être l'ancien dans le groupe ou l'interprète des usages et pratiques respectés de génération en génération, et puisant leur caractère obligatoire dans la puissance créatrice du temps. Ce peut être le représentant de Dieu ou du peuple souverain, le souverain – roi, parlement, président... – exerçant à ce titre le rôle de législateur.

Dans ces diverses perspectives, la règle de droit, d'apparition continue ou instantanée, tire sa force, par-delà tant de mythes ou de légendes, d'une *légitimité originaire*, à travers les juges, les coutumes ou les lois qui la déclarent ou l'expriment. Et sans doute est-ce cette idée de légitimité originaire qui a favorisé la pérennité de l'expression de source du droit.

Dans l'approche classique de la genèse du droit [1], approche aujourd'hui presque unanimement répandue, on réserve le mot source à ce que l'on appelle de manière plus précise les *sources formelles* du droit, seules aptes à générer, au prix de procédures d'élaboration précises, des règles générales obligatoires. La tradition légaliste héritée de la Révolution française continue de marquer puissamment le droit français et le privilège reconnu à la loi comme mode d'expression de la norme [2]. Sans aucunement la renier, un élargissement de l'horizon conduit à tenir compte aussi de sources moins formelles que la loi ou le traité international et même de toutes ces pratiques qui, le cas échéant qualifiées de *sources réelles*, concourent puissamment, mais à leur manière qui utilise le temps, à la genèse du droit.

243 ***Unité ou diversité*** ◊ Le droit objectif, c'est-à-dire l'ensemble des règles de droit qui gouvernent les rapports des hommes entre eux (*supra*, n° 3), ne constitue pas un corps unitaire et même moniste. Et l'on doit constater,

---

Propositions pour une rénovation de la théorie générale des sources du droit, *RRJ* 2003-4, p. 2334 s. ; C. Thibierge, Sources du droit, sources de droit : une cartographie, Mélanges Jestaz, 2006, p. 519 ; V. Lasserre-Kiesow, L'ordre des sources ou Le renouvellement des sources du droit, *D.* 2006. 2279 ; J.-P. Gridel, *Le droit, présentation*, 2012, p. 171 s. ; La mutation des sources en droit privé, dossier, *Rev. dr. Assas* n° 5, fév. 2012, spéc. P. Deumier, p. 31 s. ; R. Libchaber, *L'ordre juridique et le discours du droit, Essai sur les limites de la connaissance du droit*, éd. *LGDJ, Lextenso* 2015.

1. A. Leca, *La genèse du Droit, Essai d'introduction historique au droit*, éd. Aix-Marseille, 1998.

2. V. not. F. Zénati, L'évolution des sources du droit dans les pays de droit écrit, *D.* 2000. Chron. 15 s. – Rappr. Kelsen, *Théorie pure du droit*, 1934, trad. franç. C. Eisenmann, 2e éd. Bruylant-LGDJ, 1999, sur les « sources du droit ».

à partir de la primauté du droit écrit, l'existence de divers pluralismes. Ainsi existe-t-il un *droit écrit* exprimé essentiellement par la loi, mais aussi d'autres façons, spécialement par le règlement administratif. Dans ces cas, les règles sont *formulées* par une autorité sociale établie à cet effet et dont la mission consiste à les exprimer [1]. En amont de cette expression, l'existence de groupes de pression peut ne pas être négligeable [2].

Mais le droit peut se constituer d'autres manières. Certaines règles sont issues de pratiques qui peuvent même se muer en coutumes, ce en quoi l'on voit se manifester l'importance du *droit spontané* [3].

Un autre type de droit non écrit [4] est fourni par la jurisprudence, qui est l'ensemble des décisions rendues par les tribunaux sur les questions relevant de leur compétence. En effet, quel que soit le souci de précision qui puisse animer les autorités chargées de légiférer, la loi et, pas davantage, la coutume ne peuvent prévoir toutes les difficultés, et il faudra nécessairement adapter la règle générale à chaque situation particulière. Il peut encore arriver que la loi, sans être incomplète, soit obscure, le législateur s'étant mal exprimé. Dans ces divers cas, on est obligé d'interpréter la loi ; et la même observation vaut pour la coutume. Cette interprétation est l'œuvre de la *jurisprudence*. - Sur la doctrine, v. *supra*, n°s 198 s.

En suivant les chemins qui mènent au droit, on envisagera successivement la *norme* (Chapitre 1), la *jurisprudence* (Chapitre 2) et les *pratiques* (Chapitre 3).

---

1. V. B. Mathieu, *La loi*, Dalloz, coll. « Connaissance du droit », 3e éd. 2010.

2. V. J. Lapousterle, *L'influence des groupes de pression sur l'élaboration des normes* (illustration à partir de la propriété littéraire et artistique), thèse Paris II, éd. 2009.

3. V. P. Deumier, Le droit spontané (thèse Toulouse, éd. 2002), qui distingue deux sortes de pratiques, l'une descendante, allant du sommet vers la base, telle la pratique notariale (v. infra, n° 376), l'autre ascendante, provenant des particuliers, à la base, agissant en termes de pratiques contractuelles ; L. Gimalac, L'imagination est-elle une source du droit ?, *RRJ* 2007-2, p. 589 s.

4. Certes, le plus souvent, des écrits servent à exprimer et à conserver ce droit (jugements, recueils de coutumes...), mais ces écrits ne sont pas de l'essence de la règle coutumière ou jurisprudentielle.

CHAPITRE 1
LA NORME

244 ***Existence des normes*** ◊ Naguère, on aurait encore pu se passer de l'emploi de ce mot, laissant le soin d'en disserter aux représentants d'une certaine philosophie du droit, inspirés de Kelsen [1]. Plus précisément c'est surtout du côté de la doctrine publiciste qu'un accueil favorable à cette philosophie a été constaté, non sans ordonner autour d'elle des controverses intéressantes [2].

Aujourd'hui, la situation est différente dans la mesure où le mot « norme » a désormais conquis une place de choix dans notre ordonnancement juridique (*infra*, n° 245). Cette évolution a éveillé ou réveillé un débat récurrent suscité par les multiples significations, lourdes d'histoire du mot *loi*. Dès lors la réflexion que ce mouvement inspire se révèle incontournable [3].

À vrai dire, une solution commode pourrait consister à considérer que les mots de loi et de norme sont synonymes, du moins sur le terrain du droit, et que la différence vient à disparaître lorsque l'on rappelle que les deux désignations ont le même sens et le même objet, la mode de la norme n'étant que le retour au grec d'une notion héritée du latin. On dirait que se produit là un mouvement analogue à celui qui, pour être dans le vent, consiste à abandonner le terme de morale pour lui préférer celui d'*éthique* [4].

245 ***Hiérarchie des normes*** ◊ L'expression a été acclimatée par la doctrine, surtout depuis une dizaine d'années, voire davantage [5]. Elle a acquis droit de cité dans la législation dans le même temps que d'aucuns soutenaient qu'elle n'existait pas [6]. En effet, dans la loi du 16 décembre 1999 portant habilitation du gouvernement à procéder, par ordonnance, à la codification

1. H. Kelsen, Théorie pure du droit.
2. P. Amselek, Réflexions critiques autour de la conception kelsénienne de l'ordre juridique, *RD publ.* 1978. 5 s. ; M. Troper, La pyramide est toujours debout, Réponse à P. Amselek, *RD publ.* 1978. 1523 s.
3. V. P. Mayer, Existe-t-il des normes individuelles ?, *in Mélanges Troper*, 2006, p. 679 s.
4. Ex. : Quelques questions d'éthique, vues par juristes, économistes et gestionnaires, Colloque Paris XI, *Gaz. Pal.* 2001. 2. Doctr. 2022 s.
5. M. Monin, Réflexions à l'occasion d'un anniversaire : trente ans de hiérarchie des normes, *D.* 1990. Chron. 27 s. ; D. de Béchillon, Hiérarchie des normes et hiérarchie des fonctions normatives de l'État, thèse Paris, éd. 1996 ; Léna Gannagé, La hiérarchie des normes et les méthodes du droit international privé, thèse Panthéon-Assas (Paris II), éd. 2001. – Rappr. Ph. Toxé, La hiérarchie des normes en droit canonique latin, thèse ronéot Paris XI, 2001.
6. M. Monin, La hiérarchie des normes n'existe pas, D. 1999, n° 30, Act. p. 1 ; Une fausse idée claire : la hiérarchie des normes, *RRJ* 2007-2, p. 557 s.

de la partie Législative de certains Codes, et ce en termes de *droit constant* (v. *infra*, n°s 439 s.), il a été précisé : « Les dispositions codifiées sont celles en vigueur au moment de la publication des ordonnances, sous la seule réserve » – et elle est de taille ! – « des modifications qui seraient rendues nécessaires pour assurer le respect de la hiérarchie des normes et la cohérence rédactionnelle des textes ainsi rassemblés et harmoniser l'état du droit... » (art. 1er, al. 3) [1].

L'existence d'une hiérarchie doit être comprise de manière formelle, en termes de catégories, ce qui va de pair avec des situations d'égalité. Ainsi deux lois ordinaires sont, en ce sens, égales, ce qui veut dire qu'elles ont vocation à coexister. Il n'est pourtant pas exclu que cette coexistence fasse problème et qu'il puisse être nécessaire de surmonter contradictions et antagonismes en faisant prévaloir l'une d'elles sur l'autre ou sur les autres, en fonction de la spécialité (*infra*, n° 555) ou de la temporalité (*infra*, n°s 516 s.).

La hiérarchie des normes se manifeste dans un autre contexte, vertical et non plus horizontal. Telle qu'elle se présente dans le cadre du droit interne résultant de la Constitution du 4 octobre 1958, elle présente une grande importance, car un texte d'une catégorie inférieure est généralement subordonné à sa conformité aux normes d'une catégorie supérieure et ne peut donc y déroger. Divers moyens juridiques tendent à assurer le respect de cette hiérarchie, ce qui n'exclut aucunement à ce sujet nombre de lacunes et d'incertitudes [2]. L'édifice est, depuis quelques décennies, sujet à d'assez profondes secousses qui affectent son évolution, suscitent des controverses et laissent souvent l'esprit perplexe [3]. C'est surtout le développement du droit communautaire qui est à la source de ces nombreuses difficultés (*infra*, n°s 304 s.) [4]. Il en va de même au sujet du rayonnement de la Convention européenne des droits de l'homme (v. *infra*, n° 288).

Cette importante évolution ne doit pas être seulement relevée dans l'existence de la hiérarchie, mais dans le contrôle de celle-ci par les juridictions. On observe, là comme en beaucoup d'autres domaines, une expansion de l'autorité judiciaire qui, sans aboutir à un gouvernement des

---

1. V. aussi L. 12 avril 2000 (art. 3), relative aux droits des citoyens dans leurs relations avec les administrations, et L. 2 juill. 2003, habilitant le Gouvernement à simplifier le droit (art. 32 et 33).

2. V. not. P. Puig, Hiérarchie des normes : du système au principe, *RTD civ.* 2001. 749 s., spéc. p. 757 s.

3. V. not. J.-P. Gridel, Déclin des spécificités françaises et éventuel retour d'un droit commun européen, *D.* 1999. Chron. 139 s. ; Y. Petit, La Cour de justice des Communautés européennes et les rapports droit international/droit national, *D.* 1999. Chron. 184 s. ; Marie-France Christophe-Tchakaloff, La Constitution est-elle encore la norme fondamentale de la République ?, *D.* 1999. Chron. 120 s. ; N. Molfessis, obs. *RTD civ.* 1999. 232 s., 236 s.

4. Sur la hiérarchie Constitution-traité, v. *infra*, n°s 260 s., et A. Rigaux et D. Simon, Droit communautaire et Constitution française, Une avancée significative de la Cour de cassation, À propos de l'arrêt *Fraisse* du 2 juin 2000, Bull. Europe, août-sept. 2000, 1 s.

juges [1], se traduit par une prise en compte plus ou moins directe, par les juridictions françaises des dispositions de la Convention européenne des droits de l'homme [2], voire des arrêts de la Cour européenne des droits de l'homme [3]. Nécessairement, paradoxalement - fatalement ? - on s'interroge sur la place des juridictions de l'ordre interne, y compris les plus hautes, si elles se croient tenues à une singulière docilité, à une soumission inattendue à une hiérarchie faisant place à des échelons juridictionnels supérieurs [4].

246 ***Présentation. La force normative*** ◊ Il faut désormais considérer que l'agitation actuelle des esprits autour de la notion de source du droit n'est pas sans lien avec un dépassement de celle de *loi* (Section 1), même entendue dans son sens matériel (*infra*, n° 247) de manière aussi large que possible. Cet élargissement de l'angle de vue tient à l'existence de deux courants qui, de l'intérieur comme de l'extérieur, ont conduit à une certaine relativisation de la loi au sens classique du mot. Le premier a des sources anciennes, mais l'importance de son influence s'est considérablement accrue à notre époque. Il s'agit des traités entre les États ou des conventions internationales qui ont, non seulement mais pas uniquement en Europe, bousculé et même refoulé les lois internes au point de se substituer fréquemment à celles-ci. Le deuxième mouvement est dû à la considération grandissante de *principes* (Section 2) - généraux ou fondamentaux - dont la structure et la portée manifestent une démarche normative originale. Originale certes, mais normative quand même, car leur existence est liée à une reconnaissance de leur généralité et de leur vocation à saisir les situations nouvelles qu'on ne retrouve, à cette hauteur, ni en coutume, ni en jurisprudence, tout simplement parce que les chemins du droit sont divers [5].

Un renouvellement de la réflexion juridique a conduit à envisager en elle-même la force normative dans ses diverses dimensions et ses diverses forces (v. *infra*, n° 494).

---

1. D. de Béchillon, Le gouvernement des juges : une question à dissoudre, *D.* 2002. Chron. 973 s. - Rappr. E. Zoller, La justice comme contre-pouvoir : regards croisés sur les pratiques américaine et française, *RIDC* 2001. 559 s.

2. V. not. B. Beignier et S. Mouton, La Constitution et la Convention européenne des droits de l'homme, rang et fonction, *D.* 2001. Chron. 1636 s. ; B. Mathieu et M. Verpeaux, *JCP* 2001, I, 352, n° 62, sur les contrôles de conventionnalité et de constitutionnalité ; F. Lyn, La Convention européenne des droits de l'homme est-elle supérieure aux conventions bilatérales reconnaissant les répudiations musulmanes ?, *D.* 2002. Chron. 2958 s. - Comp. relativement à la position du Conseil d'État, R. Drago, note *D.* 2001. 2619, sous CEDH 7 juin 2001.

3. V. J.-P. Marguénaud, De quelques observations de la Cour européenne des droits de l'homme sur la Cour de cassation française, *RTD civ.* 2000. 439 s. ; J. Raynard, La première chambre civile de la Cour de cassation invente l'art d'appliquer le code civil « tel qu'il doit être interprété » au regard de la Convention européenne des droits de l'homme, *RTD civ.* 2002. 865.

4. V. not. Cour de cassation et droit communautaire, *Gaz. Pal.* 2000. 2. Doctr. 1970 s., dir. M. Darmon.

5. V. cep. une conception plus large dans l'article remarquable de P. Puig, préc. ; rappr. Anne, Audran, *Le périmètre du droit*, thèse Nantes, 2000.

SECTION 1. LA LOI

247 ***Définition et caractères généraux de la loi*** ◊ Le mot loi est susceptible de plusieurs sens.

Dans son sens le plus large, il désigne toute règle juridique formulée par écrit [1], promulguée à un moment donné par un ou plusieurs individus investis de l'autorité sociale.

Mais, parmi les textes émanant des autorités sociales, des distinctions peuvent être faites.

Au point de vue du *fond*, qualifié aussi de *matériel*, le mot loi désigne les règles consistant en des dispositions abstraites, c'est-à-dire générales et permanentes, par opposition aux dispositions spéciales visant un rapport juridique déterminé. Au point de vue matériel, la loi se définit comme une règle *abstraite* : elle est formulée au sujet de situations typiques énoncées *in abstracto*. Ce caractère est lié à la généralité de la loi : la règle promulguée a un caractère *général*, en ce qu'elle est destinée à régir non un cas particulier, mais une série de cas semblables susceptibles d'exister ; elle s'applique à tous ceux, présents et futurs, qui se trouveront à un moment donné du temps dans la situation que la règle a précisément pour mission de délimiter [2]. Enfin, la loi est une règle *permanente ;* ce caractère est également lié à la généralité de la loi : n'étant pas édictée pour un cas particulier, celle-ci s'applique de façon permanente du jour de sa mise en vigueur jusqu'à son abrogation. Dans ce sens, sera loi le texte, quelle que soit l'autorité dont il émane, qui fixe à 18 ans l'âge de la majorité. De même est une loi l'arrêté par lequel le maire d'une commune limite la vitesse de circulation des automobiles, aussi bien qu'une loi votée par le Parlement relative aux conditions de validité du mariage. En revanche, ne serait pas une loi, l'acte même émanant du Parlement, accordant une récompense nationale à tel individu, ou autorisant une concession à une société privée. De tels actes ne peuvent être des lois qu'au point de vue formel ; ils ne le sont pas quant au fond : il s'agit de dispositions à caractère individuel.

Aussi bien, dans un autre sens (le sens *formel*), on appelle « lois » tant les règles générales que les dispositions spéciales émanant des autorités, ayant le pouvoir législatif, par opposition aux règles et actes émanant du pouvoir exécutif, c'est-à-dire des autorités chargées surtout de veiller à

---

1. Tel est d'ailleurs le sens étymologique du mot loi venant du latin lex, terme dérivé de *legere* (lire).

2. Cela est nécessaire, mais cela suffit ; peu importe qu'en fait la loi ne concerne qu'un petit nombre de personnes ; au point de vue matériel, le texte constitue une loi du moment qu'on rencontre la condition de généralité. Il en est ainsi par exemple de la loi qui détermine les pouvoirs du Président de la République : bien qu'elle ne s'applique en fait, à un moment donné, qu'à une personne, elle a un caractère de généralité, en ce qu'elle est susceptible d'être appliquée à tous ceux qui, dans l'avenir, exerceront cette fonction. – V. H. Dupeyroux, Sur la généralité de la loi, *Mélanges Carré de Malberg*, 1933, p. 137 s.

l'exécution des lois. C'est en ce dernier sens que l'on entend en général le mot loi dans la pratique et que l'emploie notre Constitution.

Nous utiliserons toutefois le mot loi dans son sens large, incluant donc notamment dans cette exposition non seulement les lois - constitutionnelles (§ 1) ou ordinaires (§ 4) - mais aussi les traités et accords internationaux (§ 2), le droit communautaire (§ 3), les règlements administratifs (§ 5) et les actes des autorités administratives (§ 6).

§ 1. La Constitution

248 ***La notion de Constitution*** ◊ Le développement des États s'est de tout temps manifesté par l'apparition progressive d'un ensemble de règles destinées à assurer, dans chaque cité, dans chaque pays, dans chaque nation, la dévolution et l'exercice du pouvoir [1]. Leur expression a pu revêtir une forme coutumière, la persistance ou la répétition de certains comportements entraînant, par l'effet conjugué du temps et de la volonté, l'existence de constitutions coutumières. C'est cette démarche qui a caractérisé l'histoire constitutionnelle de l'Angleterre : d'abord des pratiques persistantes ; à quoi se sont ajoutées des Chartes ; aujourd'hui, le droit constitutionnel de la Grande-Bretagne demeure partiellement coutumier. Dans l'Ancienne France, les institutions fonctionnaient dans le cadre d'un droit constitutionnel non écrit : les « lois fondamentales du Royaume ».

N'en déduisons pas que, dans un passé lointain, il n'y ait pas eu de constitutions écrites. Dans l'Antiquité, les Cités grecques se dotèrent de Constitutions. À Rome, le fonctionnement des institutions politiques fut régi par des textes précis.

Longtemps après, est venu le temps des constitutions modernes, marqué principalement par la Constitution des États-Unis (1776), puis par la Constitution française du 3 septembre 1791. Ces constitutions écrites se reliaient à l'influence des doctrines philosophiques du *contrat social*, l'établissement de la société civile, puis politique, découlant d'un pacte social originel. Ce pacte *écrit* fixe les règles régissant l'exercice du pouvoir. La constitution est au sommet de la hiérarchie des normes. Elle tend à régir complètement l'organisation et le fonctionnement des institutions. Exemplaires et symboliques, les Constitutions modernes « sont volontaristes, abstraites et générales » [2].

En droit français, depuis la Ve République, il y a, au sommet de la hiérarchie des normes, la Constitution du 4 octobre 1958.

249 ***Le contenu de la Constitution*** ◊ Ce qui précède concerne les constitutions au sens formel du mot, relatif à leurs manifestations, coutu-

---

1. V. P. Ardant, *Institutions politiques et droit constitutionnel*, 19e éd. 2007, mise à jour par P. Avril nos 26 s.

2. P. Ardant, *op. cit.*, n° 27.

mières ou écrites. Mais il importe aussi de procéder à leur analyse d'un point de vue *matériel*, ce qui renvoie à l'étude de leur contenu et révèle que les constitutions peuvent être claires ou obscures, et surtout courtes ou longues.

Abstraction faite de dispositions adventices tenant à des contingences historiques, voire à des affirmations particulières que les circonstances entourant la rédaction de la Constitution ont pu rendre politiquement nécessaires (ex. : la capitale de l'État, une religion officielle), on peut distinguer trois sortes de dispositions.

Les unes, essentielles, inhérentes à toute Constitution écrite, concernent l'existence, la structure et le fonctionnement des pouvoirs publics. Elles sont articulées dans notre Constitution. On y trouve les règles relatives à la Souveraineté, au Président de la République, au Gouvernement, au Parlement, aux Traités et accords internationaux, au Conseil constitutionnel... L'étude de ces diverses règles relève du droit constitutionnel (*supra*, n° 101).

Il en va, pour partie, de même d'autres blocs de dispositions figurant, le cas échéant, dans les textes constitutionnels, le plus souvent dans des Déclarations ou des Préambules précédant les règles régissant les institutions. Parmi elles, figurent éventuellement des principes relatifs à l'organisation économique ou sociale. On y voit affirmés, souvent en termes de programmes, d'orientations, de conseils, d'intentions, des principes relatifs à l'organisation économique et sociale. Il en existait, sous la IVe République, dans le Préambule de la Constitution du 27 octobre 1946. Il n'y en a pas dans celui de la Constitution de 1958.

Mais il en va tout différemment d'une troisième sorte de dispositions, relatives aux *Déclarations des droits*. D'esprit et d'allure philosophiques, ces dispositions énoncent les droits et libertés de l'homme et du citoyen. Dans l'histoire constitutionnelle, la Déclaration des Droits de l'Homme et du Citoyen du 26 août 1789, placée ensuite en tête de la Constitution de 1791, a été appelée à avoir un retentissement universel. Puis, à ce sujet, une formation sédimentaire du droit français - d'aucuns diront un héritage fondamental de la nation, indispensable à la mémoire collective - a relié entre elles nos Républiques, ainsi qu'en témoigne le premier alinéa du Préambule de la Constitution de 1958 : « Le peuple français proclame solennellement son attachement aux Droits de l'Homme et aux principes de la souveraineté nationale tels qu'ils ont été définis par la Déclaration de 1789, confirmée et complétée par le Préambule de la Constitution de 1946 ». - Sur les principes, v. *infra*, nos 341 s.

Ce renvoi au préambule de la Constitution de 1946 est d'autant plus important que les compléments que celui-ci a apportés à la Déclaration de 1789 sont nombreux et importants. Ainsi, à son alinéa 1er, il a été précisé que le peuple français « réaffirme solennellement », outre « les droits et libertés de l'homme et du citoyen consacrés par la Déclaration des Droits de 1789 », « les principes fondamentaux reconnus par les lois de la République ».

250 ***Le contrôle de constitutionnalité*** ◊ Dans une décision, rendue le 23 août 1985, au sujet de l'évolution de la Nouvelle-Calédonie, le Conseil constitutionnel a notamment précisé que l'un des buts du contrôle de constitutionnalité « est de permettre à la loi votée, qui n'exprime la volonté générale que dans le respect de la Constitution, d'être sans retard amendée à cette fin » [1]. Ainsi, il n'est de loi que conforme à la Constitution [2].

Encore faut-il que le Conseil constitutionnel soit appelé à exercer son contrôle (sur les conditions de sa saisine, v. *supra*, n° 121). Or, il convient d'observer que l'évolution de cette institution a été marquée par une extension croissante du domaine dans lequel elle s'est reconnu le pouvoir d'exercer son contrôle, ce qui ne pouvait pas ne pas conduire à s'interroger sur la légitimité de sa jurisprudence [3].

Assez longtemps, l'on a pensé que le Conseil constitutionnel n'était, pour l'essentiel [4], compétent que pour veiller au respect des articles 34 et 37 de la Constitution, relatifs à la distinction des domaines respectifs de la loi et du règlement (*infra*, n°s 326 s.). De ce point de vue, on ne peut dire que l'objectif visé – à savoir la défense du gouvernement contre les empiétements du Parlement sur le domaine du pouvoir réglementaire – ait été atteint. Cela s'explique par maintes complaisances du gouvernement à l'égard de la majorité parlementaire.

Il en a été tout autrement au sujet d'autres articles de la Constitution. Ainsi le Conseil constitutionnel s'est-il prononcé sur la conformité de lois au principe de non-discrimination et au respect des croyances (Const. art. 2), à l'égalité du suffrage (art. 3), à la libre administration des collectivités locales (art. 34) ou territoriales (art. 72), à la liberté individuelle en tant que celle-ci est confiée à la garde de l'autorité judiciaire (art. 66), etc. [5].

---

1. *GDCC*, n° 36.
2. *op. cit.* Encore convient-il d'observer que les lois adoptées par référendum, dites lois référendaires, ne sont pas soumises au Conseil constitutionnel, parce qu'elles correspondent « à l'expression directe de la souveraineté nationale » (P. Ardant, *op. cit.*, n° 88). – V. aussi Nguyen Van Tuong, Une loi référendaire est-elle soumise au contrôle de constitutionnalité ?, *D.* 1996. Chron. 17 s.
3. V. La légitimité de la jurisprudence du Conseil constitutionnel, Colloque Rennes, 1998, éd. 1999 ; P. Ardant, Le Conseil constitutionnel d'hier à demain, Mélanges F. Terré, 1999, p. 731 s. ; v. aussi, parmi les nouv. cahiers du Conseil constitutionnel, les dossiers 29 (*La question prioritaire de constitutionnalité*, 2010), 37 (*Le Conseil constitutionnel et le droit administratif*, 2012) et 38 (Le Conseil constitutionnel et le Parlement, 2013).
4. Sur l'examen préalable des lois organiques, v. infra, n° 257.
5. F. Luchaire, Le Conseil constitutionnel, 1980, p. 175. – Toutefois, le Conseil constitutionnel ne se reconnaît pas le droit de faire respecter la primauté des traités ou accords internationaux sur les lois (Déc. 15 juill. 1975, Rec. p. 19). – V. cep., en matière électorale, Déc. 21 oct. 1989, *D.* 1989. 285, note F. Luchaire. – Et, sur le droit d'amendement, Déc. n° 2006-532, 19 janv. 2006, *LPA* 15 fév. 2006, par P. Avril et J. Gicquel (au sujet de la théorie de l'« entonnoir » suivant laquelle « la discussion législative se concentre, au fil des lectures, sur les seules dispositions restant en discussion ») ; v. aussi J.-P. Camby, Le droit d'amendement. Une nouveauté ? Mélanges Lavroff 2005, p. 109 s. – V. aussi Const., art. 41, réd. L. 23 juill. 2008.

L'intervention du Conseil constitutionnel n'était possible qu'avant la promulgation d'une loi, ce qui, nécessairement, fait échapper à son contrôle les lois promulguées avant l'entrée en vigueur de la Constitution de 1958. Le Conseil constitutionnel a cependant admis, outrepassant là aussi ses pouvoirs, que « la régularité au regard de la Constitution d'une loi promulguée peut être utilement contestée à l'occasion de l'examen des dispositions législatives qui la modifient, la complètent ou affectent son domaine » [1].

251 ***L'extension du bloc de constitutionnalité : le Préambule de la Constitution de 1958*** ◊ Par sa célèbre décision du 16 juillet 1971 relative à la liberté d'association [2], le Conseil constitutionnel, étendant sa compétence bien au-delà de ce qu'avaient voulu les auteurs de la Constitution, a intégré au bloc de constitutionnalité, par rapport auquel il apprécie la conformité des lois, le Préambule de la Constitution de 1958 et, par une cascade de renvois, la Déclaration des Droits de l'Homme et du Citoyen de 1789, le Préambule de la Constitution de 1946, ainsi que les principes fondamentaux reconnus par les lois de la République [3], catégorie des plus incertaines et propre à favoriser de singulières décisions [4]. D'où une transformation qualitative de la nature du contrôle du Conseil constitutionnel. Les normes de référence incluant désormais toute une série de règles et de principes intéressant les droits et libertés, leur influence est de nature à se manifester dans de nombreux domaines. À telle enseigne qu'on a pu dire que le Conseil a fait pénétrer le droit constitutionnel dans les diverses branches du droit [5].

Ainsi, spécialement dans le domaine des principes fondamentaux reconnus par les lois de la République, le domaine du contrôle de constitutionnalité s'est révélé très étendu, ainsi que cela apparaît à travers maintes décisions du Conseil constitutionnel : principe des droits de la défense,

---

1. Cons. const. 25 janv. 1985, Rec. p. 13 ; 25 juill. 1989, Rec. p. 53 ; 15 mars 1999, *JO* 21 mars 1999, *JCP* 1999, I, 151, obs. A. Maron, J.-H. Robert, M. Véron, *RTD civ.* 1999. 724, obs. N. Molfessis. – V. J. Ferstenberg, Le contrôle, par le Conseil constitutionnel, de la régularité constitutionnelle des lois promulguées, *RD publ.* 1991. 339 s.

2. GDCC n° 18, *D.* 1972. 685, *AJDA* 1971. 533, note J. Rivero.

3. J. Rivero, Les « principes fondamentaux reconnus par les lois de la République » : une nouvelle catégorie constitutionnelle, *D.* 1972. Chron. 265 ; B. Mathieu et M. Verpeaux, La reconnaissance et l'utilisation des principes fondamentaux reconnus par les lois de la République par le juge, *D.* 1997. Chron. 219.

4. V. J. Carbonnier, De Republica cujus leges principia genuerint, Mélanges Jean Foyer, 1997, p. 45 s., rééd. Écrits, 2008, p. 726 s. ; v. aussi, au sujet de la « surprenante » résurrection des principes fondamentaux reconnus par les lois de la République, N. Molfessis, obs. *RTD civ.* 1997. 787.

5. L. Favoreu, La constitutionnalisation du droit, Mélanges Drago, 1996, p. 25 s. – Un comité de réflexion sur le Préambule de la Constitution, créé par décret présidentiel du 9 avril 2008, a seulement proposé d'inscrire, à l'article 1er de la Constitution, la reconnaissance de l'égale dignité de chacun (v. M. Verpeaux, L'horizon indépassable, Premières remarques sur le rapport du Comité Veil, *JCP* 2009, I, 105). – V. aussi, sur le droit d'accès à internet, décision du 10 juin 2009, *AJDA* 2009. 1132, obs. S. Blondel, *JCP* 2009. 2045, obs. L. Marino.

principe de la liberté de l'enseignement, principe de l'indépendance de la juridiction administrative, principe de l'indépendance des professeurs d'Université, principe de sauvegarde de la personne humaine contre toute forme d'asservissement et de dégradation [1], principe fondamental relatif à la justice des mineurs [2].

252 ***La Charte de l'environnement*** ◇ L'art de ressusciter des mots chargés d'histoire est parfois le propre des juristes. Parler de charte peut évoquer pour les Anglais la *Magna Carta* et pour les Français les chartes de 1815 et de 1830, la Restauration et la Monarchie de Juillet. Dans la panoplie des Déclarations, Pactes ou Proclamations de notre temps, il y a pourtant une place pour des Chartes. À preuve, parmi d'autres, la Charte des droits fondamentaux de l'Union européenne (v. *infra*, n° 303).

Parmi les branches du droit qui ont poussé au XXe siècle (ex. le droit de la consommation et, dans une large mesure, le droit de la concurrence, etc.), le droit de l'environnement occupe une place de choix. Mélange parfois inextricable de droit public et de droit privé, au point d'apparaître comme une branche « autonome » malgré l'ambiguïté du mot, le droit de l'environnement, si ce n'est même à l'environnement, a obtenu ses lettres de noblesse en étant accueilli dans le Préambule de la Constitution et « adossé » à celle-ci dans le cadre d'une Charte de l'environnement. Les politologues admireront peut-être la réconciliation de la Constitution et de la Charte. Quant aux constitutionnalistes, on attend d'eux, avec une grande impatience, une théorie juridique de l'« adossement constitutionnel ».

Dans le même temps que la loi constitutionnelle n° 2005-204 du 1er mars 2005 modifiait le XV de la Constitution dans la perspective d'une nouvelle avancée de l'Union européenne, y compris de l'adoption – finalement refusée par référendum, le 29 mai 2005 – d'une « Constitution » pour l'Europe, une loi constitutionnelle n° 2005-205 du même jour « relative à la Charte de l'environnement » a introduit en outre des innovations dans la Constitution, ainsi qu'un complément au premier alinéa du Préambule de la Constitution précisant l'attachement du peuple français aux « droits et devoirs définis dans la Charte de l'environnement de 2004 » [3].

---

1. V. L. Favoreu, L'influence de la jurisprudence du Conseil constitutionnel dans les diverses branches du droit, Mélanges Léo Hamon, 1982, p. 235 ; et, sur la coordination, voire la hiérarchisation des règles ou principes formellement constitutionnels, S. Rials, Les incertitudes de la notion de Constitution, *RD publ.* 1984. 587. – V. not. au sujet du droit pénal des mineurs, Cons. const., déc. n° 461 DC, 29 août 2002, relative à la loi d'orientation et de programmation pour la justice, *JCP* 2003, I, 146, n° 1, obs. B. Mathieu et M. Verpeaux.

2. M. Verpeaux, Les principes fondamentaux reconnus par les lois de la République ont-ils encore un avenir ?, *D.* 2004. Chron. 1537 s.

3. V. Charte de l'environnement, Art. 1er, Du droit de l'homme à un environnement sain, Environnement avril 2005, comm. n° 29, par F.-G. Trébulle ; *RTD civ.* 2005. 470 s., obs. Judith Rochfeld et p. 490 s., obs. A.-M. Leroyer ; Véronique Jaworski, De la codification à la constitutionnalisation : quel avenir pour le droit de l'environnement ? Mélanges Wiederkehr, 2009, p. 411 s. *La Constitution et l'environnement* ; Nouv. Cah. Cons. const., Dossier avr. 2014.

Ce faisant, étendant délibérément le « bloc de constitutionnalité » (v. le n° précédent), la loi constitutionnelle modifie en la magnifiant une Charte de l'environnement antérieurement élaborée [1].

Après un nombre substantiel de considérants, cette Charte, ensemble de droits et d'obligations, dispose notamment que « Chacun a le droit de vivre dans un environnement équilibré et respectueux de la santé » (art. 1er). Mais ce droit est accompagné de devoirs : « Toute personne a le devoir de prendre part à la préservation et à l'amélioration de l'environnement » (art. 2). « Toute personne doit, dans les conditions définies par la loi, prévenir les atteintes qu'elle est susceptible de porter à l'environnement ou, à défaut, en limiter les conséquences » (art. 3). Une loi du 1er août 2008 relative à la responsabilité environnementale et à diverses dispositions d'adaptation au droit communautaire dans le domaine de l'environnement [2], a marqué une étape importante en la matière [3].

253 ***Le principe de précaution*** ◊ Le droit communautaire est si peu étranger à ce principe qu'on trouve celui-ci consacré à l'article 174 § 2 du Traité instituant la Communauté européenne. En droit français, il a été, de manière partielle, retenu par la loi du 2 février 1995 (loi Barnier) et figure aujourd'hui à l'article L. 110-1 du Code de l'environnement. Il tend à prévenir, par des mesures de précaution, les dommages souvent très importants pouvant naître des incertitudes de la science [4]. Intervenant par anticipation, il relève d'une préoccupation différente de celle de la seule prévision, car il tend tout à la fois à assumer et à combattre des risques sans en connaître, par hypothèse, les origines et les conséquences. Tant il est vrai que l'hypothétique a ses degrés et que la marche vers le progrès ne permet aucunement d'affirmer que le risque zéro n'existe pas.

Ainsi s'explique le nouvel article 5 de la Charte : « Lorsque la réalisation d'un dommage, bien qu'incertain en l'état des connaissances scientifiques, pourrait affecter de manière grave et irréversible l'environnement, les autorités publiques veillent, par application du principe de précaution et dans leurs domaines d'attributions, à la mise en œuvre de procédures d'évaluation des risques et à l'adoption de mesures provisoires et proportionnées afin de parer à la réalisation du dommage ». L'esprit animant la réforme de 2005 et la technique utilisée à cette occasion n'excluent pas, le cas échéant, une application directe, sans relais législatif ou

1. Rappr. M.-A. Cohendot, Vers la constitutionnalisation du droit de l'homme à un environnement sain, Mélanges Despax, 1996, p. 253 ; J.-Ph. Feldman, Le projet de loi constitutionnelle relatif à la Charte de l'environnement, *D.* 2004. Chron. 970 s.

2. JO 2 août 2008 ; v. décr. 23 avril 2009 relatif à la prévention et à la réparation de certains dommages causés à l'environnement (*JO* 26 avril 2009).

3. V. not. Adélie Pomade, Société civile et droit de l'environnement, thèse Orléans 2009.

4. G. Martin, Précaution et évolution du droit, *D.* 1995. Chron. 299 s. ; G. Viney et P. Kourilsky, Le principe de précaution, La Documentation française, 2000 ; Marie-France Delhoste, Le principe de précaution, un concept miné par ses contradictions internes et le principe ALARA (en matière maritime de rejets polluants), *RRJ* 2003-3, p. 1067.

réglementaire, des dispositions nouvelles [1]. À l'évidence le droit des obligations est directement concerné par la réforme [2].

254 ***Imprégnation constitutionnelle de l'ordre juridique*** ◊ Ce mouvement s'est produit à partir des normes retenues dans le texte initial de la Constitution qui contenait déjà à ce sujet quelques dispositions significatives. Ainsi les lois organiques forment une catégorie juridique bien définie : elles ont pour objet de fixer les modalités d'organisation et de fonctionnement des pouvoirs publics [3] – « Les lois organiques ne peuvent être promulguées qu'après la déclaration par le conseil constitutionnel de leur conformité à la Constitution » (Const., art. 46. al. 5). Elles ont une force juridique supérieure à celle des lois ordinaires. Une loi ordinaire qui ne serait pas conforme à une loi organique ne serait pas conforme à la constitution.

L'imprégnation par un ensemble de règles et de principes de portée constitutionnelle ou « normes de constitutionnalité » s'est manifestée profondément, en droit pénal [4], en droit du travail [5], plus généralement en des domaines relevant de la mouvance du droit privé [6], par exemple en procédure civile [7] ou en droit commercial [8]. Ainsi encore, les manifestations du contrôle ont été multiples en droit civil [9].

Mais aucune n'a eu autant de retentissement que celle qui est résultée de l'examen des lois de nationalisation adoptées par le Parlement au début de l'année 1982 : le Conseil constitutionnel a affirmé, le 16 janvier 1982, la valeur constitutionnelle du droit de propriété et précisé les conditions

1. V. La constitutionnalisation du principe de précaution dans la Charte de l'environnement ou la consécration d'un principe à effet direct, *LPA* 30 juill. 2004 ; rappr. Judith Rochfeld, obs. préc.

2. V. Mathilde Boutonnet, Le principe de précaution en droit de la responsabilité civile, thèse Orléans, éd. 2004 ; Daphné Tapinos, Prévention, précaution et responsabilité civile, thèse Paris II, éd. 2008, préf. N. Molfessis.

3. V. J.-P. Camby, la loi organique dans la constitution de 1958 ; *RD publ.* 1989. 1401 –. Sur les caractères organiques de la loi du 25 juin 2001 relative au statut des magistrats et au conseil supérieur de la magistrature, V. Cons. const. 19 juin 2001, JO du 26 juin 2001, JCP 2002. I. 128, n°5, obs. B. Mathieu et M. Verpeaux.

4. M. Verpeaux, Les principes fondamentaux reconnus par les lois de la République ont-ils encore un avenir ?, *D.* 2004. Chron. 537 s.

5. G. Lyon-Caen, La jurisprudence du Conseil constitutionnel intéressant le droit du travail, *D.* 1989. Chron. 289.

6. J. Foyer, De l'influence de la Constitution sur le droit privé, RIDC 1981. 539 ; v. l'analyse pénétrante de N. Molfessis, Le Conseil constitutionnel et le droit privé, thèse Panthéon-Assas (Paris II), éd. 1997 ; v. aussi une controverse : C. Atias, La civilisation du droit constitutionnel, Journ. des Économ. et des Études Humaines, oct. 1990, p. 337, et, en réponse, J.-Y. Chérot, Les rapports du droit civil et du droit constitutionnel, même Revue, p. 511.

7. Déc. 20 juill. 1977, Rec. p. 63, sur la Cour de cassation.

8. Déc. 25 et 26 juin 1986, Rec. p. 61, *GDCC* n° 37, sur les privatisations et les prix.

9. F. Luchaire, Les fondements constitutionnels du droit civil, *RTD civ.* 1982. 245 ; v. aussi, au sujet de la responsabilité civile, Cons. const. 22 oct. 1982, *D.* 1982. 189, note F. Luchaire, *Gaz. Pal.* 1983. 1, 60, note F. Chabas. – V. aussi J. Boulouis, Famille et droit constitutionnel, Mélanges Kayser, 1979, t. I, p. 147 ; L. Favoreu, Le Conseil constitutionnel et la protection de la liberté individuelle et de la vie privée, Mélanges Kayser, préc., p. 411 s.

suivant lesquelles la puissance publique pouvait procéder à des nationalisations [1]. Ainsi a-t-il affirmé, en la circonstance, que les principes « énoncés par la Déclaration des droits de l'homme ont pleine valeur constitutionnelle tant en ce qui concerne le caractère fondamental du droit de propriété dont la conservation constitue l'un des buts de la société politique et qui est mis au même rang que la liberté, la sûreté et la résistance à l'oppression qu'en ce qui concerne les garanties données aux titulaires de ce droit et les prérogatives de la puissance publique ». Le Conseil constitutionnel a ultérieurement précisé qu'« il ne peut être apporté de limitations à l'exercice de ce droit (de propriété) qu'à la double condition que ces limitations obéissent à des fins d'intérêt général et n'aient un caractère de gravité tel que le sens et la portée du droit de propriété s'en trouveraient dénaturés » [2].

Au sujet de la liberté d'entreprendre, la position du Conseil constitutionnel est intéressante, dans le sens de sa protection constitutionnelle, laissant pourtant place à l'admission de limitations possibles, à condition que celles-ci soient liées à des exigences constitutionnelles ou à l'intérêt général et n'entraînent pas d'atteintes disproportionnées au regard de l'objectif poursuivi [3].

L'attention apportée par le Conseil constitutionnel l'a conduit à annuler, en 2000, des dispositions législatives portant une atteinte injustifiée à l'économie de conventions conclues antérieurement [4].

La progressive extension du rôle du Conseil constitutionnel sur la voie du « gouvernement des juges » [5] entraîne de plus en plus la controverse et l'inquiétude [6]. Au sujet de la hiérarchie des normes, elle suscite des difficultés nouvelles, relatives à la conciliation entre principes constitutionnels [7].

1. D. 1983, 169, note L. Hamon, *JCP* 1982, II, 1978, note Nguyen Vinh et Franck, *Gaz. Pal.* 1982. 1, 67, note Piedelièvre et Dupichot, *GDCC* n° 28, Grands arrêts n° 2. – V. aussi, J.-L. Mestre, Le Conseil constitutionnel, la liberté d'entreprendre et la propriété, *D.* 1984. Chron. 1 ; F. Bouyssou, Les garanties supralégislatives du droit de propriété, *D.* 1984. Chron. 231 ; R. Legeais, Le Conseil constitutionnel français, protecteur du droit de propriété, Mélanges Flattet, 1985, p. 61 s. ; Hélène Pauliat, Le droit de propriété devant le Conseil constitutionnel et la Cour européenne des droits de l'homme, *RD publ.* 1995. 1445 s. ; Véronique Champeil-Desplats, La notion de droit « fondamental » et le droit constitutionnel français, *D.* 1995. Chron. 323 s. ; N. Molfessis, obs. *RTD civ.* 1998. 796 s. ; Libertés et droits fondamentaux, dir. R. Cabrillac et Marie-Anne Frison-Roche et T. Revet, 15e éd. 2009 ; v. cep., sur le fait que le Conseil constitutionnel protège le droit de propriété dans son existence, mais non dans ses composantes, l'analyse de N. Molfessis, *op. cit.op. cit.*, nos 66 s., p. 69 s.

2. Déc. n° 2000-434 DC, 20 juill. 2000, loi relative à la chasse, *JCP* 2001, I, 350, n° 23, par B. Mathieu et M. Verpeaux.

3. Déc. n° 2001-439 DC, 16 janv. 2001, loi relative à l'archéologie préventive, *JCP* 2002, I, 128, n° 18, par B. Mathieu et M. Verpeaux.

4. Déc. n° 99-423 DC, 13 janv. 2000, loi relative à la réduction négociée du temps de travail, *JCP* 2000, I, 261, n° 4, par B. Mathieu et M. Verpeaux.

5. Les guillemets sont indispensables. V. Élisabeth Zoller, Étude comparative du contrôle de constitutionnalité des lois en France et aux États-Unis, Clés pour le siècle, Dalloz, 2000, p. 325 s.

6. V. les études de M. Guénaire, S. Rials, D. Rousseau et M. Troper, publiées sous le titre, Le droit contre la politique, Rev. Le débat, n° 64, mars-avril 1991, p. 148 s. ; v. aussi, J. Foyer et F. Terré, Le peuple, juge constitutionnel, Le Figaro, 30 juill. 1996. – Sur l'extension de ses pouvoirs par la réserve d'interprétation, v. infra, n° 548.

7. V. G. Drago, La conciliation entre principes constitutionnels, *D.* 1991. Chron. 266 s. – V. not., au sujet de l'emploi de la langue française, Cons. const. 29 juill. 1994, *JO* 2 août 1994, p. 11240 s.

255 ***Audaces du Conseil constitutionnel*** ◊ La compréhension extensive et discutable de ses pouvoirs par le Conseil constitutionnel s'est traduite aussi par l'utilisation du concept d'« objectif à valeur constitutionnelle » [1] dont le sens et la portée prêtent à discussion : compatibilité de principes à première vue contraires, nécessité de fonder l'acte législatif en vue de le rendre plus effectif... [2]. Ainsi, au sujet de la loi du 13 décembre 2000 relative à la solidarité et au renouvellement urbains (SRU), le Conseil constitutionnel a estimé que la possibilité pour toute personne d'obtenir un logement décent est un objectif de valeur constitutionnelle autorisant le législateur à imposer des obligations particulières aux bailleurs [3], sans toutefois que cela permette « de proroger les conventions en cours au-delà de leur date d'expiration » et « d'emprisonner définitivement les bailleurs dans les conventions qu'ils n'avaient signées que pour une durée déterminée » [4]. Nouvelle avancée plus récente : l'usage audacieux de ses pouvoirs par le Conseil constitutionnel aboutissant à réécrire une loi – au demeurant des plus défectueuses – sur le pacte civil de solidarité (PACS) et parvenant de la sorte à dépouiller de ses pouvoirs non seulement le Parlement, le Gouvernement, mais l'Autorité judiciaire [5] (v. aussi sur l'excessive complexité des lois, *infra*, n° 463).

256 ***Les lois référendaires*** ◊ Le Conseil constitutionnel contrôle la constitutionnalité des lois votées par le Parlement. Qu'en est-il des *lois adoptées par la voie du référendum ?* Le peuple s'étant prononcé par l'expression directe de la souveraineté nationale [6], le contrôle du Conseil constitutionnel n'a plus lieu d'être, ce qui laisse, pour certains, ouvert le débat sur la supra-nationalité et sur l'existence de dispositions plus constitutionnelles que les autres, spécialement l'article 89, alinéa 5, aux termes duquel « La forme républicaine du gouvernement ne peut faire l'objet d'une révision ».

Si le Conseil constitutionnel s'efface quand le peuple s'est prononcé, sous réserve du contrôle des résultats, en va-t-il de même dans la phase préparatoire du référendum ? Jusqu'à la réforme constitutionnelle de 2008, il lui appartenait seulement de veiller à l'organisation matérielle du référendum (Ord. org. 7 nov. 1958). Et il n'y a pas lieu de penser qu'il en aille autrement dans l'avenir, dès lors qu'il s'agit d'un référendum organisé, comme par le passé, sur proposition du gouvernement.

---

1. Déc. n° 82-14, 27 juill. 1982, Rec. p. 48 ; n° 98-401 DC, 10 juin 1998, Rec. p. 258 ; n° 98-407 DC, 14 janv. 1999, *JO* 20 janv. 1999 ; n° 99-423 DC, 13 janv. 2000, *JO* 20 janv. 2000. – V. aussi infra, n° 457, au sujet de la sécurité juridique.
2. G. Drago, Contentieux constitutionnel français, 2e éd. 2006, n° 325 ; B. Faure, Les objectifs de valeur constitutionnelle : une nouvelle catégorie juridique ?, *RFDC* 1995. 47 s. ; Marie-Anne Frison-Roche et W. Baranès, Le principe constitutionnel de l'accessibilité et de l'intelligibilité de la loi, *D.* 2000. Chron. 368.
3. Déc. n° 2000-436 DC, 7 déc. 2000, *JCP* 2001, I, 350, n° 28, par B. Mathieu et M. Verpeaux.
4. Déc. 7 déc. 2000, préc.
5. N. Molfessis, La réécriture de la loi relative au PACS par le Conseil constitutionnel, *JCP* 2000, I, 210.
6. Cons. const. 23 sept. 1992, déc. 92-313, *GDCC* n° 13.

Mais il en va de même depuis la loi constitutionnelle du 23 juillet 2008, qui a reconnu l'existence du référendum organisé « à l'initiative d'un cinquième des membres du Parlement, soutenu par un dixième des électeurs inscrits sur les listes électorales » (Const., art. 11, al. 3, réd. L. 23 juill. 2008). « Cette initiative prend la forme d'une proposition de loi et ne peut avoir pour objet l'abrogation d'une disposition législative promulguée depuis moins d'un an » (*ibid.*). Il faut de surcroît qu'elle porte sur les matières prévues à l'article 11, alinéa 1er, de la Constitution, communes aux deux formes de référendum et propres à entraîner un contrôle accru du Conseil constitutionnel [1].

257 ***Les révisions constitutionnelles*** ◊ Elles peuvent, il est vrai, résulter dans certaines conditions d'un vote du Parlement. Échappent-elles alors au contrôle du Conseil constitutionnel ?

Dans un premier temps, celui-ci a adopté une attitude relativement négative en se refusant à opérer un contrôle du *contenu* d'une révision comportant une dérogation, explicite ou implicite, à un principe constitutionnel. Mais elle réservait la possibilité de son contrôle en cas de violation des règles procédurales de révision ainsi que de l'article 89 alinéa 5 de la Constitution sur la forme républicaine du gouvernement.

C'est précisément par rapport à cette disposition que le Conseil constitutionnel fut ultérieurement saisi au sujet d'une loi constitutionnelle relativement à l'organisation décentralisée de la République [2]. Plutôt que de s'interroger sur l'existence d'une atteinte à la forme républicaine du gouvernement, le Conseil constitutionnel a, le 26 mars 2003, rejeté le recours en décidant qu'il ne tient ni de l'article 61, ni de l'article 89, ni d'aucune autre disposition de la Constitution, le pouvoir de statuer sur une révision constitutionnelle [3]. C'est dire que le Conseil constitutionnel n'opère pas de distinction entre une constitutionnalité et une supra-constitutionnalité, un pouvoir constituant dérivé et un pouvoir constituant originaire, dont il lui faudrait beaucoup d'agilité pour y trouver sa propre légitimité. La généralité de la solution consacrée en 2003 par le Conseil constitutionnel a pu porter à penser aussi que, par rapport à la position adoptée par lui, la constitutionnalité de la procédure de révision échappe aussi à son contrôle, ce qui suscite, au sujet de la révision parlementaire, des doléances [4]. – Sur la

---

1. Const. art. 61, al. 1er, réd. L. 23 juill. 2008.
2. Cons. const. 2 sept. 1992, déc. 92-312, *JCP* 1992, II, 21943, note N. Van Tuong, *RD publ.* 1992. 598, note F. Luchaire. – V. aussi G. Gondouin, Le Conseil constitutionnel et la révision de la Constitution, *RD publ.* 2001. 489 ; G. Vedel, Souveraineté et supra-constitutionnalité, déb. avec L. Favoreu, Pouvoirs 1993, n° 67, p. 79.
3. Déc. n° 2003-469 DC, 26 mars 2003, *LPA*, 8 avr. 2003, p. 17, note J.-E. Schoettel, 20 juin 2003, note Florence Chaltiel, *JCP* 2003, Act. 201, par B. Mathieu et M. Verpeaux, II, 10066, note J.-C. Zarka, *D.* 2003. 1099 s., Point de vue par H. Moutouh, *RTD civ.* 2003. 563, obs. Libchaber ; *LPA* 30 août 2004, note H. Rabault.
4. T.S. Renoux et M. de Villiers, Code constitutionnel, préc., n° 1390. – Rappr. Cons. const. déc. préc. 2 sept. 1992.

conformité à la Constitution des traités et accords internationaux, v. *infra*, n°s 260 s., du droit communautaire, v. *infra*, n°s 304 s.

258 ***La Question prioritaire de constitutionnalité (QPC)*** ◊ En accordant aux justiciables le pouvoir de poser une question de constitutionnalité, la réforme constitutionnelle de 2008 (*supra*, n° 121, 156) a introduit en la matière une grande complexité. Il a, en effet, été prévu qu'un justiciable peut soutenir devant un tribunal qu'une disposition législative en cours « porte atteinte aux droits et libertés que la Constitution garantit ». Or, le cadre ainsi défini est différent de celui aménagé quant au contrôle préventif antérieur à la promulgation des lois, car celui-ci couvre non seulement les droits et libertés garantis par la Constitution, mais aussi des exigences liées à des objectifs et à des principes distincts des libertés [1]. La procédure prévue par la Constitution a été complétée par divers textes, principalement par une loi organique du 10 décembre 2009. Celle-ci repose sur l'instauration d'un mécanisme de filtrage destiné à mettre obstacle à un débordement d'instances injustifiées devant le Conseil constitutionnel. Le filtrage est exercé, suivant le domaine des règles considérées quant à leurs compétences respectives, par le Conseil d'État ou la Cour de cassation. L'une ou l'autre juridiction doit, « dès lors que les conditions prévues aux 1 °et 2° de l'article 32-2 sont remplies et que la question est nouvelle ou présente un caractère sérieux », saisir le Conseil constitutionnel de la QPC (LO, art. 23-4).

La coexistence de recours concurrents liés aux statuts de la Cour européenne des droits de l'homme et de la Cour de justice de l'Union européenne a entraîné un enchevêtrement des hiérarchies et une concurrence entre les priorités [2].

Significatif a été, à cet égard, le mécontentement manifesté par nombre d'auteurs lorsque, saisie d'une question intéressant la conformité tant à la Constitution qu'au droit de l'Union européenne, la Cour de cassation décida de saisir, à titre préjudiciel, la Cour de justice de l'Union européenne [3].

Cette position était compréhensible. Pourtant l'arrêt suscita de vives critiques. On se bornera à renvoyer aux analyses de la coexistence du contrôle de constitutionnalité et du contrôle de conventionnalité. On ne peut pas considérer présentement que le problème soit résolu. Si le Conseil constitutionnel alterne sa fidélité à la séparation de l'ordre juridique européen et de l'ordre juridique [4], la CJUE adopte une position analogue

---

1. V. Y. Gaudemet, Brouillard dans les institutions : à propos de l'exception d'inconstitutionnalité, *RD publ.* 2009, p. 581 s.
2. V. sur l'hétérarchie juridique, F.T. in *Mélanges Jacques Boré, 2007, préc.*
3. 2 Cass. QPC, 16 avr. 2010, *D.* 2010. 1254, note A. Levade, *JCP 2010*, act. 509, obs. F. Picod ; v. aussi D. de Béchillon, *Brouillard dans les institutions : à propos de l'exception d'inconstitutionnalité, RD publ.* 2009. 581 s.
4. Cons. const. 12 mai 2010, *D.* 2010. 1321, note A. Levade, *JCP 2010*, p. 1077, note B. Mathieu ; V., dans le même sens, CE 14 mai 2010, (req. 312305). V. aussi B. Mathieu, *Les débuts prometteurs de la question prioritaire de constitutionnalité devant le Conseil d'État, JCP* 2010, Aperçu n° 465.

sans réserve des lois nationales « dont le contenu se limite à transposer les dispositions impératives d'une directive de l'union ». En pareil cas, il y a la priorité du droit européen [1]. La solution rappelée laisse subsister une complexité qui ne satisfait pas l'esprit [2].

Quoi qu'il en soit, les partisans de la réforme analysée ont pu se réjouir du nombre et de l'importance des QPC transmises au Conseil constitutionnel, même si les filtrages ne se sont pas, positivement ou négativement, opérés toujours de manière satisfaisante.

Nombre de données complémentaires ont suscité des hésitations généralement considérées dans le sens d'une conception extensive de la compétence du Conseil constitutionnel, notamment quant à la considération des interprétations jurisprudentielles des lois [3], quant à la modulation dans le temps des décisions du Conseil constitutionnel [4], quant au mariage homosexuel et à la garde à vue [5]. Cela va souvent de pair avec une compréhension insuffisante du droit privé et marque un mouvement probablement irréversible dans le sens du gouvernement des juges [6]. En l'état du droit positif français, on en arrive à penser que, si le Conseil constitutionnel est devenu une Cour constitutionnelle, il n'est pas devenu une Cour suprême, notamment à l'américaine [7].

§ 2. Les traités et accords internationaux

259 ***Droit international et droit interne. Le jus cogens*** ◊ On ne reviendra pas ici sur la distinction du droit international, public ou privé, et du droit interne (*supra*, n° 99). Ce qu'il importe présentement d'observer, c'est que, dans la hiérarchie des normes, une place est reconnue aux traités et accords internationaux : au-dessous de la Constitution, à laquelle ils ne doivent pas être contraires ; au-dessus des lois, qui doivent leur être conformes.

---

1. CJUE 22 juin 2010, *LPA* 24 sept. 2010, p. 5 s, note M. Hauser, *D.* 2010. Chron. 1640, note F. Donna. Comp. Cass. ass. plén., 29 juin 2010, *LPA* 15 au 20 août 2010, note F. Chaltiel, *JCP* 2010. Act. 704, Obs. B. Mathieu, Étude n° 930, par H. Croze.

2. V. F.Boucart, *La question prioritaire de constitutionnalité et les cours suprêmes, une partie de billard à trois bandes ?* D. 2010, Libres propos, n° 804 ; P. Cassia, *D.* 2010. 1636 ; V. Kirsey et H. Portelli, *Droits fondamentaux : du bon usage de la guerre des juges par le justiciable, JCP 2010,* chron., n° 7996- V. aussi : *La question prioritaire de constitutionnalité, Premier bilan et prospective, JCP 2010,* suppl. au n° 48 (29 nov. 2010) ; Un an de QPC, 5 mai 2011, n° spéc., dir. F. Chaltiel.

3. Ce qui signifie que le filtrage d'une QPC doit s'exercer sur le texte tel qu'il est interprété par la jurisprudence (P. Deumier, obs. *RTD civ.* 2010. 499 et 504, 2011. 90 ; V. aussi B. Mathieu, *La question de l'interprétation de la loi au cœur de la QPC. ?* JCP 2010, Libres Propos, n° 107) ; N. Molfessis, La jurisprudence supraconstitutionnelle, *JCP* 2010. Étude n° 1039.

4. V. les obs. de P. Puig, *RTD civ.* 2010. 517.

5. V. les obs. de P. Puig, *RTD civ.* 2010. 513.

6. V. not. D. de Béchillon, *Remettre en cause la chose jugée en application d'une loi constitutionnelle, JCP* 2010, Libres propos, n° 237-v. aussi sur l'application des lois dans le temps spécialement, loi « anti-perruche », Cons. const. 11 févr. 2010, *D.* 2010. 1976 s., note D. Vigneau, 2086, note J. Sainte-Rose et Ph. Pédrot.

7. V. M. Guillaume, Avec la QPC, le Conseil constitutionnel est-il devenu une Cour suprême ? *JCP* 2012. Chron., n° 722.

Cette place dans la hiérarchie appelle une observation liminaire. D'une part, il n'est pas exclu que, dans l'ordre international des sources du droit, on reconnaisse l'existence d'une autre hiérarchie dans la mesure où l'on y reconnaît l'existence d'un *jus cogens* : il s'agit ou il s'agirait de normes impératives du droit international auxquelles aucune dérogation ne serait permise et dont la violation, à l'occasion de la conclusion de traités ou d'accords internationaux, entraînerait la nullité de ceux-ci [1]. Il y aurait en quelque sorte une limitation de la liberté conventionnelle des États rappelant ce qu'est en droit interne l'ordre public.

Relèveraient du *jus cogens* nombre de normes inhérentes à la protection des droits de l'homme – si tant est qu'elles n'aient pas déjà été inscrites dans des déclarations, conventions ou traités internationaux – ou encore la maxime *pacta sunt servanda*, qui ne saurait être écartée du droit régissant les traités. On observera que deux hiérarchies, l'une internationale, l'autre interne, appelleraient une articulation si l'existence du *jus cogens* était bien reconnue : on serait alors porté à considérer que la Constitution de chaque État devrait respecter les règles le composant [2].

A. L'insertion

260 ***L'insertion des traités et accords internationaux dans l'ordre interne*** ◊ La Constitution organise l'insertion des traités et accords internationaux dans l'ordre interne. Son article 53 dispose, en effet, que « les traités de paix, les traités de commerce, les traités ou accords relatifs à l'organisation internationale, ceux qui engagent les finances de l'État, ceux qui modifient des dispositions de nature législative, ceux qui sont relatifs à l'état des personnes, ceux qui comportent cession, échange ou adjonction de territoire, ne peuvent être ratifiés ou approuvés qu'en vertu d'une loi » (al. 1er). « Ils ne prennent effet qu'après avoir été ratifiés ou approuvés » (al. 2).

La ratification est donc subordonnée à une approbation ou à une autorisation par voie législative [3]. Les traités ou accords relevant du domaine défini à l'article 53 précité et dont la ratification ou l'approbation sont intervenues sans autorisation législative ne peuvent être considérés comme régulièrement ratifiés et ne sont donc pas applicables [4]. Cela ne signifie pas que le Conseil d'État ou la Cour de cassation soient juges de la constitutionnalité du traité ou de l'accord. Cela veut dire seulement que ceux-ci ne doivent pas être appliqués.

---

1. M. Virally, Réflexions sur le « jus cogens », in *Le Droit international en devenir*, Essais écrits au fil des ans, 1990, p. 147 s.
2. V. M. Delmas-Marty, Le rôle du droit dans l'émergence d'une communauté mondiale de valeurs, *in Regards sur le droit*, éd. Dalloz, 2010, p. 335.
3. Sur l'interprétation du domaine de ce texte par le gouvernement, jugée parfois trop restrictive, v. E. Zoller, Droit des relations extérieures, 1992, n° 210.
4. CE Ass. 18 déc. 1998, *JDI* 1999. 745, *LPA* 23 mai 2000, p. 6, note G. Béquain ; 23 févr. 2000, *D.* 2000. IR 145 ; Civ. 1re, 29 mai 2001, *RTD civ.* 2001. 706, obs. R. Libchaber.

261 ***Applicabilité et application*** ◊ Avant même de décrire l'application de la règle issue du traité ou de l'accord international, l'on doit se prononcer sur son applicabilité, sans autre texte complémentaire. On se demande alors si le texte est d'application directe ou indirecte. Dans un premier temps de la réflexion, on doit s'interroger en théorie du droit international sur le point de savoir si la vision retenue par le système est *dualiste* ou *moniste*. Si l'on considère, dans la conception *dualiste* adoptée au Royaume-Uni ou en Italie, que les ordres juridiques national et international sont étanches, la règle internationale n'est jamais directement applicable, cette application étant subordonnée à un processus de réception qui ne se confond pas avec la seule ratification. À l'inverse, dans le système *moniste* (France, Espagne, États-Unis), la norme décidée s'intègre toujours dans le droit interne, dès lors que le traité ou l'accord a été ratifié. C'est ce que l'on appelle le « caractère auto-exécutoire des traités » [1].

Il n'en demeure pas moins que l'application directe est écartée lorsque, par exemple, les États « s'engagent à reconnaître ou à respecter les droits énoncés » par le traité ou encore « à prendre toutes mesures nécessaires à la mise en œuvre des droits individuels ». Il peut en aller de même si certaines dispositions du texte sont ambiguës, ce qui a conduit la Cour de cassation à considérer, dans un premier temps, que la Convention des Nations Unies relative aux droits de l'enfant, du 26 janvier 1990, n'était pas, dans son ensemble, directement applicable en droit français [2]. Mais, ultérieurement, elle est revenue sur sa position et a, au sujet de cette Convention, admis l'application directe de dispositions qu'elle n'avait pas jugées telles douze ans plus tôt [3].

262 ***La primauté de la Constitution sur le traité ou l'accord international*** ◊ La primauté de la Constitution sur le traité ou l'accord international se manifeste par les dispositions mêmes des articles 52 et suivants, qui les régissent. D'ailleurs, il est prévu, à l'article 53, alinéa 3, que « nulle cession, nul échange, nulle adjonction de territoire n'est valable sans le consentement des populations intéressées ». – Sur la place du droit communautaire, v. *infra*, n°s 304 s.

---

1. Ex. : la Convention européenne des droits de l'homme : Civ. 1re, 15 nov. 1989, *JDI* 1990. 611, note Julien Laferrière ; CE 30 juin 1999, *D.* 2000. 2, note F. Boulanger.

2. Civ. 1re, 10 mars 1993, *Bull. civ.* I, n° 103, *D.* 1993. 361, note J. Massip, *Rev. crit. DIP* 1993. 449, note P. Lagarde ; 2 juin 1993, *D.* 1993. IR 153, *JDI* 1994. 991, note A. Sinay-Cytermann. – Le Conseil d'État, plus nuancé, a retenu, à ce même sujet, un système d'« applicabilité sélective » en considérant certaines dispositions de la Convention comme étant d'application directe : CE 22 sept. 1997, *D.* 1998. Somm. 298, note Desnoyer, *JCP* 1999, II, 10052, note Gouttenoire-Cornut ; Comp. Civ. 1re, 8 et 22 nov. 2005, *Rev. crit. DIP* 2005. 679, note D. Bureau, *D.* 2006. 554, note F. Boulanger.

3. Civ. 1re, 18 mai 2005, *D.* 2005. IR 1654, *D.* 2005. 1909, note V. Egéa, *Dr. fam.* 2005, comm. 156, note A. Gouttenoire, *JCP* 2005, II, 10081, obs. F. Granet-Lambrechts et Y. Stricker ; 14 juin 2005, *D.* 2005. IR 1731, *RTD civ.* 2005. 556 et 750, obs. R. Encinas de Munagorri.

263 ***Le respect de la primauté*** ◊ La suprématie conférée aux engagements internationaux sur les lois « ne s'applique pas, dans l'ordre interne, aux dispositions de nature constitutionnelle » [1]. S'il advenait qu'une loi portant ratification ou approbation d'un traité ou accord international viole directement l'article 55 et que celle-ci soit soumise au contrôle du Conseil constitutionnel, celui-ci la déclarerait contraire à la Constitution [2]. Il pourrait en être ainsi d'une loi portant approbation d'un traité excluant expressément l'exigence de réciprocité. Il se peut aussi qu'à travers la loi autorisant la ratification d'un traité le Conseil constitutionnel contrôle le traité lui-même, donc sa conformité à la Constitution.

Mais la Constitution prévoit expressément une démarche préventive : « Si le Conseil constitutionnel, saisi par le président de la République, par le Premier Ministre, par le président de l'une ou l'autre assemblée, ou par soixante députés ou soixante sénateurs, a déclaré qu'un engagement international comporte une clause contraire à la Constitution, l'autorisation de ratifier ou d'approuver l'engagement international en cause ne peut intervenir qu'après la révision de la Constitution » (art. 54). Il reste alors aux autorités compétentes le choix entre la révision constitutionnelle, l'abandon du traité (ou de l'accord) ou sa renégociation.

B. La conformité

264 ***Conformité des lois aux traités et accords internationaux*** ◊ La supériorité des traités sur les lois internes avait été affirmée à l'article 28 de la Constitution du 27 octobre 1946 : « Les traités diplomatiques régulièrement ratifiés et publiés ayant une autorité supérieure à celle des lois internes, leurs dispositions ne peuvent être abrogées, modifiées ou suspendues qu'à la suite d'une dénonciation régulière, notifiée par la voie diplomatique... ». Dans la Constitution du 4 octobre 1958, la supériorité des traités sur les lois internes est formulée sous condition de réciprocité : « Les traités ou accords régulièrement ratifiés ou approuvés ont, dès leur publication, une autorité supérieure à celle des lois, sous réserve, pour chaque accord ou traité, de son application par l'autre partie » (art. 55).

Comparée à la précédente, cette nouvelle rédaction appelle diverses remarques. Ainsi, bien que cette restriction ne soit pas formulée, on ne peut exclure l'éventualité d'une dénonciation du traité ou de l'accord, opérée suivant les cas en vertu d'une clause conventionnelle, d'une cause de caducité ou d'une répudiation fondée sur des motifs politiques, ce qui est de nature à créer une situation de fait génératrice d'une responsabilité internationale [3].

---

1. CE 30 oct. 1998, Sarran, Levacher et autres, *D.* 2000. 152, note E. Aubin, *RD publ.* 1999. 919, note J.-F. Flauss, *RTD civ.* 1999. 232, obs. N. Molfessis ; Ass. plén. 2 juin 2000, *RTD civ.* 2000. 672, obs. R. Libchaber, *JCP* 2000. 1109, Grands arrêts n° 1 ; v. Léna Gannagé, La hiérarchie des normes et les méthodes du droit international privé, thèse Paris II, éd. 2001, n°s 123 s., p. 81 s.
2. Déc. 3 sept. 1986, Rec. p. 135.
3. J. Basdevant, Dictionnaire de la terminologie du droit international, Paris, 1960, p. 204.

L'emprise du droit constitutionnel sur le droit international se manifeste aussi à travers le Préambule de la Constitution de 1958, lequel renvoie à celui de la Constitution de 1946. Or celui-ci dispose notamment que, « sous réserve de réciprocité, la France consent aux limitations de souveraineté nécessaires à l'organisation et à la défense de la paix ».

De cette formule, rapprochée de l'article 3, alinéa 1er, de la Constitution de 1958, aux termes duquel « la souveraineté nationale appartient au peuple qui l'exerce par ses représentants et par la voie du référendum » [1], il découle clairement que la Constitution met obstacle à des transferts de souveraineté par voie de traité ou d'accord international. Ainsi que l'a décidé le Conseil constitutionnel, le 30 décembre 1976, « si le Préambule de la Constitution de 1946, confirmé par celui de la Constitution de 1958, dispose que, sous réserve de réciprocité, la France consent aux limitations de souveraineté nécessaires à l'organisation et à la défense de la paix, aucune disposition de nature constitutionnelle n'autorise des transferts de tout ou partie de la souveraineté nationale à quelque organisation internationale que ce soit » [2] (V. cep., au sujet des Communautés européennes et de l'Union européenne, *infra*, n° 309).

265 ***La condition de réciprocité*** ◇ La primauté du traité sur la loi n'est affirmée dans la Constitution que sous condition de réciprocité de son application [3]. Bien qu'il soit fait état, à l'article 55 de la Constitution, de « l'application par l'autre partie », ce qui correspond à l'existence d'un accord bilatéral, la disposition est, en tous ses éléments, applicable aux traités multilatéraux.

La condition de réciprocité, si importante soit-elle, n'est pas une condition de la conformité de ces lois à la Constitution [4]. Mais elle conditionne la légalité du traité et son application en droit interne [5]. Encore faut-il se prononcer sur l'existence ou l'absence de cette réciprocité. Il existe à ce sujet une divergence de jurisprudence. La Cour de cassation refuse aux juges judiciaires la faculté d'interroger le Gouvernement et, à plus forte raison d'apprécier eux-mêmes la condition de réciprocité ; faute d'initiative gouvernementale tendant à dénoncer une convention ou en sus-

1. V. aussi l'art. 3, al. 1er, de la Constitution du 27 octobre 1946.
2. JO 31 déc. 1976 ; v. aussi P. Gaïa, Le Conseil constitutionnel et l'insertion des engagements internationaux dans l'ordre juridique interne, Paris 1991. – Rappr. aussi, dans le sens de la supériorité de la Constitution sur les traités, CE 30 oct. 1998, *D.* 2000. 152, note E. Aubin, et, surtout, Ass. plén. 2 juin 2000, préc.
3. P. Lagarde, La condition de réciprocité dans l'application des traités internationaux : son appréciation par le juge interne, *Rev. crit. DIP* 1975. 39 s. ; v. aussi concl. J.-F. Théry, sous CE 29 mai 1981, Rekhou, *RD publ.* 1981. 1707, *D.* 1981. IR 530, obs. P. Delvolvé.
4. Cons. const. 30 déc. 1980, *Rec. Cons. const.* 53, *RD publ.* 1981. 127, comm. L. Philip.
5. CE Ass. 29 mai 1981, Rekhou, *AJDA* 1981. 485, obs. Tiberghien et Lasserre, *Rev. crit. DIP* 1982. 78, note P. Lagarde.

pendre l'application, cette convention doit être appliquée par le juge [1]. À l'inverse en cas de dénonciation, cette décision s'impose aux juges [2].

Du côté du Conseil d'État, le recours à une interprétation émanant du Ministère des Affaires étrangères a été longtemps considéré comme la démarche normale sans qu'un pareil renvoi relève d'une exigence d'ordre public [3]. Ce qui, présentement, fait à ce sujet problème, concernant ce renvoi préjudiciel, c'est la portée obligatoire de la réponse émanant du ministère des Affaires étrangères. Voilà pourquoi la CEDH a condamné cette démarche non pas parce que, en l'occurrence, le Conseil d'État avait consulté le ministre, mais parce que le Conseil d'État s'obligeait « à suivre obligatoirement l'avis du ministre, c'est-à-dire d'une autorité qui lui est extérieure et qui se trouve en outre relever du pouvoir exécutif, sans soumettre cet avis à la critique ni à un débat contradictoire », ce qui était contraire à l'article 6-1 de la Convention EDH [4] (v. *infra*, n° 763). Pour se conformer à la position de la CEDH, on en vient à penser que le Conseil d'État, puisqu'il continue de solliciter l'interprétation gouvernementale, devrait soumettre celle-ci à une discussion contradictoire.

266 ***La primauté du traité ou de l'accord international sur la loi*** ◊ Cette primauté, découlant de l'article 55 de la Constitution, ne bénéficie qu'au traité ou à l'accord international. Par un arrêt important rendu le 6 juin 1997, le Conseil d'État a décidé que « ni cet article ni aucune autre disposition de valeur constitutionnelle ne prescrivent ni n'impliquent que le juge administratif fasse prévaloir la coutume internationale sur la loi en cas de conflit entre ces deux normes » [5]. Cette solution s'accorde avec une logique du droit international qui, en ce sens, est allergique à une hiérarchie des normes. Et l'on peut dans cette perspective se borner à considérer que, dans l'articulation des systèmes, l'article 55 de la Constitution de 1958 n'accorde une primauté sur la loi interne qu'au traité ou à l'accord international et non à la coutume internationale. Au demeurant la formulation retenue par le Conseil d'État n'exclut pas, en elle-même, l'applicabilité de la coutume internationale en droit interne [6]. – Sur l'éventuelle soumission d'une coutume interne à un traité ou à un accord international, v. *infra*, n° 396.

---

1. Civ. 1re, 16 févr. 1994, Rev. crit. 1995. 51, note P. Lagarde.
2. Civ. 1re, 23 mars 1994, Rev. crit. 1995. 51, note P. Lagarde. – V. Grands arrêts DIP, par B. Ancel et Y. Lequette, 5e éd. 2006, spéc. p. 716 ; Sophie Lemaire, Le juge judiciaire et le contrôle de la réciprocité dans l'application des traités internationaux, *D.* 2007. Chron. 2322 s.
3. CE 22 janv. 1963, Costa, Rec. p. 47, *AJDA* 1963. 285, note A. Homont.
4. CEDH 13 fév. 2003, Chevrol c/ Fance, AJDA 3 nov. 2003, p. 1985, note T. Rambaud, *D.* 2003. 931, note H. Moutouh, *RTD civ.* 2003. 572, obs. R. Libchaber.
5. Arrêt Aquarone, Rec. p. 439, *JCP* 1997, II, 22945, note G. Teboul, *LPA*, 6 févr. 1998, p. 18 s., obs. P. M. Martin, *AJDA* 1997. 570 s.
6. P. M. Martin, obs. préc. – V. aussi S. Sur, La coutume internationale, sa vie, son œuvre, Rev. Droits, n° 3-1986, p. 111 s.

La primauté reconnue au traité ou à l'accord international met obstacle à ce qu'une loi leur soit contraire. Comment et dans quelle mesure s'opère le contrôle de la conformité de la loi au traité ou à l'accord ? Quel est le contenu des règles résultant des traités et accords internationaux ?

267 ***L'absence de contrôle du Conseil constitutionnel ?*** ◊ Sous réserve du contrôle préalable découlant des articles 53 et 54 de la Constitution (*supra*, n° 260), le Conseil constitutionnel contrôle-t-il la conformité d'une loi aux traités ou accords internationaux liant la France ? À travers le respect de la Constitution, qu'il lui incombe d'assurer, fait-il respecter ces engagements par le législateur ?

La question a été posée lors de la réforme opérée par la loi Veil, du 17 janvier 1975, sur l'interruption volontaire de la grossesse. À l'appui d'un recours devant le Conseil constitutionnel, il avait été notamment soutenu que le texte contesté était contraire à l'article 2 de la Convention européenne de sauvegarde des droits de l'homme et des libertés fondamentales, ratifiée par la France en 1974 et dont l'article 2 dispose notamment que « le droit de toute personne à la vie est protégé par la loi ».

Or, pour rejeter ce recours, par sa décision du 15 janvier 1975 [1], le Conseil constitutionnel a notamment considéré que, si les dispositions de l'article 55 de la Constitution « confèrent aux traités, dans les conditions qu'elles définissent, une autorité supérieure à celle des lois, elles ne prescrivent ni n'impliquent que le respect de ce principe doive être assuré dans le cadre du contrôle de la conformité des lois à la Constitution prévu à l'article 61 de celle-ci ».

Ainsi, le Conseil constitutionnel ne s'est pas reconnu le pouvoir de contrôler la conformité des lois aux traités. Il a considéré, « en effet, que les décisions prises en application de l'article 61 de la Constitution revêtent un caractère absolu et définitif, ainsi qu'il résulte de l'article 62 qui fait obstacle à la promulgation et à la mise en application de toute disposition déclarée inconstitutionnelle ; qu'au contraire, la supériorité des traités sur les lois, dont le principe est posé à l'article 55 précité, présente un caractère à la fois relatif et contingent, tenant, d'une part, à ce qu'elle est limitée au champ d'application du traité et, d'autre part, à ce qu'elle est subordonnée à une condition de réciprocité dont la réalisation peut varier selon le comportement du ou des États signataires du traité et le moment où doit s'apprécier le respect de cette condition » [2].

La position adoptée par le Conseil constitutionnel évite d'étendre de manière exagérée le domaine du bloc de constitutionnalité soumis au

---

1. Cons. const. 15 janv. 1975, *D.* 1975. 529, note L. Hamon, *AJDA* 1975. 134, note J. Rivero, *GDCC* n° 22.

2. Déc. 15 janv. 1975, préc. ; v. aussi Cons. const. 20 juill. 1977, Rec. p. 39 ; 18 janv. 1978, Rec. p. 21. – Le Conseil constitutionnel s'est cependant reconnu compétent, mais en tant qu'il est juge de la régularité de l'élection des députés et des sénateurs (Const. art. 59), pour contrôler la conformité de la loi électorale du 11 juill. 1986 au protocole n° 1 additionnel à la Convention européenne des droits de l'homme (Cons. const. 21 oct. 1988, *D.* 1989. 285, note F. Luchaire).

contrôle du Conseil constitutionnel en y incluant l'ensemble des traités ou accords internationaux ratifiés ou approuvés, quels qu'en soient le contenu et la portée. Appelé à se prononcer, avant sa promulgation, sur la constitutionnalité de la loi du 31 mars 2006 pour l'égalité des chances, sur le grief de la violation de la convention internationale du travail n° 158 et de la Charte sociale européenne, le Conseil constitutionnel a de nouveau rappelé qu'il ne lui appartient pas, « lorsqu'il est saisi en application de l'article 61 de la Constitution, d'examiner la conformité d'une loi aux stipulations d'un traité ou d'un accord international » [1].

268 ***Le contrôle par le juge*** ◊ La primauté des traités ou des accords internationaux sur les lois n'est donc pas contrôlée par le Conseil constitutionnel (v. *supra*, n° 267). À plus forte raison, on penserait nier, de prime abord, semblable pouvoir aux tribunaux de l'ordre judiciaire ou de l'ordre administratif.

D'emblée, il faut observer que le problème n'a guère, dans le passé, suscité de difficulté sérieuse lorsqu'il s'est agi de la conformité entre *un traité ou un accord international et une loi antérieure*. On a considéré, par application de la maxime *lex posterior priori derogat*, que le traité postérieur l'emporte sur la loi antérieure soit parce qu'il a pour effet de l'abroger – expressément ou implicitement –, soit parce qu'il rend celle-ci inapplicable [2]. Toujours est-il que la primauté du traité sur la loi, alors inhérente à la précession des normes et aux maximes d'interprétation (*infra*, n° 555), a été consacrée sans sérieuse difficulté [3].

On ne saurait raisonner de la même manière lorsqu'il s'agit d'une loi *postérieure à un traité ou à un accord international*. Sans doute n'est-il pas exclu que le problème de leur coexistence puisse se présenter en termes de coordination des normes considérées. Et il est alors très logique et très satisfaisant de s'en tenir à ce que l'on appelle encore la « doctrine Matter » et à interpréter la loi nouvelle comme une loi réservant l'application des traités antérieurs [4]. On en déduit que, s'il est nécessaire de tenir compte d'un concours entre un traité et une loi, celle-ci s'applique lorsqu'elle n'est pas en opposition avec le traité.

Reste que le problème essentiel, d'une autre nature, se pose en cas de *contrariété* entre les dispositions du traité ou de l'accord et une loi postérieure. Et il s'agit de savoir si le juge est habilité à écarter l'application d'une loi si elle est contraire à un traité ou à un accord international antérieur. Le juge ne peut plus alors éluder la question en raisonnant exclusivement

1. JO 2 avril 2006, p. 4967. – V. cep., dans la même décision, l'avancée du Conseil constitutionnel au sujet des lois de transposition des directives communautaires, infra, n° 306.

2. Sur la distinction des deux mécanismes, v. P. Frydman, concl. sur CE 20 oct. 1989, 2 arrêts, Nicolo, Roujansky, *JCP* 1989, II, 21371, *GAJA*, 17e éd. 2009, n° 93.

3. CE 7 juill. 1978, Klaus Croissant, Rec. p. 292 ; 15 févr. 1980, Gabor Winter, Rec. p. 87 ; 22 janv. 1982, Conseil régional de Paris de l'Ordre des experts-comptables, Rec. p. 28.

4. V., précisément, les concl. du Proc. gén. Matter, sous Civ. 22 déc. 1931, DP 1932, 1, 113, note Trasbot, S. 1932, 1, 257, note Niboyet.

en termes de coordination des normes ; il lui faut raisonner, dans le cas qui lui est soumis, en termes de hiérarchie des normes, en appréciant la validité de l'une (la loi) par rapport à l'existence de l'autre (le traité ou l'accord international).

269 ***Quelle hiérarchie ?*** ◊ Reconnaître semblable pouvoir au juge, à l'occasion d'un procès déterminé, c'est lui permettre de se prononcer sur la validité d'une loi, ce dont ne se cachent pas les partisans de cette thèse [1]. Et l'on a précisément avancé, à l'appui de cette opinion, que l'article 55 de la Constitution « comporte nécessairement, par lui-même, une habilitation donnée implicitement aux juges à l'effet de contrôler la conformité des lois aux traités » [2].

Cette interprétation des plus divinatoires de l'article 55 de la Constitution porte en elle-même les signes d'un bouleversement de la place des institutions et de la hiérarchie des normes. Il est tout d'abord pour le moins singulier que les tribunaux de l'ordre judiciaire ou de l'ordre administratif se reconnaissent alors un pouvoir que le Conseil constitutionnel, lequel sait faire preuve d'audace, ne s'est pas reconnu à lui-même ; et il ne suffit pas, pour écarter l'argument, d'objecter que le Conseil constitutionnel se prononce de manière abstraite sur la constitutionnalité d'une loi, tandis qu'un tribunal ne se prononcerait que par voie d'exception, au sujet d'un cas concret ; sa décision, relayée au sommet de chaque ordre de juridiction, est dotée d'un retentissement équivalent.

À vrai dire, là n'est pas nécessairement l'objection essentielle, trop comparative. Car il suffirait que le Conseil constitutionnel entende plus largement ses pouvoirs pour qu'elle disparaisse. Plus perturbateur est le fait qu'en reconnaissant au juge le pouvoir d'écarter l'application d'une loi au motif qu'elle est contraire à un traité ou à un accord international, on soumet le législatif au contrôle du judiciaire, contrairement à notre tradition de séparation des autorités administrative et judiciaire, issue de la loi des 16-24 août 1790, d'où résulte l'interdiction pour les juges de faire obstacle à l'application des lois [3].

Rien d'étonnant si, à cette occasion, on s'est exprimé sans hésitation en affirmant que « la loi n'est certainement plus, aujourd'hui, la norme "sacrée" qu'elle était traditionnellement aux yeux des juges. La profonde remise en cause de sa suprématie sous la Vᵉ République, dont la mise en place effective d'un contrôle de constitutionnalité n'est d'ailleurs évidemment pas le moindre facteur, ne peut en effet rester sans conséquence du point de vue des juridictions ordinaires chargées de l'appliquer » [4]. À quoi il est facile d'objecter que la remise en cause de la suprématie de la loi par la Constitution de la Vᵉ République était destinée à accroître les pouvoirs

1. V. les concl. de M. Frydman, préc.
2. M. Frydman, concl. préc.
3. V. Jean Foyer, La Justice : histoire d'un pouvoir refusé, *Rev. Pouvoirs*, n° 16-1981, p. 27.
4. M. Frydman, concl. préc.

de l'exécutif et non ceux du judiciaire [1]. Quant aux extensions du pouvoir judiciaire, elles n'ont relevé les unes et les autres, dans la perspective considérée, que de l'autojustification.

270 ***Les solutions jurisprudentielles*** ◊ En dépit de ces objections, la jurisprudence a reconnu aux juridictions le pouvoir d'écarter l'application des lois contraires à des traités ou à des accords antérieurement conclus ou approuvés. Cette position a été adoptée successivement par la Cour de cassation et par le Conseil d'État.

271 ***La Cour de cassation*** ◊ Par un célèbre arrêt de Chambre mixte rendu le 24 mai 1975, dans l'affaire *Administration des Douanes contre Société Café Jacques Vabre*, la Cour de cassation a décidé de faire prévaloir le traité de Rome sur une loi postérieure contraire [2]. La Cour de cassation a décidé, en l'espèce, « que le traité du 25 mars 1957, qui, en vertu de l'article 55 de la Constitution, a une autorité supérieure à celle des lois, institue un ordre juridique propre, intégré à celui des États membres ; qu'en raison de cette spécificité, l'ordre juridique qu'il a créé est directement applicable aux ressortissants de ces États et s'impose à leurs juridictions ». On reviendra sur la portée de cette insertion de l'« ordre juridique communautaire » (*infra*, n°s 308 s.). Contentons-nous ici d'observer qu'en dépit de formules plus ou moins lénitives utilisées à l'époque [3], l'arrêt *Café Jacques Vabre*, relatif à un *conflit* entre une loi interne - l'article 265 du Code des douanes - et un traité, en faisant prévaloir, par application de l'article 55 de la Constitution, le traité sur une loi postérieure, opérait - fût-ce de manière indirecte ou médiate - un contrôle de constitutionnalité [4].

272 ***Le Conseil d'État*** ◊ Pendant assez longtemps, le Conseil d'État adopta la solution contraire [5]. Mais, par un célèbre arrêt *Nicolo*, rendu le 20 octobre 1989, il a opéré un revirement spectaculaire, surtout si l'on rapproche les termes de l'arrêt des conclusions du commissaire du gouvernement [6] : pour

---

1. P. Durand, La décadence de la loi dans la Constitution de la Ve République, *JCP* 1959, I, 1470.
2. Cass. ch. mixte 24 mai 1975, *D.* 1975. 497, concl. Touffait, *JCP* 1975, II, 18180 bis, concl. Touffait, Cah. dr. eur. 1975, p. 651 s., note Kovar, Grands arrêts DIP n° 56, *Rev. crit. DIP* 1975. 347, note J. Foyer et D. Holleaux ; F.J. Jeantet, La Cour de Cassation et l'ordre juridique communautaire, *JCP* 1975, I, 2743 ; M. Renard, L'interprétation de l'article 55 de la Constitution par les tribunaux judiciaires dans l'application des traités internationaux, Trav. du Comité franç. de droit intern. privé 1975-1977, p. 145 s.
3. V. les concl. du Proc. gén. Touffait.
4. V., depuis lors, dans le même sens, Crim. 5 déc. 1983, *Bull. crim.* n° 352 ; Civ. 1re, 4 juin 1985, *Bull. civ.* I, n° 178 ; 30 oct. 1985, *Bull. civ.* I, n° 278 ; Com. 24 juin 1986, *Bull. civ.* IV, n° 134 ; 5 mai 1987, *Bull. civ.* IV, n° 109 ; Crim. 3 juin 1988, *Bull. crim.* n° 246.
5. CE 1er mars 1968, Syndicat général des fabricants de semoule de France, Rec. p. 149, *D.* 1968. 285, note Lagrange, *AJDA* 1968. 235, concl. Questiaux ; 19 avr. 1968, Heidau, Rec. p. 243 ; 22 oct. 1979, Union démocratique du travail, Rec. p. 383 ; Élection des représentants à l'Assemblée des Communautés européennes, Rec. p. 385 ; 23 nov. 1984, Roujansky et autres, Rec. p. 383.
6. JCP 1989, II, 21371, concl. Frydman, *D.* 1990. 135, note Sabourin, Grands arrêts DIP n° 56, *GAJA* n° 93 ; H. Calvet, Le Conseil d'État et l'article 55 de la Constitution : une solitude

se prononcer sur les dispositions de l'article 4 de la loi du 7 juillet 1977 relative à l'élection des représentants à l'Assemblée des Communautés européennes, le Conseil d'État a examiné, ainsi que cela lui était demandé, dans quelle mesure ces dispositions étaient conformes au traité de Rome, en date du 25 mars 1957, instituant la Communauté économique européenne. Et il a considéré, pour rejeter la requête, « qu'aux termes de l'article 227-1 du traité en date du 25 mars 1957... le présent traité s'applique... à la République française ; que les règles ci-dessus rappelées, définies par la loi du 7 juillet 1977, ne sont pas incompatibles avec les stipulations claires de l'article 227-1 précité du traité de Rome... ». Implicitement, il en résulte que, si elles avaient été contraires à cet article 227-1, le Conseil d'État en aurait écarté l'application. Et c'est bien ainsi que sa décision a été accueillie.

273 ***Appréciation*** ◊ La primauté reconnue au traité ou à l'accord international sur la loi interne n'a d'ailleurs pas été affirmée seulement au sujet des lois *postérieures* à ces engagements internationaux. Elle a aussi été rappelée au sujet de lois *antérieures* à ceux-ci, ce qui accentue la portée du principe [1].

Compte tenu de la manière suivant laquelle la Cour de cassation et le Conseil d'État exercent leurs pouvoirs, on ne peut manquer de s'interroger sur le fait que le traité ou l'accord international est mieux protégé par le juge - judiciaire ou administratif - que par le Conseil constitutionnel contre les atteintes qui pourraient leur être portées par la loi, et cela néanmoins en vertu de l'article 55 de la Constitution. C'est précisément ce qui pouvait donner à penser - opinion il est vrai hétérodoxe - qu'en l'absence même de toute réforme constitutionnelle (*supra*, n° 121), l'exception d'inconstitutionnalité pourrait être admise un jour ou l'autre par les tribunaux. De toute façon, en l'état de la jurisprudence, il n'appartient pas aux tribunaux, en se fondant sur l'article 55 de la Constitution, de retenir une absence de réciprocité pour mettre obstacle à l'application d'un traité ou d'un accord international [2].

C. Le contenu

274 ***Contenu des règles résultant des traités et accords internationaux*** ◊ Les règles découlant des traités sont très diverses, ce que manifeste leur grande variabilité suivant leur objet, leurs modalités d'exécution, l'époque de leur conclusion, leur aire d'application. Deux classifications appellent ici des observations complémentaires.

---

révolue, *JCP* 1990, I, 3429 ; R. Kovar, Le Conseil d'État et le droit communautaire : de l'état de guerre à la paix armée (à propos de l'arrêt du 20 oct. 1989, Nicolo), *D.* 1990. Chron. 57 ; J. Dehaussy, La supériorité des normes internationales sur les normes internes : à propos de l'arrêt du Conseil d'État du 20 oct. 1989, Nicolo, *JDI* 1990. 5 ; v. aussi, dix ans plus tard, CE 3 déc. 1999, AOMSL, *D.* 2000. 17, *RTD civ.* 2000. 194, obs. R. Libchaber.

1. Soc. 14 janv. 1987, *Bull. civ.* V, n° 19 ; 16 févr. 1987, *Bull. civ.* V, n° 77.
2. Civ. 1re, 6 mars 1984, *Bull. civ.* I, n° 85 ; 15 nov. 1989, *Bull. civ.* I, n° 346.

On distingue, d'un point de vue *matériel*, deux catégories : les *traités-contrats*, qui tendent à réaliser entre États des opérations juridiques (ex. traités d'alliance, traités de commerce, etc.) et ont vocation à entraîner des prestations réciproques à la charge des États contractants ; les *traités-lois* ou *traités normatifs*, qui ont pour objet de poser des règles de droit du fait du contenu identique de la volonté des signataires. Lorsque l'on envisage les sources du droit objectif, ce sont, ici, les traités-lois qui doivent essentiellement retenir l'attention.

Mais il convient aussi de tenir compte d'une distinction d'ordre formel, entre les traités *bilatéraux*, n'intervenant qu'entre deux États, et les *traités multilatéraux* ou *collectifs*, conclus entre un plus ou moins grand nombre d'États.

Les traités multilatéraux ou collectifs - ou encore les « unions » - tendent à établir des règles de valeur générale, voire universelle. Ces règles peuvent avoir seulement pour objet d'apporter des solutions aux conflits de lois qui se produisent lorsqu'une même situation juridique comporte des éléments pouvant se rattacher à des droits différents (ex., en cas d'accident, lorsqu'une faute a été commise dans un État et que le dommage est subi dans un autre État). - V. *infra*, n° 506.

L'ambition est plus grande lorsque les traités tendent à supprimer de tels conflits par l'unification des règles applicables dans une matière déterminée, par exemple en matière d'effets de commerce (conventions de 1930 et de 1931) ; il se peut d'ailleurs que les règles unifiées ne concernent que les rapports internationaux.

275 ***Règles et juridictions internationales*** ◊ Les règles découlant des traités ou accords internationaux ne sont pas nécessairement appelées à n'être appliquées et interprétées que par les juridictions françaises, relevant de l'ordre juridique interne.

Il n'est pas exclu que des juridictions internationales remplissent ce rôle en sanctionnant la violation du droit international. Et il arrive qu'à cette occasion des solutions jurisprudentielles contribuent à la formation du droit.

Ainsi doit-on signaler l'intervention de la Cour permanente de justice internationale, devenue après la Seconde Guerre mondiale la Cour internationale de Justice. Ses décisions ont intéressé non seulement les rapports entre États, mais aussi, en diverses circonstances, la situation de particuliers, par exemple à la suite de réclamations de souscripteurs français d'emprunts étrangers [1].

L'importance grandissante des juridictions internationales dans l'application des traités et accords internationaux s'est manifestée spécialement au sujet des droits de l'homme.

---

1. V. au sujet de porteurs français de titres d'emprunts émis en France par les gouvernements serbe et brésilien, Cour perm. just. intern. 12 juill. 1929, DP 1930, 2, 45, note Decensière-Ferrandière, S. 1929, 4, 17.

D. Le droit international des droits de l'homme

276 ***Distinction*** ◊ La Déclaration de 1789 ne fut ni la première, ni la dernière du genre. D'autres déclarations, puis des préambules, l'ont, en France, rappelée et complétée. Mais le droit international a amplifié et généralisé le phénomène. Il y a un droit international des droits de l'homme qui influence profondément le droit interne français et y a favorisé le développement corrélatif des *droits fondamentaux* [1]. Il convient de distinguer, à cet égard, le système universel et le système européen.

277 ***1° Le système universel*** ◊ En 1945, la Charte des Nations Unies comportait la proclamation de la « foi dans les droits fondamentaux de l'homme, dans la dignité et la valeur de la personne humaine, dans l'égalité des droits des hommes et des femmes ». En 1948, est proclamée, par l'Assemblée générale des Nations Unies, la *Déclaration universelle des droits de l'homme*. De multiples droits étaient affirmés : droit à la vie, droit de chacun à la reconnaissance de sa personnalité juridique, droit d'asile, droit à une nationalité, droit à la propriété, droit à la liberté de pensée, de conscience, de religion... Si importante soit-elle, l'on admet que la Déclaration universelle des droits de l'homme, ne constituant qu'une recommandation, ne crée pas d'obligations à la charge des États et ne peut être considérée, au sens habituel de ce mot, comme une source de droit.

L'*Acte final d'Helsinki*, en date du 1er août 1975, sur la sécurité et la coopération en Europe, qui fut signé par trente-cinq Chefs d'État et de gouvernement, énonce parmi les principes régissant les relations mutuelles des États participants, « le respect des droits de l'homme et des libertés fondamentales, y compris la liberté de pensée, de conscience, de religion ou de conviction ». Ainsi, est-il précisé, « les États participants favorisent et encouragent l'exercice des libertés et droits civils, politiques, économiques, sociaux, culturels et autres qui découlent tous de la dignité inhérente à la personne humaine et qui sont essentiels à son épanouissement libre et intégral ». Du fait même de l'attachement au principe de non-intervention dans les affaires intérieures, affirmé aussi dans l'Acte final d'Helsinki, il n'est pas résulté de celui-ci l'octroi de droits directs aux individus, d'autant plus qu'ils ne sont pas considérés comme des sujets du droit international.

Deux *pactes des Nations Unies* ouverts à la signature en 1966, auxquels la France a adhéré en 1980 et qui ont été publiés en 1981, comportent des dispositions importantes. L'un est relatif aux droits civils et politiques et formule de multiples proclamations en ce sens : droit à la vie, à l'intégrité corporelle, à la liberté et à la sécurité de la personne, droit de quitter n'importe quel pays, y compris le sien, droit de la famille à la protection de

1. V. not. G. Drago, Les droits fondamentaux entre juge administratif et juges constitutionnel et européens, *Dr. adm.* 2004, étude n° 11. Rappr. E. Leroy, Les fondements anthropologiques des droits de l'homme, crise de l'universalisme et postmodernité, *RRJ* 1992-1, p. 139 s.

la société et de l'État... L'autre pacte est relatif aux droits économiques, sociaux et culturels : droit de jouir de conditions de travail justes et favorables, droit de toute personne à la sécurité sociale, à un niveau de vie suffisant pour elle et sa famille...

278 ***Contrôles sur rapports et sur plaintes*** ◊ Le contrôle du respect de ces engagements n'est pas juridictionnel. Mais les normes internationales formulées par ces pactes s'accompagnent de l'aménagement institutionnel d'un contrôle, les États s'engageant à présenter des rapports sur les mesures adoptées et les progrès accomplis par eux en vue d'assurer le respect des droits reconnus. Outre ce *contrôle sur rapports*, le pacte international sur les droits civils et politiques aménage un *contrôle sur plaintes* éventuelles pour violation du pacte, assuré par un Comité des droits de l'homme. Mais cet organisme n'est pas investi d'un pouvoir de décision au fond, ni, à plus forte raison, d'un pouvoir de contrainte. Il n'en est pas moins saisi de plaintes individuelles.

Le processus d'institutionnalisation est plus accentué dans le cadre européen, car il s'accompagne de l'existence d'une juridiction : la Cour européenne des droits de l'homme (v. *infra*, n°s 286 s.).

279 ***2° Le système européen. La Convention européenne des droits de l'homme*** ◊ Signée à Rome le 4 novembre 1950 par les États fondateurs du Conseil de l'Europe, assortie de protocoles dont la plupart sont en vigueur, ratifiée par la France en 1974, la « Convention européenne de sauvegarde des droits de l'homme et des libertés fondamentales » non seulement affirme un certain nombre de droits et de libertés, mais aussi instaure un contrôle international – et même, dit-on volontiers, « supranational » – des actes des organes étatiques [1]. Actuellement quarante et un États ont fait adhésion à la convention. Dans la même perspective s'est affirmée l'importance de la Charte sociale européenne du 3 mai 1996, ratifiée par la France [2]. Le même esprit inspire, dans le cadre de l'Union européenne, la *Charte des droits fondamentaux*, intégrée au projet de Constitution européenne adopté en juin 2003 (*infra*, n° 303), mais rejeté par la France en 2005 (*infra*, n° 293).

280 ***a) Les droits garantis*** ◊ Les droits étant garantis au moyen d'un contrôle juridictionnel, les auteurs de la Convention ont, pour l'essentiel, limité leur domaine par référence à l'idée de liberté politique, largement entendue. C'est dire qu'un rapprochement s'impose avec le domaine du Pacte des Nations Unies sur les droits civils et politiques (v. *supra*, n° 277) [3] et qu'au contraire la

---

1. V. Code de la Convention européenne des droits de l'homme, par J.-L. Charrier, Juriscode, éd. 2005 ; *Les grands arrêts de la Cour européenne des droits de l'homme*, préc.

2. Décr. n° 2000-110, 4 févr. 2000, *JO* 12 févr. 2000.

3. G. Cohen-Jonathan, Les rapports entre la Convention européenne des droits de l'homme et le Pacte des Nations Unies sur les droits civils et politiques, in *Régionalisme et universalisme dans le droit international contemporain*, 1978, p. 3 s., et La protection des droits fondamentaux dans l'Union européenne et la Convention européenne des droits de l'homme, *Mélanges Jeanneau*, 2002, p. 3 s.

Convention européenne des droits de l'homme ne couvre que partiellement de sa protection les « droits sociaux » dont la réalisation est trop dépendante de données économiques et sociales variant suivant les pays.

Quant à la technique de délimitation du domaine des droits garantis, il faut observer que la liste de ceux-ci figure non seulement dans le texte de base de la Convention, mais aussi dans divers protocoles. Ainsi le premier protocole additionnel garantit le respect des biens, le droit à l'instruction et au respect des convictions religieuses et philosophiques des parents, le droit à de libres élections législatives. D'autres protocoles additionnels, spécialement les protocoles 4 et 6, étendent la liste des droits garantis : interdiction de la privation de liberté pour non-exécution d'une obligation contractuelle, liberté pour toute personne de quitter n'importe quel pays, y compris le sien [1]... La France a ratifié ces protocoles.

On retrouve, dans la liste des droits ou libertés garantis, les diverses vagues qui ont, dans le droit français de l'époque contemporaine, servi et assuré l'amélioration progressive de la situation de l'homme et du citoyen. Droit public et droit privé sont à nouveau entremêlés : leur distinction est inévitablement dépassée [2]. La personne humaine est, dans tous ses aspects, au centre des préoccupations de ce droit international [3].

281 ***La vie*** ◇ « Le droit de toute personne à la vie est protégé par la loi. La mort ne peut être infligée à quiconque intentionnellement, sauf en exécution d'une sentence capitale prononcée par un tribunal au cas où le délit est puni de cette peine par la loi » (Conv., art. 2.1) [4].

En dépit de cette restriction, il faut observer que, dans de nombreux pays européens, la *peine de mort* est tombée en désuétude ou a été abolie. Ce fut le cas en France par l'effet de la loi du 9 octobre 1981. D'ailleurs le protocole n° 6 à la Convention consacre, pour le temps de paix, la suppression de la peine de mort. Il a été ratifié par la France (L. 31 déc. 1985), le Conseil constitutionnel ayant considéré que ce protocole « ne porte pas atteinte aux conditions essentielles de l'exercice de la souveraineté nationale et (qu'il) ne contient aucune clause contraire à la Constitution » [5]. Depuis lors un protocole n° 13, relatif à l'abolition de la peine de mort en toutes circonstances, a été signé par la France à Vilnius, le 3 mai 2002 [6].

---

1. V. TA Strasbourg, 3 nov. 1983, *D.* 1984. 300, note J.-F. Flauss.
2. F. Sudre, À propos du dynamisme interprétatif de la Cour européenne des droits de l'homme, *JCP* 2001, I, 335 ; Ph. Malaurie, La Convention européenne des droits de l'homme et le droit civil français, *JCP* 2002, I, 243.
3. A. Debet, *L'influence de la Convention européenne des droits de l'homme sur le droit civil, thèse Panthéon-Assas* (Paris II), éd. 2002. – Sur la vie privée et familiale d'une personne physique ou morale, v. *Les personnes, Les incapacités*, par F. Terré et D. Fenouillet, 7e éd. 2005, spéc. nos 4, 12, 92, not.
4. F. Gölcüklü, Le droit à la vie dans la jurisprudence de la Cour européenne des droits de l'homme, *Mélanges Pettiti*, éd. Bruylant, 1998, p. 415 s.
5. Déc. n° 85-88, 22 mai 1985, Rec. p. 15 ; v. L. Favoreu, obs. *AFDI* 1985. 868 s.
6. Ce protocole n'est pas contraire à la Constitution : v. Cons. const. 13 oct. 2005, *D.* 2006. 634, note A. Ondoua.

L'affirmation du *droit à la vie* ne met pas obstacle à l'avortement thérapeutique. Mais l'affirmation du droit à la vie ne s'accompagne pas du *droit à la mort*, disons d'un « droit à mourir, que ce soit de la main d'un tiers ou avec l'assistance d'une autorité publique » [1].

282 ***La liberté*** ◊ La protection de la personne physique [2] est aussi assurée par d'autres dispositions : « Nul ne peut être soumis à la torture ni à des peines ou traitements inhumains ou dégradants » (Conv., art. 3) [3]. « Nul ne peut être tenu en esclavage ni en servitude » (Conv., art. 4.1). Affirmer cette exigence repose sur une considération salutaire, bien que ces pratiques subsistent hors d'Europe. C'est donc par le biais des lois mémorielles que l'esclavage a été rappelé à la mémoire du législateur. La loi du 21 mai 2001, dite loi Taubira, du nom alors, d'une députée de Guyane, dispose en effet, dans son alinéa 1er: « La République française reconnaît que la traite négrière transatlantique ainsi que la traite dans l'océan indien d'une part et l'esclavage d'autre part, perpétrées à partir du XVe siècle, aux Amériques et aux Caraïbes, dans l'océan indien et en Europe, contre les populations africaines, amérindiennes, malgaches et indiennes constituent un crime contre l'humanité ». Indépendamment des critiques justement suscitées par les lois mémorielles (*infra*, note 430), la loi Taubira est critiquable par la définition même de son objet, visant implicitement mais nécessairement les européens, sans concerner bien d'autres traites négrières pratiquées par les Arabes, ou interafricaines [4]. « Nul ne peut être astreint à accomplir un travail forcé ou obligatoire » [5]. « Toute personne a droit à la liberté et à la sûreté. Nul ne peut être privé de sa liberté, sauf les cas suivants et selon les voies légales... » (Conv., art. 5.1), ce qui s'accompagne d'un certain nombre de dispositions relatives aux garanties correspondant aux progrès du droit pénal et de la procédure pénale (Conv., art. 5) [6].

Du protocole n° 4 résultent aussi des sauvegardes relatives à la liberté de circulation des personnes. Outre la prohibition de la privation de liberté pour « la seule raison » que le débiteur « n'est pas en mesure d'exécuter une obligation contractuelle » (art. 1er), le protocole n° 4 comporte plusieurs dispositions importantes : « Quiconque se trouve régulièrement sur le ter-

---

1. CEDH 29 avril 2002, *JCP* 2003, II, 10062, note C. Girault.
2. Rappr. P. Dubois, *Le physique de la personne*, thèse Paris II, éd. 1986, spéc. p. 86 s.
3. V. la condamnation de la France au sujet d'actes de violence commis par des policiers, CEDH 28 juill. 1999, req. n° 25803/94, *JCP* 1999, II, 10193, note F. Sudre, *RTD civ.* 1999. 911 s., obs. J.-P. Marguénaud. – En ce que la détention d'une personne d'un âge avancé (90 ans, Papon) n'est pas, en soi, un traitement inhumain, v. CEDH 7 juin 2001, *D.* 2002. 683, obs. J.-F. Renucci. Mais la santé d'une personne privée de liberté est un facteur à prendre en considération dans les modalités d'exécution de sa peine d'emprisonnement, v. les obs. de H. Moutouh sur CEDH 14 nov. 2002, *D.* 2003. 303. – Au sujet du sadomasochisme, la CEDH a fait preuve, dans l'expression de sa décision, d'un bien contestable laxisme : v. Muriel Fabre-Magnan, Le sadisme n'est pas un droit de l'homme, *D.* 2005. Chron. 2973 s.
4. V. Ph. Nemo, *La France aveuglée par le socialisme*, Paris 2011, p. 111.
5. Sur un travail domestique forcé, CEDH 26 juill. 2005, *JCP 2005*. II. 10142, note F. Sudre.
6. L'enregistrement des conversations tenues au parloir constitue une ingérence dans la vie privée des détenus (CEDH 20 déc. 2005, *D.* 2006. 764, note D. Roets).

ritoire d'un État a le droit d'y circuler librement et d'y choisir librement sa résidence » (Prot., art. 2.1) ; « Toute personne est libre de quitter n'importe quel pays, y compris le sien » (art. 2.2) [1] ; « Nul ne peut être expulsé, par voie de mesure individuelle ou collective, du territoire de l'État dont il est le ressortissant » (art. 3.1) ; « Nul ne peut être privé du droit d'entrer sur le territoire de l'État dont il est le ressortissant » (art. 3.2). Ainsi, le droit européen des droits de l'homme ne consacre pas le droit d'asile [2]. Mais il convient d'ajouter aussitôt qu'en droit interne français et suivant le Préambule de la Constitution du 27 octobre 1946, qui a valeur constitutionnelle (*supra*, n° 251), « tout homme persécuté en raison de son action en faveur de la liberté a droit d'asile sur le territoire de la République ».

283 ***L'esprit : pensée, conscience, opinion, religion*** ◊ « Toute personne a le droit à la liberté d'expression. Ce droit comprend la liberté d'opinion et la liberté de recevoir ou de communiquer des informations ou des idées sans qu'il puisse y avoir ingérence d'autorités publiques et sans considération de frontière. Le présent article n'empêche pas les États de soumettre les entreprises de radiodiffusion, de cinéma ou de télévision à un régime d'autorisations » (Conv., art. 10.1). « L'exercice de ces libertés comportant des devoirs et des responsabilités peut être soumis à certaines formalités, conditions, restrictions ou sanctions, prévues par la loi, qui constituent des mesures nécessaires, dans une société démocratique, à la sécurité nationale, à l'intégrité territoriale ou à la sûreté publique, à la défense de l'ordre et à la prévention du crime, à la protection de la santé ou de la morale, à la protection de la réputation ou des droits d'autrui, pour empêcher la divulgation d'informations confidentielles ou pour garantir l'autorité et l'impartialité du pouvoir judiciaire » (Conv., art. 10.2). Il existe pourtant en France un régime de contrôle préventif de certaines publications, par exemple de celles qui sont destinées à la jeunesse.

« Toute personne a droit à la liberté de pensée, de conscience et de religion ; ce droit implique la liberté de changer de religion ou de conviction, ainsi que la liberté de manifester sa religion ou sa conviction individuellement ou collectivement, en public ou en privé, par le culte, l'enseignement, les pratiques et l'accomplissement des rites » (Conv., art. 9.1) [3]. Rédigée en termes fort généraux, cette disposition assure la protection des convictions d'une personne, qu'elles soient politiques, morales, philosophiques ou religieuses. Ainsi, en tant que philosophie, le pacifisme relève de son

1. Rappr. M. Carbonnier, Les doctrines du contrat social et le droit d'émigrer, *Arch. phil. droit*, t. 20, 1975, p. 259 s.
2. M. Bettati, *L'asile politique en question*, éd. 1985.
3. V., au sujet de la laïcité, CEDH 29 juin 2004, *D.* 2005. 205, note G. Yildirim ; Les préventions de la Cour européenne à l'encontre de certaines pratiques religieuses, *Dr. fam.* avril 2006, n° 19, par Sandrine Plana ; A. Garay, La laïcité, principe érigé en valeur de la Convention européenne des droits de l'homme, *D.* 2006. Chron. 103 s. – Rappr. S. Jahel, Charia et Convention européenne des droits de l'homme, *Mélanges Decocq* 2004, p. 355 s. ; v. aussi, *La liberté de critique*, Colloque Rennes 2006, dir. D. corrignon – Carsin, éd. Litec 2007.

application [1], ce qui ne confère pourtant pas aux objecteurs de conscience le droit d'être exemptés d'un éventuel service civil de remplacement.

« Nul ne peut se voir refuser le droit à l'instruction. L'État, dans l'exercice des fonctions qu'il assumera dans le domaine de l'éducation et de l'enseignement, respectera le droit des parents d'assurer cette éducation et cet enseignement conformément à leurs convictions religieuses et philosophiques » (Prot. n° 1, art. 2).

« Toute personne a droit à la liberté de réunion pacifique et à la liberté d'association, y compris le droit de fonder avec d'autres des syndicats et de s'affilier à des syndicats pour la défense de ses intérêts » (Conv., art. 11.1) [2]. « L'exercice de ces droits ne peut faire l'objet d'autres restrictions que celles qui, prévues par la loi, constituent des mesures nécessaires, dans une société démocratique, à la sécurité nationale, à la sûreté publique, à la défense de l'ordre et à la prévention du crime, à la protection de la santé ou de la morale, ou à la protection des droits et libertés d'autrui [3]. Le présent article n'interdit pas que des restrictions légitimes soient imposées à l'exercice de ces droits par les membres des forces armées, de la police ou de l'administration de l'État » (art. 11.2) [4].

284 ***Le principe de non-discrimination*** ◊ L'aspiration à l'égalité, fort lointaine par ses origines et même par nombre de ses manifestations, s'est exprimée, surtout dans le droit international des dernières décennies, par un combat contre les discriminations (ex. Pactes des Nations Unies de 1966, sur les droits civils et politiques, art. 2 et 26, sur les droits économiques, sociaux et culturels, art. 2) [5], du moins contre certaines discriminations, car le mouvement va de pair avec la réclamation, par diverses catégories sociales, du droit à la différence.

L'article 14 de la Convention européenne des droits de l'homme dispose : « La jouissance des droits et libertés reconnus dans la présente Convention » – et il faut en dire autant des protocoles additionnels – « doit être assurée, sans distinction aucune, fondée notamment sur le sexe, la

1. Communauté europ., déc. n° 7050-75, rapport du 12 oct. 1978, Décisions et rapports 19, p. 5, 49.

2. Comp., sur le droit de ne pas adhérer à un syndicat, sur le droit de grève, CEDH 27 juin 2002, *Unison c/ Royaume Uni, D.* 2003. 939, note J.-P. Marguénaud et J. Mouly (Vers la protection du droit de grève par la Cour européenne des droits de l'homme).

3. La CEDH a eu l'occasion d'expliciter le sens du mot « nécessaires », au sujet de partis turcs, en précisant – et en admettant – que cette nécessité correspondait à un « besoin social impérieux », précisément à l'encontre de discriminations fondées sur les croyances, de soumission de la communauté musulmane majoritaire à la charia et de la référence, en tant que méthode politique, au djihad, la guerre sainte : CEDH 31 juill. 2001, *Rejah Partisi (Parti de la prospérité) et autres c/ Turquie, RTD civ.* 2001. 979, obs. J.-P. Marguénaud.

4. Sur le droit à de libres élections, v. aussi prot. n° 1, art. 3.

5. Mais ce texte « n'interdit pas au législateur de créer des distinctions entre la situation des justiciables selon qu'ils relèvent de la loi antérieure ou de la loi nouvelle, dès lors que la différence est justifiée par d'impérieux motifs d'intérêt général » (Soc. 6 juill. 2005, *JCP* 2005, éd. S, 1289, note J.-Y. Kerbourc'h).

race, la couleur, la langue, la religion, les opinions politiques ou toutes autres opinions, l'origine nationale ou sociale, l'appartenance à une minorité nationale, la fortune, la naissance ou toute autre situation ». Encore convient-il de préciser aussitôt - ce qui n'étonnera pas là où l'égalité est en cause - que toutes les discriminations de traitement ne sont pas interdites, mais seulement celles qui ne reposent pas sur des justifications objectives et raisonnables [1] : en d'autres termes, une discrimination n'est licite que si elle tend vers un but légitime et s'il existe un rapport raisonnable de proportionnalité entre moyens et fins. Accroissant, à ce sujet, son emprise, comme il fallait s'y attendre, la CEDH a décidé aussi que « le droit de jouir des droits garantis par la Convention sans être soumis à discrimination est également transgressé lorsque, sans justification objective et raisonnable, les États n'appliquent pas un traitement différent à des personnes dont les situations sont sensiblement différentes » [2].

Ajoutons, d'ailleurs, qu'aucune des dispositions des articles 10 (liberté d'expression), 11 (liberté de réunion et d'association) et 14 (principe de non-discrimination) « ne peut être considérée comme interdisant aux Hautes Parties contractantes d'imposer des restrictions à l'activité politique des étrangers » (Conv., art. 16).

285 ***b) Le contrôle*** ◊ En application de l'article 52 de la Convention européenne des droits de l'homme, « toute Haute Partie contractante fournira sur demande du Secrétaire général du Conseil de l'Europe, les explications requises sur la manière dont son droit interne assure l'application effective de toutes les dispositions de cette Convention ». Semblable contrôle est comparable à ceux qui sont résultés des Pactes des Nations Unies précédemment évoqués (*supra*, n° 277).

L'originalité du système européen de sauvegarde des droits de l'homme et des libertés fondamentales se manifeste par l'existence d'un contrôle provoqué par des plaintes émanant, dans certaines conditions, soit des États, soit des particuliers, et qui sont de nature à entraîner un contrôle juridictionnel du respect des droits et libertés garantis par la Convention.

286 ***La Cour européenne des droits de l'homme*** ◊ Elle peut être saisie, pour manquement aux dispositions de la Convention, de plaintes émanant soit d'un État contractant (art. 33), soit « d'une requête individuelle par toute personne physique, toute organisation non gouvernementale ou tout groupe de particuliers qui se prétend victime d'une violation par l'une des Hautes Parties Contractantes des droits reconnus dans la Convention ou ses protocoles... » (art. 34) [3]. Il est évident que la reconnaissance du recours individuel a marqué un grand tournant du droit

1. V. M. Bossuyt, *L'interdiction de la discrimination dans le droit international des droits de l'homme*, Bruxelles, 1976.
2. CEDH 6 avr. 2000, *Thlimmenos c/ Grèce*, *RTD civ.* 2000. 434, obs. J. Raynard.
3. V. P. Lazaud, *L'exécution par la France des arrêts de la Cour européenne des droits de l'homme*, PUAM, 2006.

international dans la prise en considération des personnes privées en tant que sujets du droit international [1].

La Cour européenne « se compose d'un nombre de juges égal à celui des Hautes Parties Contractantes » (art. 20), « élus par l'Assemblée parlementaire au titre de chaque Haute Partie Contractante, à la majorité des voix exprimées, sur une liste de trois candidats présentés par la Haute Partie Contractante » (art. 22.1). Ils sont élus pour une durée de neuf ans et ne sont pas rééligibles (art. 25). Elle comporte un greffe ainsi que des référendaires.

L'arrêt de la Grande Chambre est définitif (art. 44.1), tandis que l'arrêt d'une chambre ne le devient qu'en l'absence de demande de renvoi ou en cas de rejet de la demande par le Collège (5 membres) de la Grande Chambre (art. 44.2). « Les Hautes Parties Contractantes s'engagent à se conformer aux arrêts définitifs de la Cour dans les litiges auxquels elles sont parties » (art. 46.1) ; « l'arrêt définitif de la Cour est transmis au Comité des ministres qui en surveille l'exécution » (art. 46.2). Cependant ces arrêts n'ont pas d'effet *erga omnes ;* il en résulte que le constat de la violation par un État d'un droit garanti et ces arrêts ne valent qu'à l'égard du requérant. Autrement dit, la dernière décision interne définitive a autorité de chose jugée ; et ce n'est que si la législation ou la pratique nationales le prévoient que l'arrêt de la Cour modifie la situation juridique interne du requérant. Le protocole n° 14 a renforcé les garanties des demandeurs et amélioré l'application des décisions (Conv., art. 38, 39, 46) [2].

« Si la Cour déclare qu'il y a eu violation de la Convention ou de ses protocoles, et si le droit interne de la Haute Partie Contractante ne permet d'effacer qu'imparfaitement les conséquences de cette violation, la Cour accorde à la partie lésée, s'il y a lieu, une satisfaction équitable » (art. 41) [3].

287 ***Les formations de la Cour*** ◊ Pendant longtemps, jusqu'à l'adoption en 1994 d'un protocole n° 11, et entré en vigueur en novembre 1998, la Cour comportait un organisme important de filtrage : la *Commission européenne des droits de l'homme*. L'amplification considérable du nombre des affaires – liée tant à l'accroissement du nombre des États membres qu'à l'afflux des recours individuels –, l'engorgement et les retards qui en sont résultés, la complexité des mécanismes et l'insuffisante efficacité du système ont conduit, par le protocole n° 11, à supprimer la *Commission* en tant que telle et à instaurer une *Cour* unique appelée à siéger de manière

1. Après avoir ratifié la Convention en 1974, la France n'a accepté le droit de recours individuel qu'en 1981, pour un délai de cinq ans (v. Conv. art. 25.2), ultérieurement renouvelé.
2. Protocole n° 14 à la Convention de sauvegarde des droits de l'homme et des libertés fondamentales approuvé par L. n° 2006-616, 29 mai 2006 (*JO* 30 mai 2006).
3. Affaire *Mazurek*, préc. : 500 000 F. Rien que cela pour le budget français ! – *Adde*, J.-F. Flauss, La satisfaction équitable devant les organes de la Cour européenne des droits de l'homme, *Bull. Europe*, juin 1992, p. 1 s.

permanente [1]. Cette réforme n'a pas suffi. Entre 1994 et 2004, du fait de l'adhésion de 13 nouveaux États, le nombre des justiciables potentiels s'est élevé à environ 800 millions de personnes. Au demeurant la grande majorité des recours aboutit à une décision d'irrecevabilité [2]. C'est pourquoi un protocole n° 14 relatif aux seules requêtes individuelles a prévu certaines améliorations. C'est ainsi qu'une requête peut être déclarée irrecevable dès lors que le requérant n'a subi « aucun préjudice important » (Conv., art. 35).

Abstraction faite de l'Assemblée plénière de la Cour, qui n'est investie que de fonctions administratives, la *Cour européenne des droits de l'homme* comporte quatre formations juridictionnelles : a) les formations à juge unique ayant le pouvoir de déclarer irrecevables ou de rayer du rôle les requêtes individuelles dans la mesure où « une telle décision peut être prise sans examen complémentaire » (Conv., art. 25, 27) ; b) les comités de trois juges disposant du pouvoir de déclarer à l'unanimité irrecevable une requête individuelle ne nécessitant pas d'examen complémentaire (Conv., art. 28) ; c) les chambres de sept (voire de cinq) juges, se prononçant sur la recevabilité des requêtes et constituant les comités pour une durée déterminée ; d) la Grande Chambre de dix-sept juges, saisie soit par la chambre elle-même (dessaisissement), soit par l'une des parties au litige (réexamen), ce qui signifie qu'il y a alors un double contrôle s'apparentant à un appel (Conv., art. 27.1).

288 ***c) Ordres et désordre. Hiérarchies ou réseaux ?*** ◊ Les règles et les solutions découlant de la Convention européenne des droits de l'homme constituent un ensemble, d'aucuns diront même un ordre juridique, dont il s'agit de préciser l'articulation, mieux l'intégration dans l'ordre juridique interne de chaque État membre, et en particulier dans le droit français [3].

S'il est vrai que « ni l'article 13 de la Convention ni la Convention en général ne prescrivent aux États une manière déterminée d'assurer dans leur droit interne l'application effective de toutes les dispositions de cet instrument » [4], ce qui laisse à chaque État une marge de manœuvre assez

---

1. V. G. Cohen-Jonathan, Le protocole n° 11 et la réforme du mécanisme international de contrôle de la Convention européenne des droits de l'homme, Bull. Europe, nov. 1994, p. 1 s. ; F. Sudre, La réforme du mécanisme de contrôle de la Convention européenne des droits de l'homme : le protocole 11 additionnel à la convention, *JCP* 1995, I, 3849 ; J.-P. Marguénaud, La Cour européenne des droits de l'homme renouvelée, *D.* 1999. Chron. 221 s.

2. V. Doc. parl. Sénat, Rapport n° 230, sur un projet de loi portant approbation d'un protocole 14 à la Conv. EDH, 1er mars 2006, p. 9 : sur 28 581 décisions adoptées en 2005, 1 000 requêtes ont été déclarées recevables, 26 853 ont été déclarées irrecevables et 728 ont été rayées du rôle.

3. V. D. Cohen, La Convention européenne des droits de l'homme et le droit international privé français, *Rev. crit. DIP* 1989. 451 s. ; G. Rouhette, art. préc. ; J.-C. Soyer, La loi nationale et la Convention européenne des droits de l'homme, *Mélanges Jean Foyer*, 1997, p. 125 s.

4. CEDH 6 févr. 1976, Syndicat suédois des conducteurs de locomotives, série A, n° 20, par. 50. – Sur l'alignement du droit français en matière d'écoutes téléphoniques, V. F. Terré et D. Fenouillet, *Les personnes, Les incapacités*, 8e éd. 2012, n° 117.

importante quant à l'incorporation de cet ordre juridique dans chaque ordre interne, il n'en demeure pas moins que, s'agissant de la France, il y a intégration dans l'ordre juridique interne, à hauteur des traités ou accords internationaux, en application de l'article 55 de la Constitution de 1958 (v. *supra*, n°s 260 s.). Mais l'on s'accorde généralement à penser que, s'agissant d'une convention multilatérale pouvant être considérée comme un traité-loi [1], l'exigence de réciprocité formulée à l'article 55 de la Constitution est écartée.

La jurisprudence française s'est orientée en ce sens [2]. Cette orientation s'est manifestée dans l'attitude adoptée par les juridictions de l'ordre judiciaire. Ainsi la Cour de cassation a-t-elle été de plus en plus amenée à fonder des arrêts sur l'article 6 de la Convention EDH relatif à l'exigence d'un procès équitable (v. *infra*, n° 763) [3], tout en coexistant avec des divergences significatives [4]. Dans une perspective plus large, on doit s'interroger sur les contradictions - certains diront les télescopages - qui sont propres à se développer en raison de la multiplication des juridictions internationales [5] et de leur accueil variable dans les ordres internes et même au sein de chaque ordre interne.

Ainsi voit-on se compliquer de plus en plus, bien au-delà des controverses fameuses sur le monisme et le dualisme analysés en droit international public, une réflexion indispensable sur le développement d'un désordre certain, d'un certain désordre. L'importance grandissante des juridictions internationales, quelle que puisse être ou censée être leur légitimité, ajoute à d'autres hiérarchies habituelles - hiérarchie des sources et hiérarchie des règles, qu'on ne doit pas confondre -, une hiérarchie, réelle ou supposée, des juridictions. À la verticale, cela pose déjà problème. Si la Cour de cassation n'hésite plus à fonder ses décisions sur la Convention européenne, il n'en existe pas moins un hiatus entre la hiérarchie des règles et la hiérarchie des juridictions [6]. De là une sorte nouvelle de possibles conflits de juridiction sans Tribunal des conflits (*supra*, n° 182). À l'horizontale, si habitué qu'il puisse être, en droit interne, à la dualité des ordres de juridictions - civiles (*lato sensu*) et administratives - le juriste est embarrassé lorsque les niveaux

1. G. Cohen-Jonathan, *op. cit.op. cit.*, p. 251.
2. R. Merle, La Convention européenne des droits de l'homme et la justice pénale française, *D.* 1981. Chron. 227 s. ; P. Estoup, La Convention européenne des droits de l'homme et le juge français, *Gaz. Pal.* 1990. 1. Doctr. 110 ; Annie Gouron-Mazel, La Cour de cassation face à la Convention européenne des droits de l'homme, *JCP* 1996, I, 3937.
3. Ex. : au sujet des transsexuels, Ass. plén. 11 déc. 1992, *JCP* 1993, II, 21991, concl. Jéol, note G. Mémeteau, Grands arrêts t. 1 n° 23. - V. au sujet de l'incidence des lois nouvelles sur les procès en cours, infra, n° 525.
4. V. not. les obs. de J.-P. Marguénaud, *RTD civ.* 1999. 490, sur l'indemnisation des victimes post-transfusionnelles du SIDA. Il arrive aussi que la Cour de cassation en rajoute, par ex. au sujet de l'exigence d'un procès équitable (art. 6 ; obs. J.-P. Marguénaud, *RTD civ.* 1999. 494).
5. Rappr. P.M. Dupuy, *La multiplication des juridictions internationales menace-t-elle l'ordre juridique international ?, Clés pour le siècle*, Dalloz, 2000, p. 1221 s.
6. Sur l'absence d'effet direct des arrêts de la CEDH en matière civile, v. Soc. 30 sept. 2005, *JCP* 2005, II, 10180, note Ph. Bonfils.

des règles et les niveaux des juridictions ne correspondent pas. D'où le recours à la notion de réseaux généralement transfrontières dont le droit communautaire a, comme on va le voir, favorisé l'émergence [1].

Toujours est-il que lentement mais sûrement, la CEDH étend son empire d'autant plus facilement qu'elle échappe pratiquement au risque d'un bris de jurisprudence émanant d'autorités instituées - comment ? - et qu'elle use de concepts des plus opératoires tels que *le principe de prééminence du droit* [2]. Vaste programme !

§ 3. Le droit de l'Union européenne

A. Évolution

289 ***Sa naissance*** ◊ À Paris, en 1950, Robert Schuman présente un projet tendant à favoriser la construction européenne dans la voie *communautaire*. Son plan est accepté, ce qui aboutit le 18 avril 1951 à la signature d'un Traité instituant la *Communauté Européenne du Charbon et de l'Acier* (CECA) ; l'ensemble comporte divers organes : une Haute Autorité, un Conseil spécial de ministres, une Cour de Justice.

Six ans plus tard, deux traités sont, dans la même ligne, signés à Rome, le 25 mars 1957. L'un institue une *Communauté européenne de l'énergie atomique* (CEEA, *Euratom*). L'autre, appelé à exercer une influence considérable, institue une *Communauté économique européenne* (CEE, *Marché Commun*) ; il vise à la constitution d'un marché unique entre les six États signataires (Allemagne Fédérale, Benelux, France, Italie) impliquant une union douanière, une libre circulation des produits et des services, une protection de la libre concurrence, ainsi qu'une harmonisation des politiques économiques générales et la mise en œuvre de politiques sectorielles communes. Des institutions spécifiques sont établies à ces effets [3].

290 ***Le traité de Bruxelles*** ◊ En date du 8 avril 1965, ce traité unifie les institutions : il y aura désormais un Conseil unique et une Commission unique des Communautés européennes. À partir de 1979, l'élection des membres de l'Assemblée des Communautés européennes, désignée depuis 1962 par l'expression de Parlement européen, est réalisée au suffrage universel direct. À la suite de l'Acte unique européen signé les 17 et 22 février 1986, entré en vigueur le 1er juillet 1987, l'achèvement du marché intérieur,

---

1. F. Ost et M. van de Kerchove, De la pyramide au réseau, Univ. Saint Louis, Bruxelles, 2002.

2. V. au sujet des lois de validation législative, CEDH 14 fév. 2006, *JCP N* 2006, Act. 228 et infra, n° 518.

3. V. J. Foyer, Le droit communautaire, droit de professeurs français, Rev. hist. Fac. droit et science jurid. 1992, n° 13, p. 201 s. – V. aussi J. Gaudemet, *Du jus commune au droit communautaire, Clés pour le siècle*, Dalloz, 2000, p. 1011 s.

impliquant la suppression de toutes les barrières mettant obstacle à la libre circulation des personnes, des biens et des capitaux, est devenu un programme venant à échéance le 31 décembre 1992 [1]. Ultérieurement le *Traité sur l'Union européenne* signé à Maastricht le 7 février 1992 a comporté d'importants transferts de souveraineté [2].

Ce traité a marqué des étapes nouvelles et importantes, sinon sur l'aménagement des structures existantes, du moins – et c'est capital – quant au transfert de certaines questions essentielles dans le cadre de compétences communes : politique sociale, politique étrangère et de sécurité commune (PESC), justice et police, ce qui a suscité des résistances et des réserves. En matière économique et monétaire, un mouvement puissant d'intégration accrue s'est amplement manifesté : passage à l'*Union économique et monétaire*, création d'une *Banque centrale européenne* et d'une monnaie unique (ÉCU puis EURO) avec passage de 1999 à 2002 d'une monnaie de compte à une monnaie de paiement [3].

291 ***Le traité d'Amsterdam*** ◇ Signé le 2 octobre 1997, il a comporté, à son tour, d'importants abandons de souveraineté ; spécialement en matière d'asile et de circulation des personnes qui lui ont valu la juste censure du Conseil constitutionnel, celui-ci ayant estimé que ce traité comportait des abandons de souveraineté contraires à la Constitution [4]. Il a donc été procédé à une nouvelle révision de celle-ci, par voie de Congrès et non de référendum, ce qui, compte tenu des graves atteintes à la souveraineté nationale, était plus que critiquable [5]. L'ensemble est d'une complexité grandissante, inaccessible à la plupart. S'est aussi élaborée une charte des droits fondamentaux de l'Union européenne (*infra*, n° 303).

Dans le même temps que se produisait cette évolution, l'Europe des Six est devenue l'Europe des Neuf, par l'adhésion de la Grande-Bretagne, de l'Irlande et du Danemark, l'Europe des Douze par l'adhésion de la Grèce, de l'Espagne et du Portugal, puis l'Europe des Quinze par l'adhésion, en mai 1994, de la Suède, de la Finlande et de l'Autriche.

---

1. La France a ratifié l'Acte unique européen en application d'une loi du 16 décembre 1986 (v. J.-P. Jacqué, L'Acte unique européen, *RTD eur.* 1986. 575 s.).

2. Sa ratification a été autorisée par une loi n° 92-1017 du 24 sept. 1992 (*JO* 25 sept. 1992), à la suite d'un référendum acquis de justesse et permettant une modification de la Constitution (L. const. n° 92-544, 25 juin 1992).

3. D. Lepeltier, *L'Euro et le droit*, Litec, 2000. – V. aussi, sur l'apparition d'une citoyenneté de l'Union Européenne, G. Sébastien, *RD publ.* 1993. 1263 s. – V. L. org. 25 mai 1998 déterminant les conditions d'application de l'art. 88-3 de la Constitution relatif à l'exercice par les citoyens de l'Union européenne résidant en France autres que les ressortissants français, du droit de vote et d'éligibilité aux élections municipales ; v., à ce sujet, Cons. const., déc. n° 98-400 DC, 20 mai 1998, *JCP* 1998, II, 10154, note H. Faupin.

4. Déc. n° 97-394 du 31 déc. 1997, *JO* 3 janv. 1998, p. 165. – Sur le traité d'Amsterdam, v. le n° spéc. de la *RTD eur.* oct.-déc. 1997 ; v. aussi J.-L. Sauron, Le traité d'Amsterdam : une réforme inachevée ?, *D.* 1998. Chron. 69 s. ; H. Labayle, Amsterdam ou l'Europe des coopérations renforcées, *Bull. Europe*, mars 1998, p. 4 s.

5. L. const. n° 99-49, 25 janv. 1999, modifiant art. 88-2 et 88-4 de la Constitution.

292 ***Le traité de Nice*** ◊ En date du 26 février 2001 [1], il est entré en vigueur le 1er février 2003. Il modifie les champs de compétence de l'Union et les processus de décision, avec une mise en œuvre échelonnée dans le temps. Les mesures assurant la « communautarisation » – c'est-à-dire instituant la procédure de codécision entre le Parlement et le Conseil ainsi que le vote à la majorité qualifiée au sein de ce dernier – de certaines matières étaient d'application immédiate. Les aménagements concernant le passage au vote à la majorité qualifiée ont été reportés à 2004 en matière de politique commune d'immigration et à 2007 dans le domaine de la politique régionale (art. 161 Traité UE).

Les aménagements institutionnels ont concerné le nombre des représentants et la répartition des voix prenant en compte l'*élargissement* à 27 du nombre des États membres, à la suite du Conseil européen de Copenhague des 12 et 13 décembre 2002 ayant clôturé la procédure de négociation conduisant à l'adhésion de 10 nouveaux États membres à compter du 1er mai 2004 : Chypre, Estonie, Hongrie, Lettonie, Lituanie, Malte, Pologne, Slovaquie, Slovénie et République Tchèque [2], puis de deux nouveaux membres à compter du 1er janvier 2007 : Bulgarie et Roumanie.

293 ***Le Traité de Lisbonne*** ◊ Après la Seconde Guerre mondiale et ses ravages – une fois de plus née en Europe –, la construction européenne a eu pour objectif salutaire de resserrer les liens entre les États précédemment antagonistes. Cette volonté politique a entraîné progressivement des effets bénéfiques jusqu'au temps où, de l'intérieur comme de l'extérieur, des causes de déstabilisation de la construction se sont manifestées. De l'intérieur, lorsque le juridique voulant s'émanciper du politique, sur la voie du supranational, une dérive a consisté à forcer la nature et la souveraineté des États par la volonté de construire une Union Européenne, sans que soit obtenue corrélativement une cohésion indispensable en matière diplomatique, sociale, culturelle, militaire et même monétaire. De l'extérieur aussi la construction a été plus qu'ébranlée à mesure que son expansion géographique, en Europe, si ce n'est au-delà, obligeait à tenir compte des diversités politiques et culturelles, la construction étant exposée à perdre quant à sa portée ce qu'elle voulait gagner en étendue [3].

C'est pourtant dans ce contexte d'extension de l'Union européenne à vingt-cinq membres que le Conseil européen de Laeken (14-15 déc. 2001) a convoqué une Convention sur l'avenir de l'Europe qui, en juin 2003, est parvenue à un accord sur un projet de Traité constitutionnel, ultérieurement renégocié. Sans assise démocratique dans sa genèse, comportant de

---

1. *JOCE* n° C 80, 10 mars 2003 ; Décr. n° 2003-246, 18 mars 2003, *JO* 20 mars 2003.
2. V. L'élargissement, Dossier de l'Europe, *LPA*, 5 juin 2003.
3. V. la remarquable analyse d'Yves Lequette, Mélanges Oppetit, 2009, p. 411 s. – Rappr. P. Gannagé, L'articulation des ordres juridiques dans un État multicommunautaire. L'exemple libanais, *Mélanges Oppetit*, 2009, p. 247 s.

nouvelles atteintes aux souverainetés des État membres, cet hybride de Traité et de Constitution a été rejeté par la France à la suite du référendum du 29 mai 2005 [1].

Échaudés par cette mésaventure, les partisans de l'Europe - à vingt-sept désormais - ont favorisé, par la vertu d'un changement de vocable, l'élaboration d'un *traité* signé à Lisbonne le 13 décembre 2007 et pour l'essentiel, reprise du texte « constitutionnel » précédemment rejeté. Puisque le recours au référendum - dangereux par nature, l'expérience l'a prouvé - ne convenait décidément pas, qu'à cela ne tienne. Il a été recouru à la démocratie indirecte (instance d'appel ?) pour obtenir satisfaction, sans protestation significative de la communauté des juristes. D'où la loi constitutionnelle du 4 février 2008 consistant à préparer la ratification du traité de Lisbonne. Las ! Cette fois c'est l'Irlande qui a rejeté le traité de Lisbonne, tandis que d'autres résistances se manifestèrent, notamment en Tchéquie. Cela n'a pourtant pas empêché la loi constitutionnelle du 23 juillet 2008 d'insérer dans la Constitution des dispositions d'attente « à compter de l'entrée en vigueur du traité de Lisbonne du 13 décembre 2007 » (art. 88-1 s.).

B. Les institutions de l'Union européenne

294 ***Distinction*** ◊ Les principaux organes communautaires sont au nombre de cinq : le Conseil européen, le Conseil de l'Union européenne, la Commission, le Parlement européen, la Cour de Justice [2].

295 ***1° Les Conseils*** ◊ Composé des chefs des exécutifs (chefs d'État ou de gouvernement), le *Conseil européen* se réunit au moins deux fois par an. Il a pour mission de donner l'impulsion nécessaire au développement de l'Union européenne et de définir les orientations de celle-ci. En ce sens, il en est l'organe supérieur.

Le *Conseil de l'Union européenne* est composé par les délégués des gouvernements des États membres : généralement les ministres des affaires étrangères, remplacés ou assistés, suivant l'ordre du jour, par d'autres ministres. La présidence du Conseil incombe par roulement à chaque État membre, pour une durée de six mois. Le Conseil est, pour l'essentiel, détenteur du *pouvoir normatif*, qui se manifeste par des *directives* et des *règlements directement applicables* aux particuliers, de sorte qu'on a été porté à le considérer comme le législateur des Communautés. Mais, par l'effet d'une curieuse confusion, il est aussi investi de pouvoirs de caractère gouvernemental, notamment en matière de relations extérieures ou d'attributions budgétaires.

---

1. V. sur le terrain juridique, J.-L. Halpérin, Un État en voie de constitution ?, *D.* 2004, Point de vue, p. 219 ; V. Heuzé, L'Europe désenchantée, *JCP* 2005, I, 157.

2. Bibliographie immense. - V. not. D. Simon, *Le système juridique communautaire*, 3e éd. 2001 ; G. Isaac, *Droit communautaire général*, 8e éd. 2001 ; J. Rideau, *Droit institutionnel de l'Union et des Communautés européennes*, LGDJ, 4e éd. 2002.

296 *2° La Commission* ◊ Composée de membres désignés d'un commun accord – après approbation par le Parlement européen – par les gouvernements des États membres, pour une durée de cinq ans, renouvelable, la Commission remplit plusieurs fonctions : a) chargée de veiller à l'application des traités et des actes des institutions, elle exerce des pouvoirs d'information, de prévention et de poursuite des infractions et autorise dans certains cas, en raison des *clauses de sauvegarde*, des mesures dérogatoires ; en d'autres termes, elle exerce, en ce sens, une mission de *garante* des traités ; b) chargée d'une « *mission générale d'initiative* » [1], elle est, à beaucoup de titres, appelée à faire des propositions, pouvoir d'autant plus important et d'ailleurs sujet à contestation, sinon dans son principe, du moins dans son exercice, que, s'agissant du pouvoir normatif attribué au Conseil, la Commission est investie d'un *monopole de proposition* : en principe, le Conseil de l'Union européenne ne se prononce alors que sur proposition de la Commission ; c) elle assure la représentation de la Communauté dans certaines négociations internationales.

Du fait de sa composition, de ses pouvoirs, de sa permanence et des moyens mis à sa disposition, la Commission est l'organe essentiel d'application des traités et des actes du Conseil de l'Union européenne.

297 *3° Le Parlement européen* ◊ Le Parlement européen, dont les membres sont, depuis 1979, élus au suffrage universel direct, exerce principalement cinq pouvoirs : un *pouvoir de contrôle politique* à l'occasion de débats, de questions posées à la Commission, voire de motions de censure contraignant la Commission à démissionner ; un *pouvoir budgétaire ;* un *pouvoir de concertation* avec les autres institutions de l'Union européenne ; un *pouvoir de coopération* et un *pouvoir de codécision* avec le Conseil de l'Union européenne.

298 *4° La Cour de Justice de l'Union européenne* ◊ Siégeant à Luxembourg, elle est composée de quinze juges assistés de neuf avocats généraux, le Président de la Cour étant élu par les juges et parmi eux. Suivant les cas, la Cour siège dans ses formations en chambre, ou dans sa formation en assemblée plénière.

Le développement du contentieux soumis à cette juridiction a, au surplus, entraîné, à sa demande et en application de l'article 168-A du traité CEE, l'institution d'un tribunal de première instance des Communautés européennes, le principe de cette « adjonction » ayant été formalisé, le 24 octobre 1988, par le Conseil de l'Union européenne [2].

Outre diverses attributions consultatives, la Cour de Justice de l'Union européenne est dotée d'attributions de caractère contentieux relevant de deux catégories.

Il se peut, tout d'abord, que la Cour de Justice soit saisie de recours par les plaideurs eux-mêmes, par voie d'action ou d'exception : recours en annulation

1. CJCE 26 févr. 1976, *Sadam*, aff. 88 à 90/75, Rec. p. 323.
2. F. Hamon, La réforme du système juridictionnel communautaire, *D.* 1997. Chron. 7 s.

des actes des institutions, recours contre la carence des institutions, exception d'illégalité contre les règlements, recours en responsabilité extracontractuelle de l'Union, recours contre les sanctions prises par les autorités communautaires, recours en manquements d'États, etc. Dans ces divers cas, la juridiction se prononce au fond en premier et dernier ressort, ce qui met fin au litige. Il lui est possible de prononcer des sanctions pécuniaires à l'égard des États qui n'exécuteraient pas ses décisions.

Dans une autre catégorie de cas, la Cour de Justice n'est saisie que de façon médiate, c'est-à-dire non pas par le plaideur lui-même, mais par une juridiction nationale qui, ayant à se prononcer sur une question de droit communautaire, sursoit à statuer et s'adresse à la Cour de Luxembourg par voie de *question préjudicielle*, de manière incidente.

La Cour de Justice peut aussi être saisie en tant qu'arbitre.

C. Les normes communautaires

299 ***1° Droit primaire et droit dérivé*** ◇ On a vu que le droit européen des droits de l'homme, en se développant, a constitué un ensemble de règles et de solutions dont l'articulation sur le droit interne peut faire problème. Reste que l'on peut encore parler d'un droit international s'ordonnant sur des dispositions d'une convention internationale – et de ses annexes – et sur des solutions dégagées à partir de l'activité de divers organes (*supra*, n°s 285 s.).

Lorsque l'on envisage le *droit de l'Union européene* résultant de l'évolution précédemment rappelée, l'ensemble analysé est beaucoup plus complexe, car l'ordre juridique qui s'est développé en la matière se ramène non seulement à des dispositions d'une convention internationale et à des solutions de caractère judiciaire ou parajudiciaire, mais aussi à un ensemble de normes originales émanant des organes de l'Union. Voilà pourquoi l'on doit alors distinguer ici deux sortes de droit.

Le *droit de l'Union européenne originaire* est constitué par les divers traités, accords et conventions qui ont institué les Communautés européennes initiales (1951, 1957), puis modifié, étendu ou complété les dispositions de ces textes. Comportant des clauses liminaires, institutionnelles, matérielles..., ce droit n'appelle pas ici d'observations autres que celles qui ont été présentées au sujet de l'autorité des traités dans la hiérarchie des normes du droit français. Il suffit donc d'y renvoyer (v. *supra*, n°s 266 s.) [1].

Il en va tout autrement du *droit de l'Union européenne dérivé* des traités évoqués, en ce que ceux-ci ont prévu que les organes communautaires pourraient édicter des normes. Celles-ci émanent généralement du

---

1. Observons cependant que les règles du droit coutumier international portant sur la cessation et la suspension des relations conventionnelles, en raison d'un changement fondamental des circonstances, lient les institutions de la Communauté et font partie de l'ordre juridique communautaire (CJCE 16 juin 1998, *JCP* 1999, II, 10022, note E. Leray et A. Potteau).

Conseil, sur proposition de la Commission [1]. Le droit sécrété par l'Europe communautaire n'a cessé de se développer et d'accroître l'importance attachée au problème de l'intégration de ce corps de règles : règlements, directives, décisions, recommandations, avis [2].

300 ***a) Le règlement*** ◊ Semblable à la loi, au sens matériel du terme, dans l'ordre interne, le règlement a une portée générale. Applicable à des catégories de personnes envisagées abstraitement et dans leur ensemble, le règlement est obligatoire dans tous ses éléments, c'est-à-dire non seulement quant aux objectifs visés, mais quant aux moyens utilisés pour les atteindre. En outre, le règlement est directement applicable dans – et non pas par – tous les États membres, ce qui exclut « toutes modalités d'exécution dont la conséquence pourrait être de faire obstacle à l'effet direct des règlements communautaires et de compromettre ainsi leur application simultanée et uniforme dans l'ensemble de la communauté » [3].

301 ***b) La directive*** ◊ Quoique de moindre portée normative, la directive qui a été comparée à une *loi-cadre* (v. *infra*, n° 316), appelle des compléments par voie de lois ou de décrets [4]. Encore ne faut-il pas exagérer cette latitude, si l'on observe que la Cour de justice s'est refusée à faire nécessairement échapper les directives à l'applicabilité directe [5].

---

1. En principe, les normes sont adoptées à la majorité des voix, mais en vertu d'un compromis de Luxembourg, accepté le 29 janvier 1966 à la demande de la France, la règle de l'unanimité a été substituée à celle de la majorité lorsque les normes ou décisions concernent « des intérêts très importants d'un ou plusieurs partenaires ». À vrai dire, ce compromis s'accorde mal avec l'esprit qui a présidé, en 1986, à l'adoption de l'Acte unique européen.

2. V. B. Oppetit, Droit commun et droit européen, Mélanges Loussouarn, 1994, p. 311 s., rééd. in Droit et modernité, 1998, p. 73 s. ; J.-P. Gridel, Déclin des spécificités françaises et éventuel retour d'un droit commun européen, *D.* 1999. Chron. 139 s. – La folie réglementaire, déplorée en France (et ailleurs) sévit aussi à Bruxelles (v., heureusement, sur le retrait, annoncé en septembre 2005, de 68 propositions de textes communautaires en instance : *JCP* 2005, Act. 523).

3. CJCE 7 févr. 1973, *Com. c/ Halie*, aff. 39/72, *Rec.* p. 101. – La Cour de Justice des Communautés européennes a décidé qu'« en raison de sa nature même et de sa fonction dans le système des sources de droit communautaire, (le règlement) produit des effets immédiats et est, comme tel, apte à conférer aux particuliers des droits que les juridictions nationales ont l'obligation de protéger » (CJCE 14 déc. 1972, *Politi*, aff. 43/71, Rec. p. 1049 ; 10 oct. 1973, *Variola*, aff. 34/73, *Rec.* p. 990).

4. J. Boulouis, Sur une catégorie nouvelle d'actes juridiques : les directives, Mélanges Eisenmann, 1975, p. 191 s. – V. Y. Galmot et J.-C. Bonichot, La CJCE et la transposition des directives en droit national, *RFDA* 1988. 1 ; A.R. Leitao, L'effet direct des directives : une mythification ?, *RTD eur.* 1981. 425 s. ; N. Rodios, *Considérations sur la fonction et l'application des directives communautaires*, Bruxelles, 1993.

5. CJCE 6 oct. 1970, *Franz Grad*, aff. 9/70, Rec. p. 825 ; 17 déc. 1970, *S.A.C.E. de Bergame*, aff. 33/70, Rec. p. 1213 ; 4 déc. 1974, *Van Duyn*, aff. 41/74, *Rec.* p. 1337. – Ainsi la Cour de justice des Communautés européennes a-t-elle décidé que le juge national saisi d'un litige dans une matière relevant de la directive du Conseil, en date du 9 mars 1968, tendant à coordonner pour les rendre équivalentes, les garanties qui sont exigées, dans les États membres, des sociétés, au sens de l'art. 58 du Traité CEE pour protéger les intérêts tant des associés que des tiers, est tenu d'interpréter son droit national à la lumière du texte et de la finalité de cette directive, en vue d'empêcher la déclaration de nullité d'une société anonyme pour une cause autre que celles énumérées à son art. 11 (CJCE 13 nov. 1990, aff. C-106/89, *Marleasing SA c/ Commercial*

Le procédé de la directive répond à un désir de plus grande souplesse que le règlement dans les relations entre normes communautaires et droits internes. La directive lie tout État membre destinataire quant au résultat à atteindre, tout en laissant aux instances nationales la compétence quant à la forme et aux moyens. Le plus souvent, la directive est adressée à tous les États membres, ce qui contribue à faire d'elle un mode de législation indirecte. Reste qu'elle laisse aux États membres le choix des moyens à utiliser pour atteindre les objectifs visés et qu'elle implique le relais de l'État membre quant à son insertion dans l'ordre interne. Mais l'on s'interroge sur la portée de cet acte intermédiaire. S'agit-il d'un acte de *réception*, disons d'une décision en l'absence de laquelle la directive est privée de portée dans l'État considéré ? S'agit-il seulement d'un acte d'*exécution* d'une norme dont la portée serait plus contraignante, à telle enseigne qu'en l'absence même de mesures complémentaires de transposition, la directive pourrait d'ores et déjà produire effet dans l'ordre interne de l'État réticent ? Après s'être en général prononcée en ce dernier sens, la Cour de justice a évolué dans un sens beaucoup plus rigide et même autoritaire et presque littéral. À preuve le fait que la France a été plusieurs fois condamnée pour n'avoir pas transposé de manière suffisamment fidèle, par la loi du 19 mai 1998, une directive communautaire du 25 juillet 1985 sur la responsabilité du fait des produits défectueux [1]. Ce mouvement est d'autant plus regrettable que la teneur des textes de provenance communautaire laisse à désirer, c'est le moins qu'on puisse dire. C'est la négation même du concept de directive !

La contrainte communautaire s'exerce aussi du fait des retards apportés à la transposition des directives. Voilà pourquoi une loi du 18 mars 2004 a habilité le Gouvernement à transposer par ordonnance des directives communautaires, pour la plus grande jouissance de l'eurocratie et de la bureaucratie. Qui parle donc de déficit démocratique ? Quoi qu'il en soit, une giclée d'ordonnances a suivi (ex. ord. n° 2005-136, 17 févr. 2005 transposant la directive du 25 mai 1999 sur certains aspects de la vente et des garanties des biens de consommation) [2]. Moyennant quoi la loi du 5 avril 2006, ratifiant cette ordonnance a, au passage, introduit une verrue juridique à l'article 1386-7 du Code civil, illustrant une fois de plus l'incohérence du droit des obligations. La voie des ordonnances a aussi été utilisée au sujet des règlements (ex. : ord. du 4 nov. 2004 en matière de concurrence), alors que la loi d'habilitation ne visait que les directives.

Internacional de Alimentacion SA, *JCP* 1991, II, 21658, note P. Level). – V. P. Manin, L'invocabilité des directives : quelques interrogations, *RTD eur.* 1990. 669 s.

1. CJCE 25 avril 2002, *D.* 2002. 2462, note C. Larroumet, *RTD civ.* 2002. 868, obs. J. Raynard, *CCC* 2002. 117, obs. G. Raymond, *JCP* 2002, Act. 243 ; G. Viney, L'interprétation par la CJCE de la directive du 25 juillet 1985 sur la responsabilité du fait des produits défectueux, *JCP* 2002, I, 177 ; v. aussi *JCP* 2000, I, 280, n° 7, chron. G. Viney. La France a même été sérieusement épinglée pour avoir été au-delà des exigences communautaires ! Etc.

2. V. la controverse doctrinale, notamment les opinions de P. Jourdain et de D. Mazeaud, *D.* 2003, Point de vue, p. 4 s. ; *RTD civ.* 2002. 871, obs. J. Raynard ; D. Mainguy, *JCP E* 2005, 630 ; Rondey, *D.* 2005. 562 ; Tournafond, *D.* 2005. Chron. 1557.

302 ***c) Décision, recommandation, avis*** ◇ La *décision* communautaire est, pour les destinataires qu'elle désigne, un acte obligatoire en tous ses éléments, c'est-à-dire non seulement quant aux résultats visés, mais aussi quant aux moyens utilisés en vue de les atteindre. Le destinataire peut être un individu, une entreprise ou un État membre, de sorte que la décision présente un caractère variable : tantôt elle ressemble à un acte administratif individuel de droit interne ; tantôt, parce qu'elle s'adresse à un État, elle ressemble davantage à une directive.

D'autres normes communautaires sont dépourvues de force contraignante. Ainsi en est-il des *recommandations* et *avis* qui ne lient pas. Ils n'en sont pas moins des modes efficaces d'expansion du droit de l'Union européenne, qu'il s'agisse des avis adressés par la Commission aux entreprises ou aux États ou des recommandations émanant de la Commission et du Conseil. On observera qu'en droit communautaire comme en droit interne, mieux : beaucoup plus encore qu'en droit interne, l'on voit se développer les points d'émergence du droit.

303 ***d) La Charte des droits fondamentaux de l'Union européenne*** ◇ À l'issue du Conseil européen tenu à Nice les 7, 8 et 9 décembre 2000, une Charte des droits fondamentaux de l'Union européenne a été solennellement proclamée [1]. Sa justification a été liée au fait que, jusque-là, il n'existait pas « au niveau européen de texte rassemblant les droits et libertés fondamentaux et s'imposant aux institutions de l'Union » (Préface). L'on a donc voulu, à l'intention des citoyens, des institutions et des États membres, beaucoup moins définir ou affirmer de nouveaux droits que rassembler dans un même texte des droits épars, dispersés jusque-là dans diverses conventions, pactes ou déclarations [2]. L'accumulation des déclarations et pactes en matière de droits fondamentaux, illustrée par la Charte considérée, satisfait une certaine grandiloquence fondamentaliste – c'est le cas de le dire – mais, n'en déplaise à ses partisans, défavorise l'apparition d'une identité communautaire et nuit tant aux valeurs républicaines qu'à un certain sens de la démocratie [3].

Le Préambule de la Charte est explicite : « L'Union contribue à la préservation et au développement de (ces) valeurs communes dans le respect de la diversité des cultures et des traditions des peuples de l'Europe, ainsi que de l'identité nationale des États membres et de l'organisation de leurs pouvoirs publics au niveau national, régional et local ; elle cherche à promouvoir un développement équilibré et durable et assure la libre circulation

1. V. *JOCE* n° C 364, 18 déc. 2000.
2. F. Benoît-Rohmer, La Charte des droits fondamentaux de l'Union européenne, *D.* 2001. 1483 s. ; Jacqueline Dutheil de la Rochère, *Mélanges Jeanneau*, 2002, p. 91 s.
3. V. G. Lebreton, Critique de la Charte des droits fondamentaux de l'Union européenne, *D.* 2003. Chron. 2319 s. ; v. aussi *Regards critiques sur l'évolution des droits fondamentaux de la personne humaine en 1999 et 2000*, éd. L'Harmattan, 2002 ; L. Burgogne-Larsen, La force de l'évocation ou le fabuleux destin de la Charte des droits fondamentaux de l'UE, *Mélanges Pactet*, 2003, p. 77 s.

des personnes, des biens, des services et des capitaux, ainsi que la liberté d'établissement. À cette fin, il est nécessaire, en les rendant plus visibles dans une Charte, de renforcer la protection des droits fondamentaux à la lumière de l'évolution de la société, du progrès social et des développements scientifiques et technologiques ». Moyennant quoi, on retrouve dans la Charte, même avec des variantes, des inversions et des compléments, le catalogue bien connu, juridiquement et politiquement correct, de ces avatars des droits de l'homme que constituent pour réjouir tant de publicistes, les droits fondamentaux. Observons toutefois la place, en premier rang dans le texte, de l'affirmation de la dignité humaine : celle-ci « est inviolable. Elle doit être respectée et protégée » (art. 1er). La suite est des plus classiques : libertés, égalité, solidarité, citoyenneté, justice... Les exégètes peuvent s'intéresser à la comparaison littérale des textes et même à la coordination des textes contenus dans les conventions internationales (ex. art. 53) [1].

Observons, en outre, ce qui est pour nous une lacune pour le moins injustifiée, le Préambule de la Charte affirme que : « Consciente de son patrimoine spirituel et moral, l'Union se fonde sur les valeurs indivisibles et universelles de dignité humaine, de liberté, d'égalité et de solidarité... ». Fort bien. Mais, dans sa formulation initiale, il avait été prévu de se référer à l'« héritage culturel, humaniste et religieux » de l'Europe. Or, à la demande même des Français, invoquant leur conception de la laïcité, on a supprimé la référence à l'héritage religieux [2]. On ne voit pas pourquoi cette « conception » était heurtée par le rappel d'un héritage fondamental. Indépendamment même des silences de la Charte sur le fait religieux, qu'il s'agisse de la liberté d'association ou des statuts des Églises, il est choquant qu'aient été bel et bien niées de la sorte les racines chrétiennes de l'Europe.

304 ***2° Droit de l'Union européenne et droit interne. Le problème constitutionnel*** ◊ La nature du droit de l'Union européenne n'a pas fini de susciter la controverse. Par son origine, il présente un caractère international, qu'il s'agisse du droit primaire ou du droit dérivé. À ce titre, en tant qu'il est issu de traités ratifiés par la France, il se situe dans la hiérarchie des normes françaises au-dessus des lois internes. C'est en ce sens qu'en droit constitutionnel, l'on est amené à classer les normes de l'Union européenne parmi les normes supra-législatives. On ne saurait pourtant s'en tenir à ce propos, et ce dans une double perspective.

---

1. V. cep., d'un point de vue pratique, quant aux changements entraînés par la Charte, F. Bellivier, obs. *RTD civ.* 2000. 421 s. ; V. Michel, Convention européenne des droits de l'homme et Charte des droits fondamentaux de l'Union : entre mythe ancien et conte moderne, *LPA*, 24 juin 2003, 8 s. – V. aussi, sur les premières décisions rendues par le Comité européen des droits sociaux dans des affaires concernant la France, J.-P. Marguénaud, obs. *RTD civ.* 2001. 452 s.

2. F. Benoît-Rohmer, chron. préc., p. 1483, note 3.

Tout d'abord, il convient d'observer que ce droit – primaire ou dérivé – se situe dans la hiérarchie des normes juridiques françaises à un niveau inférieur à celui de la Constitution. Encore convient-il de distinguer deux périodes dans le développement de son droit.

Ce qui, dans cet ensemble, est antérieur à la Constitution de 1958 s'est formé à une époque où, suivant le Préambule de la Constitution de 1946, « sous réserve de réciprocité, la France consent aux limitations de souveraineté nécessaires à l'organisation et à la défense de la paix » ; en outre, sous la IVe République, il n'existait pas de contrôle de constitutionnalité des traités internationaux [1].

On a vu qu'ultérieurement, la Constitution de 1958 a institué un contrôle de constitutionnalité des traités et accords internationaux (*supra*, n° 249). Mais faute de caractère rétroactif, ce contrôle n'a pu porter sur les engagements internationaux antérieurs à l'entrée en vigueur de la Constitution de 1958. Et le Conseil constitutionnel a décidé que les traités de Paris et de Rome « régulièrement ratifiés et publiés, sont, dès lors, entrés dans le champ d'application de l'article 55 de la Constitution » [2], ce qui leur confère une autorité supérieure à celle des lois. La même autorité est attachée aux traités et décisions européens ratifiés et publiés depuis 1958, qu'ils aient ou n'aient pas fait l'objet d'un contrôle de constitutionnalité. Sur les difficultés suscitées par l'instauration de la question prioritaire de constitutionnalité, v. ss 122, 259.

305 ***La place du droit de l'Union européenne dérivé*** ◊ La pénétration croissante de ce droit dans le droit interne a reçu la bénédiction du Conseil constitutionnel, lorsque, se fondant sur le premier alinéa de l'article 88-1 de la Constitution (réd. L. 25 juin 1992 ; v. *infra*, n° 308), il a considéré que le constituant avait ainsi « consacré l'existence d'un ordre juridique communautaire intégré à l'ordre juridique interne et distinct de l'ordre juridique international » [3]. Mais quelle est la portée exacte de cette intégration ? Il faut distinguer ici le traitement de ce droit dérivé et celui des lois appelées à réaliser techniquement cette intégration.

306 ***Le contrôle du droit de l'Union européenne dérivé*** ◊ Au sujet des *dispositions mêmes du droit dérivé* (règlements, directives), il faut observer tout d'abord que leur validité relève normalement de la Cour de justice de l'Union européenne [4]. Le Conseil constitutionnel a, de son côté, décidé

1. Et le Conseil d'État rejeta, en outre, le recours formé contre le décret de publication du Traité de Rome, pour inconstitutionnalité de la loi de ratification : CE 3 mars 1961, *André*, *Rev. gén. dr. int. publ.* 1961, 426, concl. Henry.

2. Cons. const. 19 juin 1970, *Rec.* p. 15.

3. Cons. const. 19 nov. 2004, déc. n° 2004-505 DC, *JO* 24 nov. 2004, *RFDA* 2005. 30, obs. C. Maugüé, p. 34, obs. F. Sudre ; D. Chamussy, Le Conseil constitutionnel face à la primauté du droit communautaire, *AJDA* 2005. 219. – V. aussi L. Dubouis, Le juge français et le conflit entre norme constitutionnelle et norme européenne, in *Mélanges Boulouis* 1991, p. 205 s.

4. CJCE 22 oct. 1987, *Foto-Frost*, *Rec.* p. 4199. En sens inverse, la CJCE ne peut annuler les actes législatifs ou réglementaires d'un des États membres (CJCE 16 déc. 1960, *Humblet*, Rec. p. 1125 s.).

que les règlements et les directives « ne sont que la conséquence d'engagements internationaux souscrits par la France qui sont entrés dans le champ de l'article 55 de la Constitution » (*supra*, n° 304) ; « que, dans ces conditions les dispositions de la loi... ne sont contraires à aucune règle ni aucun principe ayant valeur constitutionnelle » [1]. En d'autres termes, le Conseil constitutionnel fait preuve de soumission au droit de l'Union européenne et à l'interprétation qu'en donne la CJUE [2].

En résulte-t-il une affirmation de la primauté de ce droit, aux yeux du Conseil constitutionnel ? La suite a montré que ce n'est pas le cas. Se fondant à nouveau *sur l'article 88-1 de la Constitution*, il a décidé que « la transposition en droit interne d'une directive communautaire résulte d'une exigence communautaire à laquelle il ne pourrait être fait obstacle qu'en raison d'une disposition expresse contraire de la Constitution » [3]. Cette réserve pourrait notamment concerner des impératifs distincts de ceux que consacre le droit de l'Union européenne, tels que la laïcité, la parité ou l'égal accès aux emplois publics [4].

« En l'absence d'une telle disposition, décide le Conseil constitutionnel le 10 juin 2004, il n'appartient qu'au juge communautaire, saisi le cas échéant à titre préjudiciel, de contrôler le respect par une directive communautaire tant des compétences définies par les traités que des droits fondamentaux garantis par l'article 6 du traité sur l'Union européenne ».

307 ***Le contrôle des lois de transposition*** ◊ « Lorsque le Conseil constitutionnel a réaffirmé son absence de contrôle des règlements ou des directives, le 10 juin 2004 » (déc. préc.), il a cependant formulé une réserve d'interprétation en indiquant que l'article de loi considéré « se bornait à tirer les conséquences nécessaires des dispositions inconditionnelles et précises » de la directive sur laquelle le Conseil constitutionnel n'a pas à se prononcer.

Cette formulation marquait déjà une évolution sensible du Conseil constitutionnel dans sa docilité par rapport au droit européen mais aussi dans l'accroissement de son rôle par rapport à celui-ci [5]. De la position adoptée par lui en 2004, il résultait que la loi de transposition échappait à sa censure si elle se bornait à tirer les conséquences de la directive, ce qui impliquait déjà bien qu'il contrôlait cette conformité. Cette ouverture à

---

1. Cons. const. 30 déc. 1977, *RTD eur.* 1979. 142, note G. Isaac et J. Molinier, *Pouvoirs* 1978, 187, obs. P. Avril et J. Gicquel.
2. V. au sujet d'une loi du 7 août 2004 relative à la Bioéthique, déc. 29 juill. 2004, *JO* 7 août 2004, p. 14077.
3. Cons. const. 10 juin 2004, déc. n° 2004-496, *AJDA* 2004. 1534, note J. Arrighi de Casanova, *RFDA* 2004. 651, obs. B. Genevois, *LPA* 12 août 2004, p. 16, *RTD civ.* 2004. 605, obs. R. Encinas de Munagorri, *LPA* 12 août 2004, note P.-Y. Monjal, *D.* 2005. Pan. 1125 s., note V. Ogier-Bernaud et Catherina Severino ; v. aussi les art. de E. Bruce, *LPA* 27 sept. 2005, et de Th. Georgopoulos, *LPA* 15 nov. 2005.
4. V. Ogier-Bernaud et C. Severino, chron. préc., p. 1127.
5. V. D. Bailleul, Quand le juge ressemble au constituant, *D.* 2004. Chron. 3089 s.

contrôle portait en germe un changement profond d'attitude, car cela aboutissait déjà à faire du Conseil constitutionnel le serviteur, mais aussi le concurrent de la CJUE.

La suite l'a bien montré lorsque, le 30 mars 2006, le Conseil constitutionnel, saisi d'un recours contre la loi pour l'égalité des chances destinée à être promulguée le 31 mars 2006, s'est prononcé sur le grief tiré de la violation de la directive 2000/78 CE du 27 novembre 2000 [1]. Il a, en effet, rappelé qu'aux termes de l'article 88-1 de la Constitution : « La République participe aux communautés européennes constituées d'États qui ont choisi librement, en vertu des traités qui les ont instituées, d'exercer en commun certaines de leurs compétences ». Et, voici l'essentiel, il a considéré « que, si la transposition en droit interne d'une directive communautaire résulte d'une exigence constitutionnelle, il n'appartient pas au Conseil constitutionnel, lorsqu'il est saisi en application de l'article 61 de la Constitution, d'examiner la compatibilité d'une loi "*avec les*" [2] dispositions d'une directive communautaire qu'elle n'a pas pour objet de transposer en droit interne ; qu'ainsi, le grief tiré de la violation de la directive susvisée du 27 novembre 2000 doit être écarté » [3].

Implicitement mais nécessairement, il résulte de cette décision que le Conseil constitutionnel s'arrogeait le pouvoir de contrôler la conformité des lois de transposition des directives par rapport aux directives, ce qui aboutit à élever celles-ci au même niveau que les dispositions constitutionnelles. La suite n'a pas tardé à passer de l'implicite à l'explicite. S'il n'a pas estimé, dans sa décision du 27 juillet 2006, que la loi en cause était contraire à la directive correspondante, le Conseil constitutionnel n'en a pas moins considéré qu'il lui appartenait de contrôler cette conformité et d'annuler la loi « en cas d'erreur manifeste de transposition » [4]. Ainsi les directives relèvent désormais du « bloc de constitutionnalité » (*supra*, n° 251 s.) [5].

Compte tenu de l'ampleur de la production bruxelloise, l'atteinte à la souveraineté n'en est que plus grande et inquiétante [6]. – Comp. sur la conformité à la Constitution des traités et accords internationaux, *supra*, n° 260.

---

1. Cons. const., déc. n° 2006-535 DC, 30 mars 2006, JO 2 et rectif. 11 avr. 2006.
2. Déc. n° 2006-535 DC, préc., rectif. *JO* 11 avril 2006, p. 5418.
3. V. J.-E. Schoettl, La loi pour l'égalité des chances devant le Conseil constitutionnel, *LPA* 5 avril 2006, p. 3 s. ; B. Mathieu, L'examen juridique de la constitutionnalité du contrat première embauche, *LPA* 13 avr. 2006, p. 4 s., spéc. p. 9. ; G. Drago, Beaucoup de bruit pour rien : le CPE était conforme à la Constitution, *JCP* 2006, II, 10064.
4. Déc. 27 juill. 2006, Loi relative au droit d'auteur et aux droits voisins dans la société de l'information, *D.* 2006. 2157, *Dr. adm.* oct. 2006, 31, note P. Cassia et E. Saulnier-Cassia, *LPA* 14-16 août 2006, note J.-E. Schoettl, *RTD civ.* 2007. 80 s., obs. R. Encinas de Munaggori.
5. B. Mathieu, Le droit communautaire fait son entrée au Conseil constitutionnel, *LPA* 22 août 2006.
6. V. aussi, quant au contrôle par le juge administratif, de la constitutionnalité des actes réglementaires de transposition des directives, CE 8 fév. 2007, *D.* 2007. 2272, note M. Verpeaux ; Pascale Deumier, Constitution et droit communautaire dérivé : la voix des juges, *D.* 2007. 2742.

308 ***Droit de l'Union européenne et lois internes*** ◊ L'analyse est beaucoup plus délicate lorsque l'on envisage la place du droit de l'Union européenne par rapport à l'ordre législatif interne. La question se pose en termes originaux au sujet du droit dérivé, dans la mesure où l'on considère que ce droit est immédiatement et directement applicable dans les États membres, sans nécessaire acceptation par réception des normes qui le composent dans chaque État membre. Telle est bien la position adoptée par la Cour de Justice. Celle-ci a décidé, le 15 juillet 1964, qu'« à la différence des traités internationaux ordinaires, le traité de la CEE a institué un ordre juridique propre intégré au système juridique des États membres lors de l'entrée en vigueur du traité et qui s'impose à leurs juridictions » [1].

De ce processus, plus qu'en germe dans les traités et fortement encouragé par la Cour de Justice, les conséquences sont considérables. De cette applicabilité directe, d'aucuns ont d'ailleurs déduit « le droit pour toute personne de demander à son juge de lui appliquer traités, règlements, directives ou décisions communautaires » [2].

Dès lors se manifestent les caractères originaux du droit communautaire européen, qui se différencie du droit international d'une double manière : parce que, pouvant être le résultat de décisions prises non à l'unanimité, mais à une majorité même qualifiée, il revêt un caractère *supranational ;* parce que, ayant vocation à être immédiatement et directement applicable dans l'ordre juridique de chaque État membre, il revêt alors un caractère *transnational.*

Or ce sont précisément ces traits caractéristiques qui ont suscité des résistances, d'autant plus vives que, la bureaucratie européenne aidant, on a vu se multiplier les normes communautaires, de plus en plus nombreuses, de plus en plus complexes, de plus en plus contraignantes. Loin d'abaisser toutes les barrières, on a élevé de tous côtés des barrières juridiques dont bien souvent seuls des initiés comprennent les dispositions. Et ce courant a illustré le développement de l'eurocratie [3].

309 ***Primauté du droit de l'Union européenne ?*** ◊ Pareil mouvement a appelé une réflexion attentive et renouvelée sur un affaissement insidieux de la hiérarchie des normes, du moins à certains étages, car le gonflement du droit considéré s'introduisant dans l'ordre juridique interne a été de pair, de la part de ceux qui le font, avec l'affirmation de sa primauté, en tant que tel, sur le droit interne des États membres [4]. Loin de laisser à chaque système juridique le soin de situer, en lui-même, la place du droit de l'Union, ce qui

1. Aff. 6/64, *Costa, Rec.* p. 1141 ; v. aussi CJCE 9 mars 1978, *Simmenthal*, aff. 106/77, Rec. p. 609.
2. R. Lecourt, *L'Europe des juges*, Bruxelles, 1976, p. 248.
3. B. Oppetit, L'eurocratie ou le mythe du Législateur suprême, *D.* 1990. Chron. 73 s., rééd. in Droit et modernité, 1998, p. 31 s.
4. V. not. F. Chaltiel, Les perspectives du principe de primauté du droit communautaire, *LPA* 20 oct. 2005.

correspondait à une vision traditionnelle en droit international, on a voulu – du côté de Bruxelles ou de Luxembourg – demander au droit de l'Union lui-même de fixer sa propre place par rapport aux droits internes.

Rien d'étonnant, dès lors, si en son temps, la Cour de justice des Communautés européennes a affirmé le « principe fondamental de la primauté de l'ordre juridique communautaire » [1]. Dans le célèbre arrêt *Costa* [2], la Cour a fondé cette primauté sur l'applicabilité immédiate et directe des normes communautaires, sur « le transfert opéré par les États, de leur ordre juridique interne au profit de l'ordre juridique communautaire » entraînant « une limitation définitive de leurs droits souverains » et sur la nécessaire unité de l'ordre juridique communautaire [3]. Autant d'arguments qui attestent un dépassement du Marché commun fût-ce par le Marché commun, de l'Europe communautaire des Six par l'Europe communautaire des Neuf, des Douze, puis des Quinze, Vingt-cinq et des Vingt-sept dans une ligne de type fédéral conduisant à porter des atteintes accrues à la souveraineté nationale dans chaque État membre, dans ce qui est devenu *l'Union européenne*. – Rappr., au sujet des questions prioritaires de constitutionnalité, v. ss 122, 259.

Ce dépassement a été particulièrement caractérisé d'abord par le *Traité sur l'Union européenne* signé à *Maastricht* le 7 février 1992, puis par celui d'*Amsterdam* en date du 2 octobre 1997, qui ont entraîné d'importants transferts de souveraineté et, pour cela, plusieurs modifications de la Constitution (v. *supra*, n° 291 s.). Deux articles ont été en conséquence ajoutés à la Constitution dans un nouveau Titre, intitulé *Des Communautés européennes et de l'Union européenne*. D'un article 88-1, il résulte que « La République participe aux Communautés européennes et à l'Union européenne, constituées d'États qui ont choisi librement, en vertu des traités qui les ont instituées, d'exercer en commun certaines de leurs compétences ». Quant à l'article 88-2, il dispose que, « sous réserve de réciprocité, et selon les modalités prévues par le Traité sur l'Union européenne signé le 7 février 1992, la France consent aux transferts de compétences nécessaires à l'établissement de l'union économique et monétaire européenne » (al. 1er) [4]. « Sous la même réserve et selon les modalités prévues par le Traité instituant la Communauté européenne, dans sa rédaction résultant du traité signé le 2 octobre 1997, peuvent être consentis les transferts de compétences nécessaires à la détermination des règles relatives à la libre circulation des personnes et aux domaines qui lui sont liés » (al. 2, réd. L. const. 25 janv. 1999).

---

1. CJCE 10 oct. 1973, *Variola*, aff. 34/73, Rec. p. 981.
2. Aff. préc. 15 juill. 1964.
3. Suivant le juge Pescatore, la primauté du droit communautaire est une « exigence existentielle » de l'ordre juridique des Communautés (L'ordre juridique des Communautés européennes, Liège 1973, p. 227. – V. aussi, du même auteur, L'effet des directives communautaires : une tentative de démythification, *D.* 1980. Chron. 171 s.).
4. Art. modifiés pour le futur (art. 88-1 à 88-6) dans la perspective d'une entrée en vigueur du Traité de Lisbonne, sous le titre De l'Union européenne (réd. L. const. du 23 juill. 2008).

310 ***Principe de subsidiarité*** ◊ Il est vrai que, corrélativement, est apparu un principe de *subsidiarité* destiné, suivant le préambule du Traité, à faciliter les prises de décision « le plus près possible des citoyens » [1]. D'où un article 5 de la version consolidée du traité sur l'Union européenne ainsi rédigé : « La Communauté agit dans les limites des compétences qui lui sont conférées et des objectifs qui lui sont assignés par le présent traité » (al. 1er). « Dans les domaines qui ne relèvent pas de sa compétence exclusive, la Communauté n'intervient, conformément au principe de subsidiarité, que si et dans la mesure où les objectifs de l'action envisagée ne peuvent pas être réalisés de manière suffisante par les États membres et peuvent donc, en raison des dimensions ou des effets de l'action envisagée, être mieux réalisés au niveau communautaire » (al. 2). « L'action de la Communauté n'excède pas ce qui est nécessaire pour atteindre les objectifs du présent traité » (al. 3). Destiné à calmer de légitimes inquiétudes, ce principe apparaît surtout comme un vœu pieux ou hypocrite. C'est plutôt de la faiblesse et des contradictions inhérentes à l'Union européenne qu'il faut attendre ou espérer une relative sauvegarde de la souveraineté nationale.

311 ***L'intégration dans le droit interne. La question*** ◊ L'existence d'un droit dérivé est difficilement contestable. La portée de son intégration dans le droit interne de chaque État laisse place à une grande perplexité. À s'en tenir au droit français, on ne saurait considérer que celui-ci se plie à la primauté du droit communautaire telle que l'affirme la Cour de Justice.

Reste posé le problème de l'insertion des normes européennes dans l'ordre juridique interne. Sa solution est présentée habituellement en termes de spécificité de ce droit, y compris du fait de son articulation sur les divisions du droit interne [2]. Dès lors, le débat s'ordonne dans les termes d'une alternative : ou bien l'on considère que le droit de l'Union ne peut primer les lois internes que par le canal de l'article 55 de la Constitution, c'est-à-dire par le canal de traités, conventions ou décisions sujets à ratification et à approbation ; ou bien l'on considère que l'insertion opère plus largement et concerne naturellement le droit dérivé, en dépit des nuances pouvant affecter son applicabilité.

Le choix est capital car, compte tenu du contrôle que les juridictions, tant de l'ordre judiciaire que de l'ordre administratif, se sont reconnu le pouvoir d'exercer sur la conformité des lois aux traités, ce pourrait être tout le droit

---

1. V. not., J. Rideau, Droit institutionnel de l'Union et des Communautés européennes, préc., p. 516 s. ; V. Constantinesco, Le principe de subsidiarité : un passage obligé vers l'Union européenne ?, *Mélanges Boulouis*, 1991, p. 35 s. ; J.-C. Fourgoux, La subsidiarité, Mythe politique ou principe juridique d'application pratique ?, *RJC* 1994. 221 s. ; P.-A. Feral, Le principe de subsidiarité dans l'Union européenne, *RD publ.* 1996. 203 s. Le principe de subsidiarité après le Traité d'Amsterdam, *RRJ* 1998-3, 1063 s.

2. V. Le droit communautaire et les divisions du droit, Univ. de Nanterre, *LPA*, 17 au 27 août 2004, 7 et 9 nov. 2005.

dérivé qui, à la faveur d'une interprétation large, serait assuré d'une véritable primauté sur les lois ordinaires dans l'ordre interne français.

C'est surtout dans cette perspective que l'on prend conscience du désordre juridique de notre temps. Désordre sans doute inévitable du fait de l'enchevêtrement des normes et du développement des juridictions internationales et de leurs conflits non seulement entre elles mais face aux juridictions nationales et aux Cours constitutionnelles (*supra*, n° 288). Il en est résulté une approche transversale des jurisprudences, suite assez naturelle de l'essor, heureux ou malheureux, d'un droit transnational ou transfrontières, et le recours à une notion aussi fuligineuse en droit communautaire qu'en droit interne [1].

312 ***La réponse*** ◊ Telle a bien été la position adoptée par le Procureur général Touffait devant la Cour de cassation lorsque, dans l'affaire *Jacques Vabre*, il invita la Cour de cassation à se fonder sur la *spécificité* des traités communautaires. Et si la Cour de cassation releva que le traité de la CEE était doté d'une autorité supérieure à celle des lois en vertu de l'article 55 de la Constitution, elle considéra cependant que cette convention « institue un ordre juridique propre intégré à celui des États membres ; qu'en raison de cette spécificité, l'ordre juridique qu'il a créé est directement applicable aux ressortissants de ces États et s'impose à leurs juridictions » [2].

Telle qu'elle résultait de l'arrêt *Nicolo* qui, opérant un revirement célèbre, a reconnu à la juridiction administrative le pouvoir de contrôler la conformité aux traités des lois même postérieures [3], la position du Conseil d'État se situait en retrait par rapport à celle de la Cour de cassation. Évoquant la primauté du droit communautaire sur le droit interne telle que la conçoit la Cour de Justice des Communautés européennes, le commissaire du gouvernement Frydman avait en effet affirmé qu'on ne pouvait s'engager en ce sens « dans une logique, difficilement justifiable, de *supranationalité*, à laquelle ne souscrit pas expressément le Traité de Rome et qui conduirait - quoi qu'on puisse par ailleurs en penser sur le plan politique - à rendre celui-ci très certainement inconstitutionnel ». Et dans l'arrêt *Nicolo*, si audacieuse et contestée qu'ait été cette décision, c'est par et à travers l'article 55 de la Constitution que fut

---

1. V. not. Internormativité et réseaux d'autorités, L'ordre communautaire et les nouvelles formes de relations, dir. L. Idot et S. Poillot-Peruzzetto, *LPA* 5 oct. 2004 ; A. Louvaris, Le Conseil d'État, juridiction suprême en réseau : une illustration, *D.* 2005. Chron. 859 s.

2. Ch. mixte, 24 mai 1975, préc. ; v. aussi Crim. 16 juin 1983, *JCP* 1983, II, 20044, note A. Decocq ; T. corr. Nanterre, 21 janv. 1981, *JCP* 1981, II, 19617, note A. Decocq, *RTD eur.* 1981. 372, note O. Loÿ : le tribunal a, de manière singulièrement extensive, décidé que « le juge national chargé d'appliquer, dans le cadre de sa compétence, les dispositions du droit communautaire, a l'obligation d'assurer le plein effet de ces normes en laissant au besoin inappliquée, de sa propre autorité, toute disposition contraire de la législation nationale même postérieure » ! - V. G. Le Tallec, La Cour de cassation et le droit communautaire, Mélanges Boulouis, 1991, p. 363 s. ; J.-P. Ancel, La prise en compte du droit international et communautaire dans la jurisprudence de la Cour de cassation, *Mélanges Plantey*, 1995, p. 59 s.

3. CE 20 oct. 1989, préc. - V. *supra*, n° 272.

appréciée la conformité de la loi du 7 juillet 1977 avec les dispositions de l'article 227-1 du Traité de Rome, c'est-à-dire avec des règles relevant du droit communautaire primitif et non du droit communautaire dérivé [1].

La suite a confirmé les craintes que l'on pouvait exprimer face à l'invasion du droit communautaire dérivé [2]. Loin de s'en tenir à la position, déjà discutable, adoptée dans l'arrêt *Nicolo*, le Conseil d'État a ultérieurement affirmé la primauté sur les lois nationales, même postérieures, non seulement des règlements [3], mais encore des directives communautaires [4]. Enfin, il a estimé qu'un arrêt de la Cour de Justice condamnant la France pour manquement à ses obligations communautaires, du fait de la contrariété d'un règlement national avec une directive, avait pour conséquence de rendre ce règlement *de plano* inapplicable [5].

313 ***L'invasion du droit de l'Union européenne dérivé*** ◊ Procédant de choix idéologiques favorables à l'internationalisation et à l'européanisation de notre droit, ainsi qu'à l'émergence d'un « gouvernement des juges », les solutions adoptées par la Cour de cassation et le Conseil d'État entraînent l'intégration dans notre ordre juridique [6], non seulement d'une énorme masse sécrétée, au jour le jour, par la bureaucratie bruxelloise, mais aussi par des autorités étrangères inspirées par une frénésie normatrice.

On se demandera par quelle singulière aberration un peuple adulte a pu ainsi aliéner – à une époque où on ne cesse d'exalter la démocratie – le soin de dire son droit entre les mains d'hommes qui lui sont extérieurs et qui n'ont pas pour première mission le bien commun de la société française [7]. Dans le contexte des ratifications du Traité sur l'Union européenne [8], une

---

1. V. R. Kovar, Le Conseil d'État et le droit communautaire : de l'état de guerre à la paix armée (à propos de l'arrêt du 20 octobre 1989, *Nicolo*), *D.* 1990. Chron. 57 s. – V. *supra*, n°s 267 s.

2. V. sur les signes avant-coureurs, H. Calvet, Le Conseil d'État et l'article 55 de la Constitution : une solitude révolue, *JCP* 1990, I, 3429, spéc. n°s 26 s.

3. CE 24 sept. 1990, *Boisdet*, *Rec.* p. 251, *RFDA* 1991. 172, note Dubouis.

4. CE 28 févr. 1992, *Rothman*, *JCP* 1992, II, 21859, note Teboul, *Gaz. Pal.* 1992. 2, 741, concl. Mme Laroque.

5. CE 23 mars 1992, *Soc. Klochner France*, *Rec.* p. 133 – V. R. Kovar, Le Conseil d'État et le droit communautaire : des progrès, mais peut mieux faire, *D.* 1992. Chron. 207 s. ; B. Stirn, Le Conseil d'État et le droit communautaire, *AJDA* 1993. 244 s. ; P. Sabourin, Le Conseil d'État face au droit communautaire, *RD publ.* 1993. 397 s. ; J.-P. Costa, La prise en compte du droit international et communautaire dans la jurisprudence du Conseil d'État, Mélanges Plantey, 1995, p. 45 s.

6. V. Méthodes d'intégration du droit communautaire au droit français, *RRJ* 1991-4, 919 s. ; B. Oppetit, Droit commun et droit européen, art. préc. ; S. Poillot-Peruzzetto, Ordre public et droit communautaire (en hommage au doyen Boyer), *D.* 1993. Chron. 177 s. – Rappr. C. Debouy, Intégration communautaire et pratique procédurale du juge administratif français, *JCP* 1992, I, 3616 ; F. Hervouet, Politique jurisprudentielle de la Cour de justice et des juridictions nationales, Réception du droit communautaire dans le droit interne des États, *RD publ.* 1992. 1257 s. ; D. Simon, Les exigences de la primauté du droit communautaire, Continuité ou métamorphoses ?, Mélanges Boulouis, 1991, p. 481 s. ; G. Koubi, Transposition et/ou transcription des directives communautaires en droit national ?, *RRJ* 1995. 617 s.

7. V. Y. Lequette, art. préc.

8. V. not. L. Hamon, La souveraineté nationale, la Constitution… et les négociations « européennes » en cours, *D.* 1991. Chron. 301 s.

orientation dans le sens d'une réduction du *déficit démocratique* maintes fois dénoncé s'est manifestée à l'occasion de la réforme constitutionnelle opérée par la loi du 25 juin 1992. Il en est résulté une obligation pour le Gouvernement de soumission pour avis au Parlement de certains textes [1]. Mais il ne s'agit pas de subordonner leur intégration dans l'ordre juridique français à l'accord de celui-ci.

De l'article 88-4, alinéa 1er, de la Constitution de 1958 (réd. L. const. 23 juill. 2008), il résulte que « le Gouvernement soumet à l'Assemblée nationale et au Sénat, dès leur transmission au Conseil de l'Union européenne, les projets ou propositions d'actes des Communautés européennes et de l'Union européenne » [2]. « Selon des modalités fixées par le règlement de chaque assemblée, des résolutions européennes peuvent être adoptées, le cas échéant en dehors des sessions, sur les projets ou propositions mentionnés au premier alinéa, ainsi que sur tout document émanant d'une institution de l'Union européenne » (art. 88-4, al. 2) [3]. Il n'en demeure pas moins que la souveraineté nationale est singulièrement altérée. On en voudra pour preuve le fait qu'un État membre des Communautés européennes engage sa responsabilité en cas de non-transposition d'une directive dans son droit interne [4]. Plus profondément encore, la progression de la construction européenne, illustrée par le traité d'Amsterdam (*supra*, n° 291), appelle de nouveaux aménagements propres à renforcer le contrôle du Parlement [5].

§ 4. **Les lois**

314 ***Distinctions*** ◊ Plusieurs distinctions s'imposent, liées au processus d'élaboration de la loi. On a vu qu'à côté des lois votées par le Parlement,

1. Les circulaires du Premier ministre en date des 21 avril 1993 (*JO* 22 avr. 1993, p. 6495), 21 mars 1994 (*JO* 31 mars 1994, p. 4783), 19 juillet 1994 (*JO* 21 juill. 1994, p. 10510), 9 novembre 1998 (*JO* 10 nov. 1998) et 27 sept. 2004 (*JO* 2 oct. 2004, p. 16920), d'où il résulte notamment une procédure destinée à permettre l'examen préalable par le Parlement des propositions d'actes communautaires de nature législative antérieurement à leur examen par les conseils des ministres de l'Union européenne.

2. Ce qui implique nécessairement un examen préalable par le Conseil d'État, appelé à permettre au Gouvernement le tri entre ce qui relève de la loi et ce qui n'en relève pas, selon notre Constitution (infra, nos 325 s.). – V. *supra*, n° 176, et R. Denoix de Saint-Marc, Le rôle du Conseil d'État dans la préparation et l'application des lois, *RJC* 1997. 173 s.

3. Il est apparu souhaitable que les avis du Conseil d'État sur l'application de l'art. 88-4 de la Constitution puissent être communiqués au Parlement (Rapp. d'information de la délégation de l'Assemblée nationale pour les Communautés européennes, Doc. parl. AN n° 1202, 3 mai 1994).

4. CJCE 19 nov. 1991, *Andréa Francovich c/ République italienne et Danila Bonifaci et a. c/ République italienne, LPA*, 4 août 1993, p. 32 s., obs. T. Larzul ; v. aussi D. Simon, Une étape décisive dans la protection des droits des justiciables communautaires : la responsabilité des États membres en cas de non-transposition des directives, *JCP* E 1992. I, 123 ; rappr. CJCE 13 janv. 1993, *Comm. c/ République française, D.* 1993. 566, note J.-L. Clergerie. – V. dans le même sens, Paris, 1er juill. 1992, *AJDA* 1992. 768, note X. Prétot.

5. V. Ph. Ardant, *Institutions politiques et droit constitutionnel*, 19e éd. 2007, mise à jour par P. Avril, nos 380 s. ; J. Rideau, *Droit institutionnel de l'Union et des Communautés européennes*, préc., p. 977 s.

il en est d'autres qui résultent de référendums, ce qui, notamment quant au contrôle de constitutionnalité, n'est pas sans importance (*supra*, n° 256 ; v. aussi, sur les lois organiques, *supra*, n° 258).

Une autre distinction doit aussi être observée : celle des *lois* proprement dites (A) et des *ordonnances* (B).

A. Les lois ordinaires

315 ***Présentation*** ◊ D'après la tradition constitutionnelle républicaine française, la souveraineté nationale est exercée par les représentants du peuple, élus au Parlement, c'est-à-dire par le pouvoir législatif. En vertu des lois constitutionnelles de 1875 (IIIe République), les lois devaient être votées par la Chambre des députés et le Sénat.

D'après la Constitution du 27 octobre 1946 (IVe République), l'Assemblée nationale votait seule la loi (art. 13). Le projet ou la proposition de loi devait cependant faire l'objet d'un examen par le Conseil de la République ; mais, en cas de désaccord, l'Assemblée nationale avait le dernier mot (art. 20, mod. par L. 7 déc. 1954).

Selon l'article 45 de la Constitution du 4 octobre 1958 (Ve République), la loi est votée par le Parlement : en principe, l'Assemblée nationale et le Sénat doivent se mettre d'accord pour l'adoption d'un texte identique ; si l'accord n'est pas possible, même à la suite de la réunion d'une commission mixte composée d'un nombre égal de membres de chacune des deux assemblées, le Gouvernement peut demander à l'Assemblée nationale de statuer définitivement (art. 45). L'initiative des lois appartient concurremment au Premier ministre et, sous certaines réserves, aux membres du Parlement (art. 39 et 40) [1].

À côté des lois « parlementaires », la Constitution de 1958 a prévu des lois « référendaires ». De l'article 11, alinéa 1er de la Constitution, tel qu'il résulte des réformes constitutionnelles opérées par les lois du 4 août 1995 et du 23 juillet 2008, il résulte que « Le Président de la République, sur proposition du Gouvernement pendant la durée des sessions ou sur proposition conjointe des deux assemblées, publiées au *Journal officiel*, peut soumettre au référendum tout projet de loi portant sur l'organisation des pouvoirs publics, sur des réformes relatives à la politique économique, sociale et environnementale de la nation et aux services publics qui y concourent, ou tendant à autoriser la ratification d'un traité qui, sans être contraire à la Constitution, aurait des incidences sur le fonctionnement des institutions ». Depuis la réforme constitutionnelle opérée par la loi du 23 juillet 2008, dans certaines conditions « un référendum portant sur un objet mentionné au premier alinéa peut être organisé à l'initiative d'un cinquième des membres de Parlement, soutenue par un dixième des électeurs inscrits sur les listes

---

1. Il s'agit de projets de loi quand l'initiative émane du Premier ministre et de propositions de loi quand elle est prise par un parlementaire. – Sur la science et l'art de la législation, v. infra, n° 401.

électorales. » (Const. art. 11, al. 3). « Lorsque le référendum est organisé sur proposition du Gouvernement, celui-ci fait, devant chaque assemblée, une déclaration qui est suivie d'un débat » (al. 2). Lorsque le référendum est organisé sur proposition parlementaire, le Président de la République soumet celle-ci à référendum si elle « n'a pas été examinée par les deux assemblées dans un délai fixé par la loi organique » (al. 5). « Lorsque le référendum a conclu à l'adoption du projet ou de la proposition de loi, le Président de la République promulgue la loi dans les quinze jours qui suivent la proclamation des résultats de la consultation » (art. 7). - Sur l'absence de contrôle du Conseil constitutionnel, v. *supra*, n° 256.

316 ***Les lois et la normativité*** ◊ La multiplication des lois et des malfaçons qu'elles comportent a entraîné une réflexion d'ordre général sur la nécessaire délimitation du domaine des lois ordinaires. Habituellement, on s'est souvent interrogé, en aval, sur la délimitation des domaines respectifs de la loi et du règlement (*infra*, n° 325) et en amont, dans la hiérarchie des normes, sur la subordination de la loi à la Constitution ou aux traités et accords internationaux largement entendus.

Mais, indépendamment de ces répartitions, l'on s'est, face au bavardage législatif, interrogé sur la nécessaire normativité des lois. Semblable nécessité peut être contestée par ceux qui entendent reconnaître à la loi un effet pédagogique [1]. À quoi l'on peut objecter que la complexité et le foisonnement sont, au départ de la réflexion, contraires à la pédagogie la plus élémentaire.

Toujours est-il que, réagissant contre certains excès, le Conseil constitutionnel a censuré certaines dispositions législatives dépourvues de caractère normatif. On conçoit que le remède ne puisse être retenu de la même manière pour toutes les lois ordinaires. Il devient, dans ces conditions, nécessaire de s'interroger, fût-ce de manière sommaire, sur la notion de normativité [2]. Et, à cet égard, la jurisprudence du Conseil conduit à distinguer trois sortes de dispositions législatives : les unes sont normatives et à ce titre échappent à la critique ; les autres sont vides de normativité et encourent la censure ; d'autres, enfin, dont l'analyse est plus délicate, sont en quelque sorte à mi-chemin car elles sont de « portée normative incertaine », de sorte que leur mise en vigueur est subordonnée par le Conseil constitutionnel à une réserve d'interprétation par voie d'aménagement ou d'harmonisation [3]. Pour mettre un terme aux lois *bavardes* dépourvues de portée normative, la loi constitutionnelle du 23 juillet 2008 a élargi dans

---

1. J. Carbonnier, Flexible droit, 10e éd. 2001, p. 155.
2. Source inépuisable de réflexion, d'autant plus que ce qui n'est pas actuellement normatif peut l'être virtuellement. - V. C. Pomart, Les dispositions légales normatives : une invitation à penser la normativité en termes de continuum, *RRJ* 2000-4, p. 1679 s.
3. Cons. const. 21 avr. 2005, *LPA* 20 mai 2005, p. 3, *RTD civ.* 2005. 564, obs. Pascale Deumier ; B. Mathieu, Le Conseil constitutionnel sanctionne les lois trop « verbeuses », *JCP* 2005, n° 20, Act. 250 ; J.-Cl. Zarka, La décision n° 2005-512 du 21 avr. 2005 (loi Fillon) du Conseil constitutionnel : une censure partielle prévisible, *D.* 2005. Chron. 1372.

certaines conditions le pouvoir de voter des résolutions n'ayant pas de valeur contraignante mais permettant d'exprimer un souhait ou une préoccupation (Const. art. 34-1) [1] – Sur les impératifs d'accessibilité et d'intelligibilité de la loi, v. *infra* n° 462.

317 ***Les différentes sortes de lois ordinaires*** ◊ La Constitution de 1958 ne reconnaît que trois catégories de lois hiérarchisées : les lois constitutionnelles, les lois organiques et ce que l'on peut appeler les lois « ordinaires ». Parmi celles-ci, il convient, suivant le dernier état de la Constitution, de distinguer, outre les lois vraiment ordinaires, trois catégories particulières.

a) « *Les lois de finances* déterminent les ressources et les charges de l'État dans les conditions et sous les réserves prévues par une loi organique » (Const., art. 34 ; v. aussi les art. 39, 40 et 47.

b) « *Les lois de financement de la sécurité sociale* déterminent les conditions générales de son équilibre financier et, compte tenu de leurs prévisions de recettes, fixent ses objectifs de dépenses, dans les conditions fixées par une loi organique » (Const. art. 34 ; v. aussi CSS, art. L. 111-3 s.).

c) *Les lois de programmation* « déterminent les objectifs de l'action de l'État ». Dans sa définition générale, qui ne se borne plus aux seuls « objectifs de l'action économique et sociale de l'État » (v. anc. art. 34), ces lois constituent une catégorie nouvelle créée par la loi constitutionnelle du 23 juillet 2008. La considération des objectifs va de pair avec un dépassement de la normativité ordinaire puisque la loi de programmation, comme la loi de programme précédemment évoquée, repose sur une anticipation dont l'autorité vise principalement le Gouvernement.

L'idée inspirant la clarification opérée par la loi du 23 juillet 2008 se relie au désir de mettre un terme à toute une série de lois d'orientation qui, à partir de la loi d'orientation agricole du 5 août 1960, ont favorisé l'affirmation, à côté de règles de droit positif directement applicables, de simples principes d'orientation ou d'engagements. Ainsi définies, les lois d'orientation étaient fort proches des *lois-cadres* [2], auxquelles on les assimila, parfois purement et simplement. Il s'agissait en effet de « lois de principes », dont la caractéristique semble bien être de contenir des dispositions qui ne se suffisent pas à elles-mêmes [3]. À quoi s'étaient ajoutées des lois « fourre-tout », plus précisément des lois portant diverses dispositions d'ordre social (DDOS) ou d'ordre fiscal (DDOF). Le tout est aujourd'hui de savoir si le recours aux lois de programmation permettra de mettre un terme à ces dérives. « Les orientations pluriannuelles des finances publiques sont définies par les lois de programmation. Elles s'inscrivent dans l'objectif d'équilibre des comptes des administrations publiques » (Const. art. 34).

---

1. V., d'ailleurs, sur les lois de programme, *infra*, n° 316. – Adde : Les lois techniciennes, *LPA* 5 juillet 2007.

2. V. J. Charpentier, Les lois-cadres et la fonction gouvernementale, *RD publ.* 1958. 230 s.

3. Sur tous ces points, v. Mesnard, La notion de loi d'orientation sous la Ve République, *RD publ.* 1977. 1139 s. ; Ordonnances, lois d'orientation ou lois-cadres, *RD publ.* 1982. 1073 s.

B. Les ordonnances

318 ***Les précédents*** ◊ La compétence exclusive du Parlement dans l'élaboration des lois contredisant ou modifiant des lois antérieures ou ne se fondant pas sur des textes législatifs dérivait du principe de la séparation des pouvoirs mis en honneur à la fin du XVIIIe siècle. Elle était pour les citoyens une garantie considérable contre l'arbitraire du Gouvernement, qui n'est pas issu directement du peuple. Mais ce système entravait souvent l'action gouvernementale pendant les périodes de crise. En maintes circonstances, on a donc vu la compétence parlementaire battue en brèche par le Gouvernement.

Des circonstances de crise ont, dans le passé, incité le chef du pouvoir exécutif à prendre des ordonnances ou des décrets ayant force de loi : cela s'est produit en 1848, en 1851, en 1870, sous l'occupation de 1940 à 1944 de la part du Gouvernement de Vichy, de 1943 à 1945 de la part du Gouvernement provisoire de la République.

En dehors même de telles périodes, il est arrivé, sous l'empire des lois constitutionnelles de 1875, que le Parlement, en vue de hâter des réformes dont il comprenait l'urgence, mais qu'il se sentait impuissant à réaliser, délègue ses pouvoirs au Gouvernement. Ainsi, toute une série de lois sont venues, en 1926, en 1934, en 1935, en 1938 et 1939, donner au Gouvernement le droit de prendre, en certaines matières visées par la loi de délégation, des décrets ayant force de loi et pouvant modifier ou compléter les lois antérieures. Ces décrets, dits décrets-lois, étaient subordonnés à la loi en ce qu'ils devaient être soumis dans un certain délai à la ratification du Parlement, mais en attendant ils entraient immédiatement en vigueur. Leur nombre a été fort important.

Une telle procédure heurtait, incontestablement, le texte aussi bien que l'esprit de la Constitution de 1875, qui attribuait formellement aux Chambres l'exercice du pouvoir législatif : celui-ci était une fonction que le Parlement devait exercer et dont il ne pouvait disposer.

Cette critique incita la Constitution de 1946 à interdire la pratique des décrets-lois, en disposant, dans son article 13 : « L'Assemblée nationale vote seule la loi. Elle ne peut déléguer ce droit ». Mais cette défense demeura lettre morte. Des délégations du pouvoir législatif furent opérées de manière détournée, spécialement par le procédé de l'extension du pouvoir réglementaire : la loi du 17 août 1948, modifiée par celle du 11 novembre 1953, attribua le caractère réglementaire à certaines matières (organisation des services publics, des établissements nationalisés et des groupements professionnels, valeurs mobilières, contrôle des prix, notamment) et décida qu'elles pourraient être réglées par des décrets susceptibles eux-mêmes de modifier des lois antérieures. Le Conseil d'État, dans un avis du 6 février 1953 [1], avait lui-même distingué les matières législatives « par nature » et celles relevant du pouvoir exécutif. Les pratiques suivies de la sorte avaient créé une situation ambiguë. Théoriquement, le principe

1. *RD publ.* 1953. 170.

de la supériorité de la loi sur le règlement était maintenu. Dans la pratique, il était très souvent battu en brèche, puisque de nombreuses lois pouvaient ainsi être modifiées par décret.

319 ***La Ve République : les ordonnances*** ◊ La Constitution de 1958 est caractérisée par un développement des tendances précédentes. D'une part, elle a soustrait à la compétence du Parlement un certain nombre de matières ainsi abandonnées au pouvoir exécutif, au point qu'en un sens, les matières relevant du Parlement représentent l'exception (v. *infra*, n° 326). Elle a, en outre, renforcé l'action gouvernementale en matière législative, par diverses mesures. Lesquelles ?

320 ***À titre transitoire*** ◊ Pendant les quatre mois qui ont suivi la promulgation de la Constitution, soit jusqu'au 4 février 1959, son article 92 a donné au Gouvernement le droit de prendre en toutes matières, par ordonnances ayant valeur de loi, les mesures jugées par lui nécessaires, soit pour la mise en place des institutions, soit pour la vie de la nation, la protection des citoyens ou la sauvegarde des libertés. Ces ordonnances ont valeur de loi, bien qu'elles n'aient pas été soumises à la ratification parlementaire ; elles ne sont pas susceptibles de recours. Le Gouvernement a largement utilisé ses pouvoirs intérimaires.

321 ***À titre permanent*** ◊ La Constitution de 1958 a prévu un certain nombre de cas dans lesquels le Gouvernement ou le Président de la République peuvent prendre des mesures législatives.

En vertu de l'article 38, le Gouvernement peut, « pour l'exécution de son programme », demander au Parlement l'autorisation de prendre par ordonnances (en Conseil des ministres, après avis du Conseil d'État), pendant un délai limité, des mesures qui sont normalement du domaine de la loi. Ces ordonnances doivent être soumises à la ratification du Parlement, mais elles entrent en vigueur dès leur publication ; elles deviennent toutefois caduques si le projet de loi de ratification n'est pas déposé devant le Parlement avant la date fixée par la loi d'habilitation (sur la codification par voie d'ordonnance en application de l'article 38, v. *infra*, n° 439).

Les gouvernements de la Ve République, toutes tendances politiques confondues ont usé, au mépris de l'équilibre des pouvoirs, de la faculté prévue à l'article 38 de la Constitution, avec l'assentiment du Parlement et la bénédiction du Conseil constitutionnel, saisi à plusieurs reprises [1]. Certes, le gouvernement ne peut obtenir une délégation que dans des domaines limités et de manière exceptionnelle. Mais une dérive de l'institution parlementaire s'est là aussi produite, à partir de la loi du 3 janvier 2001 [2].

---

1. V. Ph. Ardant, *Institutions politiques et droit constitutionnel*, 19e éd. 2007, mis à jour par P. Avril, nos 459 s.

2. V. L. Leveneur, Quarante-six transpositions par ordonnances : où va-t-on ?, *CCC* févr. 2001. Chron. 3 ; N. Molfessis, obs. *RTD civ.* 2001. 695 ; Y. Gaudemet, Sur l'abus ou sur quelques abus de la législation déléguée, *Mélanges Pactet*, 2003, p. 619 s.

Pendant le délai ouvert au Gouvernement pour légiférer par ordonnances, celles-ci, bien que portant sur des matières législatives, ont le caractère d'actes administratifs dont la légalité peut être contestée aussi bien par la voie du recours pour excès de pouvoir si elles débordent la loi d'habilitation, que par voie d'exception à l'occasion de la contestation de décisions administratives ultérieures [1]. Cette situation dure tant que dure le délai pour lequel le pouvoir de prendre des ordonnances a été accordé au gouvernement. Toutefois, dès cette période, ces ordonnances ne peuvent plus être modifiées que par une loi (art. 38, al. 3) [2]. Ce régime d'acte administratif persiste lorsque, dans le délai prévu, il n'y a pas eu ratification [3].

La codification *dite à droit constant* (v. *infra*, n°s 438 s.) a, dans le passé, compte tenu notamment de ses multiples imperfections - au demeurant prévisibles - amplifié l'importance de la notion de *ratification implicite.* C'est pourquoi le Conseil d'État décida que « la ratification de tout ou partie des dispositions d'une ordonnance intervenue à la suite d'une loi d'habilitation prise sur le fondement de l'article 38 de la Constitution peut résulter d'une loi qui, sans avoir cette ratification pour objet direct, l'implique nécessairement » [4], cette condition de nécessité de l'implication évitant l'escamotage de la nécessaire implication. Aussi bien a-t-il décidé sur l'avalanche de textes ayant modifié des dispositions de la partie Législative du Code de commerce, annexée à l'ordonnance du 18 septembre 2000, que « ces lois n'ont eu ni pour objet ni pour effet de ratifier l'ensemble de cette ordonnance » [5]. L'analyse des articles concernés s'est donc imposée de manière minutieuse, quitte à admettre aussi que la ratification d'un article s'étend à ceux qui lui sont indivisiblement liés [6]. Finalement, il a été précisé, à l'alinéa 2 de l'article 38 de la Constitution, que les ordonnances « ne peuvent être ratifiées que de manière expresse » (réd. L. const. 23 juill. 2008). Cette loi constitutionnelle du 23 juillet

1. CE 3 nov. 1961, Rec. p. 607, *D.* 1961. 723 ; 24 nov. 1961, *D.* 1962. 424, note Fromont. - Le caractère d'acte administratif attaché aux ordonnances a aussi été retenu par le Conseil constitutionnel : Déc. 23 janv. 1987, *RD publ.* 1987. 1341, note J. Gaudemet, *RFDA* 1987. 287, note B. Genevois.

2. V. Touscoz, *La notion d'ordonnance, Études de droit public*, 1964 ; J.-P. Rist, *L'article 38 de la Constitution du 4 octobre 1958 et son utilisation*, thèse Paris II, 1987.

3. Cons. const. 23 janv. 1987, préc. - V. Y. Gaudemet, L'ordonnance du 1er décembre 1986 sur la concurrence est-elle législative ou réglementaire ? (à propos des ratifications implicites), *JCP* 1991, I, 3486.

4. CE 17 mai 2002, *RTD civ.* 2002. 592, obs. N. Molfessis ; v. aussi au sujet du code monétaire et financier, obs. N. Molfessis, préc., p. 594.

5. CE 27 mai 2002, *D.* 2002. 2188, obs. A. Lienhard, *RTD civ.* 2002. 594, obs. N. Molfessis.

6. CE 17 mai 2002, préc. ; comp. dans le sens d'une ratification globale, A. Decocq, *RJC* nov. 2001, 149, n° spécial, Colloque de La Baule, juin 2001, Où en est la dépénalisation dans la vie des affaires ? ; mais dans le sens contraire, Y. Paclot, De l'illégalité des dispositions pénales de l'ordonnance du 18 septembre 2000 relative à la partie législative du code de commerce, *JCP* 2002. 1379. - Toutefois la loi n° 2003-7 du 3 janvier 2003 (art. 50-1) ayant procédé à la ratification des dispositions de l'ordonnance du 18 septembre 2000 relative à la partie Législative du code de commerce et la loi n° 2003-591 du 2 juillet 2003 (art. 31) ayant procédé à la ratification d'autres ordonnances en instance (*infra*, n° 443), ces objections ont perdu de leur valeur.

2008 a aussi prévu une nouvelle catégorie d'ordonnances relatives à l'extension outre-mer des dispositions législatives (Const. art. 74-1).

322 ***Les circonstances de crise*** ◊ L'article 16 de la Constitution permet au Président de la République de prendre « toutes mesures exigées par les circonstances », « lorsque les institutions de la République, l'indépendance de la nation, l'intégrité de son territoire ou l'exécution de ses engagements internationaux sont menacés d'une manière grave et que le fonctionnement régulier des pouvoirs publics constitutionnels est interrompu » [1]. La loi constitutionnelle du 23 juillet 2008 a institué un contrôle du Conseil constitutionnel sur la durée d'application de l'article 16, dont un alinéa 5 est ainsi rédigé : « Après trente jours d'exercice de pouvoirs exceptionnels, le Conseil constitutionnel peut être saisi par le Président de l'Assemblée nationale, le Président du Sénat, soixante députés ou soixante sénateurs, aux fins d'examiner si les conditions énoncées au premier alinéa demeurent réunies. Il se prononce dans les délais les plus brefs par un avis public. Il procède de plein droit à cet examen et se prononce dans les mêmes conditions au terme de soixante jours d'exercice des pouvoirs exceptionnels et à tout moment au-delà de cette durée ».

La question s'est posée de savoir si les ordonnances prises en vertu de l'article 16 sont susceptibles de recours pour excès de pouvoir. Le Conseil d'État a estimé qu'elles demeurent soumises à son contrôle, dans la mesure où elles ne sortent pas du domaine assigné normalement au pouvoir exécutif par l'article 37 ; si, au contraire, elles traitent de questions relevant de la compétence du Parlement, elles échappent à son contrôle [2].

§ 5. Les règlements administratifs

323 ***Distinctions*** ◊ La Constitution de 1958 attribue le pouvoir réglementaire au Président de la République et au Premier ministre. L'exercice de ce pouvoir s'effectue par voie de décrets. Les décrets sont *individuels* lorsqu'ils concernent une ou plusieurs personnes nominativement désignées (nomination d'un fonctionnaire, par exemple) ; ils sont *réglementaires* lorsqu'ils formulent des dispositions générales. En la forme, on distingue trois sortes de décrets : *a)* les *décrets simples*, signés en principe par le Premier ministre et, exceptionnellement, par le Président de la République, avec le contreseing d'un ou plusieurs ministres ; *b)* les *décrets en Conseil des ministres*, signés par le Président de la République, après déli-

---

1. Le Président de la République a fait usage de l'article 16, du 23 avril 1961 au 29 septembre 1961, essentiellement en matière pénale.
2. CE 2 mars 1962, *D.* 1962. 307. – Le Conseil d'État exerce un contrôle sur les ordonnances prises en vertu d'une loi référendaire : v. ainsi CE 19 oct. 1962, *JCP* 1963, II, 13068, note Debbasch, relativement à l'ordonnance du 1er juin 1962 instituant, en application de la loi référendaire du 13 avril 1962, une cour militaire de justice.

bération en Conseil des ministres, avec le contreseing de tous les ministres ; *c)* les *décrets en Conseil d'État*, pris après avis du Conseil d'État [1].

Les ministres, dans le cadre de leurs attributions ministérielles [2], les préfets, dans le cadre du département, les maires, dans celui de la commune, peuvent aussi prendre des *arrêtés* réglementaires [3].

Ajoutons, aux limites du domaine réglementaire, marquant bien une coopération du public et du privé dans la genèse des modèles de comportement, les *normes* centralisées et coordonnées en France, par l'Association française de normalisation (AFNOR) (v. *infra*, n° 380). « La normalisation est une activité d'intérêt général qui a pour objet de fournir des documents de référence élaborés de manière consensuelle par toutes les parties intéressées, portant sur des règles, des caractéristiques, des recommandations ou des exemples de bonnes pratiques, relatives à des produits, à des services, à des méthodes, à des processus ou à des organisations » [4]. Les normes sont d'application volontaire. Toutefois, elles peuvent être rendues d'application obligatoire par arrêté ministériel (décr. 16 juin 2009, art. 17) [5].

A. Règlements pour l'exécution des lois

324 ***Généralités*** ◊ Les actes du pouvoir exécutif, en ce qu'ils tendent à assurer l'exécution des lois, se distinguent de celles-ci : ils ne tirent pas, en effet, leur valeur de la seule autorité qui les a édictés ; ils doivent s'appuyer sur une loi antérieure dont ils se présentent comme des mesures d'exécution. Il se peut que la loi elle-même prévoie que le Gouvernement prendra un décret pour compléter ses propres dispositions ; mais le Gouvernement peut prendre et prend souvent un décret pour régler les détails d'exécution d'une loi, car il entre dans sa mission d'assurer l'exécution des lois (Const. 1958, art. 21) [6]. Probablement parce que les lois sont trop nombreuses,

---

1. Antérieurement à deux lois organiques des 7 et 21 juillet 1980, on distinguait les règlements d'administration publique ou les décrets en forme de règlements d'administration publique, pris après avis de l'Assemblée générale du Conseil d'État, et les décrets en Conseil d'État, pris après avis d'une section du Conseil d'État.

2. En principe, les ministres n'ont pas de pouvoir réglementaire, sauf si un texte le prévoit formellement ; en outre, selon une exception traditionnelle, ils peuvent faire les règlements nécessaires pour l'organisation de leurs services.

3. Ils peuvent aussi prendre des arrêtés individuels (par exemple, arrêté d'un maire portant nomination d'un garde champêtre).

4. Décr. 16 juin 2009, art. 1er (*JO* 17 juin 2009) ; rappr. Circ. 22 sept. 2008 (*JO* 23 sept. 2008), relative à la mise en place de la commission consultative d'évaluation des normes. – Adde : V. J.-F. Lachaume, Quelques remarques sur les critères de l'acte administratif, exécutoire émanant d'organismes privés gérant un service public administratif, *Mélanges Stassinopoulos*, 1974, p. 95 s. ; O. Zamphiroff, *Essai d'une théorie de la normalisation*, thèse AixMarseille, 1990. – Sur la normalisation technique, v. aussi *supra*, n° 35.

5. Sur les normes, non pas homologuées, mais seulement enregistrées, CE 17 févr. 1992, eod. loc. et *D.* 1992. 519, note A.Penneau.

6. Les règlements pris pour l'exécution des lois relèvent, dans une autre perspective, d'un ensemble plus vaste, celui des mesures d'application, parmi lesquelles un auteur distingue finement les mesures prises pour l'application, les mesures prises en application et les mesures

mais pas uniquement pour cette raison, les retards souvent mis par l'Administration pour élaborer les décrets d'application sont des plus critiquables. Il n'est pas rare qu'il faille attendre des délais de dix-huit mois, sinon de deux ans [1]. Cela d'autant plus que l'Administration n'est pas tenue de prendre des règlements d'application dans un certain délai, même si le législateur en a prévu un [2]. L'Assemblée nationale s'est employée à remédier à cet état de choses par la modification de son règlement [3].

Les règlements pris pour l'exécution des lois sont subordonnés à cellesci et ne peuvent comporter de dispositions qui leur soient contraires.

Deux démarches procédurales permettent d'assurer la primauté de la loi :

1) Le recours en annulation, qui a pour effet de faire disparaître l'acte réglementaire illégal. Ce recours ne peut être porté que devant une juridiction administrative ; les tribunaux de l'ordre judiciaire ne peuvent en aucun cas connaître d'un tel recours.

2) L'exception d'illégalité, qui tend simplement à faire écarter, à l'occasion d'un litige particulier, l'application du règlement illégal. Lorsqu'une telle exception est invoquée, les tribunaux de l'ordre judiciaire doivent, en principe, surseoir à statuer jusqu'à ce que la juridiction administrative saisie par les parties ait apprécié la validité du règlement. Toutefois, les tribunaux judiciaires sont parfois compétents pour connaître de cette exception : il en est ainsi de façon générale en matière pénale ; en matière civile, il en est ainsi seulement lorsqu'il s'agit d'actes réglementaires portant atteinte à la liberté individuelle, à l'inviolabilité du domicile ou au respect du droit de propriété.

B. Règlements autonomes

325 ***Présentation*** ◊ Distinct de celui que recouvrent les règlements pris pour l'exécution des lois, il existe un vaste domaine dans lequel le pouvoir réglementaire s'exerce à titre propre, disons autrement que de manière subordonnée à la loi.

La Constitution de 1958 détermine, dans ses articles 34 et 37, les domaines respectifs de la loi et du règlement. Déjà, sous la IVe République, le législateur avait fait passer certaines matières dans le domaine réglementaire. Mais l'on

---

prises par application (Vénézia, Les mesures d'application, Mélanges Chapus, 1992, p. 673 s.). – Rappr., en matière pénitentiaire, quant aux mesures d'ordre intérieur CE 17 févr. 1995, *Marie*, *JCP* 1995, II, 22426, note M. Lascombe et F. Bernard (recours pour excès de pouvoir admis) ; v. cep. CE 28 févr. 1996, *JCP* 1996, IV, 1102.

1. Ex. : décret sur les manifestations commerciales du 27 janv. 2006 pris en application d'une ordonnance du 25 mars 2004. – En ce sens que l'écoulement d'un délai de près de 2 ans « n'excédait pas le délai raisonnable nécessaire pour prendre le décret d'application prévu par le législateur », CE 3 oct. 1997, *JCP* 1998, IV, 1170, obs. M.-Ch. Rouault, *RTD civ.* 1998. 788, obs. R. Libchaber.

2. V. au sujet du permis de conduire à points et d'un arrêt du Conseil d'État en date du 23 oct. 1992, *LPA*, 4 nov. 1992, p. 11, obs. N. Bodson.

3. JO déb. parl. AN 12 fév. 2004, p. 1723.

a voulu, sous la Ve République, faire figurer dans la Constitution elle-même les règles de délimitation [1]. De son article 34 résulte une énumération limitative des matières législatives réservées en principe à la loi ; toutes autres matières ont un caractère réglementaire et relèvent en conséquence du domaine des *règlements autonomes* [2]. En ce sens, on a pu considérer, surtout au lendemain de l'avènement de la Ve République, que le domaine réglementaire était devenu la règle, le domaine législatif l'exception [3].

On envisagera successivement la *distinction* et la *protection des domaines*.

326 ***1° La distinction des domaines*** ◊ À la lecture de l'article 34 de la Constitution, on observe l'existence de deux axes de partage, le *domaine* de la loi étant déterminé de deux manières.

La loi fixe les règles concernant un certain nombre de matières (al. 1er et 2). Ces matières relèvent donc intégralement du domaine législatif : la loi seule les réglemente. Les décrets du pouvoir exécutif ne peuvent intervenir ici qu'en s'appuyant sur un texte de loi dont il s'agit d'assurer l'exécution. Parmi ces matières, on relève : les droits civiques et les garanties fondamentales accordées aux citoyens pour l'exercice des libertés publiques ; la liberté, le pluralisme et l'indépendance des médias ; la nationalité, l'état et la capacité des personnes, les régimes matrimoniaux, les successions et les libéralités ; la détermination des crimes et délits (mais non des contraventions), ainsi que des peines qui leur sont applicables ; la procédure pénale (mais non la procédure civile) ; l'amnistie ; la création de nouveaux ordres de juridictions et le statut des magistrats...

Pour d'autres matières énumérées à l'article 34 (al. 3), la loi ne détermine que les *principes fondamentaux ;* parmi elles, figurent le régime de la propriété, des droits réels et des obligations civiles et commerciales, le droit du travail, le droit syndical et la sécurité sociale. Il s'agit là essentiellement du domaine économique et social. Dans ces matières, la loi issue du Parlement doit se borner à formuler les principes fondamentaux. Et, à condition de respecter ces principes, le Gouvernement doit avoir les mains libres pour diriger l'économie et la politique sociale ; par voie de décrets pris après avis du Conseil d'État (art. 37) et tirant leur force d'eux-mêmes, il a notamment l'initiative de la réglementation des diverses formes de propriété et de leur contenu, de la réglementation des contrats spéciaux ; il peut, sur ces questions, abroger ou modifier les textes antérieurs contenus dans le Code civil ou les lois particulières.

---

1. V. J. M. Duffau, Pouvoir réglementaire autonome et pouvoir réglementaire dérivé, thèse Paris II, 1976 ; Colloque d'Aix-en-Provence, Vingt ans d'application de la Constitution de 1958 : le domaine de la loi et du règlement, 2e éd., 1981 ; Colloque de l'Université de Paris II, 21-22 janv. 1988, Conseil constitutionnel et Conseil d'État, spéc. Introduction par F. Luchaire, p. 43 s. ; Pascale Deumier, Loi et règlement – État des lieux, in La loi, dir. Catherine Puigelier, éd. Economica, 2005, p. 21 s.

2. V. sur la subordination des règlements autonomes au respect des principes généraux du droit, CE 26 juin 1959, Syndicat général des ingénieurs-conseils, *D.* 1959. 541, note L'Huillier, S. 1959, 202, note R. Drago, *RD publ.* 1959. 1004, concl. Fournier

3. P. Durand, La décadence de la loi dans la Constitution de la Ve République, *JCP* 1959, I, 1470.

327 ***Appréciation*** ◊ Lorsqu'il s'est agi de savoir ce qui est principe fondamental et ce qui ne l'est pas, des problèmes sont apparus, que le Conseil constitutionnel et le Conseil d'État ont eu à résoudre [1]. En dépit des dispositions de l'article 62, alinéa 3, de la Constitution, aux termes duquel les décisions du Conseil constitutionnel s'imposent à toutes les autorités administratives et juridictionnelles, des divergences d'interprétation peuvent se produire entre le Conseil constitutionnel et le Conseil d'État en ce qui concerne l'interprétation des articles 34 et 37. Cela ne s'est produit que de manière exceptionnelle. Dans la pratique, la jurisprudence a eu du mal à s'en tenir à la distinction des règles et des principes fondamentaux.

Malgré la supériorité intrinsèque de la loi, il apparaît donc, à la lecture des textes, que le législateur « ordinaire » n'est plus le Parlement, mais bien le pouvoir réglementaire. Pourtant, par suite notamment d'une conception extensive de la notion de « principes fondamentaux », l'interprétation tend à faire relever de la loi nombre de règles et de principes relatifs aux matières énumérées à l'article 34.

L'énumération des matières législatives contenue dans l'article 34 est limitative comme l'est souvent toute énumération figurant dans un texte juridique. Aussi bien l'article 37, alinéa 1er, de la Constitution dispose : « Les matières autres que celles qui sont du domaine de la loi ont un caractère réglementaire ». L'observation du régime de protection des domaines respectifs de la loi et du règlement oblige cependant à atténuer cette première analyse.

328 ***2° La protection des domaines*** ◊ On envisagera successivement la protection du domaine législatif contre les empiétements du pouvoir réglementaire et la protection du domaine réglementaire contre les empiétements du pouvoir législatif.

329 ***a) La protection du domaine législatif*** ◊ Face aux empiétements du pouvoir réglementaire sur le domaine législatif, deux sauvegardes sont prévues. Elles reposent sur l'action convergente (concurrente ?) du Conseil constitutionnel et du Conseil d'État.

1) Abstraction faite des recours à la législation par voie d'ordonnances (*supra*, nos 319 s.), le Parlement doit, dans le cadre du domaine législatif, exercer pleinement ses pouvoirs. Ni plus, ni moins. On parle, à ce propos, d'« incompétence négative ». C'est pourquoi l'imprécision et l'obscurité de

1. Aux références préc. adde, J. de Soto, La loi et le règlement dans la Constitution du 4 octobre 1958, *RD publ.* 1959. 240 ; L. Hamon, Les domaines de la loi et du règlement, à la recherche d'une frontière, *D.* 1960. Chron. 253 ; Pascale Deumier, Loi et règlement, État des lieux, in La loi, Bilan et perspectives, éd. Économica, 2005, p. 21 s.. – Ex. : la publicité des débats judiciaires étant un principe général du droit, il n'appartient qu'au législateur d'en déterminer, d'en étendre ou d'en restreindre les limites ; sur la nullité d'une disposition prise en ce domaine par le pouvoir réglementaire : CE 4 oct. 1974, *D.* 1975. 369, note J.-M. Auby, *JCP* 1975, II, 17967, note R. Drago, *Gaz. Pal.* 1975. 1, 117, note D. Amson.

certaines dispositions peuvent entraîner la censure du *Conseil constitutionnel* [1]. C'est aussi pourquoi sont inconstitutionnelles les dispositions d'une loi renvoyant au pouvoir réglementaire le soin de fixer des règles relevant du domaine réglementaire [2].

2) Un règlement administratif empiétant sur le domaine législatif est illégal, de sorte qu'il encourt l'annulation par le *Conseil d'État* par la voie du recours pour excès de pouvoir. Ainsi en est-il pour les règlements autonomes [3]. Par rapport à quelle légalité s'apprécie cet excès de pouvoir ? La Constitution, y compris son préambule, donc le (ou les) bloc(s) de constitutionnalité (*supra*, n° 251), ainsi que les principes généraux du droit [4], et les traités internationaux [5]? Toutefois, lorsque l'empiétement sur le domaine législatif résulte de la loi elle-même et que les dispositions en cause ont pour une raison ou pour une autre échappé à la censure du Conseil constitutionnel, y compris par voie d'exception d'inconstitutionnalité (*supra*, n° 121), le Conseil d'État ne peut se substituer à celui-ci et déclarer illégal le règlement pris en application de cette loi dite alors *loi-écran*.

À l'inverse, le Conseil constitutionnel, devant lequel ne sont pas déférés les actes administratifs, ne pourrait avoir à sanctionner l'empiétement. Et le Parlement ne pourrait réagir qu'en adoptant une proposition de loi contredisant le règlement irrégulier, ce qui supposerait que le gouvernement n'use pas des diverses armes constitutionnelles dont il dispose pour empêcher le vote d'une loi qui le dérange ou le désavoue.

330 ***b) La protection du domaine réglementaire*** ◊ L'application de la Constitution de 1958 a montré que les empiétements les plus nombreux et les plus importants ont été réalisés au profit de la loi et au détriment du règlement, les lois étant encombrées de multiples dispositions qui n'y ont pas leur place.

Des sauvegardes ont été prévues dans la *Constitution de 1958* [6].

D'une part, son article 41 prévoit qu'au cours même de la procédure parlementaire, le gouvernement - ainsi que le Président de l'assemblée saisie (réd. L. 23 juill. 2008) - peut opposer l'irrecevabilité d'une proposition ou d'un amendement qui n'est pas du domaine de la loi ou est contraire à une

1. Cons. const. 20 janv. 1984, *Rec. Cons. const.* 38, *AJDA* 1984. 258, note Nemery, *D.* 1984. IR 359, obs. L. Hamon, *RD publ.* 1984. 687, obs. L. Favoreu.
2. Cons. const. 19 et 20 juill. 1983, *Rec. Cons. const.* 49 ; 26 juill. 1984, *Rec. Cons. const.* 63, *RD publ.* 1986. 395, comm. L. Favoreu.
3. CE 12 févr. 1960, Sté Eky, *D.* 1960. 263, note L'Huillier, S. 1960, 131, concl. Kahn ; R. Chapus, De la soumission au droit des règlements autonomes, *D.* 1960. Chron. 119 s. ; comp. L. Favoreu, Les règlements autonomes existent-ils ?, Mélanges Burdeau, 1977, p. 405 s., Les règlements n'existent pas, *RFDA* 1987. 871 s.
4. CE 26 juin 1959, Syndicat général des ingénieurs-conseils, *D.* 1959. 541, note L'Huillier, S. 1959, 202, note R. Drago.
5. CE 29 juin 1990, *Gisti*, *AJDA* 1990. 621, concl. Abraham, note Teboul.
6. V. *Le domaine de la loi et du règlement*, dir. L. Favoreu, PUAM, éd.1981, p. 61.

délégation accordée en vertu de l'article 38 (al. 1er) et qu'en cas de désaccord entre le gouvernement et le président de l'Assemblée intéressée le Conseil constitutionnel, statue dans un délai de huit jours ; les inconvénients politiques et pratiques de cette mesure préventive sont tels qu'en 2005, l'on dénombrait seulement onze cas d'application depuis 1979 [1].

D'autre part, les textes de forme législative intervenus en matière réglementaire peuvent être modifiés par décrets pris après avis du Conseil d'État, étant précisé que ceux intervenus après l'entrée en vigueur de la Constitution de 1958 ne peuvent être déclassés que si le Conseil constitutionnel déclare qu'ils ont un caractère réglementaire (art. 37, al. 2). Ce texte a été plus souvent appliqué que le précédent, surtout à l'occasion de processus de codification (*infra*, nos 436 s.).

Ni l'une, ni l'autre sauvegarde prévues, à certaines conditions précises, par la Constitution de 1958 n'ont permis, à elles seules, de combattre le débordement législatif. L'une et l'autre présentant un caractère facultatif, tel que leur usage le montrait, le Conseil constitutionnel en a déduit que les dispositions de caractère réglementaire contenues dans une loi n'étaient pas inconstitutionnelles [2]. Mais ce laxisme a favorisé les enflures de la législation, ce qui l'a conduit à adopter, ultérieurement, une attitude plus ferme de police constitutionnelle en 2005. Par sa décision du 21 avril 2005 (v. *supra*, n° 316), il a, en effet, décidé que quatre articles de la loi qui lui était déférée avaient « à l'évidence, le caractère réglementaire », lesquels ont été déclassés *préventivement* et non plus *a posteriori* suivant le processus prévu à l'article 37, alinéa 2. Dès lors, ces dispositions, du fait de leur déclassement, pourront être directement modifiées par décret. Cette facilité peut, par un effet pervers [3], inciter le gouvernement à faire figurer dans les lois des dispositions évidemment réglementaires, sachant que le label parlementaire opportunément obtenu ne l'empêchera pas, le moment venu, de les modifier par décret. Une autre observation tient au fait que le *déclassement* ne porte que sur les dispositions de nature *évidemment* réglementaire, ce qui, aussitôt, porte le juriste normalement constitué, à se demander ce qui n'est pas évidemment réglementaire, de sorte que la complexité, apparemment chassée par la porte revient aussitôt par la fenêtre. Mais probablement ne se trouve-t-on présentement qu'à une étape d'une évolution salutaire dans son principe.

§ 6. **Les actes des autorités administratives**

331 ***Diversité des modes de création du droit écrit*** ◊ Aux modes classiques de création des règles du droit privé (lois, ordonnances, règlements administratifs...), se sont ajoutés, surtout depuis une trentaine d'années,

---

1. *Code constitutionnel*, par Th.-S. Renoux et M. de Villiers, éd. Litec, 2005, p. 449. – V. E. Oliva, *L'exception d'irrecevabilité de l'article 41 de la Constitution*, éd. Economica, 1997.

2. Cons. const. 30 juill. 1982, *GDCC* n° 30, *Rev. adm.* 1983. 360, comm. M. de Villiers, *D.* 1984. IR 50, obs. L. Hamon.

3. V. les obs. de P. Deumier, *RTD civ.* 2005. 567.

d'autres modes de genèse des normes écrites. Il s'agit de droit écrit en ce sens que les règles sont formulées par des autorités compétentes à cet effet ; au surplus, ces règles présentent un caractère général, en ce que les solutions retenues ne concernent pas uniquement tel ou tel cas particulier.

Il ne s'agit pas, à proprement parler, de *droit légiféré*. De celui-ci, les règles présentement évoquées se distinguent plus ou moins, quant à la forme ou quant au fond. À vrai dire, on peut hésiter parfois à employer le terme de *règles* [1].

Traditionnelle, naturelle dans le domaine administratif, l'action de l'administration tend à se développer largement en tous domaines, y compris en droit privé, autrement que par voie de règlements administratifs (*supra*, n°s 323 s.). On a étudié, en ce sens, « le droit administratif du droit civil » [2] et même utilisé l'expression de « sources administratives du droit privé » [3]. Dans cette perspective, on a notamment étudié l'importance de points d'émergence de normes très diverses.

La diversité se manifeste quant aux *autorités* et quant à leurs *actes*. De la sorte se dessine sous nos yeux un nouveau paysage du droit.

A. Les autorités

332 ***L'Administration et la régulation*** ◇ Il convient de corriger ce qui précède en observant, dans le sens de la tradition, que l'Administration a eu recours depuis assez longtemps à certains des processus ici envisagés. Indépendamment des modes de création classique du droit par voie de règlements administratifs (*supra*, n°s 323 s.), l'Administration contribue aussi à la construction du droit objectif, soit négativement en mettant de diverses manières obstacle à l'application des lois ou décisions de justice [4], soit positivement en favorisant l'apparition et le développement de nouveaux foyers de régulation (v. *infra*, n° 385). Certes le pouvoir réglementaire – et il n'y en a qu'un – est attribué au Premier ministre (*supra*, n° 323). À lui seul, et sous réserve des réglementations privées, il a le pouvoir d'imposer, dans le cadre de l'article 37 de la Constitution, des règles juridiques de caractère général à des tiers sans leur consentement. Cette attribution, qui découle de l'article 21 de la Constitution, ne fait pas obstacle à ce que le législateur confie à une autorité de l'État autre que le Premier ministre *le soin de mettre en œuvre une loi*, à condition que cette habilitation ne concerne que des mesures de portée limitée tant dans leur champ d'application que par leur contenu [5].

1. V. par ex. au sujet de la planification et du Plan, Sébastien, *Le plan en droit privé*, thèse Toulouse, éd. 1998.
2. J. Carbonnier, Le droit administratif du droit civil, *Rev. hist. droit* 1974, p. 758 s, rééd. Écrits, 2008, p. 1135 s.
3. J.-M. Olivier, *Les sources administratives du droit privé*, thèse ronéot. Paris II, 2 vol., 1981.
4. J.-M. Olivier, thèse préc. p. 815 s., sur « la pratique administrative source abusive du droit ». – V. J.-M. Auby, L'obligation gouvernementale d'assurer l'exécution des lois, *JCP* 1953, I, 1080 ; v. aussi, sur l'application du droit, *infra*, n°s 469 s.
5. Cons. const. déc. n° 248 DC, 17 janv. 1989, *CSA*, Rec. p. 18, *GDCC*, 18e éd, n° 21. – V. J.-Y. Chérot, « Le premier ministre exerce le pouvoir réglementaire », observations sur

Ce délestage s'est, à une époque récente, développé à partir et à l'aide du concept de *régulation*, ce qui correspond à une diversification des modes d'émission des règles confiées à des autorités distinctes, non sans confusions ni télescopages. D'où l'existence d'autorités administratives indépendantes et d'autorités de régulation (sur celles-ci, v. *infra*, n° 385).

333 ***Les autorités administratives indépendantes (AAI)*** ◊ La compréhension de l'état, en France, des choses du droit passe par la prise de conscience de l'importance grandissante de ce qu'il est convenu d'appeler les « autorités administratives indépendantes » [1]. Elles sont administratives parce qu'elles ont été habilitées à prendre des mesures présentant le caractère d'actes administratifs unilatéraux. Elles sont dites indépendantes parce que, sans être nécessairement dotées d'une personnalité juridique propre et tout en étant instituées dans le cadre d'action de personnes publiques existantes, elles sont soustraites au pouvoir hiérarchique, que ce soit celui du Premier ministre, du gouvernement ou des ministres [2]. Elles s'érigent comme un « double rempart à la fois contre les pressions des groupes d'intérêt et contre celles du pouvoir politique » [3]. En cela se manifeste dans leur aménagement un souci d'indépendance face à l'État, l'administration, la bureaucratie, mais aussi de combat contre les pressions économiques. L'exigence de technicité qui les caractérise les met au service du législateur, du gouvernement et du juge.

Leur liste est impressionnante. On se bornera à citer les plus importantes : Commission nationale de l'informatique et des libertés (CNIL), Commission d'accès aux documents administratifs (CADA), Commission des clauses abusives (C. consom., art. L. 132-2 s.) [4], Conseil de la concurrence (C. com., art. L. 461-1 s.) [5], devenu Autorité de la concurrence (C. com., art. L. 461-1-I, loi 4 août 2008 et ord. 13 nov. 2008) [6], Conseil

---

quelques mots de l'article 21, alinéa 1er, de la Constitution, *RRJ* 2001, n° spéc. Pouvoir réglementaire et délégation de compétence normative, p. 2191 s. ; v. aussi S. Renaud, Les autorités de régulation et le démembrement du pouvoir central, *RRJ* préc., p. 2203 s.

1. P. Sabourin, Les autorités administratives indépendantes, une catégorie nouvelle, *AJDA* 1983. 275 s. ; J. Chevallier, Réflexions sur l'institution des autorités administratives indépendantes, *JCP* 1986, I, 3254 ; J.-L. Autin, Du juge administratif aux autorités administratives indépendantes : un autre mode de régulation, *RD publ.* 1988. 1213 s., Les autorités administratives indépendantes, *Rev. adm.* 1982. 333 s. P. Gélard, Les autorités administratives indépendantes : évaluation d'un objet juridique non identifié. Office parlementaire d'évaluation de la législation 2006, nos 3166, Ass. nat., 404 Sénat.

2. A. de Laubadère et Y. Gaudemet, *Traité de droit administratif*, t. 1, 16e éd. 2001, nos 137 s.

3. J. Chevallier, chron. préc.

4. V. Y. Chartier, La réforme de la Commission nationale des clauses abusives, *JCP* 1993, Act. 93.

5. R. Drago, Le Conseil de la concurrence, *JCP* 1987, I, 3300 ; C. Lucas de Leyssac, Faut-il faire du Conseil de la concurrence une juridiction ?, *RJC* 1992. 273 s.

6. D. Ferrier et K. Biancone, L'autorité de la concurrence (après la loi du 4 août 2008 et l'ordonnance du 13 novembre 2008), *D.* 2009. 1031 s. ; C. Vilmart, Naissance de l'Autorité de la concurrence : une réforme fondamentale mais inachevée, *JCP E* 2009, 1077 ; L. Idot, L'autorité de la concurrence, régulateur des industries de réseau, *in Mélanges Tricot*, 2011, p. 183 s.

supérieur de l'audiovisuel (CSA) [1], Comité national consultatif d'éthique pour les sciences de la vie et de la santé [2], Commission nationale de contrôle des interceptions de sécurité (CNCIS), Commission consultative du secret de la défense nationale (CCSDN ; C. défense, art. L. 2312-1), Commission nationale de déontologie de la sécurité (CNDS) [3], Autorité des marchés financiers (C. mon. fin., art. L. 614-7 s.) [4], Autorité centrale de l'adoption (CASF, art. L. 148-2 s.) [5]. Signalons encore l'Autorité de régulation des communications électroniques et des postes (ARCEP ; C. postes et communications électroniques, art. L. 130 s., L. 36-5 s., D. 288 s.) [6], la Commission de régulation de l'énergie (CRE ; L. 10 févr. 2000 et L. 3 janv. 2003) [7], ou la Commission d'examen des pratiques commerciales (C. com., art. L. 440-1) [8].

334 ***Appréciation*** ◊ Les partisans de ces autorités sont plus ou moins conscients du fait que leur développement porte condamnation des structures traditionnelles de l'organisation des pouvoirs publics, qu'il s'agisse de l'Administration ou de la Justice [9]. De surcroît, en accordant à certaines de ces autorités des pouvoirs exorbitants – de type législatif, exécutif [10] et juridictionnel [11] –, on a renié certains principes essentiels de distinction,

---

1. V. CE 26 juill. 1991, Rec. p. 298, sur le contrôle juridictionnel des sanctions prononcées par le CSA et ses incidences sur les règles de la concurrence. – Sur l'attribution au CSA du pouvoir d'édicter des normes de portée générale et universelle, v. F. Haid, *RRJ* 2000, n° spéc. préc., 2271 s.

2. V. C. Sauvat, Le comité consultatif national d'éthique, éd. Fac. droit Aix-Marseille, 1999.

3. Au sujet du défenseur des droits, Const. art. 71-1, réd. L. 23 juill. 2008 ; *LPA* 19 déc. 2008, p. 125, obs. Catherine Teitgen-Colly ; v. aussi infra n° 334. – Rappr., sur le Défenseur des enfants, L. n° 2000-196, 6 mars 2000.

4. La création d'une Autorité des marchés financiers (AMF), résultat de la « fusion » de la COB et du CMF a été réalisée par la loi relative à la sécurité financière adoptée par le Parlement le 17 juillet 2003. Cette autorité publique indépendante est dotée de la personnalité morale (v. BRDA 4 mars, comm. 21). – V. CE 19 mars 2003, *LPA*, 23 avril 2003, p. 5, concl. M. Guyomar (compétence du CMF pour prononcer des sanctions disciplinaires à l'égard des personnes physiques).

5. V. Cons. const., déc. 2005-201 L, 13 oct. 2005, *LPA* 7 déc. 2005, p. 17, note. J.-E. Schoettl.

6. P. Battistini, Le pouvoir normatif de l'Autorité de régulation des télécommunications, *RRJ* 2000, n° spéc. préc., 2225 s.

7. J.-V. Borel, art. *RRJ* 2000, n° spéc. préc., 2240 s.

8. V. J.-P. Dumas, La commission d'examen des pratiques commerciales, *D.* 2003. 1146 s. ; F. Petit, La commission d'examen des pratiques commerciales, Un nouveau cadre juridique pour les rapports entre les fournisseurs et les distributeurs, *RRJ* 2002-1, 339 s.

9. V. CEDH 27 août 2002, *JCP* 2003, I, 109, n° 6, par F. Sudre, qualifiant de « tribunal » au sens de l'art. 6 § 1, Conv. EDH, une AAI statuant en matière disciplinaire.

10. Nicole Decoopman, Le pouvoir d'injonction des autorités administratives indépendantes, *JCP* 1987, I, 3303 ; F.-C. Jeantet, Réflexions sur les injonctions et exemptions du droit de la concurrence, *JCP* 1988, I, 3348.

11. R. Martin, La fonction juridictionnelle du Conseil de la concurrence, *JCP* 1990, I, 3469 ; et, après la loi n° 2004-801 du 6 août 2004 relative aux traitements de données à caractère personnel, L'exercice du pouvoir de sanction est une révolution culturelle pour la CNIL, entretien avec Ch. Pallez, *LPA* 29 sept. 2004, p. 3 s. – D'où une évolution protectrice à laquelle on pouvait s'attendre : v. not., R. Salomon, Le pouvoir de sanction des autorités administratives indépendantes en matière économique et financière. Conformité aux garanties fondamentales, *JCP* 2000, I, 264.

sinon des pouvoirs, du moins des fonctions, ce qui n'est évidemment pas sans risques ni dangers pour les libertés individuelles [1].

Il n'est pas douteux que le développement des AAI s'est accompagné de divers infléchissements en termes de politique législative... ou légiférante, afin d'assurer, notamment par la diversité des instances régulatrices, une adaptation permanente des règles de manière directe, si les AAI ont été investies d'un pouvoir direct à cet effet, ou indirecte si elles ne peuvent qu'inspirer l'action du pouvoir législatif ou réglementaire [2].

335 ***La polysynodie*** ◊ Le développement de la polysynodie s'accompagne d'ailleurs d'une élévation des appellations, ce qui tend à comparer la « Haute Administration » à une armée mexicaine : *Hauts conseils* : du commissariat aux comptes ; pour l'avenir de l'assurance maladie ; de la population et de la famille ; de la science et de la technologie (Décr. 15 juin 2006, Décr. 19 mars 2009) [3] ; des Musées de France, etc. *Hauts comités* : pour le logement des personnes défavorisées, pour la langue alémanique et francique d'Alsace et de Moselle, d'étude et d'information sur l'alcoolisme, etc. *Observatoires* : des médias, des retraites, de la parité entre les femmes et les hommes, des drogues et des toxicomanies, etc. – Il existe aussi des *Hautes Autorités* : de santé (art. R. 161-70, CSS) ; de lutte contre les discriminations et pour l'égalité (HALDE, L. 30 déc. 2004) ; pour la diffusion des œuvres et la protection des droits sur internet (HADOPI, art. L. 331-12 s., CPI, L. 12 juin 2009) [4], etc.

Par l'effet de la loi constitutionnelle du 23 juillet 2008, s'est réalisée la constitutionnalisation d'une AAI par l'institution du *Défenseur des droits* (Const. Titre XI bis, art. 71-1). Sa création témoigne notamment d'un désir de regroupement louable (v. *infra*, n° 455-1).

L'imagination est grande, sans que l'on discerne bien les critères de qualification, en dépit de l'absence de basse administration, de bas conseils, de bas comités ou de basses autorités. Il en va autrement des Hautes cours, mais c'est un autre problème. Il faut surtout s'interroger ici sur l'ardeur régulatrice de ces diverses entités, un peu trop vite tentées de produire des règles qui, toutes accumulées et le cas échéant en conflit, restreignent progressivement les libertés des citoyens (sur la régulation, v. *infra*, n° 385). À croire que ceux-ci sont des grenouilles qui veulent des règles !

1. Des divergences de jurisprudence sont apparues quant au respect du contradictoire devant ces autorités, compte tenu de l'article 6.1 de la Convention européenne des droits de l'homme (*infra*, n°s 764 s.) : v. Com. 5 oct. 1999, *JCP* 2000, II, 10124, note J.-C. Fourgoux ; CE 3 déc. 1999, *JCP* 2000, II, 10267, note F. Sudre ; Brigitte Daille-Duclos, Le respect du contradictoire devant les autorités administratives non juridictionnelles, *CCC* juin 2000. Chron. 9. – Sur la contamination du droit pénal, v. not. R. Gassin, *RRJ* 2000, n° spéc. préc., 2251 s.

2. V. J.-L. Bergel, *RRJ* 2000, n° spéc. préc., p. 2373 s.

3. V. L. n° 2006-450, 18 avr. 2006, *JO* 19 avr. 2006.

4. D. n° 24/2009, p. 1590, obs. J. Daleau ; E. Durieux, Diffusion et protection de la création sur internet, *JCP* n° 26/2009, p. 12. – Adde Florence Chaltiel, La loi HADOPI devant le Conseil constitutionnel, *LPA* 24 juin 2009.

B. Les actes des autorités

336 ***Diversité*** ◊ L'éventail des actes ou des documents par lesquels les administrations ou les autorités administratives indépendantes exercent leurs fonctions est très large. Outre les autorisations, permis, visas, injonctions, sanctions, qui présentent un caractère individuel et nous éloignent de la notion habituelle de norme, on relèvera que la participation à l'élaboration du droit peut se manifester indirectement par voie de suggestions contenues dans des *rapports* annuels, par exemple dans ceux de l'Autorité des marchés financiers (C. mon. fin., art. L. 621-19, al. 5), de la CNIL (L. 6 janv. 1978, art. 11, dernier al., L. 12 mai 2009), de la Commission des clauses abusives (C. consom., art. L. 132-5), etc.

Il est possible que telle ou telle autorité soit investie du pouvoir d'édicter des *règlements*. Ainsi, pour l'exécution de sa mission, la Commission des opérations de bourse peut, dans certaines conditions, prendre des règlements concernant le fonctionnement des marchés placés sous son contrôle (C. mon. fin., art. L. 621-6).

On s'en tiendra dans la suite des présents développements aux actes présentant des caractères plus spécifiques [1].

337 ***Circulaires administratives*** ◊ Parmi les divers textes de droit écrit non légiféré, les circulaires administratives remplissent un rôle grandissant, non seulement en droit public, mais aussi en droit privé [2]. Émanant le plus souvent du Premier Ministre ou des ministres, servant à faciliter la connaissance du droit dans une zone parfois incertaine entre réglementation et interprétation, elles sont destinées à guider les agents publics, les fonctionnaires et les juges dans l'application des lois et des règlements. Servant, surtout dans un contexte de plus en plus complexe du droit, à faciliter notamment l'assimilation des nouveautés et des réformes [3], elles ont acquis une importance grandissante, bien que l'Administration ne soit jamais

---

1. Sur les avis, v. *L'inflation des avis en droit*, dir. T. Revet, éd. Economica, 1998. – Se développant en général dans l'orbite de procédures judiciaires, administratives, para-administratives, professionnelles, les avis relèvent d'un ensemble trop multiple pour qu'on en puisse fournir une définition satisfaisante. Leur prolifération contribue à un certain affaiblissement de la puissance normative des lois. Mais cette progression est peut-être inhérente à une complexification bien connue de nos sociétés.

2. J. Rivero, *Les mesures d'ordre intérieur administratives*, thèse Paris, 1934 ; Y. Gaudemet, Remarques à propos des circulaires administratives, Mélanges Stassinopoulos, 1974, p. 561 s. ; G. Koubi, Les circulaires administratives, éd. Economica, 2003. – V. aussi P. Combau et S. Formery, Le décret du 8 décembre 2008 : un nouvel éclairage sur le droit souterrain ?, *AJDA* 2009. 809 ; R. Noguellon, Le statut des circulaires, *Dr. adm.* juin 2009, alerte 38 ; obs. P. Deumier, *RTD civ.* 2009. 487 s.

3. Ex. : circ. du 8 déc. 2005 sur les relations commerciales, consécutive à la loi du 2 août 2005 sur les PME, P. Arhel, *JCP E* 2005, Act. p. 2135, D. Ferrier et D. Ferré, *CCC* févr. 2006, p. 6 ; circ. du 9 janv. 2006 sur l'application de la loi du 26 juill. 2005 en matière de sauvegarde des entreprises ; plus récemment, circ. 29 fév. 2008, *JO* 7 mars 2008, *JCP* 2008. 167 ; – V. de plus grande ampleur la circulaire du 22 nov. 2005, relative à l'application de l'art. 88-4 de la Constitution en matière européenne, *JO* 25 nov. 2005, p. 18281.

tenue, sauf disposition contraire de la loi ou du règlement, de recourir à une circulaire [1]. Cette extension accompagne un certain recul des sources traditionnelles du droit, y compris dans les rapports de droit privé, ce qui atteste, d'une certaine manière, le développement du « droit administratif du droit civil » [2]. La consultation des recueils de jurisprudence montre que les juridictions judiciaires ont de plus en plus souvent à connaître de circulaires. Malgré cette progression, l'attitude du juge judiciaire demeure constante : l'instruction ministérielle ne saurait tenir lieu du règlement exigé par la loi ; simples mesures internes à l'Administration, les circulaires n'ont aucune force obligatoire ; elles ne lient ni les magistrats, ni les particuliers [3].

La position du Conseil d'État est différente. Celui-ci a, tout d'abord, en 1954, distingué les *circulaires réglementaires* et les *circulaires interprétatives*. Au sujet des premières par lesquelles l'autorité administrative donne, au moyen de dispositions législatives à caractère général, l'interprétation des lois et règlements qu'elle a pour mission de mettre en œuvre, le juge de l'excès de pouvoir ne pouvait être saisi qu'en cas de méconnaissance des dispositions prétendument interprétées ou de contraventions « aux exigences inhérentes à la hiérarchie des normes juridiques » [4]. D'utilisation malaisée et d'application variable, tant il est parfois difficile de distinguer l'interprétation de notions voisines, la dualité retenue par le Conseil d'État en 1954 a été abandonnée par lui en 2002 [5]. Adoptant une position extensive de son contrôle, a été opérée la substitution de la distinction des *circulaires impératives* et des *circulaires non impératives* à celle des circulaires réglementaires et des circulaires interprétatives. Ce qui compte désormais ce n'est plus l'objet de la circulaire, mais son effet.

---

1. CE 14 mars 2003, *LPA* 5 nov. 2003, p. 7 s., note B. Seiller.

2. J. Carbonnier, art. préc. – Rappr., s'agissant de l'état des personnes, l'Instruction générale relative à l'état civil, dont la première expression – de 1955 – a été à diverses reprises refondue, en dernier lieu le 11 mai 1999 (mod. Instr. gén. 29 mars 2002, *JO* 20 avril 2002), T. Revet, obs. *RTD civ.* 1999. 900 s.

3. Req. 11 janv. 1816, *S.* 1816, 1, 366 ; Civ. 13 mars 1901, *DP* 1901, 1, 161 ; 15 mai 1923 et 7 avril 1925, *DP* 1926, 1, 68 ; Com. 23 oct. 1950, *D.* 1951. 4, *Grands arrêts* t. 1 n° 12 ; v. C. Blumann, L'interprétation des circulaires administratives par le juge judiciaire, *AJDA* 1972. 263. – Il n'en demeure pas moins que certaines circulaires guident le fonctionnement des juridictions : v. par ex. circ. 1er juill. 1966, en matière de tutelle.

4. CE 29 janv. 1954, Notre Dame du Kreisker, Rec. p. 64, *RPDA* 1954. 50, concl. Tricot. – Sur les mesures d'ordre intérieur administratives, v. A. de Laubadère et Y. Gaudemet, préc., nos 1349 s. ; v., au sujet de mesures pénitentiaires, et spécialement de la punition de cellule qui constitue une décision faisant grief susceptible d'être déférée au juge de l'excès de pouvoir, CE 17 févr. 1995, *JCP* 1995, II, 22426, note M. Lascombe et F. Bernard, *RFDA* 1995, 353, concl. P. Frydman ; comp. CE 28 févr. 1996, *JCP* 1996, IV, 1102 ; v. aussi CE 17 mars 1997, *D.* 1997. 467, concl. C. Maugé ; 12 mars 2003, *D.* 2003. 1585, note E. Péchillon.

5. CE 18 déc. 2002, *RFDA* 2003. 274, concl. Fombeur, 510, note Petit, AJ 2003, 487, chron. Donnat et Casas, *JCP A* 2003, n° 5, p. 94, comm. J. Moreau, *LPA* 23 juin 2003, 19 s. – Rappr. CE 9 oct. 2002, *LPA* 4 mars 2003, p. 18, note Geneviève Koubi.

338 ***Recommandations*** ◊ Inspirées de pratiques des organisations internationales [1], les recommandations sont des actes par lesquels une autorité invite leurs destinataires à se comporter d'une certaine manière, mais sans que ces suggestions soient généralement assorties d'une force contraignante, *de jure*. Cela ne saurait cependant conduire à sous-estimer leur portée *de facto*, voire *de jure*, si l'autorité administrative dispose, le cas échéant, du pouvoir de recourir aussi à des mesures plus contraignantes. Ainsi en est-il des recommandations de la COB (aujourd'hui de l'AMF), et elles sont nombreuses [2]. La Commission nationale des clauses abusives recommande la suppression ou la modification des clauses qui présentent un caractère abusif dans les contrats conclus entre professionnels et non-professionnels ou consommateurs, qu'il s'agisse de contrats prérédigés ou de contrats négociés de gré à gré ; il s'agit de clauses créant un déséquilibre significatif entre les droits et les obligations au contrat (v. C. consom., l'art. L. 132-1) [3]. Disposant d'un large pouvoir d'édiction de règlements ou de décisions, la CNIL peut aussi émettre des recommandations. À vrai dire, ce pouvoir n'apparaît qu'incidemment à l'article 22, alinéa 2, de la loi du 6 janvier 1978 : « Sont tenus à la disposition du public, dans les conditions fixées par décret, les décisions, avis ou recommandations de la commission dont la connaissance est utile à l'application ou à l'interprétation de la présente loi ». Et la CNIL ne s'est pas privée du pouvoir d'en édicter [4]. - Sur les *recommandations patronales*, v. *infra*, n° 379.

339 ***Réponses ministérielles*** ◊ Les *réponses des ministres aux questions écrites* que peuvent leur poser les parlementaires, non seulement afin de connaître l'orientation de leur action, mais aussi en vue d'être éclairés sur l'interprétation des lois ou des décrets, ont pris, surtout depuis quelques années, une importance grandissante [5]. Généralement émises « sous réserve de

1. M. Virally, La valeur juridique des recommandations des organisations internationales, *AFDI* 1956. 66 s. ; C.A. Morand, Réflexions sur la nature des recommandations internationales et des actes de planification, *Rev. gén. DIP* 1970. 969 s. ; P. Bringuier, De la recommandation en droit interne et international (Considérations sur la recommandation internationale et le plan incitatif), *Mélanges Cosnard*, 1990, p. 443 s.

2. N. Decoopman, *op. cit.*, p. 133 s. - V. aussi, au sujet d'un communiqué de la COB en date du 4 mai 1999, J.-J. Daigre, Une nouvelle source du droit, Le communiqué ?, *JCP E* 1999, Act. 1261.

3. V. A. Sinay-Cytermann, La Commission des clauses abusives et le droit commun des obligations, *RTD civ.* 1985. 471 s. - Les recommandations de la Commission des clauses abusives sont dépourvues d'un pouvoir normatif et la Cour de Cassation en déduit qu'elles ne sont pas génératrices de règles dont la méconnaissance ouvre le droit à cassation (Civ. 1re, 13 nov. 1996, *Bull. civ.* I, n° 399, p. 279, *RTD civ.* 1997. 424, obs. J. Mestre, 791, obs. R. Libchaber, *D.* 1997. Somm. 174, obs. P. Delebecque, *JCP* 1997, I, 4015, obs. C. Jamin).

4. Sur l'exclusion du contrôle juridictionnel de la légalité, au motif qu'une recommandation n'étant pas une norme de droit, v. CE 27 sept. 1989, *S.A. Chopin et Cie et autres c/ CNIL*, *JCP* 1990, II, 21525, note J. Frayssinet. - V. aussi L. Leveneur, Les recommandations de la Commission des clauses abusives, *Mélanges Oppetit*, 2009, p. 495 s.

5. V. B. Oppetit, Les réponses ministérielles aux questions écrites des parlementaires et l'interprétation des lois, *D.* 1974. Chron. 107, rééd. in *Droit et modernité*, 1998, p. 137 s. ; v. aussi R. Libchaber, obs. *RTD civ.* 1998. 218 s. ; J.-P. Chazal et Y. Reinhard, obs. *RTD com.* 2002. 327 ;

l'appréciation souveraine des tribunaux », les réponses ministérielles ont une grande portée, spécialement auprès des professionnels. Elles attestent l'importance croissante de la bureaucratie dans la vie juridique, parce qu'il peut être souvent plus rapide d'obtenir une réponse de bureaucrate qu'une solution de juge et parce que l'influence des bureaux dans la genèse du droit légiféré – lois ou décrets – dissuade les particuliers de résister à l'Administration, notamment en matière fiscale [1]. Il est d'ailleurs amusant de constater l'existence de questions écrites de parlementaires portant sur l'interprétation de textes de loi dont ils ont été les rapporteurs au cours des débats et qu'ils devraient *a priori* connaître mieux que personne [2].

340 ***Rescrits*** ◊ Les réponses ministérielles rappellent les *rescrits* par lesquels les empereurs romains répondaient aux demandes de consultations juridiques qui leur étaient présentées. Or l'idée a, plus récemment, pris une importance nouvelle, de sorte qu'on a pu parler d'une « résurgence du rescrit », cet acte étant un « avis émanant d'une autorité consultée par une personne privée ou un organisme public sur l'interprétation ou l'application d'une norme » [3].

Ainsi la loi du 8 juillet 1987 et l'instruction du 16 décembre 1988 (LPF, art. L. 64 B et L. 80 B) ont entraîné l'instauration du *rescrit fiscal* permettant au contribuable d'obtenir à l'avance l'accord de l'Administration des impôts sur une situation fiscale dont les conséquences, une fois acceptées, ne peuvent plus être remises en cause par l'administration fiscale [4]. Plus précisément, si l'on s'en tient à la procédure générale, le rescrit consiste soit à interroger l'Administration fiscale sur une situation de fait au regard d'un texte fiscal afin d'obtenir une prise de position formelle, soit à invoquer les réponses déjà formulées par l'Administration sur des questions de portée générale en apportant une nouvelle lumière sur l'application d'un texte fiscal à condition que la situation du contribuable soit identique à celle sur laquelle l'Administration a déjà pris position.

N. Molfessis, obs. *RTD civ.* 2002. 597. – Sur les retards constatés dans les réponses aux questions écrites et sur les moyens d'y remédier (ex. : la procédure des questions écrites signalées), v. *JOAN Q*, 24 juin 1996, p. 3370.

1. Le procédé permet aussi d'obtenir, par le canal d'un parlementaire, une consultation juridique.

2. Sur le recours insolite à une question écrite afin d'obtenir une explication relative à une abrogation par mégarde (infra, n° 484), v. *JO Sénat* Q 1er mars 2001, p. 757, *RTD civ.* 2001. 694, obs. N. Molfessis.

3. B. Oppetit, La résurgence du rescrit, *D.* 1991. Chron. 105 s., rééd. in *Droit et modernité*, préc., p. 153 s. – En matière de sécurité sociale, v. art. L. 311-11 c. séc. soc. ; F. Taquet, À quoi sert le rescrit en matière de Sécurité sociale ?, *Gaz. Pal.* 2000. 2. Doctr. 1309.

4. B. Benoit, Le rescrit fiscal, *RF compt.* 1989, n° 199, p. 39. Dans le même ordre d'idées, la procédure du rescrit-valeur permet à tout chef d'entreprise qui souhaite donner son outil de travail, de consulter l'administration sur la valeur à laquelle il estime son entreprise et, en cas d'accord du service, de passer dans les trois mois l'acte de donation sur la base acceptée par l'Administration, sans que celle-ci puisse en remettre en cause ultérieurement la valeur (Instr. 20 oct. 2005, *BOI* 13 L-4-05, *Dr. fisc.* n° 44-45/2005, 13414).

Dans la même ligne, le règlement général de l'AMF a admis que, « consultée par écrit préalablement à la réalisation d'une opération et sur une question relative à l'interprétation du présent règlement », cette autorité pouvait rendre « un avis sous forme de rescrit. Cet avis précise si, au regard des éléments communiqués par l'intéressé, l'opération n'est pas contraire au présent règlement » (art. 121-1), l'accord ainsi donné, - ne valant que pour le demandeur - mettant l'intéressé à l'abri (art. 122-3) [1].

D'autres démarches ou d'autres actes peuvent être rapprochés de ces rescrits fiscaux ou financiers. Ils peuvent en différer quant à la portée des avis émis et quant aux autorités dont ils émanent. Tous attestent le désir de lutter contre une insécurité juridique grandissante. Aussi bien constate-t-on, en Europe, le développement d'une procédure de *ruling*, qui en est fort proche [2].

SECTION 2. LES PRINCIPES

341 ***Sens du mot*** ◊ Le mot *principe* a plusieurs sens dans l'ordre juridique, les uns et les autres se rattachant plus ou moins étroitement à une idée de généralité [3]. Il est souvent recouru à cette notion, de sorte que, pour éviter les confusions, il n'est pas rare que le substantif soit accompagné de l'adjectif *fondamental*. Leur fréquence grandissante finira, semble-t-il, par susciter l'apparition d'une science auxiliaire du droit : la principologie juridique.

En *droit constitutionnel*, la notion de principe fondamental est doublement importante. Elle l'est tout d'abord quant à la situation des lois par rapport à la Constitution. L'on a vu que le Conseil constitutionnel contrôle la conformité des lois au Préambule de la Constitution de 1958, lequel renvoie à celui de la Constitution de 1946. Or, dans ce dernier texte, le

---

1. V. antérieurement, P. Le Cannu, Le rescrit de la COB, Un nouvel instrument d'interprétation du droit boursier, *Bull. Joly* 1990. 927 s. ; M. Galimard, Le rescrit boursier, Journ. not. 1990, p. 1209 s. ; L. Richer et A. Viandier, Le rescrit financier, *JCP* E 1991. I. 10 ; Catherine d'Hoir-Lauprêtre, Le rescrit financier, *ALD* 1991. 37 ; N. Decoopman, Le rescrit boursier, *Rev. soc.* 1991. 449 s.

2. En matière sociale, l'art. 52-2° de la loi du 9 déc. 2004 de simplification du droit a autorisé le Gouvernement à adopter par ordonnance des mesures visant à « permettre aux cotisants d'invoquer l'interprétation de l'organisme de recouvrement sur leur situation au regard de la législation relative aux cotisations et contributions sociales ». En application de cette loi, l'ordonnance n° 2005-651 du 6 juin 2005 a aménagé une procédure de rescrit social, CSS, art. L. 243-6-3 ; v. la lettre circ. ACOSS du 7 fév. 2006, *JCP S* 2006, n° 1378. - V. P. Combeau, Du nouveau en matière d'invocabilité de l'interprétation administrative, Le cas de la doctrine sociale dans la loi de simplification du droit, *JCP* 2005, I, 153.

3. Plus rigoureusement, on devrait considérer qu'un principe doit être distingué d'un axiome ou d'un postulat. D'un axiome, c'est-à-dire d'une proposition, évidente ou non, qui ne se déduit pas d'une autre, mais que l'on pose par un acte de l'esprit au début de la déduction. D'un postulat, c'est-à-dire d'une proposition qui n'est pas évidente, faute de principe auquel on puisse rattacher une vérité ou une légitimité.

peuple français a réaffirmé solennellement « les principes fondamentaux reconnus par les lois de la République ». La notion de principe fondamental est donc, à ce titre, importante dans le fonctionnement de nos institutions (v. *supra*, n°s 251 s.) [1].

La notion de principe fondamental est encore utilisée en droit constitutionnel au sujet de la distinction des domaines respectifs de la loi et du règlement, l'article 34 de la Constitution de 1958 déterminant, à l'aide de cette notion, certains domaines relevant du pouvoir législatif (v. *supra*, n° 326).

C'est dans un autre sens que les *principes* sont ici envisagés, c'est-à-dire en tant que *principes généraux*, qu'il s'agisse de leur *existence* (§ 1) ou de leur *portée* (§ 2).

§ 1. **Existence de principes généraux**

342 ***En droit public*** ◊ C'est à une époque relativement tardive que les auteurs ont, le plus souvent, appelé l'attention sur l'existence de principes généraux du droit [2]. D'une branche du droit à l'autre, selon que le terrain juridique est plus ou moins recouvert de textes, leur importance varie.

La voie a été ouverte surtout à travers le *droit public* [3]. Ainsi, en droit international public, on a pu observer que l'article 38 du Statut de la Cour internationale de justice fait figurer « les principes généraux du droit reconnus par les nations civilisées » parmi les sources du droit applicable par la Cour. Il en avait été de même, avant la dernière guerre mondiale, de la Cour permanente de justice internationale, ce qui avait notamment suscité la réflexion au-delà du seul droit public [4]. Au nombre de ces principes généraux - respectés ou non, c'est une autre affaire -, on cite la permanence des engagements conclus par les États, quelles que soient les vicissitudes de leurs gouvernements [5].

Dans l'ordre interne, l'importance des principes généraux s'est d'abord affirmée en droit public [6], surtout lorsque le Conseil d'État s'est fondé sur

1. V. J. Rivero, Les « principes fondamentaux » reconnus par les lois de la République : une nouvelle catégorie constitutionnelle, *D.* 1972. Chron. 265 s. ; J.-P. Costa, Principes fondamentaux, principes généraux, principes à valeur constitutionnelle, in *Conseil constitutionnel et Conseil d'État*, LGDJ, 1988, p. 133 s.

2. V. G. del Vecchio, Les principes généraux du droit, Mélanges Gény, 1934, t. II, p. 69 s. ; J.-L. Sourioux, *Le concept de principe général du droit*, CEDROMA, Beyrouth, éd. Bruylant, 2005, p. 59 s.

3. V. aussi en philosophie politique, B. Kriegel, Le principe de légitimité, *Mélanges F. Terré*, 1999, p. 47 s.

4. V. l'analyse si pénétrante de G. Ripert, Les règles du droit civil applicables aux rapports internationaux (Contribution à l'étude des principes généraux du droit visés au Statut de la Cour permanente de Justice internationale), Cours Acad. intern. de La Haye, t. 44, 1933, p. 565 s.

5. M. Virally, Le rôle des « principes » dans le développement du droit international, in Le droit international en devenir, Essais écrits au fil des ans, 1990, p. 195 s. ; O. Debbasch, Les juridictions françaises et les principes généraux du droit international, *Mélanges Boulouis*, 1991, p. 139 s.

6. Letourneur, Les principes généraux du droit dans la jurisprudence du Conseil d'État, *EDCE* 1951. 195 s. ; B. Jeanneau, Les principes généraux du droit dans la jurisprudence administrative, thèse Paris, 1954 ; R. Chapus, De la valeur juridique des principes généraux du droit

des « principes généraux du droit applicables même en l'absence d'un texte » [1]. C'est ainsi qu'il a reconnu une existence propre au principe du respect des droits de la défense [2].

343 ***En droit européen*** ◊ Le droit européen a favorisé une éclosion de principes – ou principes généraux ou principes fondamentaux – propres à coiffer les ordres nationaux et à démantibuler nombre de systèmes, pour la plus grande joie des amateurs d'incertitudes juridiques, contraires, de par leur expression même, à la sécurité juridique et à la prévisibilité du droit : en droit européen des droits de l'homme (v. *infra*, n°s 763 s.), en droit de l'Union européenne. Exemples : principes de bonne administration, de confiance mutuelle, de coopération loyale [3], de l'effectivité, de l'effet immédiat et de la non-rétroactivité de la règle juridique (v. *infra*, n°s 513 s.), de précaution [4], de proportionnalité [5], de subsidiarité, de la sécurité de la règle juridique (v. *infra*, n°s 458 s.).

344 ***En droit privé*** ◊ L'apparition et le développement des principes généraux en droit public pouvaient s'expliquer par diverses raisons tenant notamment à l'absence de codification, au rôle nécessairement créateur de la jurisprudence, à des préoccupations d'ordre général propres au droit public.

Bien que ces considérations aient été, pour l'essentiel, étrangères au droit privé, l'existence de principes généraux y a aussi été admise, même lorsque des textes (rappr. l'art. 1584, al. 3, C. civ., relatif aux principes généraux des conventions) n'y faisaient pas référence [6]. Le plus célèbre est probablement

---

et autres règles jurisprudentielles en droit administratif, *D.* 1966. Chron. 99 ; B. Jeanneau, La théorie des principes généraux du droit à l'épreuve du temps, *EDCE* 1981-1982, p. 33 s. ; *Les règles et principes non écrits en droit public*, dir. P. Avril et M. Verpeaux, éd. Panthéon-Assas 2000 ; rappr. J.-C. Vénézia, *Le principe d'adaptation, Clés pour le siècle*, Dalloz, 2000, p. 1661 s.

1. CE 22 mai 1946, *Maillon*, S. 1946, 3, 52. – Citons encore le principe de l'égalité des citoyens devant les charges publiques. Mais tout n'est quand même pas principe général : v. J.-F. Lachaume, Les non-principes généraux du droit, *Mélanges Jeanneau*, 2002, 161 s.

2. CE 22 mai 1946, préc. ; rappr. CE 19 oct. 1962, *Canal*, *JCP* 1963, II, 13068, GAJA, 17e éd. 2009, n° 81. – Le principe général du respect des droits de la défense imprègne aussi le droit pénal (Crim. 12 juin 1952, *JCP* 1952, II, 7241, note Brouchot ; J. Léauté, Les principes généraux relatifs aux droits de la défense, *RSC* 1953. 47 s.). En procédure civile, il s'agit d'un « principe directeur », celui de la contradiction (C. pr. civ., art. 14 s.) ; v. M.-A. Frison-Roche, *Généralités sur le principe de contradiction, Étude de droit processuel*, thèse ronéot. Paris II, 1988 ; v. *infra*, n°s 762 s.

3. V. aussi, en droit français, D. Mazeaud, Loyauté, solidarité, fraternité : la nouvelle devise contractuelle ?, *Mélanges F. Terré*, 1999, p. 603 s. ; L. Aynès, L'obligation de loyauté, in L'obligation, *Arch. phil. droit*, t. 44, 2000, p. 195 s.

4. V. not. C. Cans, Le principe de précaution, nouvel élément du contrôle de légalité, *RFDA* 1999. 750 s. ; C. Lepage, Que faut-il entendre par principe de précaution ?, *Gaz. Pal.* 1999. 1. Doctr. 7 s. ; J.-P. Desideri, La précaution en droit privé, *D.* 2000. Chron. 238 s. ; et, surtout M. Boutonnet, *Le principe de précaution en droit de la responsabilité civile*, thèse Orléans, éd. 2005 ; *supra* n° 252.

5. Rappr. Existe-t-il un principe de proportionnalité en droit privé ?, Colloque Paris V, 20 mars 1998, *LPA*, 30 sept. 1998 ; S. Le Gac-Pech, *La proportionnalité en droit privé des contrats*, thèse Paris I, éd. 2000. V. *supra*, n° 187.

6. J. Boulanger, Principes généraux du droit et droit positif, *Mélanges Ripert*, 1950, t. I, p. 51 s. ; G. Ripert, Les forces créatrices du droit, 1955, n°s 123 s. ; G. Lyon-Caen, Du rôle des

celui sur lequel la Cour de cassation, consacrant la théorie de l'enrichissement sans cause, a fondé l'action *de in rem verso* « dérivant du principe d'équité qui défend de s'enrichir aux dépens d'autrui » et n'a été « réglementé par aucun texte de nos lois... » [1]. Ultérieurement, surtout depuis une quinzaine d'années, la Cour de cassation a fondé assez souvent ses décisions sur des *principes généraux* ou sur des *principes*, en dehors de tout texte formulant ceux-ci. Les auteurs en ont fait la constatation au sujet des diverses branches du droit privé, qu'il s'agisse notamment de droit civil, de droit commercial, de procédure civile, de droit international privé [2]. En adoptant cette attitude, moins attentive à des assises textuelles que par le passé, la Cour de cassation marque bien la nécessité de ne pas confondre le droit avec les lois. De la sorte, il peut lui être plus facile de mener une entreprise nécessaire - et constamment recommencée - de rationalisation du droit.

Les principes généraux ou les principes ainsi dégagés sont très divers. En la *forme*, il en est qui s'expriment par des maximes ou des adages, souvent transmis en termes latins [3]. Les uns ont été relayés par des textes (ex. C. civ., art. 2279, al. 1er : « En fait de meubles, la possession vaut titre ») ; d'autres ont subsisté sans ce support (ex. : *accessorium sequitur principale* : l'accessoire suit le principal) [4] ; mais il se peut aussi que le principe général existe tel quel sans le secours d'une maxime ou d'un adage. Quant au *fond*, ils peuvent correspondre à des aspirations variées. Tandis que certains tendent à assurer une certaine cohésion de l'ordre juridique (ex. : *error communis facit jus* : l'erreur commune crée le droit), d'autres se rattachent à des valeurs de morale et d'équité.

La singulière fortune des principes généraux s'est même amplifiée en droit privé depuis quelques années [5], non sans substitution - au moins

---

principes généraux du droit civil en droit du travail (première approche), *RTD civ.* 1974. 229 s. ; P. Morvan, Le principe de droit privé, thèse Panthéon-Assas (Paris II), éd. 1999 ; M. de Béchillon, La notion de principe général en droit privé, éd. PU Aix-Marseille, 1998 ; P. Sargos, Les principes généraux du droit privé dans la jurisprudence de la Cour de cassation, Les garde-fous des excès du droit, *JCP* 2001, I, 306 ; J.-P. Gridel, La Cour de cassation française et les principes généraux du droit privé, *D.* 2002. Chron. 228 s., 345 s. ; C.-A. Garbar, Les principes généraux du droit du travail : une nouvelle étape vers la banalisation du droit applicable aux personnels des entreprises à statut ?, *Mélanges Jeanneau*, 2002, p. 119 s. ; F. Terré et D. Bureau, in *La Cour de cassation et l'élaboration du droit*, dir. N. Molfessis, 2004, p. 171 s., 181 s.

1. Req. 15 juin 1892, DP 92, 1, 596, S. 93, 1, 281, note Labbé ; v. aussi Civ. 25 juill. 1938, DH 1938, 531.

2. B. Oppetit, Rapport sur Les « principes généraux » dans la jurisprudence de Cassation, Entretiens de Nanterre, 17 et 18 mars 1989, *JCP E Cah. dr. entr.* n° 5-1989, p. 12 s. ; v. aussi, du même auteur, Les principes généraux du droit en droit international privé, Arch. phil. droit, t. 32, 1987, p. 179 s., rééd. in *Droit et modernité*, 1998, p. 83 s. ; rappr. E. Gaillard, La distinction des principes généraux du droit et des usages du commerce international, *Mélanges Bellet*, 1991, p. 203 s.

3. Daguin, *Axiomes, aphorismes et brocards français du droit*, 1926 ; H. Roland et L. Boyer, *Adages du droit français*, 4e éd. 1999, *Locutions latines du droit français*, 4e éd. 1998 ; A. Laingui, L'adage, vestige de la poésie du droit, *Mélanges Imbert*, 1989, p. 345 s.

4. G. Goubeaux, La règle de l'accessoire en droit privé, thèse Nancy, éd. 1969.

5. V. obs. pénétrantes de N. Molfessis, *RTD civ.* 2001. 699 s.

apparente – de cette démarche, au recours à l'analogie, qui aurait souvent suffi. L'accumulation des principes et, par voie de conséquence, le développement des conflits de principes, conduit inéluctablement à s'interroger sur l'effet dévastateur de la principologie lorsqu'elle devient la clé de la destinée du droit.

§ 2. Portée des principes généraux

345 ***Distinction*** ◊ La portée des principes généraux peut être indiquée à un double titre.

Tout comme au sujet de la coutume, on peut s'interroger sur la place des principes par rapport aux sources du droit, ce qui laisse place à une grande perplexité tenant à la nature des principes ici étudiés [1]. On utilisera pour la surmonter les catégories employées au sujet de la coutume dans ses rapports avec la loi [2]. Il arrive tout d'abord que des principes opèrent *secundum legem* : ils coexistent avec des textes de loi ou sont induits de ceux-ci, ce qui se manifeste dans le visa des arrêts. Mais il se peut que le principe soit exprimé, consacré *praeter legem*, en l'absence de texte [3]. En outre, il arrive que soit retenu un principe *contra legem* : alors qu'aux termes de l'article 732 du Code civil, « la loi ne considère ni la nature ni l'origine des biens pour en régler la succession », la Cour de cassation a estimé qu'une cour d'appel *avait pu* décider que certains biens, considérés comme des souvenirs de famille, échappaient aux règles habituelles de la dévolution successorale et du partage [4].

346 ***Nature*** ◊ Ces observations renvoient à des questions encore plus essentielles, relatives à la *nature des principes généraux*. Dès lors qu'un pourvoi peut être fondé sur la seule violation d'un principe, et ce indépendamment de tout texte, voire contrairement à une disposition existante et non abrogée, on peut être conduit à penser que le principe doit être assimilé à une norme juridique existante sans pouvoir être ramené à une opinion doctrinale ou à une disposition de la loi [5]. À vrai dire, pour en être vraiment assuré, il conviendrait que la jurisprudence ait, à diverses reprises, consacré sans équivoque des principes *contra legem*.

S'il en était vraiment ainsi, encore faudrait-il se demander si cette force permettant de contredire la loi n'appartient pas plutôt au juge. N'est-il pas arrivé à la jurisprudence d'aller à l'encontre de la loi ? Ce rapprochement peut porter à nier l'existence, en tant que tels, fût-ce à l'état latent, de

---

1. Rapp. B. Jeanneau, La nature des principes généraux du droit en droit français, Trav. Inst. dr. comp. Univ. Paris, t. XXIII, 1962, p. 203 s. ; G. Morange, Une catégorie juridique ambiguë : les principes généraux du droit, *RD publ.* 1977. 761 s. ; D. Bureau, *Les sources informelles du droit dans les relations privées internationales*, thèse Panthéon-Assas (Paris II), 1992.
2. V. B. Oppetit, rapp. préc., *loc. cit.*
3. Ex. : Req. 15 juin 1892, préc.
4. Civ. 1re, 21 févr. 1978, *D.* 1978. 505, note R. Lindon, *JCP* 1978, II, 18836, concl. Gulphe, *Grands arrêts* t. 1 n° 98.
5. B. Oppetit, rapp. préc., p. 16.

principes généraux. Aussi longtemps que des décisions ne les auraient pas appliqués, ils ne seraient qu'en suspension et ils ne deviendraient partie intégrante du droit que, positivement, par le truchement des décisions des juges [1]. On ne peut manquer de rapprocher cette analyse réductrice de celle par laquelle d'aucuns voulurent autrefois réduire la coutume à la jurisprudence (*infra*, n° 390). On répondra, ici encore, à l'objection en soulignant que les phénomènes juridiques ne se réduisent pas - outre les lois et règlements - à leurs manifestations contentieuses.

1. V. M. Gobert, Réflexions sur les sources du droit et les « principes » d'indisponibilité du corps humain et de l'état des personnes (À propos de la maternité de substitution), *RTD civ.* 1992. 518 ; v. aussi, du même auteur, obs. *RTD civ.* 1992. 229.

CHAPITRE 2
LA JURISPRUDENCE

347 ***Présentation*** ◊ En anglais, le terme *Jurisprudence* désigne la philosophie du droit et la théorie générale du droit. En français, le sens du mot est très différent. On appelle jurisprudence, l'« ensemble des décisions de justice rendues pendant une certaine période soit dans une matière (jurisprudence immobilière), soit dans une branche du Droit (jurisprudence civile, fiscale), soit dans l'ensemble du Droit » [1].

On envisagera successivement la *notion* de jurisprudence (§ 1), les *devoirs des juges* (§ 2), le *domaine* de la jurisprudence (§ 3), sa *portée* (§ 4), puis ses *relations* avec les autres composantes du droit (§ 5).

§ 1. La notion de jurisprudence

348 ***Une notion mystérieuse*** ◊ Si l'on en parle beaucoup et si le discours qu'elle suscite devrait renvoyer d'abord à une définition, il faut reconnaître que, le plus souvent, on se passe de celle-ci. D'ailleurs on préfère d'habitude relier l'emploi du mot à une matière du droit ou à un organe judiciaire, voire para-judiciaire. Cette diversification s'impose d'autant plus que l'intervention du juge - donc le développement de la jurisprudence - est variable de l'une à l'autre. Dans un ordre d'idées voisin, la jurisprudence du Conseil d'État n'est pas celle de la Cour de cassation.

Il faut donc, à partir de cette diversité, tenter de discerner les limites de la notion, à partir des actes des juges. Sa définition varie encore en fonction de la perspective retenue, car d'aucuns auront pu être appelés à ne retenir qu'un certain nombre de décisions, par exemple des arrêts de cassation plutôt que des arrêts de rejet... Mais cette vision restrictive est d'autant plus contestable que la jurisprudence de la Cour de cassation ne se confond pas avec la jurisprudence civile envisagée dans son ensemble. Il existe des jurisprudences de cour d'appel, bien mieux collectées que par le passé.

Mais peut-on de la sorte formuler une définition satisfaisante ? Pour y parvenir il faut répondre à deux exigences qui tiennent l'une à la motivation, l'autre au dénombrement.

349 ***La motivation*** ◊ Il ne suffit pas que des décisions de justice soient rendues et rassemblées pour que l'on puisse faire état d'une jurisprudence.

---

1. *Vocabulaire juridique*, Assoc. H. Capitant, V° Jurisprudence, 1 ; Répertoire de droit civil Dalloz, V° Jurisprudence, par L. Bach. - V. Senn, *Les origines de la notion de jurisprudence*, 1926 ; C. Puigelier, *Temps et création jurisprudentielle*, éd. Bruylant, 2012 ; J.-P. Andrieux, *Histoire de la jurisprudence, Les avatars du droit prétorien*, éd. Vuibert, 2012.

Encore faut-il que ces décisions soient motivées, car c'est la motivation des décisions [1], soutien du dispositif de celles-ci, qui permet de comprendre ce corps de pensée que constitue *une* jurisprudence - sur telle ou telle question, en tel ou tel domaine - ou, de manière plus générale, la jurisprudence [2]. Dans l'Ancienne France, le vieil usage, recommandé par Beaumanoir, de motiver les décisions était tombé en désuétude. Le droit intermédiaire a réagi contre cet état de choses. De l'article 15 de la loi des 16-24 août 1790 est résultée l'obligation d'exprimer, avant le dispositif du jugement, « les motifs qui auront déterminé » celui-ci. La règle sera reprise à l'article 141 de l'ancien Code de procédure civile et à l'article 163 du Code d'instruction criminelle. L'obligation de motiver les jugements, arrêts et sentences est presque générale. Elle est notamment exprimée à l'article 455, alinéa 1er, du Code de procédure civile. Faute de motivation comme il en était des décisions des anciens parlements [3], comme il en est aujourd'hui de celles des jurys d'assises, on ne peut parler de jurisprudence. Reste à savoir jusqu'à quel point il convient de développer la motivation des décisions : ni trop courte si l'on veut que celles-ci soient aussi bien comprises que possible, ni trop longues, dans la mesure où l'on s'attache à ne pas nuire à leur accessibilité.

350 ***Le dénombrement*** ◊ Il est habituel de considérer que la jurisprudence est constituée par l'ensemble des décisions (motivées) rendues par les tribunaux. Mais en connaît-on même exactement l'importance ? [4]. De quelles décisions s'agit-il d'ailleurs, à proprement parler ? On considère volontiers qu'il s'agit seulement des décisions rendues au cours et surtout à l'issue de procès, en d'autres termes de ce que l'on appelle la juridiction *contentieuse* [5], ce qui exclut les simples actes d'administration judiciaire (ex. : la fixation d'une date d'audience) ou encore la juridiction *gracieuse* qui implique l'absence de litige, tout

---

1. La motivation des décisions de justice, Trav. du Centre national de recherches de logique, Bruxelles, 1978 ; G. Guidicelli-Delage, La motivation des décisions de justice, thèse Poitiers 1979 ; Legros, Essai sur la motivation des jugements civils, thèse (dactyl.) Dijon, 1987 ; *supra*, n° 152. - V. aussi R. Lindon, La motivation des arrêts de la Cour de cassation, *JCP* 1975, I, 2681 ; Cl. Witz, Libres propos d'un universitaire français à l'étranger, *RTD civ.* 1992. 737 s. ; D. Tallon, Libres propos sur la motivation des arrêts de la Cour de cassation française, à partir de l'arrêt de l'Assemblée plénière du 17 novembre 2000 (arrêt *Perruche*), Mélanges I. de Magalhães Collaço, p. 635 s. ; R. Libchaber, obs. *RTD civ.* 2000. 679, sur Com. 26 oct. 1999 ; S. Djidara, La motivation des décisions de justice : impératifs anciens et exigences nouvelles, *LPA* 26 mai 2004 ; F. Zénati-Castaing, La motivation des décisions de justice et les sources du droit, *D.* 2007. Chron. 1553 s.

2. M. Saluden, *Le phénomène de la jurisprudence, Étude sociologique*, thèse ronéot. Paris II, 1983. - Rappr. sur « la jurisprudence constante de la Cour de cassation », les rapports de Ph. Jestaz, P. Capoulade et D. Foussard, in *L'image doctrinale de la Cour de cassation*, Colloque Cour de cassation, 10 et 11 déc. 1993, La Documentation française 1994, p. 205 s.

3. V. Sauvel, Histoire des jugements motivés, *RD publ.* 1955. 5 s.

4. V. not. S. Bories, A la rencontre du droit vécu (l'étude des masses jurisprudentielles : une dimension nouvelle des phénomènes socio-judiciaires), *JCP* 1985, I, 3213 ; M.-A. Frison-Roche et S. Bories, La jurisprudence massive, *D.* 1993. Chron. 287 s.

5. Ph. Jestaz, La jurisprudence, ombre portée du contentieux, *D.* 1989. Chron. 149 s. ; C. Beroujon, Contentieux au singulier et jurisprudence au pluriel, *RTD civ.* 1995. 579 s.

au moins de litige déclaré, ostensible [1] et dont l'importance est pourtant grande, par exemple en matière de protection des consommateurs.

La distinction du gracieux et du contentieux permet déjà une première délimitation. En tant qu'ils jugent des litiges et appliquent, au cœur du phénomène judiciaire, le droit aux rapports humains, les juges se trouvent encore dans diverses situations. Leur tâche est relativement facile si la règle de droit applicable a été formulée expressément et nettement par la loi ; dans ce cas, l'office du juge sera presque mécanique. Mais souvent les choses sont moins simples. Tout d'abord la loi est parfois douteuse, le législateur s'étant mal exprimé : certes il y aurait lieu, quand le législateur édicte une règle, qu'il la formule de façon claire et précise ; mais il n'y réussit pas toujours. En outre, les faits donnant lieu au litige peuvent être complexes et offrir une combinaison non prévue par la loi ; car le législateur est incapable de faire face à l'extrême complexité des cas particuliers et de fixer par avance la règle qui doit les régir. Il ne doit d'ailleurs pas s'engager dans cette voie, sinon la loi serait démesurément étendue, difficilement compréhensible ; inéluctablement d'ailleurs, il y a des lacunes [2]. Le juge peut enfin se trouver en présence d'un fait qui a totalement échappé au législateur, par exemple d'un fait nouveau dû aux transformations de la vie par suite des progrès de la science [3].

Cet état de choses renforce bien les incertitudes inhérentes à la définition de la jurisprudence. Si utiles soient-elles, les statistiques judiciaires sont insuffisantes, car elles ne renseignent pas ou renseignent mal sur le contenu des décisions et sur ce que peut être le sens de celles-ci envisagées *in globo* (v. sur la portée de la jurisprudence, *infra*, n°s 360 s.). Autant dire que ce qu'on appelle la jurisprudence ne peut en être que la partie émergée, connue et analysée par ceux qui expriment celle-ci, au sein mais aussi au dehors de l'appareil judiciaire [4].

---

1. D. Le Ninivin, La juridiction gracieuse dans le nouveau code de procédure civile, thèse Rennes I, éd. 1983 ; G. Wiederkehr, L'évolution de la justice gracieuse, *Mélanges Drai*, 2000, p. 483 s. – V. aussi M. Chrétien, *Les règles de droit d'origine jurisprudentielle*, thèse Lille.

2. V. Le problème des lacunes en droit, par le Centre national de recherches de logique, Bruxelles, 1968. – V. aussi Lescot, Les tribunaux en face de la carence du législateur, *JCP* 1966, I, 2007.

3. Portalis le disait déjà dans son Discours préliminaire du code civil : « Comment enchaîner l'action du temps ? Comment s'opposer au cours des événements ou à la pente insensible des mœurs ? Comment connaître et calculer d'avance ce que l'expérience seule peut nous révéler ?... Un Code, quelque complet qu'il puisse paraître, n'est pas plutôt achevé que mille questions inattendues viennent s'offrir au magistrat. car les lois, une fois qu'elles ont été rédigées, demeurent telles qu'elles ont été écrites. Les hommes, au contraire, ne se reposent jamais ; ils agissent toujours, et ce mouvement, qui ne s'arrête pas, et dont les effets sont diversement modifiés par les circonstances, produit à chaque instant quelque combinaison nouvelle, quelque nouveau fait, quelque résultat nouveau ». – La prise de conscience accrue de la réalité sociologique par le législateur l'a conduit depuis quelques décennies à utiliser des notions souples – dites aussi notions-cadres – qui ont conféré aux tribunaux, spécialement dans le droit de la famille, une influence accrue (G. Cornu, *L'apport des réformes récentes du Code civil à la théorie du droit civil*, Cours de droit civil approfondi, Les Cours de droit 1970-1971, p. 136 et 188), sur l'opportunité de laquelle il est permis de s'interroger. – Rappr. S. Rials, *Le juge administratif et la technique du standard (Essai sur le traitement juridictionnel de l'idée de normalité)*, thèse Paris II, éd. 1980 ; v. aussi *infra*, n°s 404 s.

4. V. P. Deumier, Un arrêt non publié peut-il faire jurisprudence ?, obs. sur Com. 29 juin 2011, *RTD civ.* 2011. 87 s. et les références.

§ 2. Les devoirs des juges

351 ***Présentation*** ◊ L'existence même d'une jurisprudence se relie foncièrement à ce que, dans la tradition et la philosophie, politique et juridique, de la France, l'on doit retenir quant au rôle du juge, lequel n'est pas et ne peut être un législateur, faute de légitimité démocratique. Sa soumission se manifeste aussi face à la législation existante. Inapte à faire la loi, il est inapte à considérer qu'elle n'a pas rempli son rôle lorsqu'il lui est demandé de l'appliquer. Ces deux exigences, figurant aux articles 4 et 5 du Code civil, ont pendant longtemps suffi à délimiter le rôle du juge [1]. Mais les missions de plus en plus nombreuses qui lui ont été confiées depuis plus d'un demi-siècle, ont conduit à s'interroger davantage sur l'apport jurisprudentiel à la création du droit et au respect de la cohérence de celui-ci [2].

352 ***a) L'obligation de juger. Évolution*** ◊ Que va faire le juge lorsque la loi est obscure, incomplète ou muette ?

Sous l'Ancien droit, en application de l'article 7 du Titre Premier de l'ordonnance de 1667, le Roi était, en principe, le seul interprète de la loi. La Révolution transféra le pouvoir législatif à une assemblée représentative. Et dans la ligne d'une conception légaliste et volontariste héritée de Rousseau, l'article 12 de la loi des 16-24 août 1790 sur l'organisation judiciaire disposa que « les tribunaux s'adresseront au Corps législatif, toutes les fois qu'ils croiront nécessaire soit d'interpréter une loi, soit d'en faire une nouvelle ».

Ce *référé législatif* se reliait à l'article 10 de la même loi qui interdisait aux tribunaux de « prendre, directement ou indirectement, aucune part à l'exercice du pouvoir législatif, ni empêcher ou suspendre l'exécution des décrets du Corps législatif à peine de forfaiture » (v. *supra*, n° 122). Le référé législatif était suspensif ; le procès était provisoirement arrêté. Ce système est resté en vigueur jusqu'à la loi du 16 septembre 1807 qui a prévu, à l'étage de la Cour de cassation, la possibilité d'une demande d'avis interprétatif du Conseil d'État. Puis, à la suite des lois du 30 juin 1828 et du 1er avril 1837, la procédure du référé législatif a été supprimée [3] (comp., sur la saisine pour avis de la Cour de cassation, depuis la loi du 15 mai 1991, *supra*, n° 153).

353 ***L'article 4 du Code civil et le déni de justice*** ◊ Dès 1804, le Code civil avait fait obligation au juge de se prononcer dans chaque litige qui lui était soumis. L'article 4 du Code civil dispose, en effet, que « le juge qui

---

1. V. R. Libchaber, Les articles 4 et 5 du Code civil ou les devoirs contradictoires du juge civil, in *Le titre préliminaire du Code civil*, dir. G. Fauré et G. Koubi, éd. Économica 2003, p. 143 s.
2. V. D. Gutmann, « Le juge doit respecter la cohérence du droit », Réflexions sur un imaginaire article 4 ? du Code civil, in Le Titre préliminaire du Code civil, préc., p. 109 s.
3. Y.L. Hufteau, Le référé législatif et les pouvoirs du juge dans le silence de la loi, Trav. fac. droit Paris, 1965.

refusera de juger, sous prétexte du silence, de l'obscurité ou de l'insuffisance de la loi, pourra être poursuivi comme coupable de déni de justice ». Le déni de justice est pénalement réprimé (C. pén., art. 434-7-1) [1].

Puisque le juge doit juger et que la loi ne lui fournit pas toujours intégralement la solution, il aura recours à ses propres lumières [2]. Et l'on pourrait songer alors à lui permettre de statuer en équité, en s'inspirant du bon sens et du sentiment de justice (v. *supra*, n°s 16 s.). Mais une telle solution offrirait de sérieux inconvénients : l'arbitraire du juge, l'incohérence dans les décisions, car ce qui est équitable pour l'un ne le sera pas forcément pour l'autre ; deux cas identiques pourraient recevoir des solutions différentes selon le sentiment personnel que le juge se fait de l'équité. Déjà on disait dans l'Ancienne France : « Dieu nous garde de l'équité des Parlements ».

À défaut d'une solution d'équité, le juge doit donc fournir une solution rationnelle : il voudra se déterminer non pas au hasard, mais en se fondant sur des raisons solides, et, parmi celles-ci, il y a les décisions rendues antérieurement dans des cas identiques. Le juge s'appuiera sur les précédents judiciaires [3]. Plusieurs raisons permettent d'expliquer ce procédé. Il y a d'abord une raison psychologique, l'influence de l'exemple : on comprend que le juge ait tout naturellement tendance à adopter comme règle celle qui a servi à trancher précédemment un cas semblable. Il faut ensuite tenir compte du fait que les jugements sont motivés, c'est-à-dire qu'avant d'énoncer sa sentence, le juge doit la justifier par le raisonnement. Dès lors, un autre juge qui doit juger une affaire semblable, s'il est convaincu par la justesse du raisonnement, pourra se l'approprier à son tour. L'utilisation des précédents judiciaires tient encore au fait que les juges sont conscients de ce qu'il leur faut satisfaire un besoin de sécurité.

Les exemples de déni de justice sont assez divers. Ainsi en est-il lorsque le juge, dans l'incertitude relativement à une notion, affirme qu'elle peut « apparemment » être différente d'une autre [4]. Ainsi est-il de la sorte interdit au juge de se dessaisir de son pouvoir juridictionnel par délégation à un notaire liquidateur [5]. L'on discerne deux sortes de manifestations

---

1. V. dans le cadre de l'application de l'art. 185 anc. C. pén., L. Favoreu, Du déni de justice en droit public français, 1964 ; Civ. 4 févr. 1920, *DP* 1924, 1, 62 ; Civ. 3e, 16 avr. 1970, *D.* 1970. 474, note M. Contamine-Raynaud ; 6 févr. 2002, *JCP* 2003, II, 10014 (le juge commet un déni de justice s'il refuse d'évaluer un dommage admis dans son principe). – Comp. Civ. 3e, 3 déc. 1980, *Gaz. Pal.* 1981. 2, 481, note A. Piédelièvre

2. V. not. sur le cas de doute, J.-F. Cesaro, *Le doute en droit privé*, thèse Paris II, éd. 2003, n°s 105 s.

3. V. Sauvel, Essai sur la notion de précédent, *D.* 1955. Chron. 93 ; C.V. Fragistas, Les précédents judiciaires en Europe continentale, Mélanges Maury, 1960, t. II, p. 139 s. ; A. Sergenne, Le précédent judiciaire au Moyen Âge, *Rev. hist. droit* 1961, p. 224 s. ; M. Saluden, thèse préc., p. 653 s. – V. dans une perspective de philosophie du droit processuel comparé entre droit continental européen et common law, l'analyse remarquable de Paul Sourlas, Le rôle des précédents : quelques réflexions générales inspirées de l'exemple grec, *Rev. hellén. de droit international*, 2006, p. 9 s.

4. Soc. 11 oct. 2005, *D.* 2006. 214, note Ph. Waquet.

5. Civ. 1re, 2 avril 1996, *JCP* 1996, IV, 1270, *Gaz. Pal.* 1996. 2, pan. 168.

suivant que le comportement critiquable du juge tient soit à un refus d'exercer son office, soit à une ineffectivité du procès au détriment du justiciable. La référence aux lenteurs de la justice et au déni de justice permet aussi d'engager la responsabilité de l'État pour manquement à son devoir de protection juridictionnelle de l'individu [1].

354 ***b) L'interdiction de réglementer. Évolution*** ◊ Dans l'Ancien droit, les Parlements et autres cours souveraines avaient le pouvoir de rendre des *arrêts de règlement*. L'usage du mot arrêt peut donner à penser que ces décisions étaient prises à l'occasion de procès entre deux parties, ce qui est inexact. Il s'agissait de véritables règlements et si l'on a employé le mot arrêt, c'est parce qu'il n'existait pas, formellement, d'autre mode d'expression de leurs décisions. Deux limites marquaient ce pouvoir réglementaire : dans l'espace, ils n'avaient de force obligatoire que dans le ressort du Parlement qui les avait faits ; et si, dans le temps, ils valaient pour l'avenir et à l'égard de tous, comme la loi elle-même, on considérait que cette législation émanant des Parlements était provisoire, dans l'attente d'une loi et pour en tenir lieu dans l'intervalle et supplétoire, en ce qu'elle impliquait des lacunes de la loi et de la coutume, sans pouvoir modifier les dispositions légales ou coutumières [2].

La portée de ces arrêts de règlement était donc limitée, moindre qu'on ne devait le penser ultérieurement. Il est vrai que leur fondement, tel qu'il se précisa à mesure que se développa le pouvoir royal, ainsi que la distinction, anciennement inconnue, du pouvoir seigneurial et du pouvoir royal. Le cours de l'histoire entraîna successivement la privation du pouvoir réglementaire des justices seigneuriales, puis des justices royales (baillages et sénéchaussées). Et si les Parlements le conservèrent, dans le cadre précédemment indiqué, ce pouvoir s'expliquait par l'effet d'une délégation du roi.

Plusieurs considérations expliquent la prohibition des arrêts de règlement à l'article 5 du Code civil. Au mauvais souvenir des difficultés que la Royauté avait eues avec les Parlements, s'ajouta le principe de la séparation des pouvoirs, et notamment du judiciaire et du législatif qui est à la base du droit public depuis la Révolution. Outre les sanctions attachées, en quelque domaine que ce soit, à l'excès de pouvoir, il a donc paru nécessaire aux rédacteurs du Code civil de formuler, à l'article 5, une défense générale [3].

---

1. TGI Paris 6 juill. 1994, *Gaz. Pal.* 1994. 2, 589, note Petit ; 5 nov. 1997, *D.* 1998. 9, note M.-A. Frison-Roche.

2. V. Ph. Payen, Les arrêts de règlement du Parlement de Paris au xviiie siècle, Dimension et doctrine, éd. PUF 1997 ; v. aussi R. Libchaber, Les article 4 et 5 du Code civil ou les devoirs contradictoires du juge civil, in Le titre préliminaire du code civil, dir. G. Fauré et G. Koubi, éd. 2003, p. 143 s., spéc. p. 144.

3. Aux auteurs cités, adde : H. Sinay, La résurgence des arrêts de règlement, *D.* 1958. Chron. 85 ; A. Audinet, Faut-il ressusciter les arrêts de règlement ?, *Mélanges Brèthe de La Gressaye*, 1967, p. 99 s. ; Hébraud, obs. *RTD civ.* 1960. 712, 1972, 176 ; B. Beignier, Les arrêts de règlement, *Rev. Droits*, n° 9-1989, p. 45 s. ; A. Sériaux, Le juge au miroir : l'article 5 du Code civil et l'ordre juridictionnel français contemporain, *Mélanges Mouly*, 1998, t. I, p. 171 s. ; R. Libchaber, obs. *RTD civ.* 1998. 785 s. ; O. Tournafond, Considérations sur les nouveaux arrêts de règlement,

355 ***L'article 5 du Code civil et la défense de réglementer*** ◊ Aux termes de l'article 5 du Code civil, « il est défendu aux juges de prononcer par voie de disposition générale et réglementaire sur les causes qui leur sont soumises ». Bien qu'il soit d'usage de considérer qu'il s'agit là d'une prohibition des « *arrêts de règlement* », il faut aussitôt marquer l'existence de deux différences : seuls les Parlements, et non tous les juges, pouvaient rendre des arrêts de règlement ; et ils les rendaient hors de tout litige, et non dans les causes qui leur étaient soumises.

La défense de réglementer appelle tout d'abord des commentaires sur le terrain de la *généralisation* par le juge d'une règle appliquée par lui au litige qui lui est soumis sans que la généralité à laquelle il fait référence découle d'une loi ou d'un règlement. C'est alors dans une perspective *horizontale* que la défense se manifeste. Ainsi est prohibée une disposition réglementaire consistant à interdire à une société d'édition toute publicité non seulement d'un produit pharmaceutique faisant l'objet du litige, mais également de tous les produits fabriqués et mis en vente par l'un quelconque des membres de la chambre syndicale des fabricants de produits pharmaceutiques [1] ou à édicter un règlement de procédure relatif au recouvrement simplifié de petites créances commerciales [2]. La Cour de cassation a aussi, au visa de l'article 5 du Code civil, décidé que « les juges du fond ne sauraient se référer, dans une espèce déterminée, à des règles établies à l'avance pour justifier leur décision » [3]. La généralisation envisagée peut aussi apparaître à la *verticale* et dans la montée vers l'abstraction, ce qui peut rendre difficile, à l'étage de la Cour de cassation, la distinction de l'arrêt dit de règlement et de l'arrêt de principe (*infra*, n° 356), le tout n'étant pas favorisé par un recours, plus fréquent que par le passé, à des concepts flous et à des standards dans l'expression du droit.

La défense de réglementer appelle aussi des observations sur le terrain de la temporalité, et cela de deux manières : par rapport à l'*avenir* si l'on devait admettre des revirements de jurisprudence l'hypothéquant (v. *infra*, n° 533) ; par rapport au *passé*, dans la mesure où une réglementation exprimée par un juge aboutirait à introduire une autorité obligatoire du précédent [4].

356 ***Les arrêts de principe*** ◊ La prohibition des arrêts de règlement n'empêche pas le juge d'émettre des principes généraux de solution, dès lors qu'il y a un lien entre le principe exprimé et la solution du litige. En d'autres termes, ce que l'article 5 interdit au juge – même au juge de cassation –, c'est de créer des normes, et ce en dehors de tout litige. Cela n'exclut pas la création de normes prétoriennes dans le cadre de l'activité

Mélanges Jestaz, 2006, p. 547 s. – Adde : Ph. Payen, *Les arrêts de règlement du Parlement de Paris au XVIIIe siècle, Dimension et doctrine*, thèse Paris II, éd. 1997.

1. Com. 13 janv. 1971, *JCP* 1971, II, 16932, note Hauser.
2. Civ. 1re, 22 oct. 1957, *JCP* 1957, II, 10278.
3. Crim. 4 févr. 1970, *D.* 1970. 333, *Gaz. Pal.* 1970. 1, 285 ; v. aussi Civ. 2e, 10 nov. 1965, *Bull. civ.* II, n° 868, p. 617. – Sur les barèmes de réparation, v. aussi *Les obligations*, n° 901.
4. V. P. Hébraud, Le juge et la jurisprudence, *Mélanges Couzinet*, 1974, p. 339.

juridictionnelle. Reste que tant la motivation que la solution retenues se rattachent à un cas, ce qui laisse place à la possibilité d'adaptation à d'autres cas. Ainsi le système « tout à la fois permet l'édiction de principes généraux de solution à propos des litiges qui se présentent, mais n'empêche nullement de les modifier lorsque se présentent d'autres espèces » [1].

Longtemps contestée à partir d'une interprétation extensive de l'article 5 du Code civil, l'admission des arrêts de principe n'est plus discutée aujourd'hui [2]. « Entre les "arrêts de cœur" fustigés par d'Aguesseau et les "arrêts de règlement" interdits, il y a tout simplement des arrêts de portée générale » [3]. Ce sont les arrêts de principe.

On a parfois considéré que les arrêts de principe sont des « décisions consacrant une solution pour la première fois, après examen approfondi d'une question particulièrement importante, susceptible de nombreuses déductions ou de nature à se reproduire souvent » [4]. Cette définition paraît trop restrictive. On peut considérer que constitue un arrêt de principe, un arrêt contenant un principe d'application générale appelé à régir d'autres cas analogues, ce qui se manifeste plus précisément par les arrêts de la Cour de cassation contenant un « chapeau » : immédiatement après avoir visé un texte, voire exceptionnellement sans en avoir visé aucun, la Cour de cassation énonce une telle règle dans un « attendu de principe ». Un arrêt de principe peut être un arrêt de cassation ou un arrêt de rejet [5]. Les « chapeaux » ne sont de règle que dans les arrêts de cassation [6].

La jurisprudence joue donc un rôle décisif dans le processus d'éclosion et d'expression des arrêts de principe. Mais la doctrine exerce aussi, par l'intérêt qu'elle leur porte, une influence importante en la matière [7]. Précieuse est, à cet égard, la démarche cognitive [8].

357 ***c) Relativité de la chose jugée*** ◊ De la prohibition des arrêts de règlement, on rapproche volontiers la relativité de la chose jugée, qui elle aussi paraît s'opposer au pouvoir de la jurisprudence de créer du droit. Les jugements n'ont qu'une autorité relative, limitée à l'affaire sur laquelle ils statuent : la solution donnée ne vaut que pour l'espèce à propos de laquelle elle a été rendue ; le même tribunal pourrait, le lendemain, rendre une

1. M. Saluden, thèse préc., p. 666.
2. V. not. Belaid, *Essai sur le pouvoir créateur et normatif du juge*, thèse Paris II, éd. 1974, p. 27.
3. P. Bellet, Le juge et l'équité, *Mélanges Rodière*, 1981, p. 12.
4. E.H. Perreau, *Technique de la jurisprudence en droit privé*, t. I, 1923, p. 37.
5. V. M.-N. Jobard-Bachellier et X. Bachellier, *La technique de cassation, Pourvois et arrêts en matière civile*, 7e éd. 2010. – V., en ce sens que les « arrêts contraires » sont des arrêts de principe, S. Marguery, *Contradiction et continuité dans la jurisprudence de la Cour de cassation*, thèse Bordeaux I, 1984, p. 23 s.
6. M. Saluden, thèse préc., p. 664.
7. C. Atias, L'ambiguïté des arrêts dits de principe en droit privé, *JCP* 1984, I, 3145 ; T. Bonneau, Brèves remarques sur la prétendue rétroactivité des arrêts de principe et des arrêts de revirement, *D.* 1995. Chron. 24 s. ; C. Puigelier, D'une approche cognitive de l'arrêt de principe, *RRJ* 2004-4, p. 1691 s. – Rappr. P. Morvan, Le principe de droit privé, thèse Panthéon-Assas (Paris II), éd. 1999. – Sur les revirements de jurisprudence, v. *infra*, nos 536 s.
8. C. Puigelier, D'une approche cognitive de l'arrêt de principe, *RRJ* 2002-4, 1631 s.

décision différente dans une affaire similaire. Le fait qu'une juridiction, si haut placée qu'elle soit, a tranché une question dans un certain sens n'oblige pas une autre juridiction à adopter la même solution [1]. Il en est autrement dans les pays anglo-saxons où règne la valeur obligatoire du précédent judiciaire, les tribunaux étant liés par les décisions rendues dans des affaires semblables par les juridictions supérieures [2]. La relativité de la chose jugée concourt ainsi à l'interdiction des arrêts de règlement : si une règle de droit dégagée par un tribunal saisi d'un litige devait être obligatoirement suivie par lui dans des cas similaires, ce serait rétablir indirectement l'arrêt de règlement.

§ 3. Le domaine de la jurisprudence

358 ***Droit jurisprudentiel et droit écrit*** ◊ Bien que la jurisprudence ne repose pas sur une tradition orale, on peut encore, au sens classique du mot, l'opposer au droit écrit (lois, règlements administratifs, etc.).

À l'intérieur d'un domaine du droit pour partie codifié, la jurisprudence peut exercer un rôle important, non seulement dans l'application ou l'interprétation des règles existantes, mais aussi en consacrant des règles juridiques dans des zones vierges de textes. Ainsi en est-il encore, dans une large mesure, en droit international privé. Également, en dépit d'un pullulement inouï de textes, le droit administratif demeure principalement jurisprudentiel. D'où l'importance de ce qu'il est convenu d'appeler, du côté du droit public, le contentieux administratif.

On observe cependant, depuis quelques décennies, un recul de la jurisprudence dans certains domaines précédemment soumis à son empire. Les auteurs du nouveau Code de procédure civile (1975) y ont notamment inclus nombre de règles relatives aux principes directeurs du procès qui relevaient antérieurement de la jurisprudence. Une tendance comparable a été observée dans le droit de la responsabilité du fait des choses inanimées, depuis la loi du 5 juillet 1985, dite loi Badinter, « tendant à l'amélioration de la situation des victimes d'accidents de la circulation et à l'accélération des procédures d'indemnisation ».

Lorsque des besoins de règles nouvelles se manifestent, le recours aux solutions législatives semble d'ailleurs assez naturel à beaucoup d'esprits, tant est répandue dans notre pays cette idée, fausse mais tenace, née de l'influence excessive du positivisme légaliste, et suivant laquelle les « lacunes du droit » – à supposer qu'il y en ait – ne peuvent être comblées que par des lois. – Sur la codification, v. *infra*, n°s 434 s.

---

1. Ce principe comporte une seule exception : en cas de cassation d'une décision par les chambres réunies de la Cour de cassation, ou, à présent, par l'Assemblée plénière, la juridiction de renvoi doit se ranger à l'opinion de la Cour de cassation (*supra*, n° 149).

2. V. P. Hébraud, art. préc. p. 344 s. ; R. Dworkin, Un adoucissement de la théorie du « stare decisis » à la Chambre des Lords, *RIDC* 1967. 185 s.

359 ***Croissance du contentieux et développement de la jurisprudence*** ◊ Le recul de la jurisprudence, en certains domaines, est, en d'autres, plus que compensé par l'effet d'une impressionnante croissance du contentieux, observée non seulement en France, mais aussi à l'étranger [1] et illustrée par ce que l'on appelle aujourd'hui l'« explosion judiciaire ».

La croissance du contentieux se manifeste en tous domaines : civil, administratif, constitutionnel et international. Certes l'ampleur du phénomène varie d'une matière à l'autre, ne serait-ce que parce que l'émergence des diverses sortes de contentieux ne se situe pas, suivant les uns et les autres, durant la même période de l'évolution des sociétés. Reste qu'un peu partout, on constate un hiatus entre le taux de croissance du nombre des procès et le taux de croissance du nombre des juges.

Fatalement les considérations s'entremêlent. Les causes de la croissance des contentieux sont multiples, à commencer par celles qui tiennent au développement d'un État de droit et à l'idée selon laquelle plus il y a de justice, plus il y a de droit dans un État. Nul ne peut regretter qu'une connaissance plus satisfaisante des voies de droit, liée à une meilleure connaissance de celui-ci, ait facilité le combat pour le droit. Mais il n'est pas de principe sans exception, ni de progrès sans excès, ni de lumière sans ombre dans l'aventure des hommes. Précisément le courant ici évoqué s'est développé à un point tel que l'on a évacué l'une des fonctions de la justice : non pas - bien au contraire - sa fonction manifeste, toute d'accueil, qui tend à trancher les conflits, mais sa fonction latente, naturellement dissuasive, et qui consiste à détourner les plaideurs de recourir trop facilement aux tribunaux.

L'extension du volume est sans doute moins importante que la diversité croissante des contentieux. La détermination des causes de ce mouvement est facilitée par les progrès de la sociologie judiciaire. La typologie des contentieux s'est précisée. À travers cela aussi s'opère une profonde transformation du rôle du juge, tenté davantage par l'*obiter dictum* [2], l'avis en droit donné en dehors de tout procès ou dégagé par une instance supérieure, sitôt qu'apparaissent des questions de droit épineuses et sujettes à controverse (v. *supra*, n° 153), ou encore l'incitation à des réformes législatives (v. *infra*, n° 367).

Il va de soi que de telles observations s'imposent avec plus ou moins de force suivant le contentieux considéré : civil, administratif, constitutionnel, communautaire, européen, international, arbitral...

Dès lors, plus que jamais, il convient de s'interroger sur la portée de la jurisprudence.

---

1. V. *La crise du juge*, Colloque Centre phil. droit Univ. Louvain et de Assoc. franç. phil. droit, LGDJ, 1990.

2. Sur le procédé de l'*obiter dictum* consistant à insérer, dans un arrêt, un motif étranger à l'espèce, V. Hébraud, obs. *RTD civ.* 1969. 607 ; v. aussi S. Tournaux, L'*obiter dictum* de la Cour de cassation, *RTD civ.* 2011. 45 s.

§ 4. La portée de la jurisprudence

360 ***Le débat*** ◊ Entendue comme l'habitude de juger une question d'une certaine façon, la jurisprudence a suscité et suscite encore des opinions diverses. N'est-elle qu'une autorité parmi d'autres, ce qui peut conduire à l'envisager à l'égal, par exemple, de la doctrine ? Le débat a porté alors sur la question de savoir si on peut la considérer comme une source formelle du droit, si ambiguë que puisse paraître – et de plus en plus – la métaphore de source [1]. Certains auteurs ne le pensent pas, tandis que d'autres, bien plus nombreux que par le passé, l'acceptent.

La première conception se relie à l'idéologie révolutionnaire et au principe de la séparation des pouvoirs. Les juges ne sauraient participer à la création du droit, car ils usurperaient un pouvoir qui n'appartient qu'aux élus de la nation. La loi écrite étant censée avoir tout prévu, le juge en est le serviteur, il l'applique mécaniquement. Aussi bien toutes les précautions étaient-elles prises pour empêcher la jurisprudence, « la plus détestable des institutions » (Le Chapelier), de devenir une source du droit : les arrêts de règlement étaient prohibés (*supra*, n° 354). Mieux, conçu comme un auxiliaire du corps législatif, le tribunal de cassation était institué non pour imposer l'unité d'interprétation, mais pour protéger la loi contre les empiétements du juge ; se présentait-il une difficulté sérieuse d'interprétation, la solution en revenait au législateur par l'entremise du référé législatif (*supra*, n° 352). Néanmoins, dès cette époque, quelques esprits pragmatiques et perspicaces, au premier rang desquels il faut citer Portalis, devaient rappeler le rôle irremplaçable du juge. La loi ne peut tout régler : parfois obscure, elle est souvent incomplète et devient progressivement obsolète. Il faut donc l'interpréter, la compléter, l'adapter. Si le législateur s'en abstient, qui mieux que le juge peut remplir cette triple tâche ! En lui faisant obligation de juger malgré le silence, l'obscurité ou l'insuffisance de la loi, l'article 4 du Code civil l'y incite et lui reconnaît implicitement un pouvoir propre lui permettant de compléter la loi, voire de la prolonger et même parfois, le temps ayant passé, d'en changer le sens lorsque cela est nécessaire à la solution du litige dont il a à connaître. Encore fallait-il que la Haute juridiction en ait les moyens ! La suppression du référé législatif et corrélativement le pouvoir reconnu à la Cour de cassation, réunie dans sa formation la plus prestigieuse, d'imposer sa solution aux juges du fond, devaient les lui donner [2].

---

1. V. O. Dupeyroux, La doctrine française et le problème de la jurisprudence source du droit, *Mélanges Marty*, 1978, p. 464 s. ; F. Zénati, La jurisprudence, 1991 ; Nature et rôle de la jurisprudence dans les systèmes juridiques, *RRJ* 1993-4, p. 1053 s. ; v. aussi J.-L. Aubert, M. Bandrac, A. Breton, J. Carbonnier, G. Cornu, M. Gobert, F. Terré, A. Tunc, F. Zénati, La jurisprudence aujourd'hui, libres propos sur une institution controversée, *RTD civ.* 1992. 337 s. ; C. Byk, La jurisprudence est-elle une source du droit des sciences de la vie ?, *Gaz. Pal.* 2003. 1. Doctr. 918. – Rappr., dans une perspective sociologique, M.-A. Frison-Roche, L'utilisation de l'outil sociologique dans l'élaboration de la jurisprudence, *RRJ* 1993. 1271 s.
2. V. L. Husson, Analyse critique de la méthode de l'exégèse, Arch. phil droit, 1972, p. 115 s.

361 ***La jurisprudence « source formelle » de droit ?*** ◊ L'expression de source formelle du droit appelle des observations doubles. Si l'on veut dire par là – et l'adjectif est essentiel – que la jurisprudence est plus qu'une source matérielle du droit ou encore de ses forces créatrices, nul ne peut sérieusement en douter. De là à l'assimiler à d'autres sources formelles, ce qui vise en réalité la loi et le règlement, il y a un pas qu'on peut ne pas franchir. Il ne s'agit plus alors de savoir s'il y a ou s'il n'y a pas « source formelle » de règles de droit, mais si le courant qui alimente cette source – puisque source il y a – est créateur de droit. Investie par le système, mais incertaine quant à son domaine et quant à son rayonnement, la jurisprudence, toujours impuissante à se définir elle-même, *déclare* des solutions et exerce, de ce fait, une influence majeure. Mais elle ne peut s'auto-légitimer. En d'autres termes, elle est source de solutions parfois très innovantes, mais elle n'a pas le pouvoir de constituer directement des règles de droit, ce qui marque une différence irréductible entre un juge et un législateur, là où la pression du droit anglo-américain ne s'est pas encore manifestée en droit français, fût-ce par le truchement du droit européen.

Ce qui constitue la faiblesse congénitale de la jurisprudence, c'est sa position subordonnée par rapport à la loi, qui conserve (heureusement) le pouvoir de la briser. À la racine même de cette faiblesse congénitale, il y a donc – source ou pas source – une absence de pouvoir créateur qu'expriment d'ailleurs tant l'article 4 que l'article 5 du Code civil : ce que le premier de ces articles demande au juge, c'est de trancher un litige sans se demander, en désespoir de cause, s'il existe ou non une règle qu'il n'a pas à créer pour sortir de l'embarras ; ce n'est pas sa tâche. Pas plus qu'il ne lui appartient, y compris dans bien d'autres circonstances, de se prononcer par voie d'arrêt de règlement (rappr., sur les revirements de jurisprudence, *infra*, n°s 536 s.).

Si l'on poursuivait le débat, il faudrait s'interroger sur ce qui est source et que signifie en droit la *créativité* [1]. La réflexion porte sur la place de l'imitation, de la transposition et de l'harmonisation par rapport à l'imagination et à l'invention. Alors que l'on ne sait même pas définir la jurisprudence, l'on voit aussi que le pouvoir créateur dont il est aujourd'hui beaucoup plus question que par le passé ne serait finalement, dans l'esprit de ceux qui en font état en matière civile pure, que celui de la Cour de cassation prompte à se reconnaître un pouvoir créateur et direct que les institutions de la République ne lui reconnaissent pas. Il y aura toujours un obstacle majeur à cette reconnaissance et même à cette autoproclamation, l'interrogation que s'attirent alors les juges en mal d'émancipation : qui t'a fait juge ? Autre questionnement : ils disent qu'ils rendent la justice ; s'ils la rendent, c'est qu'ils l'ont prise ; à qui ?

1. V. C. Puigelier, La création du droit (Libres propos sur la norme jurisprudentielle), *RRJ* 2004-1, p. 17 s. – V. aussi La création du droit par le juge, Colloque 25-26 janv. 2006 (Arch. phil. droit, 2006) ; X. Lagarde, Jurisprudence et insécurité juridique, *D.*2006. Chron. 678 s. L. Bach, La jurisprudence est-elle, oui ou non, une source du droit ? (Tentative pour mettre fin à une lancinante interrogation !), *Mélanges Héron*, 2008, p. 47 s.

362 ***Création ou influence*** ◊ Dire cela, c'est rendre service à la jurisprudence ; ce n'est aucunement nier le rôle essentiel qu'elle joue et l'influence d'accompagnement, parfois même, s'il le faut, de négation, qu'elle exerce d'une manière qui appelle ici des précisions.

La question est essentielle. Par quelle étrange alchimie les décisions de justice qui sont normes individuelles, concrètes et catégoriques peuvent-elles se muer en une règle de droit générale, abstraite et hypothétique ?

La réponse est double.

En premier lieu, dans toute décision de justice, il y a *deux* aspects : l'aspect *individuel*, concret, qui s'incarne au premier chef dans le dispositif et qui apporte une solution à l'espèce ; les présupposés *généraux* sur lesquels elle repose et qui s'expriment à travers sa motivation. En règle générale, ceux-ci devront d'autant plus au juge que les directives de la loi sont plus discrètes ; ils seront d'autant plus importants qu'ils émanent d'une juridiction plus élevée dans la hiérarchie judiciaire. Juge du droit, la Cour de cassation a naturellement tendance à privilégier la « fonction généralisante » de l'acte juridictionnel au détriment de sa « fonction individualisante » [1]. C'est dire que de ses décisions et spécialement de ses arrêts de principe, se dégagent des modèles destinés à guider l'action future des juges du fond. Dans le même ordre d'idées, les signes au moyen desquels la Cour de cassation présente ses arrêts tendent à favoriser, non sans complexité, cet effet d'annonce (v. *infra*, n° 449) [2].

En second lieu, les modèles ainsi proposés aux juges du fond sont l'objet d'une double loi : loi d'imitation, loi de continuité.

Loi d'*imitation* : ce que la Cour de cassation a jugé, les juges du fond le jugeront. Ils savent, en effet, que, s'ils ne respectent pas les directives de la haute juridiction, leurs décisions seront censurées [3]. Encore faut-il, pour que le système fonctionne correctement, que le modèle proposé soit unique, clair et connu de ses destinataires. Unique : les formations des chambres mixtes et de l'Assemblée plénière sont là pour y pourvoir [4]. Clair : le prononcé d'arrêts de principe aux formules soigneusement ciselées y répond. Connu de ses destinataires : la publication au Bulletin des arrêts de la Cour de cassation n'a pas eu d'autre fin [5] ; elle a été relayée, quant aux arrêts des chambres civiles, par le site internet de la Cour de cassation (*infra* n° 452).

---

1. P. Bellet, Grandeur et servitudes de la Cour de cassation, *RIDC* 1980. 296.
2. Rappr. sur l'effet de « percussion », R. Libchaber, obs. *RTD civ.* 2002. 605.
3. « La doctrine de la Cour de cassation s'impose aux juges (du fond) avec la même force d'airain que la loi dont elle est chargée d'assurer le respect : par la cassation » (F. Zénati, La saisine pour avis de la Cour de cassation, *D.* 1992. Chron. 247, spéc. 254).
4. V. A. Perdriau, La chambre mixte et l'assemblée plénière de la Cour de cassation, *JCP* 1994, I, 3798.
5. Sur l'arrêt de la Cour de cassation, V. Breton, Annales Fac. Toulouse, 1975, 7 s. ; A. Perdriau, Visas, « chapeaux » et dispositifs des arrêts de la Cour de cassation en matière civile, *JCP* 1986, I, 3257 ; La portée doctrinale des arrêts civils de la Cour de cassation, *JCP* 1990, I, 3468 ; R. Lindon, La motivation des arrêts de la Cour de cassation, *JCP* 1975, I, 2681 ; Voulet, L'interprétation des arrêts de la Cour de cassation, *JCP* 1970, I, 2305 ; M.-N. Jobard-Bachellier et

Loi de *continuité* : ce que la Cour de cassation a jugé dans le passé, elle le rejugera dans l'avenir. Certes, rien ne l'y oblige : un revirement de jurisprudence est toujours possible. Mais, est-on tenté de répondre, le législateur peut changer lui aussi, ce qui, à vrai dire, n'est pas pareil.

363 ***Fondement de la force obligatoire de la jurisprudence*** ◊ Les observations qui précèdent permettent de mieux approcher le *fondement* de la force obligatoire de la jurisprudence. Contrairement à ce qui a pu être soutenu, celle-ci ne saurait procéder d'une réception implicite du législateur [1], pas plus que d'un rapprochement avec la coutume. Soutenir que l'absence de réaction du législateur face à la jurisprudence implique une approbation tacite de celle-ci ne va pas sans beaucoup d'artifice. Quant à l'opinion qui voudrait déceler le fondement de la jurisprudence dans « la décision du pouvoir que sont les tribunaux » et l'« assentiment des justiciables » [2] ou encore dans la « commune reconnaissance » [3], elle néglige, pour la seconde explication, le fait que la jurisprudence est d'abord un « phénomène d'autorité » et, pour la première, que la haute juridiction n'hésite pas parfois à imposer ses conceptions malgré les résistances des juges du fond et des praticiens.

En réalité, la jurisprudence puise sa force dans la mission même du juge [4]. Chargé de trancher au fond les procès qui lui sont soumis en fonction de règles législatives ou réglementaires, le juge dispose d'une autonomie qui lui permet de modeler le sens de celles-ci, voire de les modifier ou de les compléter. Prenant acte des insuffisances de la loi, il n'hésite plus, en certains domaines – droit international privé [5], mais aussi droit civil ou droit commercial [6] – à fonder ses décisions sur des principes généraux qu'il découvre et consacre et dont la violation donne ouverture à cassation [7]. La jurisprudence qui s'en dégage s'incorpore à ces règles ou tient la place des règles absentes « au niveau qui est le leur et non à un niveau particulier qui lui serait propre » [8].

X. Bachellier, *op. et loc. cit.* ; C. Xavier, La qualification des faits est-elle une question de droit ou de fait ?, *Mélanges Boré*, 2007, p. 533 s. – V. aussi N. Molfessis et G. Canivet, La politique jurisprudentielle, *Mélanges Boré*, 2007, p. 79 s.

1. Waline, Le pouvoir normatif de la jurisprudence, *Mélanges Scelle*, t. II, p. 613 s., spéc. p. 622.
2. J. Maury, Observations sur la jurisprudence en tant que source du droit, *Mélanges Ripert*, 1950, t. I, p. 43.
3. Ph. Jestaz, La jurisprudence : réflexions sur un malentendu, *D.* 1987. Chron. 11, et Les sources du droit : le déplacement d'un pôle à un autre, *RTD civ.* 1996. 299 s.
4. P. Hébraud, Le juge et la jurisprudence, *Mélanges Couzinet*, 1974, p. 329 s., spéc. p. 334 et p. 363 s.
5. V. *Grands arrêts DIP* nos 58 et 62.
6. V. B. Oppetit, Arch. phil. droit, 1987, p. 179 s., spéc. p. 181 ; A. Perdriau, chron. préc. nos 39 s. et annexe II.
7. P. Morvan, *Le principe de droit privé*, thèse Panthéon-Assas (Paris II), éd. 1999.
8. P. Hébraud, art. préc., p. 363 ; v. aussi B. Oppetit, Le rôle créateur de la Cour de cassation, in Bicentenaire de la Cour de cassation, 28-30 nov. 1990, éd. 1991, p. 158 s., rééd. in *Droit et modernité*, 1998, p. 65 s.

364 *Les dérives* ◊ Les réflexions qui précèdent peuvent porter à regretter une dérive de la Cour de cassation dommageable à la santé du droit. Cette évolution illustre la bonne sagesse de Montesquieu - et il était magistrat - lorsqu'il observait que « tout homme qui a du pouvoir est porté à en abuser ; il va jusqu'à ce qu'il trouve des limites » (Esprit des lois, Livre XI, Chap. 4). On le constate notamment lorsque la Haute Juridiction dévalue le mariage, au mépris délibéré du Code civil. Celui-ci dispose que « les époux se doivent mutuellement fidélité, secours, assistance » (art. 212). Que l'obligation de fidélité souffre des tentations grandissantes d'une société permissive, c'est bien possible, et même assez évident. Mais ce n'est pas une raison suffisante pour que, dans le rapport annuel de la Cour de cassation, il soit écrit ceci : « Tenant compte de l'évolution actuelle des mœurs, en particulier dans le domaine de la fidélité conjugale, sur laquelle le contrôle social a quasiment disparu, l'assemblée plénière a préféré soustraire ces modes de transmission des patrimoines que sont les libéralités entre vifs ou à cause de mort à la surveillance « moralisatrice » des juges » [1]. C'est oublier que le juge ne peut abolir la loi en s'abritant derrière l'évolution du contrôle social.

La pente naturelle qui porte l'homme à abuser de son pouvoir n'est pas propre évidemment à la Cour de cassation et se manifeste aussi du côté de la juridiction administrative. Comme toujours en pareil cas, l'on se prend à souhaiter qu'une juridiction prompte à démanteler les autres pouvoirs et, s'agissant d'elle, les autres autorités, consacre de préférence ses efforts, y compris dans une motivation améliorée de ses décisions et une déflation renforcée des contentieux, à remplir correctement sa mission et à rendre à la société le service que celle-ci attend d'elle. - Sur les relations avec la doctrine, v. *supra*, n° 199.

§ 5. La jurisprudence et les autres composantes du droit

365 *Rapprochements* ◊ L'analyse de la jurisprudence a suscité et suscite des tentatives de rattachement assez diverses, son pouvoir étant expliqué par le rôle des juristes [2] ou par celui des seuls juges [3]. Ces analyses plus ou moins émancipatrices ont pu encourager une sorte d'impérialisme contre lequel des résistances se sont manifestées [4].

1. Rapport pour 2004, La Documentation française, p. 209.
2. J. Maury, art. préc., not. p. 28 s. - Rappr., sur les relations entre jurisprudence et doctrine, Les réactions de la doctrine à la création du droit par les juges, Trav. Assoc. H. Capitant, Journées italiennes, t. XXXI, 1980.
3. Comp. F. Michaut, Le rôle créateur du juge selon l'école de la « sociological jurisprudence » et le mouvement réaliste américain, Le juge et la règle de droit, RIDC 1987. 343 s.
4. O. Dupeyroux, La jurisprudence, source abusive de droit, *Mélanges Maury*, 1960, t. II, p. 349 s., La doctrine française et le problème de la jurisprudence source de droit, Mélanges Marty, 1978, p. 463 s. ; v. aussi A. Decencière-Ferrandière, Essai critique sur la justice internationale, *Rev. gén. DIP* 1934. 148 s. ; J. Rivero, Le juge administratif, un juge qui gouverne, *D.*

366 ***1° La jurisprudence et la coutume*** ◊ Le procédé de formation de la règle de droit jurisprudentielle peut, dans une certaine mesure, être rapproché de la coutume par l'élément d'adhésion qu'elle implique : la règle jurisprudentielle se consolide lorsque la solution est acceptée par les usagers, spécialement par les juristes. On les a même parfois confondues en disant que la jurisprudence, en tant que telle, n'existe pas : il n'y aurait que des règles coutumières dont la formation est provoquée par les décisions judiciaires [1]. Cette théorie paraît inexacte, la règle de droit jurisprudentielle n'ayant rien de ce que suppose la formation du droit coutumier : elle n'est pas directement créée par la conscience populaire, mais par des techniciens du droit ; il peut lui manquer aussi le *substratum* de durée : un seul arrêt peut faire jurisprudence et au demeurant une règle jurisprudentielle est une règle de droit dès la première décision qui l'a formulée. – Sur la tentative inverse d'absorption de la coutume dans la jurisprudence, v. *infra*, n° 391.

367 ***2° La jurisprudence et la loi*** ◊ L'importance grandissante de la jurisprudence a multiplié ses interférences avec la loi et augmenté leurs occasions de conflit [2]. Ainsi arrive-t-il à la jurisprudence de modifier la loi et à la loi de briser la jurisprudence.

368 ***a) La loi modifiée par la jurisprudence*** ◊ Jurisprudence *secundum legem, praeter legem, contra legem ?* On peut s'interroger en transposant une problématique dégagée au sujet de la coutume (v. *infra*, n° 394). En ce qui concerne la jurisprudence, les principes sont certains, découlant de la répartition des fonctions entre les pouvoirs publics, telle qu'elle a été établie depuis la Révolution : le juge doit appliquer la loi et la respecter, car c'est au pouvoir législatif qu'il appartient de la faire.

La réalité judiciaire est pourtant différente. Elle atteste l'existence de manifestations croissantes de l'action des tribunaux.

1) Il arrive que la loi ne soit pas claire : le juge doit tout de même statuer. Au début du XIXe siècle, il y a eu un régime sous lequel, dans ce cas, on devait demander au législateur de donner le sens de la loi (*supra*, n° 351). Mais il a été vite abandonné, comme entraînant des longueurs. Actuellement, c'est au juge qu'il appartient d'*interpréter* la loi, et en l'interprétant, il peut lui donner un sens qui ne correspond pas à la pensée du législateur.

1951. Chron. 23 ; P. Conte, L'arbitraire judiciaire : chronique d'humeur, *JCP* 1988, I, 3343. – Rappr. Entretiens de Nanterre, 16-17 mars 1990, *JCP E Cah. dr. entr.* n° 6-1990, spéc. sur Sécurité du droit et jurisprudence, le rapport de Y. Gaudemet, p. 12 s. ; Th. Piazzon, *La sécurité juridique*, thèse Paris II, 2006.

1. Rappr. Planiol, *Traité élémentaire de droit civil*, 1re éd., 1899, t. I, n° 14.

2. P. Esmein, La jurisprudence et la loi, *RTD civ.* 1952. 17 s. ; J.-L. Bergel, « La loi du juge », Dialogue ou duel ?, *Mélanges Kayser*, 1979, t. I, p. 21 s. ; La Cour de cassation et la loi : collaboration ou tension ?, Entretiens de Nanterre 1991, *JCP E Cah. dr. entr.* n° 5-1991, p. 5 s.

2) Ensuite, les tribunaux ont *complété* la loi. S'appuyant sur elle, raisonnant logiquement sur ses textes par voie d'analyse et de synthèse, d'induction et de déduction, n'hésitant pas à s'appuyer sur leur sens de l'équité, des besoins et des traditions du peuple, ils ont dégagé les principes généraux de notre droit civil et comblé les lacunes de la législation.

3) Puis, au fur et à mesure que le code vieillissait, les tribunaux se sont montrés plus hardis. Profitant de la rédaction souple et pratique de ses textes, ils les ont adaptés aux besoins nouveaux, ne craignant pas de les interpréter parfois d'une manière différente ou même opposée par rapport au sens qui leur était attribué primitivement. Le fait s'est produit notamment en présence d'une loi plus ou moins ancienne, et que le législateur négligeait de modifier, comme il eût dû le faire, pour l'adapter à des besoins nouveaux ou satisfaire le sentiment de justice de la population.

Encore convient-il de souligner : – qu'il est nombre de réformes échappant au pouvoir de la jurisprudence – par exemple lorsqu'il s'agit de modifier des règles comportant des chiffres [1] ; – que, de toute façon, il est souhaitable que la loi reste l'expression de la volonté générale et ne devienne pas celle de la volonté du pouvoir judiciaire ; – que, selon une heureuse formule, « les tribunaux sont des redresseurs de torts, et non des lois » [2] ; – que, si les tribunaux peuvent utilement conseiller le législateur, les réformes que celui-ci réalise à notre époque, de manière singulièrement plus active que par le passé, peuvent être de nature à tempérer des ardeurs judiciaires excessives. Il ne faut pas confondre, en effet, l'échange des expériences avec le mélange des genres [3].

4) Poussant plus loin ses avantages, mais en se plaçant à l'ombre de la Convention européenne des droits de l'homme et de la CEDH qui en assure le respect, la Cour de cassation s'est reconnu le pouvoir de combattre des lois votées par le Parlement en les déclarant incompatibles avec cette Convention, spécialement au sujet des lois de validation (*infra*, n° 519) [4].

369 ***b) Le « bris de jurisprudence »*** ◊ Il est assez fréquemment arrivé que les solutions dégagées par la jurisprudence soient consolidées ou amplifiées ultérieurement par le législateur [5]. Mais il se peut aussi que celui-ci intervienne pour combattre une jurisprudence, conforme ou non à la lettre ou à l'esprit de la législation antérieure [6] ; c'est ce que l'on a appelé le

1. V. C. Lombois, *Les chiffres en droit civil*, Ann. Université de Poitiers, 1962, p. 15 s.
2. P. Malaurie, La jurisprudence combattue par la loi, *Mélanges Savatier*, 1964, p. 603.
3. V. cep. J. Déprez, À propos du rapport annuel de la Cour de cassation, « Sois juge et tais-toi » (Réflexions sur le rôle du juge dans la cité), *RTD civ.* 1978. 503 s.
4. V. not. Ph. Malaurie, La jurisprudence combattue par la loi, la loi combattue par la jurisprudence, *Defrénois* 2005. 1205 s., spéc. p. 1210 s.
5. J.-P. Camby, Validations législatives des strates jurisprudentielles de plus en plus nombreuses, *RD publ.* 2000. 611 s.
6. P. Malaurie, art. préc. – Sur le « bris de jurisprudence », suite à l'arrêt Perruche (Ass. plén. 17 nov. 2000, *D.* 2000. III. Point de vue, par C. Labrusse-Riou et B. Mathieu, *JCP* 2000,

« bris de jurisprudence », qui correspond tout naturellement à la primauté de la loi. Il est vrai que, lorsque ces interventions affectent des procès en cours, l'incidence des règles relatives au « procès équitable » pourrait annihiler les effets de la réaction législative (v., sur les validations législatives, *infra*, n° 518). À plus forte raison, l'action du législateur est-elle critiquable lorsque la loi nouvelle remet en cause la décision rendue à la suite d'un procès qui a pris fin [1]. Indépendamment de ces circonstances particulières, le combat de la loi contre la jurisprudence répond à divers besoins, spécialement d'ordre politique [2]. On peut aussi, dans une vision moins conflictuelle, y voir un dialogue fructueux entre les institutions [3].

Act. 2267, par F. Terré, I, 279, par G. Mémeteau, III, 10438, concl. J. Sainte-Rose, rapp. P. Sargos, obs. F. Chabas, *RTD civ.* 2001. 149, obs. P. Jourdain), par la loi du 4 mars 2002, art. 1er (*JO* 5 mars 2002, *RTD civ.* 2002. 574, spéc. 580 s.) ; T. Revet, La législprudence, *Mélanges Ph. Malaurie*, 2005, p. 377 ; v. F. Terré, Ph. Simler et Y. Lequette, *Les obligations*, nos 1001 s.

1. V. M. Lesage, Les interventions du législateur dans le fonctionnement de la justice, thèse Lille, 1960. – Sur la portée de l'expression selon laquelle une loi est déclarée, par le législateur, applicable aux instances en cours, V. P. Malaurie, art. préc., p. 612.

2. V. La Cour de cassation et la loi : collaboration ou tension ?, préc.

3. V. C. Choucroy, À propos du 20e anniversaire du Rapport annuel de la Cour de cassation : séparation et décloisonnement des pouvoirs, Rapport Cour cass. 1989, p. 29 s.

CHAPITRE 3

LES PRATIQUES

370 ***Norme, contrat, pratique*** ◊ Dans un sens des plus ordinaires, on désigne par le substantif « pratique » un comportement concret adopté par l'homme dans les circonstances les plus diverses. Les attitudes qu'il adopte ne semblent pas se situer dans l'orbite du droit, ni même par rapport à celui-ci, notamment en termes d'accueil de la règle ou du jugement et, le cas échéant, de résistance, active ou passive, à ceux-ci.

S'il convient pourtant ici d'envisager le concept, c'est dans la mesure où la genèse du droit objectif ne lui est pas indifférente. Par quel cheminement peut-on envisager ou imaginer que des comportements des sujets de droit puissent accéder au niveau du droit positif ? Déjà un comportement contractuel isolé peut être pris en considération, ce que montrent les analyses contemporaines des rapports entre la loi et le contrat [1]. D'emblée il apparaît qu'un comportement isolé peut difficilement être pris en considération. Il en va autrement lorsqu'une habitude se développe *sur le terrain*, parce que le système juridique en place, ne pouvant répondre à tous les besoins et à toutes les attentes, laisse la voie ouverte à l'imagination créatrice des sujets de droit, tout spécialement des praticiens.

Au cœur du problème, on trouve ici une question fondamentale, pas seulement du point de vue philosophique : est-il concevable que puisse s'opérer progressivement, sinon insensiblement le passage du fait jusqu'au droit [2]? Plus précisément, peut-on admettre un tel passage, naturel en quelque sorte, sans l'aval d'une autorité apte à conférer l'*imprimatur* juridique, en termes de force obligatoire et contraignante ? À première vue une réponse affirmative semble devoir être retenue, puisque l'on consacre aujourd'hui de pénétrantes études au droit spontané [3].

Dans ce cadre, il existe une source du droit ancienne et incontestée, qui révèle la possibilité du passage : la *coutume* (Section 2). Mais avant d'en arriver là, il faut se demander quelle portée il convient de reconnaître à des *pratiques non coutumières* (Section 1).

---

1. V. not. Loi et contrat, dir. Y. Gaudemet, Cah. du Conseil constitutionnel n° 17, 2004, p. 75 s. – Leur combinaison peut aboutir à des constructions originales : v. M. Audit, Traité, loi ou contrat ? Droit international, droit français ou droit anglais, *D.* 2006. Chron. 864 s.
2. V. Ph. Blondel, Le fait source de droit, *Mélanges Drai*, 2000, p. 203 s.
3. P. Deumier, *Le droit spontané*, thèse Toulouse, éd. 2002.

SECTION 1. LES PRATIQUES NON COUTUMIÈRES

371 ***Unité ou diversité*** ◊ Antérieurement à la codification napoléonienne, par l'expression « la pratique », on « désignait la *procédure* par opposition au *droit* ; le procureur était en charge de la pratique, tandis que l'avocat avait à traiter du droit. On faisait *la théorie de la pratique* » [1]. Aujourd'hui, on aurait parfois tendance à considérer, par inversion, que la pratique est une théorie qui a réussi.

En réalité, à partir du début du XIXe siècle, le mot pratique perd son sens précis, suscitant de la sorte une fréquente perplexité, voire un malentendu répandu lorsque des auteurs, et non des moindres, en invoquant la pratique, n'accompagnent leurs observations que de décisions de jurisprudence [2].

La pratique ? « Voilà le grand mot lâché, observait Hébraud, surtout pour un théoricien ; car, pour lui, ce mot a une sorte de vertu magique, et d'ailleurs redoutable. La "pratique" est la préoccupation constante de tous ceux qui s'intéressent à la vie du droit, et plus particulièrement au fonctionnement de la procédure ; mais elle est aussi leur constant tourment, par son insaisissabilité. L'idée que l'on se fait de cette entité mystérieuse, déesse voilée au fond du temple, oscille entre deux pôles. D'un côté, on l'imagine volontiers comme un bloc, à la fois parfaitement homogène et entièrement étranger, et qui apparaîtrait d'une originalité radicale si l'on pouvait s'en instruire pleinement. Je crois qu'il y a là une illusion qu'il faut s'efforcer de dissiper, car toutes les fois que l'on essaie de pénétrer la pratique, on est frappé de son extrême diversité. Et cette observation peut, sous une nouvelle forme, engendrer un sentiment d'impuissance plus grand encore que la première » [3]. N'exagérons pourtant pas ce sentiment. Contentons-nous de prendre pour acquise une diversité que corroborent des milieux sociaux et des circonstances des plus variables.

Ce qui, probablement, contribue à compliquer l'analyse, c'est l'intérêt accru que l'on attache au *comportement* individuel - un h'adith du Prophète, un propos de Chef d'État -, mais aussi collectif. Comme si le droit était prompt à jaillir de certaines attitudes, l'annonce d'une concertation, souvent à l'initiative des pouvoirs publics, fait naître aussitôt l'idée d'un accord possible qui acquiert alors un certain rayonnement, une force relative suscitant la perplexité [4].

---

1. J. Hilaire, *La vie du droit*, PUF, coll. Droit, Éthique, Société, 1994, p. 271.

2. V. Le rôle de la pratique dans la formation du droit, Trav. Assoc. H. Capitant, Journées suisses, t. XXXIV, 1983 ; J.-Ph. Lévy, *Diachroniques*, éd. Loysel, 1995, spéc. p. 205 s. sur les actes de pratique expression du droit.

3. Colloque des Instituts d'Études judiciaires, 1963, Les délégations judiciaires en matière civile et commerciale, Rapport de synthèse, Ann. Fac. droit Strasbourg, t. XIII, 1964, p. 135.

4. V. tout particulièrement, P. Deumier, Qu'est-ce qu'un Grenelle ?, *RTD civ.* 2008. 63 s. - Rappr. B. Starck, À propos des « accords de Grenelle », Réflexions sur une source informelle du droit, *JCP* 1970, I, 2363 ; v. ss 391.

Les concepts se recoupant assez largement, on pourrait en dire autant des *usages* auxquels la loi, et tout particulièrement le Code civil, se réfère, le cas échéant, spécialement en droit des biens quant aux usages locaux, de la terre voire du terroir sinon du village (v. *infra*, n° 375). En retrait du droit, il existe aussi quantité d'usages entrés dans les mœurs, qui n'ont pas, en général, un caractère juridique, tels les usages mondains ou les manières de s'habiller, de se nourrir (*supra*, n° 33).

Si l'on suit le chemin qui va de l'individuel au collectif, on voit s'accentuer un passage de l'indicatif à l'impératif juridique, qui illustre une force créatrice du droit plus ou moins ostensible [1]. Ce mouvement, en quelque sorte naturel, se manifeste dans un premier temps par l'existence de *pratiques informelles* [2]. Lorsqu'il se développe, il s'accompagne de *pratiques formalisées.*

§ 1. Les pratiques informelles

372 ***1° Les pratiques individuelles*** ◊ Le comportement habituel d'une personne n'est évidemment pas indifférent au droit [3]. Ce qui est ici plus significatif, c'est la référence à ce comportement habituel en tant qu'il peut servir de modèle de référence par rapport auquel on apprécie ensuite son éventuelle responsabilité. C'est ainsi que l'on opère toutes les fois que celle-ci est appréciée non pas *in abstracto* par rapport au modèle abstrait du bon père de famille, tel que le droit le définit habituellement, spécialement en termes de prudence et de diligences normales. *Brevitatis causa*, c'est quand même l'intéressé qui, indirectement mais nécessairement, se crée ses propres modèles, ou du moins crée les modèles par rapport auxquels sa conduite sera jugée [4]. Au demeurant on ne peut nier que ce jugement n'est retenu que parce que c'est le droit qui en décide de cette manière. On dira que la pratique est retenue *secundum legem.*

373 ***2° Les pratiques familiales*** ◊ Un exemple peut être emprunté aux règles relatives à l'autorité parentale. En effet, antérieurement à la réforme

---

1. On se bornera à évoquer ici des pratiques administratives qui acquièrent du fait de leur reconnaissance par le Conseil d'État, une « certaine valeur juridique, infra-réglementaire mais supérieure à la circulaire interprétative », v. M. Cliquennois, Que reste-t-il des directives ? À propos du vingtième anniversaire de l'arrêt « Crédit foncier de France », *AJDA* 1992. 3. – Ces actes sont qualifiés « directives », v. P. Delvolvé, La notion de directive, *AJDA* 1974. 459 s. ; F. Chevallier, Contribution à l'étude des actes directifs, thèse Paris II, 1976 ; P. Pavlopoulos, *La directive en droit administratif*, 1978 ; D. Mockle, *Recherches sur les pratiques administratives para-réglementaires*, 1984. – Sur les directives communautaires, v. ss 302.

2. V. not. *Les pratiques juridiques économiques et sociales informelles*, Actes Colloque international de Nouakchott, PUF, 1991.

3. V. G. Endréo, L'habitude, *D.* 1981. Chron. 313 s. – Rappr., en ce sens que les pratiques dictées par les convictions religieuses n'entrent pas, sauf convention expresse, dans le champ contractuel (d'un bail), Civ. 3e, 18 déc. 2002, *RJPF* 4/13, note E. Garaud, *RTD civ.* 2003. 291, obs. J. Mestre et B. Fages, 383, obs. J.-P. Marguénaud.

4. J.-L. Coviaux, *L'habitude individuelle dans le droit des obligations*, thèse ronéot. Panthéon-Assas (Paris II), 1973.

de l'autorité parentale par la loi du 4 mars 2002, il était prévu, à l'article 372-1-1 du Code civil que « si les père et mère ne parvenaient pas à s'accorder sur ce qu'exige l'intérêt de l'enfant, la pratique qu'ils avaient précédemment pu suivre dans des occasions semblables leur tiendrait lieu de règle ». Le texte, d'une grande généralité, concernait *a priori* tous les conflits parentaux, quel que soit leur objet, qu'ils soient relatifs à la garde [1], la surveillance, ou l'éducation. Le plus souvent, c'est entre parents séparés de fait que surgit le litige qui fonde la saisine du juge.

Dans tous les cas, il renvoyait les parents à la pratique antérieure. Cette solution peut être présentée comme conférant valeur obligatoire de principe – « tiendrait lieu de règle » – à une habitude familiale d'une part, aux pactes et accords parentaux d'autre part. À ce double titre, d'ailleurs, elle s'insérait parfaitement dans un droit qui se veut flexible – « à chacun sa famille à chacun son droit », le comportement antérieur permet le pluralisme – et tempère aujourd'hui le principe d'indisponibilité de l'autorité parentale en reconnaissant une certaine efficacité aux accords de volonté entre père et mère, l'idée étant que les parents se soumettront plus aisément à une solution qui procède d'eux-mêmes qu'à une décision étatique imposée (comp. C. civ., art. 376-1) [2].

La loi du 4 mars 2002 a malencontreusement abrogé l'article 372-1-1 du Code civil, se bornant platement à prévoir notamment, à l'article 373-2-11, 1°, la prise en considération de « la pratique que les parents avaient antérieurement suivie ».

374 ***3° Les pratiques contractuelles*** ◊ Sitôt ouvert le Code civil, on trouve l'article 6 : « On ne peut déroger, par des conventions particulières, aux lois qui intéressent l'ordre public et les bonnes mœurs ». Texte fort connu, et qui, de prime abord, porte le cas échéant interdiction de diverses pratiques [3]. Mais on discerne aussi leur influence à travers le concept de *bonnes mœurs*, car celles-ci se relient principalement à l'existence de comportements habituels qui expriment à une époque donnée « cette morale des honnêtes gens » si bien décrite par Sainte-Beuve, ce « composé de bonnes habitudes, de bonnes manières, d'honnêtes procédés reposant d'ordinaire sur un fonds plus ou moins généreux, sur une nature plus ou moins bien née » [4], par le canal, au demeurant nécessaire, d'un texte de loi. Reste que la distance entre le fait et le droit est alors ténue.

---

1. V. ainsi en cas de séparation de fait, Civ. 1re, 6 juin 1979, *Gaz. Pal.* 1981. 1, 36, note J.-M. ; 21 mai 1975, *JCP* 1976, II, 18208, note Le Guidec (garde à la mère, droit de visite et d'hébergement au père, suivant les modalités correspondant à une pratique antérieure) ; la Cour de cassation autorisa le juge des tutelles à intervenir en cas de séparation de fait et à fixer la résidence de l'enfant chez l'un des parents, établissant une distinction entre la garde, prérogative de l'autorité parentale, et l'exercice de l'autorité parentale.
2. V. F. Terré et D. Fenouillet, *La famille*, n° 945.
3. V. not. Droit et mœurs, *Rev. Droits*, 1994 ; *Les bonnes mœurs*, dir. J. Chevallier, PUF, 1994 ; La sociologie des mœurs, Année sociol. 1993 ; D. Fenouillet, Les bonnes mœurs sont mortes ! Vive l'ordre public philanthropique, *Mélanges Catala*, 2001, p. 487 s.
4. Port Royal, livre III, chap. XV, éd. Pléiade, p. 247.

Dans un ordre d'idées plus délibérément créatif, le réveil de certaines pratiques contractuelles, par exemple à certaines époques d'instabilité monétaire le bail à nourriture, la perpétuation de certaines dispositions au moyen de clauses de style [1] et surtout l'invention d'outils nouveaux trouvent leur terrain d'élection dans les pratiques contractuelles. Sur le fonds admirable du droit des obligations hérité du droit romain, fut-ce à l'encontre de textes du Code civil, des formes nouvelles de contrats ont connu une expansion sans précédent, par exemple à partir du contrat d'assurance. L'imitation qui, plus encore que la création *ex nihilo*, inspire l'action du juriste, guide les praticiens qui, sur le terrain, s'emploient à satisfaire des besoins nouveaux. Et s'il arrive que, tôt ou tard, certaines innovations soient censurées par les tribunaux, il n'en reste pas moins que les esprits se sont habitués dans l'intervalle à des procédés originaux ; il n'est pas rare que, brisant des jurisprudences restrictives, le législateur accueille finalement des innovations [2].

La pratique contractuelle sert de réceptacle à des mécanismes importés, qui suscitent d'abord des réticences, par exemple le *leasing* appelé à devenir le crédit-bail. Ailleurs la plasticité de certains concepts, surtout ceux d'échange ou de mandat ont fourni à la pratique d'importants moyens de créativité. Et si l'on a pu observer une contractualisation du droit de la famille [3], ses initiatives n'ont pas été étrangères à ce mouvement [4].

375 ***Le Code civil*** ◊ À plus d'un titre, les dispositions du Code civil expriment bien les potentialités des conventions ou contrats en termes de force législatrice ou encore de parenté étroite avec les usages.

« Les conventions légalement formées tiennent lieu de loi à ceux qui les ont faites », dispose l'article 1134, alinéa 1er, du Code civil. Texte fondamental qui exprime bien, par l'adverbe *légalement* le fait que la liberté contractuelle, expression autant que source des droits subjectifs (*supra*, n° 224, *infra*, n° 563), ne peut s'exercer que dans le cadre de la loi et plus largement du droit objectif, qui est premier en l'occurrence, et qui l'est dans le Code civil, quelques conséquences que l'on ait entendu tirer de la théorie de l'autonomie de la volonté. Plus riche d'enseignement est sans doute l'expression *tiennent lieu de loi*. Même si, depuis deux siècles, c'est surtout notre époque qui a de diverses manières - consumériste et autres - remis en cause la force obligatoire des promesses, on peut bien considérer qu'il ne s'agit pas là d'un simple symbole. À ce titre, il y a lieu de penser que, dans l'analyse kelsénienne du contrat, celui-ci produit un effet nor-

1. J. Léauté, Les contrats-types, *RTD civ.* 1953. 429 s.
2. G. Hénaff, *Les usages en droit des obligations*, thèse Bordeaux, 1933. - Rappr. B. Fages, Le comportement des contractants, thèse Aix-Marseille, 1997.
3. V. *La contractualisation de la famille*, dir. D. Fenouillet et P. Vareilles-Sommières, Economica, 2001.
4. V. en sens inverse, au sujet de la persistance de formulations inadaptées, S. Jacopin, Les mentions contractuelles « coutumières ». Un droit imaginaire ? À propos des mentions manuscrites « hors-la-loi », *JCP* 2001, I, 288.

matif abstraction faite des obligations qu'il fait naître entre les contractants. Cette analyse, propre à mieux faire comprendre, dans son évolution la plus actuelle, les situations respectives du législateur, de l'Administration, du juge et du contractant, rejoint l'étude renouvelée des pratiques [1]. L'essor du concept contractuel, que ce soit notamment en droit public, semi-public ou privé, en matière civile ou en matière sociale, permet probablement de mieux faire comprendre que par le passé en quoi le contrat individuel peut être envisagé comme une « source du droit », si équivoque que puisse demeurer cette expression [2].

D'autres dispositions du Code civil renvoient ensuite à l'usage ou aux usages. Ainsi « les conventions obligent non seulement à ce qui y est exprimé, mais encore à toutes les suites que l'équité, l'usage ou la loi donnent à l'obligation d'après sa nature » (art. 1135) [3]. Ainsi, « ce qui est ambigu s'interprète par ce qui est d'usage dans le pays où le contrat est passé » (art. 1159), texte dont les tribunaux font fréquemment application. Ainsi encore, « on doit suppléer dans le contrat les clauses qui y sont d'usage, quoiqu'elles n'y soient pas exprimées » (art. 1160) [4].

376 ***Les conventions collectives*** ◊ Elles se présentent comme des contrats passés entre quelques individus, mais dont les clauses seront obligatoires pour tout un ensemble d'autres individus. Ce sont des conventions ayant pour objet l'aménagement des conditions d'emploi et de travail des salariés et leurs garanties sociales (C. trav., art. L. 2221-1 s., D. 2231-2 s.).

L'originalité de la convention collective se manifeste surtout dans l'hypothèse de son extension par voie administrative (C. trav., art. L. 2261-19 s.). En effet, à condition qu'elles aient été négociées et conclues dans certaines conditions, les dispositions de la convention de branche ou d'un accord professionnel ou interprofessionnel peuvent être rendues obligatoires pour tous les salariés et employeurs compris dans le champ d'application de ladite convention ou dudit accord (C. trav., art. L. 2261-15).

Il n'est donc pas étonnant que l'on ait été conduit à s'interroger sur la place de la convention collective dans la hiérarchie des normes par rapport au droit international et au droit interne, par rapport aux lois, aux usages, aux contrats [5]. L'analyse de la convention collective de travail en droit international

---

1. J.-P. Chazal, De la signification du mot loi dans l'article 1134, alinéa 1er, du Code civil, *RTD civ.* 2001. 265 s.

2. V. not., au sujet du plan d'aide et de retour à l'emploi (PARE), TGI Marseille 15 avr. 2004, *Dr. soc.* 2004. 545, obs. A. Supiot, *RTD civ.* 2004. 594, obs. R. Encinas de Munagorri.

3. Sur l'éventuelle obligation d'information du cocontractant quant à l'existence d'un usage prévu par le contrat type applicable aux professionnels de la publicité et à leurs partenaires habituels, v. Com. 16 déc. 1997, *Bull. civ.* IV, n° 339, *D. Affaires* 1998. 146, obs. J.-F. ; 4 janv. 2000, *Gaz. Pal.* 2000. 1, somm. 1325, note H. Vray.

4. Sur les exigences attachées à l'application de ce texte, v. not. Rouen 29 nov. 1968, *D.* 1969. 146.

5. J. Brèthe de La Gressaye, *La nature juridique de la convention collective*, thèse Paris 1921, La convention collective de travail est-elle un contrat ?, *Mélanges H. Capitant*, 1939, p. 101 s. ; P. Durand, Le dualisme de la convention collective de travail, *RTD civ.* 1939. 353 s. ; A. Rouast,

répond d'ailleurs à cette interrogation : « L'originalité principale de la convention collective n'est-elle pas que l'accord autonome des partenaires sociaux suffise par lui-même (certes parce que la loi le veut ou l'accepte) à créer des règles qui sont matériellement des lois, règles impersonnelles, générales, permanentes ? Un processus contractuel, de droit subjectif, donne vie à des règles de droit objectif : dissociation de la forme et du fond, a-t-on dit, puisque la règle de droit objectif ne naît pas de sa source "naturelle", l'autorité publique ou étatique, effet qui dépasse la cause » [1].

377 **4° *Les pratiques notariales*** ◊ Depuis des siècles, elles ont rempli un rôle essentiel dans la genèse du droit. C'est d'ailleurs en leur sein que s'est développé un outil majeur : la *formule notariale* [2]. Offerte au choix des utilisateurs, exprimant de manière concise et utilitaire les fruits de l'expérience, donc d'une rédaction des plus délicates, elle a vocation à s'adapter sans cesse aux demandes issues du terrain et de la vie réelle du droit. Sa répétition, au fil des années, lui confère une *autorité* particulière, dans l'articulation du fait et du droit, en termes d'économie de moyens. Mais cette autorité ne subsiste qu'au prix d'une adaptation régulière [3].

La connaissance des archives notariales montre ce qu'a été et ce que demeure l'influence du notariat dans la recherche de la protection des intérêts des parties, par exemple au moyen des actes de notoriété [4]. Dans le refoulement de certaines règles, par exemple, quant à la réalisation du transfert de propriété par le seul échange des consentements, son influence a été décisive, tout comme l'aménagement des transmissions héréditaires. Et il a aussi servi à acclimater de nouveaux remèdes juridiques. Mieux : on retrouve des clauses des actes établis par les notaires de l'Ancienne France dans le Code civil de 1804. De nos jours la profession s'est employée à suivre une évolution accélérée des textes et à participer aux aménage-

---

La nature et l'efficacité de la convention collective, *Dr. soc.* 1960. 693 s. ; J. Savatier, Contrat individuel de travail et convention collective : un nouveau cas de représentation, *Dr. soc.* 1975. 283 s. ; N. Aliprantis, *La place de la convention collective dans la hiérarchie des normes*, thèse Strasbourg, éd. 1980 ; B. Niki, *La force obligatoire de la convention collective de travail en droit français et anglais : étude de théorie générale et de droit positif*, thèse Strasbourg, 1992. – V., sur les actes juridiques collectifs, *supra*, n° 221.

1. P. Rodière, *La convention collective de travail en droit international, Contribution à l'étude des normes juridiques de source professionnelle*, thèse Paris I, éd. 1987, p. 378. – Une convention collective ne peut contenir de dispositions à caractère rétroactif, *infra*, n° 519. – Malgré leur caractère unilatéral les recommandations patronales ont, en tant que telles, un effet obligatoire. « Constitue une recommandation patronale une décision unilatérale d'un groupement ou d'un syndicat d'employeurs qui s'impose à tous ses adhérents » (Soc. 29 juin 1999, *D.* 2000. 50, note R. de Quénaudon, *Dr. soc.* 1999. 795, *RTD civ.* 2000. 200, obs. N. Molfessis). – V., de manière plus générale, Les sources du droit du travail, dir. B. Teyssié, 1998.

2. J.-L. Sourioux, *Recherches sur le rôle de la formule notariale dans le droit positif*, thèse Paris, éd. 1967.

3. J. Hilaire, *La science des notaires, Une longue histoire*, PUF, coll. Droit, Éthique, Société, 2000, spéc. : « De la formule à la norme », p. 231 s. ; P. Deumier, obs. *RTD civ.* 2007. 499 s.

4. Rappr. N. Raynaud de Lage, La notoriété, *D.* 2000. Chron. 513 s.– Sur la preuve de la qualité par un acte de notoriété, v. l'art. 730-1 C. civ., J.– F. Pillebout, *JCP* N 2002. 1505 s.

ments et changements constants - trop constants - de ceux-ci, de diverses manières, notamment à la faveur de ses congrès [1].

378 ***5° Les pratiques des affaires*** ◊ C'est probablement en ce domaine que se sont le plus fortement remarquées les influences les plus diverses et les plus fortes des pratiques dans la formation du droit [2], de telle sorte qu'il est souvent malaisé de distinguer alors les usages - synonymes des pratiques - et les coutumes [3]. L'on reconnaît, à propos de celles-ci, que la dose de contrainte est singulièrement plus forte dans l'esprit des sujets de droit [4]. On constatera que, s'agissant de comportements relevant de la mouvance du droit, la distinction des usages et de la coutume est artificielle. Il est vrai que, par la notion d'usages, spécialement en matière commerciale [5], on vise généralement des usages conventionnels qu'il n'est pas interdit aux contractants d'écarter par des clauses de leurs accords. Mais il en va de même des dispositions de la loi lorsqu'elles ne présentent qu'un *caractère supplétif de volonté* (*infra*, n° 495), ce qui ne supprime pas, pour autant, leur force de loi. Il n'est pas étonnant, dans ces conditions, que souvent, dans le discours juridique, le terme d'usage soit généralement utilisé, plutôt que celui de coutume [6]. Il n'en demeure pas moins que l'on s'attache de plus en plus au rôle des pratiques juridiques comme sources du droit des affaires [7]. Il arrive d'ailleurs que le législateur intervienne afin de réformer des pratiques des affaires [8].

---

1. En effet, à partir de 1950, les notaires ont décidé de consacrer leur congrès annuel à un grand sujet d'intérêt général, ce qui a eu une très notable influence sur les travaux législatifs. V. P. Catala, Le congrès des notaires et la création juridique, *JCP N* 1986, I, p. 167 s. ; Michelle Gaillard, Le droit patrimonial de la famille : Quelle est l'influence des congrès des notaires ?, *LPA*, 18 avr. 2003, p. 3 s.

2. J. Hilaire, *Le droit, les affaires et l'histoire*, éd. Economica, 1995, spéc. p. 75 s.

3. M. Pédamon, Y a-t-il lieu de distinguer les usages et les coutumes en droit commercial ?, *RTD com.* 1959. 335 s. ; F. Leymarie, *Les usages commerciaux*, thèse Bordeaux, 1970 ; J. Boucourechliev, Usages commerciaux, usages professionnels : élaboration et formulation, in Dix ans de droit de l'entreprise, FNDE 1978. 19 s. ; J. Moreau-David, La coutume et l'usage en France, de la rédaction officielle des coutumes au code civil, *Rev. hist. fac. droit*, 1997, n° 18, p. 125 s. ; I. Riassetto et M. Storck, Les codes de bonne conduite en droit des marchés financiers, *in Mélanges Wiederkehr*, 2009, p. 669 s. ; v. aussi Chartes et codes de conduite des entreprises : les degrés de normativité des engagements éthiques, *RTD civ.* 2009. 77 s., obs. P Deumier ; Les normes privées internationales, in *Cahier de méthodologie juridique*, n° 25 s., éd. PUF 2011.

4. V. en ce sens, F. Gény, *Méthode d'interprétation et sources en droit privé positif*, 2e éd., nouv. tir. 1954, t. I, n° 119, p. 361.

5. On rattachera notamment à cet ensemble le procédé de la convention-cadre de place nationale ou internationale utilisé en matière bancaire. - Rappr. C. Caron, Les usages et pratiques professionnels en droit d'auteur, *Prop. Intell.*, avril 2003, 127 s.

6. B. Oppetit, Sur la coutume en droit privé, *Rev. Droits*, n° préc., p. 39 s., spéc. p. 47, rééd. in Droit et modernité, 1998, p. 41 s., spéc. p. 49. - V. cep. sur la distinction des usages et de la coutume quant au rôle de la Cour de cassation, celle-ci ne contrôlant pas le respect des usages, Soc. 18 déc. 1986, *Bull. civ.* V, n° 620 ; *supra*, n° 151. - V. aussi, sur la preuve de la coutume, *infra*, n° 588.

7. V. Les pratiques juridiques sources du droit des affaires, Colloque, *LPA* 27 nov. 2003, p. 36 s., spéc. Ph. Stoeffel-Munck, La diffusion des pratiques juridiques en droit des affaires.

8. V. not. D. Ferrier et D. Ferré, La réforme des pratiques commerciales : loi n° 2008-3 du 3 janvier 2008, *CCC* fév. 2008, Étude n° 3.

Le monde de la banque révèle la puissance créatrice de la pratique [1], par exemple au moyen des *conventions de place* réglant les relations et opérations entre leurs adhérents ou encore des *parères*, c'est-à-dire des actes consistant à constater des usages professionnels [2]. Les techniques bancaires mettent, à ce sujet, en évidence les mécanismes précis de formation du droit sur un mode auto-organisationnel, par utilisation de dispositifs existants [3]. De proche en proche l'on constate d'ailleurs que le *marché*, ne se contentant pas de servir de cadre, visible ou invisible, à l'activité commerciale, se comporte d'une certaine manière comme une source du droit [4].

379 ***6° Les usages du travail*** ◊ On parle ici d'usages plutôt que de pratiques, mais il est possible de traiter ces mots comme synonymes [5]. Ils sont de deux sortes.

Les uns sont *externes* par rapport à l'entreprise. Longtemps liés à la notion de métier, ils ont exercé une grande influence. Mais plusieurs courants ont notablement réduit celle-ci, notamment du fait des classifications d'emplois utilisées dans les conventions collectives. Dans le même temps « est intervenue une sorte de mouvement de tenailles comprimant l'usage entre, d'une part, une législation du travail qui ne cesse de s'étendre et, d'autre part, des conventions collectives de branche dont on connaît l'essor depuis la loi du 22 février 1950 et qui, très souvent, ont purement et simplement intégré dans leur sein les usages de la profession qu'elles ont régie » [6]. Signalons cependant dans un ordre d'idées voisin les diverses manifestations des *recommandations patronales* qui peuvent constituer des substituts de la convention collective lorsqu'il se révèle impossible de parvenir à un accord, mais dont l'intérêt commun des salariés et des employeurs favorise l'acceptation.

Autrement importants sont les *usages d'entreprise*, à tel point que l'on peut se demander si l'on ne parvient pas à leur sujet au niveau des sources mêmes du droit du travail, en dépit de l'absence d'un caractère de généralité du comportement [7]. La question a été notamment discutée en matière de salaires, par exemple au sujet de l'application de la loi du 13 novembre 1982 imposant la négociation de salaires effectifs. De cette démarche peut aussi bien résulter

---

1. Encore doit-on souligner qu'un usage bancaire ne saurait prévaloir contre des dispositions d'ordre public. – Ex., au sujet de la durée de l'année, 365 ou 366 jours et non 360, Com. 18 mars 1997, *CCC* 1997, comm. 124, note G. Raymond.

2. V., sur la technique bancaire de la pension livrée, D. Terré, L'auto-production progressive du droit : l'exemple de la pension livrée, *Droit et société*, 2001, p. 531 s.

3. V. aussi, au sujet des usages boursiers, Com. 6 juill. 1964, *JCP* 1965, II, 14024, note C. Gavalda.

4. V. D. Terré, Les modes d'élaboration du droit à l'épreuve du fonctionnement des marchés financiers, Rapport moral sur l'argent dans le monde, 1998, p. 223 s.

5. Rappr. G. Damy, La négociation d'entreprise : une décentralisation de la production de normes juridiques au niveau de l'entreprise, *LPA* 6 oct. 2005, p. 5 s.

6. P. Langlois, Les transformations du droit du travail, *Mélanges Lyon-Caen*, 1989, p. 286 s.

7. V. P. Coursier, Conflit de lois et normes impératives locales du travail, *TPS* mai 2003. Chron. 8.

un accord qu'un désaccord. Et dans cette dernière éventualité, c'est encore à l'employeur que revient une initiative propre à favoriser la naissance d'un usage d'entreprise [1]. Divers paramètres sont nécessairement pris en compte lorsque l'on doit se prononcer sur la nature des usages d'entreprise : généralité des bénéficiaires, relative fixité d'un avantage, constance exclusive d'un caractère occasionnel. On devine les hésitations possibles. Pas plus que deux fois n'est pas coutume, deux fois n'est sans doute usage [2].

Ce qui ressort de manière essentielle, c'est la notion d'accord tacite. Il s'agit de discerner « l'expression d'une volonté non équivoque de l'employeur et quelquefois des organisations syndicales de s'engager » [3]. Cela implique de la part des juges une recherche concrète. Ni une simple tolérance ni, à plus forte raison, une erreur ne sont suffisantes. Mais, dès lors que certaines conditions sont remplies, « les obligations résultant d'un usage en vigueur dans une entreprise constituent un avantage qui s'incorpore au contrat individuel de travail » [4].

Certains rapprochent les usages d'entreprise des usages professionnels [5]. Après avoir assimilé l'usage d'entreprise à une convention collective [6], la Cour de cassation a décidé qu'un tel usage ne pouvait être considéré comme un accord collectif [7]. Alors de quoi s'agit-il ? Divers paramètres doivent être pris en compte : généralité des bénéficiaires, relative fixité d'un avantage, constance exclusive d'un caractère occasionnel [8]. L'usage d'entreprise est donc apprécié à partir d'une analyse de caractère volontaire tenant compte d'une pratique constante, fixe, générale [9].

§ 2. Les pratiques formalisées

380 ***Les usages conventionnels*** ◊ Dans un esprit comparable à celui qui a marqué la genèse des coutumes, de la formation à la formulation, on dis-

---

1. V. not. J. Déprez, Naissance de la norme dans l'entreprise : interprétation de la volonté de l'employeur et constatation de l'usage, *Dr. soc.* 1987. 637 s.

2. V. C. Morel, Le droit coutumier social dans l'entreprise, *Dr. soc.* 1979. 279 s.

3. P. Langlois, *op. cit.*, p. 290.

4. Soc. 20 févr. 1986, *Dr. soc.* 1986. 905.

5. M. Miquel, *L'usage en droit du travail*, thèse Toulouse, 1974, p. 15 s. ; P. Langlois, art. préc., p. 285 s. ; comp. cep. G. Vachet, L'usage d'entreprise est-il un véritable usage ?, *JCP CI* 1984, II, 14328

6. Soc. 13 juin 1984, *JCP CI* 1985, II, 14411, note Vachet.

7. Soc. 12 juin 1986, *Leboulanger*, BMS 2-1987, p. 77, obs. J. Deprez. – V. aussi J. Deprez, note *JCP E* 1991, II, 161, sous Soc. 10 oct. 1990.

8. V. not. J. Deprez, Naissance de la norme dans l'entreprise : interprétation de la volonté de l'employeur et constatation de l'usage, *Dr. soc.* 1987. 637 s.

9. L'usage d'entreprise se distingue de la simple tolérance. Ainsi « une erreur même répétée ne peut être constitutive d'un droit acquis ni d'un usage » (Soc. 10 mai 1979, *Bull. civ.* V, n° 408, p. 296). Il est assimilable à un accord atypique (Soc. 25 févr. 1988, *JCP E* 1988, II, 15228, n° 1, obs. B. Teyssié). – V. aussi H. Blaise, La dénonciation d'un usage d'entreprise par l'employeur, Mélanges Champaud, 1997, p. 73 s. – Sur leur opposabilité à un nouvel employeur, v. Soc. 18 oct. 1995, *JCP* 1996, II, 22628, note P. Coursier. – V. aussi G. Damy, La négociation d'entreprise : une décentralisation de la production de normes juridiques au niveau de l'entreprise, *LPA* 6 oct. 2005, p. 5 s.

cerne une montée naturelle du juridique. Dès lors qu'au cours de l'histoire, la tradition orale a été remplacée par la tradition écrite - en Europe, en Afrique, et ailleurs - la rédaction des règles, voire le simple récit des solutions constitue une étape significative, à telle enseigne que la description de ces ensembles, en amont de codifications plus essentielles comme la codification napoléonienne, ne saurait négliger la place ancienne et grandissante de tant de formulations écrites.

Précisément est-ce ce qui s'est réalisé et continue à l'être dans les codifications des usages conventionnels. C'est ainsi qu'une loi du 13 juin 1866 avait fixé, avec une simple portée supplétive, les principaux usages applicables dans les ventes commerciales. Tombés en désuétude, ils ont été remplacés par des codifications privées relatives à telle ou telle profession [1]. Sont aussi assimilables à des usages conventionnels les règles techniques formulées par l'*Association française de normalisation* (AFNOR) (v. *supra*, n° 35, 323), applicables en principe même lorsque le contrat ne s'y réfère pas, ce qui atteste d'ailleurs le rôle important des associations dans la genèse des règles de droit [2].

381 ***Les règlements intérieurs*** ◊ Longtemps la pensée juridique ne s'est guère attachée à l'étude du fonctionnement des sociétés particulières existant au sein de la société globale. Sans doute peut-on y voir une conséquence lointaine de la suppression des corps intermédiaires au temps de la Révolution française. Mais, les décennies ayant passé, le développement des sociétés - civiles ou commerciales -, des associations, des syndicats et de tant d'autres groupements a modifié la donne, la structure et la vie des entreprises impliquant l'existence de statuts [3], mais aussi de règlements intérieurs [4].

a) Le règlement intérieur d'entreprise remplit un rôle important en matière de droit du travail. L'appréciation de sa nature juridique a suscité un débat classique. Présente-t-il un caractère conventionnel ou un caractère réglementaire ? Dans une première analyse, longtemps consacrée par la jurisprudence, on a retenu l'idée d'une adhésion au moins tacite du salarié, ce qui aboutissait à faire prévaloir la considération contractuelle. À quoi d'autres ont objecté que le chef d'entreprise est bien plus qu'un cocontractant ; il est « le législateur naturel de la société professionnelle parce qu'il a besoin pour fonctionner d'en coordonner les éléments et assurer le bien commun du groupement » [5]. Cela expliquerait mieux le fait qu'il s'applique à tous les salariés de l'entreprise, sans que l'on se préoccupe

---

1. J. Stoufflet, L'œuvre de la Chambre de commerce internationale dans le domaine bancaire, *Mélanges Goldman*, 1982, p. 361 s.
2. C. Germon et P. Marano, La normalisation, clé d'un nouvel essor industriel, 1983.
3. V. P. Didier, Brèves notes sur le contrat-organisation, *Mélanges F. Terré*, 1999, p. 365 s.
4. Les assemblées parlementaires fonctionnent en application, non seulement de la Constitution, mais aussi de leurs règlements, qui comportent maintes dispositions. De l'article 61 de la Constitution de 1958, il résulte que les règlements des assemblées parlementaires « doivent être soumis au Conseil constitutionnel qui se prononce sur leur conformité à la Constitution ».
5. P. Durand et R. Jaussaud, *Traité de droit du travail*, t. I, 1947, n° 119, p. 151.

de savoir s'ils y ont consenti, quelle que soit la date de leur recrutement. Mieux encore, il s'applique à toutes les personnes qui exécutent un travail dans l'entreprise, y compris lorsqu'elles ne sont pas liées par un contrat de travail avec l'entrepreneur qui a établi le règlement. Cette analyse a été consacrée par la Cour de cassation qui a en 1991 affirmé la nature d'acte réglementaire de droit privé du règlement intérieur [1].

Dans un arrêt ultérieur, la Cour de cassation a encore décidé que le règlement intérieur était « un acte juridique de droit privé et que la juridiction judiciaire de droit commun avait compétence pour connaître d'une action principale en annulation d'une ou plusieurs clauses de ce règlement » [2]. Si, sur le premier point, l'analyse était acquise, il n'en était pas de même du second, et l'on a pu considérer que se trouvait de la sorte consacrée une « compétence de principe des juridictions de l'ordre judiciaire ». La lecture attentive de cet arrêt révèle que la Cour de cassation a bien pris soin de décider que le contrôle de légalité dévolu à l'inspecteur du travail (C. trav., art. L. 1322-1) ne saurait ôter au règlement intérieur sa nature réglementaire de droit privé pour le transformer en acte administratif. Reste que le Conseil d'État a aussi admis la compétence des tribunaux de l'ordre administratif pour apprécier la validité de décisions prises par l'inspecteur du travail, le directeur général du travail et de l'emploi ou le ministre de tutelle. Un auteur a pu ainsi relever que « les contrôles juridictionnels exercés sur le règlement d'entreprise sont donc bien l'œuvre des deux ordres administratif et judiciaire » [3], mais que « l'unité du droit n'est pas brisée par la dualité des ordres de juridiction » [4].

b) En droit des associations et surtout des sociétés, les statuts présentent des caractères qui les rapprochent de certains règlements [5] ; des observations comparables peuvent être présentées au sujet des règlements intérieurs de ces groupements [6]. En matière de sociétés, il est élaboré par l'organe social dirigeant. Son objet concerne normalement les relations internes entre les associés ainsi qu'avec les organes sociaux. « Il n'est d'ailleurs pas rare, en France, que certaines sociétés optent pour des statuts abrégés, qu'elles complètent grâce au règlement intérieur » [7].

1. Soc. 25 sept. 1991, *Bull. civ.* V, n° 381, *D.* 1991. IR 241, *AJDA* 1992. 94, note X. Prétot, *Dr. soc.* 1992. 24, note J. Savatier.
2. Soc. 16 déc. 1992, *Bull. civ.* V, n° 602, *D.* 1993. 334, note X. Prétot.
3. J. Moreau, Règlement intérieur d'entreprise, sécurité et libertés individuelles, *Mélanges R. Drago*, 1996, p. 448.
4. J. Moreau, *op. cit.*, p. 456.
5. Comp. D. Velardocchia, *Les accords extra-statutaires entre associés*, thèse Aix-Marseille III, 1991.
6. P. Le Cannu, Le règlement intérieur des sociétés, *Bull. Joly* 1986. 723 s. ; Paris, 30 nov. 1993, *JCP E* 1994, II, 575, note T. Bonneau, au sujet du règlement intérieur d'une société civile de moyens ; v. aussi T. Bonneau, Le règlement intérieur de la société, *Bull. Joly*, févr. 1994, 1 s. et, surtout, l'étude générale et pénétrante de P. Neau-Leduc, La réglementation de droit privé, thèse Montpellier, éd. 1998. – Rappr., au sujet de la loi du 6 mars 1998 relative à la sécurité et à la promotion d'activités sportives, obs. N. Molfessis, *RTD civ.* 1998. 778 s.
7. L. Convert, L'impératif et le supplétif dans le droit des sociétés, Étude de droit comparé Angleterre-Espagne-France, thèse Bordeaux 2003, n° 459, p. 492.

382 ***La déontologie*** ◊ Entre les règlements des institutions publiques et ceux des institutions privées, une place doit être faite aux normes de *déontologie* que les organisations professionnelles, officielles ou non, peuvent établir à l'intention de leurs membres : codes des diligences normales, codes des devoirs et intérêts professionnels, codes de déontologie [1], par exemple le code de déontologie médicale (décr. 6 sept. 1995). À partir de ces préoccupations ou à travers elles, on retrouve les analyses suscitées, dans le passé et dans le présent, par l'existence des professions libérales qui ne sont composées, du moins dans leur nature profonde, ni par des commerçants, ni par des salariés, ni par des fonctionnaires. Nombre d'entre elles sont soumises à un statut réglementé, voire instituées en ordres, et c'est au sein de ces entités qu'une place importante est faite à des normes de déontologie.

À vrai dire, un glissement s'opère insensiblement d'une catégorie à une autre en termes de déontologie professionnelle, d'autant plus que s'agissant de professions réglementées, la tutelle ou même la seule présence, directe ou indirecte, de la puissance publique est variable, du fait de l'histoire, de la politique et des traditions. Le cas de la profession d'avocat est significatif, compte tenu de la grande diversité des règlements intérieurs des multiples barreaux qui a marqué notre histoire judiciaire. Dans le sens d'une coordination attentive aux susceptibilités des barreaux, il fut reconnu tout d'abord au Conseil national des barreaux (CNB) créé en 1971 la mission de « veiller à l'harmonisation des règles et usages de la profession » (L. 31 déc. 1971, art. 21-1, al. 1er) ; le CNB se crut donc autorisé à adopter en termes contraignants un règlement type, mais le Conseil d'État considéra qu'il ne pouvait s'agir là que d'une recommandation ou proposition à l'attention des barreaux [2]. D'où la loi du 11 février 2004, modifiant l'alinéa 1er de l'article 21-1 précité. Désormais le CNB « unifie par voie de dispositions générales les

1. V. not. Y. Gaudemet, Remarques sur le pouvoir normatif des syndicats, le droit public et le contentieux de la désignation des délégués syndicaux, Mélanges Waline, 1974, p. 758 s. ; N. Decoopman, Droit et déontologie : contribution à l'étude des modes de régulation, Les usages sociaux du droit, CURAPP 1989, p. 87 s. ; F. Osman, Avis, directives, codes de bonne conduite, recommandations, déontologie, éthique, etc. : réflexion sur la dégradation des sources privées du droit, *RTD civ.* 1995. 509 s. ; R. Libchaber, obs. *RTD civ.* 1998. 218 s. ; V. Martineau-Bourgninaud, Droit privé et déontologie des professions organisées en ordre, thèse Nantes, 1996 ; J. Moret-Bailly, Les déontologies, PUAM, 2001. – Et, en termes de théorie générale du droit, D. Gutmann, L'obligation déontologique entre l'obligation morale et l'obligation juridique, Arch. phil. droit, t. 44, 2000, p. 115 s. ; V. Cabrol, *Déontologie et droit, Contribution à l'étude des rapports entre ordres normatifs*, thèse Toulouse, éd. L'Harmattan 2004 ; R. Encinas de Munagorri, obs. *RTD civ.* 2007. 67 s. ; H. Aubry, Règles déontologiques et loi, *RRJ* 2011-3, p. 1105 s.

2. CE 27 juill. 2001, *JCP* 2001, II, 10596, note R. Martin. – La solution fut ensuite maintenue, le Tribunal des conflits ayant décidé que la question relevait bien de la compétence de la juridiction administrative (T. confl. 18 juin 2001, *JCP* 2001, II, 10586, note R. Martin). Solution curieuse, compte tenu de la relation essentielle liant la profession d'avocat et l'ordre judiciaire !

règles et usages de la profession d'avocat » [1], ce qui a abouti au décret du 12 juillet 2005 sur la déontologie de l'avocat [2].

383 ***En matière médicale*** ◊ Une diversification des strates de règles s'y est manifestée [3]. Il a été soutenu en la matière que la règle déontologique n'est pas une « règle de substitution, d'exception, etc., mais une règle indépendante qui s'ajoute au droit commun » [4]. Le champ ouvert à la réflexion se présente alors en termes de parallélisme dans la genèse des formes de l'obligatoire en fonction des degrés variables existant entre le conseil, l'incitation et l'obligation, le passage dans le domaine de l'obligatoire se réalisant volontiers à travers l'appréciation des responsabilités par le juge. Ainsi se trouve posée la question de la portée de ces recommandations particulières que constituent les *conclusions des conférences de consensus*, organisées sur un modèle américain, et les *références médicales opposables* (RMO) retenues par des conventions conclues entre le corps médical et les organismes d'assurance maladie, dont la violation par le praticien peut donner lieu à sanction. Ces références sont devenues des éléments d'appréciation de la responsabilité des professionnels, le juge, éventuellement saisi d'actions en responsabilité civile, pouvant, à partir d'elles, dégager une opinion sur l'état de l'art à un moment donné pour apprécier les responsabilités médicales, sans que cette prise en considération soit obligatoire [5].

384 ***Les codes de conduite*** ◊ Dans un contexte de mondialisation d'ordre ou de désordre économique et financier, la prolifération des points d'émergence des normes est de nature à compromettre notamment l'intermédiation précédemment contrôlée par le monopole des sociétés de bourse. D'où l'intervention des professions concernées forgeant des règles prudentielles équivalant à ce que nous appelons des règles de déontologie. Pratiquement celles-ci sont surtout établies par les établissements financiers, ce qui semble ramener, en termes d'usages, aux temps des banquiers lombards ou florentins. C'est de la sorte que s'élaborent des règles déontologiques, par référence à l'équité, concept en expansion, et à « l'esprit de club ». Adaptation des droits nationaux, distinction des relations communautaires et extra-communautaires, dissociation du Droit et de l'État, ce

1. Ce qui n'a d'ailleurs pas exclu, au sujet de l'appartenance à des réseaux interdisciplinaires, la suspension de l'art. 16 du règlement unifié édicté par le CNB le 24 avril 2004 (CE 22 juin 2004, *D.* 2004. 2740, note B. Blanchard, *JCP* 2004, II, 10188, concl. Aguila).

2. V. R. Martin, À propos du décret du 12 juillet 2005 sur la déontologie de l'avocat, *JCP* 2005, Act. p. 502.

3. J.-P. Alméras et H. Péquignot, *La déontologie médicale*, éd. Litec, 2000 ; Recommandations, références médicales, accréditation : les enjeux éthiques, Journée Maurice Rapin, éd. Flammarion, 1999 ; F. Dreifuss-Netter, Les relations médecin-malade sont-elles codifiables, *Mélanges Wiederkehr*, 2009, p. 247 s. ; J. Bouton, Le Code de déontologie médicale, un mode singulier pour un colloque singulier, *Mélanges Wiederkehr*, 2009, p. 27 s.

4. J.-P. Alméras et H. Péquignot, *op. cit.*, p. 3.

5. V. P. Sargos, Références médicales opposables et responsabilité des médecins, *Médecine & Droit*, n° 28, janv.-févr. 1998, p. 9.

sont là autant de questions que pose l'élaboration du cadre juridique de la mondialisation des marchés financiers [1].

Dans un sens voisin par la démarche, mais différent par son objet, des *codes de conduite* se sont multipliés, fréquemment sous l'appellation de *chartes éthiques*, à l'initiative d'entreprises privées d'ampleur souvent internationale. Leur objet se rattache au désir d'assurer une saine gestion des ressources humaines, là où se rencontrent des salariés, des fournisseurs et des clients provenant de différents milieux [2]. Les « codes de conduite portent sur une grande diversité de sujets, beaucoup étant apparemment liés à des préoccupations du grand public. La gestion de l'environnement et les conditions de travail sont les principales questions abordées... toutefois, la protection des consommateurs et la lutte contre la corruption sont également des points longuement traités. En outre, de nombreux codes de conduite comportent un long développement sur des questions relativement étroites de contrôle interne et de protection des actionnaires » [3]. Dans la mesure où ces codes se rattachent, à travers la multiplicité des matières concernées, à un « mode de protection privée du droit » [4], on s'interroge nécessairement en termes de légalité.

385 ***De la régulation*** ◊ Le mot sert à désigner des modes de confection de règles de conduite se développant sur des terrains que le droit existant semble laisser, au moins provisoirement, hors de son empire, ou dont l'assouplissement de cet empire, ouvrant l'accès à des zones nouvelles de liberté, appelle des règles nouvelles et appropriées. Ce qui est important, c'est que les lieux d'élaboration de certaines normes [5] ne se situent pas dans les cadres institutionnels traditionnels. Se situant plutôt entre la régulation et l'autorégulation, le public et le privé, préférant agir par voie de propositions

---

1. V. M.-A. Frison-Roche, Le cadre juridique de la mondialisation des marchés financiers, Réflexions générales, *Banque et Droit*, mai-juin 1995, p. 46 s. ; Y. Benhamou, Brèves réflexions sur la place des juges face à la mondialisation, Contribution à l'intelligence critique de la globalisation, *D.* 2003. 366 ; v. aussi Droit de la crise : crise du droit ?, Cinquièmes Journées René Savatier, spéc. Crise et sources du droit, par F. Terré, p. 47 s. ; M. Delmas-Marty, Le pluralisme ordonné et les interactions entre ensembles juridiques, *D.* 2006. Chron. 951 s.

2. G. Farjat, Réflexions sur les codes de conduite privés, *Mélanges Goldman*, 1983, p. 47 s., Pour un droit économique, PUF, 2004, p. 117 s. ; v. aussi un débat sur l'éthique : Quelques questions d'éthique, vues par juristes, économistes et gestionnaires, prés. B. Basdevant-Gaudemet, *Gaz. Pal.* 2001. 2. Doctr. 2022 s. ; I. Desbarats, Codes de conduite et chartes éthiques des entreprises privées, Regard sur une pratique en expansion, *JCP* 2003, I, 112 ; P. Deumier, obs. *RTD civ.* 2009. 77 s. et Les sources de l'éthique des affaires, codes de bonne conduite, chartes et autres règles éthiques, *Mélanges Le Tourneau*, 2008, p. 337 s. ; I. Riassetto et M. Storck, Les codes de bonne conduite en droit des marchés financiers, *Mélanges Wiederkehr*, 2009, p. 669 s.

3. Les codes de conduite des entreprises, Étude approfondie de leur contenu, OCDE. – Comp. Marens Lutter, Le Code de bonne conduite allemand du gouvernement d'entreprise : une introduction, *Rev. sociétés* 2002. 667 s.

4. D. Berra, Les chartes d'entreprise et le droit du travail, Mélanges Despax, 2002, p. 125.

5. V. J.-C. Jobart, Essai de définition du concept de régulation : de l'histoire des sciences aux usages du droit, *RRJ* 2004-1, p. 33 s. ; E. Zoller, Droit et régulation, *in Regards sur le droit*, éd. Dalloz, 2010, p. 155 s. ; Normes juridiques et régulation sociale, dir. F. Chazel et J. Commaille, LGDJ, 1991.

ou de recommandations émanant, le cas échéant, de forums [1], leurs acteurs sont parfois enclins à penser assez justement, en termes de corégulation [2]. C'est dire la diversité des situations et des attitudes.

L'intérêt attaché à la régulation a suscité un renouveau des analyses [3]. L'embarras a d'abord tenu au fait que ce mot renvoyait au terme anglais *regulation* [4], originairement synonyme de réglementation, ce qui s'explique dans le système de *common law*, mais apparut initialement comme superfétatoire en droit français [5].

Reste à préciser la signification du mot régulation, à la française, voire à l'européenne du continent. Or l'on constate ici des opinions assez diverses. Tantôt l'on dit que la régulation est adaptée aux systèmes trop complexes débordant le cadre étatique [6]. Tantôt, se plaçant par rapport au droit existant, étatique ou non, soit à côté de lui, soit à son service [7], la régulation est « l'organisation, le maintien et la pérennité d'un équilibre dans un ensemble » [8]. Tantôt, poussant plus loin la reconnaissance de son originalité, on estime que « le droit est un procédé de régulation sociale parmi d'autres, entretenant avec ceux-ci des rapports de complémentarité, coopération ou conflit » [9]. Parmi d'autres... : cela sous-entend que la régulation relève d'une démarche autre que celle du droit. Mieux encore la réglementation serait même « un instrument disponible de la régulation » [10]. Lorsqu'il est écrit que la régulation « au sens strict "... vise" des secteurs économiques particuliers mais dont le point commun est d'être des secteurs qui n'ont pas en l'état la capacité intrinsèque de produire leur propre équilibre » [11], on ne peut évidemment que souscrire à cette opinion [12]. Progressivement les contours de la notion ont été

1. Ex. : le « forum de la régulation » : *LPA* 23 avr. 2004, 4 avr. 2005, 3 mai 2005, etc.

2. V. depuis 2002, les rapports du Forum des droits de l'Internet, en dernier lieu, La Documentation française, 2009 ; rappr. O. Cachard, *La régulation internationale du marché électronique*, thèse Paris II, éd. 2002.

3. V. not., à partir d'une littérature déjà abondante, A. Jeammaud, Introduction à la sémantique de la régulation juridique, Des concepts en jeu, in J. Clam et G. Martin (co-dir.), *Les transformations de la régulation juridique, Des concepts en jeu*, LGDJ, 1998, p. 47 s. ; M.-A. Frison-Roche, Introduction, in Clam et Martin préc., et Le droit de la régulation, *D.* 2001. Chron. 610 s. ; L. Boy, Réflexions sur le droit de la régulation, *D.* 2001. Chron. 3031 s. ; J. Chevallier, La régulation juridique en question, Droit et société, t. 49, 2001, p. 827 s. ; L. Calendri, *Recherche sur la notion de régulation en droit administratif français*, thèse Toulouse, éd. 2008, préf. S. Regourd. - V. aussi Les stratégies d'entreprises dans les nouvelles régulations, dir. J.-M. Chevalier, I. Ekeland, M.-A. Frison-Roche et M. Kalifa, PUF, coll. Droit, Éthique, Société, 2002.

4. Rappr. M.-A. Frison-Roche, Définition du droit de la régulation économique, in *Les régulations économiques : légitimité et efficacité*, éd. Dalloz, 2004, p. 7 s.

5. V. É. Zoller, Droit et regulation, in *Regards sur le droit*, Trav. Acad. Sciences morales et politiques 2008. - V. P. Néau-Leduc, La réglementation de droit privé, thèse Montpellier, éd. 1998.

6. L. Boy, chron. préc., p. 3038.

7. O. Cachard, *op. cit.*, p. 26.

8. M.-A. Frison-Roche, Introduction préc., p. 279.

9. A. Jeammaud, art. préc., p. 56.

10. M.-A. Frison-Roche, Le droit de la régulation, *loc. cit.*

11. R. Descoings, La nécessité d'une réflexion générale et croisée sur la régulation, in *Régulateurs et juges*, dir. M.-A. Frison-Roche, *LPA*, 23 janv. 2003, p. 4.

12. V. Pouvoir réglementaire et délégation de compétence normative, Cah. méth. jur. n° 16, *RRJ* 2001, n° spéc.

opportunément précisés : « droit à formation empirique… droit téléologique… balance des intérêts en présence… procéduralisation du droit… (dépassement de) la distinction public-privé » [1].

L'essor de la régulation a suscité, dans divers domaines, non sans lien originaire avec l'État, la multiplication d'Autorités administratives indépendantes (v. *supra*, n° 333) qui remplissent une fonction de régulation, mais aussi des autorités de régulation par exemple l'*Autorité de régulation des communications électroniques et des postes* (ARCEP) ou la *Commission de régulation de l'énergie* (CRE). Il n'en demeure pas moins que les unes comme les autres, malgré les contrôles auxquels elles sont soumises, sont appelées à participer à la formulation de normes.

De proche en proche, cette tentation normatrice se manifeste aussi dans le cadre d'autorégulations trouvant un écho dans la considération des pratiques suivies, coutumières ou non, spécialement dans le cadre du ou des marchés [2]. À la limite, face au droit étatique, chacun est, dans une certaine mesure, l'auteur de sa propre régulation, *in concreto*, et, pour faire chic, dans son système autopoiétique [3].

SECTION 2. LA COUTUME

386 ***Présentation*** ◊ On emploie parfois le terme *coutume* dans un sens large pour désigner toutes les règles de droit qui se dégagent des faits et des pratiques dans un milieu social en dehors de l'intervention du législateur. Dans ce sens, la coutume est synonyme de droit non légiféré ; elle comprend toutes les sources extra-légales, non seulement les usages, mais également la jurisprudence, voire la doctrine [4]. Dépassant même les limites habituelles - pourtant bien incertaines - de la réflexion, l'analyse est naturellement portée à faire état de *droit spontané* [5].

Aussi bien dans le temps que dans l'espace, rarement un mot aura été aussi polysémique. D'un système juridique à un autre, d'une famille de droits à une autre, la notion de coutume varie très sensiblement et peut être définie de manière plus ou moins étroite, l'acception du système français - du moins l'acception classique - à l'époque contemporaine étant assez stricte. Différente

---

1. G. Farjat, *Pour un droit économique*, éd. PUF 2004, p. 110 s.
2. V. *Les régulations économiques : légitimité et efficacité*, dir. M.-A. Frison-Roche, éd. Dalloz, 2004 ; Regulation et Régulation en droit européen, Lamy Concurrence janv.-mars 2008, n° 14, p. 154 s.
3. V. sur « La régulation dans un État de droit », M. Lombard, art. in *Les régulations économiques*, préc., p. 26 s. et, plus généralement, *eod. loc.*, p. 19 s.
4. A. Lebrun, *La coutume, ses sources, son autorité en droit privé*, thèse Caen, 1932 ; Kosehembahr-Lyskowski, Le Code civil et la coutume, *Mélanges Capitant*, 1937, p. 403 s. ; A. Pache, La coutume et les usages dans le droit positif, thèse Lausanne, 1938. - V. le n° spécial de la Rev. Droits, n° 3-1986 : La coutume.
5. V. spéc. P. Deumier, *Le droit spontané*, thèse Toulouse, éd. 2002.

est la coutume en droit anglais [1], en droit hindou, en droit chinois [2], en droit africain (*supra*, n° 66), en droit mélanésien (*supra*, n° 59)...

Précisément sur ce dernier point, il convient d'observer que, dans le sens d'un pluralisme juridique, le nouveau statut de la Nouvelle-Calédonie (*infra*, n° 511), tel qu'il résulte de la loi du 19 mars 1999, accorde un rôle essentiel à la coutume, dans le sens même du droit mélanésien. La grande autonomie qui en découle est marquée par l'institution de conseils coutumiers et d'un sénat coutumier, ainsi que par la reconnaissance de terres et d'aires coutumières, de palabres et d'un statut civil coutumier [3], ce qui n'est pas sans entraîner des questions particulières, voire des décisions contestables relativement à la pleine reconnaissance de l'« identité kanak » et notamment à la place des assesseurs coutumiers dans le fonctionnement de la justice [4].

387 ***Évocation historique*** ◊ La seule histoire de notre Ancien droit illustre le propos qui précède. On sait quelle a été, dans l'Ancienne France, en pays de coutumes, l'importance primordiale de celles-ci (v. *supra*, n°s 74 s.). Mais il faut bien observer qu'entre la coutume médiévale et la coutume des derniers siècles de l'Ancien Régime, des différences importantes ont été observées [5]. Une coupure - comparable, toutes proportions gardées, à la codification napoléonienne - résulta, en effet, de la rédaction officielle des coutumes prescrite par l'Ordonnance de Montils-lès-Tours de Charles VII en 1454, puis réalisée en application de Lettres patentes de 1497 et 1498 et d'une ordonnance de Louis XII, de 1506 (*supra*, n° 75). C'est au XVIe siècle que la plupart des coutumes furent rédigées. En ce sens, ce qu'on appelle, par opposition au droit écrit, le droit coutumier était quand même, matériellement parlant, un droit « écrit ».

---

1. A. Tunc, Coutume et « common law », *Rev. Droits*, n° préc., p. 51 s.

2. V. not. D. Garnier, La coutume dans la Chine impériale : contrainte d'une norme idéalisée du comportement, in *Coutumes et libertés*, Univ. sc. soc. Toulouse, Centre d'histoire contemporaine des institutions, 1988, p. 155 s.

3. V. les obs. de C. Jamin, *RTD civ.* 1999. 488.

4. V., Lorsque la fausse application du code civil revient à violer la loi, la Constitution et l'accord de Nouméa, par G. Nicolau et R. Lafargue, *RRJ* 2004-2, p. 1401 s. ; v. aussi G. Nicolau, L'autonomie de la Coutume canaque, *Rev. jur. et pol. Indépend. et coop.* n° 2, 1992, p. 219 s. – Rappr. R. Lafargue, *La coutume judiciaire en Nouvelle-Calédonie, aux sources d'un droit commun coutumier*, éd. PUAM 2003 et les obs. de G. Nicolau, *RTD civ.* 2003. 795, puis *La coutume face à son destin, réflexions sur la coutume judiciaire en Nouvelle-Calédonie et la résilience des ordres juridiques infra-étatiques*, 2010 ; v. aussi P. Deumier, *RTD civ.* 2006. 516, obs. sur Cass. avis 16 déc. 2005, *BICC 637* ; 1er avril 2006, rapp. M. Chauvin et M. Cavarroc, *LPA* 17 oct. 2006, note C. Pomart.

5. V. P. Timbal, *La coutume, source du droit privé français*, Les Cours de droit, D.E.S., 1958-1959 ; J.-M. Carbasse, Contribution à l'étude du processus coutumier, *Rev. Droits*, n° préc., p. 25 s. ; J. Hilaire, *Le droit, les affaires et l'histoire*, éd. Economica 1995, spéc. p. 75 s., *sur les ressources de la pratique, et La vie du droit*, PUF, 1994, spéc. p. 185 s., sur « les comportements praticiens » ; J.-Ph. Lévy, Diachroniques, éd. Loysel 1995, spéc. p. 205 s., sur les actes de la pratique expression du droit ; J. Moreau-David, La coutume et l'usage en France de la rédaction officielle des coutumes au Code civil, *Rev. hist. fac. droit*, 1997, n° 18, p. 125 s. ; F. Zénati-Castaing, Le Code civil et la coutume, *Mélanges Jestaz*, 2006, p. 607 s. ; Coutumes, doctrine et droit savant, dir. J.-M. Augustin et Véronique Gazeau, Univ. Poitiers 2007.

Le pouvoir royal ordonna, puis stimula fortement la rédaction des coutumes. Reste que la population prit une part active à cette œuvre, puisque, dans chaque ressort coutumier, une assemblée composée de représentants des trois ordres se prononçait sur le projet qui lui était présenté. Les articles acceptés étaient aussitôt promulgués au parlement compétent, le texte ainsi officiel faisant pleine foi, empêchant d'alléguer des coutumes contraires, mais laissant place à d'ultérieurs changements, subordonnés au respect des mêmes conditions. Ainsi, la coutume de Paris, rédigée en 1510, a été réformée en 1580. N'en concluons pas, sous cette réserve, à une rigidité de la coutume et à l'assimilation de celle-ci à un texte législatif : dans les cas non prévus, la coutume orale put compléter la coutume rédigée. Et, à certaines conditions, on admit de manière relativement facile la désuétude de telle ou telle règle coutumière.

L'histoire de notre Ancien droit nous apprend de quelle manière s'est opéré progressivement le passage d'une conception populaire (Guy Coquille : « c'est le peuple qui fait la loi ») à une conception monarchique de la coutume (Jean Bodin : « La loi peut casser les coutumes et la coutume ne peut déroger à la loi »). Mais, en matière de droit privé, au moins jusqu'au règne de Louis XIV (*supra*, n° 76), l'intervention législative royale demeura fort limitée.

388 ***Plan*** ◊ Effet du temps, évoluant avec le temps, située dans le temps, la coutume suscite des réflexions au cœur des sources du droit, qu'il s'agisse de la *notion* (§ 1), du *rôle* (§ 2) et du *rayonnement* (§ 3) de la coutume.

§ 1. La notion de coutume

389 ***Usages et coutume*** ◊ La coutume est très souvent considérée comme la plus ancienne source de droit. Certaines sociétés de l'Antiquité n'avaient point de pouvoirs publics permanents, ou du moins ceux-ci n'avaient pas toujours la faculté d'édicter des lois. Or il n'y a pas de société sans droit. En l'absence de lois, les règles de droit se forment par les usages : quand un usage est devenu suffisamment constant et régulier, les hommes en viennent à considérer qu'il doit être obligatoirement suivi ; on est alors en présence de ce qu'on appelle une coutume.

Les usages ne se confondent pas avec la *coutume*, bien que leur distinction soit souvent difficile [1]. Si un simple usage peut acquérir force obligatoire, tout usage ne constitue pas une coutume. L'usage fixe la conduite à tenir dans certaines circonstances. Cet élément, qui est à la base de la coutume, ne suffit pas à la constituer ; il existe, en effet, quantité d'usages entrés dans les mœurs, qui n'ont pas le caractère juridique, tels les usages mondains ou les manières de s'habiller, de se nourrir (*supra*, n° 33). Ce ne sont pas des usages *juridiques*. Il en est au contraire qui présentent ce

---

1. Rappr. sur la légalisation : coutume internationale ou pratique internationale, note E. Fongaro sous Civ. 1re 4 juin 2009, *JCP* N. 2009, comm. 1260.

caractère et remplissent un rôle important dans certaines branches du droit, par exemple en droit commercial, spécialement en droit bancaire [1].

390 ***Éléments constitutifs d'ordre matériel*** ◊ Les juristes ont précisé les caractères qu'un usage doit présenter pour être juridiquement obligatoire, pour constituer une coutume [2]. La coutume implique des comportements suffisamment répandus dans l'espace et anciens dans le temps.

Dans l'espace, il faut que l'usage soit largement répandu dans le milieu social, dans une profession, dans une localité [3]. De cette exigence, on a, suivant une ligne classique, déduit qu'il convenait de distinguer, en matière commerciale, les usages et la coutume [4], la dose de contrainte attachée à celle-ci étant singulièrement plus forte dans l'esprit des sujets de droit [5].

Dans le temps, il est nécessaire, pour qu'il y ait coutume, que l'usage soit constant, régulièrement suivi, qu'il soit ancien [6], qu'il ait eu une certaine durée. *Une fois n'est pas coutume*. Au Moyen Âge, le droit canonique avait fixé cette durée [7]. De nos jours, on s'abstient communément de la préciser, et elle ne peut l'être que par tel ou tel texte législatif ou réglementaire ou, cas par cas, par les décisions des tribunaux. À tout le moins exige-t-on l'écoulement d'un certain temps [8].

---

1. Du moins dans les rapports entre professionnels (Com. 6 juill. 1964, *JCP* 1965, II, 14024, note C. Gavalda ; 23 mai 1989, *JCP E*1990, II, 15861). - Comp. sur les rapports avec les clients, Com. 6 juill. 1964, préc. ; 18 janv. 1972, *JCP* 1972, II, 17072 ; 4 mai 1999, D. 2000, Cah. aff. 191, note J. Djoudi. - Rappr., à propos du « contrat de confié » et du Code des usages de la bijouterie-joaillerie-orfèvrerie-cadeaux, Com. 6 juill. 1999, *RJDA* 10/1999, n° 1071.

2. Rappr., sur l'incidence juridique d'un usage assouplissant le caractère obligatoire d'une règle écrite, au sujet de l'usage qui peut autoriser les mineurs non émancipés à accomplir eux-mêmes des actes juridiques. *L'enfant, la famille et l'argent*, colloque Lille 1990, éd. 1991, spéc. L'argent de poche du mineur et le droit, par D.R. Martin, p. 49 s., *L'administration légale à l'épreuve de l'adolescence*, par M. Grimaldi, p. 101 s.

3. Sur la notion d'usage local, rappr. *supra*, n° 380.

4. M. Pédamon, Y a-t-il lieu de distinguer les usages et les coutumes en droit commercial ?, *RTD com.* 1959. 335 s. ; F. Leymarie, *Les usages commerciaux*, thèse Bordeaux, 1970 ; J. Boucourechliev, Usages commerciaux, usages professionnels : élaboration et formulation, in Dix ans de droit de l'entreprise, FNDE 1978. 19 s. ; F. Terré, Coutume et commerce, in *Livre du bicentenaire du Code de commerce*, Dalloz, 2007, p. 37 s.

5. V. en ce sens, F. Gény, Méthode d'interprétation et sources en droit privé positif, 2e éd., nouv. tir. 1954, t. I, n° 119, p. 361. - B. Oppetit, Sur la coutume en droit privé, Rev. Droits, n° préc., p. 39 s., spéc. p. 47, rééd. in Droit et modernité, 1998, p. 41 s., spéc. p. 49. - V. cep. sur la distinction des usages et de la coutume quant au rôle de la Cour de cassation, celle-ci ne contrôlant pas le respect des usages, Soc. 18 déc. 1986, *Bull. civ.* V, n° 620 ; *supra*, n° 151. - V. aussi, sur la preuve de la coutume, *infra*, n° 593.

6. La tradition nous laisse des règles, notamment par renvoi de la loi, par exemple quand celle-ci maintient les courses de taureaux, là où existe « une tradition locale ininterrompue » (C. pén., art. 521-1) : v. D. Mainguy, J.-B. Seube, P. Vialla, Droit et tauromachie, *Mélanges Cabrillac*, 1999, p. 537 s. ; Civ. 1re, 7 fév. 2006, *Bull. civ.* I, n° 50, *JCP* 2006, II, 10073, note E. de Monredon. - Il arrive aussi que la tradition mette obstacle à l'apparition de règles nouvelles : v. R. Granger, La tradition en tant que limite aux réformes du droit, *RID comp.* 1979. 37 s.

7. R. Wehrle, *De la coutume dans le droit canonique*, thèse Paris, 1928 ; J. Gaudemet, La coutume en droit canonique, *Rev. hist. droit* 1988, p. 224 s.

8. V. cep. sur l'idée d'une « coutume » à formation rapide, quasi instantanée, B. Starck, À propos des « accords de Grenelle », Réflexions sur une source informelle du droit, *JCP* 1970,

391 ***Élément constitutif d'ordre psychologique*** ◊ Il est nécessaire que l'usage soit considéré comme ayant force obligatoire par la population qui le suit. C'est l'élément *psychologique* de la coutume, qu'on appelait au Moyen Âge l'*opinio necessitatis*. Cette opinion résulte de la croyance généralement répandue qu'il s'agit d'une règle juridiquement obligatoire ; d'ailleurs, quand l'usage intéresse seulement une catégorie de personnes, par exemple les membres d'une profession, c'est seulement au sentiment de ces personnes qu'on se référera, et non pas à celui de la totalité de la population.

Même si l'on peut contester, historiquement et sociologiquement parlant, cette analyse [1], la condition ainsi posée mérite d'être retenue, bien qu'elle ait été critiquée de diverses manières.

Parce que l'on ne peut fixer facilement le moment auquel une coutume se forme, si tant est qu'il s'agisse d'une coutume, on a soutenu que la coutume n'émergeait parmi les sources du droit qu'à travers sa révélation, voire sa consécration jurisprudentielle [2]. À quoi l'on peut répondre que les phénomènes juridiques ne se réduisent pas à leurs manifestations contentieuses et que rien ne permet d'exclure, *a priori*, l'existence de règles issues d'un ordre juridique sans procès. On ne peut pas plus absorber la coutume dans la jurisprudence que la jurisprudence dans la coutume (*supra*, n° 366).

Parce que l'on définirait la juridicité de la coutume par la croyance à son caractère juridique, il y aurait, a-t-on soutenu [3], une pétition de principe [4]. À quoi l'on peut répondre qu'il n'y a pas pétition de principe en ce sens que la croyance dans le caractère juridique d'un usage n'est pas la résultante de quelque juridicité par hypothèse en cause. Mieux vaut observer que cette *opinio juris* pourrait être une manifestation parmi d'autres de la puissance de l'imaginaire dans la formation du droit [5].

§ 2. **Le rôle de la coutume**

392 ***Loi ou coutume ?*** ◊ Un débat classique s'est instauré sur les avantages et les inconvénients respectifs de ces deux modes de création du droit [6].

La loi écrite a le mérite de la précision et de la certitude, alors que la coutume est imprécise, ce qui peut être une cause d'insécurité pour les

---

I, 2363. – Rappr. sur « Qu'est-ce qu'un Grenelle », P. Deumier, obs. *RTD civ.* 2008. 63 s. – V. *supra*, n° 371.

1. Sur « la genèse de l'obligatoire dans l'apparition de la coutume », v. J. Carbonnier, Flexible droit, 10e éd., 2001, p. 118 s.

2. E. Lambert, *Études de droit commun législatif, La fonction du droit civil comparé*, 1903, t. I, p. 137 s.

3. M. Virally, *La pensée juridique*, 1960, p. 158 ; P. Deumier, thèse préc., nos 188 s.

4. Sur cette critique, v. B. Oppetit, art. préc., p. 44, rééd. in *Droit et modernité*, 1998, p. 46.

5. V. H. Lalou, *Les lois imaginaires*, 1935 ; H. Decugis, *Les étapes du droit des origines à nos jours (suite)*, 1943, spéc. p. 1 s.

6. V. Y. Jeanclos, Coutume et loi, une approche logistique du droit, *Mélanges Wiederkehr*, 2009, p. 429 s.

intéressés. La loi est générale, la même pour tous ; elle a une vertu centralisatrice. Le droit coutumier est de nature particulariste, il varie suivant les lieux, les professions, les milieux sociaux, ce qui peut être néfaste pour l'unité politique d'un pays. La technique législative est d'un rendement plus rapide que la technique coutumière. La coutume ne peut réaliser des réformes rapides, puisque l'usage ne devient coutume que quand il a duré assez longtemps.

Mais, dans une opinion qui fut soutenue au début du XIXe siècle, en Allemagne, par l'École historique, tous ces inconvénients du droit coutumier seraient largement compensés par le fait qu'il est un droit plus populaire : il est né du peuple lui-même, puisque c'est son usage qui devient le droit, tandis que la loi est formulée par les seuls gouvernants et imposée par eux. Issu du peuple lui-même, le droit coutumier est exactement ce qui convient à sa nature et répond à ses besoins ; il se modifie quand ses besoins se modifient, car l'usage change alors. La loi, au contraire, n'évolue pas en même temps que la société ; elle est souvent en retard, et quand une réforme intervient, elle arrive parfois trop tard et se heurte à l'opinion.

Ce fut certes le grand mérite de l'École historique que d'avoir mis en relief les avantages du droit coutumier. Mais cette thèse ne vaut que dans une société stable, dont la vie économique se modifie peu. À une époque où les situations économiques et sociales évoluent rapidement, la coutume ne peut mettre le droit en concordance avec ces changements. Dès lors, la loi reste le mode principal de création du droit, d'autant qu'elle permet de réaliser un droit uniforme dans un pays unifié.

Pourtant, loin de disparaître, surtout en un temps de prolifération du droit écrit - lois, règlements... -, la coutume exerce un rôle grandissant, qu'il convient de préciser.

393 ***Survivance des coutumes de l'Ancien droit*** ◊ On n'a jamais mis en doute la survivance des anciennes règles coutumières dans les matières non réglées par le Code civil. La loi du 30 ventôse an XII l'indique expressément (*supra*, n° 82) [1]. De même, la loi du 15 septembre 1807 mettant en vigueur le Code de commerce a laissé subsister les usages antérieurs compatibles avec les dispositions du Code [2]. Enfin, il y a lieu de tenir compte de toutes les anciennes coutumes dès lors qu'elles sont compétentes au regard des règles de conflits de lois dans le temps (*infra*, n°s 514 s.) [3]. On envisagera uniquement ici le rôle actuel de la coutume.

---

1. Sont ainsi restées en vigueur les coutumes relatives au bail à domaine congéable (jusqu'à la loi du 8 fév. 1897) et au bail à complant (jusqu'à la loi du 25 juin 1902).

2. Cette opinion est fondée sur ce que l'art. 2 de la loi du 15 sept. 1807 n'a, à la différence de la loi du 30 ventôse an XII, abrogé expressément que les « anciennes lois » et non les anciennes coutumes (Req. 20 oct. 1920, DP 1920, 1, 161 ; Civ. 7 janv. 1946, *D.* 1946. 132. - Lyon-Caen et Renault, *Traité de droit commercial*, t. I, n° 42).

3. Req. 18 févr. 1884, *DP* 84, 1, 187 ; Civ. 29 juill. 1889, *DP* 90, 1, 109 ; Caen, 24 janv. 1912, S. 1913, 2, 269 ; T. civ. Versailles, 31 mai 1927, *Gaz. Pal.* 1927. 2, 581.

394 ***Coutume secundum legem*** ◊ Dans un certain nombre de cas, des règles de nature coutumière, ainsi que des usages, spécialement des usages locaux, s'appliquent en vertu d'une prescription formelle du législateur ou de l'autorité réglementaire.

Ainsi en est-il des usages locaux relatifs à la propriété foncière, rendus applicables par les articles 645, 663, 671 et 674 du Code civil, pour l'utilisation des eaux, les clôtures, les distances à observer pour les plantations ou pour certaines constructions, le Code civil ayant voulu tenir compte de la diversité de climats, de modes de culture et d'habitation.

En matière contractuelle, il est aussi référé aux usages pour compléter ou interpréter les contrats (art. 1135, 1159, 1160). Ces usages sont dits « conventionnels », en ce qu'ils consistent dans les pratiques, souvent spéciales à une profession ou à une région, que les particuliers suivent dans les conventions qu'ils passent. Il s'agit de clauses qui, initialement, étaient toujours insérées dans un certain type de conventions et qui ont finalement été sous-entendues, les parties étant censées s'y être référées implicitement, du seul fait qu'elles ne les avaient pas écartées (*supra*, n° 380).

395 ***Coutume praeter legem*** ◊ Ce rôle de la coutume a été contesté : peut-on admettre la force obligatoire de la coutume en dehors d'un renvoi de la loi ? L'argument essentiel en faveur de la thèse négative a été tiré des principes de notre droit constitutionnel classique : le Parlement serait seul dépositaire de la souveraineté nationale ; la mission qui lui est dévolue exclurait toute possibilité de création directe de droit.

Cette thèse ne paraît pas soutenable. Même dans le droit constitutionnel classique, nettement attaché au légalisme, le monopole du Parlement se bornait à faire des lois ; d'autres autorités – à savoir celles investies du pouvoir réglementaire – pouvaient édicter des règles ; et la coutume est une règle différente de la loi. Rien ne s'oppose en principe à ce que la coutume, à laquelle le législateur lui-même reconnaît compétence dans d'assez nombreux cas, puisse intervenir sans renvoi du législateur, lorsqu'il y a une lacune du droit légiféré. Les rédacteurs du Code civil ont d'ailleurs été favorables à la force obligatoire de la coutume [1].

En fait, les cas d'intervention d'une coutume *praeter legem* sont très rares en droit civil, parce que, quand une question soulève des conflits d'intérêts importants, elle est réglée par la loi ou par la jurisprudence avant qu'une coutume ait eu le temps de se former.

Tout au long du XIXe siècle, on pouvait citer comme exemple la coutume qui veut que la femme porte le nom patronymique de son mari [2]. On peut

1. V. en ce sens le « Discours préliminaire » au projet du code civil de Portalis (Fenet, t. I, p. 469 s.).

2. On tend à abriter cette coutume derrière un texte depuis que la loi du 6 février 1893 a ajouté un alinéa à l'article 299 du Code civil : « Par l'effet du divorce, chacun des époux reprend l'usage de son nom » (v. art. 264, al. 1er, actuel).

également considérer comme faisant l'objet d'une règle coutumière la preuve de la qualité d'héritier : celle-ci peut « résulter d'un acte de notoriété » (C. civ., art. 730-1, al. 1er) [1] dont le rôle a été dégagé progressivement par l'usage, dans les rapports entre les notaires et les grands établissements auprès desquels il faut, en certaines circonstances, justifier de la qualité d'héritier [2].

396 ***Coutume contra legem*** ◇ Il existe des liens assez étroits entre le problème de l'abrogation des lois - y compris des lois impératives - par la désuétude (*infra*, n° 492) et celui de la coutume *contra legem*, ainsi posé : peut-il exister, juridiquement valable, une coutume contraire à la loi ? Entre les deux situations, il existe cependant la différence qui sépare ce qui est uniquement destructeur et ce qui présente aussi un aspect constructif.

Si l'on doit admettre sans difficulté qu'une coutume puisse détruire une loi *interprétative* ou *supplétive* de volonté - le groupe pouvant faire ce que l'un de ses membres peut faire -, on peut hésiter à admettre l'existence de coutumes contraires à des lois *impératives* (*infra*, n° 495). On en cite pourtant des cas, par exemple la coutume en vertu de laquelle, malgré l'exigence d'un acte notarié en matière de donations (C. civ., art. 931), la pratique du don manuel est valable. Mais le doute grandit lorsque la règle impérative présente un caractère d'ordre public [3]. Certaines décisions isolées donnent quand même à penser que des coutumes *contra legem* peuvent exister (subsister ?) « sur le terreau des particularismes locaux » [4].

1. V. L.-C. Henry, Le régime de l'acte de notoriété selon la jurisprudence récente, *RTD civ.* 1994. 11 s.

2. Parmi les règles coutumières, on peut encore citer celle en vertu de laquelle, en matière commerciale, les quittances font foi de leur date par elles-mêmes, contrairement à l'art. 1328, C. civ. En droit commercial, une règle coutumière présume la solidarité entre codébiteurs contractuels contrairement à l'art. 1202 c. civ. (Civ. 18 juill. 1929, DH 1929, 556, S. 1929, 1, 380 ; 7 janv. 1946, *D.* 1946. 132) ; v. B. Dondero, La présomption de solidarité en matière commerciale : une rigueur à modérer, *D.* 2009. Chron. 1097 s.

3. Il est vrai, cependant, que, la coutume et la loi étant différentes, une opinion encore plus audacieuse a été avancée : « La coutume étant tout autre chose que la loi, n'échappe-t-elle pas littéralement à la supériorité constitutionnelle des traités internationaux ? » (J. Carbonnier, Variations sociologiques, Mélanges Levasseur, 1992, p. XX ; v. supra, nos 263 s.). Aussi bien, dans la Constitution de 1958, le mot Loi n'inclut pas les coutumes praeter legem ou contra legem. La question demeure entière, même depuis que le Conseil d'État a décidé, en 1997, que ni l'art. 55 de la Constitution, ni aucune autre disposition de valeur constitutionnelle ne prescrit ni n'implique que le juge administratif fasse prévaloir la coutume internationale sur la loi en cas de conflit entre ces deux normes (supra, n° 265). Une chose serait la supériorité de la coutume internationale sur la loi interne (en ce sens Crim. 13 mars 2001, *D.* 2001. 2631, note J.-F. Roulot, *JCP* 2002, I, 130, obs. B. Mathieu et M. Verpeaux, n° 43), autre chose serait la supériorité de la coutume interne sur le traité ou l'accord international. - V. de manière plus générale, La coutume et la loi, Études d'un conflit, dir. C. Journes, 1986.

4. V. M. Boudot, Le dogme de la solution unique, Contribution à une théorie de la doctrine en droit privé, thèse ronéot. Aix-Marseille 1999, p. 197 ; v., à partir de là, Versailles, 21 sept. 1990, *JCP* 1991, II, 21772, note J. Prévault ; TGI Saintes, 2 juill. 1991, *D.* 1992. 466, note B. Beignier.

§ 3. Le rayonnement de la coutume

397 ***Variations*** ◊ L'importance de la coutume varie selon les branches du droit. Cette diversité, affectant d'ailleurs non seulement le rôle mais aussi la notion de coutume, contribue à expliquer la perplexité que suscite la matière dans l'esprit des juristes.

398 ***En droit public*** ◊ La coutume est, en *droit international public*, une source de droits et d'obligations pour les États, expressément envisagée à l'article 38-2° du Statut de la Cour permanente, puis de la Cour internationale de justice ; elle y est définie ainsi : « La coutume internationale comme preuve d'une pratique générale acceptée comme étant le droit » [1]. Le concept de coutume a, en droit international public, été élaboré sur le modèle traditionnel. Quant au fondement de la coutume, diverses théories ont été proposées : les unes et les autres s'ordonnent autour de conceptions, soit volontaristes (accord tacite, expression de la volonté des États), soit objectivistes (ex. : conscience juridique collective) de la coutume en droit international public.

En *droit constitutionnel*, on s'interroge sur la possibilité d'un rôle de la coutume, dès lors que l'État dont le droit est en cause est doté d'une constitution écrite [2]. Là se manifeste, plus qu'ailleurs, la différence qui peut exister entre une pratique et une coutume (*supra*, n°s 371, 389 s.). La manière suivant laquelle une constitution est appliquée relève du domaine du fait et ne saurait donner naissance à une règle obligatoire. Telle est l'opinion qui, sans être unanime, est généralement reçue en doctrine. Il n'est d'ailleurs pas fait état de la coutume dans notre Constitution et le Conseil constitutionnel n'y fait pas référence. À supposer même qu'on parvienne à lui reconnaître une place, ce ne saurait être que *praeter legem*. Une coutume contraire à la Constitution heurte généralement la doctrine qui avance, à l'appui de son opinion, l'existence de mécanismes aménagés de révision de

---

1. Gianni, *La coutume en droit international*, thèse Paris, 1931 ; L. Le Fur, La coutume et les principes généraux du droit comme sources du droit international public, *Mélanges Gény*, 1934, t. III, p. 362 s. ; J. Haemmerlé, *La coutume en droit des gens d'après la jurisprudence de la Cour permanente de justice internationale*, thèse Nancy, 1935 ; P. Guggenheim, Les deux éléments de la coutume en droit international, *Mélanges Scelle*, 1950, t. I, p. 275 s. ; S. Sur, La coutume internationale, Sa vie, son œuvre, *Rev. Droits*, n° préc., p. 111 s. ; P.-M. Dupuy, Le droit international dans un monde en mutation, *Mélanges Jimenez de Arechaga*, éd. S.C.U. Montevidéo, 1994, p. 51 s. – Sur les rapports entre le droit coutumier international et le droit communautaire, v. CJCE 16 juin 1998, *JCP* 1999, II, 10022, note E. Leray et A. Potteau.

2. R. Capitant, Le droit constitutionnel non écrit, *Mélanges Gény*, 1934, t. III, p. 1 s. ; C. Girola, Les coutumes constitutionnelles, Mélanges Gény, préc., p. 9 s. ; J. Chevallier, La coutume et le droit constitutionnel français, *RD publ.* 1970. 1375 s. ; J.-C. Mestre, À propos des coutumes et des pratiques constitutionnelles : l'utilité des constitutions, *RD publ.* 1973. 1275 s. ; D. Lévy, Le rôle de la coutume et de la jurisprudence dans l'élaboration du droit constitutionnel, *Mélanges Waline*, 1974, t. I, p. 30 s. ; R. Capitant, La coutume constitutionnelle, rééd. *RD publ.* 1979. 959 s. ; S. Rials, Réflexions sur la notion de coutume constitutionnelle, *Rev. adm.* 1979. 265 s.

la Constitution [1]. On hésitera au demeurant à admettre qu'il ne puisse y avoir d'abrogation par désuétude d'une disposition constitutionnelle.

En *droit administratif*, l'existence de la coutume en tant que source du droit a été controversée [2]. Certains auteurs écartent nettement la coutume comme source directe de la légalité [3]. D'autres adoptent des attitudes plus nuancées, reconnaissant que l'usage occupe une place importante dans le contentieux administratif et que la coutume peut, en matière administrative, compléter la loi, mais ne saurait aller à l'encontre de celle-ci [4].

399 ***En droit commercial*** ◊ Depuis des siècles, le droit commercial a subi profondément l'influence des usages et de la coutume [5]. Aussi bien est-ce en ce domaine que l'on peut estimer généralement inopérante la distinction des usages et de la coutume (v. *supra*, n° 378).

Traditionnellement, le droit commercial a fait une place à la *coutume*. Ainsi le contrat de compte courant, entre les banques et leurs clients, est soumis à des règles qui ont été élaborées par l'*usage du commerce*. On citera en particulier les règles permettant, en matière de compte courant, l'anatocisme, c'est-à-dire la capitalisation des intérêts, contrairement à l'article 1154 du Code civil, et celles reculant le point de départ de la prescription des intérêts au jour de la clôture du compte, contrairement à l'article 2277 du Code civil (art. 2233, réd. L. 17 juin 2008) [6]. Plus généralement, on observera que le droit commercial réserve une place importante aux *sources professionnelles*, en particulier aux normes élaborées par des organismes de caractère corporatif, par exemple aux usages de place ou aux parères notamment en matière bancaire ou financière. Certaines décisions des tribunaux illustrent la puissance de ces diverses forces [7]. La prospective du droit des affaires confirme cette analyse [8].

---

1. P. Ardant, *Institutions politiques et droit constitutionnel*, 19e éd. 2007, mise à jour par P. Avril, n° 35.

2. M. Réglade, *La coutume en droit public moderne*, thèse Bordeaux, 1919 ; G. Teboul, *Usages et coutume dans la jurisprudence administrative*, thèse Paris II, éd. 1989, À propos de la coutume dans la jurisprudence administrative, Dialogue intérieur, *Mélanges Chapus*, 1992, p. 589 s.

3. J.-M. Auby et R. Drago, *Traité de contentieux administratif*, 2e éd. 1984, t. II, n° 1242, p. 354 s.

4. V. Teboul, thèse préc.

5. J. Escarra, Valeur juridique de l'usage en droit commercial, Ann. dr. com. 1910, p. 97 s. ; Tanaka, Fonction de la coutume en droit commercial, *Mélanges Gény*, 1934, t. III, p. 247 s.

6. Civ. 25 févr. 1930, *DH* 1930, 251 ; 21 juill. 1931, *DP* 1932, 1, 49, note Hamel ; 3 févr. 1937, S. 1937, 1, 225. – V. aussi, en ce sens qu'il ne saurait être interdit au juge, en matière de commerce, de constater un usage pour en faire le fondement de sa décision : Req. 22 déc. 1902, *DP* 1905, 1, 149. – Rappr. sur la pratique, J. Hilaire et J. Turlan, Les mots et la vie, La « pratique » depuis la fin du Moyen Âge, *Mélanges Yver*, 1976, p. 369 s. ; J. Hilaire, *op. et loc. cit.* ; J.-Ph. Lévy, *op. et loc. cit.*

7. Paris 12 janv. 1965, *D.* 1965. 687, note F. Goré (l'usage peut prévaloir contre la loi) ; 30 juin 1983, *Gaz. Pal.* 1983. 2, 636 (« l'usage en matière commerciale est une source du droit ») ; Montpellier 24 juin 1968, *RTD com.* 1968. 829, obs. E. du Pontavice (l'usage vaut indépendamment de sa reconnaissance par les tribunaux) ; B. Oppetit, art. préc., p. 48, rééd. in Droit et modernité, 1998, p. 50.

8. Quel droit des affaires pour demain ? Essai de prospective juridique, Centre de recherche sur le droit des affaires (CREDA), 1984, nos 195 s.

Dans le cadre des relations commerciales internationales, l'importance des usages, des coutumes, des contrats-types est ancienne et croissante. Maintes conventions internationales y font référence. On a vu se développer « un nouveau droit coutumier des affaires » [1], semblable à la *lex mercatoria* médiévale. Certains auteurs ont affirmé la juridicité de celle-ci [2]. D'autres l'ont, il est vrai, contestée, soutenant que la *lex mercatoria* n'était en réalité qu'une manifestation de l'équité [3] ou que sa juridicité n'était pas établie [4]. Quoi qu'il en soit, on peut estimer que la jurisprudence française s'est orientée dans le sens de la juridicité des usages du commerce international [5].

400 ***En droit social*** ◊ Dans une analyse de type classique, on a pu constater l'existence de coutumes ou d'usages *secundum legem* en droit social. Ainsi a-t-on observé qu'il existait, spécialement en droit du travail, des usages auxquels il est renvoyé sans permission d'y déroger (ex. : art. L. 1237-1 et L. 1234-1, C. trav.). Plus précisément, il convient de distinguer en la matière deux sortes d'usages.

Les uns sont *externes* par rapport à l'entreprise. Longtemps liés à l'idée de métier, ils ont exercé une grande influence. Mais plusieurs courants ont notablement réduit celle-ci, notamment du fait des classifications d'emplois utilisées dans les conventions collectives. En outre le rôle de l'usage a été restreint par l'effet d'un refoulement tenant à la fois au développement de la législation du travail et des conventions collectives de branche qui tendent à intégrer dans leur sein les usages de l'activité professionnelle considérée [6].

Les autres sont internes. Ce sont les usages d'entreprise dont le rôle est important (v. *supra*, n° 379).

---

1. B. Oppetit, art. préc., p. 42, rééd. in Droit et modernité, 1998, p. 44. – V. aussi, du même auteur, La notion de source du droit et le droit du commerce international, *Arch. phil. droit*, t. XXVII, 1982, p. 43 s.

2. B. Goldman, Frontières du droit et lex mercatoria, Arch. phil. droit, t. IX, 1964, p. 177 s. ; La lex mercatoria dans les contrats et l'arbitrage internationaux, *JDI* 1979. 475 s. ; B. Oppetit, La notion de source du droit et le droit du commerce international, Arch. phil. droit, 1982, p. 43 s., rééd. in Droit et modernité, 1998, p. 53 s., sous le titre L'émergence de la lex mercatoria ; D. Bureau, *Les sources informelles du droit dans les relations privées internationales*, thèse Panthéon-Assas (Paris II), 1992, spéc. p. 201 s. ; J.-M. Mousseron, Lex mercatoria, bonne mauvaise idée ou mauvaise bonne idée, *Mélanges L. Boyer*, 1996, p. 469 s. ; Pascale Deumier, La lex mercatoria entre ordre et désordre, *Mélanges Jacques Foyer*, 2008, p. 305 s. ; E. Putman, L'éthique de la *mercatoria*, *RRJ* 2008-4, p. 1855 s.

3. J.-D. Bredin, La loi du juge, Mélanges Goldman, 1983, p. 15 s. ; rappr. du même auteur, À la recherche de l'« aequitas mercatoria », *Mélanges Loussouarn*, 1994, p. 109 s.

4. P. Lagarde, Approche critique de la lex mercatoria, *Mélanges Goldman*, 1958, p. 125 s.

5. Civ. 2e, 9 déc. 1981, *JDI* 1982. 931, note B. Oppetit ; v. aussi P. Fouchard, Les usages, l'arbitre et le juge, *Mélanges Goldman*, 1983, p. 67 s. s.

6. P. Langlois, Les transformations du droit du travail, *Mélanges G. Lyon-Caen*, 1989, p. 286 ; Les sources du droit du travail, dir. B. Teyssié, PUF, 1998.

LIVRE 3
RÉALISATION DU DROIT

401 ***Présentation*** ◊ Destiné à régir la vie des hommes en société, le droit n'est pas un ensemble ou un système abstrait, servant occuper seulement les esprits, mais sans prise nécessaire sur le réel. Ses composantes - droit objectif, droits subjectifs - aspirent à une réalisation aussi satisfaisante que possible. Cela n'est pas facile, car il y a une sorte de tension, si ce n'est d'opposition latente, entre la société et l'individu en tant qu'être social. Tout l'art du droit consiste en cette conciliation indispensable d'exigences nécessaires à la coexistence des libertés. L'histoire et la géographie nous apprennent qu'un droit objectif sans droits subjectifs est contraire aux aspirations naturelles de l'homme, que des droits subjectifs sans droit objectif sont vains et mènent à l'anarchie.

Pour comprendre ce qui caractérise la réalisation du droit, il convient d'examiner tout d'abord les données fondamentales de son *insertion* dans le groupe social. La question est posée dès qu'il s'agit de son émergence. Mais, intellectuellement, ce n'est là qu'une première étape de la réflexion, car le droit aspire naturellement à établir avec le fait une relation aussi adéquate que possible.

Or cette relation se révèle d'autant plus délicate que, dans l'ordre des phénomènes juridiques, les questions de *preuve* occupent une place centrale. À tel point que le défaut de preuve équivaut souvent à un défaut d'existence.

Il ne faut pas non plus négliger le fait que, dans une société policée, où n'est plus de mise le droit primitif de se faire justice à soi-même, la survenance d'une contestation implique le recours à la justice, les organes juridictionnels étant alors appelés à se prononcer à la suite de *procès* [1].

1. V. P. Godé, La réalisation du droit : un *no man's land*, *RRJ* 1983-3, p. 523 s.

L'étude de la réalisation du droit implique donc l'examen de trois séries de questions :

- L'*insertion* (Titre 1) ;
- La *preuve* (Titre 2) ;
- Le *procès* (Titre 3).

TITRE 1

L'INSERTION

402 ***Le droit en tant que science et en tant qu'art*** ◊ Le droit est-il une science ou un art ? La question est classique. Mais peut-être n'est-il pas nécessaire de la formuler dans les termes d'une alternative, car le droit est probablement à la fois un art et une science. Tout dépend, en réalité, du sens que l'on donne aux mots.

Un *art*, c'est, dans une définition assez courante, un ensemble de procédés techniques inventés et employés par l'homme en vue d'atteindre un résultat qui lui plaît ou lui semble utile. En ce sens, l'on peut considérer que le droit est un art : il comporte un art de l'élaboration des règles (lois, décrets, etc.), ce qui implique d'ordinaire un choix entre plusieurs solutions et entre diverses formulations [1] ; à cela, s'ajoute tout un art de l'application et de l'interprétation des règles par les juges, par les praticiens, si ce n'est même par les usagers du droit.

Ces constatations n'excluent pourtant pas l'appartenance du droit au domaine des *sciences*. Certes, si l'on ne devait reconnaître ce rattachement que face à des phénomènes dont les causes, les manifestations et les répétitions dépendraient du déterminisme classique, on ne pourrait analyser le droit comme une science, compte tenu des caractères du phénomène juridique : irréversible, indéterminé, souvent unique, arbitraire dit-on aussi, etc. Si l'on tient, au contraire, pour une science, un « ensemble de connaissances raisonnées et coordonnées » [2], la réponse

---

1. Sur les tendances de l'art législatif en France, V. J. Carbonnier, *Essais sur les lois*, 2e éd. 1995, p. 267 s. et, du même auteur, *Droit et passion du droit sous la Ve République*, éd. Flammarion, 1996, p. 75 s. – V. aussi sur le rôle du député dans la confection de la loi, Jean Foyer, *Le député dans la société française*, 1991, p. 105 s.

2. J. Carbonnier, *Droit civil, Introduction*, n° 22.

contraire s'impose (v., plus précisément, sur l'originalité du droit, en tant qu'il est une science, *supra*, n°s 191 s.).

Dans cette perspective, le caractère scientifique du droit se manifeste aux trois étapes de la *connaissance* (Chapitre 1), de l'*application* (Chapitre 2) et de l'*interprétation* (Chapitre 3) du droit.

CHAPITRE 1
LA CONNAISSANCE

403 ***Théorie de la connaissance juridique*** ◊ Tant du côté de la doctrine que du côté de la pratique, des réflexions renouvelées se sont développées au sujet de la légitimité de l'action et de la fonction du droit. Les auteurs ont, en ce sens, assigné des tâches précises à la doctrine [1]. Ils ont fait valoir qu'une épistémologie du droit, entendue comme une théorie de sa connaissance « vraie » impliquant une attention principale portée sur l'émergence du phénomène juridique, passait par le recours à des concepts empruntés aux autres sciences sociales [2].

Sans que les démarches aboutissent nécessairement à des conclusions différentes, la réflexion qu'appelle, d'un point de vue plus sociologique, l'observation de l'émergence du droit, de sa genèse dit-on encore, est aussi nécessaire et fructueuse [3]. Elle incite à porter successivement le regard, du côté des auteurs de règles ou de solutions, sur l'*expression* (Section 1) de celles-ci, du côté des destinataires, sur leur *assimilation* (Section 2).

SECTION 1. L'EXPRESSION DU DROIT

404 ***Diversité des situations*** ◊ On envisage ici les processus d'élaboration du droit objectif - règles ou solutions - en tant que celles-ci tendent à ordonner les conduites sociales et à reconnaître ou consacrer les droits subjectifs.

Ce vaste domaine de la science juridique comporte des secteurs variés, selon l'autorité sociale dont émane la règle : il y a une science de la

---

1. P. Durand, La connaissance du phénomène juridique et les tâches de la doctrine moderne du droit privé, *D.* 1956. Chron. 73 s. ; M.-A. Frison-Roche, Principes et intendance dans l'accès au droit et l'accès à la justice, *JCP* 1997 I. 4051.

2. J.-F. Perrin, *Pour une théorie de la connaissance juridique*, Genève, 1979 ; C. Atias, *Science des légistes, savoir des juristes*, PU d'Aix-Marseille, 1991. - V. aussi Agathe Lepage, *Recherche sur la connaissance du fait en droit*, thèse ronéot., 2 vol., Paris XI, 1998 ; J. Déprez, Pratique juridique et pratique sociale dans la genèse et le fonctionnement de la norme juridique, *RRJ* 1997-3, p. 799 s. ; G. Nicolau, Inaccessible droit !, *RRJ* 1998-1, p. 15 s. ; L. Drai et D. Hiez, La réception du droit : le droit des sujets, *RRJ* 2007-1, p. 141 s. - Comp., not., au sujet de la conscience du droit, P. Gast, *Expérience spirituelle et conscience du droit*, thèse ronéot. Paris II, 1991.

3. V., en termes d'expression par l'image, A. Ensminger, Un refrain des rues et des lois : les disques privés de stationnement interdit, *RRJ* 1989-3, p. 639 s. ; Le droit privé en toute privauté : trois illustrations du code civil français, *RRJ* 1994-1, p. 29 s.

législation, consistant à dégager les aspirations et à les faire aboutir à travers des modifications du droit en vigueur [1] ; il y a une science de la jurisprudence, liée à la manière dont les tribunaux contribuent, selon leur rythme, au recul de règles anciennes, à l'apparition de règles nouvelles, à la combinaison des unes et des autres ; il y a peut-être aussi une science de la genèse des règles coutumières, des usages, voire des pratiques [2] Chaque catégorie entretient des relations propres avec les circonstances du temps et du lieu ; l'apparition de la règle n'est pas la même selon qu'il y a évolution ou révolution [3].

Le contenu de la règle dépend des finalités du droit et des choix opérés par l'autorité qui la détermine [4]. Très souvent, la règle revêt la forme d'un commandement, positif (ex. : « Les enfants doivent des aliments à leurs père et mère ou autres ascendants qui sont dans le besoin », C. civ., art. 205) ou négatif (ex. : « On ne peut déroger, par des conventions particulières, aux lois qui intéressent l'ordre public ou les bonnes mœurs », C. civ., art. 6) ; mais il se peut aussi que les normes expriment et décrivent certaines données de caractère indicatif et non impératif. De toute façon, la sociologie de la création de la norme, rejoignant les enseignements du droit comparé, distingue la genèse des règles selon que celles-ci se dégagent de la société régie par elles, qui sécrète alors son propre droit, ou, au contraire, sont empruntées à des droits étrangers et sont introduites à la faveur d'une « réception » d'un droit (ou d'une règle de droit) c'est-à-dire d'une « acculturation juridique » [5].

405 ***Les catégories juridiques*** ◊ L'ordonnancement scientifique des règles de droit varie selon l'ampleur de l'entreprise ; il ne se réalise pas, par exemple, de la même manière selon qu'il s'agit d'un article de loi, d'une loi ou d'un Code,

---

1. R. Houin, *De lege ferenda, Mélanges Roubier*, 1961, t. I, p. 273 s. ; F.T., Légiférer. Les trois unités ?, *Mélanges Jean Foyer*, 1997, p. 171 s. ; v. *in Mélanges F. Terré* (1999) : C. Giverdon, L'outillage juridique (p. 275 s.) ; D. Cohen, La légitimité des montages en droit des sociétés (p. 261 s.) ; D. Bureau, L'influence de la volonté individuelle sur les conflits de lois (p. 285 s.). – Rappr., sur la littérature, *infra*, n° 408. – V. aussi, sur l'expression proprement dite, P.-Y. Gautier, Les nombres sacrés, *Mélanges Cornu*, 1994, p. 163 s. (*infra*, n° 416).

2. J.-L. Sourioux, *Recherches sur le rôle de la formule notariale dans le droit positif*, thèse Paris, éd. 1967 ; Trav. Assoc. H. Capitant, t. XXXIV, Journées suisses, 1983.

3. V. P.-I. André-Vincent, *Les Révolutions et le droit*, 1974.

4. V. *Arch. phil. droit*, t. 25, 1980, La loi ; La philosophie à l'épreuve du phénomène juridique : droit et loi, Ve Colloque de l'Assoc. franç. phil. droit, Centre de phil. droit Aix-Marseille, 1987 ; A. Viandier, *Recherche de légistique comparée*, 1988 ; *La science de la législation*, Trav. du Centre de philosophie du droit de Paris II, 1988 ; J. Lenoble et A. Berton, *Dire la norme, Droit, politique et énonciation*, LGDJ, 1990.

5. J. Carbonnier, *Sociologie juridique*, PUF, éd. Quadrige, 1994, p. 377 ; R. David, *Réflexions sur le Colloque d'Istanbul*, Ann. Fac. droit Istanbul, n° 6, 1956, p. 238 s. ; A. Papachristos, *La réception des droits privés étrangers comme phénomène de sociologie juridique*, thèse Paris II, 1975 ; J. Gaudemet, Les transferts de droit, *Année sociol.* 1976, p. 29 s. ; R. Rodière, Les migrations de systèmes juridiques, *Mélanges Marty*, 1978, p. 947 s. ; v. aussi, sur Boisonnade et la réception du droit français au Japon, *RIDC* 1991, 325 s.

d'une décision judiciaire d'espèce ou d'un arrêt de principe [1]. À s'en tenir aux constantes de l'ordonnancement juridique [2], il convient seulement de constater ici que la systématisation du droit repose sur l'existence de concepts [3], de définitions et de classements, souvent liés à ce qu'on appelle la *nature juridique* d'une institution, d'un contrat, d'un bien. Encore faut-il observer que, sauf exceptions en certains domaines, le nombre des catégories existantes n'est pas limitatif, ce qui permet, le cas échéant, à la volonté individuelle de forger de nouvelles catégories si celles qui existent ne sont pas adéquates [4].

Le droit se réalise à l'aide de *catégories juridiques*, c'est-à-dire de cadres dans lesquels prennent place les éléments de la vie juridique, selon leurs natures et leurs ressemblances ; ces éléments sont en si grand nombre qu'il est indispensable de les ordonner en les groupant à partir de leurs affinités communes. On aura ainsi quelques catégories fondamentales, par exemple les droits, les choses, les actes juridiques, les faits juridiques, chacune de ces catégories essentielles se subdivisant en catégories particulières, lesquelles peuvent comporter de nouvelles divisions. Par exemple, les droits se répartissent en droits extra-patrimoniaux et en droits patrimoniaux ; les droits patrimoniaux se divisent en droits réels et personnels (*supra*, n° 235). Les actes juridiques se divisent en actes unilatéraux et bilatéraux, en actes à titre onéreux et à titre gratuit (*supra*, n°s 221 s.). De son côté, le droit pénal connaît le système des catégories avec la répartition des infractions en crimes, délits et contraventions ; à l'intérieur de ces grands cadres, chaque infraction (par ex. : vol, escroquerie) constitue une catégorie définie par la loi.

Le juriste doit résister à la tentation d'établir un nombre excessif de catégories. Sinon, elles deviendraient inutilisables, alors que la réalisation du droit suppose un échange constant entre le concret et l'abstrait, du concret à l'abstrait, puis de l'abstrait au concret, et ainsi de suite. Inversement, il ne faut pas se contenter de quelques grandes catégories,

---

1. V. T. Tauran, Les distinctions en droit privé, *RRJ* 2002-2, p. 489 s.

2. Sur les catégories en droit administratif, v. D. Truchet, La structure du droit administratif peut-elle demeurer binaire ?, *Clés pour le siècle*, Dalloz, 2000, p. 443 s. ; S. Théron, Les catégories en droit administratif, *RRJ* 2005-4 (2), 2399 s. – V. aussi Th. Tauran, Les distinctions en droit civil, *LPA* 7 avr. 2000, p. 5, *RRJ* 2000-2, 489 s. ; J. Attal-Galy, *Droits de l'homme et catégories d'individus*, thèse Caen, éd. 2003 ; *Différenciation et indifférenciation des personnes dans le Code civil*, dir. P. Bloch, C. Duvert, N. Sauphanor-Brouillaud, éd. Economica, 2006, v. sur *L'opération de catégorisation*, F. Terré, p. 3 s.

3. V. J.-L. Bergel, A la recherche de concepts émergents en droit, *D.* 2012. chron. 1567 s.

4. V. le n° spéc. Revue *Droits*, n° 18-1994 ; X. Henry, *La technique des qualifications contractuelles*, thèse ronéot. Nancy II, 2 vol. 1992 ; Th. Janville, *La qualification juridique des faits*, thèse ronéot. Paris II, 2 vol., 2002 ; S. Asencio, *La requalification*, thèse ronéot. Bordeaux 1998 ; J. Rochfeld, *Cause et type de contrat*, thèse Paris I, éd. 1999 ; Patricia Partyka, *Approche épistémologique de la notion de qualification en droit privé français*, thèse ronéot. Montpellier I, 2004. – Sur des applications éclairantes de la qualification, v. Y. Zein, *Les pools bancaires*, thèse Panthéon-Assas (Paris II), éd. 1998 ; F. Labarthe, Les conflits de qualifications, éléments de réflexion à partir de la distinction entre le contrat d'entreprise et d'autres contrats, *Mélanges Bouloc*, 2006, p. 539 et N. Blanc, *Les contrats du droit d'auteur à l'épreuve de la distinction des contrats nommés et innomés*, thèse Paris II, éd. 2010. – Rappr., E. Silva-Romero, *Wittgenstein et la philosophie du droit*, thèse Panthéon-Assas (Paris II), éd. 2002.

sinon on est conduit à faire entrer dans une même catégorie des éléments trop différents. Ainsi on ne peut se contenter de la division des droits patrimoniaux en droits réels et en droits personnels ; les droits des auteurs et artistes sur leurs œuvres ne peuvent entièrement entrer dans aucune de ces deux catégories ; il a fallu imaginer la catégorie des droits intellectuels.

406 ***La qualification*** ◊ Bien que le mot désigne à la fois une opération de l'esprit et le résultat qu'elle permet d'atteindre (qualification d'immeuble, qualification de vente...), c'est dans le premier qu'on l'envisage ici : c'est la détermination de la nature d'un bien ou d'un rapport de droit à l'effet de le classer dans l'une des catégories juridiques existantes. Détermination ? Le mot est équivoque, mais propre à stimuler la réflexion en ce que la nature juridique de l'objet préexiste alors à l'analyse qui porte sur lui. La question n'est pas neutre. De toute façon, on retrouve là une énigme inhérente au droit dans son rapport au fait. Toujours est-il que la qualification opère en quelque sorte un classement, ce qui, dans un système consensualiste, disons même volontariste, conduit à s'interroger sur les rôles du législateur, du juge et des particuliers au cours d'une opération de qualification.

Les réponses varient nécessairement selon que la règle de droit préexistante et dont une catégorie sert de support est impérative, supplétive, interprétative... selon que le juge dispose d'un pouvoir plus ou moins large de requalification ; selon le pouvoir des volontés individuelles dans le jeu des catégories et la place reconnue à ce que disent les particuliers par rapport à ce qu'ils font, car le choix d'un moule juridique n'est pas, par hypothèse, indifférent [1].

À la charnière du fait et du droit, la qualification est un mode de réalisation méthodique de celui-ci. Mode de logique appliquée, autant que manifestation d'épistémologie juridique, la qualification est à la fois instrument de la science du droit et technique d'application de celui-ci [2]. Ainsi s'établit, par l'intermédiaire des catégories juridiques, une relation d'ordre logique entre la détermination de ce qu'on appelle la *nature juridique* (d'un bien, d'un acte...) et le *régime juridique* qui en découle. Il faut pourtant observer que la réalité des choses de la vie juridique est souvent plus complexe. Il arrive tout d'abord que la visée d'un objectif, caractérisé par l'application d'un certain régime, implique le recours à telle ou telle catégorie juridique, que les volontés individuelles ne peuvent alors éluder [3], ce qui peut d'ailleurs conduire le juge à *requalifier* les données qui lui sont soumises, ce que font les particuliers prévalant sur ce qu'ils disent. En

1. V. F. Terré, Retour sur la qualification, *Mélanges Buffet*, 2004, p. 419 s. ; G. Vautrot-Schwarz, *La qualification juridique en droit administratif*, éd. 2009.
2. V. P. Partyka, thèse préc., p. 47 s.
3. Rappr. R. Perrot, *De l'influence de la technique sur le but des institutions juridiques*, thèse Paris, éd. 1953.

outre, il n'est pas rare que telle donnée concrète, établie dans un cas et pouvant alors servir de support à une détermination de la nature juridique, soit problématique dans un autre cas et dépende alors d'une détermination de la nature juridique. Tour à tour peut opérer un jeu de miroirs entre nature juridique et régime juridique. Intellectuellement, les deux plans demeurent cependant distincts dans la réalisation du droit [1].

407 ***L'innommé*** [2] ◊ Nommé et catégorie semblent aller de pair, comme par l'effet d'une désignation fidèle, disons même d'une coïncidence. Pourtant, il y a dans la notion de catégorie une idée de délimitation laissant dans l'embarras le juriste lorsque la chose, l'acte ou la situation qu'il envisage est rebelle aux catégories existantes. La difficulté dépend, il est vrai, dans un premier temps de la réflexion de l'origine des catégories existantes et de la portée qui leur est accordée en droit positif.

L'observation a depuis longtemps été faite en matière contractuelle, surtout au temps du formalisme romain tant qu'il ne fît porter effet qu'aux contrats correspondant à certaines définitions précises, de sorte qu'en dehors de celles-ci - *nommées* - les contrats dits innommés ne pouvaient produire effet. En d'autres termes, hors des contrats admis, catégorisés, le reste était rejeté. Mais l'évolution qui marqua progressivement la revanche puis la reconnaissance du consensualisme parut, dans un premier temps du moins, avoir eu raison des contrats innommés. La suite montra pourtant que cette catégorie demeurait utile face au droit des contrats et aux aménagements plus ou moins originaux, plus ou moins corrects, voire licites, de l'activité contractuelle [3].

De manière plus générale, l'innommé est inhérent à l'interrogation fréquemment posée sur la double portée possible des catégories existantes, en droit des contrats certes, mais aussi en droit des biens ou encore dans la perception des personnes ou des situations juridiques. Faut-il en déduire que seules les catégories prévues sont admises, auquel cas le reste bascule dans l'illicite ? Faut-il au contraire lui faire produire des effets mais différents de ceux attachés aux catégories nommées ? Et, dans cette seconde direction, l'ensemble ainsi découvert relève-t-il d'une vision générale échappant à une catégorisation ? L'on constate habituellement que la puissance créatrice des volontés particulières est variable selon les domaines dans lesquels s'exerce son pouvoir, ce qui porte à admettre qu'il y a plusieurs demeures dans la maison de l'innommé [4].

---

1. Rappr. cep. J.-L. Bergel, Différence de nature (égale) différence de régime, *RTD civ.* 1984, 255 s.

2. V. not. J.-P. Baud, *Contrats nommés et contrats innomés en droit savant*, Studia Gratiana, XIX, 1976, p. 31 s. ; D. Grillet-Ponton, *Essai sur le contrat innomé*, thèse ronéot. Lyon III, 1982, et Nouveau regard sur la vivacité de l'innomé en matière contractuelle, *D.* 2000, chron. 331 s. ; N. Blanc, thèse préc.

3. V. *Les obligations*, par F. Terré, Ph. Simler et Y. Lequette, n° 61.

4. M. Painchaux, La qualification *sui generis* : l'inqualifiable peut-il devenir catégorie ? *RRJ* 2004-3, p. 1567 s.

Les catégories juridiques permettent l'appréhension par le droit des situations de fait les plus diverses. Mais à elles seules, elles ne suffisent pas. Un droit relevant de la civilisation de l'écriture - serait-il qualifié de coutumier - repose sur des *textes* (§ 1), dont la compréhension et l'application satisfaisantes nécessitent la prise en considération du *contexte* (§ 2).

§ 1. **Le texte**

408 ***Droit et langage*** ◊ L'importance, dans le droit, de *discours* soumis aux prescriptions d'un langage - que ce soit celui du législateur, du juge, du praticien ou du membre de la doctrine... - se manifeste de multiples manières : il sert à exprimer la règle, il réagit sur la règle ; et, dans ces deux aspects, il remplit, en matière juridique, des fonctions qui retiennent, plus que par le passé, l'attention, que ce soit en linguistique (*supra*, n° 41), en philosophie ou en théorie générale du droit [1].

Au sujet des rapports entre droit et langage, il convient, au demeurant, de distinguer deux approches bien différentes : droit du langage et langage du droit.

A. **Droit du langage**

409 ***Une valeur constitutionnelle*** ◊ La langue française intéresse tout naturellement le droit, car l'unité et la cohésion nationales passent, dans notre tradition, par la reconnaissance de la langue française et de son rôle, dans toutes ses composantes : orthographe, syntaxe, grammaire, etc. Très opportunément, lors de la réforme constitutionnelle opérée par la loi n° 92-554 du 25 juin 1992, il a été inséré, après le premier alinéa de l'article 2 de la Constitution de 1958, un nouvel alinéa ainsi rédigé : « La langue de la République est le français ». En outre, il est précisé dans de nouveaux articles de la Constitution dus à la loi du 23 juillet 2008, que « les langues régionales appartiennent au patrimoine de la France (art. 75-1), tandis que, vers l'extérieur, au Titre XIV relatif à la francophonie et aux accords d'association, il est indiqué que « La République participe

1. *Arch. phil. droit*, t. XIX, 1974, *Le langage du droit* ; *Théorie des actes de langage, Éthique et droit*, Études sous la direction de P. Amselek, PUF, 1986 ; R. Sacco, *Langue et droit*, rapp. italien XVe Congrès int. droit comparé, Bristol 1998, éd. Giuffre ; Morale et langue française, dir. G. Antoine, *Cah. sc. morales*, PUF, 2004. - D'un point de vue comparatiste, on observe bien « l'interaction entre l'état de fait d'une société ou d'une communauté et la langue qu'elle utilise dans toutes formes de discours » (A. Levasseur, La guerre de Troie a toujours lieu... en Louisiane, *Mélanges Cornu* 1994, p. 273 s. ; v. aussi, R.K. Ward, Le décès de la langue française dans le droit louisianais, *RTD civ.* 1998, 633 s.). - Sur les thèmes juridiques de la littérature, v. R.A. Posner, *Droit et littérature*, trad. franç., PUF, coll. Droit, Éthique, Société, 1996 ; v. aussi P. Malaurie, *Droit et littérature*, Anthologie, 1997 ; Marie-Anne Frison-Roche, L'injustice racontée aux enfants. De la littérature au droit, *Mélanges F. Terré*, 1999, p. 199 s. ; J. Maury, Le droit patrimonial de la famille dans le roman français du xixe siècle, *Mélanges M. Cabrillac*, 1999, p. 785 s. ; A.-M. Leroyer, Langage du droit et terminologie juridique, *in Regards sur le droit*, éd. Dalloz, 2010, p. 27 s.

au développement de la solidarité et de la coopération entre les États et les peuples ayant le français en partage » (art. 87).

Cette affirmation n'est pas sans relation avec des exigences relevant du droit de la *nationalité* en termes d'assimilation des étrangers, même si ce n'est évidemment pas le seul élément de celle-ci. Toujours est-il que « nul ne peut être naturalisé s'il ne justifie de son assimilation à la communauté française, notamment par une connaissance suffisante, selon sa condition, de la langue française... » (C. civ., art. 21-24) [1]. Cette connaissance est appréciée par les autorités administratives en tenant compte d'un niveau normal de compréhension et de maîtrise de cette langue [2].

Il est naturel, inévitable même, que la formation du langage résulte des usages et soit de création purement coutumière. Notre langue n'est pas codifiée : « la seule règle qui la gouverne est celle du bon usage » [3]. À vrai dire les Lettres Patentes de 1635 pour l'établissement de l'Académie française disposaient : « La principale fonction de l'Académie sera de travailler avec tout le soin et toute la diligence possibles à donner des règles certaines à notre langue et à la rendre pure, éloquente et capable de traiter les arts et les sciences » (art. XXIV). De cela ne résulte pas une véritable autorité normatrice, si prestigieux que puisse être le *Dictionnaire de l'Académie française*.

410 ***Du bon usage. Langue officielle et langue ordinaire*** ◊ Un dictionnaire ne vaut pas code. Même officiel et doté d'une autorité particulière, il n'est pas obligatoire. Vouloir rendre obligatoire l'usage d'un langage déterminé, c'est se heurter à la liberté de communication et d'expression proclamée à l'article 11 de la Déclaration des droits de l'homme et du citoyen. C'est pourquoi, lorsque fut soumis à son contrôle le texte destiné à devenir la loi du 4 août 1994 (loi *Toubon*) qui reprenait pourtant à ce sujet les termes d'une loi antérieure du 31 décembre 1975, le Conseil constitutionnel l'a amputé largement [4]. Il a en effet considéré que l'État pouvait s'obliger à utiliser certains termes, mais ne pouvait, sans méconnaître l'article 11 de la Déclaration de 1789, imposer l'usage de ces termes aux personnes privées ni aux organismes de radiodiffusion et de télévision.

Dans le cadre ainsi délimité, il est normal que le législateur prescrive aux personnes morales de droit public comme aux personnes - physiques ou morales - de droit privé dans l'exercice d'une mission de service public, l'emploi d'une *terminologie officielle*. C'est pourquoi les contrats auxquels ces personnes sont parties « ne peuvent contenir ni expression ni terme

1. Toutefois, cette condition « ne s'applique pas aux réfugiés politiques et apatrides résidant régulièrement et habituellement en France depuis quinze années au moins et âgés de plus de soixante-dix ans » (C.civ., art. 21-24-1).

2. CE 23 sept. 1988, *Rec.* 313, *JCP* 1988, IV, 360.

3. P. Malaurie, Le droit français et la diversité des langues, *JDI* 1965. 569 ; R. Rouquette, *Le régime juridique des langues en France*, thèse Paris X, 1987.

4. Cons. const. 29 juill. 1994, *JO* 2 août 1994, p. 11241. - Rappr. F.-X. Testu, Le statut juridique de la langue française, *Mélanges Cornu*, 1994, p. 441 s.

étrangers lorsqu'il existe une expression ou un terme français de même sens approuvés dans les conditions prévues par les dispositions réglementaires relatives à l'enrichissement de la langue française... ». Toutefois pareille obligation ne saurait être imposée, sous peine de sanctions, « aux organismes et services de radiodiffusion sonore et visuelle, qu'ils soient publics ou privés » (L. 4 août 1994, art. 5).

411 ***L'usage de la langue française*** ◊ Indépendamment des normes pouvant rendre obligatoire l'emploi de certains termes de langue française qui constituent la terminologie officielle (v. le n° précédent), l'usage de la langue peut appeler des interventions législatives. Reste que, de tous les comportements sociaux (*supra*, n° 33), la langue est, quant à sa *structure* et à son *contenu*, un des plus rebelles à l'emprise du droit. La langue dépend de l'usage - bien plus encore que de la coutume (rappr. *supra*, n° 389) -, du bon usage, indissociable de l'écoulement du temps et peu sensible à la pression réglementaire [1]. Cela n'exclut pourtant pas l'opportunité de certaines interventions législatives, qu'il s'agisse de langues mortes ou de langues vivantes [2].

Dans le passé, l'ordonnance de Villers-Cotterets « sur le fait de la justice » a, en 1539, refoulé le latin en imposant dans les documents de procédure et les arrêts l'emploi de la langue française. Pareille contrainte, au profit si l'on peut dire de cette langue, se situait encore dans un cadre voisin de celui qui a été retenu au sujet de la langue officielle (v. le n° précédent). Mais il s'inscrivait dans une perspective plus générale. Une orientation semblable, mais favorable au latin, fut même envisagée lorsque, par un décret du 6 messidor an XIII, Bonaparte institua une commission chargée de traduire le Code civil en latin. Cela aurait ultérieurement été opportun au XXe siècle dans le cadre de la construction européenne. Le sort en a décidé autrement. Ailleurs une résurrection de l'hébreu a accompagné la naissance de l'État d'Israël.

À notre époque, c'est par rapport à l'usage de *lois étrangères* que le législateur français est intervenu en vue de rendre son usage obligatoire dans certains domaines, d'abord par la loi du 31 décembre 1975, puis par la loi du 4 août 1994 [3]. C'est ce qu'on va voir.

---

1. En 1990 les rectifications de l'orthographe ont fait l'objet d'un rapport du Conseil Supérieur de la langue française (*JO* Doc. adm. 6 déc. 1990), qui a suscité de vives réactions. Les pouvoirs publics, critiqués notamment du côté de l'Académie française, n'ont pas manqué alors de préciser qu'il n'était pas question « de réglementer dans ce domaine... qu'en matière d'orthographe, il n'a jamais existé de réglementation » et que « les dictionnaires constituent la référence pour les enseignants et (que) leur évolution est déterminante en la matière » (*JO* Sénat, rép. min. 4 avril 1991, p. 713). C'est à l'épreuve de l'usage que peuvent être pris en compte le sens de l'évolution, avec ses innovations et ses désuétudes.

2. Sur la persistance significative des mots latins dans les textes de droit, v. G. Cornu, *Hortus deliciarum*, Au jardin des lettres latines du langage du droit, *Mélanges Jean Foyer*, 1997, p. 53 s., rééd. *in L'art du droit en quête de sagesse*, 1998, p. 305 s. ; Jean Foyer, Droit et latin, art. préc.

3. D. Latournerie, *Le droit de la langue française*, *EDCE* n° 36, 1984-1985, p. 89 s. ; Delaporte, La loi relative à l'emploi de la langue française, *Rev. crit. DIP* 1976, 447 s. ; Y. Claisse, Le droit et la langue française, *LPA*, 22 avr. 1994, n° 48, p. 19 s. ; J.-M. Pontier, La nouvelle loi sur la langue

412 ***L'usage obligatoire*** ◊ Complétée par un décret du 3 mars 1995 et diverses circulaires (19 mars 1995, 20 sept. 2001), la loi de 1994 dispose que, « langue de la République en vertu de la Constitution, la langue française est un élément fondamental de la personnalité et du patrimoine de la France » (art. 1er, al. 1er). Elle est « la langue de l'enseignement, du travail, des échanges et des services publics » (art. 1er, al. 2). Son emploi est notamment obligatoire « dans la désignation, l'offre, la présentation, le mode d'emploi ou d'utilisation, la description de l'étendue et des conditions de garantie d'un bien, d'un produit ou d'un service, ainsi que dans les factures et quittances... » (art. 2, al. 1er). Il en va de même : de « toute inscription ou annonce apposée ou faite sur la voie publique, dans un lieu ouvert au public ou dans un moyen de transport en commun et destinée à l'information du public... » (art. 3, al. 1er) ; des « contrats auxquels une personne morale de droit public ou une personne privée exécutant une mission de service public sont parties... » (art. 5, al. 1er) ; du contrat de travail constaté par écrit (C. trav., art. L. 1221-3), du règlement intérieur d'une entreprise (C. trav., art. L. 1321-6) [1], des conventions et accords collectifs de travail et des conventions d'entreprise (C. trav., art. L. 2231-4).

L'emploi du français est aussi obligatoire « dans l'ensemble des émissions et des messages publicitaires des organismes et services de radio ou de télévision, quel que soit leur mode de diffusion ou de distribution, à l'exception des œuvres cinématographiques et audiovisuelles en version originale » (L. 30 sept. 1986, relative à la liberté de communication, art. 20-1, al. 1er, réd. L. 4 juill. 2004) [2].

413 ***Langue française et libre circulation des marchandises*** ◊ Il a bien fallu constater que la loi *Toubon* entravait la libre circulation des marchandises [3]. Son application a, dans un ordre d'idées voisin, suscité des difficultés inévitables au sujet de documents de présentation d'émission de titres négociables à la Bourse de Paris. Alors que la Commission des opérations de bourse avait, en 1998, accepté que les documents soient rédigés dans une « langue usuelle en matière financière », à condition qu'en soit fourni un résumé en français, le Conseil d'État a condamné cette interprétation effectivement contraire à la loi Toubon [4]. Cette conséquence d'une loi

---

française, *ALD* 1994, 195 ; J.-C. Amboise, *L'utilisation de la langue française en France face aux langues étrangères, Les garanties juridiques*, thèse ronéot. Paris V, 2 vol., 1996 ; N. Rouland, Les politiques juridiques de la France dans le domaine linguistique, *RFD const.* 1998, 517 s. ; N. Molfessis, La langue et le droit, Rapp. franç. *in Langue et droit*, éd. Bruylant, 2000, 177.

1. V. S. Béal et M.-N Rouspide, Rédaction en français des documents nécessaires à l'exécution du travail, *JCP* E 2006, 1837 ; Un plan d'options de souscription d'actions peut-il être rédigé en anglais ?, Soc. 16 mai 2007, *JCP* E 2007, 2291.
2. V. J.-M. et P. Mousseron, La langue du contrat, *Mélanges M. Cabrillac*, 1999, p. 219 s.
3. TGI Paris, 8 juin 1998, *D. aff.* 1999, 471.
4. CE 20 déc. 2000, *Géniteau*, *D. aff.* 2001, 383, obs. A. Lienhard, *D.* 2001. 1713, note A. Raynouard, *RTD civ.* 2001, 234, obs. N. Molfessis, *Banque et droit*, janv.-févr. 2001, 28, obs. H. de Vauplanne et J.-J. Daigre.

malencontreuse a suscité une nouvelle intervention législative : « Sans préjudice des autres dispositions qui leur sont applicables, les personnes ou entités qui procèdent à une opération par appel public à l'épargne doivent, au préalable, publier et tenir à la disposition de toute personne intéressée un document destiné à l'information du public, portant sur le contenu et les modalités de l'opération qui en fait l'objet, ainsi que sur l'organisation, la situation financière et l'évolution de l'activité de l'émetteur et des garants éventuels des instruments financiers qui font l'objet de l'opération, dans des conditions prévues par le règlement général de l'Autorité des marchés financiers. Ce document est rédigé en français ou, dans les cas définis par le même règlement général, dans une autre langue usuelle en matière financière. Il comprend un résumé et doit être accompagné, le cas échéant, d'une traduction du résumé en français » (C. mon. fin., art. L. 412-1, al. 1er, réd. L. 11 déc. 2001, L. 1er août 2003, L. 26 juill. 2005).

L'ironie de la construction européenne confrontée à la vanité de la loi Toubon [1] a entraîné l'inévitable refoulement de celle-ci en matière d'étiquetage. La Cour de justice des Communautés européennes a considéré en 2000, dans l'affaire *Geffroy/Casino*, que le Code (français) de la consommation enfreignait le principe communautaire de la libre circulation des marchandises (directive n° 79/112, 18 déc. 1978), l'étiquetage devant être « facilement compréhensible » sans que soit pour autant prescrite l'utilisation d'une loi particulière [2].

Le cocorico linguistique n'en a pas moins persévéré, dans le sens d'une meilleure application de la loi *Toubon* et d'une attention portée à « un certain nombre de secteurs sensibles, comme ceux de l'Internet et de la communication électronique, de l'apparence de nos rues à travers la multiplication des enseignes, ou du monde de l'entreprise en général » [3].

414 ***Langues régionales ou minoritaires*** ◊ L'usage de la langue française ne se pose pas seulement par rapport aux langues étrangères, mais aussi par rapport aux langues régionales ou minoritaires. Ayant à se prononcer sur la conformité à notre Constitution – suivant laquelle « la langue de la République est le français » (art. 2) – de la Charte européenne des langues régionales ou minoritaires, le Conseil constitutionnel a décidé que cette

1. V. obs. R. Libchaber, *RTD civ.* 2001. 709 s.
2. CJCE, Ass. plén., 12 sept. 2000, aff. C-366/98, *Rec.* I, 6579, *D.* 2001, 1458, note J.-M. Pontier, *CCC* 2001, chron. 10, par L. Bernardeau, *RTD civ.* 2001, 238, obs. N. Molfessis ; v. aussi H. Claret, La loi Toubon du 4 août 1994 est-elle conforme au droit communautaire ?, *CCC* 2001, chron. 5. La France a obéi (décr. 1er août 2002) ; v. M. Moreau et E. Voisset, Étiquetage des denrées alimentaires : l'assiette ne sera pas qu'anglaise, *LPA*, 14 févr. 2003, p. 6 ; v. Instr. 21 févr. 2005, *BOCCRF* 26 avr. 2005, p. 315, *JCP* E 2005, 781. – *Adde* : Cons. const. 28 sept. 2006 : *JO* 3 oct. 2006, p. 14635, *D.* 2007. 120, note M. Verpeaux.
3. V., Proposition de loi n° 29, sur l'emploi de la langue française, adoptée en première lecture par le Sénat (*JO* déb. 10 nov. 2005, p. 6991, rapp. J. Legendre, *D.* 2005. 2984), prévoyant, pour améliorer l'information du consommateur sur la nature des biens, produits ou services proposés, que « les termes étrangers utilisés dans la formulation d'une enseigne doivent être accompagnés d'une traduction ou d'une explicitation en français ».

Charte, en ce qu'elle confère « des droits spécifiques à des “groupes” de locuteurs de langues régionales ou minoritaires, à l'intérieur de “territoires” dans lesquels ces langues sont pratiquées, porte atteinte aux principes constitutionnels d'indivisibilité de la République, d'égalité devant la loi et d'unicité du peuple français » ; le Conseil constitutionnel a aussi décidé que les dispositions concernées étaient contraires à l'article 2 de la Constitution « en ce qu'elles tendent à reconnaître un droit à pratiquer une langue autre que le français non seulement dans la “vie privée” mais également dans la “vie publique”, à laquelle la Charte rattache la justice et les autorités administratives et services publics » [1].

L'on observe que la primauté de la langue française est concurrencée aussi de l'intérieur, comme par implosion. Ainsi l'article 21 de la loi du 4 août 1994 réserve l'application de la législation et de la réglementation aux *langues régionales* de France, ce qui confirme, s'il en était besoin, la tolérance ou la reconnaissance renouvelée de celles-ci [2], sur le terrain de la contrainte lorsque l'on contredit des règles obligatoires. Ainsi l'article 34 de la loi du 13 décembre 2000 d'orientation pour l'outre-mer dispose notamment que « les langues régionales en usage dans les départements d'outre-mer font partie du patrimoine linguistique de la Nation. Elles bénéficient du renforcement des politiques en faveur des langues régionales afin d'en faciliter l'usage » [3]. Surtout, ainsi que cela a été indiqué (*supra*, n° 409), la loi constitutionnelle du 23 juillet 2008 a ajouté à la Constitution un article 75-1 aux termes duquel « les langues régionales appartiennent au patrimoine de la France ».

415 ***La défense de la langue française. Terminologie et néologie*** ◊ Cette défense, rendue nécessaire par un recul de la langue française dans le monde, relève évidemment de multiples actions, principalement en matière d'action culturelle. Mais l'interventionnisme étatique s'est aussi exprimé en termes de défense de la langue elle-même. Ainsi un décret du 2 juin 1989 (modifié) a institué un Conseil supérieur de la langue française ayant pour mission d'étudier « les questions relatives à l'usage, à l'aménagement, à la promotion et à la diffusion de la langue française » (art. 2, al. 1er). Cet organisme « fait des propositions, recommande des formes d'action et donne son avis... ». Du décret de 1989 est aussi résultée l'institution d'une « délégation à la langue française ».

Dans la même ligne, un décret du 3 juillet 1996 relatif à l'enrichissement de la langue française a institué une *commission générale* et des *commissions*

---

1. Cons. const. 15 juin 1999, *D.* 1999, 598, note J.-M. Laralde, *JCP* 1999, II, 10198, note R. Debbasch, *RTD* civ. 2001, 236, obs. N. Molfessis.

2. L'enseignement de la langue corse à l'école n'est conforme à la Constitution que s'il présente « tant dans son principe que dans ses modalités de mise en œuvre, un caractère facultatif » (Cons. const. 17 janv. 2002, *JO* 23 janv. 2002, *D.* 2003, 1124. - V. art. L. 4424-5, al. 2, CGCT, réd. L. 22 janv. 2002).

3. V. R. Debbasch, La République indivisible, la langue française et la nation, *RRJ* 2000-1, 113 s. ; G. Lebreton, Langue française et accès au droit, *RRJ* 2003-3, p. 1655 s., spéc. p. 1661, au sujet de la langue bretonne.

spécialisées de terminologie et de néologie « en vue de favoriser l'enrichissement de la langue française, de développer son utilisation, notamment dans la vie économique, les travaux scientifiques et les activités techniques et juridiques, d'améliorer sa diffusion en proposant des termes et expressions nouveaux pouvant servir de référence, de contribuer au rayonnement de la francophonie et de promouvoir le plurilinguisme » (art. 1er, al. 1) [1]. La commission générale « soumet les termes, expressions et définitions qu'elle retient à l'Académie française » (art. 9, al. 1) ; et ils ne peuvent être publiés au *Journal officiel* qu'avec l'accord de celle-ci (art. 9, al. 3).

« Les termes et expressions publiés au *Journal officiel* sont obligatoirement utilisés à la place des termes et expressions équivalents en langues étrangères : 1° Dans les décrets, arrêtés, circulaires, instructions et directives des ministres, dans les correspondances et documents, de quelque nature qu'ils soient, qui émanent des services et des établissements publics de l'État ; 2° Dans les cas prévus aux articles 5 et 14 de la loi du 4 août 1994 susvisée relative à l'emploi de la langue française » (art. 11, al. 1er ; sur la langue officielle, v. *supra*, n° 410).

L'expérience révèle l'importance des travaux accomplis, spécialement par rapport à l'admission de néologismes inspirés de l'adaptation de termes d'origine anglo-américaine (ex. : *mail*, courriel), ce qui suscite des discussions lorsque l'on se demande si les besoins de la pratique, avant toute intervention législative, appellent, d'ores et déjà, un enrichissement de la terminologie. L'amélioration de celle-ci porte aussi à abandonner des vocables juridiques dont la vétusté nuit à la compréhension du droit dans la vie courante, ce qui ne va pas, il est vrai, sans troubler certains spécialistes qui n'aiment pas être dérangés dans leurs habitudes. Ainsi en est-il des dispositions relatives à la suppression d'expressions désuètes et remplaçables contenues dans la loi du 12 mai 2009 de simplification et de clarification du droit [2]. Encore convient-il de préserver la précision nécessaire à l'expression du juridique, en d'autres termes, par un glissement insensible, la langue du droit.

B. Langage du droit

416 ***Généralités*** ◊ Traditionnellement, on reproche à la langue du droit d'être obscure, désuète, archaïque. La satire de la justice et des robins a alimenté ce courant critique.

---

1. Une circulaire du Premier Ministre, en date du 14 février 2003 (*JO* 21 mars 2003) a explicité l'action menée pour l'emploi de la langue française : assurer la primauté de la langue française sur le territoire national, affirmer la place du français sur la scène internationale. – Au sujet de la féminisation des titres, la circulaire du 8 mars 1998 (obs. N. Molfessis, *RTD civ.* 1998.792) relevait d'une légalité des plus douteuses, mais le Conseil d'État l'a avalisée « faute d'ambiguïté quant à la personne et aux emplois concernés » (CE 9 juin 2000, *JCP* 2000. Act. 1228, *RTD civ.* 2001. 234, obs. N. Molfessis).

2. V. not. M. Lamarche, Loi de simplification et de clarification du droit : le surréalisme législatif, *Dr. fam.* 2009, Focus, 46.

L'on comprend aisément que des efforts aient été déployés pour lutter contre le mal ainsi dénoncé [1]. La loi des 16-24 avril 1790 dispose, en ce sens : « Les lois civiles seront revues et réformées par les législateurs et il sera fait un code général des lois simples, claires et appropriées à la Constitution ».

C'est surtout depuis une vingtaine d'années « qu'a été rouvert le procès du langage juridique auquel on reproche, comme autrefois, son archaïsme, sa technicité, sa lourdeur et son obscurité » [2]. Des souhaits ont été exprimés en haut lieu. En 1973, une « commission de modernisation du langage judiciaire » a été instituée auprès de la Chancellerie. Plusieurs circulaires sont résultées de ses travaux, spécialement une circulaire du 15 septembre 1977 relative à la modernisation du vocabulaire judiciaire [3]. Force est de constater que si, souvent, les résultats atteints n'ont pas répondu à toutes les espérances, ce n'est pas seulement du fait de la résistance du milieu juridique, mais aussi parce que la matière du droit impose un certain recul par rapport au langage profane, faute de quoi l'expression du juridique en termes élémentaires est de nature à le corrompre et à nuire à sa prévisibilité, donc à la sécurité juridique. En tout cas, mieux vaut ne pas comprendre – comme en tant d'autres secteurs de la vie – et par conséquent se renseigner, que croire que l'on comprend et se tromper [4]. – Sur la langue du procès, v. *infra*, n° 775.

Prolongeant et approfondissant ces investigations, une réflexion sur le langage du droit et sur les mots qu'il utilise est aujourd'hui le signe d'une modernisation de la démarche qui s'est déjà manifestée au sujet des mots de la loi : suivant les branches du droit, d'un texte renvoyant à un autre ou encore, quant à l'objectif de simplification du langage législatif, ses vertus et ses vices [5].

§ 2. **Le contexte**

417 ***Diversité*** ◊ Le contexte varie selon les sources et les autorités. Point n'est besoin d'insister à ce sujet sur le contexte de la règle coutumière, en tant qu'il s'agit d'une règle tôt ou tard rédigée [6].

---

1. L. Fougère, La modernisation du langage juridique, *EDCE* n° 36, 1984-1985, p. 121 s.
2. L. Fougère, *op.* et *loc. cit.* – V. aussi, J.-L. Sourioux et P. Lerat, Le français juridique comme langue spécialisée, in *Français juridique et science du droit*, éd. Bruylant, 1995, p. 327 s.
3. V. Mimin, *Le style des jugements*, 1962 ; Schrœder, *Le nouveau style judiciaire*, 1978.
4. V. *Le langage du droit*, Études publiées par L. Ingber, avec la collaboration de P. Vassart, Travaux du Centre national de recherches de logique, Bruxelles, 1991, not. Ph. Jestaz, *Le langage et la force contraignante du droit*, p. 70 s. ; R. Sacco, *Langue et droit*, rapp. italien, XVe Congrès int. droit comparé, Bristol 1998, éd. Giuffre ; v. aussi J. Bécane et M. Couderc, *La loi*, 1994, p. 189 s. ; S. Balian, Néologismes législatifs pour la forme, *Mélanges Cornu*, 1994, p. 1 s., et circ. Premier ministre, 2 janv. 1993 (*JO* 7 janv. 1993) ; G. Rouhette, *Le style de la loi : normes narratives et normes contraignantes*, Acad. intern. dr. comp. Athènes 1994, éd. Sakkoulas-Kluwer, 1996, p. 37 s. ; G. Lebreton, Langue française et accès au droit, *RRJ* 2003-3, p. 1655 s.
5. V. *Les mots de la loi*, éd. Economica, 1999 ; N. Molfessis, Les titres de la loi, *Mélanges Catala*, 2001, p. 47 s. – V. aussi, en termes de nombres ou de chiffres, P.-Y. Gautier, Les nombres sacrés, *Mélanges Cornu*, 1994, p. 163 s. ; F. Defferrard, Le droit et ses doubles, *D.* 2001, chron. 1409 s. – *Adde*, J.-L. Sourioux, Pour l'apprentissage du langage du droit, *RTD civ.* 1999, 343 s.
6. V. P. Albertini, La crise de la loi, Déclin ou mutation ? éd. Lexis Nexis, 2015.

Il convient, au contraire, de consacrer des développements au droit écrit et au droit jurisprudentiel [1].

A. Quant au droit écrit

418 ***Distinction*** ◇ La signification de la règle de droit écrit est liée à son contexte législatif ou réglementaire [2]. Il convient aussi de tenir compte de l'incidence d'une éventuelle codification.

419 ***1° Législation et réglementation. Les origines*** ◇ Par rapport aux conceptions héritées de la Révolution française, la signification de la législation a très sensiblement évolué, surtout depuis une cinquantaine d'années [3].

Dans la conception initiale, inspirée par Jean-Jacques Rousseau, *la loi est l'expression de la volonté générale*. Peut-être n'est-ce là qu'un mythe parmi d'autres – loi révélée, volonté des ancêtres, législateur étranger [4]... –, mais la croyance qui s'y est attachée est, de toute façon, restée longtemps assez forte. Or un double recul s'est manifesté à notre époque, affectant à la fois la généralité et la volonté.

Parce qu'elle est censée exprimer la volonté *générale*, celle de la nation tout entière représentée par l'ensemble de ses députés, sans considération de classe, de caste, de groupe de pression, la loi, à l'aube de la France contemporaine, « est la règle de droit, elle n'est pas l'instrument d'une politique » [5]. Cette conception juridique, entraînant une délimitation restrictive du domaine de la législation, a été largement abandonnée à partir de la fin du XIXᵉ siècle, à mesure que le pouvoir de gouverner les hommes par les lois s'est affirmé de manière grandissante et que la loi est devenue l'expression moins de la volonté générale que de *la volonté du législateur* et, derrière celui-ci, des techniciens, qu'il s'agisse de bureaucrates ou d'experts.

À ce recul de la généralité, s'est ajouté un recul du volontarisme car, sous l'influence d'un double courant, le « législateur juridique » a cessé de pouvoir exprimer aussi facilement que par le passé une *volonté* générale [6].

---

1. Rappr. P. Hébraud, De la corrélation entre la loi applicable à un litige et le juge compétent pour en connaître, *in Mélanges Segni*, 1967, p. 607 s. ; M.-L. Niboyet, La distinction de la procédure et de la substance devant la Cour européenne des droits de l'homme, *in Mélanges Malaurie*, 2005, p. 341 s. ; E. Jeuland, Autour de la forme et du fond, *in Mélanges Wiederkehr*, 2009, p. 443 s.

2. V., en philosophie du droit, La loi, *Arch. phil. droit*, 1980, t. 25. – Sur la sociologie législative, v. J. Carbonnier, *Sociologie juridique*, p. 392 s. ; v. aussi, sur la sociologie de la création de la norme, les rapports de J. Commaille et de M.-P. Marmier-Champenois (*L'exemple des changements législatifs intervenus en droit de la famille*), ainsi que de A.-J. Arnaud (*L'avant-dire droit législatif*) présentés lors du deuxième colloque de sociologie juridique franco-soviétique, 1978.

3. V. spéc. les articles de G. Burdeau, Essai sur l'évolution de la notion de loi en droit français, *Arch. phil. droit*, 1939, p. 7 s., Le dépassement de la loi, *Arch. phil. droit*, 1963, p. 35 s.

4. Sur le mythe du législateur étranger, v. J. Carbonnier, *Essais sur les lois*, 2ᵉ éd. 1995, p. 227 s.

5. G. Burdeau, art. préc., *Arch. phil. droit*, 1939, p. 25.

6. C. Choucroy, À propos du 20ᵉ anniversaire du Rapport annuel de la Cour de cassation : séparation et décloisonnement des pouvoirs, Rapport C. cass. 1989, p. 23 s.

D'une part, des groupes de pression (*lobbies*), exprimant les intérêts de catégories sociales ou professionnelles déterminées - commerçants, agriculteurs, salariés... - ont limité beaucoup plus que précédemment les choix législatifs [1]. D'autre part, la législation s'est inclinée davantage devant les données issues de l'analyse de la réalité. Il y a eu, en ce sens, une revanche du fait sur le droit, conduisant celui-ci à s'aligner davantage sur celui-là, notamment en matière pénale (ex. : avortement, chèques sans provision...).

420 ***Caractères de la législation*** ◊ Les transformations affectant la genèse de la législation ont entraîné des conséquences quant aux caractères de celle-ci. L'idée de loi étant, dans la conception révolutionnaire, assez étroitement rattachée à la *raison*, c'est-à-dire à la raison humaine manifestée par la volonté générale, on avait initialement considéré que cette raison, appliquée aux sciences humaines selon les modes de pensée qui permettaient de l'utiliser dans le domaine des sciences physiques, présentait à la fois un caractère *immuable* et un caractère *abstrait*, l'un et l'autre servant à expliquer la nécessaire généralité de la loi.

L'évolution constatée au XXe siècle a provoqué un recul du prestige de la légalité parce qu'il y a eu une certaine *désacralisation* de celle-ci, du fait d'une participation plus élargie à son élaboration et d'une contestation plus fréquente et plus vive de ses manifestations.

421 ***L'inflation législative*** ◊ Cet état d'esprit accompagne un phénomène d'inflation législative [2], qui se traduit tout à la fois par la prolifération et l'instabilité des règles, maux dénoncés par le Conseil d'État dans ses rapports [3]. Les chiffres, nécessairement approximatifs - mais l'ordre de grandeur suffit - sont fort éclairants, à plus d'un titre. Encore convient-il de

1. V. not. J. Meynaud, Les groupes de pression sous la Ve République, *Rev. fr. sc. pol.* 1962, p. 672 s. ; N. Molfessis, obs. *RTD civ.* 1998, 778 s., sur L. 6 mars 1998 relative à la sécurité et à la promotion d'activités sportives ; obs. P. Deumier, *RTD civ.* 2010. 62 s. ; J. Lapousterle, *L'influence des groupes de pression sur l'élaboration des normes*, thèse Paris II, éd. 2009 : M. Mekki, L'influence normative des groupes d'intérêt : force vive ou force subversive, *JCP* 2009, 370 et 392.

2. R. Savatier, L'inflation des lois et l'indigestion du corps social, *D.* 1977, chron. 43 s. ; J. Carbonnier, *op. cit.*, p. 271 s. ; E. Grass, L'inflation législative a-t-elle un sens ?, *RD publ.* 2003, 139 s. - Comp. J.-P. Henry, Vers la fin de l'état de droit ?, *RD publ.* 1977. 1207 s. ; M. Vasseur, Sécurité financière et Droit, *Rev. trim. assoc. écon. financ.* n° 18, automne 1991, p. 113 s. ; P. Pactet, La loi, permanence et changements, *Mélanges Chapus*, 1992, p. 503 s. ; J.-C. Bécane et M. Couderc, *La loi, op. cit.*, p. 189 s. ; Ph. Malaurie, L'effet pervers des lois, *Mélanges Cornu*, 1994, p. 309 s. ; A. Outin-Adam et A.-M. Reita-Tran, Excès et dérives dans l'art de légiférer (quelques réflexions axées sur le droit des affaires), *D.* 2006. 2919 s. ; H. Moysan, Politique normative de l'État : qui trop embrasse, mal étreint ?, *JCP* 2011, n° 801 ; J. Carbonnier, *Droit et passion du droit sous la Ve République*, éd. Flammarion, 1996, spéc. p. 23 s. sur la production du droit. - Rappr. au sujet de sources plus mineures mais néanmoins de plus en plus importantes, *L'inflation des avis en droit*, dir. T. Revet, éd. Economica, 1998. - Sur les avis, v. *supra*, n° 336.

3. Rapport public 1991, n° 43, spéc. De la sécurité juridique, p. 15 s. ; Rapport public 2006, n° 57, *Sécurité juridique et complexité du droit, La Documentation française.* On peut cependant se demander si le Conseil d'État lui-même ne participe pas à la poussée inflationniste - Rappr. H. Moysan, À propos de l'inflation des chiffres mesurant l'inflation des lois, *D.* 2007, p. 3029 s.

distinguer les critères utilisés. S'agissant des lois proprement dites votées par le Parlement, il faut par exemple distinguer suivant le nombre ou le poids : le nombre (78 lois en 1970, 68 en 1990, 42 en 2004), le poids, du fait de leur longueur accrue (912 grammes en 1970, 3 kilos actuellement). Surtout, l'ampleur légiférante, au sens large du mot, est impressionnante [1]. Plus généralement – et si l'on fait abstraction des 10000 à 15000 circulaires et instructions annuelles émanant des seuls services centraux – les dernières analyses relèvent qu'aux 9 000 lois et 120 000 décrets recensés en 2000 « sont venus s'ajouter, en moyenne 70 lois, 50 ordonnances et 15 000 décrets chaque année. À quoi s'ajoutent les dizaines de milliers de textes relevant du droit européen » [2].

À quoi s'ajoute une expansion des textes eux-mêmes, ainsi qu'une dispersion des sources, des formes, des lieux du droit, ainsi qu'une dépréciation ininterrompue, par l'effet de l'abondance, de l'éphémère et d'un déclin de l'écriture juridique [3]. On rejoint alors un mouvement encore plus général et malfaisant, se manifestant notamment en droit administratif, en droit constitutionnel, en droit international ou communautaire [4].

Cette prolifération illustre le désir de régir par des textes – lois, règlements, etc. – un nombre sans cesse grandissant de rapports sociaux, ce qui entraîne, notamment, l'apparition de lois dont l'utilité est douteuse, voire de lois n'ayant d'existence que sur le papier (*paper's laws*, signes de régression), comme si l'important était de produire des textes, de les promulguer beaucoup plus que de les appliquer. Une étude de sociologie législative permettrait de mieux comprendre les causes, anciennes ou modernes, d'un phénomène que l'on a souvent observé, voire combattu depuis l'Antiquité. La colère des victimes, les clameurs de la rue, les dérives médiatiques contribuent constamment à favoriser le vent des réformes et le culte de l'« impermanence ». Rien d'étonnant, dès lors, si les promesses électorales s'accompagnent de programmes de réformes, qui trouvent leur prolongement dans des projets de lois, dont l'existence, en tant que telle, revêt, même avant tout débat parlementaire, dans l'esprit des profanes mal informés, un caractère obligatoire.

422 ***Quels remèdes ?*** ◊ Il est intéressant de constater que, contre ce mouvement, les gouvernements successifs émettent des vœux pieux que, quotidiennement, démentent leurs comportements, que de tous côtés on recommande la modération et que toutes ces belles déclarations ne modifient pas les comportements. On discerne dans tout cela une « passion du droit »

1. V. not. A. Guégan, *L'inflation législative galopante : l'exemple de l'été 2004*, éd. Juris-Classeur, nov. 2004.
2. V. Y. Gaudemet, *Plurimae leges, corruptissima res publica* (l'inflation normative), *in Les abus du juridisme*, Colloque Acad. sc. morales et politiques, sous la présidence de J. Foyer, 1997, p. 5 s. – Comp., dans une autre perspective, J.-M. Garrigou-Lagrange, L'obligation de légiférer, *Mélanges Ardant*, 1999, p. 305 s.
3. Y. Gaudemet, art. préc., p. 7 s.
4. V. Le désordre normatif, dossier spéc. *RD publ.* 2006. 43 s.

dont les ravages ont été dénoncés [1]. C'est un des paradoxes de notre temps : cette passion du droit se produit dans le même temps que les impuissances relatives du droit se manifestent dans la mondialisation des relations économiques (*supra*, n° 106) et les développements de l'informatique, de la télématique, de la communication, d'Internet (rappr. *infra*, nos 451 s.) et de l'insertion grandissante du virtuel dans la pensée juridique.

Dans la mesure où l'inflation est la conséquence médiate, ou immédiate, de données économiques, politiques ou sociales - que l'on constate d'ailleurs dans des pays voisins du nôtre - c'est à des réactions de même nature qu'il faut, le cas échéant, recourir. Le juridique et le politique étant évidemment liés ; il est naturel d'approfondir de ce côté la réflexion. Ailleurs, l'on observe qu'une déflation peut résulter du développement des accords collectifs entre les forces et les courants antagonistes, par exemple du fait d'accords négociés entre syndicats et patronat (Allemagne).

Une politique énergique de déflation législative, notamment au moyen d'abrogation fréquente de textes caducs, est pratiquée en Allemagne et en Angleterre (sur l'abrogation et l'obsolescence, v. *infra*, n° 492). Un des derniers rapports du Conseil d'État a proposé l'encadrement par une loi organique de la procédure d'élaboration des textes, à l'image de ce qui est pratiqué à l'étranger, ce qui comporterait notamment, pour tout projet de réforme, des études d'impact ou d'opinion, une évaluation obligatoire, une procédure législative simplifiée, un ajustement des procédures relatives au droit d'amendement et au suivi de l'application des lois [2].

423 ***Objectifs de la législation*** ◊ À la faveur de tous ces changements, les objectifs de la législation appellent une analyse renouvelée quant à la forme et quant au fond.

Quant à la forme, dans la mesure où, s'ajoutant aux considérations tenant au langage du droit (*supra*, n° 416), des observations sont nées d'une analyse renouvelée des méthodes législatives [3], spécialement quant au langage du législateur [4], quant aux définitions utilisées par celui-ci [5] ou quant au recours aux euphémismes [6]. De manière plus générale, l'attention

---

1. « Les projets de lois doivent correspondre à une véritable nécessité juridique... » (Circ. Pr. min. 30 janv. 1997, art. 2.1.1.1, al. 1er).

2. Rapport 2006, préc., p. 300 s. ; rappr. Mieux légiférer en Europe, Prop. de résolution par B. Frimat, Sénat, n° 95, 2005-2006 ; J.-M. Sauvé, Combien de temps faut-il pour faire une bonne loi ?, *in Le temps, la Justice et le Droit*, dir. S. Gaboriau et H. Pauliat, éd. Pulim, 2004, p. 61 s. - Rappr. *La confection de la loi*, Trav. Acad. sc. morales et politiques, dir. R. Drago, éd. PUF, 2005.

3. B. Saintourens, *Essai sur la méthode législative, Droit commun, Droit spécial*, thèse Bordeaux, 1986 ; V. Lasserre-Kiesow, *La technique législative, Étude sur les codes civils français et allemand*, thèse Panthéon-Assas (Paris II), éd. 2002.

4. G. Cornu, *Le langage du législateur*, Ann. Univ. Neuchâtel, 1977-1978, rééd. *in L'art du droit en quête de sagesse*, 1998, p. 283 s. ; G. Rouhette, *Le style de la loi : normes narratives et normes contraignantes*, préc., spéc. p. 37 s.

5. G. Cornu, Les définitions dans la loi, *Mélanges Vincent*, 1981, p. 77 s., rééd. *in L'art du droit...*, préc., p. 259 s., *Les définitions dans la loi et les textes réglementaires*, *RRJ* 1987, 1175 s., 2005, n° spéc. p. 2713 s.

6. J.-L. Sourioux et P. Lerat, L'euphémisme dans la législation récente, *D.* 1983, chron. 221 s.

a été portée, *quant au fond*, sur l'*évaluation législative* en termes d'appréciation sociologique et méthodologique [1]. Ce mouvement d'idées a abouti à la création d'un Office parlementaire d'évaluation de la législation par une loi du 14 juin 1996 [2]. On a justement regretté l'absence, en termes de prévision des effets d'une règle nouvelle, d'une méthodologie de l'investigation juridique [3].

En amont dans la genèse des textes, on a expérimenté en 1996 (circ. 21 nov. 1995), puis consacré par une circulaire du Premier ministre en date du 26 janvier 1998 [4] les *études d'impact* des projets de loi et de décret en Conseil d'État. « Le terme d'impact doit être entendu dans son sens le plus concret. L'objet de l'étude d'impact est en effet d'évaluer *a priori* les effets administratifs, juridiques, sociaux, économiques et budgétaires des mesures envisagées et de s'assurer, de manière probante, que la totalité de leurs conséquences a été appréciée préalablement à la décision publique... » [5].

Lors de la réforme constitutionnelle réalisée en 2008, un troisième alinéa a été inséré dans l'article 39 de la Constitution : « La présentation des projets de loi déposés devant l'Assemblée nationale ou le Sénat répond aux conditions fixées par une loi organique ». Il s'agissait précisément d'améliorer la qualité de la législation dans la ligne de ce qui a été précédemment indiqué. Une loi organique du 15 avril 2009 a donc comporté diverses dispositions en ce sens (art. 8). « Les projets de loi font l'objet d'une étude d'impact » et les documents rendant compte de cette étude, joints aux projets de loi dès leur transmission au Conseil d'État, « définissent les objectifs poursuivis par le projet de loi, recensent les options possibles en dehors de l'intervention des lois nouvelles et exposent les motifs du recours à une nouvelle législation » (art. 8, al. 1er et 2). De multiples précisions doivent être contenues dans ces études d'impact. On peut se demander s'il s'agit vraiment d'améliorer cette source gouvernementale de la législation ou plutôt d'en réduire le débit [6].

En outre, « dans les conditions prévues par la loi, le président d'une assemblée peut soumettre pour avis au Conseil d'État, avant son examen en commission, une proposition de loi déposée par l'un des membres de

---

1. *L'évaluation législative*, Colloque du Sénat (1994), *RRJ* 1994-4 ; J.-P. Duprat, Le Parlement évaluateur, *RIDC* 1998, 551 s. ; C.-A. Morand, L'évaluation législative ou l'irrésistible ascension d'un quatrième pouvoir, *RRJ* 2005, n° spéc. 2779 s., Les objectifs de la législation : approches diversifiées et complémentaires, *op. cit.*, p. 2697 s.

2. Sur les défauts de cette loi, v. N. Molfessis, obs. *RTD civ.* 1997, 783 s. ; v. aussi D. Gutmann, La loi du 14 juin 1996 tendant à créer un Office parlementaire d'évaluation de la législation est-elle une loi de modernisation ?, *Bull. de l'Assoc. franç. de sociologie du droit*, n° 1, 1997, p. 2.

3. V. M. Cabrillac, Un domaine à explorer par le chercheur : les démarches de l'investigation juridique, *Mélanges F. Terré*, 1999, p. 167 s. ; v. aussi, en méthodologie législative, *RRJ* 2005, n° spéc. p. 2685 s.

4. *JO* 6 févr. 1998.

5. Circ. 26 janv. 1998, préc., p. 1912. – V. A. Noury, L'étude d'impact des projets de loi et de décret en Conseil d'État : une tentative de rationalisation du travail gouvernemental, *RRJ* 2000-2, 599 s.

6. V. S. Douteaud, Les études d'impact : une révision manquée, *RFD const.* Juill. 2011.

cette assemblée, sauf si ce dernier s'y oppose » (Const., art. 39, al. 5, réd. L. 23 juill. 2008). Aux termes de l'ordonnance du 17 novembre 1958, complétée par la loi du 15 juin 2009, l'auteur de la proposition dispose d'un délai de cinq jours francs, après qu'il en a été informé par le président de l'assemblée, pour s'opposer à la demande d'avis (art. 4 *bis*). Les articles. 123-1 et suivants du Code de justice administrative précisent les règles régissant l'avis sur la proposition de loi.

424 ***L'expérimentation*** ◊ Inspirée par des méthodes inhérentes à l'activité scientifique, l'expérimentation présente, en matière législative ou réglementaire, l'avantage de préparer de nécessaires réformes et d'éviter ainsi les effets fréquents de réformes mal pensées et mal préparées [1]. Relative à une matière juridique déterminée, elle ne concerne en outre qu'une zone géographique délimitée et une période de temps limitée. Le droit positif a subi en la matière une importante évolution : avant et depuis 2003.

425 ***L'état du droit avant la réforme constitutionnelle de 2003*** ◊ Jusqu'à une époque récente, le recours à l'expérimentation a suscité de vives résistances en tant que, produisant des effets à l'égard des administrés, elle porte atteinte au principe d'égalité des citoyens devant le service public. On en voudra pour preuve l'agitation suscitée, au cours de l'élaboration du nouveau Code de procédure civile, par le décret initial de réforme, en date du 13 octobre 1965 applicable devant certaines juridictions, ce qui correspondait à un souci expérimental. À l'encontre de cette démarche fut brandi par diverses organisations d'avocats l'article 16 de la loi des 16 et 24 août 1790 d'après lequel « tout privilège en matière de juridiction est aboli, tous les citoyens sans distinction plaideront en la même forme et devant les mêmes juges dans les mêmes cas » [2]. Par un arrêt du 21 février 1968, le Conseil d'État rejeta le recours en nullité formé contre le décret de 1965, parce que l'expérimentation était limitée dans le temps et dans l'espace et que l'atteinte à l'égalité était justifiée par des motifs d'intérêt général. Il a considéré que « l'application de la réforme ne se trouve limitée au ressort de certains tribunaux ou cours d'appel qu'à titre provisoire et qu'elle doit faire l'objet d'une extension progressive à l'ensemble du territoire compte tenu des possibilités dont dispose l'Administration pour la mise en place de la nouvelle organisation, que cette limitation, qui n'entraîne pas entre les citoyens des discriminations de la nature de celles » invoquées « pouvait être apportée par le gouvernement à l'application du décret attaqué... » [3].

---

1. C. Atias, L'expérimentation juridique : y a-t-il des expériences juridiques cruciales ?, *in Théorie du droit et science*, 1995, p. 129 s. ; R. Drago, Le droit de l'expérimentation, *Mélanges F. Terré*, 1999, p. 229 s.

2. V., dans le même sens, les obs. de P. Hébraud, *RTD civ.* 1970. 206.

3. CE 21 févr. 1968, *Rec.* p. 123, *D.* 1968. 222, concl. Dutheillet de Lamothe ; rappr. CE 13 oct. 1967, *RD publ.* 1968. 408, concl. Questiaux.

Au sujet des expérimentations législatives, le Conseil constitutionnel s'était prononcé de manière plus stricte [1]. À propos d'un texte de loi concernant principalement les universités et qu'il déclara contraire à la Constitution, il précisa, en effet, qu'il incombait alors au législateur « de définir précisément la nature et la portée de ces expérimentations, les cas dans lesquels celles-ci peuvent être entreprises, les conditions et les procédures selon lesquelles elles doivent faire l'objet d'une évaluation conduisant à leur maintien, à leur généralisation ou à leur abandon » [2].

Appelé à se prononcer une fois de plus au sujet de la Corse, le Conseil constitutionnel a, le 22 janvier 2002, déclaré non conformes à la Constitution certaines dispositions du texte qui lui était déféré, « considérant, en l'espèce, qu'en ouvrant au législateur, fût-ce à titre expérimental, dérogatoire et limité dans le temps, la possibilité d'autoriser la collectivité territoriale de Corse à prendre des mesures relevant du domaine de la loi, la loi déférée est intervenue dans un domaine qui ne relève que de la Constitution ; qu'il y a lieu, dès lors, de déclarer contraire à la Constitution, le IV du nouvel article L. 4424-2 du Code général des collectivités territoriales... » [3].

426 ***La réforme constitutionnelle de 2003*** ◊ Face à l'obstacle, le législateur n'était pas désarmé : puisque la Constitution contrarie ses projets, il lui reste une voie autre que celle de la soumission : la changer, ce qui, à vrai dire, peut contribuer à son instabilité. Toujours est-il que cette voie a été empruntée dans la loi constitutionnelle n° 2003-276 du 28 mars 2003 [4] qui a inséré dans la Constitution un article 37-1, ainsi rédigé : « La loi et le règlement peuvent comporter, pour un objet et une durée limités, des dispositions à caractère expérimental ». Il n'est pas exigé que l'expérimentation porte sur un territoire limité. Il est aussi prévu au nouvel article 72, alinéa 4, de la Constitution que, dans certaines conditions, les collectivités territoriales ou leurs groupements peuvent « déroger, à titre expérimental et pour un objet et une durée limités, aux dispositions législatives ou réglementaires qui régissent l'exercice de leurs compétences » [5].

427 ***La place de la loi*** ◊ Il convient, en outre, d'observer que - au sens strict du mot - par rapport aux autres sources du droit, la place de la loi s'est

---

1. R. Drago, art. préc. ; V. J. Chevallier, Les lois expérimentales, *in Évaluation législative et lois expérimentales*, PUAM, 1992, p. 119 s. ; C. Marmontoff, Réflexion sur l'expérimentation du droit, *RD publ.* 1998, 368.
2. Cons. const. 28 juill. 1993, *Rec.* p. 204, *LPA* 27 févr.-4 mars 1994, p. 4 s., obs. M. Verpeaux.
3. Cons. const. 22 janv. 2002, *JO* 23 janv. 2002, p. 1503.
4. *JO* 29 mars 2003, p. 5568 ; v. B. Mathieu et M. Verpeaux, Les lois constitutionnelles des 28 et 25 mars 2003 relatives à l'organisation décentralisée de la République et au mandat d'arrêt européen, *JCP* E 2003, Act. 201.
5. V. aussi sur la loi n° 2003-704 du 1er août 2003, J.-M. Pontier, La loi organique relative à l'expérimentation par les collectivités territoriales, *AJDA* 2003, p. 1715 s. ; M. Verpeaux, La loi organique relative à l'expérimentation par les collectivités territoriales, *JCP* 2004, I, 170. - Rappr. Circ. 2 mars 2004 relative à la charte de l'accueil des usagers (« charte Marianne »), *JO* 3 mars 2004.

sensiblement modifiée [1]. L'essor de la jurisprudence, dans le dernier quart du XIXe siècle, puis celui des règlements administratifs - ostensibles ou non - à partir des dernières décennies de la IIIe République, ont provoqué, en valeur relative, un certain déclin de la loi. Davantage contestée par la jurisprudence, la pratique ou la doctrine, elle a vu, de cette manière aussi, reculer son prestige. D'elle-même, de l'intérieur si l'on peut dire, la règle n'a pas craint, le cas échéant, de se dépouiller quelque peu de sa normativité essentielle, en acceptant, par exemple, l'épreuve de l'expérimentation (*supra*, n° 424) ou la survenance d'une suspension de sa force obligatoire (*infra*, n° 497). L'apparition ou le développement des lois-cadres, des lois de programme ou d'orientation, des plans ou des directives ont contribué aussi à modifier la signification de la loi, même si la primauté de celle-ci demeure un fondement essentiel de notre régime démocratique (v. *supra*, n° 317).

Quant au *fond*, tout ce vaste mouvement déstabilisateur a éloigné les esprits des analyses et explications traditionnelles de l'objet de la loi [2] et du fondement de sa force obligatoire, ce qui ne s'est pas nécessairement accompagné d'un abandon d'une sorte de personnification du législateur [3].

Qu'il s'agisse de la forme ou du fond, la situation observée en France, mais aussi dans nombre de sociétés proches de la nôtre, atteste l'existence d'un état de crise affectant le système juridique tout entier [4], non seulement quant à la signification de la loi, mais aussi quant à la technique législative [5].

428 ***Réglementation. Déréglementation*** ◊ Quand on parle d'inflation législative, on ne manque pas de viser aussi de la sorte l'inflation réglementaire. L'on déplore une ardeur dans la production de règles, de circulaires, de recommandations, d'avis [6], de plans,... qui sont le signe bien connu de la bureaucratie, de la technocratie, de l'eurocratie. Cette abon-

1. V. not. Ph. Jestaz, Les sources du droit : le déplacement d'un pôle à un autre, *RTD civ.* 1996, 299 s.

2. Ex., parmi d'autres, la loi du 29 janvier 2001, dont l'article unique (al. 1er) dispose que : « La France reconnaît publiquement le génocide arménien de 1915 », ce qui n'a pour effet que de mécontenter les Turcs, d'oublier les Cambodgiens et beaucoup d'autres, et de n'avoir pour sens que de faire usage du droit là où il n'a rien à faire (v. R. Libchaber, obs. *RTD civ.* 1999, 242 s. ; Th. Garé, *D.* 2001, Point de vue n° 3) ; sur les « lois mémorielles », v. *infra*, n° 430. - Rappr. J. Chevallier, Vers un droit postmoderne, *RD publ.* 1998, 659 s. (*supra*, n° 189) ; N. Molfessis, Observations sur la distinction du normatif et du non-normatif, Rev. *Justices* 1997, 232, *RTD civ.* 1999, 729 s. - Sur le recours aux *résolutions parlementaires*, v. *supra* n° 316.

3. G. Cornu, *La bonté du législateur*, Ann. fac. dr. Louvain, 1989, p. 229 s., *RTD civ.* 1991. 283 s., rééd. *in L'art du droit en quête de sagesse*, 1998, p. 347 s. - La bonté, soit... Mais le reste : la pénitence, la contrition... N'insistons pas... - Sur les définitions, v. S. Balian, *Essai sur la définition dans la loi*, thèse ronéot. Panthéon-Assas (Paris II), 1986.

4. V. le n° spécial de la Rev. *Droits*, n° 4-1986 : *Crises dans le droit* ; J.-H. Robert, Métaphores sur l'avenir du droit écrit, *Mélange F. Terré*, 1999, p. 221 s. ; Rappr. Le désordre normatif, dossier spéc. *RD publ.* 2006. 43 s.

5. V. not. A. Viandier, Rev. *Droits*, préc., p. 75 s. - V. aussi *La législation par référence*, *RRJ* 1997, 1189 s. ; N. Molfessis, Le renvoi d'un texte à un autre, *in Les mots de la loi*, éd. Economica, 1999, p. 55 s.

6. V. *L'inflation des avis en droit*, dir. T. Revet, éd. Economica, 1998.

dance rejaillit sur la règle de droit : la quantité altère la qualité ; et souvent la mauvaise réglementation chasse le bon droit [1].

Les pouvoirs publics affirment leur volonté de lutter contre ces maux [2]. Le peut-on ? [3]. Et, sans plus attendre, ils agissent par voie de circulaires, parfois pittoresques, sinon naïves et attendrissantes. Par une circulaire du 14 juin 1983, un Premier ministre, s'adressant à Mesdames et Messieurs les ministres et secrétaires d'État, dans le style d'un maître d'école parlant à des élèves, leur rappela notamment ceci : « Les projets de loi doivent correspondre à une véritable nécessité juridique... Il va d'abord de soi que toute tentation d'élaborer un texte de principe, qui ne modifierait pas substantiellement les dispositions en vigueur et n'aurait pour raison d'être que de traduire une inspiration générale différente, doit être repoussée... Il faut éviter d'introduire dans les projets des dispositions sans contenu normatif, généralement consacrées à des déclarations de principe ou à la présentation de la philosophie du texte... Les rédacteurs des projets doivent également observer la règle de l'économie des moyens. Elle doit les conduire à modifier les textes existants plutôt qu'à les refaire, et ne leur apporter que les modifications strictement nécessaires » [4].

Vains conseils ! La suite l'a montré. La réglementation prolifère, défectueuse en quantité, en qualité. Dans son rapport annuel présenté le 20 juin 1991, le Conseil d'État a notamment mis en garde le gouvernement contre « deux tendances regrettables... La première consiste à attacher plus de prix à l'importance apparente d'une loi qu'à son contenu réel. Elle conduit à réécrire en termes différents et souvent plus ambitieux mais plus imprécis, des dispositions qui existent déjà dans la législation. La seconde tendance est de créer des institutions ou des organismes nouveaux, souvent demandés par un groupe social ou professionnel, sans avoir déterminé de manière suffisamment précise leur rôle et leur insertion dans les structures existantes, ni même s'être suffisamment interrogé sur la possibilité de les faire fonctionner » [5] (v. *supra*, n°s 333 s.).

Ultérieurement, une importante circulaire en date du 2 janvier 1993 [6] a été adoptée, relativement aux règles d'élaboration, de signature et de publication des textes au *Journal officiel* et à la mise en œuvre des procédures particulières incombant au Premier ministre. Illustrant dans le remède le

---

1. D. Latournerie, La qualité de la règle de droit : l'influence des circuits administratifs de son élaboration, *Rev. adm.* 1979, 591 s. – Rappr. CE 26 juin 1992, *LPA*, 6 nov. 1992, p. 5 s., concl. comm. gouv. O. Fouquet.

2. V. L. n° 2003-591, 2 juill. 2003, habilitant le Gouvernement à simplifier le droit (*JO* 3 juill. 2003), v. *infra* n° 436.

3. Rappr. J. Béguin, Peut-on remédier à la complexité croissante du droit ?, *Mélanges H. Blaise*, 1995, p. 1 s.

4. Rappr., dans le même sens, Circ. Premier ministre, 25 mai 1988 (*JO* 27 mai 1988, p. 7381 s., spéc. p. 7382).

5. *Le Monde*, 22 juin 1991. – V. aussi les obs. de T. Revet, *RTD civ.* 1999. 223, de C. Jamin, *RTD civ.* 1999, 712 s. et de N. Molfessis, *RTD civ.* 1999, 729 s.

6. *JO* 7 janv. 1993.

mal qu'ils prétendent combattre, les faiseurs de textes... sur les textes ont produit une nouvelle circulaire du Premier ministre, en date du 30 janvier 1997 [1] qui *abroge* et *remplace* (pléonasme ?) celle du 2 janvier 1993. Il y est notamment précisé que « la rédaction d'un projet de texte et du document qui l'accompagne (exposé des motifs et rapport de présentation) doit être claire, sobre et grammaticalement correcte, que les règles de ponctuation doivent être rigoureusement observées » (rappr. *infra*, n° 549), etc. Des précisions plus nécessaires concernent la division des textes - articles, alinéas [2], phrases -, l'exposé des motifs d'une loi, le rapport de présentation d'un décret, les mentions initiales et visas des décrets, l'article d'exécution, la codification (v. *infra*, n°s 434 s.) [3].

429 ***Les excès du législateur*** ◇ Que les détenteurs d'un pouvoir soient naturellement portés à en dépasser les bornes, on n'a pas attendu Montesquieu pour s'en apercevoir. Qu'il s'agisse du présent ou du passé, les dérives sont manifestes. S'agissant du présent, l'avalanche des phrases creuses augmente de jour en jour. On est déjà loin des sottises ou lieux communs d'il y a moins d'une décennie (ex. L. n° 95-101, 2 févr. 1995, sur l'environnement). La liste n'est aucunement exhaustive : « la politique nationale d'aménagement et de développement durable du territoire concourt à l'unité de la nation, aux solidarités entre citoyens et à l'intégration des populations » (L. n° 95-115, 4 févr. 1995, art. 1er, réd. L. 25 juin 1999, art. 1er) ; « la lutte contre les exclusions est un impératif national fondé sur le respect de l'égale dignité de tous les êtres humains et une priorité de l'ensemble des politiques publiques de la nation » (CASF, art. L. 115-2, al. 1er) ; le service public de l'électricité « concourt à la cohésion sociale, en assurant le droit à l'électricité pour tous, à la lutte contre les exclusions, au développement équilibré du territoire, dans le respect de l'environnement, à la recherche et au progrès technologique, ainsi qu'à la défense et à la sécurité publique » (L. n° 2000-108, 10 févr. 2000, art. 1er, al. 3) ; « la politique forestière prend en compte les fonctions économique, environnementale et sociale des forêts et participe à l'aménagement du

---

1. *JO* 1er févr. 1997.

2. Pour mettre un terme à la différence des règles relatives au décompte des alinéas composant un article de loi ou de décret, une circulaire du Premier ministre en date du 20 octobre 2000 (*JO* 31 oct. 2000) a précisé qu'il conviendrait désormais « de compter pour un alinéa tout mot ou groupe de mots renvoyé à la ligne, sans qu'il y ait lieu d'établir des distinctions selon la nature du signe placé à la fin de la ligne précédente (point, deux-points ou point-virgule) ou au début de la ligne nouvelle (chiffre arabe ou romain, tiret, guillemets...) » ; V. A. Le Gall, Alinéa, vous avez dit alinéa ?, *D.* 2001, Point de vue p. 133. - V. aussi N. Molfessis, Le renvoi d'un texte à un autre, *RRJ* 2005, n° spéc. p. 2721 s.

3. V. à ce sujet N. Molfessis, obs. *RTD civ.* 1997, 780 s., et Le titre des lois, *Mélanges Catala*, 2001, p. 47 s. - Et voici qu'est apparue une nouvelle catégorie : celle des *articles préliminaires* - et pas seulement des livres, titres ou chapitres ; v. L. n° 2000-516, 15 juin 2000, renforçant la protection de la présomption d'innocence et les droits des victimes (art. 1er), introduisant un article préliminaire en tête du code de procédure pénale (v. *infra*, n° 761). - Sur les *annexes législatives*, qui sont en principe dépourvues de portée normative, v. B. Mathieu et M. Verpeaux, *JCP* 2003, I, 115, n° 1. - On observe aussi une curieuse contraction des titres des lois ; exemple : « Loi n° 2003-590 du 2 juillet 2003 *Urbanisme et habitat* » (*JO* 3 juill. 2003).

territoire, en vue d'un développement durable» (C. for, art. L. 1er). «La nature, le quantum et le régime des peines prononcées sont fixés de manière à concilier la protection effective de la société, la sanction du condamné et les intérêts de la victime avec la nécessité de favoriser l'insertion ou la réinsertion du condamné et de prévenir la commission de nouvelles infractions» (C. pén., art. 132-24., réd. L. 12 déc. 2005). Merci du renseignement !

Fallait-il nécessairement subir l'ampleur de ce bruit législatif ? Le traitement du mal impliquait tout d'abord une compréhension exacte de celui-ci, et de ses causes. La question posée n'a pas trait ici à la détermination des domaines législatif et réglementaire, pourtant génératrice des enflures maladives des lois (sur ce point, v. *supra*, nos 317, 326). Elle ne concerne pas non plus les malfaçons rédactionnelles qui portent atteinte à l'accessibilité et à l'intelligibilité de la loi (v. *infra*, n° 462). Ce qui est en cause, c'est l'absence de normativité de certaines lois ou de certaines dispositions législatives. La constatation de telles absences, si patentes à première vue, n'est pourtant pas aussi évidente à la réflexion, sans qu'il soit même besoin de se livrer à d'abstraites digressions sur le normativisme. Hors le domaine de l'article 34 du Code civil et sans qu'il s'agisse même de questions d'ordre réglementaire, on peut s'interroger sur la compétence du législateur, par exemple lorsqu'il « reconnaît » le génocide arménien (*supra*, n° 427).

Dans certaines circonstances, c'est moins l'objet de l'acte législatif qui est en cause que le discours lui-même, dépourvu de toute valeur normative, qui prend figure de « neutron législatif » (Jean Foyer) [1], ce qui a finalement suscité la réaction du Conseil constitutionnel. Cessant de considérer que ces textes sans portée normative échappaient, précisément pour cette raison, à son contrôle, il a, au contraire, accentué celui-ci. Il a, en effet, rappelé en 2004 qu'« aux termes de l'article 6 de la Déclaration des droits de l'homme et du citoyen de 1789, la loi est l'expression de la volonté générale » et décidé qu'il résultait « de cet article comme de l'ensemble des autres normes de valeur constitutionnelle relatives à l'objet de la loi que, sous réserve de dispositions particulières prévues par la Constitution, la loi a pour vocation d'énoncer des règles et doit par suite être revêtue d'une portée normative » [2]. Ultérieurement, le Conseil constitutionnel a censuré des dispositions d'une loi parce que « les orientations et objectifs de la politique nationale en faveur de l'éducation » ne relèvent pas de la loi ordinaire, ce qui n'exclut pas nécessairement le recours à des lois de programme, et parce que tel article exprimait, il est vrai, une banalité (« l'objectif de l'école est la réussite de tous les élèves ») [3].

---

1. V. M. Verpeaux, Neutrons législatifs et dispositions réglementaires : la remise en ordre imparfaite, *D.* 2005. chron. 1886 s.

2. Cons. const. 29 juill. 2004, déc. n° 2004-500, Loi organique relative à l'autonomie financière des collectivités locales, *LPA*, 13 août 2004, n° 162, p. 12, note Schoettl, *RTD civ.* 2005, 93 s., obs. P. Deumier, spéc. p. 97 s., *RD publ.* 2004, n° 6, p. 1739.

3. Cons. const. 21 avril 2005, *LPA* 20 mai 2005, n° 100, p. 3, *RTD civ.* 2005, 564, obs. P. Deumier ; v. aussi M. Verpeaux, Neutrons législatifs et dispositions réglementaires : la remise en ordre imparfaite, *D.* 2005, chron. 1887 ; J.-C. Zarka, La décision n° 2005-512 du 21 avril

Aisément compréhensible, la réaction du Conseil constitutionnel a suscité des doutes quant aux dérangements causés aux citoyens et surtout à partir d'une réflexion sur la fonction pédagogique de la loi [1]. Plus problématique est sans doute la détermination des frontières de la normativité (*supra*, n° 315).

430 ***Les lois mémorielles*** ◊ Que les pouvoirs publics, dans l'aménagement des programmes scolaires disposent d'un droit de regard, nul ne le conteste sérieusement. Mais tout autre est le problème lorsque les politiques s'autorisent à imposer par la loi l'histoire d'un passé. En s'aventurant sur ce terrain, le législateur adopte un comportement attentatoire aux libertés : liberté d'opinion et d'expression, liberté de l'information, liberté de la recherche scientifique. C'est pourtant dans cette voie que le Parlement s'est engagé en votant des lois [2].

Une loi du 13 juillet 1990, dite loi *Gayssot*, tendant à réprimer, dans la perspective indiquée, tout acte raciste, antisémite ou xénophobe, a marqué le point de départ du mouvement. Vint ensuite la loi du 29 janvier 2001 relative à la *reconnaissance* du génocide arménien. Tout autre que celle qui, par exemple en matière de filiation change un état de fait en état de droit, la reconnaissance ne relevait pas du domaine de la loi, mais de celui de la constatation (historique), sinon de la repentance, fût-ce de la repentance pour autrui. Les dispositions de la loi *Gayssot* étaient assorties de sanctions pénales. Pour l'heure, malgré les critiques qu'elles suscitent, celles-ci subsistent. Ultérieurement a été votée une loi du 29 janvier 2001, relative à la reconnaissance du génocide arménien [3], à l'unanimité par l'Assemblée nationale [4]. Puis a été votée la loi *Taubira*, du 10 mai 2001, sur la traite négrière [5].

La succession des lois mémorielles était, indépendamment des critiques de fond qui ont été exprimées, de nature à susciter des objections tenant à leur légalité, puis à leur constitutionnalité. La suite l'a bien montré. Après

---

2005 (loi Fillon) du Conseil constitutionnel : une censure partielle prévisible, *D.* 2005, chron. 1372 ; W. Sabete, L'exigence de « portée normative » de la loi dans la jurisprudence du Conseil constitutionnel et la notion de loi de programme, *RRJ* 2005-4, p. 2237 s..

1. V. J. Carbonnier, *Flexible droit*, 10e éd. 2001, p. 155 s.

2. M. Frangi, Les « Lois mémorielles » : de l'expression de la volonté générale au législateur historien, *RD publ.* 2005. 241 s. ; C. Amson, Les « Lois de mémoire » : aspects juridiques d'une pratique contestable, *RRJ* 2006, p. 2221 s. ; C. Vivant, *L'historien saisi par le droit. Contribution à l'étude des droits de l'histoire*, thèse Montpellier, éd. 2007 ; J. D. Bredin, La loi, la mémoire et l'histoire, in *Regards sur le droit*, préc., p. 103 s. : Comp. M. Hauser, La sanctuarisation de la mémoire dans la jurisprudence administrative ? *RRJ* 2011-4, p. 1673 s.

3. Le terme « génocide » est un néologisme dû, en 1944, à un professeur de droit américain Raphael Lemkin dans son étude Axis Rule in Occupied Europe ; v. M. Jacquelin, l'incrimination du génocide, *Étude comparée du droit de la Cour pénale internationale et du droit français*, éd. 2011.

4. V. C. Amson, art. préc. p. 2225.

5. Rappr. *Mémoire, histoire et droit*, par Christiane Taubira : « Je n'ai aucun état d'âme envers ceux qui brandissent un bouclier universitaire pour défendre des chasses gardées, à l'abri des échos et des grondements de la société » *Le Monde*, 16 oct. 2008, p. 23).

d'autres, une loi s'aventura sur le terrain de la vérité historique quant à l'action colonisatrice de la France, en portant reconnaissance de la nation et contribution nationale en faveur des Français rapatriés (L. 23 févr. 2005, art. 4). Mais le vent de la repentance et le courroux de certains ont entraîné, à tout le moins, le déclassement du texte, hors du domaine législatif [1]. Plus marquante a été la décision du Conseil constitutionnel qui a, en 2012 invalidé une loi assortissant de sanctions pénales la négation du génocide arménien au motif « qu'en réprimant la contestation de l'existence et de la qualification juridique de crimes qu'il aurait lui-même reconnus et qualifiés comme tels, le législateur a porté une atteinte inconstitutionnelle à l'exercice de la liberté d'expression et de communication [2] ». On dit cependant qu'une nouvelle offensive se prépare.

431 ***La déréglementation*** ◊ L'excès de réglementation, joint à d'autres données d'ordre économique, social et politique, a certes encouragé un puissant courant, du moins dans le discours, en faveur de ce qu'il est convenu d'appeler la *déréglementation* [3]. Force est d'observer que notre système juridique reste encore, dans une large mesure, à l'étape des intentions. Il est vrai que, pour déréglementer, il faut encore réglementer [4]. Dans un ordre d'idées voisin, mais différent, malgré la proximité des mots, il faut distinguer déréglementation et *dérégulation*, celle-ci consistant non pas dans un refoulement du droit écrit, mais dans celui de la règle de droit, du moins de la règle écrite classique, au profit d'autres normes de comportement, prudentielles ou autres [5] (sur la régulation, v. *supra*, n° 385).

432 ***Simplification du droit et droit de la simplification*** ◊ La volonté de procéder à une simplification du droit est à la mode. Qui dit simplification donne naturellement à penser que ce qui existe est trop complexe [6], ce qui renvoie, qu'on le veuille ou non, à une doléance immémoriale que notre société a quand même singulièrement amplifiée. Le fait est que de nombreux textes réglementaires ont eu pour objet, depuis des décennies, une simplification des formalités et des procédures administratives, notamment d'autorisation ou de certification. C'est dans ce mouvement que s'est inscrite la loi du 12 avril 2000 relative aux droits des citoyens dans leurs rapports avec les administrations [7]. Mais la suite des temps a révélé un mouvement de bien plus grande ampleur, car la volonté de simplifier a

1. Cons. const., 31 janv. 2006, *LPA*, 16 févr. 2006, n° 34, p. 3, note J.-E. Schoetel.
2. Cons. const., 28 févr. 2012, *LPA*, 4 avr. 2012, note J.-P. Camby, 4 mai 2012, note F. Hamon.
3. V. not. *La déréglementation*, Colloque organisé à Corte le 30 janvier 1986, *RRJ* 1987-2, 639 s.
4. Rappr. circ. 15 juin 1987 relative aux circulaires, trop nombreuses, etc. (*JO* 19 juin 1987, p. 8460).
5. Des observations comparables ont pu être présentées au sujet du développement des télécommunications et du multimédia (v. *Le droit du multimédia, De la télématique à Internet*, Rapport sous la dir. de P. Huet, éd. Aftel, 1996). – V. aussi, à partir des sens divers du mot *code*, Y. Chaput, La communication par codes du droit des affaires, *Mélanges F. Terré*, 1999, p. 251 s.
6. V. X. Lagarde, Pourquoi le droit est-il complexe ?, *Le Débat*, n° 127, nov.-déc. 2003, p. 146 s.
7. V. les obs. de N. Molfessis, *RTD civ.* 2004. 155.

étendu son pouvoir sur la législation elle-même [1]. Certes, là encore, des simplifications de tel ou tel domaine de la loi n'avaient pas été ignorées. Mais l'intention généralisante a pris l'allure d'un slogan, déjà affirmé en 1948 lorsqu'un décret du 10 mai 1948 institua une Commission supérieure de codification (*infra*, n° 437).

Peut-être tout cela traduit-il une confusion largement répandue entre la *simplification du droit*, voulue par le législateur de notre temps et la simplification des lois. Et probablement, sur le terrain de la philosophie, convient-il de s'interroger sur l'existence et la persistance de l'image d'un avenir mythique régulièrement démentie. Toujours est-il que le mythe de la simplification a entraîné le développement d'un droit de la simplification... du droit, laquelle est un objectif à valeur constitutionnelle [2]. Et comme l'ampleur de la tâche est apparue trop vaste et trop complexe la loi du 2 juillet 2003 a habilité le gouvernement, s'agissant de matière législative, à procéder dans certaines conditions par voie d'ordonnances [3] (*infra*, n° 439) à la simplification des lois.

En se dessaisissant de ses compétences, le Parlement a relevé les malfaçons des lois, comme si elles n'émanaient pas de lui. Surtout, il conviendrait de mieux comprendre les causes de la complexité pour comprendre que le recours aux ordonnances ne saurait les tarir. « C'est une loi du genre : tout procédé de lutte contre les excès normatifs contribue au mal qu'il dénonce » [4]. Et il ne suffit pas, pour échapper à ce risque, de se couvrir de la bénédiction du Conseil constitutionnel qui, pour laisser faire le gouvernement, a accueilli une singulière justification : « l'encombrement de l'ordre du jour parlementaire fait obstacle à la réalisation, dans des délais raisonnables, du programme du gouvernement tendant à simplifier le droit et à poursuivre sa codification » [5].

433 ***La poursuite de l'entreprise*** ◊ La suite a montré, tout à la fois, que le mouvement favorisant la simplification demeurait puissant, mais que l'entreprise générait des complexités et des résistances [6]. La loi du 20 décembre 2007 relative à la simplification du droit a entraîné des conséquences nombreuses, par l'abrogation expresse de textes désuets et l'obligation imposée à l'Administration d'abroger les règlements illégaux. La loi de 2007 comporte en outre une liste de 126 lois qui « sont et demeurent abrogées », ce qui aboutit d'ailleurs à la suppression du qualificatif *nouveau* du Code de

1. J. Moreau et F. Terré, La simplification du droit, *Mélanges Béguin* 2005, p. 532 s. – Rappr., en droit communautaire, C. Chailloux, La Commission programme une simplification massive de la législation communautaire, *JCP* 2005, Aperçu n° 610.
2. J. Moreau et F. Terré, art. préc., p. 541.
3. P. Gonod, La simplification du droit par ordonnances, *AJDA* 2003. 1652 s.
4. N. Molfessis, obs. préc., p. 157.
5. Cons. const. 26 juin 2003, *JO* 3 juill. 2003, p. 11204, *AJDA* 2003. 1391 s., comm. J.-E. Schoettl.
6. V. *La simplification du droit*, colloque Tours 6-7 avril 2006, *LPA* n° spécial 24 mai 2007 ; P.-Y. Gautier, Simplifions la loi ensemble, trois questions à..., *D.* 2007. 2592.

procédure civile de 1975. L'expression retenue par le législateur (« sont et demeurent ») tient compte du fait que les lois peuvent avoir, d'ores et déjà, été implicitement abrogées (v. *infra*, n° 491) [1].

Le changement ainsi opéré s'inscrivait dans un mouvement d'activité parlementaire soutenu, essentiellement orienté dans le sens de la suppression de règles mortes ou vétustes, non sans lien avec des considérations tenant aussi à des nécessités d'adaptation de la terminologie [2].

Cette évolution s'accompagnait d'un approfondissement de la réflexion, tenant à la définition ainsi qu'à la compréhension des limites de la simplification en un temps où la complexité de la société explique aussi la complexification croissante et inévitable du droit. En d'autres termes, la simplification est beaucoup moins une entreprise de déflation généralisée qu'une opération de suppression ou de remplacement d'expressions et de formules désuètes ou inutiles.

Une mission parlementaire confiée à un député, président de la Commission des lois à l'Assemblée nationale, a élaboré un « rapport sur la qualité et la simplification du droit » [3]. Il en est, d'ores et déjà, résulté une loi du 12 mai 2009 « de simplification et de clarification du droit et d'allègement des procédures ». Comme il fallait s'y attendre, cette réforme a semé l'émoi dans l'esprit des partisans du changement, sauf quand il les dérange [4]. Sinon le seul, du moins le principal reproche adressé au changement opéré, est son « caractère touffu et hétéroclite » [5]. Mais comment donc a-t-on bien pu en ignorer le but et la méthode et croire qu'il est simple de simplifier ? La suite a montré l'importance du mouvement, caractérisé notamment par la loi du 17 mai 2011 de simplification et d'amélioration de la qualité du droit, et la loi du 22 mars 2012 relative à la simplification du droit et à l'allègement des démarches administratives [6].

434 ***2° La codification. a) La codification classique*** ◊ D'une manière générale, la codification peut revêtir de multiples aspects, selon la portée de la transformation qu'elle opère [7]. En ce sens, il s'agit encore de son objet. L'effet « novatoire » [8] de la codification est plus ou moins accentué. Le décalage entre le droit antérieur et le droit codifié est considérable lorsque la codification d'un droit sert de procédé technique à la réception d'un droit étranger. La différence est moins nette lorsqu'elle tend seule-

1. V. le commentaire d'A.-M. Leroyer, *RTD civ.* 2008. 182 s.
2. V. le rapport de la Commission de terminologie du Ministère de la Justice, cité par A.-M. Leroyer, comm. préc. p. 183.
3. Simplifions nos lois pour guérir un mal français, Rapport AN, fév. 2009. – V. J.-L. Warsman, La simplification du droit, *D.* 2008, Entretien p. 336 ; v. également *D.* 2009, Act. Lég. p. 360.
4. Félix Rome, *Oh, la belle loi*, Edito *D.* 2009. 1329.
5. Obs. *D.* 2009. Act. 1332.
6. V. obs. P. Deumier, *RTD civ.* 2010. 55 s.
7. J. Vanderlinden, *Le concept de code en Europe occidentale du xiiie au xix*e *siècle, Essai de définition*, Bruxelles, 1967.
8. F. Gény, *Méthode d'interprétation et sources en droit privé positif*, t. I, n° 52, p. 110.

ment à unifier un droit. On sait que ce fut l'objectif principal poursuivi à l'époque napoléonienne [1]. Puis vient l'hypothèse dans laquelle la codification va de pair avec la rédaction d'un droit coutumier.

La *codification classique* n'implique pas simplement le rassemblement d'un nombre plus ou moins élevé de textes [2]. Depuis le début du XIXe siècle, elle n'est pas considérée, dans notre doctrine, comme une simple compilation. Elle appelle, dans le temps même où cette réunion est réalisée, diverses réformes de *fond*, soit parce que les circonstances qui ont conduit à souhaiter une codification nécessitent une modernisation ou une simple adaptation de ce droit à l'évolution sociale et politique, soit parce que, chemin faisant, les rédacteurs d'un nouveau code peuvent profiter de l'occasion pour améliorer les règles antérieures. *Golab* traduit cette idée en affirmant que « la codification ne peut pas être une compilation » [3]. On dit aussi : « Codification, c'est modification » [4].

L'élaboration des codes napoléoniens, tout particulièrement du Code civil, a illustré, en droit français, l'importance de la codification (*supra*, nos 81 s., 86 s.). L'entreprise répondait alors à un profond besoin d'unification. Il n'en faudrait pas déduire une vision limitée, car la codification peut se rattacher à des considérations diverses quant à son objet et quant à son type.

435 ***Évolution*** ◊ Il est évident, tout d'abord, que les diverses branches du droit français n'ont pas atteint le même degré d'évolution, ce qui rejaillit tout naturellement sur l'ampleur de la codification. Là où le droit français est codifié de longue date, le problème habituellement posé est celui de la révision des codes. Ailleurs, l'on a pu hésiter à procéder à des codifications, notamment parce que l'entreprise semblait prématurée, inopportune. Ce

---

1. V. not. *La famille, la loi, l'État, de la Révolution au Code civil*, par le Centre de recherche interdisciplinaire de Vaucresson, éd. Imprimerie nationale, 1989, spéc. p. 237 s.

2. V. Travaux et recherches de l'Institut de Droit comparé de l'Univ. de Paris, t. XXIII, 1962, spéc. *Les problèmes de la codification à la lumière des expériences et des situations actuelles*, p. 175 s. ; comp. Tucker, Tradition et technique de la codification dans le monde moderne : l'expérience de la Louisiane, *Mélanges Julliot de La Morandière*, 1964, p. 593 s. ; *Codification : valeurs et langage*, Actes du Colloque internat. de droit civil comparé, Montréal, 1er-3 oct. 1981, rééd. *in L'art du droit en quête de sagesse*, 1998, p. 357 s. ; *La codification et l'évolution du droit*, XVIIIe Congrès de l'Institut international d'expression française (IDEF), *Rev. jur. et pol. Indépendance et coopération* 1986, nos 3-4 ; J.-L. Sourioux, *Codification et autres formes de systématisation du droit à l'époque actuelle*, Le droit français, *Journ. de la soc. de législ. comparée* 1988, p. 145 s. ; F. Terré, La codification, *Rev. europ. dr. privé*, Kluwer Academic Publishers, 1993, n° I, p. 31 s. ; *La codification*, Actes du Colloque de Toulouse (27-28 oct. 1995), dir. B. Beignier, éd. 1996 ; B. Oppetit, *Essai sur la codification*, éd. PUF, coll. Droit, Éthique, Société, 1998 ; v. aussi les nos 25, 26 et 27 de la Rev. *Droits*, 1997-1998 ; F. Zénati, Les notions de code et de codification, *Mélanges Mouly*, 1998, p. 217 s. ; R. Cabrillac, Le symbolisme des codes, *Mélanges F. Terré*, 1999, p. 211 s., *La codification*, PUF, coll. Droit, Éthique, Société, 2002 ; Marie-Aimée Latournerie, La codification, condition de pérennité et d'intelligibilité de la loi, *in* Entretiens d'Aguesseau, *Le Temps, la Justice et le Droit*, dir. S. Gaboriau et H. Pauliat, éd. Pulim, 2004, p. 87 s.

3. S. Golab, Théorie et technique de la codification, *Mélanges Del Vecchio*, 1930, p. 296.

4. Cf. J. Th. de Smidt, *Le problème de la rédaction des droits coutumiers*, Rapports généraux au Ve Congrès international de droit comparé, éd. Bruxelles, 1960, t. I, p. 98, citant une formule de M. Poirier.

courant s'est manifesté notamment en droit international privé [1], ce qui n'a pourtant pas empêché l'insertion de textes relevant de cette matière dans diverses lois tendant à la rénovation du droit civil français [2].

Ailleurs on a pu constater l'apparition de nouveaux codes, se substituant, le cas échéant, en tout ou en partie, à d'anciens codes. Ainsi en a-t-il été du Code de procédure pénale (1958), du Code de procédure civile (1975) [3] et, en 1992, d'une rénovation du Code pénal de 1810.

Réussie dans certains domaines, par exemple en droit civil [4], la substitution de certains textes, de certains chapitres ou de certains titres à d'autres peut, ailleurs, défigurer un code. Alors l'introduction successive des dispositions nouvelles dont la structure initiale n'est pas modifiée nuit à la coordination de l'ensemble. Elle peut aboutir, dans la matière renouvelée, soit à empêcher la formation d'une jurisprudence opportune, soit à maintenir une jurisprudence critiquable. Le même reproche est d'ailleurs concevable si l'on envisage une autre conséquence possible : la décodification. Le droit commercial français illustre à ce sujet un mouvement singulier de flux et de reflux, de codification, de décodification, de recodification [5]. À vrai dire, là se rejoignent, le cas échéant, la codification classique et la codification administrative.

436 ***b) La codification administrative*** ◊ Du type classique de codification, il faut distinguer un autre type, destiné à faciliter, par leur regroupement, la connaissance de règles nombreuses, éparses et même diverses par leur origine, tantôt législative, tantôt réglementaire. Inspirée davantage des processus de « consolidation » ou de « *restatement* » connus notamment aux États-Unis [6] et plus limitée que la précédente quant à sa portée, cette méthode s'est beaucoup développée dans notre système juridique. On a pu employer, pour la désigner, l'expression de *codification administrative* [7], dans la mesure où l'absence de modification de fond apportée aux dispositions législatives existantes permet en principe de procéder à la codification par voie réglementaire. Force est de constater, à

---

1. *La codification en droit international privé*, Trav. du Comité franç. de dr. intern. privé, 1955, éd. 1956.

2. V. P. Eckly, La codification du droit administratif, *Mélanges Wiederkehr*, 2009, p. 281 s.

3. G. Cornu, La codification de la procédure civile en France, in *La codification et l'évolution du droit*, XVIIIe Congrès de l'IDEF, *Rev. jur. et pol. Indépendance et coopération* 1986, p. 689 s., rééd. *in L'art du droit en quête de sagesse*, 1998, p. 385 s. ; L'élaboration du Code de procédure civile, *Rev. hist. Fac. droit*, n° 16, 1995, p. 241 s. ; G. Bolard, Le nouveau Code de procédure civile français, *Mélanges Skapski*, Cracovie, 1994, p. 9 s. ; *Le nouveau Code de procédure civile (1975-2005)*, dir. Jean Foyer et Catherine Puigelier, éd. Economica, 2006.

4. G. Cornu, La refonte dans le code civil français du droit des personnes et de la famille, *Rev. jur. et pol. Indépendance et coopération* 1986, p. 674 s., rééd. *in L'art du droit...*, préc., p. 371 s.

5. B. Oppetit, *op. cit.*, p. 26 s. – Rappr. Dominique d'Ambra, Du déclin des codes, *Mélanges Wiederkehr*, 2009, p. 147 s.

6. V. D. Tallon, Codification and consolidation of the law at the present time, *Israel Law Review* 1979, p. 1 s.

7. V. J.-C. Groshens, La codification par décret des lois et règlements, *D.* 1958, chron. 157 s. ; Olivier, *La codification administrative*, thèse dactyl. Paris, 1958.

cet égard, une croissance inquiétante du pouvoir bureaucratique, ainsi que du Conseil d'État, dans la création du droit.

437 ***La première vague : le rassemblement des textes*** ◊ Tout d'abord, un décret du 10 mai 1948 institua, « auprès de la Présidence du Conseil une Commission supérieure chargée de réunir l'ensemble des textes législatifs et réglementaires en vigueur, de coordonner et de compléter les travaux déjà entrepris à cet effet par les différentes administrations et de soumettre au Gouvernement toutes suggestions relatives à la simplification de ces textes, en vue de faciliter les travaux de codification proprement dits » [1].

Vaste, ce mouvement l'était d'ailleurs à divers titres. En premier lieu, par la diversité des normes qu'il devait recouvrir. La codification allait porter non seulement sur des textes législatifs, mais aussi sur des textes réglementaires. On ne saurait trop souligner combien cette nouveauté transformait la fonction traditionnelle de la codification. C'était une codification *intégrale* qui était recherchée. En deuxième lieu, le mouvement était vaste dans l'espace. L'instruction générale sur la codification, rédigée en vue de permettre aux diverses administrations de suivre une procédure uniforme, précisait notamment que les dispositions codifiées s'appliqueraient à l'ensemble du territoire métropolitain, et notamment aux départements du Haut-Rhin, du Bas-Rhin et de la Moselle, « toutes les fois qu'il n'en sera pas disposé autrement ». En troisième lieu, le mouvement était vaste dans le temps. En effet, les divers textes qui, selon le programme élaboré par la commission, prescrivirent successivement la codification de diverses matières, précisèrent presque tous que cette codification serait *permanente* et que les codes, ainsi rédigés, seraient mis à jour tous les ans.

L'activité de la commission a été à l'origine de nombreux codes : Code des pensions civiles et militaires de retraite (1951), Code de la santé publique (1953), Code de la famille et de l'aide sociale (1956), Code du travail (1973), Code de l'organisation judiciaire (1978)...

438 ***La deuxième vague : la simplification et la clarification du droit*** ◊ À partir de 1989 une nouvelle vague de codification s'est produite dans le sens d'une relance de la codification [2]. Abrogeant le décret du 10 mai 1948, un décret du 12 septembre 1989 a substitué à la commission antérieure, une « Commission supérieure de codification chargée d'œuvrer à la simplification et à la clarification du droit ». L'objectif est et demeure le développement des travaux de codification [3].

---

1. G. Ardant, La codification permanente des lois, règlements et circulaires, *RD publ.* 1951, 35 s. ; Ettori, *Les codifications administratives*, EDCE 1956, p. 42 s.

2. V. « La relance de la codification », Alloc. de MM. Rocard et Braibant, *RFD adm.* 1989, 303 s.

3. Décr 12 sept. 1989, modifié par décr. 27 févr. 2008. – V. rapport d'activité de la Commission supérieure de codification (nov. 1989-nov. 1990, *JO* 17 nov. 1990, p. 14165 s.) ; v. spéc. Rép. min., *JOAN* Q, 29 juill. 1991, p. 2963 ; Rappr. H. Moysan, Le changement dans la

Ainsi s'amplifie, sous l'influence là aussi grandissante de l'administration et de la bureaucratie, un mouvement qui s'accompagne, comme on pouvait le craindre, de modifications de fond, de nature législative, sous couvert de codification administrative, de nature réglementaire. Il y a des « codifications dangereuses ». C'est ce que l'on a justement observé au sujet du Livre des procédures fiscales ou du Code des douanes [1]. Il est vrai que, dans son développement le plus récent, la codification administrative se veut « à droit constant », c'est-à-dire sans modification autre que de forme, ce qui n'exclut pourtant pas la réécriture de règles « anciennes, utiles et appliquées, quand elles sont devenues difficilement compréhensibles, la langue ayant évolué » [2]. À supposer même qu'il en soit ainsi, ce qui est au demeurant inexact [3], la référence au droit constant, lors même que les nouveaux codes sont soumis au Parlement, tend à empêcher celui-ci, en fait sinon en droit, d'exercer sa fonction éminente en matière législative et à accroître d'autant le pouvoir des bureaux dans l'expression de la volonté nationale [4]. La frénésie administrative et mandarinale aidant, on observe aujourd'hui un pullulement des codes qui s'ajoute au pullulement des règles, beaucoup plus qu'il ne canalise celui-ci ou ne remédie à ses défauts. De toute évidence, il y a là un signe de régression du droit [5], qui ne s'est pas ralentie si l'on en juge par les déclarations d'intention des milieux officiels et l'annonce d'un programme démentiel de codification [6], et qui s'est, au contraire, amplifiée par le recours à la codification par ordonnance.

---

continuité (à propos du rapport annuel 2007 de la commission supérieure de codification), *JCP* 2008, Act. 442. - V. aussi, par ex., C. Gabolde, Le nouveau code des tribunaux administratifs et des cours administratives d'appel, *D.* 1990, chron. 11 s. - Rappr. Y. Gaudemet, La codification de la procédure administrative non contentieuse en France, *D.* 1986, chron. 107 s.

1. M. Prelle, Les codifications dangereuses, *Gaz. Pal.* 1990, 2, doctr. 622.

2. M. Suel, *Essai sur la codification à droit constant, Précédents, Débuts, Réalisation*, Impr. des Journaux officiels 1993, p. 210 ; G. Braibant, La codification française, *Rev. adm.* 1994, 172 s.

3. V. « sur l'effet novatoire de la codification à droit constant », les obs. de R. Libchaber, *RTD civ.* 1997, 778 s. - Rappr., par ex. au sujet des inadvertances du code de la consommation, spéc. au sujet de l'usure, Rép. min., *JOAN* Q, 20 juin 1994, p. 3171, et Com. 5 mai 1998, *Rev. Droit des affaires* 1998, somm. n° 54, p. 10.

4. V. F. Terré et A. Outin-Adam, Codifier est un art difficile (à propos d'un… « code de commerce »), *D.* 1994, chron. 99 s., L'année d'un bicentenaire, *D.* 2004, chron. 12 ; D. Bureau, Remarques sur la codification du droit de la consommation, *D.* 1994, chron. 291 s. ; rappr. J. Beauchard, Remarques sur le Code de la consommation, *Mélanges Cornu*, 1994, p. 9 s.

5. Pis : comme s'il n'y avait pas assez de textes, mais parce que l'on croit remédier de la sorte aux interférences, aux télescopages et aux hiatus, l'on a introduit une distinction entre *codes pilotes* et *codes suiveurs*, compte tenu du fait que l'on a cru bon de répéter les mêmes règles dans plusieurs codes ! D'où la technique suivante : toute modification de ces règles dans le code pilote opère automatiquement dans le code suiveur (v. M. Suel, *op. cit.*, p. 211). Et la bureaucratie paperassière pavoise. - Rappr. Crim. 17 sept. 2003, *D.* 2004, 1416, note L. Miniato.

6. V. Circulaire du Premier ministre, en date du 30 mai 1996, « relative à la codification des textes législatifs » (*JO* 5 juin 1996, p. 8263) ; rappr. L. 14 juin 1996, tendant à créer un Office parlementaire d'évaluation de la législation (*supra*, n° 423). Ce mouvement est ouvertement rattaché à la « réforme de l'État » ! - V. G. Drago, Lois : de la codification à l'évaluation, Premiers commentaires de la circulaire du 30 mai 1996 et de la loi n° 96-516 du 14 juin 1996, *JCP* 1996, I, 3953. - V. aussi la copieuse circulaire du Premier ministre, 30 janv. 1997, *JO* 1er févr. 1997, p. 1720 s., spéc. p. 1727 s.

439 ***La troisième vague : la codification par ordonnance*** ◊ Une *troisième vague* date de 1999. Comme la précédente, elle a été présentée en termes de relance de la codification [1]. Son déclenchement a été expliqué et même justifié par les lenteurs du Parlement dans l'examen des parties Législatives des projets de codes déjà élaborés [2]. Sensible à ce mouvement d'humeur, le Gouvernement a demandé au Parlement l'autorisation de procéder par voie d'ordonnances à la réalisation de la partie Législative de neuf codes très importants. Et le Parlement, obéissant, lui a, par la loi n° 99-1071 du 16 décembre 1999, accordé ce pouvoir. Ultérieurement, la loi n° 2003-591 du 2 juillet 2003 a habilité le Gouvernement à *simplifier le droit*, notamment à modifier par ordonnance les parties Législatives du Code rural et du Code général des collectivités territoriales (art. 32) et à adopter la partie Législative du Code du patrimoine, du Code de la recherche, du Code du tourisme et du Code de l'organisation judiciaire (art. 33) [3].

On pouvait s'étonner d'une semblable démarche. L'octroi de pleins pouvoirs, tel qu'il est prévu à l'article 38 de la Constitution, est subordonné à certaines conditions s'expliquant par le fait que l'objet des mesures envisagées relève normalement du domaine de la loi, ce qui appelle une interprétation restrictive [4]. Saisi de la question en 1999, le Conseil constitutionnel a pourtant rejeté le recours qui lui était soumis, estimant que « le Gouvernement a apporté au Parlement les précisions nécessaires en rappelant l'intérêt général qui s'attache à l'achèvement des neuf codes mentionnés à l'article 1er, auquel faisait obstacle l'encombrement de l'ordre du jour parlementaire » [5]. Mais l'intérêt général est bien distinct de la seule considération de circonstances exceptionnelles et du fait que le Parlement n'accomplit pas son travail nécessaire, si tant est au demeurant que cette nécessité soit bien comprise [6]. Saisi à nouveau, le Conseil constitutionnel a encore donné, en 2003, sa bénédiction [7].

440 ***La tromperie du droit constant*** ◊ Les dégâts attachés aux premiers codes « à droit constant » ont bien vite témoigné non seulement d'un

---

1. G. Braibant, Le Gouvernement relance la codification, *LPA*, 15 sept. 1999.
2. V. déjà, sur « la codification victime des lenteurs du Parlement » (sic), O. Dufour, *LPA*, 21 nov. 1997.
3. V. sur cette loi et les circulaires du 26 août et du 30 sept. 2003, les obs. de N. Molfessis, *RTD civ.* 2004, p. 155 s.
4. Cons. const. 25-26 juin 1986, *GDCC* 14e éd., n° 37.
5. Cons. const. déc. n° 99-421, 16 déc. 1999, *JO* 22 déc. 1999, p. 19041, *RTD civ.* 2000, 186, obs. crit. et pénétrantes de N. Molfessis ; v. aussi J.-E. Schoettl, Codification par ordonnances, *AJDA* 2000, 31 s.
6. Abstraction faite de toute codification, on a observé un mouvement comparable au sujet de l'actualisation et de l'adaptation du droit applicable *outre-mer*. Raison avancée à l'appui de la loi d'habilitation du 6 mars 1998 (v. encore pour justifier la loi de ratification : D. Martin, Rapp. AN n° 1673, p. 5). D'où les lois de ratification n° 99-1038 du 9 déc. 1999 (*JO* 12 déc. 1999), nos 99-1121, 99-1122 et 99-1123 du 22 déc. 1999 (*JO* 29 déc. 1999). Et tout cela aboutit à accentuer un effacement du Parlement qui ne remplit pas sa tâche ! Comp. sur le recours à une loi d'orientation, *infra* n° 511.
7. Déc. n° 2003-473 DC, 26 juin 2003, *JO* 3 juill. 2003, p. 11205.

stakhanovisme législatif qui n'a nulle part au monde fait ses preuves, mais d'une incompréhension majeure du rôle du temps dans le droit et de la signification des existants. Alors on a vu se développer d'abord par voie de circulaire (circ. 30 mai 1996 préc.), puis dans la loi d'habilitation elle-même, une conception laxiste de la codification à droit constant : « Les dispositions codifiées sont celles en vigueur au moment de la publication des ordonnances, sous la seule réserve des modifications qui seraient rendues nécessaires pour assurer le respect de la hiérarchie des normes et la cohérence rédactionnelle des textes ainsi rassemblés et harmoniser l'état du droit... » (L. 16 déc. 1999, art. 1er, al. 3). Ce qui, outre une étonnante latitude quant à l'inclusion ou à l'exclusion des textes non codifiés, repose sur un alignement temporel de dispositions importantes d'époques différentes, travail secret de pontifes digne des temps les plus rétrogrades, et constitue le signe d'une régression du droit. Face à la démission du Parlement et à l'activité contestable d'un réseau de plus en plus puissant, il appartient à la doctrine de remplir son rôle avec une persévérance accrue [1]. – Sur le principe de sécurité juridique consacré par le Conseil constitutionnel, v. *supra*, n° 255 et *infra*, n° 462.

Plus précisément, on voit alors s'introduire à la sauvette des exigences d'un tout autre ordre qui, sous prétexte de faciliter la mission codificatrice, contredisent de manière frontale l'entreprise si vantée par ses auteurs infatués. En effet, la codification à droit constant cesse nécessairement d'être formelle lorsque ceux qui l'opèrent doivent non seulement ramasser des textes, mais, au passage et à la sauvette, assurer le respect de la hiérarchie des normes – tiens ! Kelsen –, la cohérence rédactionnelle (?) et l'harmonisation de l'état du droit... Vaste programme qui n'a pas tardé à accroître la confusion et à susciter de nouvelles difficultés.

441 ***Hiérarchie, cohérence, harmonisation ?*** ◊ À supposer, en effet, qu'une ordonnance soit dans telle ou telle de ses dispositions contraire à ces exigences, l'on voit aussitôt la nécessité, à l'occasion d'un contrôle, de préciser en quoi consiste la hiérarchie des normes, la cohérence rédactionnelle et l'harmonisation d'état du droit [2]. Ainsi a-t-il été admis que le gouvernement pouvait *réveiller* une disposition réglementaire déclarée antérieurement illégale en l'insérant dans la partie législative du Code de commerce [3]. On a pu justement parler à propos de cette situation de règles illégales donc inapplicables mais subsistant dans notre ordre juridique, « éléments en quelque sorte d'un droit négatif par opposition au droit positif qui regroupe les règles pleines de vie car pleines de leur sanction » [4].

---

1. V., sur Cons. const. 16 déc. 1999, préc., obs. N. Molfessis, *RTD civ.* 2000, 186 s.

2. V. not. L. Depussay, De la hiérarchie des normes à la hiérarchie des pouvoirs, *RRJ* 2007-3, p. 1177 s. ; F. Terré, L'hétérarchie juridique, *Mélanges Jacques Boré*, 2007, p. 447 s.

3. CE 27 mai 2002, *D.* 2002, 2188, note A. Lienhard, *RTD* civ. 2002. 595, obs. N. Molfessis, au sujet de l'article 173 du décret du 27 déc. 1985 en matière de procédures collectives ; comp. D. Bureau et N. Molfessis, Le nouveau code de commerce ? Une mystification, *D.* 2001, chron. 361.

4. N. Molfessis, obs. préc., 596. – Rappr. H. Moysan, La codification à droit constant ne résiste pas à l'épreuve de la consolidation, *Dr. adm.* avr. 2002, chron. 7.

Au-delà de l'itinéraire utilisé, il faut constater que la précipitation des pseudo-législateurs est contraire, quoiqu'on ait affirmé l'inverse, aux véritables besoins de notre société. Pourquoi ? Parce que les ensembles de textes ne sont pas complets. Parce que, en un temps où il nous est affirmé qu'une portion considérable des règles de droit applicables est appelée à provenir de l'Union européenne, on voit mal quelle peut être la signification d'une codification opérée dans le cadre national. Parce que la codification exerce normalement une fonction de stabilisation, ce qui ne s'accorde pas avec une inflation chronique des lois et des règlements. Parce que la codification ne pourrait être efficace que si le droit existant se réduisait au seul droit légiféré et réglementaire, ce qui n'est plus le cas notamment dans les matières économiques et sociales [1].

D'ores et déjà en application de la loi d'habilitation du 16 décembre 1999, relativement à leurs parties Législatives, des livres de Code ou de Codes entiers ont vu le jour : ordonnance n° 2000-387 du 4 mai 2000 relative à la partie Législative du *Code de justice administrative* [2] ; ordonnance n° 2000-548 du 15 juin 2000 relative à la partie Législative du *Code de la santé publique* [3] ; ordonnance n° 2000-549 du 15 juin 2000 relative à la partie Législative du *Code de l'éducation* [4] ; ordonnance n° 2000-550 du 15 juin 2000 relative aux parties Législatives des Livres VII et IX du *Code rural* et à la « mise à jour » - donc à distinguer de la codification à droit constant... - de ses Livres Ier, III et VI [5] ; ordonnance n° 2000-912 du 18 septembre 2000 relative à la partie Législative du *Code de commerce* [6] ; ordonnance n° 2000-914 du 18 septembre 2000 relative à la partie Législative du *Code de l'environnement* [7] ; ordonnance n° 2000-930 du 22 septembre 2000 relative à la partie Législative du *Code de la route* [8] ; ordonnance n° 2000-1223

---

1. V. D. Bureau, Remarques sur la codification du droit de la consommation, *D.* 1994. Chron. 291 s., spéc. 294. ; F. Auque, La codification des baux commerciaux à droit « presque » constant, *JCP* E 2000. 1729 ; Ph. Reigné, Le Code monétaire et financier et les valeurs mobilières, *JCP* E 2001. 214 ; N. Molfessis, Le Code civil et le pullulement des codes, *in Le Code civil, un passé, un présent, un avenir,* Dalloz, 2004, p. 309 s.

2. *JO* 7 mai 2000 ; ord. ratifiée par L. ° 2003-591, 2 juill. 2003 (*JO* 3 juill. 2003) ; ord. complétée par décr. nos 2000-388 et 389, 4 mai 2000, relatifs aux parties Réglementaires du Code de justice administrative (*JO* 7 mai 2000).

3. *JO* 22 juin 2000, p. 9340 ; ord. ratifiée par L. n° 2003-591, 2 juill. 2003, préc. ; ord. complétée par décr. nos 2003-461 et 2003-462, 21 mai 2001, relatifs aux parties Réglementaires du code de la santé publique (*JO* 27 mai 2003).

4. *JO* 22 juin 2000, p. 9346 ; ord. ratifiée par L. n° 2003-339, 14 avril 2003, art. 1er (*JO* 15 avr. 2003).

5. *JO* 22 juin 2000, p. 9358.

6. *JO* 21 sept. 2000 et rect. *JO* 18 nov. 2000 ; ord. ratifiée par L. n° 2003-7, 3 janv. 2003, art. 50-I (*JO* 4 janv. 2003). - A. Lienhard et C. Rondey, Incidences juridiques et pratiques des codifications à droit constant (à propos du nouveau code de commerce), *D.* 2000, 521 ; D. Guérel, Les mots pour le dire : remarques sur la syntaxe et quelques substantifs du code de commerce, *LPA*, 19 avr. 2003, p. 5. - C. Arrighi de Casanova et J. Thery-Schultz, Élaboration de la partie réglementaire du code de commerce, *D.* 2007.Chron. 1221 s.

7. *JO* 21 sept. 2000 ; ord. ratifiée par L. n° 2003-591, 2 juill. 2003, préc.

8. *JO* 24 sept. 2000 et rect. *JO* 9 juin 2001 ; ord. complétée par décr. nos 2001-250 et 2001-251, 22 mars 2001, relatifs aux parties Réglementaires du Code de la route (*JO* 25 mars 2001).

du 14 décembre 2000 relative à la partie Législative du *Code monétaire et financier* [1] ; ordonnance n° 2000-1249 du 21 décembre 2000 relative à la partie Législative du *Code de l'action sociale et des familles* [2], etc.

442 ***Les dégâts*** ◊ Loin de clarifier les situations, la méthode employée n'a pas tardé à montrer de tous côtés ses innombrables défauts (v. sur les abrogations par mégarde, et les moyens parfois acrobatiques d'y remédier, *infra*, n° 490, y compris en termes de résurrection, *infra*, n° 524). L'ordonnance relative à la partie législative du Code de justice administrative est soumise à approbation par un rapport au Président de la République en date du 4 mai 2000. Or, déjà la loi du 30 juin 2000 « relative au référé devant les juridictions administratives » en modifie nombre de dispositions. Il ne s'agit plus de codification à droit constant mais d'inconstance dans la codification. Pourquoi, en si bonne voie, ces codificateurs se gêneraient-ils ? Ils bénéficient de toutes les complaisances du Parlement et de l'Administration. À preuve, parmi d'autres, l'article 3 de la loi du 12 avril 2000 « relative aux droits des citoyens dans leurs relations avec les administrations » : « La codification législative rassemble et classe dans des codes thématiques l'ensemble des lois en vigueur à la date d'adoption de ces codes » (al. 1er). « Cette codification se fait à droit constant, sous réserve des modifications nécessaires pour améliorer la cohérence rédactionnelle des textes rassemblés, assurer le respect de la hiérarchie des normes et harmoniser l'état du droit » (al. 2). Curieuse formule s'agissant de « codification législative » ! L'administration entendrait-elle de la sorte soumettre le Parlement à ses méthodes ? Comme si cela ne suffisait pas, un décret du 16 juin 2000 modifiant celui du 12 septembre 1989, pérennise les pouvoirs de la Commission supérieure de codification dans le cadre des relations entre les particuliers et l'administration et lui accorde le pouvoir d'être consultée sur les projets de textes modifiant les codes existants, ce qui n'exclut quand même pas le pouvoir de donneur d'avis traditionnellement accordé au Conseil d'État.

443 ***La persévérance*** ◊ La loi du 2 juillet 2003 habilitant le gouvernement à simplifier le droit par ordonnance a bien dû reconnaître les malfaçons d'une codification tous azimuts. Déjà la loi du 3 janvier 2003 - six mois plus tôt - apportait des dizaines de corrections au malencontreux Code de commerce né par ordonnance. Mais celle du 3 juillet 2003 a marqué une étape nouvelle en autorisant le gouvernement à corriger lui-même les codes tout récents qu'il a lui-même élaborés par ordonnance. Mieux encore, dépassant de beaucoup et délibérément une attitude dite « statique » [3], la loi accorde au gouvernement, à l'occasion de la modification des parties législatives prévues, le pouvoir de « remédier aux éventuelles erreurs ou

1. *JO* 16 déc. 2000 et rect. *JO* 17 mars 2001 ; ord. ratifiée par L. n° 2003-591, 2 juill. 2003, préc.
2. *JO* 23 déc. 2000 ; ord. ratifiée par L. n° 2002-2, 2 janv. 2002, art. 87 (*JO* 3 janv. 2002).
3. H. Plagnol, La codification doit être une incitation à la réforme, *JCP* A 2003, n° 49, p. 2104.

insuffisances de codification » (art. 32 et 34). On est bien obligé dans ces conditions de se demander, plus que jamais, ce que signifie la maxime suivant laquelle nul n'est censé d'ignorer la loi, en l'occurrence la loi que le législateur - ou le gouvernement - s'octroie le pouvoir d'ignorer [1].

Un an plus tard, une nouvelle loi d'habilitation en date du 9 décembre 2004 a encore été votée aux fins de simplification du droit. D'où une nouvelle pluie d'ordonnances en 2005 et 2006 : commissariat aux comptes, domaine agricole, monuments historiques, espaces protégés, installations classées pour la protection de l'environnement, opérations funéraires, libéralités aux associations, filiation, sûretés, propriétés des personnes publiques, organisation judiciaire...

Une nouvelle loi, en date du 26 juillet 2005, a habilité le gouvernement à prendre, par ordonnances, des mesures pour l'emploi, comportant des dispositions visant à favoriser l'embauche dans certaines entreprises n'employant aucun salarié ou n'employant qu'un petit nombre de salariés. Il était prévu, à cet effet, l'institution d'un contrat de travail sans limitation de durée comportant pendant une période déterminée des règles de rupture et un régime indemnitaire spécifiques, garantissant au salarié, pendant cette période, une indemnité en cas de rupture à l'initiative de l'employeur. Le Conseil constitutionnel a rejeté le recours formé contre cette loi d'habilitation, estimant que les termes de la délégation étaient suffisamment précis et n'étaient pas contraires à une règle ou à un principe de valeur constitutionnelle [2].

B. Quant au droit jurisprudentiel

444 ***Évolution*** ◊ Depuis une trentaine d'années, l'on constate en France un phénomène volontiers qualifié d'*explosion judiciaire*. Beaucoup de causes sont à l'origine d'un accroissement considérable du nombre des litiges. L'afflux des procès ne cesse de s'amplifier, sans que le corps judiciaire puisse, malgré d'immenses efforts et des trésors d'imagination, absorber à la cadence voulue le flot des affaires nouvelles. La justice n'arrive plus à combler le retard ; tout au plus parvient-elle à éviter que celui-ci s'accroisse. Ce qui tient du prodige si, par rapport au nombre des affaires, on compare ce qu'est aujourd'hui le nombre des magistrats à ce qu'il était il y a un demi-siècle. D'ores et déjà, de savantes et inquiétantes réflexions ont été menées sur la « maîtrise des flux judiciaires ». C'est l'histoire d'une maîtrise perdue [3].

---

1. V. les obs. de N. Molfessis, *RTD civ.* 2004. 159 s.

2. Déc. 22 juill. 2005, *LPA* 29 juill. 2005, note J.-E. Schoettl. - Ultérieurement, la voie législative a été utilisée à ce sujet, sans que le Conseil constitutionnel y trouve à redire (Cons. const. déc. 16 mars 2006, relative à la loi sur l'égalité salariale entre les femmes et les hommes, *JO* 24 mars 2006). Mais cela n'a pas suffi à assurer longue vie au « contrat première embauche ». - *Adde* : Les ordonnances de la XIIe législature (2002-2007). L'avènement de la « législation administrative », *LexisNexis*, Dossier spécial Législation, sept. 2007, préf. N. Molfessis.

3. V., de manière plus générale, le n° spéc. de la Rev. *Droits* n° 9-1989 : *La fonction de juger ; La crise du juge*, Colloque du Centre de phil. droit de Louvain et de l'Assoc. franç. phil. droit, 1989, éd. 1990.

L'augmentation du nombre des procès – allant de pair avec l'accroissement du mécontentement ou de la lassitude des justiciables, attitudes toutes deux malsaines – impose d'emblée une interrogation d'ordre quantitatif, relativement au nombre des magistrats. De prime abord, l'on pourrait penser que, dans un pays, une justice n'est pas *nécessairement* améliorée par l'accroissement du nombre des juges. Et il se peut, au demeurant, que d'autres démarches pourraient aussi remédier à la crise de la justice : traitement approprié des contentieux de masse (si tant est qu'il y en ait beaucoup) ; recours accru à la conciliation ou à l'arbitrage ; allégement (nécessairement limité) de la motivation ; amélioration de l'aide à la décision ; etc. Reste que, notamment à la lumière de situations comparables, telles qu'on les a constatées en Italie ou en Allemagne, il y a, en France, une très notable insuffisance du nombre des magistrats.

Loin de décroître ou de demeurer étale, le flot ne fera que s'amplifier dans un avenir relativement proche. L'attention est, en effet, appelée sur deux facteurs nouveaux d'expansion du contentieux : la *décentralisation*, qui favorise, à de nouveaux étages de l'organisation administrative et politique, l'apparition et l'expansion de nouvelles aires de contentieux, y compris dans le champ des relations de droit privé [1] ; la *désétatisation* – en marche, en projet, en attente –, qui appelle une déréglementation et ne peut, par contrepoids, qu'entraîner du côté du judiciaire le traitement de difficultés d'ordre juridique antérieurement assuré de manière prépondérante par la loi et le règlement.

Tel est le contexte, d'ordre quantitatif, dans lequel se situe l'expression du droit jurisprudentiel [2]. Inévitablement, il développe, d'un point de vue qualitatif, une crise de conscience.

445 ***Une crise de conscience*** ◊ Pour que, par rapport au juste, le juge assure sans crise sa mission, il importe que les termes de la médiation du juste et du sage demeurent clairs. Ils le sont restés aussi longtemps que le juste a été la finalité primordiale du droit, lequel tend aussi, essentiellement, à organiser, à ordonner (*supra*, n°s 49 s.).

C'est sur ces bases que, pendant des siècles, le droit a vécu. Les juges, plus généralement les juristes, étaient, consciemment ou non, des philosophes du droit, les juges au premier chef, appelés à dire le droit (*judicium*). Qu'il y ait eu dans le passé des révoltes de Parlements, c'est certain. Mais cela n'a pas voulu dire, au sens employé à notre époque, crise du juge ou de la justice.

L'horizon s'est obscurci quand s'est développé l'utilitarisme des temps modernes. Et peut-être faut-il voir dans ce mouvement d'idées, sinon la première source, du moins une source principale de la crise actuelle du juge. À mesure que se multiplient les finalités du droit, la médiation du juste au sage devient de plus en plus complexe, tandis que se renforce tout naturellement la tentation souvent paresseuse du positivisme juridique.

---

1. V. cep., sur les aménagements de la carte judiciaire par le décret du 15 févr. 2008, *supra* n°s 129 s.
2. V. Marie-Anne Frison-Roche et S. Bories, La jurisprudence massive, *D.* 1993. Chron. 287 s.

Pour surmonter une crise de conscience, on trouverait profit à tenir compte, pour finir, des exigences ou des correctifs dont a besoin la justice des hommes : l'équité, la prudence au sens aristotélicien du mot. Car l'homme de bon jugement n'est pas l'homme de science. Il n'ignore pas que, s'agissant des affaires humaines, le vrai s'efface habituellement devant le vraisemblable et ne se confond pas avec le démontrable. Il ne s'incline pas devant un savoir transcendant quand il doit juger, donc comprendre. Et la raison qui inspire le juge est plus raisonnable que rationnelle [1].

C'est dans ce contexte quantitativement et qualitativement en crise que se transmet le message exprimé dans les décisions de justice.

SECTION 2. **L'ASSIMILATION DU DROIT**

446 ***Plan*** ◊ Elle dépend de certaines *conditions*, qu'il convient d'envisager (§ 1), avant d'apprécier les *résultats* atteints (§ 2).

§ 1. **Les conditions**

447 ***Distinction*** ◊ L'assimilation du droit passe par la satisfaction de certaines exigences, relatives à la *diffusion* des règles et des solutions (A), ainsi qu'à l'*enseignement* du droit (B) [2].

A. **La diffusion**

448 ***Les progrès*** ◊ Dans l'histoire des progrès de l'humanité - ici de l'*homo juridicus* - on compare volontiers l'invention de l'imprimerie et celle de l'ordinateur. En tout cas, on peut distinguer, dans cette perspective, la diffusion classique et la diffusion par l'informatique [3].

449 ***1° La diffusion classique*** ◊ Il est nécessaire que le droit soit accessible à tous, ce que ne facilite pas sa complexité croissante. Les publications des lois et règlements au *Journal officiel* de la République française n'intéressent pas seulement l'apparition de leur caractère obligatoire et leur mise en vigueur (*infra*, n° 484) [4]. Ceci étant lié à cela, elles permettent la diffusion sans laquelle l'obligation de se conformer à des règles secrètes serait inconciliable avec la liberté (sur l'objectif de valeur constitutionnelle

---

1. V. G. Khairallah, Le « raisonnable » en droit privé français, *RTD civ.* 1984, 439 s.
2. V. aussi, en termes de *transparence*, Gilda Nicolau, Inaccessible droit, *RRJ* 1998, 34 s.
3. V. Y. Tanguy, *La recherche documentaire en droit*, PUF, coll. Droit fondamental, 1991.
4. On a même envisagé, pour faciliter la connaissance, une publication des projets de loi. Cette idée, apparemment séduisante, est en réalité malencontreuse, c'est le moins qu'on puisse dire : surcroît de textes à absorber, montée des groupes de pression, confusion entre le droit envisagé et le droit positif (V. *JOAN* Q, 25 janv. 1995, p. 406).

d'accessibilité et d'intelligibilité de la loi, v. *infra*, n° 462). Dans un ordre d'idées voisin, la rédaction des coutumes, la motivation et la publication des décisions de justice sont les conditions mêmes du caractère obligatoire de la coutume et de la jurisprudence. Un raisonnement comparable pourrait être développé au sujet de toutes les manifestations du droit objectif. D'où l'existence de questions liées à l'accès à la connaissance, étant observé qu'en principe, de quelque manifestation du droit objectif qu'il s'agisse - droit coutumier ou droit écrit, droit jurisprudentiel ou droit légiféré -, l'écrit est le véhicule indispensable de la diffusion du savoir juridique.

a) Parce que la *coutume* se forme par l'usage, sans décision écrite, elle est en principe difficile à connaître. La prise de connaissance de la coutume peut cependant être facilitée par l'existence de recueils qui relatent les usages principaux en certaines matières. Il existe ainsi un certain nombre de recueils privés qui rapportent, par exemple, les usages relatifs à la propriété foncière, ou ceux appliqués dans des places de commerce. De tels recueils n'ont qu'une simple valeur documentaire et, en cas de litige, ne s'imposent pas au juge. On observe parfois une constatation officielle des coutumes sous le contrôle de l'autorité publique. Il y a eu un exemple célèbre dans l'Ancien droit avec la rédaction officielle des coutumes (*supra*, n° 75). À l'époque contemporaine, on peut citer comme manifestation de la rédaction des coutumes, la constatation des usages généraux observés à propos de maintes opérations commerciales. En principe, la rédaction officielle d'une coutume n'en change pas la nature ; elle ne devient pas, pour autant, loi. Une telle rédaction ne fait donc pas obstacle à ce que l'usage puisse évoluer ; mais il faut reconnaître qu'il tend alors à se figer.

b) Pour avoir une vision complète et juste de ce qu'est le droit positif, il ne suffit évidemment pas de consulter les codes et les lois, il faut connaître et savoir analyser l'application que la jurisprudence en a faite, l'interprétation qu'elle en a donnée. Sans l'être tous - loin de là, et l'écart se creuse - un grand nombre d'arrêts de la Cour de cassation a été publié au *Bulletin officiel* des arrêts de la Cour de cassation. À ce sujet, une casuistique des plus fines s'est développée contribuant à compliquer la connaissance de la jurisprudence dans le même temps qu'elle tend à en faciliter la compréhension. Il y a les arrêts de la Cour de cassation rendus en *formation simple* (FS) et ceux rendus en *formation plénière* (FP). Si les arrêts D sont destinés à une diffusion restreinte, il en va autrement des arrêts P, qui sont publiés au *Bulletin officiel*, et, en allant *crescendo*, sont même annoncés dans le Bulletin hebdomadaire (B), s'il le faut, en flash (F), ou encore explicités succinctement dans le Rapport annuel (R) (v. *supra*, n°s 150 s., 153), la quintessence se manifestant par son site Internet (I). S'agissant des arrêts des chambres civiles, la diffusion par Internet a d'ailleurs fini par entraîner l'arrêt de la publication par le Bulletin de la Cour de cassation relatif à ces arrêts [1].

1. V. not. A. Perdriau, Les publications de la Cour de cassation, *Gaz. Pal.* 2003, 1, doctr. 7. - Sur des arrêts FP + B + R + I, v. not. obs. R. Libchaber, *RTD civ.* 2002, 605.

De manière plus générale, la jurisprudence connue ne représente qu'une faible fraction dans l'immense masse des décisions : les recueils privés publient les décisions les plus intéressantes qui leur sont fournies notamment par les « correspondants » avec qui leurs rédacteurs ont pu nouer des contacts auprès des diverses juridictions (v. *supra*, n° 350).

c) La diffusion des lois et règlements s'opère par l'intermédiaire du *Journal officiel*. Divers bulletins officiels ou privés servent à la diffusion des normes qui prolifèrent, en particulier de celles qui sont émises par nombre d'autorités administratives indépendantes [1].

450 ***La documentation*** ◇ On ne saurait présenter ici une documentation exhaustive [2]. L'on se contentera donc de fournir quelques informations documentaires relevant de l'introduction générale au droit :

1. Traités, manuels, précis

ARDANT (Ph.), *Droit constitutionnel et Institutions politiques* , LGDJ, 26e éd. 2014.

AUBERT (J.-L.) et SAVAUX (E.), *Introduction au droit et thèmes fondamentaux du droit civil*, Sirey U, 15e éd., 2014.

AVRIL (P) et VERPEAUX (M.), *Les règles et principes écrits en droit public*, éd. LGDJ 2000.

AVRIL (P) et VERPEAUX (M.) et s., *Les règles et principes non écrits en droit public*, éd. Panthéon-Assas, 2000.

BEIGNIER (B.), BLÉRY (C.), THOMAT-RAYNAUD (A.-L.), *Introduction au droit*, Cours, mémento, lexique, méthodologie, LGDJ, 4e éd. 2014.

BERGEL (J.-L.), *Théorie générale du droit*, Dalloz, 5e éd. 2012.

BONNARD, *Introduction au droit*, Ellipses, 4e éd. 2010.

BRAIBANT (G.) et STIRN (B.), *Le droit administratif français*, PFNSP-Dalloz, 7e éd., 2005.

CABRILLAC (R.), *Introduction générale au droit*, Cours Dalloz, 10e éd. 2013.

CARBONNIER (J.), *Droit civil, Introduction*, PUF, 27e éd. 2002 (repris en Quadrige, 2004).

CORNU (G), *Droit civil, Introduction*, Montchrestien-Domat, 13e éd. 2007.

DELVOLVÉ (P.) *Le droit administratif*, Dalloz, 6e éd. 2014.

DEUMIER, (P.), *Introduction générale au droit, LGDJ*, 2e éd. 2013.

DOUCHY-OUDOT (M.), *Droit civil 1re année, introduction personnes, famille*, Hypercours, 7e éd. 2013.

GARÉ (Th.) *Introduction au droit et droit civil 2015*, Dalloz, 2014.

GAUDEMET (Y.), *Traité de droit administratif*, t. I, 16e éd. 2001, *Droit administratif*, LGDJ, 20e éd. 2012.

ENCINAS DE MUNAGORRI (R.), *Introduction au droit*, Champs, Flammarion, 3e éd. 2011.

JESTAZ (Ph.), *Le droit*, Dalloz, Connaissance du droit, 8e éd. 2014.

LARROUMET (Ch.) et AYNÈS (A.), *Droit civil*, t. 1, *Introduction à l'étude du droit privé*, Economica, 6e éd. 2013.

1. Sur la valeur des notices explicatives de l'Administration jointes aux formulaires des déclarations fiscales, v. CE 26 juin 1992, concl. Fouquet, *LPA*, 6 nov. 1992, p. 5.

2. V. les ouvrages de A. Dunes et de Y. Tanguy, préc. – *Adde*, Centenaire de la *Revue trimestrielle de droit civil*, Les revues juridiques du XXe et XXIe siècle, *RTD civ.* 2002, 643 s. *Dictionnaire de la culture juridique*, dir. D. Alland et S. Rials, PUF 2003.

DUMONT (G.), LOMBARD (M.) et SIRINELLI (J.), *Droit administratif*, Dalloz, Hypercours, 10e éd., 2013.
MAINGUY (D.), *Introduction générale au droit*, Litec, 6e éd. 2013.
MALAURIE (Ph.) et MORVAN (P.), *Droit civil, Introduction générale*, LGDJ, 5e éd. 2014.
MALINVAUD (Ph.), *Introduction à l'étude du droit*, Litec, 4e éd. 2015.
MARAIS (A.), Introduction au droit, Vuibert, 5 éd. 2014.
MARTY (G.) et RAYNAUD (P.), *Droit civil, Introduction générale à l'étude du droit*, Sirey, 2e éd. 1972.
MAZEAUD (H., L. et J.), *Leçons de droit civil*, t. I, 1er vol., *Introduction à l'étude du droit*, par CHABAS (F.), LGDJ, 12e éd. 2000.
PLANIOL (M.) et RIPERT (G.), *Traité théorique de droit civil français*, 2e éd., 13 vol. LGDJ, 1952-1960, plus 1 vol. de tables, 1963, publiée avec le concours de MM. BECQUÉ, BESSON, BOULANGER, ESMEIN, GABOLDE, GIVORD, HAMEL, LEPARGNEUR, LOUSSOUARN, MAURY, PICARD, RADOUANT, ROUAST, R. SAVATIER, J. SAVATIER, TRASBOT, TUNC, VIALLETON.
RIDEAU (J.), *Droit institutionnel de l'Union et des Communautés européennes*, LGDJ, 4e éd. 2002.
ROLAND (H.) et BOYER (L.), *Introduction au droit*, Litec, 7e éd. 2014.
TROPER (M.) et CHAGNOLLAUD (D.) dir., *Traité international de droit constitutionnel*, 3 tomes, Dalloz, 2012.
WALINE (J.), *Droit administratif*, Dalloz, 25e éd., 2014.
ZOLLER (E), *Introduction au droit public*, Dalloz, 2e éd. 2013.

2. Périodiques

Les lois et décrets peuvent être commodément consultés soit dans le *Journal officiel* de la République, soit dans les recueils périodiques privés : Recueil Dalloz, Semaine Juridique, Gazette du Palais, etc.

Dans ces mêmes recueils privés, sont également publiés des jugements et des arrêts, avec des commentaires, et aussi des articles de doctrine. La référence à ces recueils et l'indication des arrêts sont faites au moyen d'abréviations conventionnelles.

Les abréviations usuelles sont les suivantes :

a) Pour les décisions de justice :

Req.	Cour de cassation, chambre des Requêtes (jusqu'en 1947).
Cass. 1re (ou 2e) sect. civ.	Cour de cassation, chambre civile, 1re (ou 2e) section civile (jusqu'en 1964).
Civ. 1re (ou 2e ou 3e)	Cour de cassation, 1re (ou 2e ou 3e) chambre civile (depuis 1965).
Com.	Cour de cassation, section, puis chambre commerciale et financière
Soc.	Cour de cassation, section, puis chambre sociale.
Crim.	Cour de cassation, chambre criminelle.
Ch. mixte	Cour de cassation, réunie en chambre mixte.
Ass. plén.	Assemblée plénière de la Cour de cassation.
Ch. réunies	Cour de cassation, chambres réunies.
T. civ. Chartres	Tribunal civil de Chartres (jusqu'en 1958).
TGI Chartres	Tribunal de grande instance de Chartres (depuis 1958).

TI Asnières	Tribunal d'instance d'Asnières.
Lyon	Cour d'appel de Lyon.
C. adm. Lyon	Cour administrative d'appel de Lyon.
CE	Conseil d'État.
TA	Tribunal administratif.
T. confl.	Tribunal des conflits.

La date de la décision, puis la référence à un périodique suivent l'indication de la juridiction.

Ex. : Crim. 6 déc. 1967, *D.* 1968, 430 = arrêt de la chambre criminelle de la Cour de cassation en date du 6 décembre 1967, rapporté au Recueil Dalloz de 1968, partie jurisprudence, page 430.

b) Pour les recueils périodiques :

• *JO*. Journal officiel.

• *Recueil Dalloz*. Pendant plusieurs décennies, il a existé deux périodiques Dalloz, l'un mensuel (Dalloz périodique) : *DP*, devenu ensuite Dalloz critique : DC ; l'autre, hebdomadaire (Dalloz hebdomadaire) : DH, devenu ensuite Dalloz analytique : *DA*. Il n'existe plus aujourd'hui qu'une seule série, qui est hebdomadaire et qui a fusionné avec un autre périodique, le Recueil Sirey. On cite : *D* (ou DS).

Quand il s'agit de l'ancien Dalloz mensuel, on précise l'année, la partie du Recueil et la page : Colmar 20 janvier 1933, *DP* 1935, 2, 25. Pour le Recueil hebdomadaire, on cite seulement l'année et la page, pour les décisions de justice (Crim. 6 déc. 1967, *D.* 1968, 430 ou *D.* 1968, J, 430). Pour les chroniques, on précise chron. et la page ; pour les sommaires d'arrêts, on précise Somm. et la page ; les « Informations rapides », apparues il y a une quinzaine d'années, sont citées IR et la page. Quant aux lois et décrets, on précise L., et la page. Exemples : Ripert, Le bilan d'un demi-siècle de vie juridique, *D.* 1950, chron. 1 ; Loi n° 83-1405 du 8 décembre 1983 relative au contrôle de l'état alcoolique, *D.* 1984, L, 7.

• *Semaine juridique*, d'abord citée Sem. Jur., et dorénavant *JCP* (abréviation de Juris Classeur Périodique). Après avoir indiqué l'année, on précise la partie, puis le numéro attribué au document recherché. Exemples : Malinvaud, La responsabilité civile du vendeur à raison des vices de la chose, *JCP* 1968. I. 2153 ; Crim. 25 janv. 1968, *JCP* 1968. II. 15425 ; décret n° 68-273 du 20 mars 1968, *JCP* 1968. III. 34104. Il existe plusieurs éditions de la Semaine Juridique. À défaut de précision, la référence est faite à l'édition générale (G).

• *Gazette du Palais*. Elle comprend un journal, autrefois quotidien, aujourd'hui tri-hebdomadaire, et un recueil bimestriel qui reprend en grande partie ce qui a déjà été publié dans le journal. Les recueils bimestriels sont usuellement reliés en deux recueils semestriels.

Le numéro précisé après l'année indique qu'il s'agit du premier ou du second semestre. Exemple : Gaz. Pal. 1960. 1. 200 = année 1960, 1er semestre, page 200. S'il s'agit d'un article de doctrine ou d'une loi, on précise, avant d'indiquer la page, que la référence concerne la partie « doctrine » ou la partie « législation » (ex. : *Gaz. Pal.* 1960, 1, doctr. 23 ou *Gaz. Pal.* 1960, 1, Lég. 22). Désormais : Gaz. Pal. année, page. Au bas du recueil semestriel, se trouve indiquée la date du journal où la décision a été également publiée ; lorsqu'on connaît seulement cette dernière date, on peut donc néanmoins retrouver rapidement la décision dans le recueil semestriel.

• *Recueil Sirey.* Il comprenait plusieurs parties, qu'on désignait par des chiffres : Cass. civ. 22 juin 1880, s. (ou Rec. Sir.) 1881. 1. 23 = Sirey 1881, 1re partie, page 23. Il a été fusionné avec le Recueil Dalloz.

• *Petites Affiches = LPA.* Édition quotidienne. On précise la date et la page.

• *Recueil des décisions du Conseil d'État,* traditionnellement appelé Recueil Lebon, cité Rec. par référence à la page de l'année correspondant à l'arrêt.

• *Revue française de droit administratif = RFDA.* On précise l'année et la page.

• *Revue trimestrielle de droit civil = RTD* civ. Cette revue est un instrument de travail extrêmement précieux en raison de ses commentaires méthodiquement classés, de ses bibliographies, de ses articles de fond, ainsi que de l'index des textes nouveaux et du commentaire des plus importants d'entre eux. On précise l'année et la page.

• *Revue du droit public et de la science politique,* citée *RD publ.* On précise l'année et la page. Elle appelle des observations analogues.

• *Bulletin des arrêts de la Cour de cassation, chambres civiles* (y compris la chambre commerciale et la chambre sociale). Les arrêts y sont classés par chambre (ou, pendant un certain temps, par section), de sorte qu'il comporte actuellement cinq parties (que l'on cite : I, II, III, IV, V). À l'intérieur de chaque partie, les arrêts sont classés par date et par numéro d'ordre. On peut donc à son gré indiquer seulement la chambre et la date de l'arrêt ou préciser, en outre, son numéro ou la page : Civ. 1re, 30 avril 1968, *Bull. civ.* I, n° 129, page 101. La consultation du bulletin est indispensable pour tout travail de recherche scientifique complet.

Tous ces recueils possèdent des tables annuelles, notamment les tables alphabétiques par matières. Certains recueils possèdent en outre des tables chronologiques de jurisprudence et des tables alphabétiques suivant le nom des parties au litige.

En outre, la Gazette du Palais publie des tables où sont cités non seulement ce qui a été publié à la Gazette du Palais, mais aussi des décisions et des articles publiés dans d'autres revues. Par conséquent, elles constituent un outil de travail important.

3. Recueils de grands arrêts, avis et décisions

ANDRIANTSIMBAZOVINA (J.), FINES (F.), GAUDIN (H.), *Les grands arrêts de la Cour de justice de l'Union européenne,* Tome 1 *Droit constitutionnel et institutionnel de l'Union européenne,* 1re éd. 2014.

ANCEL (B.) et LEQUETTE (Y.), *Grands arrêts de la jurisprudence française de droit international privé,* Dalloz, 5e éd. 2006 (*Grands arrêts* DIP).

BATTEUR (A.), dir. et al., *Les grandes décisions du droit, des personnes et de la famille*, LGDJ 2012.

CAPITANT (H.), *Les grands arrêts de la jurisprudence civile*, par F. TERRÉ et Y. LEQUETTE, Dalloz, 13e éd., t. 1, 2015, t. 2, 2008 (*Grands arrêts*).

DESGORGES (R.), AUBRY (H.) ET NAUDRIN (H.), *Les grandes décisions de la jurisprudence civile*, PUF, 2011.

FAVOREU (L.) et PHILIP (L.), *Les grandes décisions du Conseil constitutionnel*, Dalloz, 16e éd. 2011 (*GDCC*).

GAUDEMET (Y.), STIRN (B.), DAL FARRA (T.), ROLIN (F.), *Les grands avis du Conseil d'État*, Dalloz, 3e éd. 2008.

LONG (M.), WEIL (P.), BRAIBANT (G.), DELVOLVÉ (P.) et GENEVOIS (B.), *Les grands arrêts de la jurisprudence administrative*, 18e éd. 2011 (*GAJA*).

SUDRE (F.), MARGUÉNAUD (J.P.), ANDRIANTSIMBAZOVINA (J.), GOUTTENOIRE (A.), LEVINET (M.), *Les grands arrêts de la Cour européenne des droits de l'homme*, PUF éd. 2011 (*Grands arrêts CEDH*).

4. Notions fondamentales

ANDRIEUX (J.-P.), *Histoire de la jurisprudence, Les avatars du droit prétorien*, 2012, Vuibert.

DEMOGUE (R.), *Les notions fondamentales du droit privé*, 1911, réed. 2011.

ROCHFELD (J.), *Les grandes notion du droit privé*, PUF, 2011.

5. Vocabulaires, lexiques et dictionnaires

CORNU (G.), *Vocabulaire juridique*, Association Henri CAPITANT, PUF, 10e éd. 2014.

GUINCHARD (S.) et DEBARD (T.), *Lexique des termes juridiques*, 23e éd. 2015.

MALAURIE (Ph.), *Dictionnaire d'un droit humaniste*, LGDJ, Panthéon-Assas, 2015.

ROLAND (H.), *Lexique juridique, expressions latines*, LITEC, 6e éd. 2014.

Dictionnaire de culture juridique, dir. Alland (D.), Rials (S.), PUF 2003.

6. Ouvrages d'initiation

DELEUZE (N.) et BERTRAND-MIRKOVIC (A.), *Introduction générale au droit (Préparer TD, examens)*, Studyrama, 2011.

JOBARD-BACHELLIER (M. N.) et BACHELLIER (X.), *La technique de cassation, Pourvois et arrêts en matière civile*, 8e éd. 2013.

MENDEGRIS (R.) et VERMELLE (G.), *Le commentaire d'arrêt en droit privé*, 7e éd. 2004.

PERELMAN (Ch.), *Logique juridique, Nouvelle rhétorique*, réimpression Bibliothèque Dalloz, 1999.

SOURIOUX (J.-L.) et LERAT (P.), *L'analyse de texte, Méthode générale et applications au droit*, Dalloz, 5e éd. 2004.

451 ***2° La diffusion par l'informatique*** ◊ Le développement de l'informatique, entraînant l'apparition de précieuses banques de données, est de nature à faciliter l'activité juridique et même à modifier profondément le travail quotidien des juristes. Pour le comprendre, il convient d'observer que le droit est doublement concerné par le développement de l'informatique.

Il l'est, tout d'abord, dans la mesure où le développement de celle-ci, de ses avantages mais aussi de ses dangers, spécialement pour les libertés, appelle des réactions d'ordre juridique. C'est d'ailleurs pourquoi la loi n° 78-17 du 6 janvier 1978 relative à l'informatique, aux fichiers et aux libertés dispose que l'informatique « doit être au service de chaque citoyen » et « ne doit porter atteinte ni à l'identité humaine, ni aux droits de l'homme, ni à la vie privée, ni aux libertés individuelles ou publiques » (L. 6 janv. 1978, art. 1er).

C'est d'une autre relation entre l'informatique et le droit qu'il s'agit présentement. Ce qu'on envisage, c'est l'apport de l'informatique au développement du droit. Et c'est en ce sens qu'il convient de faire état de l'*informatique juridique*. L'on considère que celle-ci n'est pas, à proprement parler, une science, « mais un langage technique offert aux sciences pour leur proposer de nouveaux modes d'expression et d'action » [1].

La principale fonction de l'informatique juridique est *documentaire*. Face à la multitude croissante des textes – lois, décrets, arrêtés, circulaires, recommandations, directives, etc. – et des décisions judiciaires, compte tenu aussi d'une accélération évidente de la vie juridique dans la société industrielle ou post-industrielle, l'informatique juridique se signale, dès à présent, par un bilan impressionnant [2].

L'automatisation des règles et des décisions sous des formes plus ou moins perfectionnées, et surtout au moyen d'ordinateurs de puissance grandissante, permet une concentration d'une telle quantité de données que l'activité du juriste – législateur, juge [3], praticien [4]... – et même du profane peut s'en trouver transformée, quant à l'étendue de la matière traitée et quant à la vitesse avec laquelle la machine peut retrouver l'information souhaitée. À mesure que ces procédés se perfectionnent au sujet de la façon de traiter la matière juridique – mise en mémoire des données [5], modes de sélection de celles-ci au moment de l'utilisation, sortie des réponses –, se réalise une adaptation de l'informatique à l'expression juridique de nature à réduire le temps de recherche. Ajoutons que, même en ce qui concerne la seule fonction documentaire, on ne saurait imaginer

---

1. V. J. Huet, La modification du droit sous l'influence de l'informatique : aspects de droit privé, *JCP* 1983, I, 3095 ; M. Vivant, Quelques mots sur l'informatique juridique, *JCP* 1985, I, 3211 ; *Droit de l'informatique et des réseaux*, dir. M. Vivant, éd. Lamy.

2. V. Actes du colloque : « *Apports de l'informatique à la connaissance du droit* », IRETIJ, Montpellier, 1989 ; *Droit et informatique, L'hermine et la puce*, préf. J. Carbonnier, Coll. Fredrik R. Bull, 1992 ; P. Catala, Le fichier national informatisé de la jurisprudence française (dixième anniversaire), *JCP* 1995, I, 3873, et Le juge et l'ordinateur, *Mélanges Perrot*, 1996, p. 19 s. ; *RRJ* 2006, n° spéc. 21, Nouvelles méthodes d'accès et diffusion informatique du droit.

3. V. E. Bertrand et P. Julian, Logique et éthique judiciaire, *D.* 1973, chron. 75 s. ; Bibent, *L'informatique appliquée à la jurisprudence*, 1975 ; H.-D. Cosnard, Pour une informatique judiciaire, réflexions sur l'expérience aixoise, *D.* 1978, chron. 22 s. – Comp. C. Loyer-Lahrer, *La Cour d'appel de Rennes et sa jurisprudence*, thèse ronéot. Rennes, 1978.

4. V. P. Le Minor, Traitement et production des actes notariés par l'automation, *JCP* 1969, I, 2240.

5. V. not. A. Dunes et B. Desché, De la logique à l'informatique : système des structures conceptuelles, *Gaz. Pal.* 1973, 2, doctr. 606.

en tous domaines une information exhaustive totalement automatisée, ne serait-ce que parce qu'il faudrait connaître très exactement les frontières du phénomène juridique. Au demeurant, le développement de l'informatique juridique enrichit de saisissante manière la compréhension et la connaissance des sources, réelles ou formelles, du droit [1].

Pas plus que la sociologie juridique (*supra*, n°s 36 s.), l'informatique ne peut créer la règle de droit, ni l'ordinateur se substituer au législateur, au juge, au praticien ou au profane. Outre la nature normative du droit, les caractères du phénomène juridique - irréversibilité, indétermination, unicité fréquente... - y mettent souvent obstacle. Pourtant l'on peut constater qu'il existe aussi, dans la perspective du droit, une *fonction scientifique* de l'informatique, ce qui dénote quelque parenté avec la sociologie juridique : elle détermine des composantes de la décision juridique ; elle peut signaler les conséquences logiques du système préexistant ; elle est de nature à indiquer les lignes de cohérence d'un ensemble de règles, passé, présent ou futur [2]. Il n'en a pas moins été soutenu que le développement de l'informatique était générateur d'une crise du droit [3].

452 ***La diffusion par Internet*** ◊ À la diffusion traditionnelle par l'écrit, produit longtemps irremplaçable de l'imprimerie, s'est donc ajoutée une diffusion assurée au moyen de multiples sites sur internet qui permettent d'accéder à une connaissance démultipliée de nombreux lieux d'expressions des dispositions législatives, réglementaires et professionnelles du droit [4]. Ce développement irrésistible affecte les réflexions de la communauté juridique, ce qui ne va pas sans susciter des interrogations en termes de responsabilité, voire de fiabilité des données diffusées de la sorte. Il faut d'ailleurs observer que l'accès à l'information n'est pas alors accordé à tous les demandeurs, mais uniquement à ceux qui disposent des outils nécessaires, c'est-à-dire des ordinateurs, et qui vont de la sorte à l'information, alors quérable et non plus principalement portable. Cela n'empêche pas l'existence d'une concurrence remettant en cause la persistance de certains modes de transmission du doit. C'est ainsi qu'à la suite de la création du site internet de la Cour de cassation, il a été mis fin à la publication du Bulletin des arrêts des chambres civiles.

On se bornera à citer ici les principaux sites juridiques sur Internet :

Assemblée nationale :	www.assemblee-nationale.fr
Bibliothèque Cujas (à Paris) :	www-cujas.univ-paris1.fr
Bibliothèque nationale de France :	www.bnf.fr

---

1. V. H. Manzanarès, Les banques de données juridiques après le rapport Leclercq, *Gaz. Pal.* 1985, 2, doctr. 582 ; S. Bories, À la rencontre du droit vécu (l'étude des masses jurisprudentielles : une dimension nouvelle des phénomènes socio-judiciaires), *JCP* 1985, I, 3213.
2. J.-L. Bergel, Informatique et Légistique, *D.* 1987.Chron. 171 s.
3. H. Croze, Le droit malade de son information, Rev. *Droits*, n° 4-1986, p. 81 s.
4. V. I. Falque-Pierrotin, Internet et le droit, *in Regards sur le droit*, éd. Dalloz, 2010, p. 51 s. ; Christiane Feral-Schuhl, Cyberdroit 2009/2010, *Le droit à l'épreuve de l'internet*, éd. Dalloz 5e éd. 2008.

Centre national de documentation pédagogique :	www.cndp.fr
CNRS :	www.sg.cnrs.fr
Codes et lois, site Legifrance :	www.legifrance.gouv.fr
Commission nationale Informatique et Libertés :	www.cnil.fr
Conseil de la concurrence :	www.conseil-concurrence.fr
Conseil constitutionnel :	www.conseil-constitutionnel.fr
Conseil économique et social :	www.conseil-economique-et-social.fr
Conseil d'État et juridictions administratives :	www.conseil-etat.fr
Conseil de l'Europe :	www.coe.int
Cour de cassation :	www.courdecassation.fr
Cour des comptes et autres juridictions financières :	www.ccomptes.fr
Cour des comptes européenne :	www.eca.europa.eu
Cour de justice des Communautés européennes :	www.curia.europa.eu
Cour européenne des droits de l'Homme :	ww.echr.coe.int
Cyberlex :	www.cyberlex.org
Cyber Tribunal :	www.cybertribunal.org
Dalloz :	www.editions-dalloz.fr
Droit et institutions communautaires :	www.europa.eu
et aussi,	www.eur-lex.europa.eu
(synthèses législatives,	www.europa.eu/scadplus)
Institut national de la propriété intellectuelle (INPI) :	www.inpi.fr
Journal officiel :	www.journal-officiel.gouv.fr
Jurinet :	www.legalis.net/jnet/index.htm
Juripole :	www.juripole.fr
Juris :	www.juris.uquam.ca
Juriscom :	www.juriscom.net
Jurisfac :	www.jurisfac.org
Jurisweb :	jurisweb.citeweb.net
LégalisNet :	www.legalis.net.
Lexbase :	www.lexbase.fr
Ministère de la Justice :	www.justice.gouv.fr
Portail du droit français :	www.droit.org
Portail de l'Union européenne :	www.europa.eu
Sénat :	www.senat.fr
Service public :	www.service-public.fr
Système universitaire de documentation :	www.sudoc.abes.fr

453 ***La diffusion par Légifrance*** ◊ Il était tout naturel que les progrès de la technologie se répercutent sur l'accès à la connaissance du droit. Une fois de plus, l'on constate un nouveau contact, illustré en bien d'autres domaines du droit [1], ici celui de la diffusion du droit positif [2].

Un décret du 7 août 2002 (qui a remplacé un décret du 31 mai 1996), a créé un « service public de diffusion du droit par l'internet » (décr. 7 août 2002, art. 1er, al. 1er). « Ce service a pour objet de faciliter l'accès du public aux textes en vigueur ainsi qu'à la jurisprudence » (al. 2). L'ampleur de l'entreprise est impressionnante.

Le service « met gratuitement à la disposition du public » quatre groupes de données (art. 1er, al. 3) : « 1° Les actes à caractère normatif suivants, présentés tels qu'ils résultent de leurs modifications successives : a) la Constitution, les codes, les lois et les actes à caractère réglementaire émanant des autorités de l'État ; b) les conventions collectives nationales ayant fait l'objet d'un arrêté d'extension. 2° Les actes résultant des engagements internationaux de la France : a) les traités et accords auxquels la France est partie ; b) les directives et règlements émanant des autorités de l'Union européenne, tels qu'ils sont diffusés par ces autorités. 3° La jurisprudence : a) les décisions et arrêts du Conseil constitutionnel, du Conseil d'État, de la Cour de cassation et du Tribunal des conflits ; b) ceux des arrêts et jugements rendus par la Cour des comptes et les autres juridictions administratives, judiciaires et financières qui ont été sélectionnés selon les modalités propres à chaque ordre de juridiction ; c) les arrêts de la CEDH et les décisions de la Commission européenne des droits de l'homme ; d) les décisions de la CJCE et du TPI des Communautés européennes. 4° Un ensemble de publications officielles : a) l'édition « Lois et décrets » du JO de la République française ; b) les bulletins officiels des ministères ; c) le *JOUE* » (art. 1er, al. 4 s.).

« Il est créé un site dénommé Légifrance (www.legifrance.gouv.fr), placé sous la responsabilité du secrétaire général du Gouvernement et exploité par la Direction des Journaux officiels » (art. 2, al. 1er). « Ce site donne accès, directement ou par l'établissement de liens, à l'ensemble des données mentionnées à l'article 1er. Il met à la disposition du public des instruments destinés à faciliter la recherche de ces données. Il offre la faculté de consulter les autres sites publics nationaux, ceux des États étrangers, ceux des institutions de l'Union européenne ou d'organisations internationales assurant une mission d'information juridique. Il rend compte de l'actualité législative, réglementaire et juridictionnelle » (al. 2) [3].

---

1. V. not. les travaux du Forum des droits de l'Internet, spéc. les derniers rapports d'activité 2007 et 2008, éd. *La Documentation française* ; *Journées Internet pour le droit*, Colloque international 3-5 nov. 2004, *LPA* 29 sept. 2005. – V. aussi sur l'accès aux données publiques, *infra*, n° 455.

2. V. P. Deumier, obs. *RTD civ.* 2004. 586 s. ; H. Moysan, Le caractère doctrinal de la consolidation de la loi, *in La confection de la loi*, préc., p. 177 s ? ; J. Carton, Légifrance, naissance de l'information juridique officielle sur le web, *RFDA*. 1998. 689 s.

3. Par dérogation à cet alinéa, le site Légifrance ne peut donner accès aux actes mentionnés par le décret du 28 mai 2004 fixant les catégories d'actes individuels ne pouvant faire l'objet d'une publication sous forme électronique au JO (décr. 7 août 2002, art. 2, al. 3, réd. décr. 28 mai 2004).

454 ***3° La diffusion par communiqués de presse*** ◊ La grande presse, puisqu'il convient de l'appeler ainsi, s'emploie tant bien que mal à transmettre l'information juridique [1]. La vie politique, donc la vie juridique, s'accompagne de diverses manières par des communiqués de presse plus ou moins officiels émanant d'autorités publiques. Cet accroissement du rôle des médias peut susciter des ambiguïtés lorsque ces autorités ont pour mission d'exprimer, en une forme déterminée et officielle, une ou plusieurs dispositions juridiques, qu'il s'agisse de lois ou de décisions de caractère juridictionnel. Quand il s'agit de lois, les travaux préparatoires du Parlement favorisent l'explication. Quand il s'agit de décrets, il peut aussi se faire que des exposés des motifs précèdent les textes publiés au *Journal officiel*, faute d'accès du public aux délibérations des sections administratives du Conseil d'État.

Lorsque le droit s'exprime à travers des décisions de caractère juridictionnel, un obstacle se présente, tenant au fait que chacune de celles-ci doit se suffire à elle-même et que la décision doit s'expliquer également d'elle-même, grâce à sa motivation (sur la motivation des décisions de justice, v. *supra*, n° 152). D'ailleurs, l'on observe que les motivations, du moins au sommet des hiérarchies judiciaires, tendent généralement à être plus substantielles que dans le passé. Recourir à des communiqués de presse, c'est susciter plusieurs objections. L'une est d'ordre logique : s'il faut recourir à la presse, c'est parce que la motivation est incomplète, donc perfectible. L'autre est d'ordre juridique : le formalisme qui accompagne nécessairement l'expression juridictionnelle répond à des exigences de fond, d'ordre public et même étatique, en liaison avec les principes directeurs de procédure. Or, ajouter à cela des communiqués de presse est de nature à troubler et pas seulement à clarifier une décision officielle, même si le communiqué émane de l'autorité qui a émis celle-ci.

Et pourtant, le recours aux communiqués de presse s'est développé en la matière [2]. Ainsi, le Conseil constitutionnel s'est prononcé le 29 mars 2007 sur l'utilisation des machines à voter pour les élections, suivant l'article L. 57-1 du Code électoral, ce qui mène à une alternative : « Ou bien cet acte juridique n'a pas valeur de décision, car les seules décisions prises par le Conseil ne peuvent l'être que dans le cadre des compétences à lui reconnues par la Constitution et la loi organique le concernant ; or, ce n'est évidemment pas le cas d'un communiqué de presse. Ou bien cette décision est tout simplement nulle pour n'avoir pas été prise dans les conditions prévues par les textes » [3]. M. Gugglielmi va même jusqu'à écrire que « jusqu'à démonstration contraire, les communiqués de presse ne sont donc pas des actes juridiques ».

---

1. V. not. F. Terré, *Le juriste et le politique, Trente ans de journalisme au Figaro*, éd. Dalloz, 2003.

2. V. G.-J. Gugglielmi, Le droit s'écrit-il dans les communiqués de presse ?, *Mélanges Fenet*, éd. Litec 2008, p. 675 s.

3. G.-J. Gugglielmi, art. préc., p. 679.

Le Conseil d'État a lui aussi recouru à des communiqués de presse pour expliquer son attitude quant aux revirements de sa jurisprudence [1]. La Cour de cassation s'est inscrite dans le même courant, sensible au fait que les moyens existants d'information ne suffisaient pas, qu'il fallait corriger les erreurs de la presse généraliste [2] et que, aujourd'hui plus qu'hier, la fonction pédagogique et médiatique des communiqués est aussi nécessaire que bénéfique [3]. Il n'en reste pas moins que suivant ce qu'affirme la Cour de cassation sur son site Internet (Actualité jurisprudence) « les communiqués du Service de documentation et d'études de la Cour de cassation constituent des documents à l'usage du public qui n'engagent pas la Cour de cassation ». L'ambiguïté demeure [4].

B. L'enseignement

455 ***Apprendre le droit*** ◊ L'enseignement du droit ou l'« éducation juridique » a suscité, depuis quelques décennies, un renouveau des analyses, selon des formes diverses [5]. Dans ce même temps où, dans l'ordre du droit constitutionnel, la place et le rôle de l'Université française sont précisés [6], un retour aux sources et à l'évolution historique des Facultés de droit a singulièrement enrichi la réflexion, qu'il s'agisse des structures, de l'objet

1. V. D. Pouyaud, Les décrets réglementaires du Président de la République, *RFD adm.* 1993, p. 55 s., note 22.
2. Ex. : Soc. 11 janv. 2006, *D.* 2006. 1013, *JCP* E 2006, 1310, note P. Morvan.
3. V. l'analyse substantielle de P. Deumier, *RTD civ.* 2006, p. 510 s.
4. V. M. Mekki, note sur Ass. plén. 14 avril 2006, *RLDC* 2006/29, p. 17, n° 2129, spéc. n° 7. – Rappr. sur les notes de conseiller rapporteur publiées au Bulletin d'information de la Cour de cassation, R. Encinas de Munagorri, obs. *RTD civ.* 2007, p. 61 s.
5. J. Lambert, Le rôle de l'Enseignement dans la différenciation du système juridique de *common law* et du système juridique de droit civil, *Mélanges Roubier*, 1961, t. I, p. 295 s. ; J.-D. Bredin, Pour la réforme des réformes : remarques sur l'enseignement du droit, *Mélanges Julliot de La Morandière*, 1964, p. 73 s. ; Università degli Studi di Perugia, *L'educazione giuridica*, I. Modelli di Università e Progetti di riforma, 1975, spéc. *L'enseignement du droit en France*, par P. Malaurie, p. 353 s., II. Profili storici dell'educazione giuridica, 1979 ; International Legal Center, *Legal education in a changing world*, 1975 ; L'enseignement du droit et l'Europe, *Rev. hist. Fac. droit*, n° 13, 1992, p. 9 s. ; D. Truchet, À propos du concours d'agrégation et de sa préparation, Rev. *Droits*, 1995, p. 175 s., La rhétorique universitaire des juristes contemporains, Rev. *Droits* n° 36, 2002, p. 57, Recommandations pour l'enseignement du droit, *JCP* 2007, Actualités 49 ; P.-Y. Gautier, Le concours d'agrégation au plus intime : institutes coutumières, *Mélanges Boyer*, 1996, p. 221 s., Éloge du rhéteur (portrait et aphorismes), *Mélanges F. Terré*, 1999, p. 177 s., L'enseignement du droit civil à la fin du XXe siècle, Libres propos sur une question fort peu débattue, *RTD civ.* 1998, 285 s. ; C. Champaud, Des droits nés avec nous. Discours sur la méthode réaliste et structuraliste de connaissance du droit, *Mélanges Farjat*, 1999, p. 69 s. ; F. de Fontette, L'enseignement du droit hier et aujourd'hui, *Clés pour le siècle*, éd. Dalloz, 2000, p. 111 s. – Rappr. sur « l'ordre des juristes », C. Charle, *La République des universitaires, 1870-1940*, éd. du Seuil, 1994, p. 243 s. Il y a d'intéressantes monographies. Ex. : M. Malherbe, *La faculté de droit de Bordeaux* (1870-1970), éd. PU Bordeaux, 1996 ; H. Croze, Recherche juridique et professionnalisation des études de droit, Pour une filière hospitalo- universitaire en matière juridique, *D.* 2005. 908
6. Y. Gaudemet, L'Université vue de la Constitution, Rev. *Commentaire*, 1991, p. 369 s.

ou des méthodes d'enseignement [1]. On signalera l'activité de la *Société pour l'histoire des Facultés de droit et de la science juridique*, spécialement le colloque organisé par elle en 1985 sur « Les méthodes de l'enseignement du droit du Moyen Âge à nos jours » : glose, exégèse, controverse, manuels, thèse [2], cours magistral [3].

Il y a d'ailleurs un lien indissociable entre faire le droit et le faire connaître. L'apprendre aux autres est justement le moyen de favoriser cette connaissance et, au-delà, la conscience même du droit et du juridique. Chacun sait à quel point de fiction se situe aujourd'hui la maxime suivant laquelle *Nul n'est censé ignorer la loi* (*infra*, n°s 459 s.). Or le progrès de l'État de droit et le développement ininterrompu du désir de savoir et de comprendre en matière juridique ont renouvelé totalement les réflexions et favorisé le développement de ce que l'on a appelé, à tort ou à raison, l'*épistémologie juridique*. Ce qui, s'agissant du droit, est essentiel, c'est que cette adéquation recherchée fait corps avec le système juridique. La connaissance du droit est partie intégrante du droit. Et si elle n'est pas assurée de manière suffisante, cette discordance est à la source de dysfonctionnements dommageables pour la société entière. Ajoutons que l'enseignement et la recherche sont, en droit comme en bien d'autres domaines de la pensée, indissociables [4].

Ce ne sont pas seulement la connaissance et la conscience, en tant que composantes du juridique et moteurs des interactions qu'il implique, qui sont en cause, ce sont aussi les opinions sur le droit : opinions des juristes, qui participent à l'œuvre de la « doctrine », opinions des profanes, qui contribuent à la lente et progressive genèse des coutumes. C'est dire que l'imaginaire – et pas seulement l'imagination – occupe une place qui n'est pas négligeable dans la vie du droit. Reste qu'en apprenant celui-ci, on recueille les fruits de cette puissance créatrice, sans tarir l'imaginaire, tant il est vrai qu'en matière juridique se renouvellent sans cesse pour lui les occasions de poursuivre son cours.

Apprendre, en un sens, c'est transmettre. Apprendre le droit, ce peut être, de ce fait, assurer la survie du droit existant. D'où l'importance des anciens, émetteurs vivants de la mémoire collective et des normes qu'elle véhicule, dans les civilisations de l'oralité. Aussi longtemps que les coutumes ne sont pas rédigées, et de quelque manière que s'opère le passage, l'apprentissage est la condition même de la survie du groupe. Il y a dans

1. F. Boulanger, Réflexions sur le problème de la formation des étudiants dans les Facultés de droit, *JCP* 1982, I, 3077 ; A. Tunc, Réflexions sur les méthodes d'enseignement, *RRJ* 1982. 56 s. ; L. Lorvellec et F. Collart-Dutilleul, L'évolution de la pédagogie du droit, *Mélanges H. Blaise*, 1995, p. 313 s. ; H. Croze, Qu'est-ce qu'enseigner le droit ?, *D.* 2004, Point de vue 1315, Les perspectives de l'enseignement du droit par Internet, *Mélanges J. Béguin*, 2005, p. 217 s. ; P. Maistre du Chambon, Le service public de l'enseignement du droit et les facultés de droit, *D.* 2006, Point de vue, p. 2. ; F. Lichère, Le pot de terre et le marché de l'enseignement du droit, *D.* 2006, Point de vue 1180.

2. V. *La thèse de doctorat et la recherche juridique*, Colloque de l'Association pour une Fondation nationale des études de droit, éd. 1993.

3. *Ann. hist. Fac. droit* 1985, n° 2, p. 9 s.

4. V. sur la Méthodologie de la recherche juridique, le n° spéc. de la *RRJ* 1996-4, 1071 s.

l'héritage une fonction de mémorisation qui assure la soudure entre les générations et refoule les conflits latents qui peuvent opposer celles-ci. Or la culture est l'objet d'un héritage, spécialement dans sa composante juridique. Et précisément, apprendre, c'est à la fois la transmettre et en hériter. Il en va de même dans nos civilisations évoluées, dites de l'écrit. L'invention de l'imprimerie autrefois, celle de l'informatique à notre époque ont changé l'acte d'apprendre le droit ; elles n'ont pas aboli la nécessité de l'apprendre.

Outre le temps, l'espace n'est pas indifférent à la chose. À travers la diversité des systèmes juridiques, on discerne, au cœur de la relation bipolaire, des différences essentielles tenant aux rapports pouvant exister entre ceux qui font le droit et ceux qui l'enseignent. Droit civil ou *common law ?* Là où le droit est principalement enseigné par d'autres que ceux qui l'ont fait, c'est la connaissance qui prime ; là où il a été montré par ceux qui le faisaient, c'est la mémoire [1].

Voilà pourquoi il est si important de développer les réflexions et les études en matière de pédagogie juridique [2] et, à cette fin, d'œuvrer pour « identifier les voies d'accès à la connaissance du droit, vérifier la pertinence des différentes pratiques qui tendent à l'assurer et réunir les informations permettant, s'il échet, de les faire évoluer » [3].

456 ***Enseignement et recherche*** ◊ Indissociable de l'enseignement, la recherche en droit ne date évidemment pas d'hier. De tout temps, la création, la formulation et l'application du droit ont entraîné des investigations d'ordre théorique ou pratique. Mais, au cours de la seconde moitié du XXe siècle, l'institutionnalité de la recherche au sein du *Centre national de la recherche scientifique* (CNRS) a couvert non seulement les sciences de la matière et les sciences de la vie, mais aussi les sciences humaines ou sociales et parmi elles, le droit à un titre semblable notamment à l'histoire, à la sociologie et à bien d'autres disciplines de la pensée. De là des sections spéciales du CNRS, le recrutement de chercheurs, d'ingénieurs d'études ou de recherches. Des réflexions novatrices ont été dégagées au sujet de ce mouvement novateur [4].

Longtemps les administrateurs de la recherche, lorsqu'ils parlaient du droit, en ont traité de manière approximative sans avoir conscience de son irréductible originalité, plus spécialement de son ou de ses ambivalences.

---

1. J. Lambert, art. préc.
2. V. spéc. P. Orianne, *Apprendre le droit, Éléments pour une pédagogie juridique*, éd. Frison-Roche, 1990, p. 93 ; v. aussi le n° spéc. (n° 13-1998) des *cahiers de méthodologie juridique* sur les « Méthodes comparées de l'enseignement du droit en France et à l'étranger ».
3. P. Orianne, *op. cit.*, p. 16.
4. V. *Méthodologie de la recherche juridique*, dir. J.-L. Bergel, *RRJ* 1996-4, p. 1071 s. - V. aussi *La recherche juridique*, Colloque Paris 1978, éd. Économica ; J. Robert et alii, *Doctrine et recherche en droit*, PUF, 1994 ; *Assises nationales de la recherche juridique 1991*, éd. LGDJ 1994 ; Ph. Conte, La réflexion sur la recherche juridique universitaire ou l'art de prendre des vessies pour des lanternes (éloge de la découverte), *Rev. franc. de théorie, de philosophie et de culture juridique*, 1994, p. 143 s. ; Th. Tauran, La recherche en droit en tant qu'activité créatrice de connaissances, *RRJ* 2005-2, p. 577 s.

Fruit de la tradition et de l'échange, il ne se confond pas avec ce qui le déclare et avec ce qui l'exprime. La recherche en droit agit sur l'objet de la recherche soit parce que, s'adressant aux techniciens du droit, elle change la « doctrine » en la complétant, en l'orientant ou en la démentant, soit parce que, s'adressant aux profanes, elle change la coutume en opérant, sur l'une des composantes de celle-ci, car la croyance dans le caractère obligatoire d'un comportement manifeste la puissance de l'imaginaire dans la société.

Bien d'autres traits déterminent la signification de la recherche en droit. C'est pourquoi on ne peut l'aligner sans réflexion sur ce qui se pratique dans d'autres champs du savoir. Malheureusement, il demeure probablement impossible de faire comprendre cette évidence aux réformateurs successifs de l'Université, puis des universités [1].

457 ***Enseignement et renseignement*** ◊ La nécessité de la communication de la connaissance dépasse largement, en droit, le cadre de la seule pédagogie. C'est aussi d'un problème plus vaste d'éducation de masse ou d'information qu'il s'agit. Question immense, d'une ampleur semblable à celle de tant d'autres, à notre époque, dans notre milieu, à l'échelle de la société nationale et internationale [2].

Dans le cadre d'une éducation juridique encore rudimentaire, la communication de la connaissance tend à revêtir plus souvent qu'autrefois la forme d'une obligation de renseignement. Ce n'est plus seulement l'officier de l'état civil qui lit aux futurs époux (C. civ., art. 75, al. 1er) des articles du Code civil qu'ils écoutent d'une oreille distraite, ni le juge qui, au sein d'une juridiction échevinale, communique sa science aux assesseurs. C'est aussi le particulier qui, pour pouvoir obtenir à son profit l'application d'une règle de droit, doit au préalable informer son partenaire ou son adversaire de l'existence et du contenu de la règle. Or, bien souvent, ce mode d'information, plus ou moins préalable, pourrait être étendu à d'autres hypothèses. Ce faisant, le droit moderne conduit à analyser, en des termes nouveaux, les rapports qui existent entre la règle de droit et les personnes. Le tête à tête de l'individu isolé et de la règle froide et abstraite est alors refoulé. À la limite, c'est le particulier qui, enseignant le particulier, le jour où le besoin s'en fait sentir, s'intercale dans le circuit, rejoignant en quelque sorte une devise du monde moderne, qui préside aux activités de la BBC : « La nation enseigne la nation ».

Dans le domaine du *fait*, s'agissant plus précisément de relations nouées entre les particuliers au moyen d'actes juridiques, on a vu se développer l'obligation de renseignement [3]. Dans le domaine du *droit*, on voit se répandre ou l'on préconise l'extension du devoir d'information juridique [4].

---

1. V. not. Th. Le Bars, Janvier 2038 : songe d'une nuit d'hiver, en quoi consistera le métier d'enseignant – chercheur et que seront devenues les universités françaises dans quelques décennies ? Un universitaire juriste de l'an 2038 répond à cette question, *LPA*, 6 févr. 2009, p. 9 s.

2. Rappr. *Le droit du multimédia, De la télématique à Internet*, Rapport sous la dir. de P. Huet, avec le concours de H. Maisl, J. Huet, A. Lucas, Paris 1996.

3. V. F. Terré, Ph. Simler et Y. Lequette, *Les obligations*, nos 455 et 569.

4. L. Panhaleux, Le devoir d'information juridique, *Rev. jur. Ouest*, 1990-2, 125 s.

§ 2. Les résultats

A. Un principe de sécurité

458 ***Les écarts*** ◊ Il est bien illusoire de croire que le droit est connu de tous, et de manière satisfaisante. La constatation s'impose dans les sociétés insuffisamment développées. Mais force est de constater qu'il en va de même dans les sociétés les plus évoluées, modernes, post-modernes, de quelque qualificatif qu'on les affuble. L'explication est très simple : suivant le processus décrit par Max Weber, le mouvement de complexification croissante du droit, lié d'ailleurs à une certaine forme de rationalisation, rend difficile l'accès au juridique. D'aucuns en viennent même à penser qu'en un sens du moins, il y a trop de droit, disons d'un certain ou incertain droit : trop de lois (inflation législative ; v. *supra*, n° 421), trop de jurisprudence (explosion judiciaire ; v. *supra*, n° 444), etc.

Cet état de choses, longtemps accepté avec une grande part d'indifférence ou de fatalisme a été, à notre époque, assez profondément remis en cause, pas seulement parce que le droit s'est sans cesse compliqué, mais parce que les sujets de droit sont devenus de plus en plus exigeants en termes de droits et de libertés. La réaction a surtout été tout d'abord le fait de la *science juridique* (*supra*, n° 191 s.) [1], notamment par la prise en considération du risque juridique [2].

459 ***L'accès au droit*** ◊ La loi qui est intervenue, médiatement et, plus tardivement, immédiatement. La substitution de l'aide judiciaire à l'assistance judiciaire (L. 3 janv. 1972), puis de l'aide juridique à l'aide judiciaire (L. 10 juill. 1991) a marqué un passage important, déjà destiné à favoriser, en termes de finances et d'accueil, et pas du tout de dissuasion (encore moins de « ticket modérateur »), à travers un accès au juge, un accès au droit. Greffée en partie sur ces dispositions, une *loi du 18 décembre 1998*, « relative à l'accès au droit et à la résolution amiable des conflits », a apporté maintes améliorations à la *loi du 10 juillet 1991* [3]. Ainsi l'article 54,

1. V. Les Entretiens de Nanterre, 16-17 mars 1990, consacrés principalement à la *Sécurité juridique*, *JCP* E, Cah. dr. entr. n° 6-1990, p. 1 s. ; P. Cassia, La sécurité juridique, un « nouveau » principe général du droit aux *multiples* facettes, *D.* 2006, chron. 1190 s. ; Th. Piazzon, *La sécurité juridique*, thèse Paris II, éd. 2009, préf. L. Leveneur ; CE, rapport 2006, sur « la sécurité juridique et la complexité du droit (v. J. de Clausade, La loi protège-t-elle encore le faible lorsqu'elle est aussi complexe, foisonnante et instable ?, *JCP* 2006, I, 121) et CE 27 oct. 2006, arrêt *Techna*, *LPA* 1er-2 janv. 2007 ; v. aussi A. Met-Domestici, *RRJ* 2007-4, p. 1873 s. ; P. Muzny, Quelques considérations en faveur d'une meilleure prévisibilité de la loi, *D.* 2006, chron. p. 2214 s. – Rappr. la loi du 19 févr. 2007 sur l'assurance de protection juridique (*JCP* 2007, Aperçu n° 103). – V. aussi A.-L. Valembois, *La constitutionnalisation de l'exigence de sécurité juridique*, thèse Dijon, 2003. – Et surtout, J. Carbonnier, *Droit et passion du droit sous la Ve République*, Flammarion, 1996, p. 107 s.

2. V. not. J.-J. François, La juristratégie, une nouvelle approche du risque juridique, *Gaz. Pal.* 1990, 1, doctr. 97.

3. S. Guinchard, *D.* 1999, chron. 65 ; *RTD civ.* 1999, 220, obs. T. Revet. – V. aussi J. Ribs, L'accès au droit, *Mélanges J. Robert*, 1998, p. 428 s. ; Gilda Nicolau, Inaccessible droit !, *RRJ* 1998, 15 ; *L'accès au droit*, Coll. Univ. François Rabelais, Tours 2002, dir. F. Leduc, spéc. Ph. Didier, Regard juridique sur l'accès au droit, p. 105 s.

alinéa 1er nouveau de la loi de 1971 institue dans chaque département, « un conseil départemental de l'accès au droit, chargé de définir une politique locale, de dresser et diffuser l'inventaire de l'ensemble des actions menées... » [1].

De portée plus générale, le même courant de pensée honorable inspire la *loi du 12 avril 2000* « relative aux droits des citoyens dans leurs rapports avec les administrations » [2]. Son article 2 est un modèle de législation programmatique : « Le droit de toute personne à l'information est précisé et garanti par le présent chapitre en ce qui concerne la liberté d'accès aux règles de droit applicables aux citoyens » (al. 1er). Au fait, pourquoi les seuls citoyens ? Passons. « Les autorités administratives sont tenues d'organiser un accès simple aux règles de droit qu'elles édictent. La mise à disposition et la diffusion des textes juridiques constituent une mission de service public au bon accomplissement de laquelle il appartient aux autorités administratives de veiller » (al. 2)... Il suffit de lire les produits de la codification administrative pour constater qu'on en est encore loin [3]. L'incontinence codificatrice ne favorise en rien l'accès au droit, y compris par ses abrogations enchevêtrées (*supra*, n° 442, *infra*, n° 490).

460 ***Citoyens et Administrations*** ◊ Des lois des 6 janvier et 17 juillet 1978 avaient eu pour objet d'améliorer la situation des citoyens dans leurs relations avec l'Administration. La même inspiration, amplifiée, marque la loi du 12 avril 2000 dans le sens de la transparence et de la transformation de « l'administré passif en un citoyen actif » [4]. On a parlé à ce sujet d'une promotion de la citoyenneté active [5]. En sont résultés un élargissement des autorités concernées, le droit à l'information, déjà relatif à l'État et aux collectivités locales visant aussi, désormais, les organismes privés chargés de la gestion d'un service public administratif et les organismes de sécurité sociale [6]. L'accès aux documents administratifs a aussi été assoupli, la liberté d'accès ayant été renforcée, y compris au sujet des informations nominatives. Dans un ordre d'idée voisin, la loi a étendu à toutes les autorités administratives, et notamment aux établissements publics, l'obligation de publier leurs comptes. À quoi s'ajoute, dans le sens de ce qui avait déjà concerné la loi du 17 juillet 1978, dans un combat contre la civilisation du guichet, l'importance accrue de la levée de l'anonymat

1. V. not. J.-F. Brocart, La politique du Conseil départemental de l'accès au droit, *in L'accès au droit*, préc., p. 84 s.
2. V. obs. J. Rochfeld, *RTD civ.* 2000. 656.
3. V. not., au sujet des dispositions-balais de ces codes, H. Moysan, L'accessibilité et l'intelligibilité de la loi, Des objectifs à l'épreuve de la pratique normative, *AJDA* 2001, 428 s.
4. J. Boulay, La loi du 12 avril 2000 relative aux droits des citoyens dans leurs relations avec les administrations : une révolution en attente d'applications, *Gaz. Pal.* 2000, 2, doctr. 2315.
5. J. Chevallier, Les transformations de la citoyenneté, *Regards sur l'actualité*, avril 1999, La transformation de la relation administrative, Mythe ou réalité, *D.* 2000, chron. 575.
6. V. J.-M. Bruguière, *La diffusion de l'information. Le service public face au marché de l'information*, thèse Montpellier I, 1995, *Les données publiques et le droit*, Litec 2002.

administratif. Les autorités administratives concernées, à l'exception des services publics industriels et financiers, étant tenues de faire figurer, « en caractères lisibles leurs signatures, noms, prénoms et qualités dans leurs correspondances ». Une souplesse et une publicité plus grandes caractérisent aussi le nouveau régime des relations des citoyens avec l'Administration. Puis la loi du 2 juillet 2003 habilitant le Gouvernement à simplifier le droit a prévu de nombreuses mesures, soit de caractère général, soit relatives aux démarches des particuliers, etc. [1].

Une réforme des règles applicables a été rendue nécessaire non seulement du fait de l'importance des données publiques mais aussi en raison de la directive communautaire du 17 novembre 2003, précisant que ces données sont « une base essentielle pour beaucoup de produits d'information numérique et pourraient devenir une matière première importante pour les nouveaux services et en particulier pour l'Internet sans fil ». Il en est résulté une ordonnance du 6 juin 2005 relative à la liberté d'accès aux documents administratifs et à la réutilisation des informations publiques. Cette articulation des dispositions nouvelles sur la réglementation de l'accès aux documents administratifs a été critiquée, car l'accès, la diffusion et la réutilisation ne relèvent pas des mêmes considérations, notamment quant à l'esprit du droit de savoir et celui du droit de la concurrence, ainsi qu'entre l'action de l'opérateur public et celle de l'opérateur privé [2]. Toujours est-il que les nouvelles règles renforcent le rôle de la Commission d'accès aux documents administratifs (CADA) en aménageant des possibilités de communication, - partielle ou totale - élargies ou encore par l'introduction d'un droit à réutilisation des données publiques [3]. Une ordonnance du 8 décembre 2005 s'applique « aux échanges électroniques entre les usagers et les autorités administratives et entre les autorités administratives ».

461 ***Le Défenseur des droits*** ◊ Le pullulement des autorités administratives indépendantes - telles que la CNIL (v. *supra*, n° 333), le médiateur de la République, le Défenseur des enfants, la HALDE (Haute autorité de lutte contre les discriminations et pour l'égalité, L. 30 déc. 2004), le Contrôleur général des lieux de privation de liberté (L. 30 oct. 2007) - appelait une refonte destinée à mettre un terme aux conflits d'autorités nécessairement provoqués par la polysynodie de notre temps (v. *supra*, n° 335).

À cet effet, la loi constitutionnelle du 23 juillet 2008 a créé un nouveau Titre (XI bis) dans la Constitution, composé d'un article 71-1. Ce faisant, une autorité administrative indépendante acquiert un statut constitutionnel, ce qui marque une étape importante dans l'aménagement des pouvoirs publics (v. la LO du 29 mars 2011).

---

1. *JO* 3 juill. 2003, p. 1192 s. - Rappr. Circ. 2 mars 2004 relative à la charte de l'accueil des usagers (« charte Marianne »), *JO* 3 mars 2004.
2. V. J.-M. Bruguière, Données publiques : la confusion des genres de l'ordonnance du 6 juin 2005, *JCP* 2005, 1625.
3. V. D. Pichoustre, La simplification de l'accès aux documents administratifs par l'ordonnance du 6 juin 2005, *LPA* 11-14 nov. 2005. - V. aussi décr. 30 déc. 2005, *JO* 31 déc. 2005.

« Le Défenseur des droits veille au respect des droits et libertés par les administrations de l'État, les collectivités territoriales, les établissements publics, ainsi que par tout organisme investi d'une mission de service public, ou à l'égard duquel la loi organique lui attribue des compétences » (Const., art. 71-1, al. 1er). Cette dernière formule laisse place à un aménagement propre à compléter la nécessaire coordination de l'ensemble.

« Le Défenseur des droits est nommé par le Président de la République pour un mandat de six ans non renouvelable, après application de la procédure prévue au dernier alinéa de l'article 13. Ses fonctions sont incompatibles avec celles de membre du gouvernement et de membre du Parlement. Les autres incompatibilités sont fixées par la loi organique » (Const., art. 71-1, al. 4). « Il peut être saisi, dans les conditions prévues par la loi organique, par toute personne s'estimant lésée par le fonctionnement d'un service public ou d'un organisme visé au premier alinéa. Il peut se saisir d'office » (al. 2).

Contrairement à ce qui avait été initialement prévu au cours des travaux parlementaires, le Défenseur des droits n'a pas le droit de saisir le Conseil constitutionnel. « La loi organique définit les attributions et les modalités d'intervention du Défenseur des droits. Elle détermine les conditions dans lesquelles il peut être assisté par un collège pour l'exercice de certaines de ses attributions » (Const., art. 71-1, al. 3). « Le Défenseur des droits rend compte de son activité au Président de la République et au Parlement » (al. 5).

462 ***Clarté, accessibilité, intelligibilité de la loi*** ◊ Le *Conseil constitutionnel* a amplifié et accentué le mouvement en affirmant que les lois devaient correspondre aux exigences de la *clarté* [1]. Puis, lorsqu'il s'est prononcé le 16 décembre 1999 en validant la loi d'habilitation permettant une codification par voie d'ordonnance de neuf codes [2] et sans se contenter de tenir compte d'une interprétation - au demeurant contestable - de l'article 38 de la Constitution, le Conseil constitutionnel a ajouté (*obiter dictum ?*) que « cette finalité [achever les neuf codes] répond au demeurant à l'objectif de valeur constitutionnelle d'*accessibilité* et d'*intelligibilité* de la loi ; qu'en effet l'égalité devant la loi, énoncée par l'article 6 de la Déclaration des droits de l'homme et du citoyen, et “la garantie des droits” requise par son article 16 pourraient ne pas être effectives si les citoyens ne disposaient pas d'une connaissance suffisante des normes qui leur sont applicables ; qu'une telle connaissance est en outre nécessaire à l'exercice des droits et libertés garantis tant par l'article 4 de la Déclaration, en vertu duquel cet exercice n'a de bornes que celles déterminées par la loi, que par son article 5, aux termes duquel “tout ce qui n'est pas défendu par la loi ne peut être empêché, et nul ne peut être contraint à faire ce qu'elle n'ordonne

---

1. Déc. n° 98-401 DC, 10 juin 1998, *Rec.* p. 258 ; n° 98-407 DC, 14 janv. 1999, *JO* 20 janv. 1999 ; n° 99-423 DC, 13 janv. 2000, *JO* 20 janv. 2000.
2. Déc. n° 99-421, 16 déc. 1999, *JO* 22 déc. 1999, *RTD civ.* 2000, 186, obs. N. Molfessis ; v. *supra*, nos 439 s.

pas" » [1]. L'on a pu voir dans cette décision une « consécration du principe de *sécurité juridique* », inspiré d'ailleurs de la jurisprudence de la Cour de justice des Communautés européennes [2]. – Sur les *objectifs de valeur constitutionnelle*, v. *supra*, n° 255.

Clarté, accessibilité, intelligibilité, sécurité et même simplification, sinon simplicité (*supra*, n° 439)... autant de concepts dont certains semblent attendre beaucoup. On peut s'interroger pourtant sur les relations réciproques de ces divers concepts et sur le sens exact de chacun d'eux, mais cela mènerait trop loin en faisant nécessairement appel à des analyses philosophiques qui compliqueraient artificiellement le droit et nuiraient précisément à la sécurité, ainsi que le montre la codification administrative. Ces formules souvent contraires au génie juridique français suscitent plus de problèmes qu'elles n'en résolvent.

463 ***La complexité excessive*** ◇ Dans la ligne de l'objectif de valeur constitutionnelle d'accessibilité et d'intelligibilité de la loi, le Conseil constitutionnel a renforcé ses exigences en les sanctionnant davantage, non sans recourir à un combat contre leur excessive complexité. Ce mouvement s'est opéré en plusieurs étapes.

C'est ainsi tout d'abord qu'en se fondant sur ces considérations, mais pas seulement sur elles dans la mesure où il censurait une malfaçon législative, le Conseil constitutionnel a écarté une disposition relative à l'élection des sénateurs [3]. C'est plus précisément à propos de reproches d'opacité et de complexité des lois qu'il a accentué son contrôle. Il est vrai que la seule complexité d'une loi n'emporte pas à ses yeux violation de l'objectif d'accessibilité et d'intelligibilité [4]. À partir de là, le Conseil constitutionnel a précisé sa position en décidant, au sujet d'une des lois de bioéthique de

---

1. V. M.-A. Frison-Roche et W. Baranès, Le principe constitutionnel de l'accessibilité et de l'intelligibilité de la loi, *D.* 2000, chron. 368 ; Valérie Lasserre-Kiesow, La compréhensibilité des lois à l'aube du XXIe siècle, *D.* 2002, chron. 1157 s. ; M.-C. Bergerès, Un principe à valeur constitutionnelle paradoxalement ignoré du droit fiscal : l'intelligibilité de la loi, *Dr. fiscal* 2003, 794 s. ; Ph. Dubois, L'intelligibilité de la loi, *Mélanges Jestaz*, 2006, p. 135 s. ; E. Matutano, Le législateur à l'épreuve des exigences de clarté, d'accessibilité et d'intelligibilité de la loi, *RRJ* 2006-4, vol. I, p. 1791 s.– Comp. B. Mathieu, Le Conseil constitutionnel renforce les exigences relatives à la qualité du travail législatif et à la sécurité juridique (Cons. const. déc. 14 déc. 2006), *JCP* 2007, Actualités 1).

2. N. Molfessis, obs. préc. p. 188 et obs. *RTD civ.* 2000, 662 s., 670 s. – Rappr. quant à l'*accès aux droits*, loi 28 juill. 1998 « d'orientation relative à la lutte contre les exclusions », art. 3 s. – Sur la *sécurité juridique*, v. B. Pacteau, La sécurité juridique, un principe qui nous manque, *AJDA* 1995, p. 151 s. ; B. Mathieu, La sécurité juridique : un principe constitutionnel clandestin mais efficient, *Mélanges Gélard*, 2000, p. 301 s. et, La sécurité juridique : un produit d'importation dorénavant « *made in France* », *D.* 2000, n° 4, Point de vue, p. VII ; Intelligibilité de la loi et accès au droit, *LPA* 19 nov. 2002, p. 11 s. ; F. Pollaud-Dulian, À propos de la sécurité juridique, *RTD civ.* 2001, 487. – Rappr. N. Molfessis, obs. *RTD civ.* 2000, 660. A.-L. Valembois, chron. *LPA* 13 juin 2006 ; Th. Piazzon, *La sécurité juridique*, thèse Paris II, éd. 2009 ; A. Cristau, L'exigence de sécurité juridique, *D.* 2002, chron. p. 2814 s. ; v. aussi *infra*, n° 485, au sujet des dispositions transitoires.

3. DC 24 juill. 2003, *Rec.* p. 397.

4. DC 18 juill. 2001, Allocation partielle d'autonomie, *Rec.* p. 192.

2004, que l'objectif et le principe constitutionnels invoqués n'étaient pas violés dès lors que les dispositions contestées définissaient de manière *précise* les règles applicables [1]. En d'autres termes, la précision exclut la complexité, ce qui pourrait donner lieu à d'amples commentaires, y compris en philosophie du droit. Simplicité et précision ne sont pas synonymes.

Un pas important de plus a été franchi lorsqu'en décembre 2005, s'agissant d'une loi de finances pour 2006 et au sujet du plafonnement de certains avantages fiscaux, le Conseil constitutionnel a déclaré inconstitutionnel, pour *complexité excessive*, le système prévu par la loi [2]. Si le Conseil constitutionnel n'a pas affirmé expressément l'objectif constitutionnel d'intelligibilité de la loi, il a indiqué divers principes étayant cette exigence : égalité, garantie des droits... Les concepts, quelque peu enchevêtrés, sont propres à alimenter une discussion sur ce qui est complexe et ce qui est excessivement complexe.

B. Une maxime d'ordre

464 ***Une vénérable maxime*** ◇ Nul ne saurait alléguer, pour échapper à l'application de la loi, qu'il n'en connaissait pas l'existence. C'est une maxime traditionnelle et non écrite : *nul n'est censé ignorer la loi* [3]. Exprimée au sujet de la loi, mais ayant, en réalité, un plus vaste rayonnement, cette règle est jugée indispensable à la stabilité sociale : l'*autorité* du droit ne peut dépendre de circonstances de fait propres à un individu, spécialement à ses connaissances... ou à son ignorance. Ainsi l'a voulu la sagesse romaine : *nemo censetur ignorare legem.*

465 ***« Nul n'est censé...*** ◇ *Nul ?* En imposant à chacun de connaître la loi, la formule manifeste une exigence qui s'accompagne de divers modes de diffusion de la règle, spécialement au moyen de la publication des lois (*infra*, n°s 484 s.), des décrets ou des arrêtés. De la sorte, le système tend à assurer le respect du principe de l'égalité des citoyens devant la loi (sur l'incidence des revirements de jurisprudence, v. *infra*, n°s 536 s.).

N'est censé ? Le libellé de la règle conduit à affirmer que la maxime exprime une fiction. Aussi bien, nul ne peut prétendre, de nos jours encore moins qu'autrefois, posséder, en la matière, la science infuse. Il semble

---

1. DC n° 2004-499 du 29 juill. 2004, *Rec.* p. 126, *JO* 7 août 2004, *LPA* 12 déc. 2005, n° 246, p. 11 s., note M. Verpeaux.
2. DC n° 2005-530 du 29 déc. 2005, *JO* 31 déc. 2005, *LPA* 13 janv. 2006, n° 10, p. 6.
3. V. Dereux, Étude critique de l'adage « Nul n'est censé ignorer la loi », *RTD civ.* 1907, p. 513 s. ; R. Guillien, Nul n'est censé ignorer la loi, *Mélanges Roubier*, 1961, t. I, p. 253 s. ; F. Terré, *Le rôle actuel de la maxime Nul n'est censé ignorer la loi*, Trav. et recherches de l'Institut de droit comparé, t. XXX, 1966, p. 91 s. ; J. Carbonnier, La maxime « Nul n'est censé ignorer la loi » en droit français, *Journ. soc. législ. comp.* 1984, p. 321 s. ; Gilda Nicolau, Inaccessible droit, *RRJ* 1998, 15 s. ; Catherine Puigelier, « Nul n'est censé ignorer la loi », *in La loi, Bilan et perspectives*, éd. Économica, 2005, p. 309 s. ; A. Akam, Libres propos sur l'adage « Nul n'est censé ignorer la loi », *RRJ* 2007-1, p. 31 s.

bien, pourtant, que le droit positif attache, en principe, à la règle le caractère d'une présomption irréfragable, c'est-à-dire d'une présomption qui ne peut être combattue par la preuve contraire (v. *infra*, n° 588). Encore convient-il de constater l'existence de certains tempéraments.

Par l'effet du Code pénal (art. 122-3), l'erreur de droit est devenue une cause générale d'exonération de la responsabilité *pénale* [1]. Il en va autrement de la responsabilité *civile*. Dans certains cas, le droit positif tient compte de la bonne foi de ceux qui ont été victimes d'une erreur. L'erreur qui est ainsi prise en considération peut porter sur le fait ou sur le droit ; elle constitue un titre pour celui qui l'a commise et qui peut donc invoquer l'ignorance où il se trouvait d'une disposition législative. Ainsi en est-il d'un mariage qui, bien que nul, peut produire ses effets à l'égard des époux s'il a été contracté de bonne foi, c'est-à-dire sous le coup d'une erreur, deux époux ignorant, par exemple, qu'étant parents à un degré prohibé pour le mariage, ils auraient dû solliciter une dispense du chef de l'État [2]. En matière de transaction (C. civ., art. 2052), l'erreur de droit est rejetée [3], tandis que l'erreur de fait pourrait être reçue, sous certaines conditions.

466 ***... ignorer la loi »*** ◊ *Ignorer ?* Dans la perspective présente, l'on peut considérer que l'erreur et l'ignorance sont des termes synonymes. Largement entendu, le phénomène de l'ignorance du droit appelle de plus en plus l'attention, compte tenu de la prolifération et de l'émiettement des règles.

La loi ? Le mot est trompeur, car la présomption de connaissance a été étendue aux règlements administratifs. Ainsi en est-il des décrets, à condition que, comme les lois, ils aient fait l'objet d'une certaine publicité. Il a encore été décidé « que les délais de transport par chemins de fer sont établis par des arrêtés ministériels rendus publics, ayant force de loi, auxquels il ne peut être dérogé et que nul n'est censé ignorer..., (que) le défendeur ne peut légalement prétendre qu'il ait été induit en erreur sur les conditions des délais de transport par les renseignements émanés d'un employé » [4]. L'accès moins facile des citoyens aux règles coutumières ou jurisprudentielles [5] explique un certain recul de la maxime traditionnelle en ce qui concerne ces règles.

---

1. Ex. : Crim. 17 févr. 1998, *D.* 1999, somm. 153, obs. G. Roujou de Boubée, *Rev. sc. crim.* 1998, 765, obs. B. Bouloc ; 16 janv. 2002, *D.* 2002, 1225, note M. Dobkine.

2. Il peut s'agir d'une erreur de fait, les époux ignorant qu'ils étaient parents, ou d'une erreur de droit, les époux connaissant leur parenté mais ignorant la prohibition du mariage sauf dispense du chef de l'État. – L'article 202, al. 1er, C. civ., modifié par la loi du 3 janvier 1972 sur la filiation, dispose que le mariage qui a été déclaré nul « produit ses effets à l'égard des enfants, quand bien même aucun des époux n'aurait été de bonne foi » (v. Jacques Foyer, Réflexions sur l'article 202 du Code civil, *Mélanges F. Terré*, 1999, p. 469 s.). – Si l'erreur de droit peut justifier l'annulation d'un acte juridique pour vice du consentement, elle « ne prive pas d'efficacité les dispositions légales qui produisent leurs effets en dehors de toute manifestation de volonté de la part de celui qui se prévaut de leur ignorance » (Civ. 1re, 4 nov. 1975, *D.* 1977 105, *Bull. civ.* I, n° 307, p. 256).

3. Civ. 1re, 12 juill. 2005, *D.* 2006. 1512, note R. Chaaban.

4. Civ. 21 janv. 1901, *Gaz. trib.* 6 juin 1901 ; v. aussi Req. 15 juin 1875, S. 1877, 1, 176.

5. V. sur l'incidence de l'informatique, P. Maistre du Chambon, V. Larribau-Terneyre, X. Henry et S. Bories, *D.* 2000, chron. 197 s. – V. aussi *infra*, nos 536 s., au sujet des revirements de jurisprudence.

C. Les écrans

467 ***Distinction*** ◊ Illustrant les difficultés de l'insertion du droit dans la réalité, ils s'expliquent par des raisons d'ordre psycho-sociologique assez variables. De leur existence, résultent des questions importantes, tenant notamment à la nécessité d'un équilibre variable et fragile entre le *secret* [1] et la *transparence* [2]. On retiendra, à ce sujet, deux phénomènes intéressants.

468 ***1° L'apparence*** ◊ Il existe naturellement, entre la règle de droit et le fait, des actions et des réactions. La règle assume, oriente, canalise ou contrarie le fait ; le fait, à son tour, confirme, complète ou contrarie la règle. Et la résistance qu'il oppose au droit se manifeste de manières très diverses. L'une d'elles illustre tout particulièrement l'importance des *phénomènes* dans la vie juridique. Par application de ce que l'on appelle la *théorie de l'apparence*, il arrive que, fondée sur l'apparence, la croyance erronée dans l'existence d'une situation juridique conduise, dans certaines conditions, à faire prévaloir certains effets de cette apparence sur la réalité juridique [3]. *Error communis facit jus*. Dans cette première direction l'existence d'une apparence peut être invoquée à son profit par celui qui a été influencé par cette apparence. C'est l'approche classique du droit français. Mais l'on a vu se développer une autre considération par rapport à celui qui est considéré en tort du seul fait qu'il a créé une apparence.

469 ***a) La victime de l'apparence*** ◊ La seule existence d'une apparence à laquelle le droit attache des conséquences [4] ne suffit pas à donner lieu à l'application de la théorie évoquée. Il faut supposer, pour cela, que, se fiant à une apparence, une personne se trompe sur l'existence d'une situation juridique ; or il arrive qu'en pareil cas, le droit attache des conséquences à cette croyance erronée et refoule corrélativement l'application normale - logique, dit-on aussi - des règles de droit [5]. Ainsi, en vertu de la loi elle-même, le

---

1. V. Le secret et le droit, Trav. Assoc. H. Capitant, t. XXV, 1974 (Journées libanaises) ; rappr. *infra*, n° 777.

2. V. *La transparence*, Colloque de l'Association droit et commerce (Deauville), *RJC* n° spéc. 1993.

3. Ionesco, *Les effets juridiques de l'apparence en droit privé*, thèse Strasbourg, 1927 ; J.-Ch. Laurent, *L'apparence dans le problème des qualifications juridiques*, thèse Caen, 1931 ; F. Girault, *L'apparence source de responsabilité*, thèse Paris, 1937 ; P. Barbier, L'apparence en droit civil et en droit fiscal, thèse Paris, 1945 ; J. Calais-Auloy, Essai sur la notion d'apparence en droit commercial, thèse Montpellier, 1959 ; J.-P. Arrighi, *Apparence et réalité en droit privé*, thèse ronéot. Nice, 1974 ; Jouve, Recherche sur la notion d'apparence en droit administratif français, *RD publ.* 1968, 283 s. ; Marie-Noëlle Jobard-Bachellier, *L'apparence en droit international privé (Essai sur le rôle des représentations individuelles en droit international privé)*, thèse Paris II, éd. 1984 ; Agnès Rabagny, *L'image juridique du monde*, PUF, coll. Droit, Éthique, Société, 2003.

4. Ex. art. 1642 C. civ. : l'obligation de garantir les vices de la chose vendue ne couvre pas les « vices apparents et dont l'acheteur a pu se convaincre lui-même ».

5. Wahl, La maxime « *Error communis facit jus* », Exposé critique de la jurisprudence, *RTD civ.* 1908, 125 s. ; H. Mazeaud, La maxime « *Error communis facit jus* », *RTD civ.* 1924. 929 s. ; J.-L. Sourioux, La croyance légitime, *JCP* 1982, I, 3058.

paiement fait entre les mains du possesseur d'un écrit constatant une créance et se prévalant de celui-ci libère le débiteur, même s'il est ultérieurement démontré que c'était une autre personne qui était le véritable créancier (C. civ., art. 1240), mais il existe nombre d'autres cas.

L'élaboration de la théorie de l'apparence a été rendue particulièrement nécessaire lorsque les tribunaux ont estimé qu'en dehors même des situations prévues par des textes, l'apparence pouvait être de nature à assurer la protection de certaines personnes, serait-ce au prix d'une atteinte aux intérêts normalement consacrés par le droit. L'illustration classique de cette attitude concerne le régime des actes de l'*héritier apparent* : supposons, par exemple, que l'héritier apparemment le plus proche d'un défunt se mette en possession de ses biens et en vende certains, et que se révèle ensuite un héritier plus proche ; malgré ce rang préférable, les actes accomplis dans l'intervalle resteront, à certaines conditions, valables, ce qui aboutit à protéger les acquéreurs, mais à nuire corrélativement au véritable héritier [1].

Il est parfaitement possible que celui-ci n'ait commis aucune faute en se manifestant tardivement, de sorte que la théorie de l'apparence ne repose pas sur l'idée d'une responsabilité mise à sa charge [2]. Ce qui justifie la théorie, c'est le désir d'assurer une certaine sécurité des transactions et, pour cela, de tenir compte de la croyance erronée des tiers, lorsque celle-ci se fonde sur des données suffisamment caractérisées. D'où l'importance attachée à l'élément psychologique qui peut évidemment être entendu de diverses manières [3].

Bien entendu, on discerne les dangers que pourrait comporter une interprétation trop favorable aux tiers de bonne foi : les tribunaux s'emploient donc à cantonner la théorie, en subordonnant son application à l'existence soit d'une « erreur légitime » qu'aurait commise toute personne raisonnable placée dans la même situation, soit – ce qui est nettement plus restrictif – d'une « erreur commune », « invincible », à laquelle aucune personne ne peut échapper [4].

470 ***L'apparence d'une situation juridique*** ◇ Les développements qui précèdent ont trait à la croyance dans l'existence d'une situation juridique. Plus

---

1. Crémieu, De la validité des actes accomplis par l'héritier apparent, *RTD civ.* 1910, 39 s. ; Sanatesco, *De la validité des actes faits par l'héritier apparent*, thèse Paris, 1912 ; J. Donnedieu de Vabres, Les actes de l'héritier apparent, *RTD civ.* 1940-1941, 385 s. – V. Civ. 26 janv. 1897, *DP* 1900, 1, 33, note Sarrut, S. 1897, 1, 313, *Grands arrêts* t. 1, n° 103.

2. V. au sujet d'un mandat apparent et de la croyance des tiers dans l'étendue des pouvoirs d'un mandataire, d'où résulte l'engagement du mandant : Ass. plén. 13 déc. 1962, *D.* 1963, 277, note Calais-Auloy, *JCP* 1963, II, 13105, note Esmein, *Grands arrêts* t. 2, n° 281. – Dans l'affaire ayant donné lieu à l'arrêt précité de la Cour de cassation rendu le 26 janvier 1897, la bonne foi du véritable héritier était d'autant plus évidente qu'il avait, dans un premier temps, essayé sans succès de contester le titre de l'héritier apparent.

3. V. Denise Pombielh-Jeauneau, L'élément psychologique de la théorie de l'apparence à la lumière de la jurisprudence de la Cour de cassation, *RRJ* 2004-3, p. 1548 s.

4. Ghestin et Goubeaux, *Introduction générale*, n°s 770 s., spéc. n° 783.

délicate est la question, lorsqu'il s'agit encore plus directement d'une règle ou d'une solution de droit. Assez largement on en revient alors aux discussions suscitées par la maxime *nul n'est censé ignorer la loi* (*supra*, n°s 465 s.). Plus délicate est la question posée en cas de croyance dans l'existence d'une jurisprudence venant à changer entre le comportement adopté et le moment où celui-ci, le temps ayant passé, vient à être apprécié par les tribunaux. Si un mouvement d'idées s'est développé afin de réserver pour l'avenir et à certaines conditions la solution nouvelle – ce qui fait problème, v. *infra*, n°s 537 s. – des auteurs ont fait valoir qu'une solution plus protectrice et moins attentatoire à la répartition des pouvoirs, consisterait à tenir compte de l'apparence d'une jurisprudence à un moment donné, dès lors que, variable suivant ses auteurs ou ses destinataires, elle assurerait, même s'agissant d'une erreur de droit, la sécurité juridique [1]. D'utilisation déjà problématique lorsqu'il s'agit principalement d'apprécier une responsabilité, ce remède pourrait ailleurs susciter de plus sérieuses difficultés d'application.

471 ***b) L'auteur de l'apparence*** ◊ Les raisonnements suscités par l'apparence et ses effets se révèlent de manière différente lorsque la réflexion est menée principalement, sinon exclusivement à partir de l'analyse du comportement de celui qui la crée. Sans doute s'interroge-t-on alors assez normalement, spécialement en droit pénal [2], sur le comportement éventuellement délictueux de celui qui a cru pouvoir se dissimuler derrière une apparence. Le doute et l'apparence étant radicalement opposés, c'est la seule destruction de celle-ci qui laisse alors place au doute [3].

Or une évolution notable du droit aboutit à des solutions moins libérales et bien moins conformes à la règle suivant laquelle *la bonne foi se présume* dans un certain nombre de cas où il s'agit d'apprécier l'indépendance d'une personne ou d'un comportement. La création de l'apparence est alors considérée comme le signe d'une perte d'indépendance, ce qui finit par attacher à l'apparence le caractère d'une présomption de mauvaise foi et même d'une présomption irréfragable [4]. Si l'apparence produit alors un effet *négatif*, c'est parce qu'elle est apparence non de régularité, mais d'irrégularité par rapport aux exigences d'un procès équitable. Observée au sujet d'activités judiciaires, cette tendance, d'esprit américain plus qu'européen, se manifeste aussi au sujet de nombre d'activités professionnelles, notamment à travers les soupçons et les incompatibilités pouvant frapper les membres de professions – avocats, commissaires aux comptes, etc. – relevant, suivant des présomptions légales, d'un même *réseau*.

---

1. X. Lagarde, Jurisprudence et insécurité juridique, *D.* 2006, chron. 678 s.
2. V. Ph. Conte, *L'apparence en matière pénale*, thèse Grenoble, 1984, 2 vol. ; J.-H. Robert, Apprendre à douter, *Mélanges Lombois* 2004, p. 539 s.
3. J.-F. Cesaro, *Le doute en droit privé*, 2003, p. 273 s.
4. Ex. : la CEDH, par sa décision du 7 juin 2001 (*D.* 2001, 2619, note Drago), s'est notamment prononcée contre la participation des commissaires du gouvernement aux délibérés du Conseil d'État, et cela par référence à la « théorie des apparences » (sur les suites de cette décision, v. *supra*, n° 171).

472 **2° *La simulation*** ◊ La prise en considération de l'apparence s'opère dans des conditions particulières lorsque les auteurs d'actes juridiques dissimulent leurs volontés derrière un acte apparent (*simulé*), en ne les concrétisant que dans un acte secret ou contre-lettre [1]. On se trouve donc en présence de deux conventions : l'une qui est ostensible mais mensongère, l'autre qui est sincère mais secrète. L'article 1321 du Code civil précise l'effet de la contre-lettre, tant à l'égard des parties qu'à l'égard des tiers. Il est aisé de comprendre que les deux conventions superposées échappent dans une certaine mesure au droit commun des effets des contrats [2] (*supra*, n°s 159 s.).

Pour qu'il y ait simulation, trois conditions doivent être réunies : *a*) les parties doivent être d'*accord* sur le contrat qu'elles passent en réalité. La simulation doit être distinguée du *dol*, bien qu'elle ait souvent un but frauduleux. En cas de dol, il y a une manœuvre contre l'une des parties à l'acte, émanant de l'autre partie ; en cas de simulation, les parties sont d'accord, il y a entente entre elles à l'égard des tiers, aucune n'est trompée ; *b*) l'acte doit être *contemporain* de l'acte apparent ; la simulation doit être distinguée de la situation dans laquelle l'acte postérieur révoque ou modifie un acte antérieur réellement convenu ; *c*) l'acte modificatif est *secret* : son existence ne doit pas être révélée par l'acte apparent. Ainsi, la *déclaration de command*, par laquelle une personne déclare acheter pour le compte d'une autre sans faire connaître immédiatement le nom de cette dernière, ne contient pas une véritable simulation.

473 ***Simulation et fraude*** ◊ La simulation ne s'accompagne pas nécessairement d'une fraude. Sans doute, souvent elle en suppose une : fraude fiscale, si, par exemple, l'on dissimule une partie du prix de vente pour payer des droits de mutation moins élevés ; fraude civile, notamment si l'on veut soustraire un bien à l'action des créanciers ou éviter l'application de règles d'ordre public, telles que celles sur les incapacités de recevoir ou sur la réserve héréditaire : par exemple, sous l'apparence d'une vente, on dissimule une donation qui entame la réserve des héritiers ; la simulation peut encore avoir pour objet de tourner une prohibition légale, telle celle de l'usure : on présente un prêt usuraire sous la forme d'un autre contrat.

Mais la simulation n'implique pas nécessairement la fraude ; elle peut avoir un but licite et peut même être digne d'éloges : par exemple, un bienfaiteur désire dissimuler sa donation pour garder l'anonymat.

L'article 1321 du Code civil dispose : « Les contre-lettres ne peuvent avoir leur effet qu'entre les parties contractantes ; elles n'ont point d'effet

---

1. V. F. Terré, Ph. Simler et Y. Lequette, *Les obligations*, n°s 537 s.
2. V. Bartin, *Des contre-lettres*, thèse Paris, 1885 ; Glasson, *De la simulation*, thèse Paris, 1897 ; J.-D. Bredin, Conception jurisprudentielle de l'acte simulé, *RTD civ.* 1956, 261 ; Josserand, *Les mobiles dans les actes juridiques*, n°s 192 s. ; M. Dagot, *La simulation en droit privé*, thèse Toulouse, éd. 1967 ; A. Hinfray, Du paradoxe juridique de la simulation, Rev. *Administrer*, nov. 1982, p. 11 ; Florence Deboissy, *La simulation en droit fiscal*, thèse Univ. Bourgogne, éd. 1997.

contre les tiers ». Ainsi, en cas de simulation, c'est la contre-lettre qui produit, en principe, effet entre les parties. Mais à l'inverse de ce qu'il prévoit pour les rapports des parties entre elles, l'article 1321 dispose seulement que la contre-lettre n'a point d'effet contre les tiers, ce qui réserve donc à ceux-ci le droit de s'en prévaloir s'ils y ont intérêt.

CHAPITRE 2
L'APPLICATION

474 ***Les degrés de l'application*** ◊ La connaissance de ces degrés est nécessaire à l'entière connaissance du droit [1]. À la source même, la règle de droit peut, explicitement, voire implicitement, s'observer, en droit public ou en droit privé, sous la forme de dérogation ou de dispense [2]. En prolongeant l'analyse, la réalisation du droit dépend de beaucoup de conditions, à commencer – on l'a vu (*supra*, n°s 403 s.) – par la communication de la connaissance [3]. Plus précisément, il convient de signaler ici l'existence de certains comportements révélateurs.

La tolérance est observée lorsque la violation d'une règle de droit ou l'atteinte portée à un droit n'est pas sanctionnée. Il n'y a pas encore atteinte à la règle ou au droit subjectif dans leur contenu. Il y a ce que les sociologues du droit remarquent en observant la distance entre le statut juridique assigné à chacun et le rôle, disons le comportement que chacun adopte [4].

La *résistance* est le signe d'une rupture du lien social. Elle suscite naturellement des observations mettant, le cas échéant, en cause la concordance de la légalité et de la légitimité. En outre, d'aucuns pourraient aller jusqu'à penser que la résistance à l'oppression en tant qu'elle figure parmi les droits de l'homme et du citoyen à l'article 2 de la Déclaration de 1789 a sa place dans l'ordonnancement juridique. Mais aujourd'hui, l'on s'accorde à reconnaître que cet article 2 peut être regardé comme un vestige de l'âge métaphysique, du rationalisme triomphant des XVIIe et XVIIIe siècles [5].

---

1. Ch. Atias, *Questions et réponses en droit*, éd. PUF, 2009 ; v. aussi Ass. Capitant, *La place du juriste face à la norme*, Journées nationales, t. XVI, Rennes, 2012.
2. *Dérogation* : P.-A. Lecocq, *Le pouvoir de dérogation de l'administration*, thèse Lille, 1971 ; F. Leurquin, de Vissher, *La dérogation en droit public*, éd. Bruylant, 1991 ; A. Rouyère, *Recherches sur la dérogation en droit public*, thèse Bordeaux, 1993 ; *Dispense* : Ph. Théry, La dispense en droit privé, Rev. *Droits* 1997, p. 59 s. ; Ch. Blanchard, *La dispense en droit privé*, thèse Paris II, 2008 ; J.-M. de Moy, *L'exception en droit privé*, thèse Rennes, 2009.
3. V. J. Carbonnier, *Droit et passion du droit sous la Ve République*, éd. Flammarion, 1996, p. 75 s. – Le problème est de grande ampleur : philosophique (v. par ex. A. Giuliani, *L'applicazione della lege*, Rimini, 1983), sociologique, psychologique. – Sur la mesure de la connaissance et même de la conscience du droit par les sujets de droit, v. Trav. du premier Colloque de sociol. jurid. franco-soviétique, Paris, 1975, p. 139 s. ; v. aussi : dans les pays socialistes, I. Szabo, *Les fondements de la théorie du droit*, 1973, p. 225 s., sur la conscience juridique ; P. Gast, *Expérience spirituelle et conscience du droit*, thèse ronéot. Paris II, 1991 ; sur les analyses de Geiger, H.-E. Rohrer, *La sociologie juridique de Theodor Geiger*, thèse ronéot. Paris II, 1971, p. 190 s. ; rappr. *L'excès, l'hypermodernité, entre droit et politique*, dir. P. Mbongo, éd. Marc et Martin, 2012 ; M.-F. Garaud, Le droit vu par les politiques, *in Regards sur le droit*, dir. F. Terré, 2010, p. 131 s.
4. V. not. P.-G. Haje-Chahine, *L'acte de tolérance en droit civil*, thèse Paris II, 1992 ; S. Pesanti, *La tolérance en droit civil*, thèse Paris II, 2002.
5. V. E. Desmons, *Droit et devoir de résistance en droit interne*, thèse Paris II, éd. 1999, p. 85 ; Le divan des Nomophobes : Sade et Saint-Just chez Deleuze, *in La loi*, dir. Catherine Puigelier, éd. Economica, 2005. – Rappr. F. Ost, *Sade et la loi*, éd. Odile Jacob, 2005.

La *désobéissance civile* – et l'adjectif est important – traduit de la part de ceux qui la pratiquent l'existence d'un comportement différent et, peut-on même dire, « une paradoxale fidélité à la loi, pénale au demeurant aussi bien sinon plus que civile » [1]. Née aux États-Unis, elle y a été pour la première fois utilisée par le philosophe américain Henri Thoreau (1817-1862) par référence à son refus de payer ses impôts afin de protester face à la guerre des États-Unis contre le Mexique (1846-1848) [2]. La suite des temps montra, spécialement aux États-Unis, les diverses manifestations de la désobéissance civile [3]. Généralement le comportement correspondant tend à obtenir satisfaction de la part d'un juge, voire ensuite du législateur, au point qu'on y voit parfois, par glissement du raisonnement, une « source » du droit, sans même invoquer, ce qui pourrait apaiser certains, le mythe d'Antigone [4]. Reste que la violence et les destructions ou dégradations de biens ne relèvent pas de la désobéissance civile [5].

Du côté de la sociologie du droit, l'on est aussi conduit à s'interroger sur « la face cachée du droit » [6], qu'il s'agisse de l'incertitude des abrogations tacites, des comportements ambigus de transgression et de tout ce qui, sans pouvoir être prouvé ou allégué en justice, n'existe pas moins en fait [7].

Cela étant dit, des observations générales s'imposent au sujet du *processus* même par lequel se réalise le passage (Section 1). On envisagera ensuite les cadres dans lesquels se réalise l'application : *dans l'espace* (Section 2) et *dans le temps* (Section 3). – Sur la distinction de l'application et de l'applicabilité au sujet des traités, v. *supra*, n° 261. – Sur l'application directe des dispositions constitutionnelles, v. *supra*, n° 257.

SECTION 1. LE PROCESSUS D'APPLICATION

475 ***Plan*** ◊ Il n'est pas étonnant que le problème de l'application du droit constitue, en lui-même, une singulière énigme. Le constat de l'écart entre théorie et pratique attire plus l'attention que par le passé (§ 1). Il oblige à

1. V. S. Turenne, *Le juge face à la désobéissance civile en droits américain et français comparés*, thèse ronéot. Paris II, 2005.
2. D'où son essai, *Civil disobedience* (1849) ; v. *Civil Disobedience and other Essays*, New-York, Dover Publications, 1993, trad. franç. Ed. Mille et une Nuits, 1996.
3. V. H. Arendt, *Du mensonge à la violence, Essais de politique contemporaine*, trad. franç. Calmann Lévy, 1989 ; Christina Chalanouli, *Kant et Dworkin : philosophies du droit. De l'autonomie individuelle à l'autonomie privée et publique*, thèse Paris II, 2007.
4. V. F. Terré, Le devoir de désobéir, *in* Acad. d'éduc. et d'études sociales, *La transgression*, éd. F.-X de Guibert, 2005, p. 47 s.
5. V., au sujet des comportements délictueux motivés par la lutte contre les OGM, Crim. 19 nov. 2002, *D.* 2003, 1315, note Danièle Mayer ; v. aussi Amandine Capitani, L'état de nécessité entre loi, droit communautaire et Constitution, *LPA* 26 avr. 2006.
6. V. F. Terré *in L'erreur*, Cah. des sciences morales et politiques, PUF, 2007, p. 233 s.
7. Le tout sans oublier une sourde résistance à la bureaucratie et à ses excès, notamment du côté de la paperasse. – Rappr. Olivia Audic, *Les fonctions du document en droit privé*, thèse Paris I, éd. 2004.

porter successivement le regard du côté de la légalité (§ 2), puis du côté des comportements des sujets de droit (§ 3).

§ 1. La question de l'application

476 ***Règles de droit et comportements de fait*** ◊ Entre la règle de droit et la réalité de fait à laquelle elle s'applique, la distinction est nécessaire, mais malaisée.

La difficulté tient tout d'abord à ce que, dans une opinion de plus en plus répandue, le droit ne se réduit pas aux seules *règles* de droit ; on estime opportun d'y inclure les comportements des individus conformes au droit, car ils en font partie intégrante [1]. Il arrive d'ailleurs que la transition soit particulièrement délicate : ainsi en est-il lorsque des modèles de comportement ne sont pas fixés *a priori* par le droit, mais découlent des pratiques suivies habituellement par un groupe [2], voire par un individu déterminé [3] (v. *supra*, n° 371).

Même si l'on retient une définition extensive du domaine du droit [4], il subsiste une distinction essentielle de la règle de droit et du fait auquel cette règle est destinée. Et une réflexion sur le rôle du droit implique une analyse de l'adéquation de la règle au fait. Une vue réaliste des choses du droit conduit à s'interroger aussi sur la *distance* variable qui peut exister entre le droit et le fait [5].

477 ***Facteurs de distanciation*** ◊ Parmi les nombreuses causes de l'écart qui existe entre le droit et le fait, les unes tiennent principalement au droit, les autres s'expliquent davantage par le fait [6].

Du côté du droit, plusieurs constatations s'imposent. En premier lieu, le *volume* excessif des règles et des solutions est de nature à nuire à leur réception, car les capacités d'absorption de l'esprit humain sont limitées ; de là peut résulter une mauvaise réception de la règle (*supra*, n°s 458 s.). En

---

1. « Le droit », écrit un auteur (J. Carbonnier, *Flexible droit*, 10e éd. 2001, p. 21), « est plus grand que les sources formelles du droit ».

2. Sans s'imposer nécessairement aux juges lorsqu'ils sont appelés à se prononcer en matière de responsabilité professionnelle (Paris, 25 avril 1945, *D.* 1946. 190, note A. Tunc, *JCP* 1946. II. 3161, note Rabut. - Rappr. Com. 4 mars 1968, *JCP* 1969. II. 15777, note C. Gavalda) ; au sujet, par exemple, de la responsabilité médicale, les pratiques suivies habituellement par une profession constituent d'utiles modèles de comportement.

3. V. J.-C. Coviaux, *L'habitude individuelle dans le droit des obligations*, thèse ronéot. Paris II, 1973., P. Mayer, Existe-t-il des normes individuelles ? *Mélanges Troper*, 2006, p. 679 s.

4. Sur la connaissance du phénomène, V. P. Durand, La connaissance du phénomène juridique et les tâches de la doctrine moderne du droit privé, *D.* 1956, chron. 73 s. ; v. aussi *supra*, n° 33 ; et, sur le terrain du fait, l'investigation complète d'Agathe Lepage, *Recherche sur la connaissance du fait en droit*, thèse ronéot. Paris XI, 1998.

5. V. C. Atias et D. Linotte, Le mythe de l'adaptation du droit au fait, *D.* 1977, chron. 251 s. - Rappr., sur la technique de la dispense, Rev. *Droits*, n° 25, 1997.

6. Sur les diverses vicissitudes des lois (loi contrariée, loi plébiscitée, loi revisitée, loi retrouvée), v. *Vive la loi*, colloque Sénat 2004, éd. Sénat et Univ. Panthéon-Assas.

deuxième lieu, les modes d'*expression* de la règle peuvent nuire à sa diffusion ; on s'efforce d'atténuer l'obstacle en améliorant le langage du droit (v. *supra*, n° 416), non sans confondre, dans la critique, la langue juridique et le jargon judiciaire. En troisième lieu, la *contrainte* qui accompagne souvent la règle juridique peut susciter assez naturellement un réflexe de rejet.

Plutôt du côté du fait, on signalera d'autres obstacles. Tout d'abord, l'infinie *complexité* du réel, dont la règle ne peut suivre toutes les nuances et les sinuosités ; plus ou moins ancrés sur des catégories générales, absolues dit-on parfois, la règle ou l'agent qui applique la règle sont donc obligés, le cas échéant, de délaisser la *quantité négligeable (de minimis non curat praetor,* disait-on à Rome) [1], de soumettre ce qui est accessoire au régime du principal [2], d'éviter une relativisation des catégories consistant à faire varier les contours de celles-ci en fonction des règles auxquelles elles servent de support [3]. Ajoutons que le *sentiment* de l'obligatoire, au sens juridique de ce mot, peut varier selon le lieu, le temps ou la matière, que les *pressions sociales* peuvent refouler la règle au point d'entraîner une sorte d'abrogation de fait, que des *courants d'opinion* - politiques, littéraires, etc. - peuvent nuire au prestige des règles et que le *comportement des intermédiaires* entre les règles de droit et les sujets de droit est rarement négligeable.

478 ***Effectivité ou ineffectivité*** ◊ On a parlé d'un mythe de l'adaptation du droit au fait [4]. On a aussi tracé un programme d'exploration d'un domaine mal connu entre le droit et le fait [5]. Dans le même temps, l'attention a été, de tous côtés, portée davantage sur l'analyse des *pratiques* [6].

L'importance et la difficulté du problème de l'application sont très évidentes, dans un climat social et juridique qui manifeste tout à la fois - ce qui n'est d'ailleurs pas contradictoire - un besoin de meilleure adéquation et de plus grande libéralisation, surtout dans certains domaines particulièrement imprégnés de droit.

Dans l'immense majorité des situations, l'application des règles de droit se réalise sans qu'il soit nécessaire d'avoir effectivement recours à la contrainte : l'adhésion, totale ou partielle, à l'ordre juridique ou la peur du gendarme et des ennuis expliquent généralement cette attitude et le vaste domaine de ce qui constitue l'application non contentieuse de la règle (v. *infra*, n° 707). L'esprit juridique est généralement plus occupé par l'analyse

---

1. V. J. Carbonnier, *op. cit.*, p. 72 s.
2. V. G. Goubeaux, *La règle de l'accessoire en droit privé,* thèse Nancy, éd. 1969.
3. Rappr., sur les tolérances, notamment en matière bancaire, Y. Letartre, *Les facilités de caisse*, thèse ronéot. Lille, 1975.
4. C. Atias et D. Linotte, chron. préc.
5. P. Godé, *La réalisation du droit : un no man's land, RRJ* 1983-3, p. 523 s. ; W. Baranès et Marie-Anne Frison-Roche, Le souci de l'effectivité du droit, *D.* 1996, chron. 301 s. ; Ph. Conte, « Effectivité », « inefficacité », « sous-effectivité », « sur-efficacité »... variations pour droit pénal, *Mélanges Catala*, 2001, p. 125 s.
6. *Le rôle de la pratique dans la formation du droit*, Trav. Assoc. H. Capitant, Journées suisses, t. XXXIV, 1983 ; P. Amselek, Le rôle de la pratique dans la formation du droit : Aperçus à propos de l'exemple du droit public français, *RD publ.* 1983, 1471 s. ; *supra*, n° 371.

de l'application contentieuse – ou précontentieuse, ou para-contentieuse – de la règle de droit, rendue nécessaire par la violation de la règle ou la contestation de celle-ci. Afin d'assurer l'application de la règle, le système comporte un large éventail de sanctions – pénales, civiles, administratives... – et il aménage diverses procédures judiciaires (v. *infra*, n°s 706 s.).

Malgré cette tendance profonde et ces efforts constants, l'on constate assez fréquemment, entre la règle et son application, un écart plus ou moins large ou, dit-on encore, une marge plus ou moins étendue d'inapplication effective, d'« ineffectivité » totale ou partielle [1]. Le droit ne se réduisant pas à des normes, ou à un ensemble de normes, il est nécessaire de connaître l'accueil fait à la règle, quel que soit le degré de la contrainte attachée à celle-ci. Encore convient-il d'observer qu'une loi inappliquée (ineffective) n'est pas nécessairement une loi inutile, parce qu'elle met à la disposition des individus une technique dont ils se serviront peut-être ultérieurement. Il est d'ailleurs contraire à l'essence de l'ordre juridique de penser qu'une règle ineffective doive nécessairement être abolie. Des remarques comparables peuvent aussi être présentées au sujet des décisions de justice ; pourtant, de ce côté, l'ineffectivité heurte davantage l'esprit, ce qui explique les efforts tentés – avec un succès relatif – pour essayer de la combattre, là où elle se manifeste [2].

479 ***Les fictions*** ◊ L'application du droit s'opère à l'aide d'un certain nombre de techniques destinées à capter et à régir le fait considéré par l'ordre juridique. En ce sens aussi, le droit est médiation (v. *supra*, n°s 49 s.). Il lui appartient souvent de résoudre les problèmes liés aux *antinomies* [3]. En outre, pour assumer le réel, il opère une certaine réduction. À cet effet, il utilise des *catégories* juridiques à partir desquelles se réalise la qualification des données relevant du droit (*supra*, n° 405). On observera aussi, en matière probatoire, l'importance des *présomptions*, c'est-à-dire des « conséquences que la loi ou le magistrat tire d'un fait connu à un fait inconnu » (v. *infra*, n°s 580 s., 684 s.).

Les *fictions* servent aussi à assurer l'application du droit, création de l'esprit humain, au réel ondoyant et divers. C'est un « artifice de technique juridique... consistant à supposer un fait ou une situation différents de la réalité en vue de produire un effet de droit » [4]. Exemple : « dans toute

---

1. J. Carbonnier, Effectivité et ineffectivité de la règle de droit, *Flexible droit, op. cit.*, p. 136 s. ; v. aussi V. Richard, *Le droit et l'effectivité. Contribution à l'étude d'une notion*, thèse Paris II, 2 vol. 2003.

2. *L'effectivité des décisions de justice*, Trav. Assoc. H. Capitant, Journées françaises, t. XXXVI, 1985 ; J. Normand, Les difficultés d'exécution des décisions de justice, *Mélanges Cosnard*, 1990, p. 393 s. – Sur la qualité de l'application des lois et les divers remèdes envisagés en vue de son amélioration, v. spéc. Rép. min. *JOAN* Q, 5 oct. 1995, p. 1893. – Comp., sur « les phénomènes d'incidence dans l'application des lois », c'est-à-dire sur les textes qui, tout en produisant effet, ont un autre effet que celui que leur auteur avait voulu, J. Carbonnier, *op. cit.*, p. 149 s.

3. Ph. Malaurie, Les antinomies des règles et leurs fondements, *Mélanges Catala*, 2001, p. 25 s.

4. *Vocabulaire juridique de l'Association H. Capitant*, par G. Cornu et *alii*, V° *Fiction*.

disposition entre vifs ou testamentaire, les conditions impossibles, celles qui seront contraires aux lois ou aux mœurs, seront réputées non écrites » (art. 900 C. civ.). Elles sont réputées non écrites, alors qu'elles sont bel et bien écrites. À l'aide de cette fiction, le législateur vise à maintenir l'acte qui les contient, mais en l'amputant, en faisant *comme si* les conditions écrites ne l'avaient pas été. Autre sens au mot fiction : « Idée, concept doctrinal imaginé en vue d'expliquer une situation, un mécanisme » [1]. Ainsi, pour expliquer que les héritiers assument les dettes de la succession, s'ils acceptent celle-ci, avance-t-on traditionnellement l'idée suivant laquelle ils *continuent la personne du défunt* ; or la personnalité juridique d'un être humain s'éteint à son décès (*supra*, n° 231).

La technique de la fiction a tout naturellement retenu l'attention [2], de manière négative ou positive. L'emploi du terme de fiction peut, négativement, servir à désigner un obstacle artificiel inhérent à une règle ou à une institution, et que l'on juge contraire à la nature, ce qui conduit alors à l'écarter [3].

C'est surtout d'un point de vue positif que la fiction est prise en considération, en vue de faire utilement abstraction de la réalité, voire de substituer à la réalité « une construction de l'esprit » [4]. Il en va ainsi lorsque les catégories et techniques juridiques reconnues ne procurent pas le moyen de répondre de manière acceptable aux questions de droit qui se posent, ou encore lorsque l'application simultanée de deux règles à une même situation entraîne une antinomie que le recours à la fiction permet de surmonter [5].

§ 2. Du côté de la légalité

480 ***Force obligatoire*** ◊ L'application du droit est naturellement envisagée en tant que le droit s'impose aux sujets de droit, qu'il a *force obligatoire* [6].

---

1. *Vocabulaire juridique, op.* et *loc. cit.*
2. L. Lecocq, *De la fiction comme procédé juridique*, thèse Paris, 1914 ; R. Dekkers, *La fiction juridique (Étude de droit romain et de droit comparé)*, Bruxelles et Paris, 1935 ; J. Issa-Sayegh, *Les fictions en droit privé*, thèse ronéot. Dakar, 1968 ; C. Perelman et P. Foriers, *Les présomptions et les fictions en droit*, Trav. du Centre national de recherches de logique, Bruxelles, 1974 ; G. Wicker, *Les fictions juridiques*, thèse Perpignan, éd. 1997 ; et, remarquablement comparatif, G. Mitsopoulos, *Le problème de la notion de fiction juridique*, Académie d'Athènes, 2001 ; J. Schmidt-Szalewski, Les fictions en droit privé, *Arch. phil. droit*, t. 20, 1975, p. 273 s. ; P. Woodland, *Le procédé de la fiction dans la pensée juridique*, thèse ronéot. Paris II, 1981 ; A.-M. Leroyer, *Les fictions juridiques*, thèse Paris II, 1995 ; Delphine Costa, *Les fictions juridiques en droit administratif*, thèse Paris I, éd. 2000.
3. V. la thèse de P. Woodland, préc.
4. G. Cornu, *Droit civil, Introduction, Les personnes, Les biens*, n° 208.
5. V. C. Perelman et P. Foriers, *op. cit.*, p. 343.
6. Rappr. E. Desmons, *Droit et devoir de résistance en droit interne, Contribution à une théorie du droit positif*, thèse Panthéon-Assas (Paris II), éd. 1999. – V., plus largement, *La force normative, naissance d'un concept*, dir. C. Thibierge et C. Chainais, éd. LGDJ et Bruylant, 2009 ; C. Chainais et D. Fenouillet, Les sanctions en droit contemporain, vol. 1, *La sanction entre technique et politique*, 2012.

La force obligatoire de la coutume et de la jurisprudence est, en quelque sorte, inhérente aux règles d'origine coutumière ou jurisprudentielle dès que ces règles se dégagent des pratiques des hommes ou des décisions des juridictions. Il en va autrement dans le cadre du droit écrit, on dit encore de la légalité, ce qui conduit à envisager successivement la *durée* (A) et la *portée* (B) de la force obligatoire. En la matière, la loi du 2 juillet 2003 habilitant le Gouvernement à simplifier le droit l'a autorisé à simplifier et harmoniser « les règles relatives aux conditions d'entrée en vigueur des lois, ordonnances, décrets et actes administratifs, ainsi que les modalités selon lesquelles ces textes sont publiés et portés à la connaissance du public, en prenant en compte les possibilités offertes par les technologies de l'information et de la communication » (art. 4).

A. Durée de la force obligatoire

481 ***Distinction*** ◊ La disposition légale, qu'elle résulte d'une loi, d'une ordonnance, d'un règlement administratif, a *force obligatoire*, ce qui est volontiers considéré comme un caractère inhérent à la règle de droit. Pour déterminer la durée de cette force obligatoire, il faut rechercher à partir de quel moment la règle légale entre en vigueur et comment elle disparaît [1].

L'entrée en vigueur de la loi résulte de sa *promulgation* et de sa *publication*. En principe, la loi a vocation à durer indéfiniment [2], mais sa force obligatoire peut lui être retirée par *abrogation*.

482 ***1° Promulgation et publication*** ◊ Les lois n'entrent en vigueur qu'une fois *promulguées* et *publiées* [3].

On confond souvent la promulgation et la publication, confusion parfois commise par le législateur lui-même. Ce sont cependant deux opérations distinctes.

Pour la loi, la *promulgation* consiste dans un décret par lequel le Président de la République atteste l'existence et la régularité de la loi, en ordonne la publication et l'exécution (Const., art. 10 et 11). À partir de la promulgation, la loi devient *exécutoire* [4].

---

1. E. Cartier, Publicité, diffusion et accessibilité de la règle de droit dans le contexte de la dématérialisation des données juridiques, *AJDA* 2005. 1092 s. ; Pascale Deumier, La publication de la loi et le mythe de sa connaissance, *LPA* 6 mars 2000, p. 6.

2. Ce qui n'empêche pas l'existence de *lois temporaires*, par exemple en période de crise (hostilités, circonstances économiques troublées,...) ou encore à titre plus ou moins expérimental (ex. : libéralisation de la législation sur l'avortement). – V. M. Waline, note *D.* 1946, 290, sous CE 16 mars 1945.

3. H. Puget et J.-C. Seché, La promulgation et la publication des actes législatifs en droit français, *Rev. adm.* 1959, 239 s. ; J.-C. Bécane et M. Couderc, *La loi*, 1994, p. 171 s. ; G.J. Guglielmi, Distinguer la promulgation de la publication, *in Le titre préliminaire du Code civil*, dir. G. Fauré et Geneviève Koubi, éd. Économica, 2003, p. 59 s. ; R. Desgorces, Les modes de publication des lois, *Mélanges Linant de Bellefonds*, 2007, p. 161 s.

4. Dès cet instant, la loi est juridiquement parfaite et le Gouvernement doit normalement veiller à sa publication (V. Latournerie, Trav. de la Commission de réforme du Code civil, t. IV, 1948-1949, p. 160).

Elle ne peut cependant être *exécutée* par les citoyens et n'est *obligatoire* qu'à partir du moment où elle est connue d'eux. L'opération qui porte la loi à leur connaissance, c'est la *publication* [1].

483 ***a) Promulgation*** ◊ Le vote de la loi par le Parlement ne suffit pas à la rendre obligatoire pour les individus. La délibération parlementaire doit encore recevoir le concours du Pouvoir exécutif qui a le monopole des décisions exécutoires. La promulgation consiste ainsi dans l'insertion du texte de la loi dans un décret du Président de la République qui atteste l'existence de la loi et ordonne donc logiquement aux autorités publiques d'observer et de faire observer cette loi [2]. Cet acte n'a d'autre date que celle de sa signature, bien qu'il ne prenne effet, comme la loi elle-même, qu'après avoir été publié dans les conditions fixées par les lois et règlements [3].

La Constitution de 1958 a d'ailleurs renforcé les pouvoirs du Président de la République en matière de promulgation [4]. En principe, il doit promulguer le texte voté par le Parlement dans les quinze jours qui suivent sa transmission au Gouvernement ; il peut toutefois demander une nouvelle délibération (si le Parlement refuse de revenir sur sa décision, il a la faculté de dissoudre l'Assemblée nationale).

La promulgation ne s'applique pas seulement aux lois, elle est aussi nécessaire pour les textes émanant du pouvoir exécutif.

484 ***b) La publication au Journal officiel*** ◊ Longtemps régie par des textes plus ou moins anciens et bien désuets (L. 12 vendémiaire an IV, ord. royale 27 nov. 1816, ord. royale 18 janv. 1817, D. 5 nov. 1870 du Gouvernement de la défense nationale, L. 19 avr. 1930) l'entrée en vigueur des lois et règlements a été complètement refondue par une ordonnance n° 2004-164 du 20 février 2004 adoptée conformément à l'article 4 de la loi du 2 juillet 2003 habilitant le gouvernement à simplifier le droit [5].

1. L'article 1er, (al. 1er et 2), C. civ., distinguait exactement les deux opérations : « Les lois sont exécutoires dans tout le territoire français, en vertu de la promulgation qui en est faite par le Président de la République. Elles seront exécutées dans chaque partie de la République, du moment où la promulgation en pourra être connue ». – V. G. Revel, *La publication des lois, décrets et autres actes de l'autorité publique*, 1933 ; Molinié, *La publication en droit public français*, thèse Paris, 1976.

2. La formule de promulgation est, en principe, la suivante : « l'Assemblée nationale et le Sénat ont adopté ; le Président de la République promulgue la loi dont la teneur suit : (texte de la loi)... La présente loi sera exécutée comme loi de l'État. Fait à... le... ». La signature du Président de la République est accompagnée du contreseing du Premier ministre et, le cas échéant, des ministres responsables (décr. n° 59-635 du 19 mai 1959, art. 1er). La formule est modifiée si le Conseil constitutionnel est intervenu, si l'Assemblée nationale et le Sénat ont été en désaccord, si la loi adoptée a été soumise au référendum (décr. préc., art. 2, 3, 4, 5, 6, réd. décr. 8 mars 1990). – V. G. Jèze, La promulgation des lois, *RD publ.* 1918, 378 s.

3. CE 8 févr. 1974, *D.* 1974, somm. 31.

4. Sous la IVe République, le Président ne pouvait refuser la promulgation d'une loi votée par les assemblées ; il pouvait simplement demander une nouvelle délibération de celles-ci. S'il n'usait pas de cette faculté, il devait promulguer la loi dans les dix jours du vote. À défaut, la loi était promulguée par le Président de l'Assemblée nationale.

5. V., antérieurement, Pascale Deumier, La publication de la loi et le mythe de sa connaissance, *LPA* 6 mars 2000, p. 6.

L'année même du bicentenaire du Code civil, on pourra s'étonner que cette matière essentielle ait été réformée par voie d'ordonnance.

Si, avant comme après la réforme, la date d'entrée en vigueur est fixée par l'autorité dont émane le texte et, à défaut, à la date de publication, le processus est néanmoins simplifié. On ne tient plus compte de l'arrivée du *Journal officiel* au chef-lieu d'arrondissement. Depuis la réforme de 2004 et aux termes du nouvel article 1er, alinéa 1, du Code civil, « les lois et, lorsqu'ils sont publiés au *Journal officiel* de la République française, les actes administratifs, entrent en vigueur à la date qu'ils fixent ou, à défaut, le lendemain de leur publication » [1].

Quels actes sont soumis à la nécessité d'une publication ? Ce sont, « les lois, les ordonnances, les décrets et, lorsqu'une loi ou un décret le prévoit, les autres actes administratifs » (ord. 2004, art. 2). « La mention selon laquelle l'obligation de publier peut résulter d'une loi ou d'un décret vise notamment ceux des actes des autorités administratives indépendantes qui doivent être publiés au *Journal officiel* » [2]. Les dispositions indiquées ne sont pas applicables aux actes individuels (art. 1er, al. 3, C. civ.) ; elles ne le sont pas non plus aux « actes des collectivités territoriales et des autorités déconcentrées de l'État » (Rapport préc.), ni à la publication des traités qui demeure régie par le décret du 14 mars 1953.

485 ***Dérogations*** ◊ Par rapport à la référence au lendemain de la publication, deux dérogations sont prévues, soit en amont, soit en aval.

1) *En amont*, il est prévu qu'« en cas d'urgence, entrent en vigueur dès leur publication les lois dont le décret de promulgation le prescrit et les actes administratifs pour lesquels le gouvernement l'ordonne par une disposition spéciale » (art. 1er, al. 2, C. civ., réd. ord. 20 fév. 2004). Le pouvoir ainsi reconnu au Chef de l'État se relie à son pouvoir de promulgation des lois (Const. 1958, art. 10) ; mais celui-ci ne pourrait modifier une date d'entrée en vigueur fixée par une disposition expresse de la loi dont il s'agit (rapp. préc., *ibid.*) [3].

2) *En aval*, le législateur peut déroger aux règles qui précèdent et fixer à une date plus reculée le moment où une loi sera mise à exécution.

Il peut ainsi être précisé qu'une loi n'entrera en vigueur qu'après un certain délai. Le législateur recourt à cette solution pour des lois importantes

---

1. Sur l'articulation de ces règles avec les conflits de lois dans le temps (*infra*, nos 516 s.) v. H. Peroz, L'articulation des articles 1 et 2 du Code civil, *Mélanges Héron*, 2008, p. 411 s.

2. Rapport au Président de la République, *JO* 21 fév. 2004, p. 3513. – V. au sujet des AAI, *supra*, nos 331 s. ; et ex. CNIL, L. 6 janv. 1978, art. 6 et 23. – « Si l'ordonnance ne dit rien à propos des actes dits « d'espèce », tels que les actes portant déclaration d'utilité publique ou classement d'un site, ces actes demeurent assimilés pour l'essentiel à des actes réglementaires. Comme ceux-ci, ils doivent faire l'objet d'une publication » (O. Guillaumont, La réforme des règles d'entrée en vigueur des lois et règlements, *JCP* 2004, Act. n° 138).

3. Sont entachés d'excès de pouvoir, les textes administratifs qui fixent pour leur exécution une date antérieure à celle résultant des prescriptions régissant l'entrée en vigueur des lois et décrets (CE 12 avr. 1972, *D.* 1973, 228, note P. Delvolvé).

qui instituent un régime nouveau, et dans le but d'éviter des surprises et de laisser le temps à ceux que la loi concerne de se préparer [1]. Il arrive même, en période de frénésie législative, que le législateur mette à profit le report de la mise en vigueur d'une loi mal faite pour en corriger profondément les défauts par une autre loi (ex., au sujet de l'attribution du nom de famille, la loi du 18 juin 2003 modifiant la loi du 4 mars 2002) ! (v. *supra*, n° 373).

Le retard apporté à la mise en vigueur d'une loi peut encore provenir de ce que son application requiert parfois des mesures complémentaires, telles que l'élaboration d'un règlement administratif destiné à préciser les détails d'application que le législateur, se contentant d'édicter les principes, n'a pas réglés (*supra*, n° 330) [2]. Les retards constatés en la matière sont régulièrement déplorés et dénoncés [3]. L'ordonnance de 2004 n'en a pas moins codifié la règle jurisprudentielle en précisant que : « Toutefois, l'entrée en vigueur de celles de leurs dispositions dont l'exécution nécessite des mesures d'application est reportée à la date d'entrée en vigueur de ces mesures » (art. 1er, al. 1er, C. civ.) [4].

486 ***c) La publication sous forme électronique*** ◊ Outre l'éviction d'un système désuet et son remplacement qui se justifiait depuis longtemps, l'innovation principale due à l'ordonnance de 2004 concerne la publica-

1. F. Dekeuwer-Défossez, *Les dispositions transitoires dans la législation civile contemporaine*, thèse Lille II, 1977, préf. M. Gobert ; Les dispositions transitoires, *Cahiers de méthodologie juridique*, n° 14-1999. ; J.-L. Bergel, Dispositions transitoires et méthode législative, Perspectives sur les dispositions transitoires, *RRJ* 2005, n° spéc. p. 2721 s. ; R. Gassin, et S. Cimamonti, Dispositions transitoires et droit pénal, *op. cit.*, p. 2749 s. – V., nouveau progrès, sur l'obligation incombant, au pouvoir réglementaire, d'édicter, pour des motifs de sécurité juridique, les mesures transitoires qu'implique, s'il y a lieu, une réglementation nouvelle, CE 24 mars 2006, *D.* 2006, 1224, *JCP* 2006, 10113, note J.-M. Belorgey ; rappr. *supra*, n° 462.

2. Le législateur peut avoir expressément subordonné l'application de la loi à l'élaboration de règlements qui organisent les mesures d'exécution, auquel cas la mise en vigueur de la loi sera différée jusqu'au jour où les règlements seront édictés. En l'absence d'une telle disposition, on peut parfois hésiter sur le point de savoir si le législateur a entendu différer la mise en vigueur de la loi à la parution du décret d'application qu'il a prévu (V. comme ex. de décision s'étant prononcée pour l'application immédiate : Soc. 21 janv. 1972, *Bull. civ.* V, n° 48, p. 47 ; *contra* : Com. 17 oct. 1972, *Bull. civ.* IV, n° 254, p. 240 ; 13 févr. 1973, *Bull. civ.* IV, n° 74, p. 65 ; Toulouse, 10 févr. 1975, *D.* 1975, somm. 83). La Cour de cassation a décidé qu'« une loi régulièrement promulguée devient exécutoire à partir du moment où la promulgation peut en être connue, lorsqu'elle ne contient pas de disposition formelle subordonnant expressément ou nécessairement son exécution à une condition déterminée » (Civ. 18 mars 1952, *Gaz. Pal.* 1952, 1, 376). – V. J.M. Auby, L'obligation gouvernementale d'assurer l'exécution des lois, *JCP* 1953, I, 1080. – Les retards de l'administration en la matière ont suscité de fréquentes critiques : v. M. Guibal, Les retards des textes d'application des lois, *RD publ.* 1974, 1039 s. ; P. Sabourin, Recherches sur la notion de l'administration dans le système français, *AJDA* 1974, 396 s.

3. V. not., Rép. min. *JOAN* Q, 22 avril 1996, p. 2168. – Rappr. Crim. 16 janv. 2002, *D.* 2002, 1225, note M. Dobkine ; et, au sujet des lois de bioéthique de 2004, le rapport Fagniez, AN, mars 2005, n° 2206.

4. Cette formulation, reposant sur la *nécessité* de mesures d'application, est moins stricte que celle qui figure dans le rapport préc. qui fait état de « mesures d'application indispensables » (*op. cit.*). Les auteurs du texte n'ont pas jugé nécessaire de suivre la jurisprudence du Conseil d'État (CE 28 juill. 2000, *LPA* 17 nov. 2000, p. 14, note A. Laquieze) et d'imposer un *délai raisonnable* pour les mesures d'application (v. P. Deumier, obs. *RTD civ.* 2004. 587).

tion sous forme électronique qui n'a pas été jugée digne de figurer dans le Code civil. En effet « la publication des actes mentionnés à l'article 2 (*supra*, n° 484) est assurée, le même jour, dans des conditions de nature à garantir leur authenticité, sur papier et sous forme électronique [1]. Le *Journal officiel* de la République française est mis à la disposition du public sous forme électronique de manière permanente et gratuite » (ord. 20 févr. 2004, art. 3). Aux termes du rapport de présentation, « il convient néanmoins de souligner que cette diffusion en ligne, jouant un rôle d'authentification analogue à celui de l'édition imprimée du *Journal officiel*, devra présenter des garanties particulières de sécurité. Pour ce qui est des fonctions de recherche, elle ne disposera pas de la même richesse que le service Légifrance (www.legifrance.gouv.fr), qui restera le site d'information juridique » (*loc. cit.*). – Sur le site Légifrance, v. *supra*, n° 454.

L'ordonnance de 2004 a prévu qu'un décret en Conseil d'État pris après avis de la Commission nationale de l'informatique et des libertés « définit les actes individuels, notamment relatifs à l'état et à la nationalité des personnes, qui, en l'état des techniques disponibles, ne doivent pas faire l'objet d'une publication sous forme électronique » (art. 4). De l'article 1er du décret n° 2004-459 du 28 mai 2004, il résulte que ces actes sont : *a*) les décrets portant changement de nom pris sur le fondement de l'article 61 du Code civil ; *b*) les décrets d'acquisition de la nationalité française pris sur le fondement de l'article 21-14-1 du Code civil ; *c*) les décrets de naturalisation pris sur le fondement de l'article 21-15 du Code civil ; *d*) les décrets de réintégration dans la nationalité française pris sur le fondement de l'article 24-1 du Code civil ; *e*) les décrets de perte de la nationalité française pris sur le fondement des articles 23-4, 23-7 ou 23-8 du Code civil ; *f*) les décrets de déchéance de la nationalité française pris sur le fondement de l'article 25 du Code civil ; *g*) les décrets de francisation de nom ou de prénoms, ou d'attribution de prénom pris sur le fondement de la loi n° 72-964 du 25 octobre 1972 ; *h*) les décrets rapportant un décret appartenant à une des catégories précédentes [2].

L'ordonnance de 2004 a, en outre, prévu qu'« un décret en Conseil d'État définit les catégories d'actes administratifs dont, eu égard à leur nature, à leur portée, et aux personnes auxquelles ils s'appliquent, la publication au *Journal officiel* sous forme électronique suffit à assurer l'entrée en vigueur » (art. 5). D'où le décret n° 2004-617 du 29 juin 2004 qui énumère, à cet effet, les actes suivants : « 1° les actes réglementaires, autres que les ordonnances, qui sont relatifs à l'organisation administrative de l'État, en particulier les décrets se rapportant à l'organisation des administrations centrales, les actes relatifs à l'organisation des services déconcentrés

1. Et la publication de certains textes au *seul JO électronique* est légale (CE, sect. cont., 9 nov. 2005, *D*. 2006, IR 179).

2. Ne peuvent non plus faire l'objet d'aucune publication sous forme électronique au *Journal officiel* les demandes de changement de nom et les annonces judiciaires et légales mentionnant les condamnations pénales (décr. n° 2004-459, 28 mai 2004, art. 2).

de l'État, ainsi que ceux portant délégation de signature au sein des services de l'État et de ses établissements publics ; 2° les actes réglementaires, autres que les ordonnances, relatifs aux fonctionnaires et agents publics, aux magistrats et aux militaires ; 3° les actes réglementaires, autres que les ordonnances, relatifs au budget de l'État, notamment les décrets et arrêtés portant répartition, ouverture, annulation, virement ou transfert de crédits, ceux relatifs aux fonds de concours, aux postes comptables du Trésor public et aux régies d'avances, ainsi que les instructions budgétaires et comptables ; 4° les décisions individuelles prises par le ministre chargé de l'Économie dans le domaine de la concurrence ; 5° les actes réglementaires des autorités administratives indépendantes et des autorités publiques indépendantes dotées de la personnalité morale, autres que ceux qui intéressent la généralité des citoyens » (décr., art. 1er) [1].

487 ***Désignation des lois*** ◊ Les lois sont généralement désignées par leur *date*. La détermination de celle-ci évidemment nécessaire ne serait-ce que pour déterminer avec précision leur application dans le temps (v. *infra*, nos 514 s.), a varié suivant les époques. Ainsi, au début du Droit intermédiaire, les lois comportaient une double date, celle du vote par l'Assemblée et celle de la sanction royale (par exemple, la loi des 16-24 août 1790 relative à la séparation des fonctions judiciaires et des fonctions administratives). Depuis la Constitution de 1875, il est admis que la date de la loi est celle de sa promulgation. Mais, plusieurs lois pouvant être promulguées le même jour - surtout en période d'inflation législative -, on a pris l'habitude de numéroter les lois d'une même année, les deux premiers chiffres correspondant à l'année et les suivants au numéro d'ordre de promulgation pendant cette année.

La désignation des lois résulte aussi de leur *titre* qui n'échappe pas au processus de leur élaboration et exerce souvent une influence importante quant à leur signification et à leur interprétation, y compris à partir de leur numéro d'ordre, surtout si les textes (et des règlements administratifs) sont du même jour [2].

---

1. « Les décisions individuelles et l'ensemble des autres actes dépourvus de valeur réglementaire, y compris les avis et propositions, dont une loi ou un décret prévoit la publication au *Journal officiel* font exclusivement l'objet d'une publication sous forme électronique, lorsqu'ils relèvent de l'une des matières énumérées aux 1°, 2° et 3° de l'article 1er du présent décret ou émanent de l'une des autorités mentionnées au 5° du même article » (décr. 29 juin 2004, art. 2). « La publication, sous forme électronique, au *Journal officiel* de la République française fait courir le délai du recours ouvert aux tiers contre les décisions individuelles : 1° relatives au recrutement et à la situation des fonctionnaires et agents publics, des magistrats ou des militaires ; 2° concernant la désignation, soit par voie d'élection, soit par nomination, des membres des organismes consultatifs mentionnés à l'article 12 de la loi n° 84-16 du 11 janvier 1984 portant dispositions statutaires relatives à la fonction publique de l'État ; 3° prises par le ministre chargé de l'Économie dans le domaine de la concurrence ; 4° émanant d'autorités administratives indépendantes ou d'autorités publiques indépendantes dotées de la personnalité morale » (CJA, art. R. 421-1., al. ajoutés, décr. 29 juin 2004).
2. V. N. Molfessis, Le titre des lois, *Mélanges Catala*, 2001, p. 47 s. (v. *supra*, n° 428).

488 ***Les rectificatifs (ou errata)*** ◊ Il arrive qu'après la publication du texte d'une loi ou d'un décret au *Journal officiel*, on découvre des erreurs dans le texte publié ; elles sont même assez fréquentes, compte tenu de la prolifération législative à l'époque actuelle. Pour les redresser, on peut recourir à une loi nouvelle ou à un décret modificatif, mais de telles dispositions, à moins d'avoir été rendues valablement rétroactives, ne deviennent obligatoires qu'à partir de leur publication. Beaucoup plus fréquemment, le Gouvernement se bornera à insérer un *erratum* (rectificatif) au *Journal officiel*, corrigeant ou complétant le texte initialement imprimé [1].

La valeur juridique des *errata* a été discutée, car ils sont publiés sans avoir donné lieu à aucune promulgation distincte et apparaissent plutôt comme l'œuvre des services ministériels intéressés. Les solutions jurisprudentielles sont nuancées.

Si le rectificatif est de pure forme, c'est-à-dire s'il n'a pour but que de corriger une erreur ou omission purement matérielle que la simple lecture du texte permettait de déceler aisément, l'*erratum* est considéré comme faisant corps avec le texte rectifié et il a force obligatoire dès la mise en vigueur de ce texte [2].

Lorsque l'*erratum* modifie le sens du texte publié, il y a lieu, selon la Cour de cassation, de distinguer suivant que le texte rectifié émane du seul Gouvernement ou du Parlement.

Dans le premier cas (ordonnance, décret, arrêté), la Cour de cassation refuse de tenir compte du rectificatif ; en effet, deux textes sont en présence, le texte initialement publié et le texte rectifié, et rien ne permet de penser que le texte rectifié est conforme au texte original ; il n'en va autrement que si le texte publié contient une erreur matérielle apparente, auquel cas le rectificatif sera valable [3].

Lorsque le texte qui a été rectifié émane du Parlement, la Cour de cassation reconnaît la valeur légale du rectificatif, dès lors qu'il rétablit le texte voté tel qu'il ressort des débats parlementaires publiés au *Journal officiel ;* elle refuse, au contraire, toute valeur au rectificatif s'il modifie le texte voté [4].

---

1. A. Trasbot, De la force des *errata* aux lois et décrets insérés au *Journal officiel*, *Rev. crit. lég. et jurisp.* 1926, 602 ; Fréjaville, La pratique des *errata* au *Journal officiel*, *JCP* 1948, I, 677 ; Voirin, notes *DP* 1930, 1, 101, *DP* 1934, 1, 17 ; Gros, note *DP* 1934, 3, 36. – Parmi tous les dégâts qu'elle a entraînés, la codification à droit dit constant (*supra*, n°s 438 s., *infra*, n° 490), figure un obscurcissement regrettable de la notion de rectificatif : v. N. Molfessis, obs. *RTD civ.* 2001, 692, 2002, 597.

2. Soc. 8 mars 1989, *Bull. civ.* V, n° 187, p. 111.

3. Civ. 18 déc. 1933, *DP* 1934, 1, 17, note Voirin ; Cass. ch. réun. 5 févr. 1947, *D.* 1947, 177 ; Civ. 3e, 12 juill. 1976, *JCP* 1976, IV, 300. – Le Conseil d'État statue différemment : il a décidé, s'agissant d'un rectificatif apporté au texte publié d'une disposition n'émanant pas du Parlement, qu'il fallait confronter la minute et le texte publié pour savoir si le rectificatif réparait ou non une erreur, alors que celle-ci n'était pas apparente : le rectificatif rétablissant le texte original, inexactement publié, a donc valeur obligatoire (CE 31 déc. 1945, *Gaz. Pal.* 1946, 1, 30).

4. Civ. 15 mai 1933, *Gaz. Pal.* 1933, 2, 329 ; Civ., sect. soc., 20 mai 1948, *Gaz. Pal.* 1948, 2, 29. – Sur l'appréciation par le juge répressif de la valeur légale d'un rectificatif, v. Crim. 28 mai 1968, *D.* 1968, 509, note Costa.

489 **2° Abrogation** ◊ L'abrogation est l'abolition de la loi ou du règlement. Elle ne se confond pas avec une *annulation* législative, même non rétroactive [1]. Elle diffère aussi de la *suspension* en vertu de laquelle est aménagée une situation temporaire à l'issue de laquelle ou bien l'on rétablira la situation antérieure, ou bien - issue plus normale - l'on consolidera un régime nouveau aménagé ou expérimenté dans l'intervalle [2]. Ne relève pas non plus de la notion d'abrogation, l'expiration de la durée d'application d'une loi temporaire. - Sur l'expérimentation législative, v. *supra*, n° 424.

L'abrogation peut être expresse ou implicite.

490 ***a) L'abrogation expresse*** ◊ On dit que l'abrogation est *expresse* lorsqu'elle est contenue dans un texte formel qui abroge la loi ancienne. La portée de l'abrogation est fixée par le texte même qui l'édicte formellement. L'abrogation expresse peut être massive : on en trouve un exemple dans l'article 7 de la loi du 30 ventôse an XII, abrogeant formellement l'Ancien droit dans les domaines réglementés par le Code civil (*supra*, n° 82). Généralement, c'est l'un des derniers articles d'une loi nouvelle qui déclare abroger telles dispositions antérieures qu'il énumère.

La fébrilité législative a, de nos jours, favorisé l'abrogation *par mégarde* caractérisée soit par la disparition pure et simple d'un texte [3], soit par sa modification accidentelle [4]. L'erreur est humaine, même si, du côté des bricoleurs de législation, on répugne à le reconnaître, si ce n'est à le faire savoir [5]. La codification en augmente le risque, surtout lorsqu'elle est opérée *à droit dit constant* (v. *supra*, n°s 438 s.), l'abrogation corrélative ne devant modifier « ni la teneur des dispositions transférées, ni leur portée » [6]. Des remèdes sont apportés ensuite à ces malfaçons, à supposer même qu'ils ne les aggravent pas : pseudo-rectificatifs, rectifications déformées, validations rétroactives, réponses ministérielles dénaturées, suspension indirecte de la loi par la juridiction administrative. C'est à l'honneur de la doctrine d'avoir prévu et annoncé - hélas en vain - ces effets nuisibles pour le droit et l'économie.

---

1. V. J. Carbonnier, note *D.* 1946, 322, sous Civ. 16 juill. et 18 déc. 1945.
2. V. N. Molfessis, La loi suspendue, *D.* 2003, Point de vue, p. 139, au sujet de la loi du 3 janv. 2003 portant relance de la négociation collective en matière de licenciements économiques ; v. aussi Isabelle Desbarats, La réforme de la modernisation sociale, *D.* 2003, chron. 219 s. - Rappr. H. Arbousset, Retrait, abrogation et sécurité juridique (Analyse, depuis 1981, d'une relation souvent difficile), *RRJ* 2000-2, 541 s.
3. V. M. Dobkine, Nul n'est censé ignorer que la loi est... abrogée, note sous Crim. 16 janv. 2002, *D.* 2002, 1225.
4. V. les obs. de N. Molfessis, *RTD civ.* 2001, 689.
5. Th. Le Bars, Nouvelles observations sur la codification à droit constant du Code de commerce. L'article 631 était abrogé... depuis 1991, *JCP* 2000, Act. 48 ; sur l'abrogation par mégarde de certains articles du Code de commerce, v. N. Molfessis, obs. *RTD civ.* 2001, 688 s.
6. Civ. 1re, 27 févr. 2001, *D.* 2001, AJ 1025, obs. A. Lienhard. - Les dégâts sont variables : tantôt suppression involontaire, tantôt modification essentielle d'un texte, maladresses de coordination... La liste en est d'ores et déjà impressionnante. - V. N. Molfessis, obs. préc. ; A. Lienhard et C. Roudey, Incidences juridiques et pratiques des codifications à droit constant (à propos du nouveau Code de commerce), *D.* 2000, 521.

491 ***b) L'abrogation implicite*** ◊ Elle ne résulte pas d'un texte exprès, mais d'une diversité de circonstances qui peuvent la rendre nécessaire et expliquer son mécanisme [1]. Ainsi en est-il lorsque l'intention du législateur n'est pas douteuse ou encore lorsqu'une réforme a pour objet de modifier les compétences d'autorités administratives [2].

La reconnaissance d'une abrogation implicite repose sur l'existence d'une *incompatibilité* entre une loi ancienne et une loi nouvelle [3]. Leur application simultanée étant irréalisable, il faut choisir entre elles et c'est évidemment la loi exprimant la plus récente volonté du législateur qui doit l'emporter. L'abrogation implicite n'opère d'ailleurs que dans la mesure où il y a contrariété entre les deux textes. La portée de l'abrogation est aisée à déterminer en cas d'incompatibilité entre deux règles générales ou deux règles spéciales successives : la règle ancienne se trouve abrogée. Mais il en va différemment lorsqu'une loi nouvelle édicte une règle spéciale, alors que la loi ancienne avait une portée plus générale ; on admettra alors que la loi ancienne est maintenue sauf dans le domaine spécial de la loi nouvelle (*specialia generalibus derogant*). Ainsi, à supposer qu'une loi ancienne frappe une catégorie de personnes d'une incapacité générale de passer personnellement des actes juridiques et qu'une loi nouvelle leur confère la capacité de passer des actes d'une certaine catégorie, la loi ancienne subsistera, sauf à tenir compte de l'exception résultant de la loi nouvelle. Mais, dans l'hypothèse contraire où le conflit se produit entre une loi ancienne spéciale et une loi nouvelle générale, la solution est douteuse : la loi nouvelle n'abroge pas nécessairement la loi spéciale contraire plus ancienne, l'existence d'une exception n'étant pas incompatible avec celle d'une règle [4] ; tout dépend de l'intention du législateur qui a peut-être, au contraire, entendu abroger la loi ancienne dans son domaine particulier [5].

492 ***La loi peut-elle être abrogée par la désuétude ?*** ◊ Cette question n'est pas sans lien avec la hiérarchie des sources du droit, car l'on se demande si la coutume, source autonome de droit (*supra*, n° 396), peut se dresser contre la loi, pour faire disparaître une disposition inappliquée.

---

1. V. J. Moreau, De l'abrogation implicite en droit public français, *JCP* A 2005, 1339. – Sur la constatation par le Conseil d'État de l'abrogation implicite de lois antérieures à la Constitution, v. CE 16 déc. 2005, *LPA* 25 avr. 2006, note A. C.
2. Chron. préc., n° 25.
3. V. aussi H. Moysan, Les incertitudes de l'établissement de la loi applicable. L'exemple d'une abrogation « indirecte », *JCP* 2004, Act. 556 ; rappr., sur l'abrogation d'une abrogation, *RTD civ.* 2010, p. 55 s., obs. P. Deumier.
4. Civ. 21 avril 1942, *DA* 1942, 127. En ce sens l'on dit : *leges speciali per generalem non derogatur.*
5. Sur les conséquences d'une abrogation implicite, v. J. Moreau, chron. préc., n°s 41 s. – Le développement, dans la législation contemporaine, de renvois, c'est-à-dire de textes se référant à d'autres, suscite de sérieuses difficultés lorsque les textes auxquels il est référé sont ultérieurement abrogés (N. Molfessis, obs. *RTD civ.* 2001, 691). Y a-t-il, en pareil cas, des abrogations « par ricochet » ? Lorsque le texte de référence est remplacé par de nouvelles dispositions, on incline à appliquer celles-ci. Lorsqu'il y a suppression pure et simple, on tend à considérer qu'en principe il n'y a pas abrogation par ricochet.

Dans l'opinion dominante, on admet que la désuétude ou l'établissement d'un usage contraire n'entraînent pas, *en droit*, l'abrogation de la loi [1]. On tire argument de la primauté de la loi, en tant que telle, parce qu'émanant d'une autorité organisée et ayant reçu compétence de la Constitution. Le législateur a seul le droit de révoquer les ordres qu'il a donnés. La désuétude d'une loi ne prouverait pas autre chose que la défaillance plus ou moins prolongée des autorités qui doivent la faire respecter. Par exemple, le décret-loi du 2 mars 1848 prohibant le marchandage, quoique non appliqué pendant un demi-siècle, n'a pu être considéré comme abrogé par le non-usage et a dû être appliqué à nouveau par les tribunaux le jour où il a plu au ministère public d'en requérir l'application [2].

Cette position de principe ne correspond cependant pas à la réalité : *en fait*, beaucoup de lois anciennes ont cessé d'être appliquées sans avoir jamais été abrogées. Pour n'en donner que quelques exemples, c'est un usage qui a restitué au code le nom de Code civil, le décret de 1852 qui lui avait conféré le nom de Code Napoléon n'ayant jamais été abrogé ; l'anatocisme, c'est-à-dire la capitalisation des intérêts, a été admis dans les comptes courants contrairement à l'article 1154 du Code civil [3].

493 ***Abrogation des règlements administratifs*** ◊ Les règlements légalement pris par l'autorité compétente revêtent un caractère de permanence qui les fait survivre aux lois dont ils procèdent tant qu'ils n'ont pas été rapportés ou qu'ils ne sont pas inconciliables avec les règles tracées par une législation nouvelle [4].

B. Portée de la force obligatoire

494 ***Force obligatoire et force normative*** ◊ La force obligatoire étudiée depuis des millénaires est très présente dans la vie juridique, tout particulièrement, comme le mot l'indique, en droit des obligations. La signification classique et toujours très fondamentale concerne aussi, bien évidemment, la force obligatoire des lois, des ordonnances, des règles, dont il sera question dans les développements qui suivent [5].

---

1. Sur l'histoire de cette solution, V. A. Desrayaud, Depuis quand les lois ne tombent-elles plus en désuétude en France ?, *RRJ* 2008-1, p. 41 s.

2. Ch. réun. 31 janv. 1901, *DP* 1901, 1, 169. - V. aussi Civ., sect. com., 16 mai 1949, *D.* 1950, 629, note Ripert ; Civ., 1re sect. civ., 19 nov. 1957, *Gaz. Pal.* 1958, 1, 117. - V. aussi en ce sens que la désuétude n'est pas admise comme cause de disparition : CE 5 janv. 1955, *Lebon* 1955, p. 5 ; 23 janv. 1974, *Lebon* 1974, p. 52.

3. Il convient de distinguer la désuétude et l'obsolescence ; celle-ci, bien plus fréquente que par le passé, « peut frapper des règles plus ou moins jeunes mais encore en usage, pas complètement oubliées mais périmées... règles non seulement désuètes, mais aussi inadaptées, absurdes, dépassées... » (P. Deumier, obs. *RTD civ.* 2005. 79 s. et les réf.).

4. Crim. 4 mai 1976, *D.* 1976. *IR.* 174. - Sur l'obligation d'abroger les règlements illégaux, V. R. Chapus, *Droit administratif général*, t. I, 15e éd. 2001, nos 886 s.

5. V. not. *Les mutations de la norme, Le renouvellement des sources du droit*, dir. N. Martial-Brasz, J.-F. Riffard et M. Béhar-Touchais, éd. Economica, 2011 ; *La contractualisation de*

495 ***Les degrés de la force obligatoire. Lois impératives et lois supplétives ou interprétatives*** ◊ Lorsqu'ils ont fait l'objet des promulgations et publications requises, les lois et les règlements deviennent obligatoires conformément aux règles précédemment étudiées (n°s 481 s.) [1]. La disposition législative ou réglementaire pourra être ramenée à exécution grâce à divers procédés de contrainte ; par exemple, une peine en cas d'infraction à la loi pénale, l'annulation d'un acte juridique passé en violation des prescriptions légales, la démolition d'une construction érigée au mépris d'une servitude de ne pas construire, la saisie par un créancier des biens de son débiteur récalcitrant, suivie d'une vente aux enchères publiques afin de se payer sur l'argent provenant de la vente (v. *infra*, n°s 707 s.).

En fait le recours à la force contraignante n'est cependant qu'exceptionnel ; le plus souvent, la loi est effectivement respectée sans qu'il soit besoin de mettre en œuvre les procédés de contrainte.

Qu'il s'agisse de lois ou de règlements administratifs, la force obligatoire de la légalité peut être plus ou moins accusée. De prime abord, sinon l'essence (*supra*, n° 45), du moins l'aspect naturel de la règle de droit se relie à l'idée de contrainte, ce qui donne à penser que l'autorité sociale contraint au respect de la légalité sans admettre de dispense, de modération ou de dérogation. Pareille description serait cependant trop simpliste, car le système juridique est plus nuancé. Ses attitudes vont jusqu'à l'indifférence, marquée naturellement par les silences dans l'expression de la loi ou du règlement. En fonction des situations auxquelles il attache son attention, il encourage ou décourage, incite ou dissuade, interprète ou oriente, reconnaît, interdit, permet [2], dispense [3]... Dans le dialogue possible de la loi, de l'Administration et du sujet de droit, les fonctions du pouvoir politique, de la société et de l'État varient évidemment dans l'espace et dans le temps. L'incitation et l'ingratitude du Fisc n'en sont que des exemples [4]. Plus qu'une opposition primaire du permis et du défendu, le mouvement crescendo de l'obligatoire est de mieux en mieux analysé par la doctrine et pris en compte par le droit positif.

---

la production normative, dir. S. Chassagnard-Pinet et D. Hiez, éd. Dalloz, 2008. V. aussi, C. Thibierge *et alii*, *La densification normative. Découverte d'un processus*, éd. Mare et Martin, 2014.

1. Le Conseil d'État a cependant décidé que les rapports annexés à des lois et les objectifs qu'ils expriment ne sont pas revêtus de la force normative qui s'attache aux dispositions de la loi (CE 5 mars 1999, *AJDA* 1999. 420, *RTD civ.* 1999. 729, obs. N. Molfessis). Suivant la Cour de justice des Communautés européennes, il en va de même des *considérants* précédant les *lois* (CJCE 13 juill. 1991, aff. C-215/88, *Rec.* p. 2790-2808). Même solution, semble-t-il, pour le *titre* des lois (Civ. 20 avr. 1920, *DP* 1923, 1, 87), sauf, à tout le moins, s'ils ont été mis aux voix avant le vote (N. Molfessis, obs. préc., p. 733) ; v. aussi, du même auteur, Le titre des lois, *Mélanges Catala*, 2001, p. 47 s.

2. V. C. Barthe-gay, Les normes permissives en droit administratif français, *RRJ* 2004-1, p. 223 s.

3. V. Ch. Blanchard, *La dispense en droit privé*, thèse Paris II, éd. 2010.

4. V. D. Gutmann, La norme fiscale, regards croisés du fisc et du contribuable, *in Regards sur le droit*, préc. p. 91 s.

496 ***Les lois interprétatives*** ◊ Il arrive que la loi ou le juge aillent à la recherche de la volonté imparfaitement exprimée par les sujets de droit. Ainsi l'article 1156 dispose-t-il qu'« on doit dans les conventions rechercher quelle a été la commune intention des parties contractantes, plutôt que de s'arrêter au sens littéral des termes ». Aussi longtemps qu'il est possible de discerner des traces de la volonté, cette volonté doit être retenue. C'est pourquoi, pour déterminer quelle a été la commune intention des parties, il n'est pas interdit aux juges de s'attacher à leur comportement ultérieur dans l'exécution du contrat [1]. L'article 1156 du Code civil est de faible portée contraignante, sa méconnaissance ne pouvant, à elle seule, donner ouverture à cassation [2].

497 ***Les lois supplétives*** ◊ Cette force contraignante n'apparaît que lorsque l'on se trouve en présence de lois supplétives. Ce qui les caractérise, c'est que les particuliers peuvent, par leurs conventions, en écarter l'application. Ainsi, l'article 1651 du Code civil dispose qu'en cas de vente, l'acheteur doit payer le prix au moment et au lieu où la chose est livrée ; mais il peut être stipulé par exemple dans le contrat que le prix sera payé soit avant, soit après la livraison. L'utilité de ces règles est évidente car, lorsque des particuliers concluent un contrat, ils n'ont souvent ni le temps, ni l'aptitude à l'effet de préciser en détail toutes les conditions et les conséquences de leur accord ; et, de toute façon, il peut leur arriver souvent d'omettre de prévoir certaines questions. Ainsi il faut que, dans un contrat de louage, les parties puissent se contenter de déterminer l'objet du bail, le montant du loyer et, le cas échéant, la durée, sans avoir besoin de préciser en détail tous les droits et obligations issus du contrat, par exemple ceux relatifs à la garantie due par le bailleur au locataire, ou encore au paiement des réparations. À cet effet, le législateur formule des règles auxquelles les parties peuvent se référer implicitement ; le législateur supplée au silence des contractants, d'où l'appellation de *lois supplétives* de la volonté des contractants. Cette suppléance s'accompagne d'une force obligatoire qui se situe, peut-on dire, à un premier degré, déjà significatif de l'impérativité, ce qui conduit justement à atténuer une distinction classique, mais trop radicale des lois supplétives et des lois impératives [3].

Parmi les lois supplétives, il en est qui, plus que d'autres, s'éloignent d'une hypothétique, voire fictive, interprétation de la volonté des particuliers et traduisent, sur la montée croissante de l'impérativité, une politique juridique délibérée. Ce sont les *lois dispositives*. Ainsi en est-il lorsque le législateur, sans soumettre les particuliers à un régime impératif, donc en leur laissant une grande liberté de choix, leur indique que, s'ils n'usent pas de cette liberté, ils seront soumis à un ensemble de règles dont le contenu ne correspondra pas nécessairement – que ce soit de manière expresse ou tacite – à leur volonté. Bien mieux, il se pourra que ces lois dispositives leur

---

1. Civ. 1re, 13 déc. 1988, *Bull. civ.* I, n° 352, p. 239.
2. Civ. 1re, 19 déc. 1995, *JCP* 1996, IV, 356, *Bull. civ.* I, n° 466, p. 324, *RTD civ.* 1996, 611, obs. J. Mestre.
3. V. l'analyse pénétrante de Cécile Pérès-Dourdou, *La règle supplétive*, thèse Paris I, éd. 2004.

soient appliquées, alors qu'ils ont pu manifester leur volonté d'y échapper, mais sans avoir pu ou su exprimer régulièrement cette volonté d'élimination. Ainsi, les futurs époux qui ne concluent pas de contrat de mariage devant notaire, avant de se marier, sont-ils soumis à un régime matrimonial légal (communauté réduite aux acquêts) ; or il en va de même de ceux qui, ayant conclu un contrat de mariage (par exemple celui de la séparation de biens), ont cependant conclu un contrat nul, donc dénué d'effets. Ainsi encore, des règles précises régissent la succession des personnes qui n'ont pas rédigé de testament ou ont rédigé un testament nul.

498 ***Les lois impératives*** ◊ Un degré de plus et l'impérativité se manifeste davantage, au point de servir à qualifier les lois envisagées. Celles-ci s'imposent en toutes circonstances et on ne peut en écarter l'application. Ainsi en est-il de l'article 1130, alinéa 2 du Code civil qui interdit sauf dans certaines conditions les pactes sur succession future, c'est-à-dire sur une succession non encore ouverte : des frères et sœurs ne pourraient, par exemple, procéder à un partage anticipé de la succession de leurs parents ; leur convention serait nulle comme contraire à une règle impérative.

Traditionnellement, les lois impératives de droit privé étaient rares ; le législateur intervenait dans les rapports entre individus avant tout pour faciliter leurs relations en édictant des règles auxquelles il suffisait de se référer implicitement. La notion de loi impérative n'était cependant pas ignorée du Code civil : ainsi la réglementation de certaines institutions, telle la famille, ne pouvait être écartée. Et même, en matière de contrats, où le principe est que la volonté des parties est souveraine, le législateur avait édicté certaines règles impératives. Les dernières décennies, marquées davantage par la supériorité de l'intérêt général sur les intérêts privés, ont vu se multiplier les règles impératives, spécialement dans le droit des contrats.

Si elles mettent obstacle, en principe, à la possibilité de conventions contraires régulières, les règles impératives peuvent laisser place à des dispenses, à des tempéraments ou à des dérogations émanant de diverses autorités. Il en est qui résultent de décisions du Président de la République : bien que la loi interdise le mariage entre certains proches parents ou alliés, il peut lever certains empêchements (C. civ., art. 164). D'autres faveurs émanent soit des autorités judiciaires, soit des autorités administratives. *Judiciaires :* ainsi, bien que la loi exige un âge minimum pour le mariage, le procureur de la République peut accorder une dispense d'âge (C. civ., art. 145) ; ainsi encore, le président du tribunal de grande instance peut, à certaines conditions, dispenser la femme veuve ou divorcée qui se remarie de l'observation du « délai de viduité » (C. civ., art. 228, al. 3). *Administratives :* le développement de la législation économique et sociale, notamment en matière de prix, de construction, ou encore de réglementation des changes, a été accompagné et nuancé par celui des dérogations accordées, à certaines conditions, par les autorités administratives [1].

1. Comp. G. Peiser, Le juge administratif et les dérogations, *Mélanges Waline*, 1974, t. II, p. 665 s.

499 ***Les règles d'ordre public*** ◊ Parmi les règles impératives - qu'elles résultent de textes législatifs ou réglementaires - il en est dont la force contraignante est particulièrement accusée : ce sont les *règles d'ordre public.* L'article 6 du Code civil dispose, plus précisément, à leur sujet : « On ne peut déroger, par des conventions particulières, aux lois qui intéressent l'ordre public et les bonnes mœurs » [1].

Ce seul article ne suffit pas à marquer la spécificité des règles d'ordre public, puisque, comme on l'a vu (n° 498), il est interdit de déroger aussi, par des conventions particulières, aux lois impératives. La puissance contraignante des lois d'ordre public se manifeste d'autres manières : ainsi, au sujet de l'application des lois dans le temps, le caractère d'ordre public d'une loi nouvelle met habituellement obstacle à la survie de la loi ancienne même en matière de relations contractuelles (v. *infra*, n°s 532 s.) ; ainsi encore, en procédure civile, le ministère public (les magistrats du parquet : procureurs, substituts) a le droit d'agir d'office pour la défense de l'ordre public à l'occasion des faits qui portent atteinte à celui-ci (C. pr. civ., art. 423 ; *supra*, n° 161).

Si toutes les lois d'ordre public sont nécessairement des lois impératives, toutes les lois impératives ne sont pas nécessairement des lois d'ordre public. Plus généralement, la définition du domaine des règles d'ordre public s'est ordonnée par strates successives. Traditionnellement, l'*ordre public classique* a été défini à partir de l'idée selon laquelle les règles contribuant à sa constitution ne concernent que ce qui est indispensable au bon fonctionnement des institutions nécessaires à la société. Au XXe siècle, le développement du rôle de l'État dans la vie économique a conduit à ajouter à cet ensemble de règles, celles qui semblent composer l'*ordre public économique* [2] ; d'autres considérations ont porté aussi à insister sur l'idée d'un *ordre public social* ou d'un *ordre public de protection* [3], plus ou moins distingués de l'ordre public économique [4].

§ 3. Du côté des sujets de droit

500 ***Le statut et le rôle*** ◊ Parmi les modes de pensée sociologiques qui enrichissent la compréhension de la règle de droit, la distinction du statut et

1. V. F. Terré, Ph. Simler et Y. Lequette, *Les obligations*, n°s 370 s.

2. V. G. Ripert, L'ordre économique et la liberté contractuelle, *Mélanges Gény*, 1934, t. II, p. 347 s. ; G. Farjat, *L'ordre public économique*, thèse Dijon, 1963, p. 57 ; *L'ordre public à la fin du xxe siècle*, sous la dir. de T. Revet, éd. Dalloz 1996.

3. V. G. Couturier, L'ordre public de protection, heurs et malheurs d'une vieille notion neuve, *Mélanges Flour*, 1979, p. 95 s.

4. Le domaine couvert par des règles d'ordre public peut d'ailleurs, au sein d'un même système juridique, varier selon les branches du droit. Ainsi, en droit international privé, l'application du droit étranger par des juges français peut être écartée lorsque telle ou telle des règles qui le composent heurte trop les fondements de notre société ; dans cette perspective, le domaine de l'ordre public est défini de manière plus restreinte qu'en droit interne (V. P. Lagarde, *Recherches sur l'ordre public en droit international privé*, thèse Paris, 1959). Il existe aussi une notion d'ordre public propre au droit colonial (V. H. Solus, *Traité de la condition des indigènes en droit privé*, 1927, n°s 270 s., p. 302 s.).

du rôle est une des plus riches. Le *statut*, c'est la place que le droit positif assigne à une personne dans l'ordonnancement qu'il aménage ; le *rôle*, c'est le comportement adopté par telle personne dans telle situation. C'est dire qu'une fois de plus le droit est confronté à la distinction souvent ténébreuse sinon impossible, de l'abstrait et du concret, entre lesquels opère sans cesse sa respiration [1].

Une coïncidence du statut et du rôle est d'autant concevable qu'elle est un postulat omniprésent. Sans même succomber à une vision pessimiste du droit, on peut penser que, poussée à l'extrême, elle rendrait la vie irrespirable, dans son principe, pas seulement dans son analyse et dans son contrôle. Là où l'on s'en approche trop, on voit d'ailleurs se développer, dans certains secteurs de la vie juridique, diverses formes oppressantes de l'ennui, cet ennemi de la spontanéité.

Plus significative est l'hypothèse dans laquelle le sujet de droit tolère de la part d'autrui des atteintes à ses droits, par exemple de la part d'un voisin. Mais par là même, de la part de celui-ci, il y a un comportement qui consiste à tenir son rôle au-delà de son statut. C'est de cela qu'il s'agit présentement : excès et abus, détournement de pouvoir, fraude.

501 ***1° L'excès et l'abus*** ◊ Reprenons la distinction indiquée. Le droit détermine, plus ou moins d'ailleurs, la ligne de partage du licite et de l'illicite dans l'exercice des droits et l'usage des libertés. Lorsque la personne, physique ou morale, dépasse les limites *externes* de son statut, il y a *excès* : de vitesse, d'alcool, de tabac, et même excès de précaution, ce qu'il n'est pas inutile de rappeler aux thuriféraires du principe de précaution (v. *supra*, n° 253), pas seulement en droit de l'environnement. À preuve l'excès de cirage du couloir d'un appartement entraînant une glissade malencontreuse [2]. Comblant une lacune devenue de plus en plus regrettable à notre époque, une synthèse est établie des nombreux et divers cas d'excès et des sanctions appropriées qu'ils appellent [3]. C'est en quoi l'excès se distingue de la violation pure et simple de la règle de droit, car sa compréhension est plus étroitement liée à une détermination objective du *dépassement* envisagé conceptuellement (rappr. sur la proportionnalité, *supra*, n° 188) [4].

La réflexion renouvelée sur l'excès renvoie à une discussion relative à la signification et à la place de l'*abus* du droit, qu'il s'agisse d'un droit réel ou d'un droit de créance [5]. L'on s'était interrogé autrefois s'il y avait lieu de reprocher un quelconque abus aux personnes restant dans le

---

1. Respiration souvent *troublée* pour diverses causes et en maints domaines. – V. not. Caroline Guillemain, *Le trouble en droit privé*, thèse Bordeaux IV, 2000.
2. Civ. 2e, 11 déc. 2003, *D.* 2004, 2181, note S. Godechot. – « Rien à cirer », c'est le cas de le dire…
3. D. Bakouche, *L'excès en droit civil*, thèse Paris II, éd. 2005, préf. M. Gobert ; P. Mbongo (dir.), *L'excès, l'hypermodernité, entre droit et politique*, éd. Mare et Martin, 2012.
4. N'est-ce d'ailleurs pas dans ce contexte que l'on fait, le cas échéant, état du « passe-droit », du « piston », belle métaphore ?
5. V. *Les obligations*, par F. Terré, Ph. Simler et Y. Lequette, nos 738 s.

cadre de leurs droits, c'est-à-dire ne situant pas leur rôle au-delà de leur statut ? Mais la jurisprudence a consacré l'idée selon laquelle les droits subjectifs, secrétés par le groupe social, ne peuvent être envisagés isolément. Replacés dans un contexte global, ils s'y trouvent, dans leur lettre et dans leur esprit, limités par diverses considérations, en particulier par la règle suivant laquelle on est responsable de ses délits et de ses quasi-délits (*supra*, n° 215) [1].

Ainsi, il y a abus du droit lorsqu'un individu, sans dépasser les limites objectives de son droit, se sert de celui-ci pour nuire à autrui. Exemple : un propriétaire d'immeuble fait édifier une fausse cheminée sans utilité pour lui, uniquement pour assombrir la demeure du voisin ; le tribunal saisi peut lui intimer l'ordre de démolir la fausse cheminée et le condamnera en outre à des dommages-intérêts ; un plaideur engage un procès par malveillance ou par méchanceté ; ce faisant, il abuse du droit d'agir en justice et son adversaire pourra prétendre à des dommages-intérêts.

On a parfois proposé d'aller plus loin et de considérer comme abusif, non seulement l'exercice du droit accompli pour nuire à autrui, mais d'une manière générale tout exercice du droit à des fins autres que celles en vue desquelles il a été reconnu à l'individu. À chaque droit est dévolue une certaine fonction : certains droits – tel le droit de propriété – sont organisés, au moins en apparence, dans l'intérêt du titulaire, d'autres sont conçus dans l'intérêt d'une autre personne – il en est ainsi de l'autorité parentale –, certains enfin sont envisagés dans l'intérêt général, tel le droit de critique littéraire et artistique. On confronte chaque fois le mobile auquel le titulaire du droit a obéi en l'occurrence, la fin qu'il s'est proposé d'atteindre, avec l'esprit, la fonction du droit en cause ; s'il y a discordance, l'exercice du droit est abusif et la responsabilité de l'agent susceptible d'être mise en cause. Un tel critère de l'abus des droits s'accorde avec la conception du droit fonction sociale, conféré à l'individu, non dans son intérêt égoïste, mais pour lui permettre de rendre service à la collectivité [2].

502 ***La théorie de l'abus de droit en matière fiscale*** ◇ Dans un cadre différent, une théorie particulière de l'abus de droit a été élaborée en matière fiscale [3]. Cette théorie a permis au fisc, qui l'a utilisée de plus en plus

---

1. L. Josserand, *De l'esprit des droits et de leur relativité, Théorie dite de l'abus des droits*, 1927 ; G. Ripert, Abus et relativité des droits, *Rev. crit. lég. et jurisp.* 1929, 335 ; Charmont, L'abus du droit, *RTD civ.* 1902, 113 ; Desserteaux, Abus de droit et conflits de droits, *RTD civ.* 1906, 119 ; H. Capitant, Sur l'abus des droits, *RTD civ.* 1928, 365 ; J. Lemée, *Essai sur la théorie de l'abus de droit*, thèse ronéot. Paris XII, 1977 ; Rotondi et alii, *L'abus de droit*, Inchieste di diritto comparato, Padoue, 1979 ; Le rôle de la notion de l'abus du droit, *RTD civ.* 1980, 66 s. – Rappr. Trav. Assoc. H. Capitant, t. XXVIII, 1977, *L'abus de pouvoirs ou de fonctions*.

2. A. Pirovano, La fonction sociale des droits : réflexions sur le destin des théories de Josserand (à propos d'un arrêt de la 3e ch. civ. de la Cour de cassation du 12 oct. 1971), *D.* 1972, chron. 67.

3. G. Vignaud, *L'abus de droit en matière fiscale*, thèse Bordeaux, 1980 ; C. Robbez Masson, *La notion d'évasion fiscale en droit interne français*, thèse Dijon, éd. 1990 ; P. Fernoux, L'abus du droit dans la gestion du patrimoine, *JCP* N 1991, I, p. 185 s. ; Frédérique Pierrotin, Le juge réduit

activement, en vue non seulement de lutter contre la fraude fiscale, mais aussi de limiter les possibilités de l'évasion fiscale : celle-ci consiste, de la part du contribuable, à se mouvoir à sa guise, au mieux de ses intérêts, dans une zone extra-légale où la loi n'a établi aucun interdit, mais où elle n'a pas non plus indiqué les voies que les contribuables sont autorisés à emprunter.

La reconnaissance légale de la notion d'abus de droit en matière fiscale est illustrée par l'article L. 64 du Livre des procédures fiscales (réd. ord. 25 déc. 2004), ainsi rédigé : « Ne peuvent être opposés à l'administration des impôts les actes qui dissimulent la portée véritable d'un contrat ou d'une convention à l'aide de clauses : *a)* qui donnent ouverture à des droits d'enregistrement ou à une taxe de publicité foncière moins élevés ; *b)* ou qui déguisent soit une réalisation, soit un transfert de bénéfices ou de revenus ; *c)* ou qui permettent d'éviter, en totalité ou en partie, le paiement des taxes sur le chiffre d'affaires correspondant aux opérations effectuées en exécution d'un contrat ou d'une convention. – L'administration est en droit de restituer son véritable caractère à l'opération litigieuse. En cas de désaccord sur les rectifications notifiées sur le fondement du présent article, le litige est soumis, à la demande du contribuable, à l'avis du comité consultatif pour la répression des abus de droit. L'administration peut également soumettre le litige à l'avis du comité dont les avis rendus feront l'objet d'un rapport annuel. – Si l'administration ne s'est pas conformée à l'avis du comité, elle doit apporter la preuve du bien-fondé de la rectification ».

503 ***2° Le détournement de pouvoir*** ◊ On a vu en quoi le pouvoir se distingue du droit subjectif (*supra*, n° 206). Cette notion, bien connue en droit administratif, n'est pas ignorée en droit pénal et en droit privé : droit des incapacités, des régimes matrimoniaux, des sociétés. Il arrive d'ailleurs qu'en ce dernier domaine, les expressions d'abus de pouvoir et de détournement de pouvoir soient utilisées indifféremment.

On dira qu'il y a détournement lorsqu'une personne utilise ses pouvoirs pour une fin autre que celle en vue de laquelle ils lui avaient été conférés [1]. « Le contrôle du détournement de pouvoir consiste à confronter le mobile qui a animé l'auteur de l'acte au but poursuivi par la norme dont il tient ses pouvoirs » [2]. Bien que certaines décisions semblent retenir l'inopposabilité de l'acte irrégulier, c'est la nullité de cet acte qui paraît être, outre l'octroi éventuel de dommages-intérêts, la sanction adéquate [3].

---

encore la frontière entre optimisation fiscale et abus de droit, *LPA* 19 mars 2007, p. 3 ; M. Cozian, La notion d'abus de droit en matière fiscale, *Gaz. Pal.* 1993, 1, doctr. 50 s., et *Defrénois* 1994, art. 35915 et 3592135921 ; v. aussi, du même auteur, Éloge de l'habileté fiscale, *Rev. fisc. notariale*, janvier 2006, p. 12. – Rappr. Florence Deboissy, *La simulation en droit fiscal*, thèse Univ. Bourgogne, éd. 1997 ; Marie-Agnès Saribau-Pérez, La notion fiscale de simulation à l'épreuve du droit civil, *Gaz. Pal.* 2005, doctr. 3135.

1. E. Gaillard, *Le pouvoir en droit privé*, thèse Paris II, éd. 1985, n° 149, p. 97.
2. E. Gaillard, *op. cit.*, n° 151, p. 98.
3. E. Gaillard, *op. cit.*, n° 181, p. 113.

Le droit positif utilise aussi la notion de détournement pour priver d'effet le comportement consistant à détourner une institution ou une technique juridique [1].

504 *3° La fraude* ◊ Au sens large, ce mot désigne toute espèce de turpitude, par exemple celle qui consiste à tromper autrui à l'occasion de la conclusion d'un contrat. Dans un sens étroit, il vise un comportement plus subtil, qui permet de profiter des imperfections de l'ordre juridique en utilisant une règle de droit afin de paralyser l'application d'une autre règle de droit. Un principe non écrit, mais traditionnel, tend alors à corriger les imperfections du système : *fraus omnia corrumpit*. En d'autres termes, la fraude corrompt tout, y compris l'application normale des règles de droit. On dit encore - ce qui est plus significatif - que la fraude fait exception à toutes les règles [2].

Une illustration particulièrement nette du principe analysé figure à l'article 1167 du Code civil, relatif à l'action paulienne. De ce texte il résulte que, lorsqu'un débiteur, resté à la tête de son patrimoine, s'appauvrit volontairement afin de faire fraude aux droits de ses créanciers, les actes ainsi accomplis sont inopposables à ces derniers. On discerne, à partir de cet exemple, les données dont, généralisant une règle illustrée dans certains textes, les tribunaux ont permis de dégager un principe général de solution : qu'elle porte plus directement sur une violation de la règle de droit ou sur celle des intérêts des tiers [3] - et bien souvent l'une et l'autre violation coexistent -, la fraude, au sens strict du mot, se manifeste « chaque fois que le sujet de droit parvient à se soustraire à l'exécution d'une règle obligatoire par l'emploi à dessein d'un moyen efficace, qui rend ce résultat inattaquable sur le terrain du droit positif » [4].

De cette formule expressive, se dégagent assez nettement les trois conditions auxquelles est subordonnée l'application d'une maxime

---

1. Ex : Nabil Fadel Raad, *L'abus de la personnalité morale en droit privé*, thèse Paris II, éd. 1991. - Sur la condamnation des maternités de substitution au motif, notamment, qu'elles impliquent un « détournement de l'institution de l'adoption », v. Ass. plén. 31 mai 1991, *D.* 1991, 417, rapport Y. Chartier, note D. Thouvenin, *JCP* 1991, II, 21752, communic. J. Bernard, concl. Dontenwille, note F. Terré, *Grands arrêts*, t. 1, n° 50 ; J. Hauser, Le droit de la famille et l'utilitarisme, *Mélanges F. Terré*, 1999, p. 441 s. ; P. Jestaz, Faux et détournement d'institution en droit français de la famille, *in Le faux en droit privé*, dir. N. Kasirer, éd. Thémis, Québec, 2000, p. 1 s. ; sur le détournement d'institution, v. Dominique Fenouillet, *Mélanges Malaurie* 2005, p. 237 s. ; sur le détournement de l'institution de l'adoption, v. not. Civ. 1re, 25 janv. 2005, *Gaz. Pal.* 2005, somm. 2784.

2. V. *Les obligations*, préc., n° 555 ; H. Desbois, *La notion de fraude à la loi et la jurisprudence*, thèse Paris, 1927 ; Ligeropoulo, *Le problème de la fraude à la loi*, thèse Aix, 1928 ; J. Vidal, *Essai d'une théorie générale de la fraude en droit français*, thèse Toulouse, 1957 ; G. Calbairac, Considérations sur la règle « *fraus omnia corrumpit* », *D.* 1961, chron. 169 ; A. Jeammaud, *Fraus omnia corrumpit*, *D.* 1997, chron. 19 s. - V., en droit international privé, B. Audit, *La fraude à la loi*, thèse Paris, éd. 1974.

3. V. not. E. du Pontavice, Fraude dans les transferts immobiliers et sécurité des tiers, *RTD civ.* 1963, 649 s.

4. J. Vidal, *op. cit.*, p. 208. - La bonne foi étant présumée (*infra*, n° 592), c'est à celui qui prétend qu'il y a fraude qu'il appartient de prouver celle-ci (v. cep. G. Bourdeaux, La suspicion de fraude, *JCP* 1994, I, 3782).

destinée à paralyser les manœuvres frauduleuses : *a*) il faut que la règle tournée de la sorte présente un caractère obligatoire (ainsi, dans l'exemple choisi, le respect des droits des créanciers, la bonne foi dans l'exécution des obligations...) ; *b*) il faut que la personne dont le comportement est ainsi sanctionné ait eu l'intention de tourner la règle, ce qui implique l'existence d'un élément subjectif, intellectuel ; *c*) enfin, il est nécessaire que le procédé utilisé soit, en lui-même, réel et efficace ; sinon, il serait inutile de faire appel à l'idée de fraude et à la réprobation que celle-ci provoque ; si la démarche suivie est, *en elle-même*, efficace, c'est parce qu'elle consiste à se placer dans une situation qui, envisagée isolément et en dehors de son contexte calculé, appellerait normalement l'application d'une règle de nature à satisfaire les désirs habituels de l'individu. De là résulte la nécessité - laissée dans une très large mesure à l'appréciation des tribunaux - de distinguer la fraude, sanctionnée généralement par l'inefficacité ou l'inopposabilité de l'acte frauduleux aux autorités ou aux personnes contre lesquelles cet acte était dirigé, et la simple habileté, qui produit normalement effet [1]. Selon les cas, l'on procède à cette distinction difficile en se référant à tel ou tel des éléments servant à définir la fraude qui fait exception à toutes les règles. Cette fraude peut résider dans le fait de profiter abusivement des facilités laissées par une législation souple - et non pas stricte ; elle peut aussi être caractérisée par un comportement manifestement méprisant par rapport à la règle ; elle peut encore être attestée par la réalisation artificielle d'une situation juridique inspirée principalement, sinon exclusivement, par le désir de tourner la règle et de bafouer de la sorte un ordre juridique qui s'apprécie dans son ensemble et non point pièce par pièce.

SECTION 2. L'APPLICATION DANS L'ESPACE

505 ***1° Le droit et l'espace*** ◊ On n'envisage pas ici l'espace comme il en est question lorsqu'il s'agit du droit de l'espace et du traitement juridique que

1. V. S. Nadal, L'habileté en droit privé, *RRJ* 2001-4, p. 1245 s. V. cep. *supra*, n° 502, au sujet de la théorie de l'abus du droit en matière fiscale. - Dans un ordre d'idées voisin, une attitude pour le moins ambiguë a consisté, de la part de l'administration fiscale, à admettre en déduction des bénéfices des entreprises les commissions occultes à l'exportation (pots-de-vin ou *bakchichs*) versées par elles en vue d'obtenir des marchés à l'étranger. En concluant, le 17 déc. 1997, la Convention internationale de la lutte contre la corruption d'agents publics étrangers dans les transactions commerciales internationales (pub. décr. 28 sept. 2000, *JO* 29 sept. 2000), la France s'est engagée davantage dans la lutte contre cette pratique. Depuis le 29 septembre 2000, les « commissions » versées à des agents publics étrangers par des entreprises françaises ne sont donc plus déductibles de leurs bénéfices imposables (art. 39-2 *bis* CGI, réd. L. 29 déc. 1997). - V. S. Rouquié, La convention de l'OCDE du 17 décembre 1997 sur la corruption des agents publics étrangers : mythe ou réalité ?, *LPA*, 2 août 2000, p. 10 ; R. Gouyet, Fisc et corruption internationale : la lutte du pot de fer contre les pots-de-vin, *LPA*, 2 mai 2003, p. 3.

les hommes réservent aux astres, bien qu'il y ait déjà, dans cet ordre d'idées, des traités ou accords internationaux [1].

L'espace est aussi le *territoire* plus ou moins étendu dans le cadre duquel un ensemble ou sous-ensemble de règles est destiné à s'appliquer [2]. Cadre plus ou moins vaste, délimité pour des raisons très diverses et de manière plus ou moins ambitieuse. Le propriétaire d'un domaine a, sur celui-ci, des prérogatives exprimées, de manière rigoureuse, à l'article 544 du Code civil. Le droit de l'urbanisme a donné naissance à des notions comparables, par l'emploi du terme zone : zones d'aménagement concerté (ZAC), zones d'aménagement différé (ZAD)... Le droit de l'environnement se réfère au concept de « pays » [3]. Le droit de la concurrence utilise aussi des techniques de délimitation territoriale. Et il faut en dire autant de toutes les branches du droit - droit public, procédures,... - dans lesquelles on utilise la notion de ressort. Ainsi, en droit judiciaire, est-il important de déterminer les notions de ressort et de compétence territoriale [4] (v. *supra*, n° 124). Plus que par le passé, dans les rapports entre les règles, les agents et les destinataires du droit, renouant avec la bonne compréhension des cartes, judiciaire et administrative, d'un territoire affecté par les vagues successives de la décentralisation (1982, 2003), la considération de la proximité s'amplifie et se diversifie [5].

Cicatrice laissée par l'histoire, la *frontière* intéresse le juriste. Elle contribue à permettre la distinction des droits nationaux, ainsi que la distinction du droit national et du droit international. Le développement des relations internationales entre les particuliers a, depuis des siècles, favorisé l'émergence et l'extension du droit international privé (*supra*, n° 101) ; et ce n'est pas un hasard si, dans cet ensemble, une place essentielle est reconnue à ce qu'il est convenu d'appeler les conflits de lois dans l'espace.

---

1. Lachs, *Le droit international de l'espace extra-atmosphérique*, Cours Acad. dr. intern. La Haye, 1964, t. 3, p. 7 s. - V. aussi *supra*, n° 239.

2. Rappr. R. Drago, La géographie et le droit, *Mélanges Alice Saunier-Séïté*, éd. Société de géographie, 1997, p. 97 s. ; sur les unités de mesure, v. J.-F. Sagaut, Histoire de l'are, *Defrénois* 2005, p. 1110 ; v. aussi sur la proximité, P. Courbe, L'ordre public de proximité, *Mélanges P. Lagarde*, 2005, p. 277 s ; Catherine Kessedjian, Le principe de proximité, vingt ans après, *Mélanges P. Lagarde*, 2005, p. 507 s. ; F. Terré, Proximité, espace, espace-temps, *Mélanges Malinvaud*, 2007, p. 587 s. ; N. Nord, Ordre public international et appréciation de la proximité par le juge, *Mélanges Wiederkehr*, 2009, p. 581 s. - V. aussi, sur l'exception à l'article 521-1 du Code pénal sanctionnant le fait « d'exercer des sévices graves ou de commettre un acte de cruauté envers un animal domestique, ou apprivoisé, ou tenu en captivité » (al. 1er), lorsqu'il s'agit de courses de taureaux et qu'« une tradition locale ininterrompue peut être invoquée » (al. 3) (Civ. 2e, 22 nov. 2001, *RTD civ.* 2002, 181, obs. N. Molfessis ; Civ. 1re, 7 fév. 2006, *JCP* 2006, II, 10073, note E. de Monredon) ; P. Tifine, La « tradition locale ininterrompue » dans les textes et la jurisprudence consacrés aux corridas, *RFD adm.* 2002, 496.

3. Il en va de même en matière d'aménagement et de développement du territoire ; v. not. art. 95 s., L. n° 2003-590, 2 juill. 2003, « Urbanisme et habitat » (*JO* 3 juill. 2003).

4. V. A. Brimo, La notion d'espace et le droit, *Mélanges Montané de la Roque*, 1986, p. 69 s. ; D. Alland, Les représentations de l'espace en droit international public, *Arch. phil. droit*, t. 32, 1987, p. 163 s.

5. Ex. : démocratie de proximité (L. 27 févr. 2002), juridiction de proximité (L. 9 sept. 2002 ; v. *supra*, nos 132 s.).

Ailleurs, on se préoccupe des conflits de lois dans le temps (v. *infra*, n°s 515 s.). Nul hasard si l'espace et le temps suscitent, de cette manière, des approches comparables.

506 ***Conflits de lois dans les rapports internationaux du droit privé*** ◊ Certaines relations juridiques privées sont susceptibles d'être régies par des droits émanant d'États différents, dès lors que les éléments du rapport de droit mettent concurremment en cause des systèmes juridiques de deux ou de plusieurs États [1]. Par exemple, un Belge se marie en France avec une Italienne. Quelle loi sera compétente pour régir les conditions de validité du mariage, ou ses effets personnels ou pécuniaires ? On peut envisager l'application de la loi française, en tant que loi du lieu de célébration du mariage ou du lieu où les époux sont éventuellement domiciliés, ou celle de la loi belge, ou de la loi italienne, lois nationales des deux époux. Cet exemple suffit à montrer que la loi française ne s'applique pas forcément toujours à toutes les situations nées sur le territoire français ; les étrangers résidant en France peuvent relever, dans certains cas, de leur loi nationale ; inversement, des Français passant des actes à l'étranger peuvent, dans une certaine mesure, continuer à demeurer régis par le droit français. L'étude de ces conflits de lois (ou de règlements, ou de coutumes, etc.) relève du droit international privé (*supra*, n° 101) [2].

507 ***La traduction juridique*** ◊ L'interpénétration grandissante des populations, le développement des échanges de biens ou de personnes et la recherche constante d'une cohérence nécessaire dans la vie juridique ont fait de plus en plus prendre conscience de la nécessaire traduction de langues étrangères devant des administrations et surtout des juridictions conduites, le cas échéant, à appliquer des lois étrangères ou, tout simplement, à comprendre des actes et des faits réalisés dans un contexte linguistique différent [3]. D'où l'importance de la traduction en français de vocables étrangers, exigence qui, d'ailleurs, en tant que telle,

1. Comp., au sein d'un même État, P. Gannagé, Le principe d'égalité et le pluralisme des statuts personnels dans les États multi-communautaires, *Mélanges F. Terré*, 1999, p. 431 s., *Le pluralisme des États personnels dans les États multicommunautaires*, éd. Bruylant, 2001.

2. Du fait des progrès du droit international privé, il est de moins en moins rare qu'un juge français applique éventuellement non pas le droit français, mais un droit étranger. À la lumière d'une récente jurisprudence, qui marque un tournant important, le juge français est même *tenu* d'appliquer d'office cette loi, dès lors qu'elle est désignée par notre système de conflits de lois, et ce même si les parties au procès, ou l'une d'elles, n'en ont pas réclamé l'application : v., à la suite des arrêts rendus par la Cour de cassation, en 1988, Y. Lequette, L'abandon de la jurisprudence *Bisbal* (à propos des arrêts de la Première chambre civile des 11 et 18 octobre 1988), *Rev. crit. DIP* 1989, 277 s. ; D. Bureau, L'application d'office de la loi étrangère, Essai de synthèse, *JDI* 1990, 317 s. - Sur la preuve de la loi étrangère, v. *infra*, n° 594. - V. aussi P. Hébraud, De la corrélation entre la loi applicable à un litige et le juge compétent pour en connaître, *Mélanges Segni*, éd. Giuffre, 1967, t. 2, p. 607 s.

3. Rappr. de manière générale, F. Ost, *Traduire, Défense et illustration du multilinguisme*, éd. Fayard, 2009. - V. aussi *Traduction du droit et droit de la traduction*, colloque Poitiers, dir. Marie Cornu et Michel Moreau, 2009, éd. 2011.

ne date pas d'hier [1]. Il faut aussi tenir compte de ce que peut être un mouvement en sens inverse, tendant à faciliter l'accès des étrangers à la compréhension du français.

L'importance de la traduction juridique a évidemment accompagné le développement contemporain du droit comparé (*supra*, n°s 58 s.). Il a bien fallu lui faire une place à partir de la linguistique. Les relations très fortes qui existent entre le droit et la langue, spécialement celle du droit écrit *lato sensu*, ont conduit à procéder à une distinction entre la langue juridique, qui permet la formulation des règles, la langue de l'application du droit, généralement plus vaste, et la langue de la science juridique au moyen de laquelle s'expriment science et doctrine du droit [2]. Dans ces trois domaines, il s'agit de dégager des relations d'équivalence, ce qui implique la considération permanente du contexte *linguistique*, tenant aux significations, au style, à la syntaxe..., le contexte *social* largement entendu, y compris en termes de régulation (v. *supra*, n° 385) et le contexte *systémique*. C'est probablement sur ce dernier point que l'apport scientifique a été le plus fructueux [3]. Et le structuralisme, malgré ses diversités et ses fluctuations, n'a pas été étranger à cette évolution [4]. Dépassant même les questions de langage, il facilite la compréhension des différences à partir des structures des systèmes juridiques. Un exemple constamment présent est fourni par la comparaison de la *common law* et du droit romano-germanique [5].

Impossible de nier ici les difficultés de l'entreprise, pas seulement parce qu'il peut exister des termes juridiques intraduisibles, mais parce que la diversité et l'ampleur des langues du droit varient nécessairement selon l'accueil que les civilisations et les cultures accordent à ce mode de régulation des rapports sociaux. Et surtout, comme le remarque Rodolfo Sacco, parce que « le rapport entre mot et concept n'est pas le même dans toutes les langues juridiques » [6], ce qui renvoie notamment à l'importance variable de l'abstraction et à la place tenue dans l'aménagement du droit par les catégories et les qualifications. - Sur la langue du procès, v. *infra*, n° 775.

508 ***2° Le pluralisme juridique*** ◊ La considération du pluralisme juridique n'est pas absente du droit français, bien que celui-ci soit, en principe,

---

1. V. not. I. Kitamura, La traduction juridique, Un point de vue japonais, *in Les cahiers du droit*, Montréal, vol. 28, n° 4, déc. 1987, p. 747 s. - Rappr., concernant le brevet européen et l'Accord de Londres du 17 octobre 2000, Jean Foyer, Les traductions françaises du brevet européen, *Propriété industrielle*, déc. 2005, p. 9.

2. V. not. J. Wroblewski, Le problème de la traduction juridique, *in* Rapports polonais au XIIe Congrès intern. de droit comparé, éd. Ossolineum, 1986, p. 35 s. ; J.-P. Relmy, *Le droit de la traduction, Contribution à l'étude du droit du langage*, thèse Paris XI, 2007 ; J.-L. Sourioux, Y a-t-il lieu de distinguer le langage du droit et le langage juridique, *Mélanges Malinvaud*, 2007, p. 577 s.

3. V. N.G. Indjessiloglou, *L'apport de l'analyse systémique dans le domaine juridique*, thèse ronéot. 2 vol., Paris II, 1980.

4. Rappr. Esprit juridique et esprit de système, *Arch. phil. droit*, t. 47, 2003, p. 357 s.

5. V. R. Sacco, *La comparaison juridique au service de la connaissance du droit*, éd. Économica, 1991, p. 17 s. ; M. Beaupré, I. Kitamura, G.R. de Groot, J.H. Herbots, R. Sacco, La traduction juridique, *in Les cahiers du droit*, XXVIII, 1987 (Québec et Montréal).

6. *Op. cit.*, p. 23.

moniste [1]. Cette donnée se manifeste en termes de condition des personnes (nationaux, citoyens, étrangers). On l'observe aussi du côté de la sociologie, législative, administrative ou financière (v. *supra*, n° 36). On s'en tiendra ici au fait que les lois françaises laissent place à des particularismes régionaux, dans le cadre de la souveraineté étatique.

509 ***a) Le droit local d'Alsace et de Moselle*** ◊ Depuis la codification napoléonienne, le droit français est unifié (v. *supra*, n°s 60 s.). Il ne faut pourtant pas en déduire que, partout où s'exerce la souveraineté française, un droit français uniforme soit appliqué. En ce sens, si ancrée que puisse être, dans nos esprits, depuis la Révolution de 1789, une *vision moniste* du droit, vécu à partir d'une conscience encore très forte de l'unité de la nation, de l'unité et de l'indivisibilité de la République, force est d'admettre l'existence de certaines manifestations de régionalisme juridique.

C'est ainsi que la généralité de l'application de la loi française en France comporte une exception inhérente aux particularités du « droit local » des départements du Bas-Rhin, du Haut-Rhin et de la Moselle [2].

Lors du retour de l'Alsace et de la Moselle à la France en 1918, on renonça à substituer de façon immédiate et globale le droit français au droit existant, c'est-à-dire au droit allemand, lequel avait fait l'objet, en matière de droit civil, d'une codification mise en vigueur le 1er janvier 1900. À quoi il faut ajouter que le concordat de 1801 est demeuré en vigueur dans les départements d'Alsace et de Moselle, ce qui a contribué à maintenir une différence importante avec la « vieille France », où le conflit intervenu entre l'Église et l'État ainsi qu'entre l'État et la Papauté entraîna son abandon.

Outre la nécessité de ménager une transition, il fallait tenir compte de ce que certaines institutions auxquelles les populations des départements recouvrés étaient habituées se révélaient techniquement supérieures à celles correspondantes du droit français. Aussi la loi du 17 octobre 1919 disposa que la législation allemande demeurerait en vigueur dans ces départements, les lois françaises existant au moment de leur retour à la France ne devenant applicables en Alsace et Moselle que dans la mesure où elles y seraient introduites par décret ou par le Parlement.

L'unité de législation qui existait en France depuis la mise en vigueur du Code civil en 1804 était ainsi rompue. Mais il est essentiel de noter qu'en dépit du maintien en vigueur de cette législation spéciale, toutes les lois françaises nouvelles, postérieures à la loi du 17 octobre 1919, sont de plein droit applicables dans les départements d'Alsace et de Moselle, sauf dans la mesure où elles concernent des matières régies par le droit local.

---

1. V. Le pluralisme juridique, *Arch. phil. droit*, 2006.
2. V. J.F. Flauss, Droit local alsacien-mosellan et Constitution, *RD publ.* 1992, 1625 s. – Sur le maintien du droit local en tant que celui-ci relève d'un principe fondamental reconnu par les lois de la République, v. Cons. const. 5 août 2011, *JCP* 2011, n° 129, note M. Verpeaux. Solution singulière !

L'introduction de la législation française fut large et progressive. Un décret du 25 novembre 1919 (ratifié par la loi du 30 décembre 1920) a mis en vigueur les lois françaises à caractère pénal ; deux lois en date du 1er juin 1924 ont respectivement introduit la législation civile et la législation commerciale françaises à partir du 1er janvier 1925.

510 ***Persistance de ce droit*** ◊ On pouvait penser trente ans plus tard, au lendemain de la deuxième guerre mondiale, que le temps du *droit local* était révolu. C'est d'ailleurs pourquoi fut instituée en 1944 une Commission d'unification législative « en vue d'unifier la législation en vigueur dans les départements du Haut-Rhin, du Bas-Rhin et de la Moselle et celle applicable dans les autres départements ». Malgré certains résultats, cette tentative s'est souvent révélée prématurée [1].

La suite a pourtant refoulé le pluralisme sans le faire disparaître. L'évolution des règles applicables à la procédure civile le prouve bien ; elle se relie non seulement aux habitudes des praticiens mais aussi à la qualité des textes législatifs. Ainsi les règles du Code de procédure civile allemand du 30 janvier 1877 (*Zivilprozessordnung* - ZPO) n'ont été abandonnées que lorsqu'un nouveau Code de procédure civile (NCPC) a remplacé en *Vieille France* le vieux et médiocre Code de 1807 [2]. Semblable alignement montre que, lorsqu'une institution est techniquement supérieure dans le cadre d'un État unitaire et non pas fédéral, le régime général refoule le régime spécial (local).

Mais en va-t-il de même dans l'autre sens, pour peu que le régime spécial soit techniquement supérieur ? C'est loin d'être établi. Ainsi le droit local concerne notamment la publicité des transferts de propriété immobilière et les constitutions de droits réels par le système du Livre foncier, le contrat d'assurance, le statut des associations et des fondations, l'échevinage de certaines juridictions... [3]. Or les réformes intervenues en *Vieille France* en ces matières n'ont pas été accompagnées d'une unification, théoriquement souhaitable. Une loi du 29 décembre 1990 a pourtant supprimé des particularités du droit local notamment en matière de régimes matrimoniaux et d'incapacités [4]. Le droit des entreprises en difficulté est, au demeurant, révélateur : une unification a progressé au fur et à mesure des réformes du droit commun (règlement, redressement, surendettement, sauvegarde), non sans laisser subsister des particularités (v. les art. L. 670-1 à L. 670-8, C. com. réd. L. 26 juill. 2005 de sauvegarde des entreprises).

---

1. V. Études de droit local, Journées de 1957-1958, *Ann. Fac. Droit de Strasbourg*, t. IV, 1959 ; F.T., Droit local et pluralisme juridique, *Mélanges D. Schmidt*, 2004, p. 463 s.

2. V. P. Haegel, Le NCPC 20 ans après, L'harmonisation avec le droit local alsacien-mosellan, *Rev. dr. local*, 1998, n° 23 ; E. Sander, Du code local de procédure civile au Code de procédure civile, *Mélanges Wiederkehr*, 2009, p. 723 s.

3. V. S. Hocquet-Berg, Le particularisme des promesses synallagmatiques de vente immobilière en droit local d'Alsace-Moselle, *RTD civ.* 2000, 781 s.

4. V. D. Bastian et A. Weill, Une tentative d'unification législative entre le droit français général et le droit local d'Alsace et de Lorraine : le registre matrimonial, *in Mélanges Julliot de la Morandière*, 1964, p. 23 s., spéc. p. 24. - Rappr. V. F. Lotz, La loi du 29 décembre 1990 portant diverses mesures d'harmonisation entre le droit local alsacien-mosellan et le droit français général, *JCP* N 1991. I. 93 s.

L'existence du droit local suscite des conflits de lois d'ordre « interprovincial » lorsque les éléments d'un rapport de droit se rattachent concurremment au droit français général et au droit local. La loi du 24 juillet 1921, complétée par celle du 1er juin 1924, a posé des règles en vue de résoudre ces conflits de lois, qui rappellent ceux qui surgissent dans les rapports privés internationaux (*supra*, n° 506), mais en diffèrent en ce qu'ils se réalisent à l'intérieur d'une même souveraineté.

511 ***b) Législation applicable outre-mer. Évolution*** [1] ◊ Hors de la métropole, la législation française est aussi applicable outre-mer, mais selon certaines règles particulières (Const., art. 72 s.) [2].

Dans les *départements et régions d'outre-mer* (Guadeloupe, Martinique, Guyane, Réunion), la législation métropolitaine antérieure à 1946 n'est pas applicable, à moins qu'avant cette date, elle n'ait fait l'objet d'une extension ; à l'inverse, la législation postérieure à 1946 est applicable, à moins qu'elle n'ait fait l'objet d'une adaptation nécessitée par les données locales.

Dans les *collectivités d'outre-mer* (Mayotte, Saint-Barthélémy, Saint-Martin, Saint-Pierre-et-Miquelon, îles Wallis-et-Futuna, Polynésie française) [3], la spécialité législative l'emporte, ce qui signifie que la législation métropolitaine n'y est en principe applicable qu'en vertu d'une disposition expresse et à la suite d'une promulgation locale.

512 ***Nouvelle-Calédonie et Polynésie*** ◊ À la suite d'événements dramatiques, une loi constitutionnelle du 20 juillet 1998 et une loi ordinaire du 19 mars 1999, la Nouvelle-Calédonie a été dotée d'une sorte de Constitution qui lui confère une large autonomie. Cette institutionnalisation originale a été opérée par référence à l'accord de Nouméa du 5 mai 1998 signé

---

1. Les Terres australes et antarctiques françaises, ainsi que Clipperton, sont soumises à un régime spécifique et une organisation particulière (Const., art. 72-3, al. 4) ; A. Oraison, Quelques remarques sur le nouveau statut des Terres australes et antarctiques françaises au lendemain de la loi constitutionnelle du 28 mars 2003, *RRJ* 2005-4 (2), p. 2221 s.

2. V. M. Joyau, *De l'autonomie des collectivités territoriales françaises, Essai sur la liberté du pouvoir normatif local*, éd. 1998 ; J.-P. Thiellay, L'application des textes dans les territoires d'outre-mer français, *AJDA* 2003, 1032 s. – V. L. n° 98-145, 6 mars 1998, habilitant le Gouvernement à prendre, par ordonnances, les mesures législatives nécessaires à l'actualisation et à l'adaptation du droit applicable outre-mer (*supra*, n° 342). – V. L. 13 déc. 2000 d'orientation pour l'outre-mer (*JO* 14 déc. 2000) ; L. const. 2003-276, 28 mars 2003, relative à l'organisation décentralisée de la République (*JO* 29 mars 2003) ; L. n° 2003-660, 21 juill. 2003, Le programme pour l'outre-mer (*JO* 22 juill. 2003) ; L. const. 23 juill. 2008, nouv. art. 72-3 à 74-1 de la Const. ; Ord. n° 2009-536, 537 et 538 du 14 mai 2009 ; L. 27 mai 2009 pour le développement économique des outre-mer (*JO* 28 mai 2009).

3. Le département de Mayotte est régi par des lois du 7 décembre 2010, ainsi que par un livre V du Code civil intitulé *Dispositions applicables à Mayotte* (C. civ., art. 2489 à 2506, réd. ord. 23 mai 2006 ; v. aussi *Mayotte*, sous la dir. d'O. Gohin et P. Maurice, 1996 ; Marie Lamarche, État civil et statut personnel à Mayotte (de l'ordonnance de Villers-Cotterêts à la recherche d'une identité pour les Mahorais du 101e département français), *Dr. fam.* avril 2009, Focus 29. – Au sujet de Saint-Pierre-et-Miquelon, les art. 63 et s. de la loi du 13 déc. 2000, préc. – T. Michalon, Une nouvelle étape vers la diversification des collectivités territoriales : le nouveau statut de Saint-Pierre-et-Miquelon, *RFD adm.* 1996, 192 s.

par le gouvernement français avec les principaux partis politiques de ce territoire [1]. Qu'il s'agisse de la *coutume* (*supra*, n° 386) ou de l'unité de législation, ce nouveau statut est profondément original. Il admet en effet l'existence, dans des domaines importants, de « *lois du pays* » (L. 19 mars 1999, art. 99) émanant d'une autorité législative (le *Congrès*) et éventuellement soumises au contrôle du Conseil constitutionnel [2].

513 ***Le droit positif*** ◊ L'expression « France d'outre-mer » désigne les territoires de la République française situés en dehors du continent européen, anciennement appelés DOM-TOM (départements et territoires d'outre-mer) et aujourd'hui DROM-COM (départements et régions d'outre-mer et collectivités d'outre-mer). Issus de la colonisation française, ces territoires ont des régimes administratifs et juridiques très différents, tous ceux qui sont habités en permanence étant néanmoins représentés au sein du Parlement français. En raison de leur situation économique globalement moins bonne que celle de la métropole, ils bénéficient de nombreuses aides de l'État et de l'Union européenne.

La Guadeloupe, la Guyane, la Martinique, La Réunion et Mayotte sont à la fois des départements et des régions d'outre-mer, au statut similaire à celui des départements et régions métropolitaines, bien que les lois françaises puissent prévoir des dispositions spécifiques les concernant. Au niveau européen, tous sont des *régions ultrapériphériques de l'Union européenne*, font donc pleinement partie de l'Union européenne et sont soumis à la législation européenne. En revanche, les autres territoires français d'outre-mer, à l'exception de la collectivité d'outre-mer de Saint-Martin sont des *pays et territoires d'outre-mer*, et à ce titre ne font donc pas partie de l'Union européenne, bien que leurs habitants disposent de la citoyenneté européenne en tant que citoyen d'un État membre de l'Union européenne. Il s'agit tout d'abord des quatre autres collectivités d'outre-mer, aux statuts très variés : la Polynésie française, Saint-Barthélémy, Saint-Pierre-et-Miquelon et Wallis-et-Futuna. Bien que l'État y conserve certaines prérogatives exclusives, elles bénéficient de la *spécialité législative*. Enfin, les *Terres australes et antarctiques françaises* et Clipperton, qui n'accueillent aucun habitant permanent, sont gérées directement par l'État ou son représentant.

Les départements et régions d'outre-mer (acronyme DROM), dont le statut est le même que celui des départements et des régions métropolitaines, sont régis par l'article 73 de la Constitution française. Depuis la

---

1. V. not. J.-E. Schoettl, Mise en œuvre de l'accord de Nouméa, *AJDA* 1999, p. 324 s. ; O. Gohin, L'évolution constitutionnelle de la Nouvelle-Calédonie, *AJDA* 1999, p. 500 s., L'apport de l'évolution institutionnelle de l'outre-mer non départementalisé au droit constitutionnel depuis 1998, *Cah. Cons. const.* 2002, n° 12, p. 112 s. – M. Verpeaux, La Nouvelle-Calédonie est-elle une collectivité territoriale ?, *D.* 2007, p. 1175, La révision de l'article 77 de la Constitution ou la « cristallisation néo-calédonienne » (loi constitutionnelle du 23 février 2007), *JCP* 2007, Actualités 102.

2. V. les obs. de C. Jamin, *RTD civ.* 1999, 488 s. – V. décr. 29 juin 2001 portant publication du Code des communes de la Nouvelle-Calédonie (partie Législative) et relatif à la partie Réglementaire de ce Code (*JO* 5 juill. 2001).

révision constitutionnelle de 2008, ils peuvent être habilités, selon le cas, par la loi ou par le règlement à fixer eux-mêmes les règles applicables sur leur territoire, dans un nombre limité de matières pouvant relever du domaine de la loi ou du règlement. Ces règles ne peuvent porter sur la nationalité, les droits civiques, les garanties des libertés publiques, l'état et la capacité des personnes, l'organisation de la justice, le droit pénal, la procédure pénale, la politique étrangère, la défense, la sécurité et l'ordre publics, la monnaie, le crédit et les changes ou le droit électoral. Les DROM sont des *régions ultrapériphériques* de l'Union européenne : Guadeloupe, Martinique, Guyane, Réunion, Mayotte.

Le statut de la Polynésie a été profondément modifié à la suite de la révision constitutionnelle du 28 mars 2003 relative à l'organisation décentralisée de la République, ce cadre nouveau permettant aux *collectivités d'outre-mer* d'adopter des actes administratifs dénommés aussi « lois du pays » au titre des compétences exercées dans le domaine de la loi et soumis au contrôle du Conseil d'État. Le pluralisme juridique a été accru. Des transferts de compétence importants ont aussi été retenus, y compris dans le cadre international ainsi que des assouplissements relativement au patrimoine foncier, de l'identité de la population polynésienne ou de l'usage du tahitien.

SECTION 3. L'APPLICATION DANS LE TEMPS

514 ***Le droit et le temps*** ◊ Peu analysées par les juristes [1], les relations entre le droit et le temps peuvent être envisagées dans diverses perspectives. Tout d'abord, on peut observer que le phénomène juridique se situe *dans le temps*, ce qui contribue à en discerner les caractères par rapport au passé [2], à l'avenir [3], à l'avenir du passé [4], à quelque éternel retour [5]. Il arrive

1. V. cep. P. Hébraud, La notion de temps dans l'œuvre du Doyen Maurice Hauriou, in *La pensée du Doyen Maurice Hauriou et son influence*, 1968, p. 179 s., Observations sur la notion de temps dans le droit civil, *Mélanges Kayser*, 1979, t. II, p. 1 s. ; A. Brimo, Réflexions sur le temps dans la théorie générale du Droit et de l'État, *Mélanges Hébraud*, 1981, p. 145 s. ; M. Dagot, Le temps et la publicité foncière, *Mélanges Hébraud*, 1981, p. 219 s. ; F. Terré, Temps sociologique et temps juridique, *Ann. Fac. droit Istanbul*, XXX/n° 40, 1996, p. 160 s. *Le temps dans la procédure*, dir. J.-M. Coulon et Marie-Anne Frison-Roche, Dalloz, 1996 ; P. Serlooten, Le temps et le droit fiscal, *RTD com.* 1997, 177 s. ; F. Mechri, Voyage dans l'espace du temps juridique, *Mélanges Farjat*, 1999, p. 429 s. ; F. Ost, *Le temps du droit*, éd. Odile Jacob, 1999 ; Soraya Amrani-Mekki, *Le temps et le procès civil*, thèse Panthéon-Assas (Paris II), éd. 2002 ; *Actualité et droit*, Colloque Tours, avril 2003, *LPA* 13 juill. 2005 ; *Le temps, la justice et le droit*, Entretiens d'Aguesseau, dir. Simone Gaboriau et Hélène Pauliat, éd. Pulim, 2004 ; J. Barthélémy, La notion de temps de travail, son évolution et sa déclinaison, *JCP S* 2005. 1276 ; L. Saenko, *Le temps en droit pénal des affaires*, thèse Paris I, 2008.
2. J. Gaudemet, Le temps de l'historien des institutions, *Mélanges F. Terré*, 1999, p. 95 s.
3. V. les *Mélanges F. Terré*, préc. en général, et aussi R. Poroy, p. 819 s.
4. J. Carbonnier, *Mélanges F. Terré*, préc., p. 5 s.
5. J.-M. Trigeaud, *Mélanges F. Terré*, préc., p. 79 s.

aussi que le droit s'efforce d'*aménager le temps et de tenir compte de ses divisions* [1] ; à tout le moins en appréhende-t-il les dimensions fondamentales - le futur [2] par l'anticipation [3], le passé par la rétroactivité [4], le présent... - et en établit-il des mesures, par exemple en fixant des délais [5], des unités de mesure, des fuseaux horaires (*supra*, n° 1) ou en tenant compte de l'urgence [6]. Dans ces diverses directions de la pensée, la règle juridique demeure encore l'élément fixe du droit face au mouvant du fait.

On envisagera successivement les *changements du droit* (§ 1) et ceux qui résultent des *comportements des sujets de droit* (§ 2).

§ 1. **Les changements du droit**

515 ***Diversité*** ◇ Si l'on doit à tout prix parler de norme fondamentale du droit peut-être que celle-ci n'est autre que la grande loi du changement. Celui-ci affecte les sources supra-législatives, les lois, les règlements, la coutume, la jurisprudence, les comportements des autorités [7]...

On envisagera ici les conflits de lois dans le temps (A) et les revirements de jurisprudence (B).

A. **Conflits de lois dans le temps**

516 ***Le problème*** ◇ On le posera dans les termes suivants : lorsqu'une loi en vigueur est abrogée par une loi nouvelle, il faut déterminer le domaine d'application dans le temps des deux lois successives : quels faits, quels actes seront régis respectivement par la loi ancienne et par la loi nouvelle [8]?

---

1. Du jour et de la nuit (v. note J. Carbonnier, Nocturne, *in Flexible droit* ; D. Alfroy, Du droit de la nuit aux droits à la nuit, *RRJ* 2007-2, p. 1058 s.), des années, des heures...

2. *Le droit et le futur*, IIIe colloque de l'Assoc. franç. de phil. du droit, Trav. Univ. Paris II, 1985.

3. J.-C. Hallouin, *L'anticipation, Contribution à l'étude de la formation des actes juridiques*, thèse ronéot. Poitiers, 1979.

4. J. Déprez, *La rétroactivité dans les actes juridiques*, thèse ronéot. Rennes, 1954.

5. V. Anne Outin-Adam, *Essai d'une théorie des délais en droit privé, Contribution à l'étude de la mesure du temps par le droit*, thèse ronéot. Paris II, 2 vol., 1986. - Parmi les mesures de calcul du Temps, l'*heure* est importante, qu'elle soit considérée comme un moment (à quelle heure ?) ou comme une unité (deux heures, dix heures...). Les discussions continuent sur la suppression ou le maintien de la distinction entre heure d'été et heure d'hiver (v. not. Rép. min. *JOAN* 18 déc. 2000, p. 7182 ; 27 janv. 2003, p. 505).

6. Ph. Jestaz, *L'urgence et les principes classiques du droit civil*, thèse Paris, éd. 1968 ; P.-L. Frier, *L'urgence*, thèse Paris I (Panthéon-Sorbonne), éd. 1987.

7. V. L. Richer, Le revirement de l'Administration, *D.* 1984, chron. 83 s. - Sur l'application dans le temps des conventions collectives, v. Soc. 19 nov. 1997, *JCP* 1998, II, 10043, note M. Rousseau.

8. V. P. Roubier, *Le droit transitoire (conflits de lois dans le temps)*, 2e éd. 1960 ; P. Louis-Lucas, Traits distinctifs des conflits de lois dans le temps et des conflits de lois dans l'espace, *Mélanges Roubier*, 1961, t. I, p. 323 s. ; P. Level, *Essai sur les conflits de lois dans le temps, Contribution à la théorie générale du droit transitoire*, thèse Paris, 1959 ; E.-L. Bach, Contribution à l'étude du problème de l'application des lois dans le temps, *RTD civ.* 1969, 405 s., et Conflits de lois dans le

Cette question, qui pourrait sembler extrêmement facile à résoudre, est en réalité des plus délicates. L'article 2 du Code civil répond en précisant : « *La loi ne dispose que pour l'avenir ; elle n'a point d'effet rétroactif* » [1].

Ce sont deux propositions qui sont contenues dans cet article :

a) La loi n'a pas d'effet rétroactif, ce qui signifie qu'une loi est sans application aux situations juridiques dont les effets ont été entièrement consommés sous l'empire d'une loi précédente. On décidera ainsi que, deux époux ayant divorcé et étant décédés avant que la loi du 8 mai 1816 ait supprimé le divorce, cette loi n'avait aucune prise sur une situation juridique qui avait épuisé ses effets.

b) La loi dispose pour l'avenir, c'est-à-dire qu'à partir du moment où une loi est en vigueur, elle régira les situations juridiques qui sont nées postérieurement à cette mise en vigueur. Ainsi des époux mariés après la loi de 1816 ne pouvaient certainement pas divorcer.

Mais la mise en œuvre de ces règles est souvent difficile, en raison de la complexité des faits sociaux. La création d'une situation juridique nécessite parfois une série d'actes : ainsi la formation du mariage requiert une publicité du projet de mariage et la célébration du mariage par l'officier de l'état civil ; si un changement de législation relatif à la formation du mariage intervient après l'accomplissement des publications, mais avant la célébration, comment déterminer la compétence des deux lois successives ? En outre, des situations créées sous l'empire de la loi ancienne peuvent produire des effets sous l'empire de la loi nouvelle, ce qui est de nature à susciter également des difficultés pour la détermination de la compétence respective des deux lois. Ainsi la loi du 27 juillet 1884 qui a rétabli le divorce était-elle applicable aux époux mariés avant cette loi, sous l'empire de la loi de 1816 ayant supprimé le divorce ? Soit encore un contrat de prêt consenti à un taux d'intérêt licite ; si, en cours de contrat, une loi nouvelle fixe le taux d'intérêt permis à un taux inférieur à celui qui avait été convenu, a-t-elle pour effet de modifier le taux convenu ? Et dans l'affirmative, cette application concernera-t-elle seulement l'avenir, ou même les intérêts échus et déjà payés ?

L'interprétation de l'article 2 est dominée par le heurt de deux conceptions : au XIXe siècle, sous l'influence individualiste, l'accent a été mis sur la règle de la non-rétroactivité des lois ; au cours du XXe siècle, en revanche, des préoccupations d'intérêt général ont donné la priorité à ce qu'on

---

temps, *Rép. civ.* Dalloz, 2006 ; J. Héron, Étude structurale de l'application de la loi dans le temps, *RTD civ.* 1985, 277 s., et *Principes du droit transitoire*, éd. Dalloz, 1996 ; Kœring-Joulin, Où il est question d'application de la loi dans le temps, *D.* 1987, chron. 18 s. ; T. Bonneau, *La Cour de cassation et l'application de la loi dans le temps*, thèse Paris II, éd. 1990, préf. M. Gobert ; J. Petit, *Les conflits de lois dans le temps en droit public interne*, thèse Paris II, éd. 2002 ; P. Fleury, *Contribution à l'analyse normative des conflits de lois dans le temps en droit privé interne*, thèse Caen, éd. 2005. – Sur les dispositions transitoires, v. *supra*, n° 485 ; v. une actualisation exhaustive, *in* Sophie Gaudemet, fasc. J.-Cl. civil, art. 2, fasc. 2, 20 et 30, cote 5, 2011.

1. Sur la non-rétroactivité des règlements administratifs, v. *infra*, n° 519.

nomme parfois l'*effet immédiat* de la loi nouvelle, à la disparition pour l'avenir de la force obligatoire de la loi ancienne : en effet, la loi nouvelle étant présumée meilleure que l'ancienne, il faut s'efforcer de l'appliquer au maximum de faits et d'actes, même si cela est de nature à troubler les prévisions des intéressés.

Pour exposer la difficile matière de l'application de la loi dans le temps, il y a lieu d'étudier successivement, en les inversant, les deux propositions formulées à l'article 2.

517 ***1° Le principe de l'absence d'effet rétroactif*** ◊ Dire que la loi n'a pas d'effet rétroactif, cela signifie qu'il ne faut pas appliquer une loi à des actes ou à des faits juridiques qui se sont passés antérieurement au moment où elle a acquis force obligatoire, en vue de modifier ou d'effacer les effets juridiques produits sous l'empire de la loi ancienne.

Voici un exemple. Une succession s'est ouverte en 1916 ; elle a été liquidée conformément aux prescriptions de la loi qui était en vigueur ; le partage est fait, et l'actif successoral est mis en la possession de collatéraux du huitième degré. Survient la loi du 31 décembre 1917, article 17, modifiant l'article 755 du Code civil, qui dispose qu'en principe, les parents collatéraux au-delà du sixième degré ne succèdent pas. Il va de soi que la succession prise en exemple ne sera pas atteinte par le texte nouveau ; celui-ci ne s'appliquera qu'aux successions qui s'ouvriront ultérieurement, c'est-à-dire à celles des personnes venant à mourir à partir de la mise en application de la loi du 31 décembre 1917.

Autre exemple. L'article 2 d'une loi du 16 avril 1914 a soumis la Ville de Paris qui, antérieurement, en était dispensée, à la responsabilité des dégâts causés aux particuliers par les troubles et émeutes survenus sur son territoire, responsabilité qui s'imposait aux autres communes en vertu des articles 106 à 109 de la loi du 5 avril 1884. Supposons que, postérieurement à la date du 16 avril 1914, un particulier victime de dégâts causés par des actes de violence et de déprédation *antérieurs*, ait intenté une action en indemnité contre la Ville de Paris. Celle-ci est bien soumise à la même responsabilité que les autres communes *pour l'avenir* (première règle de l'article 2). Mais, en raison de l'autre règle de l'article 2, « sa responsabilité ne peut être étendue aux faits qui, à la date où ils ont été commis, ne pouvaient légalement l'engager » [1].

518 ***a) Fondement du principe*** ◊ Le principe de non-rétroactivité des lois apparaît aussi rationnel qu'équitable. Mais le fondement du principe varie selon que l'on s'inspire de telle ou telle conception.

Pour les auteurs attachés à l'individualisme, la règle de la non-rétroactivité des lois est une règle essentielle qui tend à protéger la liberté de l'homme contre la loi. Il n'y aurait, en effet, aucune sécurité pour les

---

1. Civ. 11 juill. 1922, *DP* 1923, 1, 148. - V. aussi : Civ. 2e, 18 juill. 1967, *D.* 1968, 297, note P. Chauveau.

particuliers si, alors qu'une loi est exécutoire et qu'ils se sont conformés à ses dispositions, on pouvait remettre en question les actes passés par eux conformément aux prescriptions légales. La loi est un ordre du législateur ; or un ordre ne peut valoir que pour l'avenir. On ne peut exiger des citoyens l'obéissance à une règle qu'ils ne pouvaient connaître, puisqu'elle n'existait pas encore.

Si, dans une perspective d'intérêt public, on insiste sur le progrès que représente toute loi nouvelle, ainsi que sur la nécessité de son « effet immédiat », on reconnaît toutefois comme opportun le maintien de la règle de non-rétroactivité de la loi, dans l'intérêt de la loi elle-même et de la sécurité du commerce juridique. Si un individu qui a obéi à l'ordre de la loi pouvait être inquiété sous le prétexte qu'une loi postérieure a modifié les termes de la réglementation qui existait jadis, la loi perdrait toute sa force, puisque personne n'oserait même plus exécuter les ordres de la loi, de crainte de voir ultérieurement des actes, pourtant légitimement faits, critiqués par une loi nouvelle et inconnue.

Dans les conceptions dominantes à l'heure actuelle, la règle de non-rétroactivité est conservée, mais n'est plus présentée comme un impératif absolu : dans certains cas, les nécessités du progrès doivent l'emporter sur l'intérêt de sécurité des citoyens et de stabilité de la loi.

519 ***b) Portée du principe*** ◊ Pour dégager la portée de la règle de non-rétroactivité, il importe d'en préciser le *caractère*. En l'état actuel de notre droit, il ne s'agit pas, en principe, d'une règle constitutionnelle. Il en a été autrement autrefois et la Constitution du 5 fructidor an III, dans l'article 14 de sa Déclaration des droits de l'homme, avait fait de ce principe une règle constitutionnelle. Mais ni la Constitution de l'an VIII, ni aucune autre depuis, n'ont procédé de même, et la règle ne figure que dans le Code civil (art. 2) et dans le Code pénal (art. 112-1). Il convient cependant d'observer que, dans la Déclaration des droits de 1789, à laquelle renvoient le Préambule de la Constitution de 1946 et celui de la Constitution de 1958, est consacrée, à l'article 8, la non-rétroactivité des lois pénales [1]. C'est pourquoi, si le Conseil constitutionnel a décidé, au moins dans un premier temps, que l'article 2 du Code civil n'avait que la valeur d'une loi ordinaire [2], il a, en revanche, décidé qu'en matière pénale, l'article 8 de la Déclaration de 1789 conférait au principe de non-rétroactivité une valeur constitutionnelle [3].

Ailleurs, il était, jusqu'à une époque récente, admis qu'en d'autres domaines, par exemple en matière fiscale, le fisc pouvait allécher les contribuables par des incitations fiscales (exonérations, abattements...) qu'il supprimait souvent, tôt ou tard, après les avoir bien attrapés. C'est ce

1. V. aussi art. 7 Conv. EDH (*supra*, n° 279) et art. 15.1 Pacte international des Nations Unies sur les droits civiques et politiques (*supra*, n° 277).
2. Cons. const. 9 janv., 22 juill., 30 déc. 1980, *Rec.* p. 29, 46, 53, *D.* 1981, IR 359.
3. Cons. const. 19 et 20 janv. 1981, *D.* 1982, 441, *JCP* 1981, II, 19701, *sol. impl.*, *GDCC* 12e éd. 2003, n° 30 ; 18 janv. 1985, *D.* 1986, 425.

qu'il est convenu d'appeler les consciences des hauts fonctionnaires et des politiciens. Pourtant une évolution s'est produite, illustrée par la comparaison de deux décisions du Conseil constitutionnel.

Par une décision du 28 décembre 1995, relative à la loi de finances pour 1996, il a considéré « que le principe de non-rétroactivité des lois n'a valeur constitutionnelle, en vertu de l'article 8 de la Déclaration des droits de l'homme et du citoyen, qu'en matière répressive ; que l'article 4 de la loi n'édicte pas une sanction mais limite les effets dans le temps de réductions fiscales ; qu'il est loisible au législateur d'adopter des dispositions nouvelles permettant dans certaines conditions de ne pas faire application des prescriptions qu'il avait antérieurement édictées dès lors qu'il ne prive pas de garanties légales des exigences constitutionnelles ; qu'il s'ensuit que la détermination par le législateur des dates d'application pour les mesures qu'il a prévues en l'espèce n'est pas contraire à la Constitution » [1].

C'était déjà une ouverture. Non sans influence de la jurisprudence dégagée par la Cour européenne des droits de l'homme, elle a été très sensiblement élargie par la décision du 18 décembre 1998, relative à la loi de financement de la Sécurité sociale pour 1999 : « Considérant que le principe de non-rétroactivité des lois n'a valeur constitutionnelle, en vertu de l'article 8 de la Déclaration des droits de l'homme et du citoyen, qu'en matière répressive ; que, néanmoins, si le législateur a la faculté d'adopter des dispositions fiscales rétroactives, il ne peut le faire qu'en considération d'un motif d'intérêt général suffisant et sous réserve de ne pas priver de garanties légales des exigences constitutionnelles » [2]. En l'espèce, le Conseil constitutionnel a précisément, pour cette raison, déclaré contraire à la Constitution une disposition de la loi qui lui était soumise.

Si le législateur peut donc procéder, sous ces réserves (v. cep. sur la rétroactivité des lois pénales plus douces, *infra*, n° 535), par voie de lois rétroactives [3], en revanche la règle de non-rétroactivité lie les autorités administratives. Il en résulte que les autorités exerçant le pouvoir réglementaire ne pourraient donner effet rétroactif à un règlement, même si celui-ci est édicté dans une matière de nature réglementaire en vertu de l'article 37 de la Constitution. La non-rétroactivité est en effet une garantie fondamentale des libertés publiques, rentrant dans le domaine législatif ; seule la loi peut y déroger [4].

---

1. Déc. n° 95-369 DC, 28 déc. 1995, *Rec.* p. 646, *JCP* 1996, III, 67749 ; v. H. Moutouh, La rétroactivité des lois fiscales, À propos de la taxation de l'assurance-vie, *JCP* 1999, I, 102.

2. Déc. n° 98-404 DC, 18 déc. 1998, *JO* 27 déc. 1998 ; v. J. Buisson, Non-rétroactivité des lois et droit fiscal, *in Le titre préliminaire du Code civil*, dir. G. Fauré et Geneviève Koubi, éd. Économica 2003, p. 99 s. – *Adde* : J. Van Brustem, Les lois rétroactives et la Convention EDH. À la recherche de l'équilibre entre l'espérance légitime du contribuable et l'ingérence du législateur en raison d'impérieux motifs d'intérêt général, *Dr. fiscal* 2009, Étude 373.

3. V. Civ., 2e sect. civ., 24 nov. 1955, *D.* 1956, 522.

4. CE 5 janv. 1945, *Gaz. Pal.* 1945, 1, 67 ; 25 juin 1948, S. 1948, 3, 69, concl. Letourneur (hausse rétroactive des tarifs d'électricité) ; 16 mars 1956, *D.* 1956, 253, concl. Laurent ;

L'article 2 du Code civil s'impose aussi aux juges. Lorsqu'un juge doit fixer le domaine d'application d'une loi nouvelle, l'article 2 lui interdit de donner à cette loi un effet rétroactif. Le législateur pouvant toutefois adopter une loi rétroactive, la question se posera parfois de savoir s'il l'a voulu. Compte tenu de ce que le principe de non-rétroactivité est affirmé liminairement dans le Code civil (art. 2) et dans le Code pénal (art. 112-1), et de ce qu'il constitue une garantie essentielle pour la liberté et la sécurité des justiciables, on admettra une interprétation restrictive : une loi ne sera considérée comme dérogeant à la règle ordinaire de la non-rétroactivité que si le législateur a manifesté nettement voire expressément sa volonté en ce sens dans la loi nouvelle [1].

L'admission en droit français de questions prioritaires de constitutionnalité (*supra*, n° 258) a donné l'occasion au Conseil constitutionnel de préciser sa position au sujet de l'application d'une loi brisant une jurisprudence [2] ; il a décidé que les motifs d'intérêt général pris en compte par le législateur ne suffisaient pas à justifier l'application rétroactive de la loi aux instances en cours.

520 ***c) Exceptions au principe*** ◊ Certaines lois ont un effet rétroactif, c'est-à-dire régissent la constitution, les effets accomplis ou l'extinction de situations juridiques passées. Ainsi en est-il, tout d'abord, des lois déclarées rétroactives par le législateur, des lois interprétatives, des lois de validation législative et des lois de rétablissement.

521 ***Lois déclarées rétroactives par le législateur*** ◊ À condition d'exprimer nettement sa volonté (*supra*, n° 519), le législateur a, en principe, le

7 nov. 1969, *D.* 1970, somm. 29. – C'est pourquoi une loi – celle du 28 décembre 1959 relative à la révision des loyers commerciaux – a été jugée nécessaire pour déclarer rétroactives des dispositions édictées par décret (V. Drago, note S. 1959, 1, 202, III, *in fine*). – Le décret d'application d'une loi rétroactive est toutefois applicable dans les mêmes conditions que la loi. – V. O. Dupeyroux, *La règle de la non-rétroactivité des actes administratifs*, thèse Toulouse, 1954 ; Letourneur, *Le principe de non-rétroactivité des actes administratifs*, EDCE 1955, p. 37 s. ; P. Delvolvé, Le principe de non-rétroactivité dans la jurisprudence économique du Conseil d'État, *Mélanges Waline*, 1974, t. II, p. 355 s. ; J. Borricand, La non-rétroactivité des textes réglementaires en matière économique et fiscale, *D.* 1978, chron. 275 s., 281 s. ; A. Werner, Contribution à l'étude de l'application de la loi dans le temps en droit public, *RD publ.* 1982, 737 s. – Pas davantage une convention collective ne peut comporter de dispositions à caractère rétroactif : Soc. 23 nov. 1999, *D.* 1999, n° 44, Dern. act. p. VIII ; v. aussi, L. Favoreu, *D.* 1995, chron. 82 s.

1. Civ. 7 juin 1901, *DP* 1902, 1, 105, S. 1902, 1, 513, note Wahl ; 9 déc. 1942, *Gaz. Pal.* 1943, 1, 93 ; Civ., 2e sect. civ., 24 nov. 1955, préc. – V. en ce sens qu'une loi n'est rétroactive que si le législateur le déclare *expressément* : Civ. 2e, 27 avr. 1988, *JCP* 1988, IV, 229. – La règle de la non-rétroactivité est un principe d'ordre public qui peut être invoqué par les parties ou retenu par les juges en tout état de la procédure (Civ., 2e sect. civ., 24 nov. 1955, préc. ; comp. Civ., sect. soc., 18 mars 1955, *D.* 1956, 517, note P. Malaurie) ; le moyen tiré de sa violation peut même être invoqué pour la première fois devant la Cour de cassation (Civ. 1er mars 1909, *S.* 1912, 1, 137, note Naquet).

2. Déc. 11 juin 2010 (loi anti Perruche), *D.* 2010. 1976 s., note A. Levade, et p. 2086 s., note J. Sainte-Rose.

pouvoir d'adopter des lois rétroactives [1]. Celles-ci, à cause même de leurs inconvénients, sont rares. Pourtant on pourrait en citer un certain nombre depuis le début du XXe siècle, qui se justifient du reste par des considérations particulières [2]. Surtout, aux époques de crise, en vue de faire face à des situations exceptionnelles, dangereuses pour l'ordre social, il peut être nécessaire de sacrifier les intérêts particuliers et de donner effet rétroactif à certaines lois. Ainsi, la loi du 27 juillet 1940 a exonéré les chemins de fer de leur responsabilité pour les transports effectués depuis le 10 mai 1940 et, après la Libération, l'ordonnance du 27 août 1944 a puni, comme crime d'indignité nationale, des faits qui ont été commis antérieurement à sa mise en vigueur.

522 ***Lois interprétatives*** ◊ Quelquefois, le législateur intervient pour fixer le sens ambigu ou obscur d'une loi antérieure. La loi nouvelle a alors, par nature même, un effet rétroactif : elle rétroagit au jour où la loi ancienne est entrée en vigueur.

Voici un exemple de loi interprétative. La loi du 9 mars 1918 avait, dans son article 56, accordé aux locataires le droit de faire proroger les baux et locations verbales déjà en cours au début de la guerre, soit le 1er août 1914. On se demandait si cette disposition s'appliquait aux titulaires de baux antérieurs à la guerre, mais venus à expiration depuis et *renouvelés*. La Cour de cassation avait décidé que non. La loi du 23 octobre 1919, de caractère interprétatif, vint préciser que l'expression de baux antérieurs au 1er août 1914 comprenait les baux antérieurs renouvelés depuis.

On peut hésiter parfois sur le caractère interprétatif d'une loi [3]. Lorsque le législateur qualifie lui-même une loi d'interprétative, cela équivaut de sa part à considérer que cette loi fait corps avec la loi interprétée, et que, par conséquent, elle réagit sur le passé et contraint le juge à donner, en cas de litige, *aux faits déjà passés*, y compris en cours de procédure, un effet rétroactif. Il n'est d'ailleurs pas exclu que le législateur qualifie une loi d'interprétative à seule fin de lui conférer un caractère rétroactif, une loi par laquelle il modifie un texte antérieur. Tel est

---

1. Comme exemple de loi rétroactive dans le passé, on cite toujours le décret du 17 nivôse an II, par lequel la Convention annulait toutes les donations faites depuis le 14 juillet 1789 et disposait en outre que les règles nouvelles qu'il édictait en matière de dévolution des biens laissés par les personnes mortes sans testament s'appliqueraient à toutes les successions ouvertes depuis cette date. Une perturbation profonde résulta de cette disposition inspirée au législateur révolutionnaire par cette préoccupation, toute politique, de modifier profondément la répartition des richesses et par conséquent la structure de la société. C'est précisément le souvenir de cette perturbation qui avait fait introduire le principe de non-rétroactivité dans la Constitution de l'an III.

2. Il est arrivé que les auteurs d'une loi nouvelle estiment nécessaire la remise en cause de la chose jugée sous l'empire de la loi ancienne : v., en matière de filiation, F. Terré et D. Fenouillet, *La famille*, 8e éd., n° 389 s et 509 s. ; H. Mazeaud, L'enfant adultérin et la « super-rétroactivité » des lois, *D.* 1976, chron. 1.

3. V. Com. 7 avril 1992, *JCP* N 1993. II. 64, note C. David, au sujet de l'impôt sur les grandes fortunes.

son pouvoir, en l'état actuel du droit positif, qui laisse au législatif, dans cette mesure, le choix de ses expressions.

Mais que faut-il décider si le législateur n'a rien spécifié ? À partir de l'idée suivant laquelle ce qui est interprétatif est rétroactif, la jurisprudence s'est reconnue, à cette fin, le pouvoir de qualifier à sa manière le caractère interprétatif d'une loi. Ainsi elle a considéré que le caractère interprétatif d'une loi ne peut être reconnu à celle-ci que si elle est intervenue à propos d'une question controversée. Et la Cour de cassation s'est employée, tant bien que mal, à tracer une ligne de partage : « une loi ne peut être considérée comme interprétative qu'autant qu'elle se borne à reconnaître, sans rien innover, un droit préexistant qu'une définition imparfaite a rendu susceptible de controverse » [1].

L'application de ce critère suscitait d'évidentes incertitudes que la Cour de cassation a supprimées en décidant que les lois interprétatives étaient, en principe, dépourvues de rétroactivité [2]. Il n'en va plus autrement que lorsque le législateur a entendu, lorsqu'il le peut, rendre rétroactive une loi interprétative [3]. En d'autres termes, la Cour de cassation a procédé par voie d'autolimitation.

523 ***Lois de validation législative*** ◊ La remise en cause du passé par une loi rétroactive choque les esprits en termes de prévisibilité et de sécurité juridique lorsqu'elle aboutit à faire considérer comme irrégulière une situation qui s'est réalisée précédemment de la manière la plus régulière. La réaction n'est pas la même lorsqu'il s'agit, après coup, de faire considérer comme régulière, en la *validant*, une situation irrégulière au regard du droit antérieur. À vrai dire, même en termes de validation - et non d'invalidation - et suivant les points de vue envisagés, on pourrait, en stricte logique, hésiter à faire la différence. S'il en a pourtant été différemment, c'est parce que, en pratique, l'on s'est quand même préoccupé de sauver, souvent assez vite, des actes estimés recommandables, annulés ou susceptibles de l'être. Si les actes en question ont été annulés par des décisions judiciaires définitives, l'incidence d'une loi nouvelle ne diffère pas de celle que l'on envisage au sujet des lois rétroactives (v. *supra*, n° 521).

Il en va autrement lorsque la loi nouvelle intervient dans le déroulement de la justice, plus précisément à l'occasion d'instances en cours [4]. Et le

---

1. Civ. 3e, 27 févr. 2002, 3 arrêts, *D.* 2002. 1142, obs. Y. Rouquet, *JCP* E 2002, 678, note M.-L. Sainturat, *AJDI* 2002, 203 et 291, obs. J.-P. Blatter, *RTD civ.* 2002, 599, obs. N. Molfessis ; rappr. Civ. 3e, 18 fév. 2009, *D.* 2009. 1450, note G. Lardeux.

2. Ass. plén. 23 janv. 2004, *D.* 2004, 1108, note P.-Y. Gautier, *RFDA* 2004, 224, note B. Mathieu, *RTD civ.* 2004. 341, obs. Ph. Théry, 371, obs. J. Raynard, 598, obs. P. Deumier, *JCP* 2004, II, 10030, note M. Billiau, 2004, éd. E, 514 ; Civ. 3e, 7 avril 2004, *LPA* 22 juill. 2005, p. 12 s., note Sandrine Chassagnard ; v. aussi Civ. 3e, 11 janv. 2007, *D.* 2007, Act. 2168. - Rappr. G. Drago, *Contentieux constitutionnel français*, PUF, 2e éd. 2006.

3. V. Civ. 1re, 22 févr. 2000, *Bull. civ.* I, n° 53, *Rev. crit. DIP* 2000, 681, note H. Fulchiron.

4. B. Mathieu, *Les validations législatives*, éd. Economica, 1987, Les validations législatives devant le juge de Strasbourg : une réaction rapide du Conseil constitutionnel mais une lourde menace pour l'avenir de la juridiction constitutionnelle, *RFD adm.* 2000, 289 s. ; X. Prétot, Les

Conseil constitutionnel a dans le passé admis les lois de validation dès lors que sont notamment satisfaites des exigences d'intérêt général et de proportionnalité (sur le principe de proportionnalité, v. *supra*, n° 188) [1].

a) Devant les juridictions de l'*ordre judiciaire*, le sort des lois de validation a été tout d'abord marqué par une docilité normale de la Cour de cassation, face aux lois de validation au sujet de *tableaux d'amortissement*. Ainsi, après que la Cour de cassation eut privé du droit aux intérêts d'un prêt les prêteurs n'ayant pas remis aux emprunteurs des échéanciers des amortissements, la loi MURCEF du 11 décembre 2001 [2] valida pourtant pour le passé ces pratiques bancaires, non sans consacrer pour l'avenir la position stricte de la Cour de cassation. Résultat : malgré l'irrégularité initiale des contrats n'ayant pas donné lieu à litige, on a dit que ces contrats, en tant qu'ils fonderaient un droit à des dommages-intérêts, sont *validés*. À la réflexion, ce dernier mot est équivoque. Il donne à penser que de tels contrats sont *invalides*, disons irréguliers dans un premier temps, puis *validés* dans un second, ce qui peut être contesté car, jusqu'à ce qu'un contrat soit annulé, il reste valable même de manière fragile et éphémère. C'est donc plus exactement quant à des contrats sujets à litige en cours lors de l'intervention de la loi nouvelle que fait problème l'incidence d'une loi de validation. Toujours est-il que, dans l'affaire du tableau d'amortissement, la Cour de cassation s'inclina devant la loi nouvelle et en fit application aux contentieux en cours [3].

Il se trouva pourtant des contractants mécontents qui poursuivirent le combat et s'en prirent à l'application validante de la loi MURCEF devant la CEDH. Ils y étaient d'autant plus incités que celle-ci avait, peu avant, décidé que « si, en principe, le pouvoir législatif n'est pas empêché de réglementer en matière civile, par de nouvelles dispositions à portée rétroactive, des droits découlant des lois en vigueur, le principe de la prééminence du droit et la notion de procès équitable consacrés par l'article 6 de la Convention européenne des droits de l'homme s'opposent, sauf pour d'impérieux motifs d'intérêt général, à l'ingérence du pouvoir législatif dans l'administration de la justice dans le but d'influer sur le dénouement judiciaire d'un litige » [4]. Aux yeux de la CEDH, ces impérieux motifs d'intérêt général sont

---

validations législatives et le droit au procès équitable, *RD publ.* 2001, 23 s., Le Conseil constitutionnel, la Cour européenne de Strasbourg et les validations législatives, *Mélanges Conac*, 2001, p. 219 s. ; F.-C. Bernard, Les validations législatives, *in La loi, bilan et perspectives*, dir. Catherine Puigelier, éd. Economica, 2005, p. 37 s. ; P.-Y. Gautier, Pour la rétroactivité *in mitius* en matière civile, *Mélanges Héron*, 2008, p. 235 s., spéc. p. 241 s.

1. Cons. const. déc. 96-375 DC, 9 avr. 1996, *JO* 13 avr. 1996, *RD publ.* 1996, 1147, 1997, 38, obs. D. Rousseau, *D.* 1998, somm. 150, obs. P. Gaïa.

2. Loi portant mesures urgentes de réformes à caractère économique et financier (MURCEF).

3. Civ. 1re, 20 juin 2000, *Bull. civ.* I, n° 191, p. 123, D. 2000, 699, note Marie-Laure Niboyet, *RTD civ.* 2000, 670, obs. N. Molfessis, 676, obs. R. Libchaber.

4. CEDH 28 oct. 1999, *Zielinski*, *D.* 2000, somm. 174, obs. N. Fricero, *AJDA* 2000, 533, chron. J.-F. Flauss, *RTD civ.* 2000, 436, obs. J.-P. Marguénaud et J. Raynard.

exigés par le principe de prééminence du droit, découlant notamment de l'article 1er du Protocole n° 1, ainsi rédigé : « Toute personne physique ou morale a droit au respect de ses biens. Nul ne peut être privé de sa propriété que pour cause d'utilité publique et dans les conditions prévues par la loi et les principes généraux du droit international » [1].

b) S'agissant de dispositions légales relatives aux baux commerciaux, la troisième chambre civile de la Cour de cassation se trouva à nouveau face à une validation des règles relatives au *calcul de la valeur locative* et au jeu des indexations ; et elle se tira d'affaire par le recours - aujourd'hui abandonné, v. *supra*, n° 522 - au concept de loi interprétative, pour admettre l'application de l'article 26 de la loi MURCEF aux procès en cours [2], ce qui ne pouvait que décevoir les plaideurs précédemment protégés par elle. L'esquive ne pouvait persister. La Chambre sociale de la Cour de cassation avait, en effet, déjà décidé que le principe de prééminence du droit et la notion de procès équitable « s'opposent, sauf pour d'impérieux motifs d'intérêt général, à l'ingérence du pouvoir législatif dans l'administration de la justice afin d'influer sur le dénouement judiciaire du litige » ; il s'agissait alors d'un litige relatif à la réduction négociée du temps de travail et de l'incidence d'une loi du 19 janvier 2000 [3].

Puis l'Assemblée plénière de la Cour de cassation décida, dans la ligne de la CEDH, que le principe de prééminence et la notion de procès équitable s'opposaient à l'ingérence considérée, sauf s'il existait des motifs d'intérêt général, ce qui était en l'occurrence le cas puisqu'il y allait de la pérennité du service public de la santé et de la protection sociale [4]. Peu après, l'Assemblée a prolongé le mouvement en précisant que la limite indiquée à la portée des lois de validation valait « quelle que soit la qualification formelle appliquée à la loi et même lorsque l'État n'est pas partie au procès » [5].

Reste que, dans cet arrêt de janvier 2004, la Cour de cassation se fonde, non pas sur une donnée juridique objective, mais sur l'intention du

---

1. CEDH 14 fév. 2006, *Lecarpentier et a. c/ France*, *JCP* N 2006, Act. 228, *LPA* 3 mai 2006, p. 12, note E. Garaud.

2. Civ. 3e, 27 févr. 2002, 3 arrêts, *RTD civ.* 2002, 507, obs. J. Mestre et B. Fages, 599, obs. N. Molfessis ; v. aussi Paris 7 févr. 2003, *Gaz. Pal.* 2003, n° spéc. Baux commerciaux, nos 164 et 165, p. 39, obs. Ch.-E. Brault.

3. Soc. 24 avril 2001, *D.* 2001, 2445, note J.-K. AdOm ; v. aussi, dans le même sens, au sujet de la loi MURCEF sur la révision du loyer commercial, Versailles, 6 fév. 2003, *D.* 2003, 720, note P.-Y. Gautier, *RTD civ.* 2003, 766, obs. J. Raynard.

4. Ass. plén. 24 janv. 2003, *Bull. Ass. plén.* n° 3, *D.* 2003, 1648, note Sophie Paricard-Pioux, *RFD adm.* 2003, 470, note B. Mathieu, *Grands arrêts*, t. 1, n° 9 ; rappr. CE, Avis, 16 févr. 2001, *JO* 4 avr. 2001, p. 527, *JCP* 2001, Act. 797. Mais la validation rétroactive faisant tort à ceux qui entendaient se prévaloir de la nullité, la CEDH a sanctionné la France en estimant, à l'unanimité, qu'une charge anormale et exorbitante pesait sur les requérants, compte tenu de l'article 1er du Protocole n° 1 (CEDH 14 févr. 2006, préc.) ; rappr. Soc. 13 juin 2007, *D.* 2007, 2439, note Cécile Pérès. - V. aussi la singulière référence au Pacte international relatif aux droits civils et politiques du 16 déc. 1966, Soc. 6 juill. 2005, *JCP* 2005, éd. S, 1289, note J.-Y. Kerbourc'h.

5. Ass. plén. 23 janv. 2004, préc.

législateur, telle qu'elle résulte des termes de la loi et des travaux parlementaires, pour se prononcer sur l'existence d'un impérieux motif d'intérêt général, ce qui exclut alors un contrôle d'*opportunité*. L'on doit, en l'état des jurisprudences (ou de ce qui s'en rapproche, par exemple les avis), constater des différences dans les concepts et les démarches retenus pour canaliser les validations législatives : « but d'intérêt général suffisant » (Conseil constitutionnel), « motifs impérieux d'intérêt général » (Cour de cassation), ce qui laisse subsister d'agaçants « conflits de contrôle de la rétroactivité des lois » [1]. Inspirant la dernière évolution du Conseil d'État, un alignement de celui-ci sur les expressions de la CEDH et de la Cour de cassation a, et d'ores et déjà, conféré aux solutions retenues une plus grande cohérence [2].

La pression européenne hostile à la rétroactivité affectant les procès en cours se manifeste d'ailleurs de plusieurs manières. La loi du 4 mars 2002 dite loi anti-Perruche - ou encore loi Kouchner [3] - en a été une occasion, relativement aux procès en cours lorsqu'elle fut adoptée. Les assauts de la CEDH pouvaient en la matière être menés de divers côtés : a) atteinte au procès équitable - le pot de fer (le législateur) fracassant le pot de terre (les justiciables) (v. *infra*, n° 763) ; b) atteinte à l'égalité, fruit du hasard de la vie et de l'aventure humaine ; c) atteinte aux biens [4], là où personne et chose se trouvent ou se retrouvent en ce qu'une créance en termes de responsabilité est née dans le patrimoine d'une victime avant que le législateur, docile aux obstétriciens, voire à leurs assureurs se mette au garde-à-vous ; d) atteinte au principe de proportionnalité, qui peut être subversif (v. *supra*, n° 187). L'embarras du choix, en quelque sorte ! C'est la quatrième voie qui a été, pour l'essentiel, empruntée par la CEDH, retenant l'absence de proportionnalité entre l'importance du préjudice et son assomption au titre de la solidarité nationale [5]. La Cour de cassation et le Conseil d'État n'ont pas tardé à s'aligner [6]. Outre le danger d'une excessive paralysie de l'action législative des Parlements nationaux, ainsi

---

1. V. Pascale Deumier, obs. préc., p. 601.

2. V. not. CE, Avis n° 277975, 27 mai 2005 ; v., déjà, CE 23 juin 2004, *Sté Laboratoire Génévrier, Rec.* p. 256. - V. *La rétroactivité des décisions du juge administratif*, Colloque Centre de recherche administratif/Institut Cujas, 19 janvier 2006, à paraître.

3. En raison de son article 1er brisant la jurisprudence exprimée par l'arrêt Perruche rendu le 17 nov. 2000 (*Bull. civ.* n° 9 ; v. F. Terré, Ph. Simler et Y. Lequette, *Les obligations*, 10e éd. 2009, nos 1001 s.). Les trois premiers alinéas de cet article sont passés dans l'art. L. 114-5 CASF (réd. L. 11 fév. 2005, sur l'égalité des chances).

4. De l'art. 1er du Protocole n° 1, il résulte, en effet, que « toute personne physique ou morale a droit au respect de ses biens... ».

5. CEDH 6 oct. 2005, 2 arrêts, obs. F. Sudre, *JCP* 2006, I, 109, n° 16 ; obs. Sophie Monnier, *LPA* 17 mars 2006, obs. J.-P. Marguénaud et Th. Revet, *RTD civ.* 2006, 743 s., 798 s. ; *JCP* 2006, II, 10061, note A. Zollinger.

6. Civ. 1re, 24 janv. 2006, 3 arrêts, *LPA* 31 mars 2006, note Stéphane Prigent. - V. déjà au sujet de la loi du 4 mars 2002 et des infections nosocomiales, Civ. 1re, 18 oct. 2005, *D.* 2006, 705, note O. Smallwood et F. Vialla ; Civ. 1re, 24 janv. 2006 et CE 24 févr. 2006, *JCP* 2006, II, 10062, note Adeline Gouttenoire et Stéphanie Porchy-Simon.

qu'un simple curseur des inégalités mal traitées, c'est la signification du rôle de la Cour de cassation et du Conseil d'État qui est en cause.

524 ***Lois de rétablissement*** ◊ Si le phénomène juridique n'échappe pas nécessairement à la discontinuité, il peut en aller différemment de la loi, voire plus largement de la *légalité*. Les circonstances donnant naissance à ces situations sont d'importance variable. La fièvre inspirant la codification à droit dit constant ayant notamment entraîné des abrogations par mégarde, si ce n'est pas ignorance invétérée, on a vu se produire des *résurrections* plus ou moins fortuites, car volontaires ou involontaires [1].

Derrière ces mésaventures, on discerne l'existence d'un *principe de continuité du droit* qui persiste « à travers les formes changeantes de l'État » [2]. Pourtant, à l'époque de la Libération (*supra*, n° 521), l'ordonnance du 9 août 1944 sur le *retour* à la légalité républicaine réputa inexistant tout ce qui avait été édicté par l'autorité de Vichy, ce qui paraissait bien impliquer alors un *principe de discontinuité du droit*, à moins de considérer que ce qui avait été édicté par Vichy, d'illégitimité originaire ou croissante, n'était que du fait contre lequel le droit fondé sur « l'idée de résistance » s'était maintenu. Au reste, la nullité qui aurait dû avoir un effet rétroactif a été en l'occurrence privée dans la plupart des cas de cette « rétroactivité naturelle » [3].

525 ***2° La loi nouvelle régit seule, en principe, l'avenir*** ◊ Une loi nouvelle entre en vigueur ; elle s'applique aux faits et actes postérieurs à sa publication. C'est ce que l'on nomme l'*effet immédiat de la loi nouvelle*.

Mais cette notion est difficile à utiliser, car les faits et les actes de la vie juridique sont souvent complexes. Un plus ou moins long laps de temps peut, en effet, être nécessaire à la réunion des éléments de leur constitution - ainsi pour acquérir la propriété d'un bien par prescription, il faut avoir possédé ce bien pendant un délai plus ou moins long, trente ans par exemple - ou à la réalisation de leurs effets - c'est le cas, notamment, des devoirs et des droits créés par le mariage ou des droits et obligations procédant d'un contrat successif, tel le contrat de bail.

Supposons qu'avant la réunion des éléments nécessaires à la constitution d'un droit, la législation change, que, par exemple, le législateur modifie la durée de la prescription. Appliquera-t-on la loi nouvelle, bien que certains éléments aient déjà été réalisés dans le passé ?

Supposons encore qu'en cours de réalisation des effets d'une situation légale ou d'un contrat, une loi nouvelle intervienne, que, par exemple, en

---

1. A. Lienhard, La légalité retrouvée de l'article 173 du décret du 27 décembre 1985 (ou les surprises de la codification à droit constant), *D.* 2000, n° 34, Point de vue ; N. Molfessis, obs. *RTD civ.* 2001, 688 s.

2. J. Carbonnier, note *D.* 1946, 321, sous Civ. 16 juill. et 18 déc. 1945. - V. G. Liet-Veaux, *La continuité du droit interne : essai d'une théorie juridique des révolutions*, thèse Paris 1942.

3. J. Carbonnier, note préc., p. 322.

cours de mariage, une loi modifie les effets de celui-ci, ou qu'en cours de bail le législateur établisse une nouvelle réglementation des obligations du bailleur. Faut-il tenir compte de la loi nouvelle ? À dire vrai, ce n'est pas la rétroactivité qui est ici en cause ; il est certain qu'on ne revient pas sur les effets déjà réalisés des actes et situations juridiques : le problème est de savoir si la loi ancienne survivra à son abrogation pour continuer à régir les effets futurs de faits ou d'actes antérieurs.

Quel est, dans ces diverses hypothèses, l'effet d'une loi nouvelle entrant en vigueur au cours des périodes envisagées ? Face à l'insuffisance des directives du Code civil, il revenait à la jurisprudence de faire œuvre créatrice. Elle s'y est employée avec sagesse et pragmatisme, s'inspirant des grandes constructions doctrinales sans pour autant s'enfermer dans celles-ci. On rappellera donc chacune de ces constructions, avant d'en dégager toutes les virtualités [1].

526 ***a) Les théories*** ◊ *1. Théorie classique.* D'inspiration libérale, elle a prétendu résoudre la question du conflit de lois dans le temps par une distinction entre les *droits acquis* – d'où son nom – et les *simples expectatives*. Alors que la loi nouvelle ne pourrait, sans rétroactivité, porter atteinte aux premiers, elle pourrait au contraire modifier ou supprimer les secondes [2].

Par un arrêt du 20 février 1917, la chambre civile a appliqué ce critère à l'action en recherche de paternité naturelle et décidé que l'article 340 du Code civil (réd. 1804) qui prohibait, sauf dans un cas particulier (l'enlèvement), la recherche de paternité ne constituait pour le père naturel qu'une simple expectative et ne lui avait pas fait « acquérir pour toujours le droit de se soustraire à la constatation du lien l'unissant à son enfant ». L'enfant né antérieurement à l'entrée en vigueur de la loi nouvelle pouvait donc agir en recherche de paternité sur le fondement de celle-ci [3]. À l'inverse, par un arrêt des Chambres réunies rendu le 13 janvier 1932, la Cour de cassation a décidé que le congé-préavis donné par le bailleur à son locataire, conformément à la loi alors en vigueur, constituait au bénéfice du premier un « droit régulièrement acquis (...) sous l'empire de la loi antérieure ». Partant, la loi nouvelle ne lui était pas applicable [4].

La distinction ainsi consacrée a, en général, été critiquée par la doctrine moderne. On lui a objecté qu'elle était insuffisante et mal fondée. *Insuffisante* : alors que le droit acquis serait celui qui est entré dans notre patrimoine et dont un tiers ne peut nous priver, la simple expectative pourrait être anéantie par la volonté d'un tiers. Faite pour les droits patrimoniaux,

---

1. Les développements qui suivent reproduisent le commentaire publié dans *Les grands arrêts de la jurisprudence civile*, d'Henri Capitant, 12e éd. 2007, par F. Terré et Y. Lequette, nos 4-7.
2. Rappr. P. Auvret, La notion de droit acquis en droit administratif français, *RD publ.* 1991, 54 s. – V. aussi, dans une perspective comparative, H. Batiffol, Conflits de lois dans l'espace et conflits de lois dans le temps, *Mélanges Ripert*, 1950, t. I, p. 301.
3. Civ. 20 févr. 1917, *DP* 1917, 1, 81, concl. Sarrut, note H. Capitant, S. 1917, 1, 73, note C. Lyon-Caen, *Grands arrêts*, t 1, n° 4.
4. Ch. réun. 13 janv. 1932, *DP* 1932, 1, 18, rapport Pilon, *Grands arrêts*, t. 1, n° 5.

la formule est difficile à transposer dans le domaine des droits extra-patrimoniaux et notamment dans celui du droit de la famille. Aussi bien a-t-on souligné que le raisonnement en termes de droits acquis se réduisait souvent à une véritable pétition de principe, l'interprète baptisant la situation en cause de droit acquis ou de simple expectative selon le résultat qu'il veut atteindre. *Mal fondée*, car un particulier ne saurait avoir, pour l'avenir, des droits acquis à l'encontre de la loi. Reflet de l'individualisme libéral du XIXe siècle, la théorie des droits acquis pose la question du conflit de lois en termes de défense des droits subjectifs contre le droit objectif. Or une telle analyse procède d'une vision inexacte des rapports entre les deux notions. Le droit subjectif n'existe pas, en effet, en tant que tel, mais uniquement dans la mesure où le droit objectif le consacre. Dès lors, la vraie question n'est pas celle de la protection de tel ou tel droit subjectif, mais celle du conflit de compétence entre la loi ancienne et la loi nouvelle.

2. *Théorie moderne*. On comprend, dans ces conditions, que la plupart des auteurs se soient ralliés à la théorie moderne élaborée par le doyen Roubier [1]. Délaissant la notion de droit acquis, celui-ci raisonne à partir du concept de *situation juridique*, état de droit susceptible de modifications (ex. : état d'époux, d'enfant légitime, de propriétaire, de créancier, etc.). Selon lui, la loi nouvelle marque une *coupure dans le temps* : alors que le passé demeure régi par la loi ancienne, l'avenir l'est par la loi nouvelle. Partant, pour les situations juridiques qui font problème, c'est-à-dire celles qui se sont constituées avant le changement de législation mais qui prolongent leurs effets au-delà de celui-ci (situation en cours), il convient de procéder à la distinction suivante : la loi nouvelle ne peut pas revenir sur les conditions dans lesquelles ces situations se sont constituées ni modifier les effets qu'elles ont déjà sortis (*principe de non-rétroactivité de la loi nouvelle*). En revanche, elle *s'empare* de ces mêmes situations pour leur faire produire, à compter de son entrée en vigueur, des conséquences éventuellement différentes (*principe de l'effet immédiat de la loi nouvelle*). Il en va toutefois autrement pour les situations contractuelles qui restent en principe régies, même pour l'avenir, par la loi sous l'empire de laquelle elles ont été créées (*principe de la survie de la loi ancienne*).

527 ***b) Les solutions*** ◊ La jurisprudence n'est pas restée insensible à ces analyses, soumettant « les conditions de validité et les effets passés » à la loi ancienne et « les effets à venir des situations non contractuelles en cours » à la loi nouvelle [2]. Et elle a affirmé le principe de survie de la loi ancienne pour les situations contractuelles en cours [3]. En d'autres termes, si la théorie classique et la théorie moderne conduisent à des résultats voisins en ce qui concerne la constitution des situations juridiques – extracontractuelles ou contractuelles –, et les effets des contrats conclus

1. *Les conflits de lois dans le temps*, 1929 ; *Le droit transitoire*, préc., 1960.
2. Civ., 1re sect. civ., 29 avril 1960, *D.* 1960, 429, note G. Holleaux, *Grands arrêts*, t. 1, n° 6.
3. Civ., sect. com., 15 juin 1962, *Bull. civ.* III, n° 313, p. 258, *Grands arrêts* n° 7.

antérieurement à la loi nouvelle, il n'en va pas de même pour les conséquences d'une situation extracontractuelle [1].

528 ***Constitution des situations juridiques, extracontractuelles ou contractuelles*** ◊ Lorsque la loi nouvelle modifie les conditions de réalisation d'un fait ou d'un acte juridique, on s'accorde généralement sur ce que la régularité de la situation qui en résulte doit être appréciée conformément à la loi contemporaine de leur accomplissement. Que l'on raisonne en termes de constitution d'une situation juridique ou de droit acquis, la non-rétroactivité s'oppose à l'application de la loi nouvelle dès lors que toutes les conditions posées par la loi ancienne ont déjà été réalisées. Par exemple, si le congé-préavis échappe à l'application de la loi nouvelle [2], c'est parce qu'il a été régulièrement et définitivement accompli avant l'entrée en vigueur de celle-ci [3]. Et lorsque la chambre civile a décidé qu'une légitimation d'enfant adultérin était nulle compte tenu de la teneur de l'article 331 du Code civil (réd. L. 25 avril 1924) [4], c'est encore parce que cet acte était définitivement réalisé avant que la loi du 5 juillet 1956 n'ait posé un principe contraire. En se prononçant autrement, la Cour de cassation aurait conféré à cette disposition une portée rétroactive, ce que seul le législateur peut faire. Celui-ci n'a, au demeurant, pas hésité ces dernières années à attribuer, à plusieurs reprises, une telle portée aux dispositions d'une loi nouvelle lorsque l'application de celle-ci permettait d'asseoir la validité d'actes nuls en vertu de la législation antérieure (v. supra, n° 518). Ainsi en a-t-il été lorsque la loi du 3 janvier 1972 a validé les reconnaissances d'enfants adultérins, jusque-là illicites, dont la nullité n'avait pas été prononcée par un jugement passé en force de chose jugée (art. 12, al. 3).

529 ***Situations en cours de constitution*** ◊ Raisonnant par analogie avec le sort réservé aux lois pénales plus douces (v. *infra*, n° 535), un auteur a suggéré qu'une portée similaire devrait être accordée à toutes les lois confirmatives sans qu'il soit besoin pour cela d'une disposition transitoire spécifique [5]. C'est oublier que le problème ne se pose pas dans les mêmes termes en droit civil et en droit pénal. À la différence du droit pénal, le

---

1. Il faut pourtant constater, surtout lorsque font pression des forces de conservation d'avantages, voire de privilèges, qu'un attachement aux « acquis » – « acquis sociaux », acquis de l'expérience,... – que perdure et même se développe une invocation souvent contestable de nombre de situations « établies ». Rappr. en droit social, E. Dockès, *L'application dans le temps des règles du droit du travail*, thèse Lyon 1992, L'avantage individuel acquis, *Dr. social* 1993, 826 ; en droit constitutionnel, le « clicquet anti-retour », v. not. *Jurisprudence constitutionnelle* par B. Mathieu et M. Verpeaux, *JCP* 2002, I, 146, n° 4, 2004, I, 192, n° 1 ; en droit communautaire, v. not. Pauline Rémy-Corlay, obs. *RTD civ.* 2005, 350 s.
2. Ch. réun. 13 janv. 1932, préc.
3. Rappr. Civ. 3e, 13 févr. 1969, *Bull. civ.* III, n° 133, p. 101.
4. Civ., 1re sect. civ., 29 avril 1960, préc.
5. F. Dekeuwer-Défossez, *Les dispositions transitoires dans la législation civile contemporaine*, thèse Lille II, éd. 1977, n° 151, p. 184, préf. M. Gobert.

droit civil résout les conflits entre deux parties : il ne peut donner raison à l'une sans donner tort à l'autre. La validation d'un acte nul n'échappe pas à cette règle : le testament validé déshérite l'héritier *ab intestat* [1]. Partant, contrairement à ce qui a pu être dit, l'application rétroactive d'une loi civile, permettrait-elle de valider un acte nul, recèle une menace certaine pour la sécurité juridique. C'est pourquoi on ne peut approuver la Cour de cassation lorsqu'elle décide qu'une clause compromissoire conclue avant la loi du 15 mai 2001 « relative aux nouvelles régulations économiques », est valable, quand bien même elle serait nulle sous l'empire du droit antérieur [2].

L'affinement permanent des analyses a conduit à s'interroger sur la *notion de constitution* de ce que la Cour de cassation appelle une *situation juridique*. Cette constitution peut, en effet, ne pas être instantanée et, successive, se réaliser en plusieurs étapes, chacune de celles-ci pouvant être envisagée isolément ou, au contraire, n'être considérée comme participant à la constitution de la situation que lorsque tous les éléments constitutifs auront été réunis. L'intervention d'une loi nouvelle au cours du processus de constitution oblige le juge à se prononcer. Faisant prévaloir le passé sur le présent, la Cour de cassation a, en effet, décidé que la loi d'orientation agricole du 9 juillet 1999 reportant jusqu'à la fin du bail à ferme le droit au remboursement au fermier des améliorations réalisées par lui en cours de bail n'était pas applicable à la *situation* existant lorsque la loi intervient après les améliorations, mais avant l'expiration du bail [3].

On ajoutera que, pour résoudre les difficultés propres à la constitution d'une situation juridique, la jurisprudence n'hésite pas à faire, aujourd'hui encore, parfois référence à la notion de droit acquis ; de fait, en la circonstance, celle-ci a le mérite de souligner que la constitution de la situation est, ou non, entièrement achevée.

530 ***Procédures en cours*** ◊ En réalité, à ce stade, les principales difficultés procèdent non des principes, mais de leur *mise en œuvre*. Ainsi, on hésite parfois sur l'identification du fait créateur d'une situation juridique et, par conséquent, sur le point de savoir si cette création est antérieure ou postérieure à la loi nouvelle. Cette création peut coïncider avec la disparition d'une situation juridique, par exemple en matière de prescription [4]. Tel est le cas, par exemple, en matière de filiation : la situation d'enfant naturel ou d'enfant légitime résulte-t-elle de la naissance ou de la preuve qui en est

---

1. J. Héron, Étude structurale de l'application de la loi dans le temps, *RTD civ.* 1985, 301 s. ; P. Fleury, thèse préc., n° 307, p. 143.

2. Civ. 1re, 22 nov. 2005, *JCP* 2006, II, 10015, note E. Cornu, *D.* 2006, 277, note Th. Le Bars et P. Callé ; v. aussi Civ. 1re, 7 juin 2006, *JCP* 2006, Act. 270 ; P.-Y. Gautier, art. préc. ; rappr., sur les lois de validation, *supra*, n° 523.

3. Civ. 3e, 28 juin 2005, *JCP* 2006, II, 10027, note P. Fleury ; v. cep., au sujet du cautionnement et faisant état de situations qui n'ont pas été « définitivement réalisées » (sic), Rennes 19 déc. 2003, *Gaz. Pal.* 2005, J. 1103.

4. Civ. 1re, 27 sept. 1983, *Bull. civ.* I, n° 215 ; rappr. Com. 30 nov. 1999, *RCA* 2000, comm. 42, obs. H. Groutel.

officiellement fournie ? Quoique formulée en termes de droits acquis, la solution jurisprudentielle [1] implique que la situation juridique de l'enfant n'est créée qu'au moment où sa filiation est prouvée. En conséquence, si les modes de preuve recevables sont modifiés par une loi postérieure à la naissance, les enfants nés antérieurement peuvent s'en prévaloir dès lors qu'ils sont encore dans les délais requis pour agir. Une solution comparable a été adoptée à l'occasion de l'octroi de droits alimentaires aux enfants adultérins par la loi du 15 juillet 1955 [2]. Elle figure aussi dans la loi du 3 janvier 1972 sur la filiation (art. 12, al. 1er). Mais l'existence de délais assez courts étant de nature à rendre illusoire l'application de la loi nouvelle aux enfants nés avant son entrée en vigueur [3], les dispositions transitoires de la loi de 1972 ont été, en la matière, modifiées et complétées par les lois des 5 juillet 1973 et 15 novembre 1976.

La détermination du moment final de constitution d'une situation juridique peut être fort délicate lorsque la question se pose alors qu'*une instance est en cours*. Il convient alors de distinguer deux sortes de conflits de lois dans le temps. Les uns concernent les lois qui modifient la *compétence* des tribunaux et les *règles de procédure* à suivre devant eux. Ces lois s'appliquent non seulement aux instances futures concernant des faits antérieurs, mais encore aux instances engagées avant leur promulgation. À ce stade du raisonnement, on se trouve naturellement dans le cadre de quelque rétroactivité : la loi ne s'applique pas en réalité aux faits et actes, objets de l'instance, mais à l'instance elle-même et ne régit que les actes de procédure *futurs*, sans porter atteinte d'ailleurs, en principe, à la procédure déjà accomplie et *a fortiori* aux décisions déjà rendues sur le fond [4].

Reste que la question subsiste quand un changement affecte les *lois de fond* en cause dans la procédure en cours. La Cour de cassation a décidé, notamment, que des lois relatives au divorce s'appliquaient aux instances en cours [5]. On a pu être conduit à justifier cette solution en tenant compte du caractère *constitutif* [6] du jugement, le centre de gravité de la procédure étant là. Dans d'autres cas, il faut se situer plus en amont. Ainsi considère-t-on que la loi

1. Civ. 20 févr. 1917, préc.

2. Civ. 1re, 13 janv. 1959, *D.* 1959, 63, 4e esp., note Rouast; 16 nov. 1960, *D.* 1961, 7, note G. Holleaux. - Civ. 1re, 8 juill. 2008, *JCP* 2008, II, 10166, note P. Sargos.

3. Civ. 1re, 13 nov. 1975, *D.* 1976, 133, note D. Huet-Weiller, *JCP* 1976, II, 18288, note R. Savatier, *Defrénois* 1976, 849, obs. H. Souleau, *RTD civ.* 1976, 125, obs. R. Nerson.

4. Civ. 27 nov. 1933, *DH* 1934, 35 ; Civ., 2e civ., 4 juill. 1962, *Gaz. Pal.* 1962, 2, 59 ; 16 juill. 1969, *JCP* 1969, II, 16134. - V. Roubier, De l'effet des lois nouvelles sur les procès en cours, *Mélanges Maury*, 1960, t. II, p. 513 s. ; M.-E. Roujou de Boubée, La loi nouvelle et le litige, *RTD civ.* 1968, 479 s. ; F. Gianviti, *Application dans le temps des lois judiciaires et de preuve*, thèse ronéot. Paris, 1969 ; J. Normand, L'application dans le temps des lois de droit judiciaire privé au cours de la dernière décennie, *Mélanges Raynaud*, 1985, p. 555 s. ; G. Bolard, Droit transitoire et procédure civile, *Mélanges Jean Foyer*, 1997, p. 439 s.

5. Civ. 29 déc. 1942, *DC* 1943, 85, note J. Carbonnier.

6. Civ. 2e, 18 juill. 1967, *D.* 1968, 297, note P. Chauveau ; Civ. 3e, 23 janv. 2002, *D.* 2002, AJ 647, obs. A. Lienhard.

applicable en matière de responsabilité extracontractuelle est celle en vigueur au jour où s'est produit le fait dommageable [1].

531 ***Modification des conséquences d'une situation extracontractuelle*** ◊ Peu sensible dans l'hypothèse précédente, la différence entre théorie classique et théorie moderne est, au contraire, éclatante lorsque la loi nouvelle modifie les conséquences d'une situation juridique extracontractuelle (ex. : contenu de la propriété, effets du mariage, de la filiation, etc.). Entendue à la lettre, la théorie des droits acquis impliquerait que la loi nouvelle s'applique uniquement aux situations juridiques nées postérieurement à son entrée en vigueur à l'exclusion des situations en cours. Ainsi, titulaire d'un droit qui est définitivement entré dans son patrimoine, le propriétaire ne saurait supporter les restrictions qu'une loi postérieure à la date d'acquisition de son droit viendrait apporter à l'exercice de celui-ci. Il en résulterait un système juridique complexe, à strates multiples, où chacun vivrait avec le droit de sa génération. Rendant sinon impossible, du moins très difficile toute véritable transformation de la législation, une telle solution ne saurait évidemment être retenue. Aussi bien la jurisprudence ne l'a-t-elle jamais consacrée. Même lorsqu'elle se réfère à la théorie des droits acquis, il lui arrive précisément de rappeler que « toute loi nouvelle régit, en principe, même les situations établies ou les rapports formés dès avant sa promulgation » [2]. Mieux, elle n'a pas hésité à qualifier la propriété de simple expectative afin de rendre une loi nouvelle immédiatement applicable à des droits nés antérieurement à son entrée en vigueur [3]!

Évitant le recours à de tels artifices, la théorie de Roubier présente, de ce point de vue, une supériorité certaine.

532 ***Effets des contrats conclus antérieurement à la loi nouvelle*** ◊ Si la loi nouvelle s'applique, en principe, de manière immédiate aux effets futurs des situations en cours, il est traditionnellement dérogé à cette règle pour les effets des *contrats* conclus antérieurement à son entrée en vigueur. Ceux-ci restent régis par la loi ancienne. Il y a alors, dit-on, *survie de la loi ancienne.*

Posée sous le couvert de la théorie des droits acquis dès le XIXe siècle [4], cette solution a été ultérieurement maintenue en fonction de l'idée suivant laquelle « les effets d'un contrat sont régis par la loi en vigueur à l'époque où il a été passé » [5].

1. Comp. l'avis du Conseil d'État en date du 6 déc. 2002, sur la responsabilité des médecins et chirurgiens (L. 4 mars 2002), *Gaz. Pal.* 2002, J. 1782. – Il faut reconnaître que, surtout lorsque le législateur s'en mêle, des imbroglios se produisent ; v. les obs. de R. Libchaber, *RTD civ.* 2003, 157, sur des avis de la Cour de cassation (22 nov. 2002) et du Conseil d'État (6 déc. 2002) ; rappr. TA Paris 3 sept. 2002, *LPA*, 10 mars 2003, p. 17 s.
2. Civ. 20 févr. 1917, préc. ; Ch. réun. 13 janv. 1932, préc.
3. Civ. 11 déc. 1901, *DP* 1902, 1, 353.
4. Civ. 20 juin 1888, *D.* 1889, 1, 26 ; 26 avril 1892, S. 1892, 1, 304 ; 7 juin 1901, *DP* 1902, 1, 105.
5. Com. 15 juin 1962, préc.

Les raisons de cette solution sont multiples :

La règle de l'effet immédiat de la loi nouvelle s'explique essentiellement par le souci d'assurer l'unité de la législation. Or celui-ci est moins pressant en matière contractuelle : le principe de la liberté contractuelle encourage le pluralisme juridique et confère à la réalité contractuelle une physionomie extrêmement variée. Le contrat est « le moyen par lequel la diversité pénètre dans le monde juridique » [1].

L'application de la loi ancienne répond à la volonté de sauvegarder la sécurité juridique. Or les considérations propres à celle-ci sont, en matière contractuelle, particulièrement pressantes : le contrat repose sur la volonté des parties, laquelle s'est exprimée en contemplation d'un certain état du droit positif. Dès lors, soumettre le contrat à la loi nouvelle, ce serait modifier les bases sur la foi desquelles les parties ont édifié leur accord, ce serait risquer de rompre l'équilibre de celui-ci et par là même ruiner son fondement : peut-être l'une ou l'autre des parties se serait-elle dérobée devant la conclusion d'un contrat présentant les traits que lui confère la loi nouvelle ?

Il ne faudrait pourtant pas commettre un contresens : décider que le contrat échappe en principe à la loi nouvelle ne signifie en aucune façon une quelconque supériorité de l'un sur l'autre. La force obligatoire ne vient pas, en effet, de la promesse mais de la valeur attribuée à la promesse. La loi ne s'incorpore pas au contrat, elle le régit [2]. C'est dire qu'il sera toujours possible au législateur et même au juge de déclarer qu'une loi nouvelle est immédiatement applicable au contrat en cours.

533 ***Application immédiate aux contrats en cours en vertu de la loi*** ◇ Le législateur contemporain ne s'est, au demeurant, pas privé d'exercer cette faculté. Les dispositions transitoires dérogeant en matière contractuelle au principe de la survie de la loi ancienne sont, en effet, nombreuses et s'accompagnent de mesures variées qui permettent la mise en harmonie des contrats existants avec la loi nouvelle (réfection du contrat par amputation de clauses, par substitution de clauses, ou par les parties dans un délai fixé par le législateur...) [3]. Aussi bien, certains auteurs ont-ils cru discerner dans cette floraison de dispositions transitoires les prémisses d'un abandon du principe de la survie de la loi ancienne [4]. L'analyse ne convainc pas. Si le législateur prend la peine d'édicter des mesures transitoires, c'est précisément parce qu'en la circonstance, les principes du droit commun transitoire ne lui conviennent pas. Dès lors, il paraît quelque peu artificiel de déduire de telles mesures une remise en cause du principe. Aussi bien la jurisprudence ne paraît-elle

---

1. P. Roubier, *Le droit transitoire*, n° 70, p. 346, n° 78, p. 391.
2. Rappr., en matière de conflit de lois dans l'espace, Civ. 5 déc. 1910, S. 1911, 1, 129, *JDI* 1912, 1156, *Grands arrêts DIP* n° 11 ; 6 juill. 1959, *Rev. crit. DIP* 1959, 708, note Batiffol, *Grands arrêts DIP* n° 35.
3. Sur cette question, v. F. Dekeuwer-Défossez, *Les dispositions transitoires dans la législation civile contemporaine*, thèse Lille II, éd. 1977, préf. M. Gobert.
4. F. Dekeuwer-Défossez, *op.* et *loc. cit.*

pas prête à renoncer à la règle de la survie de la loi ancienne. Censurant les décisions des juges du fond qui méconnaissent ce principe [1], la Cour de cassation l'a réaffirmé en précisant qu'il devait être respecté « lorsque aucune raison ne commande d'y déroger » [2]. Rien ne saurait mieux attester de son caractère de principe.

Enrichis par la poursuite d'une analyse comparée des jurisprudences du Conseil d'État et de la Cour de cassation, la discussion s'est poursuivie sur le point de savoir si l'application d'une loi nouvelle aux contrats en cours relevait d'une application immédiate ou d'une application rétroactive. Dépassant un clivage doctrinal devenu habituel et se prononçant dans une perspective dépassant la distinction des contrats de droit public et des contrats de droit privé, le Conseil d'État a formulé le principe suivant lequel, « dans le cas où elle n'a pas expressément prévu, sous réserve, le cas échéant, de mesures transitoires, l'application des normes nouvelles qu'elle édicte à une situation contractuelle en cours à la date de son entrée en vigueur, la loi ne peut être interprétée comme autorisant implicitement une telle application de ses dispositions que si un motif d'intérêt général suffisant lié à un impératif d'ordre public le justifie et que s'il n'est dès lors pas porté une atteinte excessive à la liberté contractuelle » [3].

534 ***Application immédiate aux contrats en cours en vertu de la jurisprudence*** ◊ Ne reposant, à la différence de la non-rétroactivité, sur aucun texte de portée générale, le principe de la survie de la loi ancienne peut être écarté par le *juge*, dès lors que les raisons qui le fondent font, dans telles ou telles circonstances, défaut.

Il en va tout d'abord ainsi lorsque la loi nouvelle exprime un *intérêt social* tellement *impérieux* que la stabilité des conventions ne saurait y faire échec. Le seul fait que la loi nouvelle soit impérative au sens de l'article 6 du Code civil ne saurait suffire à attester de l'existence d'un tel intérêt. Ainsi le statut des agents commerciaux, bien qu'impératif, n'a pas été jugé applicable aux contrats en cours [4]. En revanche, il a été décidé que les textes prévoyant le cours forcé et édictant par voie de conséquence la nullité des clauses de paiement en or ou en monnaie étrangère étaient d'application immédiate [5]. C'est donc au coup par coup, pour chaque disposition, que l'interprète devra rechercher si les intérêts qu'elle défend

---

1. Civ. 3e, 21 janv. 1971, *JCP* 1971, II, 16776, note P. Level ; Civ. 1re, 4 mai 1982, *Bull. civ.* I, n° 156, p. 139.
2. Com. 27 oct. 1969, *Bull. civ.* IV, n° 310, p. 293.
3. CE Ass. 8 avr. 2009, *Commune d'Olivet, RFDA* 2009,449, concl. E. Geffray, *Dr. adm.* Juin 2009, comm. 85, par F. Melleray, *RTD civ.* 2010. 58, obs. P. Deumier
4. Com. 15 juin 1962, préc.
5. Civ. 11 févr. 1873, *DP* 1873, 1, 177, note Boistel, S. 1873, 1, 97, *Grands arrêts*, t. 2, n° 243 ; 17 mai 1927, *DP* 1928, 1, 25, concl. Matter, note H. Capitant, S. 1927, 1, 289, note P. Esmein, *Grands arrêts*, t. 2, n° 244 ; v. aussi, *a contrario*, pour des contrats internes, Civ. 1re, 12 janv. 1988, *D.* 1989, 80, note Ph. Malaurie, *Grands arrêts*, t. 2, n° 245.

sont si essentiels qu'ils justifient son application immédiate [1]. Délicate, cette démarche ne paraît pourtant pas impraticable.

Refusant l'appel à la notion d'ordre public, Roubier considérait que les effets d'un contrat en cours peuvent être saisis par la loi nouvelle chaque fois que celle-ci établit ou modifie un *statut légal* dont le contrat n'est que la condition. Et l'éminent auteur de citer le contrat de travail [2]. Il est permis de douter du caractère décisif de cette considération [3]. Même si, dans une telle hypothèse, l'argument déduit de la diversité contractuelle disparaît, il n'en reste pas moins que les parties ne se sont déterminées à contracter qu'en considération des droits et obligations définis par la législation du moment. Partant, une modification de celle-ci ne paraît pouvoir leur être imposée que si les intérêts collectifs qu'elle véhicule sont d'une intensité telle qu'ils imposent son application immédiate, ce qui ramène au critère précédent.

535 ***Rétroactivité ou survie de lois pénales*** ◊ Les développements qui précèdent conduisent à remettre en cause une règle traditionnellement affirmée par nombre d'auteurs.

Les *lois pénales moins sévères*, qui suppriment ou adoucissent une pénalité, s'appliquent aux délinquants qui ne seront pas jugés d'après la loi en vigueur au moment où l'infraction a été commise, dès lors qu'une condamnation définitive n'était pas déjà intervenue (C. pén., art. 112 1, al. 3) [4]. Il est conforme à l'idéal de justice d'appliquer les peines atténuées même pour des infractions antérieures à la loi, puisque le législateur a estimé que les peines antérieures étaient excessives. Si certains auteurs pensent qu'il y a alors rétroactivité, d'autres considèrent qu'il n'y a qu'une rétroactivité apparente ; ils disent qu'il y a effet immédiat d'une loi nouvelle s'appliquant à une situation juridique en cours de règlement, la situation créée par l'infraction n'étant pas dénouée tant qu'il n'y a pas eu condamnation définitive [5].

---

1. Les dispositions de l'article L. 441-6 du Code de commerce qui répondent à des considérations d'ordre public particulièrement impérieuses, sont applicables, dès la date d'entrée en vigueur de ce texte, aux contrats en cours (Com. 3 mars 2009, *CCC* juin 2009, 156).

2. *Op. cit.*, n° 84, p. 423.

3. Rappr. cep. T. Bonneau, *op. cit.*, n°s 177 s., p. 157 s.

4. Mais la modification, favorable au prévenu, de textes réglementaires n'a pas d'effet rétroactif, dès lors que le support légal de l'incrimination est demeuré en vigueur : Crim. 28 janv. 2004, *Gaz. Pal.* 2004, 2541.

5. V. Crim. 24 avril 1936, *DP* 1936, 1, 77, note Lalou ; 29 janv. 1963, *JCP* 1963, II, 13215, note Le Gall ; 13 oct. 1970, *D.* 1970, 742 ; 28 avril 1975, *Bull. crim*, n° 309 ; 5 sept. 2000, *JCP* 2001, II, 10507, note J.-Y. Chevallier. – Cf. A. Vitu, *Les conflits de lois dans le temps en droit pénal*, thèse Nancy, 1945 ; G. Marty, À propos de la prétendue rétroactivité des lois pénales plus douces, *Mélanges Magnol*, 1948, p. 297 s. ; A. Dekeuwer, La rétroactivité *in mitius* en droit pénal, Un principe encore et toujours contesté, *JCP* 1997, I, 4065. – Rappr., au sujet des amendes fiscales, Crim. 4 déc. 1978, *Gaz. Pal.* 1979, 1, 182, note P.L.G. – Sur le caractère constitutionnel du principe de rétroactivité *in mitius*, v. Paris 5 déc. 1990, *Gaz. Pal.* 1991, 1, 147. – V. aussi P.-Y. Gautier, Pour la rétroactivité *in mitius* en matière civile, préc.

Les lois pénales *plus sévères* ne sont pas applicables aux infractions antérieurement commises en raison de la survie de la loi ancienne [1], ce qui exclut alors l'application des peines nouvelles à ces faits antérieurs. En est-il de même de certains effets des condamnations pénales, qui ne sont pas à proprement parler des *peines* au sens du droit français ? La question a été discutée au sujet de la *contrainte par corps*. La chambre criminelle de la Cour de cassation a décidé que ce n'était pas une mesure appelée à bénéficier de la rétroactivité d'une loi nouvelle moins sévère [2]. Mais, dans le cadre de l'application de l'article 7 § 1 de la Convention européenne des droits de l'homme, très proche de l'article 112-1 du Code pénal, la CEDH a rappelé « que la notion de *peine* contenue dans cet article 7 § 1 possède une portée autonome », ce qui aboutit à étendre la notion de peine à la contrainte par corps [3].

Il est vrai que, s'agissant de celle-ci, la loi du 9 mars 2004 portant adaptation de la justice aux évolutions de la criminalité considère, par son article 198-II, que la contrainte par corps est une peine même au sens du droit interne français. La discussion demeure ouverte quant aux *mesures de sûreté* qui paraissent quand même bien relever de la conception large retenue par la CEDH [4].

Plus récemment, la question a été posée au sujet de la loi du 12 décembre 2005, relative au traitement de la récidive des infractions pénales, plus précisément au sujet du placement sous surveillance électronique mobile (PSEM ; C. pén., art. 131-36-9), ce qui astreint le condamné au port d'un dispositif intégrant un émetteur permettant à tout moment de déterminer à distance sa localisation sur l'ensemble du territoire national (C. pén., art. 763-12, al. 1er). Le Conseil constitutionnel a décidé, à ce sujet, pour rejeter un recours formé contre la loi, « que le principe de la non-rétroactivité de la loi répressive plus sévère ne s'applique qu'aux peines et aux sanctions ayant le caractère d'une punition... que la surveillance judiciaire est limitée à la durée des réductions de peine dont bénéficie le condamné ; qu'elle constitue ainsi une modalité d'exécution de la peine qui a été prononcée par la juridiction de jugement » [5].

---

1. V. cep. art. L. 500-1 C. mon. et fin. (réd. ord. 6 mai 2005). – « En dédit de sa grande jeunesse – il est né le 14 décembre 2000 – les dispositions de ce Code ont et modifiées par 16 ordonnances et 24 lois en 4 ans... » (L. Leveneur, Que diriez-vous d'une pause législative ?, *CCC*, juill. 2005, p. 3).
2. Crim. 8 juill. 1958, *Bull. crim.* n° 528 ; 26 juin 1989, *Bull. crim.* n° 271 ; comp. à partir du droit européen, Com. 16 mai 2000, *Bull. civ.* IV, n° 104, *D.* 2000, IR p. 163. – V. aussi S. Debraz, *La contrainte par corps*, thèse ronéot. Bordeaux IV, 2002, nos 648 s.
3. CEDH 8 juin 1995, *Jamil c/ France*, *D.* 1996, somm. p. 197, obs. J.-F. Renucci, *JCP* 1996, II, 22677, note G. Bourdeaux.
4. V. D. Roets, L'application de la loi pénale dans le temps et la Convention européenne des droits de l'homme, *D.* 2004, 1991 s., nos 17 s.
5. Cons. const. déc. n° 2005-527 DC, 8 déc. 2005, *Gaz. Pal.* 2005, 4176, note J.-E. Schoettl.

B. Revirements de jurisprudence

536 ***Existence de revirements*** ◊ Lorsqu'un tribunal a retenu une solution après mûre réflexion, il serait contraire au bon sens qu'il se déjuge aussitôt par un deuxième jugement. Point n'est besoin pour cela d'instaurer une soumission au *précédent* (jugement). Le bon sens suffit, en droit romano-germanique. Et si de nombreuses juridictions ont statué dans le même sens, va-t-on brusquement changer la solution [1]?

La notion de revirement est pourtant moins claire qu'il n'y paraît. Il se peut, en effet, que, face à une question nouvelle, des hésitations se produisent de sorte qu'il n'y a alors qu'un problème d'interprétation, faute de solution précédemment dégagée [2], que des solutions contraires soient adoptées à des intervalles de temps rapprochés [3]. Il se peut aussi que, dans un temps relativement court, les chambres de la Cour de cassation adoptent des solutions contraires, ce qui est regrettable ; mais, en pareil cas, il y a contradiction, il n'y a pas revirement.

Le revirement implique l'écoulement d'une période de temps relativement longue au cours de laquelle ses connaisseurs et ses destinataires ont pu tabler sur sa persistance, de sorte que le changement peut contrarier leurs prévisions et porter atteinte à la sécurité juridique. D'un autre côté, un revirement peut être des plus opportuns lorsqu'il apparaît qu'une solution que l'on croyait satisfaisante et qui l'avait été lorsqu'elle a été consacrée a cessé de l'être et entraîne des conséquences fâcheuses.

Sociologiquement parlant, il serait intéressant de mieux connaître les causes et les sortes de revirements. L'on sait qu'à l'occasion, la Cour de cassation procède par étapes d'abord à la faveur d'un arrêt de rejet, puis par voie de cassation, cas d'ouverture par cas d'ouverture. En outre, s'il y a

---

1. P. Voirin, Les revirements de jurisprudence et leurs conséquences, *JCP* 1959, I, 1467 ; P. Hébraud, obs. *RTD civ.* 1964. 781, 1969, 607 ; H. Batiffol, Note sur les revirements de jurisprudence, *Arch. phil. droit*, 1967, p. 335 s. ; Vanwelkenhuysen, *La motivation des revirements de jurisprudence*, in *La motivation des décisions de justice*, Travaux du Centre national de recherches de logique, Bruxelles, 1978, p. 251 s. ; D. Landraud, À propos des revirements de jurisprudence, *JCP* 1982, I, 3093 ; A. Bolze, La norme jurisprudentielle et son revirement en droit privé, *RRJ* 1997, 855 ; R. Colson, Genèse du concept de revirement de jurisprudence, *RRJ* 2000, 991 ; D. de Béchillon, De la rétroactivité de la règle jurisprudentielle en matière de responsabilité, *Mélanges Moderne*, 2004, p. 5 s. ; N. Molfessis, Les revirements de jurisprudence, *in La Cour de cassation et l'élaboration du droit*, 2004, p. 135 s. ; G. Gélineau-Larrivet, Le rôle des revirements de jurisprudence, *in La Cour de cassation et l'élaboration du droit*, préc., p. 161 s. ; P. Fleury-Le Gros, De l'application de la loi dans le temps à l'application de la jurisprudence dans le temps : le paradoxe de l'échelle de verre, *Mélanges Héron*, 2008, p. 221 s. ; B. Lavergne, La norme jurisprudentielle et son revirement en droit public, *RRJ* 2008-1, p. 284 s.

2. Y compris en matière pénale : Crim. 30 janv. 2002, *Bull. crim.* n° 16, *D.* 2003, somm. 173, obs. B. de Lamy, *Dr. pén.* 2002, comm. 43, obs. J.-H. Robert (« le principe de non-rétroactivité [de la loi pénale] ne s'applique pas à une simple interprétation jurisprudentielle ») ; rappr. D. Roets, chron. préc., n°s 9 s.

3. Ex. : sur la possibilité d'adopter son enfant naturel, Civ. 28 avr. 1841, *S.* 1841. 1 273 (oui) ; 16 mars 1843, S. 1843, 1, 177 (non) ; 1er avril 1846, S. 1846, 1, 273 (oui).

des revirements annoncés [1], il en est d'autres plus ou moins progressifs ou invisibles. Leur fréquence devrait être mieux étudiée [2].

537 ***Portée des revirements*** ◊ Les perturbations suscitées par les revirements ont suscité récemment un renouveau de la réflexion. Du rapport pénétrant d'un groupe de travail [3] est résulté un approfondissement remarquable de la réflexion. Le contexte dans lequel s'est développée la réflexion fut principalement celui de la responsabilité des professionnels, juristes ou non. Il avait été jugé, dans le passé, qu'un notaire est en faute s'il ignore une jurisprudence « assise » [4]. Mais, renversant la position, la Cour de cassation a décidé qu'un médecin ne pouvait « se prévaloir d'un droit acquis à une jurisprudence figée » [5].

La première direction de la réflexion est plutôt d'ordre théorique. Elle est, au demeurant, révélatrice quant à la temporalité des règles de droit. De ce que le revirement concernerait des faits antérieurs à sa réalisation, on a la plupart du temps déduit qu'il présentait un caractère *rétroactif*. Certes le regard du juge se porte nécessairement sur des faits passés, mais il s'agit de savoir si ce regard doit être déterminé par le droit en vigueur lorsque ces faits se sont passés. En ne l'admettant pas, là où le changement de jurisprudence est patent, on attache à ce changement un effet rétroactif [6]. Tel est le postulat sur lequel est bâti le rapport précédemment évoqué. La portée rétroactive d'un revirement ne convainc pas tous les auteurs [7]. Son analyse oblige à distinguer, comme à propos des actes juridiques, la *nature déclarative*, d'où résulte le *caractère rétroactif*. C'est parce que la jurisprudence n'est pas constitutive mais seulement déclarative et parce qu'elle ne peut être *créatrice* de droit que ses décisions ne sauraient avoir la force de lois rétroactives. Et cela n'exclut pas que, dans le

---

1. Sur l'annonce dans la presse d'un possible revirement par le président d'une chambre de la Cour de cassation, v. les pertinentes observations de R. Encinas de Munagorri, *RTD civ.* 2004. 590.

2. V. *L'image doctrinale de la Cour de cassation*, Colloque tenu à la Cour de cassation les 10 et 11 déc. 1993, *La Documentation française*, 1994, rapport de M. Y. Chartier, p. 151. – V. aussi J.-F. Casile, Retour sur les conditions d'existence du revirement de jurisprudence en droit privé, *RRJ* 2004-1, p. 639 s.

3. *Les revirements de jurisprudence*, Rapport d'un groupe de travail présidé par N. Molfessis, éd. Litec, 2005. – Rappr. I. Rorive, *Le revirement de jurisprudence, Étude de droit anglais et de droit belge*, éd. Bruylant 2003 ; *Les divergences de jurisprudence*, dir. P. Ancel et M.-C. Rivier, 2003.

4. Civ. 21 juill. 1921, *DP* 1925, 1, 29 ; 2 janv. 1924, DP 1924, 1, 14 ; rappr. sur la solidité de la jurisprudence appréciée en tant que composante du droit positif, Civ. 1re, 25 nov. 1997, *RTD civ.* 1998, 210, obs. N. Molfessis.

5. Civ. 1re, 9 oct. 2001, *Bull. civ.* I, n° 249, p. 157, *D.* 2001, 3470, rapport P. Sargos, note D. Thouvenin, *JCP* 2002, II, 10045, note O. Cachard, *RTD civ.* 2002, 176, obs. R.-L., *LPA* 13 mars 2002, p. 17, note F. Marmoz, *Grands arrêts*, t. 1, n° 11 (les faits reprochés au médecin dataient de 1974, le revirement datait de 1998) ; 11 juin 2009, *D.* 2011, 1757, obs. I. Gallmeister, *RTD civ.* 2009, 495, obs. P. Deumier ; v. aussi, sur Civ. 1re, 14 mai 2009 et Ass. plén. 13 fév. 2009, *RTD civ.* 2009, 493 s., obs. P. Deumier.

6. J. Rivero, Sur la rétroactivité de la règle jurisprudentielle, *AJDA* 1968, 15 s., rééd. *in Pages de doctrine* par A. de Laubadère, A. Mathiot, J. Rivero et G. Vedel, 1988, t. I, p. 165 s.

7. V. not. Th. Bonneau, Brèves remarques sur la prétendue rétroactivité des arrêts de principe et des arrêts de revirement, *D.* 1995, chron. p. 24 s. ; F. Zénati, *La jurisprudence*, 1990, p. 154.

regard du juge sur le passé, celui-ci, au cas par cas, apprécie le comportement des particuliers en recherchant la juste solution [1].

538 ***Le revirement pour l'avenir*** ◊ Les observations qui précèdent n'empêchent aucunement de s'interroger sur les conséquences pratiques des revirements dans la mesure où elles peuvent déjouer des prévisions plus ou moins évidentes, leurs sources pouvant d'ailleurs être diversement envisagées (profanes, entreprises, professionnels, assureurs...). À telle enseigne que l'on a proposé qu'à l'image d'un modèle de type américain, le changement de jurisprudence ne puisse, le cas échéant, produire effet que pour l'avenir, ce qui permettrait de remédier aux perturbations dénoncées [2].

Raisonner de la sorte, c'est surtout oublier que, dans le passé, la plupart des revirements ont été salutaires et ont manifesté le progrès du droit. En déduire qu'il n'y a pas de revirements perturbateurs, spécialement en matière contractuelle, serait évidemment excessif. Mais il ne faut pas exagérer le péril. Outre les revirements heureux, il en est qui sont finalement acceptés, la pratique, notamment celle des notaires, sachant fort bien s'adapter. À supposer que le trouble suscité par un revirement appelle un remède, qu'il s'agisse de casser une jurisprudence ou d'en canaliser les effets, rien n'interdit d'ailleurs au législateur d'intervenir. Et il n'a pas manqué d'adopter cette attitude lorsque le besoin s'en fit vraiment sentir [3]. Ajoutons qu'il peut exister des revirements espérés [4] ainsi que des doubles revirements [5].

Ces objections n'ont pas retenu la Cour de cassation. Obéissant à la CEDH, elle a, au sujet d'une question de prescription, écarté en 2004 l'application d'une nouvelle règle jurisprudentielle précisément dans l'instance en cours, estimant que la solution contraire « aboutirait à priver la victime d'un procès équitable, au sens de l'article 6-1 de la Convention européenne de sauvegarde des droits de l'homme et des libertés fondamentales » [6]. Dans le même temps, le rapport du groupe de travail présidé par Nicolas Molfessis a préconisé, seulement avec prudence et dans certains contextes [7], la modulation dans le temps des revirements de

---

1. V. W. Dross, La jurisprudence est-elle seulement rétroactive ? (à propos de l'application dans le temps des revirements de jurisprudence), *D.* 2006, chron. 472 s.

2. V. *L'image doctrinale de la Cour de cassation*, *op. cit.*, spéc. le rapport de C. Mouly, p. 136 s. ; v. aussi, du même auteur, Le revirement pour l'avenir, *JCP* 1994, I, 3776, Comment rendre les revirements de jurisprudence davantage prévisibles ?, *LPA*, 18 mars 1994, p. 15 ; v. aussi le rapport Molfessis, préc., p. 14 s. ; X. Lagarde, Jurisprudence et insécurité juridique, *D.* 2006, chron. 678 s.

3. Ex. : au sujet des donations mutuelles entre époux par un seul et même acte (L. 6 nov. 1963) ou des rentes flottantes allouées en réparation d'un accident (L. 27 déc. 1974).

4. Ex. : J.-R. Bouyeure, Nullité de l'assemblée de copropriétaires en cas de non-respect du délai de convocation : plaidoyer pour un revirement de jurisprudence, Rev. *Administrer* 1993, p. 9 s. – Comp. la modification du décr. 17 mars 1967 par décr. 4 avril 2000 (*JO* 5 avril 2000).

5. V. Ass. plén., 4 mars 2005, *LPA* 8 juin 2005, p. 15, note M.-A. Veverka ; Ch. Mixte, 2 déc. 2005, *JCP* 2005, II, 10183, note Ph. Simler.

6. Civ. 2e, 8 juill. 2004, *D.* 2004. 2956, note J. Bigot ; v. aussi Soc. 17 déc. 2004, *Bull. civ.* V, n° 346, *RTD civ.* 2005, p. 159, obs. P.-Y. Gautier, 625, obs. Ph. Théry.

7. V. C. Puigelier, À propos du revirement de jurisprudence en droit du travail, *JCP* E 2004, n° 600 ; Soc. 20 avril 2005, *JCP* E 2005, 985, note F. Duquesne.

jurisprudence, ce qui implique alors la « décision de fond » portant sur le revirement et la « décision de moduler les effets dans le temps de ce revirement de jurisprudence » [1].

Ces considérations et ces critiques n'ont pas arrêté la Cour de cassation. Par un arrêt du 21 décembre 2006 [2], l'Assemblée plénière a, en effet, consacré la figure du revirement de jurisprudence pour l'avenir, à propos d'une espèce identique à celle qui avait donné, à la deuxième chambre civile, l'occasion d'inaugurer cette pratique deux ans plutôt [3]. Manifestement, pour la Cour de cassation, le fait que le juge soit dépourvu de pouvoir pour poser une interprétation qui n'a pas pour objet la solution du cas n'est plus un obstacle dirimant et peut céder devant des impératifs supérieurs, au premier rang desquels figurent la sécurité juridique et le pouvoir d'accès au juge [4]. Le Conseil d'État, sensible à l'impératif de sécurité, s'est lui aussi prononcé en faveur de la modulation des revirements [5]. Si séduisante qu'elle puisse paraître, cette évolution suscite de vives critiques. Certaines se relient à des affirmations discutables, dues sans doute à la persistance des effets pervers de la métaphore de « source » du droit. Dans un sens classique et pour des raisons déjà indiquées (*supra*, n° 361), il est vrai que la jurisprudence est plus qu'une simple autorité et qu'en ce sens elle peut être considérée comme une « source » - mieux vaut dire une composante du droit. Mais cette avancée terminologique ne saurait permettre, en l'état de notre droit, d'assimiler la jurisprudence - dont la Cour de cassation n'a pas à se présenter comme le porte-parole - à la législation. Lui permettre de procéder à des affirmations nouvelles en les détachant des décisions à propos desquelles elles sont rendues, comme si les plaideurs devaient jouer à qui perd gagne ou plutôt à qui gagne perd, c'est pourtant à ce résultat qu'on aboutit au mépris de l'article 5 du Code civil et de la prohibition des arrêts de règlement. La Cour de cassation a déjà le plus grand mal à satisfaire à sa mission classique. À la tête de l'autorité judiciaire, elle serait bien inspirée en n'empiétant pas sur l'action des pouvoirs

---

1. Rapport préc., p. 49 ; v., au sujet de ce rapport, Cour de cassation, Colloque du 12 janv. 2005, *JCP* A 2005, 1068, À propos de la rétroactivité de la jurisprudence, Tribune libre *RTD civ.* 2005. 293 s. ; P. Morvan, Le revirement de jurisprudence pour l'avenir, humble adresse aux magistrats ayant franchi le Rubicon, *D.* 2005, chron. 247 s. ; Ch. Radé, De la rétroactivité des revirements de jurisprudence, *D.* 2005, chron. 98 s. ; v. aussi les obs. de Pascale Deumier et R. Encinas de Munagorri, *RTD civ.* 2005, 88 s.

2. Ass. plén. 21 déc. 2006, *Bull. civ.* n° 15, *D.* 2007, 837, note P. Morvan, *JCP* 2007, II, 10040, note E. Dreyer, 10111, note X. Lagarde, *RTD civ.* 2007, 72, obs. P. Deumier. - V. cep., dans le sens d'une « rétroactivité » du revirement, Civ. 1re, 31 janv. 2008, *D.* 2008, 1448, note A. Aynès, *JCP* 2008 E, 1742, note F. Buy, *RTD civ.* 2008, 442, obs. P. Deumier.

3. Soc. 8 juill. 2004, préc.

4. P. Deumier, obs. préc., p. 77. - V. aussi P. Cassia, La sécurité juridique, un « nouveau » principe général du droit aux multiples facettes, *D.* 2006, 1190 ; Th. Piazzon, *La sécurité juridique*, thèse Paris II, Defrénois, 2009. ; CE, rapport 2006, spéc. sur *Sécurité juridique et complexité du droit*, p. 391 s., par N. Molfessis.

5. CE 16 juil 2007, *LPA* 17 oct. 2007, p. 10, obs. F. Buy ; v. les obs. préc. de P. Deumier, sur CE 10 mars 2006 et 27 oct. 2006.

légitimes [1]. Au risque de heurter la susceptibilité du côté de la Cour de cassation, il faut bien admettre que la jurisprudence n'est pas créatrice de droit. – V. aussi sur l'attitude de la jurisprudence par rapport à la doctrine, *supra*, n° 198.

§ 2. **Les changements tenant aux comportements des sujets de droit**

539 ***Distinction*** ◊ L'homme est changeant. On l'a dit « ondoyant et divers ». Ses changements peuvent affecter le droit de deux manières : par le choix d'une nouvelle situation juridique ; par le changement affectant ses droits subjectifs.

540 ***1° Changements de situation*** ◊ Ils sont très divers. Ainsi le sujet de droit peut-il, le cas échéant, changer de nationalité, de domicile, de résidence, etc. Et le système juridique ne s'en désintéresse pas.

Par exemple, le changement de domicile suppose, d'après les articles 103 à 105 du Code civil, la modification des deux éléments constitutifs du domicile d'origine : *a*) un élément matériel, le changement d'habitation réelle ; *b*) un élément intentionnel, la volonté de fixer dans le lieu nouvellement choisi le principal établissement. Le premier élément, intervenant seul, aurait simplement pour effet un changement de résidence ; quant au second, à lui seul, il serait totalement inopérant.

Si, en d'autres domaines, le droit tend à stabiliser les situations, à insérer le fixe dans le mouvant, à affirmer certaines immutabilités, il lui arrive d'assouplir ses positions. Ainsi a-t-on vu reculer le principe de l'immutabilité du régime matrimonial laissant place, selon les uns, à un système d'immutabilité atténuée, selon les autres à un système de mutabilité contrôlée [2].

On fait encore état, en droit international privé, des « conflits mobiles » (sur les conflits de lois dans l'espace, v. *supra*, n° 506), « toutes les fois qu'à la suite d'une modification de l'élément de rattachement sur lequel se fonde la désignation de la loi applicable à une situation juridique prolongeant ses effets dans le temps, cette dernière est susceptible d'être soumise successivement à deux lois différentes » [3], par exemple en cas de déplacement d'un bien mobilier.

---

1. Cf. V. Heuzé, À propos du rapport sur les revirements de jurisprudence, une réaction entre indignation et incrédulité, *JCP* 2005, I, 130. – Comp., mais à propos d'une décision, et non d'une règle, le pouvoir juridictionnel de modulation dans le temps de l'annulation d'un acte administratif, CE 11 mai 2004, *LPA* 17 nov. 2004, p. 14, note P. Montfort, *JCP* 2004, II, 10189, note J. Bigot. – V. aussi Com. 8 févr. 2011, *D.* 2011, 515, obs. A. Lienhard, 1314, note N. Molfessis et J. Klein, *Rev. sociétés* 2011, 2088, note P. Le Cannu, *RTD civ.* 2011, 491, obs. P. Deumier.

2. F. Terré et Ph. Simler, *Précis Dalloz, Les régimes matrimoniaux*, n° 232.

3. V. Y. Loussouarn, P. Bourel, et P. de Vareilles-Sommières, *Précis Dalloz, Droit international privé*, 9e éd. 2007.

541 ***2° Changements affectant les droits subjectifs*** ◊ Ils sont nombreux et peuvent concerner l'existence même, l'objet, les caractères ou les titulaires des droits subjectifs. On se bornera à quelques indications relatives à la transmission et à l'extinction des droits subjectifs.

542 ***a) Transmission des droits subjectifs*** ◊ Il s'agit, par hypothèse, des droits patrimoniaux, les droits extra-patrimoniaux étant, en principe, intransmissibles [1].

543 ***Les divers modes de transmission*** ◊ Ces modes font l'objet de deux classifications selon que l'on considère l'étendue ou l'époque de la transmission.

1. Modes de transmission universels, à titre universel ou à titre particulier. Parmi les modes de transmission des droits patrimoniaux, on distingue :

Les *modes universels*, faits ou actes qui transmettent à une personne l'ensemble du patrimoine d'une autre personne. Cela se produit en cas de succession *ab intestat* lorsqu'il n'y a qu'un seul héritier, ou encore lorsqu'un testament lègue à un même individu tous les biens du testateur. La transmission comprend le passif (les dettes) aussi bien que l'actif.

Les *modes à titre universel*, faits ou actes qui transmettent une *quote-part* (représentée par une fraction) du patrimoine (du passif comme de l'actif). Ainsi en est-il lorsque plusieurs héritiers *ab intestat* sont appelés à une succession : par exemple, le défunt ayant laissé quatre enfants, chacun recueillera le quart de ses droits et obligations ; ainsi encore lorsque, dans un testament, le défunt a désigné plusieurs légataires pour recueillir ses biens, sans indiquer les biens particuliers que chacun devra recevoir.

Les *modes à titre particulier*, faits ou actes qui transmettent tel bien, tel droit ou tels biens, tels droits déterminés. La vente est un mode de transmission à titre particulier ; un legs peut aussi porter sur des biens déterminés, par exemple telle maison, tel tableau.

2. Modes de transmission entre vifs ou à cause de mort. Les transmissions entre vifs se réalisent entre personnes vivantes, par exemple par une vente ou une donation. La transmission à cause de mort s'opère au moment du décès d'une personne.

544 ***Effets de la transmission*** ◊ La transmission des droits est dominée par un principe de logique juridique d'après lequel nul ne peut transmettre à autrui plus de droits qu'il n'en a lui-même : *nemo plus juris ad alium transferre potest quam ipse habet*. Ainsi l'acquéreur d'un immeuble grevé d'un droit de servitude devra respecter les prérogatives du titulaire de ce droit ; de même le cessionnaire d'une créance pourra se voir opposer par le débiteur les moyens de défense dont celui-ci disposait à l'égard du créancier originaire. *A fortiori*, si le droit transmis n'existait pas sur la tête de l'auteur, n'a-t-il aucune existence sur celle de l'ayant cause.

---

1. *La transmission*, 108e congrès des notaires de France, septembre 2012.

Le principe *nemo plus juris...* comporte cependant des exceptions ou des limitations dues à la nécessité de protéger les tiers, qui pourraient ignorer les charges grevant le droit qu'ils acquièrent ou les imperfections dont il était atteint et qui le rendent annulable ou résoluble :

Celui qui, de bonne foi, acquiert un meuble corporel d'une personne qui n'en était pas propriétaire devient propriétaire dès qu'il entre en possession (art. 2279) ; cette règle est capitale pour la sécurité des transactions commerciales.

La jurisprudence tient compte parfois de l'erreur commune et de l'apparence (*supra*, n°s 468 s.) pour écarter l'application stricte de la règle *nemo plus juris* : les actes d'administration ou de disposition passés par l'héritier apparent sont ainsi opposables à l'héritier véritable dès lors que le tiers qui a traité avec lui est de bonne foi, et que celle-ci s'appuie sur l'erreur commune.

La protection des tiers est assurée en matière immobilière grâce à l'institution de mesures de publicité : le transfert et la constitution de droits réels ne sont opposables aux tiers que s'ils ont été l'objet d'une publicité conforme aux prescriptions légales et qui leur permet d'être renseignés.

545 ***b) Extinction des droits*** ◇ Dans les hypothèses de transfert d'un droit, celui-ci disparaît du patrimoine dont il sort, mais il n'est pas éteint ; il passe dans un autre patrimoine. Mais il y a des cas où le droit est véritablement éteint. Les causes d'extinction des droits sont des plus diverses, variant selon les catégories de droits en cause : ainsi une obligation prend fin, notamment, par le paiement ou par la remise de dette, un droit viager par le décès de son titulaire, un droit de propriété sur un meuble par l'abandon de la chose.

Certaines causes d'extinction opèrent par la volonté : renonciation au droit subjectif par son titulaire, exécution de l'obligation par le débiteur, *novation*, c'est-à-dire substitution d'une obligation à une autre, *dation en paiement*, c'est-à-dire remise d'une chose par le débiteur à son créancier à la place et en paiement de la dette primitive...

D'autres causes d'extinction opèrent en dehors de la volonté du titulaire du droit : impossibilité d'exécution, perte de la chose, *confusion* – c'est-à-dire réunion sur la même tête des qualités de créancier et de débiteur –, mort du titulaire d'un droit viager, prescription extinctive...

CHAPITRE 3

L'INTERPRÉTATION

546 ***L'herméneutique juridique*** ◊ Herméneutique ? C'est l'art de comprendre et d'interpréter : exprimer, expliquer, comprendre. L'étymologie est éclairante, quant à la découverte du sens [1]. « On peut voir se profiler ici les talons ailés d'Hermès, divinité messagère, patron des interprètes, guide des âmes, maître des échanges, régnant sur les carrefours du vrai et du faux... » [2]. En tant que discipline ou technique d'interprétation des textes sacrés, juridiques ou littéraires, la notion d'herméneutique ne se constitue qu'au XVIIe siècle, en Allemagne. Mais l'activité qu'elle vise remonte à l'Antiquité. Ses manifestations les plus diverses - par les domaines, par les méthodes - ont concerné, dans la compréhension des textes saints, le développement de la pensée talmudique [3]. Tout ce mouvement de pensée est de première importance pour la compréhension du droit. En le suivant, on observe que l'évolution n'a évidemment pas été insensible à divers courants sociologiques et philosophiques de notre temps, cohérents ou non, durables ou non, voire marxistes ou non, sur la piste de la distinction saussurienne ou non, du signifiant et du signifié, bref à tous les vents de l'ethnologie, de la sémiologie, de la psychanalyse et du structuralisme dont un auteur a finement retracé l'évolution [4].

Il convient aussi, dans le même ordre d'idées, d'évoquer la représentation particulièrement révélatrice de la démarche consistant à « rendre présent ce qui n'est pas directement sensible », ce qui nécessite notamment un recours aux mathématiques et à la géométrie [5].

Qu'elle soit ou non contentieuse, qu'il y ait ou non un litige, l'application de la règle de droit suppose, bien souvent, dans le passage du général au particulier, un processus intermédiaire d'*interprétation*. Bien que l'usage de ce mot soit de nature à rapprocher l'opération mentale effectuée par les juges et, plus largement, les juristes d'autres types d'interprétation - des

---

1. V. *La découverte du sens en droit*, Colloque de l'Assoc. franç. de philosophie du droit, 1991, éd. Archiv. für Rechts und Sozialphilosophie (ARSP), 1992.

2. J. Starobinski, *Sur l'histoire de l'herméneutique*, Le temps de la réflexion, Gallimard, 1980, p. 477 s. ; P. Dubouchet, Herméneutique et théorie normative du droit, *RRJ* 1994-3, p. 735 s.

3. V. G. Abitbol, *Herméneutique normative et logique juridique du Talmud*, thèse ronéot. Paris III, 1989.

4. F. Dosse, *Histoire du structuralisme*, éd. La découverte, 1991-1992, t. 1, Le champ du signe (1945-1946), t. 2, Le champ du signe, 1967 à nos jours.

5. V. la remarquable étude de Marie-Laure Mathieu. *Les représentations dans la pensée des juristes*, Les voies du droit 2014.

rêves, de l'œuvre littéraire et artistique [1], de l'œuvre d'art, d'un discours prononcé dans une langue étrangère –, l'interprétation présente, en matière juridique, des traits originaux [2]. Négativement, elle ne se confond ni avec la traduction, ni avec l'interprétation psychanalytique, ni avec l'interprétation historique, ni avec l'interprétation musicale [3]. Dotée d'une force contraignante, inhérente à une démarche du raisonnement impliquant souvent l'appréciation d'un tiers – de *ce* tiers devant lequel elle est proposée –, elle présente un double aspect, car elle peut porter sur le *droit* (Section 1) ou sur le *fait* (Section 2).

547 ***Originalité de l'interprétation. La traduction*** ◊ L'interprétation juridique ne se confond pas avec d'autres types d'interprétation [4]. S'il est vrai qu'en psychanalyse, l'interprétation n'est pas sans lien avec la démarche exégétique, il n'en reste pas moins qu'elle a une fonction thérapeutique qui la caractérise. Pas davantage ne convient-il de confondre, en la matière, le juriste et l'historien, car ce dernier ne s'attache pas seulement au sens d'un texte en vue de son *application* aux faits ; il tend aussi à se servir d'un texte pour améliorer la *connaissance* de faits passés. Peut-être convient-il surtout de reconnaître une parenté avec l'interprétation musicale dans la mesure où il s'agit fréquemment en droit de construire le sens de l'objet interprété [5].

Une analogie avec la *traduction* doit être évoquée ici (sur la traduction juridique, v. *supra*, n° 507 ; sur la langue étrangère dans le procès, v. *infra*, n° 775). Comme d'autres opérations voisines – application, évaluation, qualification... – elle relève d'une désignation à double sens qui vise aussi bien une démarche intellectuelle que le résultat de cette démarche. À s'en tenir à la démarche, une parenté évidente a été constatée, à une certaine époque, au sujet des pouvoirs souverains des juges du fond [6]. Mais, du côté de la linguistique, on discerne, par rapport à l'interprétation, des différences aussi bien dans le sens de la facilité que de la difficulté : il y a des traductions faciles sans besoin d'interprétation ; mais il y a aussi des

---

1. Sur les rapports entre le droit et la littérature, v. *supra*, n° 30.
2. V. *Arch. phil. droit*, t. XVII, 1972, L'interprétation dans le droit ; L'interprétation par le juge des règles écrites, Trav. Assoc. H. Capitant, Journées louisianaises, t. XXIX, 1978 ; *L'interprétation en droit, Approche pluridisciplinaire*, sous la direction de M. Van de Kerkhove, Bruxelles, 1978 ; J.-J. Bienvenu, *L'interprétation juridictionnelle des actes administratifs et des lois : sa nature et sa fonction dans l'élaboration du droit administratif*, thèse ronéot. Paris II, 2 vol., 1979 ; Y. Paclot, *Recherche sur l'interprétation juridique*, thèse ronéot. Paris II, 1988. – Rappr. F. Michaut, *L'École de la « sociological jurisprudence » et le mouvement réaliste américain, Le rôle du juge et la théorie du droit*, thèse ronéot. Paris X, 1985 ; J.-J. Le Sueur, *Interpréter et traduire*, éd. Bruylant, 2007.
3. Y. Paclot, thèse préc., p. 396 s. ; v. J. Chevallier, L'interprétation des lois, *in Le Titre préliminaire du Code civil*, dir. G. Fauré et Geneviève Koubi, éd. Economica 2003, p. 109 s.
4. V. Emilio Betti, *Teoria generale della interpretazione*, éd. Giuffré, Milan, 1955.
5. V. J. Dupichot, Pour un retour aux textes : défense et illustration du « petit guide-âne » des articles 1156 à 1164 du Code civil, *Mélanges Flour*, 1979, p. 197.
6. Com. 25 juin 1968, *JDI* 1969, p. 96, obs. Ph. Kahn ; Y. Paclot, thèse préc., p. 398.

traductions impossibles, ce qui appellerait une réflexion, en termes de transposition d'une culture à une autre [1]. – V. aussi sur la traduction dans les rapports internationaux de droit privé, *supra*, n° 507.

SECTION 1. L'INTERPRÉTATION DU DROIT

548 ***La règle et le jugement*** ◊ Lorsque l'on part à la recherche de ce qu'est le phénomène juridique primaire, celui qui manifeste l'émergence du droit dans une société, on hésite entre deux analyses : se référer à la *règle* (§ 1) ou au *jugement* (§ 2) [2]. Semblable distinction est aussi opératoire lorsque l'on veut comprendre en quoi peut consister l'interprétation du droit.

§ 1. L'interprétation de la règle

549 ***Distinction*** ◊ À la lumière d'autres sortes d'herméneutiques, on discerne bien les chemins possibles de l'investigation, par exemple en ce qui concerne l'interprétation d'après la lettre ou d'après l'esprit [3]. En matière juridique, on est conduit à distinguer les *cadres* (A) et les *méthodes* (B) de l'interprétation.

A. Cadres de l'interprétation

550 ***Plan*** ◊ De manière générale, l'application de la règle de droit rend souvent nécessaire le recours à l'interprétation de celle-ci. Quel est le domaine de cette interprétation ? Quels en sont les auteurs ?

551 ***1° Domaine de l'interprétation*** ◊ Pour qu'il y ait lieu à interprétation, encore faut-il que cela soit nécessaire. De cette évidence, jointe au souci de modérer les ardeurs plus ou moins impérialistes des interprètes, se dégage une maxime classique selon laquelle l'interprétation cesse lorsqu'un texte est clair (*Interpretatio cessat in claris*) [4]. La jurisprudence

---

1. « L'interprétation est *ouverte*, écrit Yves Bonnefoy, car elle peut et doit se porter sur des plans dont le nombre est indéfini, la nature diverse sinon même contradictoire ; elle doit aussi écouter les objections, réfléchir à la pluralité des méthodes ; et la traduction est *fermée*, puisqu'elle n'élabore de sens qu'en en faisant cette phrase écrite, définitive, où les significations ne vont foisonner que reliées par la forme sous la surface de quelques mots » (*La communauté des traducteurs*, éd. PU Strasbourg, 2000, p. 47).

2. V. J. Carbonnier, Sur le caractère primitif de la règle de droit, in *Flexible droit, Pour une sociologie du droit sans rigueur*, 10e éd., 2001, p. 107 s.

3. V. B. Frydman, *Le sens des lois*, éd. Bruylant, 2005 (ouvrage fondamental). – Rappr. B. Vonglis, *La lettre et l'esprit de la loi dans la jurisprudence classique et la rhétorique*, 1968.

4. Riom, 21 oct. 1946, *D.* 1947, 90, note J. Carbonnier.

en a déduit qu'il n'y a pas lieu, en pareil cas, de recourir aux travaux préparatoires et de rechercher l'intention du législateur [1].

Encore convient-il de ne pas exagérer cette exclusion de l'interprétation en cas de termes clairs, parce qu'il est souvent difficile de distinguer un terme clair d'un terme obscur et parce que le sens de certains termes, clair dans le langage courant, peut cesser de l'être dans le langage juridique [2]. De toute façon, il est fait exception à la règle si l'application d'un texte clair aboutit à quelque absurdité [3]. On ajoutera qu'en dehors même de cette éventualité, les tribunaux n'ont pas hésité à prendre parfois de grandes libertés avec certaines dispositions du droit écrit claires et non absurdes.

Ces observations, tenant à la difficulté de la distinction des textes clairs et des textes obscurs, s'imposent encore plus que par le passé depuis que les auteurs des textes ont pris l'habitude de recourir, avec une relative fréquence, à l'utilisation de notions souples et vagues, laissant de la sorte à ceux qui sont chargés de les apprécier et de les interpréter une marge grandissante de liberté qui a, tout spécialement, accru le rôle des juges dans la réalisation du droit.

Ce mouvement s'est traduit par le développement des *standards*, c'est-à-dire de normes souples, déterminées en fonction de critères intentionnellement indéterminés [4].

On a décrit aussi l'utilisation croissante de *notions-cadre* [5] ou de « *concepts mous* » [6], ce qui manifeste une modification des influences respectives du conceptualisme et de l'empirisme en matière juridique [7].

552 ***Incidence de l'origine de la règle*** ◊ L'origine de la règle de droit écrit peut n'être pas indifférente à la démarche d'interprétation (sur les lois interprétatives, v. *supra*, n° 522).

---

1. Req. 21 nov. 1898, S. 1899, 1, 193, note A. Wahl ; Civ. 22 nov. 1932, *DH* 1933, 2 ; Civ. 3e, 11 janv. 1972, D. 1972, 271 ; Com. 25 mai 1964, *Bull. civ.* IV, n° 264 ; CE 20 déc. 2002, D. 2003, IR 400.

2. Qu'est-ce, par exemple, exactement qu'un mariage « impossible », au sens de l'article 333 du Code civil, qui permet, en l'absence de mariage, de légitimer un enfant par décision de justice ? Le sens courant n'est pas douteux : les père et mère n'ont pas *pu* se marier. Mais, juridiquement, il n'est pas exclu qu'il y ait aussi mariage impossible dans des cas où les parents n'ont pas *voulu* se marier ; v. F. Terré et Dominique Fenouillet, *La famille*, n°s 102 s. ; A. Rieg, *Rapport sur l'interprétation par le juge des règles écrites en droit civil et en droit commercial*, Trav. Assoc. H. Capitant, Journées louisianaises, 1978, préc., p. 73 s.

3. T. civ. Seine, 24 avr. 1952, *JCP* 1952, II, 7108. – V. not., sur une disposition du décret relatif à la police des chemins de fer, dont il résultait qu'il était interdit aux voyageurs de monter ou de descendre « ... lorsque le train est complètement arrêté » : Crim. 8 mars 1930, *DP* 1930, 1, 101, note Voirin.

4. S. Rials, *Le juge administratif français et la technique du standard (essai sur le traitement juridictionnel de l'idée de normalité)*, thèse Paris II, éd. 1980 ; v. aussi *Les standards dans les divers systèmes juridiques, RRJ* 1988-4, Cah. méth. jur. n° 3.

5. P. Coët, *Les notions-cadre dans le Code civil, Étude des lacunes intra legem*, thèse ronéot. Paris II, 1985.

6. V. not. M.-A. Hermitte, Le rôle des concepts mous dans les techniques de déjuridicisation, L'exemple des droits intellectuels, *Arch. phil. droit*, 1985, p. 331 s.

7. T. Fortsakis, *Conceptualisme et empirisme en droit administratif français*, thèse Paris II, éd. 1987.

1. L'interprétation des actes administratifs. Généralement décrite dans la perspective de l'application des lois, l'interprétation se développe de manière identique en ce qui concerne les *règlements administratifs* : ainsi, les juges de l'ordre judiciaire ont-ils le pouvoir d'interpréter ces règlements [1] comme ils interprètent les lois. Encore faut-il observer qu'à la différence des lois, les règlements administratifs ne comportent pas de travaux préparatoires officiels de nature à guider l'interprète. Tout au plus publie-t-on parfois les exposés des motifs. De manière plus ample et croissant en marge des efforts déployés en vue de favoriser la médiation des différends administratifs, se développent des procédures d'interprétation des actes administratifs [2].

2. L'interprétation des traités. De plus grandes difficultés sont apparues au sujet de l'interprétation des *traités*, du moins lorsque cette interprétation ne résulte pas d'un accord interprétatif ou de la décision d'une juridiction internationale. La démarche traditionnelle consista longtemps à recourir à une interprétation administrative émanant du ministère des affaires étrangères, surtout lorsque la question d'interprétation était posée devant les juridictions administratives [3].

Une évolution profonde s'est produite dans le sens du refoulement de l'interprétation par le ministère des affaires étrangères. À vrai dire, du côté des juridictions de l'ordre judiciaire, la jurisprudence a, dès 1839, reconnu aux tribunaux le pouvoir d'interpréter les traités à l'occasion des contestations ayant « pour objet des intérêts privés » [4]. Cette dernière notion étant incertaine, la Cour de cassation a ensuite affirmé qu'il appartient normalement aux tribunaux d'interpréter les règles de droit posées par les conventions internationales [5], sauf lorsque les dispositions soumises à leur interprétation mettent en jeu des questions de droit public international ou « l'ordre public international » [6]. De manière plus générale, la Première chambre civile a affirmé « qu'il est de l'office du juge d'interpréter les traités internationaux... sans qu'il soit nécessaire de solliciter l'avis d'une autorité non juridictionnelle » [7]. À l'inverse, la chambre criminelle de la

1. S'ils peuvent interpréter les règlements administratifs, ils ne peuvent, en revanche, interpréter les actes administratifs individuels : Req. 2 juill. 1935, *S.* 1935, 1, 142.

2. V. J.-C. Duchon-Doris, La demande en interprétation des actes administratifs, *JCP* AC 2003, n° 1177.

3. M. Virally, Le Conseil d'État et les traités internationaux, *JCP* 1953, I, 1098 ; rappr. I. Voïcu, *De l'interprétation authentique des traités internationaux*, 1968. – J. Benoist, L'interprétation des traités diplomatiques par les tribunaux judiciaires, *JCP* 1953, I, 1133.

4. Civ. 24 juin 1839, *DP* 1839, 1, 257, S. 1839, 1, 577.

5. Civ. 1re, 18 nov. 1986, *Bull. civ.* I, n° 269, p. 258, *Rev. crit. DIP* 1987, 760, note B. Audit, *JDI* 1987, 125, note E. Gaillard.

6. Civ. 1re, 7 juin 1989, *Bull. civ.* I, n° 224, p. 150, *JCP* 1990, II, 21448, note J.-P. Rémery. – Comp. cep. Soc. 3 nov. 1977, *Bull. civ.* V, n° 587, p. 468.

7. Civ. 1re, 19 déc. 1995, *Rev. crit. DIP* 1996, 468, note B. Oppetit ; G. Cohen-Jonathan, De la compétence du juge judiciaire pour interpréter les Traités internationaux, Un revirement attendu : l'arrêt de la Banque Africaine de Développement, *Gaz. Pal.* 1996, 1, doctr. 686, avec l'arrêt en annexe.

Cour de cassation a considéré que l'interprétation des traités constitue toujours une question préjudicielle à trancher par le ministre des affaires étrangères, parce que les traités « sont des actes de haute administration qui ne peuvent être interprétés, s'il y a lieu, que par les puissances entre lesquelles ils sont intervenus » [1]. De toute façon, les juridictions de l'ordre judiciaire ne renvoient pas à l'interprétation administrative en cas d'acte clair [2]. Longtemps le Conseil d'État s'est déclaré incompétent pour interpréter les dispositions obscures des traités et accords internationaux [3]. Mais, par un revirement de grande ampleur, il a, le 29 juin 1990, abandonné le « référé diplomatique » et considéré qu'il était compétent pour interpréter une convention internationale [4]. – Sur le contrôle judiciaire de la ratification des traités, v. *supra*, n°s 263 s.

553 ***2° Auteurs de l'interprétation*** ◊ À qui appartient-il d'interpréter la règle ? De prime abord, il paraît naturel de reconnaître précisément ce pouvoir à l'autorité même dont elle émane. Et une formule latine exprime traditionnellement cette idée : *ejus est interpretari cujus est condere*. De même qu'il appartient aux juges d'interpréter leurs jugements, à condition qu'ils ne soient pas frappés d'appel (C. pr. civ., art. 461 ; *infra*, n° 560), de même appartiendrait-il notamment au législateur d'interpréter ses lois ou aux autorités administratives d'interpréter leurs règlements.

Cette correspondance des pouvoirs ou des formes n'est pas ignorée de notre système juridique : ainsi, existe-t-il des lois interprétatives destinées à préciser le sens de lois antérieures (*supra*, n° 522) ; ainsi encore, des accords interprétatifs remplissent-ils une fonction comparable dans l'ordre international (*supra*, n° 552). À une époque où l'on se méfiait, plus qu'aujourd'hui, du pouvoir judiciaire, on a même rendu nécessaire, dans certains cas, le recours des tribunaux au législateur, aux fins d'interprétation ; mais ce système du *référé législatif* a été écarté par la loi du 1er avril 1837 (v. *supra*, n° 352).

Dans notre système, ce sont donc principalement les tribunaux – de l'ordre judiciaire ou de l'ordre administratif – qui usent du pouvoir d'interpréter les lois et les règlements [5]. Aussi bien, l'article 4 du Code civil dispose-t-il que « le juge qui refusera de juger, sous prétexte du silence, de l'obscurité ou de l'insuffisance de la loi, pourra être poursuivi comme coupable de déni de justice » (v. *supra*, n° 353).

---

1. Crim. 3 juin 1985, *Bull. crim.* n° 212, p. 542 ; 10 mai 1988, *Bull. crim.* n° 201, p. 521.
2. V. concl. Schmelck sous Civ. 2e, 27 avr. 1967, *D.* 1967, 541.
3. CE 23 juin 1823, *Vve Lebon*, *Rec.* p. 545.
4. CE, Ass., 29 juin 1990, *Groupement d'information et de soutien des travailleurs immigrés (GISTI)*, *Rec.* p. 170, *JCP* 1990, II, 21579, note Josiane Tercinet. – Rappr. CEDH 13 févr. 2003, *Chevrol c/ France*, D. 2003, 931, note H. Moutouh.
5. Le Conseil constitutionnel s'est, il est vrai, arrogé le pouvoir de ne déclarer une loi conforme à la Constitution que sous réserve d'une interprétation définie par lui, ce qui choque et manifeste, notamment par rapport au Conseil d'État et à la Cour de cassation, un « despotisme intellectuel » (J. Carbonnier, *Droit civil, Introduction*, n° 118).

Si l'interprétation judiciaire demeure aujourd'hui la principale filière de l'interprétation, l'importance grandissante de l'Administration a entraîné le développement d'une interprétation administrative, par exemple par voie de réponses ministérielles à des questions écrites de parlementaires (*supra*, n° 339), surtout lorsque les particuliers, impressionnés notamment par le Fisc, renoncent à formuler leurs prétentions devant les tribunaux. – Sur le rôle de la doctrine, en matière d'interprétation, v. *supra* n° 197.

B. Méthodes d'interprétation

554 ***Plan*** ◊ On a vu que l'argumentation juridique repose, de manière générale, sur un certain nombre de procédés – arguments d'analogie, *a fortiori*, *a contrario* ; interprétation restrictive des exceptions – qui servent à l'interprétation des règles de droit (*supra*, n° 28). Au sujet, plus précisément, de l'interprétation des dispositions figurant dans des textes législatifs ou réglementaires, on signalera, tout d'abord, l'existence de diverses *maximes* d'interprétation. Après quoi, on examinera la méthode de l'*exégèse* et sa *destinée*, face à d'autres méthodes.

555 ***Maximes d'interprétation*** ◊ Il convient de retenir ici trois maximes.

a) Il est interdit de distinguer là où la loi ne distingue pas *(Ubi lex non distinguit, nec nos distinguere debemus)*. L'interprète n'est pas autorisé à écarter l'application d'un texte conçu en termes généraux. Ainsi à une certaine époque, l'article 1421 du Code civil interdisait au mari de donner des immeubles de la communauté, sans le consentement de sa femme ; on n'était pas autorisé à limiter l'interdiction aux immeubles de grande valeur et à permettre au mari de donner librement des immeubles de faible valeur.

b) Les dispositions générales ne dérogent pas aux dispositions spéciales (*Generalia specialibus non derogant*). On supposera que deux règles différentes soient susceptibles, d'après leur teneur, d'être appliquées à un même cas, l'une étant une règle générale, l'autre une règle spéciale à un des cas relevant de la règle générale. La règle spéciale devra être appliquée. Toute règle peut, en effet, comporter des exceptions ; pour que la loi générale absorbe la règle spéciale, il faudra donc constater l'intention de la supprimer. Exemple : le législateur a reconnu la liberté d'association d'abord sur le terrain professionnel aux syndicats (qui sont une variété d'association) (L. 21 mars 1884), puis de manière générale à toutes les associations (L. 1er juill. 1901). Les deux lois pouvant s'appliquer cumulativement, on décidera que la deuxième loi régit toutes les associations, à l'exception des syndicats, car, par une loi générale, il n'est pas dérogé aux lois spéciales.

À l'inverse, l'on est conduit à considérer que les *dispositions spéciales dérogent aux dispositions générales (Specialia generalibus derogant)* (rappr. au sujet de l'abrogation des lois, *supra*, nos 489 s.).

c) La loi cesse là où cessent ses motifs *(Cessante ratione legis cessat ejus dispositio)*. Cette maxime paraît bien en contradiction avec la règle selon laquelle il n'y a pas lieu de distinguer là où la loi ne distingue pas. On peut, en réalité, aménager leur coexistence en observant que la cessation de l'application de la loi – donc une distinction là où elle ne distingue pas littéralement – ne peut être, en principe, que la conséquence d'une absence des motifs qui fondent la règle, en d'autres termes d'un divorce assez patent entre la lettre et l'esprit, ce qui se relie étroitement au choix des méthodes de l'interprétation, c'est-à-dire de la détermination du sens de la règle.

556 ***L'exégèse*** ◊ On peut, hormis ces maximes d'interprétation, imaginer, en tant que démarches de la pensée, dans l'ordre de l'herméneutique, diverses méthodes d'interprétation qui se rattachent plus ou moins les unes ou les autres soit à l'esprit, soit à la lettre du texte.

L'une d'elles, la *méthode exégétique*, aurait, suivant l'opinion reçue [1], été en honneur dans la doctrine et la jurisprudence au lendemain du Code civil et pendant la plus grande partie du XIXe siècle. Le principe en est l'attachement au texte, d'où le nom de l'« École de l'exégèse » qui a été donné aux commentateurs du code pratiquant cette méthode. Celle-ci s'imposait assez naturellement aux esprits : après toute codification, on est enclin à considérer que le code a tout prévu et que, grâce à une interprétation grammaticale et logique, on peut trouver dans la loi la solution de tous les problèmes. Il faut aussi tenir compte de l'influence de la Révolution française qui voyait dans la loi, expression de la volonté générale, l'unique source du droit ; le texte seul de la loi devait donc fournir l'issue de toutes les difficultés.

Pour découvrir la règle applicable, le premier rôle de l'interprète consiste alors à préciser le sens que le législateur a attribué au texte, la portée de celui-ci. Si le texte semble obscur ou incomplet, il faut en dégager le sens en recherchant quelle a été ou quelle aurait été la volonté du législateur, si son attention avait été attirée sur le point qui fait difficulté. Dans cette recherche de la volonté du législateur, qui confère à la méthode son caractère *psychologique*, l'interprète emploiera deux sortes de moyens :

a) Des moyens qui rapprochent son rôle de celui de l'historien : on se référera aux *précédents historiques*, lorsque la loi apparaît comme ayant été certainement inspirée de textes anciens ; on attachera aussi une grande importance aux *travaux préparatoires*, c'est-à-dire aux exposés des motifs des projets de loi, aux rapports présentés, aux procès-verbaux des discussions des commissions et assemblées qui ont préparé et voté la loi.

---

1. J. Bonnecase, *L'école de l'exégèse*, 2e éd., 1924 ; E. Gaudemet, *L'interprétation du Code civil en France depuis 1804*, 1935, rééd. 2002 ; Charmont et Chausse, *Les interprètes du Code civil, Le Code civil*, Livre du Centenaire, t. I, p. 131 s. ; comp., en Belgique, au sujet de Laurent, P. Gothot, François Laurent : entre la religion de l'avenir et le présent de la loi, *Liber Memorialis François Laurent 1810-1887*, Bruxelles, 1989, p. 69 s. – À vrai dire, un auteur s'est employé de manière pertinente à montrer le caractère excessif de certaines présentations de l'œuvre des premiers commentateurs du Code civil : P. Rémy, École de l'exégèse, Rev. *Droits* n° 1-1985, p. 115 s., Le rôle de l'exégèse dans l'enseignement du droit au XIXe siècle, *Ann. Fac. de droit* 1985/2, p. 91 s. ; S. Bloquet, *La loi et son interprétation à travers le code civil (1804-1870)*, thèse Créteil, 2011.

b) À ces moyens, l'on ajoutera les procédés logiques, qui tendent à rapprocher le droit d'une science exacte. On s'efforcera de faire rendre au texte tout ce qu'il peut donner par une interprétation littérale et logique, d'où l'emploi des arguments par analogie, *a contrario, a fortiori* (*supra*, n° 28). L'on se servira surtout de l'*induction* et de la *déduction* : l'on envisagera les solutions particulières données par le législateur dans un certain nombre de cas ; l'on en induira un principe général, servant de fondement à toutes ces solutions, et du principe ainsi dégagé, l'on déduira de nouvelles applications particulières, qui n'ont donc pas été formellement prévues par les textes, mais qui se rattachent à la lettre de la loi ou à son esprit, ou même à son intention présumée.

557 ***La crise de la méthode exégétique*** ◊ Surtout à partir de la fin du XIXe siècle, les insuffisances de la méthode exégétique ont été dénoncées [1]. Dans un ouvrage célèbre, Gény lui a adressé de vives critiques et a proposé de recourir à la méthode de la *libre recherche scientifique* [2].

Gény observe que le « fétichisme de la loi écrite et codifiée » et l'excès des abstractions conduisent à prêter au législateur des intentions qu'il n'a probablement jamais eues, surtout lorsque le cas auquel on étend un texte n'a pas été envisagé par lui. C'est, dit-il, une erreur fondamentale que de raisonner en s'imaginant que le législateur a tout prévu et que la solution du problème entièrement nouveau doit se trouver dans le texte primitif. On tarit le développement du droit en recherchant l'intention présumée, à vrai dire inexistante, du législateur d'autrefois.

Gény préconise en conséquence le recours à la méthode de la libre recherche scientifique. Il ne s'agit pas de faire abstraction de la volonté du législateur. La loi est un acte de volonté ; il est légitime de la part de l'interprète de rechercher et de respecter la volonté du législateur. Mais dans cette méthode, on se limite à la recherche de ce que le législateur a réellement voulu et l'on proscrit absolument la recherche de sa volonté lorsqu'elle serait purement arbitraire. La détermination de la volonté du législateur concerne ainsi exclusivement l'interprétation d'un texte régissant des faits qui sont restés constants depuis la confection de la loi. Mais à partir d'un certain point, il faut savoir reconnaître qu'il n'y a plus de loi : il en est ainsi lorsque la question à trancher est toute nouvelle et qu'elle n'a pas été résolue par le législateur. Dans ce cas, on passe de l'interprétation à la libre recherche scientifique : l'interprète, spécialement le juge, construira une solution, comme s'il avait à faire œuvre de législateur, en s'inspirant des données historiques, rationnelles, des considérations d'opportunité, d'équité, d'où peut naître une règle de droit.

---

1. V. J. Bonnecase, *op. cit.* ; E. Gaudemet, *op. cit.* ; L. Husson, Examen critique des assises doctrinales de la méthode de l'exégèse, *RTD civ.* 1976, 431 s. ; C. Perelman, *Logique juridique, Nouvelle rhétorique*, 1976, p. 19 s. – Sur le caractère excessif de certaines critiques, v. P. Rémy, art. préc.
2. *Méthode d'interprétation et sources en droit privé positif*, 1re éd. 1899, 2e éd. 1919.

558 ***Évolution des idées*** ◇ À notre époque, l'appréciation de la construction de Gény appelle des remarques nuancées [1]. Il convient, tout d'abord, d'observer que la critique de la méthode exégétique était d'autant plus décisive que les textes auxquels elle était appliquée s'étaient éloignés par l'effet du temps et dataient, pour la plupart, de l'époque napoléonienne. Et il a suffi qu'un profond mouvement de réformes secoue les codes vénérables pour que l'on assiste à une renaissance de l'exégèse et à une recrudescence de l'intérêt porté aux travaux préparatoires [2]. Il est probable que l'exégèse du XXe siècle est différente de celle du XIXe siècle, notamment par l'effet d'un élargissement de ses modes d'investigation (réponses ministérielles, opinions des bureaux et des experts...). En outre, il est évident que le rajeunissement de la règle facilite la recherche de la volonté du législateur. Il n'en demeure pas moins que l'on est, à nouveau, enclin parfois à imaginer que celui-ci a pu tout prévoir.

De toute façon, même en l'absence de réformes, il ne semble pas que la théorie de la libre recherche scientifique ait été adoptée par les tribunaux. Sans doute ceux-ci ont pris de grandes libertés avec les textes, mais sans se libérer ouvertement de leur sujétion ou de leur tutelle, comme le préconisait Gény. Adaptant de la sorte les textes en gardant présent à l'esprit le fait que les interprètes ne sont pas des législateurs, les tribunaux ont davantage consacré la méthode de l'*interprétation déformante ou constructive*, préconisée notamment par Saleilles [3].

Ainsi l'article 2279 du Code civil, aux termes duquel « En fait de meubles, la possession vaut titre », avait été pratiquement rédigé en vue des meubles meublants ; on ignorait en 1804 les valeurs mobilières, lesquelles sont nées avec le mouvement économique du XIXe siècle, et avant tout on ne connaissait pas les titres au porteur qui sont des meubles corporels. Allait-on exclure de l'application de l'article 2279 cette variété de meubles qui ne pouvaient pas être envisagés par le législateur de 1804, parce qu'ils n'existaient pas ? Non, car si le texte a été rédigé pour les « meubles meublants », il vise les « meubles » et il est en soi susceptible d'une généralisation et applicable à tous les meubles corporels *et même*

---

1. V. not. B. Oppetit, François Gény et le droit naturel, *Quaderni fiorentini per la storia del pensiero giuridico moderno*, vol. 20, 1991, p. 90 s., rééd. *in Droit et modernité*, 1998, p. 231 s. ; *François Gény, Mythe et réalités, 1899-1999, Centenaire de Méthodes d'interprétation et sources en droit privé positif, Essai critique*, dir. Cl. Thomasset, J. Vanderlinden et Ph. Jestaz, éd. Yvon Blais, Dalloz, Bruylant, 2000, spéc. art. de Ch. Jamin (p. 3 s.) et de Ph. Jestaz (p. 37 s.) ; D. Gutmann, La fonction sociale de la doctrine juridique, *RTD civ.* 2002 455 s. ; N. Dissaux, L'influence de Bergson sur les idées du doyen Gény, *RTD civ.* 2009. 417 s. ; M. Auberger, Un autre regard sur François Gény et son œuvre, *RTD civ.* 2010. 261 s.

2. V. M. Couderc, Les travaux préparatoires de la loi ou la remontée des enfers, D. 1975, chron. 249. – Comp. les vives critiques adressées par H. Capitant au recours aux travaux préparatoires : Les travaux préparatoires et l'interprétation des lois, *Mélanges Gény*, 1934, t. II, p. 204 s., et L'interprétation des lois d'après les travaux préparatoires, *DH* 1935, chron. 77 s.

3. Préface à l'ouvrage précité de Gény. – V., depuis lors, A. Raynouard, Cent ans de méthode d'interprétation du droit positif, D. 2000, Point de vue p. VII ; et le n° spéc. *RTD civ.* 2002, 641 s., consacré au Centenaire de la Revue trimestrielle de droit civil.

incorporels qui viendraient à surgir grâce à l'évolution économique ce qui, à vrai dire, ne suscite pas une adhésion générale [1].

559 ***Pluralisme des méthodes*** ◊ À des règles d'âges différents et de provenances diverses, il est normal d'appliquer, selon les circonstances, des méthodes d'interprétation variées, qui se complètent dans la vie du droit plus qu'elles ne s'excluent.

Parce que ce sont des textes qui en sont l'objet, il est normal de recourir à une *interprétation grammaticale* [2]. Parce que ces textes doivent être mis en relation avec leurs contextes, ce qui correspond à la nécessaire cohérence des systèmes, il convient de procéder à une *interprétation logique*, liée aux procédés de l'argumentation [3].

Derrière la lettre, il y a la volonté et l'esprit des lois et des règlements. La recherche de la volonté des auteurs des règles débouche sur une *interprétation psychologique*. Mais il existe d'autres méthodes qui confèrent de plus larges pouvoirs aux interprètes, accroissent le rôle de la jurisprudence et aboutissent, quand on en exagère l'emploi, à exposer les justiciables à l'incertitude, voire à l'arbitraire des juges.

Ainsi en est-il de la méthode *historique* ou *évolutive*. Le droit étant une création continue de la société, on admettra que la loi n'est que l'expression provisoire de la règle adaptée au milieu social ; elle se détache de la volonté du législateur et elle peut acquérir un sens nouveau par lequel elle s'adaptera aux exigences nouvelles du groupe. Les transformations du sens d'une loi sont alors jugées normales : ce qui compte, ce n'est pas tant la volonté du législateur que les exigences du milieu social. La volonté du législateur se borne à traduire les besoins de ce milieu, et comme celui-ci évolue sans cesse, il n'y a pas de raison de se référer à une volonté désuète. En d'autres termes, ce ne sont pas les intentions du législateur qui ont force de loi, c'est le texte. Il importe peu de savoir ce que les rédacteurs du Code civil avaient entendu dire avec les mots dont ils ont usé ; ils ont employé une formule, celle-ci peut s'adapter à des nécessités nouvelles ; l'y adapter, c'est faire œuvre d'interprétation légitime. Il peut donc arriver que le sens d'un texte change suivant les moments de son application.

De cette démarche, on rapprochera celle qui s'opère suivant le *principe de l'effet utile* ou *principe d'efficacité*. Elle est pratiquée spécialement en droit international public et surtout en droit communautaire et consiste à interpréter les dispositions d'un traité de manière à leur conférer pleine efficacité : d'où, ce qui est assez classique, l'interprétation d'une disposition

1. Sur l'immatériel en droit des biens, v. F. Terré et Ph. Simler, *Précis Dalloz, Les biens*, n°s 62 s., 154.

2. V. au sujet du rôle de la ponctuation, E. Becqué, note *Sem. jur.* 1943, II, 2651 ; G. Rouzet, Le point sur la virgule (art. 10, al. 1er, L. 17 mars 1909), *Mélanges Derruppé*, 1991, p. 355 s. ; sur l'importance d'une virgule, v. aussi R. Vareille, obs. *RTD civ.* 1996, 223 ; rappr. circ. Prem. min., 30 janv. 1997 (art. 1.1.1.7, *JO* 1er févr. 1997, p. 1720) et *supra*, n° 428.

3. V. E.-P. Hara, *Langage juridique et interprétation littérale envisagés sous l'angle de la possibilité d'une méthodologie pour l'interprétation des lois*, thèse dactyl. Paris II, 1977.

de telle sorte qu'elle ne soit pas inopérante ; d'où, ce qui est plus audacieux, lorsqu'il y a un choix possible entre plusieurs interprétations, le choix de celle qui est la plus favorable à l'objectif du traité ; d'où, de manière encore plus créatrice, la méthode consistant à s'appuyer sur les acquis d'une interprétation déjà audacieuse, pour en déduire de nouvelles conséquences [1].

Dans le mouvement d'extension croissante du rôle du juge en matière d'interprétation, on observera le développement de l'*interprétation téléologique* reposant sur la recherche de la *finalité* de la règle ou, dit-on encore, de son but social. Elle a conduit souvent dans le passé, en cas de conflit entre la lettre et l'esprit d'une règle, à faire prévaloir l'esprit sur la lettre au prix d'un recul de la rigidité des mots. À tout le moins s'en est-on longtemps tenu à l'esprit qui a animé la genèse de la règle [2].

Mais la méthode téléologique a pris à notre époque une importance singulièrement croissante. L'interprétation téléologique a été considérée de manière beaucoup plus systématique comme une méthode qui explique une disposition par les objectifs poursuivis et à la lumière de la contribution apportée par lui à la réalisation des objectifs généraux du corps de règles dans lequel il est inséré. Cette orientation s'est manifestée tout particulièrement dans l'interprétation des règles du droit communautaire par la Cour de justice des Communautés européennes [3]. D'ailleurs, de manière plus générale, la référence aux *objectifs de la loi* a pris une importance grandissante en matière d'interprétation [4] ; il y a là, en quelque sorte, dans une perspective qui demeure téléologique, substitution d'une référence systématique à un comportement laissé encore assez largement, dans le passé, à la discrétion, si ce n'est même à quelque fantaisie des interprètes [5].

§ 2. L'interprétation du jugement

560 ***L'interprétation d'un jugement*** ◊ De la maxime *Ejus est interpretari cujus est condere* (*supra*, n° 441), on déduit naturellement que le juge est qualifié pour interpréter ses décisions si le besoin s'en manifeste [6]. De

1. Y. Paclot, préc., p. 130 s.
2. Rappr., dans un ordre d'idées voisin, l'existence de principes d'interprétation favorable à une catégorie d'intéressés, notamment de contractants : T. Revet, L'ordre public dans les relations de travail, *in L'ordre public à la fin du xxe siècle*, 1996, p. 43 s.
3. Y. Paclot, préc., p. 138 s.
4. V. *Le recours aux objectifs de la loi dans son application*, Trav. Assoc. intern. de méthodologie juridique, Bruxelles, 1990 ; J.-M. Auby, art. *RD publ.* 1991, 327 s. ; v. aussi *Les formulations d'objectifs dans les textes législatifs*, *RRJ* 1989-4, 765 s., cah. de méth. jur. n° 4. – Et, sur l'interprétation *systémique*, v. not. Marie-Anne Frison-Roche et W. Baranès, Le principe constitutionnel de l'accessibilité et de l'intelligibilité de la loi, D. 2000. Chron. 368 s., spéc. n° 11.
5. Sur la démarche interprétative du Conseil constitutionnel, v. Y. Paclot, thèse préc., p. 47 s. – Sur la liberté des juges du fond dans le choix des méthodes d'interprétation de la loi, v. les obs. de N. Molfessis, *RTD civ.* 2003, 154, sur Civ. 1re, 29 janv. 2002, *Dr. et patr.*, n° 107, sept. 2002, p. 97, obs. Ph. Bonfils.
6. V. Y. Paclot, thèse préc., p. 205 s.

l'article 461, alinéa 1er, du Code de procédure civile, il résulte qu'« il appartient à tout juge d'interpréter sa décision si elle n'est pas frappée d'appel ». « La demande en interprétation est formée par simple requête de l'une des parties ou par requête commune. Le juge se prononce les parties entendues ou appelées » (al. 2). Mais les juges saisis d'une requête en interprétation d'une précédente décision ne peuvent, sous le prétexte d'en déterminer le sens, en modifier les dispositions précises [1].

561 ***L'interprétation de la jurisprudence*** ◊ Cette expression est équivoque, mais nécessaire. Dans son emploi le plus fréquent, elle sert à désigner l'interprétation que les tribunaux, donc la jurisprudence, donnent aux règles du droit écrit ou à d'autres règles, coutumières par exemple. Il en est pourtant un autre usage : interpréter la jurisprudence, c'est aussi préciser le sens des règles dégagées à travers les décisions des tribunaux. Ceux-ci n'étant pas institués pour rendre des oracles, il est normal que l'on s'efforce de déterminer le sens de leurs décisions par rapport aux motifs qu'ils ont retenus à l'appui de celles-ci. Et, dans cette perspective, il est assez naturel d'adopter une attitude exégétique, ce qui n'exclut pas nécessairement le recours conjoint à d'autres types d'interprétation (grammaticale, logique, voire sociologique). La pratique du commentaire d'arrêt tend ou devrait tendre à développer une interprétation satisfaisante des décisions judiciaires [2] (v. *supra*, n° 197).

C'est surtout au sujet des arrêts de la Cour de cassation que se sont approfondies des réflexions d'herméneutique judiciaire [3]. En ce qui concerne leur motivation, on a critiqué une excessive brièveté [4] ; mais trop de prolixité peut nuire à la connaissance du droit et entraver des évolutions souhaitables [5]. Quant à l'interprétation proprement dite, elle se relie aux pratiques fines et savantes en usage devant la Cour de cassation. Nombre d'arrêts rendus par celle-ci n'ont pas valeur de précédent, parce qu'en réalité, elle n'a pas voulu ou n'a pas pu, à propos d'une affaire déterminée, préciser la règle de droit principalement en cause. Dans les autres cas, l'interprétation de l'arrêt, plus enrichissante, varie, d'une part, selon que la Cour de cassation a rejeté un pourvoi ou, au contraire, accueillant celui-ci, a cassé la décision rendue par les juges du fond, et, d'autre part, selon la raison sur laquelle est fondée sa décision (rappr., sur la jurisprudence, *supra*, nos 363 s.).

---

1. Civ. 1re, 30 mars 1965, *JCP* 1965, II, 14249, note P.P. ; Crim. 23 oct. 1969, D. 1970, 5, note J.-M. R., *JCP* 1970, II, 16370, note Chambon.
2. V. R. Mendegris et G. Vermelle, *Le commentaire d'arrêt en droit privé*, 7e éd. 2004 ; J.-H. Robert, La psychologie des commentaires d'arrêt, *in Les facultés de droit inspiratrices du droit ?*, éd. Presses. univ. Toulouse, 2005, p. 163 s.
3. J. Voulet, *L'interprétation des arrêts de la Cour de cassation*, *JCP* 1970, I, 2305.
4. A. Touffait et A. Tunc, Pour une motivation plus explicite des décisions de justice, notamment de celles de la Cour de cassation, *RTD civ.* 1974, 487 s. ; A. Perdriau, Des arrêts « brévissimes » de la Cour de cassation, *JCP* 1996, I, 3943 ; rappr. R. Lindon, La motivation des arrêts de la Cour de cassation, *JCP* 1975, I, 2681. – Comp. A. Breton, *L'arrêt de la Cour de cassation*, Ann. Univ. sciences sociales Toulouse, t. XXIII, 1975, fasc. 1 et 2, p. 5 s.
5. V. *La motivation des décisions de justice*, préc.

SECTION 2. L'INTERPRÉTATION DU FAIT

562 ***Généralités*** ◊ L'interprétation a pour objet non seulement le droit – qu'il s'agisse des sources, des autorités ou des principes –, mais aussi les comportements des sujets de droit, volontaires ou involontaires [1], les faits… ou l'absence de faits [2]. L'interprétation des événements relève souvent de l'herméneutique juridique. La critique du témoignage atteste son importance. On citera aussi l'article 1353 du Code civil : étant observé que les présomptions sont des conséquences que la loi ou le magistrat tire d'un fait connu à un fait inconnu, « les présomptions qui ne sont point établies par la loi sont abandonnées aux lumières et à la prudence du magistrat, qui ne doit admettre que des présomptions graves, précises et concordantes, et dans les cas seulement où la loi admet des preuves testimoniales, à moins que l'acte ne soit attaqué pour cause de fraude ou de dol » (v. *infra*, n° 649). Affaire d'interprétation, donc.

563 ***Interprétation des actes juridiques*** ◊ Si une difficulté surgit sur le sens d'un contrat, le juge doit trancher le différend ; il ne peut refuser de faire appliquer le contrat sous prétexte d'obscurité (rappr. en ce qui concerne la loi, art. 4 C. civ.). Pour cela, il doit interpréter le contrat. Ce sont normalement les juges du fond qui procèdent à cette interprétation.

Dans une analyse qui est largement dominante, le juge doit interpréter le contrat comme il interprète la loi. Aussi bien retrouve-t-on ici des discussions et des divergences déjà observées au sujet de l'interprétation de la règle (*supra*, n°s 556 s.).

Deux méthodes antagonistes ont été défendues.

La première, inspirée par la théorie de l'autonomie de la volonté, fait du juge le serviteur de la volonté des parties. Interpréter, c'est déterminer le contenu du contrat ; or le contenu, c'est la volonté des parties qui l'a créé. Telle est d'ailleurs la règle posée à l'article 1156 du Code civil : « On doit dans les conventions rechercher quelle a été la commune intention des parties contractantes plutôt que de s'arrêter au sens littéral des termes ».

La doctrine classique limite le rôle des différents éléments d'interprétation que la loi elle-même a donnés au juge en dehors de la volonté des parties. Ainsi, l'article 1134, alinéa 3, aux termes duquel les conventions « doivent être exécutées de bonne foi » n'est interprété qu'à travers l'intention des parties ; la bonne foi n'est autre chose que le respect consciencieux de ce qu'elles ont voulu par le contrat. Cette doctrine amenuise aussi l'article 1135 en vertu duquel « les conventions obligent non seulement à ce qui y est exprimé, mais encore à toutes les suites que l'équité, l'usage ou la loi donnent à l'obligation d'après sa nature ». La *loi*, dit-on, c'est la loi

1. T. Ivainer, *L'interprétation des faits en droit*, 1988.
2. V. P. Diener, *Le Silence et le Droit, Essai sur le Silence en droit privé*, thèse ronéot. Bordeaux I, 1975.

interprétative, celle que les parties ont eu le pouvoir de modifier par leur convention. L'*usage* est également à base conventionnelle ; il repose sur une convention tacite. Enfin l'*équité* se présente, ainsi que la bonne foi visée à l'article 1134, alinéa 3, comme étant elle-même un prolongement de la volonté des parties.

La méthode classique d'interprétation a été affectée par les critiques formulées contre la théorie de l'autonomie de la volonté qui est à sa base [1]. Il est, en effet, artificiel de rechercher systématiquement l'interprétation du contrat dans la commune intention des parties. Très souvent, celles-ci n'ont pas su ce qu'elles voulaient exactement, et plus souvent encore elles n'ont pas eu la moindre volonté sur quantité de points soulevés par le contrat. La méthode classique aboutit à prêter aux contractants des intentions qu'ils n'ont probablement pas eues. La même observation vaut pour les clauses douteuses : comment déceler une intention commune, alors que chaque partie a sans doute envisagé le sens qui correspondait le mieux à ses intérêts ?

La doctrine actuelle est généralement favorable à l'accroissement des pouvoirs du juge. Le contrat ne doit pas être interprété par lui en se fondant sur une volonté commune souvent hypothétique, mais selon la bonne foi, l'équité, les usages, compris comme des notions objectives, qui sont supérieures à l'intention des parties et peuvent même être en contradiction avec telle ou telle intention. Au contraire, la doctrine classique considérait que ces notions prolongeaient en quelque sorte la volonté des parties. Certes, actuellement, on ne nie pas le rôle de la volonté lorsque celle-ci peut être clairement dégagée : on admet la volonté tacite, voire virtuelle des parties lorsqu'on peut la dégager d'une commune entente possible entre elles, mais ce que la doctrine répugne à admettre, c'est que le juge invente des volontés fictives et attribue à la volonté commune des parties des volontés qui, en réalité, lui sont personnelles. – Sur l'interprétation souveraine de la loi étrangère sous réserve d'un contrôle rigoureux de la motivation par la Cour de cassation, v. *supra*, n° 152.

---

1. V. F. Terré, Ph. Simler et Y. Lequette, *Les obligations*, n°s 33 s.

TITRE 2

LA PREUVE

564 ***Importance de la preuve*** ◊ La preuve dans la réalisation du droit se ressent de son contexte et de son objet. Il ne s'agit pas de métaphysique, d'une preuve de l'existence de Dieu, par exemple suivant la démarche cartésienne. Il ne s'agit pas non plus d'une preuve scientifique, quelles que puissent être les vicissitudes et les aléas du déterminisme. Relevant de la « raison pratique » elle n'est même pas destinée à servir de démonstration de quelque impératif. Plus concrète et réaliste, au demeurant indispensable, elle est destinée, dans toutes les situations que couvre le juridique, à démontrer les données de fait et les solutions de droit qui lui sont adaptées, ainsi que l'exige, dès qu'on en reconnaît l'existence, le phénomène juridique.

Elle est la démonstration de la véracité d'une prétention – affirmation et négation – jusqu'à ce que soit établie sa fausseté ! Ainsi celui qui démontre, en produisant une reconnaissance de dette, que son signataire lui doit une somme d'argent à titre de remboursement d'un prêt, pourra en obtenir le paiement, par contrainte judiciaire s'il le faut. Le terme de preuve sert aussi à désigner les procédés techniques utilisés pour établir l'existence de ce fait et de ce droit, afin de soutenir une certaine prétention juridique. Ainsi les preuves – procédés et résultats – servent à établir l'existence d'une situation juridique. L'ampleur du problème est sans limites : existence, vérité, volonté. Le système probatoire est central en droit : il est à la charnière du système et du sujet de droit.

L'importance du système probatoire est centrale en droit [1]. Dire, c'est peut-être faire, mais ce n'est pas prouver. Du moins cela ne suffit pas, faute d'accord – même implicite – sur le dire d'autrui. Il faut davantage, sinon

---

1. R. Legeais, *Les règles de preuve en droit civil, permanence et transformation*, thèse Poitiers, 1955 ; X. Lagarde, *Réflexion critique sur le droit de la preuve*, thèse Paris I, éd. 1994 ; Ph. Théry, Les finalités du droit de la preuve en droit privé, Rev. *Droits* 1996, p. 41 s. ; *La preuve*, dir. C. Puigelier,

n'importe quelle affirmation porterait en germe une atteinte aux choses établies. Établies en vertu de quoi, c'est une autre affaire. Mais ce qui est établi est présumé conforme à une certaine réalité que le droit s'emploie à considérer, de prime abord. En d'autres termes l'apparence porte en elle-même une justification apparente - probatoire - de l'apparence.

Les innombrables questions posées par le droit ne sont pas seulement révélatrices par rapport au passé. Elles le sont aussi, et peut-être davantage, dans le présent et l'avenir. Dans le présent, parce que celui-ci doit être sans cesse repensé dans le contexte de relations internationales des plus actives, ce qui appelle une approche nécessairement internationale et comparative [1]. L'élargissement de l'horizon intellectuel va d'ailleurs de pair avec une moralisation du droit de la preuve, notamment dans le cadre européen [2].

Dans la perspective plus large de la mondialisation, une pénétration, directe ou indirecte, des concepts et des méthodes issues de la *common law*, plus spécialement du droit américain, est observée avec pertinence [3].

Ce mouvement se relie évidemment aux développements de l'électronique qui affectent en profondeur les relations juridiques, tout spécialement sur le terrain de la preuve des actes juridiques. Si la réflexion du droit a consisté, comme à l'habitude, à s'inspirer de ce qui existe pour régir ce qui advient, par transplantation et adaptation, il est douteux que l'avenir puisse se satisfaire d'une démarche encore trop passéiste. Ce sera, sans nul doute, l'apport du futur.

565 ***Les exigences de la preuve*** ◊ À l'échelle de la personne, il ne suffit pas d'être titulaire d'un droit ou de se trouver dans une certaine situation juridique pour obtenir satisfaction. En effet, la personne ne pourra efficacement se prévaloir d'un fait, d'un droit, d'une situation, que si elle est capable d'en prouver l'existence. Certes, le droit subjectif et la preuve de ce dernier sont fondamentalement distincts : le droit ne dépend pas, dans son existence, de la preuve qui peut en être apportée. Mais la dépendance existe quant à l'efficacité. En effet, concrètement, l'absence de preuve interdit au titulaire de se prévaloir efficacement de son droit et d'obtenir les effets juridiques qui lui sont attachés. C'est pourquoi l'on affirme traditionnellement, depuis le droit romain, que n'avoir pas de droit et ne pouvoir le prouver sont une situation équivalente pour la personne [4].

éd. Economica, 2004 ; *La preuve*, Trav. Ass. H. Capitant, t. LXIII, 2013, Journées Pays-Bas, Belgique ; Pactet, *Essai d'une théorie de la preuve devant les juridictions administratives*, 1952 ; J. Pannier, La preuve en matière douanière, *D.* 2009, chron. p. 1552 s.

1. V. G. Rouzet, La circulation de l'acte authentique dans l'union européenne, Fer de lance du Notariat, *JCP* 2009, Étude 1156.

2. V. not., sur l'encadrement relatif de la liberté de la preuve par la Convention européenne des droits de l'homme, obs. Patricia Hennion-Jacquet, sous CEDH 31 mai 2005, *D.* 2005, p. 2075 s.

3. V. X. Lagarde, Finalités et principes du droit de la preuve, *JCP* 2005, I, 133 ; J.-P. Gridel, *Le droit, présentation*, 2012, p. 303 s.

4. V. l'étude historique fondamentale menée par la Société Jean Bodin, *La preuve*, vol. XVI à XIX, Bruxelles, 1963-1965. - V. aussi La preuve, Rev. *Droits* n° 23-1996.

Ainsi, des exigences de preuve jalonnent la vie juridique. Elles peuvent exister en dehors de toute contestation en justice. Une personne peut être tenue de justifier de sa situation ou de son droit, sans qu'il y ait procès, soit dans ses relations avec d'autres particuliers, soit dans ses relations avec l'Administration : ainsi celui qui veut se marier doit prouver notamment qu'il a atteint l'âge requis et, s'il a déjà été marié, que sa précédente union est dissoute. Mais la question de preuve se pose aussi à l'occasion d'un litige, car celui qui veut obtenir du juge qu'il statue favorablement sur sa prétention doit lui apporter, avant tout, la preuve de son exactitude : ainsi l'enfant, représenté par la mère, qui veut obtenir une pension alimentaire à la charge du défendeur, doit démontrer un lien de paternité. La question de preuve est ici incidente par rapport à une question de fond. Le mécanisme du procès (*infra*, n°s 704 s.) appelle nécessairement celui de la preuve [1] et le juge ne peut statuer sans avoir analysé, même sommairement, les éléments de preuve qui lui sont présentés [2]. Dans l'exemple choisi, la preuve de la paternité conditionne la réponse qui sera faite à la demande de pension alimentaire. Mais il arrive qu'une instance judiciaire n'ait lieu qu'à seule fin d'obtenir une preuve, la partie désirant obtenir la collaboration de la justice pour qu'une preuve soit constituée et conservée, afin de se ménager une possibilité de former, ultérieurement, une demande en justice. Cette action préventive, qu'on a pu appeler le « référéprobatoire » [3], est régie par l'article 145 du Code de procédure civile.

566 ***La preuve et l'existence*** ◊ La formule latine traverse les siècles : *Idem est non esse aut non probari*. Sans qu'il ait été nécessaire de sombrer dans la logorrhée des droits, cette maxime inspire tout le droit de la preuve. Non point que ce qui ne peut être prouvé ne soit pas justifié, mais parce que l'autre est là, qu'il faut en tenir compte, que le droit est cœxistence des libertés. Qui commence ? Qui continue ? Les alouettes entrent en contestation. Où dégager leur miroir ? Ou, plutôt, s'en dégager ?

La question est fondamentalement philosophique. Comment mesurer l'écart entre ce que l'on prétend – à partir de ce que l'on a pensé, ressenti, supporté... – et ce qui a existé ? Toute la philosophie contemporaine s'engouffre dans cette problématique, sans que probablement la démarche philosophique sur l'essence et l'être, l'être et le temps, le temps et l'existence puisse faciliter l'inlassable investigation du sujet de droit, du juge ou du législateur.

---

1. V. les études pénétrantes de J.-Ph. Lévy, regroupées *in Diachroniques, Essais sur les institutions juridiques dans la perspective de leur histoire*, éd. Loysel, 1995, spéc. les réflexions sur l'importance et l'intérêt des questions de preuve, p. 15 s. et l'analyse de l'évolution de la preuve, des origines à nos jours, p. 47 s. ; v. aussi A. Castaldo, L'histoire juridique de l'article 1781 du Code civil « Le maître est cru sur son affirmation », *Rev. hist. dr.* 1977, p. 211 s.

2. Civ. 2e, 22 juin 1988, *Bull. civ.* II, n° 151, p. 80 ; 9 janv. 1991, *Bull. civ.* II, n° 6, p. 4.

3. J.-C. Peyre, Le référé-probatoire de l'article 145 du nouveau Code de procédure civile, *JCP* 1984, I, 3158.

Ce qui rend particulièrement sensible la réflexion en cause, c'est précisément l'analyse des relations entre le droit et l'existence, parce que le droit, par quelque côté rudimentaire, est fatalement conduit à ramener l'essence à l'existence, au risque de se trouver plus ou moins insatisfait. Mystère de la preuve, certes, pas seulement du fait de l'imperfection de ses instruments de connaissance, mais parce que, plus peut-être qu'ailleurs dans le droit, les questions de preuve ne peuvent être indifférentes et à l'écoulement du temps, et aux imperfections de l'entendement humain, surtout à la recherche du temps perdu et recréé.

567 ***La preuve et la vérité*** ◇ À quelle vérité s'attache le droit, dans ses principes, ses règles, sa réalisation ? Beaucoup d'obstacles empêchent la pleine satisfaction d'un objectif de vérité, d'autant plus qu'il s'agit habituellement d'établir l'existence d'un acte ou d'un événement passé. Sans doute peut-on, dans nombre de situations, se prémunir contre les incertitudes au moyen d'une *preuve préconstituée*. Mais, même en pareil cas, les précautions humaines ne sont pas toujours suffisantes, en dehors de tout procès ou dans le cadre procédural.

Il paraît manichéen d'opposer le procès pénal, tourné vers la vérité, et le procès civil, tourné vers la sécurité. En réalité, s'il est vrai que le procès civil est organisé le plus souvent pour que le juge tranche un conflit d'intérêts privés, la matière n'est pas dénuée de considérations d'intérêt général et d'ordre public, qui supportent mal un tel sacrifice. D'ailleurs, il n'est pas socialement souhaitable que, pour satisfaire la sécurité, la vérité soit négligée. Dès lors, tout procès tend, pour que le juge puisse appliquer la règle de droit adéquate, à mettre en lumière la vérité des faits et la réalité des droits [1], tout en déjouant le mensonge [2] et l'on a pu relever que le juge se tourne d'instinct, dans un désir d'équité, vers ce qui lui paraît être la vérité [3].

Le juriste sait bien qu'en la matière, comme en tant d'autres, la vérité est une chose relative et qu'en toutes hypothèses, la reconstitution ne peut que tendre vers la transparence la plus parfaite possible par rapport à la réalité, sans que jamais il puisse y avoir coïncidence entre la réalité et sa reconstitution. En droit comme ailleurs, et plus qu'ailleurs [4], la vérité est relative [5]. Elle n'en constitue pas moins un objectif. Sa préoccupation explique le développement considérable des mesures d'instruction et notamment de la technique des expertises.

---

1. V. Ponsard, Vérité et justice (la vérité et le procès), rapport français, *in La vérité et le droit*, Trav. Assoc. H. Capitant, Journées canadiennes, t. XXXVIII, 1987, éd. 1989, p. 673 s.

2. P. Godé, Le mensonge dans le procès civil (Impressions d'audience), *Mélanges Weill*, 1983, p. 259 s.

3. R. Savatier, La science et le droit de la preuve, rapport général, Trav. Assoc. H. Capitant, t. VII, 1952, éd. 1956, p. 607 s. ; Nicole M. Le Douarin, La preuve scientifique, Des empreintes digitales aux empreintes génétiques, *in La preuve*, dir. Catherine Puigelier, éd. Economica, 2004, p. 29 s.

4. P. Louis-Lucas, Vérité matérielle et vérité juridique, *Mélanges Savatier*, 1965, p. 583 s.

5. V., d'une façon générale, *La vérité et le droit*, préc., spéc. J.-L. Baudouin, *La vérité dans le droit des personnes : aspects nouveaux*, rapport général, p. 21 s. ; G. Cornu, La vérité et le droit, *in L'art du droit en quête de sagesse*, 1998, p. 211 s.

568 ***Convergence des procédures*** ◊ Les procédures pénales, administratives et civiles se rejoignent peu à peu, sur le principe selon lequel on ne peut bien juger que si l'on connaît le mieux possible les faits à propos desquels il convient d'appliquer la règle de droit. Ainsi, l'aptitude technique du droit, à travers les preuves, à tendre vers la vérité est une condition du bien-jugé. Cette conception tient une place de plus en plus grande dans le procès civil, comme l'atteste l'insertion dans le Code civil (art. 10, al. 1er), par l'effet de la loi du 5 juillet 1972, de la règle selon laquelle *chacun est tenu d'apporter son concours à la justice en vue de la manifestation de la vérité* (sur l'incidence en matière de charge de la preuve, v. *infra*, n° 603). Néanmoins, le droit positif se garde de donner une place trop radicale à cette considération, car il n'est pas toujours bon que la vérité puisse se traduire juridiquement, ce qui a été longtemps le cas en matière de filiation. Ainsi donc, l'objectif de vérité est posé, même si tout ne lui est pas sacrifié. Doit aussi être concurremment préservée la *sécurité*, qui reste nécessairement un objectif, ce qui explique la primauté persistante de la preuve préconstituée, sous la forme d'un écrit (sur la preuve littérale, v. *infra*, nos 621 s., 635 s.). Mais il est parfois difficile, en droit positif, de faire la part entre ces deux exigences de vérité et de sécurité.

Il convient au demeurant d'observer que l'évolution des sciences et des techniques a contribué à l'obtention de plus de certitudes que par le passé (biologie, électronique), ce qui tend à la modification profonde de certains secteurs du droit de la preuve.

569 ***La preuve et la volonté*** ◊ Les personnes, physiques ou morales, disposent d'une grande liberté dans l'aménagement des règles applicables [1]. Le système probatoire n'est pas d'ordre public, sauf exceptions, notamment en matière d'état des personnes. Il relève du pouvoir de la volonté individuelle. Dès lors les parties peuvent tout aussi bien aménager les règles légales que renoncer à leur bénéfice.

La liberté des conventions sur la preuve est paradoxalement conservée par le droit, alors qu'on aurait pu penser que les nouveaux objectifs reconnus, tels la vérité, et la nouvelle distribution des tâches, impliquant un rôle accru du juge, auraient soustrait à l'emprise des parties le système probatoire. Les règles de preuve ne sont pas d'ordre public [2]. Cette liberté contractuelle qui permet aux parties de s'affranchir des règles légales est un moyen, par des initiatives privées, de prendre en compte les progrès techniques, notamment informatiques, en leur accordant *inter partes* une validité que leur nient les textes [3]. La Cour de cassation a ainsi admis que les

1. V. R. Le Balle, *Des conventions sur les procédés de preuve en droit civil*, thèse Paris, 1923 ; V. Depadt-Sebag, Les conventions sur la preuve, *in La preuve*, dir. C. Puigelier, éd. Economica, 2004, p. 13 s.
2. Soc. 19 juin 1947, *Gaz. Pal.* 1947, 2, 84.
3. V. C. Lucas de Leyssac, *Les conventions sur la preuve en matière informatique*, Trav. Assoc. franç. droit de l'informatique, préc., p. 143 s.

parties au contrat puissent accorder valeur probatoire au document, pourtant dénué de toute signature, résultant d'une transaction relative à l'utilisation d'une carte bancaire de paiement, dès lors que le client avait composé son code confidentiel [1]. Il apparaît alors que paradoxalement ce sont les règles de l'administration de la preuve, telles qu'on les trouve dans le Code de procédure civile, notamment quant au respect d'une discussion contradictoire, qui sont d'ordre public, alors que ne le sont pas les mécanismes mêmes des preuves, tels qu'on les trouve dans le Code civil. Non seulement, cela permet les conventions sur la charge [2] et sur l'admissibilité de la preuve [3], ou sur la force probante d'un acte [4], mais cela interdit au juge de relever d'office une violation d'un texte en la matière ou de retenir un moyen évoqué pour la première fois devant la Cour de cassation [5].

On mesure donc l'état du droit positif comme celui d'un système resté fidèle aux principes classiques, mais cherchant dans un équilibre difficile à atteindre, voire à conserver, à intégrer les changements techniques. On peut penser qu'il devrait le faire davantage, tant il est vrai que le système de la preuve, par nature, doit s'efforcer de prendre en considération les faits, événements et situations qu'il doit retranscrire. Il conviendrait de mieux apprécier la liberté contractuelle qui doit rester aux parties, plus soucieuses de sécurité que de vérité, dans un système dominé de plus en plus par le juge [6].

570 ***La preuve et le juge*** ◊ La preuve n'a été conçue comme un pur mécanisme destiné à dévoiler la vérité comme en matière pénale. L'enjeu probatoire en la matière est de reconstituer le plus fidèlement possible, par tous les moyens légalement admis, les faits qui donnent lieu à poursuite et le rôle des différents acteurs. Dans un procès civil, l'optique est traditionnellement tout à fait différente. En effet, la preuve est le moyen pour une partie d'assurer l'efficacité du droit dont elle se prévaut. Ainsi, pour se ménager la possibilité d'une exécution forcée, les parties au contrat prennent soin de rédiger un écrit, signé. Sans cet acte instrumentaire, leurs droits respectifs nés de l'accord ne pourront, en principe, être invoqués efficacement en justice. Dès lors, les mécanismes de preuve en matière civile visent à sauvegarder la *sécurité* des particuliers. Cela est

---

1. Com. 8 nov. 1989 (deux arrêts), *D.* 1990, 369, note Ch. Gavalda, somm. 327, obs. J. Huet, *JCP* 1990, II, 21576, note G. Virassamy ; v. Montpellier 9 avril 1987, *JCP* 1988, II, 20984, note Boizard. - Sur le dispositif aménagé à l'art. L. 132-3 du Code monétaire et financier, en cas de perte ou de vol d'une carte bancaire, v. A. Hontebeyrie, chron. *D.* 2009. 1493 s. (Com. 2 oct. 2007 et Civ. 1re, 28 mars 2008).

2. Com. 8 nov. 1989, préc.

3. C'est ainsi que sont valables : 1° la convention qui admet la preuve testimoniale d'un contrat, alors qu'un écrit serait, en principe, nécessaire (Req. 24 mars 1942, *DC* 1942, 64) ; 2° la convention portant que la preuve ne pourra être faite que suivant tel ou tel mode (Civ. 6 août 1901, s. 1901, 1, 481, note Chavegrin).

4. Civ. 11 juill. 1949, *D.* 1949, 566.

5. Soc. 11 oct. 1962, *Bull. civ.* IV, n° 720.

6. V. L. Ruet, Quelques remarques sur l'office du juge et la preuve en droit commercial, *RTD com.* 1991, 151 s.

d'autant plus nécessaire que, dans ce système, le juge n'intervient pas pour aider une partie désireuse de rapporter la preuve de son droit.

La neutralité du juge [1] est une notion qui a été particulièrement mise en lumière par Bartin [2] à propos des preuves. Elle signifie, non que le juge soit impartial, car ce serait lui faire injure que d'en douter, mais que le juge est *inactif* dans la recherche des preuves. Ainsi, seules les parties au procès, par leurs propres moyens, et sans s'aider l'une l'autre, tentent de rapporter la preuve de leurs affirmations. Il n'en faut pas moins souligner que si, à une certaine époque, l'expression de neutralité du juge a pu être satisfaisante, il n'en va plus de même aujourd'hui car le mouvement de réforme des diverses procédures a porté à augmenter les pouvoirs du juge, y compris au moyen des mesures d'instruction qu'il peut ordonner, quitte à accroître corrélativement le principe de contradiction [3].

571 ***Sur le droit à la preuve*** ◊ Puisqu'un droit subjectif, s'il n'est pas atteint dans son existence, est néanmoins anéanti dans son efficacité lorsqu'il ne peut être prouvé (*supra*, n° 565), l'idée nouvelle a été proposée de l'existence d'un droit subjectif processuel, doublant et renforçant le droit subjectif substantiel : le droit à la preuve [4]. Ce droit agit comme un support du droit subjectif substantiel, afin qu'heureusement existence et efficacité coïncident. Dès lors, au cours d'une instance, la partie peut se prévaloir d'un droit à obtenir de chacun, juge ou autre partie, une collaboration dans la recherche de la preuve. Ainsi, le juge est contraint d'abandonner sa neutralité, au sens défini ci-dessus ; de la même façon, l'adversaire ne peut plus se réfugier derrière un certain droit à la passivité.

Le droit à la preuve est un droit subjectif qui n'a pas reçu de consécration directe. Mais il constitue le fondement nécessaire d'une évolution très nette des règles régissant l'administration de la preuve. Ainsi, c'est sans doute en vertu d'un tel droit qu'une partie peut obtenir du juge qu'il ordonne la communication forcée des pièces à la charge de l'adversaire ou même d'un tiers [5]. Paradoxalement, c'est bien la reconnaissance d'un nouveau droit subjectif au bénéfice de la partie qui justifie l'accroissement du pouvoir du juge [6], lequel dispose de nouveaux et nombreux pouvoirs

---

1. André, *La neutralité du juge*, thèse Paris, 1910.
2. Aubry et Rau, *Cours de droit civil*, 5e éd., t. XII, § 749, p. 73.
3. V. not. L'écrit et le principe du contradictoire dans la procédure administrative, *AJDA* 1996, 715 s.
4. G. Goubeaux, *Le droit à la preuve*, in *La preuve en droit*, préc., sous la direction de C. Perelman et P. Foriers, éd. Bruylant, 1981, p. 277 s. ; *La preuve*, dir. C. Puigelier, éd. Economica, 2004 ; A. Bergeaud, *Le droit à la preuve*, thèse Bordeaux, éd. 2010 ; *La preuve dans son environnement culturel*, dir. E. Vergès, Grenoble II, 2010.
5. J.-J. Daigre, *La production forcée de pièces dans le procès civil*, 1979, et La doctrine et la réforme de la procédure civile, à propos du pouvoir discrétionnaire du juge en matière de production forcée des pièces, *JCP* 1981, I, 3020 ; C. Marraud, Le droit à la preuve, la production forcée des preuves en justice, *JCP* 1973, I, 2572.
6. H. Solus, *Rôle du juge dans l'administration de la preuve*, Trav. Assoc. H. Capitant, t. V, 1949, éd. 1950, p. 128 s. ; P. Hébraud, *La vérité dans le procès et les pouvoirs d'office du juge*, Annales Toulouse, t. XXVI, 1978, p. 379 s.

d'office, notamment celui d'ordonner les mesures d'instruction nécessaires pour que le technicien mandaté contribue à la recherche de la vérité.

572 ***Un processus complexe*** ◊ La preuve constitue un processus complexe qui se déroule en plusieurs phases. Ainsi quatre ordres de questions sont résolus par le droit positif : 1° sur quoi doit et peut porter la preuve ? (c'est la question de l'*objet* de la preuve) ; 2° qui doit faire la preuve de l'affirmation ? (c'est la question de la *charge* de la preuve) ; 3° par quels moyens techniques la preuve peut-elle être faite ? (c'est la question des *modes* de preuve) ; 4° comment chaque moyen doit-il être présenté au juge ? (c'est la question de l'*administration* de la preuve).

Cette dernière question bien qu'étroitement liée aux précédentes et les recoupant fréquemment, relève traditionnellement de la procédure civile. Elle concerne notamment les productions et les échanges de pièces et documents entre les parties au procès, les mécanismes de vérification d'écriture et d'inscription de faux et toutes les mesures d'instruction. Ces dernières, plus particulièrement les expertises, ont une grande importance pratique.

573 ***Dispersion des règles. Plan*** ◊ Le Code civil n'a pas consacré de développements autonomes à la preuve. Par une méthode défectueuse et critiquée, les règles relatives à la matière, prévues aux articles 1315 à 1369, sont insérées dans la partie du Code relative au droit des obligations, alors même que, par nature, les règles probatoires ont un caractère général (*supra*, n° 560). C'est pourquoi le droit positif, notamment la jurisprudence, redressant l'erreur méthodologique du codificateur, accorde une portée générale à ces textes qui sont, en apparence, spéciaux. Ce travail d'interprétation, qui a permis de dégager des règles générales, explique le fait que le législateur n'ait pas, malgré l'erreur initiale, procédé à une refonte d'ensemble de ces textes. Ainsi, les lois des 12 juillet 1980 et 13 mars 2000 ont procédé à des adaptations des règles légales, sans modifier les mécanismes fondamentaux mis en place en 1804. On trouve donc dans le Code civil les règles qui permettent d'organiser l'objet, la charge et les modes de preuve.

Des règles spéciales sont en outre prévues pour aménager les règles générales, par exemple en matière de mariage (C. civ., art. 194 s.) [1].

Enfin, les règles relatives à l'administration de la preuve figurent, par une césure assez artificielle, dans le Code de procédure civile, notamment dans les articles 9 à 11 et 132 à 338. Cette répartition n'est d'ailleurs guère rigoureuse. Elle révèle l'unité fondamentale de la matière, puisque, par exemple, les règles d'administration de la preuve qui régissent le serment sont placées dans le Code civil.

Le système probatoire est ainsi constitué de principes qui sous-tendent et innervent les mécanismes techniques assurant son fonctionnement. On étudiera donc successivement l'*objet* de la preuve (Chapitre 1), la *charge* de la preuve (Chapitre 2) et les *modes* de preuve (Chapitre 3).

---

1. V. *Précis Dalloz, La famille*, par F. Terré et D. Fenouillet, 8e éd. 2011, nos 108 s.

CHAPITRE 1
L'OBJET DE LA PREUVE

574 ***L'objet de la preuve et la distinction du fait et du droit*** ◊ La détermination de l'objet de la preuve est commandée par la distinction du fait et du droit. Les prétentions des parties prennent pour base les faits articulés susceptibles d'entraîner une solution judiciaire favorable à leur demande, les parties prenant souvent la précaution d'articuler des éléments de droit pour conforter leurs chances. Les éléments de fait sont constitués par les faits, les actes et les situations juridiques. Ainsi une personne se prétend créancière d'une autre au titre de la réparation du dommage qui lui a été causé à l'occasion d'un accident : la réalité de cet événement, l'importance du préjudice ressenti par la victime sont des éléments de fait. De même, si une personne prétend être propriétaire d'un bien détenu par une autre, parce que celle-ci lui a vendu ce bien, l'existence et la teneur de l'acte de vente constituent des questions de fait. Il faut prendre garde à ne pas confondre ces deux acceptions du terme « fait », l'un plus restrictif que l'autre : la notion d'élément de fait est plus large que la notion de fait juridique puisque, si tous les faits juridiques sont effectivement des *éléments de fait*, cette dernière notion couvre non seulement les faits juridiques, mais encore les actes juridiques. Ainsi, au regard de l'objet de la preuve, les actes juridiques sont bien des éléments de fait.

Les éléments de droit sont les règles juridiques que l'on prétend applicables en la cause. Dans les exemples cités, il s'agira de la règle selon laquelle on est responsable du dommage causé par les choses que l'on a sous sa garde (art. 1384, al. 1er) et de celle d'après laquelle la vente transfère la propriété par le seul échange des consentements (art. 1138).

Cette distinction entre le fait et le droit est majeure, lorsqu'il s'agit de déterminer l'objet de la preuve. En effet, le principe est que l'élément de droit ne nécessite pas de preuve, alors que l'élément de fait en est l'objet. Mais il est bien des nuances quant à cette dichotomie. Il convient d'analyser successivement la preuve du *fait* (Section 1) et la preuve du *droit* (Section 2).

SECTION 1. LA PREUVE DU FAIT

575 ***Présentation*** ◊ « Il incombe à chaque partie de prouver conformément à la loi les faits nécessaires au succès de sa prétention » (C. pr. civ., art. 9). Cette exigence naturelle est l'expression d'une nécessaire collaboration avec le juge,

de la part de celui qui s'adresse à lui. Mais il convient aussitôt d'observer que, même en dehors de tout procès, il incombe à celui qui se prévaut d'une situation de rapporter la preuve des faits qui lui servent de support.

Encore convient-il d'observer qu'au *principe* ainsi formulé (A), il convient d'apporter des exceptions, sous forme de *présomptions* (B).

A. Le principe

576 ***Formulation*** ◊ Les éléments de fait, c'est-à-dire les faits, les actes et les situations juridiques, doivent être prouvés [1]. En effet, leur qualification de « juridique » implique que le droit ou la volonté des personnes attachent à leur existence des conséquences juridiques. Pour se prévaloir de ces conséquences, obtenir, par exemple, une exécution ou une réparation, il est donc nécessaire que la partie démontre cette base que constitue l'élément de fait. Le fait est ainsi par principe objet de preuve. *L'allégation* qu'avance une partie au soutien de sa prétention est constituée de faits construits, articulés les uns aux autres : l'allégation est un « complexe de faits » (Motulsky). Pour désigner l'objet de preuve, il faut donc décomposer cette construction et désigner chacun des faits simples qui la composent. Par exemple, la partie qui demande réparation, parce qu'elle a été victime d'un accident, se prévaut d'une situation complexe, composée de nombreux éléments exprès ou implicites : existence de l'accident, réalité du dommage, fait que l'adversaire est l'auteur de l'accident, fait que le dommage a été causé par l'accident, etc. [2] Dans un procès, si seul le fait est objet de preuve, il est donc fréquent que de nombreux éléments de fait doivent être prouvés.

C'est pourquoi le principe selon lequel tout élément de fait doit être prouvé ne peut que s'accompagner des critères qui en délimitent le domaine, pour éviter l'obligation de devoir prouver à l'infini tous les faits qui concourent à une situation. Ne sont en réalité objet de preuve que les faits pertinents, concluants, contestés, contestables.

577 ***1° Nécessité d'un fait pertinent et concluant*** ◊ Les exigences d'un caractère pertinent et concluant sont très proches et relèvent de la même idée. En effet, il convient, dans un souci d'économie qui doit aussi animer le système juridique, de ne désigner comme objet de preuve qu'un fait dont il est utile qu'il soit prouvé. Il doit donc être *pertinent*, c'est-à-dire être en rapport avec le litige, et *concluant*, c'est-à-dire avoir une incidence sur la solution judiciaire à venir. En effet, il est inutile de concevoir la preuve d'un fait si le résultat de cette recherche est indifférent à la décision. Ce sera le cas si le fait n'a aucun rapport avec le litige ou s'il n'est pas de nature

1. V., de manière plus générale, Agathe Lepage, *Recherche sur la connaissance du fait en droit*, thèse ronéot. Paris XI, 1998.

2. H. Motulsky, Le rôle respectif du juge et des parties dans l'allégation des faits, *Études de dr. contemp.*, 1959, t. XV, p. 355 s. (*Écrits*, t. I, p. 38 s.).

à entraîner une réaction, dans un sens ou dans un autre, de la part du juge. L'article 9 précité du Code de procédure civile se réfère précisément à cette exigence d'efficacité. Par exemple, le défendeur à une action en recherche de paternité naturelle peut échapper à une telle prétention en prouvant l'inconduite notoire de la mère. Si le défendeur se propose seulement de prouver la liaison de la mère, son offre de preuve n'est pas pertinente [1], car l'on estime qu'une liaison avec un unique amant ne constitue pas une inconduite notoire. L'offre pèche alors par défaut. Mais elle peut aussi pécher par excès, et l'offre n'est pas pertinente si le fait concerné est déjà suffisamment prouvé [2].

Le juge du fond est souverain pour apprécier la pertinence de l'offre de preuve concernant un fait particulier, sauf pour la Cour de cassation à censurer un juge du fond qui aurait rejeté une telle offre, alors que la démonstration aurait abouti à des conséquences juridiques contraignantes pour lui [3].

578 ***2° Nécessité d'un fait contesté et contestable*** ◊ S'ajoutant à l'exigence d'un fait pertinent et concluant, l'exigence d'un fait contesté et contestable a persisté jusqu'à une époque récente. Si elle subsiste au sujet du caractère contestable, elle a été remise en cause quant à la nécessité d'une contestation.

Longtemps, par souci d'économie, mais aussi parce que les parties ont la maîtrise des éléments de fait dans le procès (*supra*, n° 570), un fait n'était un objet de preuve que s'il était l'objet d'une contestation. Il fallait en effet qu'il y ait un point de divergence dans la reconstitution du fait ou la portée qu'il faut lui accorder, selon les allégations des différentes parties, pour qu'il devienne objet de preuve à la charge de celui qui s'en prévaut [4]. Cela permet de limiter heureusement le domaine des faits objet de preuve. En effet, en remontant la chaîne des causalités entre tous les faits concourant à la réalisation de la situation juridique, on serait tenté d'affirmer que tous les faits sont pertinents. Mais ne sont généralement contestés que quelques-uns d'entre eux, ce qui rend le dialogue probatoire matériellement possible et efficace. Observons cependant qu'en 1991, la Cour de cassation a décidé que les juges du fond ne sont pas tenus de considérer que les faits allégués sont *constants* au seul motif qu'ils n'ont pas été expressément contestés par les autres parties [5].

Il ne suffit pas que le fait soit contesté, il faut encore qu'il soit contestable. Or, un fait ne sera pas contestable dans deux hypothèses : soit lorsque la loi interdit qu'il soit soumis à contestation et donc à preuve,

1. Civ. 1re, 23 févr. 1972, *Bull. civ.* I, n° 60.
2. Soc. 18 janv. 1967, *Bull. civ.* IV, n° 54.
3. J. Chevallier, Le contrôle de la Cour de cassation sur la pertinence de l'offre de preuve, *D.* 1956, chron. 37 s.
4. Soc. 16 nov. 1972, *Bull. civ.* V, n° 626.
5. Civ. 2e, 10 mai 1991, *Bull. civ.* II, n° 142, p. 76, *JCP* 1991, IV, 258, *RTD civ.* 1992, 447, obs. J. Normand. – V. T. Le Bars, La théorie du fait constant, *JCP* 1999, I, 178.

dispense posée par l'ordre juridique pour des considérations extrinsèques par rapport au fait, soit lorsque ce dernier relève de l'*évidence* ou de l'*impossibilité*, dispenses naturelles et intrinsèques par rapport au fait [1].

Il peut ainsi, en premier lieu, arriver que le fait ne soit pas contestable, non par lui-même, mais parce que le législateur l'a entendu ainsi. Par exemple, avant la loi du 3 janvier 1972, il était posé que le lien de filiation entre un enfant et le mari de sa mère était, dans l'intérêt de la paix des familles, incontestable en principe (sauf cas exceptionnels de désaveu). Ce type de présomption, de nature irréfragable, refusant toute démonstration contraire, enlève artificiellement au fait qui en est l'objet la qualité d'objet de preuve. Cet exercice normatif, qui a recours à la fiction, ne peut être que l'œuvre du législateur (*infra*, n° 588) et se justifie par des considérations qui ne sont jamais de nature probatoire, puisqu'il s'agit d'empêcher tout mécanisme de preuve.

579 ***L'évidence et l'impossibilité*** ◊ La soustraction du fait comme objet de preuve lorsqu'il est évident ou impossible à prouver paraît plus naturelle. Mais l'*évidence* comme l'*impossibilité* sont des notions dont les juristes, comme les scientifiques, ont appris à se méfier.

À supposer que l'adversaire conteste un fait évident, on ne peut dire que l'*évidence* génère à elle seule une dispense de preuve [2]. En effet, l'évidence ne pourra jouer que si le juge est libre de se fier à son intime conviction pour attacher des conséquences juridiques au fait qui lui est présenté, c'est-à-dire que si la preuve est, en la matière, libre (*infra*, n°s 617 s.). Elle ne pourra, semble-t-il, pas jouer si le juge est lié par un système de preuves légales qui attache des effets probatoires automatiques et qui le lie à tels ou tels modes de preuve. Ainsi, selon les critères d'admissibilité des modes de preuve, un fait juridique évident pourra convaincre à lui seul le juge, mais un acte juridique évident ne pourra être reconnu par le juge que si, par ailleurs, une preuve littérale est produite (v. *infra*, n° 640).

Au sujet de l'*impossibilité*, le fait peut être hors d'atteinte parce que les techniques de preuve sont impuissantes à découvrir la vérité de ce fait. Ainsi, on a longtemps affirmé que, la preuve d'un *fait négatif* étant impossible, il ne pouvait être un objet de preuve. Cela n'est pas en réalité exact, car s'il est vrai qu'il n'est pas possible de prouver « ce qui n'est pas » d'une façon directe, on peut le prouver d'une façon indirecte. En effet, en se référant aux circonstances positives qui entourent ce fait négatif, on peut prouver, par ce biais, le fait négatif qui en serait la cause ou la conséquence, ou bien prouver l'existence d'une incompatibilité entre eux : ainsi, pour prouver que la personne n'était pas dans un tel lieu, on prouvera

---

1. À quoi il convient d'ajouter l'exclusion d'un mode de preuve *illicite*, par exemple l'enregistrement par l'employeur, quels qu'en soient les motifs, d'images ou de paroles à l'insu des salariés pendant le temps de travail (Soc. 20 nov. 1991, *D.* 1992, 73, concl. Chauvy ; rappr. Paris 15 mai 1998, *D.* 1998, *IR* 196). – L'illicéité d'un moyen de preuve doit entraîner son rejet des débats (Soc. 4 févr. 1998, *Bull. civ.* V, n° 64).

2. B. Petit, L'évidence, *RTD civ.* 1986, 485 s.

qu'elle était dans un autre [1]. Il est important de noter le mécanisme de preuve indirecte qui est alors utilisé : pour prouver un fait qu'on ne peut connaître directement, on prouve d'autres faits dont l'existence, d'une part, et le lien logique entre eux et le fait principal (causalité, incompatibilité, similitude, etc.), d'autre part, permettent d'estimer le fait central indirectement prouvé. Cette méthode se retrouve à l'identique dans le mécanisme de la présomption (v. *infra*, n°s 580 s., 601).

B. Les présomptions

580 ***Distinction*** ◊ Les présomptions sont régies par une section entière du chapitre du Code civil consacré à la preuve des obligations (art. 1349 à 1353). On s'accorde à en généraliser la portée au-delà de ce domaine particulier. Elles sont définies à l'article 1349 comme « des conséquences que la loi ou le magistrat tire d'un fait connu à un fait inconnu ».

L'expression sert à désigner deux sortes de présomptions bien différentes. Les unes – ici envisagées – affectent l'*objet* de la preuve, soit par déplacement de cet objet (ex. : présomption permettant d'établir la preuve d'une vitesse excessive en analysant les traces de pneus), soit même par exclusion de la preuve ; les autres sont relatives à la *charge* de la preuve, en ce que, sans affecter l'objet de celle-ci, elles modifient les règles habituelles relatives à la détermination de la personne sur laquelle pèse l'obligation de prouver.

581 ***1° Le déplacement de l'objet de la preuve*** ◊ Il s'agit de la *présomption par excellence*, celle qui est expressément visée et définie par le Code civil, à l'article 1349. Elle constitue un *raisonnement probatoire* (*infra*, n° 583), par l'établissement d'un lien logique entre le fait inaccessible à la preuve (objet initial de preuve, « inconnu ») et le fait accessible (objet déplacé de preuve, « connu »). Ainsi, puisque le possesseur d'un bien est le plus souvent le propriétaire, la preuve de la propriété (objet initial de la preuve) sera apportée si le demandeur démontre sa qualité de possesseur (objet déplacé de la preuve). Le lien logique est, dans cet exemple, la *coïncidence* des deux qualités.

Il n'y a dans ce cas ni renversement de la charge de la preuve, puisque le demandeur a toujours la tâche de prouver son allégation, ni dispense de preuve, puisqu'il a toujours un objet de preuve à satisfaire : simplement, l'objet s'est modifié. Cela démontre l'autonomie de cette catégorie de présomption.

Puisqu'il s'agit d'un raisonnement tendant à la révélation de la vérité, certes d'une façon indirecte, la présomption correspond à la définition même de la preuve (*supra*, n° 564) : à ce titre, elle doit pouvoir être reçue dès l'instant qu'elle n'est pas exclue.

---

1. J. Larguier, La preuve d'un fait négatif, *RTD civ.* 1953, 1 s.

582 ***a) La technique*** ◊ Parce qu'il s'agit d'un raisonnement, ce type de présomption est par excellence judiciaire et constitue un mode de preuve à part entière [1]. L'exemple de la preuve de la vitesse par l'usure des pneus, par l'établissement d'un lien logique de causalité entre les deux faits, l'illustre (*infra*, n° 583). C'est toujours ce type de présomption que l'on vise lorsqu'on parle de *présomption du fait de l'homme.* Mais la présomption peut être aussi d'origine légale, lorsque le législateur, sans qu'il ait à en justifier, a établi un lien logique entre deux objets de preuve. Ainsi, la preuve positive de la paternité étant difficile, on présume que le père de l'enfant est le mari de la mère (C. civ., art. 312).

La présomption comme mécanisme de déplacement de l'objet de la preuve peut être d'origine légale ou judiciaire, mais, dans la mesure où elle constitue un raisonnement probatoire, elle ne peut qu'être *simple*. En effet, du fait de l'incertitude probatoire du déplacement d'objet, et de la faiblesse du lien logique (il arrive que le mari ne soit pas le père, que le possesseur ne soit pas le propriétaire, que les pneus aient été usés par autre chose qu'une vitesse excessive, etc.), l'adversaire doit avoir le moyen de briser la présomption en rapportant la preuve contraire. Un tel raisonnement doit toujours pouvoir être contredit. C'est la condition *sine qua non* pour qu'il constitue une technique tendant à établir la vérité, pour qu'il constitue une preuve. Si la preuve contraire n'est pas possible, la présomption ne constitue plus alors un déplacement d'objet de preuve, mais une dispense de preuve (*infra*, n° 588).

583 ***b) Les présomptions du fait de l'homme*** ◊ Lorsque la preuve directe du fait, initialement objet de preuve, se révèle difficile, hors de la portée du demandeur à l'allégation, qu'il reste donc « inconnu », le juge peut cependant admettre que cette preuve soit indirectement rapportée. Comme il a été écrit à propos de la preuve du fait négatif (*supra*, n° 578), il peut admettre que soit rapportée la preuve de faits qui ne sont pas l'objet direct de la preuve, mais qui ont une portée probatoire : ils sont ainsi « connus ». Si le juge admet l'existence d'un lien logique entre ces faits « connus » et ce fait « inconnu », il pourra alors déduire de la preuve directe des faits connus la preuve indirecte du fait inconnu. L'article 1349 vise le lien logique de la conséquence : « les présomptions sont des conséquences que la loi ou le magistrat tire d'un fait connu à un fait inconnu ». Mais ce n'est là qu'un exemple et l'on doit admettre d'autres liens, comme la causalité, l'incompatibilité, l'identité.

Exemple classique : pour reconstituer la vitesse à laquelle roulait la voiture, on mesure les traces qu'ont laissées les pneus sur la route. On prouve ainsi directement des faits (traces de pneus) qui ne sont pas l'objet de la preuve (vitesse), mais en établissant un lien de causalité (la trace de pneus

---

1. R. Decottignies, *Les présomptions en droit privé*, thèse Lille, 1949 ; v., plus spécialement, P. Brun, *Les présomptions dans le droit de la responsabilité civile*, thèse ronéot. Grenoble, 1993 ; Valérie Le Baleh, *Les présomptions en droit social*, thèse ronéot. Paris II, 1999.

est la conséquence d'une certaine vitesse), on déduit de la preuve fournie la preuve indirecte de la vitesse. La présomption est alors un véritable *raisonnement probatoire*, dont l'importance pratique est extrême. Elle consiste en un *déplacement d'objet de preuve* : voulant prouver la vitesse, on prouve utilement les traces de pneus.

584 ***Présomption, certitude et incertitude*** ◊ Cependant, la présomption introduit, par ce déplacement ingénieux et indispensable de l'objet de preuve, une incertitude. En effet, le caractère indirect de ce mécanisme, qui modifie audacieusement l'objet de la preuve, peut être hasardeux. En cela, la présomption n'est pas d'une autre nature que les preuves directes : la preuve absolument directe est une illusion et l'on sait que la réalité, objet de tout effort de preuve, est toujours cernée mais jamais atteinte. L'incertitude de la présomption est simplement plus forte, en degré, que celle de la preuve directe. Cela entraîne deux conséquences.

En premier lieu, dans un remarquable article 1353, le Code civil précise que les présomptions « *sont abandonnées aux lumières et à la prudence du magistrat* », paroles tout à la fois de confiance et de mise en garde. Corrélativement, il est indiqué au même article, que le juge « *ne doit admettre que des présomptions graves, précises et concordantes* ». Certes le juge qui admet une présomption n'est pas obligé de mentionner expressément dans sa décision qu'il prend appui sur un tel faisceau d'indices. Et ce n'est pas aller au-delà de la lettre et de l'esprit du texte que d'autoriser le juge à former sa conviction sur un fait unique, si celui-ci lui paraît de nature à établir la preuve nécessaire [1].

En second lieu, parce que la présomption est un raisonnement probatoire, qui opère un déplacement de l'objet de la preuve, il doit toujours être possible de rapporter la preuve contraire. En effet, par nature, la preuve n'est que la démonstration de la vérité, tant que la preuve de l'inexactitude n'a pas été rapportée (*supra*, n°s 564, 567). Donc, une présomption du fait de l'homme est dite *simple*, c'est-à-dire susceptible de preuve contraire. Le défendeur à l'allégation pourra, soit, si cela est possible, apporter la preuve contraire du fait qui est l'objet direct de la preuve (un témoin attestant que la vitesse de la voiture n'était pas excessive), soit apporter la preuve contraire des faits indirects vers lesquels s'est déplacé l'objet de la preuve (les traces sur la route provenant d'une autre voiture que la sienne), soit encore briser la démonstration du lien logique établi entre le fait connu et le fait inconnu (les traces de pneus de la voiture sont dues à un défaut des pneus et non à une vitesse excessive). De nombreuses présomptions légales s'analysent selon ce même modèle du raisonnement probatoire.

585 ***c) Les présomptions légales*** ◊ Les présomptions légales s'analysent soit comme un déplacement d'objet de preuve, soit comme une dispense

1. Civ. 2e, 28 oct. 1970, *JCP* 1970, IV, 300 ; Civ. 3e, 28 nov. 1972, *JCP* 1973, IV, 15.

radicale de preuve. Le législateur met en place une présomption lorsqu'il observe que la preuve directe d'un fait est trop difficile ou lorsqu'il désire éviter des disputes probatoires sur certains sujets. Par exemple, la preuve directe de la propriété, *diabolica probatio*, est quasiment impossible et il n'est pourtant pas bon que les droits de propriété soient trop facilement remis en cause. Or on observe que celui qui est possesseur d'un bien en est le plus souvent le légitime propriétaire. La possession d'un bien, en dehors de tout pouvoir acquisitif, a donc une vertu probatoire : la possession fait présumer la propriété [1]. Le législateur a déplacé l'objet de la preuve : prouver la possession, c'est prouver indirectement la propriété. L'objet de la preuve directe sera, dans l'allégation qui se base sur un droit de propriété, non pas ce dernier, mais le fait de possession. Ce sera ensuite à l'adversaire à l'allégation de briser cette présomption en démontrant que le demandeur, bien que possesseur, n'est pas néanmoins propriétaire du bien considéré. Autre exemple : le mari de la mère est présumé légalement le père de l'enfant tout à la fois parce que la paix des familles y incite, mais aussi parce que cela correspond à la majorité des cas. Cependant, la considération de vérité propre au mécanisme de la preuve (*supra*, n° 567) n'est pas évacuée et, dans un souci de vérité biologique, la preuve contraire pourra, sous certaines conditions, être apportée. Ainsi le législateur peut-il mettre en place des déplacements légaux de l'objet de la preuve, susceptibles de preuve contraire.

586 ***Les présomptions légales irréfragables*** ◊ Mais il arrive aussi que la loi prévoie des présomptions qui ne supportent pas une telle preuve, dites « irréfragables ». L'article 1350 procède à une énumération, sans vraiment les classer. Les formulant d'une façon assez obscure, voire maladroite, il vise tout d'abord les présomptions d'interposition de personnes. Il s'agit des présomptions destinées à consolider l'efficacité de certaines incapacités de recevoir. En effet, certaines personnes (tuteur, médecin et ministre du culte) sont frappées d'une incapacité de recevoir des libéralités de la part de certaines autres (pupille, malade soigné ou assisté en cas de maladie ayant une issue fatale) ; l'auteur de la libéralité, pour tourner l'interdiction légale, peut être tenté de feindre d'adresser le don à un tiers complaisant qui en fera passer le bénéfice au donataire véritable ; les personnes lésées par la libéralité pourraient avoir les plus grandes difficultés à faire la preuve de la simulation. La loi vient alors au secours du demandeur en nullité au moyen d'une présomption d'interposition de personne : les père et mère, les enfants et descendants et l'époux de la personne incapable sont présumés personnes interposées (C. civ., art. 911) : la nullité de la donation faite à leur profit s'ensuit.

587 ***Les situations inattaquables*** ◊ L'article 1350 vise ensuite les présomptions par lesquelles « *la loi déclare la propriété ou la libération résulter de cer-*

1. F. Terré et Ph. Simler, *Précis Dalloz, Les biens*, 7e éd. 2006, nos 532 s.

taines circonstances déterminées ». Cette formulation peu claire concerne l'hypothèse de la prescription qui, par l'effet de l'écoulement d'un certain délai, fait acquérir un droit ou libère d'une obligation. L'analyse de la prescription acquisitive comme une présomption irréfragable de propriété est d'ailleurs contestable. De même, il est précisé que l'*autorité de la chose jugée* constitue une présomption de vérité. L'autorité de chose jugée interdit à la partie au procès de saisir de nouveau le juge pour lui soumettre la prétention qu'il a déjà tranchée dans un jugement (*infra*, n° 750). Elle rend donc le jugement incontestable. En envisageant celle-ci comme une présomption de vérité (v. l'art. 1350), alors qu'il ne s'agit que d'une règle pratique d'incontestabilité destinée à empêcher la renaissance des litiges, on a affaibli la légitimité de la règle. En effet, par nature, le système probatoire supporte mal l'idée d'une vérité inattaquable. Il convient mieux de dire que l'autorité de chose jugée, en ce qu'elle rend incontestable le jugement, a le même effet qu'une vérité inattaquable, mais qu'elle n'en a pas pour autant la nature. Enfin, par un contresens patent, l'article 1350 cite « la force que la loi attache à l'aveu de la partie ou à son serment ». Il y a là une confusion manifeste : l'aveu et le serment sont des modes de preuve distincts (*infra*, n°s 687 s., 696 s.), et non le résultat d'une présomption.

588 ***2° L'exclusion de la preuve*** ◊ La nature de ce mécanisme est des plus singulières, puisque le droit appelle encore « présomptions » des règles qui posent le caractère *incontestable* de certaines affirmations ! Ainsi, le jugement est présumé vrai (art. 1350, *supra*, n° 585 et *infra*, n° 750). Par cette règle, la question de la véracité du jugement n'appartient plus au débat. Ce type de présomption fait disparaître le fait en tant qu'objet de preuve, annihile toute question de charge de preuve. La présomption comme dispense de preuve opère une transformation qualitative : le fait qui en bénéficie ne relève plus dès lors d'une logique probatoire. Il devient juridiquement indifférent de découvrir s'il est exact ou non : la présomption le pose comme vrai. C'est pourquoi cette présomption, d'une nature radicalement différente des précédentes, est une *fiction* (v. *supra*, n° 479). On peut même regretter que le terme de « présomption » soit encore utilisé pour décrire ce mécanisme.

Pour que la présomption vaille dispense de preuve, ce qui aboutit à soustraire le fait considéré à l'exigence probatoire, il faut donc que la preuve contraire soit exclue : la présomption est alors *irréfragable*. Ainsi en est-il des présomptions légales visées à l'article 1350 du Code civil (*supra*, n° 585).

Le pouvoir de poser ce que le droit considère comme vrai, sans souci de la vérité, n'appartient qu'au législateur, entre les mains duquel, d'ailleurs, l'on peut estimer que la présomption, envisagée comme une fiction, doit être interprétée restrictivement [1]. Pourtant, la jurisprudence s'est reconnue, implicitement sinon expressément, le pouvoir d'admettre des présomptions

---

1. Civ. 1re, 5 janv. 1965, *JCP* 1965, II, 14132, note R.L., fut critiqué pour avoir interprété par analogie la présomption d'interposition de personnes (J.-Y. Chevallier, *D.* 1965, 533).

irréfragables, plus spécialement au sujet de l'obligation de garantie des vices cachés de la chose vendue pesant sur le vendeur professionnel [1].

SECTION 2. LA PREUVE DU DROIT

589 ***Le principe : le droit n'est pas un objet de preuve*** ◊ Par principe, les parties n'ont pas à prouver l'existence, le contenu ou la portée des règles juridiques qu'elles invoquent pour appuyer leur prétention. Cette règle majeure peut s'expliquer par le caractère général et abstrait de la règle, son opposabilité absolue. L'adage selon lequel *Nul n'est censé ignorer la loi* signifie aussi que chacun la connaît et qu'il n'est nul besoin de la prouver aux autres (*supra*, n° 464). Mais la dispense de preuve est née aussi de la répartition des rôles dans le procès entre les parties et le juge [2] : en effet, c'est au juge de dire le droit, et non aux parties, ce qu'exprime la vieille maxime *jura novit curia*, la cour connaît le droit ou encore la vieille formule : *Da mihi factum, dabo tibi jus* [3]. Demander aux parties au procès de lui apporter la preuve du droit, ce serait, outre accroître leur charge, leur laisser en quelque sorte la maîtrise du droit, ne serait-ce qu'en leur permettant d'écarter la règle juridique en ne la prouvant pas, contrairement à cette répartition fondamentale des rôles.

590 ***Les articulations*** ◊ Il est, *a priori*, facile de distinguer le fait et le droit et, par voie d'application, les rôles de chacun. Reste l'essentiel : que l'on doit constamment procéder à leur articulation. Dès lors que la preuve du droit ne se pose pas hors de toute contestation, la confrontation au concret révèle des difficultés. Ici on en discerne au moins deux.

591 ***Le droit, le juge et le plaideur*** ◊ L'une est relative à la *division du travail judiciaire*. Il est facile de dire que le plaideur établit le fait et que le juge discerne et applique le droit. Mais la multiplication des procès, jointe à tant de déficiences du système judiciaire, ont porté les juges à demander, en quelque sorte, aide aux justiciables. Déjà, dans le Code de procédure civile, en 1975, la question était posée. De l'article 12, alinéa 1er, découlait, suivant une stricte logique judiciaire, la détermination du droit applicable par le juge. Et à cet égard, la qualification basculait bien du côté du droit, puisque « le juge doit donner ou restituer leur exacte qualification aux faits et actes litigieux sans s'arrêter à la dénomination que les parties en auraient proposée » (al. 2).

---

1. Com. 27 nov. 1972, *Bull. civ.* IV, n° 282, p. 266 ; Civ. 1re, 11 mars 1980, *Bull. civ.* I, n° 84, p. 69.

2. H. Motulsky, Le rôle respectif du juge et des parties dans l'allégation des faits, *Études de dr. contemp.*, 1959, t. XV, p. 355 s. (*Écrits*, t. I, p. 38 s.).

3. V. J. Dupichot, L'adage « *Da mihi factum, dabo tibi jus* », *Mélanges J.-L. Aubert*, 2005, p. 425 s.

En outre « le juge peut inviter les parties à fournir les explications de droit qu'il estime nécessaires à la solution du litige » (C. pr. civ., art. 13) [1].

L'afflux a rendu nécessaire un nouvel effort pour remédier aux retards, en reportant sur d'autres - les justiciables... donc leurs avocats -, une fonction incombant par nature au service public de la justice. Comment ? Précisément par le biais d'un rééquilibrage des tâches imparties aux protagonistes quant à la démonstration du droit.

D'où un décret n° 98-1231 du 28 décembre 1998, modifiant notamment, au sujet de la procédure devant le tribunal de grande instance, l'article 753, alinéa 1er, du Code de procédure civile : « Les conclusions doivent formuler expressément les prétentions des parties ainsi que les moyens en fait *et en droit* (sic) sur lesquels chacune de ces prétentions est fondées... » (al. 1er ; v. aussi art. 954 (réd. décr. 9 déc. 2009), al. 1er, au sujet de la procédure devant la cour d'appel) [2].

592 ***Le droit, le juge et le fait. La convention collective*** ◊ Une autre articulation se manifeste du côté des relations entre la règle de droit (loi, décret...) et l'expression concertée des volontés individuelles (conventions, accords, et même expressions unilatérales de volonté). On en voudra pour preuve les analyses suscitées par le développement des conventions collectives (v. *supra*, n° 379).

Étant admis en principe (v. *supra*, n° 591) que le juge a l'obligation de trancher les litiges qui lui sont soumis conformément aux lois qui régissent la matière, alors même que l'application de ces lois n'aurait pas été expressément requise par les parties [3], sans pouvoir en écarter certaines dispositions en raison de leur prétendue contrariété à des principes de caractère constitutionnel [4], il n'en demeure pas moins délicat de se demander ce qu'il convient de décider au sujet de certaines situations - charnières -, par exemple en ce qui concerne les conventions collectives. À ce propos la Cour de cassation a décidé que, lorsqu'une partie invoque une convention collective précise, il incombe au juge de se procurer le texte qui contient la règle de droit éventuellement applicable au litige, au besoin en invitant les parties à lui en faire parvenir un exemplaire [5]. En d'autres termes, une coopération s'établit nécessairement. Dans d'autres hypothèses, elle peut être plus accentuée.

593 ***La preuve de la coutume*** ◊ Il est acquis que la coutume ou les usages constituent des règles de droit à part entière (*supra*, nos 386 s.). Pourtant,

---

1. V. A. Perdriau, De la découverte par le juge civil du fondement juridique de la demande, *Gaz. Pal.* 1999, 1, doctr. 539.
2. V. L. Cadiet, Les tendances contemporaines de la procédure civile en France, *Mélanges Wiederkehr*, 2009, p. 65 s.
3. Civ. 20 févr. 1854, *DP* 1854, 1, 62 ; rappr. Civ. 1re, 16 nov. 1960, *D.* 1961, 7, note G. Holleaux.
4. Civ. 1re, 1er oct. 1986, *Bull. civ.* I, n° 237.
5. Soc. 3 mars 1993, *Bull. civ.* V, n° 76 ; 5 oct. 1993, *D.* 1994, 588, note Encinas de Munagorri ; 15 juill. 1998, *Bull. civ.* V, n° 389.

usages ou coutumes doivent, en cas de contestation, être établis dans leur existence et dans leur teneur par celui qui s'en prévaut [1]. Cette exigence se justifie parce que le juge n'a pas les moyens de rechercher lui-même ces règles, qui ne font pas l'objet de publications officielles et unifiées, et que le système juridique ne peut l'y contraindre, même s'il lui permet de le faire, notamment lorsqu'il connaît précisément la coutume [2]. Mais cette difficulté probatoire au détriment de la coutume par rapport à la loi rend moins efficace la normativité de la première par rapport à celle de la seconde.

La satisfaction de cette charge est facilitée par la règle selon laquelle la preuve peut en être librement rapportée, notamment grâce à la consultation de recueils, avis d'experts ou attestations écrites (*parères*) de personnes ou d'organismes, tels que les chambres de commerce. Cependant, si la coutume vient à prendre place dans une loi, elle est alors *ipso facto* soustraite à cette exigence probatoire [3].

594 ***La preuve de la loi étrangère*** ◊ Une controverse doctrinale s'est développée quant à la nature de la loi étrangère. Certains ont affirmé qu'elle devait être « reléguée » au rang de fait, alors que d'autres, d'une façon convaincante, ont démontré qu'elle partageait avec la loi française le caractère de règle de droit à part entière. Elle répond en effet aux mêmes critères qui déterminent la source législative du droit. Il est non moins certain que la loi étrangère ne peut bénéficier de la même présomption de connaissance par le juge que la loi française, et c'est pourquoi, bien qu'étant règle de droit, elle est soumise à des exigences probatoires qui ne se justifient pas pour la loi française [4].

La solution du droit positif a été l'objet d'hésitations et même de fluctuations jurisprudentielles, étant au demeurant observé qu'à supposer une loi étrangère applicable en vertu de la règle de conflit (*supra*, n° 506), il s'agit de savoir à qui il appartient d'en établir la teneur. Une évolution s'est produite dans le sens d'un rapprochement entre la loi étrangère et la loi française [5].

Après s'être prononcée en ce sens en se référant aux « principes du droit international privé relatifs à la loi étrangère » [6], c'est finalement par

---

1. Soc. 2 juill. 1968, *Bull. civ.* V, n° 349 ; Ass. plén. 26 févr. 1988, *Bull. civ.* n° 2, *JCP* 1988, IV, 166.

2. Com. 5 mars 1969, *Bull. civ.* IV, n° 85.

3. Soc. 19 juin 1947, s. 1947, 1, 175.

4. V. parmi de nombreuses études, J. Maury, *La condition de la loi étrangère en droit français*, Trav. com. franç. dr. int. priv. 1948-1952, p. 97 s. ; H. Motulsky, L'évolution récente de la condition de la loi étrangère en France, *Mélanges Savatier*, 1965, p. 681 s. ; C. David, *La loi étrangère devant les juges du fond*, thèse Paris, 1965 ; A. Bolze, L'application de la loi étrangère par le juge français : le point de vue d'un processualiste, *D.* 2001, chron. 1818 s. ; P. Mayer, Les procédés de preuve de la loi étrangère, *Mélanges Ghestin*, 2001, p. 217 s. – V. aussi Gwendoline Lardeux, La reconnaissance du statut de règle de droit à la règle de conflit de lois, *D.* 2003, chron. 1513 s.

5. V. cep. Civ. 1re, 11 et 18 oct. 1988, *Rev. crit. DIP* 1989, p. 368, chron. Y. Lequette, *JDI* 1989, 49, note D. Alexandre et chron. D. Bureau.

6. V. encore Civ. 1re, 5 oct. 1994, *Rev. crit. DIP* 1995, 60, note D. Bureau.

référence au seul article 12 du Code de procédure civile, sans distinction entre ses alinéas [1], que la Cour de cassation a d'abord décidé « qu'il appartient au juge qui déclare applicable une loi étrangère de procéder à sa mise en œuvre, et, spécialement d'en rechercher la teneur » [2], quelle que soit la nature - conventionnelle ou non - de la règle de conflit désignant la loi étrangère, le juge conservant la faculté d'appliquer d'office la règle de conflit de lois, sauf lorsqu'il s'agit de droits indisponibles, c'est-à-dire de droits dont les parties n'ont pas la libre disposition [3]. Puis, unifiant le régime quelle que soit la nature - disponible ou indisponible - des droits litigieux, elle a décidé « qu'il appartient au juge saisi de l'application d'un droit étranger de procéder à sa mise en œuvre et, spécialement, d'en rechercher la teneur afin de trancher le litige selon ce droit » [4].

---

1. Ce qui est de nature à faire problème quant à l'incidence d'un accord procédural sur la loi applicable : v. not. D. Bureau, L'accord procédural à l'épreuve, *Rev. crit. DIP* 1996, 587 ; Horatia Muir Watt, Sur l'actualité de la jurisprudence *Roho* : de la licéité de l'accord procédural en matière de conflits de lois, Rev. *Justices* 1997, 264 s.

2. Civ. 1re, 27 janv. 1998, *JCP* 1998, II, 10098, note Horatia Muir Watt ; V. Y. Loussouarn, P. Bourel et P. de Vareilles-Sommières, *Droit international privé, Précis Dalloz*, 9e éd. 2007, n° 243-2.

3. Civ. 1re, 26 mai 1999, *JCP* 1999, II, 10192, note F. Mélin.

4. Civ. 1re, 18 sept. 2002, *LPA*, 6 févr. 2003, p. 15, note F. Mélin ; Civ. 1re et Com., 28 juin 2005, *LPA* 28 déc. 2005, p. 16.

CHAPITRE 2
LA CHARGE DE LA PREUVE

595 ***L'existant et la preuve. Preuve extrajudiciaire et preuve judiciaire*** ◊ À quoi se fier de prime abord ? À ce que l'on voit ? À ce que l'on sait ? À ce qui est ? Mais ni le souvenir, ni la connaissance ne peuvent être *a priori* conformes à cette réalité qu'on appelle juridicisée, voire juridique au premier regard du droit, appelé à l'aide quand peuvent naître les difficultés de la vie et les antagonismes entre les libertés. Il faut bien alors choisir. Et le choix, nécessairement, se détermine en faveur de celui qui veut changer ce qui apparemment existe. Souvent perverti par une vision pathologique de la vie juridique, parfois obnubilé par les jeux des procès, on oublie trop souvent que la preuve est avant tout extrajudiciaire et que la tranquillité des choses existantes n'est pas dépourvue, sinon de signification, du moins de force apaisante dans l'harmonie sociale - ou ce qui en tient lieu. D'un conflit latent, d'un équilibre des plus éphémères entre l'apparence et la réalité, la nécessaire cohésion sociale déduit une sorte de présomption qui oblige un contestataire à établir, du moins dans un premier temps, la raison - ou les raisons - de sa contestation.

Au passage de la relation bilatérale à la relation triangulaire, cet état des choses - face au droit, puis du droit - change peut-être de contexte, mais aucunement de nature. De ce que la relation devient triangulaire du fait que la preuve, d'extrajudiciaire devient judiciaire, ne résulte pas un changement de perspective quant à la détermination de celui qui, secouant l'acquis, fut-il éphémère, du moment, s'estime en droit d'agir pour modifier une situation juridique. D'où une dynamique propre à rappeler le mouvement qui permet de mettre en marche ce jeu de cordes et de poulies (Spinoza) qui doit à la fois assurer et faire comprendre l'harmonie, sans cesse en cause, du corps social.

On envisagera successivement des *généralités* (Section 1), puis les *aménagements* variant suivant divers domaines du droit (Section 2).

SECTION 1. GÉNÉRALITÉS

596 ***La preuve et la prétention*** ◊ Hors de tout procès, osons dire hors de la pathologie, l'application spontanée du droit repose sur les prétentions des sujets de droit opérant sans contestation. Fort heureuse cette mise en œuvre paisible tient au fait d'une bonne entente, consciente ou non, voire d'une certaine indifférence des uns ou des autres. La tolérance apporte

dans la vie du Droit une douceur apaisante [1]. Dans cet ordre d'idées se dégage aussi que les situations qui se maintiennent ou se développent sont, en elles-mêmes, conformes normalement aux exigences juridiques de la vie en société, surtout lorsque les titulaires de droits restent en deçà des limites de leurs prérogatives.

Mais cette harmonie est perturbée lorsqu'une personne *enfreint* la règle de droit de diverses manières, plus ou moins fortes, pas seulement lorsqu'elle commet une infraction pénale. Il se peut aussi qu'elle nuise à autrui en commettant un délit civil ou en se prévalant d'un droit de propriété sur tel ou tel bien. Au sens large du mot, il y a alors un trouble, mais celui-ci peut aussi résulter du fait que le reproche de trouble est sans fondement et constitue alors lui-même un trouble.

Comment surmonter la difficulté ? Naturellement le droit positif repose sur une sorte de sagesse élémentaire et honnête portant à faire foi dans un premier temps aux situations établies qui viennent à être troublées, ce qui fait porter sur ceux qui combattent les troubles, même légers, la charge de rapporter la preuve des comportements illicites qu'ils manifestent et des dommages qu'ils causent.

Le rejet de la justice privée et le recours nécessaire à la justice instituée - fût-ce par un mode alternatif de règlement des conflits - expliquent l'existence de garanties et l'aménagement du jeu de la preuve à partir de présomptions essentielles mais plus ou moins reconnues suivant les domaines du droit. C'est à ce titre que, hors de tout procès, la bonne foi ou l'innocence, en principe, se présument.

On envisagera successivement la *charge initiale* de la preuve (§ 1) puis son *renversement* (§ 2).

§ 1. La charge initiale de la preuve

597 ***La normalité de la situation invoquée*** ◊ Il est possible aussi de justifier les règles qui déterminent la charge de la preuve de la façon suivante [2] : celui qui se réclame d'une *situation normale* n'a pas à rapporter la preuve de son existence. Le meilleur exemple est la présomption de légalité dont bénéficie tout état de choses [3]. Cette situation peut être normale parce

1. V. P.G.J. Hage Chahine, *L'acte de tolérance en droit civil, Contribution à l'étude des actes dans le droit des biens et à la théorie de la volonté modératrice de droit*, thèse ronéot. Paris II, 2 vol., 1992 ; S. Pesanti, *La tolérance en droit civil*, thèse Paris II, 2002.

2. F. Boulanger, Réflexions sur le problème de la charge de la preuve, *RTD civ.* 1966, 736 s. - V. not., sur le problème des factures téléphoniques, Civ. 1re, 28 mars 1995, *D.* 1995, 517, note J. Huet, *JCP* 1995, II, 22539, note A. Bénabent, *RTD civ.* 1996, 173, obs. J. Mestre ; Comp. *supra*, n° 607. - Concernant la perte ou le vol d'une carte bancaire, v. A. Hontebeyrie, Réflexion sur la nature juridique du dispositif prévu à l'article L. 132-3 du Code monétaire et financier, chron. *D.* 2009. 1493 (Com. 2 oct. 2007 et Civ. 1re, 28 mars 2008).

3. J. Rivero, Fictions et présomptions en droit public français, in *Les présomptions et les fictions en droit*, 1974, p. 108 ; L. de Gastines, *Les présomptions en droit administratif*, thèse Paris II, éd. 1991.

qu'elle est *établie* : celles qui existent, et qui ont jusqu'ici duré sans susciter de difficultés, doivent en principe être maintenues jusqu'à ce que soit prouvée par le contestataire la nécessité de leur changement. Cela explique le jeu alterné des deux alinéas de l'article 1315 (*supra*, n°s 606 s.). Mais la situation peut être aussi analysée comme normale, et donc celui qui l'invoque dispensé de preuve particulière, lorsqu'elle correspond au plus *vraisemblable* : ainsi, lorsqu'il y a une prestation fournie, la charge de la preuve de son caractère onéreux ou gratuit repose sur celui qui prétend à sa gratuité, alors même qu'il serait défendeur à l'instance, car la volonté de rémunération est normale et l'intention libérale exceptionnelle [1].

De cette référence première à la normalité – et sans qu'il soit besoin de s'aventurer ici sur la distinction du normal et du pathologique – on déduira notamment qu'il est normal qu'une personne ne soit pas troublée par un vol ou une violence ou encore par une autre personne qui émet contre elle une prétention sans rapporter la preuve de celle-ci.

Dans la vie courante, semblable exigence est satisfaite, ce qui peut même être plus ou moins conscient. Bref une civilité puérile et honnête.

598 ***Charge de la preuve et conflit*** ◊ Il est non moins naturel que la question de la charge prenne une importance grandissante lorsque les relations individuelles ou sociales se tendent. Alors il est encore plus indispensable que le droit détermine, surtout dans le cadre d'un conflit et plus particulièrement d'un procès, sur qui repose la charge disons même le fardeau de la preuve [2], non seulement pour que celui qui est ainsi désigné recherche et produise les éléments de preuve adéquats, mais encore pour tirer toute conséquence d'un échec : en effet, si la preuve d'un fait ou d'un droit ne peut être rapportée, c'est celui sur lequel reposait la charge de la preuve qui succombera et c'est donc son adversaire qui gagnera le procès. L'importance et les difficultés de cette question sont attestées par le nombre important d'arrêts rendus chaque année par les tribunaux à ce propos.

§ 2. Le renversement de la charge de la preuve

599 ***L'alternance*** ◊ Le premier mode de renversement de la charge de la preuve est naturel et résulte de la *satisfaction* que le demandeur à la preuve apporte. La charge de la preuve est régie par le mécanisme de l'*alternance* : le demandeur à l'instance supporte la charge de la preuve ; s'il la satisfait, il gagne, sauf au défendeur à l'instance, devenant demandeur à la preuve,

1. Civ. 3e, 31 mai 1989, *Bull. civ.* III, n° 126, p. 70 ; v. aussi D. Ammar, Preuve et vraisemblance, Contribution à l'étude de la preuve technologique, *RTD civ.* 1993, 499 s.

2. J. Devèze, *Contribution à l'étude de la charge de la preuve en matière civile*, thèse Toulouse, 1980. – V. en droit administratif, Cadoux-Trial, *La charge de la preuve devant le Conseil d'État*, EDCE 1953, 85 ; C. Debbasch, La charge de la preuve devant les juridictions administratives, *D.* 1983, chron. 43 s. ; P. Colson, *L'office du juge et la preuve dans le contentieux administratif*, éd. 1972. – Sur la constitutionnalité du renversement de la charge de la preuve en matière civile, v. B. Mathieu et M. Verpeaux, *JCP* 2003, I, 115.

à satisfaire lui-même la charge de la preuve concernant l'affirmation contraire, ce qui renvoie alors à son adversaire. Ce combat probatoire s'achève lorsque l'un des deux ne peut satisfaire aux exigences de la charge de la preuve qui repose sur lui, qu'il soit demandeur ou défendeur à l'instance. Alors le « jeu de raquette » prend fin à son détriment.

600 ***L'allégation et la preuve*** ◊ L'on peut expliquer ce mouvement alternatif des charges de la preuve à travers une théorie du procès [1]. Il faut considérer que le procès se construit à travers des allégations successives que s'opposent les parties, afin d'obtenir gain de cause du juge. Ces allégations, composées de faits échafaudés au regard de règles de droit éventuellement proposées, soutiennent la prétention des plaideurs. Dès lors, la charge repose, par principe, sur le *demandeur à l'allégation*, indépendamment du point de savoir s'il est demandeur ou défendeur à l'instance. Ce lien de principe entre la charge de la preuve et la place de demandeur à l'allégation peut comporter des exceptions.

En premier lieu, il peut arriver exceptionnellement que la charge de la preuve soit transférée sur un autre que le demandeur à l'allégation : ce peut être l'effet d'une présomption (*supra*, n°s 580 s., *infra*, n°s 684 s.).

En deuxième lieu, le contentieux peut organiser le transfert de la charge de la preuve sur quelqu'un d'autre que l'une des parties : c'est le cas en matière pénale lorsque le demandeur à l'allégation, partie civile ou ministère public, demande à une juridiction d'instruction de démontrer la véracité de ses propos. On sait que le juge d'instruction instruit à charge et à décharge. Ainsi, un réquisitoire introductif ou une constitution de partie civile devant le juge d'instruction ne doivent pas nécessairement apporter la preuve de l'allégation, dès lors qu'elle est vraisemblable et cohérente.

En troisième lieu, la charge de l'allégation peut être dissociée de la charge de la preuve lorsque l'on prend en considération l'inégalité des parties au procès. Il en est ainsi en matière de contentieux administratif : en effet, l'évolution du droit en la matière a conduit à ne plus faire supporter par l'administré que la charge d'une allégation cohérente et vraisemblable en faisant porter la charge de la preuve du contraire sur l'Administration (v. *supra*, n° 598).

601 ***Les présomptions*** ◊ À la différence de celles qui ont pour effet soit de déplacer l'objet de la preuve (*supra*, n°s 581 s.), soit d'exclure la preuve (*supra*, n° 588), les présomptions opérant renversement de la charge de la preuve n'en affectent aucunement l'objet.

En effet, il peut arriver que le législateur, par faveur pour le demandeur à la preuve ou parce que la preuve est trop difficile à rapporter, prévoie que le demandeur sera dispensé de sa charge. La dispense de preuve, concernant un certain objet de preuve, se relie ici aux mécanismes relatifs à la charge de la preuve. En effet, il s'agit non pas d'éliminer du débat judiciaire

1. H. Motulsky, *Principes d'une réalisation méthodique du droit privé, théorie des éléments générateurs des droits subjectifs*, thèse Paris, 1948, nouv. tirage 2002.

un certain objet de preuve, en écartant toute exigence probatoire à son endroit, mais de modifier la désignation de celui qui en a la charge. Par exemple, à travers l'article 2268 du Code civil, s'est dégagée la présomption de bonne foi : cela signifie que le demandeur qui se prévaut de sa bonne foi sera dispensé de la prouver ; mais la bonne foi ne disparaît pas comme objet de preuve : par un renversement de la charge de la preuve, ce sera au défendeur qu'il appartiendra de rapporter la preuve contraire, soit celle de la non bonne foi, c'est-à-dire la mauvaise foi.

SECTION 2. LES AMÉNAGEMENTS

602 ***1° Observations communes. Le risque de la preuve*** ◊ La recherche de la vérité dans un procès, à travers les différentes preuves, est un acte collectif, né non pas de paroles alternées, mais d'une recherche commune, bien que contradictoire, des parties. Elles n'y procèdent d'ailleurs que sous l'égide du juge, dont le rôle actif en matière probatoire est une des caractéristiques les plus marquantes de la procédure actuelle. Il a même été précisé dans certains textes que c'est au juge, aidé des parties, qu'il appartient de rechercher la véracité des allégations contradictoires.

Ce n'est pas à dire pourtant que les règles relatives à la charge de la preuve pesant sur le demandeur soient obsolètes. En effet, s'il n'est plus solitaire dans sa recherche, il reste seul sanctionné en cas d'échec. Cela signifie que, si la preuve nécessaire n'est pas obtenue, malgré l'éventuelle collaboration des autres parties et les éventuelles initiatives du juge, c'est bien le demandeur à l'allégation qui perdra le procès et son adversaire qui triomphera. La charge de la preuve s'est ainsi muée, à travers l'évolution décrite, en risque de la preuve.

603 ***Le contexte procédural*** ◊ Le procès civil s'est rapproché du procès pénal et du procès administratif, en ce qu'il a fait une plus large place à l'objectif de vérité, tout en cherchant à respecter les exigences de sécurité des contractants (*supra*, n° 567). Cette évolution fondamentale a impliqué une redistribution du rôle des parties et de l'office du juge, devenu nettement positif à travers le Code de procédure civile. Si les éléments de l'instance restent en principe déterminés par les parties, le juge veille à son bon déroulement. Le droit s'est ainsi éloigné d'un modèle procédural *accusatoire* pour se rapprocher d'un modèle *inquisitoire*. Ces deux évolutions, quant à l'objectif de vérité et quant à l'accroissement de l'office du juge, ont eu des conséquences importantes en matière de charge de la preuve.

604 ***La preuve et les parties au procès*** ◊ Non seulement le demandeur à l'allégation mais encore toutes les parties au procès doivent rechercher la preuve des faits qui constituent le débat, la confrontation des preuves proposées permettant de se rapprocher de la vérité. Cette description est

d'ailleurs la plus fidèle à la réalité des procédures. En effet, il ne s'agit pas tant d'une curieuse alternance de charges, durant laquelle seul le demandeur à l'allégation est actif et le défendeur passif : chacun sait que, même s'il a la position de défendeur à l'allégation, celui-ci cherche à combattre l'affirmation adverse, sans attendre que son adversaire ait satisfait à la charge de la preuve qui pèse sur lui. D'ailleurs, non seulement ce schéma traduit la réalité des choses, mais encore il est la conséquence nécessaire du *droit à la preuve* que possède le demandeur à l'allégation (*supra*, n° 571). L'évolution a consisté à reconnaître que la personne qui prétend avoir un droit possède aussi, en soutien, un droit à en obtenir la preuve. Dès lors, même s'il supporte la charge de la preuve, celle-ci n'engendre plus un droit pour son adversaire à la passivité, car l'adversaire peut être contraint par le juge de fournir les pièces nécessaires au triomphe de son protagoniste, par la technique de la production forcée [1]. En outre il doit participer sincèrement aux mesures d'instruction alors même qu'elles peuvent lui être défavorables. L'existence d'un droit à la preuve engendre, au détriment de l'adversaire, et indépendamment de la charge de la preuve, une obligation de collaboration à la recherche de la vérité. Cela conduit nécessairement à un allégement des difficultés engendrées par la charge de la preuve pesant sur le demandeur à l'allégation.

605 ***La preuve et le juge*** ◊ Le juge participe à la recherche des preuves. En effet, il peut d'office ordonner toute mesure d'instruction nécessaire et le droit s'est nettement éloigné du principe classique de neutralité du juge (*supra*, n° 570). On sait d'ailleurs qu'une procédure, prévue à l'article 145 du Code de procédure civile, ne vise qu'à obtenir du juge qu'il ordonne les mesures nécessaires pour l'obtention d'une preuve (*supra*, n° 565). Ainsi, même si les parties ne peuvent pas suppléer leur carence par une intervention du juge (C. pr. civ., art. 146), celui-ci n'ayant pas à se substituer à elles [2], le rôle du juge en matière probatoire est aujourd'hui puissant et actif. Il en résulte une transformation de la charge de la preuve.

606 ***2° Applications*** ◊ La diversité n'est pas douteuse, à partir des observations qui précèdent. Chaque branche du droit, substantiel ou processuel, comporte ses particularités plus ou moins significatives. Le modèle du droit civil sert assez largement de base aux raisonnements centrifuges. L'article 1315 du Code civil figure sans doute parmi les articles relatifs aux obligations. Mais l'on a toujours considéré que ce texte exprime, à travers l'exemple des obligations, des règles de portée générale (sur ce travail de généralisation, v. *supra*, n° 572) [3].

---

1. J.-J. Daigre, *La production forcée de pièces dans le procès civil*, 1979, et La doctrine et la réforme de la procédure civile, à propos du pouvoir discrétionnaire du juge en matière de production forcée des pièces, *JCP* 1981, I, 3020.

2. V. par ex. Civ. 1re, 4 févr. 1981, *Bull. civ.* I, n° 43, p. 35 ; 9 juill. 1985, *Bull. civ.* I, n° 216, p. 195 ; Soc. 7 oct. 1982, *Bull. civ.* V, n° 540 ; 24 mai 1989, *Bull. civ.* V, n° 389, p. 234.

3. Il n'en existe pas moins, y compris en droit privé, des variantes significatives, par ex. en droit social : v. B. Teyssié, La preuve en droit du travail et Jeanne Tilhet-Pretnar, La preuve en droit de la sécurité sociale, *in La preuve*, dir. Catherine Puigelier, éd. Economica 2004, p. 73 s., 89 s.

607 ***a) En droit privé*** ◊ Suivant l'article 1315 du Code civil, il convient de distinguer celui qui réclame et celui qui se prétend libéré.

L'alinéa premier de cet article dispose : « Celui qui réclame l'exécution d'une obligation doit la prouver ». Il convient donc d'étendre la formulation pour aboutir à la règle générale qui régit le droit : c'est à celui qui réclame qu'il appartient de rapporter la preuve de ce qu'il avance afin d'obtenir du juge ce qu'il veut. Ainsi, la charge de la preuve repose sur le demandeur, ce que le droit romain exprimait par une formule célèbre : *actori incumbit probatio.* Généralement, la place de « demandeur à la preuve » coïncide avec celle de demandeur à l'instance : c'est celui qui saisit le juge qui forme la première prétention et la première affirmation. Ainsi celui qui se prévaut d'un contrat devra en prouver l'existence ; celui qui désire faire annuler un acte devra prouver le vice, celui qui demande réparation devra prouver le fait générateur du dommage, etc. Faute de quoi, leur demande ne pourra qu'être rejetée.

À l'alinéa second de l'article 1315, il est ajouté : « réciproquement, celui qui se prétend libéré, doit justifier le paiement ou le fait qui a produit l'extinction de son obligation ». En généralisant l'exemple, il apparaît ainsi que celui qui se prétend libéré a pour charge d'en rapporter la preuve. Or il est rare qu'une personne saisisse le juge à seule fin de voir constater sa libération. Le plus souvent une personne assignée en justice en paiement soutient qu'elle n'est plus débitrice ou qu'elle a cessé de l'être [1]. Par exemple le demandeur à l'instance a prouvé l'existence d'un contrat, d'un vice affectant la validité d'un acte juridique, d'une faute ; c'est alors le défendeur à l'instance qui, devenant « demandeur à la preuve », va devoir prouver, s'il veut échapper à la condamnation, par exemple qu'il a déjà exécuté le contrat, que le vice n'entraîne pas la nullité, que son comportement *a priori* fautif se justifie pourtant. À travers l'article 1315 du Code civil se dessine ainsi le dialogue entre les parties qui caractérise le procès civil. On aperçoit le premier mode de renversement de la charge de la preuve, grâce à cette alternance [2].

Ce modèle légal ne s'applique d'ailleurs que dans la mesure où les parties ne mettent pas à profit leur liberté contractuelle pour passer des conventions par lesquelles elles modifient les règles [3] ou renoncent à leur protection [4] (*supra*, n° 569).

---

1. Ainsi il appartient à celui qui se prévaut d'un acte interruptif de prescription de l'établir (Com. 9 nov. 1993, *Bull. civ.* IV, n° 396, *RTD civ.* 1995, 116, obs. J. Mestre).

2. V., dans le cadre de contrats d'abonnement et au sujet des consommations d'eau et d'électricité ou de téléphone inscrites aux compteurs, la présomption simple résultant du compteur : Com. 24 mars 1992, *Bull. civ.* IV, n° 131, électricité ; Civ. 1re, 31 mars 1999, *D. Aff.* 1999, 708, *JCP* 2000, II, 10334, note C. Ghica-Lemarchand, *RTD civ.* 1999, 642, obs. P.-Y. Gautier, eau ; Civ. 1re, 28 mars 1995, *D.* 1995, 517, note J. Huet, *JCP* 1995, II, 22539, note A. Bénabent ; 7 mars 2000, *RTD civ.* 2000, 333, obs. J. Mestre et B. Fages, téléphone.

3. Req. 13 déc. 1911, *DP* 1912, 1, 158.

4. Com. 8 nov. 1989 (deux arrêts), *D.* 1990, 369, note Ch. Gavalda, somm. 327, obs. J. Huet, *JCP* 1990, II, 21576, note G. Virassamy ; v. Montpellier 9 avril 1987, *JCP* 1988, II, 20984, note Boizard.

608 ***b) En droit pénal*** ◊ La *présomption d'innocence* ne concerne pas seulement le droit pénal. Dans la ligne de déclarations et d'engagements solennels, elle figure à l'article 9-1 du Code civil dont l'alinéa 1er est ainsi rédigé : « Chacun a droit au respect de la présomption d'innocence ». Modifié par la loi du 15 juin 2000 tendant notamment à la renforcer, ce principe corrobore l'article 6-2 de la Convention européenne des droits de l'homme. Il en résulte que « toute personne accusée d'une infraction est présumée innocente jusqu'à ce que sa culpabilité ait été légalement établie ». Seule une condamnation irrévocable fait disparaître relativement aux faits sanctionnés la présomption d'innocence.

Il existe cependant des cas dans lesquels la présomption d'innocence est écartée, sans qu'il y ait cependant violation de la Convention, notamment en matière douanière [1]. En outre la présomption d'innocence laisse place, en cours de procédure, au renversement de la charge de la preuve : c'est pourquoi, lorsque la personne poursuivie et dont les faits délictueux ont été, dans un premier temps, établis invoque une cause d'irresponsabilité pénale, il lui incombe d'en rapporter la preuve.

609 ***c) En droit administratif*** ◊ Une orientation inverse caractérise le droit administratif, car celui-ci comporte des privilèges au profit de l'Administration. Tandis qu'en droit privé, celui qui entend exercer un droit, en cas de contestation de celui-ci, doit rapporter la preuve de ce droit, l'Administration bénéficie du *privilège du préalable*. Cela signifie qu'en cas de résistance de l'administré, elle n'a pas besoin de rapporter, dans un premier temps, le cas échéant en saisissant un juge, la preuve de sa prétention [2].

L'inégalité peut se manifester différemment dans d'autres domaines du droit public, par exemple en *droit fiscal* [3]. Un exemple peut être fourni à partir du mécanisme inhérent au *système déclaratif*, suivant lequel il appartient au contribuable de faire la preuve de la régularité de sa situation. Des observations comparables peuvent être présentées au sujet des *actes anormaux de gestion* commis par les entreprises et d'un partage de la preuve opéré à ce sujet entre l'Administration et le contribuable [4].

---

1. CEDH, aff. *Salabiaku*, 7 oct. 1988, *Rev. sc. crim.* 1989, p. 167, obs. L. Pettiti ; Crim. 30 janv. 1989, *Bull.* n° 33. – V. aussi, en matière routière, l'art. L. 121-2 C. route et Crim. 6 nov. 1991, *Bull.* n° 397.
2. V. aussi, plus généralement quant aux relations avec le juge, A. Plantey et F.-C. Bernard, *La preuve devant le juge administratif*, Économica, 2003.
3. V. Ch. de la Mardière, La preuve en droit fiscal, *in La preuve*, *op. cit.*, p. 133 s. et *La preuve en droit fiscal*, éd. LGDJ, 2009.
4. V. Anne Fauchon, *La preuve de l'acte anormal de gestion*, *op. cit.*, p. 141 s.

CHAPITRE 3

LES MODES DE PREUVE

610 ***Diversité des situations*** ◊ S'il existe bien une sorte de fond commun des réflexions et des solutions retenues en matière probatoire, il n'en existe pas moins aussi de multiples causes de diversité [1]. Celle-ci se manifeste dans l'espace, car les divers systèmes juridiques réglementent plus ou moins la matière qui intéresse toute l'application spontanée du droit et pas seulement ce qui se déroule devant les tribunaux, européens, américains ou autres. L'histoire révèle aussi des évolutions significatives, qui ne sont d'ailleurs pas étrangères à l'histoire et aux destinées du formalisme [2].

Même si l'on s'en tient au régime probatoire retenu par le droit français, l'on voit bien qu'il existe à la fois des bases communes et des régimes différents quant à la recherche des preuves. S'il en va ainsi, c'est parce que le contexte dans lequel il convient de recourir à des modes de preuve est d'abord tributaire de considérations d'ordre temporel.

611 ***Preuve préconstituée ou preuve a posteriori*** ◊ Le regard du droit, lorsqu'il est question de preuve, porte d'ordinaire sur des faits passés dont l'existence fait problème, sans qu'il y ait nécessairement procès. Un temps plus ou moins long ayant passé, il s'agit de savoir comment ils seront prouvés. Pour reconstituer le passé, il est alors nécessaire de recourir à des modes de preuve assez divers faisant intervenir plus ou moins librement les intéressés eux-mêmes, en cas d'aveu ou de serment de leur part, ou encore des tiers mieux à même qu'eux de favoriser la recherche de la vérité par leurs souvenirs (enquête) ou leur aptitude technicienne (expertise). Encore peut-on aménager de manière plus ou moins stricte ces chemins qui mènent à la connaissance.

Il est vrai que les intéressés peuvent, spécialement lorsqu'ils contractent entre eux, avoir à l'avance pris la précaution de se prémunir contre des difficultés ultérieures de preuve en rédigeant des écrits qui pourront leur servir de *preuves préconstituées*, des écrits, disons des actes - entendus ici comme des documents (des *instrumenta*, pluriel d'*instrumentum*). - Sur la distinction de l'*instrumentum* (le document) et du *negotium*, au sens d'acte juridique, v. *supra*, n° 218). L'écrit est même souvent exigé par le droit positif : s'il l'est seulement pour servir de moyen de preuve (*ad probationem*), son absence n'affecte pas la validité de l'opération ; s'il l'est comme condition de validité de l'acte juridique (*ad validitatem*), l'acte juridique passé

---

1. V. *La preuve*, dir. Catherine Puigelier, éd. Economica 2004, spéc. p. 43 s.
2. V., sur les classifications des preuves dans l'histoire du droit, J.-Ph. Lévy, *Diachroniques, Essais sur les institutions judiciaires dans la perspective de leur histoire*, éd. Loysel, 1995, p. 89 s.

sans écrit, est nul. Là où l'événement faisant problème quant à sa preuve ne pouvait pas être normalement prévu, il va de soi que l'exigence d'une preuve préconstituée ne peut être posée.

612 ***Plan*** ◊ Avant de considérer les règles relatives à l'admissibilité et à la force probante des modes de preuve (Section 2), certaines observations générales (Section 1) paraissent nécessaires.

SECTION 1. **GÉNÉRALITÉS**

613 ***Divers impératifs*** ◊ L'objet autant que la matière, ainsi que l'esprit qui anime celle-ci, incitent d'emblée à retenir trois impératifs du ou des systèmes probatoires, quant aux modes de preuve. Le débat est toujours axé sur la recherche de la vérité, mais des dégradés s'imposent dans cette perspective [1]. Et puis toute vérité n'est pas forcément bonne à connaître, donc à prouver dans la vie juridique.

Ces impératifs sont d'ordre politique, moral, scientifique et technique.

§ 1. **Politique de la preuve**

614 ***Preuve libre et preuve légale*** ◊ Deux grandes tendances s'opposent quant au régime de la preuve. Le système dit de la *preuve légale* confie au *législateur* le soin d'apprécier la valeur respective des procédés de preuve. Ce système consacre une hiérarchie entre les preuves, limite, selon les cas, l'admissibilité de certains procédés et commande au juge de tenir pour vrais les faits établis par certains moyens de preuve, sans faire entrer en ligne de compte son intime conviction.

À l'opposé, le système de la liberté de la preuve ou, selon une formule consacrée, de la *preuve morale*, laisse aux parties la liberté de choisir entre les procédés de preuve, dès l'instant qu'elles les obtiennent et les produisent loyalement en justice ; aucune hiérarchie n'existe alors entre les modes de preuve et le juge a pleine latitude pour former sa conviction. Cette liberté profite tout autant au juge qu'aux parties, au détriment du législateur qui est écarté. Cette référence à la liberté ne doit pas conduire à penser que tout est permis quant aux moyens de preuve possibles. Même là où il n'existe pas, comme en matière civile, des cas d'ouverture à la preuve (v. le n° suivant), la liberté n'est pas sans limite. Que ne fait-on souvent dire aux rumeurs, même quand les médias ne s'en mêlent pas ! L'on comprend donc aisément que la preuve par commune renommée ne soit plus admise qu'à titre exceptionnel (v. *infra*, n° 682).

---

1. Catherine Puigelier, Vrai, véridique et vraisemblable, *in La preuve*, *op. cit.*, p. 195 s.

Il est difficile d'apprécier la valeur respective de ces conceptions, cette appréciation dépendant des objectifs que l'on prétend assigner à un système probatoire. Il est en effet évident que l'objectif de vérité (*supra*, n° 567) serait bien servi par un système de liberté de la preuve et n'en connaît même pas d'autre, car la méthode de découverte de la vérité pose celle-ci à la fois comme but et comme seul critère. Mais la recherche probatoire peut être hasardeuse et le pouvoir judiciaire excessif. Il est non moins évident que l'objectif de sécurité (*supra*, n° 565) est servi par un système qui organise les preuves préconstituées et lie le juge d'une façon contraignante.

615 ***Les moyens de preuve en droit civil*** ◊ Pendant longtemps, aucun de ces deux systèmes ne l'a emporté en droit civil. Celui-ci a réparti les modes de preuve en deux catégories : 1° les modes de preuve parfaits que sont *l'écrit, l'aveu et le serment décisoire ;* ces procédés sont en principe admissibles en toutes matières et lient le juge ; 2° les modes de preuve imparfaits que sont *les témoignages, les présomptions et le serment supplétoire ;* ces procédés, considérés comme dangereux et peu sûrs, ne sont admis qu'exceptionnellement et ne lient pas le juge. Mais, en toute hypothèse - et sous réserve des mesures d'instruction que peut ordonner le juge –, les modes de preuve retenus sont ceux que la loi a définis et aménagés [1].

Qu'il s'agisse d'actes juridiques ou de faits juridiques, le système retenu en droit civil est celui des *preuves légales*. On sait que l'acte juridique est la manifestation de volonté qui a pour objet de produire des effets de droit, tandis que le fait juridique est un événement auquel le système juridique attache un effet de droit. Et il est normal que l'éventail des modes de preuve admis soit plus restreint que lorsqu'il s'agit de faits juridiques.

616 ***Les moyens de preuve en droit pénal*** ◊ En droit pénal, c'est l'intime conviction du juge qu'il s'agit d'obtenir. En outre l'objet de la preuve est constitué le plus souvent par des faits juridiques, disons des faits matériels ou psychologiques et, à ce titre, on se rapproche de la preuve en matière civile qui se prouve par tous moyens. Une précision s'impose pourtant ici : lorsque, dans le cadre du procès pénal, se pose une question de droit civil, cette question est tranchée selon les règles applicables en matière civile. Ainsi en est-il lorsque, à la base d'une poursuite pour abus de confiance, il est nécessaire de rapporter la preuve d'un contrat [2].

La comparaison avec le régime retenu en matière civile conduit à mieux préciser la portée du principe de la liberté de la preuve, quant au choix de ses modes, en matière pénale. Le serment décisoire (*infra*, n° 697) y est inconnu. Cela étant la preuve pénale résulte d'écrits, de témoignages, d'indices ou de traces découverts sur les lieux. L'aménagement procédural de l'instruction conduit, comme en matière civile, mais dans un esprit différent, à faire une

1. Comp. N. Raynaud de Lage, La notoriété, *D.* 2000, chron. 513 s.
2. B. Bouloc, *Procédure pénale*, Précis Dalloz, 23e éd. 2012, n° 144 ; La preuve en matière pénale, *in La preuve, op. cit.*, p. 45.

place notable à l'expertise. Compte tenu de telles considérations, des sauvegardes précises entourent les mises en examen par les officiers de police judiciaire et les atteintes à l'intégrité corporelle, notamment l'usage de procédés narcotiques [1]. Au demeurant, il existe une réglementation développée des procédures de surveillance et d'infiltration en matière de criminalité organisée (C. pr. pén., art. 706-80 s.).

§ 2. Morale de la preuve

617 ***Morale et loyauté*** ◊ Qu'il y ait ou non limitation légale des modes de preuve, encore faut-il que soit respecté un principe de loyauté. Cette exigence, que l'on observera au sujet du procès (*infra*, n° 781), existe aussi en matière de preuve, extrajudiciaire aussi bien que judiciaire [2].

Dans le conflit qui oppose alors deux intérêts, sinon deux droits subjectifs - droit de rapporter la preuve de ce qu'on avance et droit pour celui qui détient éventuellement la preuve d'obtenir qu'elle ne soit pas acquise de manière déloyale (atteinte à la vie privée, aux secrets, etc.) – le second constitue la limite du premier. Le droit comparé révèle que les systèmes procéduraux peuvent être plus ou moins exigeants et interventionnistes (inquisitoriaux). Ainsi, aux termes de l'article 11, alinéa 2, du Code de procédure civile, « si une partie détient un élément de preuve, le juge peut, à la requête de l'autre partie, lui enjoindre de le produire, au besoin à peine d'astreinte... ».

À cette exigence de *loyauté probatoire*, on peut rattacher une règle d'origine jurisprudentielle suivant laquelle nul ne pourrait se constituer une preuve à soi-même (rappr., au sujet du commencement de preuve par écrit, l'art. 1347, al. 2, C. civ., *infra*, n° 651). Exprimée de manière assez générale par la Cour de cassation en 1996 [3], cette règle semble avoir été depuis lors nuancée par la Haute juridiction de telle sorte qu'elle ne serait applicable qu'au sujet de la preuve des actes juridiques, mais non des faits juridiques [4].

618 ***Loyauté et technique*** ◊ Des progrès de la technique ont conduit à s'interroger sur l'usage de certains procédés permettant de reproduire des images ou des paroles. En les examinant, on mesure que le progrès technique sert des ambitions de fidélité de reproduction, mais aussi engendre des dangers nouveaux, notamment par le risque d'atteinte aux droits de la personne. Le droit fait ainsi la part des choses : la photographie peut être

---

1. V. B. Bouloc, *op. cit.*, n° 147. – C. Puigelier et C. Tijus, L'hypnose en tant que moyen de preuve, *Rev. gén. dr. médical*, n° 8-2002, 137 s.

2. L. Donnedieu de Vabres-Tranié, La loyauté dans l'administration de la preuve, Ass. droit et commerce, *Loyauté et impartialité en droit des affaires*, Deauville, 2012.

3. V. les obs. de J. Mestre sur Civ. 1re, 2 avr. 1996, *RTD civ.* 1997, 136.

4. Civ. 1re, 23 juin 1998, *Bull. civ.* I, n° 220, *CCC* 1998, n° 141, obs. L. Leveneur, *RTD civ.* 1999, 401, obs. J. Mestre (« ... on ne peut se constituer de titre à soi-même... »). – V. aussi, au sujet des livres de commerce, *infra*, n° 670.

un mode de preuve, mais son existence a justifié que soit consacré un nouveau droit de la personnalité, le droit à l'image, qui protège la personne contre la prise à son insu et l'utilisation abusive de son image. Dans le même ordre d'idées, il a été jugé que constitue un mode de preuve illicite l'enregistrement par l'employeur, quels qu'en soient les motifs, d'images ou de paroles à l'insu des salariés pendant le temps de travail [1]. Plus largement, il a été affirmé par la Cour de cassation que « les principes généraux du droit prohibent la recherche de la vérité par n'importe quel procédé et interdisent au juge d'admettre une preuve qui aurait été obtenue par un moyen frauduleux » [2]. La Cour de cassation a, dans cette ligne, affirmé, sous le visa des articles 9 du Code de procédure civile et 6 de la Convention EDH, que « l'enregistrement d'une conversation téléphonique privée, effectué et conservé à l'insu de l'auteur des propos invoqués, est un procédé déloyal rendant irrecevable en justice la preuve ainsi obtenue » [3].

§ 3. Science et technique de la preuve

619 ***Renvoi*** ◇ Les progrès scientifiques, spécialement en matière de sérologie, de biologie et de génétique ont remis en cause les relations entre la preuve juridique et la vérité scientifique [4]. Les secousses ont été remarquées tout particulièrement en droit des personnes et de la famille, privé ou public, national ou international [5]. Il faut d'ailleurs observer qu'en matière d'état des personnes, qu'il s'agisse d'actes ou de faits juridiques, la liberté de la preuve est plus que contrariée. Ainsi la preuve de la naissance ou du décès doit se faire en principe à l'aide des actes de l'état civil [6]. C'est pourtant

---

1. Soc. 20 nov. 1991, *D.* 1992, 73, concl. Chauvy ; v. aussi Paris, 15 mai 1998, *D.* 1998, IR 196 (aucun élément de preuve ne peut être tiré de l'audition d'un enregistrement de la parole opéré à l'insu de la personne visée ou de celle à laquelle on l'oppose). – L'illicéité du moyen de preuve doit entraîner son rejet des débats (Soc. 4 févr. 1998, *Bull. civ.* V, n° 64). – Rappr. sur les écoutes téléphoniques, *supra*, n° 287.

2. Arrêt rendu en matière d'infractions douanières, Paris, 26 avril 1990, *JCP* 1991, II, 21704, note J. Pannier.

3. Civ. 2e, 7 oct. 2004, *D.* 2005, 122, note Ph. Bonfils, *RTD civ.* 2005, 135, obs. J. Mestre et B. Fajes ; Soc. 23 mai 2007, *Bull. civ.* V, n° 85, *D.* 2007, 2284, note C. Castets-Renard, *RTD civ.* 2007, 776, obs. B. Fajes (cep., au sujet d'un SMS c'est-à-dire d'un *short message service*, qui n'est pas clandestin) – Comp. en matière pénale, Crim. 31 janv. 2007, *Bull. crim.* n° 2, *D.* 2007, 1817, obs. D. Caron et S. Ménotti.

4. J. Hamel, *La science et le droit de la preuve, rapport français*, Trav. Assoc. H. Capitant, t. VII, 1952, éd. 1956, et *ibid.* R. Savatier, *La science et le droit de la preuve, rapport général*, préc. ; R. Houin, Le progrès de la science et le droit de la preuve, *RIDC* 1953, 69 s. ; D. Ammar, Preuve et vraisemblance, Contribution à l'étude de la preuve technologique, *RTD civ.* 1993, 499 s. – V. aussi, en droit des personnes, M. Gobert, Les incidences juridiques des progrès des sciences biologique et médicale sur le droit des personnes, *in Génétique, procréation et droit*, 1985, p. 161 s.

5. V. en matière de filiation, l'examen des sangs, puis la preuve par les empreintes génétiques qui bouleverse nombre de solutions, pas seulement en procédure pénale, F. Terré et D. Fenouillet, *Les personnes, la famille, les incapacités*, n° 765. – V. aussi la loi du 20 nov. 2007 sur l'immigration et sur les tests ADN, F. Terré. Les chemins de la vérité, *JCP* 2000, I, 100.

6. V. F. Terré et D. Fenouillet, préc., nos 215 s., 228 s.

bien au sujet de l'état des personnes qu'une évolution significative se produit sous nos yeux dans le sens d'un rapprochement entre la preuve juridique et la vérité scientifique [1].

SECTION 2. ADMISSIBILITÉ ET FORCE PROBANTE

620 ***Distinctions*** ◊ Plusieurs distinctions enchevêtrées ont, à la longue, compliqué la compréhension des solutions du droit positif là où celui-ci retient le principe de légalité des modes de preuve, ce dont il va être question, étant rappelé que ces cinq modes de preuve sont retenus, de manière générale, aux termes de l'article 1315-1 du Code civil - ancien article 1316 déplacé par la loi du 13 mars 2000 - « la preuve littérale, la preuve testimoniale, les présomptions, l'aveu de la partie et le serment ».

Premièrement, il convient, comme on l'a dit (*supra*, n° 611), de ne pas retenir, voire d'abandonner l'idée suivant laquelle seule la preuve littérale - ou preuve par écrit - pourrait être *préconstituée*. Il peut en être de même du témoignage. Or il existe entre ces deux modes de preuve des différences importantes, précisément quant à leur admissibilité.

Deuxièmement, il est malaisé de retenir de manière trop catégorique une distinction des modes de preuve en fonction de leur objet. Sans doute les *actes juridiques* appellent assez naturellement, si leur montant dépasse un certain seuil, l'exigence probatoire d'une *preuve littérale* ou *preuve par écrit*, tandis que les *faits juridiques* pourraient être établis par tous moyens de preuve, donc aussi par témoignages ou présomptions. Mais d'une part, à leur sujet, il n'est évidemment pas exclu que l'on ait recours à des preuves littérales et, d'autre part, l'assouplissement des règles relatives à la preuve des actes juridiques a entraîné de nos jours un sensible rapprochement des régimes probatoires, consacré d'ailleurs depuis longtemps en matière commerciale.

Troisièmement, il importe évidemment de distinguer deux questions essentielles : l'*admissibilité* des modes de preuve, suivant laquelle une hiérarchie est établie entre eux, consistant à en privilégier certains, au point de n'admettre qu'eux dans certaines situations (preuve littérale, aveu, serment) à l'exclusion d'autres moins fiables (témoignages, présomptions) ; la *force probante* en vertu de laquelle, compte tenu de la hiérarchie indiquée et dans le prolongement de celle-ci, la portée des diverses preuves supposées établies, sera plus ou moins forte et pourra être plus facilement combattue. L'on voit bien alors qu'admissibilité et force probante, bien que

1. V., par ex., F. Terré et D. Fenouillet, préc., n°s 570 s. ; v. aussi in *Mélanges F. Terré* (1999) : M.-P. et G. Champenois, La preuve judiciaire de la maternité, quelques aspects de son évolution depuis la loi du 3 janvier 1972 (p. 485 s.) ; D.Fenouillet, La filiation plénière, un modèle en quête d'identité (p. 509 s.).

distinctes, sont étroitement liées en fonction du mode de preuve considéré. Et ce d'autant plus que les profonds changements opérés à notre époque en matière probatoire ont affecté l'un d'entre eux : la preuve littérale ou preuve par écrit.

On examinera donc successivement la *preuve littérale* (Sous-section 1) – par écrit « sur support papier » (§ 1) et sous forme électronique (§ 2) – et les *autres modes de preuve* (Sous-section 2) : la preuve testimoniale (§ 1), les présomptions (§ 2), l'aveu (§ 2) et le serment (§ 4), non sans rappeler que « le juge a le pouvoir d'ordonner d'office toutes les mesures d'instruction légalement admissibles » (C. pr. civ., art. 12).

Sous-section 1. **La preuve littérale ou preuve par écrit**

621 ***Retour aux sources*** ◊ « Si l'on remonte aux sources antérieures même à Gutenberg, on trouve sur les supports les plus divers (pierre de rosette, manuscrits de la Mer morte...), des suites de signes dédiés à la compréhension des humains, présents et futurs. Ces supports ont pour objets communs la formalisation et la conservation des volontés qui s'y expriment » [1]. Cette observation est lumineuse. En effet, l'arrière-plan historique est indispensable à la compréhension des choses de la preuve. Les relations immémoriales de l'oral et de l'écrit nourrissent l'ethnologie juridique et le droit comparé. *Idem est non esse aut non probari.* C'est la même chose de ne pas être ou de ne pas être prouvé. Généralement exprimée au sujet des droits subjectifs, la formule pourrait l'être aussi à propos du droit objectif lui-même. Ce sont des signes gravés sur la pierre qui nous ont transmis le Code d'Hammourabi ou les lois de Gortyne.

Après une longue gestation, la suite des temps a été caractérisée par l'écriture manuscrite, telle qu'on l'entend d'ordinaire. C'est sur elle que notre société a longtemps vécu, que les textes du Code civil ont été conçus et que nos concepts traditionnels se sont formés et cristallisés.

622 ***Définition et avantages*** ◊ La preuve littérale est celle qui résulte d'écrits émanant des parties et destinés à servir de preuve. Les avantages de ce mode de preuve sont nombreux : 1° il s'agit d'une preuve préconstituée, ménagée à l'avance et antérieurement à toute contestation, ce qui justifie sa crédibilité ; le soin apporté à la rédaction d'un tel acte, lors d'opérations économiques importantes, montre le gage de sécurité qu'il représente ; 2° l'écrit a une valeur objective qui n'est point attachée aux

1. P. Catala et P.-Y. Gautier, L'audace technologique à la Cour de cassation : vers la libération de la preuve contractuelle, *JCP* 1998, Act. 905 ; Le droit des preuves au défi de la modernité, *La Documentation française*, Colloque 24 mars 2000 ; Mohamed K. Charfeddine, L'écrit : une preuve à l'épreuve, *Mélanges Ghestin*, 2001, p. 217 s. ; J.-L. Navarro, La preuve et l'écrit entre la tradition et la modernité, *JCP* 2002, I, 187.

dépositions des témoins : la complication accrue des rapports sociaux augmente les risques d'erreur, d'oubli, voire de mensonge, qui rendent la preuve testimoniale insuffisante ou dangereuse (*infra*, n° 682) ; 3° réserve faite de circonstances accidentelles, la preuve littérale demeure, sa valeur probatoire n'est pas altérée avec le temps, tant que son support matériel perdure, alors que les témoignages, l'aveu ou le serment dépendent de l'état et de la volonté des intéressés, et que les présomptions sont rendues de plus en plus hasardeuses par l'éloignement du temps.

623 ***Classifications des écrits susceptibles d'être utilisés comme preuves*** ◊ Les écrits peuvent faire l'objet de plusieurs classifications :

1° On peut distinguer les écrits suivant qu'ils sont signés ou non : sont toujours signés les actes sous seing privé (*infra*, n° 630) et normalement les actes authentiques (*infra*, n° 629) ; c'est le cas aussi, en principe, des lettres missives (*infra*, n° 667). D'autres écrits ne sont pas signés et il en est ainsi, notamment, des livres de commerce, des registres et papiers domestiques, des télex et de toutes les sortes de *listings* (*infra*, n°s 668 s.).

2° On peut distinguer les écrits suivant qu'ils sont *primordiaux*, c'est-à-dire dressés à l'origine pour constater une opération, ou qu'ils sont *récognitifs* ou *confirmatifs*, c'est-à-dire dressés pour réaffirmer ou consolider un droit antérieurement constaté (*infra*, n° 663).

3° On peut encore répartir les écrits suivant qu'ils sont des *originaux* ou qu'ils ne sont que des *copies*. La prolifération des copies, les progrès techniques en la matière (*infra*, n°s 670 s.), l'évolution législative qui s'en est suivie ont accru l'importance et l'efficacité de cette dernière catégorie, en rendant du même coup moins précieuse la première.

4° On peut songer aussi à répartir les écrits suivant qu'ils sortent des mains de personnes spécialement habilitées à les rédiger, notamment les actes notariés et les jugements, ou suivant qu'ils sont l'œuvre des particuliers, étant observé que la force probante des premiers sera plus forte que celle des seconds (*infra*, n° 632).

624 ***Incidence des progrès techniques et scientifiques*** ◊ À notre époque les données de fait dont doit tenir compte le droit des preuves ont été singulièrement bousculées par les progrès de la technique et de la science [1].

S'agissant du mode traditionnel de l'écrit, les copies furent longtemps manuelles et, dans ce contexte, en droit, la copie d'un jugement ou d'un acte notarié, la « grosse » – aujourd'hui appelée la « copie exécutoire » (décr. 26 nov. 1971, mod. décr. 15 déc. 1999, art. 6) – a plus de valeur que les copies suivantes. La technique du carbone, qui imprime tout à la fois

1. Aux auteurs cités *supra*, n° 619, *adde* : A. Reulos, La théorie des preuves et les techniques modernes de reproduction des documents, *RTD com.* 1948, 608 s. ; Trav. Assoc. H. Capitant, *Les nouveaux moyens de reproduction*, t. XXXVII, 1986 ; F. Chamoux, Le microfilm au regard du droit des affaires, *JCP* 1975, I, 2725, et *La preuve par écrit : un anachronisme pour les entreprises*, Trav. Assoc. franç. droit de l'informatique, 1987, p. 129 s. ; G. Parléani, Un texte anachronique : le nouvel article 109 du Code de commerce (réd. L. 12 juill. 1980), *D.* 1983, chron. 65 s.

l'original et la copie, ainsi que celle de la photocopie, ont rendu moins probable l'erreur involontaire de reproduction. Mais elles ont rendu plus difficile à déceler la manipulation (sur le statut probatoire des copies, v. *infra*, n°s 662 s.). La même réflexion a pu être faite en matière d'informatique, le document pouvant être reproduit mais modifié à l'infini, avant son tirage sur imprimante.

Ce n'est pas seulement la *reproduction* des documents qui a été affectée, c'est aussi leur transmission. Sinon animale (pigeon voyageur...), celle-ci fut longtemps manuelle ou postale, par terre, mer ou air. Aussi le droit a-t-il prévu le système du reçu ou les mentions adéquates en cas de transmission en mains propres. On sait l'importance que peut avoir juridiquement le cachet de la poste, notamment pour dater un accord. Le télex et la télécopie, ainsi que la transmission électronique et la télématique ont renouvelé les données de la preuve. Et le droit est à ce sujet l'objet d'innovations importantes et d'études essentielles et originales, quant à la dématérialisation de documents et quant à la transmission de données informatisées. Ces transformations affectent notamment le processus de transmission des déclarations fiscales ou sociales, du fait même du recours à la machine et de l'importance grandissante des techniciens et informaticiens, spécialement dans le domaine comptable. – Sur la signature, v. *infra*, n° 629.

625 ***Définition et distinction*** ◊ Conscient de ces difficultés nouvelles, soucieux de tenir compte non seulement des besoins de la pratique mais aussi d'impératifs communautaires, le législateur est intervenu, sans modifier les structures du droit applicable aux modes de preuve, mais au moyen d'un élargissement des concepts de preuve littérale et de signature et d'un assouplissement des exigences formulées. Tel a été l'objet de la loi n° 2000-230 du 13 mars 2000 « portant adaptation du droit de la preuve aux technologies de l'information et relative à la signature électronique ».

Tandis que dans le passé, le Code civil ne comportait aucune définition de la preuve littérale, il en va désormais autrement, car le nouvel article 1316, mettant fin à une synonymie entre l'écrit et le papier, dispose désormais : « La preuve littérale, ou preuve par écrit, résulte d'une suite de lettres, de caractères, de chiffres ou de tous autres signes ou symboles dotés d'une signification intelligible, quels que soient leur support et leurs modalités de transmission ». Ainsi, contrairement à ce qu'on pourrait penser, la preuve littérale ne repose pas nécessairement sur l'emploi de lettres. Et l'on voit se manifester à nouveau ce souci d'*intelligibilité* que l'on a précédemment relevé au sujet du principe de sécurité du droit positif (*supra*, n° 458).

Il convient donc d'examiner successivement les deux sortes de preuve littérale : l'écrit « sur support papier » [1] (§ 1) et l'écrit sous forme électronique (§ 2).

---

1. Sur cette expression qui offense la langue française, v. *infra*, n° 675.

§ 1. L'écrit « sur support papier »

626 ***Actes authentiques et actes sous seing privé. Définitions*** ◊ Dans la conception traditionnelle - qui coexiste bien entendu avec la conception consacrée en l'an 2000 - les actes rédigés pour faire preuve se subdivisent en actes authentiques et actes sous seing privé. L'*acte authentique* ou *public* est celui qui est reçu par un *officier public* ayant le droit d'instrumenter tant en considération du lieu que de la nature de l'acte, et suivant les formalités requises (art. 1317, al. 1er) [1]. Ces officiers publics sont, d'abord, les *notaires*, officiers ministériels chargés, d'une façon générale, d'une part, de rédiger les actes auxquels les parties veulent ou doivent conférer le caractère de l'authenticité, et, d'autre part, d'en assurer la conservation en gardant par-devers eux les originaux (*infra*, n° 662). Puis il y a les officiers publics qui, pour certains actes seulement rentrant dans leur ministère, ont qualité pour dresser un acte authentique : tels sont les *officiers de l'état civil*, les *huissiers de justice* et, à l'étranger, les *consuls*.

L'*acte privé* ou *sous seing privé* est celui qui a été rédigé par des particuliers, soit par les parties elles-mêmes, soit par un mandataire, tel qu'un agent d'affaires. Cet acte, comme son nom l'indique, tire toute sa valeur de la *signature* des parties intéressées dont il est revêtu (*infra*, n° 629).

Entre ces deux catégories d'actes, les différences abondent. C'est ainsi que les actes authentiques sont très souvent dotés de la *force exécutoire* (rappr. *infra*, n° 748), permettant au bénéficiaire, du fait de la *formule exécutoire* dont la *grosse*, première copie de l'acte appelée *copie exécutoire* depuis le décret du 15 décembre 1999 (art. 6), est revêtue - et par laquelle ordre est donné, au nom du Peuple français, aux agents de la force publique de procéder à l'exécution requise -, de recourir à une exécution forcée, sans qu'une intervention judiciaire soit nécessaire. Les actes privés sont dépourvus d'une telle force : le créancier devra s'adresser à la justice s'il désire notamment faire procéder à une saisie. La sécurité et l'efficacité de l'acte authentique par rapport à l'acte sous seing privé conservent au premier, malgré son coût et les formalités requises, tout son intérêt [2].

Au regard de la théorie de la preuve, les actes authentiques et les actes sous seing privé diffèrent encore quant à leur rédaction et quant à leur force probante. C'est par rapport à eux que l'on peut apprécier la portée d'autres écrits.

627 ***1° L'acte authentique*** [3] ◊ Tantôt obligatoire, tantôt choisi par les intéressés, il présente des traits particuliers quant à la rédaction, quant à la signature et quant à sa force probante.

---

1. L. Chaine, L'authenticité et le notariat, *JCP* N 1985, I, 125.
2. A. Lapeyre, L'authenticité, *JCP* 1970, I, 2365.
3. V. l'étude pénétrante d'Isabelle Dauriac, *La signature*, thèse ronéot. Panthéon-Assas (Paris II), 1997.

628 ***a) La rédaction*** ◊ Plusieurs conditions doivent être réunies pour qu'un écrit soit authentique :

L'écrit doit être dressé par un officier public (*supra*, n° 626).

L'officier public doit être compétent. On distingue la compétence d'attribution et la compétence territoriale. La compétence est d'abord *d'attribution*. La loi précise les fonctions de chaque catégorie d'officiers publics : il faut que l'acte à rédiger soit l'un de ceux que la loi lui donne mission de recevoir. Ainsi les notaires ont une compétence très étendue : la loi, d'une façon générale, reconnaît aux notaires le monopole de recevoir les *actes et conventions qui intéressent les particuliers* (ord. 2 nov. 1945, art. 1er) ; ils confèrent l'authenticité non seulement aux actes pour lesquels la forme notariée est obligatoire, mais aussi, en fait, à nombre d'actes pour lesquels la forme privée est admise par la loi, par exemple les actes constitutifs de société. En pratique, beaucoup de contrats importants sont, par sécurité, reçus par eux. La compétence des autres officiers publics, en revanche, est limitée à des opérations déterminées : ainsi les officiers de l'état civil n'ont, en principe, compétence que pour dresser les actes de l'état civil. La loi fixe également la compétence *territoriale* des officiers publics. Ainsi un maire ne peut dresser des actes de l'état civil hors de sa commune. La compétence territoriale des notaires est nationale.

La *rédaction* des actes authentiques est assujettie à des *formalités* exigées en vue d'augmenter les garanties de régularité et de véracité qu'ils présentent. Ainsi l'acte doit être rédigé en français dans un seul contexte, sans blanc ni interligne. Les modifications, renvois, surcharges, interlignes, additions et ratures doivent être l'objet de paraphes, être comptés en fin de l'acte et sont minutieusement réglementés (sur la nécessaire signature du notaire et des parties, v. *infra*, n° 629).

Lorsque les formalités font défaut ou lorsque l'officier d'état civil est incompétent, l'acte nul en tant qu'acte de l'état civil est valable, selon l'article 1318 du Code civil, en tant qu'acte sous seing privé, s'il correspond au critère de ce dernier, c'est-à-dire s'il a été signé par les parties [1].

629 ***b) La signature. Règles générales*** ◊ L'acte authentique est soumis aux règles générales relatives à la signature, telles qu'elles résultent de l'article 1316-4 du Code civil (réd. L. 13 mars 2000). Cet article dispose, dans son alinéa 1er, que « la signature nécessaire à la perfection d'un acte juridique identifie celui qui l'appose. Elle manifeste le consentement des parties aux obligations qui découlent de cet acte [2]. Quand elle est apposée par un officier public, elle confère l'authenticité à cet acte ».

---

1. Sur l'application de l'art. 1318 en l'absence d'annexion des procurations dans un acte notarié, v. Civ. 1re 22 mars 2012, *D.* 2012, 885, et chron. p. 890 ; Ph. Théry, Faut-il reproduire les annexes dans les copies exécutoires ?, *JCP* 2012, 471 ; v. aussi Civ. 2e 7 juin 2012, *D.* 2012, 1557. - V. *infra*, n° 631.

2. Un écrit, même s'il comporte à l'origine un blanc seing, fait foi des conventions qu'il contient, comme si elles avaient été inscrites avant la signature, sauf preuve contraire administrée par la partie qui allègue l'abus (Com. 28 fév. 2006, *D.* 2006, 854, obs. V. Avena-Robardet, *RTD civ.* 2006, 769, obs. J. Mestre et B. Fages).

Reste à savoir de quelle manière peut se réaliser la signature, plus précisément dans quels cas l'on peut considérer que l'*identification* de celui qui appose sa signature est réalisée. Au sujet des actes sous seing privé [1], la jurisprudence avait, dans des décisions relativement anciennes, en l'absence même de définition légale, considéré que la signature pouvait éventuellement prendre la forme d'initiales, mais ne pouvait être remplacée par une croix [2], ou par des empreintes digitales [3]. Cependant la pratique de la « griffe commerciale » a diminué, dans certaines conditions l'exigence de la signature manuscrite et originale (C. com., art. L 511-1 et L. 511-8). Et puis la signature, dans sa forme traditionnelle, a aussi été remise en cause à la suite du développement de ce qu'on appelle la *monétique*, ce mot désignant « les diverses techniques qui assurent l'informatisation des moyens de paiement et les détachent ainsi du support papier » [4].

630 ***La signature électronique*** ◊ C'est précisément pour satisfaire à ces besoins que l'article 1316-4 du Code civil, issu de la loi du 13 mars 2000, dispose, dans son alinéa 2 : « Lorsqu'elle est électronique, elle (la signature) consiste en l'usage d'un procédé fiable d'identification garantissant son lien avec l'acte auquel elle s'attache. La fiabilité de ce procédé est présumée, jusqu'à preuve contraire, lorsque la signature électronique est créée, l'identité du signataire assurée et l'intégrité de l'acte garantie », dans les conditions fixées par le décret n° 2001-272 du 30 mars 2001 [5].

En application de ce décret, la signature électronique doit, pour être sécurisée, « être propre au signataire » ; être créée par des moyens que le signataire puisse garder sous son contrôle exclusif ; garantir avec l'acte auquel elle s'attache un lien tel que toute modification ultérieure de l'acte soit détectable » (art. 1er, 2). « La fiabilité d'un procédé de signature électronique est présumée jusqu'à preuve contraire lorsque ce procédé met

---

1. V. D. Lamèthe, *La signature dans les actes sous seing privé*, thèse dactyl. Paris II, 1975, et Réflexions sur la signature, *Gaz. Pal.* 1976, 1, doctr. 74. – Sur l'incidence d'une rature, v. Civ. 1re, 16 juin 1993, *Bull. civ.* I, n° 219, p. 152, *RTD civ.* 1994, 361, obs. J. Mestre.

2. Req. 8 juill. 1903, *DP* 1907, 1, 507 ; Civ. 1re sect. civ., 15 juill. 1957, *Bull. civ.* I, n° 331, *JCP* 1957, IV, 134.

3. Civ. 15 mai 1934, DP 1934, 1, 133, note E.P., S. 1935, 1, 9, note H. Rousseau ; Civ. 1re, 11 janv. 1968, *D.* 1968, somm. 64. – À propos de la signature obtenue par décalque, v. les positions divergentes de Toulouse, 4 déc. 1968, *D.* 1968, 673 et de T. civ. Rennes, 22 nov. 1957, *D.* 1958, 631, note Chevallier.

4. M. Cabrillac, Monétique et droit du paiement, *Mélanges de Juglart*, 1986, p. 86 ; J. Huet, Aspects juridiques du télépaiement, *JCP* 1991, I, 3524 ; E.-A. Caprioli, Sécurité et confiance dans le commerce électronique, Signature numérique et autorité de certification, *JCP* 1998, I, 123 ; rappr. T. Piette-Coudol, La facture électronique, entre dématérialisation documentaire et signature électronique, *CCE* mai 2003, chron. 12. – *Adde*, en matière comptable, les études publiées *in RF compt.*, not. 1998, 583 s., 1999, 11 s., 315 s., 2000, 6 s.

5. *JO* 31 mars 2001, *BRDA* 7/01, n° 19, *JCP* G 2001, Act. 1601 ; Isabelle Lambertrerie et J.-F. Blanchette, Le décret du 30 mars 2001 relatif à la signature électronique : lecture critique, technique et juridique, *JCP* E 2001, 1269 ; Y. Brulard et P. Fernandez, Signature électronique : la réforme aura-t-elle accouché d'une « souris » ?, *LPA*, 25 oct. 2001, p. 8 s., 26 oct. 2001, p. 4 s.

en œuvre une signature électronique sécurisée, établie grâce à un dispositif sécurisé de création de signature électronique et que la vérification de cette signature repose sur l'utilisation d'un certificat électronique qualifié » (art. 2) [1]. Lorsque la signature électronique bénéficie d'une présomption de fiabilité, il appartient au juge de dire si les éléments dont il dispose justifient le renversement de cette présomption (C. pr. civ., art. 288-1, réd. décr. 3 déc. 2002) [2].

Le droit s'est jusqu'à présent mal adapté aux technologies de l'information et de la communication. Le régime de la signature électronique en est la preuve, corroborée par le faible recours à ce procédé, y compris chez les utilisateurs professionnels. Plusieurs explications de cette ineffectivité sont avancées, notamment du fait d'un refoulement inadéquat du signataire, d'un rôle excessif attaché au destinataire et d'une réflexion insuffisante - pas assez originale ? - sur la cohabitation du juridique et du technique [3].

631 ***Particularités de l'acte authentique*** ◊ Elles se manifestent en deux sens opposés. D'une part la signature est encore plus essentielle à son sujet que lorsqu'il s'agit d'un acte sous seing privé. On a d'ailleurs évoqué les règles minutieuses de rédaction qui les concernent. Les actes sont signés par les parties, les témoins et le notaire [4]. Il est fait mention, à la fin de l'acte, de la signature des parties, des témoins, du notaire et, s'il y a lieu, du clerc habilité (décr. 26 nov. 1971, art. 10, al. 2). D'autre part, dans le sens de l'assouplissement, mais parce que justement l'acte est notarié, « quand les parties ne savent ou ne peuvent signer, leur déclaration à cet égard doit être mentionnée à la fin de l'acte » (art. 10, al. 4), qui n'en est pas moins valable.

Chacune des pages d'un acte notarié doit être paraphée, dès l'instant que l'acte n'est pas entièrement écrit à la main, afin de prévenir les substitutions d'une page à une autre. « Toutefois, si les feuilles de l'acte et, le cas échéant, de ses annexes sont, lors de la signature par les parties, réunies par un procédé empêchant toute substitution ou addition, il n'y a pas lieu de les parapher... » (art. 14, al. 5).

---

1. V. aussi sur le certificat électronique qualifié, décr. 18 avril 2002 (*JO* 19 avril 2002) ; X. Buffet-Delmas et B. Liard, L'achèvement du cadre juridique de la signature électronique sécurisée, *JCP* 2002, éd. G, Act. 519 ; L. Assaya et V. Baudouin, La signature électronique par cryptographie à clé publique, *JCP* 2003, 146.

2. *JO* 12 déc. 2002 ; P. Chevalier et T. Moussa, Les réformes de procédure civile introduites par le décret n° 2002-1436 du 3 décembre 2002, *JCP* G 2003, Act. 39 ; J. Devèze, *Perseverare diabolicum*. À propos de l'adaptation du droit de la preuve aux technologies de l'information par le décret n° 2002-1436 du 3 décembre 2002, *CCE* mars 2003, n° 8.

3. T. Piette-Coudol, Les errances de la signature électronique ou comment résister à la convergence de la technique et du droit, *Mélanges Linant de Bellefonds*, 2007, p. 395 s.

4. Civ. 3e, 14 mai 1974, *Bull. civ.* III, n° 192, p. 144 ; Civ. 1re, 29 nov. 1989, *Bull. civ.* I, n° 368, p. 247. - Une pièce ne constitue une annexe à un acte notarié que si elle est revêtue d'une mention constatant cette annexe et signée du notaire (Civ. 1re, 7 oct. 1997, *Bull. civ.* I, n° 267, *D.* 1997, IR 225, *Defrénois* 1998, 533, obs. B. Gelot).

632 ***c) La force probante des actes authentiques*** ◊ Les actes authentiques sont dotés d'une force probante particulière que l'on définit en disant qu'ils font foi *jusqu'à inscription de faux*. Cela signifie que celui qui en conteste l'exactitude ou la sincérité doit recourir, pour en faire écarter l'autorité, à une procédure exceptionnelle : il doit *s'inscrire en faux* au greffe du tribunal et engager ainsi une procédure compliquée, régie par les articles 303 et suivants du Code de procédure civile, qui expose le demandeur, en cas d'échec, à une amende civile, sans préjudice des dommages et intérêts auxquels il peut être condamné en faveur de son adversaire [1].

Il faut distinguer cette force probante exceptionnelle selon que son objet est l'origine de l'acte, ou les énonciations qu'il contient.

633 ***Quant à l'origine de l'acte*** ◊ La première question qui se pose quant à la force probante d'un acte est celle de sa sincérité : l'acte, ou tout au moins la signature, émane-t-il de celui-là même de qui on prétend qu'il émane, de l'officier public s'il s'agit d'un acte authentique ?

L'acte authentique *fait foi par lui-même jusqu'à inscription de faux*, en vertu de l'article 1319, alinéa 1er. Cela signifie qu'il est présumé authentique, vrai dans l'origine qu'il indique, par cela seul qu'il se présente avec les apparences extérieures de la régularité. En effet, la notoriété de la signature de l'officier public, l'aspect de l'acte dressé par lui, la gravité des peines qui frappent le faux, tout concourt à penser que l'acte émane bien de son signataire apparent. Il y va aussi de la sécurité juridique, que l'acte authentique a pour première mission de servir. Donc celui qui présente un acte authentique à l'appui de sa prétention a, jusqu'à la difficile preuve du contraire, administré sa preuve. Ce serait à celui qui alléguerait que l'acte est faux en totalité ou en partie à faire la preuve de ce faux, mais à charge de s'engager dans la procédure de l'inscription de faux (*supra*, n° 632).

634 ***Quant au contenu de l'acte*** ◊ Il peut y avoir aussi contestation sur la vérité des faits qu'il relate, sur son contenu substantiel, et non plus sur ses qualités formelles quant à l'origine. À cet égard, une distinction classique est faite entre deux catégories d'énonciations.

Tout ce qui, dans l'acte authentique, se trouve mentionné sous le contrôle de l'officier public, agissant dans le cadre de sa compétence, à propos des faits qu'il a dû et pu vérifier lui-même, fait foi jusqu'à inscription de faux. Tel est le cas notamment de la mention de la comparution de telle personne devant l'officier public, de la teneur des déclarations recueillies, de l'accomplissement de faits tel qu'un paiement réalisé à la vue de l'officier public [2], de la date de l'acte. Cette autorité caractérise les énonciations ainsi vérifiées aussi bien à l'égard des parties qu'à l'égard des tiers à l'acte.

Au contraire, les énonciations que l'officier public ne fait que relater, mais qui émanent des parties elles-mêmes, sans qu'une vérification ait eu

1. Ex. : Civ. 1re, 11 juin 2003, *RTD civ.* 2003, 503, obs. J. Mestre et B. Fages.
2. Civ. 3e, 19 mars 1974, *Bull. civ.* III, n° 135, p. 102.

lieu, ne font foi que jusqu'à preuve contraire. Il est normal que leur valeur probante soit alors semblable à celle qu'elles auraient dans un acte sous seing privé, car elles ne sont couvertes que par l'affirmation et la signature des parties, sans que l'officier public en constate personnellement l'exactitude. De telles mentions peuvent ainsi être arguées de simulation [1], la réalité d'une filiation mise en doute, les indications relatives à la contenance d'un bien contredites [2], l'exactitude d'un paiement effectué antérieurement et hors de la vue du notaire contestée [3], etc., sans qu'il soit besoin de recourir à l'inscription de faux, dès l'instant que ces faits n'ont pas été constatés par l'officier public. N'ont, semble-t-il, pas non plus, et d'une façon moins justifiée, de force probante particulière les énonciations que l'officier public fait pourtant lui-même, mais que la loi ne lui donnait pas mission d'émettre, telle la mention qu'un testateur est sain d'esprit [4].

635 ***2° L'acte sous seing privé*** ◊ À la différence des actes authentiques, les actes sous seing privé ne sont en principe (v. cep. *infra*, n°s 636 s.) soumis à aucune forme de rédaction. Ils peuvent être écrits dans n'importe quelle langue,... sauf à respecter les dispositions relatives à l'emploi de la langue française (*supra*, n° 411) [5], par l'une des parties ou par un tiers, à la main [6] ou par quelque procédé mécanique ; ils peuvent être établis à l'aide de formules imprimées à l'avance, et cette possibilité a permis le développement des contrats-type ; ils peuvent prendre la forme d'une lettre missive ou d'un échange de correspondances, comme cela est courant dans les affaires. L'emploi du papier timbré est exigé à titre fiscal, mais le non-respect de cette formalité, s'il fait encourir aux contractants une amende fiscale, n'entame pas la validité de l'acte sous seing privé. – Sur la signature des actes sous seing privé, v. *supra*, n°s 629 s.

Tandis que l'exigence légale d'un acte authentique relève des conditions de validité des actes juridiques, celle d'un acte sous seing privé peut s'imposer soit comme élément de validité, soit à titre seulement probatoire d'un acte juridique. C'est à ce dernier sujet qu'elle nous intéresse et qu'elle se relie à une exigence propre à la preuve des actes juridiques [7].

636 ***a) Actes sous seing privé soumis à des formalités spéciales*** ◊ Il convient, par exception au principe de liberté en matière d'actes sous seing privé, d'examiner les formalités supplémentaires qui peuvent dans des cas particuliers être exigées : il s'agit des actes relatant des conventions

---

1. Civ. 1re, 20 oct. 1971, *Bull. civ.* I, n° 228 ; Com. 12 nov. 1974, *Bull. civ.* IV, n° 286, p. 235.
2. Civ. 3e, 26 juin 1973, *D.* 1973, somm. 143.
3. Civ. 3e, 16 nov. 1977, *JCP* 1978, IV, 20 ; Reims 23 févr. 1976, *JCP* 1977, IV, 45.
4. Civ. 1re, 17 nov. 1976, *D.* 1977, IR 85.
5. Encore faut-il que cette langue soit comprise par les intéressés : Civ. 3e, 15 déc. 1998, *Defrénois* 1999, I, 1038, obs. D. Talon.
6. Y compris au crayon : Com. 8 oct. 1996, *D.* 1997, 504, note A. Fauchon, *D. Aff.* 1996, p. 1254, *RTD civ.* 1997, 137, obs. J. Mestre.
7. V. not. D. Ferrier, La preuve et le contrat, *Mélanges M. Cabrillac*, 1999, p. 105 s.

synallagmatiques et des actes constatant des promesses unilatérales de sommes d'argent ou de choses appréciables en argent.

637 ***La formalité du « double » et les actes contenant des conventions synallagmatiques*** ◊ En ce qui concerne les actes sous seing privé relatant des conventions synallagmatiques, l'article 1325 du Code civil institue ce que l'on appelle la formalité du *double* ou de l'*original multiple*. Un acte de cette espèce doit en principe être établi en autant d'exemplaires qu'il y a de parties ayant un intérêt distinct, mais un seul exemplaire suffit s'il est déposé par toutes les parties entre les mains d'un notaire ou d'un tiers chargé de le tenir à la disposition de tous [1]. Il peut être nécessaire de signer un original supplémentaire lorsque l'enregistrement de l'acte entre les mains de l'Administration est requis à des fins fiscales [2].

Cette formalité du double original, qui remonte à la pratique de l'Ancien droit, tend à assurer aux parties une situation égale quant à la preuve : il ne faut pas que l'une d'elles ait entre les mains l'écrit probatoire, alors que les autres en seraient démunies ; sinon, celles-ci seraient à la merci de leur adversaire qui pourrait, au gré de ses intérêts, soit invoquer l'existence du contrat, soit en nier la conclusion.

Il ne suffit d'ailleurs pas que l'acte écrit ait été rédigé en double ; la loi veut encore que chaque original contienne « la mention du nombre des originaux qui en ont été faits » (art. 1325, al. 3). La raison de cette formalité supplémentaire est, qu'autrement, il dépendrait de chaque contractant, quand bien même la formalité requise aurait été régulièrement accomplie, de rendre inopérante la preuve de son adversaire, en détruisant ou en dissimulant l'original resté entre ses mains, pour invoquer alors la prétendue violation de la règle de l'original multiple.

Le respect de ces formalités ne conditionne pas la validité du *negotium* ainsi reproduit, mais la nullité du seul acte instrumentaire [3], de l'*instrumentum* (sur cette importante distinction, *supra*, n° 611). D'ailleurs, cette nullité ne peut être soulevée que par les parties ; elle ne peut l'être par les tiers [4] et ne peut être invoquée pour la première fois devant la Cour de cassation [5]. L'acte pourra, en outre, valoir comme simple commencement de preuve par écrit, qui peut être, sous certaines conditions, un moyen de preuve admissible (*infra*, n° 651). Cette admissibilité est notamment de principe lorsqu'il s'agit de prouver un acte commercial (C. com., art. L. 110-3 ; *infra*, n° 648). Enfin, l'article 1325, alinéa 4, dispose qu'une telle nullité ne peut être opposée par celui qui a exécuté

---

1. Civ. 2 juill. 1952, *D.* 1952, 703, S. 1953, 1, 95. – V. cep. Civ. 3e, 15 avril 1992, *Bull. civ.* III, n° 131, p. 81.

2. Il semble que l'enregistrement d'un simple double soit pareillement efficace : Soc. 5 juin 1942, *Gaz. Pal.* 1942, 2, 49.

3. Civ. 1re, 9 janv. 1961, *Bull. civ.* I, n° 21, p. 17 ; Civ. 3e, 26 juin 1973, *Bull. civ.* III, n° 444, p. 323 ; 23 janv. 1991, *Bull. civ.* III, n° 35, p. 20.

4. Paris, 17 avr. 1969, *D.* 1969. Somm. 70.

5. Civ. 3e, 16 juin 1971, *D.* 1971. Somm. 203, *Bull. civ.* III, n° 387, p. 274.

la convention portée dans l'acte. Ces atténuations modèrent donc nettement la rigueur des exigences figurant à l'article 1325.

« L'exigence d'une pluralité d'originaux est réputée satisfaite par les contrats sous forme électronique lorsque l'acte est établi et conservé conformément aux articles 1316-1 et 1316-4 et que le procédé permet à chaque partie de disposer d'un exemplaire ou d'y avoir accès » (art. 1325, al. 5, réd. ord. 16 juin 2005).

638 ***La formalité de la « mention manuscrite » et les actes constatant des promesses unilatérales de sommes d'argent ou de choses fongibles*** ◊ L'acte sous seing privé qui constate une promesse unilatérale est valable s'il est rédigé en un seul exemplaire, puisqu'il n'existe qu'une seule personne obligée [1]. La seule signature du débiteur est d'ailleurs suffisante. Mais l'article 1326, alinéa 1er, posait, dans sa rédaction initiale, l'exigence d'une formalité particulière si l'acte n'était pas rédigé de l'entière main du débiteur : ce dernier devait, avant de signer, exprimer d'une façon précise l'objet de son obligation et devait, pour cela, outre sa signature, inscrire sur l'acte d'une façon manuscrite un bon pour ou un approuvé, portant en toutes lettres la somme ou la quantité de choses appréciables en argent [2]. La loi du 12 juillet 1980 a allégé ce formalisme en supprimant la mention du « bon pour » ou « approuvé » pour ne conserver que l'exigence de la reproduction manuscrite du montant, en chiffres ou en lettres, ou de la quantité déterminée.

Le texte est inapplicable aux actes authentiques [3], aux obligations portant sur un corps certain ou une obligation de faire ou de ne pas faire, telle une promesse de contrat [4]. De même, l'article 1326, ne visant que les engagements, ne s'applique pas aux quittances constatant le paiement [5]. S'il y a une différence entre les transcriptions en chiffres et en lettres de la somme, l'article 1326 fait prévaloir, en bon sens, la mention en toutes lettres. La loi du 13 mars 2000 « portant adaptation du droit de la preuve aux technologies de l'information et relative à la signature électronique » (*supra*, n° 625, *infra*, nos 671 s.) a substitué dans l'article 1326 les mots « par lui-même » aux mots « de sa main ». En conséquence, il est satisfait à l'existence d'une écriture « par lui-même » de la somme ou de la quantité, par une mention

---

1. V. par ex. Civ. 1re, 5 févr. 1975, *Bull. civ.* I, n° 50, p. 47.
2. Cf. Ph. le Tourneau, Contre le « bon pour », *D.* 1975, chron. 187 s. – La mention en lettres suffit-elle ? En ce sens, Civ. 1re, 19 déc. 1995, *Bull. civ.* I, n° 467, p. 325, *RTD civ.* 1996, 620, obs. J. Mestre, *CCC* 1996, n° 37, obs. L. Leveneur ; contra Civ. 1re, 13 nov. 1996, *Bull. civ.* I, n° 393, p. 274, *CCC* 1997, n° 25, obs. L. Leveneur, *RTD civ.* 1998, 110, obs. J. Mestre, *JCP* 1997, II, 22810, note Y. Dagorne-Labbé. – Comp. Civ. 1re, 27 juin 1995, *D.* 1996, 133, note Raphaele Micha-Goudet.
3. Com. 20 mars 1990, *Bull. civ.* IV, n° 83, *D.* 1990, somm. 383, obs. L. Aynès ; Civ. 1re, 2 juill. 1991, *Bull. civ.* I, n° 225.
4. V. pour une promesse de bail, Civ., 1re sect. civ., 27 févr. 1963, *D.* 1963, 551 ; pour une promesse de vente, Civ. 3e, 11 févr. 1975, *D.* 1975, IR 107, *Gaz. Pal.* 1975, 1, somm. 74.
5. Civ., sect. soc., 18 juill. 1952, *D.* 1952, 617.

dactylographiée ou imprimée sur support papier, seule l'exigence de la signature manuscrite subsistant [1].

La finalité de la disposition légale demeure : elle a pour but, d'une part, de s'assurer que le débiteur a bien pris connaissance de l'acte et mesure ainsi son engagement et, d'autre part, d'éviter les *abus de blanc-seing*, un créancier profitant de ce qu'un débiteur a signé un acte en blanc pour inscrire ensuite une somme à son gré. Avant que n'intervienne la réforme du 12 juillet 1980, l'article 1328, dans un second alinéa aujourd'hui abrogé, dispensait de l'exigence de la mention manuscrite les « marchands, artisans, laboureurs, vignerons, gens de journée et de service ». Le législateur a supprimé cette liste vieillie, qui reposait sur l'idée que les personnes ainsi désignées étaient soumises aux règles dérogatoires du commerce ou étaient peu habiles à écrire. – Sur la preuve en matière commerciale, v. *infra*, n° 643.

639 ***Sanction*** ◇ La *sanction* du non-respect de la formalité a donné lieu à des controverses et à des mouvements jurisprudentiels. Pourtant, conformément à la distinction entre la validité de l'acte et la preuve de celui-ci, le non-respect de cette formalité ne devrait altérer que l'acte instrumentaire, lui ôtant sa force probatoire spécifique, sans affecter la validité de l'opération relatée. La nullité de la preuve laisse, par principe, subsister la validité de l'obligation [2]. D'ailleurs, l'acte instrumentaire lui-même, s'il perd sa qualité d'acte sous seing privé, peut conserver, par requalification, la qualité de commencement de preuve par écrit [3] (*infra*, n° 651).

Mais la Première chambre civile de la Cour de cassation a utilisé l'article 1326 comme un mécanisme de protection en matière de cautionnement [4]. Ainsi, en se référant tout à la fois à l'article 1326 et à l'article 2015 – article 2292 (réd. ord. 23 mars 2006) – qui exige un consentement exprès de la caution, elle a posé, non plus comme une condition de preuve, *ad probationem*, mais comme une condition de fond, *ad validitatem* [5], soit la mention par la caution de la somme exacte, c'est-à-dire de la somme garantie et des accessoires de la dette [6], soit la mention démontrant que la caution a mesuré son engagement dans un cautionnement de montant

1. Civ. 1re, 13 mars 2008, *JCP* 2008, II, 10081, note E. Putman, *RTD civ.* 2008, 302, obs. B. Fages.
2. V. par ex. Civ. 2e, 18 déc. 1978, *JCP* 1979, IV, 74.
3. Jurisprudence classique depuis Civ. 26 oct. 1898, *DP* 1899, 1, 16 ; v. par ex. Civ. 1re, 30 avril 1969, *D.* 1969, 412 ; 16 févr. 1983, *Bull. civ.* I, n° 68, p. 59 ; 11 janv. 1985, *RTD civ.* 1986, 758, obs. J. Mestre ; 27 mai 1986, *JCP* 1987, II, 20873, note Michèle Uribarri, *RTD civ.* 1987, 765, obs. J. Mestre ; Com. 21 juin 1988, *Bull. civ.* IV, n° 212, p. 146.
4. V. Ph. Simler, Cautionnement et garanties autonomes, 3e éd. 2000, nos 205 et 393 s., et Le juge et la caution, excès de rigueur ou excès d'indulgence ?, *JCP* N 1986, I, 169. – Comp., au sujet de la caution réelle, R. Libchaber, obs. *RTD civ.* 2002, 604.
5. Civ. 1re, 22 févr. 1984, *JCP* 1985, II, 20442, note M. Storck. – Elle a été en cela suivie par de nombreux juges du fond : v. par ex. Versailles, 27 févr. et 7 mai 1986, *D.* 1987, somm. 442, obs. L. Aynès.
6. Civ. 1re, 22 juin 1983, *Bull. civ.* I, n° 182, p. 160, *Defrénois* 1984, art. 33251, p. 367, obs. J.-L. Aubert ; 9 déc. 1986, *D.* 1987, somm. 444, obs. L. Aynès, *JCP* 1988, II, 20921, note M. Storck ; Com. 26 juin 1990, *D.* 1990, IR 204.

indéterminé [1]. Ainsi ont pu, par cette interprétation déformante des textes, être annulés des engagements pris à la légère par des cautions. La Première chambre civile s'opposait ainsi à la Chambre commerciale, qui affirmait de manière classique la seule incidence du non-respect de l'article 1326 sur la preuve et non sur le fond [2]. Aussi est-ce avec satisfaction que l'on a vu la Première chambre civile revenir à plus d'orthodoxie par un arrêt du 15 novembre 1989 [3]. Ultérieurement, la Cour de cassation a dissipé l'ambiguïté qui pouvait subsister quant à la portée probatoire d'une mention ne respectant pas les exigences légales. Elle a notamment précisé que, si l'absence de la mention manuscrite exigée par l'article 1326 du Code civil, dans un acte portant engagement de caution, rend le cautionnement irrégulier, cet acte peut néanmoins constituer un commencement de preuve par écrit susceptible d'être complété par d'autres éléments [4].

640 ***b) Admissibilité de la preuve des actes juridiques : l'exigence d'un écrit*** ◊ À s'en tenir aux contrats et, par extension, aux actes juridiques, l'article 1341 constitue la disposition essentielle. Marque du système de preuve légale, le texte pose que la preuve des actes juridiques n'est pas libre, mais doit prendre la forme d'une preuve *littérale*. Il faut néanmoins rappeler que cette nécessité d'un écrit n'est qu'une règle de preuve et ne concerne en rien la validité de l'acte juridique, celui-ci se formant, en principe, par le seul consentement (*supra*, n° 611).

Il convient de rappeler ici que les faits juridiques peuvent en principe être prouvés par tous moyens (v. cep. *supra*, n° 619). Il est d'ailleurs en général impossible de concevoir une preuve préconstituée parce que l'événement est inattendu. Mais le même principe est aussi applicable aux faits prévisibles et organisés, comme ceux servant de fondement aux *quasi-contrats* (gestion d'affaires, paiement de l'indu [5], enrichissement sans cause), ceux susceptibles d'être situés dans une période précontractuelle (vices du consentement, par exemple) ou post-contractuelle (faits d'inexécution, par exemple), ceux qui concrétisent une certaine volonté (faits de possession, par exemple).

641 ***Distinction*** ◊ L'article 1341 distingue deux situations qu'il convient d'examiner successivement : la preuve de l'acte juridique, dans un premier temps, la preuve contre et outre l'écrit qui constate l'acte juridique, dans un second temps.

---

1. V., par ex., Civ. 1re, 6 févr. 1980, *JCP* 1981, II, 19535, note M. Rémond-Gouilloud ; 19 avr. 1982, *JCP* 1983, II, 20122, note C. Mouly et P. Delebecque ; 22 févr. 1984, *JCP* 1985, II, 20442, note M. Storck ; 16 déc. 1986, *D.* 1987, somm. 442, obs. L. Aynès.
2. Com. 6 juin 1985, *Bull. civ.* IV, n° 182, p. 153 ; 21 juin 1988, *JCP* 1989, II, 21170, note Ph. Delebecque, *D.* 1989, somm. 289, obs. L. Aynès ; 15 nov. 1988, *D.* 1990, 3, note Ancel ; 26 juin 1990, *JCP* 1990, IV, 324.
3. *D.* 1990, 177, note Ch. Mouly, *JCP* 1990, II, 21422, note D. Legeais, *Defrénois* 1990, art. 34761, p. 441, obs. L. Aynès, *Grands arrêts*, t. 2, n° 293.
4. Civ. 1re, 15 oct. 1991, *JCP* 1992, II, 21923, note Ph. Simler, *Grands arrêts*, t. 2, n° 294 ; rappr. Colmar, 5 févr. 1996, *JCP* 1997, II, 22793. - Comp. Civ. 1re, 4 mars 1997, *JCP* 1997, II, 22954, note C. Gonon.
5. Civ. 1re, 29 janv. 1991, *Bull. civ.* I, n° 36, p. 22.

642 ***Première règle : il doit être passé acte de toutes choses excédant un certain seuil*** ◊ L'expression légale de « toutes choses » est bien vague, mais il faut considérer que le législateur a entendu exiger une preuve littérale, non seulement pour les conventions, mais pour tous les *actes juridiques* qui donnent naissance à une obligation, qui entraînent une transmission de droits réels ou qui emportent l'extinction ou la mutation de ces mêmes droits [1], et même encore aux *faits* qui ont de telles conséquences [2]. Mais la preuve de simples faits qui n'impliquent pas eux-mêmes obligation ou libération peut être librement administrée [3].

Jusqu'à la loi du 12 juillet 1980, le seuil à partir duquel la preuve de l'acte juridique devait prendre la forme d'un *instrumentum* (*supra*, n° 611) était de 50 francs, somme importante alors dans l'économie française mais réduite à peu de chose en 1980. C'est pourquoi il était indispensable de réformer le texte sur ce point, tout en respectant son esprit, puisque ce seuil a pour fonction de représenter un montant suffisamment important pour que la précaution de l'écrit préconstitué soit imposée, en raison de l'ampleur de l'engagement et pour que cela « vaille la peine ». Mais le législateur, conscient de l'évolution monétaire, et notamment de l'inflation, a soustrait la détermination de ce seuil au pouvoir législatif pour la confier au pouvoir réglementaire, capable d'intervenir rapidement, fréquemment, sans modifier désormais le texte du Code civil. L'article 1341 ne se réfère donc plus qu'à « une somme ou une valeur fixée par décret ». Et le décret du 15 juillet 1980 avait fixé cette somme ou valeur à 5 000 francs, convertie en 800 € (réd. décr. 30 mai 2001), puis relevée à 1 500 € (décr. 20 août 2004).

Une fois ce seuil fixé, il peut arriver que soit difficile l'*évaluation* de l'objet en cause, notamment lorsqu'il ne s'agit pas directement d'une somme d'argent, mais d'une chose dont il faut apprécier la valeur. Il appartient alors notamment au demandeur de l'évaluer. Mais il sera lié par l'évaluation qu'il aura donnée à l'objet demandé dans ses conclusions primitives. L'article 1343 précise en effet que « celui qui a formé une demande excédant le chiffre prévu à l'article 1341, ne peut plus être admis à la preuve testimoniale, même en restreignant sa demande primitive ». Enfin, si l'objet du litige est une prestation indéterminée en valeur, la preuve par écrit est toujours requise.

643 ***Deuxième règle : il est interdit de prouver par témoins contre et outre le contenu d'un écrit*** ◊ On suppose qu'un acte juridique a été constaté dans un écrit. Un plaideur prétend que l'écrit est inexact ou incomplet, ou bien qu'un événement postérieur au contrat a apporté des modifications. L'article 1341 précise alors que, lorsqu'un écrit a été dressé, fût-ce à propos d'une opération ne dépassant pas le seuil monétaire retenu

1. Civ. 1re, 15 juill. 1975, *JCP* 1976, II, 18414, note Th. Ivainer, *RTD civ.* 1977, 124, obs. Y. Loussouarn ; 27 avril 1977, *JCP* 1977, IV, 160, *D.* 1977, 413, note Gaury.
2. Civ. 24 déc. 1919, *DP* 1920, 1, 12.
3. Civ. 3e, 21 nov. 1973, *D.* 1974, somm. 28 ; Civ. 1re, 9 déc. 1986, *Bull. civ.* I, n° 597, p. 278.

(1 500 € actuellement, *supra*, n° 642), la *preuve contraire* au contenu de cet écrit, à supposer qu'elle soit admissible, ne peut se faire, en tout état de cause, par témoins.

On ne peut ainsi rien prouver par témoins *contre* le contenu de l'acte, c'est-à-dire de contraire aux énonciations dispositives de cet acte, ni *outre* ce contenu, c'est-à-dire rien qu'on prétendrait avoir omis [1].

La règle ne fait cependant pas obstacle à ce que, en cas d'obscurité ou de contradiction de l'acte, les juges se livrent à son interprétation au moyen de toutes sortes d'éléments propres à éclairer le sens de l'acte [2]. De même, la preuve sera libre lorsqu'il s'agit de rechercher les vices dont l'acte peut être atteint, tels que vices du consentement, absence de cause ou fausse cause, cause immorale ou illicite [3].

Quant aux faits postérieurs qui auraient pu modifier la portée ou les conséquences de l'acte, il semble bien qu'il faille distinguer entre les modifications de l'acte, dont la preuve n'est pas libre sans écrit, et les actes ou faits distincts, tels que paiement, remise de dette, compensation, pour lesquels la règle de l'article 1341 ne s'applique pas.

644 ***Persistance de l'aveu et du serment*** ◊ Même dans le domaine couvert par la preuve légale, dès l'instant que l'aveu et le serment sont admissibles (*infra*, n°s 687 s., 696 s.), il est toujours possible de suppléer l'écrit ou même de le combattre au moyen d'un aveu ou de la délation du serment. Plus que par une excellence probatoire de ces deux modes de preuve, cette règle s'explique sans doute par le fait que, dans une matière qui peut être régie par les conventions des parties (*infra*, n° 646), celles-ci peuvent, unilatéralement (aveu) ou par une sorte d'accord (serment), mettre fin à la contestation, en vertu du principe *dispositif* (*supra*, n° 570), indépendamment de toute considération proprement probatoire, donc en l'absence même de preuve écrite ou en contradiction avec cette dernière.

645 ***Limites de l'exigence*** ◊ L'évolution jurisprudentielle a été marquée par une volonté non dissimulée de soustraire autant que possible les parties et le juge à l'exigence d'une preuve littérale, pour admettre une preuve libre dont la force probante dépend, non plus de la qualité formelle de la preuve (*supra*, n°s 632 s.), mais de l'intime conviction du juge. Il y a un « assouplissement progressif et, pour ainsi dire, instinctif, du formalisme par le juge » [4].

Ce lent mouvement, correspondant à l'évolution générale des preuves (*supra*, n°s 567 s.), a été conforté et accéléré par la loi du 12 juillet 1980. Si

1. Civ. 1re, 27 nov. 1967, *D.* 1968, 245.
2. Civ. 10 juill. 1945, *D.* 1946, 181, note Mimin ; Civ. 1re, 3 mars 1969, *D.* 1969, 477 ; Civ. 3e, 9 mai 1973, *D.* 1973, somm. 126 ; 16 janv. 1979, *D.* 1979, IR 240.
3. V. F. Terré, Ph. Simler et Y. Lequette, *Les obligations*, 10e éd. 2009, n°s 205 s., 337 s., 351 s., 359 s., 363.
4. R. Savatier, La science et le droit de la preuve, rapport général, Trav. Assoc. H. Capitant, t. VII, 1952, p. 607.

la preuve littérale reste le principe en matière civile, il n'en demeure pas moins qu'actuellement, le domaine de la preuve libre empiète sur celui de la preuve légale, jusqu'à devenir largement plus vaste et important que lui.

Il convient de distinguer les limites apportées à l'exigence d'une preuve littérale par l'effet des conventions, des limites apportées à l'exigence d'une preuve littérale par l'effet de la loi.

646 ***Par l'effet des conventions*** ◊ Il est essentiel de rappeler que le système probatoire civil, conçu comme étant d'intérêt privé, reste encore actuellement gouverné par le principe de la liberté contractuelle (*supra*, n°s 569 s.). Il en résulte que l'exigence d'une preuve littérale ne vaut qu'autant que les parties ne s'en sont pas dispensées [1]. En pratique, les conventions sont une limite très importante aux exigences probatoires relatives aux actes juridiques. Il n'est d'ailleurs pas certain que cette liberté contractuelle soit au-dessus de toute critique, dans la mesure où la preuve littérale peut avoir pour fonction de protéger la partie contractante faible, contrainte d'adhérer aux conditions imaginées par le cocontractant puissant ; on prive ainsi la partie faible de la protection que constitue la preuve légale.

647 ***Par l'effet de la loi*** ◊ Le *Code civil*, dès l'origine, a prévu des cas dans lesquels l'exigence de preuve littérale peut être dépassée. Il en est ainsi lorsqu'il existe un commencement de preuve par écrit (*infra*, n° 648) ou en matière commerciale (*infra*, n° 651). La *loi du 12 juillet 1980*, reprenant largement les assouplissements consacrés par la jurisprudence, a élargi les dérogations à l'exigence d'une preuve littérale, notamment lorsque la preuve écrite se révèle impossible (*infra*, n° 652).

À travers cette évolution, il apparaît que la loi autorise des dérogations et conçoit des limites à l'exigence d'une preuve littérale, soit en considération de l'opération économique elle-même, le *negotium* (opération commerciale frauduleuse ou invoquée par un tiers), soit en considération de l'acte instrumentaire qui la relate, l'*instrumentum* (commencement de preuve par écrit, impossibilité de produire un écrit).

648 ***La liberté de la preuve d'une opération commerciale entre commerçants*** ◊ De l'article 1341, alinéa 2, il résulte que l'exigence de la preuve littérale est posée « sans préjudice de ce qui est prescrit dans les lois relatives au commerce ». L'article 109 du Code de commerce prévoyait ainsi, à l'origine, la liberté de la preuve pour les achats et les ventes constitutifs d'actes de commerce. La jurisprudence, dans une interprétation qui généralisait heureusement l'hypothèse (*supra*, n° 572), a affirmé que, par principe, la preuve est libre en matière commerciale [2], ce qui permet notamment de prouver outre et contre un écrit [3] ou de se prévaloir, sous

1. Soc. 24 mars 1964, *JCP* 1965, II, 14415, note Lapp ; 9 avril 1970, *JCP* 1970, IV, 136.
2. Req. 13 déc. 1935, *DH* 1936, 66 ; Civ. 2 juill. 1941, *DA* 1941, 291.
3. Req. 25 nov. 1903, *DP* 1904, 1, 183.

réserve de l'intime conviction du juge, d'un écrit qui n'est pas conforme aux exigences formelles de la preuve littérale (*supra*, n°s 627 s.) [1].

Le droit applicable résulte de l'article L. 110-3 du Code de commerce qui dispose qu'« à l'égard des commerçants, les actes de commerce peuvent se prouver par tous moyens à moins qu'il n'en soit autrement disposé par la loi » [2]. Encore faut-il que l'acte ait été passé entre commerçants. Si l'acte de commerce a été conclu entre un commerçant et un non-commerçant, il relève alors de la catégorie des *actes mixtes*. Dès lors que l'acte n'est commercial que pour l'une des parties en cause, la liberté des preuves ne joue qu'à l'encontre de la partie à l'égard de laquelle l'opération est commerciale, c'est-à-dire à l'encontre du commerçant. En revanche, la preuve littérale peut être exigée par le non-commerçant auquel son partenaire veut opposer l'acte. Ainsi, par exemple, une vente passée entre un commerçant et un client civil peut être prouvée librement à l'encontre du vendeur, mais celui-ci doit produire une preuve littérale pour obtenir gain de cause contre son client. Encore convient-il de restreindre le libéralisme consacré en raison des exigences découlant du droit de la consommation.

649 ***La liberté de la preuve du caractère frauduleux de l'opération*** ◊ La prohibition de la preuve par témoins ne s'applique pas lorsqu'il s'agit de prouver soit une fraude (*supra*, n° 504), soit la cause illicite de l'acte. C'est ce qui résulte de l'article 1353 *in fine* qui autorise la preuve par présomptions et, par conséquent, par témoins dans les cas où « l'acte est attaqué pour cause de fraude ou de dol ».

650 ***La liberté de la preuve de l'opération invoquée par un tiers*** ◊ Les tiers, c'est-à-dire les personnes qui ne sont ni parties à l'acte ni ayants cause des parties, sont souvent dans l'impossibilité de prouver par écrit l'acte juridique qu'ils peuvent avoir intérêt à invoquer. Cet acte ne peut d'ailleurs valoir à leur égard qu'en tant que fait juridique. C'est pourquoi ils peuvent en faire la preuve par tous moyens ou peuvent prouver librement contre et outre le contenu de l'écrit présenté.

Cette dernière règle s'applique spécialement en cas de *simulation* (*supra*, n° 472) : il arrive qu'un acte apparent soit modifié par un acte secret, dit *contre-lettre ;* par exemple, un acte ostensible de vente, soustrayant apparemment le bien vendu au droit de gage général de ses créanciers, est accompagné par un acte secret qui neutralise le transfert apparent de propriété, afin de porter atteinte aux droits des créanciers tout en conservant la propriété effective du bien au profit du vendeur apparent. Dans une telle hypothèse, les créanciers peuvent établir par tous moyens la teneur des

---

1. Com. 31 janv. 1966, *D.* 1966, 288 ; 16 juill. 1973, *Bull. civ.* IV, n° 244, *RTD com.* 1975, 268, obs. Jauffret.

2. *Contra* G. Parléani, Un texte anachronique : le nouvel article 109 du Code de commerce (réd. la loi 12 juillet 1980) (devenu art. L. 110-3 C. com.), *D.* 1983, chron. 65 s. – Sur la preuve du cautionnement commercial, v. Civ. 1re, 18 mai 2004, *LPA* 21 mars 2005, p. 14 s., note Th. Favario.

accords réels auxquels ils n'ont pas été parties et prouver ainsi que l'acte de vente ostensible n'était qu'un simulacre.

651 ***Le commencement de preuve par écrit*** ◊ Cette limite à l'exigence de preuve littérale est prévue à l'article 1347. Elle suppose qu'il existe donc un commencement de preuve par écrit. Le texte le définit comme l'« écrit qui est émané de celui contre lequel la demande est formée, ou de celui qu'il représente, et qui rend vraisemblable le fait allégué ». La jurisprudence a interprété largement cette notion [1], ce qui atteste une nouvelle fois la tendance du juge à accroître le champ des exceptions à l'exigence d'une preuve légale.

1) Il faut en principe un *écrit*. Ce peut être un « acte », c'est-à-dire un écrit rédigé en vue de faire preuve, mais auquel il manque une des conditions exigées par la loi et qui subit alors une requalification (*supra*, n°s 635 s.). Le juge ne pourrait, sans ajouter aux conditions posées par le texte, exiger que l'écrit soit signé pour qu'il vaille commencement de preuve par écrit [2].

D'ailleurs, la jurisprudence se contente d'un simple projet d'acte, ou même d'un écrit quelconque, non rédigé pour faire preuve, par exemple une lettre missive, ou une copie même non fidèle et durable voire une photocopie (*infra*, n° 665). Le législateur est allé plus loin, dans le détachement de la notion de « commencement de preuve par écrit » par rapport à une exigence minimum d'un support « écrit », en prévoyant que le juge pourra considérer comme commencement de preuve par écrit, non seulement les déclarations que fera la personne lors d'une comparution personnelle, mais encore son refus de répondre ou son absence à la comparution (art. 1347, al. 3, réd. L. 9 juill. 1975, parachevant l'évolution législative et jurisprudentielle).

2) Il faut que l'écrit émane « de celui contre lequel la demande est formée, ou de celui qu'il représente » (art. 1347, al. 2), c'est-à-dire du défendeur à l'allégation ou de son auteur [3]. À cet égard aussi, la jurisprudence se montre extensive. Elle admet que le commencement de preuve par écrit peut émaner de la personne qui avait qualité pour représenter la partie à l'acte, par exemple un mandataire [4], ce qui est retenir dans un autre sens que celui adopté par le texte la notion de « représentation ». Il n'est enfin pas nécessaire que l'écrit soit l'œuvre matérielle du défendeur, dès lors que celui-ci se l'est approprié par une acceptation expresse ou tacite [5].

---

1. H. Mazeaud, *La conception jurisprudentielle du commencement de preuve par écrit de l'article 1347 du Code civil*, thèse Lyon, 1921.

2. Civ. 1re, 27 janv. 1971, *D.* 1971, somm. 112, *RTD civ.* 1971, 843, obs. Y. Loussouarn.

3. Ainsi un chèque libellé au nom d'une personne ne vaut pas commencement de preuve par écrit d'un contrat de prêt invoqué (Civ. 1re, 11 avr. 1995, *JCP* 1995, II, 22554, note S. Piedelièvre) ; mais une cour d'appel peut considérer souverainement que l'endossement d'un chèque de banque peut constituer un commencement de preuve par écrit (Civ. 1re, 18 juill. 1995, *JCP* 1995, II, 22554, préc.). – Ainsi encore un ordre de virement bancaire écrit et signé de son auteur est un commencement de preuve par écrit (Civ. 1re, 25 juin 2008, *CCC* 2008, comm. n° 256, par L. Leveneur).

4. Req. 13 juin 1936, *DH* 1936, 393 ; Civ. 1re, 5 oct. 1976, *Gaz. Pal.* 1976, 2, somm. 277 ; Civ. 3e, 10 oct. 1978, a contrario, *Gaz. Pal.* 1978, 2, somm. 430.

5. Req. 6 déc. 1933, *DP* 1935, 1, 61, note Désiry (lettres dictées) ; Civ. 22 nov. 1948, *D.* 1949, 27 ; Civ. 1re, 24 nov. 1969, *a contrario*, *D.* 1970, 155, *RTD civ.* 1970, 352, obs. Y. Loussouarn ; Civ. 3e, 7 mai 1969, *Bull. civ.* III, n° 356, p. 273.

3) Il faut enfin que l'écrit invoqué *rende vraisemblable le fait allégué*, ce qui est un point de fait soumis à l'appréciation souveraine des juges du fond [1].

Le commencement de preuve résultant ainsi du respect de ces trois sortes de conditions, le demandeur à l'allégation sera alors autorisé à *compléter* la preuve fournie, « commencée », en produisant des témoignages ou en articulant des présomptions. Des actes d'exécution peuvent ainsi consolider un commencement de preuve par écrit [2]. Mais ces preuves complémentaires doivent nécessairement être *extérieures* au document qui constitue le commencement de preuve [3], car autrement ce serait contourner l'exigence de deux preuves distinctes réunies : ainsi, la reconnaissance par le défendeur de la signature portée sur l'acte constitutif du commencement de preuve par écrit ne peut constituer cette preuve supplémentaire, car elle reste intrinsèque par rapport à l'acte [4]. Cela dit, tout élément, fût-il extérieur à celui à qui on l'oppose, peut compléter un commencement de preuve par écrit [5].

Il va de soi que la prise en considération d'un commencement de preuve par écrit ne saurait priver les juges de leur pouvoir souverain d'apprécier, après production des témoignages ou présomptions, si le fait allégué est ou non suffisamment étayé pour entraîner leur conviction [6].

652 ***L'impossibilité de produire un écrit*** [7] ◊ Cette impossibilité peut être *initiale*, l'acte instrumentaire n'ayant jamais pu être dressé, ou ultérieure, l'acte instrumentaire ayant été *perdu*.

En ce qui concerne la première hypothèse, dès le Code de 1804, l'*article 1348* prévoyait que la preuve par témoins ou présomptions serait recevable dans un certain nombre de cas déterminés. La jurisprudence, puis la loi du 12 juillet 1980, ont généralisé l'exception. En effet, actuellement, l'article 1348 tolère que l'exigence de la preuve littérale soit écartée lorsqu'il a été impossible de dresser un acte instrumentaire. Suivant en cela la jurisprudence précédente, l'impossibilité qui justifie cette dérogation peut être aussi bien matérielle – l'article dans son ancienne formulation visant, par exemple, « l'accident imprévu » – que morale. L'impossibilité morale a été, dans le dessein déjà souligné d'accroître l'emprise de la liberté de la preuve au sein des actes juridiques, largement interprétée au bénéfice de personnes n'ayant pas dressé d'acte instrumentaire en considération de

---

1. Civ. 16 juill. 1918, *DP* 1918, 1, 77 ; Civ. 3e, 1re avril 1971, *JCP* 1971, II, 16998, note J. Ghestin ; Civ. 1re, 4 déc. 1973, *Bull. civ.* I, n° 336, p. 296 ; 22 juin 1976, *D.* 1976, IR 254.
2. Civ. 1re, 22 juill. 1975, *Bull. civ.* I, n° 246, p. 207.
3. Ainsi en est-il de témoignages, indices ou présomptions (Civ. 1re, 16 janv. 1985, *Bull. civ.* I, n° 24 ; Com. 31 mai 1994, *Bull. civ.* IV, n° 191 ; 31 mai 1994, *Bull. civ.* IV, n° 193).
4. Com. 31 mai 1994, *Bull. civ.* IV, nos 192 et 194, préc.
5. Civ. 1re, 21 nov. 1978, *D.* 1979, IR 87.
6. Civ. 1re, 12 juill. 1972, *Bull. civ.* I, n° 185, p. 161 ; Civ. 3e, 29 févr. 1972, *Bull. civ.* III, n° 143, p. 102.
7. Ph. Malinvaud, L'impossibilité de se procurer un écrit, *JCP* 1972, I, 2468.

relations d'affection, de famille [1] ou de subordination entre les parties, de pratiques professionnelles [2] ou par conformité à un usage, notamment lorsqu'il s'agit de transactions portant sur des produits de luxe [3]. Le juge apprécie souverainement la réalité de cette impossibilité morale [4].

L'article 1348 vise également l'hypothèse dans laquelle l'acte instrumentaire a été à l'origine dressé, mais a été *perdu*.

Pour bénéficier alors de la liberté de la preuve, il faut tout d'abord démontrer que l'écrit a été perdu par cas fortuit ou de force majeure. La perte ne doit donc pas être due au fait personnel – imprudence ou négligence – du demandeur à la preuve. Celui-ci doit établir que la perte du titre a pour cause une circonstance extérieure à sa volonté, c'est-à-dire un événement de force majeure. À ce type d'événement, on doit assimiler le fait d'un tiers, bien que la loi ne le cite pas expressément, que le fait du tiers soit intentionnel [5] ou non [6].

Il faut ensuite établir l'existence antérieure du titre. Cette deuxième condition doit être bien comprise. Elle implique en premier lieu que le demandeur a satisfait à l'exigence de l'article 1341 lors de la naissance de son droit, en établissant à l'origine un titre, ultérieurement perdu ; de la preuve de la perte du titre découlera *ipso facto* celle de son existence préalable. Elle implique en deuxième lieu que la preuve soit rapportée de la régularité formelle du titre perdu ; il faut ainsi prouver que le titre répondait à toutes les conditions imposées par la loi, suivant sa nature (authenticité, signature, mentions manuscrites, etc.). Elle implique en troisième lieu que soit prouvé l'acte ou le fait juridique que relatait l'acte instrumentaire perdu ; cette preuve pourra être faite par tous moyens : témoignages, présomptions ou indices [7].

653 ***c) La force probante des actes sous seing privé*** ◊ L'infériorité des actes sous seing privé, par rapport aux actes authentiques, en ce qui concerne la force probante, est manifeste, tant quant à leur origine qu'au sujet du contenu de l'acte et qu'à leur date.

654 ***Quant à l'origine de l'acte*** ◊ Les actes sous seing privé ne sont pas revêtus de marques extérieures et officielles ; leur écriture n'est pas

1. Req. 24 mars 1941, S. 1941, 1, 132 ; Civ. 1re, 17 mars 1958, *D.* 1958, somm. 78 (contrat entre frère et sœur) ; 13 janv. 1969, *D.* 1969, 496 (contrat entre beau-père et gendre).
2. Req. 26 juin 1929, *DH* 1929, 460, S. 1930, 1, 32 (contrat entre instituteur et parents d'élève) ; Civ. 31 mai 1932, *DH* 1932, 378 (contrat entre médecin et client).
3. Civ. 1re, 15 avril 1980, *Bull. civ.* I, n° 113, p. 93 (chevaux de course) ; TGI Saintes, 2 juill. 1991, *D.* 1992, 466, note B. Beignier, *RTD civ.* 1992, 105, obs. J. Mestre (cognac). Sur la distinction entre impossibilité morale et usages fondant une dérogation à l'exigence légale, v. Com. 22 mars 2011, *D.* 2011, 1076, obs. X. Delpech, *RTD civ.* 2011, 491, obs. P. Deumier.
4. Civ. 1re, 19 juill. 1978, *JCP* 1978, IV, 304 ; Lyon, 23 janv. 1968, *D.* 1968, 732 (contrat entre un oncle et une nièce).
5. Crim. 18 août 1904, S. 1906, 1, 57, note Roux.
6. Toulouse, 18 janv. 1897, DP 1897, 2, 247 ; Civ., 1re sect. civ., 9 févr. 1959, *Bull. civ.* I, n° 81, p. 67 (égarement d'une pièce au cours d'un procès).
7. Civ., sect. soc., 30 janv. 1962, *Bull. civ.* IV, n° 85.

connue, la signature pas davantage. Aux actes sous seing privé ne s'attache donc pas la présomption de régularité dont bénéficient les actes authentiques ; ils ne font pas foi de leur origine. La partie à qui l'on oppose l'acte sous seing privé peut donc le repousser, en affirmant n'en être pas l'auteur, sans avoir besoin de s'inscrire en faux (sur cette procédure, propre aux actes authentiques, *supra*, n° 632). Il suffit qu'elle *désavoue*, c'est-à-dire dénie son écriture, ou qu'elle se contente de méconnaître l'écriture et la signature de celui, apparemment signataire de l'acte, dont elle tient ses droits (art. 1324). Dès lors, c'est à l'adversaire qu'il appartient de faire contrôler la véracité de l'écriture en saisissant le juge [1], d'une façon incidente ou à titre principal. Le juge peut trancher la question sans attendre ou ordonner une *vérification d'écriture*, procédure régie par les articles 285 et suivants du Code de procédure civile [2]. Si l'écrit sous seing privé est ainsi vérifié, il acquiert « la même foi que l'acte authentique » (art. 1322) et ne peut, dès lors, être l'objet que d'une inscription de faux.

655 ***Quant au contenu de l'acte*** ◇ À cet égard encore, se manifeste l'infériorité de l'acte sous seing privé par rapport à l'acte authentique. Puisqu'il ne peut, par définition, y avoir de vérification personnelle opérée par quelque officier public, l'acte sous seing privé ne peut faire foi de son contenu que *jusqu'à preuve contraire*. Cela dispense celui qui le conteste de procéder à une inscription de faux. On peut donc toujours contester l'exactitude des faits que relate un acte sous seing privé, à charge d'en faire la contre-démonstration [3], sauf à respecter la règle selon laquelle on ne peut prouver contre et outre un acte sous seing privé par témoignage ou présomption (v. *supra*, n° 643).

656 ***Quant à la date de l'acte*** ◇ Parmi les énonciations de l'acte, il en est une particulièrement importante et au regard de laquelle se manifeste tout spécialement l'infériorité de l'acte sous seing privé : c'est celle de la *date* [4].

Alors que les actes authentiques font foi de leur date jusqu'à inscription de faux tant entre les parties qu'à l'égard des tiers (*supra*, n° 634), une distinction capitale entre les parties et les tiers doit être retenue au sujet des actes sous seing privé.

657 ***Entre les parties*** ◇ Entre les parties, les actes sous seing privé, reconnus ou vérifiés, font foi de leur date, comme de leurs autres énonciations, seulement *jusqu'à preuve contraire*. Ainsi, le signataire, qui prétend contester la

---

1. Com. 1re déc. 1975, *Bull. civ.* IV, n° 286, p. 237.
2. S. Guinchard, F. Ferrand et C. Chainais, *Procédure civile*, nos 1180 s.
3. Civ. 21 mars 1938, *DH* 1938, 257.
4. V. F. Favennec-Héry, La date certaine des actes sous seing privé, *RTD civ.* 1992, 1 s. - Sur la date portée sur une lettre au moyen d'une machine à affranchir le courrier, v. Civ. 1re, 9 févr. 1982, *Bull. civ.* I, n° 64, p. 54 ; 8 juin 1994, *Bull. civ.* I, n° 119, p. 75, *RTD civ.* 1996, 173, obs. J. Mestre.

date de son engagement telle qu'elle ressort de l'écrit signé par lui, devra fournir la preuve de la simulation de date qu'il invoque, cette preuve ne pouvant, en principe, se faire par témoins, ou présomptions (*supra*, n° 643), sauf si l'inexactitude a servi à commettre une fraude, ce qui peut alors être prouvé librement (*supra*, n° 649).

658 ***À l'égard des tiers*** ◊ À l'égard des tiers, l'acte privé ne fait pas foi de sa date par lui-même. Comme il y a lieu de redouter une *antidate*, résultant d'une connivence des parties en vue de porter atteinte aux droits des tiers constitués en considération de la date réelle de l'acte, la date n'est pas en elle-même opposable aux tiers : il faut pour cela qu'elle soit *certaine*. Cette règle vise à protéger les tiers, et l'on comprend alors aisément que la jurisprudence ait refusé le bénéfice de l'inopposabilité d'une date non certaine aux tiers de mauvaise foi [1].

Cette qualité de certitude ne peut résulter que d'un des trois faits déterminés par la loi dans l'article 1328 du Code civil, faits dont le caractère commun est qu'ils ne peuvent être simulés par les auteurs de l'écrit privé et accréditent ainsi d'une façon certaine la réalité d'une date, qui n'est d'ailleurs pas celle portée sur l'acte.

1) Le procédé le plus usuel pour donner date certaine à un acte est l'*enregistrement* de cet acte. Deux originaux sont présentés au receveur de l'enregistrement qui conserve l'un d'eux rédigé sur une feuille de format spécial permettant de le relier dans les registres ; mention de la date de présentation est apposée sur le second original, qui est restitué au déposant. L'acte prend date certaine du jour de son dépôt. Il est même possible d'obtenir un certificat mentionnant l'heure de l'enregistrement [2].

2) La *mort* de celui ou de l'un de ceux (parties ou témoins) qui ont souscrit un acte – sans que l'on puisse y englober l'officier public qui s'est borné à légaliser la signature [3] – lui confère aussi date certaine ; il est établi que l'acte existait nécessairement au jour de ce décès et l'acte reçoit donc date certaine à ce jour.

3) Enfin, le même effet se produit à dater du jour où la substance de l'acte sous seing privé « est constatée dans des actes dressés par des officiers publics, tels que procès-verbaux de scellés ou d'inventaire » [4]. Semblable effet est attaché à d'autres actes authentiques, par exemple à des actes administratifs [5]. Mais un acte sous seing privé enregistré n'a pas ce pouvoir de donner date certaine à un acte privé qu'il relate [6]. On mesure encore une fois ici l'infériorité probatoire de l'acte sous seing privé par rapport à l'acte authentique car, à leur sujet, l'énumération figurant à

1. Req. 30 mars 1925, *DH* 1926, 306, S. 1927, 1, 123.
2. Civ. 1re, 29 juin 1982, *Bull. civ.* I, n° 247, p. 212.
3. Civ. 27 janv. 1930, *DH* 1930, 179.
4. V. par ex. Civ. 1re, 12 nov. 1975, *JCP* 1976, II, 18359, note M. Dagot, *RTD civ.* 1977, 145, obs. G. Cornu.
5. Angers, 18 déc. 1947, *D.* 1948, 57, note P. Voirin.
6. Com. 21 janv. 1958, *Gaz. Pal.* 1958, 1, 360.

l'article 1328 est limitative : dans un désir scrupuleux d'éviter la fraude, on ne peut concevoir d'autres événements qui puissent constituer sans conteste une date certaine [1].

Cependant, la rigueur de l'article 1328 ne se manifeste pas en matière commerciale, en raison de la liberté de la preuve qui la gouverne [2] (*supra*, n° 648). De même, des raisons pratiques permettent aux quittances d'être généralement opposables aux tiers, sans avoir date certaine, le juge appréciant librement la sincérité de cette date.

Ainsi, la date fait par principe foi entre les parties, mais ne s'impose aux tiers que dans ces trois cas légalement visés. Or il n'est pas toujours aisé de distinguer la partie du tiers, et il existe des personnes intermédiaires entre les deux. En effet, on assimile aux parties à l'acte leurs *ayants cause à titre universel*, c'est-à-dire leurs héritiers ou légataires universels ou à titre universel : à leur égard, l'acte sous seing privé fait foi de sa date comme à l'égard des contractants eux-mêmes, jusqu'à la démonstration de la fausseté de celle-ci, car ils sont tenus de toutes les obligations de leurs auteurs, à quelque époque qu'elles aient été contractées.

Les *créanciers chirographaires* des contractants n'ont pas non plus la qualité de tiers au sens de l'article 1328 [3] ; ils sont traités comme des ayants cause universels de leur débiteur dont ils ont suivi la foi et sur le patrimoine duquel ils ont un droit de gage général. Ils doivent en conséquence accepter comme sincères les actes passés par lui. Il faudrait, pour que le créancier échappe à ce statut, qu'il puisse se prévaloir d'un droit propre par rapport à celui de son débiteur, par exemple à la suite d'une saisie [4]. Il en est encore autrement si le créancier prétend que la date a été faussement indiquée dans le dessein de frauder ses droits ; il peut alors intenter l'action paulienne, qui est accordée d'une façon générale par l'article 1167 du Code civil à tout créancier contre les actes frauduleux de son débiteur [5].

Dès lors, il faut définir les tiers, au regard de l'article 1328, comme les personnes n'ayant pas figuré dans l'acte et qui ont acquis des droits de l'un des contractants. Ce sont donc les *ayants cause à titre particulier* des contractants, comme le sont l'acheteur, le donataire, le locataire, etc. Or, il arrive que l'acte relaté dans un acte sous seing privé puisse leur faire grief si l'antériorité de cet acte par rapport à la naissance de leur propre droit est établie. Ce sera, par exemple, le cas d'un locataire qui apprend que, par un bail portant une date antérieure, son bailleur a déjà loué le bien à un autre. La règle de protection des tiers, insérée dans l'article 1328, signifiera alors pour lui que ce contrat ne lui sera opposable que s'il a date certaine. Dès

---

1. Sur le refus d'attacher un tel effet : à l'apposition d'un timbre-poste, v. Aix, 27 mai 1845, *DP* 1845, 2, 118 ; à l'oblitération des timbres fiscaux, v. Poitiers 10 juin 1941, *Gaz. Pal.* 1941, 2, 99.

2. Civ. 1re, 30 mars 1966, *Bull. civ.* I, n° 219, p. 168 ; Com. 17 mars 1992, *Bull. civ.* IV, n° 121, p. 88, *RTD civ.* 1993, 359, obs. J. Mestre.

3. Civ. 11 févr. 1946, *D.* 1946, 389, note A. Chéron, *JCP* 1946, II, 3099, note R.C.

4. V. dans l'hypothèse d'une « faillite », Com. 11 mai 1964, *D.* 1965, 443, note J. Prévault et Civ. 3e, 23 juin 1971, *D.* 1971, 531, note E. Franck, *Gaz. Pal.* 1972, 1, 14.

5. V. F. Terré, Ph. Simler et Y. Lequette, *Les obligations*, 10e éd. 2009, nos 1155 s.

lors, entre les deux baux, sera préféré, non pas celui qui porte la date la plus ancienne, mais celui qui porte la date qui, la première, est devenue certaine, c'est-à-dire opposable à l'autre.

La complexité et la sévérité du système sont relativisées par la possibilité de conventions qui en aménagent les règles ou par lesquelles la personne renonce à s'en prévaloir [1], selon le principe de liberté contractuelle en matière probatoire (*supra*, n°s 569, 646). L'article 1328 n'est pas d'ordre public.

659 ***3° Autres écrits*** ◊ D'autres écrits peuvent parfois être invoqués comme preuves. Les uns consistent en copies des actes authentiques ou sous seing privé. Les autres – signés ou non signés – nécessairement moins reliés à de tels actes peuvent parfois être cependant utilisés comme preuve, bien qu'ils n'aient pas été établis à cette fin.

660 ***a) Les copies*** ◊ Lors de la rédaction du Code civil, les copies, faites à la main, étaient peu nombreuses et peu fiables. Le système adopté en 1804 a donc accordé une force probante très limitée aux copies. Mais l'évolution des techniques de reproduction des documents – carbone, photocopie, informatique,... – a nécessité une réforme en profondeur du système probatoire (*supra*, n° 617). Elle fut opérée par la loi du 12 juillet 1980, laissant subsister le système antérieur sur certains points tout en accroissant nettement la force probante des copies.

661 ***Le système du Code civil*** ◊ En 1804, une force probante autonome a été refusée aux copies. L'hypothèse retenue pour les prendre en considération, maintenue encore aujourd'hui, concerne la possibilité de se prévaloir d'une copie, dès l'instant que celui auquel on l'oppose demande la production de l'original, afin de confronter les versions. Selon la hiérarchie observée entre l'acte authentique et l'acte sous seing privé [2], le droit a accordé une force probante supérieure aux copies d'actes authentiques.

662 ***Force probante des copies d'actes authentiques*** ◊ Les actes authentiques, spécialement les actes notariés, présentent des garanties de conservation matérielle dont l'importance varie avec la forme dans laquelle ils sont établis.

Ainsi l'acte peut être rédigé en *brevet*. Il est alors remis aux parties : non conservé par l'officier public, son utilisation et sa conservation sont analogues à celles d'un acte privé. Notamment sa copie n'aura pas plus de valeur que n'en a une copie d'acte sous seing privé.

1. Civ. 11 juill. 1949, *D.* 1949, 566.
2. Une partie contestant la conformité d'une copie à l'original, il appartient aux juges du fond d'ordonner la production de cet original et, à défaut de celui-ci, de rechercher si la copie était une reproduction fidèle et durable de l'original ou si celui-ci avait disparu par suite d'un cas fortuit ou d'une force majeure (Civ. 1re, 6 oct. 1998, *Bull. civ.* I, n° 271, CCC 1999, n° 5, obs. L. Leveneur).

Mais si l'acte est rédigé en *minute*, il reste dans l'étude du notaire rédacteur, qui ne doit pas, en principe, s'en dessaisir. Cette minute comporte la délivrance de plusieurs sortes de copies : la *copie exécutoire*, celle qu'on appelle aussi la *grosse* – car, soumise à un droit proportionnel à la longueur du document, elle était écrite en gros caractères –, qui est munie de la formule exécutoire (*supra*, n° 626), et les *expéditions*, qui en sont dépourvues. Toutes ces copies font foi, sous réserve de leur conformité à l'original conservé. C'est pourquoi celui à qui l'on oppose de telles copies peut toujours exiger la représentation de l'original, afin de vérifier cette conformité (art. 1334). Mais, dans ce mouvement de confiance qu'inspire la procédure de l'acte authentique, l'article 1335 accorde la même force probatoire à la grosse qu'à l'original, et aux autres copies sous certaines conditions.

663 ***Force probante des copies d'actes sous seing privé*** ◊ L'acte sous seing privé, en revanche, ne doit, en principe, être utilisé que dans sa forme originale : sous réserve des améliorations apportées par la loi du 12 juillet 1980 (v. *infra*, n° 664), l'acte sous seing privé ne vaut que s'il est revêtu d'une signature originale. Certes, dès 1804, en vertu de l'article 1334, commun aux actes sous seing privé et aux actes authentiques, une copie d'un acte sous seing privé a pu être produite en justice dès l'instant que la partie est capable, sur demande de son adversaire, d'en produire l'original pour vérification. Mais, jusqu'à 1980, une copie d'acte sous seing privé n'avait pas de force probante, si l'original ne pouvait être produit.

Néanmoins, s'il s'agit d'un document qui constitue une copie du texte mais qui porte la signature originale, il a l'efficacité d'un original faisant foi dans les termes du droit commun. Il peut être utile pour, ultérieurement, suppléer une perte ou une destruction du premier original ou pour interrompre la prescription au moyen de la reconnaissance du droit du créancier ou du propriétaire. Ces copies revêtues d'une signature originale s'appellent les actes *récognitifs* (art. 1337 s.) et s'opposent ainsi aux actes *primordiaux*, c'est-à-dire à ceux qui sont dressés au moment même de la passation de l'acte juridique pour le constater, et qui sont les véritables originaux. En outre, et bien que le Code civil les associe, il ne faut pas confondre l'acte *récognitif* avec l'acte *confirmatif*, lequel a pour but, en reproduisant une nouvelle fois l'accord, de rendre impossible son annulation pour un vice antérieur et disparu [1].

On mesure une nouvelle fois la fragilité de l'acte sous seing privé, en ce que, confié aux seules mains des parties, il est exposé à des disparitions ou des destructions qui mettent en danger les droits des parties à l'acte juridique, sauf à démontrer que la perte est due à un cas fortuit ou de force majeure (v. *supra*, n° 652).

1. V. F. Terré, Ph. Simler et Y. Lequette, *Les obligations*, n°s 401 s.

664 ***La réforme de 1980. La force probante des copies*** ◊ La réforme opérée par la loi du 12 juillet 1980, rendue indispensable par l'évolution des techniques et leur importance notamment dans la vie des affaires, est intervenue pour accroître la valeur probatoire des copies. Il s'agissait en effet de dépasser le schéma, par ailleurs conservé, du Code civil, qui n'accordait de force probatoire à la copie que si l'original pouvait être produit. Ce sont notamment les pratiques de conservation des chèques par les banques qui ont suscité la réforme. En effet, dans la nécessité d'en conserver la trace alors que leur stockage devenait irréaliste, on a pris l'habitude de reproduire les chèques sur microfilms avant de les détruire [1]. Mais, de ce fait, les banques et leurs clients ne pouvaient plus produire que des copies sans original à l'appui.

Afin de valider un tel procédé, et au-delà de cette hypothèse précise, le législateur a conféré une force probante *autonome* aux copies. Il est désormais efficace, en vertu de l'article 1348 ainsi modifié, de produire une copie, alors même que la production de l'original n'est plus possible. Cette production d'une copie autonome doit être soigneusement distinguée de la production d'une copie que l'on pourrait dire « de droit commun », en vertu de l'article 1334. En effet, selon ce texte, toutes sortes de copies peuvent être produites, dès l'instant qu'on peut, sur demande de l'adversaire, en produire l'original [2], tandis qu'en vertu de l'article 1348, la copie vaut, indépendamment de l'original, mais à condition de présenter certaines qualités.

665 ***La reproduction fidèle et durable*** ◊ Il s'agit en effet de s'assurer que la copie est un document non susceptible de falsification, dès l'instant que la production de l'original n'est pas nécessaire. On comprend donc que l'article 1348 du Code civil, tel qu'il résulte de la loi du 12 juillet 1980, exige que la copie soit, de l'original, la *reproduction non seulement fidèle mais aussi durable*. On notera ainsi qu'il s'agit de deux qualités, la fidélité et la persistance dans le temps, autonomes et cumulées. L'article comporte une définition de ce qu'il faut entendre par l'adjectif *durable* : *toute reproduction indélébile de l'original qui entraîne une modification irréversible du support*.

Cette rédaction correspond notamment à l'hypothèse du *microfilm* en considération de laquelle la réforme de 1980 est intervenue. Mais elle a laissé subsister les difficultés nées du développement de l'informatique [3]. Sauf emploi de techniques appropriées, on pensa que des manipulations ultérieures sur les documents informatiques demeurent possibles. Et il faut bien admettre qu'il en va encore ainsi depuis la loi du 13 mars 2000 (v. *infra*, n°s 671 s.).

---

1. V. not. E. Chamoux, Le microfilm au regard du droit des affaires, *JCP* 1975, I, 2725.
2. Civ. 1re, 3 mai 2006, *D.* 2006, 1525, note V. Avena-Robardet, *RTD civ.* 2006, 769 s., obs. J. Mestre et B. Fages. - Comp. sur la force probante de la copie d'un testament olographe, Civ. 1re, 22 oct. 2008, *LPA* 16 avr. 2009, p. 9, note Géraldine Delavaquerie.
3. V. not. H. Croze, Informatique, preuve et sécurité, *D.* 1987, chron. 165 s.

De toute façon, l'admissibilité de certains documents demeurait problématique. La jurisprudence s'est prononcée, non sans hésitation, voire revirement.

Au sujet du *carbone*, la Cour de cassation a, en 1986, accordé à ce document une valeur probatoire en estimant qu'il pouvait valoir commencement de preuve par écrit [1].

Puis la jurisprudence a décidé qu'une *photocopie* pouvait constituer une reproduction fidèle et durable [2]. De proche en proche, on semblait arriver à un certain équilibre. Le mouvement était à tout le moins orienté dans le sens de l'assouplissement, la Cour de cassation reconnaissant que « ce document ne constitue pas un commencement de preuve par écrit, mais faisait pleinement foi de l'existence du contrat, conformément à l'article 1348, alinéa 2, du Code civil » [3].

Dans le même temps on s'est interrogé sur la *télécopie* ou *fax* [4] et le *télex* [5]. Et c'est ici que s'est le mieux manifesté ce mouvement de libéralisation [6]. Ainsi la Cour de cassation a-t-elle décidé, en 1997, au sujet de l'application de l'article 6 de la loi du 2 janvier 1981 (loi Dailly) subordonnant à un écrit un « acte d'acceptation de la cession ou du nantissement d'une créance professionnelle » qu'une télécopie pouvait valoir comme un écrit. Elle a considéré « que l'écrit constituant, aux termes de l'article 6 de la loi du 2 janvier 1981, l'acte d'acceptation de la cession ou du nantissement d'une créance professionnelle, peut être établi et conservé sur tout support, y compris par télécopie, dès lors que son intégrité et l'imputabilité de son contenu à l'auteur désigné ont été vérifiées ou ne sont pas contestées » [7].

Les copies d'écrits « sur support papier » ont valeur probatoire. Encore faut-il savoir laquelle ? Certains auraient voulu que la copie vaille l'original, mais le législateur n'a pas été aussi loin en 1980. D'où les flottements

---

1. Civ. 1re, 27 mai 1986, *Bull. civ.* I, n° 141, *JCP* 1987, II, 20873, note M. Uribarri, *Gaz. Pal.* 1987, 1, somm. 54, obs. H. Croze et C. Morel, *RTD civ.* 1987, 765, obs. J. Mestre.

2. Civ. 1re, 14 févr. 1995, *D.* 1995, 340, note S. Piedelièvre, *JCP* 1995, II, 22402, note Y. Chartier, *RTD civ.* 1996, 174, obs. J. Mestre ; v. aussi Civ. 1re, 9 mai 1996, *Bull. civ.* I, n° 190, *RTD civ.* 1997, 163, obs. P.-Y. Gautier ; 25 juin 1996, *Bull. civ.* I, n° 270, *CCC* 1996, 183, obs. L. Leveneur.

3. Civ. 1re, 25 juin 1996, préc. ; comp. Civ. 1re, 14 févr. 1995, préc. (commencement de preuve par écrit) ; Isabelle Dauriac, *La signature*, thèse préc., n° 124.

4. Le fax étant « le système de télécopie passant par une ligne téléphonique » (Dict. Le nouveau Petit Robert).

5. J. Huet, La valeur juridique de la télécopie (ou fax), comparée au télex, *D.* 1992, chron. 33 s.

6. V. not. B. Dutour, Convention de preuve et télécopieurs, *LPA*, 23 févr. 1996, n° 24, p. 16 ; J.-M. Hocquard, Télécopie et preuve, *LPA*, 29 mai 1996, n° 65, p. 24 ; J. Lautrette, Télex, télécopie, télégramme : valeur juridique et force probante, *LPA*, 10 mai 1996, n° 57, p. 5.

7. Com. 2 déc. 1997, *Bull. civ.* IV, n° 315, *D.* 1998, 192, note D.R. Martin, *JCP* G 1998, II, 10097, note L. Grynbaum, éd. E, 178, note T. Bonneau ; P. Catala et P.-Y. Gautier, L'audace technologique à la Cour de cassation : vers la libération de la preuve contractuelle, *JCP* 1998, Act. 905. – Comp., au contraire, en cas de contestation, Civ. 1re, 28 mars 2000, *JCP* 2000, II, 10368, note L. Leveneur, *RTD civ.* 2000, 575, obs. J. Mestre et B. Fages, 874, obs. P. Crocq ; 30 mai 2000, *Bull. civ.* I, n° 164, *JCP* 2000, IV, 2266. – V. aussi Nadège Mouligner, La force probante des télécopies en droit civil, *JCP* N 2003, 1096.

jurisprudentiels révélant une vision insuffisamment globale du problème. Par la place choisie (art. 1348, al. 2), on a incliné en faveur d'un concept assoupli de commencement de preuve par écrit, ce qui atténuait fortement la portée de la réforme compte tenu d'ailleurs de l'interprétation extensive de la notion de commencement de preuve par écrit retenue par la jurisprudence [1]. Mais la suite a marqué l'accroissement de l'originalité des supports envisagés qui sont plus que des commencements de preuve par écrit mais moins que des actes sous seing privé [2]. Il est vrai que l'admission de l'écrit sous forme électronique a changé profondément le contexte (v. *infra*, n° 673).

666 ***b) Autres documents*** ◊ Certains écrits, signés ou non signés, peuvent parfois être invoqués comme preuves, bien qu'ils n'aient pas été nécessairement établis à cette fin. Il en est ainsi des lettres missives, des registres et papiers domestiques, des mentions portées sur un titre ou sur une quittance, des livres de commerce.

Le Code civil consacre aussi un article 1333 à un procédé probatoire, la *taille*, qui eut son importance et visait à constater les échanges réguliers de fournitures usuelles : il s'agit de deux morceaux de bois dont l'un (l'*échantillon*) était conservé par le client et l'autre (la *taille*) restait entre les mains du fournisseur. Lors de chaque fourniture, une coche ou une entaille était faite à la fois dans les deux morceaux rapprochés l'un de l'autre. La correspondance des encoches sur la taille et l'échantillon constituait une sorte de preuve écrite prouvant la livraison. Si l'une des moitiés présentait plus de coches que l'autre, la preuve des fournitures n'était faite que jusqu'à concurrence du moindre chiffre. L'article 1333 qui régit ce procédé, aujourd'hui en désuétude, est devenu sans objet. Il ne fut pourtant pas abrogé par la loi du 12 juillet 1980 et demeure, article inefficace, en mémoire de ce que furent les preuves écrites, dans une société agricole et peu alphabétisée.

667 ***Lettres missives*** [3] ◊ Bien que le Code n'en dise rien, il n'est pas douteux qu'une lettre missive puisse être produite comme preuve [4]. Le destinataire d'une lettre, si l'expéditeur n'a pas manifesté de volonté contraire, peut s'en servir pour établir le bien-fondé de sa prétention : la lettre peut constituer un aveu extrajudiciaire si elle contient une reconnaissance du droit contesté (*infra*, n° 694) ; elle peut valoir comme présomption (*supra*, n°s 575 s.) ; elle peut être considérée comme un commencement de preuve par écrit (*supra*, n° 651). Le destinataire de la lettre peut être le juge

1. V. les obs. de J. Mestre, *RTD civ.* 1998, 106 s.
2. L. Grynbaum, note préc.
3. F. Gény, *Des droits sur les lettres missives*, 2 vol., 1911 ; J. Valéry, *Des lettres missives*, 1912 ; M.-J. Metzger, Le secret des lettres missives, *RTD civ.* 1979, 291 s. ; Virginie Peltier, *Le secret des correspondances*, thèse Bordeaux IV, 1999 ; P. Kayser, *La protection de la vie privée par le droit*, 3e éd. 1995, n°s 67, 152.
4. Civ. 2e, 9 janv. 1991, *Bull. civ.* II, n° 12, p. 6.

lui-même qui peut la prendre en considération, à condition bien sûr de la soumettre à la discussion des parties [1].

On peut se demander s'il est possible d'assimiler à une lettre missive un courrier envoyé par télex (*supra*, n° 624). Cette nouvelle technique de transmission s'insérait mal dans les critères classiques de la force probante car, autant sa date est techniquement sûre, autant le télex ne peut être signé. On a pourtant vu que rien n'empêche qu'un tel document soit qualifié d'« écrit non signé » et vaille donc commencement de preuve par écrit ou présomption, voire « tout bonnement *écrit* », c'est-à-dire preuve en soi, pleine et entière (*supra*, n° 665) [2].

Le droit de se servir de la lettre en justice n'appartient, en principe, qu'au destinataire ; en raison du caractère confidentiel de la correspondance privée et sans qu'il soit besoin que les parties l'aient exprimé, un tiers ne peut utiliser une lettre comme preuve, même s'il la détient d'une façon régulière ; il n'en irait autrement que si le tiers détenait un droit d'autorité sur la personne de l'expéditeur ou du destinataire [3].

668 ***Registres et papiers domestiques. Journal intime*** ◊ Ce sont notamment des notes et livres de comptes tenus par les particuliers. Le Code civil leur confère un rôle probatoire précis dans certaines hypothèses concernant l'état des personnes ; ils peuvent servir à prouver les mariages, naissances et décès en cas d'absence ou de perte des registres de l'état civil (art. 46).

En outre, dans toute matière, ils peuvent faire foi contre celui qui les a écrits dans deux cas : quand ils énoncent formellement un paiement reçu et quand ils contiennent la mention expresse qu'ils ont été faits pour suppléer le défaut de titre au profit de la personne en faveur de laquelle ils énoncent une obligation (art. 1331). Mais les registres ou papiers domestiques ne peuvent faire preuve au profit de celui qui les a écrits, sauf à jouer comme élément de présomption et non plus comme preuve littérale [4].

Le *journal intime* participe à la fois de la lettre que l'on s'adresse alors à soi-même et de l'écrit domestique, relatant la vie quotidienne [5]. Il peut « tenter le droit des preuves » [6] en ce qu'il est le lieu privilégié des confidences et de la vérité. En cela, il a suscité un rapprochement avec l'aveu. Aussi bien a-t-on prétendu lui faire jouer un rôle probatoire équivalant aux lettres et écrits domestiques, dès lors que celui qui s'en prévaut est entré régulièrement en possession du journal. On devrait

1. Civ. 2e, 10 juill. 1968, *D.* 1969, somm. 25.
2. P. Catala et P.-Y. Gautier, préc.
3. V. P. Kayser, Le principe du secret des lettres confidentielles et ses rapports avec le principe de droit public de la liberté et de l'inviolabilité de la correspondance, *Mélanges Voirin*, 1967, p. 437 s.
4. Civ. 8 janv. 1934, DP 1934, 1, 148 ; Civ., 1re sect. civ., 6 oct. 1958, *D.* 1958, 747.
5. M.S. Zaki, La preuve par le journal intime, *RTD civ.* 1980, 2 s.
6. M.S. Zaki, préc., n° 1, p. 2.

pourtant répugner, même dans le cadre d'une procédure de divorce, à prendre en considération ce mode de preuve en ce que, par nature, il porte atteinte à l'intimité de la vie privée de son auteur, auquel on voudrait l'opposer [1]. Ce n'est pourtant pas la position adoptée par la Cour de cassation qui, sous la réserve indiquée, accueille la preuve par le journal intime [2].

669 ***Mentions portées sur un titre ou sur une quittance*** ◊ Un créancier, recevant un paiement à titre d'acompte, par exemple, peut, au lieu de dresser une quittance régulière, en faire mention sur le titre constatant la créance. L'hypothèse est envisagée à l'article 1332 du Code civil. Il est inutile que cette mention soit suivie d'une signature [3]. La preuve peut être ainsi apportée de la libération du débiteur, distinction étant faite suivant que la mention figure sur le titre lui-même, ou bien seulement sur le double du titre ou de la quittance, auquel cas ce double doit être en possession du débiteur.

670 ***Livres de commerce*** ◊ Les commerçants sont astreints à tenir des livres de commerce qu'ils doivent conserver durant dix ans à partir de leur clôture (C. com., art. L. 123-22). Ces obligations ont été précisées par le décret du 23 novembre 1983 sur les obligations comptables des commerçants et des sociétés si les livres de commerce ne font point, contre les non-commerçants, preuve des fournitures qui y sont portées (C. civ., art. 1329), ils peuvent toujours faire preuve contre le commerçant qui les tient, le juge appréciant librement leur valeur probante, étant précisé que « celui qui en veut tirer avantage, ne peut les diviser en ce qu'ils contiennent de contraire à sa prétention » (art. 1330) [4]. Celle-ci est rendue incertaine par l'utilisation en la matière des techniques informatiques (*supra*, n° 629 ; sur l'écrit sous forme électronique, v. *infra*, n° 677). Le commerçant peut lui-même se prévaloir des livres qu'il tient lorsqu'il les oppose à un autre commerçant, dans un litige concernant un fait de commerce (v. C. com., art. L. 123-23). Mais il ne peut les opposer à un adversaire non-commerçant, qui reste protégé par un système de preuves légales (*supra*, n° 648), sauf, en vertu de l'article 1329, s'il s'agit de prouver des fournitures faites par le commerçant à un tel client, auquel cas le livre peut valoir commencement de preuve par écrit (*supra*, n° 651).

---

1. V. en ce sens, Paris, 9 sept. 1999, *Dr. fam.* 2000, comm. n° 24, obs. H. Lécuyer ; Riom, 9 nov. 1999, *Dr. fam.* 2000, comm. n° 39, obs. H. Lécuyer.

2. Civ. 2e, 29 janv. 1997, *D.* 1997, 296, note A. Bénabent, *Dr. fam.* 1997, comm. n° 85, obs. H. Lécuyer, *RTD civ.* 1997, 640, obs. J. Hauser ; 6 mai 1999, *D.* 2000, 557, note C. Caron ; comp. Amiens, 3 mars 1975, *D.* 1975, 706, note Géraldy.

3. Art. 1332, al. 1er, et, concernant l'al. 2, Civ. 1re, 13 déc. 1972, *Gaz. Pal.* 1973, 1, 282, note A. Plancqueel.

4. L'article 1330 ne peut être invoqué par celui-là même (expert comptable) qui a établi les livres du marchand (Civ. 1re, 6 mai 1997, *RJDA* 1997, n° 1300, p. 891, *RTD civ.* 1998, 106, obs. J. Mestre). – V. sur l'impossibilité de se constituer un titre à soi-même, *supra*, n° 617.

§ 2. L'écrit sous forme électronique

671 ***La nécessité d'une réforme*** ◊ Les progrès techniques et scientifiques réalisés en la matière ont rendu nécessaire une réforme du droit français, à l'exemple de certains droits étrangers. Cette réforme aurait pu être de grande ampleur d'autant plus que le système retenu en 1804 avait sa cohérence en ce qu'il était ordonné autour de l'écrit sur papier, « sur support papier » pour parler le franglais juridique de notre temps. Bousculé par le développement de l'électronique, de la télématique, de la monétique..., par la concurrence que le chiffre apporte à la lettre – jeux télévisés ou querelles corporatives –, il a conduit, par nappes successives de textes, à constituer un ensemble de règles dont l'homogénéité n'est pas la principale qualité. Diverses exigences communautaires imposaient une réforme du droit français, plus spécialement du fait de deux directives : celle du 13 décembre 1999 « sur un cadre communautaire pour les signatures électroniques » ; celle du 8 juin 2000 « relative à certains aspects juridiques des services de la société de l'information, et notamment du commerce électronique dans le marché intérieur » (directive sur le commerce électronique) [1]. Progressivement a été organisé un encadrement juridique qui présente inévitablement des insuffisances [2].

672 ***Les trois interventions législatives (2000-2005)*** ◊ Trois interventions ont eu pour principal objet d'adapter notre législation aux innovations de la technologie en matière probatoire, celle-ci étant largement entendue.

La première est celle de la loi du 13 mars 2000 « portant adaptation du droit de la preuve aux technologies de l'information et relative à la signature électronique ». À la suite d'analyses et de rapports fructueux [3], jalonnée au cours de son élaboration par de précieuses réflexions [4], cette loi

---

1. Sur les réflexions antérieures, J. Huet, Aspects juridiques de l'EDI, Échange de données informatisées (*Electronic Data Interchange*), *D.* 1991, chron. 181 s. ; T. Piette-Condol, La consécration de la facture EDI, Rev. *Expertises*, 1992, p. 180, L'échange de données informatisées, *Gaz. Pal.* 1991, 2, doctr. 551 s., L'émergence d'un droit de la sécurité des technologies de l'information, *Gaz. Pal.* 1992, 1, doctr. 83 s., Le remplacement de l'écrit par un message électronique, *Gaz. Pal.* 1992, 2, doctr. 804 s., De l'accord d'interchange au profil d'interchange, *Gaz. Pal.* 1994, 2, doctr. 897 s. ; E. A. Caprioli, Sécurité et confiance dans le commerce électronique, Signature numérique et autorité de certification, *JCP* 1998, I, 123. – V. déjà, au sujet des conventions sur la preuve résultant du contrat d'adhésion accompagnant la délivrance d'une carte bancaire de crédit, Civ. 1re, 8 nov. 1989, *D.* 1990, 369, note C. Gavalda, somm. 327, obs. J. Huet, *D.* 1991, somm. 38, obs. M. Vasseur, *JCP* 1989, II, 21576, note G. Virassamy.

2. V. A. Debet, L'encadrement juridique du commerce électronique, *in Mélanges Marie-Stéphane Payet*, 2011, p. 129 s.

3. Problèmes juridiques liés à la dématérialisation des moyens de paiement et des titres, rapp. Conseil national du crédit et des titres, mai 1997 ; Internet et les réseaux numériques, rapp. Conseil d'État, *La Documentation française*, 1998, p. 79 s., 241 ; P. Catala et alii, L'introduction de la preuve électronique dans le Code civil, par un groupe d'universitaires, *JCP* 1999, I, 182.

4. J. Devèze, À propos de la réforme du droit de la preuve : observations tirées du droit des instruments de paiement, *Mélanges Cabrillac*, 1999, p. 449 s. ; J. Huet, Vers une consécration de la preuve et de la signature électroniques, *D.* 2000, chron. 95 s. ; Sophie Pennarun, De Gutenberg à

était parcellaire et prudente, mais, si elle ne prétendait qu'à une adaptation, elle portait en germe des développements importants [1].

La deuxième intervention législative est celle opérée par la loi du 21 juin 2004 « pour la confiance dans l'économie numérique », complétée par un décret du 2 mai 2007. Comme son titre l'indique elle était inspirée par le désir de renforcer le développement de l'économie numérique [2] et se conformait, d'ailleurs tardivement, à la directive du 8 juin 2000, ce qui devait être combiné avec d'autres directives communautaires. Plusieurs axes de réforme ont été retenus par la loi de 2004 : cadre de la liberté de la communication en ligne, commerce électronique, publicité, sécurité, développement des technologies... On envisagera de manière plus précise les dispositions relatives aux contrats sous forme électronique.

La troisième intervention est celle de l'ordonnance n° 2005-674 du 16 juin 2005 « relative à l'accomplissement de certaines formalités contractuelles par voie électronique » [3]. Le terme de formalités, sans autre précision, n'a pas facilité l'acclimatation des nouvelles règles, sans doute parce que la préoccupation en cause relevait ici non d'un formalisme de validité ou d'un formalisme probatoire, mais d'un formalisme d'information, d'esprit consumériste.

Une transposition à l'écrit sous forme électronique correspond à une très vieille réaction du droit face aux nouveautés. Le juriste transpose bien plus souvent qu'il n'invente. C'est à la fois une loi de nature et une loi de sa nature. D'où la tentation, à laquelle on a succombé, de transposer ici les règles relatives à l'écrit « sur support papier ». On envisagera ce principe de transposition (A) avant de traiter de ses effets (B).

A. Le principe de la transposition

673 ***1° L'admission d'un nouvel écrit*** ◊ La nouveauté a consisté à reconnaître l'écrit électronique comme une des formes de l'écrit littéral et non comme un succédané de celui-ci, disons même comme un commencement

Bill Gates : commentaire du projet de loi relatif à l'adaptation du droit de la preuve..., *LPA* 27 janv. 2000, n° 19, p. 4 s. ; P.-Y. Gautier, Le bouleversement du droit de la preuve : vers un mode alternatif de conclusion des conventions, *LPA* 7 févr. 2000, p. 4 s.

1. Sur cette loi, v. P.-Y. Gautier, Révolution Internet : le dédoublement de l'écrit juridique, *D.* 2000, Act. p. V ; L. Grynbaum, Loi du 13 mars 2000, La consécration de l'écrit et de la preuve électroniques au prix de la chute de l'acte authentique, *CCE* n° 4, avril 2000, p. 12 s. ; F.G. Trébulle, La réforme du droit de la preuve et le formalisme, *LPA*, 20 avril 2000, n° 79, p. 10 s. ; P.-Y. Gautier et X. Linant de Bellefonds, De l'écrit électronique et des signatures qui s'y attachent, *JCP* 2000, I, 236 ; A. Raynouard, Adaptation du droit de la preuve aux technologies de l'information et à la signature électronique, *Defrénois* 2000, I, p. 593 s. ; E. Caprioli, Écrit et preuve électroniques dans la loi n° 2000-230 du 13 mars 2000, *JCP E* 2000, Cah. dr. entr. n° 2, p. 1 s. ; P.-Y. Gautier, L'e-mail, *Clés pour le siècle*, éd. Dalloz, 2000, p. 369 s. ; Gamet, L'écrit électronique et le droit français de la preuve, *RRJ* 2001-2, vol. 1, 535 s.

2. V. Anne Penneau, Contrat électronique et protection du cybercontractant, *LPA* 13 mai 2004, p. 3 s.

3. V. les obs. de Judith Rochfeld, *RTD civ.* 2004, p. 843 s.

de preuve par écrit. L'on a pensé que « les messages électroniques peuvent laisser des traces suffisantes pour valoir preuve pleine et entière des transactions auxquelles ils ont abouti » [1]. Cette volonté d'assimilation aurait normalement dû conduire à une disposition unique d'où résulterait l'indifférence de principe au support ou au transfert de l'écrit. Ce n'est pourtant pas cette approche qui a été retenue. Il ne faut pas, en effet, confondre équivalence et similitude.

674 ***2° L'admission d'un écrit équivalent*** ◊ Issu de la loi du 13 mars 2000, l'article 1316 dispose que « la preuve littérale, ou preuve par écrit, résulte d'une suite de lettres, de caractères, de chiffres ou de tous autres signes ou symboles dotés d'une signification intelligible, quels que soient leur support et leurs modalités de transmission ». L'éventail des supports est large : alphabet, ponctuation, idéogrammes, empreintes digitales et, dans le cadre de cette énumération, les microfilms ou photocopies (comp. *supra*, n° 665) [2]. L'exigence d'intelligibilité de l'écrit ainsi largement entendu constitue un correctif nécessaire. L'existence de la *cryptographie* contredit-elle cette nécessité ? Aux termes de la loi du 28 décembre 1990, l'on « entend par prestation de cryptologie toutes prestations visant à transformer à l'aide de conventions secrètes des informations ou signaux clairs en informations ou signaux inintelligibles pour des tiers ». Mais, dès lors qu'un texte crypté, même si une seule personne est à même de le déchiffrer, peut être compris, il répond à l'exigence d'intelligibilité formulée à l'article 1316 [3].

De l'assimilation figurant à l'article 1316, il résulte ce que l'on a considéré comme une neutralité première du droit face à la nouveauté : l'un comme l'autre procédé produit les mêmes effets. La même philosophie inspire les textes correspondant aux trois étapes de l'évolution législative. On la retrouve dans la loi du 21 juin 2004, le principe de la neutralité technologique ayant été affirmé au cours des travaux parlementaires [4]. Cette neutralité reposait sur le désir de ne pas entraver la conclusion de contrats électroniques (*e-contrats*) [5].

Ce faisant, le législateur s'est conformé aux exigences de l'article 9-1 de la directive : « Les États membres veillent à ce que leur système juridique rende possible la conclusion des contrats par voie électronique. Les États membres veillent notamment à ce que le régime juridique applicable au processus contractuel ne fasse pas obstacle à l'utilisation des contrats électroniques ni ne conduise à priver d'effet et de validité juridique de tels contrats pour le motif qu'ils sont passés par voie électronique ».

---

1. P. Catala et alii, étude préc., n° 5.

2. Le mot signe ne saurait être entendu trop largement, bien qu'un signe de tête ou un signe de la main puisse, au moins dans des circonstances exceptionnelles, rejoindre le concept d'écrit.

3. Rappr. sur le projet de Règles uniformes de la CNUDCI, dir. 1999/93 CE, 13 déc. 1999, J. Raynard, obs. *RTD civ.* 2000, 449.

4. V. les décl. de J. Dionis de Séjour, *JO* déb. parl. AN, 25 fév. 2003, p. 1362.

5. V. P.-Y. Gautier, L'équivalence entre supports électronique et papier, au regard du contrat, *Mélanges Linant de Bellefonds*, 2007, p. 195 s.

675 ***a) L'équivalence et l'acte exigé à titre de preuve (ad probationem)*** ◊ À l'article 1316-1 du Code civil (réd. L. 13 mars 2000), il est précisé que « l'écrit sous forme électronique est admis en preuve au même titre que l'écrit sur support papier, sous réserve que puisse être dûment identifiée la personne dont il émane et qu'il soit établi et conservé dans des conditions de nature à en garantir l'intégrité ». Même si elle ne s'éloigne que de manière secondaire de la rédaction unitaire initialement conçue, on peut déplorer l'apparition de l'expression « écrit sur support papier » comme si l'on ne pouvait décidément plus pratiquer la langue française. De surcroît, confirmant bien la réflexion profonde de Victor Hugo – « la forme est le fond amené à la surface » –, cette précision est inexacte et contredite par le texte même qui la contient. Ajoutons qu'il aurait été bien préférable de prévoir la garantie de la fiabilité, plutôt que de l'intégrité de l'écrit qui n'en est qu'une des composantes, avec l'identification de la personne et la validité de la signature. – Sur la signature, y compris lorsqu'elle est électronique, v. *supra*, n°s 631 s.

Curieusement situées aux articles 1369-10 et 1369-11 du Code civil diverses dispositions manifestent aussi l'idée d'équivalence. « Lorsque l'écrit sur papier est soumis à des conditions particulières de lisibilité ou de présentation, l'écrit sous forme électronique doit répondre à des exigences équivalentes » (art. 1369-10, al. 1er). « L'exigence d'un formulaire détachable est satisfaite par un procédé électronique qui permet d'accéder au formulaire et de le renvoyer par la même voie » (al. 2). « L'exigence d'un envoi en plusieurs exemplaires est réputée satisfaite sous forme électronique si l'écrit peut être imprimé par le destinataire » (art. 1369-11). – Sur la formalité du double, v. *supra*, n° 637.

676 ***Force probante de l'acte*** ◊ Un nouvel article 1316-3 du Code civil, issu de la réforme de 2000, dispose que « l'écrit sur support électronique a la même force probante que l'écrit sur support papier ». Cette disposition fait double emploi avec celle de l'article 1316-1 aux termes duquel « L'écrit sous forme électronique est admis en preuve au même titre que l'écrit sur support papier... » (v. *supra*, n° 675). Quant au fond, elle est tout aussi contestable. Le groupe de travail universitaire avait estimé « que l'audace consistant à lui reconnaître une valeur probatoire de principe devait s'accompagner de règles prudentielles quant à l'intensité de sa force probante » [1]. D'où la suggestion portant à n'admettre la preuve contraire contre un écrit électronique que sur le fondement de présomptions graves, précises et concordantes, ce qui aurait appelé de la part du juge « plus de vigilance que ne le ferait l'admission de la preuve contraire par tous moyens ». Mais cette proposition n'a pas été retenue.

Au demeurant, quant à la sécurité nécessaire, il n'est pas exclu que les intéressés recourent au cryptage ou encore à l'intervention d'un tiers

1. P. Catala et alii, étude préc., n° 10 ; J. Huet, Vers la consécration de la preuve et de la signature électroniques, chron. préc., n° 3.

certificateur. Sur ce dernier point « pour les contrats importants entre professionnels, mais aussi pour ceux conclus avec les consommateurs, les parties peuvent avoir recours à un tiers certificateur, sorte de personnage à mi-chemin entre l'établissement financier et le notaire, auquel chaque contractant peut s'adresser, afin de vérifier que celui qui lui adresse un message signé est bien celui qu'il prétend » [1]. – Sur la force probante de l'acte authentique électronique, v. *infra*, n° 677.

677 ***b) L'équivalence et l'acte exigé à titre de validité (ad validitatem)*** ◊ De l'article 9-1 de la directive, il résulte que le recours au contrat électronique est admis même lorsque l'acte est exigé *ad validitatem* et pas seulement *ad probationem*. Les travaux préparatoires de la loi du 13 mars 2000 donnaient à penser que le législateur avait voulu limiter la portée de la loi aux cas où la forme est exigée *ad probationem*. Or dans des cas assez divers, fréquents en droit de la consommation (ex. : crédit à la consommation, C. consom., art. L. 311-8 s. ; crédit immobilier, C. consom., art. L. 312-7 s. ; démarchage à domicile, C. consom., art. L. 121-23 s.), mais observés aussi en d'autres domaines (contrats bancaires, baux d'habitation, mandats des agents immobiliers, etc.), un écrit est exigé *ad validitatem* [2].

La loi du 21 juin 2004 a supprimé cette discordance. Ainsi au chapitre *Des conditions pour la validité des conventions*, un nouvel article 1108-1 du Code civil dispose : « Lorsqu'un écrit est exigé pour la validité d'un acte juridique » – donc pas seulement d'une convention – « il peut être établi et conservé sous forme électronique dans les conditions prévues aux articles 1316-1 et 1316-4 et, lorsqu'un acte authentique est requis, au second alinéa de l'article 1317 » (al. 1er) (sur l'acte authentique, v. *infra*, n° 679). « Lorsqu'est exigée une mention écrite de la main même de celui qui s'oblige, ce dernier peut l'apposer sous forme électronique si les conditions de cette apposition sont de nature à garantir qu'elle ne peut être effectuée que par lui-même » (al. 2). Il en résulte que la voie électronique peut être utilisée là où des exigences manuscrites sont posées, par exemple au sujet du contrat de bail d'habitation, du contrat de travail à durée indéterminée ou de la clause compromissoire [3].

678 ***Domaine de l'équivalence*** ◊ La directive du 8 juin 2000 dispose cependant dans son article 9-2 : « Les États membres peuvent prévoir que le paragraphe 1 ne s'applique pas à tous les contrats ou à certains d'entre eux qui relèvent des catégories suivantes : *a)* les contrats qui créent ou transfèrent des droits sur des biens immobiliers, à l'exception des droits de location ; *b)* les contrats pour lesquels la loi requiert l'intervention des

1. P.-Y. Gautier, Le bouleversement..., chron. préc., n° 9, p. 8. – V. aussi P. Catala et alii, étude préc. ; L. Grynbaum, chron. préc., p. 1.
2. V. dans le sens d'un dépassement de la distinction, P.-Y. Gautier, Le bouleversement..., chron. préc., nos 13 s.
3. V. Judith Rochfeld, obs. préc., p. 576.

tribunaux, des autorités publiques ou de professions exerçant une autorité publique ; *c)* les contrats de sûretés et garanties fournis par des personnes agissant à des fins qui n'entrent pas dans le cadre de leur activité professionnelle ou commerciale ; *d)* les contrats relevant du droit de la famille ou du droit des successions ».

Le législateur français n'a recouru à ces exclusions, non sans quelques modifications de style qui peuvent ne pas être indifférentes, qu'au sujet des deux derniers cas. « Il est fait exception aux dispositions de l'article 1108-1 pour : 1° Les actes sous seing privé relatifs au droit de la famille et des successions ; 2° Les actes sous seing privé relatifs à des sûretés personnelles ou réelles, de nature civile ou commerciale, sauf s'ils sont passés par une personne pour les besoins de la profession » (art. 1108-2).

L'interrogation peut exister au sujet des deux premiers cas.

679 ***L'acte authentique électronique*** ◇ À l'article 1317 du Code civil disposant que « l'acte authentique est celui qui a été reçu par officiers publics ayant le droit d'instrumenter dans le lieu où l'acte a été rédigé, et avec les solennités requises », il a été ajouté un second alinéa aux termes duquel « il peut être dressé sur support électronique s'il est établi et conservé dans des conditions fixées par décret en Conseil d'État » [1].

Assez naturellement, les particularités de l'acte authentique devaient nécessairement être prises en considération au sujet de l'acte authentique [2]. Celui-ci implique, en principe, la présence physique des parties, ce qui s'accorde mal avec la voie électronique naturellement utilisée à distance. À vrai dire l'existence d'un acte instrumentaire n'est pas, à elle seule, conditionnée à l'unicité de notaire, on le constate chaque jour. L'obstacle résulte plutôt des risques d'usurpation d'identité par la signature électronique alors que cette vérification particulière est intimement liée à l'authentification et dépasse la seule exigence formulée à l'article 1316-1 du Code civil (v. *supra*, n° 675). À partir de cette observation et s'agissant de contrats à distance, la dualité des notaires prend un relief nouveau, même s'il n'y en a qu'un qui soit instrumentaire, ce qui appelle une évolution du concept d'authenticité.

Un décret n° 2005-973 du 10 août 2005 a apporté, en application de l'article 1317, alinéa 2, du Code civil, des modifications au décret du 26 novembre 1971 « relatif aux actes établis par les notaires ». De l'article 17 modifié de ce

1. V. Trav. Assoc. H. Capitant, *Le formalisme*, Journée Jacques Flour, 10 déc. 1999, *Defrénois* 2000, art. 37210, p. 897 s. ; L. Grynbaum et F.G. Trébulle, chron. préc. ; B. Reynis, Signature électronique et acte authentique : le devoir d'inventer..., *JCP* N 2001, p. 1494 s. ; L. Assaya et V. Baudouin, La signature électronique par cryptographie à clé publique, *JCP* 2003, 146. – V. aussi *supra*, n° 629.

2. V. M. Grimaldi, L'acte authentique électronique, *Defrénois* 2003, p. 1023 s. ; Les actes authentiques électroniques, dir. Isabelle de Lamberterie, *La Documentation française* 2003. – V. aussi X. Linant de Bellefonds, Notaires et huissiers face à l'acte authentique électronique, *JCP* N 2003, 1196 s. ; J. Huet, L'acte authentique électronique, petit mode d'emploi (décrets n°s 2005-972 et 973, du 10 août 2005), *D.* 2005, chron. p. 2903 s.

décret, il résulte que l'acte établi sur support électronique « doit être signé par le notaire au moyen d'un procédé de signature électronique sécurisée » (al. 1er). « Pour leur signature, les parties et les témoins doivent utiliser un procédé permettant l'apposition sur l'acte notarié, visible à l'écran, de l'image de leur signature manuscrite » (al. 3). « Lorsque l'acte doit contenir une mention manuscrite émanant d'une personne qui y concourt, le notaire énonce que la mention a été apposée dans le respect des conditions prévues au second alinéa de l'article 1108-1 du Code civil » (al. 4). - V. *supra*, n° 677.

B. Effets de la transposition

680 ***1° Les contrats sous forme électronique*** ◊ La méthode législative utilisée au sujet des actes sur support électronique n'est pas exempte de défauts. En procédant par étapes, les auteurs des textes n'ont évité ni les enchevêtrements, ni les redites, ni les changements intempestifs. Il en est notamment résulté, par l'effet de la loi du 21 juin 2004, à la suite des dispositions du Code civil relatives à la preuve des obligations et de celle du paiement, un chapitre nouveau : *Des contrats sous forme électronique* (art. 1369-1 à 1369-11, réd. ord. 16 juin 2005) [1].

L'analyse de ces textes révèle les limites de la transparence - de la neutralité, dit-on aussi - affirmée à plusieurs reprises et, en quelque sorte, une résistance de la technique. Il en va ainsi, tout d'abord, au sujet de l'échange des informations préalables (art. 1369-1 s.). « Les informations qui sont demandées en vue de la conclusion d'un contrat ou celles qui sont adressées au cours de son exécution peuvent être transmises par courrier électronique si leur destinataire a accepté l'usage de ce moyen » (art. 1369-2). « Les informations destinées à un professionnel peuvent lui être adressées par courrier électronique, dès lors qu'il a communiqué son adresse électronique » (art. 1369-3, al. 1er). « Si ces informations doivent être portées sur un formulaire, celui-ci est mis, par voie électronique, à la disposition de la personne qui doit le remplir » (al. 2). Les articles 1369-4 à 1369-9 nouveaux du Code civil sont plus précisément relatifs à la conclusion et à l'exécution des contrats par voie électronique et aux écrits envoyés ou remis qui les accompagnent.

On se bornera à signaler ici l'originalité de mécanismes qui ne se réduisent pas nécessairement à l'échange de courriels, ce qui confère souvent à la conclusion du contrat un caractère circulaire. À quoi s'ajoute une protection particulière du contractant « faible » [2]. Ce n'est pas un hasard si l'on se préoccupe expressément de la confiance dans l'économie numérique. Le droit positif n'en demeure pas moins perfectible [3].

---

1. V. A. Raymond, La formation du contrat électronique, *in Le contrat électronique*, Trav. Assoc. H. Capitant 2000, p. 17.
2. Judith Rochfeld, obs. préc., *RTD civ.* 2004, 578.
3. V. P. Stoffel-Munck, La réforme des règles du commerce électronique, *JCP* E 2004, 1432 ; Florence Mas, *La conclusion des contrats du commerce électronique*, thèse Montpellier, éd. 2005, spéc. sur la preuve des contrats du commerce électronique, p. 215 s.

681 **2° *Les conflits entre preuves littérales*** ◊ La consécration de deux sortes d'écrits a conduit le législateur à envisager, pour les plus grands délices des amateurs de conflictualisme, les conflits entre preuves littérales.

D'où un nouvel article 1316-2 du Code civil : « Lorsque la loi n'a pas fixé d'autres principes, et à défaut de convention valable entre les parties, le juge règle les conflits de preuve littérale en déterminant par tous moyens le titre le plus vraisemblable, quel qu'en soit le support ».

Cet article est appelé à entraîner nombre de réflexions nouvelles sur le droit de la preuve. Tout d'abord la montée du contrat, implicite ou non, et la consécration du conventionnalisme en droit de la preuve [1]. Ensuite, en écartant délibérément toute hiérarchie entre les preuves littérales sans primauté du papier sur le numérique [2].

Sous-section 2. **Les autres modes de preuve**

§ 1. **Le témoignage**

682 ***Définition de la preuve testimoniale*** ◊ Le témoignage est une déclaration faite par une personne sur des faits dont elle a eu personnellement connaissance.

Cet élément de connaissance personnelle distingue la preuve testimoniale de la *preuve par commune renommée*, qui consiste en ce que des personnes rapportent, non plus ce qu'elles ont constaté elles-mêmes, mais ce qu'elles ont su par ouï-dire, à propos de tel ou tel fait [3]. Cette preuve, courante sous l'Ancien droit, était et reste dangereuse par son imprécision croissante au fur et à mesure que l'on s'éloigne du témoignage direct, l'accumulation de ces témoignages n'accroissant pas la probabilité du fait rapporté. Aussi n'est-elle plus admise qu'à titre exceptionnel [4].

En revanche, on considère comme témoignage ayant force probante [5] le témoignage *indirect*, par lequel le déclarant rapporte le récit qu'une personne déterminée a fait en sa présence, un tel fait permettant la discussion et le contrôle.

---

1. R. Le Balle, *Des conventions sur les procédés de preuve en droit civil*, thèse Paris, 1923 ; C. Lucas de Leyssac, Plaidoyer pour un droit conventionnel de la preuve en matière informatique, *Cah. Barreau de Paris*, oct. 1987, p. 53 ; J. Mestre, obs. *RTD civ.* 1988, 758, sur Montpellier 9 avr. 1987 ; Sophie Pennarun, De Gutenberg à Bill Gates..., chron. préc., p. 8 s. ; Les conventions sur la preuve, *in La preuve*, dir. Catherine Puigelier, éd. Economica 2004, p. 13 s. – Rappr. Yvonne Flour et A. Ghozi, Les conventions sur la forme, *in* Trav. Assoc. H. Capitant, *Le formalisme*, Journée Jacques Flour, 10 déc. 1999, *Defrénois* 2000, art. 37211, p. 911 s.
2. Rappr. P.-Y. Gautier, Le bouleversement..., chron. préc., n° 12.
3. M. Picard, *De la preuve par commune renommée*, thèse Paris, 1911.
4. La preuve par commune renommée peut ainsi être utilisée contre le tuteur qui n'a pas fait inventorier le mobilier échu par succession à un mineur (art. 451, al. 3, C. civ.). – V. aussi sur la preuve de la qualité d'héritier par l'acte de notoriété, Laurence-Caroline Henry, Le régime de l'acte de notoriété selon la jurisprudence récente, *RTD civ.* 1994, 11 s.
5. Civ. 1re, 27 févr. 1979, *JCP* 1979, IV, 161.

Ce mode de preuve a été longtemps considéré avec faveur, surtout dans les sociétés où l'instruction est peu répandue : le rapport oral de ce que l'on a vu paraît le plus sûr gage de véracité, surtout si une certaine conscience religieuse imprègne le droit et fait craindre le parjure (*supra*, n° 640).

C'est pourquoi un adage de l'Ancienne France, *témoins passent lettres*, signifiait qu'on accordait plus de force probatoire aux témoignages qu'aux écrits. Cependant les progrès de l'écrit, grâce notamment à la découverte de l'imprimerie au XVe siècle, et de l'instruction renversèrent cet ordre. On prit conscience de la sécurité probatoire que présente la preuve littérale (*supra*, n° 622) et des faiblesses inhérentes au mécanisme du témoignage. En effet, les témoins peuvent se tromper dans la reconstitution qu'ils opèrent des faits et on ne peut pas exclure l'hypothèse de complaisances, conscientes ou non [1].

C'est pourquoi l'ordonnance de Moulins de 1566 vint restreindre considérablement le domaine du témoignage, notamment à propos des actes juridiques (*supra*, n°s 640 s.).

Cependant, dans toutes les matières où la preuve est libre, et même, sous certaines conditions dans le système de la preuve légale, le témoignage garde une place importante ; il reste le mode de preuve le plus courant lorsqu'une preuve littérale n'a pu être préconstituée. Ainsi les témoignages sont des modes de preuve essentiels dans les litiges familiaux, notamment les divorces, ou dans les procès en responsabilité, lorsqu'il s'agit de reconstituer l'accident. Le droit de l'administration de la preuve prévoit des incapacités de témoigner touchant ceux dont l'impartialité est sujette à caution.

D'ailleurs, le droit, dans un mouvement de balancier, a facilité les témoignages, en assimilant aux dépositions orales, recueillies dans le cadre d'une enquête, les attestations écrites [2]. Cette assimilation est explicite dans le Code de procédure civile (art. 199 s.). Dans l'hypothèse de l'attestation écrite, la preuve de l'identité du témoin doit alors être fournie et mention doit être faite sur l'attestation de la connaissance par son auteur des poursuites pénales possibles en cas d'attestation mensongère. Le juge peut d'ailleurs toujours décider d'entendre l'auteur d'une attestation (C. pr. civ., art. 203), ce qui montre que le témoignage oral reste le principe, même s'il a cessé d'être le mode le plus courant.

683 ***Force probante du témoignage*** ◇ Le témoignage est lié à une conception libre de la preuve, qui n'accorde pas de primauté à l'écrit (*supra*, n° 614). Un tel système repose sur la puissance concrète de conviction de la preuve proposée. Tous moyens peuvent donc être articulés devant le juge dès lors qu'ils sont loyaux, leur force probante étant appréciée souverainement [3].

---

1. F. Gorphe, La critique du témoignage, thèse Paris, 1924.

2. Civ. 3e, 11 janv. 1978, *Bull. civ.* III, n° 30, *RTD civ.* 1978, 925, obs. R. Perrot ; R. Béraud, Du témoignage-Charybde à l'attestation écrite-Scylla, *Gaz. Pal.* 1975, 2, doctr. 567 ; J.-P. Gridel, La valeur du témoignage en droit civil, *RIDC* 1994, 437 s.

3. Req. 2 nov. 1940, *DH* 1940, 89.

L'ancienne règle *testis unis testis nullus*, qui refusait toute force probante à un témoignage isolé, n'a pas été maintenue : un témoin unique n'est pas récusable pour ce seul fait ; il appartient simplement au juge d'être particulièrement prudent dans l'appréciation d'un tel témoignage. Cela rapproche la force probante du témoignage de celle attachée à la présomption, puisque la jurisprudence a admis que le juge pouvait former sa conviction sur une présomption unique (*supra*, n° 583).

Le témoignage est un mode de preuve qui a aussi sa place dans un système de preuve légale et son domaine s'accroît au fur et à mesure que les exceptions à l'exigence d'une preuve littérale en la matière se multiplient (*supra*, n° 617).

§ 2. **Les présomptions**

684 ***Force probante*** ◊ On a précédemment envisagé les diverses sortes de présomptions (*supra*, n°s 580 s.). Leur force probante varie selon, en termes de procédure, qu'on l'envisage à l'égard de l'autre partie ou quant à l'office du juge.

685 ***À l'égard de l'autre partie*** ◊ La force probante de la présomption, à l'égard de l'autre partie, varie suivant que la présomption est *simple, irréfragable* ou *mixte*. Lorsque la présomption est simple, l'adversaire peut prouver par tous moyens que la preuve qui en découle est inexacte. Lorsque la présomption est irréfragable, aucune preuve contraire n'est recevable, le fait n'étant plus un objet concret de preuve. Et lorsque la présomption est mixte, la preuve contraire est recevable, mais seulement selon certains procédés de preuve. Il en était ainsi par exemple – avant la réforme opérée par la loi du 8 janvier 1993 – de la preuve contraire que pouvait opposer le défendeur à une action en recherche de paternité, lequel ne disposait que d'un nombre limité de preuves pouvant être efficacement articulées (anc. art. 340-1 C. civ.).

686 ***Quant à l'office du juge*** ◊ Lorsque la présomption est irréfragable, précisément parce qu'elle ne relève plus d'un mécanisme de preuve mais constitue une véritable règle de fond, le juge ne dispose pas d'un pouvoir d'appréciation. Ainsi ne peut-il estimer, devant un jugement produit, qu'il n'est pas exact dans ses énonciations.

Lorsque la présomption est simple ou mixte, le juge apprécie souverainement la force probante de la présomption. Il est d'ailleurs remarquable que le droit associe souvent la présomption et le témoignage, tous deux recevables dans un système de preuve libre, tous deux parfois recevables dans des circonstances communes dans un système de preuve légale (*supra*, n° 641), tous deux tributaires de l'intime conviction du juge (*supra*, n°s 614 s., 645, 683).

§ 3. L'aveu

687 ***Généralités*** ◊ L'aveu consiste, de la part de celui contre lequel on allègue un fait, à en reconnaître l'exactitude. Il ne peut porter que sur une question de fait ; il ne peut porter sur une question de droit. L'existence ou le sens d'une règle juridique [1] ou la qualification juridique d'une situation, ne peut dépendre de l'aveu d'une partie [2]. Il s'agit d'une nouvelle application de la distinction essentielle entre le fait et le droit, la détermination du droit relevant de l'office du juge.

Acte unilatéral censé dévoiler spontanément la vérité, sortant ainsi de la bouche même de celui qu'il engage ou accable [3], l'aveu produit effet indépendamment de toute acceptation de la partie adverse [4]. Il n'est d'ailleurs pas nécessaire qu'il ait été fait dans la pensée qu'il pourra servir de preuve, mais il faut qu'il émane d'une *volonté consciente* et non viciée. Ainsi, selon certains [5], et l'on trouve de la jurisprudence en ce sens [6], il faut exiger que le déclarant sache, par l'affirmation qu'il profère, qu'il fournit des armes contre lui à son adversaire, qui sera ainsi dispensé de prouver les faits en invoquant la déclaration. On peut toutefois douter, en droit positif, de la permanence de cette condition : le droit actuel, jurisprudentiel [7] ou législatif – notamment lorsque le refus de prêter serment ou de comparaître est assimilé à un aveu [8] –, tend incontestablement à admettre de plus en plus des aveux simplement tacites, voire implicites [9], dès l'instant qu'ils sont sans ambiguïté, dans des situations où l'on peut sérieusement douter de la conscience de l'individu. Mais peut-être est-ce le droit positif qui, dans cette évolution, est critiquable en ce que l'aveu et la conscience qu'en a celui qui le fait seraient indissociables.

De toutes les preuves, c'est l'aveu qui paraît à première vue la plus convaincante. Cependant, l'aveu peut être contraire à la réalité des faits [10]. Aussi a-t-il cessé d'être « la reine des preuves », notamment en matière pénale [11], et la loi n'attache pas toujours une force probante absolue à ce genre de preuve.

---

1. V., par ex., Civ., 2e sect. civ., 28 mars 1966, *Bull. civ.* II, n° 416 ; Soc. 14 avril 1972, *Bull. civ.* V, n° 261 ; Civ. 1re, 23 nov. 1982, *Bull. civ.* I, n° 335.
2. Com. 28 févr. 1984, *Bull. civ.* IV, n° 75 ; Civ. 3e, 22 mars 1989, *D.* 1989, IR 124.
3. Aubry et Rau, t. XII, par Bartin, § 751, p. 107 ; Beudant et Lerebours-Pigeonnière, t. IX, par R. Perrot, n° 1304.
4. V., par ex. Civ. 3e, 26 janv. 1972, *Bull. civ.* III, n° 57 ; 1er oct. 1975, *Bull. civ.* III, n° 267, p. 203.
5. Bartin, préc.
6. Req. 29 oct. 1894, S. 1895, 1, 36 ; Civ., sect. soc., 7 mai 1951, *Bull. civ.* III, n° 358 ; Civ., 2e sect. civ., 4 déc. 1953, *Bull. civ.* II, n° 338 ; Civ. 1re, 25 oct. 1972, *Bull. civ.* I, n° 216.
7. V. par ex. Civ. 3e, 21 févr. 1978, *JCP* 1978, IV, 135.
8. C. civ., art. 1361 ; C. pr. civ., art. 296 – Sur la tendance, proche, à assimiler une abstention à un commencement de preuve par écrit, v. C. civ.art. 1347, al. 3 et C. pr. civ., art. 198.
9. V. par ex. Civ. 3e, 21 févr. 1978, préc.
10. L'aveu, Antiquité et Moyen Âge, *École de Rome*, 1986 ; E. Altavilla, Psychologie judiciaire, 1959.
11. F. Gorphe, L'aveu dans la procédure pénale, *RIDC* 1952, 776 s. ; J. Susini, Aspects modernes de l'aveu, *Rev. sc. crim.* 1984, 817 s.

688 ***Recevabilité de l'aveu*** ◊ L'aveu est en principe un mode de preuve admissible en toutes matières. D'une façon exceptionnelle, la preuve par aveu est cependant exclue, et cela pour différentes raisons.

Il arrive que la loi dénie expressément toute efficacité à l'aveu pour déjouer une collusion frauduleuse entre deux plaideurs, au détriment notamment de leurs créanciers (C. pr. civ., art. 1299).

D'une manière plus générale, et indépendamment de toute précision formelle de la part du législateur, le fait même que l'aveu soit une manifestation unilatérale de volonté a pour conséquence d'en interdire l'usage dans toutes les matières où l'aveu emporterait la renonciation à un droit auquel il n'est pas permis de renoncer, ou dont on ne peut disposer. Le libéralisme que le législateur contemporain a manifesté dans les réformes du droit de la famille a toutefois entraîné la suppression de certaines exclusions de la preuve par aveu (C. civ., art. 259).

Étant donné la gravité des conséquences de l'aveu, le sort du procès en dépendant, une certaine *capacité* est nécessaire pour qu'un aveu soit valable : celle de disposer de l'objet de la contestation, lequel, on l'a vu, doit déjà par nature être disponible. Ainsi l'aveu fait par un mineur ou un majeur en tutelle n'a pas force probante. Pour les mêmes raisons, au regard du *pouvoir*, l'aveu du tuteur du mineur ou du majeur en tutelle n'a de force probante que s'il a trait à un droit dont son pouvoir de gestion lui permet de disposer. D'une façon plus générale, le mandataire, même muni d'un pouvoir général, ne lierait pas son mandant par un aveu : il doit être muni d'un pouvoir spécial (C. civ., art. 1356, al. 1er).

En dehors de ces conditions qui sont communes à toutes les sortes d'aveu, le régime juridique de celui-ci est profondément différent selon qu'il s'agit d'un aveu judiciaire ou d'un aveu extrajudiciaire, distinction posée à l'article 1354.

689 ***1° L'aveu judiciaire. Définition*** ◊ L'aveu judiciaire est « la déclaration que fait *en justice* la partie ou son fondé de pouvoir spécial » (art. 1356, al. 1er). *En justice*, c'est-à-dire devant le juge [1] compétent [2], soit dans des conclusions écrites [3], soit verbalement à l'audience [4] ou dans un interrogatoire lors de la comparution personnelle des parties. Il est d'ailleurs remarquable que cette comparution puisse être ordonnée d'office par le juge et que le refus ou l'absence de réponse ne soit pas dénué de force probante, mais constitue un commencement de preuve par écrit (*supra*, n° 651). Cependant, le silence ne saurait, sauf exception (*supra*, n° 687), être constitutif de l'aveu lui-même [5].

---

1. Soc. 20 mai 1950, *Bull. civ.* n° 202 ; Civ. 2e, 27 oct. 1971, *Bull. civ.* II, n° 209.
2. Req. 19 déc. 1877, DP 1878, 1, 176.
3. Civ. 3e, 13 nov. 1973, *Bull. civ.* III, n° 576, p. 420.
4. L'avocat peut engager la partie qu'il représente par un aveu fait oralement (Civ. 1re, 3 févr. 1993, *Bull. civ.* I, n° 57, *RTD civ.* 1994, 106, obs. J. Mestre).
5. Civ. 3e, 4 mai 1976, *Bull. civ.* III, n° 182.

L'aveu doit être fait pendant l'instance au cours de laquelle est débattu le fait que cet aveu concerne. Un aveu intervenu dans une autre instance, fût-ce entre les mêmes parties, ne vaudrait que comme un aveu extrajudiciaire. C'est notamment le cas d'un aveu intervenu dans une instance pénale dont une partie à une instance civile voudrait se prévaloir [1]. Enfin, un aveu qui émanerait d'un tiers au litige ne vaudrait que comme témoignage [2].

690 ***a) Force probante de l'aveu judiciaire*** ◊ L'aveu « fait *pleine foi* contre celui qui l'a fait » (art. 1356, al. 2) : le juge, quelle que soit son intime conviction, doit tenir pour exacts les faits avoués. Cette force probante tient à ce que les conditions dans lesquelles la partie profère son aveu ne permettent pas de croire qu'elle n'a pas mesuré la gravité de sa déclaration.

On peut également penser que l'aveu judiciaire a aussi, non pas pour simple effet, mais pour *fonction* de lier le juge sur les faits qui constituent le débat. L'aveu est alors moins un mode de preuve qu'une manifestation du principe *dispositif* qui laisse aux parties la maîtrise des termes du litige [3].

691 ***b) Indivisibilité de l'aveu judiciaire*** ◊ L'efficacité de l'aveu judiciaire souffre toutefois une restriction, tenant à son indivisibilité. L'article 1356, alinéa 3, du Code civil dispose en effet que l'aveu « ne peut être *divisé* contre » celui qui l'a fait. L'aveu doit être pris tel qu'il se présente, sans qu'il soit permis à la personne à laquelle il bénéficie d'en retrancher quoi que ce soit, selon son intérêt.

L'application de la règle est parfois délicate, en ce qu'il faut distinguer selon qu'on se trouve en présence d'un aveu *simple*, *qualifié*, ou *complexe*.

1) S'il y a eu aveu pur et simple d'un fait, il n'y a aucune difficulté, la division de l'aveu ne se concevant pas.

2) Mais l'aveu peut avoir été qualifié. On appelle ainsi l'aveu qui, tout en reconnaissant un fait, lui donne une couleur ou y relève une circonstance qui en altèrent les effets juridiques. Ainsi une personne reconnaît qu'on lui a prêté 500 €, mais sans intérêts, ou encore qu'on lui a remis des objets, mais à titre de don manuel et non à titre de dépôt. En pareil cas, le principe de l'indivisibilité interdira à celui qui invoque l'aveu d'en conserver la partie seulement qui le sert, en tirer la seule preuve de la remise de 500 € ou des objets, en déniant – et en mettant son adversaire en demeure de prouver les circonstances dont il a coloré son aveu – la gratuité du prêt ou l'intention libérale à son égard [4].

3) L'aveu peut encore être complexe, lorsqu'il ajoute au fait avoué un fait *distinct*, mais qui se rattache à lui [5]. Par exemple, un débiteur reconnaît sa

1. Civ. 1re, 12 juin 1963, *Bull. civ.* I, n° 313.
2. Civ. 1re, 25 janv. 1967, *Bull. civ.* I, n° 35.
3. J. Chevallier, *La charge de la preuve*, Cours de droit civil approfondi, Paris 1958-1959, Les Cours du droit.
4. Civ. 26 nov. 1849, *DP* 1850, 1, 28 ; Req. 10 déc. 1902, *DP* 1903, 1, 303, rapp. Denis.
5. V., par ex. Civ. 31 mai 1932, DH 1932, 378 ; 30 avril 1969, *D.* 1969, somm. 114 ; Com. 14 janv. 1970, *D.* 1970, somm. 95 ; Civ. 1re, 11 mai 1971, *Bull. civ.* I, n° 156, p. 130 ; 11 févr. 1975, *Bull. civ.* I, n° 55, p. 51.

dette, mais ajoute qu'il l'a remboursée ou encore qu'il est d'autre part créancier de son créancier et qu'il y a compensation.

La mise en œuvre de l'indivisibilité dépend du lien qui existe entre les faits ainsi réunis dans l'aveu. Il y a indivisibilité lorsque le second fait adjoint au premier est *connexe* à celui-ci. Cette connexité peut être relevée d'office par le juge [1]. Et il en est ainsi lorsque le second fait ne peut avoir eu lieu si l'on ne suppose pas l'existence du premier. Dans l'exemple donné, on ne pourra tenir pour certaine l'existence de l'obligation et dénier le fait du paiement. Au contraire, si le second fait n'est pas connexe au premier, c'est-à-dire si, tout en restreignant les faits, il peut avoir eu lieu sans que le premier se soit produit, il n'y a pas indivisibilité. Par exemple, le défendeur, en avouant qu'il doit 500 €, ajoute que sa dette est éteinte par l'existence d'une créance de pareille somme à son profit, ce qui a entraîné compensation. Le demandeur serait, en ce cas, admis à invoquer l'aveu de la première obligation, tout en déniant la sienne. Pourtant, dans son dernier état, la Cour de cassation paraît bien revenir à des solutions plus simples et s'en tenir strictement au principe de l'indivisibilité de l'aveu judiciaire [2].

692 ***Atténuations*** ◊ Ainsi précisée, la règle de l'indivisibilité de l'aveu judiciaire comporte en outre certaines atténuations : 1) la règle ne s'applique que s'il s'agit d'un aveu portant sur un fait contesté, et non sur un fait constant et indiscuté par les parties (*supra*, n° 578) [3], ou sur un fait déjà prouvé [4] ; 2) elle souffre encore exception lorsque la déclaration accessoire, jointe à l'aveu principal, est invraisemblable [5], ou contradictoire [6], ou démontrée par ailleurs inexacte [7], ou encore légalement irrecevable, se heurtant à la chose jugée par exemple.

Cette jurisprudence atteste la tendance des tribunaux à chercher, afin de statuer selon leur conviction, à échapper au régime de la preuve légale, manifestée ici par l'aveu judiciaire qui a le pouvoir de lier le juge. Ils parviennent ainsi, en limitant le domaine de l'indivisibilité de l'aveu judiciaire, à retenir l'aveu principal, lorsqu'il a déterminé leur conviction, tout en rejetant les déclarations connexes qui leur semblent mensongères. Il est d'ailleurs remarquable que l'indivisibilité de l'aveu n'existe pas en matière pénale [8]. – Sur cette tendance générale du droit, législatif et jurisprudentiel, à se rapprocher d'un système de preuve libre, v. *supra*, n° 617.

693 ***c) Irrévocabilité de l'aveu judiciaire*** ◊ Une fois fait, l'aveu judiciaire est en principe *irrévocable*. Il peut cependant être *rétracté pour cause d'erreur*

---

1. Civ. 1re, 29 nov. 1978, *D.* 1979, 381, note A. Bénabent.
2. Civ. 1re, 12 mars 1991, *Bull. civ.* I, n° 88, p. 58, *RTD civ.* 1992, 105, obs. J. Mestre.
3. Civ. 6 déc. 1954, *D.* 1955, 256 ; Com. 29 juin 1965, *Bull. civ.* IV, n° 410.
4. Civ. 3e, 5 mars 1974, *Bull. civ.* III, n° 97, p. 75 ; Com. 23 oct. 1984, *Bull. civ.* IV, n° 277.
5. Civ. 1re, 23 nov. 1977, *JCP* 1978, IV, 29.
6. Civ. 15 mars 1950, *D.* 1950, 379 ; 31 mai 1958, *D.* 1958, 585.
7. Civ. 10 déc. 1901, DP 1902, 1, 407.
8. C. pr. pén., art. 428 C. pr. pén. ; Crim. 24 avril 1984.

(art. 1356, al. 4) [1]. C'est la conséquence de la définition même de l'aveu comme mode de révélation de la vérité. L'on comprend aussi que, par le même parallélisme, l'aveu ne pouvant porter que sur un fait (*supra*, n° 687), la loi ajoute que la seule erreur justifiant une rétractation est l'*erreur de fait* : par exemple, venant d'hériter d'un parent, une personne avoue l'existence d'une dette que le défunt avait contractée ; plus tard, elle découvre une quittance constatant que la dette était éteinte ; elle peut rétracter l'aveu. Au contraire, l'aveu ne peut pas être révoqué pour cause d'erreur de droit, l'auteur de l'aveu n'en ayant pas aperçu les conséquences juridiques exactes. Ainsi l'héritier ne saurait rétracter l'aveu qu'il a fait d'une dette de la succession, en alléguant qu'il ignorait que sa qualité d'héritier l'engageait à payer intégralement la dette de son auteur. *Nul n'est censé ignorer la loi* (*supra*, n° 464).

Le déroulement du procès a suscité quelques difficultés. Assez naturellement l'exigence de conclusions récapitulatives, découlant devant le tribunal de grande instance de l'article 954, alinéa 2, du Code de procédure civile (réd. décr. 28 déc. 1998), imposant aux parties de reprendre dans leurs dernières écritures les prétentions et moyens précédemment présentés ou invoqués dans leurs conclusions antérieures a fait problème. La Cour de cassation a justement décidé que l'absence de rappel de l'aveu d'une reconnaissance de dette dans les conclusions récapitulatives pouvait être considérée comme une révocation de cet aveu [2].

694 ***2° L'aveu extrajudiciaire. Notion*** ◊ L'aveu extrajudiciaire se définit négativement : il est tout aveu qui ne correspond pas aux conditions de l'aveu judiciaire. Les aveux les plus variés peuvent donc être extrajudiciaires, notamment l'aveu fait dans une autre instance (*supra*, n° 688), celui reçu par un officier ministériel ou un mandataire de justice, ou inclus dans une lettre, ou découlant d'une déclaration orale.

N'ayant pas été fait devant le juge saisi de la contestation, l'aveu extrajudiciaire doit être établi dans le procès concernant le fait avoué. Le mode de preuve utilisé à cette fin devra être lui-même admissible : s'il est consigné dans un écrit émanant de l'auteur de l'aveu, on se référera aux règles de recevabilité de la preuve littérale ; s'il est oral, à celles propres aux témoignages (art. 1355) [3] ; et s'il s'agit d'une déclaration relatée dans des documents étrangers à l'auteur de l'aveu, à celles relatives aux présomptions.

695 ***Force probante*** ◊ Dans le silence de la loi, on estime qu'elle est laissée à l'*appréciation des tribunaux*, le juge restant libre d'être ou non convaincu de la véracité des faits rapportés.

---

1. V. par ex., l'application faite de l'art. 1356, al. 4 : Rouen 3 avril 1973, *D.* 1973, somm. 104.
2. Civ. 1re, 20 mai 2003, *Bull. civ.* I, n° 117, p. 91, *RTD civ.* 2003, 543, obs. J. Mestre et B. Fages.
3. Civ. 2e, 27 oct. 1977, *D.* 1977, IR 25.

Contrairement à l'aveu judiciaire, l'aveu extrajudiciaire peut être *divisé* sans restriction, si le juge l'estime nécessaire [1]. Enfin, cet aveu peut être *rétracté*, le juge restant là encore libre d'apprécier ce qu'il doit penser de la valeur de cette rétractation, compte tenu des circonstances de la cause [2].

§ 4. Le serment

696 ***Diverses variétés de serment*** ◊ Le serment implique l'affirmation, par une partie, d'un fait qui lui est *favorable*. En principe, une telle affirmation est suspecte et le juge ne doit point y ajouter foi. Mais il en va autrement lorsqu'elle intervient sous une forme solennelle, destinée à éviter autant que possible le mensonge.

Dans sa conception primitive, le serment est la promesse ou l'affirmation d'un fait en prenant Dieu à témoin. Dans sa forme actuelle, le serment n'est qu'une promesse ou affirmation solennelle faite en levant la main droite et en disant : « je le jure » [3]. Mais le caractère religieux du serment est indélébile (sur les rapports entre droit et religion, v. *supra*, n° 9). On aura beau effacer le nom de Dieu et toute formule confessionnelle des termes employés pour le prêter, l'emploi du serment n'en impliquera pas moins l'adhésion à une pensée religieuse [4]. C'est ce caractère qui seul peut expliquer les effets que la loi continue d'attribuer au serment. Ajoutons que le *faux serment* n'est pas seulement une faute morale. À la différence du simple mensonge, c'est un délit réprimé par le Code pénal (art. 366), mais la preuve de la fausseté est soumise au système probatoire civil [5].

Le serment judiciaire, c'est-à-dire celui qui peut être employé en justice comme moyen de preuve (serment *affirmatif*), doit être distingué du serment *promissoire* prêté par les magistrats, jurés, avocats, experts qui prennent l'engagement de bien remplir leurs fonctions ou attributions, ou par les témoins promettant de dire la vérité. Le serment judiciaire affirmatif est de trois sortes : le serment *décisoire*, le serment *supplétoire* et le serment *estimatoire*, appelé encore *en plaids* ou *in litem*.

697 ***1° Le serment décisoire. Définition*** ◊ Le serment décisoire est ainsi nommé parce qu'il *décide* de la contestation. Il est défini par l'article 1357, 1°, comme « celui qu'une partie défère à l'autre pour en faire dépendre le jugement de la cause ».

Il faut imaginer la situation suivante : un des plaideurs offre de renoncer à sa prétention si l'autre partie affirme sous serment le fait sur lequel elle fonde sa prétention contraire. Cette offre porte le nom de *délation* de serment. Celui à qui le serment a été ainsi *déféré* peut jurer ; sa réponse doit à la fois

1. Civ. 3e, 16 nov. 1971, *Bull. civ.* III, n° 394.
2. Civ. 9 mars 1954, *Gaz Pal.* 1954, 1, 320 ; Pau 9 nov. 1972, *JCP* 1973, II, 17329, note J.-B.
3. Sur les formes du serment, v. Paris 3 déc. 1968, *D.* 1969, somm. 18.
4. Ch. Perelman, La preuve en droit, essai de synthèse, *in La preuve en droit*, préc., p. 364.
5. Crim. 15 juill. 1964, *JCP* 1964, II, 13817.

être précise et correspondre exactement à la question [1] ; ce faisant, il assure son succès. Mais s'il le préfère, il peut s'abstenir et, à son tour, *référer* le serment à celui qui le lui a déféré. Si ce dernier prête le serment à lui référé, ses conclusions doivent lui être adjugées ; s'il refuse, il succombe : son attitude est en effet un *aveu tacite*. Là s'arrête l'échange ; le serment ne peut pas être référé une nouvelle fois par l'auteur de la première délation (art. 1361) [2].

Ainsi, celui qui défère le serment remet la décision du point litigieux à la conscience de son adversaire ; mais il le contraint soit à jurer, soit à lui référer le serment. En outre, la délation de serment enlève au juge son pouvoir de décision. Comme en matière d'aveu (*supra*, n° 690), le serment est non seulement un mode de preuve, mais encore une manifestation du pouvoir des parties dans le procès civil, en vertu du principe *dispositif.* Le juge sera ainsi obligé de donner gain de cause à celui qui a prêté le serment, même s'il est convaincu que ce serment est un parjure, ou de condamner celui qui refuse de le prêter, quand bien même il serait dans son droit.

698 ***Nature juridique du serment décisoire*** ◊ En considération de ce qui vient d'être dit et d'une façon plus nette encore que pour l'aveu, le serment manifeste le pouvoir de la volonté des parties sur le procès. En effet, sans méconnaître la dimension religieuse du procédé, le serment est un *mode conventionnel de terminaison d'un procès* : la délation du serment est une offre de renoncer à sa prétention et d'acquiescer à celle de l'adversaire, s'il consent à fortifier son affirmation par un serment, offre à laquelle se joint implicitement celle de jurer soi-même, si l'adversaire réfère le serment. Par là, la délation de serment s'apparente au mécanisme de la *transaction* [3], bien qu'elle s'en sépare en ce qu'elle n'implique pas les concessions réciproques qui marquent une transaction. Cette dimension procédurale du serment permet de rendre compte d'un certain nombre de conditions d'utilisation du serment décisoire.

699 ***Conditions de mise en œuvre du serment décisoire*** ◊ Le serment ne peut pas intervenir dans les matières où une transaction n'est pas possible, par exemple les matières d'*ordre public*, notamment d'état des personnes ; ainsi, il ne pourrait être utilisé en matière de filiation. Mais il est recevable en matière de divorce (art. 259).

Pour avoir le droit de déférer ou de référer le serment comme pour avoir celui de le prêter, il faut avoir la *capacité* et le *pouvoir* nécessaires pour faire une transaction valable. Ainsi un mandataire, serait-il un avocat, a besoin d'un pouvoir spécial en matière de serment (C. pr. civ., art. 322). Le serment ne peut, en principe, être déféré qu'aux seules parties en cause figurant à l'instance en leur nom personnel, sauf lorsqu'il s'adresse à des administrateurs de biens d'autrui si les faits

---

1. Soc. 29 nov. 1973, *JCP* 1974, IV, 16.
2. V. A. Mourre, Réflexions sur le serment décisoire, *Gaz. Pal.* 1994, 1, doctr. 798 s.
3. Civ. 28 févr. 1938, DC 1943, 99, note G. Holleaux.

allégués leur sont personnels [1], ou aux représentants des personnes morales. Concernant ces derniers, le fait objet de preuve devait classiquement et de la même façon leur être personnel [2] ; mais la jurisprudence [3], confortant la réalité de la personnalité morale (*supra*, n° 203), pose que le serment est prêté par le représentant, même si le fait personnel a été commis par une autre personne, notamment un salarié dont la société doit répondre.

Comme en matière d'aveu, le serment ne peut être déféré que sur un fait et non sur une question de droit, car il appartient au juge et non aux parties de dire le droit. La loi ajoute même qu'« il ne peut être déféré que sur un fait *personnel* à la partie à laquelle on le défère » (art. 1359) et établit en corollaire que le serment ne peut être référé que si le fait est personnel aussi à celui à qui on le réfère (art. 1362). On aura recours à un exemple : « jurez-vous que vous m'avez prêté les 500 € que vous me réclamez ? » à quoi le demandeur pourra se contenter de répliquer : « jurez vous-même que vous ne me les avez pas empruntés ». Il y a, dans cette double hypothèse, un fait que l'auteur du serment doit connaître comme lui étant arrivé.

Le fait sur lequel le serment porte doit être *pertinent* et *concluant*, qualités que doit avoir, d'une façon générale, un fait pour être objet de preuve (*supra*, n° 572) et que reprend expressément à propos du serment l'article 1357. En effet, il est particulièrement important que le fait soit décisif pour le jugement en cause, dans la mesure où l'effet du serment est précisément de mettre fin au problème de preuve [4].

La délation du serment peut, comme une transaction, intervenir *en tout état de cause*, qu'il n'y ait aucune preuve ou aucun commencement de preuve, ou bien qu'il y en ait (art. 1360).

Lorsque les conditions exigées pour l'admissibilité du serment décisoire sont réunies, le juge est tenu d'y recourir à la demande de l'une des parties [5] alors qu'il ne pourrait l'ordonner d'office [6], le contrôle du juge ne pouvant porter que sur le caractère pertinent des faits articulés, qu'il apprécie souverainement [7], et qui disparaît notamment si la demande de serment porte sur des faits confus, ou dont la fausseté est déjà démontrée.

« La partie qui a déféré ou référé le serment ne peut plus se rétracter lorsque l'adversaire a déclaré qu'il est prêt à faire ce serment » (art. 1364).

---

1. Paris, 29 oct. 1968, *D.* 1969, somm. 28.
2. Soc. 28 juin 1957, *Bull. civ.* IV, n° 816, *RTD civ.* 1958, 96, obs. H. et L. Mazeaud ; Soc. 3 mars 1966, *Bull. civ.* IV, n° 248, *RTD civ.* 1967, 703, obs. P. Raynaud ; Paris 29 oct. 1968, *JCP* 1968, II, 15677, note P. L. ; Colmar 10 oct. 1969, *JCP* 1970, II, 16169, note J. A., *RTD civ.* 1970, 410, obs. P. Hebraud et P. Raynaud.
3. Com. 10 févr. 1987, *JCP* 1987, IV, 131.
4. Civ. 5 mai 1886, *DP* 1886, 1, 467 ; Soc. 24 févr. 1961, *D.* 1961, somm. 65 ; Com. 5 févr. 1962, *Bull. civ.* III, n° 73.
5. Civ., sect. soc., 28 nov. 1962, *Gaz. Pal.* 1963, 1, 156.
6. Com. 26 janv. 1981, *JCP* 1981, IV, 126.
7. « Si le serment décisoire peut être déféré sur quelque contestation que ce soit, il appartient aux juges du fond, à la seule condition de motiver leur décision sur ce point, d'apprécier si cette mesure est ou non nécessaire », Civ. 3e, 10 mars 1999, *D.* 2001, 817, note Blandine Mallet-Bricout.

700 ***Effets du serment décisoire*** ◊ Ces effets sont particulièrement énergiques puisque la prestation de serment ou le refus de le prêter, qui équivaut alors à un aveu (*supra*, n° 687), font pleine foi et que le juge ainsi lié doit en tirer les conséquences : le gain du procès pour celui qui a prêté le serment, la perte du procès pour celui qui a refusé de prêter le serment. Le juge ne dispose pas d'un pouvoir d'appréciation en la matière [1], pas plus que l'adversaire ne peut être admis à démontrer la fausseté du fait affirmé sous serment (art. 1363). Sera ainsi irrecevable, comme en matière de transaction (art. 2052), l'appel interjeté contre le jugement intervenu sur le fondement du serment [2], sauf à démontrer le dol [3] ou si l'on soutient que le serment a été admis dans un cas où il n'était pas recevable [4]. De la même façon, pour celui qui l'a prêté, le serment est irrévocable.

701 ***2° Le serment supplétoire. Conditions de la délation*** ◊ Le serment supplétoire est celui que le juge peut déférer *d'office* quand, n'étant point convaincu par les preuves produites, il veut en corroborer les conclusions ou en compenser l'insuffisance (art. 1366). Cette méthode se justifiait surtout dans un procès civil où le juge, lié par sa *neutralité*, ne pouvait diligenter les mesures d'instruction nécessaires (*supra*, n° 570). Aujourd'hui, le juge ordonne plutôt une expertise ou une autre mesure d'instruction (*supra*, n° 567) et la procédure du serment supplétoire, bien rare en pratique, ne sera utilisée qu'à défaut.

Deux conditions symétriques sont nécessaires, aux termes de l'article 1367, pour la délation de ce serment. Il faut, d'une part, que la demande ne soit pas pleinement justifiée car si elle l'était, elle devrait alors être directement accueillie. Mais, à la différence du serment décisoire, le serment supplétoire suppose qu'existent déjà des preuves [5], bien qu'elles ne soient pas assez convaincantes. Le serment supplétoire est ainsi, contrairement au serment décisoire, une pure méthode probatoire pour un juge qui doute. S'il s'agit d'un fait devant être prouvé par écrit, il faudra que la preuve initiale soit un commencement de preuve par écrit [6] ; il pourra s'agir d'un simple témoignage ou d'une présomption, si la preuve est libre (*supra*, n° 614).

Le serment supplétoire sera déféré à celle des parties en laquelle le juge aura le plus de confiance. En général, il est déféré à celle qui produit à l'appui de sa prétention un commencement de preuve par écrit. Il peut s'agir d'ailleurs d'un tiers appelé à l'instance, en déclaration de jugement commun [7].

---

1. Civ. 3e, 22 févr. 1978, *JCP* 1978, IV, 136.
2. Req. 13 mars 1900, S. 1900, 1, 448 ; Civ., 1re sect. civ., 14 mars 1966, *D.* 1966, 541, *JCP* 1966, II, 14614, note J. A., *RTD civ.* 1966, 595, obs. Raynaud.
3. T. civ. Valenciennes 10 mars 1942, *DA* 1942, 96.
4. Beudant et Lerebours-Pigeonnière, t. IX, par R. Perrot, n° 1328.
5. Civ. 1re, 28 oct. 1975, *Gaz. Pal.* 1976, 1, somm. 7.
6. Civ. 24 févr. 1947, *D.* 1947, 279 ; Soc. 1er juin 1972, *D.* 1972, somm. 139, *RTD civ.* 1972, 779, obs. Y. Loussouarn.
7. Civ. 2e, 14 mars 1974, *Bull. civ.* II, n° 98, p. 81.

702 ***Différences avec le serment décisoire*** ◊ L'autorité du serment supplétoire est loin d'égaler celle du serment décisoire. En effet, ce dernier tire sa force de la convention des parties qui, en application du principe *dispositif*, fait loi (*supra*, n° 459). Le serment supplétoire, lui, n'est qu'une mesure d'instruction ordonnée par le juge.

Cela explique ainsi que le juge ait un pouvoir discrétionnaire pour déférer le serment supplétoire ; il n'est jamais tenu de le déférer même si les parties le lui demandent, sans qu'il ait à motiver son refus. Le serment déféré d'office par le juge à une partie ne peut être référé par elle à l'autre (art. 1368). Le serment supplétoire peut être déféré même sur un fait non personnel à la partie appelée à jurer, dès lors qu'elle en a été informée. Le serment supplétoire ou le refus de le prêter sont librement appréciés par le juge [1] et de la même façon la partie à qui ferait tort le serment supplétoire prêté par l'adversaire serait en droit d'en démontrer la fausseté.

703 ***3° Le serment estimatoire*** ◊ L'article 1369 mentionne ce type de serment, dit encore *en plaids* ou *in litem* : il vise l'hypothèse dans laquelle le principe de la demande est fondé, mais où le montant de la condamnation à prononcer n'est pas déterminé et où le juge n'a pas lui-même les moyens d'en fixer la valeur exacte. La loi lui permet alors de faire déterminer sous serment le chiffre par le demandeur, sauf à lui fixer un maximum. Très proche du serment supplétoire, il s'en distingue en ce qu'il suppose que la preuve du bien-fondé de la demande, dans son principe, soit déjà entièrement rapportée et en ce qu'il ne peut être déféré qu'au demandeur.

---

1. Civ. 2e, 10 févr. 1971, *Bull. civ.* II, n° 50, p. 37.

TITRE 3

LE PROCÈS

704 ***Plan*** ◇ Le procès est, en droit, une manifestation si essentielle qu'on a pu soutenir que le critère du droit reposait sur la possibilité de l'intervention d'un juge, c'est-à-dire d'un « tiers impartial et désintéressé » et que la justiciabilité était le signe du juridique [1] (*supra*, n° 48).

On ne saurait pourtant en déduire que la réalisation du droit implique nécessairement le recours aux tribunaux. Immense est et reste heureusement le domaine de l'application non contentieuse du droit. Il n'en demeure pas moins que celui-ci tend à assurer la coexistence des libertés et que, pour ce faire, il consacre, au profit des particuliers, des prérogatives : les droits subjectifs. De la sorte, il ouvre la porte à des contestations et favorise, nécessairement, ces conflits qu'il est seul à même de trancher dans une société civilisée.

On envisagera successivement :

- les *contestations* (Chapitre 1),
- les activités judiciaires (Chapitre 2),
- les *procédures* (Chapitre 3).

---

1. V. Le procès, *Arch. phil. droit*, t. 39, 1995. Le procès, enjeu de droit, enjeu de vérité, dir. Edwige Rude-Antoine, éd. PUF 2007.

CHAPITRE 1
LES CONTESTATIONS

705 ***Présentation*** ◊ Dans certains domaines du droit, plus que dans d'autres, l'approche du juridique s'opère à travers la connaissance première du contentieux. Ainsi en est-il en matière administrative. Ailleurs, une vision légaliste l'emporte, ce qui n'exclut aucunement une prise en considération, d'ailleurs croissante, du rôle de la jurisprudence.

De toute façon, la compréhension du phénomène juridique implique la connaissance des contentieux les plus divers. Cette diversité concerne leurs causes, leurs domaines, leurs formes, leurs solutions. Et la sociologie judiciaire s'emploie notamment à analyser la *litigiosité*.

On s'en tiendra à une approche proprement juridique, en envisageant successivement une double relation : entre *contestation et sanction* (Section 1), entre *contestation et solution* (Section 2).

SECTION 1. CONTESTATION ET SANCTION

706 ***Généralités*** ◊ Le terme de sanction est fréquemment utilisé dans le domaine juridique. Cela ne signifie pas nécessairement que son sens soit toujours clair et, surtout, univoque. Il importe, au contraire, de s'entendre nettement sur diverses significations. Et cela s'impose d'autant plus que, si l'existence d'une sanction ne constitue pas nécessairement le critère du juridique (*supra*, n° 45), celle-ci accompagne la plupart du temps la mise en œuvre des règles.

Deux précisions essentielles s'imposent.

On remarquera, en premier lieu, que le terme de sanction évoque d'emblée l'idée de *punition* à l'égard d'un individu coupable. Il se peut fort bien que cela corresponde à la réalité juridique en cause, par exemple lorsque, *en droit pénal*, on s'efforce de punir l'escroc, le voleur ou l'assassin. L'on doit pourtant souligner que l'acception du mot est souvent beaucoup plus large : en droit, qui dit sanction, dit aussi *mise en œuvre* de la règle juridique, ainsi que des prérogatives consacrées et protégées, ce qui recouvre toute la sphère de l'application, contentieuse ou non, du droit ou des droits.

Dans cette dernière perspective, il importe, en second lieu, de distinguer, non sans nuances, ce qui est sanction du droit objectif, c'est-à-dire de la règle de droit, et ce qui est sanction des droits subjectifs, c'est-à-dire des prérogatives individuelles. Est sanctionné, en tant que tel, un automobiliste qui a commis un excès de vitesse (sanction du droit objectif) ; est aussi sanctionné un débiteur qui refuse de payer ce qu'il doit à son créancier (sanction d'un droit subjectif). Les domaines des deux sanctions ne coïncident pas nécessairement. Mais il arrive souvent qu'un même comportement donne lieu à l'application de l'une et de l'autre : ainsi, celui qui soustrait frauduleusement la chose d'autrui encourt les peines applicables au vol, tandis que le propriétaire récupère, si possible, la chose volée et obtient éventuellement des dommages-intérêts ; ainsi encore, si l'excès de vitesse commis par l'automobiliste a causé un accident, la victime de celui-ci a droit d'en obtenir réparation [1].

707 ***Droit et sanction*** ◊ Dans un système idéal, utopique diront certains, on pourrait imaginer que le droit se passe de sanctions. Mais la réalité est autre. Ce que l'on se demande plutôt, c'est si le juridique disparaît lorsque l'on constate l'existence de règles ou de prérogatives non sanctionnées (*supra*, n° 45) [2]. La réflexion chemine alors différemment selon que l'on envisage le droit objectif et les droits subjectifs. Dans la première voie, on s'interroge sur les règles imparfaites ; dans la seconde, on médite sur le rôle des obligations naturelles.

L'existence et le régime juridique des *obligations naturelles* ont été déjà envisagés, dans le cadre de l'étude des relations entre le droit et la morale (*supra*, n°s 19 s.). Rappelons seulement qu'il s'agit d'obligations dont l'exécution forcée ne peut être exigée en justice, mais dont l'exécution volontaire ne donne pas lieu à restitution, car elle est considérée comme l'accomplissement d'un devoir moral pris en compte par le droit.

Dans un autre ordre de règles, on a admis, en droit romain, l'existence d'une catégorie particulière de lois : celle des *leges imperfectae*, simplement indicatives et dépourvues de sanction, le législateur ne voulant pas alors heurter de front la tradition ou la coutume. De nos jours, l'existence – plus générale – de règles juridiques imparfaites dépend de la définition du droit retenue. Encore convient-il d'éviter des confusions. Il se peut d'abord que, dans l'attente de nécessaires textes d'application, une règle demeure en suspens, sa mise en vigueur étant retardée (*supra*, n° 485) ; disons qu'il s'agit alors d'une règle *inachevée*, non pas d'une règle imparfaite. Il se peut aussi que la force obligatoire d'une loi soit limitée, par exemple s'il s'agit d'une loi *supplétive* ou *interprétative* de volonté (*supra*, n°s 495 s.) ; là encore, il ne s'agit pas de règle imparfaite, car, dans le domaine si limité soit-il qui lui est assigné, la règle est accompagnée de sanctions. L'hypothèse présente est celle d'une règle obligatoire – plus ou moins, peu importe –, mais contre les violations de laquelle le système juridique ne comporterait pas de sanctions. On conviendra volontiers qu'il s'agit surtout, du moins en droit français, d'une hypothèse d'école. Pour l'esprit rebelle aux définitions étriquées du droit, celui-ci ne semble pourtant pas allergique aux vœux pieux.

---

1. V. L. Cadiet, La sanction et le procès civil, *Mélanges Héron*, 2008, p. 125 s.
2. V. P. Jestaz, La sanction ou l'inconnue du droit, *D.* 1986, chron. 197 s. ; *Les sanctions en droit contemporain*, vol. 1, *La sanction, entre technique et politique*, dir. Cécile Chainais et Dominique Fenouillet, 2012.

Reste que, la plupart du temps, l'existence de sanctions est de nature à assurer le respect du droit objectif et des droits subjectifs des particuliers. Cette seule existence suffit le plus souvent, ainsi qu'en témoigne la viscérale peur du gendarme... ou de celui qui, légitimement, en tient lieu. Et l'on est alors conduit à distinguer les *sanctions administratives* (§ 1), les *sanctions pénales* (§ 2) et les *sanctions civiles* (§ 3).

§ 1. Les sanctions administratives

708 ***Généralités*** ◇ On désigne volontiers, par l'expression de *sanctions administratives*, un certain nombre de sanctions qui relèvent du *droit public*. Les unes s'apparentent aux techniques du droit privé, par exemple les nullités, les astreintes ou les dommages-intérêts. Les autres sont plus originales et tiennent à la persistance, dans notre système juridique – à tort ou à raison –, de prérogatives reconnues à l'Administration et lui permettant, plus facilement qu'aux particuliers, de faire prévaloir ses décisions [1].

1) L'Administration peut *se conférer à elle-même un titre exécutoire*, alors que le particulier, s'il veut se procurer un titre exécutoire, doit s'adresser à la justice afin d'obtenir un jugement de condamnation permettant l'exécution. Le droit, ainsi reconnu à l'Administration, de prendre des décisions exécutoires n'existe que si la loi le prévoit ; mais celle-ci le fait largement, notamment en matière de réquisitions ou de recouvrement des créances de l'État et des personnes morales administratives.

2) L'Administration est investie du *privilège d'exécution d'office*, qui lui permet de mettre la force publique en mouvement pour contraindre les récalcitrants. Elle peut briser la résistance que les particuliers opposent à l'exécution des actes administratifs, dans la mesure où cette résistance n'est pas légale. Le droit commun, en ce domaine, semble être l'application au particulier récalcitrant de sanctions pour inexécution ; mais l'Administration peut, exceptionnellement, employer la force pour l'exécution de ses actes lorsque la loi le lui permet, lorsqu'il n'existe pas d'autre voie de droit permettant de sanctionner et de contraindre ou lorsqu'il y a urgence ou nécessité caractérisée.

L'exécution forcée irrégulière constituerait de la part de l'Administration une voie de fait, tout au moins si elle portait atteinte à la propriété ou à une liberté publique.

§ 2. Les sanctions pénales

709 ***Généralités*** ◇ Les sanctions attachées par le droit pénal à la violation de certaines règles de droit ou à l'atteinte à certaines prérogatives sont

1. Il convient de tenir compte aussi des sanctions, parfois très lourdes, que peuvent prononcer des autorités administratives indépendantes (*supra*, n° 333). – L'articulation de sanctions administratives sur des sanctions pénales peut rendre délicate leur qualification ; v. not., au sujet du retrait de points en matière de permis de conduire, J.-G. M., Légalité du permis à points et Cour européenne des droits de l'homme, *Gaz. Pal.* 1997, 2, doctr. 1018.

essentiellement les *peines*. Dans la mesure où la répression pénale est fondée sur l'idée de responsabilité, elles constituent la sanction caractéristique de l'infraction. Elles atteignent le délinquant dans sa personne (ex. : réclusion, détention), ses biens (ex. : amende) ou son honneur (ex. : interdiction des droits civiques, civils et politiques).

L'application de ces sanctions est dominée par des principes fondamentaux : celui de la *légalité des peines*, qui est une garantie essentielle des droits individuels contre l'arbitraire, le juge ne pouvant prononcer d'autres peines que celles dont la nature et la durée ou quantité sont prévues par la loi selon la règle *nullum crimen, nulla pœna sine lege ;* celui de la *personnalité des peines*, les peines ne devant frapper, en principe, que l'auteur même du fait incriminé.

Les infractions réprimées par la loi pénale sont diverses : crimes et délits contre les personnes (meurtre, empoisonnement, homicide involontaire, violences, menaces, agressions sexuelles, trafic de stupéfiants, enlèvement et séquestration, etc.), contre les biens (vol, extorsion, chantage, escroquerie, abus de confiance, etc.), contre la Nation, l'État et la paix publique (trahison, espionnage, terrorisme, sabotage, concussion, corruption, rébellion, usurpation de titres, fausse monnaie, etc.).

Leur nature et leur gravité sont à la base de la classification fondamentale des infractions :

– les crimes sont les infractions punies des peines les plus graves : réclusion criminelle ou détention criminelle à perpétuité, de trente ans au plus, de vingt ans au plus, de quinze ans au plus, réclusion criminelle ou détention criminelle à temps de dix ans au moins, ainsi qu'éventuellement de peines d'amende et de peines complémentaires (C. pén., art. 131-1 et 131-2) ;

– les délits sont punis d'emprisonnement – dont la durée, variable, ne peut excéder dix ans –, d'amende, de jour-amende, de travail d'intérêt général, de peines privatives ou restrictives de droits (suspension de permis de conduire, confiscation, interdiction de détention ou de port d'arme, etc.), ainsi qu'éventuellement de peines complémentaires (C. pén., art. 131-3 à 131-11) ;

– les contraventions sont punies d'amendes et de peines privatives ou restrictives de droits (suspension du permis de conduire, confiscation, etc.) (C. pén., art. 131-12 à 131-18) [1].

§ 3. Les sanctions civiles

710 ***Distinction*** ◊ La violation d'une règle ou l'atteinte à un droit subjectif donne lieu aussi à l'application éventuelle de sanctions qui relèvent du domaine du droit privé.

---

1. Des sanctions pénales, on rapprochera les *sanctions disciplinaires* – ex. : blâme, suspension ou radiation du tableau, exclusion d'une association – appliquées aux membres des groupements ou corps professionnels, afin de réprimer ceux de leurs actes susceptibles de porter atteinte aux intérêts communs. – V. Legal et Brèthe de La Gressaye, *Le pouvoir disciplinaire dans les institutions privées*, 1938 ; Brèthe de La Gressaye, Le pouvoir juridictionnel des ordres professionnels, *Dr. social* 1955, p. 597 s.

Là encore, le terme de sanction comporte divers sens. S'agissant plus précisément de droits subjectifs rattachés, par leur naissance, à un acte juridique, il arrive que l'acte juridique dont se prévaut un individu soit irrégulier ; et les sanctions de cette irrégularité (nullités, inexistence, inopposabilité, etc.) tendent à satisfaire, à la source pourrait-on dire, le respect des prérogatives de chacun. À proprement parler, il ne s'agit pas alors de sanctions du droit ou des droits, mais de sanctions des actes juridiques.

Une autre précision de vocabulaire commande les développements qui suivent : l'expression de sanctions civiles recouvre tout à la fois les *moyens de contrainte*, par lesquels l'on s'efforce d'obtenir le respect des droits, et les *modes de réparation ou de punition*, utilisés lorsque ces droits n'ont pas été respectés.

711 ***1° Les moyens de contrainte*** ◊ Ils tendent, directement ou indirectement, à assurer le respect des obligations imposées aux particuliers, par l'« exécution en nature » de ce qu'ils doivent. Ce sont les sanctions les plus appropriées, puisqu'ils portent à procurer au sujet actif du droit l'avantage même auquel il peut prétendre en vertu de son droit et, dans une perspective plus générale, à assurer l'exact respect de la règle.

712 ***a) Les moyens directs*** ◊ Ils peuvent tendre seulement à *empêcher* – ne serait-ce que de manière provisoire – la réalisation d'un événement : c'est ainsi que, par une *opposition à mariage*, certaines personnes font connaître à l'officier de l'état civil qu'en raison d'un motif indiqué par la loi, elles entendent mettre obstacle à ce qu'il soit procédé à un mariage [1].

Plus fréquemment, les moyens de contrainte comportent une dose supérieure de *coercition*. Mais le libéralisme de notre société limite le recours à la force dans des conditions qui varient selon les obligations dont il s'agit d'assurer l'exécution.

Lorsque l'obligation a pour objet de l'argent, la sanction consiste en une condamnation prononcée contre le débiteur d'avoir à payer cette somme. À défaut d'un paiement volontaire par celui-ci, le créancier pourra saisir tel ou tel bien de son débiteur et se payer sur le prix obtenu dans la vente aux enchères, l'aménagement des diverses procédures considérées relevant du droit des *voies d'exécution*. Encore convient-il d'observer que, par cette expression, on vise essentiellement les voies *individuelles* d'exécution. Or il existe aussi un droit des *voies collectives d'exécution*, traditionnellement réservé au traitement de la situation des commerçants insolvables, mais qui s'est progressivement étendu, en termes de *sauvegarde* des entreprises ou de traitement des situations de surendettement, aux personnes morales de droit privé non commerçantes (1967), aux artisans (1985), aux exploitants agricoles (1988), aux professions libérales réglementées (2005).

1. F. Terré et Dominique Fenouillet, *La famille*, 8e éd. 2011, nos 123 s.

713 ***Les saisies et contraintes*** ◊ Le recours aux saisies ne se conçoit pas pour les droits et obligations dont l'objet ne porte pas sur de l'argent : l'exécution « en nature » ne pourra être obtenue qu'à l'aide de la force publique. Ainsi le propriétaire d'une maison demandera le concours de la force publique pour expulser un locataire qui se maintiendrait indûment dans les lieux loués ; l'acquéreur d'une maison, ne pouvant en obtenir la délivrance, aura recours à la force publique pour expulser le vendeur. Le titulaire d'une servitude de ne pas construire fera détruire la construction érigée au mépris de la servitude. L'acquéreur d'un fonds de commerce protégé par une clause de non-rétablissement souscrite par le vendeur fera fermer le fonds ouvert en violation de la clause, etc. [1].

Notre tradition juridique exclut toutefois le recours à la force publique lorsqu'il s'agit d'exercer une contrainte sur la personne même pour l'obliger à accomplir ou à ne pas accomplir un acte : *nemo praecise cogi ad factum*, en d'autres termes nul ne peut être contraint - du moins en droit privé - de faire ce qu'il ne veut pas faire. Ainsi on ne conçoit pas l'intervention de la force publique pour contraindre un architecte à élaborer les plans d'une maison qu'il a promis de construire, un peintre à faire le tableau qui lui a été commandé [2].

714 ***b) Les moyens indirects*** ◊ Il existe divers moyens indirects de contrainte ou d'intimidation qui peuvent inciter les sujets de droit au respect de leurs obligations. Il arrive que ces procédés comportent une coloration pénale. Aussi bien le législateur avait imaginé, dans cet ordre d'idées, la *contrainte par corps*, qui consiste dans l'emprisonnement du débiteur, la menace de cette sanction étant de nature à l'inciter à exécuter ; mais la loi du 22 juillet 1867 a, en matière civile et commerciale, mais non en matière pénale, voire fiscale, supprimé cette mesure, jugée trop attentatoire à la liberté individuelle.

Parmi les moyens indirects de contrainte pris en compte par le système juridique, on signalera le droit de rétention et l'astreinte.

Le *droit de rétention* est le droit en vertu duquel le détenteur d'une chose appartenant à autrui est autorisé à la retenir jusqu'au paiement de ce qui lui est dû par le propriétaire de cette chose.

---

1. Même lorsque l'exécution en nature, *manu militari*, est concevable, il arrive que les autorités qui disposent de la force publique et qui sont requises d'en prêter le concours le refusent ou le diffèrent pour des raisons d'opportunité - ainsi par crainte de troubles. La jurisprudence a décidé que la victime de ce refus pouvait agir en dommages-intérêts contre l'Administration (CE 30 nov. 1923, *D.* 1923, 3, 59, concl. Rivet, S. 1923, 3, 57, note Hauriou ; 3 juin 1938, *D.* 1938, 3, 65, note Appleton). La solution est devenue législative : « L'État est tenu de prêter son concours à l'exécution des jugements et des autres titres exécutoires. Le refus de l'Etat de prêter son concours ouvre droit à réparation » (L. 9 juill. 1991, portant réforme des procédures civiles d'exécution, art. 16). - V., de manière plus générale, *L'effectivité des décisions de justice*, Trav. Assoc. H. Capitant, Journées françaises, t. XXXVI, 1985.

2. V. la pénétrante analyse de J.-H. Robert, *Les sanctions prétoriennes en droit privé français*, thèse ronéot. Paris II, 1972, spéc. p. 43 s. - W. Jeandidier, L'exécution forcée des obligations contractuelles de faire, *RTD civ.* 1976, 700 s.

L'*astreinte* est le procédé consistant à faire condamner le débiteur à payer au créancier une somme d'argent (exemple : 10 €, 100 € par jour), tant qu'il refusera d'exécuter son obligation. Arbitraire en ce sens que le juge est libre, en principe, d'en fixer le taux à sa guise, l'astreinte est *comminatoire* - c'est une menace destinée à intimider le débiteur par la crainte d'une condamnation d'autant plus élevée qu'il aura tardé à exécuter - et *indéterminée*, car on ne sait pas à l'avance si le débiteur devra finalement payer une somme au créancier, ni quel sera le montant de cette somme. Mais il y a des degrés dans cette indétermination : si l'astreinte est *définitive*, l'indétermination tient à une inconnue : le temps que durera la résistance du débiteur ; si l'astreinte est *provisoire*, il y a une autre inconnue : la décision que les circonstances - bonne ou mauvaise volonté du débiteur, etc. - pourront inspirer au juge lorsque celui-ci procédera à la liquidation de l'astreinte [1].

715 ***2° Les modes de réparation ou de punition*** ◊ Si l'atteinte aux prérogatives d'autrui n'a pu être évitée ou même, de manière plus générale, si la violation de la règle est réalisée, le droit s'emploie à *réparer*, voire à *punir*.

a) La réparation en nature, tendant au rétablissement exact de la situation précédemment troublée, constitue de toute évidence la démarche la plus satisfaisante [2]. Il arrive que l'on puisse y parvenir. Parfois, on s'en approche sans assurer pourtant une véritable adéquation : ainsi, la publicité du jugement condamnant l'auteur d'une diffamation tend à détruire les effets de la malveillance. À vrai dire, l'on glisse alors du domaine de la *réparation en nature* à celui - plus étendu - de la *réparation par équivalent*. Le plus souvent la réparation, effectuée en valeur, consiste dans l'octroi de *dommages et intérêts* (ou *dommages-intérêts*), c'est-à-dire d'une somme d'argent destinée à réparer un dommage *matériel* (exemples : dégradation ou destruction d'une chose, atteinte à la clientèle, frais occasionnés par une blessure...) ou *moral* (exemple : « préjudice d'affection » en cas de mort d'un proche). L'argent, il est vrai, compense bien des choses [3].

b) Les peines sont les sanctions des infractions réprimées par les lois pénales (*supra*, n° 709). Dans les autres branches du droit, spécialement

---

1. J.-H. Robert, thèse préc., p. 256 s. - De l'art. 36 de la loi préc. du 9 juill. 1991, résultent les dispositions suivantes : « Le montant de l'astreinte provisoire est liquidé en tenant compte du comportement de celui à qui l'injonction a été adressée et des difficultés qu'il a rencontrées pour l'exécuter » (al. 1er) ; « Le taux de l'astreinte définitive ne peut jamais être modifié lors de sa liquidation » (al. 2) ; « L'astreinte provisoire ou définitive est supprimée en tout ou partie s'il est établi que l'inexécution ou le retard dans l'exécution de l'injonction du juge provient, en tout ou partie, d'une cause étrangère » (al. 3) ; v. aussi décr. 31 juill. 1992. - Une loi du 16 juill. 1980 a prévu des astreintes destinées à sanctionner les refus délibérés d'exécuter les décisions de la juridiction administrative, mais son résultat laisse à désirer ; rappr. art. L. 911-5 s., C. just. adm.... - V. not. A. Daher, La faillite *de facto* de la loi sur les astreintes administratives, *Rev. adm.* 1992, 409 s.

2. V., sur la notion de réparation, M.-E. Roujou de Boubée, *Essai sur la notion de réparation*, thèse Toulouse, éd. 1974.

3. On parle de dommages et intérêts *compensatoires*. Toutefois, lorsque la somme d'argent tend à réparer le dommage né d'un *retard* dans l'exécution d'une obligation, on parle de dommages et intérêts *moratoires*.

en droit civil, la sanction ne doit procurer au titulaire d'un droit que ce qui lui est strictement dû, soit en nature, soit par équivalent ; la sanction ne doit pas enrichir le créancier, celui qui est lésé dans son droit, pas plus qu'elle ne doit punir le débiteur, plus généralement celui qui a enfreint une règle, en l'obligeant à verser une somme supérieure au préjudice causé ou en lui retirant le bénéfice de certains avantages.

Il arrive cependant, exceptionnellement, que certaines sanctions en droit civil revêtent un aspect répressif : ce sont des *peines privées*. Ainsi, en matière successorale, la sanction du recel de succession, qui est, pour le receleur, la perte, au profit des cohéritiers, de tout droit sur les objets recelés, apparaît comme une peine privée (art. 792) [1].

SECTION 2. CONTESTATION ET SOLUTION

716 ***Généralités*** ◊ Le plus souvent, les règles de droit sont respectées par les individus et les droits subjectifs satisfaits sans qu'il soit nécessaire de recourir à la contrainte. Il existe – heureusement – un domaine immense d'*application non contentieuse du droit*. Sa délimitation est nécessaire, mais malaisée. C'est surtout à la sociologie juridique qu'il appartient de le décrire et de l'analyser (*supra*, n° 36).

Lorsque le respect du droit objectif ou des droits subjectifs n'est pas satisfait, on doit envisager l'application de sanctions. Mais il existe un écart entre la théorie et la réalité, car maints obstacles peuvent freiner l'application des sanctions, par exemple le coût d'un procès. Il existe une zone plus ou moins importante de *violations du droit non sanctionnées*. Là encore, c'est surtout à la sociologie juridique qu'il appartient de nous éclairer. On se contentera ici de renvoyer à de précédents développements relatifs à l'application du droit (*supra*, n°s 474 s.) [2].

717 ***Diversité des contestations et des contentieux*** ◊ On envisagera plus précisément ici les solutions possibles des contestations, en d'autres termes les démarches, comportements ou procédures à l'issue desquels les contestations prennent fin. Or il faut bien observer qu'il existe une *grande diversité de contestations* et que les solutions des différends sont profondément marquées par la nature et l'objet de ceux-ci. Les litiges en matière de famille sont spécifiques, comme le sont ceux qui naissent du négoce. Et il y a plus d'une différence entre le contentieux civil, le contentieux pénal, le contentieux administratif, le contentieux international, le contentieux communautaire, le contentieux fiscal, le contentieux douanier, etc.

---

1. F. Terré, Y. Lequette et Sophie Gaudemet, *Les successions, Les libéralités*, n°s 1091 s.
2. V. cep. Marie-Anne Frison-Roche, Principes et intendance dans l'accès au droit et l'accès à la justice, *JCP* 1997, I, 4051.

Ainsi, du contentieux commercial, il est plusieurs approches [1]. Sa typologie est particulière, parce que la dimension des litiges semble, plus qu'ailleurs, en affecter la nature, que le secret des affaires empêche certaines affaires de se développer au grand jour judiciaire et que les relations du négoce, soumises aux contraintes d'un rythme rapide, aux renouvellements des accords et à l'enchevêtrement des biens, se satisfont mal d'institutions judiciaires conçues dans d'autres perspectives. D'où le besoin de maintenir ou d'insérer les relations conflictuelles pouvant naître de la vie des affaires dans un ensemble de relations de coopération.

Ce n'est d'ailleurs pas un hasard si, analysant l'évolution de l'arbitrage commercial, un auteur a observé que le développement de celui-ci, au XXe siècle, allait de pair avec le passage d'une situation de concurrence à une situation de coopération entre partenaires commerciaux, ce mode de solution des litiges s'intégrant commodément au cycle contractuel [2]. Ainsi a-t-on insisté sur sa fonction latente essentielle : « renforcer les mécanismes informels par lesquels les partenaires commerciaux s'assurent du maintien de leurs échanges mutuels en dépit des conflits qui les accompagnent éventuellement » [3].

On peut de la sorte relier l'analyse des solutions des contestations à la typologie des relations inter-individuelles que peut dégager la sociologie : relations de compétition, de coopération, de conflit [4]. Suivant les hypothèses et les combinaisons, la dose de litigiosité varie tout naturellement, ainsi que les modes plus ou moins pacifiques de solution des conflits d'ordre juridique [5].

On distinguera, dans cette perspective, les modes *non juridictionnels* (§ 1) et les modes *juridictionnels* (§ 2) de solution des conflits.

§ 1. **Les modes non juridictionnels**

718 ***Distinction*** ◊ Lorsqu'il est décidé de recourir à des sanctions, les démarches varient dans la mesure où les autorités publiques, appelées à faire respecter les règles, et les sujets de droit, conduits à lutter pour la défense de leurs droits, conjuguent leurs efforts à partir de situations différentes.

Encore convient-il de distinguer deux façons d'éviter ou de fuir le recours à des juridictions : l'une, qui est, à quelques réserves près, illicite ;

---

1. V. *Le règlement des différends commerciaux*, Colloque de la Fond. intern. pour l'enseign. du droit des affaires, Bruxelles, 5-6 mai 1983, éd. 1984.

2. B. Oppetit, Éléments pour une sociologie de l'arbitrage, *Année sociol.* 1976, p. 179 s., spéc. p. 195, et *Théorie de l'arbitrage*, 1998, p. 95 s.

3. J.-G. Belley, *Conflit social et pluralisme juridique en sociologie du droit*, thèse ronéot. Paris II, 1977, p. 539.

4. V. aussi sur l'utilisation du procès par une entreprise pour promouvoir son image de marque, M. Vasseur, Sécurité financière et Droit, in *Rev. trim. Assoc. écon. financ.* n° 18, automne 1991, p. 126.

5. V. J. Bouveresse, G. Lebreton, C. Puigelier et Ch. Willmann, *La dispute*, éd. Bruylant, 2011.

les autres, qui ne sont admises, voire encouragées, que dans certaines conditions ou d'une certaine manière.

719 ***1° Le mode illicite. L'interdiction de se faire justice à soi-même*** ◊ On pourrait concevoir que, lorsqu'il est porté atteinte aux prérogatives d'un individu, celui-ci puisse se faire justice à lui-même, les pouvoirs publics se désintéressant alors des obligations qui lient les particuliers les uns à l'égard des autres ; dès lors, le créancier – par exemple un prêteur d'argent – en serait réduit, pour se payer, à s'emparer de biens appartenant au débiteur. Dans un pays ayant atteint un certain degré de civilisation, un tel procédé est inadmissible ; il contient en lui un germe puissant d'anarchie évidemment contraire aux finalités du droit.

C'est pourquoi un principe a prévalu : *nul ne peut se faire justice à soi-même* [1]. De cette maxime résultent deux conséquences : *a*) si, lorsqu'il veut obtenir satisfaction (ex. : restitution de la chose prêtée, paiement d'une somme d'argent), le titulaire du droit se heurte à une résistance, il lui faut, pour la vaincre, obtenir en justice une décision de condamnation et, à cette fin, exercer une action en justice ; *b*) si, après avoir obtenu en justice une condamnation, le titulaire du droit n'en obtient pas l'exécution spontanée, il ne peut l'exécuter lui-même par la force ; au contraire, il ne peut alors que suivre, dans les formes judiciaires – et avec l'aide d'un huissier de justice ou d'un commissaire de police –, la démarche qui conduit à l'exécution forcée des jugements (saisies, expulsion...).

On ne manquera pourtant pas de rappeler, dans un ordre d'idées voisin, que l'Administration peut *se conférer à elle-même un titre exécutoire* et qu'elle est investie du *privilège d'exécution d'office* (*supra*, n° 708).

720 ***2° Les modes licites de règlement non juridictionnel*** ◊ On peut, à ce propos, évoquer brièvement la *transaction*, qui est un mode contractuel de solution des différends. « La transaction est un contrat par lequel les parties terminent une contestation née, ou préviennent une contestation à naître » (C. civ., art. 2044, al. 1er) [2]. La parenté existant avec les modes juridictionnels de solution des conflits se manifeste spécialement au sujet des effets du contrat, puisque « les transactions ont, entre les parties, l'autorité de la chose jugée en dernier ressort » (C. civ., art. 2052, al. 1er). On observera qu'en droit public, spécialement en droit fiscal, une place importante est faite à la transaction, dans des conditions particulières.

---

1. V. Trav. Assoc. H. Capitant, Nul ne peut se faire justice à soi-même, Le principe et ses limites, t. XVIII, 1966 ; J. Brisset, Quelques perspectives historiques sur la règle « Nul ne se fait justice à lui-même », *Arch. phil. droit*, 1976, p. 205 s.

2. V. L. Boyer, *La notion de transaction*, thèse Toulouse, 1947. – *Adde* l'abondante littérature concernant la transaction en droit social : X. Lagarde, Transaction et ordre public, *D.* 2000, chron. 217, et Les spécificités de la transaction consécutive à un licenciement, *JCP* 2001, I, 337 ; G. Couturier, Nullités de transaction, *Dr. social* 2001, 23 s. ; P.-Y. Gautier, Les interactions du droit civil et du droit du travail, *in Les sources du droit du travail*, dir. B. Teyssié, PUF, coll. Droit, Éthique, Société, 1998, p. 129 s.

Dans un sens large, l'on peut considérer que la *conciliation* est un accord par lequel deux personnes en litige mettent fin à celui-ci. De manière plus spécifique et opérationnelle, la notion de conciliation [1] sert à désigner tant l'accord entre parties obtenu au cours d'une procédure grâce à l'intervention d'un tiers, généralement d'un juge, que la démarche par laquelle ce tiers s'emploie à réconcilier les adversaires. De la sorte, le différend prend généralement fin sans vainqueur ni vaincu. En droit international public, ce caractère inappréciable explique le fait qu'il s'agisse d'un mode privilégié de règlement des différends entre les États ; on y a volontiers, dans cette perspective, recours à la procédure de « bons offices ». En droit public interne, par exemple dans le domaine des marchés de travaux publics, la conciliation est dotée d'une fonction qui n'est pas négligeable.

On rapproche volontiers la *médiation* de la conciliation, car elle tend, elle aussi, à apporter au litige une solution autre qu'un jugement. Cependant, la fonction du médiateur est plus active que celle d'un conciliateur, car il lui incombe de rechercher les éléments d'un accord qu'il propose aux parties, mais ne peut leur imposer. L'évolution récente du droit de la famille révèle en la matière, d'ailleurs sous l'influence d'expériences étrangères, un progrès tant de la conciliation que de la médiation [2].

Il n'est pas exclu que la conciliation et la médiation soient, à certaines conditions résultant du droit des personnes ou des obligations, pratiquées sans recours judiciaire. Pourtant, l'évolution du droit positif - national, international ou européen - est marquée par une considération en sens contraire, du côté des juridictions, qu'il s'agisse de la conciliation ou de la médiation.

721 ***La conciliation. Les conciliateurs de justice*** ◊ De manière générale, « il entre dans la mission du juge de concilier les parties » (C. pr. civ., art. 21), ce à quoi il est naturel qu'il s'emploie au seuil ou au cours de la procédure. Cette exigence s'est traditionnellement manifestée en matière de divorce et de séparation de corps [3].

L'évolution du droit positif a été marquée par le recours à des personnages nouveaux et par des mesures tendant à favoriser l'extension du recours à la conciliation.

1° Un décret du 20 mars 1978, modifié à diverses reprises, a, de manière générale, institué des conciliateurs de justice ayant pour mission

---

1. G. Bolard, De la déception à l'espoir : la conciliation, *Mélanges Hébraud*, 1981, p. 46 s. ; Y. Desdevises, Remarques sur la conciliation dans les textes récents de procédure civile, *D.* 1981, chron. 241 s. ; P. Estoup, Étude et pratique de la conciliation, *D.* 1986, chron. 161 s. ; I. Kitamura, L'avenir de la « justice conciliationnelle », *Mélanges F. Terré*, 1999, p. 801 s. ; P. Kayser, Les règlements amiables des litiges, trait d'union entre l'Occident et l'Extrême-Orient ?, *RRJ* 2001-3, 1 s. ; *Médiation et arbitrage*, dir. L. Cadiet, E. Jeuland et Th. Clay, éd. Litec, 2005 ; J. Rajski, La résolution des litiges commerciaux internationaux par la voie de la médiation, *Mélanges Malinvaud*, 2007, p. 499 s.

2. V. en ce domaine, y compris quant à la procédure participative, F. Terré et D. Fenouillet, Précis Dalloz, *La famille*, 8ᵉ éd. 2011, n° 16 s. - V. aussi la conciliation prévue dans le cadre de la sauvegarde des entreprises (C. com., art. L. 611-3 s.).

3. F. Terré et D. Fenouillet, *op. cit.* n°s 17, 258 s.

de faciliter, en dehors de toute procédure judiciaire, le règlement amiable des différends portant sur des droits dont les intéressés ont la libre disposition. On a voulu, de la sorte, non sans réminiscence quant au rôle des anciens juges de paix, supprimés lors de la réforme judiciaire de 1958, favoriser le développement des solutions amiables. Sans être magistrat, le conciliateur de justice exerce une mission officielle ; c'est pourquoi il est désigné par ordonnance du premier président de la cour d'appel, sur proposition du juge d'instance, après avis du procureur général, pour un mandat d'une année, reconduit ensuite pour une période renouvelable de deux ans. Sa mission consiste à concilier les parties et, à cet effet, à les entendre, voire à entendre des témoins. S'il échoue dans sa tentative, son rôle prend fin. La pratique a montré que la réforme ainsi opérée se heurtait à de sérieux obstacles [1].

2° Le conciliateur de justice peut être désigné dans deux sortes de cas. Il peut l'être, tout d'abord, en dehors de toute procédure judiciaire et suivant les règles prévues aux articles 5 à 9 d'un décret du 20 mars 1978. Plus originale et innovante est « la conciliation déléguée à un conciliateur de justice, aujourd'hui régie par les articles 129-1 à 129-5 du code de procédure civile. « Les constatations du conciliateur et les déclarations qu'il recueille ne peuvent être ni produites ni invoquées dans la suite de la procédure sans l'accord des parties, ni, en tout état de cause, dans une autre procédure » (C. pr. civ., art. 129-3, al. 2). « Le conciliateur de justice tient le juge informé des difficultés qu'il rencontre dans l'accomplissement de sa mission, ainsi que de la réussite ou de l'échec de la conciliation » (C. pr. civ., art. 129-4) [2].

722 ***La médiation*** ◊ La médiation, en tant que telle, est un moyen naturel de mettre fin à une contestation par le recours à un tiers. On peut même considérer que l'existence d'un tiers (impartial et désintéressé : v. A. Kojève) appelé à arbitrer les contestateurs est un signe essentiel du droit. Il arrive que ce recours potentiel soit aménagé par la loi [3]

Plus caractéristique dans les rapports avec l'institution judiciaire est la médiation dans laquelle le médiateur est un auxiliaire du juge. Observée en droit public (CJA, art. L. 211-4) et en droit pénal (ex. : C. pr. pén., art. 41-1-5), elle joue un rôle grandissant en droit privé (v. C. pr. civ., art. 131-1 s.).

La médiation s'est développée, depuis longtemps, dans les domaines les plus divers, notamment dans les relations internationales [4]. On ne

---

1. *Les conciliateurs de justice*, Colloque Paris, juin 1998, Gaz. Pal. 1998, 2, doctr. 1241.

2. V. Précis Dalloz, *Institutions juridictionnelles*, 12ᵉ éd., par S. Guinchard et *alii*, n° 941 ; M. Olivier, *La conciliation et la médiation judiciaires en matière civile (Aspects anciens et actuels), Gaz. Pal. 1996*, 2, doctr. 1257 s.

3. Ex. : Le Médiateur de la République remplacé, comme d'autres instances médiatrices, par le Défenseur des droits (LO du 29 mars 2011).

4. V. J. Touzcoz, *L'influence du droit international sur le droit français en matière de médiation, Mélanges Plantey*, 1955, p. 87 s. ; v. aussi, en droit des affaires, P. Level, *À propos de la médiation dans la vie des affaires, JCP E* 1989. II. 15615 ; M. Meunier-Boffa, Le médiateur : une unicité de

saurait non plus négliger, surtout à notre époque, la médiation en matière pénale [1] ou civile [2]

Prévue aujourd'hui aux articles 131-1 et suivants du code de procédure civile, la médiation judiciaire, dite par certains parajudiciaires [3], illustre le développement de procédures aux frontières de l'office classique du juge. Saisi d'un litige, celui-ci « peut, après avoir recueilli l'accord des parties, désigner une tierce personne afin d'entendre les parties et de confronter leurs points de vue pour leur permettre de trouver une solution au litige qui les oppose » (C. pr. civ., art. 131-1, al. 1er). « La médiation porte sur tout ou partie du litige. En aucun cas, elle ne dessaisit le juge qui peut prendre à tout moment les autres mesures qui lui paraissent nécessaires » (C. pr. civ., art. 131-2). La personne physique qui assure l'exécution de la mission doit satisfaire à un certain nombre de conditions (C. pr. civ., art. 131-5) ; elle tient le juge informé des difficultés qu'elle rencontre dans l'accomplissement de sa mission (art. 131-9) et le juge peut mettre fin, à tout moment, à la médiation, sur demande d'une partie ou à l'initiative du médiateur (art. 131-10, al. 1er). « Les constatations du médiateur et les déclarations qu'il recueille ne peuvent être ni produites ni invoquées dans la suite de la procédure sans l'accord des parties, ni en tout état de cause dans le cadre d'une autre instance » (C. pr. civ., art. 131-14).

Ces règles, de droit interne, rejoignent celles qui résultent du droit européen [4]. L'ensemble doit être replacé dans le cadre d'une ordonnance du 16 novembre 2011 transposant en droit français la directive *Médiation* du 21 mai 2008 [5].

§ 2. Les modes juridictionnels

723 ***La justice arbitrale*** ◊ On a déjà indiqué, à l'occasion de l'analyse des ordres de juridictions, la distinction de la justice publique et de la justice privée, et la place de l'arbitrage par rapport à ce schéma (*supra*, n° 118).

---

nom pour une diversité de fonctions, TPS janv. 2003, chron. 1 ; M. Guillaume-Hofnung, *Le rôle de la volonté dans la médiation*, in *Mélanges Rieg*, 2000, p. 427.

1. G. Blanc, *Sur la médiation en matière pénale, JCP* 1994. 1. 3760 ; M.-C. Desdevises, *Les fondements de la médiation pénale, in Mélanges H. Blaise*, 1995, p. 175 s. et *Réparer ou punir : la médiation pénale, LPA* 25 août 1997, p. 3 s.

2. V. D. Latournerie, *Médiation et justice, EDCE 1983-1984*, p. 79 ; G. Pluyette, *La médiation en matière civile, Gaz. Pal.* 1994,2, doctr. 1098 s.. ; S. Brando, *Propos sur la médiation en matière civile, Gaz. Pal.* 1995, l, doctr. 467 ; *Sur la médiation en matière familiale*, v. F. Terré et D. Fenouillet, *op. cit.*, n° 18 s.

3. S. Guinchard et *alii*, *op. cit.*, n° 947. V. aussi, B. Blohorn-Brenneur, La médiation judiciaire dans les conflits individuels du travail, Colloque Grenoble, févr. 1999, *Gaz. pal.* 1999. 2, doctr. 1896 s., spéc. 1907 ; G. Pluyette, La médiation judiciaire, *Mélanges Drai*, 2000, p. 463 s. ; Dix ans d'application de la médiation judiciaire, Colloque 8 déc. 2005, *Gaz. pal.* 14-15 juin 2006.

4. V. not. *Médiation et conciliation dans différents systèmes judiciaires européens*, Colloque Grenoble 2005, *LPA* 2 déc. 2005, n° 245.

5. V. J.-Ph. Tricoit, *La transposition de la directive Médiation en droit français, LPA* 2 avr. 2012, p. 6 s.

Lorsqu'ils ont recours à l'arbitrage, les particuliers qu'un différend oppose confient à une personne privée le soin de le trancher. C'est de leur consentement, et non d'une délégation de l'autorité publique, que l'arbitre tient son pouvoir de juger. Les plaideurs ne se bornent pas à choisir un arbitre : ils le font juge ; leur commun accord n'opère pas qu'une désignation : il vaut comme investiture. L'arbitrage est une institution complexe où l'on voit un organe juridictionnel *ad hoc*, le tribunal arbitral, naître des consentements échangés, la convention d'arbitrage *(compromis)*. Cette convention est un accord sur la procédure : les adversaires renoncent à régler entre eux leur affaire et, au lieu de se donner une solution, ils se donnent un juge dont ils recevront la solution. Ainsi, l'élément conventionnel n'est que le point de départ de l'arbitrage ; à l'arrivée, le litige est dénoué selon un mode judiciaire, car l'arbitre est un juge et sa sentence un acte juridictionnel [1].

724 ***La convention d'arbitrage*** ◊ « La convention d'arbitrage prend la forme d'une clause compromissoire ou d'un compromis » (C. pr. civ., art. 1442, al. 1er). « La clause compromissoire est la convention par laquelle les parties à un ou plusieurs contrats s'engagent à soumettre à l'arbitrage les litiges qui pourraient naître relativement à ces contrats » (al. 2). « Le compromis est la convention par laquelle les parties à un litige né soumettent celui-ci à arbitrage (al. 3) ».

Il est nécessaire, pour la validité de la *convention de compromis*, que les parties aient la *capacité* requise et que l'*objet* du litige se prête à ce mode de règlement des litiges : 1) Les parties doivent avoir non seulement la *capacité d'ester en justice*, mais encore la *capacité de disposer du droit litigieux* (C. civ., art. 2059). 2) L'*objet* du compromis doit pouvoir être l'objet d'un contrat, c'est-à-dire satisfaire aux prescriptions des articles 6 et 1128 du Code civil,

---

1. J. Robert, *L'arbitrage, droit interne, droit international privé*, 6e éd., 1993, avec la collaboration de B. Moreau ; B. Oppetit, *Théorie de l'arbitrage*, 1998, Justice étatique et justice arbitrale, *Mélanges Bellet*, 1991, p. 415 s., rééd. *in Théorie de l'arbitrage*, préc., p. 22 s., et Philosophie de l'arbitrage commercial international, *JDI* 1993, 811 s., rééd. *in Théorie de l'arbitrage*, préc., p. 109 s. ; Daniel Cohen, *Arbitrage et société*, thèse Panthéon-Assas (Paris II), éd. 1993 ; E. Putman, La sentence arbitrale et son exécution, *RRJ* 1996, 17 s. – Voir L'internationalité dans les institutions et le droit, Convergences et défis, *Mélanges Plantey*, 1995, not. J.-L. Delvolvé, L'influence des conventions internationales sur le droit français de l'arbitrage, p. 95 s., et C. Jarrosson, L'apport de l'arbitrage international à l'arbitrage interne, p. 233 s. ; J.-B. Racine, *L'arbitrage commercial international et l'ordre public*, éd. 1999 ; C. Reymond, Réflexions sur quelques problèmes de l'arbitrage international. Faiblesses, menaces et perspectives, *Mélanges F. Terré*, 1999, p. 787 s. – Sur la notion d'arbitrage, v. B. Oppetit, Sur le concept d'arbitrage, *Mélanges Goldman*, 1983, p. 229 s., rééd. *in Théorie de l'arbitrage*, préc., p. 42 s., et Arbitrage, médiation et conciliation, *Rev. arb.* 1984, 307 s., rééd. *in Théorie de l'arbitrage*, préc., p. 54 s. ; C. Jarrosson, *La notion d'arbitrage*, thèse Paris II, éd. 1987. – V. aussi J. Rubellin-Devichi, *L'arbitrage, nature juridique*, thèse Lyon, éd. 1965 ; A. Plantey, Quelques observations sur l'arbitrage intéressé, *JDI* 1999, 733 s. ; T. Clay, *L'arbitre*, thèse ronéot. Panthéon-Assas (Paris II), 2 vol., 2000 ; L'arbitrage, *Mélanges Claude Reymond*, Litec, 2003 – *Adde* : *Nouvelles perspectives en matière d'arbitrage*, dir. T. Clay, *Dr. et patrimoine*, mai 2002, p. 39 s., juin 2002, p. 51 s. ; J. Paillusseau, Arbitrage : le choix entre le droit et l'équité, *JCP* 2006, I, 108 ; P. Mayer, Faut-il distinguer arbitrage interne et arbitrage international ?, *Rev. arb.* 2005, p. 360 s. ; M. Audit, Un arbitrage aux confins du droit international public, *Rev. dr. arb.* 2007, p. 445 s. ; E. Gaillard, *Aspects philosophiques du droit de l'arbitrage international*, Acad. dr. international de La Haye, 2008 ; L'arbitrage, *Arch. phil. droit*, t. 52, 2009.

conformément au droit commun de tous les contrats. Mais, outre ce droit commun, il y a un droit particulier du compromis : l'article 2060 du Code civil énumère une série de questions sur lesquelles on ne peut compromettre : les questions d'état et de capacité des personnes, celles relatives au divorce et à la séparation de corps, les contestations intéressant les collectivités publiques et les établissements publics [1], et plus généralement toutes les matières qui intéressent l'ordre public (C. civ., art. 2060, al. 1er) [2].

« Sous réserve des dispositions législatives particulières, la clause compromissoire est valable dans les contrats conclus à raison d'une activité professionnelle » (C. civ., art. 2061, réd. L. 15 mai 2001). En matière commerciale, les parties peuvent, au moment où elles contractent, convenir de soumettre à l'arbitrage les contestations relatives : aux engagements entre commerçants, entre établissements de crédit ou entre eux ; aux sociétés commerciales ; aux actes de commerce entre toutes personnes (art. L. 721-3 C. com., ancien art. 411-4, dern. al. COJ, réd. L. 15 mai 2001) [3].

« L'arbitre tranche le litige conformément aux règles de droit [4], à moins que les parties lui aient confié la mission de statuer en amiable compositeur » (C. pr. civ., art. 1478), c'est-à-dire en équité (*supra*, nos 16 s.), sans être tenu de suivre, sauf si elles sont d'ordre public, les règles de droit (de fond ou de procédure) [5].

Les articles 1442 à 1527 du Code de procédure civile. réglementent l'arbitrage, tant national qu'international.

725 ***L'arbitrage judiciaire*** ◊ Si elle n'est pas une voie amiable, la voie de l'arbitrage n'est pas non plus celle des tribunaux judiciaires. Là réside son mérite essentiel pour ceux qui l'empruntent. Ils y reconnaissent les

1. « Toutefois des catégories d'établissements publics à caractère industriel et commercial peuvent être autorisées par décret à compromettre » (C. civ., art. 2060, al. 2).

2. Cependant, suivant l'article 9 de la loi du 19 août 1986, « par dérogation à l'article 2060 du Code civil, l'État, les collectivités territoriales et les établissements publics sont autorisés, dans les contrats qu'ils concluent conjointement avec des sociétés étrangères pour la réalisation d'opérations d'intérêt national, à souscrire des clauses compromissoires en vue du règlement, le cas échéant définitif, de litiges liés à l'application et à l'interprétation de ces contrats ». – V. J. Ribs, Ombres et incertitudes de l'arbitrage pour les personnes morales de droit public français, *JCP* 1990, I, 3465. – Et décr. 1er août 2000 fixant les conditions dans lesquelles les établissements publics d'enseignement supérieur peuvent transiger et recourir à l'arbitrage (*JO* 6 août 2000).

3. P. Marini et F. Fages, La réforme de la clause compromissoire, *D.* 2001. 2658 ; J.-C. Dubarry et E. Loquin, Les métamorphoses de la clause compromissoire, *RTD com.* 2001,.642 s. ; B. Moreau et L. Degos, La clause compromissoire réhabilitée. Chronique d'une réforme annoncée, *Gaz. Pal.* 2001, 1, doctr. 963 ; C. Jarrosson, Le nouvel essor de la clause compromissoire après la loi du 15 mai 2001, *JCP* 2001, I, 333.

4. P. Mayer, L'arbitre et la loi, *Mélanges Catala*, 2001, p. 224 s.

5. V. E. Loquin, *L'amiable composition en droit comparé et international*, thèse Dijon, éd. 1981 ; J.-D. Bredin, L'amiable composition et le contrat, *Rev. arb.* 1984, 259 s. ; E. Loquin, Pouvoirs et devoirs de l'amiable compositeur, *Rev. arb.* 1985, 199 s. ; P. Estoup, L'amiable composition, *D.* 1986, chron. 221 s. ; J.-D. Bredin, À la recherche de l'*aequitas mercatoria, Mélanges Loussouarn*, 1994, p. 109 s. et, si remarquable, La révélation, Remarques sur l'indépendance de l'arbitre en droit interne français, *Mélanges Poudret*, Lausanne, 1999, p. 349 s. ; P. Level, Brèves réflexions sur l'office de l'arbitre, *Mélanges Perrot*, 1996, p. 259 s.

avantages des juridictions d'exception (*supra*, n°s 127 s.), joints à ceux d'une justice discrète. Mais il se peut qu'à force de renoncer aux garanties de forme et de fond, les plaideurs s'exposent par trop dépouillés à l'arbitraire. Il est donc normal que la loi n'autorise pas n'importe qui à compromettre sur n'importe quoi (*supra*, n° 724).

C'est dans un ordre d'idées comparable que l'on peut apprécier l'arbitrage judiciaire tel qu'il est prévu à l'article 12, alinéa 4, du Code de procédure civile, l'arbitre choisi étant alors un juge relevant de la justice étatique et investi de larges pouvoirs, de type arbitral. De ce texte, il résulte en effet que, le litige né, les parties peuvent, en vertu d'un accord exprès et pour les droits dont elles ont la libre disposition, « conférer au juge mission de statuer comme amiable compositeur, sous réserve d'appel si elles n'y ont pas spécialement renoncé » [1]. Le modelage contractuel du contentieux se manifeste aussi dans la mesure où un accord procédural permet aux plaideurs de demander l'application au fond du litige d'une loi différente de celle que désigne la règle de conflit de lois [2].

726 ***Coopération ou procédure pénale*** ◊ Des aménagements d'esprit conventionnel ont affecté, dans un domaine voisin, les règles régissant la procédure pénale. On observe en la matière une manifestation, parmi beaucoup d'autres, de la poussée du contractualisme dans l'évolution des sociétés post-modernes. Déjà il était prévu des mécanismes de composition pénale dans le passé. Régie aujourd'hui par les articles 41-2 et 41-3 du Code de procédure pénale, et concernant des infractions punies d'une peine d'amende ou d'un emprisonnement n'excédant pas cinq ans, la composition pénale résulte d'une proposition d'une des peines énumérées par la loi émanant du procureur et acceptée par le délinquant qui reconnaît avoir commis l'infraction.

Plus novatrice, assez largement inspirée d'un processus du droit américain (*plea bargaining*), la procédure dite du « plaider coupable » [3], plus correctement de *comparution sur reconnaissance préalable de culpabilité (CRPC)* [4], correspond à une démarche comparable à celle de la composition pénale. Les différences tiennent au fait que la peine peut être d'une année d'emprisonnement. Mais les garanties du coupable sont accrues.

---

1. V. P. Hébraud, Observations sur l'arbitrage judiciaire, *Mélanges Marty*, 1978, p. 635 s. ; P. Fouchard, L'arbitrage judiciaire, *Mélanges Bellet*, 1991, p. 167 s. ; G. Cornu, Le juge arbitre (Le juge amiable compositeur au sein de la juridiction étatique), *in L'art du droit en quête de sagesse*, 1998, p. 155 s. – Rappr. sur la désignation par le tribunal d'un *amicus curiae* appelé à exercer un rôle de consultant, voire de médiateur, Paris, 6 juill. 1988, *Gaz. Pal.* 1988, 2, 700, obs. Y. Laurin, *D.* 1989, 341, *RTD civ.* 1989, 138, obs. R. Perrot ; P. Drai, Le monde des affaires et ses juges, *RJC* 1990, 333 s. ; F. Terré, note *JCP* 1991, II, 21752, sous Ass. plén. 31 mai 1991 ; Y. Laurin, *L'amicus curiae*, *JCP* 1992, I, 3603, et La consultation par la Cour de cassation de « personnes qualifiées » et la notion d'*amicus curiae*, *JCP* 2001, Act. 1709. – V. *supra*, n° 166.
2. V. D. Bureau, L'accord procédural à l'épreuve, *Rev. crit. DIP* 1996, 587 s.
3. Cons. const., déc. 2004-492 DC, 2 mars 2004, *JO* 10 mars 2004, *D.* 2004, 956, note M. Dobkine, *JCP* 2004, 619, obs. J.-C. Zarka.
4. Illégalité des circulaires relatives à la procédure de CRPC, soit partielle (2 septembre 2004) soit totale (19 avril 2005), v. CE 26 avr. 2006, n° 273757, *JCP* 2006, 940, obs. Marie-Christine Rouault, *Gaz. Pal.* 7-11 mai 2006, p. 6, concl. comm. gouv. Y. Aguila.

CHAPITRE 2
LES ACTIVITÉS JUDICIAIRES

727 ***Présentation*** ◊ Pour que se développent, pendant le procès, les diverses procédures, il faut, à l'ensemble, donner l'impulsion nécessaire. À cette fin, les protagonistes ne demeurent pas inertes : selon la position de chacun, il y a lieu d'agir, de défendre, d'intervenir, de juger, d'exécuter. L'image dépouillée de parties allant à l'arbitrage du juge appelle tout au moins une correction, car les impératifs de la division du travail judiciaire conduisent souvent les uns et les autres à recourir au ministère des auxiliaires de la justice (*supra*, n°s 163 s.). Mais le secours de ces intermédiaires complète sans l'altérer le schéma séculaire. La vie judiciaire naît d'une ou de plusieurs prétentions ; et la procédure, une fois déclenchée, est ensuite entretenue par une chaîne plus ou moins longue d'actes de volonté.

On distinguera l'*activité des parties* (Section 1) et l'*activité du juge* (Section 2).

SECTION 1. L'ACTIVITÉ DES PARTIES

728 ***Distinction*** ◊ Nombre d'actes manifestent, derrière l'activité de leurs auxiliaires, celle des parties. Depuis longtemps, l'analyse discerne, à partir de ces manifestations, l'existence d'une prérogative essentielle : *l'action en justice* (§ 1). Distincte du pouvoir général d'ester en justice ou encore du droit à un procès équitable (*infra*, n° 763), l'action ne doit pas non plus être confondue avec les *actes de procédure* (§ 2) par lesquels elle se manifeste. Ainsi l'action en justice est-elle distincte de la demande en justice. Si, à un même droit, peuvent être attachées plusieurs actions, une même action provoque parfois plusieurs demandes, la seconde étant notamment portée au juge compétent, tandis que la première l'a été à celui qui ne peut en connaître. Même si l'acte de procédure sert de véhicule à l'action en justice, il apparaît à l'évidence que des conséquences spécifiques lui sont attachées.

§ 1. L'action en justice

729 ***Définition*** ◊ Elle « est le droit, pour l'auteur d'une prétention, d'être entendu sur le fond de celle-ci afin que le juge la dise bien ou mal fondée » (C. pr. civ., art. 30, al. 1er). « Pour l'adversaire, l'action est le droit de discuter le bien-fondé de cette prétention » (art. 30, al. 2). Ces définitions précèdent

un ensemble de dispositions par lesquelles la théorie générale de l'action en justice, longtemps laissée, de manière presque exclusive, aux mains de la jurisprudence et de la doctrine, figure aujourd'hui dans les textes [1].

Les rédacteurs ont expressément qualifié l'action en y voyant un droit. En ce sens, l'action en justice ne se confond ni avec la *liberté d'accès à la justice* (liberté publique), ni avec la *demande en justice*, c'est-à-dire avec l'acte de procédure qui, concrètement, lui sert de mode d'expression dans le cadre d'une affaire déterminée. Mais il ne faudrait pas en déduire que, qualifiée de droit subjectif, l'action en justice se confonde avec le droit subjectif qu'elle tend à protéger. Pareille analyse a été développée autrefois ; on avait soutenu que l'action était « le droit lui-même, mis en mouvement », « le droit à l'état de guerre ». Mais cette analyse, fidèle aux conceptions du droit romain, a été abandonnée, car l'action en justice et le droit subjectif qu'elle tend à protéger ne vont pas nécessairement de pair [2] ; l'action en justice est donc un droit subjectif distinct.

De l'article 30 du Code de procédure civile, il résulte aussi que le droit d'agir en justice existe non seulement du côté du demandeur, mais aussi du côté du défendeur (« l'adversaire »).

730 ***1° Conditions de l'action en justice*** ◊ Il convient de distinguer les conditions de l'action (du droit d'action) en justice et les conditions d'accomplissement des actes de procédure (*infra*, n°s 740 s.), qui caractérisent l'exercice, devant les tribunaux, du droit d'agir en justice.

L'action en justice est subordonnée à deux conditions : l'*intérêt* et la *qualité*.

731 ***a) L'intérêt*** ◊ En vertu d'un principe non écrit, mais implicitement consacré (art. 31 C. pr. civ.), on ne peut agir en justice que si l'on y a *intérêt* et dans la mesure de cet intérêt ; c'est ce qu'exprime le vieil adage : « Pas d'intérêt pas d'action ». Sa justification est aisée : les juges ont assez de tâches pour ne pas être dérangés inutilement [3].

Il ne suffit pas de se prévaloir d'un intérêt, encore faut-il que cet intérêt présente certains caractères. Trois exigences doivent être signalées à ce propos.

1) L'intérêt doit être *légitime*. L'article 31 du Code de procédure civile dispose que l'action est ouverte, en principe, « à tous ceux qui ont un intérêt légitime au succès ou au rejet d'une prétention... ». Du qualificatif utilisé,

---

1. V. G. Wiederkehr, La notion d'action en justice d'après l'article 30 du nouveau Code de procédure civile, *Mélanges Hébraud*, 1981, p. 949 s. ; P. Hébraud, Observations sur l'évolution des rapports entre le droit et l'action dans la formation et le développement des systèmes juridiques, *Mélanges Raynaud*, 1985, p. 237 s. ; Christine Lesca-d'Espalungue, *La transmission héréditaire des actions en justice*, thèse Paris II, éd. 1992 ; Monique Bandrac, L'action en justice, droit fondamental, *Mélanges Perrot*, 1996, p. 1 s.

2. Il existe diverses illustrations de cette disjonction possible. Il y a notamment des droits dépourvus d'action, par exemple le droit du créancier d'une obligation naturelle (*supra*, n° 24).

3. V. L. Garaud, *L'intérêt pour agir en justice, Contribution à la notion d'intérêt en droit positif*, thèse Poitiers, 1959.

l'on peut déduire des conséquences véritablement spécifiques : c'est par référence à l'idée qu'il exprime que, pendant longtemps, la jurisprudence a refusé à la concubine toute action en dommages-intérêts contre le tiers responsable du décès accidentel de son concubin. L'on peut aussi considérer que le qualificatif exprime, d'un mot, les autres caractères exigés.

2) L'intérêt doit être *né et actuel*. Cette exigence ne signifie pas qu'on ne peut demander réparation d'un préjudice futur, dès lors qu'il est certain, car on peut avoir un intérêt né et actuel à demander réparation d'un tel préjudice ; en revanche, l'action est irrecevable si le préjudice est simplement éventuel, hypothétique, car l'appareil judiciaire ne doit pas être mis en mouvement en vue de contestations éventuelles qui ne naîtront peut-être jamais [1].

3) L'intérêt doit être *direct et personnel*. Cette exigence ne suscite pas de sérieuses difficultés au sujet des actions exercées par des particuliers ; au niveau de l'action en justice, elle illustre une donnée de bon sens : à chacun il appartient de défendre ses intérêts.

732 ***Actions collectives et actions de groupe*** ◊ Les complications suscitées par l'exigence d'un intérêt *personnel* n'apparaissent pleinement que lorsque sont en cause des groupements (sociétés, associations, syndicats...). Dès lors qu'ils sont dotés de la personnalité juridique (*supra*, n°s 237 s.), ces groupements peuvent agir en justice pour la défense de leurs intérêts personnels (par exemple en cas de difficultés avec le bailleur du local loué par le groupement). Mais, s'agissant de syndicats, d'associations ou d'ordres professionnels, ces groupements peuvent-ils, en outre, agir en justice en se prévalant de l'intérêt collectif que le groupement tend à satisfaire ? L'admettre, c'est renforcer la protection des individus, mais c'est aussi encourager une processivité excessive.

Le droit français s'est progressivement orienté dans le sens d'un élargissement du droit d'action des groupements. Aux *syndicats*, a été expressément reconnu le droit d'agir en justice « relativement aux faits portant un préjudice direct ou indirect à l'intérêt collectif de la profession qu'ils représentent » (C. trav., art. L. 2132-3). Des pouvoirs comparables ont été reconnus aux *ordres professionnels*, ainsi qu'à un nombre grandissant d'*associations* auxquelles le législateur a reconnu le pouvoir d'agir pour la défense d'intérêts collectifs : unions d'associations familiales (CASF, art. L. 211-3), associations de consommateurs (C. consom., art. L. 421-1 s.), associations de lutte contre le racisme, le proxénétisme, etc. (C. pr. pén., art. 2 s.), etc.

Dans une plus vaste perspective, on a voulu introduire dans notre droit processuel la possibilité d'exercer l'*action de groupe*, expression utilisée aujourd'hui pour désigner deux réalités différentes. Relève d'une première catégorie l'*action en représentation conjointe* [2], introduite dans notre droit

---

1. Y. Desdevises, *Le contrôle de l'intérêt légitime (Essai sur les limites de la distinction du droit et de l'action)*, thèse ronéot. Nantes, 1973.

2. On constate que, pour l'heure, le succès de telles actions est faible : v. L. Boré, L'action en représentation conjointe : *class action* française ou action mort-née, *D.* 1995, chron. 267 s.

par la loi du 18 janvier 1992 : l'association peut l'exercer « lorsque plusieurs consommateurs, personnes physiques, identifiés, ont subi des préjudices individuels qui ont été causés par le fait d'un même professionnel, et qui ont une origine commune » (C. consom., art. L. 422-1).

Relève d'une seconde catégorie la *class action*, admise notamment en Australie, au Canada et très en vogue aux États-Unis : c'est *l'action de groupe* par laquelle une personne est habilitée à représenter en justice un groupe de personnes sans avoir obtenu au préalable un accord exprès, fût-ce de quelques-unes d'entre elles. Une offensive s'est manifestée en vue de son admission en droit français [1]. Qu'il s'agisse de la *class action* américaine ou du *recours collectif* québécois, toute personne, physique ou morale, peut prétendre représenter un groupe de victimes, à certaines conditions contrôlées par le tribunal saisi. Semblables actions suscitent de vives controverses. On doit se demander si celles-ci n'aboutissent pas à développer, dans une société exagérément contentieuse, un mouvement de dépossession du ministère public et un encouragement à un harcèlement judiciaire qui confond État de droit et société contentieuse [2]. Leur admission à certaines conditions est envisagée.

733 ***b) La qualité*** ◊ On peut entendre la *qualité* pour agir en justice de deux manières [3]. On peut, tout d'abord, utiliser ce mot afin de préciser le *titre* en vertu duquel une personne agit : à titre personnel, en qualité de créancier du titulaire du droit (ex. : action oblique, C. civ., art. 1166) ou d'héritier de celui-ci. Surtout, une terminologie plus précise que par le passé conduit à réserver le terme de qualité dans le sens utilisé à l'article 31 du Code de procédure civile : « L'action est ouverte à tous ceux qui ont un intérêt légitime au succès ou au rejet d'une prétention, sous réserve des cas dans lesquels la loi attribue le droit d'agir aux seules personnes qu'elle *qualifie* pour élever ou combattre une prétention, ou pour défendre un intérêt déterminé ». En d'autres termes, si toute personne ayant intérêt à agir (au sens précédemment indiqué) a, en principe, qualité pour le faire, cette qualité peut cependant être réservée à certaines personnes, dans certains cas : actions en nullité relative ; actions en divorce ou en séparation de corps, réservées aux époux ; actions en désaveu de paternité légitime, qui n'appartiennent normalement qu'au mari de la mère...

---

1. V., à ce sujet S. Guinchard, Le rôle et la participation des associations dans l'action en justice en droit français, *RIDC* 1989, 13 s. ; E. Savaux, La personnalité morale en procédure civile, *RTD civ.* 1995, 1 s. ; L. Boré, *La défense des intérêts collectifs par les associations devant les juridictions administratives et judiciaires*, thèse Paris I, éd. 1997 ; *L'opportunité d'une action de groupe en droit des sociétés*, dir. Véronique Magnier, éd. PUF 2005 ; Geneviève Viney, Actions associatives et actions de groupe, *Mélanges Malinvaud*, 2007, p. 697 s.

2. V. *Les abus du juridisme*, Colloque Académie des sciences morales et politiques, 1977, sous la présidence de J. Foyer, p. 23 s. – Comp. cep. L. Cadiet, Le spectre de la société contentieuse, *Mélanges Cornu*, 1994, p. 29 s.

3. V. C. Giverdon, La qualité, condition de recevabilité de l'action en justice, *D.* 1952, chron. 85 ; R. Gassin, *La qualité pour agir en justice*, thèse Aix, 1955.

734 ***2° Classification des actions*** ◊ Distinctes des droits subjectifs dont elles tendent à assurer la protection, les actions en justice se répartissent en fonction de la *nature* ou de l'*objet* de ces droits (*supra*, n° 235).

735 ***Actions personnelles et actions réelles*** ◊ On distingue ces deux catégories d'après la nature du droit protégé.

1) Si c'est un droit de créance (ou droit personnel), l'action, formée par le créancier contre le débiteur, est une *action personnelle* relevant, territorialement, de la compétence du tribunal où demeure le défendeur (C. pr. civ., art. 42, al. 1er), c'est-à-dire en principe, s'il s'agit d'une personne physique, du tribunal du domicile ou, à défaut de domicile, de la résidence du défendeur (art. 43).

Parmi les actions personnelles, il en est qui, n'ayant pas pour but de faire reconnaître un droit ayant une valeur pécuniaire, n'ont pas un caractère patrimonial. Parmi ces actions, les plus importantes se relient à l'*état des personnes*, spécialement en matière familiale : ce sont les *actions d'état* (actions en divorce ou en séparation de corps, actions relatives à la filiation).

2) Si l'action tend à la protection d'un droit réel (droit de propriété, d'usufruit, de servitude...), il s'agit d'une *action réelle* qui, lorsque le droit porte sur un immeuble (action réelle immobilière), relève, territorialement, du tribunal du lieu de la situation de l'immeuble (C. pr. civ., art. 44).

3) Bien qu'il n'existe pas de droits mixtes (mi-réels, mi-personnels), il existe des actions *mixtes*, comportant à la fois des éléments réels (immobiliers) et des éléments personnels, et qui relèvent, au choix du demandeur, de la compétence de la juridiction du lieu où demeure le défendeur ou de celle de la juridiction du lieu où est situé l'immeuble (C. pr. civ., art. 46). Ainsi en est-il des actions qui tendent soit à l'exécution, soit à la destruction (nullité ou résolution) d'un contrat translatif de propriété immobilière ou constitutif de droits réels immobiliers, car le litige concerne alors directement le droit réel, d'une part, les obligations contractuelles, d'autre part.

736 ***Actions mobilières et actions immobilières*** ◊ On les distingue selon que le droit prétendu, réel ou personnel, concerne un meuble ou un immeuble. Si l'action est *mobilière*, la nature de la juridiction compétente varie en fonction de la matière litigieuse ou du montant du litige : tribunal de grande instance, tribunal d'instance, tribunal de commerce, conseil de prud'hommes, etc. Si l'action est *immobilière*, elle relevait en principe exclusivement de la compétence du tribunal de grande instance, s'il s'agissait d'une action personnelle immobilière ou d'une action pétitoire, et de la compétence du tribunal d'instance s'il s'agissait d'une action possessoire. Mais la distinction a été supprimée par la loi n° 2015-177 du 16 février 2015, qui a supprimé les actions possessoires.

737 ***3° Autres variétés de l'action en justice. Droit pénal. Droit administratif*** ◊ Le fond agit plus ou moins sur la procédure, en ce sens que la substance des règles commande une certaine typologie des contentieux.

Cette diversité se manifeste au sujet de l'action en justice. Le droit, pour l'auteur d'une prétention, d'être entendu par un juge sur le fond de celle-ci est plus ou moins facilement ouvert suivant les matières et les juges. C'est ainsi que, s'agissant du droit international des droits de l'homme, le droit de recours individuel devant la Cour européenne n'est pas nécessairement reconnu par les États membres et, même s'il est admis, n'est ouvert que dans certaines conditions, assez strictes (*supra*, nos 285 s.). Dans un autre ordre d'idées, l'exercice de telle ou telle voie de recours – en quoi se manifeste l'exercice du droit d'agir en justice – peut n'être admis que de manière restrictive et être par exemple soumis à l'exigence de *cas d'ouverture*, notamment en ce qui concerne le pourvoi en cassation (*supra*, nos 148 s.). Le droit romain est riche d'enseignements à ce propos, précisément en raison de l'importance qu'il attacha à l'octroi de telle ou telle action en justice. Le droit processuel, disons le droit comparé des procédures – *de toutes les procédures* –, passe nécessairement par une bonne connaissance du droit romain.

On se bornera cependant ici à des observations relatives au droit pénal et au droit administratif.

738 ***En droit pénal*** ◊ L'*action civile* en réparation intentée devant les tribunaux répressifs par la victime contre l'auteur de l'infraction relève, malgré ses particularités, de la notion d'action en justice présentement analysée ; mais l'*action publique* exercée par le ministère public et tendant à l'application des peines aux auteurs des infractions présente des aspects particuliers : par cette action, le ministère public ne poursuit pas la réalisation d'un droit subjectif, mais l'application de la loi dans l'intérêt de la société, ce qui est d'ailleurs le cas général, même en droit privé, lorsque le ministère public agit pour la défense de l'ordre public (C. pr. civ., art. 423 – V. *supra*, n° 162) [1].

739 ***En droit administratif*** ◊ Le *recours en annulation* dirigé contre un acte irrégulier présente pareillement des caractères particuliers : ce recours ne met pas en cause un défendeur, mais l'acte attaqué ; en outre, si l'on exige de l'auteur du recours qu'il se prévale d'un intérêt, il ne s'agit pas de l'intérêt personnel tel qu'il est habituellement entendu en procédure civile (V. *supra*, n° 731) ; il s'agit seulement de l'intérêt que l'auteur du recours peut avoir à l'application des règles du droit objectif.

Dans divers cas (action du ministère public, recours en annulation d'un acte administratif...), l'on constate donc l'existence d'un *contentieux objectif* (le demandeur prétend essentiellement qu'il a été porté atteinte à une règle de droit objectif) distinct du *contentieux subjectif*, ainsi appelé parce que, le plus souvent, l'auteur de l'action en justice prétend qu'il a été porté atteinte à un droit subjectif.

Le développement du droit processuel, dans une perspective de droit comparé interne [2], conduit à observer, à ce sujet, un rapprochement des

---

1. V. A. Decocq, L'avenir funèbre de l'action publique, *Mélanges F. Terré*, 1999, p. 781 s.
2. H. Motulsky, *Droit processuel*, Les Cours de droit, 1963 ; S. Guinchard et alii, Précis Dalloz, *Droit processuel, Droit commun et droit comparé du procès équitable*, 6e éd. 2011 ; W. Baranès, Marie-Anne Frison-Roche et J.-H. Robert, Pour le droit processuel, *D.* 1993, chron. 9 s.

contentieux en matière civile, pénale, administrative. On en voudra pour preuve le développement du contentieux objectif en matière de procédure civile, du fait de l'extension du droit d'agir en justice reconnu aux groupements (*supra*, n° 732) [1].

§ 2. Les actes de procédure

740 ***Distinction*** ◊ Entendus au sens strict, ils manifestent, au cours du procès, l'activité des parties, c'est-à-dire, dans la plupart des cas, de leurs auxiliaires. Il convient d'évoquer successivement les exigences de capacité, de pouvoir et de forme.

741 ***La capacité*** ◊ Le droit positif accorde de manière très libérale la capacité d'ester en justice à toute personne dotée de la personnalité juridique ; cette condition, en principe nécessaire (surtout si l'on envisage la situation du demandeur), n'est pas toujours suffisante, car, si la capacité demeure la règle, certaines personnes subissent, en ce domaine, les conséquences de leur incapacité. Celles-ci traduisent d'ailleurs, dans le plan judiciaire, un double particularisme : ordinairement moins grave que l'accomplissement d'un acte de disposition, l'exercice de l'action en justice est néanmoins retiré, totalement ou partiellement, à l'incapable ; et, si l'action est cependant exercée au mépris de ces règles protectrices, l'irrégularité qui en découle affecte de manière spécifique le sort des actes de procédure.

Tantôt l'incapable ne peut agir en justice. Son représentant légal a seul qualité pour le faire. Tel est le cas du mineur non émancipé ou du majeur en tutelle. La règle supporte quelques tempéraments. Le *mineur non émancipé* acquiert parfois ce pouvoir lorsque l'action présente un caractère personnel trop accentué : le parent, *même mineur*, à l'égard duquel la filiation d'un enfant est établie a, pendant la minorité de l'enfant, seul qualité pour exercer l'action en recherche de maternité ou de paternité (C. civ., art. 328, al. 1er, réd. ord. 4 juill. 2005).

Tantôt l'incapable, sans être hors d'état d'agir lui-même, a cependant besoin d'être conseillé ou contrôlé dans certains actes de la vie civile. Le majeur en curatelle ne peut donc, sans l'assistance de son curateur, intenter les actions relatives à des droits qui ne sont point patrimoniaux (ex. : divorce, C. civ., art. 249, al. 2 ; séparation de corps, C. civ., art. 296).

742 ***Le pouvoir*** ◊ On envisage ici la situation des représentants des personnes morales ou des incapables. Les uns, légaux ou conventionnels, sont, en principe, seuls qualifiés pour exercer les actions sociales intéressant les personnes morales, de droit public ou de droit privé. Les textes aménagent de manière précise l'investiture des autres : le représentant légal d'un

---

1. Rappr. Y. Gaudemet, Remarques sur l'évolution des sources du droit du contentieux administratif, *Mélanges Drai*, 2000, p. 329 s.

mineur non émancipé ou d'un majeur en tutelle exerce seul, en principe, les actions ; il en va toutefois autrement des actions relatives à des droits qui ne sont point patrimoniaux ou (sauf exception) tendent à obtenir un partage, pour lesquelles il faut, à l'administrateur légal pur et simple, le consentement de son conjoint (C. civ., art. 389-5), à l'administrateur légal sous contrôle judiciaire, l'autorisation du juge des tutelles (C. civ., art. 389-6) et, au tuteur, l'autorisation du conseil de famille (C. civ., art. 505). Il existe des dispositions particulières en matière de divorce (C. civ., art. 249 s., 298).

743 ***La rédaction des actes*** ◊ Les actes de procédure sont des écrits. Par cette exigence, le droit positif désire conférer à la prétention exprimée une précision suffisante ; ce faisant, il assure la sécurité des parties. Distincts des délais de prescription, les *délais de procédure*, durant lesquels les actes doivent être accomplis, permettent d'éviter soit une précipitation irréfléchie, soit une excessive lenteur. Hormis les cas, plus nombreux que par le passé, dans lesquels le juge reçoit, à certaines conditions, le pouvoir de les fixer (ex. : délais nécessaires au bon déroulement de l'instance, art. 3 C. pr. civ.), les délais de procédure résultent des textes.

Le nécessaire formalisme se manifeste à propos de la *rédaction de l'acte*. Il explique, d'ailleurs, dans la plupart des cas, l'entremise, obligatoire ou facultative, d'auxiliaires.

De nombreux actes sont dressés par les *avocats*. Leur contenu varie selon les cas. Au seuil de la première instance, l'avocat prépare l'assignation ou la requête ; plus tard, il rédige les conclusions, destinées à préciser l'objet du débat, et les actes d'avocat à avocat, ou *actes du palais*, adressés à l'avocat de l'adversaire ; au niveau de la cour d'appel, ces tâches demeurent confiées aux avoués près les cours d'appel ; à celui de la Cour de cassation, la rédaction des requêtes et des mémoires incombe aux avocats à la Cour de cassation.

Les actes des *huissiers de justice*, appelés aussi « exploits d'huissier », sont multiples. Ils témoignent, à des degrés divers, de l'importance du rôle dévolu à ces auxiliaires. Ici l'huissier se borne à signifier, c'est-à-dire à faire connaître (notifier) à une personne un acte qu'il n'a pas rédigé (conclusions, jugements). Là, il rédige et signifie des actes, dont la rédaction a pu être préparée normalement par d'autres, notamment des actes introductifs d'instance ou de recours (assignations, requêtes). Ailleurs, il dresse un constat, qui contient la description d'une situation de fait, ou un procès-verbal, c'est-à-dire un récit d'une opération à laquelle il a procédé.

744 ***La notification des actes*** ◊ Elle permet de porter ceux-ci à la connaissance des intéressés (C. pr. civ., art. 651, al. 1er).

Traditionnellement, le droit français, sensible à l'importance de la question, a confié, en principe, cette mission à l'huissier de justice. Et, de fait, cet agent de liaison, choisi par une partie ou commis par le juge, partage rarement avec d'autres son monopole. S'inspirant de certains droits étrangers, notamment du droit allemand, d'aucuns ont reproché à cette méthode d'accroître le coût, voire la lenteur de la procédure ; et ils ont proposé de substituer à la signification par huissier la notification par lettre recommandée avec, éventuellement, demande d'avis de réception. Pour réduire les frais de certains procès, le procédé a été exceptionnellement retenu (ex. : matière sociale, baux ruraux).

SECTION 2. L'ACTIVITÉ DU JUGE

745 ***L'office du juge*** ◊ Sa compréhension classique, issue de l'histoire, trouve dans le mot juridiction (*juris-dictio*) une expression fidèle. Le juge est là avant tout pour dire le droit, pour le donner aux parties (*dabo tibi jus*). À un double titre, cette analyse doit être complétée et corrigée [1].

Il faut tout d'abord observer que, dans sa mission d'application du droit, le juge dispose naturellement de pouvoirs d'aménagement, de modération et de modulation du droit, ce qui n'exclut pas, de sa part, un non-dit se rattachant à l'équité [2]. Et l'on ne peut d'ailleurs négliger le fait que, sous la poussée de données internationales ou communautaires, il puisse même être amené à se référer *expressis verbis* sinon à l'équité du moins à l'équitable. Chaque fois que la loi accentue l'étendue de sa marge d'appréciation, notamment en usant de concepts flous, elle augmente l'importance de l'adaptation par le juge.

Il convient ensuite de souligner que, loin de se borner à appliquer et à interpréter la loi, à dire le droit, le juge a été de plus en plus appelé à d'autres tâches : fixer des indemnités et des prix, surveiller l'application des peines, évaluer des biens, administrer des patrimoines, etc. Cette extension ininterrompue de ses fonctions, non suivie d'une augmentation correspondante du nombre des juges, est l'une des explications des dysfonctionnements de la justice.

§ 1. L'acte juridictionnel

746 ***1° Notion d'acte juridictionnel*** ◊ Il en va, en un sens, de même lorsqu'il s'agit de définir ces deux pôles du régime juridique que constituent la règle et le jugement : la pensée oscille entre une définition matérielle et une définition formelle (V., au sujet de la loi, *supra*, n° 247). La définition de l'acte juridictionnel est difficile, car l'on s'interroge assez fréquemment sur l'activité de nombreux organismes nés de la vie administrative, contre les actes desquels les textes ont aménagé des recours

1. R. Colson, *La fonction de juger, Étude historique et positive*, thèse Paris I, éd. 2003 ; M. Douchy-Oudot, L'office du juge, *Mélanges Goubeaux*, 2009, p. 99 s.

2. Modération : v. not. J. Fischer, *Le pouvoir modérateur du juge en droit civil français*, thèse Toulouse, éd. PUAM, 2004. Modulation : F. Lafay, *La modulation du droit par le juge*, thèse Lyon III, éd. PUAM, 2006.

(administratifs, gracieux, hiérarchiques, etc.) d'une nature parfois indécise [1]. Un double courant a contribué à compliquer le débat : tandis que des préoccupations administratives pèsent plus qu'autrefois sur l'activité des juges, les comportements des particuliers face à l'administration revêtent davantage la forme de démarches procédurales.

Formellement, l'on est enclin à observer que l'acte juridictionnel ne peut émaner que d'une juridiction, parfois volontaire (arbitrage), mais le plus souvent étatique, plus précisément d'un juge, d'un tribunal appelé à dire le droit à la suite d'une procédure spécifique. Outre que cette analyse déplace le problème plus qu'elle ne le résout, car il s'agit alors davantage de définir la notion de juridiction (*supra*, n°s 122 s.), l'on peut observer à la fois que des autorités administratives disent le droit [2] et que des juges accomplissent des actes administratifs ou encore des actes d'*administration judiciaire* (ex. : la fixation d'une audience de plaidoiries) dépourvus de caractère juridictionnel.

L'approche *matérielle* est probablement plus satisfaisante. Mais elle revêt diverses formes selon que, pour dégager l'originalité de l'acte juridictionnel par rapport à l'acte administratif, l'on souligne qu'il vise principalement au respect de l'ordre juridique - mais n'est-ce pas vrai aussi d'autres actes ? - ou qu'il tire son particularisme du conflit (même seulement latent) qu'il a pour objet de trancher. À quoi l'on peut être tenté d'objecter que des actes administratifs mettent fin, le cas échéant, à des contentieux.

La manière par laquelle le juge tranche les contestations révèle cependant l'originalité de son office principal, lié au fait qu'il est un tiers appelé à prendre une décision après avoir douté (« balancé ») et constaté une situation juridique.

747 ***2° Effets de l'acte juridictionnel*** ◊ Un jugement produit, en principe, trois effets : il est doté de la force exécutoire, il dessaisit le juge et il a l'autorité de la chose jugée ; suivant les cas, il produit aussi un effet déclaratif ou un effet constitutif.

748 ***a) Force exécutoire*** ◊ Le jugement est une décision de l'autorité publique, prise en France au nom du Peuple français. Si les parties ne l'exécutent pas volontairement, la partie gagnante a le droit de faire

1. V. Guillien, *L'acte juridictionnel et l'autorité de la chose jugée*, thèse Bordeaux, 1931 ; M. Waline, Du critère des actes juridictionnels, *RD publ.* 1933, 565 s. ; R. Bonnard, La conception matérielle de la fonction juridictionnelle, *Mélanges Carré de Malberg*, 1933, p. 1 s. ; Chaumont, Esquisse d'une notion de l'acte juridictionnel, *RD publ.* 1942, 93 s. ; Mabileau, *De la distinction des actes administratifs et des actes juridictionnels*, thèse Paris, 1945 ; Lampué, La notion d'acte juridictionnel, *RD publ.* 1946, 6 s. ; Hébraud, L'acte juridictionnel et la classification des contentieux, *Rev. Acad. législ. Toulouse*, 1949, p. 131 s. ; Jugault, *De la liaison du contentieux, Essai sur la genèse de l'acte juridictionnel*, thèse ronéot. Rennes, 1969 ; R. Chapus, Qu'est-ce qu'une juridiction ? La réponse de la juridiction administrative, *Mélanges Eisenmann*, p. 263 s. ; M. Bandrac, De l'acte juridictionnel et de ceux des actes du juge qui ne le sont pas, *Mélanges Drai*, 2000, p. 171 s.

2. Rappr., sur la contagion de certains concepts, R.-G. Schwartzenberg, *L'autorité de chose décidée*, thèse Paris, 1963.

exécuter par la force ce qui a été décidé ; la loi y a pourvu par deux moyens : l'exécution forcée et l'hypothèque judiciaire.

Le jugement peut être exécuté par la force publique, mise au service de la justice. L'original du jugement, copié sur un registre par le greffier du tribunal, constitue la *minute*. Celui qui a gagné le procès s'en fait délivrer une copie, appelée *grosse*, qui est munie de la formule exécutoire [1]. À l'aide de ce titre exécutoire, le gagnant pourra, par un huissier de justice et au besoin la force armée, faire exécuter le jugement, par exemple la destruction d'un immeuble érigé en violation d'une servitude de ne pas construire ou l'exécution sur le patrimoine au moyen de *saisies*.

Le créancier qui obtient contre son débiteur un jugement constatant l'existence ainsi que l'exigibilité de la dette et condamnant le défendeur à payer est investi d'une hypothèque générale, portant sur tous les immeubles du débiteur et destinée à assurer l'exécution du jugement de condamnation ; c'est ce que l'on nomme l'*hypothèque judiciaire*.

Pour qu'un jugement soit exécutoire, il faut qu'il ait acquis *force de chose jugée*, c'est-à-dire qu'il ne soit susceptible d'aucun recours suspensif d'exécution (ex. : appel...) ou, dans le cas contraire, qu'aucun recours n'ait été exercé dans le délai prévu (C. pr. civ., art. 500). Toutefois, « hors les cas où elle est de droit, l'exécution peut être ordonnée, à la demande des parties ou d'office, chaque fois que le juge l'estime nécessaire et compatible avec la nature de l'affaire, à condition qu'elle ne soit pas interdite par la loi » (C. pr. civ., art. 515, al. 1er). « Elle peut être ordonnée pour tout ou partie de la condamnation » (al. 2).

Si la force exécutoire est normalement attachée aux jugements, il convient cependant d'apporter à cette règle deux correctifs liés soit à l'auteur de la décision, soit au destinataire de celle-ci. D'une part, une sentence arbitrale est dépourvue de force exécutoire ; elle ne peut en être dotée que par l'effet d'une *ordonnance d'exequatur*, relevant de la compétence du président du tribunal de grande instance dans le ressort duquel la sentence a été rendue [2]. D'autre part, si les jugements rendus contre les particuliers sont, en principe, dotés de la force exécutoire, il en va autrement de ceux qui sont rendus contre les personnes publiques, les juridictions, même administratives, ne pouvant prononcer contre celles-ci des injonctions (v. *supra*, n° 474) [3].

---

1. Cette formule énonce : « La République française mande et ordonne à tous huissiers de justice, sur ce requis, de mettre ledit arrêt (ou ledit jugement, etc.) à exécution, aux procureurs généraux et aux procureurs de la République près les tribunaux de grande instance d'y tenir la main, à tous commandants et officiers de la force publique de prêter main-forte lorsqu'ils en seront légalement requis » (décr. 12 juin 1947).

2. V. El Hakim, L'exécution des sentences arbitrales, *Mélanges Weill*, 1983, p. 227 s. ; Bertin, Le rôle du juge dans l'exécution de la sentence arbitrale, *Rev. arb.* 1983, 281 s.

3. V. cep. la loi du 16 juill. 1980 relative aux astreintes en matière administrative et à l'exécution des jugements par les personnes morales de droit public (*supra*, n° 714). – *Adde*, Y. Gaudemet, Réflexions sur l'injonction dans le contentieux administratif, *Mélanges Burdeau*, 1977, p. 805 s.

749 ***b) Dessaisissement du juge*** ◊ « Le jugement, dès son prononcé, dessaisit le juge de la contestation qu'il tranche » (C. pr. civ., art. 481, al. 1er). Formulé au sujet des seuls jugements sur le fond, ce principe est expressément écarté au sujet des jugements avant dire droit (art. 483), qu'il s'agisse donc de décisions ordonnant des mesures d'instruction ou de décisions ordonnant des mesures provisoires (v. aussi, au sujet des mesures d'assistance éducative, C. civ., art. 375-6).

Afin d'éviter aux justiciables des complications inutiles, il appartient au juge qui s'est prononcé de *rétracter* sa décision, en cas d'opposition – voie de recours contre des décisions rendues par défaut –, de tierce opposition ou de recours en révision [1], de l'*interpréter*, à moins qu'elle ne soit frappée d'appel [2], ou de la *rectifier*, dans certaines conditions, pour réparer des erreurs et omissions matérielles [3] et pour régulariser un jugement s'il n'a pas été statué sur un chef de demande, s'il a été prononcé sur des choses non demandées ou s'il a été adjugé plus qu'il n'a été demandé (C. pr. civ., art. 461 s., 481).

750 ***c) Autorité de la chose jugée*** ◊ L'expression de *chose jugée* désigne ce qui est décidé par une sentence judiciaire. L'*autorité* qui s'attache à la chose jugée, c'est l'impossibilité où l'on est de remettre en question le point sur lequel il a été statué. On explique en général ce résultat par une présomption de vérité attachée à la décision du juge. *Res judicata pro veritate habetur.* En réalité, le fondement de l'autorité de la chose jugée se trouve dans cette considération d'ordre public suivant laquelle les litiges ne doivent pas s'éterniser. Les plaideurs bénéficient des garanties de l'organisation judiciaire : principe du double degré de juridiction, contrôle de la Cour de cassation. Certes, les appréciations des magistrats sont sujettes à erreur ; mais, comme il y aurait autant de risques d'erreur dans un nouveau jugement, il vaut mieux que, lorsqu'une décision a été obtenue avec toutes les garanties de régularité, le litige soit tranché une fois pour toutes [4].

La chose jugée ne permet pas de remettre en question ce qui a été précédemment décidé. Si la partie perdante s'avisait de recommencer un procès, son adversaire pourrait couper court à celui-ci en excipant de la chose jugée et sans avoir à prouver le fond de son droit ; l'autorité de la chose

1. V. Barrère, La rétractation du juge civil, *Mélanges Hébraud*, 1981, p. 1 s.

2. Le juge ne pourrait modifier sa décision sous prétexte de l'interpréter : V. Civ. 1re, 30 mars 1965, *JCP* 1965, II, 14249, note P. P. ; Crim. 23 oct. 1969, *D.* 1970, 5, note J.-M. R., *JCP* 1970, II, 16370, note Chambon.

3. V. Dupré, *La rectification des décisions judiciaires en dehors des voies de recours*, thèse Toulouse, 1941. – Sur l'erreur « rectifiable », v. Ass. plén., 1er avril 1994, *D.* 1994, 293, concl. av. gén. M. Jéol, *RTD civ.* 1994, 681 s., obs. R. Perrot.

4. L. Boyer, Les effets des jugements à l'égard des tiers, *RTD civ.* 1951, 163 ; Jean Foyer, *De l'autorité de la chose jugée en matière civile. Essai d'une définition*, thèse Paris, 1954 ; H. Motulsky, Pour une délimitation plus précise de l'autorité de la chose jugée en matière civile, *D.* 1968, chron. 1, et *Écrits*, t. 1, *Études et notes de procédure civile*, 1973, p. 201 s. ; D. Tomasin, *Essai sur l'autorité de la chose jugée en matière civile*, thèse Toulouse, 1973, éd. 1975. – Rappr. S. Cotta, La question de la vérité du jugement, *Mélanges F. Terré*, 1999, p. 37 s.

jugée est une présomption irréfragable (v. *supra*, n° 585) qui ne souffre aucune preuve contraire, même par l'aveu ou le serment.

Étant donné que le fondement de l'autorité de la chose jugée se trouve dans les nécessités d'une bonne administration de la justice, donc dans une considération d'ordre public, on pourrait penser que la règle est elle-même d'ordre public. La jurisprudence ne l'a cependant pas admis : l'exception de chose jugée est considérée comme un bénéfice personnel auquel on peut renoncer [1]. En outre, les tribunaux et le ministère public ne peuvent soulever d'office le moyen tiré de l'autorité de la chose jugée [2].

751 ***Domaine de l'autorité de la chose jugée*** ◇ À quelles décisions cette autorité est-elle attachée ? « L'autorité de la chose jugée », dispose l'article 1351 du Code civil, « n'a lieu qu'à l'égard de ce qui a fait l'objet du jugement ». Plus précisément, l'autorité de la chose jugée ne s'attache qu'aux décisions contentieuses, sur le fond, et seulement, en principe, au dispositif de ces décisions.

1) La décision *gracieuse*, ne tranchant aucun litige (*supra*, n° 351), est dépourvue de l'autorité de la chose jugée au sens de l'article 1351 du Code civil ; aussi bien, une requête repoussée peut être réitérée. Mais si, en sens inverse, le juge peut, après avoir accueilli une requête, rétracter celle-ci, ce n'est normalement que dans la mesure où les circonstances ont changé ; dans le cas contraire, on discerne donc déjà une dose, réduite il est vrai, d'autorité de la chose jugée.

2) L'autorité de la chose jugée ne s'attache qu'aux décisions *sur le fond*, c'est-à-dire qui tranchent tout ou partie du *principal* (en d'autres termes, de l'objet du litige) ou qui statuent sur une exception de procédure, une fin de non-recevoir ou tout autre incident (C. pr. civ., art. 480). Inversement, les jugements qui se bornent, dans leur dispositif, à ordonner une mesure d'instruction ou une mesure provisoire n'ont pas, *au principal*, autorité de la chose jugée (C. pr. civ., art. 482) [3].

L'autorité de la chose jugée est attachée aux jugements sur le fond, indépendamment de la possibilité d'une voie de recours. Elle se renforce cependant à mesure que l'éventualité des voies de recours s'éloigne ou que ces voies de recours ont été exercées. C'est pourquoi l'on dit qu'a *force de chose jugée* le jugement qui n'est susceptible d'aucun recours suspensif d'exécu-

---

1. Civ. 27 janv. 1857, *DP* 1857, 1, 82 ; Req. 11 déc. 1895, *DP* 1896, 1, 468.

2. Civ. 24 oct. 1951, *JCP* 1952, II, 6806, note R. Perrot, *RTD civ.* 1952, 254, obs. Hébraud ; Civ., 1re sect. civ., 17 nov. 1967, *JCP* A. 1967, IV, 5175, obs. J. A. – La chose jugée, même au criminel, ne donne pas lieu à une exception – disons plus exactement à une fin de non-recevoir – *d'ordre public* lorsque seuls les intérêts privés des parties sont en cause ; et elle ne peut être proposée pour la première fois en cassation : Civ. 2e, 25 oct. 1972, *D.* 1973, 89.

3. On veut dire par là que la décision ne lie pas le juge quant au principal, même s'il s'en dégage déjà le sens probable dans lequel celui-ci paraît s'orienter. Mais, sur ce qui n'est pas le principal, il y a déjà une dose d'autorité de la chose jugée : ainsi est-ce seulement en cas de changement des circonstances que des mesures avant dire droit peuvent être modifiées. – *Adde*, Watrin, L'autorité de la chose jugée en droit administratif français, *Ann. Fac. dr. Istanbul* 1958, p. 29 s.

tion ou, s'il est susceptible d'un tel recours, le jugement rendu lorsque, à l'expiration du délai du recours, celui-ci n'a pas été exercé dans le délai (C. pr. civ., art. 500). On dit aussi qu'à une étape ultérieure, le jugement devient *irrévocable* lorsque les délais des voies de recours extraordinaires (tierce opposition, recours en révision, pourvoi en cassation) sont écoulés ou après que ces voies ont été utilisées.

752 ***Conditions de l'autorité de la chose jugée*** ◊ Pour que l'autorité de la chose jugée puisse être invoquée, il faut qu'il y ait, entre la demande actuelle et le procès précédent : 1. identité d'*objet ;* 2. identité de *cause ;* 3. identité de *personnes* et de *qualités* (art. 1351). Il suffit qu'une des trois conditions requises par la loi fasse défaut pour que l'autorité de la chose jugée ne puisse pas être invoquée.

753 ***Identité d'objet*** ◊ L'autorité de la chose jugée n'a lieu qu'à l'égard de ce qui a fait l'objet du jugement et à condition que la chose demandée soit la même dans les deux procès. Mais cela ne signifie d'ailleurs pas qu'il y ait toujours identité d'objet si la même chose matérielle est en jeu. Il n'y a lieu à exception de chose jugée que si l'on réclame *le même droit* sur la chose. Ainsi, après qu'on a échoué dans une instance en revendication d'un immeuble, rien ne s'oppose à ce qu'on prétende avoir sur cet immeuble un droit d'usufruit ou de servitude.

754 ***Identité de cause*** ◊ La *cause* d'une demande, aux termes de l'article 1351, c'est le fait ou l'acte qui constitue le fondement direct et immédiat du droit que l'on prétend invoquer. On peut valablement, par une demande en justice, tendre au même résultat qu'on n'avait pu atteindre dans une précédente instance, si l'on invoque, à l'appui de sa prétention, non pas un nouvel argument ou un nouveau moyen à l'appui d'une prétention déterminée, mais ce que l'on appelle encore, en la matière, un fait juridique différent. Par exemple, après avoir poursuivi vainement la nullité d'un testament pour vice de forme, l'héritier peut demander cette même nullité en se fondant sur l'insanité d'esprit du testateur au moment de sa rédaction [1].

755 ***Identité de personnes. Principe de l'autorité relative de la chose jugée*** ◊ L'autorité de la chose jugée est subordonnée à l'existence d'une troisième condition : il doit y avoir identité de parties ; il faut « que la demande soit entre les mêmes parties, et formée par elles ou contre elles en la même qualité » (C. civ., art. 1351). Cette condition exprime le principe de l'autorité *relative* de la chose jugée. Si les parties en présence dans

1. Req. 28 oct. 1885, *DP* 1886, I, 253. – V. H. Motulsky, La cause de la demande dans la délimitation de l'office du juge, *D.* 1964, chron. 235, et *Écrits* t. 1, *Études et notes de procédure civile*, préc., p. 101 s. ; J.-P. Gilli, *La cause juridique de la demande en justice. Essai de définition*, thèse Paris, 1962 ; Normand, *Le juge et le litige*, thèse Paris, 1965 ; V. aussi D. Tomasin, *op. cit.*, p. 192 s.

deux procès ne sont pas les mêmes, y eût-il identité d'objet et de cause, la deuxième demande ne pourra être repoussée en raison de la chose jugée. *Res inter alios judicata aliis neque nocere neque prodesse potest.*

Il n'y a identité de parties que si la même personne a figuré en la même qualité dans les deux instances. Ainsi la chose jugée avec le tuteur comme représentant du mineur ne peut lui être opposée lorsqu'il reproduit la même demande en son nom personnel [1]. C'est ainsi encore qu'un père qui aurait échoué dans une instance en revendication soutenue au nom de ses enfants mineurs et comme leur administrateur légal pourrait reprendre cette revendication en prétendant, la seconde fois, être lui-même le propriétaire.

Mais on considère comme ayant été parties dans une instance, non seulement les parties qui y ont figuré en personne comme demanderesses ou défenderesses, ou y ont été vainement appelées, mais encore celles qui ont été représentées (mandants, ayants cause *universels* ou *à titre universel* : héritiers, légataires universels ou à titre universel...).

756 ***Limites de la relativité de l'autorité de la chose jugée*** ◊ Au principe de relativité de l'autorité de la chose jugée, il est apporté des exceptions dont la portée est variable.

1) Au sujet du *contentieux administratif*, qui relève au demeurant d'un régime spécifique, on se bornera à observer qu'une autorité absolue de chose jugée est, en principe, attachée aux décisions rendues en matière de *recours pour excès de pouvoir*, tandis qu'en cas de *recours de plein contentieux*, le jugement rendu n'est doté que d'une autorité relative.

2) Bien que la solution ne soit pas formulée par la loi, il est admis d'une manière constante que les *décisions rendues en matière pénale ont une autorité absolue*. Cette solution s'explique par le fait que le juge pénal ne se contente pas de statuer, comme le juge civil, sur les points qui lui sont soumis et qu'il dispose de plus grands pouvoirs quant à la conduite du procès et quant à la recherche des preuves. C'est pourquoi l'autorité de sa décision est absolue, et non relative, ce qui correspond à l'intérêt général. Ainsi, s'agissant de l'autorité de la chose jugée au pénal sur un procès pénal, en cas de décision pénale définitive, la personne qui a été l'objet de ce jugement ne peut plus, à la demande de quiconque, être poursuivie pour les mêmes faits, même s'il était avéré que le jugement a été mal rendu.

Cette autorité s'applique à l'égard de toutes personnes. Il en résulte qu'un *juge civil ne peut méconnaître ce qui a été définitivement jugé au criminel*, s'il est saisi, par exemple, de l'action en réparation du dommage causé par une infraction pénale ou de toute autre action fondée sur le fait jugé par

---

1. Civ. 28 août 1849, *DP* 1850, 1, 57. De même il a été jugé que la condition de l'identité de qualité n'est pas remplie lorsque l'une des parties, précédemment assignée en son nom personnel, est prise, dans un second litige, en qualité de membre d'une société commerciale (Req. 28 févr. 1911, *DP* 1913, 1, 405).

le tribunal répressif [1]. Ainsi, lorsque le juge répressif a condamné un prévenu pour homicide par imprudence, cette condamnation implique nécessairement, de la part du condamné, une faute dont le juge civil, saisi de l'action civile en dommages-intérêts, ne peut nier l'existence. Inversement, l'acquittement au pénal n'implique pas nécessairement l'absence de faute civile, car, d'une part, le juge civil peut retenir un fait sur lequel le tribunal répressif n'a pas eu à se prononcer et, d'autre part, les faits invoqués peuvent ne pas constituer à eux seuls une infraction pénale et renfermer les éléments mettant en jeu la responsabilité civile [2].

757 ***d) Jugements déclaratifs et jugements constitutifs*** ◊ Parmi les décisions que rendent les tribunaux, certaines constatent un droit ou une situation existant antérieurement à la demande en justice, encore qu'ils soient l'objet d'un litige : le jugement reconnaît, par exemple, que le demandeur a un droit de propriété sur une chose détenue par le défendeur, ou encore un jugement faisant droit à une action en recherche de paternité naturelle proclame établi le lien de filiation entre le demandeur et le défendeur. De tels jugements sont dits *déclaratifs*. Mais il y a des jugements *constitutifs* d'un état de droit nouveau, qui changent la situation juridique antérieure : par exemple, un jugement de divorce ou un jugement mettant en tutelle un malade mental.

À cette distinction sont attachées des différences importantes quant à l'autorité de la chose jugée, les jugements déclaratifs n'ayant, en principe, qu'une autorité relative, les jugements constitutifs étant considérés comme ayant une autorité absolue. En outre, les jugements constitutifs, créant une situation nouvelle, ne peuvent rétroagir ; à la différence des jugements déclaratifs, leurs effets ne peuvent rejaillir sur le passé. Au vrai, cette différence doit être atténuée, car les jugements constitutifs peuvent comporter une certaine rétroactivité [3]. Inversement, certains effets des jugements en principe déclaratifs (hypothèque judiciaire, effet dit constitutif des

---

1. V. P. Hébraud, *L'autorité de la chose jugée au criminel sur le civil*, thèse Toulouse, 1929 ; Valticos, *L'autorité de la chose jugée au criminel sur le civil*, thèse Paris, 1948 ; Chavane, Les effets du procès pénal sur le procès engagé devant le tribunal civil, *Rev. sc. crim.* 1954, p. 239 s. – V. aussi Y. Saint-Jours, Du principe de l'autorité de la chose jugée au criminel en matière de faute inexcusable, *D.* 1969, chron. 229. – Sur l'autorité de la chose jugée au pénal à l'égard de l'Administration, v. CE 3 janv. 1975, *D.* 1976, 7, note M. Petite ; comp. sur l'autorité de la chose jugée par la juridiction administrative (en matière de contentieux fiscal) à l'égard du juge pénal : Crim. 9 avril 1970, *D.* 1970, 755, note Valter ; et, sur l'autorité de la chose jugée au civil à l'égard des juridictions administratives : Lavroff, note *D.* 1967, 343, sous CE 24 juin 1966.

2. Aux termes de l'article 4-1 C. pr. pén. (réd. L. 10 juill. 2000), « l'absence de faute non intentionnelle au sens de l'article 121-3 du Code pénal ne fait pas obstacle à l'exercice d'une action devant les juridictions civiles afin d'obtenir la réparation d'un dommage sur le fondement de l'article 1383 du Code civil si l'existence de la faute prévue par cet article est établie, ou en application de l'article L. 452-1 du Code de la sécurité sociale si l'existence de la faute inexcusable prévue par cet article est établie ».

3. Ex. : la date des effets du divorce, v. F. Terré et D.e Fenouillet, *La famille*, 8e éd. 2011, n° 270 s.

jugements fixant des dommages-intérêts délictuels) ne rétroagissent pas : le jugement ne rétroagit qu'en tant qu'il reconnaît le droit préexistant [1].

En matière administrative, les jugements constitutifs sont rares parce que, la plupart du temps, les recours tendent à faire constater par le juge soit la nullité d'un acte administratif, soit l'existence d'un droit.

§ 2. **Les jugements**

758 ***Ordonnances, jugements, arrêts*** ◊ D'après la juridiction dont émane la décision, on appelle :

- *ordonnances*, les décisions émanant d'un président de tribunal ou d'un premier président de cour d'appel statuant sur requête ou après un référé, d'un juge commis par le tribunal, d'un juge d'instruction, etc. ;

- *jugements*, les décisions rendues par un tribunal statuant en première instance : tribunal d'instance, de grande instance ou de commerce, tribunal administratif, conseil de prud'hommes... ;

- *arrêts*, les décisions des cours d'appel, du Conseil d'État et de la Cour de cassation.

759 ***Jugements avant dire droit et jugements sur le fond*** ◊ Au point de vue de l'effet qu'ils peuvent avoir sur le litige, on distingue les jugements *avant dire droit* et les jugements *sur le fond*.

1) Au cours de l'instance, le tribunal peut prendre certaines décisions, qui lui paraissent nécessaires et qui lui sont demandées par les parties, avant de trancher au fond les questions à lui soumises, *avant qu'il ne dise le droit* sur la question. Ces décisions sont de deux sortes :

a) *Jugements provisoires* : ce sont des décisions qui ordonnent une mesure urgente destinée à sauvegarder, durant l'instance, un intérêt compromis par le procès, par exemple l'ordonnance autorisant, au cours d'une instance en divorce ou en séparation de corps, les époux à résider séparément ou l'ordonnance allouant une pension alimentaire provisoire à l'un des conjoints.

b) *Jugements relatifs à l'instruction* : ce sont des jugements qui, sans trancher le fond du procès, acheminent celui-ci vers la solution ; ils se distinguent des jugements provisoires en ce qu'ils ont un lien étroit avec le débat ; c'est le cas d'un jugement ordonnant une enquête, une expertise, une comparution personnelle ; les mesures d'instruction, en procurant au tribunal des éléments d'information, lui permettent de statuer sur le fond.

2) *Le jugement sur le fond* est celui qui règle soit tout le litige ou seulement certains de ses points, soit des incidents autres que ceux relatifs à des mesures d'instruction et à des demandes provisoires, de telle façon que le juge n'aura plus à examiner les points tranchés par ce jugement. Ainsi en

---

1. V. L. Mazeaud, De la distinction des jugements déclaratifs et des jugements constitutifs de droits, *RTD civ.* 1929, 17 s.

est-il du jugement qui statue sur le fond du droit, ou qui tranche un incident, comme celui qui est soulevé par une exception d'incompétence [1].

760 ***Rédaction des jugements*** ◊ En principe, un jugement comprend, dans un document essentiel (l'original est appelé la *minute*), trois catégories d'énonciations (C. pr. civ., art. 454 et 455).

a) Certaines permettent de vérifier la *régularité formelle du jugement*. On doit y trouver les indications suivantes : la juridiction dont il émane, le nom des juges qui en ont délibéré ; la date du jugement ; le nom du représentant du ministère public s'il a assisté aux débats ; le nom du secrétaire ; le cas échéant, le nom des avocats ou de toute personne ayant représenté ou assisté les parties. Il se peut, en outre, que d'autres mentions soient obligatoires, compte tenu des particularités de tel ou tel procès.

b) D'autres mentions sont *relatives aux parties et aux prétentions* soumises à l'examen du juge. Le jugement doit indiquer les nom, prénoms ou dénomination de chaque partie ainsi que son domicile ou siège social ; en matière gracieuse, il doit indiquer le nom des personnes auxquelles il doit être notifié. Il doit exposer succinctement les prétentions respectives des parties, c'est-à-dire les différents chefs de demande, tels qu'ils ont été formulés par les conclusions des parties (demande principale, reconventionnelle ou en intervention), ainsi que les *moyens* servant de support aux différentes demandes et auxquels il doit être répondu dans le jugement.

c) Les dernières mentions ont trait à la *décision proprement dite* avec ses motifs et son dispositif.

Les *motifs* sont, le plus souvent, rédigés sous forme d'« attendu que... » ou de « considérant que... ». Ce sont les raisons qui justifient la décision. Le juge y mentionne les faits et actes qu'il retient comme preuves établies, y répond aux prétentions qu'il repousse, invoque les règles juridiques, notamment les textes ou les principes sur lesquels il appuie son opinion. Leur existence correspond à une garantie essentielle tant de bonne justice pour les plaideurs que de connaissance de la jurisprudence par les justiciables [2].

Certaines décisions sont toutefois *dispensées de l'obligation des motifs*, soit parce qu'elles se suffisent à elles-mêmes (*jugements préparatoires*), soit par discrétion (*jugements d'adoption, C. civ.*, art. 353, al. 4), soit encore parce que le tribunal jouit d'un *pouvoir discrétionnaire* (décision de sursis à statuer).

Le dispositif est la partie la plus importante du jugement puisqu'il contient la solution du litige : le juge accorde au demandeur le bénéfice de ses conclusions ou le déboute en tout ou partie, prononce les condamnations ou ordonne les restitutions nécessaires et met les frais (dépens) à la charge de la partie perdante, à moins que par une décision motivée, il n'en mette la totalité ou une fraction à la charge d'une autre partie (C. pr. civ., art. 696).

---

1. Sur les *jugements mixtes*, à la fois sur le fond et avant dire droit, v. G. Durry, Les jugements dits « mixtes », *RTD civ.* 1960, 5 s.

2. G. Giudicelli-Delage, *La motivation des décisions de justice*, thèse Poitiers 1979 ; Sophie Gjidara, La motivation des décisions de justice : impératifs anciens et exigences nouvelles, *LPA* 26 mai 2004, p. 3 s.

CHAPITRE 3
LES PROCÉDURES

761 ***Présentation*** ◊ Dérivant du mot latin *procedere*, c'est-à-dire *avancer*, le mot de procédure convient précisément, dans un sens strict, pour désigner les démarches, jalonnées d'actes - au sens matériel ou au sens formel : *negotium, instrumentum* - qui caractérisent les itinéraires judiciaires [1]. Même dans cette acception en termes de cheminement, le mot *procédure* peut servir à désigner des comportements par rapport aux administrations - fiscales ou autres - et non par rapport aux juridictions. On s'en tiendra pourtant, dans le présent cadre, aux schémas des *principales procédures* (Section 2), après avoir exposé quelques *principes directeurs* (Section 1).

SECTION 1. PRINCIPES DIRECTEURS

762 ***Procès et triade*** ◊ Triade ? Voici un terme volontiers considéré comme étant d'ordre philosophique, mais qui peut être aussi fort utile en droit. La triade est définie comme un assemblage de trois personnes, de trois unités, de trois divinités. Retenons le mot dans le contexte d'un procès simple : un demandeur, un défendeur, un juge [2]. Au sujet des principes qui gouvernent la matière, l'imprégnation est profonde (v. aussi en matière d'application de la loi dans le temps, *supra*, n°s 514 s.). Il convient donc de se référer au *droit européen des droits de l'homme* (§ 1), avant de considérer le *droit processuel français* (§ 2) [3]. - Sur les principes du droit de la preuve, v. *supra*, n°s 567 s.

§ 1. Droit européen des droits de l'homme

763 ***Le droit à un procès équitable*** ◊ Fréquemment invoqué à l'appui des recours, le droit à un procès équitable constitue une pièce maîtresse du

1. V. *Le temps dans la procédure*, dir. J.-M. Coulon et M.-A. Frison-Roche, Dalloz, 1996. S. Amrani-Mekki, *Le temps et le procès civil*, thèse Paris II, éd. 2002.

2. V. E. Couture Le procès comme institution, *RIDC* 1950, 276 s. ; C. Cerda, *La nature du procès*, thèse ronéot. Paris II, 1979. - V. aussi Le procès, *Arch. phil. droit*, t. 39, 1995.

3. V. J.-P. Chaudet, *Les principes généraux de la procédure administrative contentieuse*, thèse Rennes, éd. 1967 ; G. Cornu, Les principes directeurs du procès civil par eux-mêmes (fragment d'un état des questions), *Mélanges Bellet*, 1991, p. 83 s. ; G. Bolard, Les principes directeurs du procès civil : le droit positif depuis Henri Motulsky, *JCP* 1994, I, 3693. - Rappr. J.-F. Burgelin, J.-M. Coulon et Marie-Anne Frison-Roche, Le juge des référés au regard des principes procéduraux, *D.* 1995, chron. 67 s.

droit européen des droits de l'homme [1]. Sans doute la nécessité de protéger le citoyen face à la juridiction répressive avait, depuis longtemps, appelé l'attention des auteurs de déclarations. On en voudra notamment pour preuve la Déclaration de 1789 (spéc. art. 7). Mais l'article 6 de la Convention européenne des droits de l'homme constitue en philosophie et en théorie générale du droit de la procédure, en méta-procédure, en procédure tout simplement, un texte fondamental et novateur [2].

« Toute personne a droit à ce que sa cause soit entendue équitablement, publiquement et dans un délai raisonnable [3], par un tribunal indépendant et impartial [4], établi par la loi, qui décidera, soit des contestations sur ses droits et obligations de caractère civil, soit du bien-fondé de toute accusation en matière pénale dirigée contre elle. Le jugement doit être rendu publiquement, mais l'accès de la salle d'audience peut être interdit à la presse et au public pendant la totalité ou une partie du procès dans l'intérêt de la moralité, de l'ordre public ou de la sécurité nationale dans une société démocratique, lorsque les intérêts des mineurs ou de la protection de la vie privée des parties au procès l'exigent, ou dans la mesure jugée strictement nécessaire par le tribunal, lorsque dans des circonstances spéciales la publicité serait de nature à porter atteinte aux intérêts de la justice » (Conv., art. 6.1). Des dispositions de l'article 6.2 et de l'article 6.3 résultent diverses règles protectrices des personnes accusées d'une infraction pénale et s'ordonnant autour de la présomption d'innocence (art. 6.2) [5].

La protection couvre donc les causes civiles, pas seulement les causes pénales, l'expression « contestations sur les droits et obligations de caractère civil » visant « toute procédure dont l'issue est déterminante pour des droits et obligations de caractère privé » [6].

L'éventail des droits garantis est très large. Il comporte le droit à un tribunal, c'est-à-dire un droit d'accès des justiciables aux tribunaux, qui peut sans doute être réglementé, mais à condition que cette réglementation tende à une bonne administration de la justice [7].

---

1. V., not., La Convention européenne des droits de l'homme et la justice française en 1992, *Gaz. Pal.* 1992, 1, doctr. 181 s. ; v. Klein et C. Mestre, La Cour européenne, le juge constitutionnel et le droit à un procès équitable, *Bull. Europe*, févr. 1994, p. 1 s. ; v. aussi *Les nouveaux développements du procès équitable au sens de la Convention européenne des droits de l'homme*, éd. Bruylant Bruxelles 1996, spéc. les concl. gén. de G. Cohen-Jonathan, p. 158 s. ; S. Guinchard, Le procès équitable : garantie formelle ou droit substantiel ?, *Mélanges Farjat*, 1999, p. 139 s.
2. V. G. Rouhette, L'ordre juridique processuel, Réflexions sur le droit du procès, *Mélanges Raynaud*, 1985, p. 687 s.
3. Crim. 7 févr. 1993, *D.* 1993, 515, note J.-F. Renucci.
4. V., not., au sujet d'un juge se saisissant d'office, Com. 3 nov. 1992 et 16 mars 1993, *D.* 1993, 538, note J.-L. Vallens.
5. J. Raymond, *Les droits judiciaires en matière non répressive*, Ann. Univ. sciences sociales de Toulouse 1980, p. 85 s. ; Poncet, *La protection de l'accusé par la convention européenne des droits de l'homme*, Genève, 1977. – V. même au sujet de la procédure devant la Cour de cassation française, les obs. de J.-P. Marguénaud, *RTD civ.* 1998, 511 ; v. aussi CEDH 21 mars 2000, *aff. Dulaurans*, *JCP* 2000, II, 10344, note A. Perdriau. – Rappr. *supra*, n° 361.
6. CEDH 16 juill. 1971, *Ringeisen*, série A, n° 13, par. 4.
7. Sur la nécessité du caractère effectif du droit d'accès à la justice et sur les moyens d'y parvenir (ex. : aide judiciaire, simplification de la procédure...).

764 ***Les garanties procédurales*** ◊ De l'article 6 de la Convention européenne des droits de l'homme découlent, outre des garanties spéciales destinées aux accusés en matière pénale, des garanties générales propres à exprimer une synthèse du droit européen de la procédure : droit à un tribunal indépendant et impartial établi par la loi, droit à ce que la cause soit entendue publiquement et dans un délai raisonnable [1]. Autant de formules des plus louables et qui ont, d'ores et déjà, donné lieu en droit européen à d'amples développements. On retiendra tout particulièrement ce droit à un procès équitable autour duquel le reste s'éclaire : en elle-même, la référence à l'équité est significative (*supra*, n°s 16 s.), spécialement en droit international (*supra*, n° 342). Mais, dans le présent cadre, elle prend en outre un sens concret, lié aux données de chaque affaire et à l'ensemble de la procédure à l'issue de laquelle l'instance a pris fin ; d'où le recours à une vérification *in concreto*.

De là a été notamment déduite la nécessité de motiver les jugements [2]. Et il en a été de même du « principe de l'égalité des armes » : « le droit à un procès équitable garanti par l'article 6, par. 1, de la Convention paraît impliquer que toute partie à une action civile (et *a fortiori* en matière pénale) doit avoir une possibilité raisonnable d'exposer sa cause au tribunal dans des conditions qui ne la désavantagent pas d'une manière appréciable par rapport à la partie adverse » [3]. Ainsi a été nettement affirmée la nécessité d'un débat effectivement contradictoire en matière civile et pénale et, expressément formulé par la Cour européenne des droits de l'homme, « le principe de l'égalité des armes découlant de la notion de procès équitable » [4]. De là tout un mouvement jurisprudentiel tendant à renforcer les exigences relatives à l'impartialité d'un tribunal. Ainsi, « lorsqu'un juge a statué en référé sur une demande tendant à l'attribution d'une provision en raison du caractère non sérieusement contestable d'une obligation, il ne peut statuer ensuite sur le fond du litige afférent à cette obligation » [5]. La littérature juridique est, en la matière, d'une très grande abondance [6].

---

1. V. not. CEDH 3 juill. 2001, *D.* 2002, somm. 689, obs. Sophie Perez : la durée raisonnable de la procédure s'apprécie au regard de la complexité de l'affaire, du comportement du requérant et de celui des autorités compétentes.

2. Comm. europ., déc. n° 1035-61, *Annuaire Conv. EDH*, p. 192 ; v. les obs. de J.-P. Marguénaud, *RTD civ.* 1998, 516.

3. Comm. europ., déc. n° 434-58, 30 juin 1959, *Annuaire Conv. EDH*, p. 371.

4. Arrêt du 6 mai 1985, série A, n° 92, par. 32. – V., sur la procédure devant la Cour de cassation, *supra*, n°s 149 s., et le Conseil d'État, *supra*, n° 172.

5. Aux auteurs cités, *adde* les multiples références *in Code de la CEDH*, préc. – Sur le droit à « l'expertise équitable », v. la chron. de J.-P. Marguénaud, *D.* 2000, 111 s. – V. aussi, au sujet des autorités administratives indépendantes, *supra*, n°s 333 s.

6. V. Marie-Anne Frison-Roche, *Généralités sur le principe du contradictoire (Étude de droit processuel)*, thèse ronéot. Paris II, 1988 ; O. Gohin, *La contradiction dans la procédure administrative contentieuse*, thèse Paris II, éd. 1988 ; L. Miniato, *Le principe du contradictoire en droit processuel*, thèse Toulouse I, éd. 2008 ; G. Bolard, Les juges et les droits de la défense, *Mélanges Bellet*, 1991, p. 49 s. ; G. Flécheux, Le droit d'être entendu, *Mélanges Bellet*, préc., p. 149 s. ; V. Haïm, L'écrit et le principe du contradictoire dans la procédure administrative contentieuse, *AJDA* 1996, 715 s. ; v. aussi en matière d'expertise, Civ. 2e, 19 janv. 2006, *D.* 2006, IR, p. 322 ; v. aussi sur l'application du principe

§ 2. Droit processuel français

765 ***Présentation*** ◊ À la lumière - ou à l'ombre - du « procès équitable », il convient d'envisager désormais les rôles des acteurs et leurs modes d'expression dans le droit processuel français.

A. Les rôles des acteurs

766 ***L'instance*** ◊ On entend ici le mot *rôle* non pas dans le sens technique qu'il a lorsqu'on l'emploie pour désigner un registre (la « mise au rôle »), mais dans son sens courant, ordinaire, tenant au *comportement* des divers protagonistes.

Cela étant dit, on observe que l'instance comprend toute une série d'actes ou d'opérations accomplis selon certaines formes, soit par les parties, soit par leurs auxiliaires, soit par le juge lui-même. Il convient alors de signaler que les diverses procédures se caractérisent en fonction de leur plus ou moins grande fidélité à trois principes directeurs : le principe du contradictoire, le principe de loyauté et le principe dispositif.

767 ***1° Le principe du contradictoire*** ◊ Qu'il s'agisse du fait ou du droit, il convient de respecter les droits de la défense ou, dit-on encore, le principe de contradiction. Destiné à protéger les parties contre les manœuvres de l'adversaire et contre la partialité ou la négligence du juge, s'imposant à celui-ci et à celles-là, le principe de contradiction, qui domine la plupart des contentieux, après s'être surtout affirmé en matière pénale, tend à assurer l'équilibre du procès dans le respect d'une exigence fondamentale qu'il convient d'envisager successivement dans les rapports entre les parties au procès et quant au comportement du juge [1].

768 ***a) Entre les parties*** ◊ Longtemps l'exigence d'un procès équitable et loyal s'est exprimée par celle d'un respect des droits de la défense. La formule, à connotation pénale, a été justement abandonnée au profit de ce que l'on a appelé le principe de contradiction ou principe du contradictoire, dont l'une ou l'autre partie au procès est en droit de se prévaloir [2].

---

du contradictoire devant la Cour de cassation, CEDH 13 oct. 2005, *Clinique des Acacias et a. c/ France*, *JCP* 2006, I, 109, n° 6, par F. Sudre. - Rappr. Brigitte Daille-Duclos, Le respect du contradictoire devant les autorités administratives non juridictionnelles, *CCC* juin 2000, p. 4 s.

1. Ainsi en est-il des ordonnances sur requête que le président du tribunal de grande instance peut prendre en application de l'article 812 du C. pr. civ. : ce président est « saisi par requête dans les cas spécifiés par la loi » (ex. : C. pr. civ., art. 1008), par exemple afin qu'il ordonne un constat. « Il peut également ordonner sur requête toutes mesures urgentes lorsque les circonstances exigent qu'elles ne soient pas prises contradictoirement ».

2. CEDH 31 mars 1998, *Reinhardt et Slimane-Kaïd*, *JCP* 1999, II, 10074, note S. Soler ; V. Ph. Malaurie, La Cour de cassation, son parquet général et la Cour européenne des droits de l'homme, *LPA* 7 mars 2003, p. 3. - La Cour a aussi décidé que l'absence de communication aux requérants des conclusions de l'avocat général est contraire à l'art. 6 § 1 de la Convention EDH, CEDH 23 janv. 2003, *JCP* 2003, Act. 385.

« Nulle partie ne peut être jugée sans avoir été entendue ou appelée » (C. Pr. civ., art. 14). Il en résulte que nul ne peut - sous réserve des dispositions relatives à la procédure pénale - être demandeur à une instance s'il n'en a pas exprimé la volonté et que, s'il est défendeur, il doit avoir été entendu ou appelé. De ces formules on ne peut déduire que toute instance doive être nécessairement contradictoire. Il se peut tout d'abord qu'une partie, appelée à l'instance, ne comparaisse pas, c'est-à-dire fasse défaut, ce qui n'empêche pas le juge de juger (jugement par défaut, jugement « réputé contradictoire ») ; il se peut aussi qu'une décision soit prise par le juge à la suite d'une démarche unilatérale d'un plaideur et sans que l'autre soit prévenu. Mais, de toute façon, « lorsque la loi permet ou la nécessité commande qu'une mesure soit ordonnée à l'insu d'une partie, celle-ci dispose d'un recours approprié contre la décision qui lui fait grief » (art. 17).

Le principe du contradictoire gouverne le comportement des parties durant l'instance. Elles « doivent se faire connaître mutuellement et en temps utile les moyens de fait sur lesquels elles fondent leurs prétentions, les éléments de preuve qu'elles produisent et les moyens de droit qu'elles invoquent, afin que chacune soit à même d'organiser sa défense » (art. 15). Cet échange est de l'essence du contradictoire ; c'est à travers lui qu'opère le principe dispositif (*infra*, n° 772) et que se délimite la chose jugée (*supra*, nos 753 s.).

769 ***b) À l'égard du juge. « Nul ne peut être juge et partie »*** ◊ La distinction des parties et du juge est illustrée, en termes de contradictoire, par une règle non écrite, mais ancienne suivant laquelle nul ne peut être juge et partie (*nemo judex in re sua*). Derrière les dispositions propres à prévenir la partialité d'un juge intéressé, au moyen d'incapacités, d'incompatibilités ou de récusations, on constate la présence d'une exigence naturelle. À une époque récente, la question a pris un aspect d'actualité lorsque la CEDH a condamné la France pour méconnaissance du « droit au procès équitable » prévu à l'article 6 § 1 de la Convention EDH (*supra*, n° 763), essentiellement mais pas uniquement du fait que, contrairement à la pratique de la Cour de cassation, un membre du ministère public (procureur général ou avocat général) ne devait pas être associé à l'acte du juge [1]. La CEDH a adopté une position analogue relativement au Conseil d'État au sujet des commissaires du Gouvernement (*supra*, n° 175) [2]. Les discussions et réflexions suscitées par la position de la CEDH ne sauraient amoindrir l'importance d'une exigence très générale. Si nul ne peut être

---

1. CEDH 7 juin 2001, *Kress c/ France*, *D.* 2001, 2619, note R. Drago, *JCP* 2001, II, 10578, note F. Sudre ; rappr. CEDH 5 juill. 2005, *Loyen c/ France*, *AJDA* 2005, 1593, Tribune J.-F. Flauss *D.* 2005, 2617, Tribune J. Andriantsimbazovina ; v. aussi CEDH 26 juill. 2002, *Meftah c/ France*, *D.* 2003, 593, obs. N. Fricero.

2. V. F. Bussy, Nul ne peut être juge et partie, *D.* 2004, chron. 1745 s. - V. cep., au sujet du juge administratif des référés, P. Cassia, Le juge administratif des référés et le principe d'impartialité, *D.* 2005, chron. p. 1182 s. - V., au sujet du juge des libertés ayant siégé au sein de la chambre d'instruction, Crim. 12 février 2003, *JCP* 2003, Act. 168.

juge et partie, nécessité naturelle, il en va ainsi dans de nombreuses situations processuelles, une partie ne peut participer au jugement qui la concerne, qu'il s'agisse d'une personne privée ou d'une partie assurant la défense de l'intérêt public. Et s'agissant plus particulièrement du juge, celui-ci ne peut être partie à l'instance sur recours formé contre sa décision, ni partie à un litige incident à celui dont il a été saisi [1].

Il arrive cependant que certaines innovations d'ordre procédural réveillent le débat. Ainsi en est-il depuis que la loi du 9 mars 2004, étendant en matière pénale le domaine des procédures consensuelles, a aménagé une procédure de comparution sur reconnaissance préalable de culpabilité, le « plaider coupable » pour parler le langage de notre temps (C. pr. pén., art. 495-7 à 495-15). À certaines conditions, à partir des déclarations de la personne reconnaissant les faits, le procureur peut proposer l'exécution d'une ou plusieurs des peines encourues et, en cas d'acceptation, saisir le président du tribunal (ou le juge délégué par une requête en homologation). Si elle est homologuée, l'ordonnance a les effets d'un jugement d'homologation [2]. Or la Cour de cassation a décidé que, dans le cadre de cette procédure, et en application de l'article 32 du Code de procédure pénale, le procureur de la République est tenu d'assister aux débats de cette audience de jugement, la décision devant être prononcée en sa présence [3].

770 ***Le respect de la contradiction*** ◊ Diverses exigences prolongent, du côté du juge, le principe du contradictoire. C'est pourquoi, aux termes de l'article 16, alinéa 2, du Code de procédure civile, « il ne peut retenir, dans sa décision, les moyens, les explications et les documents invoqués ou produits par les parties que si celles-ci ont été à même d'en débattre contradictoirement » [4]. Ainsi ne saurait-il fonder sa décision sur des pièces produites par une partie et non communiquées à son adversaire ou encore sur des conclusions non notifiées à celui-ci. Le Code de procédure civile dispose encore que le juge « ne peut fonder sa décision sur les moyens de droit qu'il a relevés d'office sans avoir au préalable invité les parties à présenter leurs observations » (art. 16, al. 3).

L'instance et le jugement imposent donc tout naturellement à celui-ci des obligations. Est-ce à dire que le juge soit lui aussi, *telle une partie*, soumis au principe de contradiction ? À une étape de l'élaboration du Code de procédure civile, les rédacteurs de celui-ci n'avaient pas jugé opportun de formuler cette exigence. Ils pensaient alors que le principe de contradiction s'appliquait bien à ce qui émane de la partie adverse, mais ne saurait jouer entre les parties et le juge, dont la mission consiste à appliquer la loi. À l'appui de cette opinion, a-t-on écrit, « c'est la mission du juge que de

---

1. V. *Procédure pénale*, par B. Bouloc, 22e éd. 2011, nos 831-2 s.
2. Crim. 18 avr. 2005, *D.* 2005, 120, note J. Pradel.
3. Sur l'équivalent en procédure pénale, v. B. Bouloc, *op. cit.*, n° 116.
4. Cl. Parodi, *L'esprit général et les innovations du nouveau Code de procédure civile*, éd. Defrénois, 1976, n° 48, p. 82.

forger sa décision une fois que les parties se sont tues sans que nul ne vienne troubler sa sérénité »[1]. S'il en était autrement, affirma le même auteur, il en résulterait la manifestation d'une méfiance à l'égard de la justice étatique.

Le débat renvoyait à l'analyse des positions respectives des parties et du juge dans le procès civil. Celui-ci n'est ni le procès pénal ni le procès administratif. Il place les parties à un niveau plus rapproché de celui du juge. Mais cela ne signifie aucunement que, dans la triade qu'ils représentent, il y ait la même distance entre le juge et chacune des parties qu'entre celles-ci dans leurs rapports réciproques. S'il en est ainsi, c'est tout simplement parce qu'à leur égard le juge a une mission de juridiction et un *imperium* qui ne sont pas reconnus aux parties, lesquelles, n'étant pas en litige avec le juge, ne sauraient, par rapport à lui, se prévaloir légitimement d'un droit à la contradiction. Cette argumentation n'ayant pas convaincu, l'article 16, alinéa 1er, du Code de procédure civile, dispose désormais que « le juge doit, en toutes circonstances, faire observer et observer lui-même le principe de la contradiction »[2].

771 ***2° Le principe de loyauté*** ◊ La loyauté n'est pas une exigence limitée au procès. Elle se manifeste partout où le groupe aménage un système de règles justes ou justifiées. Il se peut que cet aménagement soit spontané. Mais il arrive souvent que, par une sorte d'accord implicite qui rappelle, pour certains, le contrat social, ces règles soient préétablies et que soit sanctionné celui qui ne joue pas le jeu ou, plus exactement, n'est pas *fair play*. On retrouve là une difficulté tenant à la distinction des comportements juridiques et des comportements qui, tout en étant sociaux, demeurent en deçà du seuil de la juridicité (*supra*, n° 33). Reste qu'ils peuvent au fil des temps y parvenir. C'est le cas du principe de loyauté[3].

L'exigence attachée à celle-ci a déjà été envisagée en matière de preuve (*supra*, n° 617). Il s'agit présentement de l'exigence de loyauté en matière procédurale[4]. En matière civile - mais l'on peut encore penser que celle-ci est propre à fournir des modèles de raisonnement - la contrainte qui en résulte se relie à une utilisation malsaine du temps du procès. Celui-ci peut favoriser des dissimulations de moyens auxquelles la force des conclusions récapitulatives tend à remédier ; elle peut aussi se caractériser

---

1. V. encore L. Miniato, La consécration du principe du contradictoire par le décret du 20 août 2004 portant modification de la procédure civile, *D.* 2005, chron. 308 s.

2. V. J. Carbonnier, *Introduction*, n° 188 ; P. Godé, Le mensonge dans le procès civil, *Mélanges Weill*, 1983, p. 259 s. ; sur ses rapports avec la v érité, v. A. Leborgne, L'impact de la loyauté sur la manifestation de la vérité ou le double visage d'un grand principe, *RTD civ.* 1996, 535 s. ; E. Gaillard, L'interdiction de se contredire au détriment d'autrui comme principe général du droit du commerce international, *Rev. arb.* 1985, 241 s. ; M.E. Boursier, *La loyauté en droit processuel*, thèse Paris II, éd. 2003. - V. aussi P. Aubijoux-Imard, *Le dialogue dans le procès*, thèse Paris II, 1999.

3. V. L. Donnedieu de Vabres-Tranié, La loyauté dans l'administration de la preuve, *in Loyauté et impartialité en droit des affaires*, Colloque Assoc. droit et commerce, 2012.

4. Com. 27 mars 1990, *D.* 1991, 503, note Bonnard.

par des conclusions de dernière heure et des manœuvres dilatoires. À nombre de ces attitudes, il est remédié de diverses manières. Mais cela ne peut toujours suffire, tant est grande l'ingéniosité des plaideurs et de leurs conseils.

Le changement de stratégie procédurale opéré par un plaideur a parfois été retenu par la jurisprudence française au détriment de celui-ci, alors qu'il était difficile d'utiliser à son encontre l'idée de fraude. Ainsi le cédant d'actions sociales n'ayant pas notifié cette cession ne saurait invoquer l'absence d'agrément des cessionnaires [1]. Plus topique est l'irrecevabilité de la demande d'un plaideur invoquant l'inopposabilité en France d'une décision étrangère qui a prononcé le divorce sur sa demande [2]. À partir de là, s'est développé un courant de pensée tendant à généraliser cette réaction du droit processuel sur le modèle de l'institution anglaise de l'*estoppel* sanctionnant l'atteinte à la confiance procédurale réalisée par celui qui se contredit au détriment d'autrui [3]. L'irrecevabilité qui en résulte, compréhensible dans son principe, n'en est pas moins porteuse de dangers si elle devait aboutir à nier les ajustements nécessaires des prétentions au cours du procès et, une fois de plus, à exagérer les pouvoirs du juge. Pour l'heure, l'*estoppel* a été admis par la jurisprudence française en matière d'arbitrage international [4]. Et un mouvement semblable se manifeste en procédure ordinaire interne [5].

772 ***3° Le principe dispositif*** ◊ Il se manifeste depuis quelques décennies un rapprochement entre les divers types procéduraux, ce qui va de pair avec l'importance grandissante du principe dispositif [6]. L'évolution de la procédure civile en porte témoignage.

---

1. Crim. 11 juin 1996, *D.* 1997, 576, note E. Agostini.

2. V. J. Dargent, *Une théorie générale du droit anglais en matière de preuve : la doctrine de* l'estoppel, thèse Grenoble 1943 ; O. Moréteau, L'estoppel *et la protection de la confiance légitime*, thèse Lyon III, 1990 ; La confiance légitime et l'*estoppel*, *Société de législation comparée*, dir. Bénédicte Fauvarque-Cosson, vol. 4, 2007 ; Horatia Muir Watt, Pour l'accueil de l'*estoppel* en droit français, *Mélanges Loussouarn* 1994, p. 303 s. ; *L'interdiction de se contredire au détriment d'autrui*, dir. Martine Béhar-Touchais, éd. Economica 2001 ; L. Miniato, L'introuvable principe de loyauté en procédure civile, *D.* 2007, chron. p. 1035 s. ; N. Dupont, L'interdiction de se contredire au détriment d'autrui en procédure civile française, *RTD civ.* 2010. 459 s. ; Com. 20 sept. 2011, *JCP* 2011. II. 1250, note D. Houtcieff.

3. Civ. 1re, 6 juill. 2005, *Bull. civ.* I, n° 302, p. 252, *D.* 2005, 2174, 2006, 1424, note E. Agostini. – Rappr. sur le fait qu'une partie est sans intérêt à critiquer devant la Cour de cassation la décision qui a accueilli sa demande (Civ. 2e, 8 mars 2007, *Bull. civ.* II, n° 61 ; jurisprudence bien établie : Civ. 2e, 20 oct. 2005, *Bull. civ.* II, n° 257).

4. V. not. R. Chapus, *De l'office du juge : contentieux administratif et nouvelle procédure civile*, EDCE n° 29, 1977-1978, p. 11 s. ; Marie-Anne Frison-Roche, Les offices du juge, *Mélanges J. Foyer*, 1997, p. 463 s. ; T. Klein, La fonction du juge, *Mélanges Pettiti*, 1998, p. 507 s.

5. V. dans le sens d'une « demi-consécration », Ass. plén. 27 fév. 2009, *D.* 2009, p. 1245, note D. Houtcieff.

6. La division du procès pénal en deux phases repose sur l'idée que la phase d'instruction est inquisitoire tandis que la phase de jugement est accusatoire. Une corrélation est alors entretenue (ce qui n'est pas convaincant) entre cette distinction et celle du secret de la procédure inquisitoire et de la publicité de la procédure accusatoire.

L'aménagement des relations judiciaires, entre l'un et l'autre plaideur, ainsi qu'entre les plaideurs et leur juge, a longtemps été inspiré par l'idée selon laquelle le procès civil concerne avant tout des affaires privées, qu'il convient de laisser les parties au procès conduire à leur guise l'instance (quant à son rythme et quant à sa matière) et que le juge doit donc être un arbitre passif, devant juger selon ce qui a été allégué et prouvé par les parties, sans pouvoir y substituer ce qu'il sait lui-même, qu'il s'agisse des éléments de fait ou des règles de droit. Pour exprimer ces diverses solutions, l'on a souvent affirmé dans le passé le *principe de neutralité* du juge civil et le *caractère accusatoire* de la procédure civile. Il s'agissait d'une conception nettement individualiste, axée sur la matière du contentieux.

Pourtant, le cadre et les solutions de ce contentieux relèvent de l'activité du service public de la justice. Et, de nos jours, le recul d'un certain libéralisme judiciaire a mieux révélé que la procédure civile est en grande partie matière de droit public, puisqu'il s'agit, le plus souvent, d'un recours des particuliers au juge, chargé de dire le droit en vue de satisfaire des finalités d'ordre, de progrès et de justice (*supra*, n° 119). L'évolution de la procédure civile a donc conduit, surtout depuis une vingtaine d'années, à accroître le rôle du juge dans le procès civil et à abandonner le plus souvent la référence au principe de neutralité, c'est-à-dire, plutôt, de passivité du juge (*supra*, n°s 567 s.).

Est-ce à dire qu'en cette matière, l'on a supprimé le caractère *accusatoire* de la procédure au profit du caractère *inquisitoire* et rapproché de la sorte le contentieux civil du contentieux administratif, voire du contentieux pénal [1]? Il serait d'autant plus inopportun, voire inexact, de l'affirmer, que le sens de ces mots (accusatoire, inquisitoire) varie souvent selon les auteurs et qu'en droit processuel, peut-être plus encore qu'ailleurs, le droit se révèle davantage par ses nuances que par ses contrastes.

773 ***a) En matière civile*** ◊ Dans le procès civil, c'est aux parties qu'incombe la *conduite de l'instance*, ce qui n'exclut pas l'existence de contraintes, ainsi que l'office régulateur exercé par le juge : « les parties conduisent l'instance sous les charges qui leur incombent. Il leur appartient d'accomplir les actes de la procédure dans les formes et délais requis » (C. pr. civ., art. 2). Elles lui donnent l'impulsion, mais le juge en règle le rythme : il « veille au bon déroulement de l'instance ; il a le pouvoir d'impartir des délais et d'ordonner les mesures nécessaires » (art. 3). Régulateur des causes au sein du tribunal de grande instance, le juge de la mise en état est, à lire les textes, loin d'y être neutre ou passif.

« L'objet du litige est déterminé par les prétentions respectives des parties. Ces prétentions sont fixées par l'acte introductif d'instance et par les conclusions en défense. Toutefois l'objet du litige peut être modifié par des demandes incidentes lorsque celles-ci se rattachent aux prétentions originaires par un lien suffisant » (C. pr. civ., art. 4). Tel est le cadre délimitant la matière à juger : « Le juge doit se prononcer sur tout ce qui est demandé

1. V. aussi A. Perdriau, Ce que la Cour de cassation relève d'office, *JCP* 1996, I, 3911.

et seulement sur ce qui est demandé » (C. pr. civ., art. 5). Le *principe dispositif* – ainsi appelé parce qu'on laisse aux parties le pouvoir de délimiter la matière à juger, d'en disposer – les oblige à alléguer (art. 6) et à prouver (art. 9) les faits propres à assurer le succès de leurs prétentions. Quant au juge, dont la mission consiste à appliquer le droit au fait, ses pouvoirs varient selon qu'il s'agit des éléments de fait ou des éléments de droit. S'agissant des *faits*, il ne peut fonder sa décision sur des faits qui ne sont pas dans le débat (art. 7, al. 1er), mais, sous cette importante réserve, il a, en ce qui concerne leur preuve, le pouvoir d'ordonner d'office toutes les mesures d'instruction légalement admissibles (art. 10). Quant au *droit*, la marge de liberté du juge est plus étendue : pouvant inviter les parties à fournir les explications de droit qu'il estime nécessaires à la solution du litige (art. 13) et tenu de trancher celui-ci conformément aux règles de droit qui lui sont applicables (art. 12, al. 1er), le juge peut relever d'office les moyens de pur droit (d'ordre public ou non), quel que soit le fondement juridique invoqué par les parties ; et il doit donner ou restituer leur exacte qualification aux faits et actes litigieux sans s'arrêter à la dénomination que les parties en auraient proposée (art. 12, al. 2 et 3) [1].

Le schéma logique traditionnel n'en a pas moins subi, à notre époque, nombre d'assauts nés d'ailleurs de l'encombrement des rôles des juridictions. Naturellement – fatalement ? – la réaction s'est portée sur l'articulation du fait et du droit. Latéralement, mais quand même nécessairement, les exigences du travail judiciaire ont obligé à s'interroger sur la promesse implicite du juge au plaideur : *dabo tibi jus*. D'où les fluctuations – justifiées ou non – suscitées par l'office du juge (faculté ou obligation) quant à l'application du droit étranger [2]. D'où aussi, face aux écritures des plaideurs, l'exigence d'une formulation, devant le tribunal de grande instance et la cour d'appel, des moyens en fait et *en droit* sur lesquels chaque prétention est fondée (C. pr. civ., art. 753 et 954) [3].

774 ***b) En matière pénale ou administrative*** ◊ En matière pénale, qu'il s'agisse de l'action publique ou de l'action civile portée par la victime devant la juridiction répressive, de la phase d'instruction ou de la phase de jugement, l'office du juge est plus étendu, car c'est à lui qu'incombe la conduite de l'instance. Toutefois, au cours de l'audience des plaidoiries, toutes les preuves doivent être soumises au juge et contradictoirement débattues ; et, de toute façon, le principe dispositif s'applique à l'action civile [4].

---

1. V. en dernier lieu, Civ. 1re, 27 janv. 1998, *JCP* 1998, II, 10098, note Horatia Muir Watt ; B. Fauvarque-Cosson, Le juge français et le droit étranger, *D.* 2000, chron. 125 s.
2. Crim. 9 déc. 1969, *JCP* 1970, IV, 29 ; G. Danjaume, Le principe de la liberté de la preuve en procédure pénale, *D.* 1996, chron. 149 s.
3. V. cep., sur l'évolution, Le procès civil français à son point de déséquilibre ? À propos du décret « procédure », par S. Amrani-Mekki, E. Jeuland, J.-M. Sérinet et L. Cadiet, *JCP* 2006, I, 146. – V. aussi J. Dupichot, L'adage « *Da mihi factum, dabo tibi jus* », *Mélanges Aubert*, 2005, p. 425 s.
4. *JO* 24 juin 1999 ; F. Le Gunehec, Présentation de la loi n° 99-515 du 23 juin 1999, *JCP* 1999, Act. 1325 s. et 1393 s.

On observera, en outre, qu'en matière pénale, la possibilité d'arrêter volontairement le cours de l'instance a longtemps été beaucoup plus réduite qu'en matière civile en ce qui concerne l'action publique. Cette position a été notablement atténuée par la loi du 23 juin 1999 « renforçant l'efficacité de la procédure pénale » [1], relativement aux alternatives, aux poursuites et à la composition pénale inspirées du droit des États-Unis (*plea bargaining*) [2]. Dans le procès civil, l'issue du procès n'échappe pas nécessairement à la volonté des parties, car celles-ci « ont la liberté d'y mettre fin » (désistement d'instance, acquiescement à la demande, péremption d'instance...), « avant qu'elle ne s'éteigne par l'effet du jugement ou en vertu de la loi » (art. 1er C. pr. civ.).

En matière administrative, la procédure est, sur le dernier point envisagé, plus proche de la procédure civile : on admet en effet dans le contentieux administratif, à certaines conditions, la validité du désistement, de l'acquiescement ou de la transaction. Mais, à d'autres égards, le procès administratif est moins fidèle au principe dispositif dans la mesure où le juge joue un rôle prédominant en matière de preuve. Reste que, dans le contentieux administratif, le principe dispositif, bien que non écrit, n'est pas ignoré : normalement, le juge est obligé de s'en tenir aux faits dont les parties font état, mais il dispose probablement d'une plus grande liberté que le juge civil quant à la détermination du droit [3].

B. Les modes d'expression

775 ***La langue du procès*** ◊ Le langage du droit, si souvent jugé inaccessible par les profanes, suscite surtout cette réaction lorsqu'il s'agit du langage judiciaire. Depuis des siècles le jargon des robins ou, dit-on parfois, le patois des palais de justice, a provoqué des railleries qui ne sont pas nécessairement injustifiées. Toujours est-il que la langue du procès a pu être considérée tout à la fois comme un instrument de pouvoir plaçant le justiciable en situation d'infériorité mais aussi comme un moyen de dialogue, y compris lorsqu'il inclut – surtout au pénal – la considération d'une langue étrangère [4].

Dans la première moitié du XIXe siècle le souci d'améliorer la rédaction des actes avait retenu, en 1824 déjà, la Chancellerie. Un siècle plus tard, Aristide Briand, à l'époque garde des Sceaux, relevait, dans une circulaire du 29 février

1. V. J. Pradel, Une consécration du « *plea bargaining* » à la française, la composition pénale instituée par la loi n° 99-515 du 23 juin 1999, *D.* 1999, chron. 379 s.

2. V. R. Chapus, *De l'office du juge : contentieux administratif et nouvelle procédure civile*, préc., spéc. p. 52 et 56 ; Y. Gaudemet, *Les méthodes du juge administratif*, thèse Paris II, éd. 1972. ; D. Connil, *L'office du juge administratif et le temps*, thèse Dalloz 2012.

3. V. la pénétrante analyse de Cécile Robin, *La langue du procès*, thèse Bordeaux IV, éd. 2000.

4. Le règlement communautaire n° 1348/2000 du 22 mai 2000 entré en vigueur en France le 31 mai 2001 impose en matière civile et commerciale la traduction de tout acte judiciaire ou extrajudiciaire dans la langue de son destinataire (v. not. au sujet d'un arrêt ne respectant pas cette exigence, J.-F. Sampieri-Marceau, Traduction des actes judiciaires et extrajudiciaires dans la Communauté européenne, *D.* 2005, Point de vue. 236).

1908, « la difficulté qu'éprouvent les plaideurs pour comprendre le sens et la portée des actes de procédure qui leur sont remis » et déplorait « les formules surannées ». La suite montra que son initiative resta lettre morte.

Cinquante ans plus tard, fut instituée en novembre 1973, une *Commission sur le langage judiciaire*. Résultèrent de ses travaux diverses circulaires – en 1974, 1976, 1977 – relatives aux actes d'huissiers de justice en matière civile et pénale, ainsi qu'à la rédaction des jugements. La suite porta sur l'abandon du latin de justice et la rédaction des actes notariés. Une circulaire du garde des Sceaux, en date du 15 septembre 1977, a marqué une étape importante dans cette évolution (v. sur la terminologie juridique, *supra*, n°s 419 s.). La poursuite de l'action de modernisation est d'autant plus délicate qu'il faut concilier les exigences de précision attachées à la langue juridique et l'impératif d'accessibilité au droit dont on sait l'importance grandissante en droit interne, communautaire [1] ou international.

776 ***Procédure écrite ou procédure orale*** ◊ La procédure pénale est essentiellement orale, bien que les résultats de l'instruction soient consignés par écrit. À l'inverse, la procédure administrative est écrite ; tous les actes de l'instance (requête introductive, mémoires ampliatifs, mémoires en réponse ou en réplique) donnent lieu à des rédactions et le juge statue sur les éléments figurant au dossier. Le débat oral n'est cependant pas nécessairement exclu, les parties pouvant demander à présenter ou faire présenter des explications orales à l'audience pour développer leur argumentation.

Une solution mixte caractérise le procès *civil* : surtout dans sa phase initiale ou sa phase de mise en état, la procédure y est généralement écrite – assignation ou requête, conclusions ou mémoires... – ce qui permet de préciser nettement l'argumentation, ainsi que la matière soumise au juge, et d'éviter les surprises ; mais l'importance de l'oral y demeure grande, surtout lors du débat par plaidoiries devant le juge, ce qui est ordinairement justifié par le souci de donner à celui-ci une meilleure connaissance de l'affaire. Et l'évolution de la procédure civile française tend moins à réduire l'importance de l'un ou de l'autre élément qu'à substituer, le cas échéant, tel type d'écrit à tel autre ou telle manifestation orale à telle autre : des efforts sont déployés afin de substituer un dialogue fructueux avec le juge à deux monologues prononcés devant lui [2].

777 ***Publicité ou secret*** [3] ◊ Au-delà des caractères qui leur sont propres, même à ce sujet, les diverses procédures apportent, dans leurs grandes

1. V. Hébraud, *L'élément écrit et l'élément oral dans la procédure civile*, Trav. et recherches de l'Institut de droit comparé de Paris, 1950 et 1954, t. XV, 1959, 2, 341 ; Y. Lobin, *op. cit.*, t. XXXIII, 1970, p. 161 s. ; M. Cappelletti, *Procédure orale et procédure écrite*, Studi di diritto comparato, Milan, 1971 ; *La parole et l'écrit en droit judiciaire*, XIVe Colloque des Instituts d'Études judiciaires, éd. 1985 ; A. Lyon-Caen, À propos des observations orales des avocats dans les procédures écrites, *Mélanges Drai*, 2000, p. 415 s.

2. *La publicité de la justice*, VIe Colloque des Instituts d'Études judiciaires, Toulouse, 1968.

3. V. not. T. Renoux, *Le Conseil constitutionnel et l'autorité judiciaire, L'élaboration d'un droit constitutionnel juridictionnel*, 1984.

lignes, à cette question une réponse reposant sur une distinction entre l'instruction ou la mise en état de l'affaire, d'une part, l'audience qui précède l'issue de l'instance, d'autre part. Ainsi oppose-t-on, en matière pénale, le principe du secret de l'instruction à la publicité de la procédure de jugement. Et si, dans le contentieux administratif, l'instruction est secrète, l'audience y est, en principe, publique.

Le procès civil repose sur une distinction comparable. Alors que l'on peut considérer que la phase d'instruction ou de mise en état est secrète, en ce sens que des tiers ne peuvent assister aux audiences préparatoires, ni avoir communication des pièces, « les débats sont publics sauf les cas où la loi exige qu'ils aient lieu en chambre du conseil » (art. 433, al. 1er, C. pr. civ.). Le principe et les limites de la publicité du procès civil sont d'ailleurs exprimés dans la loi : « Les débats sont publics » (L. 5 juill. 1972, art. 11-1, al. 1er, réd. L. 9 juill. 1975). Toutefois, ils ont lieu en chambre du conseil, c'est-à-dire hors de la présence du public, dans les matières gracieuses ainsi que dans celles des matières relatives à l'état et à la capacité des personnes qui sont déterminées par la loi (ex. : art. 248 et 298 C. civ., en matière de divorce ou de séparation de corps) ou par décret (L. 5 juill. 1972, art. 11-1, al. 2, réd. L. 9 juill. 1975).

SECTION 2. PRINCIPALES PROCÉDURES

778 ***Droit substantiel et droit processuel*** ◊ La juridiction précède-t-elle l'action ? L'action précède-t-elle la juridiction ? Questions philosophiques. S'agissant des divers types de procédures, on peut s'interroger aussi sur les relations entre le droit substantiel et le droit processuel, sur les logiques, les recrutements, les comportements, les attitudes, les habitudes des uns et des autres [1]. Il est assez naturel que le droit procédural se manifeste comme un auxiliaire du droit substantiel, envisagé dans chacune de ses branches, et qu'il résulte de ce rapport une diversité des procédures. Pourtant, ce même caractère auxiliaire peut expliquer une sorte d'équivalence des formes procédurales qu'illustre, à notre époque, un rapprochement des diverses procédures.

On se bornera à évoquer quelques types.

§ 1. Procédure civile

779 ***Procédure ordinaire devant le tribunal de grande instance*** ◊ Les caractères et les modes d'expression précédemment analysés se retrouvent généralement dans les procédures suivies devant les diverses juridictions civiles. Mais ces procédures présentent des variantes dont l'examen dépasserait le cadre d'une étude nécessairement très générale. On ne présentera

1. V. Béatrice Gorchs, Référés spéciaux et droit commun, *in RRJ* 2003, n° 18, p. 2933 s.

donc qu'un aperçu de la procédure qui correspond au modèle courant devant la juridiction de droit commun en première instance : la procédure ordinaire devant le tribunal de grande instance.

L'instance est généralement introduite au moyen d'une *assignation*, c'est-à-dire d'un acte d'huissier de justice par lequel le demandeur, « constituant » (désignant) son avocat et précisant l'objet de sa prétention, cite son adversaire à « comparaître », c'est-à-dire à « constituer » un avocat. Cette assignation doit contenir l'indication d'un délai accordé au défendeur à cet effet (quinze jours). S'il ne constitue pas avocat, il y a *défaut faute de comparaître* et le demandeur peut demander au tribunal de juger l'affaire en l'absence de défendeur. Si le défendeur constitue avocat, celui-ci, dès sa constitution, doit en informer l'avocat du demandeur.

Le tribunal est saisi par la remise au secrétariat-greffe d'une copie de l'assignation. De la saisine du tribunal résultent plusieurs conséquences. Normalement, le juge ayant été saisi, l'affaire est mise en état d'être jugée, ce qui dépend évidemment de son contenu et de ses caractères, de sa complexité variable. Développant leurs argumentations, les conclusions des parties sont notifiées entre leurs avocats. Leur contenu détermine le choix d'une voie procédurale.

Il se peut, tout d'abord, que le président décide le *renvoi à l'audience* des affaires qui, d'après les explications et au vu des conclusions et des pièces, lui paraissent prêtes à être jugées sur le fond ; il en va de même, à certaines conditions, des affaires dans lesquelles le défendeur ne comparaît pas, si elles sont en état d'être jugées sur le fond. S'il estime qu'un ultime échange de conclusions ou une ultime communication de pièces suffit à mettre l'affaire en état d'être jugée, le président peut décider que les avocats se présenteront à nouveau devant lui lors d'une *seconde conférence ;* à la date fixée, le président renvoie l'affaire à l'audience si l'affaire a été mise en état ou si l'un des avocats le demande. Toutes les affaires que le président ne renvoie pas à l'audience suivent le circuit de l'instruction devant le juge de la mise en état.

Le juge de la mise en état est investi d'une triple mission : *a*) pouvant entendre contradictoirement les parties, il peut constater leur *conciliation ; b*) dans le cadre d'une mission de *juridiction*, il exerce tous les pouvoirs nécessaires à la communication, à l'obtention et à la production des pièces, et, jusqu'à son dessaisissement (c'est-à-dire jusqu'à l'ouverture des débats), il est seul compétent pour trancher certaines *contestations* ou pour décider les mesures d'instruction (enquête, expertise, descente sur les lieux...) ; *c*) enfin, il remplit une mission d'*administration judiciaire*, ce qui lui permet de veiller au déroulement loyal de la procédure, de s'entretenir avec les avocats, de leur adresser, le cas échéant, des injonctions, de fixer les délais nécessaires à l'instruction de l'affaire, d'inviter les avocats à répondre aux moyens sur lesquels ils n'auraient pas conclu et à fournir les explications de fait et de droit nécessaires à la solution du litige. S'il a été répondu à ses souhaits et si l'instruction le permet, il renvoie l'affaire devant le tribunal pour être plaidée à la date fixée par le président ou par lui-même s'il a reçu délégation à cet effet ; à une date aussi proche que possible de celle fixée pour les plaidoiries, il déclare l'instruction close.

Après l'audience de plaidoiries et si les débats sont clos, il appartient aux juges devant lesquels l'affaire a été débattue d'en délibérer. Il existe plusieurs formes de délibéré : il arrive que le jugement soit rendu séance tenante, les membres du tribunal, sans quitter la salle, se concertant sur la décision à prendre ; plus souvent, le tribunal se retire dans la chambre du conseil et, après avoir délibéré, rentre dans la salle d'audience et rend le jugement ; enfin, il n'est pas rare que le tribunal, estimant qu'il lui faut plusieurs jours pour délibérer, décide que le jugement sera rendu, par exemple, à quinzaine. Ajoutons – ce qui est important en pratique – que le juge de la mise en état peut, si les avocats ne s'y opposent pas, tenir seul l'audience de plaidoiries ; il en rend compte alors au tribunal dans son délibéré.

780 ***Référés et requêtes*** ◊ Des procédures spéciales et simplifiées aboutissent à deux sortes d'ordonnances. « L'ordonnance de référé est une décision provisoire rendue à la demande d'une partie, l'autre présente ou appelée, dans les cas où la loi confère à un juge qui n'est pas saisi du principal le pouvoir d'ordonner immédiatement les mesures nécessaires » (C. pr. civ., art. 484). « La demande est portée par voie d'assignation à une audience tenue à cet effet aux jour et heure habituels des référés » (art. 485, al. 1er) ; « si, néanmoins, le cas requiert célérité, le juge des référés peut permettre d'assigner, à heure indiquée, même les jours fériés ou chômés, soit à l'audience, soit à son domicile, portes ouvertes » (al. 2).

« L'ordonnance sur requête est une décision provisoire rendue non contradictoirement dans les cas où le requérant est fondé à ne pas appeler de partie adverse » (C. pr. civ., art. 493).

§ 2. **Procédure pénale**

781 ***Procédure devant le tribunal correctionnel*** ◊ Le déroulement de la procédure pénale est dominé par la distinction des juridictions d'instruction et des juridictions de jugement.

Un « article préliminaire » ajouté au Code de procédure pénale par la loi du 15 juin 2000 « renforçant la présomption d'innocence et les droits des victimes » dispose notamment que « la procédure pénale doit être équitable et contradictoire, et préserver l'équilibre des droits des parties » (I, al. 1er) ; on s'en serait douté. « Elle doit garantir la séparation des autorités chargées de l'action publique et des autorités de jugement » (I, al. 2).

Le principal objet du procès pénal, axé sur l'*action publique* qui tend à l'application d'une peine ou d'une mesure de sûreté, explique son ordonnancement. La demande en justice est constituée par un acte initial au moyen duquel le ministère public ou la victime déclenchent l'action publique.

Obligatoire lorsqu'il s'agit de crimes ou de délits, l'instruction est facultative au sujet des autres infractions. Saisi par un réquisitoire introductif d'instance émanant du ministère public ou par une constitution de partie civile formée par la victime, le juge d'instruction s'emploie à réunir des preuves, spécialement au moyen de constatations matérielles et de perquisitions [1]. En outre le juge d'instruction est investi de pouvoirs juridictionnels qui se manifestent au moyen d'ordonnances : ordonnance de non-lieu ou ordonnance de renvoi devant la juridiction de jugement. Encore convient-il d'observer que, s'agissant de la procédure devant le tribunal correctionnel, il existe aussi, à certaines conditions, des modes plus simples de saisine : citation directe par exploit d'huissier, comparution volontaire...

Le prévenu doit, en principe, être présent lors de l'audience correctionnelle. Bien que cette assistance ne soit pas obligatoire, il est généralement assisté par un avocat. Au cours de l'audience, il est procédé à l'appel de l'affaire, des parties, des témoins, des experts. Puis le président et, éventuellement, le ministère public et la partie civile interrogent le prévenu. Le tribunal entend alors les témoins et, éventuellement, les experts. Après quoi, l'instruction devient définitive.

Ensuite se déroule, le cas échéant sur plusieurs audiences, la phase finale caractérisée successivement par l'intervention de l'avocat de la partie civile, s'il y en a une, et le réquisitoire du ministère public, la parole étant donnée en dernier lieu au prévenu ou à son conseil.

§ 3. Procédure administrative

782 ***L'instance*** ◊ Là comme à propos des autres procédures, il est difficile de généraliser. On observera cependant qu'à la différence de ce que l'on constate dans le contentieux civil ou le contentieux pénal, le procès administratif est normalement fait à un acte et non à une personne.

En application de la règle dite de la *décision préalable*, la juridiction administrative n'est, le plus souvent, saisie qu'à la suite d'un recours contre une décision administrative. Cette exigence se comprend aisément lorsqu'il s'agit du recours pour excès de pouvoir, plus généralement dans le cas du contentieux de l'annulation ou de l'interprétation des actes administratifs. Mais il en va de même du contentieux de pleine juridiction : sauf en matière de travaux publics, le justiciable ne peut assigner directement l'Administration devant la juridiction administrative ; il doit, tout d'abord, présenter une réclamation à l'Administration concernée ; et c'est contre le refus, explicite ou implicite – du fait d'un silence de quatre mois – de celle-ci, qu'il peut alors former un recours.

Nombre de recours peuvent être présentés par le justiciable lui-même, sans qu'il lui soit nécessaire d'utiliser le ministère d'un avocat. Bien qu'il

1. V. Heurté, L'enquête devant les juridictions administratives, *JCP* 1952, I, 1037 ; R. Denoix de Saint-Marc et D. Labetoulle, *Les pouvoirs*

n'existe pas, en matière administrative, de juge de la mise en état, l'instruction est confiée à un juge rapporteur [1]. À l'audience, il est procédé à l'audition du rapporteur, puis à celle des parties ou de leurs conseils avant que le commissaire du gouvernement ne présente ses conclusions. Puis l'affaire est mise en délibéré. Ultérieurement, la décision est, sauf exception, lue au cours d'une séance publique.

Une loi du 30 juin 2000 a eu pour objet, tout en créant de nouvelles procédures de référé devant les juridictions administratives, de mettre de l'ordre dans cette matière. Trois procédures sont prévues, par le Code de justice administrative, toutes subordonnées à la nécessité de l'urgence : *a*) le *référé suspension*, lorsqu'une décision administrative, même de rejet, fait l'objet d'une requête en annulation ou en réformation (CJA, art. L. 521-1) ; *b*) le *référé-liberté* en vue d'obtenir du juge toutes mesures nécessaires à la sauvegarde d'une liberté fondamentale à laquelle une personne morale de droit public ou un organisme de droit privé chargé de la gestion d'un service public aurait porté une atteinte grave et manifestement illégale (art. L. 521-2) ; *c*) le référé permettant, même en l'absence de décision administrative préalable, que soient ordonnées toutes *mesures utiles* sans faire obstacle à l'exécution d'aucune décision administrative (art. L. 521-3) [2].

§ 4. **Procédures internationales**

783 ***Évocation*** ◊ La théorie générale de la procédure, dégagée, sinon au sujet, du moins à partir de la procédure civile, permet de comprendre - écho ou prédestination - les procédures aménagées par le droit international, public ou privé [3], et le droit communautaire.

Une brève incursion en droit international public confirme une première impression. Il y a un emprunt de techniques apparemment imaginées soit en procédure civile, soit en procédure pénale. Les expressions sont évocatrices, même si les projections sont déformantes : défaut [4], exception [5], question préjudicielle, partie au procès, demande reconventionnelle, intervention, compétence, immunité, autorité de la chose jugée, etc. L'apport d'une discipline à l'autre est donc loin d'être négligeable. Il s'est, à ce niveau, manifesté dans deux directions : d'une part, au sujet des techniques procédurales précitées, dans leurs traits essentiels, depuis assez

---

1. V. Marie-Christine Rouault, La loi du 30 juin 2000 : un petit pas vers un traitement efficace de l'urgence par le juge administratif, *D 2001, chron.* 374 ; v. aussi Les procédures d'urgence en matière administrative, *in RRJ* 2003,n° 18, p. 3034 s.
2. V. A. Bolze, *Recherches sur les règles de procédure dans le litige privé international*, thèse ronéot. Panthéon-Assas, 1996.
3. V. G. Guyomar, *Le défaut des parties à un différend devant les juridictions internationales*, Paris, 1960.
4. V. E. Grisel, *Les exceptions d'incompétence et d'irrecevabilité dans la procédure de la Cour Internationale de justice*, Neuchâtel, 1968.
5. V. H. Motulsky, *Écrits*, t. 1, *Études et notes de procédure civile*, Paris, 1973, p. 60 s.

longtemps ; d'autre part, à propos d'éléments plus épars et moins nets d'une sorte de philosophie de la procédure ou de méta-procédure [1] ou, disent certains auteurs, d'un droit naturel de la procédure [2].

Des observations analogues peuvent être formulées en droit international privé et, surtout, en droit communautaire, où le développement du rôle des organes juridictionnels s'est naturellement et généralement réalisé à l'image du modèle des procédures écrites du contentieux administratif plutôt que du contentieux de droit privé.

L'office du juge demeure, en ces matières, strictement délimité, même si certaines juridictions internationales ou communautaires ne l'entendent pas toujours de cette manière. Ainsi le veut pourtant, dans l'ordre international, la résistance des souverainetés, comparable à ce que peut être, en matière d'arbitrage, dans les rapports entre personnes privées, la résistance des volontés contractuelles.

1. F.T., Note sur une métaprocédure, *Mélanges Wiederkehr*, 2009, p. 821 s.
2. V. H. Motulsky, *Écrits*, t. 1, *op. et loc. cit.*

INDEX ALPHABÉTIQUE

(Les chiffres renvoient aux numéros de paragraphe)

D

M

S

TABLE DES MATIÈRES

Composé par Jouve
1, rue du docteur Sauvé
53100 Mayenne

715304 - (I) - OSB-P 60g - JOU (CDR)
Achevé d'imprimer en juillet 2015
dans les ateliers de Normandie Roto Impression s.a.s.
61250 Lonrai
N° d'impression : 1502985
Dépôt légal : août 2015

Imprimé en France